大般涅槃經
대반열반경
한글 현토본

부록 : 우리말 대반열반경 요의

한역漢譯 담무참

감수監修 원조각성

현토懸吐 제안용하

통화불교 전강원 統和佛敎 傳講院

비움과소통

인도 쿠시나가르 열반상. 부처님이 열반하신 그 자리에 모셔진 열반상이라 그 감흥이 남다르다. 시간을 초월하여 부처님 열반의 순간을 함께하고자 하는 순례객들이 끊이지 않는다.

돈황 막고굴 158굴 열반상 벽화. 사랑하는 큰 스승과 이별하고 말법의 시대를 맞이하게 된 제자들의 비통과 절망에 빠진 모습과 열반의 대승적 의미를 이미 깨달은 보살들의 담담하고 의연한 자세가 극적인 대조를 이룬다.

大般涅槃經 序

後秦 釋道朗 撰

大般涅槃經者는 蓋是法身之玄堂이며 正覺之實稱이니 衆經之淵鏡이며 萬流之宗極이라 其爲體也가 妙存有物之表하고 周流無窮之內하여 任運而動하고 見機而赴라 任運而動則乘虛照以御物하고 寄言蹄以通化며 見機而赴則應萬形而爲像하고 卽群情而設敎라 至乃形充十方이나 而心不易慮며 敎彌天下나 而情不在已라 厠流塵蟻而弗下며 彌蓋群聖而不高요 功濟萬化而不恃며 明踰萬日而不居라 渾然與太虛로 同量이며 泯然與法性으로 爲一이로다 夫法性은 以至極으로 爲體니 至極則歸於無變이라 所以로 生滅이 不能遷其常이요 生滅이 不能遷其常일새 故로 其常이 不動이니라 非樂이 不能虧其樂일새 故로 其樂이 無窮이니라 或我生於謬想하고 非我가 起於因假라 因假가 存於名數일새 故로 至我가 越名數而非無요 越名數而非無일새 故로 能居自在之聖位하야 而非我가 不能變이니라 非淨은 生於虛淨일새 故로 眞淨이 水鏡於萬法이요 水鏡於萬法일새 故로 非淨이 不能渝라 是以로 斯經犄章에 敍常樂我淨하사 爲宗義之林하시며 開究玄致하사 爲涅槃之原用이로다 能闡祕藏於未聞하고 啟靈管以通照하며 拯四重之癰疽하고 拔無間之疣贅로다 闡祕藏則暢群識之情하사 審妙我之在已요 啟靈管則悟玄光之潛하사 映神珠之在體로다 然이나 四重無間과 誹謗方等은 斯乃衆患之疚며 創疣之甚者라 故로 大涅槃을 以無創疣로 爲義名이시니 斯經이 以大涅槃으로 爲宗目이라 宗目이 擧則明統攝於衆妙하사 言約而義備요 義名이 立則照三乘之優劣하사 至極之有在라 然이나 冥化는 無朕이요 妙契는 無言이니 任之沖境則理不虛運이라 是以로 此經이 開誠

言為教本하고 廣眾喩以會義하며 建護法以涉初하고 覩祕藏以窮原하시며 暢千載之固滯하고 散靈鷲之餘疑로다 至於理微幽蟠하야 微於微者일새 則 諸菩薩이 弘郢匠之功하고 曠舟船之濟하사 請難雲搆하야 飜覆周密이라 由 使幽塗融坦하고 宗歸谿然일새 是故로 誦其文而不疲하고 語其義而不倦하 며 甘其味而無足하고 餐其音而不厭이라 始可謂微言이 興詠於眞丹하고 高 韻이 初唱於赤縣이라 梵音이 震響於聾俗하고 眞容이 巨曜於今日이어늘 而 寡聞之士와 偏執之流는 不量愚見하고 敢評大聖無涯之典하야 遂使是非로 興於諍論하고 譏謗이 生於快心하니 先覺이 不能返其迷며 眾聖도 莫能移 其志라 方將沈蔽八邪之網하고 長淪九流之淵하니 不亦哀哉며 不亦哀哉아 天竺沙門曇無讖者는 中天竺人이요 婆羅門種이라 天懷가 秀拔하고 領鑒이 明邃하며 機辯이 淸勝하고 內外를 兼綜이라 將乘運流化할새先至燉煌하사 停止數載러라

大沮渠河西王者는 至德이 潛著하야 建隆王業이라 雖形處萬機나 每思弘 大道하야 爲法城塹이러니 會開定西夏하사 斯經與讖으로 自遠而至라 自非 至感先期면 孰有若茲之遇哉아

讖旣達此하사 以玄始十年歲次大梁十月二十三日에 河西王勸請令譯커늘 讖手執梵文하고 口宣秦言이라 其人이 神情旣銳에 而爲法殷重하사 臨譯 敬情일새 殆無遺隱코 搜硏本正하야 務存經旨라 唯恨은 梵本이 分離하야 殘缺未備耳라 余以庸淺으로 豫遭斯運하야 夙夜感戢코 欣遇良深이라 聊 試標位하야 敍其宗格호니 豈謂必然闕其宏要者哉아

發 刊 辭

大涅槃經은 十方三世 부처님께서 生死苦를 완전히 解脫하시고 大涅槃을 證得하신 一乘圓敎로서 惑·業·苦 三障이 두터운 衆生들을 제도 하시기 위하여 우리 世尊께서 成佛하신 後 四十九년간 說法하신 五敎十乘 중의 最上法門이며 最後說法이다.

그러므로 최후 滅度하실 때를 당하여 純陀의 最後供養을 받으시면서 최상열반의 三德을 남김없이 말씀하셨다.

三德이란 正因佛性인 法身德(斷德)과 緣因佛性인 解脫德(恩德)과 了因佛性인 般若德(智德)이다. 즉 惑·業·苦 三障을 완전히 벗어난 大滅度(法身, 解脫, 般若)인 것이다.

그 三德인 圓伊三點(∴)과 같은 法으로서 본래 구족한 眞如의 功德을 完成하여 苦障을 벗어나고, 煩惱 속박을 떠나서 業障을 永斷하며, 道를 깨달은 지혜로써 惑障을 완전히 떠나는 것이다.

이 經은 北涼의 曇無讖 三藏法師께서 번역하신 大涅槃經 四十卷(十三品)과 唐의 若那跋陀羅가 번역하신 大涅槃經 後分인 憍陣如品의 餘分과 그 외의 四品을 첨가한 二卷經까지 合本된 原本 經이다.

이 經에서 말씀하신 가장 큰 특징을 말한다면 衆生의 皆有佛性과 如來의 常住不滅 하심과, 一闡提도 成佛할 수 있다는 것과, 扶律護法 등과 他經보다 가장 많은 八百譬喻說 등이다. 그리고 凡夫와 外道들이 보는 虛假, 虛妄의 常, 樂, 我, 淨인 四顚倒와 聲聞, 緣覺이 수행한 半字敎의 無常, 苦, 無我, 不淨 등인 四顚倒(도합 八

顚倒를 모두 打破하시고 如來의 四眞實德인 眞常, 眞樂, 眞我, 眞淨의 涅槃四德을 잘 밝히신 滿字敎이다.

그의 義味는 雪山의 肥膩 香草만을 먹는 大力白牛에게서 얻어지는 牛乳中의 최상인 醍醐의 맛과 같은 것이다.

이번에 서울 동국대학교 正覺院 좋은 장소 보리장에서 大涅槃經을 三年間 연구하는 傳講生의 연구 자료로 쓰기 위하여 전강원 스님들의 부탁이 있었기에 비교적 완벽한 한글 토를 달아서 현대판 大槃涅槃經 四十卷을 발간하게 되었다.

이 외 佛事에 많은 노고를 아끼지 않으신 여러분과 이 經을 보는 사람마다 모두 惑, 業, 苦 三障을 벗어나고 大涅槃의 三德을 모두 증득하게 되기를 간절히 바랍니다.

　　　　　　　　　불기 2555년 서기 2011년 신묘년 3월 초순
　　　　　　　　　　　　　圓照 覺性 삼가 씀

대반열반경 한글 현토본 발간에 앞서

부다가야의 보리수 아래에서 깨달음을 얻은 이후 일생을 오로지 중생교화에 힘쓰시던 석가모니 부처님께서는 어느 날 쿠시나가라의 사라쌍수 아래에서 오른쪽 옆구리를 바닥에 대고 가로 누우셨습니다.
이 순간은 여래께서 완전한 열반(涅槃)을 이루시기 직전이며, 이 땅에서 중생을 위해 마련하신 마지막 설법의 자리였습니다.
이 자리에서 여래께서는 대승적 깨달음의 최고 정수를 선설해 보이셨으며, 그간에 설법하신 말씀들의 뜻을 다시금 정리하셔서, 부처님께서 열반하신 이후의 중생(衆生)들을 위하여 금강좌(金剛座)와 같이 흔들림 없는 진리의 보루를 남기셨습니다.
이것이 바로 〈대반열반경〉이니, 저 유명한 중국의 천태지자대사께서도 교상판석에서 열반경(涅槃經)을 최후(最後)의 경전(經典)이자 최고(最高)의 경전(經典)으로 분류하셨습니다.
안타깝게도 열반경(涅槃經)은 이처럼 최고의 대승교의가 담겼음에도 불구하고 화엄경(華嚴經), 법화경(法華經)과 같은 여타의 대승경전에 비해 아직 대중(大衆)에게 덜 알려진 상태라 할 수 있습니다.
이러한 아쉬움을 타파하고, 부처님의 마지막 가르침에 담긴 대승불교의 정수를 좀 더 대중에게 알리고자 하는 염원으로, 현토본열반경(懸吐本涅槃經) 40권을 발간하게 되었습니다. 정확한 한글현토 작업을 통해 완성된 현토본 열반경은 우리말의 환경에 맞춰 경전 내용에 보다 쉽게 접근할 수 있으면서 동시에 근 1,600년 동안 유통되어 온 한문본 열반경의 원뜻을 잃지 않고 공부할 수 있으니, 한글본과 한문본 양자의 이점을 모두 잃지 않는 귀중한 경전형식이라 할 수 있습니다.

이를 위해 도행 비구니 스님을 비롯한 여러 도반스님들이 현토작업에 참여하셨으며, 불(佛)·유(儒)·도(道) 삼교에 통달하신 최고의 강백 원조각성 큰스님께서 감수(監修)를 맡아주셨습니다.

북전열반경(北傳涅槃經) 한글 현토본의 출간을 위하여 여러 스님들이 법공양(法供養)에 동참해 주셨습니다. **비구(比丘) 동훈·성용·화암·해관·혜철·도원·덕진·수현·정안·일광·진명·대주·오심·화선·홍종·법매, 비구니(比丘尼) 성관·귀영·도행·진환·법륜·지명** 이 스님들의 도움이 없었다면 북전열반경 40권 현토본은 출간되지 못하였을 것입니다. 여러 스님들께 거듭 감사의 말씀을 드리며, 이차인연 공덕으로 내세 득 작불 하시기를 부처님 전에 축원 드립니다.

끝으로 대한불교조계종 염불교육지도위원장이신 화암스님과 예천 장안사 정안스님, 두 분의 격려와 지원이 열반경 현토 및 출판 불사 작업 내내 든든한 버팀목이 되어주었기에 특별한 감사의 말씀을 전합니다.

무술년 9월 제안 용하 씀

담무참과 북전열반경

대반열반경은 남북조시대 초기에 활약한 역경승(담무참, 385-433) 삼장법사에 의해서 한역되었다. 이로써 열반경은 화엄경, 법화경과 더불어 대승불교의 정수를 담은 대표적인 경전(經典)으로서 널리 유통될 수 있었다. 담무참이 당시 벌인 역경사업과 불사는 역대 최고의 역승으로 추앙받는 구라마집에 버금가는 것이었다.

그러나 담무참의 업적은 열반경의 편역 하나 만으로도 족하다고 할 만하다. 그만큼 열반경의 역출은 이후 대승불교의 전개에 지대한 영향을 끼쳤을 뿐 아니라 담무참의 일생 자체가 열반경과 깊은 관련이 있기 때문이다. 담무참의 행적에 대해서는 양고승전(양나라 때 혜교스님이 편찬했다)에서 비교적 자세히 술(術)하고 있다.

담무참은 중인도 사람으로 6세에 아버지를 여의고 모직담요를 짜는 품을 파는 어머니와 함께 어렵게 자랐다. 그 무렵 담무참은 어린 나이로 사문 **달마야사**의 문하에 들어가 공부를 하였는데 열 살이 될 무렵 이미 담무참의 총명함과 재능이 무리에서 가장 뛰어났다 한다. 처음에는 소승불교(小乘佛敎)를 배웠는데 하루에 1만자의 경전을 능히 암송하였다. 관심을 기울인 학문도 매우 다양하여, 이른바 오명(五明-성명, 공교명, 공예, 의방명, 인명, 내명)을 모두 배웠으며, 아울러 언어학, 문학, 공예, 기술, 수학, 의학, 논리학 등을 두루 섭렵하였다.

양고승전에서 담무참이 주술(呪術)에 능하여 여러 가지 신이(神異)를 보였다고 하는데, 이는 담무참이 이와 같이 일찍이 다양한 학문에 모두 통달하여 일반인들이 상상하지 못할 발상과 능력을 보였음을 시사하는 것이다.

담무참이 대승의 진리를 깨닫게 된 것은 열반경과의 인연에 의해서이다.

당시까지 그의 강설은 매우 정밀하고 논리적이어서 학문과 변론에 있어 능히 그를 상대할 자가 없었다. 그러나 대승학자인 백두선사를 만난 후 상황은 달라졌다. 담무참은 백두선사와 논쟁을 벌였으나, 100여 일이 지나도 끝을 보지 못하였다. 담무참이 아무리 정교하게 문제를 제기하고 논리로 공격하여도, 백두선사에게서 허점을 찾을 수가 없었다. 결국 담무참은 논쟁의 패배를 인정하지 않을 수 없었다. 담무참은 선사에게 가르침을 얻고자 물었다.

"스님의 설법이 심오함을 보니 제가 감히 접하지 못한 경전(經典)을 근거로 한 것으로 보입니다. 도대체 어떤 경전을 공부하신 것입니까?"

이에 **백두선사는 나무 껍질에 새긴 열반경(涅槃經)을 보여줬다.**

담무참이 그 내용을 살펴보니 그 뜻이 광대무변하여 자신이 공부한 소승경전(小乘經典)과 비교할 바가 아니었다. 마치 우물 안 개구리처럼 좁은 틀 안에서 자만(自慢)했던 자신을 부끄러워하고 크게 깨우치게 되었다. 이후 담무참은 대승에 전념하여, 나이 스무 살이 되었을 때 대소승의 경전 2백만 자를 암송하게 되었다. 담무참에게 있어 열반경(涅槃經)은 그를 대승의 바다로 뛰어들게 한 계기일 뿐 아니라 대승의 사상을 가장 대표하는 경전이었다. 때문에 그는 평생토록 열반경을 소중히 간직하였으며, 역경사업에 있어서도 가장 공을 들였다.

담무참은 대승(大乘)을 공부한 이후 지금의 중앙아시아를 따라 홍법의 역정에 들어선다. 대반열반경(大般涅槃經) 10권 보살계경(菩薩戒經), 보살계본(菩薩戒本) 등의 경전을 지참하고 계빈국(지금의 중국 카슈미르 지방)을 거쳐 구자국(지금의 중국 산산현 남동쪽 지방)에 머물다가, 다시 동진하여 돈황에 다다랐다. 돈황은 당시 중국과 서역의 교류의 통로로서 경제와 문화가 발달하고 불교(佛敎)가 성행하여 불국(佛國)이라 불리는 곳이었다. 담무참은 돈황에서 몇 년간 머물며 중국어(中國語)를 배우고 난후 역경사업을 시작하였다. 현재까지 전해오는 보살계본이 바로 돈황에서 역출된 경(經)이다. 이후 담무참은 다시 동진하여 고창국(高昌國=현재 감숙성 무위시, 당시 북량국의 수도)에 도달해 당시 북량국의 왕(王) 저거몽손(401년-433년 재위)을 만나고 평생을 그와 함께 홍법과 역경사업에 치중하게 된다.

여기서 잠시 담무참이 활동하던 당시의 정세를 소개하겠다. 후한, 위, 촉, 오, 삼국, 진으로 이어지던 당시 중국 대륙은 진나라가 다시 분열되면서 혼란기를 맞게 되고 이 틈을 타 북방민족이 각각 나라를 세워 할거하는 (5호 16국=4세기부터 5세기 초에 걸쳐 중국 북부지역에 흉노, 갈, 저, 강, 선비의 다섯 이민족이 세운 열세 왕조와 한족(漢族)이 세운 세 왕조로 전조, 후조, 전연, 후연, 남연, 북연, 전진, 후진, 서진, 하, 성한, 전량, 후량, 북량, 남량, 서량 등의 16개국을 말한다) 시기를 맞게 된다. 중국대륙에서의 북방민족의 활동은 불교(佛敎)와 관련하여 중요한 의의를 갖는다.

중국에 기존하는 유교(儒敎)와 도교(道敎)의 사상이 워낙 뿌리 깊게 자리한 탓에 그때까지 중국에 유입된 불교(佛敎)는 본래의 뜻을 중국적을 해석한 이른바 '격의 불교'의 성격이 강하였다. 그러나 대륙에 진출한 북방민족은 통치이념의 필요에 따라 불교(佛敎)를 적극적으로 수용하게 되는데, 이때 인도(印度)로 부터 수많은 역경승(譯經僧)들이 들어왔으며, 격의불교에서 벗어나 보다 본래의 불교사상을 보다 적극적으로 퍼뜨릴 수 있었다. 저명한 역경승인 불도징 삼장, 구마라집 삼장, 담무참 삼장 등이 모두 이 시기에 활약하였다. 북량은 16국 중의 하나로 지금의 감숙성 일대에 자리한 국가다. 감숙성은 중국대륙에서 서역으로 통하는 중요한 관문이다. 때문에 당시의 불교가 중국대륙으로 유입되는 과정에서 북량국을 반드시 거쳐야 했으며, 이를 통해 북량은 당시 사상과 문화 모든 면에서 불교(佛敎)가 가장 왕성한 국가(國家)가 되었다. 당시 북량의 통치자였던 저거몽손은 『양고승전』에서 중간에 변덕을 부리기도 하고 담무참을 살해(殺害)하는 인물로서 약간 괴상한 인물로 비춰졌을지 모르지만, 사실 누구보다도 불교 전파에 적극적이었던 통치자였다. 강력한 통치력으로 서량의 영토였던 주천, 돈황 등지를 복속시키는 한편 국가 적인 불교사업을 대대적으로 펼쳤으며, 불교의 전륜성왕을 이상적 통치사상으로 삼고 각종 역경사업을 펼치고 불상과 사원의 조성에 힘썼다. 그리고 이러한 활동의 사상적 배경이 되었던 이가 바로 담무참이었다.

담무참은 저거몽손 왕(王)의 절대적인 지지를 받고 역경에 주력할 수 있었고, 그 결과 〈대반열반경〉 36권, 〈방등대집경〉 29권, 〈방등왕하공장경〉 5권, 〈방등대운경〉 4권, 〈보살지계경〉 8권, 〈보살계우바새계단경〉 1권, 〈우바새계〉 7권 등 다량의 경전을 역출하였다. 이 경전들은 모두 대승경전이다. 그중 가장 의의가 큰 경전(經典)은 말할 것도 없이 〈대반열반경〉이다. 담무참 이전에 동진의 법현과 불타발타라가 공역한 (니원경=니원(泥洹)은 열반을 의미하는 다른 번역어이다) 6권이 열반경에 해당하나 그 내용이 소승불교에 국한한 것이었다. 그러므로 진정한 대승의 열반경을 역출한 것은 담무참이 최초인 것이다. 그가 처음 인도에서 지니고 온 열반경 10권은 그 중 일부분으로 초분에 해당한다. 담무참은 이 10권을 모두 역출한 후 다시 인도로 돌아가 나머지 부분을 구하고자 하였다. 마침 모친(母親)상을 당한 인도에서 1년여를 머문 후 돌아와 우전국(타림분지 남단의 고대국가, 지금의 신장 화전현)에서 나머지 분량을 수집하여 북량국으로 돌아왔다. 이로서 〈대반열반경〉 36권(현재 40권)을 역출할 수 있었다(417). 그런데 나중에 인도 사문 담무발이 이 열반경을 보고 완본이 아니라 하자, 담무참은 다시 나머지 부분을 찾아 길을 나서게 되었다. 안타깝게도 담무참은 이때, 저거몽손에게 살해를 당해(433, 향년49)끝내 숙원의 사업이던 열반경의 완역을 이루지 못하였다.

그렇다면 담무참의 절대적인 후원자이자 숭배자였던 저거몽손 왕(王)은 왜 담무참을 살해하게 되었을까? 이에 대해서는 좀 더 고찰해볼 필요가 있다. 저거몽손의 북량국이 당시 하서지역에서 그 위세를 떨치긴 하였지만, 중국대륙 전체로서는 선비족이 세운 북위(北魏)가 북방의 다른 지역을 모두 점령하고 마지막으로 남은 북연과 북량을 위협하고 있었다. 북위의 태무제는 담무참의 명성을 듣고 몽손에게 담무참을 북위로 보낼 것을 지속적으로 요구하였다. 그러나 몽손은 침략의 위협 속에서도 이 요구만은 끝내 거절하였다. 〈양고승전〉에 이에 대해 다음과 같이 전하고 있다.

그때 북위의 탁발도(태무제, 424-452 제위)가 담무참의 명성을 듣고 사자를 파견하여 맞아들이려 했다. 탁발도는 몽손에게 고하기를 "만약 승려 담무참을 보내지 않으면 즉시 공격하겠다" 하였다. 그러나 몽손은 담무참을 섬긴지 이미 세월이 오래된 지라 차마 떠나는 것을 허락하지 못하였다. 또한 탁발도는 몽손에게 명하여 말하기를, "내 들으니, 담무참의 박학다식은 구마라집과 같은 정도이고, 비밀스런 주문과 신비한 영험은 불도징과 짝할 만하다고 한다. 짐이 도를 연구하고자 하니 빠른 역마(役馬)에 태워 그를 보내도록 하라." 저거몽손은 북위의 관리 이순에게 신락문에서 잔치를 베풀어 주었다. 몽손은 이순에게 말하였다.

"서번의 늙은 신하인 이 저거몽손은 조정을 받들어 섬겨, 감히 그 뜻을 거스르며 잘못을 저지르지 않았습니다. 그런데도 천자께서는 아첨하는 말을 믿고 받아들여, 독촉하고 핍박만 하고 계십니다. 전에는 표문을 내려 담무참이 머물기를 원하셨습니다. 이번에는 사자를 보내 그를 데려가려고 하십니다. 담무참은 바로 저의 스승님이므로 응당 그분과 죽음을 함께 해야만 합니다. 진실로 남은 여생이야 아깝지 않습니다. 인생은 한번 죽기 마련이지요, 다만 언제인지를 어찌 깨닫겠습니까?"

저거몽손에게는 담무참이 단순히 박학하고 역경에 능한 사문에 그치는 존재가 아니라 자신의 통치자로서의 일생에 있어 결코 떼어놓을 수 없는 스승이자 동반자였던 것이다. 이를 통해 당시 담무참의 법력이 얼마나 드높았고, 또 저거몽손에게 사상적으로 얼마나 지대한 영향을 끼쳤는지 능히 짐작할 수 있다. 결국 저거몽손은 자신과 담무참의 운명을 동일시하였고, 담무참이 열반경 완역을 위해 북량을 떠나려던 순간을 그와의 영원한 이별로 간주했던 것으로 보인다. 그래서였을까, 담무참을 살해한 바로 그해 몽손 역시 세상을 뜨고 말았다. 담무참의 송환을 무리하게 요구하였으나 끝내 그를 얻지 못한 태무제는 훗날 폐불정책을 시행하여 역사상 폐불삼무(북위의 태무제, 북주의 무제, 당의 무종)의 하나라는 오명을 남기게 되었다.

담무참의 행적을 전체적으로 평가한다면 철저한 대승사상에 입각하여 불교를 선양하였다는 점이다. 그가 역출한 경전은 모두 대승경전이었으며 계(戒)에 있어서는 소승의 계와 차별을 둔 대승적 보살계를 주장하였다. 이는 구마라집이 소승과 대승을 가리지 않고 역경사업을 한 것과 비교되는 점이다. 담무참이 역출한 대승경전 중에서 특히 열반경은 일승원교의 불신(佛身) 및 불성론(佛性論)을 통하여 대승의 근본사상을 가장 명확하게 제시한 경전으로 이후 중국을 비롯한 동아시아에서 중요한 대승경전 중 하나로 자리잡게 된다. 결국 담무참은 열반경을 통하여 대승의 진리를 깨달았고 평생토록 열반경을 손에서 놓지 않았으며, 마지막에도 열반경을 구하다가 생사(生死)를 달리한 인물이다. 담무참이 왜 평생토록 열반경을 중요시 하였을까? 아마도 그는 열반경(涅槃經)에서 다른 그 어떤 경전(經典)에서도 얻지 못할 커다란 깨달음을 얻었기 때문일 것이다.

그가 열반경에서 얻은 무상(無上)의 진리가 무엇이었는지를 고찰하는 것은 오늘날 열반경을 공부하는 우리들에게 남겨진 하나의 화두일 것이다.

제안 용하 삼가 씀

목 차

大般涅槃經 序　4
發刊辭　6
대반열반경 한글 현토본 발간에 앞서　8
담무참과 북전열반경　10

大般涅槃經 卷第一
　壽命品 第一　20
大般涅槃經 卷第二
　壽命品 第一之二　38
大般涅槃經 卷第三
　壽命品 第一之三　60
　金剛身品 第二　71
　名字功德品 第三　77
大般涅槃經 卷第四
　如來性品 第四之一　80
大般涅槃經 卷第五
　如來性品 第四之二　96
大般涅槃經 卷第六
　如來性品 第四之三　116
大般涅槃經 卷第七
　如來性品 第四之四　134
大般涅槃經 卷第八
　如來性品 第四之五　152
大般涅槃經 卷第九
　如來性品 第四之六　174
大般涅槃經 卷第十
　如來性品 第四之七　194
　一切大衆所問品 第五　198

大般涅槃經 卷第十一
　現病品 第六　212
　聖行品 第七之一　223
大般涅槃經 卷第十二
　聖行品 第七之二　230
大般涅槃經 卷第十三
　聖行品 第七之三　250
大般涅槃經 卷第十四
　聖行品 第七之四　268
大般涅槃經卷 第十五
　梵行品 第八之一　286
大般涅槃經 卷第十六
　梵行品 第八之二　304
大般涅槃經 卷第十七
　梵行品 第八之三　320
大般涅槃經 卷第十八
　梵行品 第八之四　336
大般涅槃經 卷第十九
　梵行品 第八之五　354
大般涅槃經 卷第二十
　梵行品 第八之六　372
　嬰兒行品 第九　387
大般涅槃經 卷第二十一
　光明遍照高貴德王菩薩品 第十之一　390
大般涅槃經 卷第二十二
　光明遍照高貴德王菩薩 品第十之二　410
大般涅槃經 卷第二十三
　光明遍照高貴德王菩薩品 第十之三　426

大般涅槃經 卷第二十四
　　光明遍照高貴德王菩薩品 第十之四　　444
大般涅槃經 卷第二十五
　　光明遍照高貴德王菩薩品 第十之五　　462
大般涅槃經 卷第二十六
　　光明遍照高貴德王菩薩品 第十之六　　484
大般涅槃經卷 第二十七
　　師子吼菩薩品 第十一之一　　498
大般涅槃經 卷第二十八
　　師子吼菩薩品 第十一之二　　520
大般涅槃經 卷第二十九
　　師子吼菩薩品 第十一之三　　542
大般涅槃經 卷第三十
　　師子吼菩薩品 第十一之四　　562
大般涅槃經 卷第三十一
　　師子吼菩薩品 第十一之五　　582
大般涅槃經 卷第三十二
　　師子吼菩薩品 第十一之六　　602
大般涅槃經 卷第三十三
　　迦葉菩薩品 第十二之一　　622
大般涅槃經 卷第三十四
　　迦葉菩薩品 第十二之二　　636
大般涅槃經 卷第三十五
　　迦葉菩薩品 第十二之三　　652
大般涅槃經 卷第三十六
　　迦葉菩薩品 第十二之四　　670
大般涅槃經 卷第三十七
　　迦葉菩薩品 第十二之五　　692

大般涅槃經 卷第三十八
　迦葉菩薩品 第十二之六　710
大般涅槃經 卷第三十九
　憍陳如品 第十三之一　724
大般涅槃經 卷第四十
　憍陳如品 第十三之二　748

부록 : 우리말 대반열반경 요의　769

돈황 막고굴 158굴 열반상. 열반은 적멸이요, 완전한 해탈에 이름이다

大般涅槃經 卷第一

北涼天竺 三藏 曇無讖 譯

壽命品 第一

如是我聞하오니 一時에 佛이 在拘尸那國·力士生地인 阿利羅跋提河邊·娑羅雙樹間하사 爾時에 世尊께서 與大比丘 八十億百千人으로 俱하여 前後圍遶러시니 二月十五日에 臨涅槃時하사 以佛神力으로 出大音聲하시니 其聲이 遍滿하야 乃至有頂하시며 隨其類音으로 普告眾生하사대 今日에 如來 應供 正遍知가 憐愍眾生하사 覆護眾生호대 等視眾生을 如羅睺羅하며 爲作歸依하며 屋舍室宅이라

大覺世尊께서 將欲涅槃하시니 一切眾生이 若有所疑어든 今悉可問하야 爲最後問하라

爾時에 世尊께서 於晨朝時에 從其面門하야 放種種光하시니 其明이 雜色이여 서 靑·黃·赤·白이며 頗梨馬瑙라 光遍照此三千大千佛之世界하시고 乃至十方에도 亦復如是하니 其中에 所有六趣眾生이 遇斯光者는 罪垢와 煩惱가 一切消除라

是諸眾生이 見聞是已에 心大憂愁하야 同時擧聲하야 悲啼號哭호대 嗚呼慈父시여 痛哉苦哉로다 擧手拍頭하며 搥胸叫喚이라 其中에 或有身體가 戰慄하고 涕泣哽咽하니라

爾時에 大地와 諸山大海가 皆悉震動하니라

時에 諸眾生이 共相謂言호대 且各裁抑하야 莫大愁苦하고 當疾往詣拘尸那城力士生處라 하고 至如來所하야 頭面禮敬하고 勸請如來호대 莫般涅槃하시고 住世一劫커나 若減一劫하소서 互相執手하고 復作是言호대 世間이 空虛하고 眾生福盡이라 不善諸業이 增長出世로라

仁等은 今當速往速往하라 如來不久에 必入涅槃하시리라 復作是言호대 世間空虛하고 世間空虛하니 我等이 從今에 無有救護며 無所宗仰하야 貧窮孤露일세 一旦에 遠離無上世尊하면 設有疑惑인들 當復問誰리요
時에 有無量諸大弟子인 尊者 摩訶迦旃延과 尊者 薄俱羅와 尊者 優波難陀하니 如是等諸大比丘가 遇佛光者는 其身戰掉하야 乃至大動하야 不能自持하며 心濁迷悶하야 發聲大喚하야 生如是等種種苦惱하니라
爾時에 復有八十百千諸比丘等호대 皆阿羅漢으로 心得自在하야 所作已辦하고 離諸煩惱하야 調伏諸根이 如大龍王이 有大威德하며 成就空慧하야 逮得已利가 如栴檀林을 栴檀이 圍遶하며 如師子王을 師子가 圍遶하야 成就如是無量功德하니 一切皆是佛之眞子라 於其晨朝日始初出에 離常住處하야 嚼楊枝時에 遇佛光明하고 幷相謂言호대 仁等은 速疾漱口澡手하라 作是言已에 擧身毛竪하며 遍體血現이 如波羅奢花며 涕泣盈目하야 生大苦惱러라 爲欲利益安樂衆生하야 成就大乘第一空行하며 顯發如來方便密教하야 爲不斷絶하야 種種說法하며 爲諸衆生하야 調伏因緣故로 疾至佛所하야 稽首佛足하고 繞百千匝하고 合掌恭敬하야 却坐一面하니라
爾時에 復有拘陀羅女와 善賢比丘尼와 優波難比丘尼와 海意比丘尼와 與六十億比丘尼等하니 一切亦是大阿羅漢으로 諸漏已盡하야 心得自在하며 所作已辦하야 離諸煩惱하며 調伏諸根이 猶如大龍이 有大威德하며 成就空慧라 하야 亦於晨朝日初出時에 擧身毛竪하며 遍體血現이 如波羅奢花하며 涕泣盈目하야 生大苦惱러라
亦欲利益安樂衆生하야 成就大乘第一空行하며 顯發如來方便密教하야 爲不斷絶하야 種種說法이라 爲諸衆生하야 調伏因緣故로 疾至佛所하야 稽首佛足하고 遶百千匝하고 合掌恭敬하야 却坐一面하니라
於比丘尼衆中에 復有諸比丘尼하니 皆是菩薩이라 人中之龍으로 位階十地하야 安住不動호대 爲化衆生하야 現受女身하야 而常修集四無量心하야 得自在力하야 能化作佛하니라
爾時에 復有一恒河沙菩薩摩訶薩이 人中之龍으로 位階十地하야 安住不動

이로대 方便現身하시니 其名曰海德菩薩이며 無盡意菩薩인 如是等菩薩摩訶薩이 而爲上首하시니 其心이 皆悉敬重大乘하며 安住大乘하며 深解大乘하며 愛樂大乘하며 守護大乘하며 善能隨順一切世間하야 作是誓言호대 諸未度者를 當令得度케하리라 하며 已於過世無數劫中에 修持淨戒하고 善持所行하고 解未解者하며 紹三寶種하야 使不斷絶하며 於未來世에 當轉法輪하야 以大莊嚴으로 而自莊嚴하리라 하야 成就如是無量功德하야 等觀衆生을 如視一子러니 亦於晨朝日初出時에 遇佛光明하고 擧身毛竪하야 遍體血現이 如波羅奢花며 涕泣盈目하사 生大苦惱하며 亦爲利益安樂衆生하사 成就大乘第一空行하며 顯發如來方便密敎하며 爲不斷絶하야 種種說法하며 爲諸衆生하야 調伏因緣故로 疾至佛所하야 稽首佛足하고 繞百千匝하고 合掌恭敬하고 却坐一面하니라

爾時에 復有二恒河沙諸優婆塞가 受持五戒하야 威儀具足하니 其名曰威德無垢稱王優婆塞이며 善德優婆塞等이 而爲上首하야 深樂觀察諸對治門하니 所謂苦樂과 常·無常 淨·不淨 我·無我 實·不實 歸依·非歸依 衆生·非衆生 恒·非恒 安·非安 爲·無爲 斷·不斷 涅槃·非涅槃 增上·非增上이라 常樂觀察如是等法對治之門하며 亦欲樂聞無上大乘하야 如所聞已에 能爲他說하며 善持淨戒하야 渴仰大乘하며 既自充足하고 復能充足餘渴仰者하며 善能攝取無上智慧하야 愛樂大乘하며 守護大乘하며 善能隨順一切世間하야 度·未度者하며 解·未解者하며 紹三寶種하야 使不斷絶하며 於未來世에 當轉法輪하야 以大莊嚴으로 而自莊嚴하며 心常深味淸淨戒行하야 悉能成就如是功德하야 於諸衆生에 生大悲心하야 平等無二하야 如視一子러니라

亦於晨朝日初出時에 爲欲闍毘如來身故로 人人이 各取香木萬束호대 栴檀沈水 牛頭 栴檀 天木香等이라 是一一木이 文理及附에 皆有七寶微妙光明호대 譬如種種雜彩畵飾이라 以佛力故으로 有是妙色青·黃·赤·白하야 爲諸衆生之所樂見이며 諸木이 皆以種種香塗하니 欝金 沈水 及膠香等이며 散以諸花하야 而爲莊嚴하니 優鉢羅花 拘物頭花 波頭摩花 分陀利花이며 諸香木上에 懸五色幡호대 柔軟微妙가 猶如天衣하니 憍奢耶衣이며 芻

摩繒綵라 是諸香木을 載以寶車하니 是諸寶車가 出種種光호대 青·黃·赤·白이라 轅轆을 皆以七寶厠塡하니 是一一車를 駕以四馬하니 是一一馬가 駿疾如風하며 一一車前에 豎立五十七寶妙幢하고 真金羅網을 彌覆其上하며 一一寶車가 復有五十微妙寶蓋하고 一一車上에 垂諸花鬘하니 優鉢羅花 拘物頭花 波頭摩花 分陀利花라

其花가 純以真金為葉하고 金剛為臺어든 是花臺中에 多有黑蜂이 遊集其中하야 歡娛受樂하며 又出妙音하니 所謂無常苦空無我라 是音聲中에 復說菩薩本所行道하며 復有種種·歌舞·伎樂 箏·笛·箜篌·簫·瑟·鼓吹하고 是樂音中에 復出是言호대 苦哉苦哉라 世間이 空虛라 하니라

一一車前에 有優婆塞하야 擎四寶案하니 是諸案上에 有種種花하며 優鉢羅花 拘物頭花 波頭摩花 分陀利花며 欝金諸香과 及餘薰香이 微妙第一이리라 諸優婆塞가 為佛及僧하야 辦諸食具호대 種種備足하니 皆是栴檀沈水香薪이며 八功德水之所成熟이라 其食이 甘美하야 有六種味하니 一苦·二醋·三甘·四辛·五醎·六淡이라

復有三德하니

一者은 輕軟이요 二者은 淨潔이요 三者은 如法이라

作如是等種種莊嚴하야 至力士生處娑羅雙樹間하야 復以金沙로 遍布其地하고 以加陵伽衣·欽婆羅衣·及繒綵衣로 而覆沙上호대 周匝遍滿十二由旬이리라

為佛及僧하야 敷置七寶師子之座하니 其座高大하야 如須彌山이라 是諸座上에 皆有寶帳호대 垂諸瓔珞하고 諸娑羅樹에 悉懸種種微妙幡蓋하고 種種好香으로 以塗樹身하며 種種名花로 以散樹間하고 諸優婆塞가 各作是念호대 一切眾生이 若有所乏하면 須食與食하고 須飲與飲하며 須頭與頭하며 須目與目하야 隨諸眾生의 所須之物하야 皆悉給與호대 作是施時에 離欲瞋恚穢濁毒心하야 無餘思惟求世福樂하고 唯期無上清淨菩提하리라 是優婆塞等이 皆已安住於菩薩道하고 復作是念호대 如來께서 今者에 受我食已에 當入涅槃하시리라

作是念已에 身毛皆竪하야 遍體血現如波羅奢花라 涕泣盈目하며 生大苦惱하고 各各持供養之具하야 載以寶車에 香木幢幡과 寶蓋飮食하고 疾至佛所하야 稽首佛足하고 以其所持供養之具로 供養如來할새 遶百千匝하며 擧聲號泣하니 哀動天地라 搥胸大叫하야 淚下如雨하며 復相謂言호대 苦哉라 仁者여 世間空虛하고 世間空虛로라

便自擧身하야 投如來前하야 而白佛言호대 唯願如來은 哀受我等의 最後供養하소서 世尊께서 知時하시고 默然不受하시며 如是三請호대 悉皆不許하시니 諸優婆塞가 不果所願하야 心懷悲惱하고 默然而住를 猶如慈父가 唯有一子라가 卒病喪亡에 殯送其骸하야 置於塚間하고 歸還悵恨하야 愁憂苦惱하야 諸優婆塞의 憂愁苦惱도 亦復如是라 以諸供具로 安置一處하고 却在一面하야 默然而坐하니라

爾時에 復有三恒河沙諸優婆夷하니 受持五戒하야 威儀具足하니 其名曰壽德優婆夷와 德鬘優婆夷와 毘舍佉優婆夷等이 八萬四千에 而爲上首하야 悉能堪任護持正法하야 爲度無量百千衆生故로 現女身하야 呵責家法하고 自觀己身이 如四毒蛇하야 是身이 常爲無量諸虫之所唼食하며 是身臭穢하야 貪欲獄縛하며 是身可惡가 猶如死狗하며 是身不淨하야 九孔常流하며 是身如城하야 血肉筋骨을 皮裏其上하며 手足으로 以爲却敵樓櫓하며 目爲竅孔하며 頭爲殿堂하야 心王處中이라

如是身城은 諸佛世尊之所棄捨어늘 凡夫愚人이 常所味著이라 貪婬瞋恚 愚癡羅刹이 止住其中이로라

是身不堅이 猶如蘆葦와 伊蘭·水泡·芭蕉之樹하며 是身無常하야 念念不住가 猶如電光暴水幻炎하며 亦如畫水에 隨畫隨合하며 是身易壞가 猶如河岸에 臨峻大樹하며 是身不久에 當爲狐狼鵄梟와 鵰鷲烏鵲과 餓狗之所食噉이니 誰有智者가 當樂此身이요 寧以牛跡으로 盛大海水라도 不能具說是身의 無常不淨臭穢며 寧丸大地하야 使如棗等하야 漸漸轉小를 猶葶藶子와 乃至微塵이언정 不能具說是身의 過患이로다 是故로 當捨를 如棄涕唾니라

以是因緣으로 諸優婆夷가 以空無相 無願之法으로 常修其心하야 深樂諸
受大乘經典하며 聞已에 亦能為他演說하야 護持本願하며 毁呰女身이 甚
可患厭하라 性不堅牢하고 心常修集如是正觀하야 破壞生死無際輪轉하며
渴仰大乘하야 既自充足하고 復能充足餘渴仰者하며 深樂大乘하야 守護大
乘이라 雖現女身이나 實是菩薩이라 善能隨順一切世間하야 度未度者하며
解未解者하며 紹三寶種하야 使不斷絶하야 於未來世에 當轉法輪하며 以
大莊嚴으로 而自莊嚴하며 堅持禁戒하며 皆悉成就如是功德하야 於諸衆生
에 生大悲心호대 平等無二하야 如視一子러라 亦於晨朝日初出時에 各相
謂言호대 今日에 宜應至雙樹間이니라 諸優婆夷가 所設供具가 倍勝於前이
라 持至佛所하야 稽首佛足하며 遶百千匝하고 而白佛言호대 世尊이시여
我等今者에 為佛及僧하와 辦諸供具하오니 唯願如來는 哀受我供하소서 如
來默然하사 而不許可하시니 諸優婆夷가 不果所願이라 心懷惆悵하고 却坐
一面하니라

爾時에 復有四恒河沙毘耶離城에 諸離車等男女 大小 妻子 眷屬과 及閻
浮提諸王眷屬하니 為求法故로 善修戒行하야 威儀具足하야 摧伏異學壞
正法者라 常相謂言호대 我等이 當以金銀倉庫로 為令甘露無盡正法深奧
之藏하고 久住於世하야 願令我等으로 常得修學하리라

若有誹謗佛正法者면 當斷其舌하리라 하며 復作是願호대 若有出家하야 毁
禁戒者면 我當罷令還俗策使하고 有能深樂護持正法하면 我當敬重을 如事
父母하며 若有眾僧이 能修正法하면 我當隨喜하야 令得勢力케하리라 하고
常欲樂聞大乘經典호대 聞已에 亦能為人廣說하야 皆悉成就如是功德하니
其名曰淨無垢藏離車子와 淨不放逸離車子와 恒水無垢淨德離車子라

如是等이 各相謂言호대 仁等은 今可速往佛所니 所辦供養을 種種具足하
라 하고 一一離車가 各嚴八萬四千大象과 八萬四千駟馬寶車하며 八萬四
千明月寶珠와 天木栴檀沈水薪束도 種種各有八萬四千이라 一一象前에
有寶幢幡蓋호대 其蓋小者가 周匝縱廣이 滿一由旬이요 幡最短者가 長이
三十二由旬이요 寶幢卑者가 高百由旬이라

大般涅槃經 卷第一

持如是等供養之具하고 往至佛所하야 稽首佛足하며 遶百千匝하고 而白佛言호대 世尊이시여 我等今者에 為佛及僧하와 辦諸供具하오니 唯願如來은 哀受我供하소서 如來默然하사 而不許可하시니 諸離車等이 不果所願이라 心懷愁惱하고 以佛神力으로 去地七多羅樹하야 於虛空中에 默然而住하니라

爾時에 復有五恒河沙大臣長者가 敬重大乘하야 若有異學謗正法者이면 是諸人等이 力能摧伏을 猶如雹雨摧折草木하니 其名曰日光長者와 護世長者와 護法長者라 如是之等이 而為上首하야 所設供具가 五倍於前이라

俱共往詣娑羅雙樹間하야 稽首佛足하야 遶百千匝하고 而白佛言호대 世尊이시여 我等今者에 為佛及僧하여 設諸供具하오 唯願哀愍하사 受我等供하소서 如來默然하사 而不受之하시니 諸長者等의 不果所願이라 心懷愁惱하고 以佛神力으로 去地七多羅樹하야 於虛空中에 默然而住하니라

爾時에 復有應有六恒河沙毘舍離王과 及其後宮夫人眷屬과 閻浮提內所有諸王하고 除阿闍世와 幷及城邑聚落人民이라 其名曰月無垢王等이니 各嚴四兵하야 欲往佛所라 是一一王이 各有一百八十萬億人民眷屬호대 是諸車兵을 駕以象馬하니 象有六牙하고 馬疾如風이요 莊嚴供具가 六倍於前이라

寶蓋之中에 有極小者가 周匝縱廣이 滿八由旬이요 幡極短者가 十六由旬이요 寶幢卑者가 三十六由旬이라 是諸王等이 皆悉安住於正法中하야 惡賤邪法하고 敬重大乘하야 深樂大乘하며 憐愍眾生호대 等如一子하며 所持飲食이 香氣流布하야 滿四由旬이라 亦於晨朝日初出時에 持是種種上妙甘饍하고 詣雙樹間하야 至如來所하야 而白佛言호대 世尊이시여 我等이 為佛及比丘僧하야 設是供具하오니 唯願如來는 哀愍하사 受我最後供養하소서 如來知時하사 亦不許可하시니 是諸王等이 不果所願이라 心懷愁惱하고 却住一面하니라

爾時에 復有七恒河沙諸王夫人하니 唯除阿闍世王夫人이라 為度眾生하야 現受女身하야 常觀身行호대 以空無相無願之法으로 薰修其心이라 其名曰

三界妙夫人과 愛德夫人인 如是等諸王夫人이 皆悉安住於正法中하야 修行禁戒하야 威儀具足하며 憐愍衆生호대 等如一子라 各相謂言호대 今宜速往하야 詣世尊所니라 諸王夫人의 所設供養이 七倍於前호대 香花寶幢과 繒綵幡蓋와 上妙飲食이라 寶蓋小者가 周匝縱廣이 十六由旬이요 幡最短者는 三十六由旬이요 寶幢卑者는 六十八由旬이요 飮食香氣가 周遍流布하야 滿八由旬이라 持如是等供養之具하고 往如來所하야 稽首佛足하고 遶百千匝하야 而白佛言호대 世尊이시여 我等이 爲佛及比丘僧하야 設是供具하오니 唯願如來는 哀愍하사 受我最後供養하소서 如來知時하시고 默然不受하시니 時諸夫人이 不果所願이라 心懷愁惱하야 自拔頭髮하며 搥胸大哭하야 猶如新喪所愛之子라 却在一面하야 默然而住하니라

爾時에 復有八恒河沙諸天女等하니 其名曰廣目天女니 而爲上首라 作如是言호대 汝等諸姊은 諦觀諦觀하라 是諸人衆所設種種上妙供具로 欲供如來及比丘僧하니 我等도 亦當如是하야 嚴設微妙供具하야 供養如來하리라

如來受已에 當入涅槃케하시나니라 諸姊여 諸佛如來出世甚難이요 最後供養은 亦復倍難이니라 若佛涅槃하시면 世間空虛리라 是諸天女가 愛樂大乘하야 欲聞大乘하며 聞已에 亦能爲人廣說하며 渴仰大乘하야 旣自充足하고 復能充足餘渴仰者하며 守護大乘호대 若有異學이 憎嫉大乘하면 勢能摧滅을 如雹摧草하며 護持戒行하야 威儀具足하며 善能隨順一切世間하야 度未度者하며 脫未脫者하야 於未來世에 當轉法輪하야 紹三寶種하야 使不斷絕하며 修學大乘하고 以大莊嚴으로 而自莊嚴하야 成就如是無量功德하며 等慈衆生을 如視一子러라

亦於晨朝日初出時에 各取種種天木香等하니 倍於人間所有香木이라 其木香氣가 能滅人中種種臭穢라 白車白蓋로 駕四白馬하고 一一車上에 皆張白帳하고 其帳四邊에 懸諸金鈴하고 種種香花와 寶幢幡蓋와 上妙甘饍와 種種伎樂이요 敷師子座하니 其座四足이 純紺琉璃라 於其座後에 各各皆有七寶倚床하고 一一座前에 復有金机하고 復以七寶로 而爲燈樹하고 種

種寶珠로 以爲燈明하며 微妙天花로 遍布其地하다
是諸天女가 設是供已에 心懷哀感하야 涕淚交流하며 生大苦惱하며 亦爲利益安樂衆生하야 成就大乘第一空行하야 顯發如來方便密敎하며 亦爲不斷하야 種種說法이라
往詣佛所하야 稽首佛足하고 遶百千匝하야 而白佛言호대 世尊이시여 唯願如來은 哀受我等最後供養하소서 如來知時하사 默然不受하시니 諸天女等이 不果所願이라 心懷憂惱하고 却在一面하야 默然而坐하니라
爾時에 復有九恒河沙諸龍王等하야 住於四方하니 其名曰[和修吉]龍王과 難陀龍王과 婆難陀龍王이니 而爲上首라 是諸龍王도 亦於晨朝日初出時에 設諸供具하니 倍於人天이라 持至佛所하야 稽首佛足하고 遶百千匝하야 而白佛言호대 唯願如來은 哀受我等最後供養하소서 如來知時하사 默然不受하시니 是諸龍王도 不果所願이라 心懷愁惱하야 却坐一面하니라
爾時에 復有十恒河沙諸鬼神王하니 毘沙門王이 而爲上首라 各相謂言호대 仁等은 今者에 可速詣佛하라 所設供具가 倍於諸龍이라 持往佛所하야 稽首佛足하고 遶百千匝하야 而白佛言호대 唯願如來은 哀受我等最後供養하소서 如來知時하사 默然不許하시니 是諸鬼王도 不果所願이라 心懷愁惱하야 却坐一面하니라
爾時에 復有二十恒河沙金翅鳥王하니 降怨鳥王이 而爲上首하고 復有三十恒河沙乾闥婆王하니 那羅達王이 而爲上首하고
復有四十恒河沙緊那羅王하니 善見王이 而爲上首하고
復有五十恒河沙摩睺羅伽王하니 大善見王이 而爲上首하고 復有六十恒河阿修羅王하니 睒婆利王이 而爲上首하고 復有七十恒河沙陀那婆王하니 無垢河水王과 跋提達多王等이 而爲上首하고 復有八十恒河沙羅刹王하니 可畏王이 而爲上首라 捨離惡心하야 更不食人하며 於怨憎中에 生慈悲心하며 其形醜陋로대 以佛神力으로 皆悉端正이러라
復有九十恒河沙樹林神王하니 樂香王이 而爲上首하고
復有千恒河沙持呪王하니 大幻持呪王이 而爲上首하고

復有一億恒河沙貪色鬼魅하니 善見王이 而為上首하고
復有百億恒河沙天諸婬女하니 天藍婆女와 欝婆尸女와 帝路沾女와 毘舍佉女가 而為上首하고
復有千億恒河沙地諸鬼王하니 白濕王이 而為上首하고
復有十萬億恒河沙等諸天子와 及諸天王四天王等하며
復有十萬億恒河沙等四方風神하니 吹諸樹上의 時非時花하야 散雙樹間하며
復有十萬億恒河沙主雲雨神하니 皆作是念호대 如來涅槃하사 焚身之時에 我當注雨하야 令火時滅하야 眾中熱悶을 為作清涼하리라 하며
復有二十恒河沙大香象王하니 羅睺象王과 金色象王과 甘味象王과 紺眼象王과 欲香象王等이 而為上首하야 敬重大乘하며 愛樂大乘이라 知佛不久에 當般涅槃하고 各各拔取無量無邊諸妙蓮花하야 來至佛所하야 頭面禮佛하고 却住一面하니라
復有二十恒河沙等師子獸王하니 師子吼王이 而為上首라 施與一切眾生無畏하며 持諸花菓하고 來至佛所하야 稽首佛足하고 却住一面하니라
復有二十恒河沙等諸飛鳥王하니 鳧·鴈·鴛鴦·孔雀諸鳥 乾闥婆鳥 迦蘭陀鳥 鳩鴿鸚鵡 俱翅羅鳥 婆嘻伽鳥 迦陵頻伽鳥 耆婆耆婆鳥인 如是等諸鳥가 持諸花菓하야 來至佛所하야 稽首佛足하고 却住一面하니라
復有二十恒河沙等水牛牛羊하야 往至佛所하야 出妙香乳하니 其乳가 流滿拘尸那城所有溝坑하니 色香美味가 悉皆具足이라 成是事已에 却住一面하니라
復有二十恒河沙等四天下中諸神仙人하니 忍辱仙等이 而為上首하야 持諸香花及諸甘果하고 來詣佛所하야 稽首佛足하고 遶佛三匝하야 而白佛言호대 唯願世尊이시여 哀受我等最後供養하소서 如來知時하사 默然不許하시니 時諸仙人이 不果所願이라 心懷愁惱하고 却住一面하니라
閻浮提中一切蜂王에 妙音蜂王이 而為上首하야 持種種花하고 來詣佛所하야 稽首佛足하고 遶佛一匝하야 却住一面하니라

爾時에 閻浮提中의 比丘·比丘尼가 一切皆集호대 唯除尊者摩訶迦葉과 阿難의 二衆이러라

復有無量阿僧祇恒河沙等世界中間과 及閻浮提所有諸山에 須彌山王이 而爲上首하니 其山莊嚴은 叢林蓊欝하며 諸樹茂盛하야 枝條扶疎하고 蔭蔽日光하야 種種妙花가 周遍而有하며 龍泉流水가 淸淨香潔하며 諸天龍神과 乾闥婆와 阿修羅와 迦樓羅·緊那羅·摩睺羅伽 神仙呪術이 作倡伎樂이라

如是等衆이 彌滿其中이러라 是諸山神도 亦來詣佛하야 稽首佛足하고 却住一面하니라

復有阿僧祇恒河沙等의 四大海神과 及諸河神하니 有大威德하며 具大神足하야 所設供養이 倍勝於前이라 諸神身光과 伎樂燈明이 悉蔽日月하야 令不復現하며 以占婆花로 散熙連河하고 來至佛所하야 稽首佛足하고 却住一面하니라

爾時에 拘尸那城娑羅樹林에 其林이 變白하야 猶如白鶴하고 於虛空中에 自然而有七寶堂閣하야 彫文刻鏤하야 綺飾分明하며 周匝欄楯에 衆寶雜厠하고 堂下에 多有流泉浴池하야 上妙蓮花가 彌滿其中하니 猶如北方欝單越國하며 亦如忉利歡喜之園이라 爾時에 娑羅樹林中間에 種種莊嚴도 甚可愛樂하야 亦復如是라 是諸天人阿修羅等이 咸覩如來涅槃之相하고 皆悉悲感하야 愁憂不樂이러라

爾時에 四天王과 釋提桓因이 各相謂言호대 汝等은 觀察諸天世人과 及阿修羅의 大設供養하야 欲於最後에 供養如來니라

我等도 亦當如是供養하리라 若我最後得供養者인댄 檀波羅蜜을 則爲成就하야 滿足不難이니라

爾時에 四天王의 所設供養이 倍勝於前이라 持曼陀羅花와 摩訶曼陀羅花 迦枳樓伽花·摩訶迦枳樓伽花 曼殊沙花·摩訶曼殊沙花 散多尼迦花·摩訶散多尼迦花 愛樂花·大愛樂花 普賢花·大普賢花 時花·大時花 香城花·大香城花 歡喜花·大歡喜花 發欲花·大發欲花 香醉花·大香醉花 普香花·大普香花

天金葉花·龍華 波利質多樹花·拘毘羅樹花하며 復持種種上妙甘饍하고 來至佛所하야 稽首佛足하니 是諸天人의 所有光明이 能覆日月하야 令不復現이라

以是供具로 欲供養佛일새 如來知時하사 默然不受하시니 爾時에 諸天이 不果所願이라 愁憂苦惱하야 却住一面하니라

爾時에 釋提桓因과 及三十三天이 設諸供具하니 亦倍勝前하며 及所持花도 亦復如是라 香氣微妙하야 甚可愛樂이며 持得勝堂과 幷諸小堂하야 來至佛所하야 稽首佛足하고 而白佛言호대 世尊이시여 我等이 深樂愛護大乘하오니 唯願如來은 哀受我食하소서 如來知時하며 默然不受하시니 時諸釋天이 不果所願이라 心懷愁惱하야 却住一面하니라

乃至第六天의 所設供養이 展轉勝前이라 寶幢幡蓋도 寶蓋小者가 覆四天下이오 幡最短者가 周圍四海요 幢最卑者가 至自在天이라 微風吹幡하면 出妙音聲이러라

持上甘饍하고 來詣佛所하야 稽首佛足하고 白佛言호대 世尊이시여 唯願如來은 哀受我等最後供養하소서 如來知時하사 默然不受하시니 是諸天等도 不果所願이라 心懷愁惱하고 却住一面하니라 上至有頂으로 其餘梵衆이 一切來集하니

爾時에 大梵天王과 及餘梵衆이 放身光明에 遍四天下하니 欲界人天과 日月光明이 悉不復現이러라 持諸寶幢과 繒綵幡蓋하니 幡極短者가 懸於梵宮하야 至娑羅樹間이라 來詣佛所하야 稽首佛足하고 白佛言호대 世尊이시여 唯願如來은 哀受我等最後供養하소서 如來知時시고 默然不受하시니 爾時에 諸梵이 不果所願이라 心懷愁惱하고 却住一面하니라

爾時에 毘摩質多阿修羅王이 與無量阿修羅大眷屬俱하니 身諸光明이 勝於梵天이라 持諸寶幢과 繒綵幡蓋하니 其蓋小者가 覆千世界라 上妙甘饍으로 來詣佛所하야 稽首佛足하고 而白佛言호대 唯願如來은 哀受我等最後供養하소서 如來知時시고 默然不受하시니 諸阿修羅이 不果所願하야 心懷愁惱하고 却住一面하니라

大般涅槃經 卷第一

爾時에 欲界魔王波旬이 與其眷屬諸天婇女無量無邊阿僧祇衆으로 開地獄門하고 施淸冷水하야 因而告曰汝等今者에 無所能爲하니 唯當專念如來·應供·正遍知하야 建立最後隨喜供養하라 當令汝等으로 長夜獲安이리라 時魔波旬이 於地獄中에 悉除刀劍하며 無量苦毒熾然炎火를 注雨滅之하고 以佛神力으로 復發是心하야 令諸眷屬으로 皆捨刀劍과 弓弩鎧仗과 鉾槊長鉤와 金鎚鐵斧鬪輪羂索하고 所持供養이 倍勝一切人天所設이라 其蓋小者가 覆中千界하고 來至佛所하야 稽首佛足하고 而白佛言호대 我等이 今者에 愛樂大乘하며 守護大乘하오니 世尊이시여 若有善男子善女人이 爲供養故며 爲怖畏故며 爲誑他故며 爲財利故며 爲隨他故로 受是大乘하야 或眞或僞어든 我等이 爾時에 當爲是人하야 除滅怖畏하야 說如是呪하리니

訶盧呵隷 阿羅 遮羅 多羅 沙
[南傳 : 涅槃經=佗枳曖曖羅佗枳吒盧呵隷摩訶盧呵隷阿羅遮羅多羅沙河]

是呪가 能令諸失心者와 怖畏者와 說法者와 不斷正法者로 爲伏外道故며 護已身故며 護正法故며 護大乘故로 說如是呪하오니 若有能持如是呪者는 無惡象怖하며 若至曠野空澤嶮處라도 不生怖畏하며 亦無水火師子虎狼盜賊王難이니다
世尊이시여 若有能持如是呪者는 悉能除滅如是等怖하리니다
世尊이시여 持是呪者은 我當護之을 如龜藏六하리니다
世尊이시여 我等이 今者에 不以諛諂으로 說如是事하오니 持是呪者는 我當至誠으로 益其勢力하리니다 唯願如來은 哀受我等最後供養하소서
爾時에 佛告魔波旬言하사되 我不受汝飮食供養이요 我已受汝所說神呪하니 爲欲安樂一切衆生四部衆故니라 佛說是已하시고 默然不受하시며 如是

壽命品 第一

三請호대 皆亦不受하시니 時魔波旬이 不果所願이라 心懷愁惱하야 却住一面하니라

爾時에 大自在天王이 與其眷屬無量無邊과 及諸天衆으로 所設供具가 悉覆梵釋護世四王·人天·八部及非人等의 所有供具하니 梵釋所設은 猶如聚墨이 在珂貝邊하야 悉不復現하며 寶蓋小者는 能覆三千大千世界라

持如是等供養之具하고 來詣佛所하야 稽首佛足하고 遶無數匝하며 白佛言호대 世尊이시여 我等所獻微末供具가 喻如蚊子가 供養於我하며 亦如有人이 以一掬水로 投於大海하며 然一小燈하야 助百千日하며 春夏之月에 衆花茂盛커던 有持一花하야 益於衆花하며 以亭歷子로 益須彌山하면 豈當有益大海日明衆花須彌리요 世尊이시여 我今所奉微末供具도 亦復如是하나이다 若以三千大千世界에 滿中香花伎樂幡蓋로 供養如來라도 尚不足言이니 何以故오 如來為諸衆生하사 常於地獄·餓鬼·畜生·諸惡趣中에 受諸苦惱니다 是故로 世尊이시여 應見哀愍하사 受我等供하소서

爾時에 東方으로 去此無量無數阿僧祇恒河沙數微塵等世界하야 彼有佛土하니 名意樂美音이요

佛號는 虛空等如來·應供·正遍知·明行足·善逝·世間解·無上士·調御丈夫·天人師·佛·世尊이라

爾時에 彼佛이 即告第一大弟子言호대 善男子여 汝今宜往西方娑婆世界니라 彼土에 有佛하시니 號釋迦牟尼如來·應供·正遍知·明行足·善逝·世間解·無上士·調御丈夫·天人師·佛·世尊이시니 彼佛不久에 當般涅槃이라

善男子여 汝可持此世界香飯하라 其飯이 香美하야 食之安隱이니 可以此食으로 奉獻彼佛世尊하야 世尊食已에 入般涅槃케하라 善男子여 幷可禮敬하고 請決所疑하라

爾時에 無邊身菩薩摩訶薩이 即受佛教하고 從座而起하야 稽首佛足하고 右遶三匝하야 與無量阿僧祇菩薩俱하야 從彼國發하야 來至此娑婆世界하시니 應時此間三千大千世界가 大地六種震動이라 於是衆中에 梵釋四天王과 魔王波旬과 摩醯首羅如是大衆이 見是地動하고 舉身毛竪하며 喉舌

枯燥하며 驚怖戰慄하야 各欲四散하며 自見其身이 無復光明하며 所有威德이 殄滅無餘러라

是時에 文殊師利法王子가 即從座起하야 告諸大眾하사대 諸善男子여 汝等은 勿怖하고 汝等은 勿怖하라 何以故오 東方으로 去此無量無數阿僧祇恒河沙微塵等世界하야 有世界하니 名意樂美音이오 佛號는 虛空等如來·應供·正遍知이시니 十號具足하시고 彼有菩薩하니 名無邊身이라

與無量菩薩로 欲來至此하야 供養如來하시니 以彼菩薩의 威德力故으로 令汝身光으로 悉不復現이라 是故로 汝等은 應生歡喜하고 勿懷恐怖하라

爾時에 大眾이 悉皆遙見彼佛大眾호대 如明鏡中에 自觀己身하니라 時에 文殊師利가 復告大眾하사되 汝今所見彼佛大眾이 如見此佛은 以佛神力이니 復當如是하야 得見九方無量諸佛하리라

爾時에 大眾이 各相謂言호대 苦哉苦哉라 世間空虛이로다

如來不久에 當般涅槃이로다 是時에 大眾이 一切가 悉見無邊身菩薩과 及其眷屬하니 是菩薩身一一毛孔에 各各出生一大蓮花하고 一一蓮花에 各有七萬八千城邑호대 縱廣正等하야 如毘耶離城하며 牆壁諸塹에 七寶雜厠하며 多羅寶樹가 七重行列하고 人民熾盛하야 安隱豐樂하며 閻浮檀金으로 以爲却敵하고 一一却敵에 各有種種七寶林樹하야 花果茂盛커든 微風吹動하면 出微妙音하니 其聲和雅하야 猶如天樂이라 城中人民이 聞是音聲하고 即得受於上妙快樂하며 是諸塹中에 妙水盈滿하야 清淨香潔하야 如真琉璃하며 是諸水中에 有七寶船이라 諸人乘之하고 遊戲澡浴하야 共相娛樂하야 快樂無極하며 復有無量雜色蓮花하니 優鉢羅花 拘物頭花 波頭摩花 分陀利花라

其花縱廣이 猶如車輪하며 其塹岸上에 多有園林호대 一一園中에 有五泉池하고 是諸池中에 復有諸花호대 優鉢羅花 拘物頭花 波頭摩花 分陀利花라 其花縱廣이 亦如車輪하며 香氣芬馥하야 甚可愛樂하며 其水清淨하야 柔軟第一이라

鳧·鴈·鴛鴦이 遊戲其中하며 其園에 各有眾寶宮宅호대 一一宮宅이 縱廣正

等하야 滿四由旬하고 所有牆壁이 四寶所成이라 所謂金·銀·琉璃·頗梨요 真金爲響하야 周匝欄楯하고 玫瑰爲地하야 金沙布上이라 是宮宅中에 多有七寶流泉浴池호대 一一池邊에 各有十八黃金梯陛하고 閻浮檀金으로 爲芭蕉樹하니 如忉利天歡喜之園하며 是一一城에 各有八萬四千人王호대 一一諸王이 各有無量夫人婇女하야 共相娛樂하야 歡喜受樂하며 其餘人民도 亦復如是하야 各於住處에 共相娛樂하며 是中衆生이 不聞餘名하고 純聞無上大乘之聲하며 是諸花中에 一一各有師子之座호대 其座四足이 皆紺琉璃라 柔軟素衣로 以布座上하니 其衣微妙하야 出過三界하며 一一座上에 有一王坐하야 以大乘法으로 敎化衆生하며 或有衆生은 書持讀誦하며 如說修行하야 如是流布大乘經典이리라

爾時에 無邊身菩薩이 安止如是無量衆生於自身已코 令捨世樂이라 皆作是言호대 苦哉苦哉라 世間空虛로다 如來不久에 當般涅槃이시리라

爾時에 無邊身菩薩이 與無量菩薩으로 周匝圍遶하사 示現如是神通力已하시고 持是種種無量供具와 及以上妙香美飮食하시니 若有得聞是食香氣면 煩惱諸垢가 皆悉消滅이라 以是菩薩神通力故으로 一切大衆이 悉皆得見如是變化하니라 無邊身菩薩이 身大無邊하야 量同虛空이라 唯除諸佛하고 餘無能見是菩薩身의 其量邊際러라

爾時에 無邊身菩薩과 及其眷屬의 所設供養이 倍勝於前이라 來至佛所하야 稽首佛足하고 合掌恭敬하야 白佛言호대 世尊이시여 唯願哀愍하사 受我等食하소서 如來知時하사 默然不受하시고 如是三請호대 悉亦不受하시니

爾時에 無邊身菩薩과 及其眷屬이 却住一面하니라 南西北方諸佛世界에 亦有無量無邊身菩薩하니 所持供養이 倍勝於前이라 來至佛所하사 乃至却住一面을 皆亦如是하니라

爾時에 娑羅雙樹吉祥福地가 縱廣이 三十二由旬이라 大衆이 充滿하야 間無空缺하니라

爾時에 四方無邊身菩薩과 及其眷屬의 所坐之處가 或如錐頭와 針鋒微塵하니라 十方如微塵等諸佛世界에 諸大菩薩이 悉來集會하며 及閻浮提一切

大眾이 亦悉來集호대 唯除尊者摩訶迦葉·阿難의 二眾과 阿闍世王과 及其眷屬이라 乃至毒蛇視能殺人과 蚖·蜋·蝮·蝎과 及十六種行惡業者도 一切來集이라 陀那婆神과 阿修羅等이 悉捨惡念하고 皆生慈心하야 如父如母하며 如姊如妹하야 三千大千世界眾生을 慈心相向하야 亦復如是호대 除一闡提라

爾時에 三千大千世界가 以佛神力故로 地皆柔軟하야 無有丘墟土沙礫石과 荊棘毒草하고 眾寶莊嚴이 猶如西方無量壽佛極樂世界하니 是時大眾이 悉見十方如微塵等諸佛世界을 如於明鏡에 自觀己身하야 見諸佛土도 亦復如是하니라

爾時에 如來가 面門所出五色光明이 其光이 明曜하야 覆諸大會하야 令彼身光으로 悉不復現이라 所應作已에 還從口入이어늘 時諸天人과 及諸會眾과 阿修羅等이 見佛光明이 還從口入하고 皆大恐怖하야 身毛為竪하고 復作是言호대 如來光明이 出已還入하니 非無因緣이라 必於十方에 所作已辦하시고 將是最後涅槃之相이니 何期苦哉며 何期苦哉아

如何世尊께서 一旦에 捨離四無量心하사 不受人天所奉供養하신 고 聖慧日光이 從今永滅하고 無上法船이 於斯沈沒하시니 嗚呼라 痛哉로다 世間大苦로다

舉手搥胸하야 悲號啼哭하며 支節戰動하야 不能自持하며 身諸毛孔에 流血灑地러라

大般涅槃經 卷第一 終

壽命品 第一

중국 장액 대불사 열반상. 대불사의 부처님은 다른 열반상과 비교하였을 때, 그 표정이 특히나 자애롭고 여유로우며, 눈을 자연스럽게 뜨고 있어 마치 여전히 살아서 대중들과 함께 하는 것과 같이 친근하다. 이곳에 불자들이 모여드는 것은 비단 그 규모 때문 만은 아니다

大般涅槃經 卷第二

北涼天竺 三藏 曇無讖 譯

壽命品 第一之二

爾時會中에 有優婆하니 是拘尸那城工巧之子라 名曰純陀니 與其同類十五人俱하야 為令世間으로 得善果故로 捨身威儀하고 從座而起하야 偏袒右肩하고 右膝著地하야 合掌向佛하야 悲泣墮淚하며 頂禮佛足하고 而白佛言호대 唯願世尊及比丘僧은 哀受我等最後供養하소서 為度無量諸眾生故니다

世尊이시여 我等이 從今으로 無主無親하며 無救無護하며 無歸無趣하야 貧窮飢困일새 欲從如來하야 求將來食하오니 唯願哀愍하사 受我微供然後에 般涅槃하소서

世尊이시여 譬如剎利와 若婆羅門과 毘舍首陀가 以貧窮故로 遠至他國하야 役力農作호대 得好調牛와 良田平正하야 無諸沙鹵와 惡草株杌하고 唯悕天雨인달하니 言調牛者는 喻身口七이요 良田平正은 喻於智慧요 除去沙鹵과 惡草株杌은 喻除煩惱이니다

世尊이시여 我今身에 有調牛良田하야 除去株杌하고 唯悕如來甘露法雨하노이다 貧四姓者는 即我身이 是이니 貧於無上法之財寶이니다 唯願哀愍하사 除斷我等貧窮困苦하며 拯及無量苦惱眾生하소서 我今所供이 雖復微少나 冀得充足如來와 大眾하노이다 我今無主하며 無親無歸하니 願垂矜愍을 如羅睺羅하소서

爾時에 世尊이신 一切種智無上調御께서 告純陀曰善哉善哉라 我今為汝하야 除斷貧窮하고 無上法雨로 雨汝身田하야 令生法芽호리라 汝今於我에 欲求壽命·色力·安樂·無礙辯하니 我當施汝常·命·色·力·安·無礙辯호리라

何以故오 純陀야施食이 有二果報無差하니 何等為二요
一者은 受已에 得阿耨多羅三藐三菩提요
二者은 受已에 入於涅槃이니라
我今受汝最後供養하고 令汝具足檀波羅蜜호리라
爾時에 純陀가 即白佛言호대 如佛所說二施果報無差別者가 是義不然하니다 何以故오 先受施者는 煩惱未盡이라 未得成就一切種智며 亦未能令眾生으로 具足檀波羅蜜이어니와 後受施者은 煩惱已盡이라 已得成就一切種智하며 能令眾生으로 普得具足檀波羅蜜이니다
先受施者은 直是眾生이며 後受施者은 是天中天이요 先受施者은 是雜食身이며 煩惱之身이요 是後邊身이며 是無常身이요 後受施者은 無煩惱身이며 金剛之身이며 法身이며 常身이며 無邊之身이어니 云何而言二施果報가 等無差別이라 하시나닛고
先受施者는 未能具足檀波羅蜜과 乃至般若波羅蜜하며 唯得肉眼하고 未得佛眼과 乃至慧眼이어니와 後受施者는 已得具足檀波羅蜜로 乃至般若波羅蜜하며 具足佛眼과 乃至慧眼이어니 云何而言二施果報가 等無差別이라 하시나닛고 世尊이시여 先受施者는 受已食噉하야 入腹消化하야 得命得色하며 得力得安하며 得無礙辯이어니와 後受施者는 不食不消라 無五事果어늘 云何而言二施果報等無差別이라 하시나닛고
佛言하사대 善男子야 如來가 已於無量無邊阿僧祇劫으로 無有食身煩惱之身이며 無後邊身이요 常身·法身·金剛之身이니라
善男子야 未見佛性者는 名煩惱身이며 雜食之身이며 是後邊身이로대 菩薩이 爾時에 受飲食已에 入金剛三昧하야 此食消已에 即見佛性하야 得阿耨多羅三藐三菩提일새 是故로 我言二施果報가 等無差別이라 하노라 菩薩이 爾時에 破壞四魔하고 今入涅槃하며 亦破四魔일새 是故로 我言二施果報가 等無差別이라 하노라
菩薩이 爾時에 雖不廣說十二部經이나 先已通達이며 今入涅槃에 廣為眾生하야 分別演說일새 是故로 我言二施果報가 等無差別이라 하노라

善男子야 如來之身은 已於無量阿僧祇劫에 不受飮食이언만은 爲諸聲聞하야 說言先受難陀와 難陀波羅二牧牛女의 所奉乳糜然後에 乃得阿耨多羅三藐三菩提어정 我實不食이요 我今에 爲於此會大衆일새 是故로 受汝最後所奉이언정 實亦不食이니라

爾時에 大衆이 聞佛世尊이 普爲大會하사 受於純陀最後供養하고 歡喜踊躍하야 同聲讚言호대 善哉善哉라 希有純陀여 汝今立字가 名不虛稱이로다 言純陀者는 名解妙義이니 汝今建立如是大義일새 是故로 依實從義立名하야 故名純陀니라

汝今現世에 得大名利하야 德願滿足하니 甚奇純陀여 生在人中하야 復得難得無上之利로다 善哉라 純陀여 如優曇花하야 世間希有로다 佛出於世가 亦復甚難이요 値佛生信하야 聞法이 復難이어니와 佛臨涅槃에 最後供養을 能辦是事는 復難於是로다 南無純陀하고 南無純陀하노니 汝今已具檀波羅蜜함이 猶如秋月이 十五日夜에 淸淨圓滿하야 無諸雲翳어든 一切衆生이 無不瞻仰인달하야 汝亦如是하야 而爲我等之所瞻仰이로다 佛已受汝最後供養하사 令汝具足檀波羅蜜하시니 南無純陀하노라 是故로 說汝如月盛滿에 一切衆生이 無不瞻仰이라 하노라 南無純陀하노니 雖受人身이나 心如佛心하니 汝今純陀가 眞是佛子라 如羅睺羅하야 等無有異로다

爾時에 大衆이 卽說偈言호대

　汝雖生人道나　　已超第六天일새
　我及一切衆이　　今故稽首請하노라
　人中最勝尊이　　今當入涅槃하시니
　汝應愍我等하야　唯願速請佛호대
　久住於世間하사　利益無量衆하사
　演說智所讚인　　無上甘露法하소서
　汝若不請佛하면　我命將不全이니
　是故應見爲하야　稽請調御師하라

爾時에 純陀가 歡喜踊躍함이 譬如有人이 父母卒喪이라가 忽然還活인달하

야 純陀歡喜도 亦復如是하야 復起禮佛하고 而說偈言호대
快哉獲己利여　　善得於人身하야
蠲除貪恚等하고　永離三惡道로다
快哉獲己利여　　遇得金寶聚하야
值遇調御師하니　不懼墮畜生이로다
佛如優曇花하사　值遇生信難이어늘
遇已種善根하니　永離餓鬼苦하고
亦復能損減　　　阿修羅種類로다
芥子投針鋒이여　佛出이 難於是어늘
我以具足檀하야　度人天生死로다
佛不染世法하사　如蓮花處水하사
善斷有頂種하시고 永度生死流하샷다
生世爲人難이요　值佛世亦難이여
猶如大海中에　　盲龜遇浮孔이로다
我今所奉食으로　願得無上報하야
一切煩惱結을　　摧破不堅牢로다
我今於此處에　　不求天人身하오니
設使得之者라도　心亦不甘樂하노니다
如來受我供하시니 歡喜無有量하야
猶如伊蘭花가　　出於栴檀香이라
我身如伊蘭이어늘 如來受我供하시니
如出栴檀香이라　是故我歡喜니다
我今得現報하니　最勝上妙處에
釋梵諸天等이　　悉來供養我로다
一切諸世間이　　悉生諸苦惱하야
以知佛世尊이　　欲入於涅槃하고
高聲唱是言호대　世間無調御로다

不應捨眾生하시고 應視如一子하소서
如來在僧中하사　演說無上法은
如須彌寶山이　安處于大海하며
佛智能善斷　我等無明闇이
猶如虛空中에　起雲得清涼하며
如來能善除　一切諸煩惱는
猶如日出時에　除雲光普照이니다
是諸眾生等이　啼泣面目腫은
悉皆為生死　苦水之所漂이오니
以是故世尊이시여 應長眾生信하시며
為斷生死苦하사　久住於世間하소서

佛告純陀하사대 如是如是로다 如汝所說하야 佛出世難이 如優曇花요 値佛生信이 亦復甚難이요 佛臨涅槃에 最後施食하야 能具足檀은 復倍甚難이니 汝今純陀야 莫大愁苦하고 應生踊躍하야 喜自慶幸하라 得値最後供養如來하야 成就具足檀波羅蜜하니 不應請佛久住於世니라
汝今當觀諸佛境界하라 悉皆無常하며 諸行의 性相도 亦復如是니라
即為純陀하야　而說偈言하사대
一切諸世間은　生者皆歸死라
壽命雖無量이나 要必當有盡하나니
夫盛必有衰하며 合會有別離하며
壯年不久停하며 盛色病所侵이며
命為死所吞하야 無有法常者니라
諸王得自在하야 勢力無等雙이나
一切皆遷動하야　壽命亦如是니라
眾苦輪無際하야 流轉無休息하니
三界皆無常이요 諸有·無有樂이니라
有道本性相은　一切皆空無하야

可壞法流轉이니　常有憂患等이니라
恐怖諸過惡과　老病死衰惱가
是諸無有邊하야　易壞怨所侵이니라
煩惱所纏裹가　猶如蠶處繭하니
何有智慧者가　而當樂是處리요
此身苦所集으로　一切皆不淨하며
扼縛癰瘡等이　根本無義利라
上至諸天身이라도 皆亦復如是하야
諸欲皆無常일새　故我不貪著하고
離欲善思惟하야　而證於眞實이라
究竟斷有者일새　今日當涅槃하리라
我度有彼岸하야　已得過諸苦라
是故於今者에　純受上妙樂이니라
以是因緣故로　證無戲論邊하야
永斷諸纏縛일새　今日入涅槃이니라
我無老病死하고　壽命不可盡일새
我今入涅槃이　猶如大火滅이니
純陀汝不應　思量如來義하고
當觀如來住가　猶如須彌山이니라
我今入涅槃은　受於第一樂이라
諸佛法如是이니　不應復啼哭이니라

爾時에 純陀가 白佛言호대 世尊이시여 如是如是하나이다 誠如聖敎니다 我今所有智慧가 微淺이 猶如蚊虻이오니 何能思議如來涅槃深奧之義닛고 世尊이시여 我今에 已與諸大龍象菩薩摩訶薩이 斷諸結漏한 文殊師利法王子로 等하나이다
世尊이시여 譬如幼年에 初得出家하야 雖未受具이나 卽墮僧數인달하야 我亦如是하야 以佛菩薩神通力故로 得在如是大菩薩數일새 是故로 我今에

欲令如來로 久住於世하사 不入涅槃이로소니 譬如飢人이 終無變吐하야 願
使世尊으로 亦復如是하사 常住於世하시고 不入涅槃케하나이다
爾時에 文殊師利法王子가 告純陀言하사대 純陀야汝今에 不應發如是言하
야 欲使如來으로 常住於世하시고 不般涅槃을 如彼飢人이 無所變吐니라
汝今에 當觀諸行의 性相하라 如是觀行하면 具空三昧이니 欲求正法인댄
應如是學이니라
純陀가 問言호대 文殊師利시여 夫如來者는 天上人中에 最尊最勝이라 如
是如來가 豈是行耶리요 若是行者인댄 爲生滅法이니 譬如水泡하야 速起
速滅이요 往來流轉이 猶如車輪하리니 一切諸行도 亦復如是니다 我聞諸天
도 壽命이 極長커늘 云何世尊은 是天中天으로 壽命이 更促하야 不滿百年
이리요 如聚落主가 勢得自在하야 以自在力으로 能制他人이라가 是人福盡
하면 其後에 貧賤人의 所輕蔑하야 爲他[策使]하나니 所以者何오 失勢力故
니다 世尊도 亦爾하사 同於諸行인댄 同諸行者는 則不得稱爲天中天이니
何以故오 諸行은 即是生死法故니다 是故로 文殊여 勿觀如來가 同於諸行
이니다
復次文殊여 爲知而說이닛까 不知而說이닛까 而言如來가 同於諸行이라 하
시니 設使如來로 同諸行者인댄 則不得言於三界中에 爲天中天自在法王이
니다
譬如人王이 有大力士호대 其力이 當千이라 更無有能降伏之者일새 故稱
此人하야 一人當千이라 하니 如是力士는 王所愛念일새 偏賜爵祿封賞自然
이라 所以로 得稱當千人者언정 是人이 未必力敵於千이라 但以種種伎藝
所能으로 能勝千故로 故稱當千이라 如來도 亦爾하사 降煩惱魔·陰魔·天魔·
死魔일새 是故로 如來을 名三界尊이라 하니 如彼力士一人當千이라 以是
因緣으로 成就具足種種無量真實功德일새 故稱如來·應供·正遍知이니다
文殊師利여 汝今不應憶想分別하야 以如來法으로 同於諸行이니다 譬如巨
富長者가 生子에 相師占之하야 有短壽相이라 하면 父母聞已에 知其不任
紹繼家嗣하고 不復愛重하야 視如芻草인달하야 夫短壽者는 不為沙門·婆羅

門等·男女·大小之所敬念이니 若使如來로 同諸行者인댄 亦復不爲一切世間人天衆生之所奉敬이며 如來所說不變不異眞實之法을 亦無受者이니 是故로 文殊여 不應說言如來가 同於一切諸行하소서

復次文殊여 譬如貧女가 無有居家救護之者하며 加復病苦하야 飢渴所逼으로 遊行乞丐라가 止他客舍하야 寄生一子에 是客舍主가 驅逐令去커늘 其産未久에 携抱是兒하고 欲至他國이라가 於其中路에 遇惡風雨하야 寒苦並至하며 多爲蚊虻蜂螫毒蟲之所唼食하야 經由恒河라 抱兒而度할새 其水漂疾호대 而不放捨러니 於是에 母子가 遂共俱沒이라 如是女人이 慈念功德으로 命終之後에 生於梵天하니

文殊師利여 若有善男子가 欲護正法인댄 勿說如來가 同於諸行하며 不同諸行이라 唯當自責호대 我今愚癡하야 未有慧眼로다

如來正法은 不可思議니 是故로 不應宣說如來가 定是有爲이며 定是無爲어니와 若正見者인댄 應說如來가 定是無爲하리니 何以故오 能爲衆生하야 生善法故이며 生憐愍故니다 如彼貧女가 在於恒河하야 爲愛念子일새 而捨身命하야 善男子여 護法菩薩도 亦應如是하야 寧捨身命어언정 不說如來가 同於有爲하고 當言如來가 同於無爲니 以說如來가 同無爲故로 得阿耨多羅三藐三菩提를 如彼女人이 得生梵天이라 何以故오 以護法故니다 云何護法고 所謂說言如來가 同於無爲니다

善男子여 如是之人은 雖不求解脫이라도 解脫自至이니 如彼貧女가 不求梵天이나 梵天自至인달하리다 文殊師利여 如人遠行이라가 中路疲極하야 寄止他舍러니 臥寐之中에 其室이 忽然大火卒起어늘 卽時驚寤하야 尋自思惟호대 我於今者에 定死不疑로라 具慚愧故로 以衣纏身하고 卽便命終하야 生忉利天이러니 從是已後로 滿八十返을 作大梵王하고 滿百千世를 生於人中하야 爲轉輪王이라 是人이 不復生三惡趣하고 展轉常生安樂之處하니 以是緣故로 文殊師利여 若善男子가 有慚愧者는 不應觀佛同於諸行이니다

文殊師利여 外道邪見은 可說如來가 同於有爲어니와 持戒比丘는 不應如

是하야 於如來所에 生有爲想이니 若言如來가 是有爲者인댄 卽是妄語라 當知하라 是人은 死入地獄을 如人이 自處於己舍宅이니다
文殊師利여 如來는 眞實是無爲法이니 不應復言是有爲也니다 汝從今日하야 於生死中에 應捨無智하고 求於正智인댄 當知하라 如來가 卽是無爲니 若能如是觀如來者인댄 具足當得三十二相하야 速疾成就阿耨多羅三藐三菩提하리니다
爾時에 文殊師利法王子가 讚純陀言하사대 善哉善哉라
善男子여 汝今에 已作長壽因緣하야 能知如來가 是常住法이며 不變異法이며 無爲之法이로다 汝今如是하야 善覆如來有爲之相을 如彼火人이 爲慚愧故로 以衣覆身하고 以是善心으로 生忉利天이라가 復爲梵王轉輪聖王하야 不至惡趣하고 常受安樂하야 汝亦如是하야 善覆如來有爲相故로 於未來世에 必定當得三十二相과 八十種好와 十八不共法과 無量壽命하야 不在生死하고 常受安樂이라가 不久에 得成應供·正遍知로다
純陀여 如來次後에 自當廣說我之與汝가 俱亦當覆如來有爲하시니 有爲와 無爲는 且共置之하고 汝可隨時하야 速施飯食하라 如是施者라야 諸施中最니라
若比丘·比丘尼·優婆塞·優婆夷가 遠行疲極이어든 所須之物을 應當淸淨하야 隨時給與니 如是速施라사 卽是具足檀波羅蜜根本種子니라 純陀여 若有最後施佛及僧인댄 若多若少커나 若足不足을 宜速及時니라 如來가 正爾當般涅槃하시리라
純陀가 答言호대 文殊師利여 汝今何故로 貪爲此食하야 而言多少와 足與不足하야 令我時施라 하나닛가 文殊師利여 如來昔日에 苦行六年에도 尙自支持어든 況於今日須臾間耶닛가 文殊師利여 汝今에 實謂如來正覺이 受斯食耶니까 然이나 我定知如來身者는 卽是法身이요 非爲食身이라 하나니라
爾時에 佛告文殊師利하사대 如是如是하야 如純陀言이로다 善哉라 純陀여 汝已成就微妙大智하야 善入甚深大乘經典이로다

文殊師利가 語純陀言하사대 汝謂如來가 是無爲者인댄 如來之身이 卽是
長壽라 若作是知인댄 佛所悅可로다
純陀가 答言호대 如來가 非獨悅可於我라 亦復悅可一切衆生이니다
文殊師利가 言호대 如來께서 於汝와 及以於我와 一切衆生에게 皆悉悅可
시리라
純陀가 答言호대 汝不應言如來悅可라 하소서 夫悅可者는 則是倒想이라
若有倒想인댄 則是生死니 有生死者는 卽有爲法일새 是故로 文殊여 勿謂
如來가 是有爲也니다 若言如來가 是有爲者인댄 我與仁者가 俱行顚倒니
다
文殊師利여 如來는 無有愛念之想이니다 夫愛念者는 如彼母牛가 愛念其
子하야 雖復飢渴하야 行求水草에 若足不足라도 忽然還歸어니와 諸佛世尊
은 無有是念하사 等視一切를 如羅睺羅하시니 如是念者라야 卽是諸佛智
慧境界니다
文殊師利여 譬如國王의 調御駕馴를 欲令驢車로 而及之者가 無有是處하
야 我與仁者도 亦復如是하야 欲盡如來의 微密深奧도 亦無是處니다
文殊師利여 如金翅鳥가 飛昇虛空無量由旬하야 下觀大海하야 悉見水性魚
鼈黿鼉龜龍之屬하며 及見己影을 如於明鏡에 見諸色像호대 凡夫少智는
不能籌量如是所見하야 我與仁者도 亦復如是하야 不能籌量如來智慧니다
文殊師利가 語純陀言하사대 如是如是하야 如汝所說이로라 我於此事에 非
爲不達이로대 直欲試汝의 諸菩薩事니라
爾時에 世尊께서 從其面門하사 出種種光하시니 其光明曜하야 照文殊身하
신대 文殊師利가 遇斯光已에 卽知是事하시고
尋告純陀하사대 如來今者에 現是瑞相은 不久에 必當入於涅槃이시니 汝先
所設最後供養을 宜時奉獻佛及大衆하라 純陀여當知하라 如來가 放是種種
光明이 非無因緣이니라
純陀聞已에 情塞默然이어늘 佛告純陀하사대 汝所奉施佛及大衆이 今正是
時니 如來正爾當般涅槃이니라 第二第三도 亦復如是하시니

爾時에 純陀가 聞佛語已에 擧聲啼哭하며 悲咽而言호대 苦哉苦哉라 世間 空虛로라 復白大眾호대 我等이 今者에 一切當共五體投地하야 同聲勸佛하야 莫般涅槃케하야지이다

爾時에 世尊께서 復告純陀하사대 莫大啼哭하야 令心顛悴하고 當觀是身이 猶如芭蕉와 熱時之炎과 水泡와 幻化와 乾闥婆城과 坏器와 電光하며 亦如畫水와 臨死之囚와 熟果段肉하며 如織經盡하며 如碓上下니라 當觀諸行이 猶雜毒食이며 有爲之法이 多諸過患이니라

於是에 純陀가 復白佛言호대 如來가 不欲久住於世하시니 我當云何而不啼泣이닛고 苦哉苦哉라 世間空虛로다 唯願世尊이시여 憐愍我等과 及諸眾生하사 久住於世하시고 勿般涅槃하소서

佛告純陀하사대 汝今不應發如是言호대 憐愍我故로 久住於世하라 我以憐愍汝及一切할새 是故로 今欲入於涅槃하노라 何以故오 諸佛法爾하며 有爲亦然이라 是故로 諸佛而說偈言하사대

　有爲之法은 其性이 無常이라
　生已不住어니와 寂滅이 爲樂이라 하시니라

純陀여 汝今當觀一切行은 雜이며 諸法은 無我며 無常하며 不住하라 此身은 多有無量過患이요 猶如水泡하니 是故로 汝今에 不應啼泣이니라

爾時에 純陀가 復白佛言호대 如是如是니다 誠如尊敎니다 雖知如來가 方便으로 示現入於涅槃이나 而我不能不懷苦惱니다 覆自思惟에 復生慶悅이로소이다 佛讚純陀하사 善哉善哉라 能知如來가 示同眾生하사 方便涅槃이로다

純陀야 汝今當聽하라 如娑羅娑鳥가 春陽之月에 皆共集彼阿耨達池하야 諸佛도 亦爾하사 皆至是處니라

純陀여 汝今에 不應思惟諸佛의 長壽短壽니 一切諸法이 皆如幻相이라 如來在中하사 以方便力으로 無所染著하나니 何以故오 諸佛法爾니라

純陀여 我今에 受汝所獻供養은 爲欲令汝로 度於生死諸有流故니 若諸人天이 於此最後에 供養我者면 悉皆當得不動果報하야 常受安樂하리라 何

以故오 我是衆生의 良福田故니라 汝若復欲爲諸衆生하야 作福田者인댄 速辦所施하고 不宜久停이니라
爾時에 純陀가 爲諸衆生하야 得度脫故로 低頭飮淚하야 而白佛言호대 善哉라 世尊이시여 我若堪任爲福田時인댄 則能了知如來涅槃과 及非涅槃이언만은 我等今者에 及諸聲聞·緣覺智慧가 猶如蚊蟻하야 實不能量如來涅槃과 及非涅槃이로소이다
爾時에 純陀와 及其眷屬이 愁憂啼泣하야 圍遶如來하며 燒香散花하야 盡心敬奉하고 尋與文殊로 從座而去하야 供辦食具러니 其去未久에 是時此地가 六種震動하고 乃至梵世도 亦復如是하더라 地動이 有二하니 或有地動하며 或大地動이니
小動者는 名爲地動이요
大動者는 名大地動이요
有小聲者는 名曰地動이요
有大聲者는 名大地動이요
獨地動者는 名曰地動이요
山河樹木과 及大海水가 一切動者는 名大地動이며
一向動者는 名曰地動이요
周迴旋轉은 名大地動이며
動名地動이요
動時에 能令衆生心動은 名大地動이니라
菩薩이 初從兜率天으로 下閻浮提時를 名大地動이며
從初生出家로 成阿耨多羅三藐三菩提하며 轉於法輪하사 及般涅槃도 名大地動이니
今日如來가 將入涅槃일새 是故로 此地가 如是大動이니라
時에 諸天龍·乾闥婆·阿修羅·迦樓羅·緊那羅·摩睺羅伽·人及非人이 聞是語已에 身毛皆豎하야 同聲哀泣하야 而說偈言호대 稽首禮調御하야 我等今勸請하노니

違離於人仙하면　　永無有救護니다
今見佛涅槃이면　　我等沒苦海이니
愁憂懷悲惱가　　　猶如犢失母하야
貧窮無救護니다　　猶如困病人이
無醫隨自心하야　　食所不應食하야
衆生煩惱病이　　　常爲諸見害어늘
遠離法醫師하고　　服食邪毒藥이라
是故로 佛世尊은　不應見捨離소이다
如國無君主면　　　人民皆飢餓하야
我等亦如是하야　　失蔭及法味니다
今聞佛涅槃하고　　我等心迷亂하야
如彼大地動에　　　迷失於諸方이니다
大仙入涅槃하시면　佛日墜於地하야
法水悉枯涸하리니　我等定當死로소이다
如來般涅槃하시면　衆生極苦惱가
譬如長者子가　　　新喪於父母니다
如來入涅槃이　　　如其不還者하시면
我等及衆生이　　　悉無有救護니다
如來入涅槃하시면　乃至諸畜生이라도
一切皆愁怖하야　　苦惱焦其心하니
我等於今日에　　　云何不愁惱닛고
如來見放捨을　　　猶如棄涕唾니다
譬如日初出에　　　光明甚暉炎하야
既能還自照하고　　亦滅一切闇하야
如來神通光도　　　能除我苦惱하사
處在大衆中이　　　譬如須彌山이니다

世尊이시여 譬如國王이 生育諸子에 形貌端正일새 心常愛念하야 先敎伎

藝하야 悉令通利然後에 將付魁膾하야 令殺인달하야 世尊이시여 我等今日에 爲法王子하야 蒙佛敎誨하야 以具正見하니 願莫放捨하소서 如其放捨하면 則同王子니 唯願久住하사 不入涅槃하소서 世尊이시여 譬如有人이 善學諸論하고 復於此論에 而生怖畏인달하야 如來도 亦爾하사 通達諸法하시고 而於諸法에 復生怖畏니다 若使如來로 久住於世하사 說甘露味하사 充足一切하시면 如是衆生이 則不復畏墮於地獄이니다 世尊이시여 譬如有人이 初學作務라가 爲官所收하야 閉之囹圄이어든 有人問之호대 汝受何事오 答曰 我今에 受大憂苦노니 若其得脫하면 則得安인달하야

世尊도 亦爾하사 爲我等故로 修諸苦行이니 我等今者에 猶未得免生死苦惱어늘 云何如來가 得受安樂이닛고 世尊이시여 譬如醫王이 善解方藥하야 偏以祕方으로 敎授其子하고 不敎其餘外受學者인달하야 如來도 亦爾하사 獨以甚深祕密之藏으로 偏敎文殊하시고 遺棄我等하사 不見顧愍이닛고 如來는 於法에 應無慳悋이시니다

如彼醫王이 偏敎其子하고 不敎外來諸受學者는 彼醫가 所以不能普敎하고 情存勝負일새 故有祕惜이어니와 如來之心은 終無勝負어늘 何故如是하야 不見敎誨닛고 唯願久住하사 莫般涅槃하소서 世尊이시여 譬如老少病苦之人이 離於善徑하고 行於險路에 路險澁難하야 多受苦惱어든 更有異人이 見之憐愍하야 卽便示以平坦好道인달하야 世尊이시여 我亦如是니 所謂少者는 喩未增長法身之人이요 老者는 喩重煩惱요 病者는 喩未脫生死요 險路者는 喩二十五有니 唯願如來는 示導我等甘露正道하시고 久住於世하사 勿入涅槃하소서

爾時에 世尊이 告諸比丘하사대 汝等比丘는 莫如凡夫諸天人等하야 愁憂啼哭하고 當勤精進하야 繫心正念하라 時諸天人阿修羅等이 聞佛所說하고 止不啼哭하니 猶如有人이 殯喪子已에 止不啼哭이러라

爾時에 世尊이 爲諸大衆하사 說是偈言하사대

　汝等當開意하고 不應大愁苦하라
　諸佛法이 皆爾니 是故로 當默然하라

樂不放逸行하고 守心正憶念하야
遠離諸非法하야 慰意受歡樂이니라

復次比丘여 若有疑念이어든 今皆當問호대 若空·不空과 若常·無常과 若苦·不苦와 若依·非依와 若去·不去와 若歸·非歸와 若恒·非恒과 若斷·若常과 若衆生·非衆生과 若有·若無와 若實·不實과 若眞·不眞과 若滅·不滅과 若密·不密과 若二·不二인 如是等種種法中에 有所疑者를 今應諮問하라

我當隨順하야 爲汝斷之하고 亦當爲汝하야 先說甘露然後에 乃當入於涅槃호리라

諸比丘여 佛出世難이요 人身難得이요 値佛生信이 是事亦難하며 能忍難忍이 是亦復難이며 成就禁戒하야 具足無缺하야 得阿羅漢果는 是事亦難이 如求金沙優曇鉢花니라

汝諸比丘가 離於八難과 得人身難하야 汝等이 遇我하니 不應空過니라 我於往昔에 種種苦行하야 今得如是無上方便이라

爲汝等故로 無量劫中에 捨身手足과 頭目髓腦하니 是故로 汝等은 不應放逸이니라 汝等比丘가 云何莊嚴正法寶城하고 具足種種功德珍寶하야 戒定智慧로 以爲牆墼埒埸니라 汝今遇是佛法寶城하니 不應取此虛僞之物이니라 譬如商主가 遇眞寶城과 及諸瓦礫하야 而便還家인달하야 汝亦如是하야 値遇寶城하야 取虛僞物이니라

汝諸比丘가 勿以下心으로 而生知足하라

汝等이 今者에 雖得出家나 於此大乘에 不生貪慕하며

汝諸比丘가 身雖得服袈裟染衣나 其心은 猶未得染大乘淸淨之法하며

汝諸比丘가 雖行乞食하야 經歷多處나 初未曾乞大乘法食하며 汝諸比丘가 雖除鬚髮이나 未爲正法하야 除諸結使로다

汝諸比丘여 今當眞實敎勅汝等하노니 我今現在에 大衆和合하라 如來法性은 眞實不倒하니 是故로 汝等이 應當精進하야 攝心勇猛하야 摧諸結使니라 十力慧日이 旣滅沒已하면 汝等이 當爲無明所覆하리라

諸比丘여 譬如大地에 諸山藥草가 爲衆生用하야 我法도 亦爾하야 出生妙

善甘露法味하야 而爲衆生種種煩惱病之良藥이니라 我今當令一切衆生과 及以我子四部之衆으로 悉皆安住祕密藏中하고 我亦復當安住是中하야 入於涅槃호리라

何等이 名爲祕密之藏고 猶如伊字가 三點이 若並하면 則不成伊요 縱亦不成이라 如摩醯首羅面上三目이라사 乃得成伊요 三點이 若別이라도 亦不得成이니라 我亦如是하야 解脫之法도 亦非涅槃이며 如來之身도 亦非涅槃이며 摩訶般若도 亦非涅槃이요 三法各異도 亦非涅槃이라 我今安住如是三法하야 爲衆生故로 名入涅槃이 如世伊字니라

爾時에 諸比丘가 聞佛世尊이 定當涅槃하고 皆悉憂愁하야 身毛爲竪하고 涕淚盈目하야 稽首佛足하고 遶無量匝하야 白佛言호대 世尊이시여 快說無常苦空無我하소서 世尊이시여 譬如一切衆生跡中에 象跡爲上하야 是無常想도 亦復如是하야 於諸想中에 最爲第一이라 若有精勤修習之者면 能除一切欲界의 欲愛와 色無色愛와 無明과 憍慢과 及無常想이니다

世尊이시여 如來가 若離無常想者인댄 今則不應入於涅槃이요 若不離者인댄 云何說言修無常想하야 離三界愛와 無明과 憍慢과 及無常想이리요

世尊이시여 譬如農夫가 秋月之時에 深耕其地하야 能除穢草인달하야 是無常想도 亦復如是하야 能除一切欲界欲愛와 色無色愛와 無明과 憍慢과 及無常想이니다

世尊이시여 譬如耕田에 秋耕爲勝하며 如諸跡中에 象跡爲勝하야 於諸想中에 無常想이 爲勝이니다

世尊이시여 譬如帝王이 知命將終하고 恩赦天下하야 獄囚繫閉를 悉令得脫然後에 捨命인달하야 如來도 今者에 亦應如是하사 度諸衆生하야 一切無知無明繫閉를 皆令解脫然後에 乃入於般涅槃하소서 我等이 今者에 皆未得度어늘 云何如來가 便欲放捨하시고 入於涅槃이시닛가

世尊이시여 譬如有人이 爲鬼所持라가 遇良呪師하야 以呪力故로 便得除差인달하야 如來도 亦爾하사 爲諸聲聞하사 除無明鬼하시고 令得安住摩訶般若解脫等法을 如世伊字하소서

世尊이시여 譬如香象이 爲人所縛에 雖有良師라도 不能禁制호대 頓絶羈鎖하고 自恣而去인달하야 我未如是脫五十七煩惱繫縛이어늘 云何如來가 便欲放捨하시고 入於涅槃이시닛고

世尊이시여 如人病瘧에 値遇良醫하야 所苦得除인달하야 我亦如是하야 多諸患苦와 邪命熱病이라 雖遇如來나 病未除愈하야 未得無上安隱常樂이어늘 云何如來가 便欲放捨하시고 入於涅槃이시닛고

世尊이시여 譬如醉人이 不自覺知하야 不識親踈母女姉妹하고 迷荒婬亂하야 言語放逸하야 臥糞穢中라가 時有良師가 與藥令服하야 服已吐酒하고 還自憶識하야 心懷慚愧하고 深自剋責호대 酒爲不善이라 諸惡根本이니 若能除斷하면 則遠衆罪인달하야 世尊이시여 我亦如是하야 往昔已來로 輪轉生死하야 情色所醉로 貪嗜五欲하야 非母에 母想하며 非姉에 姉想하며 非女에 女想하며 於非衆生에 生衆生想일새 是故輪轉하야 受生死苦를 如彼醉人이 臥糞穢中하니 如來가 今當施我法藥하사 令我還吐煩惱惡酒하야 而我未得醒寤之心이어늘 云何如來가 便欲放捨하시고 入於涅槃이시닛고

世尊이시여 譬如有人이 歡芭蕉樹하야 以爲堅實하면 無有是處인달하야 世尊이시여 衆生亦爾하야 若歡我人·衆生·壽命·養育·知見·作者·受者하야 是眞實者하면 亦無是處니다 我等如是일새 修無我想하노이다

世尊이시여 譬如漿滓가 無所復用하야 是身도 亦爾하야 無我無主니다 世尊이시여 如七葉花가 無有香氣하야 是身亦爾하야 無我無主일새 我等如是하야 心常修習無我之想이니다

如佛所說에 一切諸法이 無我我所하니 汝諸比丘가 應當修習하야 如是修已에 則除我慢하고 離我慢已에 便入涅槃이라 하셨니 이다

世尊이시여 譬如鳥跡이 空中現者는 無有是處하야 有能修習無我想者가 而有諸見도 亦無是處니다

爾時에 世尊이 讚諸比丘하사대 善哉善哉라 汝等善能修無我想이로다 時諸比丘가 即白佛言호대 世尊이시여 我等이 不但修無我想이라 亦更修習其餘諸想이오니 所謂苦想과 無常想과 無我想이

니다

世尊이시여 譬如人醉하면 其心憪眩하야 見諸山河·石壁·草木·宮殿·屋舍·日月·星辰에 皆悉迴轉인달하야 世尊이시여 若有不修苦無常想·無我等想하면 如是之人은 不名爲聖이니 多諸放逸하야 流轉生死니다

世尊이시여 以是因緣으로 我等이 善修如是諸想니다

爾時에 佛告諸比丘하사대 諦聽諦聽하라 汝向所引醉人喻者는 但知文字요 未達其義라 何等이 爲義요 如彼醉人이 見上日月하고 實非迴轉에 生迴轉想하나니 眾生도 亦爾하야 爲諸煩惱無明所覆하야 生顛倒心하야 我計無我하고 常計無常하고 淨計不淨하고 樂計爲苦하나니 以爲煩惱之所覆故로 雖生此想이나 不達其義가 如彼醉人이 於非轉處에 而生轉想이니

我者는 卽是佛義이요

常者는 是法身義요

樂者는 是涅槃義요

淨者는 是法義니라

汝等比丘가 云何而言有我想者가 憍慢貢高하야 流轉生死아 汝等이 若言我亦修習無常苦無我等想이라도 是三種修가 無有實義이니 我今에 當說勝三修法호리라

苦者에 計樂하고 樂者에 計苦가 是顛倒法이며

無常에 計常하고 常計無常이 是顛倒法이며

無我에 計我하며 我計無我가 是顛倒法이며

不淨에 計淨하고 淨計不淨이 是顛倒法이라

有如是等의 四顛倒法일새 是人이 不知正修諸法이니라

汝諸比丘가 於苦法中에 生於樂想하며 於無常中에 生於常想하며 於無我中에 生於我想하며 於不淨中에 生於淨想일새 世間엔 亦有常·樂·我·淨이요 出世엔 亦有常·樂·我·淨하니 世間法者는 有字無義요 出世間者는 有字有義라 何以故오 世間之法이 有四顛倒하니 故不知義니라 所以者何오 有想顛倒와 心倒와 見倒하야 以三倒故로 世間之人은 樂中에 見苦하고 常에 見

無常하고 我에 見無我하고 淨에 見不淨하나니 是名顚倒라
以顚倒故로 世間에 知字而不知義니라 何等이 爲義오 無我者는 名爲生死요 我者는 名爲如來이며 無常者는 聲聞·緣覺이요 常者는 如來法身이며 苦者는 一切外道요 樂者는 卽是涅槃이며 不淨者는 卽有爲法이요 淨者는 諸佛菩薩所有正法이라 是名不顚倒니라 以不倒故로 知字知義니라 若欲遠離四顚倒者인댄 應知如是常·樂·我·淨이니라
時諸比丘가 白佛言호대 世尊이시여 如佛所說하사 離四倒者는 則得了知常·樂·我·淨이라 如來今者에 永無四倒하시니 則已了知常樂我淨이니다
若已了知常樂我淨인댄 何故로 不住一劫半劫하사 敎導我等하야 令離四倒케하시고 而見放捨하야 欲入涅槃이닛고 如來가 若見顧念敎勅인댄 我當至心으로 頂受修習이어니와 如來가 若入於涅槃者인댄 我等이 云何與是毒身으로 同共止住하야 修於梵行이닛고 我等도 亦當隨佛世尊하야 入於涅槃하리이다
爾時에 佛告諸比丘하사대 汝等은 不應作如是語하라 我今所有無上正法을 悉以付囑摩訶迦葉하노니 是迦葉者는 當爲汝等하야 作大依止하리라 猶如如來가 爲諸衆生하야 作依止處인달하야 摩訶迦葉도 亦復如是하야 當爲汝等하야 作依止處니라
譬如大王이 多所統領이라가 若遊巡時에는 悉以國事로 付囑大臣인달하야 如來도 亦爾하사 所有正法을 亦以付囑摩訶迦葉하노라 汝等當知하라 先所修習無常苦想은 非是眞實이니라
譬如春時에 有諸人等이 在大池浴할새 乘船遊戲라가 失琉璃寶하야 沒深水中이라 是時諸人이 悉共入水하야 求覓是寶할새 競捉瓦石草木沙礫하야 各各自謂得琉璃珠하야 歡喜持出하야 乃知非眞하니 是時寶珠는 猶在水中이라 以珠力故로 水皆澄淸어늘 於是에 大衆이 乃見寶珠가 故在水下를 猶如仰觀虛空月形이라 是時衆中에 有一智人이 以方便力으로 安徐入水하야 卽便得珠하니라
汝等比丘가 不應如是修習無常苦無我想不淨想等하야 以爲實義니 如彼諸

人이 各以瓦石草木沙礫으로 而為寶珠니라
汝等이 應當善學方便하야 在在處處에 常修我想과 常樂淨想이니라
復應當知하라 先所修習四法相貌는 悉是顚倒이니 欲得真實修諸想者인댄
如彼智人이 巧出寶珠니 所謂我想常·樂·淨·想이니라
爾時에 諸比丘가 白佛言호대 世尊이시여 如佛先說하사 諸法이 無我니 汝
當修學하라 修學是已엔 則離我想이요 離我想者는 則離憍慢이요 離憍慢
者는 得入涅槃이라 하시니 是義云何닛고
佛告諸比丘하사대 善哉善哉라
汝今에 善能諮問是義하야 為自斷疑로다
譬如國王이 闇鈍少智어든 有一醫師호대 性復頑嚚어늘 而王이 不別하고
厚賜俸祿하야 療治眾病호대 純以乳藥하며 亦復不知病起根原하며 雖知乳
藥이나 復不善解하야 或有風病·冷病·熱病·一切諸病을 悉教服乳호대 是王
이 不別是醫가 知乳好醜善惡하더니
復有明醫가 曉八種術하야 善療眾病하며 知諸方藥이라 從遠方來하니 是
時에 舊醫가 不知諮受하고 反生貢高輕慢之心이어늘 彼時에 明醫가 即便
依附하야 請以為師하야 諮受醫方祕奧之法호리라 하고 語舊醫言호대 我今
請仁하야 以為師範하노니 唯願為我하야 宣暢解說하소서
舊醫가 答言호대 卿今若能為我하야 給使四十八年하면 然後에 乃當教汝
醫法호리라 時에 彼明醫가 即受其教하야 我當如是하며 我當如是하야 隨
我所能하야 當給走使하리이다
是時에 舊醫가 即將客醫하야 共入見王이어늘 是時에 客醫가 即為王하야
說種種醫方과 及餘伎藝호대 大王은 當知하사 應善分別하소서 此法은 如是
하니 可以治國이요 此法은 如是하니 可以療病이니다
爾時에 國王이 聞是語已에 方知舊醫가 癡騃無智하고 即便驅逐하야 令出
國界然後에 倍復恭敬客醫커늘 是時에 客醫가 作是念言호대 欲教王者인
댄 今正是時라 하고 即語王言호대 大王이시여 於我에 實愛念者인댄 當求
一願하노이다

王卽答言호대 從此右臂로 及餘身分이라도 隨意所求하야 一切相與호리라 彼客醫가 言호대 王雖許我一切身分하시나 然我不敢多有所求요 今所求者는 願王이 宣令一切國內하사 從今已往으로 不得復服舊醫乳藥하라 所以者何요 是藥이 毒害하야 多傷損故니 若故服者면 當斬其首하리라 하소서 斷乳藥已에 終更無有橫死之人하고 常處安樂일새 故求是願하노이다

時王答言호대 汝之所求는 蓋不足言이로다 尋爲宣令一切國內호대 有病之人은 皆悉不聽以乳爲藥하라 若爲藥者는 當斬其首하리라

爾時에 客醫가 以種種味로 和合衆藥하니 謂辛·苦·鹹·甜·醋等味라 以療衆病하야 無不得差러니 其後不久에 王復得病하야 卽命是醫호대 我今病重困苦欲死하니 當云何治오 醫占王病하니 應用乳藥이라 尋白王言호대 如王所患인댄 應當服乳로소이다 我於先時에 所斷乳藥은 是大妄語니 今若服者인댄 最能除病이니 王今患熱이 正應服乳로소이다

時王이 語醫호대 汝今狂耶가 爲熱病乎아 而言服乳하면 能除此病이라 하니 汝先言毒하고 今云何服고 欲欺我耶아 先醫所讚을 汝言是毒이라 하야 令我驅遣하고 今復言好하야 最能除病이라 하니 如汝所言인댄 我本舊醫가 定爲勝汝로다

是時에 客醫가 復語王言호대 王今不應作如是語하소서 如虫食木에 有成字者이나 此虫은 不知是字非字하나니 智人見之에 終不唱言호대 是虫解字하며 亦不驚怪니다 大王은 當知하소서 舊醫도 亦爾하야 不別諸病하고 悉與乳藥이 如彼虫道가 偶成於字하야 是先舊醫도 不解乳藥이 好醜善惡이니다

時에 王이 問言호대 云何不解오 客醫가 答王호대 是乳藥者는 亦是毒害며 亦是甘露이니 云何是乳를 復名甘露오 若是牸牛인댄 不食酒糟와 滑草麥麩하고 其犢이 調善이요 放牧之處도 不在高原하고 亦不下濕하야 飮以淸流하고 不令馳走하며 不與特牛로 同共一群하고 飮餧調適하야 行住得所하면 如是乳者는 能除諸病하나니 是則名爲甘露妙藥이요 除是乳已코는 其餘一切는 皆名毒害니라

爾時에 大王이 聞是語已에 讚言大醫라 善哉善哉로다

我從今日에 始知乳藥善惡好醜호라 卽便服之하니 病得除愈커늘 尋時에 宣令一切國內호대 從今已往으로 當服乳藥하라 한대 國人이 聞之하고 皆生瞋恨하야 咸相謂言호대 大王이 今者에 爲鬼所持아 爲狂顚耶아 而誑我等하야 復令服乳이라 하야 一切人民이 皆懷瞋恨하고 悉集王所어늘 王言호대 汝等은 不應於我에 而生瞋恨하라 而此乳藥을 服與不服은 悉是醫敎요 非是我咎니라

爾時에 大王과 及諸人民이 踊躍歡喜하야 倍共恭敬하야 供養是醫하고 一切病者가 皆服乳藥하야 病悉除愈인달하야 汝等比丘도 當知하라 如來·應供·正遍知·明行足·善逝·世間解·無上士·調御丈夫·天人師·佛·世尊도 亦復如是하야 爲大醫王하사 出現於世하야 降伏一切外道邪醫하려하야 諸王衆中에 唱如是言호대 我爲醫王이라 欲伏外道故로 唱是言호대 無我며 無人·衆生·壽命·養育·知見·作者·受者라 하노라

比丘當知하라 是諸外道의 所言我者는 如蟲食木하야 偶成字耳일새 是故로 如來가 於佛法中에 唱是無我하니 爲調衆生故며 爲知時故며 說是無我가 有因緣故니라 亦說有我는 如彼良醫가 善知於乳의 是藥非藥이요 非如凡夫가 所計吾我니 凡夫·愚人의 所計我者는 或言大如拇指하며 或如芥子하며 或如微塵이나 如來說我는 悉不如是니 是故로 說言諸法無我나 實非無我니라 何者가 是我오 若法이 是實이며 是眞이며 是常이며 是主며 是依며 性不變易者인댄 是名爲我이니

如彼大醫가 善解乳藥하야 如來도 亦爾하야 爲衆生故로 說諸法中에 眞實有我라 하노니 汝等四衆은 應當如是修習是法이니라

大般涅槃經 卷第二 終

大般涅槃經 卷第三

北涼天竺三藏 曇無讖 譯

壽命品 第一之三

佛이 復告諸比丘하사대 汝於戒律에 有所疑者어든 今恣汝問하라 我當解說하야 令汝心喜하리라

我已修學一切諸法本性空寂하야 了了通達하니 汝等比丘는 莫謂如來가 唯修諸法本性空寂하라

復告諸比丘하사대 若於戒律에 有所疑者어든 今可致問하라 時諸比丘가 即白佛言호대 世尊이시여 我等이 無有智慧하야 能問如來應正遍知니다 所以者何오 如來境界가 不可思議일새 所有諸定도 不可思議이며 所演教誨도 不可思議이라 是故로 我等이 無有智慧하야 能問如來니다

世尊이시여 譬如老人이 年百二十에 身嬰長病하야 寢臥床席에 不能起居하며 氣力虛劣하야 餘命無幾어늘 有一富人이 緣事欲行하야 當至他方이라가 以百斤金으로 寄是老人하고 而作是言호대 我今他行일새 以是寶物로 持用相寄하노니 或十年還이나 二十年還이어든 汝當還我하라 是時老人이 即便受之하니 而此老人이 復無繼嗣라 其後不久하야 病篤命終하니 所寄之物을 悉皆散失이라 財主行還에 償索無所라 如是癡人이 不知籌量可寄不可寄일새 是故로 行還에 償索無所라 以是因緣으로 喪失財寶인달하야 世尊이시어 我等聲聞도 亦復如是하야 雖聞如來慇懃教誡나 不能受持令法久住가 如彼老人이 受他寄付인달하야 我今無智커니 於諸戒律에 當何所問이닛고

佛告諸比丘하사대 汝等이 今者에 若問於我하면 則能利益一切眾生이라 是故로 告汝하노니 聽隨所疑하야 恣意而問하라

爾時에 諸比丘가 白佛言호대 世尊이시여 譬如有人이 年二十五에 盛壯端正하고 多有財寶金·銀·琉璃하며 父母·妻子·眷屬·宗親이 悉皆存在러니 亦有人來하야 寄其寶物하고 語其人言호대 我有緣事하야 欲至他處라 事訖當還하리니 汝當還我니라 是時에 壯人이 守護是物을 如自己有하니 其人偶病하야 即命家屬호대 如是金寶가 是他所寄니 彼若來索이어든 悉皆還之하라 하다

智者는 如是하야 善知籌量일세 行還索物에 皆悉得之하야 無所亡失인달하야 世尊도 亦爾하사 若以法寶로 付囑阿難과 及諸比丘하시면 不得久住니 何以故오 一切聲聞과 及大迦葉은 悉當無常하야 如彼老人이 受他寄物이니다

是故로 應以無上佛法으로 付諸菩薩이니 以諸菩薩은 善能問答일새 如是法寶가 則得久住無量千世하야 增益熾盛하야 利安眾生을 如彼壯人이 受他寄物이니다 以是義故로 諸大菩薩이라야 乃能問耳이니다

我等智慧는 猶如蚊虻이오니 何能諮請如來深法이렷가 時諸聲聞이 默然而住어늘 爾時에 佛讚諸比丘言하사대 善哉善哉라

汝等이 善得無漏之心과 阿羅漢心을 我亦曾念일새 以此二緣으로 應以大乘으로 付諸菩薩하야 令是妙法으로 久住於世케하노라

爾時에 佛告一切大眾하사대 善男子善女人이여 我之壽命을 不可稱量이어니와 樂說之辯도 亦不可盡이니 汝等은 宜可隨意하야 諮問若戒若歸하라 第二第三을 亦復如是어시늘 爾時眾中에 有一菩薩摩訶薩하니 本是多羅聚落人也니라 姓은 大迦葉이며 婆羅門種이라 年在幼稚로대 以佛神力으로 即從座起하야 偏袒右臂하고 遶百千匝하야 右膝著地하고 合掌向佛하야 而白佛言호대 世尊이시여 我於今者에 欲少諮問하오니 若佛聽者인댄 乃敢發言하리이다

佛告迦葉하사대 如來·應供·正遍知가 恣汝所問노라 當為汝說하야 斷汝所疑하야 令汝歡喜하리라

爾時에 迦葉菩薩摩訶薩이 白佛言호대 世尊이시여 如來哀愍하사 已垂聽許

하시니 今當問之하리다 然이나 我所有智慧는 微少하야 猶如蚊蚋하고 如來世尊은 道德巍巍하사 純以栴檀·師子難伏不可壞衆으로 而為眷屬하시며 如來之身은 猶眞金剛하사 色如琉璃하야 眞實難壞며 復為如是大智慧海之所圍遶이시며 是衆會中에 諸大菩薩摩訶薩等이 皆悉成就無量·無邊·深妙功德하사 猶如香象하신 於如是等大衆之前에 豈敢發問이릿가 為當承佛神通之力하며 及因大衆善根威德하야 少發問耳리다 하고
即於佛前에 說偈問曰호대

云何得長壽와　　金剛不壞身이며
復以何因緣으로　得大堅固力하며
云何於此經에　　究竟到彼岸이닛고
願佛開微密하사　廣為衆生說하소서
云何得廣大하야　為衆作依止하며
實非阿羅漢이나　而與羅漢等하며
云何知天魔가　　為衆作留難하며
佛說波旬說을　　云何分別知닛가
云何諸調御가　　心喜說眞諦하사
正善具成就하사　演說四顚倒이며
云何作善業이니까 大仙今當說하소서
云何諸菩薩이　　能見難見性이며
云何解滿字와　　及與半字義이며
云何共聖行을　　如娑羅娑鳥와
迦隣提日月과　　太白與歲星하며
云何未發心에　　而名為菩薩이며
云何於大衆에　　而得無所畏하야
猶如閻浮金을　　無能說其過하며
云何處濁世호대　不污如蓮華하며
云何處煩惱호대　煩惱不能染이닛고

如醫療衆病에　　不爲病所汚하며
生死大海中에　　云何作船師하며
云何捨生死를　　如蛇脫故皮하며
云何觀三寶를　　猶如天意樹하며
三乘若無性을　　云何而得說하며
猶如樂未生을　　云何名受樂이며
云何諸菩薩이　　而得不壞衆하며
云何爲生盲하야　而作眼目導하며
云何示多頭이닛가　唯願大仙說하소서
云何說法者가　　增長如月初하며
云何復示現　　　究竟於涅槃하며
云何勇進者가　　示人天魔道하며
云何知法性하야　而受於法樂하며
云何諸菩薩이　　遠離一切病하며
云何爲衆生하야　演說於祕密하며
云何說畢竟과　　及與不畢竟이며
如其斷疑網인댄　云何不定說하며
云何而得近　　　最勝無上道닛고
我今請如來하노니　爲諸菩薩故로
願爲說甚深　　　微妙諸行等하소서
一切諸法中에　　悉有安樂性을
唯願大仙尊은　　爲我分別說하소서
衆生大依止는　　兩足尊妙藥이시니다
今欲問諸陰에　　而我無智慧하오며
精進諸菩薩도　　亦復不能知오며
如是等甚深은　　諸佛之境界이니다
爾時에 佛께서 讚迦葉菩薩하사대 善哉善哉라

善男子여 汝今未得一切種智하고 我已得之나 然이나 汝所問甚深密藏이 如一切智之所諮問하야 等無有異로다
善男子여 我坐道場菩提樹下하야 初成正覺하니 爾時에 無量阿僧祇恒河沙 等諸佛世界에 有諸菩薩이 亦曾問我是甚深義하니라 然이나 其所問句義功德도 亦皆如是하야 等無有異니 如是問者는 則能利益無量衆生이니라
爾時에 迦葉菩薩이 復白佛言호대 世尊이시여 我無智力하야 能問如來如是深義니다 世尊이시여 譬如蚊虻이 不能飛過大海彼岸하야 周遍虛空인달하야 我亦如是하야 不能諮問如來如是智慧大海法性虛空甚深之義니다
世尊이시여 譬如國王이 髻中明珠를 付典藏臣이어든 藏臣이 得已에 頂戴恭敬하야 增加守護인달하야 我亦如是하야 頂戴恭敬增加守護如來所說方等深義하오리다 何以故오 令我廣得深智慧故니다
爾時에 佛告迦葉菩薩하사대 善男子야 諦聽諦聽하라 當爲汝說如來所得長壽之業하리라 菩薩이 以是業因緣故로 得壽命長하나니 是故로 應當至心聽受하라 若業이 能爲菩提因者인댄 應當誠心으로 聽受是義하고 旣聽受已에 轉爲人說이니라
善男子야 我以修習如是業故로 得阿耨多羅三藐三菩提하고 今復爲人하야 廣說是義하노라
善男子야 譬如王子가 犯罪繫獄이어든 王甚憐愍하야 愛念子故로 躬自迴駕하야 至其繫所인달하야 菩薩도 亦爾하야 欲得長壽인댄 應當護念一切衆生호대 同於子想하야 生大慈·大悲·大喜·大捨하야 授不殺戒하야 敎修善法하고 亦當安止一切衆生於五戒·十善하며 復入地獄·餓鬼·畜生·阿修羅等一切諸趣하야 拔濟是中苦惱衆生하야 脫·未脫者하며 度·未度者하며 未涅槃者는 令得涅槃하며 安慰一切諸恐怖者니 以如是等業因緣故으로 菩薩이 則得壽命長遠하야 於諸智慧에 而得自在하야 隨所壽終하야 生於天上이니라
爾時에 迦葉菩薩이 復白佛言호대 世尊이시여 菩薩摩訶薩이 等視衆生을 同於子想이라 하시니 是義深隱하야 我未能解로소이다 世尊이시여 如來不應說言菩薩이 於諸衆生에 修平等心을 同於子想하소서 所以者何오 於佛

法中에 有破戒者와 作逆罪者와 毁正法者면 云何當於如是等人에 同子想耶이닛가
佛告迦葉하사대 如是如是하야 我於衆生에 實作子想을 如羅睺羅니라
迦葉菩薩이 復白佛言호대 世尊이시여 昔十五日에 僧布薩時에 曾於具戒淸淨衆中에 有一童子가 不善修習身·口·意業하고 在屛隈處하야 盜聽說戒라가 密迹力士가 承佛神力하야 以金剛杵로 碎之如塵하니 世尊이시여 是金剛神이 極成暴惡하야 乃能斷是童子命根하오니 云何如來가 視諸衆生을 同於子想하야 如羅睺羅닛고
佛告迦葉하사대 汝今不應作如是言하라 是童子者는 卽是化人이오 非眞實也니라 爲欲驅遣破戒毁法하야 令出衆故며 金剛密迹도 亦是化耳니라
迦葉아 毁謗正法과 及一闡提와 或有殺生으로 乃至邪見과 及故犯禁에도 我於是等에 悉生悲心하야 同於子想하야 如羅睺羅하노라
善男子야 譬如國王은 諸群臣等이 有犯王法이면 隨罪誅戮하야 而不捨置어니와 如來世尊은 不如是也니라
於毁法者에 與驅遣羯磨·訶責羯磨·置羯磨·擧罪羯磨·不可見羯磨·滅羯磨·未捨惡見羯磨하나니 善男子야 如來는 所以與謗法者로 作如是等降伏羯磨는 爲欲示諸行惡之人의 有果報故이니라
善男子야 汝今當知하라 如來는 卽是施惡衆生無恐畏者시니 若放一光커나 若二若五어든 或有遇者는 悉令遠離一切諸惡하나니라 如來今者에 具有如是無量勢力이니라
善男子야 未可見法을 汝欲見者댄 今當爲汝하야 說其相貌하리니 我涅槃已에 隨其方面하야 有持戒比丘가 威儀具足하야 護持正法호대 見壞法者어든 卽能驅遣하야 呵責徵治하면 當知하라 是人은 得福無量하야 不可稱計니라
善男子야 譬如有王이 專行暴惡이라가 會遇重病이어든 有隣國王이 聞其名聲하고 興兵而來하야 規欲殄滅하면 是時에 病王이 無力勢故로 方乃恐怖하야 改心修善하면 而是隣王이 得無量福인달하야 持法比丘도 亦復如是하

야 驅遣呵責壞法之人하야 令行善法하면 得福無量하나니라
善男子야 譬如長者의 所居之處인田宅屋舍에 生諸毒樹어든 長者知已에 即便斫伐하야 永令滅盡하며 又如壯人이 首生白髮어든 愧而剪拔하야 不令生長인달하야 持法比丘도 亦復如是하야 見有破戒壞正法者어든 即應驅遣呵責擧處니 若善比丘가 見壞法者하고 置不呵責驅遣擧處하면 當知하라 是人은 佛法中怨이오 若能驅遣하야 呵責擧處하면 是我弟子는 真聲聞也니라
迦葉菩薩이 復白佛言호대 世尊이시여 如佛所言인댄 則不等視一切眾生을 同於子想하야 如羅睺羅이니다 世尊이시여 若有一人이 以刀害佛어든 復有一人은 持梅檀塗佛호대 佛於此二에 若生等心인댄 云何復言當治毀禁이며 若治毀禁인댄 是言은 則失이니다
佛告迦葉菩薩하사대 善男子야 譬如國王과 大臣宰相이 產育諸子호대 顏貌端正하고 聰明黠慧하야 若二三四를 將付嚴師하야 而作是言호대 君可為我하야 教詔諸子하야 威儀禮節과 伎藝書疏와 校計算數를 悉令成就일새 我今四子를 就君受學하노라
假使三子가 病杖而死하고 餘有一子라도 必當苦治하야 要令成就이니 雖喪三子라도 我終不恨이라 하나니 迦葉아 是父及師가 得殺罪不가 不也이니다 世尊이시여 何以故오 以愛念故로 為欲成就언정 無有惡心이니 如是教誨는 得福無量이니다
善男子야 如來亦爾하야 視壞法者를 等如一子니라 如來가 今以無上正法으로 付囑諸王과 大臣·宰相과 比丘·比丘尼와 優婆塞·優婆夷하노니 是諸國王과 及四部眾이 應當勸勵諸學人等하야 令得增上戒·定·智慧호대 若有不學是三品法하고 懈怠破戒하야 毀正法者어든 王者·大臣과 四部之眾이 應當苦治니 善男子야 是諸國王及四部眾當有罪不아 不也이니다 世尊이시여 善男子야 是諸國王과 及四部眾이 尚無有罪어든 何況如來닛가
善男子야 如來가 善修如是平等하야 於諸眾生에 同一子想하시니 如是修者가 是名菩薩이 修平等心하야 於諸眾生에 同一子想이니라

善男子야 菩薩如是修習此業하면 得壽命長하고 亦能善知宿世之事니라
迦葉菩薩이 復白佛言호대 世尊이시여 如佛所說하사 菩薩이 若有修平等心하야 視諸衆生을 同於子想하면 得壽命長이라 하시나 如來不應作如是說이니다 何以故오 如知法人이 能說種種孝順之法이라가 還至家中하야 以諸瓦石으로 打擲父母하면 而是父母는 是良福田으로 多所利益하야 難遭難遇니 應好供養이어늘 反生惱害하니 是知法人이 言行相違인달하야 如來所言도 亦復如是하니다 菩薩이 修習等心하야 衆生을 同子想者가 應得長壽하야 善知宿命인댄 常住於世하야 無有變易이어늘 今者世尊은 以何因緣으로 壽命極短하사 同人間耶이닛가 如來가 將無於諸衆生에 生怨憎想이닛가 世尊이시여 昔日에 作何惡業하사 斷幾命根하야 得是短壽하사 不滿百年이닛가

佛告迦葉하사대 善男子야 汝今何緣으로 於如來前에 發是麤言고 如來가 長壽하야 於諸壽中에 最上最勝하며 所得常法도 於諸常中에 最爲第一이니라

迦葉菩薩이 復白佛言호대 世尊이시여 云何如來가 得壽命長이닛고

佛告迦葉하사대 善男子야 如八大河가

一名恒河요 二名閻摩羅요 三名薩羅요 四名阿梨羅跋提요 五名摩訶요 六名辛頭요 七名博叉요 八名悉陀니

是八大河와 及諸小河가 悉入大海인달하야 迦葉아 如是하야 一切人中天上地及虛空壽命大河가 悉入如來壽命海中하나니 是故로 如來壽命이 無量하니라

復次迦葉아 譬如阿耨達池에 出四大河인달하야 如來亦爾하야 出一切命하나니라

迦葉아 譬如一切諸常法中에 虛空第一인달하야 如來도 亦爾하야 於諸常中에 最爲第一이니라 迦葉아 譬如諸藥에 醍醐第一인달하야 如來亦爾하야 於衆生中에 壽命第一이니라

迦葉菩薩이 復白佛言호대 世尊이시여 如來壽命이 若如是者인댄 應住一劫커나 若減一劫커나 常宣妙法을 如霪大雨이니다 迦葉아 汝今不應於如來

所에 生滅盡想이니라

迦葉아 若有比丘·比丘尼·優婆塞·優婆夷와 乃至外道와 五通神仙이 得自在者도 若住一劫하며 若減一劫하야 經行空中하야 坐臥自在하야 左脇出火하며 右脇出水하며 身出煙炎을 猶如火聚하며 若欲住壽인댄 能得如意하야 於壽命中에 修短自任하나니 如是五通도 尙得如是隨意神力이어든 豈況如來가 於一切法에 得自在力하야 而當不能住壽半劫·若一劫·若百劫·若百千劫·若無量劫이리요 以是義故로 當知하라 如來는 是常住法이며 不變易法이니라 如來此身은 是變化身이오 非雜食身이로대 為度眾生하야 示同毒樹이니 是故로 現捨하고 入於涅槃이니라

迦葉아 當知하라 佛은 是常法이오 不變易法이니 汝等이 於是第一義中에 應勤精進하야 一心修習하고 既修習已에 廣為人說이니라

爾時에 迦葉菩薩이 白佛言호대 世尊이시여 出世之法이 與世間法으로 有何差別이닛고 如佛言曰하사 佛是常法이며 不變易法이라 하시거니와 世間도 亦說梵天이 是常이며 自在天常하야 無有變易이라 하며 我常이며 性常이며 微塵亦常이라 하나니 若言如來가 是常法者인댄 如來何故로 不常現耶닛가 若不常現인댄 有何差別이닛가 何以故오 梵天으로 乃至微塵世性도 亦不現故이니다

佛告迦葉하사대 譬如長者가 多有諸牛하야 色雖種種이나 同共一群하야 付放牧人하야 令逐水草는 但為醍醐요 不求乳酪이니라 彼牧牛者가 搆已自食이더니 長者命終에 所有諸牛가 悉為群賊之所抄掠이라 賊得牛已에 無有婦女라 即自搆捋하야 得已而食이러니

爾時에 群賊이 各相謂言호대 彼大長者가 畜養此牛는 不期乳酪이오但為醍醐이니 我等今者에 當設何方하야 而得之耶아 夫醍醐者는 名為世間第一上味어늘 我等無器하니 設使得乳라도 無安置處로다 復共相謂호대 唯有皮囊하야 可以盛之라 雖有盛處나 不知攢搖하니 漿猶難得이온 況復生酥아 爾時에 諸賊이 以醍醐故로 加之以水하니 以水多故로 乳酪醍醐를 一切俱失인달하야 凡夫亦爾하야 雖有善法이나 皆是如來正法之餘니라 何以故오

如來·世尊入涅槃後에 盜竊如來遺餘善法의 若戒·定·慧가 如彼諸賊이 劫掠群牛니라 諸凡夫人이 雖復得是戒·定·智慧나 無有方便하야 不能解說일새 以是義故로 不能獲得常戒·常定·常慧·解脫이 如彼群賊이 不知方便하야 喪失醍醐하며 亦如群賊이 為醍醐故로 加之以水하야 凡夫도 亦爾하야 為解脫故로 說我·眾生·壽命·士夫·梵天·自在天·微塵世性戒·定·智慧及與解脫·非想·非非想天·即是涅槃이라 하나 實亦不得解脫涅槃이 如彼群賊이 不得醍醐이니라

是諸凡夫가 有少梵行하야 供養父母하고 以是因緣으로 得生天上하야 受少安樂은 如彼群賊이 加水之乳이니 而是凡夫가 實不知因하고 修少梵行하야 供養父母일새 得生天上하며 又不能知戒·定·智慧·歸依三寶라 以不知故로 說常·樂·我·淨하나니 雖復說之나 而實不知니라

是故로 如來出世之後에 乃為演說常·樂·我·淨이 如轉輪王이 出現於世하야 福德力故로 群賊退散하야 牛無損命이어늘 時에 轉輪王이 即以諸牛로 付一牧人多巧便者하야 是人이 方便으로 即得醍醐라 以醍醐故로 一切眾生이 無有患苦인달하야 法輪聖王이 出現世時에 諸凡夫人이 不能演說戒·定·慧者가 即便退散하야 如賊退散이어든 爾時에 如來가 善說世法及出世法하사 為眾生故로 令諸菩薩로 隨而演說이어든 菩薩摩訶薩이 既得醍醐하고 復令無量無邊眾生으로 獲得無上甘露法味하니 所謂如來常·樂·我·淨이니라

以是義故로 善男子야 如來가 是常이며 不變易法이라 非如世間凡夫愚人의 謂梵天等이 是常法也니라 此常法稱은 要是如來요 非是餘法이니라

迦葉아 應當如是知如來身이니라

迦葉아 諸善男子善女人이 常當繫心하야 修此二字佛是常住이니라

迦葉아 若有善男子善女人이 修此二字하면 當知하라 是人은 隨我所行하야 至我至處니라

善男子야 若有修習如是二字하야 為滅相者인댄 當知하라 如來가 則於其人에 為般涅槃이니 善男子야 涅槃義者는 即是諸佛之法性也니라

迦葉菩薩이 白佛言호대 世尊이시여 佛法性者는 其義云何이닛고 世尊이시여 我今欲知法性之義하오니 唯願如來는 哀愍廣說하소서 夫法性者는 即是捨身이오 捨身者는 名無所有이니 若無所有인댄 身云何存이며 身若存者인댄 云何而言身有法性이리요 身有法性인댄 云何得存이릿고 我今에 云何當知是義릿가

佛告迦葉菩薩하사대 善男子야 汝今不應作如是說滅是法性하라 夫法性者는 無有滅也니라

善男子야 譬如無想天이 成就色陰이나 而無色想이니 不應問言 是諸天等이 云何而住하야 歡娛受樂하며 云何行想이며 云何見聞이니라

善男子야 如來境界는 非諸聲聞·緣覺所知이니 善男子야 不應說言如來身者가 是滅法也니라

善男子야 如是滅法은 是佛境界오 非諸聲聞·緣覺所及이니 善男子야 汝今不應思量如來何處住·何處行·何處見·何處樂이니라

善男子야 如是之義는 亦非汝等之所知及이니 諸佛法身의 種種方便은 不可思議니라

復次善男子야 應當修習佛法及僧호대 而作常想하라 是三法者가 無有異想하며 無無常想·無變異想이니라 若於三法에 修異想者는 當知하라 是輩는 清淨三歸에 則無依處하야 所有禁戒를 皆不具足하야 終不能證聲聞緣覺菩提之果하리라 若能於是不可思議에 修常想者라야 則有歸處니라

善男子야 譬如因樹하야 則有樹影하야 如來도 亦爾하야 有常法故로 則有歸依라 非是無常이니라 若言如來是無常者인댄 如來則非諸天世人의 所歸依處니라

迦葉菩薩이 白佛言호대 世尊이시여 譬如闇中有樹無影하니 迦葉아 汝不應言有樹無影하라 但非肉眼之所見耳니라

善男子야 如來도 亦爾하야 其性常住하야 是不變異니 無智慧眼이면 不能得見이 如彼闇中에 不見樹影이라 凡夫之人이 於佛滅後에 說言如來是無常法도 亦復如是니라 若言如來가 異法僧者이면 則不能成三歸依處라 如

汝父母가 各各異故로 故使無常이니라
迦葉菩薩이 復白佛言호대 世尊이시여 我從今始하야 當以佛法眾僧三事常住로 啟悟父母와 乃至七世하야 皆令奉持하리이다 甚奇世尊이시여 我今當學如來法僧不可思議하야 既自學已에 亦當為人하야 廣說是義니다 若有諸人이 不能信受하면 當知하라 是輩가 久修無常이니 如是之人에는 我當為其하야 而作霜雹하리니다
爾時에 佛讚迦葉菩薩하사대 善哉善哉라
汝今善能護持正法이로다 如是護法이라사 不欺於人이니 以不欺人善業緣故로 而得長壽하야 善知宿命이니라

大般涅槃經 金剛身品 第二

爾時에 世尊이 復告迦葉하사대 善男子야 如來身者는 是常住身이며 不可壞身이며 金剛之身이며 非雜食身이요 即是法身이니라
迦葉菩薩이 白佛言호대 世尊이시여 如佛所說如是等身은 我悉不見하고 唯見無常破壞微塵雜食等身이니다 何以故오 如來가 當入於涅槃故니다
佛言하사대 迦葉아 汝今에 莫謂如來之身이 不堅可壞하야 如凡夫身이니라 善男子야 汝今當知하라 如來之身은 無量億劫에 堅牢難壞니라 非人天身이며 非恐怖身이며 非雜食身이니라 如來之身은 非身是身이며 不生不滅이며 不習不修며 無量無邊이며 無有足跡이며 無知無形이며 畢竟清淨이며 無有動搖며 無受無行이며 不住不作이며 無味無雜이며 非是有為며 非業非果며 非行非滅이며 非心非數라 不可思議이며 常不可思議며 無識離心이나 亦不離心이며 其心平等하야 無有亦有이며 無有去來호대 而亦去來며 不破不壞이며 不斷不絕이며 不出不滅이며 非主亦主며 非有·非無며 非覺·非觀이며 非字·非不字며 非定·非不定이며 不可見了了見이며 無處亦處며

無宅亦宅이며 無闇無明이며 無有寂靜호대 而亦寂靜하며 是無所有하야 不受不施며 清淨無垢며 無諍斷諍하야 住無住處며 不取不墮며 非法非非法이며 非福田非不福田이며 無盡不盡하야 離一切盡이며 是空離空이니라
雖不常住나 非念念滅이며 無有垢濁하며 無字離字이며 非聲非說이라 亦非修習이며 非稱非量이라 非一非異이며 非像非相이로대 諸相莊嚴하며 非勇非畏며 無寂不寂하며 無熱不熱하며 不可覩見이며 無有相貌니라
如來가 度脫一切衆生호대 無度脫故며 能解衆生이나 無有解故며 覺了衆生이나 無覺了故며 如實說法이나 無有二故니라 不可量無等等하야 平如虛空하며 無有形貌하야 同無生性이며 不斷不常이니라
常行一乘이나 衆生見三하며 不退不轉이나 斷一切結하며 不戰不觸이며 非性住性이며 非合非散이며 非長非短이며 非圓非方이며 非陰入界로대 亦陰入界이며 非增非損이며 非勝非負니라
如來之身이 成就如是無量功德하야 無有知者하며 無不知者하며 無有見者하며 無不見者하며 非有為非無為며 非世非不世이며 非作非不作이며 非依非不依며 非四大非不四大며 非因非不因이며 非衆生非不衆生이며 非沙門非婆羅門이며 是師子大師子이며 非身非不身이며 不可宣說이며 除一法相이며 不可算數며 般涅槃時에 不般涅槃이라
如來法身이 皆悉成就如是無量微妙功德이니라
迦葉아 唯有如來가 乃知是相이요 非諸聲聞·緣覺의 所知니라 迦葉아 如是功德으로 成如來身일새 非是雜食의 所長養身이니라
迦葉아 如來眞身이 功德如是어니 云何復得諸疾患苦하야 危脆不堅이 如坏器乎아 迦葉아 如來所以示病苦者는 為欲調伏諸衆生故니라
善男子야 汝今當知하라 如來之身은 即金剛身이니 汝從今日로 常當專心하야 思惟此義하고 莫念食身하며 亦當為人說如來身이 即是法身이라 하라
迦葉菩薩이 白佛言호대 世尊이시여 如來가 成就如是功德인댄 其身이 云何當有病苦無常破壞리요 我從今日로 常當思惟如來之身이 是常法身安樂之身하고 亦當為他하야 如是廣說하오리다 唯然世尊이시여 如來法身은 金

剛不壞나 而未能知所因云何닛다
佛言하사대 迦葉아 以能護持正法因緣故로 得成就是金剛身이니라 迦葉아
我於往昔에 護法因緣으로 今得成就是金剛身常住不壞니라 善男子야 護持
正法者는 不受五戒하며 不修威儀하고 應持刀劍弓箭鉾槊하야 守護持戒
淸淨比丘니라
迦葉菩薩이 白佛言호대 世尊이시여 若有比丘가 離於守護하고 獨處空閑塚
間樹下인댄 當說是人은 爲眞比丘요 若有隨逐守護者行인댄 當知하라 是
輩는 是禿居士니다
佛告迦葉하사대 莫作是語하야 言禿(=대머리 독)居士니라 若有比丘가 隨所
至處하야 供身趣足하고 讀誦經典하며 思惟坐禪하며 有來問法이어든 即爲
宣說호대 所謂布施持戒福德少欲知足이라 하여 雖能如是種種說法이나 然
故不能作師子吼하며 不爲師子之所圍遶하며 不能降伏非法惡人이니 如是
比丘는 不能自利와 及利衆生이라
當知하라 是輩는 懈怠懶墮하야 雖能持戒하야 守護淨行이나 當知하라 是
人은 無所能爲어니와 若有比丘가 供身之具를 亦常豐足하며 復能護持所
受禁戒하야 能師子吼로 廣說妙法이니 謂修多羅·祇夜·受記·伽陀·優陀那·伊
帝曰多伽·闍陀伽·毘佛略·阿浮陀達磨이니 以如是等九部經典으로 爲他廣
說하야 利益安樂諸衆生故로 唱如是言호대 涅槃經中에 制諸比丘호대 不
應畜養奴婢·牛羊·非法之物이니 若有比丘가 畜如是等不淨之物하면 應當
治之니라 하시니라
如來가 先於異部經中에 說有比丘가 畜如是等非法之物이어든 某甲國王이
如法治之하야 驅令還俗하라 하야 若有比丘가 能作如是師子吼이어든 時有
破戒者가 聞是語已에 咸共瞋恚하야 害是法師하면 是說法者가 設復命終
이라도 故名持戒하야 自利·利他이니 以是緣故로 我聽國主·群臣·宰相·諸優
婆塞가 護說法人하노니 若有欲得護正法者어든 當如是學이니라
迦葉아 如是破戒하야 不護法者는 名禿居士며 非持戒者요 得如是名이니
善男子야 過去之世에 無量無邊阿僧祇劫에 於此拘尸那城에 有佛出世하시

니 號歡喜增益如來·應供·正遍知·明行足·善逝·世間解·無上士·調御丈夫·天人師·佛·世尊이시니라

爾時에 世界가 廣博嚴淨하야 豐樂安隱하고 人民熾盛하야 無有飢渴이 如安樂國諸菩薩等이라 彼佛世尊이 住世無量하사 化衆生已하시고 然後에 乃於娑羅雙樹에 入般涅槃하시니 佛涅槃後에 正法住世를 無量億歲하고 餘四十年을 佛法이 未滅이라

爾時에 有一持戒比丘하니 名曰覺德이라 多有徒衆眷屬圍遶하고 能師子吼하야 頒宣廣說九部經典하며 制諸比丘하야 不得畜養奴婢牛羊非法之物케하니라

爾時에 多有破戒比丘하야 聞作是說하고 皆生惡心하야 執持刀杖하고 逼是法師러니 是時에 國王이 名曰有德이라 聞是事已에 爲護法故로 卽便往至說法者所하야 與是破戒諸惡比丘로 極共戰鬪하야 令說法者로 得免危害하니라 王於爾時에 身被刀劍箭槊之瘡하야 體無完處가 如芥子許라

爾時에 覺德이 尋讚王言호대 善哉善哉라 王今眞是護正法者로다 當來之世에 此身이 當爲無量法器이니라 王於是時에 得聞法已에 心大歡喜하고 尋卽命終하야 生阿閦佛國하야 而爲彼佛하야 作第一弟子하고 其王의 將從人民眷屬에 有戰鬪者와 有隨喜者는 一切不退菩提之心하고 命終에 悉生阿閦佛國하며 覺德比丘도 却後壽終하야 亦得往生阿閦佛國하야 而爲彼佛하야 作聲聞衆中第二弟子하니라 若有正法이 欲滅盡時어든 應當如是하야 受持擁護니라

迦葉아 爾時에 王者는 則我身是오 說法比丘는 迦葉佛이 是이니 迦葉아 護正法者가 得如是等無量果報니라 以是因緣으로 我於今日에 得種種相하야 以自莊嚴하고 成就法身不可壞身이니라

迦葉菩薩이 復白佛言호대 世尊이시여 如來常身은 猶如畫石이니다

佛告迦葉菩薩하사대 善男子야 以是因緣故로 比丘·比丘尼·優婆塞·優婆夷는 應當勤加護持正法이니 護法果報가 廣大無量이니라

善男子야 是故로 護法優婆塞等이 應執刀杖하고 擁護如是持法比丘니 若

有受持五戒之者는 不得名為大乘人也나 不受五戒라도 為護正法하면 乃
名大乘이니라 護正法者는 應當執持刀劍器仗하고 侍說法者니라
迦葉이 白佛言호대 世尊이시여 若諸比丘가 與如是等諸優婆塞持刀杖者로
共為伴侶하면 為有師耶닛가 為無師乎닛가 為是持戒닛가 為是破戒닛가
佛告迦葉하사대 莫謂是等을 為破戒人하라 善男子야 我涅槃後濁惡之世에
國土荒亂하야 互相抄掠하야 人民飢餓어든 爾時에 多有為飢餓故로 發心
出家하니 如是之人은 名為禿人이라 是禿人輩가 見有持戒威儀具足한 清
淨比丘가 護持正法하고 驅逐令出하야 若殺若害하리라
迦葉菩薩이 復白佛言호대 世尊이시여 是持戒人護正法者가 云何當得遊行
村落城邑하야 教化이닛가 善男子야 是故로 我今에 聽持戒人이 依諸白衣
持刀杖者하야 以為伴侶하노니 若諸國王·大臣·長者·優婆塞等이 為護法故
로 雖持刀杖이나 我說是等을 名為持戒하노라 雖持刀杖이나 不應斷命이니
若能如是하면 即得名為第一持戒니라
迦葉아 言護法者는 謂具正見하야 能廣宣說大乘經典호대 終不捉持王者寶
蓋와 油瓶穀米와 種種果蓏하며 不為利養하야 親近國王·大臣·長者하며 於
諸檀越에 心無諂曲하고 具足威儀하야 摧伏破戒諸惡人等이 是名持戒護
法之師이니 能為眾生의 真善知識이라 其心이 弘廣하야 譬如大海니라
迦葉아 若有比丘가 以利養故로 為他說法이어든 是人所有徒眾眷屬이 亦
効是師하야 貪求利養하면 是人은 如是便自壞眾이니라
迦葉아 眾有三種하니
一者는 犯戒雜僧이오
二者는 愚癡僧이오
三者는 清淨僧이니 破戒雜僧은 則易可壞오 持戒淨僧은 利養因緣의 所不
能壞니라
云何破戒雜僧고 若有比丘가 雖持禁戒나 為利養故로 與破戒者로 坐起行
來하야 共相親附하야 同其事業하면 是名破戒며 亦名雜僧이니라
云何愚癡僧고 若有比丘가 在阿蘭若處하야 諸根不利하야 闇鈍瞢瞢하야 少

欲乞食호대 於說戒日과 及自恣時에 教諸弟子하야 清淨懺悔할새 見非弟子가 多犯禁戒호대 不能教令清淨懺悔하고 而便與共하야 說戒自恣하면 是名愚癡僧이니라

云何名清淨僧고 有比丘僧이 不爲百千億數諸魔之所沮壞하고 是菩薩眾이 本性清淨하야 能調如上二部之眾하야 悉令安住清淨眾中하면 是名護法無上大師며 善持律者니라 爲欲調伏利眾生故로 知諸戒相의 若輕若重하야 非是律者는 則不證知하고 若是律者는 則便證知니라 云何調伏眾生故오 若諸菩薩이 爲化眾生하야 常入聚落호대 不擇時節하고 或至寡婦婬女舍宅하야 與同住止하야 經歷多年호대 若是聲聞인댄 所不應爲니 是名調伏利益眾生이니라

云何知重고 若見如來가 因事制戒하사대 汝從今日로 慎莫更犯이니 如四重禁은 出家之人의 所不應作이라 하고 而便故作하면 非是沙門이며 非釋種子이니 是名爲重이니라

云何爲輕고 若犯輕事어든 如是三諫하야 若能捨者면 是名爲輕이니라 非律不證者는 若有讚說不清淨物하야 應受用者어든 不共同止니라 是律應證者는 善學戒律하야 不近破戒하며 見有所行이 隨順戒律하면 心生歡喜하야 如是能知佛法所作하야 善能解說이 是名律師이며 善解一字니라 善持契經도 亦復如是니라 如是善男子야 佛法無量하야 不可思議이며 如來亦爾하야 不可思議니라

迦葉菩薩이 白佛言호대 世尊이시여 如是如是니라 誠如聖教하사 佛法無量하야 不可思議이며 如來亦爾하야 不可思議이니다 故知如來가 常住不壞하야 無有變異라 我今善學하고 亦當爲人하야 廣宣是義하리다

爾時에 佛讚迦葉菩薩하사대 善哉善哉라

如來身者는 即是金剛不可壞身이니 菩薩이 應當如是善學正見正知하야 若能如是了了知見하면 即是見佛金剛之身不可壞身을 如於鏡中에 見諸色像하리라

大般涅槃經 名字功德品 第三

爾時에 如來가 復告迦葉하사대 善男子야 汝今應當善持是經의 文字章句 所有功德하라 若有善男子·善女人이 聞是經名하고 生四趣者는 無有是處이 니라 何以故오 如是經典은 乃是無量無邊諸佛之所修習이며 所得功德일새 我今當說하노라

迦葉菩薩이 白佛言호대 世尊이시여 當何名此經이며 菩薩摩訶薩이 云何奉 持하리닛가

佛告迦葉하사대 是經은 名爲大般涅槃이니 上語도 亦善하며 中語도 亦善 하며 下語도 亦善하야 義味深邃하고 其文도 亦善하야 純備具足淸淨梵行 하며 金剛寶藏이 滿足無缺이니라

汝今善聽하라 我今當說호리라

善男子야 所言大者는 名之爲常이니 如八大河가 悉歸大海하야 此經도 如 是하야 降伏一切諸結과 煩惱와 及諸魔性이라 然後에 要於大般涅槃에 放 捨身命일새 是故로 名曰大般涅槃이니라

善男子야 又如醫師가 有一祕方호대 悉攝一切所有醫方인달하야

善男子야 如來도 亦爾하사 所說種種妙法祕密과 深奧藏門이 悉皆入於大 般涅槃일새 是故名爲大般涅槃이니라

善男子야 譬如農夫가 春月下種에 常有悕望이라가 既收果實하야는 衆望 都息인달하야

善男子야 一切衆生도 亦復如是하야 修學餘經에 常悕滋味라가 若得聞是 大般涅槃하면 悕望諸經所有滋味가 悉皆永斷이니 是大涅槃이 能令衆生 으로 度諸有流하나니라

善男子야 如諸跡中에 象跡爲最하야 此經如是하야 於諸經三昧에 最爲第 一이니라

善男子야 譬如耕田이 秋耕爲勝하야 此經도 如是하야 諸經中勝이니라

善男子야 如諸藥中에 醍醐가 第一이라 善治衆生熱惱亂心하야 是大涅槃이 為最第一이니라

善男子야 譬如甜酥가 八味具足하야 大般涅槃도 亦復如是하야 八味具足이라

云何為八고

一者는 常이요 二者는 恒이요 三者는 安이요 四者는 淸凉이요 五者는 不老이요 六者는 不死이요 七者는 無垢이요

八者는 快樂이라 是為八味具足이니 具是八味일새 是故로 名為大般涅槃이니라 若諸菩薩摩訶薩等이 安住是中하면 復能處處에 示現涅槃일새 是故로 名為大般涅槃이니라

迦葉아 善男子·善女人이 若欲於此大般涅槃에 而涅槃者인댄 當如是學如來常住이니 法·僧도 亦然이니라

迦葉菩薩이 復白佛言호대 甚奇世尊이시여 如來功德도 不可思議이며 法·僧도 亦爾하야 不可思議이며 是大涅槃도 亦不可思議로소니 若有修學是經典者는 得正法門하야 能為良醫요 若未學者는 當知하라 是人은 盲無慧眼하야 無明所覆이니다

大般涅槃經 卷第三 終

名字功德品 第三

인도 아잔타석굴 열반상

大般涅槃經 卷第四

北涼天竺三藏曇無讖譯

如來性品 第四之一

佛이 復告迦葉하사대 善男子야 菩薩摩訶薩이 分別開示大般涅槃에 有四相義하니
何等이 爲四오
一者는 自正이요 二者는 正他요 三者는 能隨問答이요 四者는 善解因緣義니라
云何自正고 若佛如來가 見諸因緣하고 而有所說이어든 譬如比丘가 見大火聚하야 便作是言호대 我寧抱是熾燃火聚언정 終不敢於如來所說十二部經과 及祕密藏에 謗言云是波旬所說이니라 若言如來·法·僧無常이라 하면 如是說者는 爲自侵欺며 亦欺於人이니 寧以利刀로 自斷其舌이언정 終不說言如來·法·僧이 是無常也니라 若聞他說이어든 亦不信受하며 於此說者에 應生憐愍하야 如來·法·僧이 不可思議이니 應如是持하라 하고 自觀己身이 猶如火聚하면 是名自正이니라
云何正他오 佛說法時에 有一女人이 乳養嬰兒더니 來詣佛所하야 稽首佛足하고 有所顧念하야 心自思惟하고 便坐一面이어늘 爾時에 世尊이 知而故問하사대 汝以愛念으로 多哈兒酥하니 不知籌量消與不消로다
爾時에 女人이 卽白佛言호대 甚奇世尊이시여 善能知我心中所念하시니 唯願如來는 敎我多少하소서 世尊이시여 我於今朝에 多與兒酥라 恐不能消로소니 將無夭壽닛가 唯願如來는 爲我解說하소서
佛言하사대 汝兒所食이 尋卽消化하야 增益壽命이니라 女人이 聞已에 心大踊躍하고 復作是言호대 如來實說일새 故我歡喜하노니다 世尊이시여 如

是爲欲調伏諸衆生故로 善能分別說消不消하시며 亦說諸法無我無常하시니 若佛世尊이 先說常者인댄 受化之徒가 當言此法이 與外道同이라 하고 卽便捨去하리다 復告女人하사대 若兒長大하야 能自行來에 凡所食噉이 能消難消하야 本所與酥로는 則不供足이니라 我之所有聲聞弟子도 亦復如是하야 如汝嬰兒하야 不能消是常住之法일새 是故로 我先說苦無常이어니 若我聲聞諸弟子等이 功德已備하야 堪任修習大乘經典인댄 我於是經에 爲說六味하노니

云何六味오

說苦는 醋味며

無常은 鹹味며

無我는 苦味며

樂은 如甜味며

我는 如辛味며

常은 如淡味니라

彼世間中에 有三種味하니 所謂無常·無我·無樂이라 煩惱爲薪하고 智慧爲火하야 以是因緣으로 成涅槃飯이니 謂常樂我라 令諸弟子로 悉皆甘嗜니라

復告女人하사대 汝若有緣하야 欲至他處인댄 應驅惡子하야 令出其舍하고 悉以寶藏으로 付示善子니라 女人이 白佛호대 實如聖敎하야 珍寶之藏을 應示善子하고 不示惡子니다 姊여 我亦如是하야 般涅槃時에 如來微密無上法藏을 不與聲聞諸弟子等은 如汝寶藏을 不示惡子요 要當付囑諸菩薩等은 如汝寶藏을 委付善子니라 何以故오 聲聞弟子는 生變異想하야 謂佛如來가 眞實滅度라 하나 然이나 我眞實不滅度也니라

如汝遠行未還之頃에 汝之惡子가 便言汝死라 하나 汝實不死니라 諸菩薩等은 說言如來常不變易이라 하나니 如汝善子가 不言汝死니라 以是義故로 我以無上祕密之藏으로 付諸菩薩이니라

善男子여 若有衆生이 謂佛常住不變異者인댄 當知하라 是家는 則爲有佛

이니 是名正他니라

能隨問答者는 若有人이 來問佛호대 世尊이시여 我當云何하야사 不捨錢財하고 而得名為大施檀越이닛고 하면

佛言하사대 若有沙門婆羅門等이 少欲知足하야 不受不畜不淨物者는 當施其人奴婢僕使하며 修梵行者는 施與女人하며 斷酒肉者는 施以酒肉하며 不過中食에는 施過中食하며 不著花香에는 施以花香이니 如是施者는 施名이 流布하야 遍至他方이나 財寶之費가 不失毫釐하리니 是則名為能隨問答이니라

爾時에 迦葉菩薩이 白佛言호대 世尊이시여 食肉之人에 不應施肉이니 何以故오 我見不食肉者가 有大功德이니다

佛讚迦葉하사대 善哉善哉라

汝今乃能善知我意로다 護法菩薩이 應當如是니라

善男子야 從今日始하야 不聽聲聞弟子食肉하노니 若受檀越信施之時어든 應觀是食이 如子肉想이니라

迦葉菩薩이 復白佛言호대 世尊이시여 云何如來가 不聽食肉이닛가 善男子야 夫食肉者는 斷人慈種이니라

迦葉이 又言호대 如來何故로 先聽比丘食三種淨肉이닛고

迦葉아 是三種淨肉은 隨事漸制니라

迦葉菩薩이 復白佛言호대 世尊이시여 何因緣故로 十種不淨과 乃至九種淸淨을 而復不聽이닛고

佛告迦葉하사대 亦是因事漸次而制니 當知하라 即是現斷肉義니라

迦葉菩薩이 復白佛言호대 云何如來가 稱讚魚肉이 為美食耶닛가

善男子야 我亦不說魚肉之屬이 為美食也라 我說甘蔗·粳米·石蜜·一切穀麥과 及黑石蜜과 乳酪蘇油가 以為美食이니라 雖說應畜種種衣服이나 所應畜者를 要是壞色이어든 何況貪著是魚肉味리오

迦葉이 復言호대 如來가 若制不食肉者인댄 彼五種味인 乳酪·酪漿·生酥·熟酥·胡麻油等과 及諸衣服憍奢耶衣와 珂貝·皮革·金銀盂器如是等物도 亦不

應受니다

善男子야 不應同彼尼乾所見이니라 如來가 所制一切禁戒가 各有異意하니 異意故로 聽食三種淨肉이라가 異想故로 斷十種肉이며 異想故로 一切悉斷及自死者니라

迦葉아 我從今日로 制諸弟子호대 不得復食一切肉也라 하노라 迦葉아 其食肉者가 若行·若住·若坐·若臥에 一切衆生이 聞其肉氣하고 悉生恐怖가 譬如有人이 近師子已에 衆人見之하야 聞師子臭하고 亦生恐怖니라

善男子야 如人噉蒜하면 臭穢可惡라 餘人見之에 聞臭捨去하나니 設遠見者도 猶不欲視어든 況當近之리요 諸食肉者도 亦復如是하야 一切衆生이 聞其肉氣하면 悉皆恐怖하야 生畏死想하야 水陸空行有命之類가 悉捨之走호대 咸言此人이 是我等怨이라 하나니 是故菩薩이 不習食肉이나 爲度衆生하야 示現食肉이니 雖現食之나 其實不食이니라

善男子야 如是菩薩淸淨之食도 猶尙不食이어든 況當食肉이리요

善男子야 我涅槃後無量百歲에 四道聖人이 悉復涅槃하고 正法滅後於像法中에 當有比丘가 似像持律하야 少讀誦經호대 貪嗜飮食하야 長養其身하며 身所被服이 麁陋醜惡하고 形容憔悴하야 無有威德하며 放畜牛羊하며 擔負薪草하야 頭鬚髮爪이 悉皆長利하며 雖服袈裟나 猶如獵師하며 細視徐行을 如猫伺鼠하야 常唱是言호대 我得羅漢이라 하며 多諸病苦하야 眠臥糞穢하야 外現賢善이나 內懷貪嫉이 如受瘂法婆羅門等이며 實非沙門이로대 現沙門像하며 邪見熾盛하야 誹謗正法하나니 如是等人은 破壞如來所制하신 戒律과 正行威儀와 說解脫果와 離不淨法하며 及壞甚深祕密之敎하고 各自隨意하야 反說經律하야 而作是言호대 如來皆聽我等食肉이라 하야 自生此論하야 言是佛說이라 하며 互共諍訟하야 各自稱是沙門釋子니라

善男子야 爾時에 復有諸沙門等이 貯聚生穀하며 受取魚肉하야 手自作食하며 執持油瓶·寶蓋·革屣하며 親近國王·大臣·長者하고 占相星宿하며 勤修醫道하야 畜養奴婢와 金·銀·琉璃·車磲·馬瑙·頗梨·眞珠·珊瑚·虎珀·璧玉·珂貝와 種種果蓏하며 學諸伎藝畫師하야 泥作造書하며 敎學種植根栽蠱道呪

幻하야 和合諸藥하며 作倡伎樂하며 香花治身하며 樗蒲圍碁하며 學諸工巧하리니 若有比丘가 能離如是諸惡事者면 當說是人은 真我弟子니라

爾時에 迦葉이 復白佛言호대 世尊이시여 諸比丘·比丘尼·優婆塞·優婆夷가 因他而活이니 若乞食時에 得雜肉食인댄 云何得食하야사 應淸淨法이닛고

佛言迦葉하사대 當以水洗하야 令與肉別然後에 乃食이오 若其食器가 爲肉所污어든 但使無味하면 聽用無罪니라 若見食中에 多有肉者어든 則不應受며 一切現肉을 悉不應食이라 食者는 得罪니라 我今唱是斷肉之制를 若廣說者인댄 卽不可盡이나 涅槃時到일새 是故로 略說하노니 是則名爲能隨問答이니라

迦葉아 云何善解因緣義오 如有四部之衆이 來問我言호대 世尊이시여 如是之義를 如來初出하사 何故로 不爲波斯匿王하사 說是法門深妙之義하고 或時說深하며 或時說淺하며 或名爲犯이며 或名不犯이며 云何名墮이며 云何名律이며 云何名波羅提木叉義닛고

佛言하사대 波羅提木叉者는 名爲知足이라 成就威儀하야 無所受畜이며 亦名淨命이니라

墮者는 名四惡趣요 又復墮者는 墮於地獄과 乃至阿鼻이니 論其遲速인댄 過於暴雨라 하면 聞者驚怖하고 堅持禁戒하야 不犯威儀하야 修習知足하야 不受一切不淨之物이니라

又復墮者는 長養地獄·畜生·餓鬼니 以是諸義故로 名曰墮니라

波羅提木叉者는 離身·口·意·不善邪業이오

律者는 入戒威儀와 深經善義니 遮受一切不淨之物과 及不淨因緣하며 亦遮四重·十三僧殘·二不定法·三十捨墮·九十一墮·四悔過法·衆多學法·七滅諍等이니라

或復有人이 盡破一切戒하나니 云何一切오 謂四重法과 乃至七滅諍法이니라 或復有人이 誹謗正法甚深經典하며 及一闡提를 具足成就하야 盡一切相에 無有因緣이라 如是等人이 自言我是聰明利智하야 輕重之罪를 悉皆覆藏하고 覆藏諸惡을 如龜藏六하야 如是衆罪를 長夜不悔일새 以不悔故

로 日夜增長호대 是諸比丘가 所犯衆罪를 終不發露하야 是使所犯으로 遂復滋蔓일새 是故로 如來가 知是事已에 漸次而制하고 不得一時니라

爾時에 有善男子善女人이 白佛言호대 世尊이시여 如來久知如是之事인댄 何不先制이닛고 將無世尊이 欲令衆生으로 入阿鼻獄이닛고 譬如多人이 欲至他方호대 迷失正路하야 隨逐邪道호대 是諸人等이 不知迷故로 皆謂是道호대 復不見人하야 可問是非인달하야 衆生도 如是하야 迷於佛法하야 不見正眞하니 如來가 應爲先說正道하사 勅諸比丘하사대 此是犯戒이며 此是持戒라 當如是制니 何以故오 如來正覺은 是眞實者라 知見正道시니 惟有如來天中之天이 能說十善增上功德과 及其義味일새 是故啟請하노니 應先制戒하소서

佛言호대 善男子야 若言如來가 能爲衆生하야 宣說十善增上功德인댄 是則如來가 視諸衆生으로 如羅睺羅어늘 云何難言호대 將無世尊이 欲令衆生으로 入於地獄이닛가 하느냐 我見一人이라도 有墮阿鼻地獄因緣하면 尙爲是人하야 住世一劫커나 若減一劫하야 我於衆生에 有大慈悲어늘 何緣으로 當誑如子想者하야 令入地獄이리요

善男子야 如王國內에 有納衣者호대 見衣有孔然後에 方補인달하야 如來도 亦爾하사 見諸衆生이 有入阿鼻地獄因緣하고 即以戒善으로 而爲補之니라

善男子야 譬如轉輪聖王이 先爲衆生하야 說十善法이러니 其後에 漸漸有行惡者에 王即隨事하야 漸漸而斷하야 斷諸惡已然後에 自行聖王之法인달하야

善男子야 我亦如是하야 雖有所說이나 不得先制하고 要因比丘가 漸行非法然後에 方乃隨事制之어든 樂法衆生이 隨教修行하면 如是等衆은 乃能得見如來法身이니라 如轉輪王의 所有輪寶가 不可思議하야 如來도 亦爾하사 不可思議이며 法·僧二寶도 亦不可思議며 能說法者와 及聞法者도 皆不可思議니 是名善解因緣義也니라 菩薩이 如是分別하야 開示四種相義를 是名大乘大涅槃中의 因緣義也니라

復次自正者는 所謂得是大般涅槃이오 正他者는 我爲比丘하야 說言如來

常存不變이오 隨問答者는 迦葉아 因汝所問일새 故得廣為菩薩摩訶薩과 比丘·比丘尼·優婆塞·優婆夷하야 說是甚深微妙義理니라 因緣義者는 聲聞·緣覺이 不解如是甚深之義하며 不聞伊字三點이 而成解脫·涅槃·摩訶般若하야 成祕密藏일새 我今於此에 闡揚分別하야 為諸聲聞하야 開發慧眼하노라

假使有人이 作如是言호대 如是四事가 云何為一이닛가 非虛妄耶닛가 하면 即應反質호대 是虛空이 無所有이며 不動이며 無礙이어니 如是四事가 有何等異완대 是豈得名為虛妄乎아 不也니다 世尊이시여 如是諸句가 即是一義니 所謂空義니다 自正과 正他와 能隨問答과 解因緣義도 亦復如是하야 即大涅槃이라 等無有異하니라

佛告迦葉하사대 若有善男子·善女人이 作如是言호대 如來가 無常이니라 云何當知是無常耶아 如佛所言하사 滅諸煩惱를 名為涅槃이라 하시니 猶如火滅에 悉無所有인달하야 滅諸煩惱도 亦復如是일새 故名涅槃이니 云何如來가 為常住法不變易耶리오 如佛言曰 離諸有者를 乃名涅槃이라 하시니 是涅槃中에 無有諸有이시니 云何如來가 為常住法不變易耶아 如衣壞盡에 不名為物인달하야 涅槃도 亦爾하야 滅諸煩惱를 不名為物이어니 云何如來가 為常住法不變易耶아

如佛言曰 離欲寂滅을 名曰涅槃이라 하시니 如人斬首에 則無有首인달하야 離欲寂滅도 亦復如是하야 空無所有일새 故名涅槃이니 云何如來가 為常住法不變易耶리오

如佛言曰 譬如熱鐵을 搥打星流하야 散已尋滅하면 莫知所在인달하야 得正解脫도 亦復如是하야 已度婬欲諸有淤泥하야 得無動處하면 不知所至라 하시니

云何如來가 為常住法不變易耶리오 하야 迦葉아 若有人이 作如是難者인댄 名為邪難이니 迦葉아 汝亦不應作是憶想하야 謂如來性이 是滅盡也니라

迦葉아 滅煩惱者는 不名為物이니 何以故오 永畢竟故라 是故로 名常이니

是句寂靜하야 為無有上이며 滅盡諸相하야 無有遺餘며 是句鮮白하야 常住不退일새 是故로 涅槃을 名曰常住라 하니라

如來도 亦爾하야 常住無變이니라 言星流者는 謂煩惱也오 散已尋滅하야 莫知所在者는 謂諸如來가 煩惱滅已에 不在五趣니 是故로 如來가 是常住法이며 無有變易이니라

復次迦葉아 諸佛所師는 所謂法也니 是故로 如來가 恭敬供養이라 以法常故로 諸佛도 亦常이니라

迦葉菩薩이 復白佛言호대 若煩惱火滅인댄 如來亦滅하야 是則如來의 無常住處도 如彼迸鐵赤色이니 滅已莫知所至인달하야 如來煩惱도 亦復如是하사 滅無所至하며 又如彼鐵熱과 與赤色이 滅已無有하야 如來도 亦爾하사 滅已無常이라 滅煩惱火하고 便入涅槃하시니 當知하라 如來가 即是無常이로소이다

善男子야 所言鐵者는 名諸凡夫니 凡夫之人은 雖滅煩惱나 滅已復生故로 名無常이어니와 如來는 不爾하야 滅已不生일새 是故名常이니라

迦葉이 復言호대 如鐵赤色을 滅已還置火中하면 赤色復生인달하야 如來가 若爾인댄 應還生結이니 若結還生인댄 即是無常이니다

佛言하사대 迦葉아 汝今不應作如是言如來無常하라 何以故오 如來는 是常이오 善男子야 如彼燃木이 滅已有灰인달하야 煩惱滅已에 便有涅槃이니 壞衣·斬首·破瓶·等喩도 亦復如是하니 如是等物이 各有名字하야 名曰壞衣·斬首·破瓶이니라 迦葉아 如鐵은 冷已에 可使還熱이나 如來도 不爾하사 斷煩惱已에 畢竟淸涼하야 煩惱熾火가 更不復生이니라

迦葉아 當知하라 無量衆生은 猶如彼鐵이어든 我以無漏智慧熾火로 燒彼衆生의 諸煩惱結이니라

迦葉이 復言호대 善哉善哉라 我今에 諦知如來所說諸佛是常이로소이다

佛言하사대 迦葉아 譬如聖王이 素在後宮이라가 或時遊觀하야 在於後園하야 王雖不在諸婇女中이나 亦不得言聖王命終이니라

善男子야 如來도 亦爾하야 雖不現於閻浮提界하사 入涅槃中이나 不名無

大般涅槃經 卷第四

常이니 如來가 出於無量煩惱하사 入于涅槃安樂之處하사 遊諸覺華하야 歡娛受樂이시니라
迦葉이 復問호대 如佛言曰 我已久度煩惱大海라 하시니 若佛已度煩惱海者인댄 何緣으로 復共耶輸陀羅하야 生羅睺羅닛고 以是因緣으로 當知하라 如來가 未度煩惱諸結大海로소니 唯願如來는 說其因緣하소서
佛告迦葉하사대 汝不應言如來久度煩惱大海인댄 何緣으로 復共耶輸陀羅하야 生羅睺羅닛고 以是因緣으로 當知如來가 未度煩惱諸結大海하라
善男子야 是大涅槃이 能建大義이니 汝等은 今當至心諦聽하라 廣爲人說하야 莫生驚疑케호리라 若有菩薩摩訶薩이 住大涅槃에 須彌山王이 如是高廣이나 悉能令入葶藶子䊭하면 其諸衆生이 依須彌者가 亦不迫迮하고 無來往想하야 如本不異호대 唯應度者는 見是菩薩이 以須彌山으로 內葶藶䊭이라가 復還安止本所住處니라
善男子야 復有菩薩摩訶薩이 住大涅槃하야 能以三千大千世界로 置葶藶䊭어든 其中衆生이 亦無迫迮과 及往來想하야 如本不異호대 唯應度者는 見是菩薩이 以此三千大千世界로 置葶藶䊭이라가 復還安止本所住處니라
善男子야 復有菩薩摩訶薩이 住大涅槃하야 能以三千大千世界로 內一毛孔하야 乃至本處에 亦復如是니라
善男子야 復有菩薩摩訶薩이 住大涅槃하야 斷取十方三千大千諸佛世界하야 置於針鋒호대 如貫棗葉하야 擲着他方異佛世界호되 其中의 所有一切衆生이 不覺往返과 爲在何處로대 唯應度者가 乃能見之하면 乃至本處도 亦復如是니라
善男子야 復有菩薩摩訶薩이 住大涅槃하야 斷取十方三千大千諸佛世界하야 置於右掌을 如陶家輪하야 擲置他方微塵世界하면 無一衆生도 有往來想이로대 唯應度者는 乃見之耳니 乃至本處도 亦復如是하니라
善男子야 復有菩薩摩訶薩이 住大涅槃하야 斷取一切十方無量諸佛世界하야 悉內己身이라도 其中衆生이 悉無迫迮하며 亦無往返及住處想호대 唯應度者는 乃能見之하면 乃至本處도 亦復如是하니라

善男子야 復有菩薩摩訶薩이 住大涅槃하야 以十方世界로 內一塵中하야도 其中衆生이 亦無迫迮往返之想이로대 唯應度者가 乃能見之하야 乃至本處도 亦復如是하나라

善男子야 是菩薩摩訶薩이 住大涅槃하야 則能示現種種無量神通變化하나니 是故로 名曰大般涅槃이니라

是菩薩摩訶薩이 所可示現如是無量神通變化를 一切衆生이 無能測量이어늘 汝今에 云何能知如來가 習近婬欲하야 生羅睺羅리요

善男子야 我已久住是大涅槃하야 種種示現神通變化호대 於此三千大千世界의 百億日月百億閻浮提에 種種示現을 如首楞嚴經中廣說이니라 我於三千大千世界에 或閻浮提에 示現涅槃이나 亦不畢竟取於涅槃하며 或閻浮提에 示入母胎하야 令其父母로 生我子想이나 而我此身은 畢竟不從婬欲和合而得生也니 我已久從無量劫來로 離於婬欲이라 我今此身은 即是法身이로대 隨順世間하야 示現入胎니라

善男子야 此閻浮提林微尼園에 示現從母摩耶而生하야 生已에 即能東行七步하야 唱如是言호대

我於人天阿修羅中에 最尊最上이라 하니

父母와 人天이 見已驚喜하야 生希有心이라

而諸人等이 謂是嬰兒나 而我此身은 無量劫來에 久離是法이니 如來身者는 即是法身이요 非是肉血筋脈骨髓之所成立이로대 隨順世間衆生法故로 示為嬰兒니라

南行七步는 示現欲為無量衆生하야 作上福田이며

西行七步는 示現生盡하야 永斷老死한 是最後身이요

北行七步하는 示現已度諸有生死며

東行七步는 示為衆生而作導首요

四維七步는 示現斷滅種種煩惱와 四魔種性하고 成於如來·應供·正遍知며

上行七步는 示現不為不淨之物之所染污가 猶如虛空이요

下行七步는 示現法雨가 滅地獄火하야 令彼衆生으로 受安隱樂이며 毀禁

戒者에는 示作霜雹이니라 於閻浮提에 生七日已에 又示剃髮하니 諸人이
皆謂我是嬰兒로 初始剃髮이라 하나 一切人天과 魔王波旬과 沙門·婆羅門
이 無有能見我頂相者어든 況有持刀하야 臨之剃髮가 若有持刀至我頂者인
댄 無有是處니라
我久已於無量劫中에 剃除鬚髮이나 爲欲隨順世間法故로 示現剃髮이니라
我既生已에 父母가 將我하야 入天祠中하야 以我로 示於摩醯首羅할새 摩
醯首羅가 即見我時에 合掌恭敬하고 立在一面하니라 我已久於無量劫中에
捨離如是入天祠法이로대 爲欲隨順世間法故로 示現如是니라
我於閻浮提에 示現穿耳나 一切衆生이 實無有能穿我耳者로대 隨順世間
衆生法故로 示現如是니라 復以諸寶로 作師子璫하야 用莊嚴耳나 然我已
於無量劫中에 離莊嚴具로대 爲欲隨順世間法故로 作是示現이니라
示入學堂하야 修學書疏나 然이나 我已於無量劫中에 具足成就라 遍觀三
界所有衆生컨대 無有堪任爲我師者로대 爲欲隨順世間法故로 示入學堂이
니 故名如來·應供·正遍知니라
習學乘象과 盤馬挽力種種伎藝도 亦復如是니라 於閻浮提에 而復示現爲
王太子하니 衆生이 皆見我爲太子하야 於五欲中에 歡娛受樂이나 然이나
我已於無量劫中에 捨離如是五欲之樂이라 爲欲隨順世間法故로 示如是相
이니라
相師가 占我호대 若不出家면 當爲轉輪聖王이 하야 王閻浮提라 하니 一切
衆生이 皆信是言하나 然이나 我已於無量劫中에 捨轉輪王位하고 爲法輪
王이니라 於閻浮提에 現離婇女五欲之樂하고 見老病死及沙門已에 出家修
道하니 衆生이 皆謂悉達太子가 初始出家라 하나 然이나 我已於無量劫中
에 出家學道로대 隨順世法故로 示如是니라 我於閻浮提에 示現出家하야
受具足戒하고 精勤修道하야 得須陀洹果·斯陀含果·阿那含果·阿羅漢果하니
衆人이 皆謂是阿羅漢果를 易得不難이라 하나 然이나 我已於無量劫中에
成阿羅漢果니라 爲欲度脫諸衆生故로 坐於道場菩提樹下하야 以草로 爲
座하고 摧伏衆魔하니 衆皆謂我始於道場菩提樹下에 降伏魔官[軍]이라 하

나 然이나 我已於無量劫中에 久降伏已로대 爲欲降伏剛强衆生故로 現是化니라
我又示現大小便利와 出息入息하니 衆皆謂我有大小便와 利出息入息이라 하나 然이나 我是身所得果報는 悉無如是大小便利와 出入息等어니와 隨順世間故로 示如是니라
我又示現受人信施나 然이나 我是身이 都無飢渴이요 隨順世法일새 故示如是니라
我又示同諸衆生故로 現有睡眠이나 然이나 我已於無量劫中에 具足無上深妙智慧하야 遠離三有니라 進止威儀와 頭痛·腹痛·背痛木槍·洗足·洗手·洗面·漱口·嚼楊枝等을 衆皆謂我有如是事라 하나 然이나 我此身은 都無此事니 我足淸淨하야 猶如蓮花하며 口氣淨潔하야 如優鉢羅香이니라
一切衆生이 謂我是人이라 하나 我實非人이며 我又示現受糞掃衣浣濯縫打나 然이나 我久已不須是衣니라
衆人이 皆謂羅睺羅者는 是我之子요 輸頭檀王은 是我之父요 摩耶夫人은 是我之母로 處在世間하야 受諸快樂이라가 離如是事하고 出家學道라 하며 衆人이 復言호대 是王太子가 瞿曇大姓으로 遠離世樂하고 求出世法이라 하나 然이나 我久離世間婬欲이요 如是等事는 悉是示現이니라 一切衆生이 咸謂是人이라 하나 然이나 我實非니라
善男子야 我雖在此閻浮提中하야 數數示現하야 入於涅槃이나 然이나 我實不畢竟涅槃이어늘 而諸衆生은 皆謂如來가 眞實滅盡이라 하나 而如來性은 實不永滅이니라 是故로 當知하라 是常住法이며 不變易法이니라
善男子야 大涅槃者는 卽是諸佛如來法界니라 我又示現閻浮提中에 出於世間하니 衆生이 皆謂我始成佛이나 然이나 我已於無量劫中에 所作을 已辦이요 隨順世法故로 復示現於閻浮提에 初出成佛이니라
我又示現於閻浮提에 不持禁戒하야 犯四重罪어든 衆人皆見하고 謂我實犯이라 하나 然이나 我已於無量劫中에 堅持禁戒하야 無有漏缺하며 我又示現於閻浮提에 爲一闡提어든 衆人이 皆見是一闡提나 然이나 我實非一闡

提也라
一闡提者인댄 云何能成阿耨多羅三藐三菩提리요 我又示現於閻浮提에 破和合僧이어든 衆生이 皆謂我是破僧이라 하나 我觀人天에 無有能破和合僧者니라 我又示現於閻浮提에 護持正法이어든 衆人이 皆謂我是護法이라 하야 悉生驚怪나 諸佛法爾니 不應驚怪니라
我又示現於閻浮提에 爲魔波旬이어든 衆人이 皆謂我是波旬이라 하나 然이나 我久於無量劫中에 離於魔事하야 淸淨無染이 猶如蓮花니라 我又示現於閻浮提에 女身成佛이어든 衆人이 皆言甚奇라 女人이 能成阿耨多羅三藐三菩提라 하나 如來는 畢竟不受女身이로대 爲欲調伏無量衆生故로 現女像이며 憐愍一切諸衆生故로 而復示現種種色像이니라
我又示現閻浮提中에 生於四趣나 然이나 我久已斷諸趣因이라 以業因故로 墮於四趣일새 爲度衆生故로 生是中이니라
我又示現閻浮提中에 作梵天王하야 令事梵者로 安住正法이나 然이나 我實非어늘 而諸衆生은 咸皆謂我爲眞梵天이라 示現天像하야 遍諸天廟도 亦復如是니라
我又示現於閻浮提에 入婬女舍나 然이나 我實無貪婬之想하야 淸淨不污가 猶如蓮花니라 爲諸貪婬嗜色衆生하야 於四衢道에 宣說妙法이나 然이나 我實無欲穢之心이어늘 衆人은 謂我守護女人이라 하니라
我又示現於閻浮提에 入靑衣舍하야 爲敎諸婢하야 令住正法이나 然이나 我實無如是惡業으로 墮在靑衣니라
我又示現閻浮提中에 而作博士하야 爲敎童蒙하야 令住正法하며 我又示現於閻浮提에 入諸酒會[舍]博弈之處하야 示受種種勝負鬪諍하야 爲欲拔濟彼諸衆生이나 而我實無如是惡業이어늘 而諸衆生은 皆謂我가 作如是之業이라 하니라
我又示現久住塚間하야 作大鷲身하야 度諸飛鳥어든 而諸衆生이 皆謂我是眞實鷲身이라 하라 然이나 我久已離於是業이로대 爲欲度彼諸鳥鷲故로 示如是身니라

我又示現閻浮提中에 作大長者하야 為欲安立無量衆生하야 住於正法하며 又復示作諸王大臣王子輔相하야 於是衆中에 各為第一하야 為修正法故로 住王位니라

我又示現閻浮提中에 疫病劫起하야 多有衆生이 為病所惱어든 先施醫藥然後에 為說微妙正法하야 令其安住無上菩提어든 衆人이 皆謂是病劫起라 하나라

又復示現閻浮提中에 飢餓劫起어든 隨其所須하야 供給飲食然後에 為說微妙正法하야 令其安住無上菩提하며 又復示現閻浮提中에 刀兵劫起어든 即為說法하야 令離怨害하고 使得安住無上菩提하며 又復示現為計常者하야 說無常想하며 計樂想者에 為說苦想하며 計我想者에 說無我想하며 計淨想者에 說不淨想이니라 若有衆生이 貪著三界어든 即為說法하야 令離是處하며 度衆生故로 為說無上微妙法藥하며 為斷一切煩惱樹故로 種植無上法藥之樹하며 為欲拔濟諸外道故로 說於正法하며 雖復示現為衆生師나 而心에 初無衆生師想하며 為欲拔濟諸下賤故로 現入其中하야 而為說法이나 非是惡業으로 受是身也니라 如來正覺이 如是安住於大涅槃일새 是故로 名為常住無變이라 如閻浮提하야 東弗于逮·西瞿耶尼·北鬱單越에도 亦復如是하며 如四天下하야 三千大千世界에도 亦爾하며 二十五有는 如首楞嚴經中廣說하니라 以是故名大般涅槃이니라

若有菩薩摩訶薩이 安住如是大般涅槃하면 能示如是神通變化하야 而無所畏니라

迦葉아 以是緣故로 汝不應言羅睺羅者가 是佛之子니 何以故오 我於往昔無量劫中에 已離欲有라 是故로 如來를 名曰常住며 無有變易이라 하나니라

迦葉이 復言호대 如來를 云何名曰常住닛가 如佛言曰 如燈滅已에 無有方所하야 如來도 亦爾하사 既滅度已에 亦無方所라 하셨나이다

佛言迦葉하사대 善男子야 汝今不應作如是言 燈滅盡已에 無有方所하니 如來亦爾하야 既滅度已에 無有方所라 하라

善男子야 譬如男女가 然燈之時에 燈爐大小에 悉滿中油하야 隨有油在하야 其明이 猶存이라가 若油盡已에 明亦俱盡이니 其明滅者는 喩煩惱滅이라 明雖滅盡이나 燈爐는 猶存이니라 如來도 亦爾하야 煩惱는 雖滅이나 法身은 常存이니라

善男子야 於意云何오 明與燈爐가 爲俱滅不아

迦葉이 答言호대 不也니다 世尊이시여 雖不俱滅이나 然是無常이니 若以法身으로 喩燈爐者인댄 燈爐無常이라 法身도 亦爾하야 應是無常이니다

善男子야 汝今에 不應作如是難如世間言器니 如來世尊은 無上法器니라 而器는 無常이요 非如來也니라 一切法中에 涅槃爲常은 如來體之故로 名爲常이니라

復次善男子야 言燈滅者는 卽是羅漢所證涅槃이니 以滅貪愛諸煩惱故로 喩之燈滅이니라 阿那含者는 名曰有貪이니 以有貪故로 不得說言同於燈滅이니라

是故로 我昔에 覆相說言하야 喩如燈滅이요 非大涅槃이 同於燈滅이니라 阿那含者는 非數數來며 又不還來라 二十五有에 更不受於臭身·蟲身·食身·毒身일새 是則名爲阿那含也니라

若更受身인댄 名爲那含이며 不受身者는 名阿那含이요 有去來者는 名曰那含이며 無去來者는 名阿那含이니라

大般涅槃經 卷第四 終

如來性品 第四之一

중국 대족석각 열반상

大般涅槃經 卷第五

北涼天竺三藏 曇無讖 譯

如來性品 第四之二

爾時에 迦葉菩薩이 白佛言호되 世尊이시여 如佛所說에 諸佛世尊이 有祕密藏이라 하시나 是義不然하니다 何以故오 諸佛世尊이 唯有密語요 無有密藏이니다

譬如幻主機關木人을 人雖覩見屈伸俯仰이나 莫知其內에 而使之然이어니와 佛法은 不爾하야 咸令衆生으로 悉得知見이어니 云何當言諸佛世尊이 有祕密藏이라 하리니까

佛讚迦葉하사대 善哉善哉라

善男子야 如汝所言하야 如來가 實無祕密之藏이니 何以故오 如秋滿月이 處空顯露하야 淸淨無翳를 人皆覩見인달하야 如來之言도 亦復如是하야 開發顯露하야 淸淨無翳어늘 愚人은 不解하야 謂之祕藏이라 하고 智者는 了達하야 則不名藏이니라

善男子야 譬如有人이 多積金銀하야 至無量億호대 其心慳悋하야 不肯惠施하야 拯濟貧窮하면 如是積聚는 乃名祕藏이어니와 如來不爾하사 於無邊劫에 積聚無量妙法珍寶하야 心無慳悋하야 常以惠施一切衆生이어니 云何當言如來祕藏이리요

善男子야 譬如有人이 身根不具하야 或無一目一手一足하면 以羞恥故로 不令人見하나니 人不見故로 名爲祕藏이어니와 如來는 不爾하사 所有正法이 具足無缺하야 令人覩見이어니 云何當言如來祕藏리요

善男子야 譬如貧人이 多負人財하야 怖畏債主하야 隱不欲現故로 名爲藏이어니와 如來는 不爾하사 不負一切衆生世法하며 雖負衆生出世之法이나

而亦不藏이니 何以故오 恒於衆生에 生一子想하야 而爲演說無上法故니라
善男子야 譬如長者가 多有財寶호대 唯有一子일새 心甚愛重하야 情無捨離하야 所有珍寶를 悉用示之인달하야 如來도 亦爾하야 視諸衆生을 同於一子니라
善男子야 如世間人이 以男女根이 醜陋鄙惡일새 以衣覆蔽故로 名爲藏이어니와 如來는 不爾하사 永斷此根이라 以無根故로 無所覆藏이니라
善男子야 如婆羅門의 所有語論은 終不欲令剎利·毘舍·首陀等으로 聞이니 何以故오 以此論中에 有過惡故라 如來正法은 則不如是하야 初·中·後善일새 是故로 不得名爲祕藏이니라
善男子야 譬如長者가 唯有一子하야 心常憶念하야 憐愛無已러니 將詣師所하야 欲令受學호대 懼不速成하야 尋便將還하야 以愛念故로 晝夜慇懃하야 敎其半字하고 而不敎誨毘伽羅論하니 何以故오 以其幼稚하야 力未堪故니라
善男子야 假使長者가 敎半字已라도 是兒가 卽時에 能得了知毘伽羅論不아 不也니다 世尊이시여
如是長者가 於是子所에 有祕藏不아 不也니다 世尊이시여
何以故오 以子年幼일새 故不爲說이언정 不以祕故로 悋而不說이라 所以者何오 若有嫉妬祕悋之心하면 乃名爲藏이나 如來는 不爾어니 云何當言 如來祕藏이릿고
佛言하사대 善哉善哉라 善男子야 如汝所言하야 若有瞋心嫉妬慳悋하면 乃名爲藏이어니와 如來는 無有瞋心嫉妬커니 云何名藏이리요
善男子야 彼大長者는 謂如來也요 所言一子者는 謂一切衆生이니 如來가 視於一切衆生을 猶如一子니라
敎一子者는 謂聲聞弟子요 半字者는 謂九部經이요 毘伽羅論者는 所謂方等大乘經典이니 以諸聲聞이 無有慧力일새 是故로 如來가 爲說半字九部經典하시고 而不爲說毘伽羅論方等大乘하시니라
善男子야 如彼長者가 子旣長大하야 堪任讀學이로대 若不爲說毘伽羅論하

면 可名爲藏인달하야 若諸聲聞이 有堪任力하야 能受大乘毘伽羅論이어늘 如來가 祕惜하사 不爲說者면 可言如來가 有祕密藏이어니와 如來는 不爾일새 是故로 如來가 無有祕藏이니라 如彼長者가 敎半字已하고 次爲演說毘伽羅論인달하야 我今亦爾하야 爲諸弟子하야 說於半字九部經已하고 次爲演說毘伽羅論이니 所謂如來常存不變니라

復次善男子야 譬如夏月에 興大雲雷하야 降注大雨하야 令諸農夫下種之者로 多獲果實호대 不下種者는 無所剋獲이니 無所獲者는 非龍王咎요 而此龍王도 亦無所藏인달하야

我今如來도 亦復如是하야 降大法雨大涅槃經이어든 若諸衆生이 種善子者는 得慧芽果호대 無善子者는 則無所獲이라

無所獲者는 非如來咎니 然이나 佛·如來는 實無所藏이니라

迦葉이 復言호대 我今에 定知如來世尊이 無所祕藏이어니와 如佛所說에 毘伽羅論은 謂佛·如來·常存不變이라 하시니 是義不然이로소이다 何以故오 佛昔說偈하사대

　諸佛與緣覺과 及以弟子衆도
　猶捨無常身이어든 何況諸凡夫아 하시니

今者에 乃說常存無變이라 하시니 是義云何닛고

佛言하사대 善男子야 我爲一切聲聞弟子하야 敎半字故로 而說是偈니라 善男子야 波斯匿王이 其母命終에 悲號戀慕하야 不能自勝하고 來至我所어늘 我卽問言호대 大王이여 何故로 悲苦懊惱가 乃至於此오

王言호대 世尊이시여 國大夫人이 是日命終하시니 假使有能令我母命으로 還如本者면 我當捨國象馬七珍과 及以身命하야 悉以賞之하리니다 我復語言호대 大王은 且莫愁惱하야 憂悲啼哭이어다 一切衆生이 壽命盡者를 名之爲死니 諸佛緣覺·聲聞·弟子도 尙捨此身이어든 況復凡夫아

善男子야 我爲波斯匿王하야 敎半字故로 而說是偈어니와 我今에 爲諸聲聞弟子하야 說毘伽羅論하야 謂如來常存無有變易이어늘 若有人言如來無常이라 하면 云何是人이 舌不墮落하리요

迦葉이 復言호대 如佛所說에 無所聚積하야 於食에 知足이 如鳥飛空에 跡不可尋이라 하시니 是義云何닛고 世尊이시여 於此衆中에 誰得名爲無所積聚며 誰復得名於食에 知足이며 誰行於空에 跡不可尋이며 而此去者는 爲至何方이닛고 佛言하사대 迦葉아 夫積聚者는 名曰財寶라

善男子야 積聚가 有二種하니

一者는 有爲요 二者는 無爲라

有爲積聚者는 卽聲聞行이요

無爲積聚者는 卽如來行이니라

善男子야 僧亦有二種하니 有爲와 無爲라

有爲僧者는 名曰聲聞이니 聲聞僧者는 無有積聚니 所謂奴婢非法之物과 庫藏·穀米·鹽豉·胡麻·大小·諸豆니라 若有說言如來가 聽畜·奴婢·僕·使·如是之物이라 하면 舌則卷縮하리라 我諸所有聲聞弟子는 名無積聚며 亦得名爲於食에 知足이라

若有貪食이면 名不知足이요 不貪食者라사 是名知足이라 跡難尋者는 則近無上菩提之道니 我說是人은 雖去나 無至라 하노라

迦葉이 復言호대 若有爲僧이 尙無積聚인댄 況無爲僧이니까 無爲僧者는 卽是如來니 如來云何當有積聚릿고 夫積聚者는 名爲藏匿이라 是故로 如來가 凡有所說이 無所悋惜이시니 云何名藏이리까 跡不可尋者는 所謂涅槃이니 涅槃之中에 無有日月·星辰·諸宿·寒熱·風雨·生老·病死·二十五有라 離諸憂苦及諸煩惱일새 如是涅槃이 如來住處이며 常不變易이니 以是因緣으로 如來가 至是娑羅樹間하사 於大涅槃에 而般涅槃하시니다

佛告迦葉하사대 所言大者는 其性廣博하야 猶如有人이 壽命無量하면 名大丈夫요 是人이 若能安住正法하면 名人中勝이니 如我所說八大人覺이 爲一人有며 爲多人有라 若一人이 具八하면 則爲最勝이니라 所言涅槃者는 無諸瘡疣니

善男子야 譬如有人이 爲毒箭所射하야 多受苦痛이라가 値遇良醫하야 爲拔毒箭하고 傅以妙藥하야 令其離苦하고 得受安樂이라 是醫가 卽便遊於

城邑과 及諸聚落하야 隨有患苦瘡疣之處하야 即往其所하야 爲療衆苦하나니 善男子야 如來도 亦爾하야 成等正覺하야 爲大醫王이라
見閻浮提苦惱衆生이 無量劫中에 被婬怒癡煩惱毒箭하야 受大苦切하고 爲如是等하야 說大乘經甘露法藥하야 療治此已에 復至他方有諸煩惱毒箭之處하야 示現作佛하야 爲其療治일새 是故名曰大般涅槃이니 大般涅槃者은 名解脫處라 隨有調伏衆生之處하야 如來가 於中에 而作示現이니 以是眞實甚深義故로 名大涅槃이니라
迦葉菩薩이 復白佛言호대 世尊이시여 世間醫師가 悉能療治一切衆生瘡疣病不이니까 善男子야 世間瘡疣가 凡有二種하니 一者는 可治요 二는 不可治라 凡可治者는 醫則能治어니와 不可治者는 則不能治니라
迦葉이 復言호대 如佛言者인댄 如來가 則爲於閻浮提하사 治衆生已하시니 若言治已인댄 是諸衆生이 其中에 云何復有未能得涅槃者이며 若未悉得인댄 云何如來가 說言治竟코 欲至他方이라 하시나니까
善男子야 閻浮提內衆生이 有二하니
一者는 有信이요 二者는 無信이라
有信之人은 則名可治니 何以故오 定得涅槃하야 無瘡疣故니 是故로 我說治閻浮提諸衆生已라 하노라
無信之人은 名一闡提니 一闡提者는 名不可治니 除一闡提하고 餘悉治已일새 是故로 涅槃을 名無瘡疣라 하노라
世尊이시여 何等이 名涅槃이닛고 善男子야 夫涅槃者는 名爲解脫이니라
迦葉이 復言호대 所言解脫은 爲是色耶니까 爲非色乎니까
佛言하사대 善男子야 或有是色이며 或非是色이라
言非色者는 即是聲聞·緣覺·解脫이요
言是色者는 即是諸佛如來解脫이니라
善男子야 是故로 解脫이 亦色·非色이니 如來가 爲諸聲聞弟子하야 說爲非色이니라
世尊이시여 聲聞·緣覺이 若非色者인댄 云何得住닛고

如來性品 第四之二

善男子야 如非想·非非想天이 亦色·非色이로대 我亦說爲非色이니라 若人이 難言호대 非想·非非想天이 若非色者인댄 云何得住며 去來進止리요 하거든 如是之義는 諸佛境界요 非諸·聲聞·緣覺所知라 하리니 解脫도 亦爾하야 亦色非色이로대 說爲非色하며 亦想非想이로대 說爲非想이니 如是之義는 諸佛境界요 非諸聲聞·緣覺·所知니라

爾時에 迦葉菩薩이 復白佛言호대 世尊이시여 唯願哀愍하사 重垂廣說大涅槃行解脫之義하소서

佛讚迦葉하사대 善哉善哉라

善男子야 眞解脫者는 名曰遠離一切繫縛이니 若眞解脫인댄 離諸繫縛하야 則無有生하며 亦無和合이라

譬如父母가 和合生子어니와 眞解脫者는 則不如是니 是故로 解脫을 名曰不生이니라

迦葉아 譬如醍醐가 其性이 清淨하야 如來도 亦爾하야 非因父母和合而生이라 其性이 清淨이언만은 所以示現有父母者는 爲欲化度諸衆生故니라

眞解脫者는 即是如來니 如來와 解脫이 無二無別이니라 譬如春月에 下諸種子하면 得煖氣已에 尋便出生이어니와 眞解脫者는 則不如是니라

又解脫者는 名曰虛無니 虛無가 即是解脫이며 解脫이 即是如來며 如來가 即是虛無니라 非作所作이니 凡是作者는 猶如城郭樓에 觀却敵이어니와 眞解脫者는 則不如是니라 是故로 解脫이 即是如來니라

又解脫者는 即無爲法이니 譬如陶師는 作已還破어니와 解脫은 不爾니라 眞解脫者는 不生不滅이라 是故로 解脫이 即是如來니 如來도 亦爾하야 不生·不滅·不老·不死·不破·不壞하야 非有爲法이라 以是義故로 名曰如來니라

入大涅槃하야 不老不死가 有何等義오 老者는 名爲遷變이니 髮白面皺이요 死者는 身壞命終이니 如是等法은 解脫中에 無라 以無是事故로 名解脫이니라

如來도 亦無髮白面皺有爲之法일새 是故로 如來가 無有老也라 無有老故

로 則無有死니라

又解脫者는 名曰無病이 所謂病者는 四百四病과 及餘外來侵損身者니 是處에 無故로 故名解脫이니라 無疾病者는 即眞解脫이요 眞解脫者는 即是如來니 如來無病이라 是故로 法身에 亦無有病이니 如是無病이 即是如來니라

死者는 名曰身壞命終이라 是處엔 無死며 即是甘露니 是甘露者는 即眞解脫이니라

眞解脫者는 即是如來니 如來가 成就如是功德이어늘 云何當言如來無常이리요 若言無常인댄 無有是處니 是金剛身이 云何無常이리요 是故로 如來를 不名命終이니라

如來는 清淨하야 無有垢穢라 如來之身은 非胎所污요 如分陀利하야 本性清淨이라 如來解脫도 亦復如是니 如是解脫이 即是如來라 是故如來가 清淨無垢니라

又解脫者는 諸漏瘡疣가 永無遺餘니 如來亦爾하야 無有一切諸漏瘡疣니라

又解脫者는 無有鬪諍이 譬如飢人이 見他飲食하고 生貪奪想이어니와 解脫은 不爾니라

又解脫者는 名曰安靜이니 凡夫人言호대 夫安靜者는 謂摩醯首羅라 하나니 如是之言은 即是虛妄이어니와 眞安靜者는 畢竟解脫이니 畢竟解脫이 即是如來니라

又解脫者는 名曰安隱이니 如多賊處는 不名安隱이요 清夷之處라야 乃名安隱이라 是解脫中에는 無有怖畏일새 故로 名安隱이니 是故로 安隱이 即眞解脫이니라 眞解脫者는 即是如來요 如來者는 即是法也니라

又解脫者는 無有等侶라 有等侶者는 如有國王이 有隣國等이어니와 夫解脫者는 則無如是니라 無等侶者는 謂轉輪聖王은 無有能與作齊等者라 解脫도 亦爾하야 無有等侶니 無等侶者는 即眞解脫이며 眞解脫者는 即是如來轉法輪王이라 是故로 如來는 無有等侶라 有等侶者는 無有是處니라

又解脫者는 名無憂愁라 有憂愁者는 譬如國王이 畏難強隣하야 而生憂愁어니와 夫解脫者는 則無是事라 譬如壞怨하야 則無憂慮인달하야 解脫도 亦爾하야 是無憂畏니 無憂畏者가 即是如來니라

又解脫者는 名無憂喜니 譬如女人이 只有一子하야 從役遠行이러니 卒得凶問하고 聞之愁苦라가 後復聞活하고 便生歡喜어니와 夫解脫中에는 無如是事니 無憂喜者가 即真解脫이니 真解脫者는 即是如來니라

又解脫者는 無有塵垢니 譬如春月日沒之後에 風起塵霧어니와 夫解脫中엔 無如是事라 無塵霧者는 喩真解脫이요 真解脫者는 即是如來니라 譬如聖王의 髻中明珠가 無有垢穢인달하야 夫解脫性도 亦復如是하야 無有垢穢니 無垢穢者는 喩真解脫이요 真解脫者는 即是如來니라

如真金性이 不雜沙石이라야 乃名真寶어든 有人得之하야 生於財想인달하야 夫解脫性도 亦復如是하야 如彼真寶니 彼真寶者는 喩真解脫이요 真解脫者는 即是如來니라

譬如瓦瓶이 破而聲瓦사어니와 金剛寶瓶은 則不如是니 夫解脫者도 亦無瓦破라 金剛寶瓶은 喩真解脫이요 真解脫者는 即是如來니라 是故로 如來는 身不可壞니라

其聲瓦者은 如蜱麻子를 盛熱之時에 置之日曝하면 出聲震爆이어니와 夫解脫者는 無如是事하야 如彼金剛真寶之瓶하야 無瓦破聲이니라 假使無量百千之人이 悉共射之라도 無能壞者니 無瓦破聲은 喩真解脫이라 真解脫者는 即是如來니라

如貧窮人이 負他物故로 為他所繫하야 枷鎖策罰하야 受諸苦毒이어니와 夫解脫中에는 無如是事하야 無有負債니라

猶如長者가 多有財寶호대 無量億數며 勢力自在하야 不負他物인달하야 夫解脫者도 亦復如是하야 多有無量法財珍寶하고 勢力自在며 無所負也니 無所負者는 喩真解脫이요 真解脫者는 即是如來니라

又解脫者는 名無逼切이니 如春에 涉熱하며 夏日食甜하며 冬日冷觸이나 真解脫中엔 無有如是不適意事라 無逼切者는 喩真解脫이요 真解脫者는

即是如來니라

又無逼切者는 譬如有人이 飽食魚肉하고 而復飮乳하면 是人은 則爲近死不久어니와 眞解脫中엔 無如是事라 是人이 若得甘露良藥하면 所患이 得除니 眞解脫者도 亦復如是라 甘露良藥은 喩眞解脫이요 眞解脫者는 即是如來니라

云何逼切不逼切耶아 譬如凡夫가 我慢自高하야 而作是念호대 一切衆中에 誰能害我오하야 即便携持蛇虎毒虫하면 當知하라 是人은 不盡壽命코 則爲橫死라 眞解脫中엔 無如是事니라

不逼切者는 如轉輪王의 所有神珠가 能伏蜣蜋九十六種諸毒虫等하나니 若有聞是神珠香者면 諸毒消滅이라 眞解脫者도 亦復如是하야 皆悉遠離二十五有라 毒消滅者는 喩眞解脫이요 眞解脫者는 即是如來니라

又不逼切者는 譬如虛空이라 解脫亦爾하니 彼虛空者는 喩眞解脫이요 眞解脫者는 即是如來니라

又逼切者는 如近乾草하야 然諸燈火하면 近則熾然이어니와 眞解脫中엔 無如是事니라

又不逼切者는 譬如日月이 不逼衆生이라 解脫도 亦爾하야 於諸衆生에 無有逼切이니 無有逼切은 喩眞解脫이요 眞解脫者는 即是如來니라

又解脫者는 名無動法이라 猶如怨親이 眞解脫中엔 無如是事니라

又不動者는 如轉輪王이 更無聖王으로 以爲親友니 若更有親인댄 則無是處니 解脫亦爾하야 更無有親이니 若有親者인댄 亦無是處라 彼王無親은 喩眞解脫이요 眞解脫者는 即是如來요 如來者는 即是法也니라

又無動者는 譬如素衣는 易受染色이어니와 解脫은 不爾니라

又無動者는 如婆師花를 欲令有臭와 及靑色者가 無有是處하야 解脫도 亦爾하야 欲令有臭와 及諸色者가 亦無是處니 是故로 解脫이 即是如來니라

又解脫者는 名爲希有라 譬如水中에 生於蓮花는 非爲希有어니와 火中生者라야 是乃希有니 有人見之면 便生歡喜인달하야 眞解脫者도 亦復如是하야 其有見者면 心生歡喜라 彼希有者는 喩眞解脫이요 眞解脫者는 即是

如來요 其如來者는 即是法身이니라

又希有者는 譬如嬰兒가 其齒未生이라가 漸漸長大한 然後에 乃生이어니와 解脫은 不爾하야 無有生與不生이니라

又解脫者는 名曰虛寂이니 無有不定이라 不定者는 如一闡提가 究竟不移커나 犯重禁者가 不成佛道가 無有是處니 何以故오 是人이 若於佛正法中에 心得淨信하면 爾時에 即便滅一闡提며 若復得作優婆塞者면 亦得斷滅於一闡提요 犯重禁者가 滅此罪已에 則得成佛하리니 是故로 若言畢定不移며 不成佛道가 無有是處라 真解脫中엔 都無如是滅盡之事니라

又虛寂者는 墮於法界하야 如法界性이니 即真解脫이요 真解脫者는 即是如來니라

又一闡提가 若盡滅者인댄 則不得稱一闡提也라 何等을 名為一闡提耶아 一闡提者는 斷滅一切諸善根本하야 心不攀緣一切善法며 乃至不生一念之善이어니와 真解脫中엔 都無是事라 無是事故로 即真解脫이요 真解脫者는 即是如來니라

又解脫者는 名不可量이니 譬如穀聚는 其量을 可知어니와 真解脫者는 則不如是니라 譬如大海를 不可度量인달하야 解脫도 亦爾하야 不可度量이라 不可量者는 即真解脫이요 真解脫者는 即是如來니라

又解脫者는 名無量法이니 如一眾生이 多有業報인달하야 解脫도 亦爾하야 有無量報라 無量報者는 即真解脫이요 真解脫者는 即是如來니라

又解脫者는 名為廣大니 譬如大海無與等者인달하야 解脫도 亦爾하야 無能與等이라 無與等者는 即真解脫이요 真解脫者는 即是如來니라

又解脫者는 名曰最上이니 譬如虛空이 最高無比인달하야 解脫도 亦爾하야 最高無比라 高無比者는 即真解脫이요 真解脫者는 即是如來니라

又解脫者는 名無能過라 譬如師子所住之處에 一切百獸가 無能過者인달하야 解脫도 亦爾하야 無有能過니 無能過者는 即真解脫이요 真解脫者는 即是如來니라

又解脫者는 名為無上이라 譬如北方이 諸方中上인달하야 解脫亦爾하야 為

無有上이니 無有上者는 卽眞解脫이요 眞解脫者는 卽是如來니라
又解脫者는 名無上上이라 譬如北方之於東方에 爲無上上인달하야 解脫도 亦爾하야 無有上上이니 無上上者는 卽眞解脫이요 眞解脫者는 卽是如來니라
又解脫者는 名曰恒法이라 譬如人天이 身壞命終하면 是名曰恒이요 非不恒也인달하야 解脫도 亦爾하야 非是不恒이니 非不恒者는 卽眞解脫이요 眞解脫者는 卽是如來니라
又解脫者는 名曰堅實이니 如佉陀羅와 栴檀과 沉水가 其性이 堅實인달하야 解脫도 亦爾하야 其性이 堅實이니 性堅實者가 卽眞解脫이요 眞解脫者는 卽是如來니라
又解脫者는 名曰不虛라 譬如竹葦는 其體空踈어니와 解脫은 不爾라 當知 解脫이 卽是如來니라
又解脫者는 名不可污라 譬如牆壁이 未被塗治하얀 蚊虻이 在上하야 止住遊戲라가 若以塗治하야 綵畫彫飾하면 虫聞綵香하고 卽便不住하나니 如是不住는 喩眞解脫이라 眞解脫者가 卽是如來니라
又解脫者는 名曰無邊이라 譬如聚落은 皆有邊表어니와 解脫은 不爾라 譬如虛空이 無有邊際인달하야 解脫도 亦爾하야 無有邊際니 如是解脫은 卽是如來니라
又解脫者는 名不可見이니 譬如空中에 鳥跡을 難見이라 如是難見은 喩眞解脫이요 眞解脫者는 卽是如來니라
又解脫者는 名曰甚深이니 何以故오 聲聞·緣覺이 所不能入이라 不能入者가 卽眞解脫이니 眞解脫者는 卽是如來니라
又甚深者는 諸佛菩薩之所恭敬이니 譬如孝子가 供養父母하면 功德이 甚深이라 功德甚深은 喩眞解脫이요 眞解脫者는 卽是如來니라
又解脫者는 名不可見이니 譬如有人이 不見自頂인달하야 解脫도 亦爾하야 聲聞緣覺의 所不能見이라 不能見者는 卽眞解脫이요 眞解脫者는 卽是如來니라

又解脫者는 名無屋宅이라 譬如虛空엔 無有屋宅인달하야 解脫도 亦爾하니 言屋宅者는 喩二十五有요 無有屋宅者는 喩眞解脫이니 眞解脫者는 卽是如來니라

又解脫者는 名不可取라 如阿摩勒果는 人可取持어니와 解脫은 不爾하야 不可取持이니 不可取持가 卽眞解脫이요 眞解脫者가 卽是如來니라

又解脫者는 名不可執이라 譬如幻物을 不可執持인달하야 解脫도 亦爾하야 不可執持니 不可執持가 卽眞解脫이요 眞解脫者가 卽是如來니라

又解脫者는 無有身體라 譬如有人이 體生瘡疣와 及諸癰疽와 癲狂乾枯어니와 眞解脫中엔 無如是病이니 無如是病은 喩眞解脫이요 眞解脫者가 卽是如來니라

又解脫者는 名爲一味라 如乳一味인달하야 解脫도 亦爾하야 唯有一味니 如是一味는 卽眞解脫이요 眞解脫者는 卽是如來니라 又解脫者는 名曰淸淨이니 如水하야 無泥澄靜淸淨인달하야 解脫亦爾하야 澄靜淸淨이니 澄靜淸淨은 卽眞解脫이요 眞解脫者가 卽是如來니라

又解脫者는 名曰一味니 如空中雨가 一味淸淨인달하야 一味淸淨은 喩眞解脫이요 眞解脫者가 卽是如來니라

又解脫者는 名曰除却이라 譬如滿月이 無諸雲翳인달하야 解脫도 亦爾하야 無諸雲翳니 無諸雲翳는 卽眞解脫이요 眞解脫者는 卽是如來니라

又解脫者는 名曰寂靜이라 譬如有人이 熱病이 除愈하면 身得寂靜인달하야 解脫도 亦爾하야 身得寂靜이니 身得寂靜이 卽眞解脫이요 眞解脫者는 卽是如來니라

又解脫者는 卽是平等이라 譬如野田에 毒蛇鼠狼은 俱有殺心이어니와 解脫은 不爾하야 無有殺心이니 無殺心者가 卽眞解脫이요 眞解脫者는 卽是如來니라

又平等者는 譬如父母가 等心於子인달하야 解脫도 亦爾하야 其心이 平等이니 心平等者가 卽眞解脫이요 眞解脫者는 卽是如來니라

又解脫者는 名無異라 譬如有人이 唯居上妙淸淨屋宅하고 更無異處인달하

야 解脫도 亦爾하야 無有異處니 無異處者가 即真解脫이요 真解脫者는 即是如來니라

又解脫者는 名曰知足이 譬如飢人이 值遇甘饌하야 食之無厭이어니와 解脫은 不爾하야 如食乳糜에 更無所須니 更無所須는 喻真解脫이요 真解脫者는 即是如來니라

又解脫者는 名曰斷絕이니 如人被縛에 斷縛得脫인달하야 解脫亦爾하야 斷絕一切疑心結縛이니 如是斷疑가 即真解脫이요 真解脫者가 即是如來니라

又解脫者는 名到彼岸이라 譬如大河는 有此彼岸이어니와 解脫은 不爾하야 雖無此岸이나 而有彼岸이니 有彼岸者가 即真解脫이요 真解脫者는 即是如來니라

又解脫者는 名曰默然이니 譬如大海는 其水汎漲하야 多諸音聲이어니와 解脫은 不爾니 如是解脫이 即是如來니라

又解脫者는 名曰美妙이니 譬如衆藥에 雜呵梨勒하면 其味則苦어니와 解脫不爾하야 味如甘露이니 味如甘露는 喻真解脫이요 真解脫者는 即是如來니라

又解脫者는 除諸煩惱니 譬如良醫가 和合諸藥하야 善療衆病인달하야 解脫도 亦爾하야 能除煩惱니 除煩惱者가 即真解脫이요 真解脫者는 即是如來니라

又解脫者는 名曰無迮이니 譬如小舍는 不容多人이어니와 解脫은 不爾하야 多所容受라 多所容受가 即真解脫이요 真解脫者는 即是如來니라

又解脫者는 名滅諸愛하야 不雜婬欲이라 譬如女人은 多諸愛欲이어니와 解脫은 不爾라 如是解脫이 即是如來니라 如來도 如是하야 無有貪欲·瞋恚·愚癡·憍慢·等結이니라

又解脫者는 名曰無愛라 愛有二種하니

一者는 餓鬼愛요

二者는 法愛니 真解脫者는 離餓鬼愛요 憐愍衆生故로 有法愛라 如是法

愛는 即眞解脫이요 眞解脫者는 即是如來니라

又解脫者는 離我我所라 如是解脫은 即是如來요 如來者는 即是法也니

又解脫者는 即是滅盡이니 離諸有貪이라 如是解脫은 即是如來니라 如來者는 即是法也니라

又解脫者는 即是救護니 能救一切諸怖畏者라 如是解脫은 即是如來요 如來者는 即是法也니라

又解脫者는 即是歸處니 若有歸依如是解脫하면 不求餘依라 譬如有人이 依恃於王하면 不求餘依라 雖復依王이나 則有動轉이어니와 依解脫者는 無有動轉이니 無動轉者가 即眞解脫이요 眞解脫者는 即是如來요 如來者는 即是法也니라

又解脫者는 名爲屋宅이니 譬如有人이 行於曠野에 則有險難이어니와 解脫은 不爾하야 無有險難이라 無險難者가 即眞解脫이요 眞解脫者가 即是如來니라

又解脫者는 是無所畏니 如師子王이 於諸百獸에 不生怖畏인달하야 解脫도 亦爾하야 於諸魔衆에 不生怖畏라 無怖畏者가 即眞解脫이요 眞解脫者가 即是如來니라

又解脫者는 無有迮狹이니 譬如隘路는 乃至不受二人並行이어니와 解脫은 不爾라 如是解脫이 即是如來니라

又有不迮하니 譬如有人은 畏虎墮井이어니와 解脫은 不爾라 如是解脫이 即是如來니라

又有不迮하니 如大海中에 捨壞小船하고 得堅牢船하야 乘之度海하야 到安隱處하야 心得快樂인달하야 解脫도 亦爾하야 心得快樂이라 得快樂者는 即眞解脫이요 眞解脫者가 即是如來니라

又解脫者는 拔諸因緣이니 譬如因乳得酪하고 因酪得酥하며 因酥得醍醐어니와 眞解脫中엔 都無是因이라 無是因者가 即眞解脫이요 眞解脫者가 即是如來니라

又解脫者는 能伏憍慢이라 譬如大王이 慢於小王이어니와 解脫은 不爾라

如是解脫이 卽是如來요 如來者가 卽是法也니라

又解脫者는 伏諸放逸이라 謂放逸者는 多有貪欲이어니와 眞解脫中엔 無有是名이니 無是名者가 卽眞解脫이요 眞解脫者가 卽是如來니라

又解脫者는 能除無明이라 如上妙酥를 除諸滓穢하면 乃名醍醐인달하야 解脫도 亦爾하야 除無明滓하고 生於眞明이니 如是眞明이 卽眞解脫이요 眞解脫者가 卽是如來니라

又解脫者는 名爲寂靜純一無二니 如空野象이 獨一無侶인달하야 解脫도 亦爾하야 獨一無二라 獨一無二가 卽眞解脫이요 眞解脫者가 卽是如來니라

又解脫者는 名爲堅實이니 如竹葦蓖麻가 莖幹空虛나 而子堅實인달하야 除佛如來하고 其餘人天은 皆不堅實이라 眞解脫者는 遠離一切諸有流等이니 如是解脫이 卽是如來니라

又解脫者는 名能覺了하야 增益於我라 眞解脫者도 亦復如是니 如是解脫이 卽是如來니라

又解脫者는 名捨諸有니 譬如有人이 食已而吐인달하야 解脫도 亦爾하야 捨於諸有니 捨諸有者가 卽眞解脫이요 眞解脫者가 卽是如來니라

又解脫者는 名曰決定이니 如婆師花香이 七葉中無인달하야 解脫도 亦爾라 如是解脫이 卽是如來니라

又解脫者는 名曰水大니 譬如水大가 於諸大에 勝하야 能潤一切草木穀子인달하야 解脫도 亦爾하야 能潤一切有生之類하나니 如是解脫이 卽是如來니라

又解脫者은 名曰爲入이니 如有門戶에 則通入路하며 金性之處에 金則可得인달하야 解脫도 亦爾하야 如彼門戶하니 修無我者가 則得入中이라 如是解脫이 卽是如來니라

又解脫者는 名曰爲善이니 譬如弟子가 隨逐於師하야 善奉敎勅하면 得名爲善인달하야 解脫도 亦爾라 如是解脫이 卽是如來니라 又解脫者는 名出世法이니라 於一切法에 最爲出過가 如衆味中에 酥乳最勝인달하야 解脫도

亦爾라 如是解脫이 卽是如來니라

又解脫者는 名曰不動이니 譬如門閫을 風不能動인달하야 眞解脫者도 亦復如是하니 如是解脫이 卽是如來니라

又解脫者는 名無濤波라 如彼大海는 其水濤波어니와 解脫도 不爾라 如是解脫이 卽是如來니라

又解脫者는 譬如宮殿하야 解脫도 亦爾라 當知解脫이 卽是如來니라

又解脫者는 名曰所用이라 如閻浮檀金을 多有所任호대 無有能說是金過惡인달하야 解脫도 亦爾하야 無有過惡이라 無有過惡이 卽眞解脫이요 眞解脫者가 卽是如來니라

又解脫者는 捨嬰兒行이니 譬如大人이 捨小兒行인달하야 解脫도 亦爾하야 除捨五陰이라 除捨五陰이 卽眞解脫이요 眞解脫者가 卽是如來니라

又解脫者는 名曰究竟이니 如被繫者가 從繫得脫하야 洗浴淸淨然後에 還家인달하야 解脫도 亦爾하야 畢竟淸淨이니 畢竟淸淨이 卽眞解脫이요 眞解脫者가 卽是如來니라

又解脫者는 名無作樂이니 無作樂者는 貪欲과 瞋恚와 愚癡를 吐故라 喩如有人이 誤飮蛇毒에 爲除毒故로 卽服吐藥하야 旣得吐已에 毒卽除愈하야 身得安樂인달하야 解脫도 亦爾하야 吐於煩惱諸結縛毒에 身得安樂을 名無作樂이라 無作樂者가 卽眞解脫이요 眞解脫者가 卽是如來니라

又解脫者는 名斷四種毒蛇煩惱니 斷煩惱者가 卽眞解脫이요 眞解脫者가 卽是如來니라

又解脫者는 名離諸有니 滅一切苦하고 得一切樂하며 永斷貪欲瞋恚愚癡하고 拔斷一切煩惱根本이니 拔根本者가 卽眞解脫이요 眞解脫者가 卽是如來니라

又解脫者는 名斷一切有爲之法하고 出生一切無漏善法하야 斷塞諸道니 所謂若我無我와 非我非無我니라 唯斷取著하고 不斷我見이니 我見者는 名爲佛性이요 佛性者는 卽眞解脫이요 眞解脫者는 卽是如來니라

又解脫者는 名不空空이라 空空者는 名無所有요 無所有者는 卽是外道尼

犍子等의 所計解脫이라 而是尼犍은 實無解脫일새 故名空空이라 真解脫者는 則不如是일새 故不空空이니 不空空者는 即真解脫이요 真解脫者는 即是如來니라

又解脫者는 名空不空이니 如水酒酪酥蜜等瓶이 雖無水酒酪酥蜜時라도 猶故得名為水等瓶이라 而是瓶等을 不可說空이며 及以不空이니 若言空者인댄 則不得有色香味觸이요 若言不空인댄 而復無有水酒等實이라 解脫도 亦爾하야 不可說色과 及以非色이며 不可說空과 及以不空이니 若言空者인댄 則不得有常樂我淨이요 若言不空인댄 誰受是常·樂·我·淨者리요 以是義故로 不可說空과 及以不空이라

空者는 謂無二十五有와 及諸煩惱와 一切苦와 一切相과 一切有為行이니 如瓶無酪에 則名為空이니라

不空者는 謂真實善色常·樂·我·淨과 不動과 不變이니 猶如彼瓶의 色·香·味·觸故로 名不空이라 是故로 解脫을 喻如彼瓶이나 彼瓶은 遇緣하면 則有破壞로대 解脫은 不爾하야 不可破壞니 不可破壞는 即真解脫이요 真解脫者는 即是如來니라

又解脫者는 名曰離愛라 譬如有人이 愛心悕望釋提桓因과 大梵天王과 自在天王이어니와 解脫은 不爾하야 若得成於阿耨多羅三藐三菩提已엔 無愛無疑니 無愛無疑가 即真解脫이요 真解脫者가 即是如來니라 若言解脫이 有愛疑者인댄 無有是處니라

又解脫者는 斷諸有貪하야 斷一切相과 一切繫縛과 一切煩惱와 一切生死와 一切因緣과 一切果報라 如是解脫이 即是如來요 如來가 即是涅槃이니라 一切衆生이 怖畏生死諸煩惱故로 故受三歸니 譬如群鹿이 怖畏獵師라가 既得免離에 若得一跳는 則喻一歸요 如是三跳는 則喻三歸니 以三跳故로 得受安樂이라 衆生도 亦爾하야 怖畏四魔惡獵師故로 受三歸依니 三歸依故로 則得安樂이라 受安樂者는 即真解脫이요 真解脫者가 即是如來니라 如來者는 即是涅槃이요 涅槃者는 即是無盡이요 無盡者는 即是佛性이요 佛性者는 即是決定이요 決定者는 即是阿耨多羅三藐三菩提니라

迦葉菩薩이 白佛言호대 世尊이시여 若涅槃과 佛性과 決定과 如來가 是一義者인댄 云何說言有三歸依니까

佛告迦葉하사대 善男子야 一切衆生이 怖畏生死故로 求三歸니 以三歸故로 則知佛性·決定·涅槃이니라

善男子야 有法은 名一義異하고 有法은 名義俱異니 名一義異者는 佛常·法常·比丘僧常이며 涅槃과 虛空이 皆亦是常이니 是名名一義異니라

名義俱異者는 佛名為覺이요 法名不覺이요 僧名和合이며 涅槃은 名解脫이며 虛空은 名非善이며 亦名無礙니 是為名義俱異니라

善男子야 三歸依者도 亦復如是하야 名義가 俱異라 云何為一고 是故로 我告摩訶波闍波提·憍曇彌호대 莫供養我하고 當供養僧하라 若供養僧하면 則得具足供養三歸하리라 摩訶波闍波提가 卽答我言호대 衆僧之中에 無佛無法이어늘 云何說言供養衆僧하면 則得具足供養三歸라 하나니까 我復告言호대 汝隨我語는 則供養佛이며 為解脫故는 卽供養法이며 衆僧受者는 則供養僧이라 하였노라

善男子야 是故로 三歸가 不得為一이니라

善男子야 如來가 或時에 說一為三·說三為一이니 如是之義는 諸佛境界요 非是聲聞·緣覺所知니라

迦葉이 復言호대 如佛所說畢竟安樂이 名涅槃者는 是義云何닛고 夫涅槃者는 捨身捨智니 若捨身智인댄 誰當受樂이닛고

佛言하사대 善男子야 譬如有人이 食已心悶하야 出外欲吐라가 旣得吐已에 而復迴還이어든 同伴이 問之호대 汝今所患이 竟為差不아 而復來還가 答言호대 已差하야 身得安樂이라 하니 如來도 亦爾하야 畢竟遠離二十五有하고 永得涅槃安樂之處하야 不可動轉이며 無有盡滅하야 斷一切受일새 名無受樂이니 如是無受가 名為常樂이니 若言如來가 有受樂者인댄 無有是處니 是故로 畢竟樂者가 卽是涅槃이요 涅槃者는 卽眞解脫이요 眞解脫者가 卽是如來니라

迦葉이 復言호대 不生不滅이 是解脫耶니까 如是如是하다 善男子야 不生

不滅이 即是解脫이니 如是解脫이 即是如來니라 迦葉復言호대 若不生不滅이 是解脫者인댄 虛空之性도 亦無生滅일새 應是如來요 如如來性하야 即是解脫이로소이다

佛告迦葉하사대 善男子야 是事는 不然이니라

世尊이시여 何故로 不然이닛고 善男子야 如迦蘭伽鳥와 及命命鳥가 其聲이 淸妙하니 寧可同於烏鵲音不아 不也니다 世尊이시여 烏鵲之聲을 比命命等인댄 百千萬倍라도 不可爲比니다

迦葉이 復言호대 迦蘭伽等이 其聲이 微妙하고 身亦不同이어늘 如來云何로 比之烏鵲이릿까 無異葶藶를 比須彌山이라 佛與虛空도 亦復如是니 迦蘭伽聲은 可喩佛聲이나 不可以喩烏鵲之音이니다

爾時에 佛讚迦葉菩薩言하사대 善哉善哉라 善男子야 汝今善解甚深難解로다 如來有時에 以因緣故로 引彼虛空하야 以喩解脫이어니와 如是解脫은 即是如來라

眞解脫者는 一切人天이 無能爲匹이니라 而此虛空은 實非其喩로되 爲化衆生故로 以虛空非喩로 爲喩니 當知하라 解脫이 即是如來요 如來之性은 即是解脫이라 解脫과 如來가 無二無別하니라

善男子야 非喩者는 如無比之物을 不可引喩로되 有因緣故로 可得引喩니 如經中에 說호대 面貌端正이 猶月盛滿이며 白象鮮潔이 猶如雪山이라 滿月이 不得即同於面이며 雪山이 不得即是白象이니라

善男子야 不可以喩로 喩眞解脫이언만은 爲化衆生하야 故作喩耳니 以諸譬喩로 知諸法性이 皆亦如是니라

迦葉이 復言호대 云何如來가 作二種說이닛고 佛言하사대 善男子야 譬如有人이 執持刀劍하야 以瞋恚心으로 欲害如來어든 如來和悅하야 無恚恨色이니 是人이 當得壞如來身하야 成逆罪不아 不也니다 世尊이시여 何以故오 如來身界는 不可壞故니다 所以者何오 以無身聚하고 唯有法性이니 法性之性은 理不可壞라 是人이 云何能壞佛身이릿고 直以惡心故로 成無間이니 以是因緣으로 引諸譬喩하야 得知實法이니다

爾時에 佛讚迦葉菩薩하사대 善哉善哉라 善男子야 我所欲說을 汝今已說이로다

又善男子야 譬如惡人이 欲害其母하야 住於野田하야 在穀積下라가 母為送食이어늘 其人이 見已에 尋生害心하야 便前磨刀커늘 母時知已에 逃入積中이러니 其人이 持刀하야 遶積遍斫하고 斫已歡喜하야 生已殺想하니라 其母가 尋後에 從穀積出하야 還至家中하면 於意云何오 是人이 成就無間罪不아 不也니다 世尊이시여 不可定說이로소이다 何以故오 若說有罪인댄 母身應壞요 身若不壞인댄 云何言有리요 若說無罪인댄 生已殺想하야 心懷歡喜어니 云何言無리요 是人이 雖不具足逆罪나 而亦是逆이니 以是因緣으로 引諸譬喻하야 得知實法이로소이다

佛讚迦葉하사대 善哉善哉라 善男子야 以是因緣으로 我說種種方便譬喻하야 以喻解脫이니라 雖以無量阿僧祇喻라도 而實不可以喻로 為比니라 或有因緣은 亦可喻說이며 或有因緣은 不可喻說이라 是故로 解脫이 成就如是無量功德하야 趣涅槃者니라 涅槃과 如來도 亦有如是無量功德하니 以如是等無量功德을 成就滿故로 名大涅槃이니라

迦葉菩薩이 白佛言호대 世尊이시여 我今에 始知如來至處가 為無有盡이로소이다 處若無盡인댄 當知하라 壽命도 亦應無盡이니다

佛言하사대 善哉善哉라 善男子야 汝今에 善能護持正法이로다 若有善男子와 善女人이 欲斷煩惱諸結縛者인댄 當作如是護持正法이니라

大般涅槃經 卷第五 終

大般涅槃經 卷第六
北涼天竺三藏 曇無讖 譯

如來性品 第四之三

善男子야 是大涅槃微妙經中에 有四種人이 能護正法하며 建立正法하며 憶念正法하며 能多利益하야 憐愍世間하며 爲世間依하야 安樂人天이라 何等이 爲四요 有人出世하야 具煩惱性이니
是名第一이니 須陀洹人이요
斯陀含人은 是名第二요
阿那含人은 是名第三이요
阿羅漢人은 是名第四이라
是四種人이 出現於世하야 能多利益하며 憐愍世間하야 爲世間依하야 安樂人天이니라
云何名爲具煩惱性고 若有人이 能奉持禁戒하야 威儀具足하며 建立正法호대 從佛所聞하야 解其文義하야 轉爲他人하야 分別宣說하나니 所謂少欲이 是道요 多欲은 非道라 하며 廣說如是八大人覺하야 有犯罪者어든 敎令發露하야 懺悔滅除하고 善知菩薩의 方便所行祕密之法하면 是名凡夫요 非第八人이라 第八人者는 不名凡夫라 名爲菩薩이요 不名爲佛이니라
第二人者는 名須陀洹과 斯陀含이니
若得正法하야 受持正法호대 從佛聞法하야 如其所聞하야 聞已書寫하며 受持讀誦하야 轉爲他說이니 若聞法已에 不寫·不受하며 不持·不說하고 而言奴婢不淨之物을 佛聽畜者인댄 無有是處니 是名第二人이니 如是之人은 未得第二니라 第三住處가 名爲菩薩이니 已得受記니라
第三人者는 名阿那含이니

阿那含者가 誹謗正法호대 若言聽畜奴婢僕使不淨之物과 受持外道典籍書論과 及為客塵煩惱所障과 諸舊煩惱之所覆蓋커나 若藏如來의 真實舍利커나 及為外之所惱害커나 或為四大毒蛇所侵커나 論說我者는 悉無是處요 若說無我는 斯有是處이며 說著世法은 無有是處요 若說大乘하야 相續不絕은 斯有是處이며 若所受身에 有八萬虫은 亦無是處이며 永離婬欲하야 乃至夢中에도 不失不淨은 斯有是處이며 臨終之日에 生怖畏者는 亦無是處니라

阿那含者는 為何謂也요 是人은 不還이니라 如上所說하야 所有過患이 永不能污하야 往返周旋일새 名為菩薩이니 已得受記하야 不久에 得成阿耨多羅三藐三菩提니 是則名為第三人也니라

第四人者는 名阿羅漢이니

阿羅漢者는 斷諸煩惱하고 捨於重擔하야 逮得已利하야 所作을 已辦하고 住第十地하야 得自在智하며 隨人所樂하야 種種色像을 悉能示現하며 如所莊嚴하야 欲成佛道하야 即能得成이니 能成如是無量功德을 名阿羅漢이라 是名四人이 出現於世하야 能多利益하야 憐愍世間하며 為世間依하야 安樂人天이니 於人天中에 最尊最勝이 猶如如來가 名人中勝하야 為歸依處니라

迦葉이 白佛言호대 世尊이시여 我今에 不依是四種人이니이다 何以故오 如瞿師羅經中에 佛為瞿師羅說하사대 若天魔梵이 為欲破壞하야 變為佛像하야 具足莊嚴三十二相·八十種好하고 圓光一尋이며 面部圓滿이 猶月盛明하며 眉間毫相이 白踰珂雪하야 如是莊嚴하고 來向汝者어든 汝當撿校하야 定其虛實이니 既覺知已에 應當降伏하라 하시니 世尊이시여 魔等이 尚能變作佛身이온況當不能作羅漢等四種之身하야 坐臥空中하야 左脇에 出水하며 右脇에 出火하야 身出烟炎을 猶如火聚니까 以是因緣으로 我於是中에 心不生信이요 或有所說이라도 不能稟受하며 亦無敬念하야 而作依止하노이다

佛言하사대 善男子야 於我所說에 若生疑者라도 尚不應受어든 況如是等이

리요 是故로 應當善分別知是善·不善과 可作·不可作하라 如是作已에 長夜受樂이니라

善男子야 譬如偸狗가 夜入人舍어든 其家婢使가 若覺知者인댄 卽應驅罵호대 汝疾出去하라 若不出者면 當奪汝命하리라

偸狗가 聞之하고 卽去不還하나니 汝等이 從今으로 亦應如是하야 降伏波旬이니 應作是言호대 波旬아 汝今에 不應作如是像하라 若故作者인댄 當以五繫로 繫縛於汝하리라 하면 魔聞是已에 便當還去를 如彼偸狗하야 更不復還하리라

迦葉이 白佛言호대 世尊이시여 如佛이 爲瞿師羅長者說하사대 若能如是降伏魔者는 亦可得近大般涅槃이라 하시니 如來가 何必說是四人이 爲依止處닛고 如是四人의 所可言說도 未必可信이니다

佛告迦葉하사대 善男子야 如我所說도 亦復如是하야 非爲不爾나 善男子야 我爲聲聞有肉眼者하야 說言降魔요 不爲修學大乘人說이니라 聲聞之人은 雖有天眼이나 故名肉眼이요 學大乘者는 雖有肉眼이나 乃名佛眼이라 何以故오 是大乘經이 名爲佛乘이니 而此佛乘이 最上最勝이니라

善男子야 譬如有人이 勇健威猛커늘 有怯弱者가 常來依附하니 其勇健人이 常敎怯者호대 汝當如是하야 持弓執箭하야 修學矟道와 長鉤羂索하라

又復告言호대 夫鬪戰者는 雖如履刀라도 不應生於怖畏之想하고 當視人天에 生輕弱想하며 應自生心하야 作勇健想하며 或時有人이 素無膽勇코 詐作健相하야 執持弓刀하고 種種器仗으로 以自莊嚴하야 來至陣中하야 唱呼大喚이라도 汝於是人에 亦復不應生於憂怖하라 如是輩人이 若見汝時에 不怖畏者이면 當知하라 是人이 不久散壞를 如彼偸狗하리라 하나니라

善男子야 如來도 亦爾하야 告諸聲聞호대 汝等이 不應畏魔波旬하라 若魔波旬이 化作佛身하야 至汝所者인댄 汝當精勤하야 堅固其心하야 降伏於魔하면 時魔가 卽當愁憂不樂하야 復道而去하리라 하나니라

善男子야 如彼健人이 不從他習인달하야 學大乘者도 亦復如是하야 得聞種種深密經典하고 其心이 欣樂하야 不生驚怖하나니 何以故오 如是修學大乘

之人은 已曾供養恭敬禮拜過去無量萬億佛故로 雖有無量億千魔衆이 欲來侵嬈라도 於是事中에 終不驚畏니라
善男子야 譬如有人이 得阿竭陀藥하야 不畏一切毒蛇等畏라 是藥力故로 亦能消除一切毒等인달하야 是大乘經도 亦復如是하야 如彼藥力이 不畏一切諸魔毒等하며 亦能降伏하야 令更不起니라
復次善男子야 譬如有龍이 性甚妒憋하야 欲害人時에 或以眼視하며 或以氣噓하나니 是故로 一切師子虎豹·豺狼·狗犬이 皆生怖畏라 是等惡獸가 或聞聲見形커나 或觸其身하면 無不喪命이어든 有善呪者가 以呪力故로 能令如是諸惡毒龍·金翅鳥等과 惡象·師子·虎豹·豺狼으로 皆悉調善하야 任為御乘이니라
如是等獸가 見彼善呪하고 即便調伏인달하야 聲聞과 緣覺도 亦復如是하야 見魔波旬하고 皆生恐怖나 而魔波旬은 亦復不生畏懼之心하고 猶行魔業이라 學大乘者도 亦復如是하야 見諸聲聞이 怖畏魔事하야 於此大乘에 不生信樂하고 先以方便으로 降伏諸魔하야 悉令調善하야 堪任為乘하고 因為廣說種種妙法이어든 聲聞과 緣覺이 見調魔已에 不生怖畏하고 於此大乘無上正法에 方生信樂하야 作如是言호대 我等이 從今으로 不應於此正法之中에 而作障礙라 하나니라
復次善男子야 聲聞과 緣覺은 於諸煩惱에 而生怖畏어니와 學大乘者는 都無恐懼니 修學大乘에 有如是力이니라
以是因緣으로 先所說者는 為欲令彼聲聞과 緣覺으로 調伏諸魔요 非為大乘이니라 是大涅槃微妙經典은 不可消伏이며 甚奇甚特이니 若有聞者는 聞已에 信受니라
能信如來是常住法하면 如是之人은 甚為希有가 如優曇花니 我涅槃後에 若有得聞如是大乘微妙經典하고 生信敬心하면 當知라 是等은 於未來世百千億劫에 不墮惡道하리라
爾時에 佛告迦葉菩薩하사대 善男子야 我涅槃後에 當有百千無量衆生이 誹謗不信是大涅槃微妙經典하리라

迦葉菩薩이 復白佛言호대 世尊이시여 是諸眾生이 於佛滅後에 久近便當誹謗是經하리니 世尊이시여 復有何等純善眾生이 當能拔濟是謗法者닛고 佛告迦葉하사대 善男子야 我般涅槃後四十年中에 於閻浮提에 廣行流布然後에 乃當隱沒於地니라

善男子야 譬如甘蔗와 稻米와 石蜜과 乳酥와 醍醐를 隨有之處하야 其土人民이 皆言是味가 味中第一이라 하며 或復有人은 純食粟米와 及以稗子나 是人도 亦言호대 我所食者가 最為第一이라 하나니 是薄福人이 受業報故어니와 若是福人耳인댄 初不聞粟稗之名하고 所食이 唯是粳糧·甘蔗·石蜜·醍醐인달하야 是大涅槃微妙經典도 亦復如是하야 鈍根薄福이 不樂聽聞은 如彼薄福이 憎惡粳糧과 及石蜜等이라

二乘之人도 亦復如是하야 憎惡無上大涅槃經하며 或有眾生은 其心甘樂하야 聽受是經하고 聞已歡喜하야 不生誹謗이 如彼福人이 食於稻糧이니라

善男子야 譬如有王이 居在山中險難惡處하야 雖有甘蔗와 稻糧과 石蜜이나 以其難得일새 貪惜積聚하야 不敢噉食하고 懼其有盡하야 唯食粟稗어든 有異國王이 聞之憐笑하야 即以車載稻糧과 甘蔗하야 而送與之커늘 其王이 得已에 即便分張하야 舉國共食하니 民既食已에 皆生歡喜하야 咸作是言호대 因彼王故로 令我得是希有之食이라 하나니

善男子야 是四種人도 亦復如是하야 為此無上大法之將이니라 是四種中에 或有一人이 見於他方의 無量菩薩이 雖學如是大乘經典하야 若自書寫커나 若令他書호대 為利養故며 為稱譽故며 為了法故며 為依止故며 為用博易其餘經故로 不能廣為他人하야 宣說하고 是故로 持是微妙經典하야 送至彼方하야 與彼菩薩하야 令發無上菩提之心하야 安住菩提케하면 而是菩薩이 得是經已에 即便廣為他人演說하야 令無量眾으로 得受如是大乘法味하나니 皆悉是此一菩薩力으로 所未聞經을 悉令得聞이 如彼人民이 因王力故로 得希有食이니라

又善男子야 是大涅槃微妙經典의 所流布處는 當知其地가 即是金剛이요 是中諸人도 亦如金剛이라 若有能聽如是經者는 即不退轉於阿耨多羅三

藐三菩提하야 隨其所願하야 悉得成就하리라 如我今日에 所可宣說을 汝
等比丘가 應善受持하라 若有衆生이 不能聽聞如是經典하면 當知是人은
甚可憐愍이라 何以故오 是人은 不能受持如是大乘經典甚深義故니라
迦葉菩薩이 白佛言하사대 世尊이시여 如來滅後四十年中에 是大乘典大涅
槃經이 於閻浮提에 廣行流布라가 過是已後에 沒於地者인댄 却後久近에
復當還出하리니까
佛言하사대 善男子야 若我正法이 餘八十年이면 前四十年에 是經이 復當
於閻浮提에 雨大法雨하리라
迦葉菩薩이 復白佛言호대 世尊이시여 如是經典을 正法滅時와 正戒毀時
와 非法增長時와 無如法衆生時에 誰能聽受하야 奉持讀誦하야 令其通利
하며 供養恭敬하며 書寫解說하리니까 唯願如來는 憐愍衆生하사 分別廣說
하사 令諸菩薩로 聞已受持하며 持已에 即得不退阿耨多羅三藐三菩提心
케하소서
爾時에 佛讚迦葉하사대 善哉善哉라 善男子야 汝今에 善能問如是義로다
善男子야 若有衆生이 於熙連河沙等諸佛所에 發菩提心하야사 乃能於是
惡世에 受持如是經典하야 不生誹謗하리라
善男子야 若有能於一恒河沙等諸佛世尊에 發菩提心然後에야 乃能於惡世
中에 不謗是法하고 愛樂是典호대 不能為人分別廣說이니라
善男子야 若有衆生이 於二恒河沙等佛所에 發菩提心然後에야 乃能於惡
世中에 不謗是法하고 正解信樂하야 受持讀誦호대 亦不能為他人廣說이니라
若有衆生이 於三恒河沙等佛所에 發菩提心然後에야 乃能於惡世中에 不
謗是法하고 受持讀誦하며 書寫經卷하야 雖為他說이나 未解深義하리라
若有衆生이 於四恒河沙等佛所에 發菩提心然後에야 乃能於惡世中에 不
謗是法하고 受持讀誦하며 書寫經卷하야 為他廣說十六分中一分之義요 雖
復演說이나 亦不具足하리라
若有衆生이 於五恒河沙等佛所에 發菩提心然後에야 乃能於惡世中에 不
謗是法하고 受持讀誦하며 書寫經卷하야 廣為人說十六分中八分之義하리

라

若有眾生에 於六恒河沙等佛所에 發菩提心然後에야 乃能於惡世中에 不謗是法하고 受持讀誦하며 書寫經卷하야 爲他廣說十六分中十二分義하리라

若有眾生이 於七恒河沙等佛所에 發菩提心然後에 乃能於惡世中에 不謗是法하야 受持讀誦하며 書寫經卷하야 爲他廣說十六分中十四分義하리라

若有眾生이 於八恒河沙等佛所에 發菩提心然後에 乃能於惡世中에 不謗是法하고 受持讀誦하며 書寫經卷하고 亦勸他人하야 令得書寫하며 自能聽受하고 復勸他人하야 令得聽受하며 讀誦通利하야 擁護堅持하며 憐愍世間諸眾生故로 供養是經하며 亦勸他人하야 令其供養하고 恭敬尊重하며 讀誦禮拜를 亦復如是하며 具足能解하야 盡其義味니 所謂如來가 常住不變하야 畢竟安樂이니라 廣說眾生이 悉有佛性하며 善知如來所有法藏하며 供養如是諸佛等已에 建立如是無上正法하야 受持擁護하리라

若有始發阿耨多羅三藐三菩提心하면 當知하라 是人은 未來之世에 必能建立如是正法하야 受持擁護하리라 是故로 汝今에 不應不知未來世中護法之人이니 何以故오 是發心者가 於未來世에 必能護持無上正法이니라

善男子야 有惡比丘가 聞我涅槃하고 不生憂愁하야 今日如來가 入般涅槃하시니 何期快哉아 如來在世에 遮我等利러니 今入般涅槃하면 誰復當有遮奪我者리요 若無遮奪이면 我則還得如來利養하리라 如來在世에 禁戒嚴峻이러니 今入涅槃에 悉當放捨로다 所受袈裟는 本爲法式이니 今當廢壞를 如木頭幡하리라 하리니 如是等人은 誹謗拒逆是大乘經이니라

善男子야 汝今에 應當如是憶持하라 若有眾生이 成就具足無量功德하면 乃能信是大乘經典하야 信已受持니라

其餘眾生에 有樂法者하야 若能廣爲解說此經하면 其人이 聞已에 過去無量阿僧祇劫所作惡業을 皆悉除滅하리라

若有不信是經典者는 現身에 當爲無量病苦之所惱害하며 多爲眾人의 所見罵辱하며 命終之後에 人所輕賤이요 顏貌가 醜陋하고 資生이 艱難하야

常不供足하며 雖復少得이나 麁澁弊惡하야 生生에 常處貧窮下賤과 誹謗正法하는 邪見之家하며 若臨終時에 或值荒亂커나 刀兵競起커나 帝王暴虐과 怨家讎隙之所侵逼하며 雖有善友라도 而不遭遇하며 資生所須를 求不能得하며 雖少得利이나 常患飢渴하며 唯爲凡下之所顧識하고 國王大臣에 悉不齒錄하며 設復聞其有所宣說이라도 正使是理로 終不信受니 如是之人은 不至善處니라 如折翼鳥가 不能飛行인달하야 是人도 亦爾하야 於未來世에 不能得至人天善處하리라

若復有人이 能信如是大乘經典하면 本所受形이 雖復麁陋나 以經功德으로 即便端正하며 威顔色力이 日更增多하야 常爲人天之所樂見이며 恭敬愛戀하야 情無捨離며 國王大臣과 及家親屬이 聞其所說하면 悉皆敬信하리라 若我聲聞弟子之中에 欲行第一希有事者는 當爲世間하야 廣宣如是大乘經典이니라

善男子야 譬如霧露가 勢雖欲住나 不過日出이니 日既出已에 消滅無餘인달하야 善男子야 是諸衆生의 所有惡業도 亦復如是하야 住世勢力이 不過得見大涅槃日이니 是日이 既出에 悉能除滅一切惡業이니라

復次善男子여 譬如有人이 出家剃髮하야 雖服袈裟나 故未得受沙彌十戒어든 或有長者가 來請衆僧하야 未受戒者도 即與大衆으로 俱共受請하면 雖未受戒나 已墮僧數인달하야 善男子야 若有衆生이 發心始學是大乘典大涅槃經하야 書持讀誦도 亦復如是하야 雖未具足位階十住나 則已墮於十住數中이니라

或有衆生이 是佛弟子거나 或非弟子가 若因貪怖커나 或因利養하야 聽受是經을 乃至一偈하야 聞已不謗하면 當知是人은 則爲已近阿耨多羅三藐三菩提니라

善男子야 以是因緣으로 我說四人이 爲世間依라 하니라 善男子야 如是四人이 若以佛說로 言非佛說은 無有是處일새 是故로 我說如是四人이 爲世間依라 하노라

善男子야 汝應供養如是四人이니라 世尊이시여 我當云何識知是人하야 而

爲供養이릿까

佛告迦葉하사대 若有建立護持正法이어든 如是之人을 應從啓請하야 當捨身命하야 而供養之를 如我於是大乘經說이요

有知法者어든 若老若少에 故應供養하야 恭敬禮拜를 猶如事火婆羅門等하며 有知法者어든 若老若少에 故應供養하야 恭敬禮拜를 亦如諸天이 奉事帝釋이니라

迦葉菩薩이 白佛言호대 世尊이시여 如佛所說하사 供養師長은 正應如是어니와 今有所疑하오니 唯願廣說하소서 若有長宿이 護持禁戒하고 從年少邊하야 諮受未聞인댄 云何是人이 當禮敬不닛가 若當禮敬인댄 是則不名爲持戒也니다

若是年少가 護持禁戒하고 從諸宿舊破戒人邊하야 諮受未聞인댄 復應禮不닛가 若出家人이 從在家人하야 諮受未聞인댄 復當禮不닛가 然이나 出家人이 不應禮敬在家人也리다 然이나 佛法中에 年少幼小가 應當恭敬耆舊長宿이니 以是長宿이 先受具戒하야 成就威儀일새 是故로 應當供養恭敬이니다

如佛言ㄴ댄 其破戒者는 是佛法中에 所不容受니 猶如良田에 多有稊稗라 하셨나이다 又如佛說에 有知法者어든 若老若少에 故應供養을 如事帝釋이라 하시니 如是二句가 其義云何닛고 將非如來가 虛妄說耶닛가 如佛言曰持戒比丘도 亦有所犯인댄 何故로 如來가 而作是說이닛고 世尊이시여 亦於餘經中에 說聽治破戒하시니 如是所說은 其義가 未了로소이다

佛告迦葉하사대 善男子야 我爲未來諸菩薩等이 學大乘者하야 說如是偈언정 不爲聲聞弟子說也니라

善男子야 如我先說正法이 滅已에 毀正戒時와 增長破戒하여 非法이 盛時와 一切聖人이 隱不現時와 受畜奴婢不淨物時에 是四人中에 當有一人이 出現於世하야 剃除鬚髮하고 出家修道하야 見諸比丘가 各各受畜奴婢僕使不淨之物호대 淨與不淨을 一切不知하고 是律非律을 亦復不識이어든 是人이 爲欲調伏如是諸比丘故로 與共和光호대 不同其塵하야 自所行處와 及

佛行處를 善能別知하야 雖見諸人이 犯波羅夷라도 默然不擧니 何以故오 我出於世하야 爲欲建立護持正法일새 是故로 默然하야 而不擧處라 하면 善男子야 如是之人은 爲護法故로 雖有所犯이나 不名破戒니라
善男子야 如有國王이 遇病崩亡에 儲君이 稚小하야 未任紹繼어든 有旃陀羅가 豐饒財寶하야 巨富無量하고 多有眷屬하야 自以强力으로 伺國虛弱하야 簒居王位하야 治化未久에 國人居士와 婆羅門等이 亡叛逃走하야 遠投他國하며 雖有在者라도 乃至不欲眼見是王하며 或有長者婆羅門等은 不離本土을 譬如諸樹가 隨其生處하야 卽是中死커늘 旃陀羅王이 知其國人이 逃叛者衆하고 尋卽還遣諸旃陀羅하야 守邏諸道하며 復於七日을 擊鼓唱令호대 諸婆羅門이 有能爲我하야 作灌頂師者면 當以半國으로 而爲爵賞호리라
諸婆羅門이 聞是語已에 悉無來者하고 各作是言호대 何處에 當有婆羅門種이 作如是事리요
旃陀羅王이 復作是言호대 婆羅門中에 若無一人도 爲我師者인댄 我要當令諸婆羅門과 與旃陀羅로 共住食宿하야 同其事業이요 若有能來하야 灌我頂者면 半國之封하리니 此言이 不虛며 呪術所致인三十三天의 上妙甘露不死之藥을 亦當共分하야 而服食之호리라
爾時에 有一婆羅門子하니 年在弱冠로대 修治淨行하며 長髮爲相하야 善知呪術이라 往至王所하야 白言호대 大王이여 王所勅使를 我悉能爲니다
爾時에 大王이 心生歡喜하야 受此童子하야 作灌頂師하니 諸婆羅門이 聞是事已에 皆生瞋恚하야 責此童子호대 汝婆羅門이어늘 云何乃作旃陀羅師오
爾時에 其王이 卽分半國하야 與是童子하고 因共治國하야 經歷多時러니
爾時에 童子가 語其王言호대 我捨家法하고 來作王師며 然敎大王微密呪術이나 而今에 大王이 猶不見親이로소이다 時에 王이 答言호대 我今에 云何不親汝耶아
童子答言호대 先王所有不死之藥를 猶未共食이니다

大般涅槃經 卷第六

王言善哉善哉라 大師여 我實不知니 師若須者인댄 唯願持去하소서 是時에 童子가 聞王語已에 即取歸家하야 請諸大臣하야 而共食之하니 諸臣이 食已에 即共白王호대 快哉大師여 有是甘露不死之藥이니다

王既知已에 語其師言호대 云何大師가 獨與諸臣으로 服食甘露하고 而不見分고 爾時에 童子가 更以其餘雜毒之藥으로 與王令服하니 王既服已에 須臾藥發하야 悶亂躄地하야 無所覺知함이 猶如死人이라

爾時童子가 立本儲君하야 還以為王하고 作如是言호대 師子御座를 法不應令旃陀羅昇이니 我從昔來로 未曾聞見旃陀羅種이 而為王也니라 若旃陀羅가 治國理民인댄 無有是處니 汝今應還하야 紹繼先王하야 正法治國하소서

爾時에 童子가 經理是已에 復以解藥으로 與旃陀羅하야 令其醒寤하고 既醒寤已에 驅令出國하니라

是時에 童子가 雖為是事나 猶故不失婆羅門法하니 其餘居士와 婆羅門等이 聞其所作하고 歎未曾有하야 讚言善哉善哉라 仁者가 善能驅遣旃陀羅王이로다

善男子야 我涅槃後에 護持正法諸菩薩等도 亦復如是하야 以方便力으로 與彼破戒假名과 受畜一切不淨物僧으로 同其事業이니 爾時에 菩薩이 若見有人이 雖多犯戒나 能治毀禁諸惡比丘어든 即往其所하야 恭敬禮拜하고 四事供養하며 經書什物을 悉以奉上호대 如其自無커든 要當方便으로 從諸檀越하야 求覓而與하고 為是事故로 應畜八種不淨之物이니라 何以故오 是人이 為治諸惡比丘를 如彼童子가 驅旃陀羅니라

爾時에 菩薩이 雖復恭敬禮拜是人하고 受畜八種不淨之物이나 悉無有罪니 何以故오 以是菩薩이 為欲擯治諸惡比丘하야 令清淨僧으로 得安隱住하며 流布方等大乘經典하야 利益一切諸天人故니라

善男子야 以是因緣으로 我於經中에 說是二偈하야 令諸菩薩로 皆共讚嘆護法之人을 如彼居士·婆羅門等이 稱讚童子를 善哉善哉인달하야 護法菩薩도 正應如是니 若有人이 見護法之人이 與破戒者로 同其事業하고 說有罪

者는 當知하라 其人이 自受其殃이요 是護法者는 實無有罪니라
善男子야 若有比丘가 犯禁戒已에 憍慢心故로 覆藏不悔하면 當知是人은 名眞破戒어니와 菩薩摩訶薩은 爲護法故로 雖有所犯이나 不名破戒니 何以故오 以無憍慢하야 發露悔故니라
善男子야 是故로 我於經中에 覆相說如是偈호대
　　有知法者커든　若老若少거나　故應供養하야
　　恭敬禮拜를　猶如事火婆羅門等하며
　　如第二天이　奉事帝釋이라 하니라
以是因緣으로 我亦不爲學聲聞人이요 但爲菩薩하야 而說是偈니라
迦葉菩薩이 白佛言호대 世尊이시여 如是等菩薩摩訶薩이 於戒에 極緩하야도 本所受戒에 爲具在不닛가
佛言하사대 善男子야 汝今不應作如是說하라 何以故오 本所受戒를 如本不失이니라 設有所犯이라도 卽應懺悔하면 悔已淸淨이니라
善男子야 如故堤塘에 穿穴有孔하면 水則淋漏니 何以故오 無人治故라 若有人治하면 水則不出인달하야 菩薩亦爾하야 雖與破戒로 共作布薩과 受戒와 自恣하야 同其僧事라도 所有戒律이 不如堤塘이 穿穴淋漏니 何以故오 若無淸淨持戒之人하면 僧則損減하고 慢緩懈怠가 日有增長이어니와 若有淸淨持戒之人하면 卽能具足不失本戒니라
善男子야 於乘緩者라야 乃名爲緩이요 於戒緩者는 不名爲緩이니라 菩薩摩訶薩이 於此大乘에 心不懈慢하면 是名本戒며 爲護正法이니 以大乘水로 而自澡浴이라 是故로 菩薩이 雖現破戒나 不名爲緩이니라
迦葉菩薩이 白佛言호대 衆僧之中에 有四種人이라도 如菴羅果를 生熟難知하야 破戒持戒를 云何可識이닛가
佛言하사대 善男子야 因大涅槃微妙經典하야 則易可知라 云何因是大涅槃經하야 可得知耶아
譬如田夫가 種稻穀等하고 芸除稗莠하야 以肉眼觀하고 名爲淨田이나 至其成實하야사 草穀이 各異인달하야 如是八事가 能汚染僧이어든 若能除却

하야 以肉眼觀에 則知淸淨이어니와 若有持戒·破戒라도 不作惡時엔 以肉眼觀에 難可分別로대 若惡彰露하면 則易可知가 如彼稗莠를 易可分別인달하야 僧中도 亦爾니라 若能遠離於八不淨毒蛇之法하면 是名淸淨聖衆福田이라 應爲人天之所供養이니 淸淨果報는 非是肉眼의 所能分別이니라

復次善男子야 如迦羅迦林이 其樹衆多어든 於是林中에 唯有一樹하니 名鎭頭迦라 是迦羅迦樹와 鎭頭迦樹가 二果相似하야 不可分別일새 其果熟時에 有一女人이 悉皆拾取하니 鎭頭迦果는 纔有一分이요 迦羅迦果는 乃有十分이라

是女가 不識하고 齎來詣市하야 而衒賣之할새 凡愚小兒가 復不別故로 買迦羅迦果하야 噉已命終이어늘 有智人輩가 聞是事已에 卽問女人호대 姉여 於何處에 持是果來오 是時에 女人이 卽示方所어늘 諸人이 卽言호대 如是方所에 多有無量迦羅迦樹하고 唯有一根鎭頭迦樹니라 諸人이 知已에 笑而捨去인달하야 善男子야 大衆之中에 八不淨法도 亦復如是하야 於是衆中에 多有受用如是八法하고 唯有一人이 淸淨持戒하야 不受如是八不淨法하고 而知諸人이 受畜非法이나 然與同事하야 不相捨離가 如彼林中에 一鎭頭迦樹니라 有優婆塞가 見是諸人이 多有非法하고 倂不恭敬供養是人하고 若欲供養하면 應先問言호대 大德이여 如是八事를 爲受畜不아 佛所聽不아 若言佛聽인댄 如是之人을 得共布薩·羯磨·自恣不아 是優婆塞가 如是問已에 衆皆答言호대 如是八事를 如來憐愍하사 皆悉聽畜이니라

優婆塞言호대 祇洹精舍에 有諸比丘가 或言金銀을 佛所聽畜이라 하며 或言不聽이라 하니 有言聽者댄 是어니와 不聽者인댄 不與共住하야 說戒自恣하며 乃至不共一河飮水요 利養之物을 悉不共之어늘 汝等이 云何言佛聽許오 佛은 天中天이라 雖復受之라도 汝等衆僧은 亦不應畜이라

若有受者인댄 乃至不應與共說戒自恣羯磨하야 同其僧事니라

若共說戒·自恣·羯磨·同僧事者인댄 命終에 卽當墮於地獄을 如彼諸人이 食迦羅果已에 而便命終이라 하니라

復次善男子야 譬如城市에 有賣藥人이 有妙甘藥호대 出於雪山이라 亦復

多賣其餘雜藥호대 昧甘相似어든 時有諸人이 咸皆欲買나 然이나 不識別이라 至賣藥所하야 問言호대 汝有雪山藥不아 其賣藥人이 卽答言호대 有라 하면 是人이 欺詐하야 以餘雜藥으로 語買者言호대 此是雪山甘好妙藥이라 하거든 時買藥者가 以肉眼故로 不能善別하고 卽買持去하고 復作是念호대 我今已得雪山甘藥이라 하야 迦葉이여 若聲聞僧中에 有假名僧하며 有眞實僧하며 有和合僧하며 若持戒破戒어든 於是衆中에 等應供養하야 恭敬禮拜라

是優婆塞가 以肉眼故로 不能分別이 喻如彼人이 不能分別雪山甘藥이니라 誰是持戒며 誰是破戒며 誰是眞僧하며 誰是假僧을 有天眼者라야 乃能分別이라

迦葉아 若優婆塞가 知是比丘가 是破戒人인댄 不應給施禮拜供養하며 若知是人이 受畜八法하면 亦復不應給施所須며 禮拜供養이요 若於僧中에 有破戒者어든 不應以被袈裟因緣으로 恭敬禮拜니라

迦葉菩薩이 復白佛言호대 世尊이시여 善哉善哉라 如來所說이 眞實不虛하시니 我當頂受를 譬如金剛珍寶異物하리니다

如佛所說에 是諸比丘가 當依四法이라 하시니

何等이 爲四오

一·依法不依人하며 二·依義不依語이며 三·依智不依識이며 四·依了義經不依不了義經이라

如是四法으로 應當證知非四種人이니다

佛言하사대 善男子야 依法者는 卽是如來大般涅槃이니 一切佛法이 卽是法性이라 是法性者가 卽是如來니 是故로 如來가 常住不變이니라

若復有言如來無常인댄 是人은 不知不見法性이라 若不知見是法性者인댄 不應依止요 如上所說四人이 出世하야 護持法者인댄 應當證知하야 而爲依止니라 何以故오 是人은 善解如來微密深奧藏故로 能知如來常住不變이니라

若言如來無常變易인댄 無有是處니라 如是四人을 卽名如來니 何以故오

是人은 能解如來密語와 及能說故니라
若有人이 能了知如來甚深密藏하며 及知如來常住不變하고 如是之人이 若
爲利養하야 說言如來가 是無常者는 無有是處니라 如是之人도 尙可依止
어든 何況不依是四人也아 依法者는 卽是法性이요
不依人者는 卽是聲聞이라 法性者는 卽是如來요 聲聞者는 卽是有爲니라
如來者는 卽是常住요 有爲者는 卽是無常이니라 善男子야 若人이 破戒하
고 爲利養故로 說言如來無常變易하면 如是之人은 所不應依니 善男子야
是名定義니라
依義不依語者는 義者는 名曰覺了니 覺了義者는 名不羸劣이요 不羸劣者
는 名曰滿足이라 滿足義者는 名曰如來常住不變이요 如來常住不變義者는
卽是法常이요 法常義者는 卽是僧常이니 是名依義不依語也니라
何等語言이 所不應依요 所謂諸論綺飾文辭니라 如佛所說에 無量諸經을
貪求無厭하야 多姦諛諂하야 詐現親附하며 現相求利하야 經理白衣하야 爲
其執役하며 又復唱言호대 佛聽比丘가 畜諸奴婢와 不淨之物과 金銀珍寶
와 穀米倉庫와 牛·羊·象·馬하야 販賣求利하며 於飢饉世에 憐愍子故로 聽
諸比丘가 儲貯陳宿하며 手自作食하야 不受而噉이라 如是等語는 所不應
依니라
依智不依識者는 所言智者는 卽是如來니 若有聲聞이 不能善知如來功德
하는 如是之識은 不應依止요 若知如來가 卽是法身인 如是眞智는 所應依
止니라
若見如來方便之身하고 言是陰界諸入의 所攝하며 食所長養이라 하면 亦不
應依니 是故로 知識不可依止니라 若復有人이 作是說者와 及其經書도 亦
不應依니라
依了義經하고 不依不了義經은 不了義經者는 謂聲聞乘이니 聞佛如來深密
藏處하고 悉生疑怪하야 不知是藏이 出大智海함이 猶如嬰兒가 無所別知
면 是則名爲不了義也니라
了義者는 名爲菩薩의 眞實智慧니 隨於自心인 無礙大智가 猶如大人의

無所不知니 是名了義니라
又聲聞乘은 名不了義요 無上大乘은 乃名了義니라
若言如來가 無常變易은 名不了義요 若言如來가 常住不變하면 是名了義니라 聲聞所說을 應證知者는 名不了義요 菩薩所說을 應證知者는 名爲了義니라 若言如來食所長養이라 하면 是不了義이며 若言常住不變易者는 是名了義니라 若言如來가 入於涅槃이 如薪盡火滅하면 名不了義요 若言如來가 入法性者는 是名了義라 聲聞乘法을 則不應依니 何以故오 如來爲欲度衆生故로 以方便力으로 說聲聞乘이 猶如長者가 教子牛字니라
善男子야 聲聞乘者는 猶如初耕에 未得果實이시니 如是名爲不了義也니라 是故로 不應依聲聞乘하고 大乘之法을 則應依止니 何以故오 如來爲欲度衆生故로 以方便力으로 說於大乘일새 是故應依니 是名了義니라 如是四依를 應當證知니라
復次依義者는 義名質直이니 質直者는 名曰光明이요 光明者는 名不羸劣이요 不羸劣者는 名曰如來니라 又光明者는 名爲智慧요 質直者는 名爲常住니라
如來常者는 名爲依法이니 法者는 名常이며 亦名無邊이며 不可思議며 不可執持이며 不可繫縛이로대 而亦可見이라 若有說言不可見者인댄 如是之人은 所不應依니 是故로 依法하고 不依於人이니라
若有人이 以微妙之語로 宣說無常이어든 如是之言은 所不應依니 是故로 依義하고 不依於語니라 依智者는 衆僧이 是常이며 無爲며 不變이며 不畜八種不淨之物이니 是故로 依智하고 不依於識이니라
若有說言호대 識作識受요 無和合僧이니 何以故오 夫和合者는 名無所有이니 無所有者를 云何言常이리요 하면 是故로 此識을 不可依止니라 依了義者는 了義者가 名爲知足이니 終不詐現威儀淸白과 憍慢自高하야 貪求利養하고 亦於如來隨宜方便所說法中에 不生執著을 是名了義니 若有能住如是等中하면 當知是人은 則爲已得住第一義니 是故로 名爲依了義經이니라

不依不了義인 不了義者는 如經中에 說一切燒燃이며 一切無常이며 一切皆苦며 一切皆空이며 一切無我는 是名不了義라 何以故오 以不能了如是義故로 令諸衆生으로 墮阿鼻獄이니 所以者何오 以取著故로 於義에 不了하야 一切燒者는 謂如來가 說涅槃亦燒며 一切無常者는 涅도 亦無常이며 苦空無我도 亦復如是라 하나니 是故로 名爲不了義經이니 不應依止니라

善男子야 若有人言호대 如來가 憐愍一切衆生하사 善知時宜하시니 以知時故로 說輕爲重하시며 說重爲輕하시라

如來가 觀知所有弟子가 有諸檀越이 供給所須하야 令無所乏하면 如是之人엔 佛則不聽·受畜奴婢와 金銀財寶와 販賣市易·不淨物等하시고 若諸弟子가 無有檀越이 供給所須하며 時世飢饉하야 飮食을 難得하며 爲欲建立護持正法이어든 我聽弟子가 受畜奴婢와 金銀車乘과 田宅穀米와 賣易所須라 雖聽受畜如是等物이나 要當淨施하는 篤信檀越이라 하는 如是四法은 所應依止니라

若有戒律과 阿毘曇과 修多羅가 不違是四인댄 亦應依止니라

若有說言호대 有時非時하며 有能護法不能護法일새 如來가 悉聽一切比丘가 受畜如是不淨物者라 한 如是之言은 不應依止니라 若有戒律과 阿毘曇과 修多羅中에 有同是說如是三分이어든 亦不應依니라

我爲肉眼諸衆生等하야 說是四依요 終不爲於有慧眼者라 是故로 我今에 說是四依니라

法者는 卽是法性이요

義者는 卽是如來常住不變이요

智者는 了知一切衆生이 悉有佛性이요

了義者는 了達一切大乘經典이니라

大般涅槃經 卷第六 終

如來性品 第四之三

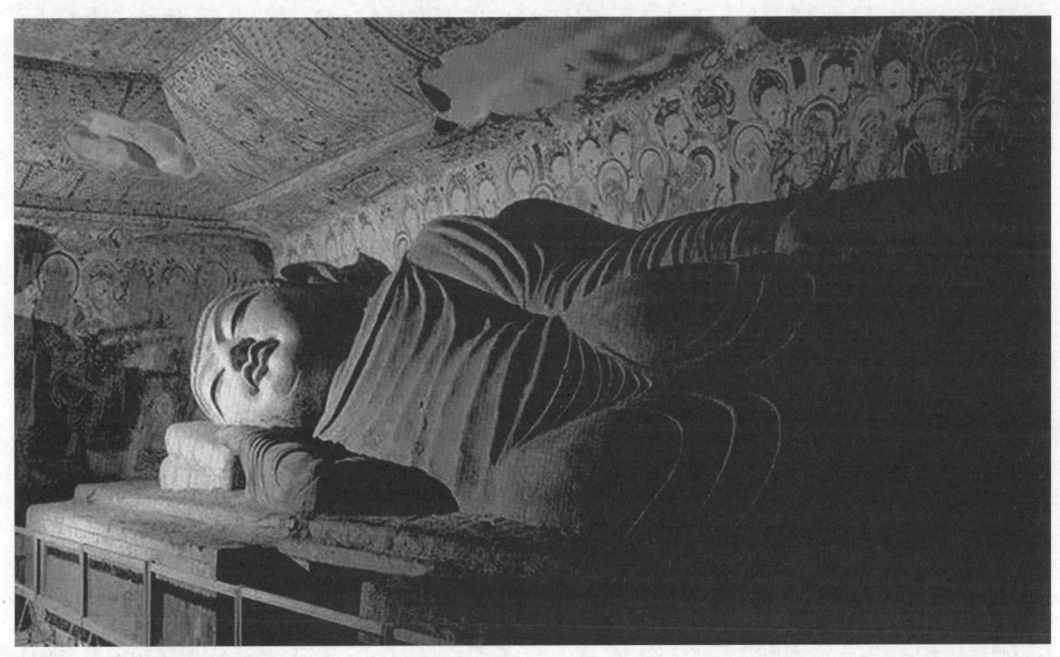
돈황 막고굴 158굴 열반상

大般涅槃經 卷第七

北涼天竺三藏 曇無讖 譯

如來性品 第四之四

爾時에 迦葉이 白佛言호대 世尊이시여 如上所說四種人等을 應當依耶닛가 佛言하사대 如是如是하다

善男子야 如我所說하야 應當依止니 何以故오 有四魔故라 何等為四오 如魔所說諸餘經律能受持者니라

迦葉菩薩이 白佛言호대 世尊이시여 如佛所說有四種魔인댄 若魔所說과 及佛所說을 我當云何而得分別이닛고 有諸眾生은 隨逐魔行하며 復有隨順佛所教者하니 如是等輩를 復云何知닛가

佛告迦葉하사대 我般涅槃七百歲後에 是魔波旬이 漸當沮壞我之正法이니 譬如獵師가 身服法衣하야 魔王波旬도 亦復如是하야 作比丘像과 比丘尼像과 優婆塞像과 優婆夷像하며 亦復化作須陀洹身하고 乃至化作阿羅漢身과 及佛色身하야 魔王이 以此有漏之形으로 作無漏身하야 壞我正法할새 是魔波旬이 壞正法時에 當作是言호대 菩薩이 昔於兜率天上에 沒來하야 在此迦毘羅城白淨王宮하야 依因父母愛欲和合하야 生育是身하니 若言有人이 生於人中하야 為諸世間天人大眾의 所恭敬者는 無有是處라 하며 又復說言호대 往昔苦行하야 種種布施頭目髓腦國城妻子일새 是故로 今者에 得成佛道하야 以是因緣으로 為諸人天·乾闥婆·阿修羅·迦樓羅·緊那羅·摩睺羅伽·之所恭敬이라 하야 若有經律에 作是說者는 當知하라 悉是魔之所說이니라

善男子야 若有經律에 作如是言호대 如來正覺이 久已成佛이나 今方示現成佛道者는 為欲度脫諸眾生故로 示有父母시며 依因愛欲和合而生하사

隨順世間하야 作是示現이라 하면 如是經律은 當知하라 眞是如來所說이니라
若有隨順魔所說者는 是魔眷屬이요 若能隨順佛說經律인댄 卽是菩薩이니라
若有說言호대 如來生時에 於十方面에 各行七步를 不可信者는 是魔所說이니라

若復有說호대 如來가 出世하야 於十方面에 各行七步는 此是如來가 方便示現이라 하면 是名如來所說經律이니라

若有隨順魔所說者는 是魔眷屬이요 若能隨順佛所說者는 卽是菩薩이니라
若有說言호대 菩薩이 生已에 父王이 使人으로 將詣天祠할새 諸天이 見已에 悉下禮敬하니 是故로 名佛이라 하면 復有難言호대 天者先出하고 佛在於後어늘 云何諸天이 禮敬於佛하야 作是難者는 當知하라 卽是波旬所說이니라

若有經言호대 佛到天祠하신대 是諸天等·摩醯首羅와 大梵天王과 釋提桓因이 皆悉合掌하고 敬禮其足이라 하면 如是經律은 是佛所說이니라 若有隨順魔所說者는 是魔眷屬이요 若能隨順佛所說者는 卽是菩薩이니라

若有經律에 說言菩薩이 爲太子時에 以貪心故로 四方娉妻하고 處在深宮하야 五欲自娛며 歡悅受樂이라 하는 如是經律은 波旬所說이니라

若有說言호대 菩薩이 久已捨離貪心과 妻息之屬하며 乃至不受三十三天의 上妙五欲하야 如棄涕唾어든 何況人欲이닛가 剃除鬚髮하시며 出家修道라 하는 如是經律은 是佛所說이니라

若有隨順魔經律者는 是魔眷屬이요 若有隨順佛經律者는 卽是菩薩이니라
若有說言호대 佛在舍衛祇陀精舍하사 聽諸比丘의 受畜奴婢·僕使와 牛羊·象馬와 驢騾·鷄·猪·猫·狗와 金銀·琉璃·眞珠·頗梨·車磲·馬瑙·珊瑚·虎珀과 珂貝璧玉과 銅鐵釜鍑과 大小銅盤所須之物하시며 耕田種植과 販賣市易과 儲積穀米인 如是衆事를 佛大故로 憐愍衆生하사 皆聽畜之라 하면 如是經律은 悉是魔說이니라

若有說言호대 佛이 在舍衛·祇陀精舍·那梨樓·鬼所住之處하시더니
爾時에 如來께서 因婆羅門의 字殺祇德과 及波斯匿王하사 說言하사대 比

丘는 不應受畜金銀·琉璃·頗梨·真珠·車磲·瑪瑙·珊瑚·虎珀과 珂貝·璧玉과 奴婢·僕使와 童男·童女와 牛羊·象馬와 驢騾·鷄·猪와 猫·狗等獸와 銅鐵釜鍑과 大小銅盤과 種種雜色床敷臥具와 資生所須하며 所謂屋宅과 耕田種殖과 販賣市易과 自手作食과 自磨自舂과 治身呪術과 調鷹方法과 仰觀星宿와 推步盈虛와 占相男女와 解夢吉凶과 是男·是女와 非男·非女와 六十四能과 復有十八惑人呪術과 種種工巧며 或說世間의 無量俗事하며 散香·末香과 塗香·薰香과 種種花鬘과 治髮方術이며 姦僞諂曲하야 貪利無厭이며 愛樂憒鬧하고 戲笑談說하며 貪嗜魚과 和合毒藥과 治押香油며 捉持寶蓋와 及以革屣하며 造扇箱篋과 種種畵像이며 積聚穀米大小麥豆와 及諸果蓏하며 親近國王·王子·大臣·及諸女人하야 高聲大笑하며 或復默然하며 於諸法中에 多生疑惑하며 多語妄說長短好醜와 或善不善하며 好著好衣하며 如是種種不淨之物을 於施主前에 躬自讚歎하며 出入遊行不淨之處하니 所謂沽酒婬女博弈이라 如是之人은 我今不聽在比丘中이니 應當休道하고 還俗役使이라

譬如稗莠를 悉滅無餘라 하면 當知하라 是等은 經律所制라 悉是如來之所說也니라

若有隨順魔所說者는 是魔眷屬이요 若有隨順佛所說者는 卽是菩薩이니라 若有說言호대 菩薩이 爲欲供養天神故로 入天祠하시니 所謂梵天과 大自在天과 違陀天과 迦旃延天이라 所以入者는 爲欲調伏諸天人故니 若言不爾라 하면 無有是處라 하거나 若言菩薩이 不能入於外道邪論은 知其威儀와 文章伎藝며 僕使鬪諍을 能和合하며 不爲男女國王大臣之所恭敬하며 又亦不知和合諸藥이라 以不知故로 乃名如來니 如其知者인댄 是邪見輩라 하며 又復如來於怨親中에 其心平等하야 如以刀割과 及香塗身한 於此二人에 不生增益損減之心하야 唯能處中일새 故名如來라 하면 如是經律은 當知하라 是魔之所說也니라

若有說言호대 菩薩이 如是示入天祠하시며 外學法中에 出家修道하시며 示現知其威儀禮節하사 能解一切文章伎藝하시며 示入書堂伎巧之處하고 能

如來性品 第四之四

善和合僕使鬪諍하시며 於諸大衆과 童男·童女와 後宮妃后와 人民·長者와 婆羅門等과 王及大臣과 貧窮等中에 最尊最上하사 復為是等之所恭敬하며 亦能示現如是等事하사 雖處諸見이나 不生愛心이 猶如蓮花가 不受塵垢하며 為度一切諸衆生故로 善行如是種種方便하사 隨順世法이라 하면 如是經律은 當知即是如來所說이니라 若有隨順魔所說者는 是魔眷屬이요 若能隨順佛所說者는 是大菩薩이니라

若有說言호대 如來가 為我하사 解說經律하사대 若惡法中에 輕重之罪와 及偷蘭遮는 其性이 皆重이라 하사 我等律中에 終不為之하라 하시니 我久忍受如是之法커니 汝等이 不信인들 我當云何自捨己律하고 就汝律耶아 汝所有律은 是魔所說이요 我等經律는 是佛所制라 如來가 先說九部法印하사 如是九印으로 印我經律하시고 初不聞有方等經典의 一句一字라 如來所說 無量經律何處에 有說方等經耶아 如是等中에 未曾聞有十部經名이라

如其有者인댄 當知하라 必定調達所作이니 調達은 惡人일새 以滅善法하야 造方等經이니 我等이 不信如是等經의 是魔所說이니 何以故오 破壞佛法相是非故라 如是之言은 汝經中有요 我經中無니라

我經律中에 如來說言하사대 我涅槃後惡世에 當有不正經律이니 所謂大乘方等經典이라

未來之世에 當有如是諸惡比丘라 하리라 我又說言하노니 過九部經하야 有方等典하니 若有人이 能了知其義하면 當知하라 是人은 正了經律이라 遠離一切不淨之物하야 微妙清淨이 猶如滿月이니라

若有說言호대 如來가 雖為一一經律에 說如恒河沙等義味라도 我律中에 無일새 將知為無하노라 如其有者인댄 如來何故로 於我律中에 而不解說고 是故로 我今에 不能信受라 하면 當知是人은 則為得罪니라 是人復言호대 如是經律을 我當受持니 何以故오 當為我作이니 知足少欲하야 斷除煩惱가 智慧涅槃善法因故라 하면 如是說者는 非我弟子니라

若有說言호대 如來가 為欲度衆生故로 說方等經이라 하면 當知하라 是人

은 真我弟子요 若有不受方等經者는 當知하라 是人은 非我弟子이니 不爲佛法而出家也요 卽是邪見外道의 弟子니라 如是經律은 是佛所說이요 若不如是면 是魔所說이니라

若有隨順魔所說者는 是魔眷屬이요 若有隨順佛所說者는 卽是菩薩이니라 復次善男子야 若有說言호대 如來는 不爲無量功德之所成就며 無常變異니 以得空法하사 宣說無我하시고 不順世間이라 하면 如是經律은 名魔所說이니라

若有人言호대 如來正覺은 不可思議며 亦爲無量阿僧祇等功德所成일새 是故로 常住하야 無有變異라 하면 如是經律은 是佛所說이니라

若有隨順魔所說者는 是魔眷屬이요 若有隨順佛所說者는 卽是菩薩이니라 復有人言호대 或有比丘가 實不毀犯波羅夷罪어늘 衆人皆謂호대 犯波羅夷하야 如斷多羅樹라 하나 而是比丘는 實無所犯이니라 何以故오 我常說言호대 四波羅夷에 若犯一者라도 猶如析石을 不可還合이라 하노라

若有自說得過人法이라 하면 是則名爲犯波羅夷니 何以故오 實無所得하고 詐現得相故라 是之人은 退失人法이니 是名波羅夷니라

所謂若有比丘가 少欲知足하야 持戒淸淨하야 住空閑處어든 若王과 大臣이 見是比丘하고 生心念言호대 謂得羅漢이라 하야 卽前讚歎하며 恭敬禮拜하고 復作是言호대 如是大師는 捨是身已에 當得阿耨多羅三藐三菩提하리라

比丘가 聞已에 卽答王言호대 我實未得沙門道果로니 王莫稱我已得道果하소서 唯願大王은 勿爲我說不知足法하소서 不知足者는 乃至謂得阿耨多羅三藐三菩提라 하면 皆默然受어니와 我今에 若當默然受者인댄 當爲諸佛之所呵責이니다

知足之行은 諸佛所讚일새 是故로 我欲終身歡樂하야 奉修知足이니다

又知足者는 我定自知未得道果어늘 王稱我得일새 我今不受하노니 故名知足이니다

時王이 答言호대 大師는 實得阿羅漢果하야 如佛無異라 하고 爾時에 其王

이 普皆宣告內外人民과 中宮妃后하야 悉令皆知得沙門果케하니 是故로 咸令一切聞者로 心生敬信하야 供養尊重케하노라 하면 如是比丘는 真是梵行清淨之人이라

以是因緣으로 普令諸人으로 得大福德이요 而是比丘는 實不毀犯波羅夷罪니라 何以故오 前人이 自生歡喜之心하야 讚歎供養故라 如是比丘가 當有何罪리요 若有說言是人은 得罪라 하면 當知하라 是經은 是魔所說이니라

復有比丘가 說佛祕藏甚深經典호대 一切眾生이 皆有佛性이니 以是性故로 斷無量億諸煩惱結하고 即得成於阿耨多羅三藐三菩提요 除一闡提라 하거든 若王과 大臣이 作如是言호대 比丘여 汝當作佛가 不作佛耶아 有佛性不아

比丘가 答言호대 我今身中에 定有佛性이나 成以不成은 未能審之니라 王言호대 大德이여 如其不作一闡提者인댄 必成無疑닛가 比丘가 言爾니 實如王言이로소이다

是人은 雖言定有佛性이나 亦復不犯波羅夷也니라

復有比丘가 即出家時에 作是思惟호대 我今必定成阿耨多羅三藐三菩提라 하면 如是之人이 雖未得成無上道果나 已為得福이 無量無邊하야 不可稱計니라

假使有人이 當言是人이 犯波羅夷라 하면 一切比丘가 無不犯者니 何以故오 我於往昔八十億劫에 常離一切不淨之物하야 少欲知足하고 威儀成就하야 善修如來無上法藏하야 亦自定知身有佛性일새 是故로 我今에 得成阿耨多羅三藐三菩提하야 得名為佛이며 有大慈悲라 하면 如是經律은 是佛所說이니라 若有不能隨順是者는 是魔眷屬이요 若能隨順하면 是大菩薩이니라

復有說言호대 無四波羅夷와 十三僧殘과 二不定法과 三十捨墮와 九十一墮와 四懺悔法과 眾多學法과 七滅諍等하며 無偷蘭遮五逆等罪와 及一闡提니 若有比丘가 犯如是等하야 墮地獄者인댄 外道之人은 悉應生天이라 何以故오 諸外道等은 無戒可犯이니라

是故로 如來가 示現怖人일새 故說斯戒라 若言佛說我諸比丘가 若欲行婬인댄 應捨法服하고 著俗衣裳然後에 行婬이요 復應生念婬欲因緣은 非我過咎라 하시며 如來在世에도 亦有比丘가 習行婬欲호대 得正解脫하며 或命終後에 生於天上하니 古今有之라 非獨我作이니라

或犯四重하며 或犯五戒하며 或行一切不淨律儀라도 猶故而得眞正解脫이니라

如來가 雖說犯突吉羅하면 如忉利天의 日月歲數로 八百萬歲를 墮在地獄이라 하시나 亦是如來가 示現怖人이라 言波羅夷로 至突吉羅히 輕重이 無差어늘 是諸律師가 妄作此言하야 言是佛制라 하나 畢定當知非佛所說이라 하면 如是言說은 是魔經律이니라 若復說言호대 於諸戒中에 若犯小戒와 乃至微細라도 當受苦報를 無有齊限이니 如是知已에 防護自身을 如龜藏六이어늘 若有律師가 復作是言호대 凡所犯戒가 都無罪報라 하면 如是之人不應親近이니 如佛所說에 若過一法하면 是名妄語이요 不見後世하면 無惡不造라 하시니라

是故로 不應親近是人이니라 我佛法中에 淸淨如是어늘 況復有犯偸蘭遮罪하며 或犯僧殘과 及波羅夷코 而非罪耶아 是故로 應當深自防護如是等法이니라

若不守護하면 更以何法으로 名爲禁戒리요 我於經中에 亦說 有犯四波羅夷와 乃至微細突吉羅等이라도 應當苦治라 하노라 衆生이 若不護持禁戒하면 云何當得見於佛性하리요 一切衆生이 雖有佛性이나 要因持戒然後에 乃見하며 因見佛性하야 得成阿耨多羅三藐三菩提니라

九部經中엔 無方等經일새 是故不說有佛性也니 經雖不說이나 當知實有라 하야 若作是說하면 當知하라 是人은 眞我弟子니라

迦葉菩薩이 白佛言호대 世尊이시여 如上所說一切衆生이 有佛性者는 九部經中에 所未曾聞이어늘 如其說有인댄 云何不犯波羅夷耶닛가

佛言하사대 善男子야 如汝所說하야 實不毀犯波羅夷也니라 善男子야 譬如有人이 說言大海에 唯有七寶요 無八種者가 是人無罪인달하야 若有說

如來性品 第四之四

言九部經中에 無佛性者도 亦復無罪니 何以故오 我於大乘大智海中에 說有佛性호니 二乘之人의 所不知見이라 是故로 說無하여도 不得罪也니 如是境界는 諸佛所知요 非是聲聞緣覺의 所及이니라
善男子야 若人이 不聞如來甚深祕密藏者는 云何當知有佛性耶아 何等을 名爲祕密之藏고 所謂方等大乘經典이니라
善男子야 有諸外道가 或說我常하며 或說我斷이나 如來는 不爾하야 亦說有我하며 亦說無我니 是名中道니라
若有說言호대 佛說中道하사 一切衆生이 悉有佛性이나 煩惱覆故로 不知不見하나니 是故로 應當勤修方便하야 斷壞煩惱라 하면 若有能作如是說者는 當知하라 是人은 不犯四重이요 若不能作如是說者는 是則名爲犯波羅夷니라
若有說言호대 我已成就阿耨多羅三藐三菩提니 何以故오 以有佛性故라 有佛性者는 必定當成阿耨多羅三藐三菩提니 以是因緣으로 我今에 已得成就菩提라 하면 當知是人은 則名爲犯波羅夷罪니 何以故오 雖有佛性이나 以未修習諸善方便일새 是故로 未見이니 以未見故로 不能得成阿耨多羅三藐三菩提니라
善男子야 以是義故로 佛法甚深하야 不可思議니라
迦葉菩薩이 白佛言호대 世尊이시여 有王問言호대 云何比丘가 墮過人法고 하시다
佛告迦葉하사대 若有比丘가 爲利養故며 爲飮食故로 作諸諛諂하야 姦僞欺詐하면 云何當令諸世間人으로 定實知我是乞士也리요 以是因緣으로 令我大得利養名譽라 하나라 如是比丘는 多愚癡故로 長夜常念호대 我實未得四沙門果어니 云何當令諸世間人으로 謂我已得이며 復當云何令諸優婆塞와 優婆夷等으로 咸共指我하야 作如是言호대 是人福德이 眞是聖人이라 하리요 如是思惟는 正爲求利요 非爲求法이니라
行來出入에 進止安詳하야 執持衣鉢하고 不失威儀하며 獨坐空處하야 如阿羅漢하야 令世間人으로 咸作是言호대 如是比丘는 善好第一이라 精勤苦行

하야 修寂滅法이로다

以是因緣으로 我當大得門徒弟子하며 諸人이 亦當大致供養·衣服·飮食·臥具·醫藥하며 令多女人으로 敬念愛重케하리라 하야 若有比丘와 及比丘尼가 作如是事하면 墮過人法이니라

復有比丘가 爲欲建立無上正法하야 住空寂處하야 非阿羅漢이로대 而欲令人으로 謂是羅漢이라 하며 是好比丘며 是善比丘며 寂靜比丘라 하야 令無量人으로 生於信心하야 以此因緣으로 我得無量諸比丘等이 以爲眷屬하며 因是得教破戒比丘와 及優婆塞하야 悉令持戒하면 以是因緣으로 建立正法하야 光揚如來無上大事하며 開顯方等大乘法化하야 度脫一切無量眾生하야 善解如來所說經律의 輕重之義라 하며 復言호대 我今亦有佛性하고 有經名曰如來祕藏이라

於是經中에 我當必定得成佛道하야 能盡無量億煩惱結이라 하고 廣爲無量諸優婆塞하야 說言호대 汝等도 盡有佛性하니 我之與汝으로 俱當安住如來道地하야 成阿耨多羅三藐三菩提하야 盡無量億諸煩惱結호리라 하야 作是說者는 是人은 不名墮過人法이요 名爲菩薩이니라

若言호대 有犯突吉羅者는 忉利天上의 日月歲數로 八百萬歲를 墮地獄中하야 受諸罪報어든 何況故犯偸蘭遮罪아 此大乘中에 若有比丘가 犯偸蘭遮하면 不應親近이니 何等을 名爲大乘經中에 偸蘭遮罪아 若有長者가 造立佛寺하고 以諸花鬘으로 用供養佛이어든 比丘가 見花貫中縷하고 不問輒取하면 犯偸蘭遮라 若知不知에 亦如是犯이니라

若以貪心으로 破壞佛塔하면 犯偸蘭遮이니 如是之人은 不應親近이니라 若王과 大臣이 見塔朽故하고 爲欲修補하며 供養舍利호려하야 於是塔中에 或得珍寶를 即寄比丘어든 比丘가 得已에 自在而用하면 如是比丘는 名爲不淨이라 多起鬪諍이니 善優婆塞가 不應親近供養恭敬이니라

如是比丘는 名爲無根이며 名爲二根이며 名不定根이니라

不定根者는 欲貪女時에 身即爲女하고 欲貪男時에 身即爲男이니 如是比丘는 名爲惡根이라

如來性品 第四之四

不名為男이며 不名為女며 不名出家며 不名在家니 如是比丘를 不應親近 供養恭敬이니라

於佛法中에 沙門法者는 應生悲心하야 覆育眾生하야 乃至蟻子라도 應施無畏가 是沙門法이며 遠離飮酒와 乃至嗅香이 是沙門法이며 不得妄語하고 乃至夢中에도 不念妄語가 是沙門法이며 不生欲心하야 乃至夢中도 亦復如是가 是沙門法이니라

迦葉菩薩이 白佛言호대 世尊이시여 若有比丘가 夢行婬欲하면 是犯戒不닛가

佛言하사대 不也니라 應於婬欲에 生臭穢想하며 乃至不生一念淨想하야 遠離女人의 煩惱와 愛想이요 若夢行婬이라도 寤應生悔니라

比丘가 乞食하야 受供養時에 應如飢世에 食子肉想이며 若生婬欲이어든 應疾捨離니 如是法門은 當知是佛所說經律이라

若有隨順魔所說者는 是魔眷屬이요 若能隨順佛所說者는 是名菩薩이니라

若有說言호대 佛聽比丘가 常翹一腳하야 寂默不言하며 投淵赴火하며 自墜高巖하야 不避險難하며 服毒斷食하며 臥灰土上하며 自縛手足하야 殺害眾生하며 方道呪術과 旃陀羅子와 無根二根과 及不定根과 身根不具인 如是等輩를 如來가 悉聽出家為道라 하면 是名魔說이니라

佛先聽食五種牛味와 及以油蜜과 憍奢耶衣와 革屣等物이어니와 除是之外에 若有說言호대 聽著摩訶楞伽하며 一切種子를 悉聽貯畜이라 하며 草木之屬도 皆有壽命라 하시고 佛說是已에 便入涅槃이라 하야 若有經律에 作是說者는 當知即是魔之所說이니라 我亦不聽常翹一腳하며 若為法故로 聽行住坐臥니라 又亦不聽服毒斷食과 五熱炙身과 繫縛手足하야 殺害眾生과 方道呪術과 珂貝象牙로 以為革屣와 儲畜種子와 草木有命과 著摩訶楞伽어늘 若言世尊이 作如是說이라 하면 當知是為外道眷屬이요 非我弟子니라

我唯聽食五種牛味와 及油蜜等하고 聽著革屣와 憍奢耶衣하며 我說四大가 無有壽命호라 若有經律에 作是說者는 是名佛說이니 若有隨順佛所說

者는 當知하라 是等은 眞我弟子니라

若有不隨佛所說者는 是魔眷屬이요 若有隨順佛律者는 當知하라 是人은 是大菩薩이니라

善男子야 魔說과 佛說이 差別之相을 今已爲汝하야 廣宣分別이니라

迦葉이 白佛言호대 世尊이시여 我今에 始知魔說과 佛說의 差別之相이오니 因是하야 得入佛法深義로소이다

佛讚迦葉하사대 善哉善哉라 善男子야 汝能如是曉了分別하니 是名點慧로다

善男子야 所言苦者는 不名聖諦니 何以故오 若言苦是苦聖諦者인댄 一切 牛·羊·驢馬와 及地獄衆生도 應有聖諦로다

善男子야 若復有人이 不知如來의 甚深境界·常住·不變微密·法身하고 謂是食身이요 非是法身이라 하며 不知如來의 道德威力이 是名爲苦라

何以故오 以不知故로 法見非法하며 非法見法하나니 當知하라 是人은 必墮惡趣하야 輪轉生死하고 增長諸結하야 多受苦惱니라 若有能知如來常住 無有變易하며 或聞常住二字音聲하야 若一經耳하면 即生天上하고 後解脫時에 乃能證知如來常住하야 無有變易하며 既證知已에 而作是言호대 我於往昔에 曾聞是義일새 今得解脫하야 方乃證知로라 我於本際에 以不知故로 輪轉生死하야 周遍無窮이라가 始於今日에 乃得真智라 하야 若如是知하면 真是修苦라 多所利益이어니와 若不知者는 雖復勤修나 無所利益이니 是名知苦며 名苦聖諦니라 若人이 不能如是修習하면 是名爲苦요 非苦聖諦니라

苦集諦者는 於真法中에 不生真智코 受不淨物이니 所謂奴婢라 能以非法으로 言是正法이라 하야 斷滅正法하야 不令久住하면 以是因緣으로 不知法性이니 以不知故로 輪轉生死하야 多受苦惱하고 不得生天과 及正解脫이니라

若有深知하야 不壞正法하면 以是因緣으로 得生天上과 及正解脫이니라 若有不知苦集諦處하고 而言正法이 無有常住라 하면 悉是滅法이니 以是因

緣으로 於無量劫을 流轉生死하야 受諸苦惱니라 若能知法常住不異하면 是名知集이니 名集聖諦니라

若人이 不能如是修習하면 是名爲集이며 非集聖諦니라

苦滅諦者는 若有多修習學空法하면 是爲不善이니 何以故오 滅一切法故며 壞於如來眞法藏故니 作是修學하면 是名修空이니라 修苦滅者는 逆於一切 諸外道等이니 若言修空이 是滅諦者인댄 一切外道도 亦修空法하니 應有 滅諦로다 若有說言호대 有如來藏을 雖不可見이나 若能滅除一切煩惱하면 爾乃得入이라 하야 若發此心하면 一念因緣으로 於諸法中에 而得自在어니와 若有修習호대 如來密藏이 無我空寂이라 하면 如是之人은 於無量世를 在生死中하야 流轉受苦니라

若有不作如是修者는 雖有煩惱나 疾能滅除니 何以故오 因知如來祕密藏 故라 是名苦滅聖諦니라

若能如是修習滅者는 是我弟子요 若有不能作如是修하면 是名修空이요 非 滅聖諦니라

道聖諦者는 所謂佛法僧寶及正解脫이라 有諸衆生이 顚倒心言호대 無佛·法·僧과 及正解脫이라 하며 生死流轉도 猶如幻化라 하야 修習是見하면 以 此因緣으로 輪轉三有하야 久受大苦니라 若能發心하야 見於如來常住無變 하며 法僧解脫도 亦復如是하면 乘此一念하야 於無量世에 自在果報를 隨 意而得이니라

何以故오 我於往昔에 以四倒故로 非法計法하야 受於無量惡業果報라가 我今已滅如是見故로 成佛正覺호니 是名道聖諦니라

若有人言호대 三寶無常이라 하야 修習是見하면 是虛妄修요 非道聖諦니라 若修是法하야 爲常住者는 是我弟子요 眞見修習四聖諦法이니 是名四聖 諦니라

迦葉菩薩이 復白佛言호대 世尊이시여 我今에 始知修習甚深四聖諦法이로 소이다

佛告迦葉하사대 善男子야 謂四倒者는 於非苦中에 生於苦想을 名曰顚倒

라 非苦者는 名為如來요 生苦想者는 謂於如來無常變異니 若說如來가 是無常者는 名大罪苦니라

若言如來가 捨此苦身하고 入於涅槃이 如薪盡火滅이라 하면 是名非苦에 而生苦想이니 是名顚倒니라

我若說言如來常者인댄 卽是我見이니 以我見故로 有無量罪요 是故로 應說如來無常이리라 如是說者인댄 我則受樂이요 如來無常은 卽為是苦니 若是苦者인댄 云何生樂이리요 以於苦中에 生樂想故로 名為顚倒니라 樂生苦想이 名為顚倒니라

樂者는 卽是如來요 苦者는 如來無常이니 若說如來가 是無常者인댄 是名樂中에 生於苦想이니라

如來常住를 是名為樂이라 若我說言如來是常인댄 云何復得入於涅槃이며 若言如來가 非是苦者인댄 云何捨身하고 而取滅度리요 以於樂中에 生苦想故로 名為顚倒니 是名初倒니라

無常에 常想하며 常無常想이 是名顚倒라 無常者는 名不修空이니 不修空故로 壽命短促이라

若有說言호대 不修空寂하고 得長壽者는 是名顚倒니 是名第二顚倒니라 無我에 我想하며 我에 無我想이 是名顚倒라 世間之人도 亦說有我하며 佛法之中에도 亦說有我어든 世間之人은 雖說有我나 無有佛性이니 是則名為於無我中에 而生我想이니 是名顚倒요 佛法有我는 卽是佛性이어늘 世間之人은 說佛法無我라 하니 是名我中에 生無我想이라

若言佛法이 必定無我일새 是故로 如來가 勅諸弟子하사 修習無我라 하면 名為顚倒니 是名第三顚倒니라 淨에 不淨想하며 不淨에 淨想이 是名顚倒라 淨者는 卽是如來常住요 非雜食身이며 非煩惱身이며 非是肉身이며 非是筋骨繫縛之身이어늘 若有說言호대 如來가 無常하야 是雜食身이며 乃至筋骨繫縛之身이며 法僧解脫도 是滅盡者인댄 是名顚倒라 不淨에 淨想을 名顚倒者는 若有說言호대 我此身中에 無有一法도 是不淨者니 以無不淨일새 定當得入清淨之處요 如來所說修不淨觀이라 하신 如是之言은 是虛

妄說일새 是名顚倒라 하면 是則名為第四顚倒니라
迦葉菩薩이 白佛言호대 世尊이시여 我從今日에 始得正見하나니다 世尊이시여 自是之前에는 我等이 悉名邪見之人이니다 世尊이시여 二十五有에 有我不耶닛가
佛言하사대 善男子야 我者는 即是如來藏義라 一切衆生이 悉有佛性이 即是我義니 如是我義는 從本已來로 常為無量煩惱所覆일새 是故로 衆生이 不能得見이니라
善男子야 如貧女人이 舍內에 多有真金之藏호대 家人大小가 無有知者러니 時有異人이 善知方便하야 語貧女人호대 我今雇汝하리니 汝可為我하야 芸除草穢하라
女即答言호대 我不能也이니다 汝若能示我子金藏然後에 乃當速為汝作호리라 是人이 復言호대 我知方便이라 能示汝子호리라 女人이 答言호대 我家大小도 尚自不知어늘 況汝能知아 是人이 復言호대 我今審能이니라
女人이 答言호대 我亦欲見하노니 并可示我하라 是人이 即於其家에 掘出真金之藏하니 女人이 見已에 心生歡喜하야 生奇特想하야 宗仰是人하니라
善男子야 衆生佛性도 亦復如是하야 一切衆生이 不能得見은 如彼寶藏을 貧人이 不知니라
善男子야 我今普示一切衆生의 所有佛性이 為諸煩惱之所覆蔽가 如彼貧人이 有真金藏호대 不能得見이니라
如來가 今日에 普示衆生의 諸覺寶藏하노니 所謂佛性이라 而諸衆生이 見是事已에 心生歡喜하야 歸仰如來니라
善方便者는 即是如來요 貧女人者는 即是一切無量衆生이요 金藏者는 即佛性也니라
復次善男子야 譬如女人이 生育一子호대 嬰孩得病하니 是女가 愁惱하고 求覓醫師러니 醫師가 既來에 合三種藥인 酥乳石蜜하야 與之令服하고 因告女人호대 兒服藥已에 且莫與乳하고 須藥消已하야 爾乃與之하라
是時에 女人이 即以苦物로 用塗其乳하고 母語兒言호대 我乳에 毒塗하야

不可復觸이니라 小兒가 渴乏하야 欲得母乳나 聞乳毒氣하고 便遠捨去하니라 遂至藥消하야 母人이 以水로 淨洗其乳하고 喚其子言호대 來하라 與汝乳호리라

是時에 小兒가 雖復飢渴이나 先聞毒氣일새 是故로 不來어늘 母復語言호대 爲汝服藥故로 以毒塗러니 汝藥이 已消일새 我已洗竟하니 汝便可來하야 飮乳無苦니라 是兒가 聞已에 漸漸還飮인달하야 善男子야 如來도 亦爾하사 爲度一切하사 敎諸衆生하야 修無我法이라 如是修已에 永斷我心하고 入於涅槃은 爲除世間諸妄見故며 示現出過世間法故며 復示世間에 計我가 虛妄非眞實故며 修無我法淸淨身故니라

喩如女人이 爲其子故로 以苦味塗乳인달하야 如來亦爾하야 爲修空故로 說言諸法이 悉無有我니 如彼女人이 淨洗乳已에 而喚其子하야 欲令還服인달하야 我今亦爾하야 說如來藏하노니 是故로 比丘가 不應生怖니라 如彼小兒가 聞母喚已에 漸還飮乳인달하야 比丘亦爾하야 應自分別如來祕藏이 不得不有니라

迦葉菩薩이 白佛言호대 世尊이시여 實無有我이니다 何以故오 嬰兒가 生時에 無所知曉니다 若有我者진댄 卽生之日에 尋應有知리니 以是義故로 定知無我로소이다

若定有我인댄 受生已後에 應無終歿이요 若使一切로 皆有佛性하야 是常住者인댄 應無壞相이요 若無壞相인댄 云何而有刹와 婆羅門과 毘舍와 首陀와 及旃陀羅와 畜生의 差別이닛고 今見業緣이 種種不同하고 諸趣가 各異하노니다

若定有我인댄 一切衆生이 應無勝負니 以是義故로 定知佛性은 非是常法이로소이다

若言佛性이 定是常者인댄 何緣으로 復說有殺·盜·婬과 兩舌·惡口·妄言·綺語와 貪·恚·邪見이닛고 若我性이 常인댄 何故酒後에 迷荒醉亂하며 若我性 常인댄 盲應見色하고 聾應聞聲하고 瘂應能語하고 拘躄能行이리라

若我性이 常인댄 不應避於火坑·大水·毒藥·刀劍·惡人·禽獸며 若我常者인댄

本所更事를 不應忘失이러라 若不忘失인댄 何緣으로 復言我曾何處에 見是人耶아 하며 若我常者인댄 則不應有少壯·老等과 衰·盛力勢와 憶念·往事며 若我常者인댄 止住何處닛가 為在涕唾와 青黃赤白諸色耶닛가 若我常者인댄 應遍身中이 如胡麻油하야 間無空處니 若斷身時에 我亦應斷이니다

佛告迦葉하사대 善男子야 譬如王家에 有大力士호대 其人眉間에 有金剛珠러니 與餘力士로 較力相撲이라가 而彼力士가 以頭로 抵觸하니 其額上珠가 尋沒膚中하야 都不自知是珠所在러니 其處에 有瘡이어늘 即命良醫하야 欲自療治하니 時有明醫가 善知方藥이라 即知是瘡이 因珠入體라 是珠가 入皮하야 即便停住커늘 是時에 良醫가 尋問力士호대 卿額上珠가 為何所在오 力士가 驚答호대 大師醫王이여 我額上珠가 乃無去耶닛가 是珠가 今者에 為何所在며 將非幻化닛가 憂愁啼哭이어늘 是時에 良醫가 慰喻力士호대 汝今不應生大愁苦니라

汝因鬪時하야 寶珠入體하야 今在皮裏하야 影現於外로다 汝曹가 鬪時에 瞋恚毒盛하야 珠陷入體일새 故不自知니라

是時에 力士가 不信醫言호대 若在皮裏인댄 膿血不淨이어늘 何緣으로 不出이며 若在筋裏인댄 不應可見이어늘 汝今云何欺誑於我오 時醫가 執鏡하야 以照其面하니 珠在鏡中하야 明了顯現이어늘 力士가 見已에 心懷驚怪하야 生奇特想인달하야 善男子야 一切眾生도 亦復如是하야 不能親近善知識故로 雖有佛性이나 皆不能見하야 而為貪婬瞋恚愚癡之所覆蔽故로 墮地獄·畜生·餓鬼·阿修羅·旃陀羅·剎利·婆羅門·毘舍·首陀하야 生如是等種種家中하야 因心所起種種業緣이니 雖受人身이나 聾盲瘖瘂拘躄癃跛하며 於二十五有에 受諸果報하야 貪婬과 瞋恚와 愚癡가 覆心하야 不知佛性이니라

如彼力士가 寶珠在體호대 謂呼失去인달하야 眾生도 亦爾不하야 不知親近善知識故로 不識如來微密寶藏하고 修學無我가 喻如非聖이 雖說有我나 亦復不知我之真性인달하야 我諸弟子도 亦復如是하야 不知親近善知識故로 修學無我하며 亦復不知無我之處라 尚自不知無我真性이어든 況復能知有我真性이리요

善男子야 如來如是하야 說諸衆生이 皆有佛性은 喩如良醫가 示彼力士의 金剛寶珠어늘 是諸衆生이 爲諸無量億煩惱等之所覆蔽하야 不識佛性이라 若盡煩惱하면 爾時에 乃得證知了了를 如彼力士가 於明鏡中에 見其寶珠하리라

善男子야 如來祕藏이 如是無量하야 不可思議니라 復次善男子야 譬如雪山에 有一味藥호대 名曰樂味니 其味가 極甛하야 在深叢下호대 人無能見이러니 有人이 聞香하고 即知其地에 當有是藥하니라

過去往世에 有轉輪王하야 於此雪山에 爲此藥故로 在在處處에 造作木筒하야 以接是藥하니 是藥이 熟時에 從地流出하야 集木筒中하야 其味眞正이러니라

王旣歿已에 其後에 是藥이 或醋或鹹하며 或甛或苦하며 或辛或淡하니 如是一味가 隨其流處하야 有種種異나 是藥眞味는 停留在山이 猶如滿月이언만은 凡人은 薄福하야 雖以钁(괭이 곽)斸(찍을 촉)하야 加功困苦나 而不能得이러니 復有聖王이 出現於世에 以福因緣으로 即得是藥眞正之味하나니라

善男子야 如來祕藏도 其味亦爾하야 爲諸煩惱叢林의 所覆하야 無明衆生이 不能得見이라 一味者는 喩如佛性이 以煩惱故로 出種種味니 所謂地獄·畜生·餓鬼·天人과 男女·非男·非女와 刹利·婆羅門·毘舍·首陀니라

佛性은 雄猛하야 難可沮壞니 是故로 無有能殺害者라 若有殺者인댄 則斷佛性이어니와 如是佛性은 終不可斷이니 性若可斷인댄 無有是處니라

如我性者는 即是如來祕密之藏이니 如是祕藏은 一切가 無能沮壞燒滅이라 雖不可壞이나 然이나 不可見이요 若得成就阿耨多羅三藐三菩提하면 爾乃證知라 以是因緣으로 無能殺者니라

迦葉菩薩이 復白佛言호대 世尊이시여 若無殺者인댄 應當無有不善之業이니다

佛告迦葉하사대 實有殺生이니 何以故오 善男子야 衆生佛性이 住五陰中하니 若壞五陰인댄 名曰殺生이요 若有殺生하면 即墮惡趣니 以業因緣으로 而有刹利·婆羅門等과 毘舍·首陀와 及旃陀羅와 若男·若女·非男·非女인 二

十五有差別之相하야 流轉生死어늘 非聖之人은 橫計於我大小諸相호대 猶如稗子라 하며 或如米豆라 하며 乃至母指라 하야 如是種種妄生憶想하니 妄想之想은 無有眞實이니라 出世我相은 名爲佛性이니 如是計我는 是名最善이니라

復次善男子야 譬如有人이 善知伏藏하고 卽取利钁하야 斸地直下호대 磐石沙礫을 直過無難이로대 唯至金剛하야는 不能穿徹이니 夫金剛者는 所有刀斧로 不能沮壞니라

善男子야 衆生佛性도 亦復如是하야 一切論者와 天魔波旬과 及諸人天이 所不能壞니라 五陰之相은 卽是起作이니 起作之相喩如石沙하야 可穿可壞어니와 佛性者는 喩如金剛하야 不可沮壞라 以是義故로 壞五陰者가 名爲殺生이니라

善男子야 必定當知하라 佛法이 如是하야 不可思議니라

　　　　　　大般涅槃經 卷第七 終

大般涅槃經 卷第八

北涼 天竺三藏 曇無讖 譯

如來性品 第四之五

善男子야 方等經者은 猶如甘露하며 亦如毒藥이니라 迦葉菩薩이 復白佛言호대 如來가 何緣으로 說方等經이 譬如甘露하며 亦如毒藥이닛가 佛言하사대 善男子야 汝今欲知如來祕藏真實義不아 迦葉이 言호대 爾니다 我今에 實欲得知如來祕藏之義하노이다

爾時에 世尊이 而說偈言하사대

或有服甘露하야　　傷命而早夭하며
或復服甘露하야　　壽命이 得長存하며
或有服毒生하며　　有緣服毒死어니와
無礙智甘露는　　所謂大乘典이니
如是大乘典은　　亦名雜毒藥이라
如酥醍醐等과　　及以諸石蜜를
服消則為藥이요　　不消則為毒인달하야
方等도 亦如是하야 智者는 為甘露어니와
愚不知佛性일새　　服之則成毒이라
聲聞及緣覺과　　大乘은 為甘露니라
猶如諸味中에　　乳最為第一이니
如是勤精進하야　　依因於大乘하면
得至於涅槃하야　　成人中象王이니라
眾生이 知佛性을　　猶如迦葉等이
無上甘露味는　　不生亦不死니라

如來性品 第四之五

　　迦葉아汝今當　　善分別三歸하라
　　如是三歸性은　　則是我之性이니
　　若能諦觀察하면　　我性에 有佛性이니
　　當知如是人은　　得入祕密藏하야
　　知我及我所니　　是人은 已出世라
　　佛法三寶性은　　無上第一尊이니
　　如我所說偈도　　其性義如是니라
爾時에 迦葉이 復說偈言호대
　　我今에 都不知　　歸依三寶處로니
　　云何當歸趣　　無上無所畏닛가
　　不知三寶處인댄　　云何作無我닛가
　　云何歸佛者가　　而得於安慰며
　　云何歸依法이닛가 唯願爲我說하소서
　　云何得自在며　　云何不自在며
　　云何歸依僧하야　　轉得無上利하며
　　云何眞實說이며　　未來에 成佛道닛가
　　未來에 若不成이면 云何歸三寶닛가
　　我今에 無預知　　當行次第依니다
　　云何未懷妊에　　而作生子想이닛가
　　若必在胎中이면　　則名爲有子며
　　子若在胎中이면　　定當生不久리니
　　是名爲子義니다　　眾生業亦然하야
　　如佛之所說이나　　愚者不能知라
　　以其不知故로　　輪迴生死獄이니다
　　假名優婆塞며　　不知眞實義이오니
　　唯願廣分別하사　　除斷我疑網하소서
　　如來大智慧시니　　唯垂哀分別하사

願說於如來　　祕密之寶藏하소서
迦葉아汝當知하라　我今當爲汝하야
善開微密義하야　令汝疑得斷호리니
今當至心聽하라　汝及諸菩薩이
則與第七佛로　同其一名號로다
歸依於佛者는　眞名優婆塞니
終不更歸依　　其餘諸天神이니라
歸依於法者는　則離於殺害요
歸依聖僧者는　不求於外道니
如是歸三寶하면　則得無所畏니라
迦葉이 白佛言호대 我亦歸三寶오니
是名爲正路며　諸佛之境界니다
三寶平等相에　常有大智性이라
我性과 及佛性이　無二無差別이니
是道를 佛所讚이라 正進安止處를
亦名正遍見이니　故爲佛所稱이요
我亦趣善逝니다　所讚無上道는
是最爲甘露하야　諸有에 所無有니다

爾時에 佛告迦葉菩薩하사대 善男子야 汝今不應如諸聲聞凡夫之人하야 分別三寶하라 於此大乘엔 無有三歸分別之相이니라 所以者何오 於佛性中에 卽有法僧이로대 爲欲化度聲聞凡夫故로 分別說三歸異相이니라
善男子야 若欲隨順世間法者인댄 則應分別有三歸依니라
善男子야 菩薩이 應作如是思惟호대 我今此身이 歸依於佛하야 若卽此身이 得成佛道면 旣成佛已에 不當恭敬禮拜供養於諸世尊이니 何以故오 諸佛平等하야 等爲衆生하야 作歸依故니라 若欲尊重法身舍利인댄 便應禮敬諸佛塔廟니 所以者何오 爲欲化度諸衆生故며 亦令衆生으로 於我身中에 起塔廟想하야 禮拜供養이니 如是衆生은 以我法身으로 爲歸依處니라

一切衆生이 皆依非真邪僞之法이어든 我當次第로 爲說真法하며 又有歸依非真僧者어든 我當爲作依真僧處하며 若有分別三歸依者어든 我當爲作一歸依處하야 無三差別하야 於生盲衆에 爲作眼目하며 復當爲諸聲聞과 緣覺하야 作真歸處니라
善男子야 如是菩薩이 爲無量惡諸衆生等과 及諸智者하야 而作佛事니라
善男子야 譬如有人이 臨陣戰時에 卽生心念호대 我於是中에 最爲第一하야 一切兵衆이 悉依恃我하며 亦如王子가 如是思惟호대 我當調伏其餘王子하야 紹繼大王의 霸王之業하야 而得自在하면 令諸王子로 悉見歸依니 是故로 不應生下劣心이니라 如王王子하야 大臣도 亦爾니라
善男子야 菩薩摩訶薩도 亦復如是하야 作是思惟호대 云何三事가 與我一體오 善男子야 我示三事가 卽是涅槃호리라
如來者는 名無上士니 譬如人身에 頭最爲上이요 非餘支節手足等也니라 佛亦如是하사 最爲尊上이라 非法僧也니라 爲欲化度諸世間故로 種種示現差別之相을 如彼梯橙이니 是故로 汝今에 不應受持如凡愚人의 所知三歸差別之相하고 汝於大乘에 猛利決斷을 應如剛刀니라
迦葉菩薩이 白佛言호대 世尊이시여 我知故問이니다 非爲不知로대 我爲菩薩大勇猛者하야 問於無垢清淨行處하야 欲令如來로 爲諸菩薩하사 廣宣分別奇特之事하시며 稱揚大乘方等經典케하오니다 如來大悲하사 今已善說하시고 我亦如是하야 安住其中이니다
所說菩薩清淨行處는 卽是宣說大涅槃經이니다
世尊이시여 我今에 亦當廣爲衆生하야 顯揚如是如來祕藏하며 亦當證知真三歸處하오리다 若有衆生이 能信如是大涅槃經하면 其人은 則能自然了達三歸依處니다
何以故오 如來祕藏에 有佛性故로 其有宣說是經典者는 皆言身中에 盡有佛性이라 하리니 如是之人은 則不遠求三歸依處니다
何以故오 於未來世에 我身에 卽當成就三寶니 是故聲聞緣覺之人과 及餘衆生이 皆依於我하야 恭敬禮拜하리니다

善男子야 以是義故로 應當正學大乘經典이니라
迦葉이 復言호대 佛性如是하야 不可思議하며 三十二相·八十種好도 亦不可思議로소이다
爾時에 佛이 讚迦葉菩薩하사대 善哉善哉라
善男子야 汝已成就深利智慧하니 我今에 當更善爲汝說하야 入如來藏케호리다 若我住者인댄 卽是常法이니 不離於苦요 若無我者인댄 修行淨行이 無所利益이니라
若言諸法이 皆無有我인댄 是卽斷見이요
若言我住인댄 卽是常見이니라
若言一切行이 無常者는 인댄 卽是斷見이요
諸行常者인댄 復是常見이니라
若言苦者인댄 卽是斷見이요
若言樂者인댄 復是常見이니라 修一切法常者는 墮於斷見이요 修一切法斷者는 墮於常見이니 如步屈虫이 要因前脚하야 得移後足인달하야 修常斷者도 亦復如是하야 要因斷常이니 以是義故로 修餘法苦者는 皆名不善이며 修餘法樂者는 則名爲善이요 修餘法無我者는 是諸煩惱分이며 修餘法常者는 是則名曰如來祕藏이니라 所謂涅槃은 無有窟宅이니라
修餘無常法者는 卽是財物이요 修餘常法者는 謂佛法僧과 及正解脫이니라 當知如是佛法中道는 遠離二邊일새 而說眞法이니 凡夫愚人이 於中無疑가 如羸病人이 服食酥已에 氣力輕便이니라 有無之法은 體性不定하야 譬如四大가 其性이 不同하야 各相違反이어든 良醫는 善知하야 隨其偏發하야 而消息之니라
善男子야 如來도 亦爾하사 於諸衆生에 猶如良醫하야 知諸煩惱의 體相이 差別하고 而爲除斷하야 開示如來祕密之藏清淨佛性常住不變하시니라 若言有者인댄 智不應染이요 若言無者인댄 卽是妄語요 若言有者인댄 不應默然이니라
亦復不應戲論諍訟하고 但求了知諸法眞性이어늘 凡夫之人이 戲論諍訟은

不解如來微密藏故니라

若說於苦하면 愚人은 便謂身是無常이라 하야 說一切苦하고 復不能知身有樂性하며 若說無常者면 凡夫之人은 計一切身이 皆是無常하나니 譬如瓦坏를 有智之人이 應當分別하야 不應盡言一切無常이니 何以故오 我身에 卽有佛性種子니라

若說無我하면 凡夫는 當謂一切佛法이 悉無有我라 하나와 智者는 應當分別無我가 假名不實하야 如是知已에 不應生疑니라

若言如來祕藏空寂하면 凡夫는 聞之하고 生斷滅見이어니와 有智之人은 應當分別如來는 是常하야 無有變易이니라

若言解脫이 喩如幻化하면 凡夫는 當謂得解脫者가 卽是磨滅이라 하거니와 有智之人은 應當分別人中師子가 雖有去來나 常住無變이니라

若言無明因緣諸行인댄 凡夫之人은 聞已에 分別하야 生二法想인 明與無明이어니와 智者는 了達其性이 無二니 無二之性이 卽是實性이니 若言諸行因緣識者인댄 凡夫는 謂二行之與識이어니와 智者는 了達其性이 無二니 無二之性이 卽是實性이니라

若言十善·十惡·可作·不可作·善道·惡道·白法·黑法이어든 凡夫는 謂二어니와 智者는 了達其性이 無二니 無二之性이 卽是實性이니라

若言應修一切法苦하면 凡夫謂二어어니와 智者는 了達其性無二니 無二之性이 卽是實性이니라 若言一切行이 無常者일새 如來祕藏도 亦是無常하면 凡夫는 謂二어니와 智者는 了達其性이 無二니 無二之性이 卽是實性이니라

若言一切法이 無我며 如來祕藏도 亦無有我하면 凡夫謂二어니와 智者는 了達其性無二라 無二之性이 卽是實性니라 我與無我가 性無有二하야 如來祕藏도 其義如是하야 不可稱計며 無量無邊이며 諸佛所讚일새 我今於是一切功德成就經中에 皆悉說已니라

善男子야 我與無我性相이 無二를 汝應如是受持頂戴하라 善男子야 汝亦應當堅持憶念如是經典이니라 如我先於摩訶般若波羅蜜經中에 說我·無我

가 無有二相이 如因乳生酪하며 因酪得生酥하며 因生酥得熟酥하며 因熟酥得醍醐니 如是酪性이 爲從乳生가 爲從自生가 從他生耶아 乃至醍醐도 亦復如是하야 若從他生인댄 卽是他作이라 非是乳生이요

若非乳生인댄 乳無所爲며 若自生者인댄 不應相似相續而生이요 若相續生인댄 則不俱生이요

若不俱生인댄 五種之味가 則不一時라 雖不一時나 定復不從餘處來也니라 當知하라 乳中에 先有酪相하야 甘味多故로 不能自變이요 乃至醍醐도 亦復如是니라

是牛食噉水草因緣으로 血脈이 轉變하야 而得成乳니 若食甘草하면 其乳則甜하고 若食苦草하면 乳則苦味니라 雪山에 有草하니 名曰肥膩라 牛若食者면 純得醍醐하야 無有青·黃·赤·白·黑色이어늘 穀草因緣으로 其乳가 則有色味之異니라

是諸衆生이 以明·無明·業因緣故로 生於二相이니 若無明轉하면 則變爲明이라 一切諸法善·不善等도 亦復如是하야 無有二相이니라

迦葉菩薩이 白佛言호대 世尊이시여 如佛所說하사 乳中有酪이라 하신 是義云何닛고 世尊이시여 若言乳中에 定有酪相호대 以微細故로 不可見者인댄 云何說言從乳因緣하야 而生於酪이닛고

法若本無인댄 則名爲生이어니와 如其已有인댄 云何言生이리요 若言乳中에 定有酪相인댄 百草之中에 亦應有乳며 如是乳中에 亦應有草니다

若言乳中에 定無酪者인댄 云何因乳하야 而得生酪이리요 若法本無코 而後生者인댄 何故로 乳中에 不生於草이닛고

善男子야 不可定言乳中에 有酪과 乳中에 無酪이며 亦不可說從他而生이니라

若言乳中에 定有酪者인댄 云何而得體味가 各異아 是故로 不可說言乳中에 定有酪性이니라

若言乳中에 定無酪者인댄 乳中에 何故로 不生兔角고 置毒乳中하면 酪則殺人하나니 是故로 不可說言乳中에 定無酪性이니라 若言是酪이 從他生者

如來性品 第四之五

인댄 何故로 水中에 不生於酪고 是故로 不可說言酪從他生이니라

善男子야 是牛食噉草因緣故로 血則變白하야 草血이 滅已에 衆生福力으로 變而成乳니 是乳가 雖從草血而出이나 不得言二요 唯得名為從因緣生酪이니라

至醍醐하야도 亦復如是니 以是義故로 得名牛味라 是乳가 滅已에 因緣成酪이니라 何等因緣으로 若酢若煖고 是故로 得名從因緣有요 乃至醍醐하야도 亦復如是라 是故로 不得定言乳中에 無有酪相이니라 從他生者인댄 離乳而有는 無有是處니라

善男子야 明與無明도 亦復如是하야 若與煩惱諸結로 俱者인댄 名為無明이요 若與一切善法으로 俱者인댄 名之為明이니 是故로 我言無有二相이라 以是因緣으로 我先說言호대 雪山에 有草하니 名曰肥膩라 牛若食者면 即成醍醐니 佛性도 亦爾라 하였노라

善男子야 衆生이 薄福하면 不見是草하나니 佛性도 亦爾하야 煩惱覆故로 衆生不見이니라

譬如大海가 雖同一醎이나 其中亦有上妙之水하야 味同於乳하며 喻如雪山에 雖復成就種種功德하야 多生諸藥이나 亦有毒草하야 諸衆生身도 亦復如是하야 雖有四大毒蛇之種이나 其中에 亦有妙藥大王하니 所謂佛性이라 非是作法이나 但為煩惱客塵의 所覆니라

若剎利·婆羅門·毘舍·首陀가 能斷除者면 即見佛性하야 成無上道니 譬如虛空에 震雷起雲하면 一切象牙上皆生花허고 若無雷震하면 花則不生하야 亦無名字인달하야 衆生佛性도 亦復如是하야 常為一切煩惱所覆하야 不可得見일새 是故로 我說衆生無我니 若得聞是大般涅槃微妙經典하면 則見佛性을 如象牙花어니와 雖聞契經一切三昧나 不聞是經하면 不知如來微妙之相이 如無雷時에 象牙上花를 不可得見이니라

聞是經已에 即知一切如來所說祕藏佛性이 喻如天雷에 見象牙花하야 聞是經已에 即知一切無量衆生이 皆有佛性이니 以是義故로 說大涅槃하니 名為如來祕密之藏이라 增長法身을 猶如雷時에 象牙上花하야 以能長養

如是大義故로 得名為大般涅槃이니라

若有善男子·善女人이 有能習學是大涅槃微妙經典하면 當知하라 是人은 能報佛恩이며 真佛弟子니라

迦葉菩薩이 白佛言호대 甚奇世尊이시여 所言佛性은 甚深甚深하야 難見難入이니 聲聞·緣覺의 所不能解作報라

佛言하사대 善男子야 如是如是니라 如汝所歎하야 不違我說이로다

迦葉菩薩이 白佛言하사대 世尊이시여 佛性者는 云何甚深하야 難見難入이닛고

佛言하사대 善男子야 如百盲人이 為治目故로 造詣良醫어든 是時에 良醫가 即以金錍로 決其眼膜하고 以一指로 示하야 問言호대 見不아 盲人이 答言호대 我猶未見이니다 復以二指三指로 示之하니 乃言少見이라 하야 善男子야 是大涅槃微妙經典을 如來未說도 亦復如是라 無量菩薩이 雖具足行諸波羅蜜하며 乃至十住라도 猶未能見所有佛性이라가 如來既說에 即便少見하나니 是菩薩摩訶薩이 既得見已에 咸作是言호대 甚奇世尊이시여 我等이 流轉無量生死하야 常為無我之所惑亂이로소이다

善男子야 如是菩薩이 位階十地라도 尚不了了知見佛性이어든 何況聲聞·緣覺之人이 能得見耶아

復次善男子야 譬如仰觀虛空鵝雁에 為是虛空야為是鵝雁가 諦觀不已하야 髣髴見之하야 十住菩薩이 於如來性에 知見少分도 亦復如是어든 況復聲聞緣覺之人이 能得知見가

善男子야 譬如醉人이 欲涉遠路에 曚曨見道인달하야 十住菩薩이 於如來性에 知見少分도 亦復如是하니라

善男子야 譬如渴人이 行於壙野에 是人이 渴逼하야 遍行求水라가 見有叢樹하니 樹有白鶴이라 是人이 迷悶하야 不能分別是樹是水라가 諦觀不已에 乃見白鶴과 及以叢樹하야 善男子야 十住菩薩이 於如來性에 知見少分도 亦復如是하니라

善男子야 譬如有人이 在大海中하야 乃至無量百千由旬에 遠望大舶樓櫓

堂閣하고 卽作是念호대 彼是樓櫓아 爲是虛空가 久視에 乃生必定之心하야 知是樓櫓인달하야 十住菩薩이 於自身中에 見如來性도 亦復如是하니라
善男子야 譬如王子가 身極儒弱하야 通夜遊戲하고 至明淸旦하야 目視一切하면 悉不明了인달하야 十住菩薩이 雖於己身에 見如來性도 亦復如是하야 不大明이니라
復次善男子야 譬如臣吏가 王事所拘로 逼夜還家라가 電明暫發하면 因見牛聚하고 卽作是念호대 爲是牛耶아 聚雲屋舍아 是人이 久視에 雖生牛想이나 猶不審定인달하야 十住菩薩이 雖於己身에 見如來性이나 未能審定이 亦復如是니라
復次善男子야 如持戒比丘가 觀無虫水하고 而見虫相하야 卽作是念호대 此中動者가 爲是虫耶아 是塵土耶아 久視不已에 雖知是塵이나 亦不明了하야 十住菩薩이 於己身中에 見如來性도 亦復如是하야 不大明了니라
復次善男子야 譬如有人이 於陰闇中에 遠見小兒하고 卽作是念호대 彼爲是牛아 鷲鳥人耶아 久觀不已에 雖見小兒나 猶不明了하야 十住菩薩이 於己身分에 見如來性도 亦復如是하야 不大明了니라
復次善男子야 譬如有人이 於夜闇中에 見畫菩薩像하고 卽作是念호대 是菩薩像가 自在天像가 大梵天像가 成染衣耶아 是人이 久觀에 雖復意謂是菩薩像이나 亦不明了하야 十住菩薩이 於己身分에 見如來性도 亦復如是하야 不大明了니라
善男子야 所有佛性이 如是甚深하야 難得知見이라 唯佛能知요 非諸聲聞緣覺의 所及이니라
善男子야 智者는 應作如是分別하야 知如來性이니라
迦葉菩薩이 白佛言호대 世尊이시여 佛性이 如是微細難知어니 云何肉眼으로 而能得見이릿까
佛言迦葉하사대 善男子야 如彼非想非非想天을 亦非二乘의 所能得知나 隨順契經하야 以信故知인달하야 善男子야 聲聞·緣覺이 信順如是大涅槃經하야 自知己身에 有如來性도 亦復如是하니라

善男子야 是故로 應當精勤修習大涅槃經이니라
善男子야 如是佛性은 唯佛能知요 非諸聲聞緣覺의 所及이니라
迦葉菩薩이 白佛言호대 世尊이시여 非聖凡夫에 有衆生性하니 皆說有我니다
佛言하사대 譬如二人이 共爲親友호대 一是王子요 一是貧賤이라 如是二人이 互相往返이러니 是時에 貧人이 見是王子가 有一好刀호대 淨妙第一하고 心中貪著이더니 王子가 後時에 捉持是刀하고 逃至他國이러니 於是에 貧人이 後於他家에 寄臥止宿라가 卽於眠中에 讇語刀刀어늘 傍人이 聞之하고 收至王所하니
時王이 問言호대 汝言刀者는 何處得耶아
是人이 具以上事로 答王호대 王今設使屠割臣身하야 分張手足하고 欲得刀者라도 實不可得이니다
臣與王子로 素爲親厚라 先共一處에 雖曾眼見이나 乃至不敢以手振觸이어든 況當故取릿가
王이 復問言호대 卿見刀時에 相貌가 何類오 答言大王이여 臣所見者는 如殺羊角이니다 王聞是已에 欣然而笑하야 語言호대 汝今에 隨意所至하야 莫生憂怖하라 我庫藏中에는 都無是刀어든 況汝乃於王子邊見가
時에 王이 卽問諸群臣言호대 汝等이 曾見如是刀不아하고 言已崩背하니 尋立餘子하야 紹繼王位러니 復問輔臣호대 卿等이 曾於官藏之中에 見是刀不아
諸臣이 答言호대 臣等이 曾見이니다 覆復問言호대 其狀이 何似오 答言호대 大王이시여 如殺羊角이니다
王言호대 我官藏中에 何處에 當有如是相刀오 次第四王이 皆悉撿挍호대 求索不得이러니 却後數時에 先逃王子가 從他國還하야 來至本土하야 復得爲王하야 旣登王位에 復問諸臣호대 汝見刀不아 答言호대 大王이시여 臣等이 皆見이니다
覆復問言호대 其狀何似오 答言호대 大王이여 其色이 淸淨하야 如優鉢羅

花니다 하며 復有答言호대 形如羊角이니다
復有說言호대 其色紅赤이 猶如火聚니다 하며 復有答言호대 猶如黑蛇라 하니 時王이 大笑호대 卿等이 皆悉不見我刀眞實之相이로다
善男子야 菩薩摩訶薩도 亦復如是하야 出現於世하야 說我眞相하고 說已捨去가 喩如王子가 持淨妙刀하고 逃至他國이어든 凡夫愚人이 說言一切가 有我有我가 如彼貧人이 止宿他舍하야 譖語刀刀라 聲聞·緣覺이 問諸衆生호대 我有何相고
答言호대 我見我相하니 大如母指라 하며 或言如米라 하며 或如稗子라 하며 有言我相이 住在心中이 熾然如日이라 하야 如是衆生이 不知我相이 喩如諸臣이 不知刀相이니라
菩薩이 如是說於我法이어든 凡夫는 不知하고 種種分別하야 妄作我相이 如問刀相에 答似羊角이니라
是諸凡夫가 次第相續하야 而起邪見일새 爲斷如是諸邪見故로 如來示現하사 說於無我가 喩如王子가 語諸臣言호대 我庫藏中에 無如是刀니라
善男子야 今日에 如來所說眞我는 名曰佛性이니 如是佛性은 我佛法中에 喩如淨刀니라
善男子야 若有凡夫가 能善說者면 卽是隨順無上佛法이니 若有善能分別隨順宣說是者는 當知하라 卽是菩薩相貌니라
善男子야 所有種種異論呪術言語文字가 皆是佛說이요 非外道說니라
迦葉菩薩이 白佛言호대 世尊이시여 云何如來說字根本이닛고
佛言하사대 善男子야 說初半字가 以爲根本하야 持諸記論呪術文章諸陰實法하나니 凡夫之人이 學是字本然後에 能知是法非法이니라
迦葉菩薩이 復白佛言호대 世尊이시여 所言字者는 其義云何닛고 善男子야 有十四音하니 名爲字義라 所言字者는 名曰涅槃이니 常故로 不流라 若不流者인댄 則爲無盡이니라
夫無盡者는 卽是如來金剛之身이니 是十四音을 名曰字本이니라 噁者는 不破壞故니 不破壞者는 名曰三寶니 喩如金剛이니라

又復噁者는 名不流故니 不流者는 即是如來라 如來九孔에 無所流故로 是故不流니라
又無九孔일새 是故로 不流니 不流는 即常이요 常即如來요 如來는 無作이니 是故로 不流니라
又復噁者는 名為功德이니 功德者는 即是三寶라 是故名噁니라 阿者는 名阿闍梨이니 阿闍梨者는 義何謂耶아 於世間中에 得名聖者라 何謂為聖고 聖名無著이니 少欲知足이요 亦名清淨이니 能度眾生於三有流生死大海일새 是名為聖이니라
又復阿者는 名曰制度니 修持淨戒하야 隨順威儀니라
又復阿者는 名依聖人이니 應學威儀와 進止舉動과 供養恭敬과 禮拜三尊과 孝養父母하며 及學大乘의 善男女等이 具持禁戒와 及諸菩薩摩訶薩等을 是名聖人이니라
又復阿者는 名曰教誨니 如言汝來가 如是는 應作하고 如是는 莫作하라 若有能遮非威儀法하면 是名聖人이니 是故로 名阿니라 伊者는 即是佛法이니 梵行廣大하야 清淨無垢가 喻如滿月하니 汝等은 如是應作不作과 是義非義와 此是佛說과 此是魔說일새 是故로 名伊니라
伊者는 佛法이 微妙하야 甚深難得이 如自在天·大梵天王法이니 名自在라 若能持者인댄 則名護法이니라
又自在者는 名四護世니 是四自在가 則能攝護大涅槃經하며 亦能自在敷揚宣說이니라
又復伊者는 能為眾生하야 自在說法이니라 復次伊者는 為自在故說이니 何等是也오 所謂修習方等經典이니라
復次伊者는 為斷嫉妬를 如除稗穢하야 皆悉能令變成吉祥일새 是故로 名伊니라
憂者는 於諸經中에 最上最勝하야 增長上上이니 謂大涅槃 復次郁者는 如來之性은 聲聞緣覺의 所未曾聞이니 如一切處에 北欝單越이 最為殊勝인달하야 菩薩이 若能聽受是經하면 於一切眾에 最為殊勝이라 以是義故로

是經을 得名最上最勝이니 是故名郁니라 優者는 喩如牛乳가 諸味中上인 달하야 如來之性도 亦復如是하야 於諸經中에 最尊最上이라 若有誹謗하면 當知是人은 與牛無別이니라
復次優者는 是人을 名爲無慧正念이니 誹謗如來微密祕藏이라 當知是人은 甚可憐愍이니 遠離如來祕密之藏하고 說無我法이라 是故로 名優니라
啞者는 卽是諸佛法性涅槃이니 是故로 名啞니라 啞者는 謂如來義요 復次 喲者는 如來의 進止屈伸擧動이 無不利益一切衆生이니 是故로 名喲니라
烏者는 名煩惱義며 煩惱者는 名曰諸漏니 如來는 永斷一切煩惱일새 是故로 名烏니라
炮者는 謂大乘義니 於十四音에 是究竟義니 大乘經典도 亦復如是하야 於諸經論에 最爲究竟이니 是故로 名炮니라
菴者는 能遮一切諸不淨物이니 於佛法中에 能捨一切金銀寶物일새 是故로 名菴이니라
痾者는 名勝乘義니 何以故오 此大乘典인 大涅槃經이 於諸經中에 最爲殊勝일새 是故로 名痾니라
迦者는 於諸衆生에 起大慈悲하야 生於子想을 如羅睺羅하야 作妙上善義일새 是故로 名迦니라
佉者는 名非善友라 非善友者는 名爲雜穢니 不信如來祕密之藏일새 是故로 名佉니라
伽者는 名藏이니 藏者는 卽是如來祕藏이라 一切衆生이 皆有佛性일새 是故로 名伽니라 伽者는 如來常音이니
何等이 名爲如來常音인고 所謂如來常住不變이라 是故로 名伽니라 俄者는 一切諸行破壞之相일새 是故로 名俄니라
遮者는 卽是修義니 調伏一切諸衆生故로 名爲修義라 是故로 名遮니라
車者는 如來가 覆蔭一切衆生이 喩如大蓋니 是故로 名車니라
闍者는 是正解脫이니 無有老相일새 是故로 名闍니라 闍者는 煩惱繁茂가 喩如稠林이니 是故로 名闍니라 若者는 是智慧義니 知眞法性일새 是故로

名若이니라

咤者는 於閻浮提에 示現半身하야 而演說法이 喩如半月이니 是故로 名咤니라 侘者는 法身具足이 喩如滿月이니 是故로 名侘니라 茶者는 是愚癡僧이니 不知常與無常이 喩如小兒일새 是故로 名茶니라 茶者는 不知師恩이니 喩如羝羊일새 是故로 名茶니라

拏者는 非是聖義가 喩如外道일새 是故로 名拏니라 多者는 如來於彼에 告諸比丘하사대 宜離驚畏하라 當爲汝等하야 說微妙法이라 하시나니 是故로 名多니라

他者는 名愚癡義니 衆生이 流轉하야 生死纏裹가 如蠶蜣蜋일새 是故로 名他니라 陀者는 名曰大施니 所謂大乘이라 是故로 名陀니라 陀者는 稱讚功德이니 所謂三寶가 如須彌山하야 高峻廣大하야 無有傾倒일새 是故로 名陀니라

那者는 三寶가 安住하야 無有傾動이 喩如門閫이니 是故로 名那니라 波者는 名顚倒義니 若言三寶가 悉皆滅盡이라 하면 當知是人은 爲自疑惑이니 是故로 名波니라

頗者는 是世間災니 若言世間災起之時에 三寶가 亦盡이라 하면 當知是人은 愚癡無智하야 違失聖旨라 是故로 名頗니라

婆者는 名佛十力이니 是故로 名婆니라 滼者는 名爲重擔이니 堪任荷負無上正法이라 當知是人은 是大菩薩이니 是故로 名滼니라 摩者는 是諸菩薩이 嚴峻制度니 所謂大乘大般涅槃이라 是故로 名摩니라

蛇者는 是諸菩薩이 在在處處에 爲諸衆生하야 說大乘法이니 是故로 名蛇니라 囉者는 能壞貪欲瞋恚愚癡하야 說眞實法이니 是故로 名囉니라 羅者는 名聲聞乘은 動轉不住어니와 大乘은 安固하야 無有傾動일새 捨聲聞乘하고 精勤修習無上大乘이라 是故로 名羅니라

和者는 如來世尊이 爲諸衆生하사 雨大法雨니 所謂世間의 呪術經書라 是故로 名和니라 奢者는 遠離三箭이니 是故名奢니라 沙者는 名具足義니 若能聽是大涅槃經하면 則爲已得聞持一切大乘經典이라 是故로 名沙니라

娑者는 為諸衆生하야 演說正法하야 令心歡喜니 是故로 名娑니라 呵者는 名心歡喜니 奇哉世尊이 離一切行하시도다 怪哉如來이시여 入般涅槃이라 하나니 是故로 名呵니라

羅者는 名曰魔義라 無量諸魔가 不能毁壞如來祕藏일새 是故로 名羅니라 復次羅者는 乃至示現隨順世間有父母妻子일새 是故로 名羅니라 魯·流·盧·樓 如是四字는 說有四義하니 謂佛法僧과 及以對法이라

言對法者는 隨順世間을 如提婆達이 示現壞僧하며 化作種種形貌色像은 為制戒故니 智者는 了達하야 不應於此에 而生畏怖라 是名隨順世間之行이니 以是故로 名魯流盧樓니라

吸氣舌根이 隨鼻之聲과 長短超聲하야 隨音解義가 皆因舌齒而有差別이니 如是字義가 能令衆生으로 口業清淨이니와 衆生佛性은 則不如是하야 假於文字然後에 清淨이라 何以故오 性本淨故로 雖復處在陰界入中이나 則不同於陰入界也니라 是故로 衆生이 悉應歸依諸菩薩等이니라

以佛性故로 等視衆生하야 無有差別이니 是故로 半字가 於諸經書와 記論文章에 而為根本이니라

又半字義가 皆是煩惱言說之本이니 故名半字니라

滿字者는 乃是一切善法言說之根本也니 譬如世間에 為惡之者를 名為半人이요 修善之者를 名為滿人이니라

如是一切經書記論이 皆因半字하야 而為根本이니라

若言如來와 及正解脫이 入於半字인댄 是事는 不然이니 何以故오 離文字故니라 是故로 如來가 於一切法에 無礙無著하사 真得解脫이니라 何等을 名為解了字義오 有知如來出現於世하야 能滅半字일새 是故로 名為解了字義니라

若有隨逐半字義者인댄 是人은 不知如來之性이니라 何等을 名為無字義也오 親近修習不善法者를 是名無字니라 又無字者는 雖能親近修習善法이나 不知如來·常與無常·恒與非恒과 及法·僧二寶와 律與非律과 經與非經과 魔說佛說이니 若有不能如是分別하면 是名隨逐無字義也니라 我今已說如是

隨逐無字之義하니라
善男子야 是故로 汝今에 應離半字하고 善解滿字니라
迦葉菩薩이 白佛言호대 世尊이시여 我等이 應當善學字數하오리니 今我值遇無上之師하야 已受如來慇懃誨勅하나이다
佛讚迦葉하사대 善哉善哉라 樂正法者는 應如是學이니라
爾時에 佛告迦葉菩薩하사대 善男子야 鳥有二種하니
一은 名迦隣提요
二는 名鴛鴦이니 遊止共俱하야 不相捨離라 是苦·無常·無我等法도 亦復如是하야 不得相離니라
迦葉菩薩이 白佛言호대 世尊이시여 云何是苦와 無常과 無我가 如彼鴛鴦과 迦隣提鳥닛가
佛言하사대 善男子야 異法이 是苦이며 異法이 是樂이며 異法이 是常이며 異法無常이며 異法이 是我이며 異法이 無我니 譬如稻米가 異於麻麥하고 麻麥이 復異豆粟甘蔗하야 如是諸種이 從其萌芽하야 乃至葉花가 皆是無常이라가 果實成熟하야 人受用時에 乃名爲常이니 何以故오 性眞實故니라
迦葉이 白佛言호대 世尊이시여 如是等物이 若是常者인댄 同如來耶닛가
佛言하사대 善男子야 汝今에 不應作如是說이라 何以故오 若言如來가 如須彌山인댄 劫壞之時에 須彌가 崩倒니 如來가 爾時에 豈同壞耶아 善男子야 汝今에 不應受持是義니라
善男子야 一切諸法이 唯除涅槃코 更無一法도 而是常者니 直以世諦로 言果實常이니라
迦葉菩薩이 白佛言호대 世尊이시여 善哉善哉라 如佛所說이니다
佛告迦葉하사대 如是如是니라 善男子야 雖修一切契經諸定이나 乃至未聞大般涅槃하면 皆言一切가 悉是無常이라가 聞是經已엔 雖有煩惱나 如無煩惱하야 卽能利益一切人天이라 何以故오 曉了己身에 有佛性故니 是名爲常이니라
復次善男子야 譬如菴羅樹가 其花始敷엔 名無常相이라가 若成果實하야

多所利益하면 乃名為常이니 如是善男子야 雖修一切契經諸定이나 未聞如是大涅槃時엔 咸言一切가 悉是無常이라가 聞是經已엔 雖有煩惱나 如無煩惱하야 卽能利益一切人天이니 何以故오 曉了自身에 有佛性故로 是名爲常이니라

復次善男子야 譬如金鑛消融之時엔 是無常相이라가 融已成金하야 多所利益하면 乃名爲常이니라 如是善男子야 雖修一切契經諸定나 未聞如是大涅槃時엔 咸言一切悉是無常이라가 聞是經已에 雖有煩惱나 如無煩惱하야 卽能利益一切人天이니 何以故오 曉了自身에 有佛性故니 是名爲常니라

復次善男子야 譬如胡麻가 未被壓時엔 名曰無常이라가 旣壓成油하야 多有利益하면 乃名爲常이니라

善男子야 雖修一切契經諸定이나 未聞如是大涅槃經하면 咸言一切가 悉是無常이라가 聞是經已에 雖有煩惱나 如無煩惱하야 卽能利益一切人天이니 何以故오 曉了己身에 有佛性故로 是名爲常이니

復次善男子야 譬如衆流가 皆歸于海하야 一切契經諸定三昧가 皆歸大乘大涅槃經이니 何以故오 究竟善說有佛性故니라

善男子야 是故로 我言호대 異法이 是常이며 異法이 無常이며 乃至無我도 亦復如是라 하노라

迦葉菩薩이 白佛言호대 世尊이시여 如來는 已離憂悲毒箭하셨나니 이다 夫憂悲者는 名爲天이나 如來는 非天이요 憂悲者는 名爲人나 如來는 非人이며 憂悲者는 名二十五有나 如來는 非二十五有라 是故로 如來는 無有憂悲커늘 何故로 稱言如來憂悲릿가

善男子야 無想天者는 名爲無想이라 若無想者인댄 則無壽命이요 若無壽命인댄 云何而有陰界諸入이리요 以是義故로 無想天壽를 不可說言有所住處니라

善男子야 譬如樹神이 依樹而住나 不得定言依枝·依節·依莖·依葉이라 雖無定所나 不得言無니 無想天壽도 亦復如是니라

善男子야 佛性도 亦爾하야 甚深難解라 如來가 實無憂悲苦惱로대 而於衆

生에 起大慈悲하사 現有憂悲하시며 視諸衆生을 如羅睺羅시니라
復次善男子야 無想天中의 所有壽命을 唯佛能知요 非餘所及이며 乃至非想·非非想處도 亦復如是니라
迦葉이여 如來之性은 淸淨無染하야 猶如化身이어니 何處에 當有憂悲苦惱리요 若言如來가 無憂悲者인댄 云何能利一切衆生하야 弘廣佛法이리요 若言無者인댄 云何而言等視衆生을 如羅睺羅아 若不等視如羅睺羅인댄 如是之言이 則爲虛妄이니 以是義故로 善男子야 佛不可思議며 法不可思議며 衆生佛性不可思議며 無想天壽도 不可思議니라 如來의 有憂와 及以無憂는 是佛境界요 非諸聲聞·緣覺所知니라
善男子야 譬如空中에 舍宅微塵이 不可住立이나 若言舍宅不因空住는 無有是處니 以是義故로 不可說舍住於虛空이며 不住虛空이니라 凡夫之人이 雖復說言舍住虛空이나 而是虛空은 實無所住니 何以故오 性無住故니라
善男子야 心亦如是하야 不可說言住陰界入이며 及以不住니라 無想天壽도 亦復如是하며 如來憂悲도 亦復如是라 若無憂悲인댄 云何說言等視衆生을 如羅睺羅며 若言有者인댄 復云何言性同虛空이리요
善男子야 譬如幻師가 雖復化作種種宮殿과 殺生·長養과 繫縛·放捨하며 及作金銀琉璃寶物叢林樹木이나 都無實性이라 如來도 亦爾하야 隨順世間하야 示現憂悲나 無有眞實이니라
善男子야 如來已入於般涅槃이어니 云何當有憂悲苦惱리요 若謂如來가 入於涅槃是無常者인댄 當知是人은 則有憂悲요 若謂如來가 不入涅槃코 常住不變인댄 當知是人은 無有憂悲라 如來有愁와 及以無愁를 無能知者니라
復次善男子야 譬如下人은 能知下法하고 不知中上하며 中者는 知中코 不知於上하며 上者는 知上하며 及知中下라 聲聞·緣覺도 亦復如是하야 齊知自地어늘 如來는 不爾하사 悉知自地와 及以他地일새 是故로 如來를 名無礙智라
示現幻化하야 隨順世間이어늘 凡夫가 肉眼으로 謂是眞實이라 하야 而欲盡

知如來의 無礙無上智者가 無有是處니라 有愁無愁도 唯佛能知니 以是因緣으로 異法有我와 異法無我를 是名鴛鴦迦隣提鳥性이니라

復次善男子야 佛法이 猶如鴛鴦共行이니 是迦隣提와 及鴛鴦鳥가 盛夏水漲에 選擇高原하야 安處其子하야 爲長養故然後에 隨本하야 安隱而遊라 如來出世도 亦復如是하야 化無量衆하야 令住正法을 如彼鴛鴦과 迦隣提鳥가 選擇高原하야 安置其子니라 如來도 亦爾하야 令諸衆生으로 所作을 已辦에 卽便入於大般涅槃이니라

善男子야 是名異法이 是苦며 異法이 是樂이며 諸行은 是苦며 涅槃은 是樂이며 第一微妙하야 壞諸行故니라

迦葉菩薩이 白佛言호대 世尊이시여 云何衆生이 得涅槃者를 名第一樂이닛가

佛言호대 善男子야 如我所說諸行和合을 名爲老死니라

　謹愼無放逸하면　是處를 名甘露요
　放逸不謹愼하면　是名爲死句니라
　若不放逸者는　　則得不死處요
　如其放逸者는　　常趣於死路니라

若放逸者는 名有爲法이니 是有爲法이 爲第一苦니라

不放逸者는 則名涅槃이니 彼涅槃者는 名爲甘露第一最樂이니라 若趣諸行하면 是名死處니 受第一苦요 若至涅槃하면 則名不死니 受最妙樂이니라

若不放逸하면 雖集諸行이나 是亦名爲常樂不死며 不破壞身이니

云何放逸이며 云何不放逸고 非聖凡夫는 是名放逸이니 常死之法이요 出世聖人은 是不放逸이니 無有老死니라

何以故오 入於第一常樂涅槃일새 以是義故로 異法이 是苦며 異法이 是樂이며 異法이 是我이며 異法이 無我니라 如人이 在地하야 仰觀虛空하야 不見鳥跡인달하야 善男子야 衆生도 亦爾하야 無有天眼하고 在煩惱中하야 而不自見有如來이라 是故로 我說無我密敎호라 所以者何오 無天眼者는 不知眞我하고 橫計我故니라 因諸煩惱하야 所造有爲가 卽是無常이니 是故

로 我說異法이 是常이며 異法이 無常이니라

   精進勇健者가 　若處於山頂과
   平地及曠野하야 常見諸凡夫가
   昇大智慧殿　 無上微妙臺하야
   既自除憂患하고 亦見眾生憂니라

如來가 悉斷無量煩惱하시고 住智慧山하야 見諸眾生이 常在無量億煩惱中이니라

迦葉菩薩이 復白佛言호대 世尊이시여 如偈所說이신 是義는 不然이니다 何以故오 入涅槃者가 無憂無喜어니 云何得昇智慧臺殿이며 復當云何住在山頂하야 而見眾生이닛고

佛言하사대 善男子야 智慧殿者는 即名涅槃이요 無憂愁者는 謂如來也요 有憂愁者는 名凡夫人이라 以凡夫는 憂故며 如來는 無憂니라 須彌山頂者는 謂正解脫이니 勤精進者는 喻須彌山이 無有動轉地니 謂有為行也라 是諸凡夫가 安住是地하야 造作諸行하니라 其智慧者는 則名正覺이니 離有常住일새 故名如來니라 如來가 愍念無量眾生하사 常為諸有毒箭의 所中일새 是故로 名為如來有憂니라

迦葉菩薩이 復白佛言호대 世尊이시여 若使如來로 有憂慼者인댄 則不得稱為等正覺이니다

佛言迦葉하사대 皆有因緣하야 隨有眾生의 應受化處하야 如來가 於中에 示現受生이니 雖現受生이나 而實無生이니 是故로 如來를 名常住法이니 如迦隣提·鴛鴦等鳥니라

大般涅槃經 卷第八 終

如來性品 第四之五

중국 장액 대불사 전당에 모셔진 열반상. 11세기 경 조성된 상으로 그 길이가 35m에 이른다. 실내 전당에 모셔진 열반상 중 가장 규모가 크다. 대불사는 중국을 비롯한 동아시아 열반종의 중심으로 부흥하고 있다

大般涅槃經 卷第九

北涼天竺三藏 曇無讖 譯

如來性品 第四之六

復次善男子야 譬如有人이 見月不現하고 皆言月沒하야 而作沒想이나 而此月性은 實無沒也며 轉現他方이어든 彼處衆生이 復謂月出이나 而此月性은 實無出也니 何以故오 以須彌山이 障故로 不現이언정 其月은 常生하야 性無出沒인달하야 如來·應供·正遍知도 亦復如是하야 出於三千大千世界호대 或閻浮提에 示有父母어든 衆生이 皆謂如來生於閻浮提內라 하니라 或閻浮提에 示現涅槃이나 而如來性은 實無涅槃이어늘 而諸衆生이 皆謂如來가 實般涅槃이 喻如月沒이니라

善男子야 如來之性은 實無生滅이로대 爲化衆生故로 示生滅이니라

善男子야 如此滿月을 餘方은 見半하며 此方半月을 餘方에 見滿하나니 閻浮提人이 若見月初하면 皆謂一日이라 하야 起初月想하고 見月盛滿하면 謂十五日이라 하야 生盛滿想이나 而此月性은 實無虧盈코 因須彌山하야 而有增減이니라

善男子야 如來도 亦爾하야 於閻浮提에 或現初生하며 或現涅槃하시니 現始生時는 猶如初月일새 一切가 皆謂童子初生이라 하며 行於七步는 如二日月이요

或復示現入於書堂은 如三日月이요 示現出家는 如八日月이요 放大智慧微妙光明하야 能破無量衆生魔衆은 如十五日盛滿之月이요

或復示現三十二相八十種好하야 以自莊嚴이라가 而現涅槃은 喻如月蝕이라 如是衆生이 所見不同하야 或見半月하며 或見滿月하며 或見月蝕이나 而此月性은 實無增減이요 蝕噉之者가 常是滿月이라 如來之身도 亦復如

是일새 是故로 名為常住不變이니라

復次善男子야 喩如滿月이 一切悉現이라 在在處處에 城邑·聚落과 山澤·水中과 若井·若池와 若瓮·若鍑에 一切皆現이어든 有諸衆生이 行百由旬과 百千由旬이라도 見月常隨하고 凡夫愚人이 妄生憶想하야 言我가 本於城邑屋宅에 見如是月이러니 今復於此空澤而見하니 爲是本月가 爲異於本가 하야 各作是念호대 月形大小가 或如鍑口라 하며 或復有言大如車輪이라 하며 或言猶如四十九由旬이라 하며 一切가 皆見月之光明하고 或見團圓이 喩如金盤이라 하나니 是月性이 一이어늘 種種衆生이 各見異相이니라

善男子야 如來도 亦爾하사 出現於世어든 或有人天이 而作是念호대 如來今者에 在我前住라 하며

復有衆生은 亦生是念호대 如來今者에 在我前住라 하며

或有聾瘂는 亦見如來가 有聾瘂相이라 하며

衆生雜類는 言音이 各異하야 皆謂如來가 悉同已語라 하며

亦各生念호대 在我舍宅하사 受我供養이라 하며

或有衆生은 見如來身이 廣大無量하며 有見微小하며 或有見佛을 是聲聞像하며 或復有見爲緣覺像하며 有諸外道는 復各念言호대 如來今者에 在我法中하야 出家學道라 하며

或有衆生은 復作是念호대 如來今者에 獨爲我故로 出現於世라 하나 如來實性은 喩如彼月하야 即是法身이며 是無生身이로대 方便之身으로 隨順於世하야 示現無量하시며 本業因緣으로 在在處處에 示現有生이 猶如彼月하나니 以是義故로 如來常住하사 無有變易이니라

復次善男子야 如羅睺羅阿修羅王이 以手로 遮月이어든 世間諸人이 咸謂月蝕이나 阿修羅王이 實不能蝕이라 以阿修羅가 障其明故언정 是月團圓은 無有虧損이요 但以手障일새 故使不現이 若攝手時에 世間이 咸謂月已還生이라 하야 皆言是月이 多受苦惱나 假使百千阿修羅王이라도 不能惱之니라

如來도 亦爾하야 示有衆生이 於如來所에 生麁惡心하야 出佛身血하야 起

五逆罪하야 至一闡提나 爲未來世의 諸衆生故로 如是示現壞僧斷法하야 而作留難이언정 假使百千無量諸魔라도 不能侵出如來身血이라

所以者何오 如來之身은 無有肉血과 筋脈骨髓요 如來는 眞實하여 實無惱壞어늘 衆生이 皆謂法僧이 毀壞며 如來滅盡이라 하나 而如來性은 眞實無變하야 無有破壞요 隨順世間하야 如是示現이니라

復次善男子야 如二人이 鬪에 若以刀杖으로 傷身出血하야 雖至於死라도 不起殺想하면 如是業相은 輕而不重이라 於如來所에 本無殺心하면 雖出身血이나 是業도 亦爾하야 輕而不重이니라

如來如是하야 於未來世에 爲化衆生하야 示現業報하시니라

復次善男子야 猶如良醫가 勤敎其子醫方根本호대 此是根藥이며 此是莖藥이며 此是色藥이며 種種相貌니 汝當善知하라

其子敬奉父之所勅하야 精勤習學하야 善解諸藥이러니 是醫가 後時에 壽盡命終커늘 其子號咷(울 도)하야 而作是言호대 父本敎我根藥如是며 莖藥如是며 花藥如是며 色相如是라 하니라

如來도 亦爾하사 爲化衆生하야 示現制戒하사대 應當如是受持하고 莫犯作五逆罪와 誹謗正法과 及一闡提라 하야 爲未來世에 起是事者하야 是故로 示現이라

欲令比丘로 於佛滅後에 作如是知호대 此是契經甚深之義며 此是戒律輕重之相이며 此是阿毘曇分別法句라 함이 如彼醫子이니라

復次善男子야 如人이 知月을 六月一蝕이나 而上諸天은 須臾之間에 已見月蝕하니 何以故오 彼天은 日長하고 人間은 短故라

善男子야 如來도 亦爾하야 天人이 咸謂如來壽短라 함이 如彼人이 須臾之間에 頻見月蝕이니라

如來가 又於須臾之間에 示現百千萬億涅槃하야 斷煩惱魔와 陰魔와 死魔일새 是故로 百千萬億天魔가 悉知如來가 入般涅槃이니라 又復示現無量百千先業因緣은 隨順世間의 種種性故로 示現如是無量無邊不可思議라 是故로 如來는 常住無變이니라

復次善男子야 譬如明月을 眾生이 樂見일새 是故로 稱月하야 號為樂見이어니와 眾生이 若有貪·恚·愚癡하면 則不得稱為樂見也라 如來도 如是하야 其性이 純善하야 清淨無垢하니 是最可稱為樂見也라 樂法眾生은 視之無厭이나 惡心之人은 不憙瞻覩하나니 以是義故로 故言如來를 喻如明月이니라

復次善男子야 譬如日出이 有三時異하니 謂春夏冬이라 冬日則短하고 春日은 處中이요 夏日은 極長하니라

如來도 亦爾하사 於此三千大千世界에 為短壽者와 及諸聲聞하야 示現壽短어든 斯等이 見已에 咸謂如來壽命短促이라 하나니 喻如冬日이요 為諸菩薩하야 示現中壽호대 若至一劫커나 若減一劫하나니 喻如春日이요 唯佛이 覩佛의 其壽無量은 喻如夏日이니라

善男子야 如來所說方等大乘微密之教를 示現世間하야 雨大法雨어든 於未來世에 若有人이 能護持是典하며 開示分別하야 利益眾生하면 當知하라 是輩는 真是菩薩이라

喻如盛夏에 天降甘雨요 若有聲聞緣覺之人이 聞佛如來微密之教는 喻如冬日에 多遇冷患이요

菩薩之人이 若聞如是微密教誨의 如來常住하야 性無變易은 喻如春日이 萌牙開敷어니와 而如來性은 實無長短이로대 為世間故로 示現如是하나니 即是諸佛의 真實法性이니라

復次善男子야 譬如眾星이 畫則不現하면 而人皆謂畫星滅沒이나 其實은 不沒이니 所以不現은 日光이 映故라 如來도 亦爾하사 聲聞緣覺이 不能得見은 喻如世人이 不見畫星이니라

復次善男子야 譬如陰闇에 日月不現하면 愚夫는 謂言日月失沒이나 而是日月은 實不失沒이라 如來正法이 滅盡之時에 三寶現沒도 亦復如是하야 非為永滅이니 是故로 當知하라 如來가 常住하야 無有變易이라 何以故오 三寶真性은 不為諸垢之所染故니라

復次善男子야 譬如黑月에 彗星이 夜現호대 其明炎熾라가 暫出還沒하면

衆生이 見已에 生不祥想하나니 諸辟支佛도 亦復如是하야 出無佛世하면 衆生이 見已에 皆謂如來가 眞實滅度라 하야 生憂悲想이나 而如來身은 實不滅度함이 如彼日月이 無有滅沒이니라

復次善男子야 譬如日出에 衆霧悉除하니 此大涅槃微妙經典도 亦復如是하야 出興於世어든 若有衆生이 一經耳者는 悉能滅除一切諸惡無間罪業하리니 是大涅槃甚深境界는 不可思議라 善說如來微密之性하시니 以是義故로 諸善男子·善女人等이 應於如來에 生常住心과 無有變易이며 正法不斷이며 僧寶不滅이니 是故로 應當多修方便하야 勤學是典하면 是人이 不久에 當得成於阿耨多羅三藐三菩提하리라

是故로 此經을 名爲無量功德所成이며 亦名菩提不可窮盡이라 以不盡故로 故得稱爲大般涅槃이며 有善光故로 猶如夏日이요 身無邊故로 名大涅槃이니라

復次善男子야 如日月光이 諸明中最라 一切諸明이 所不能及이니 大涅槃光도 亦復如是하야 於諸契經三昧光明에 最爲殊勝이니 諸經三昧의 所有光明이 所不能及이니라

何以故오 大涅槃光은 能入衆生의 諸毛孔故라 衆生이 雖無菩提之心이나 而能爲作菩提因緣하나니 是故로 復名大般涅槃이니라

迦葉菩薩이 白佛言호대 世尊이시여 如佛所說하사 大涅槃光이 入於一切衆生毛孔하면 衆生이 雖無菩提之心이나 而能爲作菩提因者인 是義는 不然하니다 何以故오 世尊이시여 犯四重禁하며 作五逆人과 及一闡提가 光明入身에 作菩提因者인댄 如是等輩가 與淨持戒하야 修習諸善으로 有何差別이닛가 若無差別인댄 如來何故로 說四依義닛고

世尊이시여 又如佛言하사 若有衆生이 聞大涅槃하야 一經於耳하면 則得斷除諸煩惱者인댄 如來가 云何로 先說有人이 於恒河沙等佛所에 發心하야 聞大涅槃이라도 不解其義라 하시닛고 若不解義인댄 云何能斷一切煩惱라 하시닛고

佛言하사대 善男子야 除一闡提하고 其餘衆生은 聞是經已에 悉皆能作菩

提因緣이니 法聲光明이 入毛孔者는 必定當得阿耨多羅三藐三菩提라 何以故오 若有人이 能供養恭敬無量諸佛하면 方乃得聞大涅槃經이어이와 薄福之人은 則不得聞이니 所以者何오 大德之人이라사 乃能得聞如是大事요 斯(하인 시)下小人은 則不得聞하이니라

何等이 爲大오 所謂諸佛의 甚深祕藏이니 謂佛性이 是라 以是義故로 名爲大事니라

迦葉菩薩이 白佛言호대 世尊이시여 云何未發菩提心者가 得菩提因이닛고 佛告迦葉하사대 若有聞是大涅槃經하고 言我不用發菩提心이라 하야 誹謗正法이어든 是人이 卽於夢中에 見羅刹像하고 心中에 怖懼라 羅刹이 語言호대 咄·善男子야 汝今에 若不發菩提心하면 當斷汝命호리라 是人이 惶怖하야 覺已에 卽發菩提之心하며 是人命終에 若在三惡와 及在人天이라도 續復憶念菩提之心하리니 當知是人은 是大菩薩摩訶薩也라 以是義故로 是大涅槃의 威神力故으로 能令未發菩提心者로 作菩提因이니라

善男子야 是名菩薩發心因緣이라 非無因緣이니 以是義故로 大乘妙典은 眞佛所說이니라

復次善男子야 如虛空中에 興大雲雨하야 注於大地어든 枯木石山과 高原堆阜는 水所不住어니와 流注下田에 陂池가 悉滿하야 利益無量一切眾生인달하야 是大涅槃微妙經典도 亦復如是하야 雨大法雨하야 普潤眾生호대 唯一闡提가 發菩提心은 無有是處니라

復次善男子야 譬如焦種은 雖遇甘雨나 百千萬劫에도 終不生芽라 芽若生者인댄 亦無是處니 一闡提輩도 亦復如是하야 雖聞如是大般涅槃微妙經典이나 終不能發菩提心牙하리니 若能發者는 無有是處니 何以故오 是人은 斷滅一切善根이 如彼焦種이라 不能復生菩提根牙니라

復次善男子야 譬如明珠를 置濁水中하면 以珠威德으로 水卽爲淸이로대 投之淤泥하면 不能令淸인달하야 是大涅槃微妙經典도 亦復如是하야 置餘眾生五無間罪와 四重禁法인 濁水之中하면 猶可澄淸하야 發菩提心이어니와 投一闡提淤泥之中하면 百千萬歲에도 不能令淸하야 起菩提心하리라

何以故오 是一闡提는 滅諸善根하니 非其器故라 假使是人이 百千萬歲를 聽受如是大涅槃經이라도 終不能發菩提之心하리니 所以者何오 無善心故니라

復次善男子야 譬如藥樹를 名曰藥王이니 於諸藥中에 最爲殊勝이라 若和酪漿(미음 장)커나 若蜜·若蘇와 若水·若乳와 若末·若丸하야 若以塗瘡커나 薰身塗目커나 若見若嗅하면 能滅衆生의 一切諸病이나 如是藥樹가 不作是念一切衆生이 若取我根하면 不應取葉이며 若取葉者는 不應取根이며 若取身者는 不應取皮며 若取皮者는 不應取身이라 하야 是樹가 雖復不生是念이나 而能除滅一切病苦하니라

善男子야 是大涅槃微妙經典도 亦復如是하야 能除一切衆生惡業과 四波羅夷와 五無間罪와 若內若外의 所有諸惡일새 諸有未發菩提心者는 因是하야 則得發菩提心하니라

何以故오 是妙經典은 諸經中王이 如彼藥樹가 諸藥中王이라 若有修習是大涅槃커나 及不修者라도 若聞有是經典名字하고 聞已敬信하면 所有一切煩惱重病이 皆悉除滅이로대 唯不能令一闡提輩로 安止하야 住於阿耨多羅三藐三菩提함이 如彼妙藥이 雖能療愈種種重病이나 而不能治必死之人이니라

復次善男子야 如人手瘡에 捉持毒藥하면 毒則隨入이어니와 若無瘡者에는 毒則不入이라 一闡提輩도 亦復如是하야 無菩提因함이 如無瘡者에 毒不得入이라 所謂瘡者는 即是無上菩提因緣이요 毒者는 即是第一妙藥이요 完無瘡者는 謂一闡提니라

復次善男子야 譬如金剛을 無能壞者로대 而能破壞一切之物이나 唯除龜甲과 及白羊角이라 是大涅槃微妙經典도 亦復如是하야 悉能安止無量衆生於菩提道호대 唯不能令一闡提輩로 立菩提因이니라

復次善男子야 如馬齒草와 娑羅翅樹와 尼迦羅樹를 雖斷枝莖이나 續生如故하야 不如多羅의 斷已不生하나니 是諸衆生도 亦復如是하야 若得聞是大涅槃經하면 雖犯四禁과 及五無間이라도 猶故能生菩提因緣이어니와 一

闡提輩는 則不如是하야 雖得聽受是妙經典이나 而不能生菩提道因이니라
復次善男子야 如佉陀羅樹와 鎭頭迦樹를 斷已에 不生과 及諸焦種인달하야 一闡提輩도 亦復如是하야 雖得聞是大涅槃經이나 而不能發菩提因緣이 猶如焦種이니라
復次善男子야 譬如大雨가 終不住空인달하야 是大涅槃微妙經典도 亦復如是하야 普雨法雨하야도 於一闡提에는 則不能住니 是一闡提는 周體密緻함이 猶如金剛이 不容外物이니라
迦葉菩薩이 白佛言호대 世尊이시여 如佛說偈하신

　不見善에 不作하고 唯見惡에 可作하니

　是處可怖畏라 猶如險惡道라 하시니

世尊이시여 如是所說은 有何等義닛고
佛言하사대 善男子야 不見者는 謂不見佛性이요 善者는 即是阿耨多羅三藐三菩提요 不作者는 所謂不能親近善友니라 唯見者는 見無因果요 惡者는 謂謗方等大乘經典이요 可作者는 謂一闡提가 說無方等이라 以是義故로 一闡提輩는 無心趣向清淨善法이니라
何等이 善法고 謂涅槃也니 趣涅槃者는 謂能修習賢善之行이어늘 而一闡提는 無賢善行일새 是故로 不能趣向涅槃이니라
是處可畏는 謂謗正法이니 誰應怖畏오 所謂智者라 何以故오 以謗法者는 無有善心과 及方便故라 險惡道者는 謂諸行也니라 迦葉이 復言하사대 如佛所說하사

　云何見所作이 云何得善法이며

　何處不怖畏가 如王夷坦道닛가

是義何謂닛고
佛言하사대 善男子야 見所作者는 發露諸惡이니 從生死際로 所作諸惡을 悉皆發露하야 至無至處니 以是義故로 是處無畏가 喻如人王의 所遊正路에 其中盜賊이 悉皆逃走하니 如是發露一切諸惡하야 悉滅無餘니라 復次不見所作者는 謂一闡提가 所作眾惡을 而不自見이니 是一闡提가 憍慢心

故로 雖多作惡이나 於是事中에 初無怖畏라 以是義故로 不得涅槃이 喻如獼猴가 捉水中月이니라

善男子야 假使一切無量衆生이 一時에 成於阿耨多羅三藐三菩提已라도 此諸如來가 亦復不見彼一闡提成於菩提니 以是義故로 名不見所作이니라 又復不見誰之所作이니 所謂不見如來所作이라 佛為衆生하사 說有佛性이어든 一闡提輩는 流轉生死할 不能知見이니 以是義故로 名為不見如來所作이니라

又一闡提가 見於如來의 畢竟涅槃하고 謂真無常호미 猶如燈滅에 膏油가 俱盡이라 하니 何以故오 是人惡業이 不虧損故라 若有菩薩이 所作善業으로 迴向阿耨多羅三藐三菩提時엔 一闡提輩가 雖復毁呰하야 破壞不信이나 然이나 諸菩薩은 猶故施與하야 欲共成於無上之道하나니 何以故오 諸佛法爾니라

　　作惡不即受가 如乳即成酪이며

　　猶灰覆火上이어늘 愚者는 輕蹈之니라

一闡提者는 名為無目이라 是故로 不見阿羅漢道니 如阿羅漢은 不行生死險惡之道어늘 以無目故로 誹謗方等하야 不欲修習이라 如阿羅漢은 勤修慈心이어늘 一闡提輩는 不修方等이 亦復如是니라

若人說言호대 我今에 不信聲聞經典하고 信受大乘하야 讀誦解說할새 是故로 我今에 即是菩薩이요 一切衆生이 悉有佛性이니 以佛性故로 衆生身中에 即有十力·三十二相·八十種好라 我之所說이 不異佛說이니 汝今에 與我로 俱破無量諸惡煩惱를 如破水瓶이니라

以破結故로 即得見於阿耨多羅三藐三菩提라 하야 是人이 雖作如是演說이나 其心은 實不信有佛性이요 為利養故로 隨文而說이니 如是說者는 名為惡人이라

如是惡人은 不速受果가 如乳成酪이니라 譬如王使가 善能談論하며 巧於方便이러니 奉命他國할새 寧喪身命이언정 終不匿王의 所說言教하나니 智者도 亦爾하야 於凡夫中에 不惜身命하고 要必宣說大乘方等인 如來祕藏하

야 一切衆生이 皆有佛性이라 하니라

善男子야 有一闡提가 作羅漢像하야 住於空處하야 誹謗方等大乘經典커든 諸凡夫人이 見已에 皆謂眞阿羅漢이며 是大菩薩摩訶薩이라 하야 是一闡提와 惡比丘輩가 住阿蘭若處하야 壞阿蘭若法하며 見他得利에 心生嫉妬하야 作如是言호대 所有方等大乘經典은 悉是天魔波旬所說이라 하며 亦說如來도 是無常法이라 하야 毁滅正法하고 破壞衆僧하며 復作是言호대 波旬所說은 非善順說이라 하고 作是宣說邪惡之法하야 是人이 作惡호대 不即受報가 如乳成酪이며 灰覆火上이어늘 愚輕蹈之하나니 如是人者는 謂一闡提라 是故로 當知하라 大乘方等微妙經典은 必定淸淨하야 如摩尼珠를 投之濁水에 水即爲淸하니 大乘經典도 亦復如是하니라

復次善男子야 譬如蓮花가 爲日所照에 無不開敷하나니 一切衆生도 亦復如是하야 若得見聞大涅槃日하면 未發心者가 皆悉發心하야 爲菩提因하니라

是故로 我說大涅槃光의 所入毛孔이 必爲妙因이라 하노라 彼一闡提는 雖有佛性이나 而爲無量罪垢의 所纏하야 不能得出이 如蠶處繭이라 以是業緣으로 不能生於菩提妙因하고 流轉生死하야 無有窮已니라

復次善男子야 如優鉢羅花와 鉢頭摩花와 拘牟頭華分陀利華가 生於淤泥호대 而終不爲彼泥所污하나니 若有衆生이 修大涅槃微妙經典도 亦復如是하야 雖有煩惱라도 終不爲此煩惱所污라 何以故오 以知如來性相力故라

善男子야 譬如有國에 多淸冷風하니 若觸衆生의 身諸毛孔하면 能除一切欝蒸之惱하야 此大乘典과 大涅槃經도 亦復如是하야 遍入一切衆生毛孔하야 爲作菩提微妙因緣이요 除一闡提니 何以故오 非法器故니라

復次善男子야 譬如良醫가 解八種藥하야 滅一切病호대 唯除必死라 一切契經의 禪定三昧도 亦復如是하야 能治一切貪恚愚癡諸煩惱病하며 能拔煩惱毒刺等箭호대 而不能治犯四重禁과 五無間罪니라

善男子야 復有良醫가 過八種術하야 能除衆生의 所有病苦호대 唯不能治

必死之病하나니 是大涅槃大乘經典도 亦復如是하야 能除衆生一切煩惱하고 安住如來淸淨妙因하야 未發心者로 令得發心호대 唯除必死인一闡提輩니라

復次善男子야 譬如良醫가 能以妙藥으로 治諸盲人하야 令見日月星宿諸明과 一切色像호대 唯不能治生盲之人하나니 是大乘典大涅槃經도 亦復如是하야 能爲聲聞緣覺之人하야 開發慧眼하야 令其安住無量無邊大乘經典하며 未發心者인謂犯四禁과 五無間罪라도 悉能令發菩提之心호대 唯除生盲인一闡提輩니라

復次善男子야 譬如良醫가 善解八術하야 爲治衆生의 一切病苦할새 與種種方의 吐下諸藥과 及以塗身·熏藥·灌鼻·散藥·丸藥호대 若貧愚人이 不欲服之어든 良醫가 愍念하야 卽將是人하야 還其舍宅하야 强與令服하면 以藥力故로 所患이 得除하며 女人이 産時에 兒衣不出이어든 與之令服하면 服已卽出하며 幷令嬰兒로 安樂無患케하나니 是大乘典大涅槃經도 亦復如是하야 所至之處에 若至舍宅하야 能除衆生의 無量煩惱하며 犯四重禁과 五無間罪인未發心者로 悉令發心호대 除一闡提니라

迦葉菩薩이 白佛言호대 世尊이시여 犯四重禁과 及五無間은 名極重惡이니 譬如斷截多羅樹頭하면 更不復生이라 하니 是等은 未發菩提之心이어늘 云何能與作菩提因이닛고

佛言하사대 善男子야 是諸衆生이 若於夢中에 夢墮地獄하야 受諸苦惱할새 卽生悔心호대 哀哉我等이 自招此罪로다 若我今得脫是罪者면 必定當發菩提之心하리라 我今所見은 最是極惡이로다 하야 從是覺已에 卽知正法이 有大果報함이 如彼嬰兒가 漸漸長大에 常作是念호대 是醫最良하야 善解方藥이라

我本處胎에 與我母藥하니 母以藥故로 身得安隱하고 以是因緣으로 我命이 得全하니 奇哉我母여 受大苦惱하사 滿足十月을 懷抱我胎하시고 旣生之後에 推乾去濕하며 除去不淨인 大小便利하시며 乳鋪長養하야 將護我身하시니 以是義故로 我當報恩하리라 하야 色養侍衛하며 隨順供養하리라 하니

라

犯四重禁과 及無間罪라도 臨命終時에 念是大乘大涅槃經하면 雖墮地獄·畜生·餓鬼·天上·人中이라도 如是經典이 亦爲是人作菩提因이요 除一闡提니라

復次善男子야 譬如良醫와 及良醫子가 所知深奧하야 出過諸醫라 善知除毒無上呪術하야 若惡毒蛇와 若龍若蝮을 以諸呪術과 呪藥을 令良하고 復以此藥으로 用塗革屣하야 以此革屣로 觸諸毒虫하면 毒爲之消호대 唯除一毒이니 名曰大龍이라

是大乘典大涅槃經도 亦復如是하야 若有衆生이 犯四重禁과 五無間罪라도 悉能消滅하야 令住菩提함이 如藥革屣로 能消衆毒하야 未發心者로 能令發心하야 安止住於菩提之道하나니 是彼大乘大涅槃經의 威神藥故로 令諸衆生으로 生於安樂호대 唯除大龍인 一闡提輩니라

復次善男子야 譬如有人이 以雜毒藥으로 用塗大鼓하야 於大衆中에 擊之發聲하면 雖無心欲聞이나 聞之皆死호대 唯除一人이 不橫死者라 是大乘典大涅槃經도 亦復如是하야 在在處處의 諸行衆中에 有聞聲者의 所有貪欲瞋恚愚癡가 悉皆滅盡이니라

其中에 雖有無心思念이나 是大涅槃의 因緣力故로 能滅煩惱하야 而結自滅하며 犯四重禁과 及五無間이라도 聞是經已에 亦作無上菩提因緣하야 漸斷煩惱호대 除不橫死인 一闡提也니라

復次善男子야 譬如闇夜에 諸所營作을 一切皆息호대 若未訖者는 要待日明하나니 學大乘者도 雖修契經의 一切諸定이나 要待大乘大涅槃日하야 聞於如來微密之敎然後에 乃當造菩提業하야 安住正法이니라

猶如天雨가 潤益增長一切諸種하야 成就果實하야 悉除飢饉하고 多受豐樂하야 如來祕藏無量法雨도 亦復如是하야 悉能除滅八種熱病이라 是經出世가 如彼果實하야 多所利益安樂一切하야 能令衆生으로 見於佛性하나니 如法花中에 八千聲聞의 得受記莂하야 成大果實을 如秋收冬藏에 更無所作이니 一闡提輩도 亦復如是하야 於諸善法에 無所營作이니라

復次善男子야 譬如良醫가 聞他人子가 非人所持하고 尋以妙藥으로 幷遣一使하야 勅語使言호대 卿持此藥하야 速與彼人하라 彼人이 若遇諸惡鬼神이라도 以藥力故로 悉當遠去리니 卿若遲晚인댄 吾自當往하야 終不令彼로 枉橫死也리라

若彼病人이 得見使者하면 及吾威德으로 諸苦當除하고 得安隱樂하리라 是大乘典大涅槃經도 亦復如是하야 若比丘·比丘尼·優婆塞·優婆夷와 及諸外道가 有能受持如是經典하야 讀誦通利하고 復爲他人하야 分別廣說하며 若自書寫커나 令他書寫하면 斯等은 皆爲菩提因緣이니라

若犯四禁과 及五逆罪하며 若爲邪鬼毒惡의 所持라도 聞是經典하면 所有諸惡이 悉皆消滅이 如見良醫하면 惡鬼가 遠去하나니 當知하라 是人은 是眞菩薩摩訶薩也니라

何以故오 暫得聞是大涅槃故며 亦以生念如來常故라 暫得聞者라도 尙得如是어든 何況書寫하며 受持하며 讀誦가 除一闡提하고 其餘는 皆是菩薩摩訶薩이니라

復次善男子야 譬如聾人이 不聞音聲하야 一闡提輩도 亦復如是하야 雖復欲聽是妙經典이나 而不得聞하리니 所以者何오 無因緣故니라

復次善男子야 譬如良醫가 一切醫方을 無不通達하며 兼復廣知無量呪術이리니 是醫가 見王하고 作如是言호대 大王이 今者에 有必死病이니다

其王이 答言호대 卿不見我의 腹內之事어니 云何而言有必死病고 醫卽答言호대 若不見信커든 應服下藥하소서 旣下之後에 王自驗之리다 王不肯服이어늘 爾時에 良醫가 以呪術力으로 令王糞門로 遍生瘡疱하고 兼復癡下며 蟲血이 雜出이어늘 王見是已에 生大怖懅하야 讚彼良醫호대 善哉善哉라 卿先所白을 吾不用之러니 今乃知卿이 於吾此身에 作大利益이라 고하고 恭敬是醫를 猶如父母하니라

是大乘典大涅槃經도 亦復如是하야 於諸眾生에 有欲無欲커나 悉能令彼로 煩惱崩落이어든 是諸眾生이 乃至夢中에도 夢見是經하면 恭敬供養함이 喻如大王이 恭敬良醫하니라

是大良醫가 知必死者엔 終不治之하나니 是大乘典大涅槃經도 亦復如是하야 終不能治一闡提輩니라

復次善男子야 譬如良醫가 善知八種하야 悉能療治一切諸病호대 唯不能治必死之人하야 諸佛菩薩도 亦復如是하야 悉能救療一切有罪호대 唯不能治必死之人인一闡提輩니라

復次善男子야 譬如良醫가 善知八種微妙經術하며 復能博達하야 過於八種이라 以已所知로 先敎其子하야 若水若陸과 山澗藥草를 悉令識知하고 如是漸漸敎八事已에 次復敎餘最上妙術하나니 如來·應供·正遍知도 亦復如是하야 先敎其子인 諸比丘等하야 方便除滅一切煩惱하고 修學淨身不堅固想하나니 謂水陸山澗이라 水者는 喻身受苦가 如水上泡요 陸者는 喻身不堅이 如芭蕉樹요 其山澗者는 喻煩惱中에 修無我想이니 以是義故로 身名無我니라

如來如是하사 於諸弟子에 漸漸敎學九部經法하야 令善通利한 然後에 敎學如來祕藏하사 爲其子故로 說如來常이라 如來가 如是說大乘典大涅槃經하야 爲諸衆生이 已發心者와 及未發心하야 作菩提因호대 除一闡提니 如是善男子야 是大乘典大涅槃經은 無量無數·不可思議하야 未曾有也니 當知하라 卽是無上良醫며 最尊最勝하야 衆經中王이니라

復次善男子야 譬如大船이 從海此岸하야 至於彼岸하며 復從彼岸하야 還至此岸하야 如來·應供·正遍知도 亦復如是하야 乘大涅槃大乘寶船하고 周旋往返하야 濟渡衆生할새 在在處處에 有應度者면 悉令得見如來之身케하나니 以是義故로 如來를 名曰無上船師라 譬如有船에 則有船師요 以有船師에 則有衆生을 渡於大海하나니 如來常住하사 化度衆生도 亦復如是니라

復次善男子야 譬如有人이 在大海中하야 乘船欲渡할새 若得順風하면 須臾之間에 則能得過無量由延(끝 연)이어니와 若不得者면 雖復久住하야 經無量歲라도 不離本處하며 有時船壞면 沒水而死라

衆生도 如是하야 在於愚癡生死大海하야 乘諸行船에 若得值遇大般涅槃의 猛利之風하면 則能疾到無上道岸이어니와 若不値遇하면 當久流轉無量生

死요 或時破壞하면 墮於地獄畜生餓鬼하나니라

復次善男子야 譬如有人이 不遇風王하고 久住大海하야 作是思惟호대 我等이 今者에 必在此死이로다 如是念時에 忽遇利風하면 隨順渡海라 復作是言호대 快哉是風이여 未曾有也로다 令我等輩로 安隱得過大海之難케하도다

衆生도 如是하야 久處愚癡生死大海하야 困苦窮悴니 未遇如是大涅槃風하면 則應生念호대 我等이 必定墮於地獄畜生餓鬼로다 是諸衆生이 思惟是時에 忽遇大乘大涅槃風하면 隨順吹向하야 入於阿耨多羅三藐三菩提어든 方知眞實하고 生奇特想하야 歎言호대 快哉라 我從昔來로 未曾見聞如是如來微密之藏이로다 하고 爾乃於是大涅槃經에 生淸淨信하나니라

復次善男子야 如蛇脫皮하면 爲死滅耶아 不也니다 世尊이시여

善男子야 如來도 亦爾하사 方便示現棄捨毒身이어든 可言如來가 無常滅耶아 不也니다 世尊이시여 如來가 於此閻浮提中에 方便捨身이 如彼毒蛇가 捨於故皮라 是故로 如來를 名爲常住니라

復次善男子야 譬如金師가 得好眞金하야 隨意造作種種諸器하나니 如來도 亦爾하야 於二十五有에 悉能示現種種色身하사 爲化衆生하야 拔生死故라 是故로 如來를 名無邊身이니라 雖復示現種種諸身이 亦名常住하야 無有變易이니라

復次善男子야 如菴羅樹와 及閻浮樹가 一年三變하나니 有時生花하면 光色이 敷榮하고 有時生葉하면 滋茂蓊欝하고 有時彫落하면 狀似枯死하니 善男子야 於意에 云何오 是樹가 實爲枯滅不耶아 不也니라 世尊이시여 善男子야 如來도 亦爾하야 於三界中에 示三種身하시니 有時初生이며 有時長大며 有時涅槃이나 而如來身은 實非無常이니라

迦葉菩薩이 讚言호대 善哉니다 誠如聖敎하사 如來常住하야 無有變易이로소이다

善男子야 如來密語는 甚深難解니 譬如大王이 告諸群臣호대 先陀婆來하라 하나니

先陀婆者는 一名四實이니
一者는 鹽이요 二者는 器요 三者는 水요 四者는 馬라
如是四法이 皆同此名이로대 有智之臣은 善知此名하야 若王洗時에 索先陀婆하면 即便奉水하고 若王食時에 索先陀婆하면 即便奉鹽하고 若王食已에 將欲飲漿하야 索先陀婆어든 即便奉器하고 若王欲遊하야 索先陀婆어든 即便奉馬라
如是智臣이 善解大王의 四種密語하나니라
是大乘經도 亦復如是하야 有四無常커든 大乘智臣이 應當善知하야 若佛出世하사 為眾生說如來涅槃이어든 智臣이 當知此是如來가 為計常者하야 說無常相하사 欲令比丘로 修無常想이라 하며 或復說言호대 正法當滅이라 하면 智臣이 應知此是如來가 為計樂者하야 說於苦相하야 欲令比丘로 多修苦想이라 하며 或復說言호대 我今病苦하며 眾僧破壞라 하거든 智臣이 當知此是如來가 為計我者하야 說無我相하사 欲令比丘로 修無我想이라 하며 或復說言하사대 所謂空者는 是正解脫이라 하거든 智臣이 當知此是如來가 說正解脫은 無二十五有하사 欲令比丘로 修學空想이라 하나니 以是義故로 是正解脫은 則名為空이며 亦名不動이니 謂不動者는 是解脫中에 無有苦故로 是故不動이니 是正解脫을 為無有相이니 謂無相者는 無有色·聲·香·味·觸等이니 故名無相이니라 是正解脫은 常不變易이니 是解脫中에 無有無常熱惱變易일새 是故로 解脫을 名曰常住不變清涼이니라
或復說言一切眾生이 有如來性이라 하거든 智臣이 當知此是如來가 說於常法하사 欲令比丘로 修正常法이라 하나니라
是諸比丘가 若能如是隨順學者는 當知是人은 真我弟子라 善知如來微密之藏이 如彼大王의 智慧之臣이 善知王意니라
善男子야 如是大王이 亦有如是密語之法이어든 何況如來가 而當無耶아
善男子야 是故로 如來微密之教를 難可得知요 唯有智者라야 乃能解我甚深佛法이니 非是世間凡夫品類의 所能信也니라
復次善男子야 如波羅奢樹와 迦尼迦樹와 阿叔迦樹가 值天亢旱하면 不生

花實하며 及餘水陸所生之物도 皆悉枯悴하야 無有潤澤하며 不能增長 一切諸藥하야 無復勢力이니라

善男子야 是大乘典大涅槃經도 亦復如是하야 於我滅後에 有諸眾生이 不能恭敬하면 無有威德이니라 何以故오 是諸眾生이 不知如來微密藏故라 所以者何오 以是眾生이 薄福德故니라

復次善男子야 如來正法이 將欲滅盡하면 爾時에 多有行惡比丘가 不知如來微密之藏하고 嬾墮懈怠하야 不能讀誦宣揚分別如來正法하나니 譬如癡賊이 棄捨真寶하고 擔負草木하야 不解如來微密藏故로 於是經中에 懈怠不勤하니 哀哉大險이여 當來之世가 甚可怖畏어늘 苦哉眾生이 不勤聽受 是大乘典大涅槃經하나니 唯諸菩薩摩訶薩等이 能於是經에 取真實義하고 不著文字하며 隨順不逆하야 為眾生說이니라

復次善男子야 如牧牛女가 為欲賣乳할새 貪多利故로 加二分水하야 轉賣與餘牧牛女人이어든 彼女가 得已에 復加二分하야 轉復賣與近城女人하며 彼女人이 得已에 復加二分하야 轉復賣與城中女人하며 彼女가 得已에 復加二分하야 詣市賣之러니 時有一人이 為子納婦할새 當須好乳하야 以贍賓客하야 至市欲買하니 是賣乳者가 多索價數어늘 是人이 答言호대 汝乳多水하니 不直爾許나 正值我今에 瞻待賓客이니 是故로 當取니라

取已還家하야 煮用作糜하니 都無乳味라 雖復無味나 於苦味中에 千倍為勝하니 何以故오 乳之為味가 諸味中最니라

善男子야 我涅槃後에 正法이 未滅코 餘八十年에 爾時에 是經이 於閻浮提에 當廣流布어든 是時에 當有諸惡比丘가 抄略是經하야 分作多分하야 能滅正法의 色香美味라 是諸惡人이 雖復誦讀如是經典이나 滅除如來의 深密要義하고 安置世間莊嚴文飾한 無義之語하야 抄前著後하고 抄後著前하며 前後著中하고 中著前後하리니 當知하라 如是諸惡比丘는 是魔伴侶라 受畜一切不淨之物하야 而言如來가 悉聽我畜이라 함이 如牧牛女가 多加水乳하야 諸惡比丘도 亦復如是하야 雜以世語로 錯定是經일새 令多眾生으로 不得正說과 正寫正取하야 尊重讚歎하며 供養恭敬하리니 是惡比丘가

爲利養故로 不能廣宣流布是經일새 所可分流가 少不足言이라 如彼牧牛 貧窮女人이 展轉賣乳하야 乃至成麋에 而無乳味인달하니 是大乘典大涅槃 經도 亦復如是하야 展轉薄淡하야 無有氣味라 雖無氣味나 猶勝餘經이 足 一千倍가 如彼乳味가 於諸苦味에 爲千倍勝이라 何以故오 是大乘典大涅 槃經이 於聲聞經에 最爲上首함이 喩如牛乳가 味中最勝이라 以是義故로 名大涅槃이니라

復次善男子야 若善男子·善女人等이 無有不求男子身者니 何以故오 一切 女人은 皆是衆惡之所住處니라

復次善男子야 如蚊(모기 문)子尿(오줌 뇨)가 不能令此大地로 潤洽이라 其女人 者의 婬欲難滿도 亦復如是하니라

譬如大地를 一切作丸하야 如葶藶子어든 如是等男을 與一女人으로 共爲 欲事라도 猶不能足하리라 假使男子가 數如恒沙가 與一女人으로 共爲欲 事라도 猶不能足하리라

善男子야 譬如大海에 一切天雨와 百川衆流가 皆悉投注호대 而彼大海는 未曾滿足하야 女人之法도 亦復如是하야 假使一切로 悉爲男者하야 與一 女人으로 共爲欲事라도 而亦不足하리라

復次善男子야 如阿叔迦樹와 波吒羅樹와 迦尼迦樹가 春花開敷어든 有蜂 이 唼取色香細味하야 不知厭足하나니 女人欲男도 亦復如是하야 不知厭 足이니라

善男子야 以是義故로 諸善男子·善女人等이 聽是大乘大涅槃經인댄 常應 呵責女人之相하고 求於男子리니 何以故오 是大經典이 有丈夫相하니 所 謂佛性이라

若人이 不知是佛性者는 則無男相이니 所以者何오 不能自知有佛性故라 若有不能知佛性者인댄 我說是等은 名爲女人이요 若能自知有佛性者는 我說是人은 爲丈夫相하며 若有女人이 能知自身에 定有佛性하면 當知是 等은 即爲男子니라

善男子야 是大乘典大涅槃經은 無量無邊이며 不可思議인 功德之聚니 何

以故오 以說如來祕密藏故라 是故로 善男子·善女人이 若欲速知如來密藏인댄 應當方便으로 勤修此經이니라
迦葉菩薩이 白佛言호대 世尊이시여 如是如是하야 如佛所說하니 我今에 已有丈夫之相이며 得入如來微密藏故로 如來가 今日에 始覺悟我케하시니 因是하야 即得決定通達이로소이다
佛言하사대 善哉善哉라 善男子야 汝今에 隨順世間之法하야 而作是說이로다 迦葉이 復言호대 我不隨順世間法也니다
佛讚迦葉하사대 善哉善哉라 汝今所知인 無上法味가 甚深難知어늘 而能得知함이 如蜂採味하야 汝亦如是로다
復次善男子야 如蚊子澤이 不能令此大地로 沾洽이니 當來之世에 是經流布도 亦復如是하야 如彼蚊澤이니라
正法이 欲滅에 是經이 先當沒於此地리니 當知하라 即是正法衰相이니라
復次善男子야 譬如過夏에 初月이 名秋며 秋雨가 連注라 此大乘典大涅槃經도 亦復如是하야 爲於南方의 諸菩薩故로 當廣流布하야 降注法雨하야 彌滿其處니라
正法이 欲滅에 當至罽賓하야 具足無缺하면 潛沒地中하리라 或有信者와 或不信者일새 如是大乘方等經典인 甘露法味가 悉沒於地라 是經이 沒已에 一切諸餘大乘經典이 皆悉滅沒하리라
若得是經한 具足無缺人中象王인 諸菩薩等하면 當知하라 如來의 無上正法이 將滅不久하리라

大般涅槃經 卷第九 終

如來性品 第四之六

일본 고야산高野山 진언종真言宗 별격본산別格本山 남장원南蔵院에 모셔진 열반상

大般涅槃經 卷第十

北涼天竺 三藏 曇無讖 譯

如來性品 第四之七

爾時에 文殊師利가 白佛言호대 世尊이시여 今此純陀가 猶有疑心하니 唯願如來는 重爲分別하사 令得除斷케하소서
佛言하사대 善男子야 云何疑心고 汝當說之하라 當爲除斷호리라
文殊師利言호대 純陀가 心疑如來常住는 以得知見佛性力故라 하니 若見佛性으로 而爲常者인댄 本未見時엔 應是無常이요 若本無常인댄 後亦應爾니다 何以故오 如世間物이 本無今有인댄 已有還無라 如是等物이 悉是無常이니 以是義故로 諸佛菩薩과 聲聞緣覺이 無有差別이로소이다
　爾時에 世尊이 卽說偈言하사대
　本有今無하며 本無今有하니
　三世有法이　無有是處니라
善男子야 以是義故로 諸佛·菩薩·聲聞·緣覺이 亦有差別하며 亦無差別이니라
文殊師利가 讚言善哉라 誠如聖敎하시니 我今에 始解諸佛菩薩과 聲聞·緣覺이 亦有差別이며 亦無差別이니다
迦葉菩薩이 白佛言호대 世尊이시여 如來所說하신 諸佛菩薩과 聲聞緣覺이 性無差別을 唯願如來가 分別廣說하사 利益安樂一切眾生케하소서
佛言하사대 善男子야 諦聽諦聽하라 當爲汝說호리라
善男子야 譬如長者와 若長者子가 多畜乳牛호대 有種種色이라 常令一人으로 守護將養이러니 是人有時에 爲祠祀故로 盡搆諸牛하야 著一器中하니 見其乳色이 同一白色이어늘 尋便驚怪호대 牛色이 各異어늘 其乳가 云何

皆同一色고 是人이 思惟호대 如此一切는 皆是衆生의 業報因緣으로 令乳色一이라 하나니

善男子야 聲聞·緣覺·菩薩도 亦爾하야 同一佛性이 猶如彼乳하니 所以者何오 同盡漏故라 而諸衆生은 言佛菩薩·聲聞·緣覺이 而有差別이라 하며 有諸聲聞凡夫之人은 疑於三乘이 云何無別고 是諸衆生이 久後自解一切三乘이 同一佛性이 猶如彼人이 悟解乳相을 由業因緣이니라

復次善男子야 譬如金鑛을 淘鍊滓穢然後에 消融하야 成金之後에 價直無量이니라

善男子야 聲聞·緣覺·菩薩도 亦爾하야 皆得成就同一佛性이니 何以故오 除煩惱故라 如彼金鑛을 除諸滓穢니 以是義故로 一切衆生이 同一佛性하야 無有差別이니 以其先聞如來密藏으로 後成佛時에 自然得知함이 如彼長者가 知乳一相이라 何以故오 以斷無量億煩惱故니라

迦葉菩薩이 白佛言호대 世尊이시여 若一切衆生이 有佛性者인댄 佛與衆生이 有何差別이닛고 如是說者인댄 多有過咎리니다 若諸衆生이 皆有佛性인댄 何因緣故로 舍利弗等은 以小乘涅槃으로 而般涅槃하며 緣覺之人은 於中涅槃에 而般涅槃하며 菩薩之人은 於大涅槃에 而般涅槃이닛가 如是等人이 若同佛性인댄 何故로 不同如來涅槃하야 而般涅槃이닛가

善男子야 諸佛世尊의 所得涅槃은 非諸聲聞緣覺의 所得이니 以是義故로 大般涅槃을 名爲善有라 世若無佛이라도 非無二乘이 得二涅槃이니라

迦葉이 復言호대 是義云何닛고

佛言하사대 無量·無邊·阿僧祇劫에사 乃有一佛이 出現於世間하사 開示三乘이니라

善男子야 如汝所言하야 菩薩二乘이 無差別者를 我先於此如來密藏大涅槃中에 已說其義하였노라 諸阿羅漢은 無有善有니 何以故오 諸阿羅漢도 悉當得是大涅槃故라 以是義故로 大般涅槃이 有畢竟樂이니 是故로 名爲大般涅槃이니

迦葉이 言호대 如佛說者인댄 我今에 始知差別之義와 無差別義로소니 何

以故오 一切菩薩과 聲聞·緣覺이 未來之世에 皆當歸於大般涅槃이 譬如衆流가 歸於大海니다 是故로 聲聞緣覺之人을 悉名爲常이요 非是無常이니 以是義故로 亦有差別이며 亦無差別이니다

迦葉이 言호대 云何性差別이닛고

佛言하사대 善男子야 聲聞은 如乳하고 緣覺은 如酪하며 菩薩之人은 如生熟酥하고 諸佛世尊은 猶如醍醐라 以是義故로 大涅槃中에 說四種性이 而有差別이니라

迦葉이 復言호대 一切衆生의 性相이 云何닛고

佛言하사대 善男子야 如牛新生에 乳血이 未別이니 凡夫之性이 雜諸煩惱도 亦復如是니라

迦葉이 復言호대 拘尸那城에 有旃陀羅하니 名曰歡喜라 佛記是人이 由一發心하야 當於此界千佛數中에 速成無上正真之道라 하시니 以何等故로 如來가 不記尊者舍利弗과 目犍連等의 速成佛道닛고

佛言하사대 善男子야 或有聲聞·緣覺·菩薩은 作誓願言호대 我當久久토록 護持正法然後에 乃成無上佛道라 할새 以發速願故로 與速記니라

復次善男子야 譬如商人이 有無價寶하야 詣市賣之할새 愚人은 見之하고 不識輕笑어늘 寶主가 唱言호대 我此寶珠는 價直無數니라 聞已코 復笑하야 各各相謂호대 此非真寶라 是頗梨珠라 하나니 善男子야 聲聞·緣覺도 亦復如是하야 若聞速記하면 則便懈怠하야 輕笑薄賤을 如彼愚人이 不識真이니라

於未來世에 有諸比丘가 不能翹(발돋움할 교)勤修習善法하야 貧窮困苦하며 飢餓所逼으로 因是出家하야 長養其身이나 心志가 輕躁하고 邪命諂曲일새 若聞如來가 授諸聲聞의 速疾記者하면 便當大笑하야 輕慢毀呰(헐뜯을 자)하리니 當知하라 是等은 即是破戒나 自言已得過人之法이라 하리니 以是義故로 隨發速願하야 故與速記요 護正法者는 爲授遠記니라

迦葉菩薩이 復白佛言호대 世尊이시여 菩薩摩訶薩이 云何當得不壞眷屬이닛고

佛告迦葉하사대 若諸菩薩이 勤加精進하야 欲護正法하면 以是因緣으로 所得眷屬은 不可沮壞니라

迦葉菩薩이 復白佛言호대 世尊이시여 何因緣故로 眾生이 得此脣口乾焦닛고

佛告迦葉하사대 若有不識三寶常存하면 以是因緣으로 脣口乾焦니 如人口爽에 不知甜·苦·辛·醋·鹹·淡·六味差別이라 一切眾生이 愚癡無智하야 不識三寶가 是常住法일새 是故로 名為脣口乾焦니라

復次善男子야 若有眾生이 不知如來是常住者는 當知是人은 則為生盲이요 若知如來가 是常住者하면 如是之人은 雖有肉眼이나 我說是等은 名為天眼이니라

復次善男子야 若有能知如來是常하면 當知하라 是人는 久已修習如是經典이니 我說是等은 亦名天眼이니라 雖有天眼이나 而不能知如來是常하면 我說斯等은 名為肉眼이니 是人은 乃至不識自身의 手脚支節이며 亦復不能令他識知케할새 以是義故로 名為肉眼이니라

復次善男子야 如來가 常為一切眾生하야 而作父母시니 所以者何오 一切眾生이 種種形類며 二足·四足·多足·無足이라 佛以一音으로 而為說法이어늘 彼彼異類가 各自得解하고 各各歎言호대 如來가 今日에 為我說法라 하나니 以是義故로 名為父母니라

復次善男子야 如人生子하야 始十六月에 雖復語言이나 未可解了일새 而彼父母가 欲教其語하야 先同其音하야 漸漸教之하나니 是父母語가 可不正耶아 不也니다 世尊이시여

善男子야 諸佛如來도 亦復如是하사 隨諸眾生의 種種音聲하야 而為說法하야 為令安住於正法故로 隨所應見하야 而為示現種種形像하나니 如來가 如是同彼語言하시니 可不正耶아 不也니다 世尊이시여 何以故오 如來所說은 如師子吼로대 隨順世間의 種種音聲하사 而為眾生하야 歎說妙法하시나니다

大般涅槃經 一切大衆所問品 第五

爾時에 世尊께서 從其面門하야 放種種色인 靑·黃·赤·白·紅紫光明하사 照純陀身하신대 純陀가 遇已에 與諸眷屬으로 持諸餚膳하고 疾往佛所하야 欲奉如來와 及比丘僧께 最後供養하려하야 種種器物을 充滿具足하야 持至佛前이어늘 爾時에 有大威德天人이 而遮其前하야 周匝圍遶하야 謂純陀言호대 且住하라 純陀여 勿便奉施하라 當爾之時에 如來가 復放無量無邊種種光明하시니 諸天大衆이 遇斯光已에 尋聽純陀前至佛所하야 奉其所施러라
爾時에 天人과 及諸衆生이 各各自取所持供養하야 至於佛前하야 長跪白佛호대 唯願如來는 聽諸比丘의 受此飮食하소서 時諸比丘가 知是時故로 執持衣鉢하야 一心安詳이러니
爾時에 純陀가 爲佛及僧하야 布置種種師子寶座하고 懸繒幡蓋하며 花香瓔珞하니 爾時에 三千大千世界의 莊嚴微妙가 猶如西方安樂國土러니라
爾時에 純陀가 住於佛前하야 憂悲悵怏하야 重白佛言호대 唯願如來는 猶見哀愍하사 住壽一劫커나 若減一劫하소서
佛告純陀하사대 汝欲令我로 久住世者인댄 宜當速奉最後具足檀波羅蜜하라
爾時에 一切菩薩摩訶薩과 天人雜類가 異口同音으로 唱如是言호대 奇哉 純陀여 成大福德일새 能令如來로 受取最後無上供養이로니 而我等輩은 無福所致하야 所設供具가 則爲唐捐이로다 爾時에 世尊이 欲令一切衆望滿足하야 於自身上——毛孔에 化無量佛이어늘 一一諸佛이 各有無量諸比丘僧이라 是諸世尊과 及無量衆이 悉皆示現受其供養하시고 釋迦如來는 自受純陀의 所奉設者하실새
爾時에 純陀의 所持粳糧成熟之食이 摩伽陀國에 滿足八斛이라 以佛神力으로 皆悉充足一切大會어늘 爾時에 純陀가 見是事已에 心生歡喜하야 踊躍無量하고 一切大衆도 亦復如是러니라

爾時에 大衆이 承佛聖旨하야 各作是念호대 如來가 今已受我等施하시니 不久에 便當入於涅槃이로다 作是念已에 心生悲喜하다 爾時樹林이 其地狹小러니 以佛神力으로 如針鋒處에 皆有無量諸佛世尊과 及其眷屬等이 坐而食所食之物도 亦無差別하니라 是時에 天人·阿修羅等이 啼泣悲歎하야 而作是言호대 如來今日에 已受我等의 最後供養하시니 受供養已에 當般涅槃하시리니 我等이 當復更供養誰오 我今永離無上調御하야 盲無眼目이로다

爾時에 世尊이 爲欲慰喩一切大衆하사 而說偈言하사대
　汝等은 莫悲歎하라　　諸佛法應爾시니
　我入於涅槃이　　　　已經無量劫이니라
　常受最勝樂하야　　　永處安隱處로니
　汝今至心聽하라　　　我當說涅槃호리라
　我已離食想하야　　　終無飢渴患호라
　我今當爲汝하야　　　說其隨順願하야
　令諸一切衆으로　　　咸得安隱樂호리니
　汝聞應修行　　　　　諸佛法常住하라
　假使烏與鵄가　　　　同共一樹棲하야
　猶如親兄弟인댄　　　爾乃永涅槃하리라
　如來視一切를　　　　猶如羅睺羅하야
　常爲衆生尊이어니　　云何永涅槃이리오
　假使蛇鼠狼이　　　　同處一穴遊하야
　相愛如兄弟인댄　　　爾乃永涅槃하리라
　如來視一切를　　　　猶如羅睺羅하사
　常爲衆生尊하니　　　云何永涅槃이리오
　假使七葉花로　　　　轉爲婆師香하며
　迦留迦果樹를　　　　轉爲鎭頭果언정
　如來視一切를　　　　猶如羅睺羅하시니

云何捨慈悲하고　永入於涅槃이리요
假使一闡提가　現身成佛道하야
永處第一樂이면　爾乃入涅槃이리라
如來視一切를　皆如羅睺羅하니
云何捨慈悲하고　永入於涅槃이리요
假使一切衆이　一時成佛道하야
遠離諸過患이라야 爾乃入涅槃이어니와
如來視一切를　皆如羅睺羅하니
云何捨慈悲하고　永入於涅槃이리요
假使蚊子尿로　浸壞於大地와
諸山及百川하며 大海에 悉盈滿하는
若有如是事하면 爾乃入涅槃어니와
悲心視一切를　皆如羅睺羅하사
常為衆生尊이어니 云何永涅槃이리요
以是故汝等이　應深樂正法하고
不應生憂惱하야　號泣而啼哭이어다
若欲自正行인댄　應修如來常이니라
當觀如是法의　長存不變易하며
復應生是念호대 三寶皆常住시니
是則獲大護를　如呪枯生菓라
是名為三寶니　四衆은 應善聽이요
聞已應歡喜하야 即發菩提心하라
若能計三寶가　常住同真諦하면
此則是諸佛의　最上之誓願이니라

若有比丘·比丘尼·優婆塞·優婆夷가 能以如來最上誓願으로 而發願者는 當知하라 是人은 無有愚癡라 堪受供養하리니 以此願力으로 功德과 果報가 於世에 最勝이 如阿羅漢이어니와 若有不能如是觀了三寶常者하면 是旃陀

一切大衆所問品 第五

羅요 若有能知三寶常住인댄 實法因緣으로 離苦安樂하고 無有嬈害와 能留難者리라

爾時에 人天大衆과 阿修羅等이 聞是法已에 心生歡喜하야 踊躍無量하며 其心이 調柔하야 善滅諸蓋하며 心無高下하고 威德이 淸淨하며 顔貌가 怡悅하야 知佛常住라 是故로 施設諸天供養하야 散種種花와 末香과 塗香하며 鼓天伎樂하야 以供養佛이러라

爾時에 佛告迦葉菩薩言하사대 善男子야 汝見是衆의 希有事不아

迦葉이 答言호대 已見이니다 世尊이시여 見諸如來無量·無邊·不可稱計가 受諸大衆人天의 所奉飯食供養하며 又見諸佛의 其身이 姝大이나 所坐之處가 如一針鋒에 多衆圍遶호대 不相障礙하며 復見大衆이 悉發誓願하야 說十三偈하며 亦知大衆이 各心念言호대 如來가 今者에 獨受我供이라 하며 假使純陀의 所奉飯食을 碎如微塵하야 一塵一佛이라도 猶不周遍이어늘 以佛神力으로 悉皆充足一切大衆하니 唯諸菩薩摩訶薩과 及文殊師利法王子等은 能知如是希有事耳니 悉是如來方便示現이며 聲聞大衆과 及阿修羅等은 皆知如來가 是常住法이니다

爾時에 世尊이 告純陀言하사대 汝今所見이 爲是希有奇特事不아 實爾니다 世尊이시여 我先所見無量諸佛이 三十二相과 八十種好로 莊嚴其身을 今悉見하며 爲菩薩摩訶薩의 體貌傀異며 姝大殊妙나 唯見佛身이 喩如藥樹하야 爲諸菩薩摩訶薩等之所圍遶로소이다 佛告純陀하사대 汝先所見無量佛者는 是我所化라 爲欲利益一切衆生하야 令得歡喜하노라 如是菩薩摩訶薩等의 所可修行도 不可思議라 能作無量諸佛之事하나니라 純陀야 汝今에 皆已成就菩薩摩訶薩行하니 得住十地菩薩所行하야 具足成辦이니라

迦葉菩薩이 白佛言호대 世尊이시여 如是如是하야 如佛所說하시니 純陀의 所修成菩薩行을 我亦隨喜하노이다

今者에 如來가 欲爲未來無量衆生하사 作大明故로 說是大乘大涅槃經하시나니다 世尊이시여 一切契經에 說有餘義닛가 無餘義耶닛가 善男子야 我

所說者가 亦有餘義며 亦無餘義니라
純陀가 白佛言호대 世尊이시여 如佛所說하신 所有之物을 布施一切라도 唯可讚歎이요 無可譏損이라 하시니
世尊이시여 是義云何며 持戒毁戒가 有何差別이닛고
佛言하사대 唯除一人하고 餘一切施에 皆可讚歎이니라
純陀가 問言호대 云何名為唯除一人이닛고
佛言하사대 如此經中에 所說破戒니라 純陀가 復言호대 我今未解하오니 唯願說之하소서
佛言하사대 純陀야 言破戒者는 謂一闡提요 其餘在所엔 一切布施하야 皆可讚歎하면 獲大果報니라
純陀가 復問호대 一闡提者는 其義云何닛고
佛言하사대 純陀야 若有比丘와 及比丘尼·優婆塞·優婆夷가 發麤惡言하야 誹謗正法하고 造是重業호대 永不改悔하야 心無慚愧하면 如是等人은 名為趣向一闡提道요 若犯四重커나 作五逆罪하야 自知定犯이나 如是重事에 而心初無怖畏慚愧하야 不肯發露하고 於佛正法에 永無護惜建立之心하며 毁呰輕賤하야 言多過咎하면 如是等人은 亦名趣向一闡提道며 若復說言無佛法僧이라 하면 如是等人도 亦名趣向一闡提道니 唯除如此一闡提輩하고 施其餘者엔 一切讚歎이니라
爾時에 純陀가 復白佛言호대 世尊이시여 所言破戒는 其義云何닛고
答言하사 純陀야 若犯四重과 及五逆罪하며 誹謗正法하면 如是等人을 名為破戒니라
純陀가 復問호대 如是破戒도 可拔濟不닛가
答言하사 純陀야 有因緣故로 則可拔濟니 若被法服이라도 猶未捨遠하야 其心이 常懷慚愧恐怖하야 而自考責호대 咄哉라 何為犯斯重罪오 何期怪哉오 造斯苦業고 하여 其心이 改悔하야 生護法心하고 欲建正法하야 有護法者어든 我當供養하고 若有讀誦大乘典者어든 我當諮問하야 受持讀誦하며 既通利已에 復當為他하야 分別廣說이라 하면 我說是人은 不為破戒라

하노니 何以故오

善男子야 譬如日出에 能除一切塵翳闇冥이라 是大涅槃微妙經典이 出興 於世도 亦復如是하야 能除衆生의 無量劫中에 所作衆罪하나니 是故로 此 經에 說호대 護正法하면 得大果報하며 拔濟破戒하나니라 若有毁謗是正法者 라도 能自改悔하야 還歸於法하야 自念所作一切不善이 如人自害라 하고 心生恐怖하야 驚懼慚愧호대 除此正法코는 更無救護라 하야 是故로 應當 還歸正法이니라

若能如是如說歸依어든 布施是人하면 得福無量하리니 亦名世間에 應受供 養이니라 若犯如上惡業之罪하고 若經一月或十五日토록 不生歸依發露之 心커늘 若施是人하면 果報甚少하며 犯五逆者도 亦復如是니라

能生悔心하야 內懷慚愧호대 今我所作不善之業이 甚為大苦로다 我當建 立護持正法이라 하면 是則不名五逆罪也니 若施是人하면 得福이 無量하리 라 犯逆罪已코 不生護法歸依之心커늘 有施是者는 福不足言이니라

又善男子야 犯重罪者를 汝今諦聽하라 我當爲汝하야 分別廣說호리라 應 生是心호대 謂正法者는 即是如來의 微密之藏이니 是故로 我當護持建立 호리라 하면 施是人者는 得勝果報하나니라

善男子야 譬如女人이 懷妊垂産에 值國荒亂하야 逃至他土하야 在一天廟 하야 即便生産이러니 聞其舊邦이 安隱豐熟하고 携將其子하야 欲還本土할 새 中路에 值河하니 水漲暴急이라 荷負是兒하야 不能得渡어늘 即自念言 호대 我今寧與一處併命이언정 終不捨棄하고 而獨渡也리라

念已에 母子가 俱共沒命하야 命終之後에 尋生天中하니 以慈念子하야 欲 令得渡언정 而是女人은 本性이 弊惡이로대 以愛子故로 得生天中하니 犯 四重禁과 五無間罪하고 生護法心도 亦復如是하야 雖復先爲不善之業이나 以護法故로 得爲世間無上福田이라 是護法者가 有如是等無量果報니라

純陀復言호대 世尊이시여 若一闡提가 能自改悔하야 恭敬供養讚歎三寶어 든 施如是人하면 得大果報不닛가

佛言하사대 善男子야 汝今不應作如是說하라 善男子야 譬如有人이 食菴

羅果하고 吐核置地하야 而復念言호대 是菓核中에 應有甘味라 하야 卽復還取하야 破而嘗之하니 其味極苦라 心生悔恨호대 恐失菓種하야 卽還收拾하야 種之於地하고 勤加修治하야 以蘇油乳로 隨時漑灌하면 於意에 云何오 寧可生不아 不也니다 世尊이시여 假使天降無上甘雨라도 猶亦不生하리니다

善男子야 彼一闡提도 亦復如是하야 燒然善根하니 當於何處에 而得除罪리요 善男子야 若生善心하면 是則不名一闡提也니라 善男子야 以是義故로 一切所施에 所得果報가 非無差別이니 何以故오 施諸聲聞하야 所得報異며 施辟支佛하면 得報가 亦異며 唯施如來라야 獲無上果하나니 是故로 說言호대 一切所施가 非無差別이라 하노라

純陀가 復言호대 何故로 如來가 而說此偈닛고

佛言하사대 純陀야 有因緣故로 我說此偈니라

王舍城中에 有優婆塞가 心無淨信하야 奉事尼犍이러니 而來問我布施之義어늘 以是因緣으로 故說斯偈며 亦爲菩薩摩訶薩等하야 說祕蜜藏義니 如斯偈者는 其義云何오 一切者는 少分一切니 當知菩薩摩訶薩은 人中之雄이라 攝取持戒하야 施其所須요 捨棄破戒를 如除稊稗니라

復次善男子야 如我昔日에 所說偈言호대

　一切江河는 必有迴曲이요 一切叢林을
　　必名樹木이며 一切女人은 必懷諂曲이요
　　一切自在는 必受安樂이니라

爾時에 文殊師利菩薩摩訶薩이 卽從座起하야 偏袒右臂하고 右膝著地하야 前禮佛足하고 而說偈言호대

　非一切河가 必有迴曲이며 非一切林을
　　悉名樹木이요 非一切女가 必懷諂曲이며
　　一切自在가 不必受樂이어늘

佛所說偈는 其義가 有餘어니 唯垂哀愍하사 說其因緣허소서 何以故오 世尊이시여 於此三千大千世界에 有渚하니 名拘耶尼요 其渚에 有河호대 端

一切大衆所問品 第五

直不曲하니 名娑婆耶니 喻如繩墨이라 直入西海하나니 如是河相은 於餘經中에 佛未曾說하시니 唯願如來는 因此方等하야 阿含經中에 說有餘義를 令諸菩薩로 深解是義케하소서

世尊이시여 譬如有人이 先識金鑛하고 後不識金하야 如來도 亦爾하사 盡知法已로대 而所演說이 有餘不盡하시니 如來雖作如是餘說이나 應當方便으로 解其意趣리다

一切叢林은 必是樹木이라 하시니 是亦有餘니다 何以故오 種種金銀·琉璃·寶樹도 是亦名林이니라

一切女人은 必懷諂曲이라 하시니 是亦有餘니 何以故오 亦有女人이 善持禁戒하야 功德成就하야 有大慈悲요 一切自在는 必受樂者도 是亦有餘니 何以故오 有自在者는 轉輪聖帝와 如來法王이니 不屬死魔일새 不可滅盡이요 梵釋諸天은 雖得自在나 悉是無常이요 若得常住無變易者를 乃名自在인댄 所謂大乘大般涅槃이니다

佛言하사대 善男子야 汝今善得樂說之辯이로다 且止諦聽하라 文殊師利여 譬如長者가 身嬰病苦어늘 良醫診之하고 爲合膏藥하니 是時에 病者가 貪欲多服이어늘 醫語之言호대 若能消者인댄 則可多服이어니와 汝今體羸하니 不應多服이니라 當知是膏는 亦名甘露며 亦名毒藥이니 若多服不消하면 則名爲毒이라 하나라

善男子야 汝今勿謂是醫所說이 違失義理하야 喪膏力勢라 하라 善男子여 如來도 亦爾하야 爲諸國王과 后妃太子와 王子大臣하며 因波斯匿王과 王子后妃의 憍慢心故 爲欲調伏하야 示現恐怖를 如彼良醫일새 故說偈言호대

　一切江河는 必有迴曲이며 一切叢林을
　必名樹木이며 一切女人은 必懷諂曲이요
　一切自在는 必受安樂이라 하였노라

文殊師利여 汝今當知하라 如來所說은 無有漏失이니 如此大地을 可令反覆아언정 如來之言은 終無漏失이라 以是義故로 如來所說은 一切有餘니라

爾時에 佛讚文殊師利하사대 善哉善哉라 善男子여 汝已久知如是之義로대 愍哀一切하야 欲令衆生으로 得智慧故로 廣問如來의 如是偈義로다
爾時에 文殊師利法王之子가 復於佛前에 而說偈言호대

　於他言語에 隨順不逆하며 亦不觀他의

　作以不作하고 但自觀身의 善不善行이라 하시니

世尊이시여 如是說此法藥은 非爲正說이오이다 於他語言에 隨順不逆者를 唯願如來는 垂哀正說하소서 何以故오 世尊께서 常說하사대 一切外學九十五種은 皆趣惡道요 聲聞弟子는 皆向正路니 若護禁戒하야 攝持威儀하며 安愼諸根하면 如是等人은 深樂大法이라 趣向善道라 하시고 如來何故로 於九部中에 見有毁他하면 則便呵責하시니 如是偈義는 爲何所趣닛고

佛告文殊師利하사대 善男子여 我說此偈는 亦不盡爲一切衆生이요
爾時에 唯爲阿闍世王이니 諸佛世尊이 若無因緣이면 終不逆說이요 有因緣故로 乃說之耳니라

善男子여 阿闍世王이 害其父已코 來至我所하야 欲折伏我하야 作如是問호대 云何世尊이 有一切智닛가 非一切智耶니다 若一切智인댄 調達이 往昔無量世中에 常懷惡心하고 隨逐如來하야 欲爲殺害어늘 云何如來가 聽其出家닛가 할새 善男子여 以是因緣으로 我爲是王하야 而說此偈호대

　於他語言에 隨順不逆하며 亦不觀他의

　作以不作하고 但自觀身의 善不善行하라

佛告大王하사대 汝今害父하니 已作逆罪라 最重無間이니 應當發露하야 以求淸淨이어늘 何緣으로 乃更見他過咎아 善男子여 以是義故로 我爲彼王하야 而說是偈하니라

復次善男子여 亦爲護持不毁禁戒하야 成就威儀로대 見他過者하야 而說是偈니라 若復有人이 受他敎誨하야 遠離衆惡하고 復敎他人하야 令遠衆惡하면 如是之人은 則我弟子니라

爾時에 世尊께서 爲文殊師利하사 而說偈言하사대

　一切가 畏刀杖하며 無不愛壽命하나니

恕己可爲喻하야 勿殺勿行杖하라
爾時에 文殊師利가 復於佛前에 而說偈言호대
　　非一切畏杖이며 非一切愛命이니
　　恕己可爲喻하야 勤作善方便하라
如來가 說是法句之義도 亦是未盡이니 何以故오 如阿羅漢과 轉輪聖王과 玉女와 象馬와 主藏大臣은 若諸天人과 及阿修羅가 執持利劍하야 能害之者는 無有是處요 勇士烈女와 馬王獸王과 持戒比丘는 雖復對至나 而不恐怖하나니 以是義故로 如來說偈가 亦是有餘니다 若言恕己可爲喻者도 是亦有餘니 何以故오 若使羅漢으로 以己喻彼인댄 則有我想과 及以命想이라 若有我想과 及以命想인댄 則應擁護요 凡夫도 亦應見阿羅漢이 悉是行人이니 若如是者인댄 即是邪見이라 若有邪見이면 命終之時에 即應生於阿鼻地獄하리니라
又復羅漢이 設於衆生에 生害心者는 無有是處요 無量衆生도 亦復無能害羅漢者니다
佛言하사대 善男子여 言我想者는 謂於衆生에 生大悲心이요 無殺害想이니 謂阿羅漢의 平等之心이니라 勿謂世尊이 無有因緣하고 而逆說也니라 昔日於此王舍城中에 有大獵師가 多殺群鹿이러니 請我食肉이어늘 我於是時에 雖受彼請이나 於諸衆生에 生慈悲心을 如羅睺羅라 而說偈言호대
　　當令汝長壽하야 久久住於世인댄
　　受持不害法을 猶如諸佛壽니라
是故로 我說是偈하되
　　一切畏刀杖하며 無不愛壽命하나니
　　恕己可爲喻하야 勿殺勿行杖하라
佛言하사대 善哉善哉라 文殊師利여 爲諸菩薩摩訶薩故로 諮問如來의 如是密敎로다
爾時에 文殊師利가 復說是偈호대
　　云何敬父母하야 隨順而尊重호대

云何修此法하야 墮於無間獄이닛고
於是에 如來가 復以偈로 答文殊師利하사대
　　若以貪愛母하며 無明以為父하야
　　隨順尊重是하면 則墮無間獄이니라
爾時에 如來께서 復為文殊師利菩薩하사 重說偈言하사대
　　一切屬他인댄 則名為苦요 一切由己인댄
　　自在安樂이며 一切憍慢은 勢極暴惡이요
　　賢善之人은 一切愛念이니라
爾時에 文殊師利菩薩摩訶薩이 白佛言호대 世尊이시여 如來所說이 是亦不盡하오니 唯願如來는 復垂哀愍하사 說其因緣하소서 何以故오 如長者子가 從師學時에 為屬師不닛가 若屬師者라도 義不成就요 若不屬者라도 亦不成就며 若得自在라도 亦不成就니 是故로 如來所說이 有餘니다
復次世尊이시여 譬如王子가 無所綜習하야 觸事不成이라도 是亦自在리니 愚闇常苦하난 如是王子를 若言自在인댄 義亦不成이요 若言屬他라도 義亦不成이니 以是義故로 佛所說義가 名為有餘라 是故로 一切屬他가 不必受苦며 一切自在도 不必受樂이요 一切憍慢은 勢極暴惡도 是亦有餘니다 世尊이시여 如諸烈女가 憍慢心故로 出家學道호대 護持禁戒하야 威儀成就하며 守攝諸根하야 不令馳散하나니 是故로 一切憍慢之結이라도 不必暴惡이니다
賢善之人을 一切愛念도 是亦有餘니 如人이 內犯四重禁已에 不捨法服하야 堅持威儀라도 護持法者가 見已不愛며 是人命終에 必墮地獄이니다 若有賢人이 犯重禁已에 護法이 見之에 即驅令出하야 罷道還俗하리니 以是義故로 一切賢善을 何必悉愛하리닛고
爾時에 佛告文殊師利하사대 有因緣故로 如來가 於此에 說有餘義며 又有因緣일새 諸佛如來가 而說是法하시니라 時王舍城에 有一女人하니 名曰善賢이라 還父母家라가 因至我所하야 歸依於我와 及法眾僧하야 而作是言호대 一切女人은 勢不自由요 一切男子는 自在無礙라 하거늘 我於爾時에 知

是女心하고 即爲宣說如是偈頌이니라
文殊師利여 善哉善哉라 汝今能爲一切衆生하야 問於如來의 如是密語로다 文殊師利가 復說偈言호대
　一切諸衆生은　　皆依飮食存하며
　一切有大力은　　其心無嫉妬로대
　一切因飮食하야　而多得病苦하며
　一切修淨行은　　而得受安樂이니다
如是世尊이시여 今受純陀飮食供養하시니 將無如來가 有恐怖耶닛가
爾時에 世尊께서 復爲文殊하사 而說偈言하사대
　非一切衆生이　　盡依飮食存이며
　非一切大力이　　心皆無嫉妬요
　非一切因食하야　而致病苦患이며
　非一切淨行이　　悉得受安樂이니라
文殊師利여 汝若得病인댄 我亦如是하야 應得病苦리니 何以故오 諸阿羅漢과 及辟支佛과 菩薩과 如來가 實無所食이로대 但欲化彼하사 示現受用無量衆生의 所施之物하야 令其具足檀波羅蜜이며 拔濟地獄·畜生·餓鬼이니라 若言如來가 六年苦行하야 身羸(파리할 리)瘦(수척할 수)者인댄 無有是處니 諸佛世尊이 獨拔諸有하야 不同凡夫어늘 云何而得身羸劣耶아 諸佛世尊이 精勤修習하야 獲金剛身하야 不同世人의 危脆之身이니라 我諸弟子도 亦復如是하야 不可思議라 不依於食이니라 一切大力은 無嫉妬者도 亦有餘義니 如世間人이 終身永無嫉妬之心이로대 而亦無力이니라
一切病苦가 因食得者도 亦有餘義니 亦見有人은 得客病者하니 所謂刺刺이며 刀劍鉾槊이니라
一切淨行이 受安樂者도 是亦有餘니 世間에 亦有外道之人이 修於梵行호대 多受苦惱하나니 以是義故로 如來所說이 一切有餘라 是名如來가 非無因緣하야 而說此偈요 有因故說이니라
昔日於此優禪尼國에 有婆羅門하니 名羖羝德이라 來至我所하야 欲受第

四八戒齋法이어늘 我於爾時에 爲說是偈니라
爾時에 迦葉菩薩이 白佛言호대 世尊이시여 何等이 名爲無餘義耶며 云何復名一切義乎닛가
善男子야 一切者는 唯除助道常樂善法코 是名一切며 亦名無餘요 其餘諸法도 亦名有餘며 亦名無餘니 欲令樂法하는 諸善男子로 知此有餘와 及無餘義니라
迦葉菩薩이 心大歡喜하야 踊躍無量하야 前白佛言호대 甚奇世尊이시여 等視眾生을 如羅睺羅로소이다
爾時에 佛讚迦葉菩薩하사 善哉善哉라 汝今所見이 微妙甚深이로다
迦葉菩薩이 白佛言호대 世尊이시여 唯願如來는 說是大乘大涅槃經의 所得功德하소서
佛告迦葉하사대 善男子야 若有得聞是經名字하면 所得功德은 非諸聲聞辟支佛等의 所能宣說이요 唯佛能知니 何以故오 不可思議인 是佛境界라 何況受持讀誦하며 通利書寫經卷가
爾時에 諸天世人과 及阿修羅가 即於佛前에 異口同音으로 而說偈言호대

 諸佛難思議며　　　法僧도 亦復然이라
 是故로 今勸請하오니 唯願小停住하소서
 尊者大迦葉과　　　及以阿難等의
 二眾之眷屬을　　　且待須臾至하소서
 幷及摩伽主인　　　阿闍世大王이
 至心敬信佛호대　　猶故未來此하니
 唯願於如來는　　　小垂哀愍住하사
 於此大眾中에　　　斷我諸疑網케하소서

爾時에 如來가 爲諸大眾하사 而說偈言호대

 我法最長子는 是名大迦葉이요
 阿難은 勤精進하야 能斷一切疑하니
 汝等은 當諦觀하라 阿難多聞士라

一切大衆所問品 第五

　自然當解了是常及無常하리니
　以是故不應心懷於憂惱니라
爾時에 大衆이 以種種物로 供養如來하고 供養佛已에 即發阿耨多羅三藐三菩提心하며 無量無邊恒河沙等諸菩薩輩은 得住初地하니
爾時에 世尊께서 與文殊師利와 迦葉菩薩과 及以純陀하야 而受記莂하사며 受記莂已에 說如是言하사대 諸善男子여 自修其心하고 慎莫放逸하라 我今背疾하야 擧體皆痛하니 我今欲臥를 如彼小兒와 及常患者하노라
汝等文殊는 當爲四部하야 廣說大法하라 今以此法으로 付囑於汝하노니 乃至迦葉과 阿難等來어든 復當付囑如是正法이어라
爾時에 如來가 說是語已에 爲欲調伏諸衆生故로 現身有疾하사 右脇而臥를 如彼病人하시니라

大般涅槃經 卷第十 終

大般涅槃經卷 第十一

北凉 天竺三藏 曇無讖 譯

現病品 第六

爾時에 迦葉菩薩이 白佛言호대 世尊이시여 如來가 已免一切疾病하사 患苦悉除하야 無復怖畏니다 世尊이시여 一切眾生은 有四毒할새 則為病因이니 何等이 為四오
一‧貪欲‧二‧瞋恚‧三‧愚癡‧四‧憍慢이라
若有病因하면 則有病生이니 所謂愛熱肺病과 上氣吐逆과 膚體瘮瘮와 其心悶亂과 下痢噦噎과 小便淋瀝과 眼耳疼痛과 背滿腹脹과 顛狂乾消와 鬼魅所著이라 如是種種身心諸病을 諸佛世尊은 悉無復有어늘 今日에 如來가 何緣으로 顧命文殊師利하사 而作是言하사 我今背痛하니 汝等은 當為大眾說法하라 하시나닛가
有二因緣하야 則無病苦니 何等이 為二오
　一者는 憐愍一切眾生이요
　二者는 給施病者醫藥이라
如來가 往昔에 已於無量萬億劫中에 修菩薩道이 실새 常行愛語하야 利益眾生하야 不令苦惱하시며 施疾病者에 種種醫藥이어시늘 何緣으로 於今에 自言有病이닛고
世尊이시여 世有病人이 或坐或臥에 不安處所하며 或索飲食하며 勅誡家屬하야 修治產業이어늘 何故로 如來가 默然而臥하사 不教弟子聲聞人等의 尸波羅蜜과 諸禪解脫과 三摩跋提하야 修諸正勤하시며 何緣으로 不說如是甚深大乘經典하시며
如來가 何故로 不以無量方便으로 教大迦葉과 人中象王인 諸大人等하야

令不退於阿耨多羅三藐三菩提케하시며 何故로 不治諸惡比丘의 受畜一切不淨物者닛고

世尊이시여 實無有病이어늘 云何默然하야 右脇而臥닛가 諸菩薩等이 凡所給施病者醫藥하야 所得善根으로 悉施衆生하야 而共廻向一切種智하며 爲除衆生의 諸煩惱障과 業障과 報障하나니 煩惱障者는 貪欲·瞋恚·愚癡와 忿怒·纏蓋焦惱와 嫉妬慳悋과 奸詐諛諂과 無慚無愧와 慢慢慢과 不如慢과 增上慢과 我慢과 邪慢과 憍慢과 放逸貢高와 懟恨諍訟과 邪命諂媚와 詐現異相하야 以利求利며 惡求多求하야 無有恭敬이며 不隨敎誨하고 親近惡友하며 貪利無厭하야 纏縛難解며 欲於惡欲과 貪於惡貪이며 身見有見과 及以無見이며 頻申憙睡와 欠呿不樂과 貪嗜飮食하야 其心이 瞢瞢하며 心緣異想하야 不善思惟하며 身口多惡하야 好意多語하며 諸根闇鈍하야 發言多虛며 常爲欲覺과 恚覺과 害覺之所覆蓋니 是名煩惱障이오

業障者는 五無間罪와 重惡之病이요

報障者는 生在地獄·畜生·餓鬼이며 誹謗正法과 及一闡提가 是名報障이니다

如是三障을 名爲大病이니 而諸菩薩은 於無量劫에 修菩提時에 給施一切疾病醫藥일새 常作是願호대 令諸衆生으로 永斷如是三障重病이라 하나니다

復次世尊이시여 菩薩摩訶薩이 修菩提時에 給施一切病者醫藥하며 常作是願호대 願令衆生으로 永斷諸病하야 得成如來金剛之身하며

又願一切無量衆生으로 作妙藥王하야 斷除一切諸惡重病하며 願諸衆生으로 得阿伽陀藥하야 以是藥力으로 能除一切無量惡毒이라 하며

又願衆生이 於阿耨多羅三藐三菩提에 無有退轉하야 速得成就無上佛藥하고 消除一切煩惱毒箭이라 하며

又願衆生이 勤修精進하야 成就如來金剛之心하며 作微妙藥하야 療治衆病하고 不令有人으로 生諍訟想이라 하며 亦願衆生으로 作大藥樹하야 療治一切諸惡重病이라 하며

又願衆生이 拔出毒箭하야 得成如來無上光明이라 하며
又願衆生이 得入如來智慧大藥微密法藏하야지이다 하나니
世尊이시여 菩薩이 如是已於無量百千萬億那由他劫에 發是誓願하야 令諸衆生으로 悉無復病이어늘 何緣으로 如來가 乃於今日에 唱言有病이닛가
復次世尊이시여 世有病人이 不能坐起와 俯仰進止하며 飮食不御하고 漿水不下하며 亦復不能敎戒諸子의 修治家業이어든 爾時에 父母와 妻子·兄弟와 親屬知識이 各於是人에 生必死想하나니다
世尊이시여 如來가 今日에 亦復如是하사 右脇而臥하야 無所論說하시니 此閻浮提에 有諸愚人이 當作是念호대 如來正覺이 必當涅槃이라 하야 生滅盡想하리니다
而如來性은 實不畢竟에 入於涅槃이니 何以故오 如來常住하사 無變易故라 以是因緣으로 不應說言我今背痛이니다
復次世尊이시여 世有病者호대 身體羸損하야 若僵若側에 臥著床褥이어든 爾時에 家室이 心生惡賤하야 起必死想하나니 如來가 今者에 亦復如是하시니 當爲外道九十五種之所輕慢하야 生無常想하리니다
彼諸外道가 當作是言호대 不如我等이 以我性常으로 自在時節하며 微塵等法으로 而爲常住하야 無有變易이로다
沙門瞿曇은 無常所遷이라 是變易法이라 하리니 以是義故로 世尊이 今日에 不應默然하사 右脇而臥니다
復次世尊이시여 世有病者호대 四大增損하야 互不調適이라 羸瘦乏極일새 是故로 不能隨意坐起하고 臥著床褥이어니와 如來는 四大가 無不和適하사 身力具足하시며 亦無羸損이니다
世尊이시여 如十小牛力이 不如一大牛力이요
十大牛力이 不如一靑牛力이며
十靑牛力이 不如一凡象力이며
十凡象力이 不如一野象力이며
十野象力이 不如一二牙象力이며

現病品 第六

十二牙象力이 不如一四牙象力이며
十四牙象力이 不如雪山一白象力이며
十雪山白象力이 不如一香象力이며
十香象力이 不如一青象力이며
十青象力이 不如一黃象力이며
十黃象力이 不如一赤象力이며
十赤象力이 不如一白象力이며
十白象力이 不如一山象力이며
十山象力이 不如一優鉢羅象力이며
十優鉢羅象力이 不如一拘物頭象力이며
十拘物頭象力이 不如一分陀利象力이며
十分陀利象力이 不如人中一力士力이며
十人中力士力이 不如一鉢健提力이며
十鉢健提力이 不如一八臂那羅延力이며
十那羅延力이 不如一十住菩薩一節之力이니다
一切凡夫는 身中諸節이 節不相到이어니와 人中力士는 節頭相到하며 鉢健提身은 諸節相接이어니와 那羅延身은 節頭相拘하며 十住菩薩은 諸節骨解가 盤龍相結일새 是故로 菩薩은 其力이 最大라
世界成時에 從金剛際로 起金剛座하야 上至道場菩提樹下어든 菩薩이 坐已에 其心이 即時에 逮得十力하시나니 如來가 今者에 不應如彼嬰孩小兒니다
嬰孩小兒는 愚癡無智하야 無所能說이라 以是義故로 隨意優側이라도 無人譏訶어니와 如來世尊은 有大智慧하사 照明一切하시며 人中之龍이라 具大威德하며 成就神通인 無上仙人이라
永斷疑網하사 已拔毒箭하며 進止安詳하고 威儀具足하야 得無所畏어늘 今者에 何故로 右脇而臥하사 令諸人天으로 悲愁苦惱닛가
爾時에 迦葉菩薩이 即於佛前에 而說偈言호대

瞿曇大聖德은　　願起演妙法하시고
不應如小兒와　　病者臥床席하소서
調御天人師가　　倚臥雙樹間하시니
下愚凡夫見에　　當言必涅槃이라 하고
不知方等典의　　甚深佛所行하며
不見微密藏이　　猶盲不見道니다
惟有諸菩薩　　　文殊師利等이
能解是甚深을　　譬如善射者니다
三世諸世尊은　　大悲爲根本이어늘
如是大慈悲가　　今爲何所在닛가
若無大悲者면　　是則不名佛이며
佛若必涅槃하시면　是則不名常이니
惟願無上尊은　　哀受我等請하사
利益於衆生하시며　摧伏諸外道하소서

爾時에 世尊께서 大悲熏心으로 知諸衆生의 各各所念하시고 將欲隨順하야 畢竟利益하려하사 即從臥起하야 結跏趺坐하시니 顔貌熙怡하야 如融金聚하고 面目端嚴이 猶月盛滿이며 形容이 淸淨하야 無諸垢穢라 放大光明하야 充遍虛空하시니 其光이 大盛하야 過百千日이라 照于東方과 南·西·北方과 四維上下의 諸佛世界하야 惠施衆生大智之炬하사 悉令得滅無明黑闇하고 令百千億那由他衆生으로 安止不退菩提之心하시니라

爾時에 世尊께서 心無疑慮는 如師子王이라

以三十二大人之相과 八十種好로 莊嚴其身하시며 於其身上一切毛孔인 一一毛孔에 出一蓮花하니 其花가 微妙하야 各具千葉호대 純眞金色이요 琉璃로 爲莖하고 金剛爲鬚하고 玫瑰爲臺하며 形大團圓이 猶如車輪이라 是諸蓮花가 各出種種雜色光明하니 青·黃·赤·白·紫頗梨色이라 是諸光明이 皆悉遍至阿鼻地獄과 想地獄·黑繩地獄·眾合地獄·叫喚地獄·大叫喚地獄·焦熱地獄·大焦熱地獄이라

現病品 第六

是八地獄의 其中眾生이 常爲諸苦之所逼切하니 所謂燒煮火炙며 斫刺劌剒이라
遇斯光已에 如是眾苦가 悉滅無餘하고 安隱淸涼하야 快樂無極이러라 是光明中에 宣說如來祕密之藏하야 言諸眾生이 皆有佛性이라 하시니 眾生이 聞已에 卽便命終하야 生人天中하며 乃至八種寒氷地獄이 所謂阿波波地獄과 阿吒吒地獄과 阿羅羅地獄·阿婆婆地獄·優鉢羅地獄·波頭摩地獄·拘物頭地獄·分陀利地獄이라 是中眾生이 常爲寒苦之所逼惱하니 所謂擘裂하야 身體碎壞며 互相殘害라 遇斯光已에 如是等苦가 亦滅無餘하고 卽得調和하야 熅煖適身하며 是光明中에 亦說如來祕密之藏하시니 言諸眾生皆有佛性이라 하야늘 眾生이 聞已에 卽便命終하야 生人天中이러라
爾時에 於此閻浮提界와 及餘世界의 所有地獄이 皆悉空虛하야 無受罪者요 除一闡提라
餓鬼眾生은 飢渴所逼으로 以髮纏身하야 於百千歲에 未曾得聞漿水之名이러니 遇斯光已에 飢渴이 卽除하며 是光明中에 亦說如來微密祕藏하야 言諸眾生이 皆有佛性이라 하시니 眾生이 聞已에 卽便命終하야 生人天中하야 令諸餓鬼로 亦悉空虛하고 除謗大乘方等正典이러라
畜生眾生이 互相殺害하야 共相殘食이러니 遇斯光已에 恚心이 悉滅하고 是光明中에 亦說如來祕密之藏하야 言諸眾生이 皆有佛性이라 하신대 眾生이 聞已에 卽便命終하야 生人天中하니라
當爾之時하야 畜生亦盡이로대 除謗正法이러라
是一一花에 各有一佛호대 圓光이 一尋이오 金色이 晃曜하며 微妙端嚴하야 最上無比라 三十二相·八十種好로 莊嚴其身하시니라 是諸世尊이 或有坐者하시며 或有行者하며 或有臥者하시며 或有住者하시며 或有震雷音者하시며 或澍雨者하시며 或放電光하시며 或復興風하시며 或出煙焰하시니 身如火聚며 或復示現七寶諸山과 池泉河水와 山林樹木하시며 或復示現七寶國土와 城邑聚落과 宮殿屋宅하시며 或復示現象馬師子와 虎狼孔雀과 鳳凰諸鳥하시며 或復示現令閻浮提의 所有眾生으로 悉見地獄畜生餓鬼하시며 或復示

現欲界六天하시며

復有世尊은 或說陰界諸入의 多諸過患하시며 或復有說四聖諦法하시며 或復有說諸法因緣하시며 或復有說諸業煩惱가 皆因緣生이라 하시며 或復有說我與無我하시며 或復有說苦樂二法하시며 或復有說常無常等하시며 或復有說淨與不淨하시며

復有世尊은 爲諸菩薩하사 演說所行六波羅蜜하시며 或復有說諸大菩薩의 所得功德하시며 或復有說諸佛世尊의 所得功德하시며 或復有說聲聞之人의 所得功德하시며 或復有說隨順一乘하시며 或復有說三乘成道하시며

或有世尊은 左脇出水하고 右脇出火하시며 或有示現初生出家와 坐於道場 菩提樹下와 轉妙法輪과 入于涅槃하시며

或有世尊은 作師子吼하사 令此會中으로 有得一果와 二果三果로 至第四果하시며 或復有說出離生死하는 無量因緣하시더라

爾時에 於此閻浮提中의 所有衆生이 遇斯光已에 盲者가 見色하고 聾者가 聽聲하며 瘂者가 能言하고 拘躄이 能行하며 貧者가 得財하고 慳者가 能施하며 恚者가 慈心하고 不信者가 信하야 如是世界에 無一衆生도 修行惡法이요 除一闡提하리라

爾時에 一切天龍과 鬼神乾闥婆·阿修羅·迦樓羅·緊那羅·摩睺羅伽·羅刹·健陀·憂摩陀·阿婆魔羅·人·非人等이 悉共同聲하야 唱如是言호대 善哉善哉라 無上天尊께서 多所利益이로다

說是語已에 踊躍歡喜하야 或歌·或舞하며 或身動轉하며 以種種花로 散佛及僧하니 所謂天優鉢羅花와 拘物頭花 波頭摩花 分陀利花 曼陀羅花·摩訶曼陀羅花 曼殊沙花·摩訶曼殊沙花 散陀那花·摩訶散陀那花 盧脂那花·摩訶盧脂那花 香花·大香花 適意花·大適意花 愛見花·大愛見花 端嚴花·第一端嚴花라 復散諸香하니 所謂沈水와 多伽樓香·栴檀欝金·和合雜香이며 海岸聚香이라

復以天上의 寶幢幡蓋와 諸天伎樂과 箏笛笙瑟과 箜篌鼓吹로 供養於佛하며 而說偈言호대

現病品 第六

我今稽首大精進하신　無上正覺兩足尊하옵나니
天人大衆所不知나　惟有瞿曇乃能了니다
世尊往昔為我故로　於無量劫修苦行이어시늘
如何一旦放本誓하시고　而便捨命欲涅槃이닛고
一切衆生이 不能見　諸佛世尊祕密藏일새
以是因緣難得出이라　輪轉生死墮惡道니다
如佛所說阿羅漢은　一切皆當至涅槃이라
如是甚深佛行處를　凡夫下愚가 誰能知릿가
施諸衆生甘露法은　為欲斷除諸煩惱시니
若有服此甘露已하면　不復受生老病死니다
如來世尊이 以療治　百千無量諸衆生하사
令其所有諸重病을　一切消滅無遺餘하시나이다
世尊久已捨病苦하시니 故得名為第七佛이니다
惟願今日雨法雨하사　潤漬我等功德種하소서
是故로 大衆及人天이　如是請已默然住니다

說是偈時에 蓮花臺中에 一切諸佛이 從閻浮提로 遍至淨居히 悉皆聞之러라
爾時에 佛告迦葉菩薩하사대 善哉善哉라 善男子야 汝已具足如是甚深微妙智慧하야 不為一切諸魔外道之所破壞라
善男子야 汝已安住하야 不為一切諸邪惡風之所傾動이로다
善男子야 汝已成就樂說辯才하고 已曾供養過去無量恒河沙等諸佛世尊일새 是故로 能問如來正覺如是之義로다
善男子야 我於往昔無量無邊億那由他百千萬劫에 已除病根하야 永離倚臥니라 迦葉아 過去無量阿僧祇劫에 有佛出世하시니 號無上勝·如來·應供·正遍知·明行足·善逝·世間解·無上士·調御丈夫·天人師·佛·世尊이시니
為諸聲聞하야 說是大乘大涅槃經하사 開示分別하사 顯發其義하시니 我於爾時에 亦為彼佛하야 而作聲聞하고 受持如是大涅槃典하야 讀誦通利하며 書寫經卷하며 廣為他人하야 開示分別解說其義하니라 以是善根으로 迴向

阿耨多羅三藐三菩提하나니라
善男子야 我從是來로 未曾有惡煩惱業緣으로 墮於惡道커나 誹謗正法하야 作一闡提커나 受黃門身과 無根二根과 反逆父母커나 殺阿羅漢커나 破塔壞僧커나 出佛身血커나 犯四重禁이니라
從是已來로 身心이 安隱하야 無諸苦惱니라
迦葉아 我今實無一切疾病이니 所以者何오 諸佛世尊이 久已遠離一切病故니라
迦葉아 是諸衆生이 不知大乘方等密敎하고 便謂如來가 眞實有疾이라 하나니라
迦葉아 如言如來가 人中師子라 하나 而如來者는 實非師子이니 如是之言은 卽是如來祕密之敎니라
迦葉아 如言如來는 人中大龍이라 하나 而我已於無量劫中에 捨離是業이라
迦葉아 如言如來는 是人是天이라 하나 而我眞實非人非天이며 亦非鬼神·乾闥婆·阿修羅·迦樓羅·緊那羅·摩睺羅伽이며 非我非命이며 非可養育이며 非人士夫이며 非作非不作이며 非受非不受며 非世尊非聲聞이며 非說非不說이니 如是等語는 皆是如來祕密之敎니라
迦葉아 如言如來를 猶如大海와 須彌山王이라 하나 而如來者는 實非鹹味이며 同於石山이니 當知하라 是語도 亦是如來祕密之敎니라
迦葉아 如言如來를 如分陀利라 하나 而我實非分陀利也니 如是之言도 卽是如來祕密之敎이니라
迦葉아 如言如來를 猶如父母라 하나 而如來者는 實非父母니 如是之言도 亦是如來祕密之敎니라
迦葉아 如言如來를 是大船師라 하나 而如來者는 實非船師니 如是之言도 亦是如來祕密之敎니라
迦葉아 如言如來를 猶如商主라 하나 而如來者는 實非商主니 如是之言도 亦是如來祕密之敎니라
迦葉아 如言如來가 能摧伏魔라 하시나 而如來者는 實無惡心으로 欲令他

伏이니 如是之言도 皆是如來祕密之敎니라
迦葉아 如言如來가 能治癰瘡이라 하나 而我는 實非治癰師也니 如是之言도 亦是如來祕密之敎니라
迦葉아 如我先說호대 若有善男子·善女人이 善能修治身·口·意業하면 捨命之時에 雖有親族이 取其屍骸하야 或以火燒하며 或投大水하며 或棄塚間하야 狐狼禽獸가 競共食噉이나 然心意識은 卽生善道니라 而是心法은 實無去來이며 亦無所至요 眞是前後에 相似相續하며 相貌不異라 하나 如是之言도 卽是如來祕密之敎니라
迦葉아 我今言病도 亦復如是하야 亦是如來祕密之敎라 是故로 顧命文殊師利호대 吾今背痛하니 汝等이 當爲四衆說法이라 하노라
迦葉아 如來正覺은 實無有病하야 右脇而臥며 亦不畢竟에 入於涅槃이니라
迦葉아 是大涅槃은 卽是諸佛甚深禪定이니 如是禪定은 非是聲聞緣覺行處니라
迦葉아 汝先所問如來가 何故로 倚臥不起하야 不索飮食하며 戒勅家屬하야 修治産業이닛고 하니
迦葉아 虛空之性도 亦無坐起며 求索飮食하며 勅戒家屬하야 修治産業하며 亦無去來와 生滅老壯과 出沒傷破와 解脫繫縛하며 亦不自說하며 亦不說他하며 亦不自解하며 亦不解他하며 非安非病이니라
善男子야 諸佛世尊도 亦復如是하야 猶如虛空이어니 云何當有諸病苦耶리요
迦葉아 世有三人이 其病難治니
一은 謗大乘이요
二는 五逆罪요
三은 一闡提라
如是三病이 世中에 極重하니 悉非聲聞·緣覺·菩薩之所能治니라
善男子야 譬如有病은 必死難治라 若有瞻病과 隨意醫藥커나 若無瞻病과 隨意醫藥이라도 如是之病은 定不可治니 當知是人은 必死不疑니라 善男

子야 是三種人도 亦復如是하야 若有聲聞·緣覺·菩薩이 或有說法커나 或不說法이라도 不能令其發阿耨多羅三藐三菩提心하리니

迦葉아 譬如病人이 若有瞻病과 隨意醫藥하면 則可令差로대 若無此三하면 則不可差라 聲聞緣覺도 亦復如是하야 從佛菩薩하야 得聞法已에 即能發於阿耨多羅三藐三菩提心하리니 非不聞法코 能發心也니라

迦葉아 譬如病人이 若有瞻病과 隨意醫藥커나 若無瞻病과 隨意醫藥이라도 皆悉可差니 有一種人도 亦復如是하야 或值聲聞하며 不值聲聞이거나 或值緣覺커나 不值緣覺커나 或值菩薩커나 不值菩薩커나 或值如來커나 不值如來커나 或得聞法커나 或不聞法이라도 自然得成阿耨多羅三藐三菩提하리니 所謂有人이 或爲自身하며 或爲他身하며 或爲怖畏하며 或爲利養하며 或爲諛諂하며 或爲誑他하야 書寫如是大涅槃經하며 受持讀誦하며 供養恭敬하며 爲他說者니라

迦葉아 有五種人이 於是大乘大涅槃典에 有病行處요 非如來也라 何等이 爲五오

一은 斷三結하야 得須陀洹果하고 不墮地獄畜生餓鬼하고 人天七返하야 永斷諸苦하고 入於涅槃이라

迦葉아 是名第一人이 有病行處니 是人은 未來에 過八萬劫하야사 便當得成阿耨多羅三藐三菩提니라

迦葉아 第二人者는 斷三結縛하야 薄貪恚癡하고 得斯陀含果하니 名一往來라 永斷諸苦하야 入於涅槃하리니

迦葉아 是名第二人이 有病行處라 是人은 未來에 過六萬劫하야사 便當得成阿耨多羅三藐三菩提하리라

迦葉아 第三人者는 斷五下結하야 得阿那含果하고 更不來此코 永斷諸苦하야 入於涅槃이니 是名第三人의 有病行處라 是人은 未來에 過四萬劫하야 便當得成阿耨多羅三藐三菩提하리라

迦葉아 第四人者는 永斷貪欲·瞋恚·愚癡하고 得阿羅漢果니 煩惱가 無餘하야 入於涅槃이라 亦非騏驎獨一之行이니 是名第四人의 有病行處라 是人은 未

來에 過二萬劫하야 便當得成阿耨多羅三藐三菩提하나니라
迦葉아 第五人者는 永斷貪欲瞋恚愚癡하야 得辟支佛道니 煩惱가 無餘하야 入於涅槃이라 眞是騏驎獨一之行이니 是名第五人이 有病行處라
是人은 未來過十千劫하야 便當得成阿耨多羅三藐三菩提하리니 迦葉아 是名第五人의 有病行處오 非如來也니라

大般涅槃經 聖行品 第七之一

爾時에 佛告迦葉菩薩하사대 善男子야 菩薩摩訶薩이 應當於是大般涅槃經에 專心思惟五種之行이니 何等爲五오
一者는 聖行이요 二者는 梵行이요 三者는 天行이요 四者는 嬰兒行이요 五者는 病行이라
善男子야 菩薩摩訶薩이 常當修習是五種行이니라
復有一行하니 是如來行이니 所謂大乘大涅槃經이니라
迦葉아 云何菩薩摩訶薩의 所修聖行고 菩薩摩訶薩이 若從聲聞하며 若從如來하야 得聞如是大涅槃經하고 聞已生信하며 信已應作如是思惟호대 諸佛世尊이 有無上道하며 有大正法과 大衆正行하며 復有方等大乘經典하시니 我今當爲愛樂貪求大乘經故로 捨離所愛妻子眷屬과 所居舍宅과 金銀珍寶와 微妙瓔珞과 香花伎樂과 奴婢僕使와 男女大小와 象馬車乘과 牛羊鷄犬猪豕之屬호리라
復作是念호대 居家迫迮은 猶如牢獄이라 一切煩惱가 由之而生이요 出家寬曠은 猶如虛空이라 一切善法이 因之增長이니 若在家居인댄 不得盡壽토록 淨修梵行이니 我今에 應當剃除鬚髮하고 出家學道호리라
作是念已하고 我今에 定當出家하야 修學無上正眞菩提之道하리라 하야 菩薩이 如是欲出家時에 天魔波旬이 生大苦惱하야 言是菩薩이 復當與我로

興大戰諍이라 하나니

善男子야 如是菩薩이 何處에 當復與人戰諍이리요 是時에 菩薩이 即至僧坊하야 若見如來와 及佛弟子의 威儀具足하야 諸根寂靜하며 其心이 柔和하야 清淨寂滅하고 即至其所하야 而求出家하야 剃除鬚髮하고 服三法衣하며 既出家已에 奉持禁戒하야 威儀不缺하며 進止安詳하야 無所觸犯하며 乃至小罪에도 心生怖畏하야 護戒之心이 猶如金剛이니라

善男子야 譬如有人이 帶持浮囊하야 欲渡大海할새 爾時海中에 有一羅刹이 即從其人하야 乞索浮囊이어늘 其人이 聞已에 即作是念호대 我今에 若與하면 必定沒死하리라 하고

答言호대 羅刹아 汝寧殺我언정 浮囊은 叵得이니라 羅刹이 復言호대 汝若不能全與我者인댄 見惠其半하라

是人이 猶故不肯與之한대 羅刹이 復言호대 汝若不肯惠我半者한대 幸願與我三分之一하라

是人이 不肯한대 羅刹復言호대 若不能者인댄 當施手許하라 是人이 不肯한대 羅刹復言호대 汝今若復不能與我를 如手許者인댄 我今에 飢窮하야 衆苦所逼이로니 願當濟我를 如微塵許하라 是人이 復言호대 汝今所索이 誠復不多나 然이나 我今日에 方當渡海할새 不知前途의 近遠如何어늘 若與汝者인댄 氣當漸出이니 大海之難을 何由得過리오 脫能中路에 沒水而死리라

善男子야 菩薩摩訶薩이 護持禁戒도 亦復如是하야 如彼渡人이 護惜浮囊이니라

菩薩이 如是護戒之時에 常有煩惱諸惡羅刹이 語菩薩言호대 汝當信我하라 終不相欺리라 但破四禁하고 護持餘戒하면 以是因緣으로 令汝安隱하야 得入涅槃이니라

菩薩이 爾時에 應作是言호대 我今에 寧持如是禁戒하고 墮阿鼻獄이언정 終不毀犯하고 而生天上하리라

煩惱羅刹이 復作是言호대 卿若不能破四禁者인댄 可破僧殘하라 以是因緣

으로 令汝安隱하야 得入涅槃하리라 호대 菩薩이 亦應不隨其語어늘
羅刹이 復言호대 卿若不能犯僧殘者인댄 亦可故犯偸蘭遮罪니라 以是因
緣으로 令汝安隱하야 得入涅槃하리라
菩薩이 爾時에 亦復不隨한대 羅刹이 復言호대 卿若不能犯偸蘭遮者인댄
可犯捨墮니라 以是因緣으로 可得安隱하야 入於涅槃하리라
菩薩이 爾時에 亦不隨之한대 羅刹이 復言호대 卿若不能犯捨墮者인댄 可
破波夜提니라 以是因緣으로 令汝安隱하야 得入涅槃이리라
菩薩이 爾時에 亦不隨之한대 羅刹이 復言호대 卿若不能犯波夜提者인댄
幸可毁破突吉羅戒하라 以是因緣으로 可得安隱하야 入於涅槃하리라
菩薩이 爾時에 心自念言호대 我今若犯突吉羅罪하야 不發露者인댄 則不
能渡生死彼岸하야 而得涅槃하리라 하야 菩薩摩訶薩이 於是微小諸戒律中
에 護持堅固하고 心如金剛이니라
菩薩摩訶薩이 持四重禁과 及突吉羅하야 敬重堅固를 等無差別이니라
菩薩이 若能如是堅持하면 則爲具足五根諸戒니 所謂具足菩薩의 根本業
淸淨戒와 前後眷屬餘淸淨戒와 非諸惡覺 覺淸淨戒와 護持正念念淸淨戒
와 迴向阿耨多羅三藐三菩提戒니라
迦葉아 是菩薩摩訶薩이 復有二種戒하니
一者는 受世敎戒요 二者는 得正法戒니라
菩薩若受正法戒者는 終不爲惡이오 受世敎戒者는 白四羯磨然後에 乃得
이니라
復次善男子야 有二種戒하니
一者는 性重戒요 二者는 息世譏嫌戒니라
性重戒者는 謂四禁也요
息世譏嫌戒者는 不作販賣하며 輕秤小斗로 欺誑於人하며 因他形勢하야
取人財物하며 害心繫縛으로 破壞成功하며 然明而臥와 田宅種植과 家業
坐肆며 不畜象馬車乘牛羊과 駝驢鷄犬과 獼猴·孔雀·鸚鵡·共命及拘枳羅와
豺狼虎豹와 猫狸·猪豕·及餘惡獸와 童男·童女·大男·大女·奴婢·僮僕과 金銀·

大般涅槃經卷 第十一

琉璃·頗梨·真珠·車磲馬瑙·珊瑚璧玉·珂貝諸寶와　赤銅白鑞·鑰石盂器·錍镺拘執毦衣와　一切穀米인大小麥豆와　糜粟稻麻와　生熟食具며　常受一食하고　不曾再食하며　若行乞食과　及僧中食에　常知止足하며　不受別請하며　不食肉·不飲酒하며　五辛(=파마늘·달래·부추·무릇)能熏을　悉不食之하나니　是故로　其身에　無有臭處니라

常爲諸天과　一切世人이　恭敬供養하며　尊重讚歎이니라　趣足而食이라　終不長受하며　所受衣服은　纔足覆身며　進止에　常與三衣로　鉢具하야　終不捨離를　如鳥二翼하며　不畜根子와　莖子·節子·椏子·子子하며　不畜寶藏과　若金·若銀·飲食·厨庫·衣裳·服飾하며　高廣大床과　象牙金床과　雜色編織을　悉不用坐하며　不畜一切細軟諸席하며　不坐象薦馬薦하며　不以細軟上妙衣服으로　用敷床臥하며　其床兩頭에　不置二枕하며　亦不受畜妙好丹枕과　安黃木枕하며　終不觀看象鬪·馬鬪·車鬪·兵鬪·男鬪·女鬪·牛鬪·羊鬪·水牛鷄雉鸚鵡等鬪하며　亦不故往하며　觀看軍陣하며　不應故聽吹貝鼓角과　琴瑟箏笛과　箜篌歌叫와　伎樂之聲호대　除供養佛하나라　摴捕圍碁와　波羅塞戲와　師子象鬪와　彈碁六博과　拍毱擲石과　投壺牽道와　八道行成과　一切戲笑를　悉不觀作하며　終不瞻相手脚面目하며　不以抓鏡과　芝草楊枝와　鉢盂髑髏로　而作卜筮하며　亦不仰觀虛空星宿호대　除欲解睡니라

不作王家의　往返使命하야　以此語彼하고　以彼語此하며　終不諛諂로　邪命自活하며　亦不宣說王臣·盜賊과　鬪諍飲食과　國土飢饉과　恐怖豐樂·安隱之事하나니라

善男子야　是名菩薩摩訶薩의　息世譏嫌戒니　善男子야　菩薩摩訶薩이　堅持如是遮制之戒를　與性重戒로　等無差別이니라

善男子야　菩薩摩訶薩이　受持如是諸禁戒已에　作是願言호대　寧以此身으로　投於熾然·猛火深坑이언정　終不毀犯過去·未來·現在·諸佛의　所制禁戒하야　與刹利女와　婆羅門女와　居士女로　而行不淨이라　하나라

復次善男子야　菩薩摩訶薩이　復作是願호대　寧以熱鐵로　周匝纏身이언정　終不敢以破戒之身으로　受於信心檀越의　衣服하리라　하며

復次善男子야 菩薩摩訶薩이 復作是願호대 寧以此口로 呑熱鐵丸이언정 終不敢以毁戒之口로 食於信心檀越의 飮이라 하며
復次善男子야 菩薩摩訶薩이 復作是願호대 寧臥此身大熱鐵上이언정 終不敢以破戒之身으로 受於信心檀越의 床敷臥具리라 하며
復次善男子야 菩薩摩訶薩이 復作是願호대 我寧以身으로 受三百鉾이언정 終不敢以毁戒之身으로 受於信心檀越의 醫藥이라 하며
復次善男子야 菩薩摩訶薩이 復作是願호대 寧以此身으로 投熱鐵鑊이언정 不以破戒之身으로 受於信心檀越의 房舍屋宅하리라 하며
復次善男子야 菩薩摩訶薩이 復作是願호대 寧以鐵搥로 打碎此身호대 從頭至足하야 令如微塵이언정 不以破戒之身으로 受諸刹利·婆羅門·居士의 恭敬禮拜하리라 하며
復次善男子야 菩薩摩訶薩이 復作是願호대 寧以熱鐵로 挑其兩目이언정 不以染心으로 視他好色하리라 하며
復次善男子야 菩薩摩訶薩이 復作是願호대 寧以鐵錐로 遍身攬刺언정 不以染心으로 聽好音聲하리라 하며
復次善男子야 菩薩摩訶薩이 復作是願호대 寧以利刀로 割去其鼻언정 不以染心으로 貪嗅諸香하리라 하며
復次善男子야 菩薩摩訶薩이 復作是願호대 寧以利刀로 割裂其舌이언정 不以染心으로 貪著美味리라 하며
復次善男子야 菩薩摩訶薩이 復作是願호대 寧以利斧로 斬斫其身이언정 不以染心으로 貪著諸觸하리라 하나니 何以故오 以是因緣으로 能令行者로 墮於地獄·畜生·餓鬼니라
迦葉아 是名菩薩摩訶薩이 護持禁戒니라 菩薩摩訶薩이 護持如是諸禁戒 已에 悉以施於一切衆生호대 以是因緣으로 願令衆生으로 護持禁戒하야 得清淨戒와 善戒·不缺戒·不析戒·大乘戒·不退戒·隨順戒·畢竟戒와 具足成就波羅蜜戒하나니라
善男子야 菩薩摩訶薩이 修持如是淸淨戒時에 即得住於初不動地니 云何

名為不動地耶아 菩薩이 住是不動地中하야는 不動不墮하며 不退不散이니라

善男子야 譬如須彌山을 旋藍猛風이 不能令動하야 墮落退散하야 菩薩摩訶薩이 住是地中도 亦復如是하야 不為色聲香味所動이며 不墮地獄畜生餓鬼하며 不退聲聞辟支佛地하며 不為異見邪風의 所散하야 而作邪命이니라

復次善男子야 又復動者는 不為貪欲恚癡所動이요

又復墮者는 不墮四重이요 又復退者는 不退戒還家니라

又復散者는 不為違逆大乘經者之所散壞니라

復次善男子야 菩薩摩訶薩이 亦復不為諸煩惱魔之所傾動하며 不為陰魔所墮하고 乃至坐於道場菩提樹下에 雖有天魔나 不能令其退於阿耨多羅三藐三菩提하며 亦復不為死魔所散이니라 善男子야 是名菩薩摩訶薩이 修習聖行이니라

善男子야 云何名為聖行고 聖行者는 佛及菩薩之所行處故일새 故名聖行이라 以何等故로 名佛菩薩為聖人耶아 如是等人은 有聖法故며 常觀諸法의 性空寂故라 以是義故로 故名聖人이며 有聖戒故로 復名聖人이며 有聖定慧故로 故名聖人이며 有七聖財하니 所謂信과 戒와 慚과 愧와 多聞과 智慧와 捨離일새 故名聖人이며 有七聖覺故로 故名聖人이니 以是義故로 復名聖行이니라

大般涅槃經 卷第十一 終

聖行品 第七之一

중국 장액 대불사의 열반상

大般涅槃經 卷第十二

北涼 天竺三藏 曇無讖 譯

聖行品 第七之二

復次善男子야 菩薩摩訶薩의 聖行者는 觀察是身호대 從頭至足히 其中에 唯有髮毛爪齒와 不淨垢穢와 皮肉筋骨과 脾腎心肺와 肝膽腸胃와 生熟二藏과 大小便利와 涕唾目淚와 肪膏腦膜과 骨髓膿血과 腦胲諸脈이니 菩薩이 如是專念觀時에 誰有是我며 我爲屬誰며 住在何處며 誰屬於我오 復作是念호대 骨是我耶아 離骨是耶아

菩薩이 爾時에 除去皮肉하고 唯觀白骨하야 復作是念호대 骨色이 相異하니 所謂靑黃赤白과 及以鴿色이라 如是骨相이 亦復非我니 何以故오 我者는 亦非靑黃赤白과 及以鴿色이라

菩薩이 繫心하야 作是觀時에 卽得斷除一切色欲이니라

復作是念호대 如是骨者는 從因緣生이니 依因足骨하야 以拄踝骨하며 依因踝骨하야 以拄䩌骨하며 依因䩌骨하야 以拄膝骨하며 依因膝骨하야 以拄髀骨하며 依因髀骨하야 以拄臗骨하며 依因臗骨하야 以拄腰骨하며 依因腰骨하야 以拄脊骨하며 依因脊骨하야 以拄肋骨이로다

復因脊骨하야 上拄項骨하며 依因項骨하야 以拄頷骨하며 依因頷骨하야 以拄牙齒하고 上有髑髏로다 復因項骨하야 以拄䩌骨하며 依因䩌骨하야 以拄臂骨하며 依因臂骨하야 以拄腕骨하며 依因腕骨하야 以拄掌骨하며 依因掌骨하야 以拄指骨이로다 菩薩摩訶薩이 如是觀時에 身所有骨을 一切分離하리니 得是觀已에 卽斷三欲하니

一은 形貌欲이오 二는 姿態欲이오 三은 細觸欲이니라

菩薩摩訶薩이 觀靑骨時에 見此大地의 東西南北四維上下가 悉皆靑相이

니 如靑色觀하야 黃白鴿色도 亦復如是하니라
菩薩摩訶薩이 作是觀時에 眉間이 卽出靑黃赤白鴿等色光이어든 是菩薩이 於是一一諸光明中에 見有佛像하고 見已卽問호대 如此身者는 不淨因緣으로 和合共成이어늘
云何而得坐起行住하며 屈伸俯仰하며 視瞬喘息하며 悲泣喜笑닛고 此中無主하니 誰使之然닛가 作是問已에 光中에 諸佛이 忽然不現이어늘 復作是念호대 或識是我일새 故使諸佛로 不爲我說가 復觀此識의 次第生滅이 猶如流水니 亦復非我로다
復作是念호대 若識非我인댄 出息入息이 或能是我아 復作是念호대 是出入息은 直是風性이요 而是風性은 乃是四大니 四大之中에 何者是我오 地性은 非我요 水火風性도 亦復非我니라
復作是念호대 此身一切가 悉無有我호대 唯有心風하야 因緣和合으로 示現種種所作事業이 譬如呪力과 幻術所作이며 亦如箜篌가 隨意出聲이니 是故로 此身이 如是不淨하고 假衆因緣하야 和合共成하니 而於何處에 生此貪欲이리오
若被罵辱이라도 復於何處에 而生瞋恚며 而我此身이 三十六物로 不淨臭穢커니 何處에 當有受罵辱者리오
若聞其罵어든 卽便思惟호대 以何音聲으로 而見罵耶아 一一音聲에 不能見罵로니 若一不能인댄 多亦不能이라
以是義故로 不應生瞋하리라 하며 若他來打라도 亦應思惟호대 如是打者는 從何而生고 復作是念호대 因手刀杖과 及以我身일새 故得名打니 我今何緣으로 橫瞋於他리오 乃是我身이 自招此咎이니 以我受是五陰身故라
譬如因的하야 則有箭中하야 我身도 亦爾하야 有身有打라 我若不忍하면 心則散亂이니 心若散亂하면 則失正念이요 若失正念하면 則不能觀善不善義요 若不能觀善不善義하면 則行惡法이니 惡法因緣으로 則墮地獄畜生餓鬼니라
菩薩이 爾時에 作是觀已하고 得四念處하며 得四念處已에 則得住於堪忍

地中이니라

菩薩摩訶薩이 住是地已하야는 則能堪忍貪欲恚癡하며 亦能堪忍寒熱飢渴과 蚊虻蚤虱과 暴風惡觸과 種種疾疫과 惡口罵詈와 撾打楚撻인 身心苦惱하야 一切를 能忍하나니 是故로 名為住堪忍地니라

迦葉菩薩摩訶薩이 白佛言호대 世尊이시여 菩薩이 未得住不動地하야 淨持戒時에 頗有因緣得破戒不닛가

善男子야 有菩薩이 未得住不動地하야 有因緣故로 可得破戒니라 迦葉이 敬諾호대 何者가 是耶닛가

佛言하사대 迦葉아 若有菩薩이 知以破戒因緣으로 則能令人으로 受持愛樂大乘經典케하며 又能令其로 讀誦通利書寫經卷하고 廣為他說하야 不退轉於阿耨多羅三藐三菩提케하나니 為如是故로 故得破戒니라

菩薩이 爾時에 應作是念호대 我寧一劫이나 若減一劫이나 墮於阿鼻地獄하야 受罪언정 要必當令如是之人으로 不退轉於阿耨多羅三藐三菩提하리라 하나니

迦葉아 以是因緣으로 菩薩摩訶薩이 得毀淨戒니라

爾時에 文殊師利菩薩摩訶薩이 白佛言호대 世尊이시여 若有菩薩이 攝取護持如是之人하야 令不退於菩提之心케하고 為是毀戒하야 若墮阿鼻인댄 無有是處니라

爾時에 佛讚文殊師利하사대 善哉善哉라 如汝所說이니라 我念호니 往昔於此閻浮提에 作大國王하니 名曰仙預라 愛念敬重大乘經典하야 其心이 純善하고 無有麁惡·嫉妬·慳悋이며 口常宣說愛語·善語하고 身常攝護貧窮孤獨하며 布施·精進을 無有休廢러니라 時世에 無佛과 聲聞緣覺이러니

我於爾時에 愛樂大乘方等經典하야 十二年中에 事婆羅門하야 供給所須하야 過十二年에 施安已訖하고 即作是言호대 師等은 今應發阿耨多羅三藐三菩提心이니라

婆羅門이 言호대 大王이시여 菩提之性은 是無所有오 大乘經典도 亦復如是어늘 大王이 云何乃令人物로 同於虛空이닛가

善男子야 我於爾時에 心重大乘이러니 聞婆羅門이 誹謗方等하고 聞已即時에 斷其命根하니라
善男子야 以是因緣으로 從是已來에 不墮地獄이러니라
善男子야 擁護攝持大乘經典하면 乃有如是無量勢力이니라
復次迦葉아 又有聖行하니 所謂四聖諦니 苦·集·滅·道를 是名四聖諦니라
迦葉아 苦者는 逼迫相이오
集者는 能生長相이요
滅者는 寂滅相이요
道者는 大乘相이니라
復次善男子야 苦者는 現相이요
集者는 轉相이요
滅者는 除相이요
道者는 能除相이니라
復次善男子야 苦者는 有三相하니 苦苦相과 行苦相과 壞苦相이니라
集者는 二十五有요
滅者는 滅二十五有요
道者는 修戒定慧니라
復次善男子야 有漏法者가 有二種하니 有因이며 有果요
無漏法者도 亦有二種하니 有因이며 有果라
有漏果者는 是則名苦오
有漏因者는 則名爲集이니라
無漏果者는 則名爲滅이요
無漏因者는 則名爲道니라
復次善男子야 八相을 名苦니 所謂生苦와 老苦와 病苦와 死苦와 愛別離苦와 怨憎會苦와 求不得苦와 五盛陰苦니라 能生如是八苦法者는 是名爲因[集](=여기에는 因으로 되었으나 송본·명본에는 [集]으로 되어 있음)이요 無有如是八法之處를 是名爲滅이요

十力과 四無所畏와 三念處와 大悲를 是名為道니라
善男子야 生者는 出相이라 所謂五種이니
一者는 初出이요 二者는 至終이요 三者는 增長이요 四者는 出胎요 五者는 種類生이니라
何等이 為老오
老有二種하니
一은 念念老요 二는 終身老니라
復有二種하니
一은 增長老요 二는 滅壞老니 是名為老니라
云何為病고 病은 謂四大毒蛇가 互不調適이라
亦有二種하니
一者는 身病이요 二者는 心病이니라
身病이 有五하니
一者는 因水요 二者는 因風이요 三者는 因熱이요 四者는 雜病이요 五者는 客病이니라
客病이 有四하니
一者는 非分強作이요 二者는 忘誤墮落이요 三者는 刀杖瓦石이요 四者는 鬼魅所著이니라
心病亦有四種하니
一者는 踊躍이요 二者는 恐怖요 三者는 憂愁요 四者는 愚癡니라
復次善男子야 身心之病이 凡有三種하니
何等이 為三고
一者는 業報요 二者는 不得遠離惡對요 三者는 時節代謝니라
生如是等因緣과 名字와 受分別病하니 因緣者는 風等諸病이요 名字者는 心悶肺脹과 上氣咳逆과 心驚下痢요 受分別者는 頭痛과 目痛과 手足等痛이니 是名為病이니라
何等이 為死오 死者는 捨所受身이라

捨所受身이 亦有二種하니
一은 命盡死요 二는 外緣死니라
命盡死者도 亦有三種하니
一者는 命盡이나 非是福盡이요 二者는 福盡이나 非是命盡이요 三者는 福命이 俱盡이니라
外緣死者가 復有三種하니
一者는 非分自害死요 二者는 橫爲他死요 三者는 俱死니라
又有三種死하니
一은 放逸死요 二는 破戒死요 三은 壞命根死니라
何等을 名爲放逸死오 若有誹謗大乘方等과 般若波羅蜜하면 是名放逸死니라
何等을 名爲破戒死耶아 毀犯去·來·現在·諸佛의 所制禁戒를 是名破戒死니라
何等을 名爲壞命根死오 捨五陰身을 是名壞命根死니 如是를 名曰死爲大苦니라
何等을 名爲愛別離苦오 所愛之物이 破壞離散이니라 所愛之物이 破壞離散이 亦有二種하니
一者는 人中五陰壞요 二者는 天中五陰壞니라
如是人天의 所愛五陰을 分別挍計하면 有無量種하니 是名愛別離苦이라
何等名爲怨憎會苦오 所不愛者로 而共聚集이니라 所不愛者로 而共聚集이 復有三種하니 所謂地獄·餓鬼·畜生이라 如是三趣를 分別挍計컨대 有無量種하니 如是를 則名怨憎會苦니라
何等을 名爲求不得苦이요 求不得苦가 復有二種하니
一者는 所悕望處를 求不能得이요
二者는 多役功力호대 不得果報니 如是를 則名求不得苦니라
何等을 名爲五盛陰苦오 五盛陰苦者는 生苦와 老苦와 病苦와 死苦와 愛別離苦와 怨憎會苦와 求不得苦니 是故로 名爲五盛陰苦니라

迦葉아 生之根本으로 凡有如是七種之苦하니 老苦로 乃至五盛陰苦니라
迦葉아 夫衰老者는 非一切有니 佛及諸天은 一向定無오 人中은 不定하야 或有或無니라
迦葉아 三界受身은 無不有生이나 老不必定이니 是故一切生이 爲根本이니라
迦葉아 世間衆生이 顚倒覆心일새 貪著生相하고 厭患老死니라
迦葉아 菩薩은 不爾하야 觀其初生하야 已見過患이니라
迦葉아 如有女人이 入於他舍러니 是女가 端正하야 顔貌瓌麗하며 以好瓔珞으로 莊嚴其身이어늘 主人이 見已에 卽便問言호대 汝字何等이며 繫屬於誰오
女人이 答言호대 我身은 卽是功德大天이로라 主人이 問言호대 汝所至處에 爲何所作고
女人이 答言호대 我所至處에 能與種種金銀琉璃와 頗梨眞珠와 珊瑚虎珀과 車磲馬瑙와 象馬車乘과 奴婢僕使니라 主人聞已에 心生歡喜하야 踊躍無量호대 我今福德일새 故令汝來하야 至我舍宅이라 하고 卽便燒香하고 散花供養하야 恭敬禮拜하다 復於門外에 更見一女하니 其形이 醜陋하며 衣裳弊壞하야 多諸垢膩하며 皮膚皴裂하고 其色이 艾白이라 見已問言호대 汝字何等이며 繫屬誰家오
女人答言호대 我字黑闇이로라 復問何故로 名爲黑闇고
女人이 答言호대 我所行處에 能令其家所有財寶를 一切衰耗니라 主人이 聞已에 卽持利刀하고 作如是言호대 汝若不去하면 當斷汝命하리라
女人이 答言호대 汝甚愚癡하야 無有智慧니라 主人問言호대 何故名我癡無智慧오
女人이 答言호대 汝舍中者는 卽是我姊니 我常與姊로 進止共俱라 汝若驅我인댄 亦當驅彼니라 主人이 還入하야 問功德天호대 外有一女가 云是汝妹라 하니 實爲是不아 功德天이 言호대 實是我妹니 我與此妹로 行住共俱하야 未曾相離로대 隨所住處하야 我常作好하고 彼常作惡하며 我常利益하고

彼常作衰하나니 若愛我者인댄 亦應愛彼오 若見恭敬인댄 亦應敬彼니라
主人이 即言호대 若有如是好惡事者인댄 我俱不用이리니 各隨意去하라 是時에 二女가 俱共相將하야 還其所止어늘
爾時에 主人이 見其還去하고 心生歡喜하야 踊躍無量하니라 是時에 二女가 復共相隨하야 至一貧家하니 貧人이 見已에 心生歡喜하야 即請之言호대 從今已去으로 願汝二人이 常住我家하라
功德天이 言호대 我等이 先以為他所驅어늘 汝復何緣으로 俱請我住오
貧人이 答言호대 汝今念我일새 我以汝故로 復當敬彼라 是故로 俱請하야 令住我家니라
迦葉아 菩薩摩訶薩도 亦復如是하야 不願生天하나니 以生에 當有老病死故라 是以俱棄하야 曾無愛心이어늘 凡夫·愚人은 不知老病·死等過患일새 是故로 貪受生死二法이니라
復次迦葉아 如婆羅門의 幼稚童子가 為飢所逼하야 見人糞中에 有菴羅果하고 即便取之하니 有智가 見已에 呵責之言호대 汝婆羅門이라 種姓清淨커늘 何故로 取是糞中穢果오
童子가 聞已에 赧然有愧하야 即答之言호대 我實不食이요 為欲洗淨하야 還棄捨之이니다
智者가 語言호대 汝大愚癡로다 若還棄者인댄 本不應取니라
善男子야 菩薩摩訶薩도 亦復如是하야 於此生分에 不受不捨를 如彼智者가 呵責童子어늘 凡夫之人은 欣生惡死를 如彼童子가 取果還棄니라
復次迦葉아 譬如四衢道頭에 有人이 器盛滿食하니 色香味具라 而欲賣之러니 有人遠來하야 飢虛羸乏이라 見其飯食의 色香味具하고 即指之言호대 此是何物고
食主答言호대 此是上食이니 色香味具라 若食此食하면 得色得力하며 能除飢渴하고 得見諸天이로대 唯有一患하니 所謂命終이니라
是人이 聞已에 即作是念호대 我今不用色力見天하며 亦不用死니라 即作是言호대 食是食已에 若命終者인댄 汝今何用하야 於此賣之오 食主答言호

대 有智之人은 終不肯買어니와 唯有愚人은 不知是事하야 多與我價하고 貪而食之니라

善男子야 菩薩摩訶薩도 亦復如是하야 不願生天하야 得色得力하며 見於諸天하나니 何以故오 以其不免諸苦惱故라 凡夫愚癡하야 隨有生處하야 皆悉貪愛하니 以其不見老病死故니라

復次善男子야 譬如毒樹가 根亦能殺하며 莖亦能殺하며 皮花果實도 悉亦能殺하나니 善男子야 二十五有受生之處에 所受五陰도 亦復如是하야 一切能殺이니라

復次迦葉아 譬如糞穢가 多少俱臭하니 善男子야 生亦如是하야 設壽八萬이며 下至十歲라도 俱亦受苦니라

復次迦葉아 譬如嶮岸에 上有草覆어든 於彼岸邊에 多有甘露하니 若有食者면 壽夭千年이요 永除諸病하고 安隱快樂이라 凡夫·愚人이 貪其味故로 不知其下에 有大深坑하고 即前欲取라가 不覺脚跌하야 墮坑而死어니와 智者知已하고 捨離遠去니라

善男子야 菩薩摩訶薩도 亦復如是하야 尚不欲受天上妙食이온 況復人中가 凡夫之人은 乃於地獄에 吞噉鐵丸커든 況復人天의 上妙餚饌을 而不能食가

迦葉아 以如是喩와 及餘無量無邊譬喩로 當知是生이 實為大苦니

迦葉아 是名菩薩摩訶薩이 住於大乘大涅槃經하야 觀於生苦니라

迦葉아 云何菩薩摩訶薩이 於是大乘大涅槃經에 觀於老苦오 老者는 能為咳逆上氣하며 能壞勇力과 憶念進持와 盛年快樂과 憍慢貢高와 安隱自恣하며 能作背傴 懈怠懶惰하야 為他所輕이니라

迦葉아 譬如池水에 蓮花가 滿中하야 開敷鮮榮에 甚可愛樂이나 值天降雹하면 悉皆破壞하나니 善男子야 老亦如是하야 悉能破壞·盛壯好色이니라

復次迦葉아 譬如國王이 有一智臣하야 善知兵法이러니 有敵國王이 拒逆不順이어늘 王遣此臣하야 往討伐之한대 即便擒獲하야 將來詣王하니 老亦如是하야 擒獲壯色하야 將付死王하나니라

復次迦葉아 譬如折軸은 無所復用이니 老亦如是하야 無所復用이니라
復次迦葉아 如大富家가 多有財寶와 金銀琉璃·珊瑚·虎珀·車磲·馬瑙러니 有諸怨賊이 若入其家하면 卽能劫奪하야 悉令空盡하나니 善男子야 盛年好色도 亦復如是하야 常爲老賊之所劫奪이니라
復次迦葉아 譬如貧人이 貪著上膳과 細軟衣裳하야 雖復悕望이나 而不能得하나니 善男子야 老亦如是하야 雖有貪心으로 欲受富樂하야 五欲自恣나 而不能得하나니라
復次迦葉아 如陸地龜가 心常念水하나니 善男子야 人亦如是하야 旣爲衰老之所乾枯하야는 心常憶念壯時所受하는 五欲之樂이니라
復次迦葉아 猶如秋月에 所有蓮花가 皆爲一切之所樂見이나 及其萎黃에 人所惡賤하니 善男子야 盛年壯色도 亦復如是하야 悉爲一切之所愛樂이러니 及其老至에 眾所惡賤이니라
復次迦葉아 譬如甘蔗가 旣被壓已에 滓無復味인달하니 善男子야 壯年盛色도 亦復如是하야 旣被老壓에 無三種味하니
一은 出家味요 二는 讀誦味요 三은 坐禪味니라
復次迦葉아 譬如滿月에 夜多光明이나 晝則不爾하니 善男子야 人亦如是하야 壯則端嚴하야 形貌瓌瑋러니 老則衰羸하야 形神枯顇니라
復次迦葉아 譬如有王이 常以正法으로 治於國土하야 眞實無曲하며 慈悲好施러니 時爲敵國之所破壞하야 流離逃迸하야 遂至他土하니 他土人民이 見已에 生於憐愍之心하야 咸作是言호대 大王이 往日에 正法治國하야 不枉萬姓하더니 如何一旦에 流離至此오 하나니 善男子야 人亦如是하야 旣爲衰老의 所壞敗已에 常讚壯時의 所行事業이니라
復次迦葉아 譬如燈炷가 唯賴膏油러니 膏油가 旣盡에 勢不久停이니 善男子야 人亦如是하야 唯賴壯膏러니 壯膏旣盡에 衰老之炷가 何得久停이리요
復次迦葉아 譬如枯河는 不能利益人及非人과 飛鳥走獸하나니 善男子야 人亦如是하야 爲老所枯하면 不能利益一切作業하나니라
復次迦葉아 譬如河岸에 臨峻之樹가 若遇暴風하면 必當顚墜니 善男子야

人亦如是하야 臨老險岸에 死風이 旣至하면 勢不得住니라
復次迦葉아 如車軸折이면 不任重載니 善男子야 老亦如是하야 不能諮受一切善法이니라
復次迦葉아 譬如嬰兒가 爲人所輕이니 善男子야 老亦如是하야 常爲一切之所輕毀니라
迦葉아 以是等喻와 及餘無量無邊譬喻로 當知是老가 實爲大苦리니 迦葉아 是名菩薩摩訶薩이 修行大乘大涅槃經하야 觀於老苦니라
迦葉아 云何菩薩摩訶薩이 修行大乘大涅槃經하야 觀於病苦오 所謂病者는 能壞一切安隱樂事함이 譬如雹雨가 傷壞穀苗니라
復次迦葉아 如人有怨하면 心常憂愁하야 而懷恐怖하나니 善男子야 一切衆生도 亦復如是하야 常畏病苦하야 心懷愁憂니라
復次迦葉아 譬如有人이 形貌端正하더니 爲王夫人欲心所愛로 遣使逼喚하야 與共交通이라가 時王捕得하야 即便使人으로 挑其一目하고 截其一耳하며 斷一手足하니 是人이 爾時에 形容改異하야 人所惡賤이니 善男子야 人亦如是하야 雖復身體와 耳目이 具足이나 旣爲病苦의 所纏逼已하야 則爲衆人之所惡賤이니라
復次迦葉아 如芭蕉樹와 竹葦와 蘆騾가 有子則死하나니 善男子야 人亦如是하야 有病則死하나니라
復次迦葉아 如轉輪王이 主兵大臣으로 常在前導하고 王隨後行하며 亦如魚王·蟻王과 蠡王·牛王과 商主가 在前行時에 如是諸衆이 悉皆隨從하야 無捨離者하나니 善男子야 死轉輪王도 亦復如是하야 常隨病臣하야 不相捨離하며 魚蟻蠡牛와 商主病王도 亦復如是하야 常爲死衆之所隨逐이니라
迦葉아 病因緣者는 所謂苦惱와 愁憂悲嘆과 身心不安이며 或爲怨賊之所逼害하야 破壞浮囊하고 撥撤橋梁하며 亦能劫奪正念根本하며 復能破壞盛壯好色과 力勢安樂하며 除捨慚愧하고 能爲身心의 焦熱熾然이니 以是等喻와 及餘無量無邊譬喻로 當知病苦가 是爲大苦니
迦葉아 是名菩薩摩訶薩이 修行大乘大涅槃經하야 觀於病苦니라

迦葉아 云何菩薩摩訶薩이 修行大乘大涅槃經하야 觀於死苦오 所謂死者는 能燒滅故니

迦葉아 如火災起에 能燒一切호대 唯除二禪하니 力不至故라 善男子야 死火도 亦爾하야 能燒一切호대 唯除菩薩이 住於大乘大般涅槃이니 勢不及故니라

復次迦葉아 如水災起에 一切漂沒호대 唯除三禪이니 力不至故라 善男子야 死水亦爾하야 漂沒一切호대 唯除菩薩이 住於大乘大般涅槃이니라

復次迦葉아 如風災起에 能吹一切하야 悉令散滅호대 唯除四禪하니 力不至故라 善男子야 死風도 亦爾하야 悉能吹滅一切所有호대 唯除菩薩이 住於大乘大般涅槃이니라

迦葉菩薩이 白佛言호대 世尊이시여 彼第四禪은 以何因緣으로 風不能吹하며 水不能漂하며 火不能燒닛고

佛告迦葉하사대 善男子야 彼第四禪은 內外過患이 一切無故니라 善男子야 初禪過患은 內有覺觀하니 外有火災요 二禪過患은 內有歡喜하니 外有水災요 三禪過患은 內有喘息하니 外有風災어니와 善男子야 彼第四禪은 內外過患이 一切俱無라 是故로 諸災가 不能及之니라 善男子야 菩薩摩訶薩도 亦復如是하야 安住大乘大般涅槃하야는 內外過患이 一切皆盡하나니 是故死王이 不能及之니라

復次善男子야 如金翅鳥가 能噉能消一切龍魚와 金銀等寶호대 唯除金剛은 不能令消하나니 善男子야 死金翅鳥도 亦復如是하야 能噉能消一切眾生호대 唯不能消住於大乘大般涅槃하는 菩薩摩訶薩이니라

復次迦葉아 譬如河岸에 所有草木이 大水瀑漲에 悉隨漂流하야 入於大海호대 唯除楊柳니 以其軟故라 善男子야 一切眾生도 亦復如是하야 悉皆隨流하야 入于死海호대 唯除菩薩이 住於大乘大般涅槃이니라

復次迦葉아 如那羅延이 悉能摧伏一切力士호대 唯除大風이니 何以故오 以無礙故라 善男子야 死那羅延도 亦復如是하야 悉能摧伏一切眾生호대 唯除菩薩이 住於大乘大般涅槃이니 何以故오 以無礙故니라

復次迦葉아 譬如有人이 於怨憎中에 詐現親善하야 常相追逐을 如影隨形하야 伺求其便하야 而欲殺之나 彼怨謹慎하야 堅牢自備힐하면 故使是人으로 不能得殺하나니 善男子야 死怨亦爾하야 常伺眾生하야 而欲殺之나 唯不能殺住於大乘大般涅槃하는 菩薩摩訶薩이니 何以故오 以是菩薩은 不放逸故니라

復次迦葉아 譬如卒降金剛瀑雨하면 悉壞藥木과 諸樹山林과 土沙瓦石과 金銀琉璃와 一切之物호대 唯不能壞金剛真寶하나니 善男子야 金剛死雨도 亦復如是하야 悉能破壞一切眾生호대 唯除金剛菩薩이 住於大乘大般涅槃이니라

復次迦葉아 如金翅鳥가 能噉諸龍호대 唯不能噉受三歸者니 善男子야 死金翅鳥도 亦復如是하야 能噉一切無量眾生호대 唯除菩薩이 住三定者니라 何謂三定고 空·無相·願이니라

復次迦葉아 如摩羅毒蛇가 凡所觸螫에 雖有良呪와 上妙·好藥이나 無如之何로대 唯阿竭多星呪는 能令除愈하나니 善男子야 死毒所螫도 亦復如是하야 一切醫方으로 無如之何로대 唯除菩薩이 住於大乘大般涅槃呪니라

復次迦葉아 譬如有人이 為王所瞋이라도 其人이 若能以軟善語로 貢上財寶하면 便可得脫하거니와 善男子야 死王은 不爾하야 雖以軟語와 錢財珍寶로 而貢上之라도 亦不得脫이니라

善男子야 夫死者는 於嶮難處에 無有資糧이며 去處懸遠에 而無伴侶며 晝夜常行이나 不知邊際며 深邃幽闇에 無有燈明이며 入無門戶나 而有處所이며 雖無痛處나 不可療治이며 往無遮止나 到不得脫이며 無所破壞나 見者는 愁毒하며 非是惡色이로대 而令人怖하며 敷在身邊이로대 不可覺知니 迦葉아 以是等喻와 及餘無量無邊譬喻로 當知是死가 真為大苦니 迦葉아 是名菩薩摩訶薩이 修行大乘大涅槃經하야 觀於死苦니라

迦葉아 云何菩薩摩訶薩이 住於大乘大涅槃經하야 觀愛別離苦오 愛別離苦는 能為一切眾苦의 根本이니 如說偈言호대

　因愛生憂하며 因愛生怖하나니

若離於愛하면 何憂何怖리오
愛因緣故로 則生憂苦요 以憂苦故로 則令衆生으로 生於衰老와 愛別離苦하나니 所謂命終이니라
善男子야 以別離故로 能生種種微細諸苦하나니 今當爲汝하야 分別顯示하호리라
善男子야 過去之世에 人壽無量이러니 時世에 有王하니 名爲善住라 其王이 爾時에 爲童子身과 太子治事와 及登王位가 各八萬四千歲하리니 時王頂上에 生一肉疱하니 其疱柔軟하야 如兜羅綿과 細軟劫貝라 漸漸增長호대 不以爲患이러니 足滿十月에 疱即開剖하야 生一童子하니 其形이 端正하야 奇異少雙이며 色像分明이 人中第一이라 父王이 歡喜하야 字之頂生이라 하다
時에 善住王이 因以國事로 委付頂生하고 棄捨宮殿과 妻子眷屬하고 入山學道를 滿八萬四千歲러니
爾時에 頂生이 於十五日에 處在高樓하야 沐浴受齋할새 即時東方에 有金輪寶하니 其輪千輻이며 轂輞具足이라 非工匠造요 自然成就하야 而來應之어늘 頂生大王이 即作是念호대 我昔에 曾聞五通仙說하니 若刹利王이 於十五日에 處在高樓하야 沐浴受齋할새 若有金輪하야 千輻不減이요 轂輞具足호대 非工匠造이요 自然成就하야 而來應者인댄 當知하라 是王은 即當得作轉輪聖帝라 하니라
復作是念호대 我今에 當試하리라 하고 即以左手로 擎此輪寶하고 右執香爐하고 右膝著地하야 而發誓言호대 是金輪寶가 若實不虛인댄 應如過去轉輪聖王의 所行道去하라
作是誓已에 是金輪寶가 飛昇虛空하야 遍十方已에 還來住在頂生左手어늘 爾時에 頂生이 心生歡喜하야 踊躍無量하며 復作是言호대 我今에 定當作轉輪王하리라
其後不久에 復有象寶호대 狀貌端嚴하야 如白蓮花요 七支拄地이어늘 頂生이 見已에 復作是念호대 我昔에 曾聞五通仙說하니 若轉輪王이 於十五

日에 處在高樓하야 沐浴受齋할새 若有象寶가 狀貌端嚴하야 如白蓮花며 七支拄地하야 而來應者는 當知하라 是王이 卽是聖王이라 하더라

復作是念호대 我今當試하리라 하고 卽擎香爐하고 右膝著地하야 而發誓言호대 是白象寶가 若實不虛인댄 應如過去轉輪聖王의 所行道去하라 作是誓已에 是白象寶가 從旦至夕하야 周遍八方하야 盡大海際하고 還住本處어늘 爾時에 頂生이 心大歡喜하야 踊躍無量하며 復作是言호대 我今에 定是轉輪聖王이로다 其後不久에 次有馬寶하니 其色紺炎이오 髦尾金色이어늘 頂生見已에 復作是念호대 我昔에 曾聞五通仙說하니 若轉輪王이 於十五日에 處在高樓하야 沐浴受齋할새 若有馬寶가 其色紺艶이며 髦尾金色으로 而來應者면 當知是王은 卽是聖王이라 하니

復作是念호대 我今에 當試라 하고 卽執香爐하고 右膝著地하야 而發誓言호대 是紺馬寶가 若實不虛인댄 應如過去轉輪聖王의 所行道去하라 作是誓已에 是紺馬寶가 從旦至夕토록 周遍八方하야 盡大海際하고 還住本處어늘 爾時에 頂生이 心大歡喜하야 踊躍無量하며 復作是言호대 我今定是轉輪聖王이로다

其後不久에 復有女寶가 形容端正하야 微妙第一이라 不長·不短·不白·不黑하며 身諸毛孔에 出栴檀香하며 口氣香潔하야 如靑蓮花이요 其目이 遠視하야 見一由旬이며 耳聞鼻嗅도 亦復如是하야 其舌廣大하야 出能覆面하며 形色細薄이 如赤銅葉하며 心聰叡哲하야 有大智慧하며 於諸衆生에 常有軟語하며 是女가 以手로 觸王衣時에 卽知王身의 安樂病患하며 亦知王心의 所緣之處라

爾時에 頂生이 復作是念호대 若有女人이 能知王心인댄 卽是女寶로다 其後不久에 於王宮內에 自然而有寶摩尼珠하니 純靑琉璃요 大如人䏶이라 能於闇中에 照一由旬하며 若天降雨하야 渧如車軸이라도 是珠力能으로 作蓋遍覆하야 足一由旬을 遮此大雨하야 不令下過어늘 爾時에 頂生이 復作是念호대 若轉輪王이 得是寶珠인댄 必是聖王이다

其後不久에 有主藏臣이 自然而出하니 多饒財寶하야 巨富無量이라 庫藏이

盈溢하야 無所乏少하며 報得眼根力으로 能徹見一切地中의 所有伏藏하야 隨王所念하야 皆能辦之어늘 爾時에 頂生이 復欲試之하야 卽共乘船하고 入於大海할새 告藏臣言호대 我今欲得珍異之寶하노라

藏臣이 聞已에 卽以兩手로 撓大海水하니 時十指頭에 出十寶藏커늘 以奉聖王하고 而白王言호대 大王所須를 隨意用之하소서 其餘在者는 當投大海니다

爾時에 頂生이 心大歡喜하야 踊躍無量하야 復作念言호대 我今定是轉輪聖王이로다 其後不久에 有主兵臣이 自然而出호대 勇健猛略이며 策謀第一이라 善知四兵하야 若任鬪者는 則現聖王하고 若不任者는 退不令現하며 未摧伏者는 能令摧伏하고 已摧伏者는 力能守護라

爾時에 頂生이 復作是念호대 若轉輪王이 得是兵寶인댄 當知하라 定是轉輪聖王이리라

爾時에 頂生轉輪聖帝가 告諸大臣호대 汝等當知하라 此閻浮提가 安隱豐樂이나 然我今已七寶成就하고 千子具足하니 更何所爲리요 諸臣이 答言호대 唯然大王이시여 東弗婆提가 猶未歸德하니 王應往討하소서

爾時에 聖王이 與其七寶로 一切營從하야 飛空而往東弗婆提한대 彼土人民이 歡喜歸化어늘 復告大臣호대 我閻浮提와 及弗婆提가 安隱豐樂하고 人民이 熾盛하야 悉來歸化하며 七寶成就하고 千子具足하니 復何所爲리요 諸臣이 答言호대 唯然大王이시여 西瞿陀尼가 猶未歸德이니다

爾時에 聖王이 復與七寶와 一切營從으로 飛空而往西瞿陀尼하야 王旣至彼하니 彼土人民이 亦復歸化이어늘 復告大臣호대 我閻浮提와 及弗婆提와 此瞿陀尼가 安隱豐樂하며 人民이 熾盛하고 咸以歸化하며 七寶成就하고 千子具足하니 復何所爲리요 諸臣이 答言호대 唯然大王이시여 北欝單越이 猶未歸化니다

爾時에 聖王이 復與七寶와 一切營從으로 飛空而往北欝單越하야 王旣至彼한대 彼土人民이 歡喜歸德이어늘 復告大臣호대 我四天下가 安隱豐樂하고 人民熾盛하고 咸已歸德하며 七寶成就하고 千子具足하니 更何所爲리요

諸臣이 答言호대 唯然聖王이시어 三十三天이 壽命極長하고 安隱快樂하며 彼天身形은 端嚴無比요 所居宮殿과 床榻臥具가 悉是七寶라 自恃天福하야 未來歸化하니 今可往討하야 令其摧伏하소서
爾時에 聖王이 復與七寶로 一切營從하야 飛騰虛空하야 上忉利天하니 見有一樹가 其色靑綠이어늘 聖王이 見已에 卽問大臣호대 此是何色고 大臣이 答言호대 此是波利質多羅樹니 忉利諸天이 夏三月日에 常於其下에 娛樂受樂이니다
復見白色하니 猶如白雲이어늘 復問大臣호대 彼是何色고 大臣이 答言호대 是善法堂이니 忉利諸天이 常集其中하야 論人天事하나니다 於是에 天主釋提桓因이 知頂生王이 已來在外하고 卽出迎逆하야 見已執手하고 昇善法堂하야 分座而坐하니 彼時二王의 形容相貌가 等無差別이로대 唯有視眴이 爲別異耳러라 是時에 聖王이 卽生念言호대 我今寧可退彼王位하고 卽住其中하야 爲天王不아 善男子야 爾時에 帝釋이 受持讀誦大乘經典하며 開示分別하야 爲他演說호대 唯於深義에 未盡通達이나 以是讀誦하며 受持分別하야 爲他廣說하는 因緣力故로 有大威德하니라
善男子야 而是頂生이 於此帝釋에 生惡心已에 卽便墮落하야 還閻浮提라 與所愛念하는 人天離別할새 生大苦惱하고 復遇惡病하야 卽便命終하니라
爾時의 帝釋은 迦葉佛이 是요 轉輪聖王은 則我身이 是라 善男子야 當知하라 如是愛別離者가 極爲大苦니라
善男子야 菩薩摩訶薩이 尚憶過去의 如是等輩愛別離苦어든 何況菩薩이 住於大乘大涅槃經하야 而當不觀現在之世의 愛別離苦리요
善男子야 云何菩薩摩訶薩이 修行大乘大涅槃經하야 觀怨憎會苦오 善男子야 是菩薩摩訶薩이 觀於地獄·畜生·餓鬼·人中·天上에 皆有如是怨憎會苦를 譬如人이 觀牢獄繫閉와 枷鎖杻械가 以爲大苦니 菩薩摩訶薩도 亦復如是하야 觀於五道의 一切受生이 悉是怨憎으로 合會大苦니라
復次善男子야 譬如有人이 常畏怨家의 枷鎖杻械하야 捨離父母와 妻子眷屬과 珍寶産業하고 而遠逃避하나니 善男子야 菩薩摩訶薩도 亦復如是하야

怖畏生死할새 具足修行六波羅蜜하야 入於涅槃하나니
迦葉아 是名菩薩摩訶薩이 修行大乘大般涅槃하야 觀怨憎會苦니라
善男子야 云何菩薩이 修行大乘大般涅槃하야 觀求不得苦오 求者는 一切盡求라
盡求者는 有二種하니
一은 求善法이오 二는 求不善法이라
善法未得苦요 惡法未離苦니 是則略說五盛陰苦이니 迦葉아 是名苦諦니라
爾時에 迦葉菩薩摩訶薩이 白佛言호대 世尊이시여 如佛所說하신 五盛陰苦는 是義不然이로소이다 何以故오 如佛往昔에 告釋摩男하사대 若色苦者인댄 一切衆生이 不應求色이오 若有求者인댄 則不名苦라 하시며
如佛告諸比丘하사대 有三種受하니 苦受와 樂受와 不苦不樂受라 하시며
如佛이 先爲諸比丘說하사대 若有人이 能修行善法하면 則得受樂이라 하시며
又如佛說하사대 於善道中에 六觸受樂하니 眼見好色하야 是則爲樂이요 耳·鼻·舌·身·意思好法도 亦復如是라 하시며 如佛說偈하사대

　持戒則爲樂이라　身不受衆苦하고
　睡眠得安隱이요　寤則心歡喜니라
　若受衣食時에　誦習而經行하야
　獨處於山林하면　如是爲最樂이니라
　若能於衆生에　晝夜常修慈하면
　因是得常樂이니　以不惱他故니라
　少欲知足樂과　多聞分別樂과
　無著阿羅漢을　亦名爲受樂이요
　菩薩摩訶薩이　畢竟到彼岸하야
　所作衆事辦일새　是名爲最樂이라 하셨나이다

世尊이시여 如諸經中에 所說樂相이 其義如是어늘 如佛今說인댄 云何當與此義相應이닛가

佛告迦葉하사대 善哉善哉라 善男子야 善能諮問如來是義로다
善男子야 一切眾生이 於下苦中에 橫生樂想일새 是故로 我今에 所說苦相이 與本不異니라
爾時에 迦葉菩薩이 白佛言호대 如佛所說하사 於下苦中에 生樂想者인댄 下生下老와 下病·下死와 下愛別離와 下求不得과 下怨憎會와 下五盛陰인 如是等苦도 亦應有樂이니다
世尊이시여 下生者는 所謂三惡趣오 中生者는 所謂人中이오 上生者는 所謂天上이니다
若復有人이 作如是問호대 若於下樂에 生於苦想하며 於中樂中에 生無苦樂想하며 於上樂中에 生於樂想가 하면 當云何答이리닛고
世尊이시여 若下苦中에 生樂想者인댄 未見有人이 當受千罰할새 初一下時에 已生樂想이니다 若不生者인댄 云何說言於下苦中에 而生樂想이닛고
佛告迦葉하사대 如是如是하야 如汝所說이라 以是義故로 無有樂想이니 何以故오 猶如彼人이 當受千罰할새 受一下已에 即得脫者인댄 是人이 爾時에 便生樂想하리니 是故로 當知하라 於無樂中에 妄生樂想이니라
迦葉이 言호대 世尊이시여 彼人이 不以一下로 生於樂想이요 以得脫故로 而生樂想이니다
迦葉아 是故로 我昔에 為釋摩男하야 說五陰中樂이 實不虛也니라
迦葉아 有三受三苦하니
三受者는 所謂樂受와 苦受와 不苦不樂受요
三苦者는 所謂苦苦와 行苦와 壞苦니라
善男子야 苦受者는 名為三苦니 所謂苦苦·行苦·壞苦요 餘二受者는 所謂行苦·壞苦니라
善男子야 以是因緣으로 生死之中에 實有樂受나 菩薩摩訶薩은 以苦樂性이 不相捨離일새 是故로 說言一切皆苦라 하나니라
善男子야 生死之中에 實無有樂이어늘 但諸佛菩薩이 隨順世間하사 說言有樂이라 하시나니라

迦葉菩薩이 白佛言호대 世尊이시여 諸佛菩薩이 若隨俗說인댄 是虛妄否닛가 如佛所說하신 修行善者는 則受樂報와 持戒에 安樂하야 身不受苦와 乃至衆事已辦이 是爲最樂이라 하신 如是等經의 所說樂受가 是虛妄否닛가 若是虛妄인댄 諸佛世尊이 久於無量百千萬億阿僧祇劫에 修菩提道하사 已離妄語이어시늘 今作是說하신 其義云何닛고

佛言하사대 善男子야 如上所說하야 諸受樂偈는 卽是菩提道之根本이며 亦能長養阿耨多羅三藐三菩提할새 以是義故로 先於經中에 說是樂相이니라

善男子야 譬如世間의 所須資生이 能爲樂因일새 故名爲樂이니 所謂女色과 耽恬飮酒와 上饌甘味와 渴時得水와 寒時遇火와 衣服瓔珞과 象馬車乘과 奴婢僮僕과 金銀琉璃와 珊瑚眞珠와 倉庫穀米인 如是等物은 世間所須니 能爲樂因일새 是名爲樂이니라

善男子야 如是等物이 亦能生苦니 因於女人하야 生男子苦하니 憂愁悲泣으로 乃至斷命이라 因酒甘味와 乃至倉穀하야 亦能令人으로 生大憂惱하나니 以是義故로 一切皆苦요 無有樂相이니라

善男子야 菩薩摩訶薩은 於是八苦에 解苦無苦로대 善男子야 一切聲聞·辟支佛等은 不知樂因이니 爲如是人하야 於下苦中에 說有樂相하노니 唯有菩薩이 住於大乘大般涅槃하야사 乃能知是苦因樂因이니라

大般涅槃經 卷第十二 終

大般涅槃經 卷第十三

北涼天竺三藏 曇無讖 譯

聖行品 第七之三

善男子야 云何菩薩摩訶薩이 住於大乘大般涅槃하야 觀察集諦오 善男子야 菩薩摩訶薩이 觀此集諦가 是陰因緣이니 所謂集者는 還愛於有라
愛有二種하니
一은 愛己身이요 二는 愛所須라
復有二種하니 未得五欲하얀繫心專求요 旣求得已엔 堪忍專著이니라 復有三種하니 欲愛와 色愛와 無色愛니라
復有三種하니 業因緣愛와 煩惱因緣愛와 苦因緣愛라 出家之人은 有四種愛하니 何等이 爲四오 衣服과 飮食과 臥具와 湯藥이라
復有五種하니 貪著五陰하야 隨諸所須하야 一切愛著하야 分別挍計를 無量無邊이니라
善男子야 愛有二種하니
一者는 善愛요 二는 不善愛라
不善愛者는 惟愚求之어니와 善法愛者는 諸菩薩이 求니라
善法愛者는 復有二種하니 不善과 與善이라 求二乘者는 名爲不善이요 求大乘者는 是名爲善이니라
善男子야 凡夫愛者는 名之爲集이나 不名爲諦요 菩薩愛者는 名之實諦라 不名爲集이니 何以故오 爲度衆生하야 所以受生이언정 不以愛故로 而受生也니라
迦葉菩薩이 白佛言호대 世尊이시여 如佛世尊이 於餘經中에 爲諸衆生하사 說業爲因緣이라 하시며 或說憍慢하며 或說六觸하며 或說無明이 爲五盛

陰하야 而作因緣이라 하시더니 今以何義로 說四聖諦며 獨以愛性으로 爲五陰因하시닛가

佛이 讚迦葉菩薩하사대 善哉善哉라

善男子야 如汝所說하야 諸因緣者도 非爲非因이로대 但是五陰이 要因於愛니라

善男子야 譬如大王이 若出遊巡엔 大臣眷屬이 悉皆隨從하니 愛亦如是하야 隨愛行處하야 是諸結等이 亦復隨行이니라 譬如膩衣가 隨有塵著하야 著則隨住하나니 愛亦如是하야 隨所愛處하야 業結이 亦住니라

復次善男子야 譬如濕地에 則能生牙하야 愛亦如是하야 能生一切業煩惱牙하나니라

善男子야 菩薩摩訶薩이 住是大乘大般涅槃하야 深觀此愛가 凡有九種하니 一은 如債有餘요 二는 如羅刹女婦요 三은 如妙花莖에 有毒蛇纏之요 四는 如惡食이 性所不便이어늘 而强食之요 五는 如婬女요 六은 如摩樓迦子요 七은 如瘡中息肉이요 八은 如暴風이요 九는 如彗星이니라

云何名爲如債有餘오 善男子야 譬如窮人이 負他錢財하면 雖償欲畢이나 餘未畢故로 猶繫在獄하야 而不得脫하나니 聲聞과 緣覺도 亦復如是하야 以有愛習之餘氣故로 不能得成阿耨多羅三藐三菩提니라 善男子야 是名如債有餘니라

善男子야 云何如羅刹女婦오 善男子야 譬如有人이 以羅刹女로 而爲婦妾에 是羅刹女가 隨所生子하야 生已便噉하고 子旣盡已에 復噉其夫하나니 善男子야 愛羅刹女도 亦復如是하야 隨諸衆生하야 生善根子를 隨生隨食하고 善子가 旣盡하면 復噉衆生하야 令墮地獄·畜生·餓鬼라 唯除菩薩이니 是名如羅刹女婦니라

善男子야 云何如妙花莖에 毒蛇纏之오 譬如有人이 性愛好花라 不見花莖의 毒蛇過患하고 卽便前捉하야 捉已에 蛇螫라 螫已에 命終하나니 一切凡夫도 亦復如是하야 貪五欲花하야 不見是愛毒蛇過患하고 而便受取하면 卽爲愛毒之所蠚螫하야 命終에 墮於三惡道中이라 唯除菩薩이니 是名如

妙花莖에 毒蛇纏之니라

善男子야 云何所不便食을 而強食之오 譬如有人이 所不便食을 而強食之하면 食已腹痛하야 患下而死하나니 愛食도 亦爾하야 五道衆生이 強食貪著일새 以是因緣으로 墮三惡道라 唯除菩薩이니 是名所不便食을 而強食之니라

善男子야 云何婬女오 譬如愚人이 與婬女로 通하면 而彼婬女가 巧作種種諂媚現親하야 悉奪是人의 所有錢財하고 錢財가 既盡하면 便復驅逐하나니 愛之婬女도 亦復如是하야 愚人無智가 與之交通하면 而是愛女가 奪其所有一切善法하고 善法이 既盡하면 驅逐令墮三惡道中이라 唯除菩薩이니 是名婬女니라

善男子야 云何摩樓迦子오 譬如摩樓迦子를 若鳥食已하면 隨糞墮地하며 或因風吹하야 來在樹下하면 即便生長하야 纏繞縛束尼拘陀樹하야 令不增長하고 遂至枯死하나니 愛摩樓迦子도 亦復如是하야 纏縛凡夫의 所有善法하야 不令增長하고 遂至枯滅하나니 既枯滅已에 命終之後에 墮三惡道라 唯除菩薩이니 是名摩樓迦子니라

善男子야 云何瘡中息肉고 如人久瘡에 中生息肉이어든 其人이 要當勤心療治하야 莫生捨心이니 若生捨心하면 瘡息이 增長하고 虫疽復生이라 以是因緣으로 即便命終하나니 凡夫와 愚人의 五陰瘡痍도 亦復如是하야 愛於其中에 而為息肉이라 應當勤心으로 療治愛息이니 若不治者는 命終에 即墮三惡道中이라 唯除菩薩이니 是名瘡中息肉이니라

善男子야 云何暴風고 譬如暴風이 能偃山移岳하며 拔深根栽하나니 愛暴大風도 亦復如是하야 於父母所에 而生惡心하며 能拔大智인 舍利弗等의 無上深固菩提根栽라 唯除菩薩이니 是名暴風이니라

善男子야 云何如彗星고 譬如彗星이 出現하면 天下의 一切人民이 飢饉病瘦하야 嬰諸苦惱하라 愛之彗星도 亦復如是하야 能斷一切善根種子하야 令凡夫人으로 孤窮飢饉하야 生煩惱病하며 流轉生死하야 受種種苦니라 唯除菩薩이니 是名彗星이니라

善男子야 菩薩摩訶薩이 住於大乘大般涅槃하야 觀察愛結를 如是九種하나니 善男子야 以是義故로 諸凡夫人은 有苦無諦요 聲聞緣覺은 有苦有苦諦나 而無眞實이요 諸菩薩等은 解苦無苦니 是故로 無苦나 而有眞實이니라 諸凡夫人은 有集無諦요 聲聞緣覺은 有集有集諦요 諸菩薩等은 解集無集이니 是故로 無集코 而有眞諦니라

聲聞과 緣覺은 有滅非眞이요 菩薩摩訶薩은 有滅有眞諦며 聲聞과 緣覺은 有道非眞이요 菩薩摩訶薩은 有道有眞諦니라

善男子야 云何菩薩摩訶薩이 住於大乘大般涅槃하야 見滅見滅諦오 所謂斷除一切煩惱니 若煩惱斷하면 則名爲常이요 滅煩惱火하면 則名寂滅이라 煩惱滅故로 則得受樂이요 諸佛菩薩은 求因緣故로 故名爲淨이요 更不復受二十五有할새 故名出世라 以出世故로 名爲我常이니 於色·聲·香·味·觸과 男·女와 生·住·滅과 苦·樂과 不苦·不樂에 不取相貌일새 故名畢竟寂滅眞諦니라 善男子야 菩薩이 如是住於大乘大般涅槃하야 觀滅聖諦니라

善男子야 云何菩薩摩訶薩이 住於大乘大般涅槃하야 觀道聖諦오 善男子야 譬如闇中에 因燈得見麁細之物하나니 菩薩摩訶薩도 亦復如是하야 住於大乘大般涅槃하며 因八聖道하야 見一切法하나니 所謂常·無常과 有爲·無爲와 有衆生·非衆生과 物·非物과 苦·樂과 我·無我와 淨·不淨과 煩惱·非煩惱와 業·非業과 實·不實과 乘·非乘과 知·不知와 陀羅驃·非陀羅驃와 求那·非求那와 見·非見과 色·非色과 道·非道와 解·非解라 善男子야 菩薩이 如是住於大乘大般涅槃하야 觀道聖諦하나니라

迦葉菩薩이 白佛言호대 世尊이시여 若八聖道가 是道聖諦인댄 義不相應이로소이다 何以故오 如來가 或說信心이 爲道니 能度諸漏라 하시며 或時說道호대 不放逸이 是니 諸佛世尊이 不放逸故로 得阿耨多羅三藐三菩提라 하시며 亦是菩薩助道之法이라 하시며

或時說言하사대 精進이 是道니 如告阿難하사대 若有人이 能勤修精進하면 則得成於阿耨多羅三藐三菩提라 하시며

或時說言하사대 觀身念處니 若有繫心하야 精勤修習是身念處하면 則得成

於阿耨多羅三藐三菩提라 하시며

或時說言하사대 正定이 爲道니 如告大德摩訶迦葉하사대 夫正定者가 眞實是道요 非不正定이 而是道也라 若入正定하면 乃能思惟五陰生滅이어니와 非不入定이 能思惟也라 하시며

或說一法하사대 若人이 修習하면 能淨眾生하야 滅除一切憂愁苦惱하고 逮得正法하리니 所謂念佛三昧라 하시며

或復說言하사대 修無常想이 是名爲道니 如告比丘하사대 有能多修無常想者는 能得阿耨多羅三藐三菩提라 하시며

或說空寂하사대 阿蘭若處에 獨坐思惟하면 能得速成阿耨多羅三藐三菩提라 하시며

或時說言하사대 爲人演法이 是名爲道니 若聞法已면 疑網即斷이요 疑網斷已면 則得阿耨多羅三藐三菩提라 하시며

或時說言하사대 持戒가 是道니 如告阿難하사대 若有精勤하야 修持禁戒하면 是人은 則度生死大苦라 하시며

或時說言하사대 親近善友가 是名爲道이니 如告阿難하사대 若有親近善知識者는 則具淨戒니 若有眾生이 能親近我하면 則得發於阿耨多羅三藐三菩提心라 하시며

或時說言하사대 修慈가 是道이니 修學慈者는 斷諸煩惱하고 得不動處라 하시며 或時說하사대 智慧가 是道이니 如佛이 昔爲波闍波提比丘尼說하사대 姊妹여 如諸聲聞이 以智慧刀로 能斷諸流의 諸漏煩惱라 하시며 或時如來가 說하사대 施是道이니 如佛이 往昔에 告波斯匿王하사대 大王이여 當知하라 我於往昔에 多行惠施일새 以是因緣으로 今日에 得成阿耨多羅三藐三菩提라 하셨나이다

世尊이시여 若八聖道가 是道諦者인대 如是等經은 豈非虛妄이며 若彼諸經이 非虛妄者인대 彼中에 何緣으로 不說八道가 爲道聖諦라 하셨나이까 若彼不說인대 如來가 往昔에 何故로 錯謬닛가 然이나 我定知 諸佛如來는 久離錯謬로소이다

爾時에 世尊께서 讚迦葉菩薩하사대 善哉善哉라
善男子야 汝今에 欲知菩薩의 大乘微妙經典의 所有祕密하야 故作是問이로다
善男子야 如是諸經이 悉入道諦니라
善男子야 如我所說에 若有信道인대 如是信道는 是信이 根本이니 是能佐助菩提之道라 是故로 我說이 無有錯謬니라
善男子야 如來가 善知無量方便하야 欲化衆生할새 故作如是種種說法하시니라
善男子야 譬如良醫가 識諸衆生의 種種病原하고 隨其所患하야 而爲合藥과 幷藥所禁호대 唯水一種이 不在禁例하니 或服薑水하며 或甘草水며 或細辛水며 或黑石蜜水며 或阿摩勒水며 或尼婆羅水며 或鉢畫羅水며 或服冷水며 或服熱水하며 或蒲萄水며 或安石榴水라 善男子야 而是良醫가 善知衆生의 所患種種과 藥雖多禁이나 水不在例하니라
如來도 亦爾하야 善知方便하야 於一法相에 隨諸衆生하야 分別廣說種種名相이어든 彼諸衆生이 隨所說受하고 受已修習하면 除斷煩惱가 如彼病人이 隨良醫敎하면 所患得除니라
復次善男子야 如有一人이 善解雜語하야 在大衆中이러니 是諸大衆이 熱渴所逼로 咸發聲言호대 我欲飮水라 我欲飮水라 하면 是人이 卽時에 以淸冷水로 隨其種類하야 說言是水라 하며 或言波尼라 하며 或言欝持라 하며 或言紗利藍이라 하며 或言紗利라 하며 或言婆耶라 하며 或言甘露라 하며 或言牛乳라 하야 以如是等無量水名로 爲大衆說하나니 善男子야 如來도 亦爾하야 以一聖道로 爲諸聲聞하사 種種演說하나니 從信根等으로 至八聖道니라
復次善男子야 譬如金師가 以一種金으로 隨意造作種種瓔珞하나니 所謂鉗鎖와 環釧釵璫과 天冠臂印이라 雖有如是差別不同이나 然이나 不離金하니라
善男子야 如來도 亦爾하사 以一佛道로 隨諸衆生하야 種種分別하야 而爲

說之할새 或說一種하니 所謂諸佛은 一道無二니라
復說二種하니 所謂定·慧니라
復說三種하니 謂見·慧·智니라
復說四種하니 所謂見道와 修道와 無學道와 佛道라
復說五種하니 所謂信行道와 法行道와 信解脫道와 見到道와 身證道니라
復說六種하니 所謂須陀洹道와 斯陀含道와 阿那含道와 阿羅漢道와 辟支佛道와 佛道라
復說七種하니 所謂念覺分과 擇法覺分과 精進覺分과 喜覺分과 除覺分과 定覺分과 捨覺分이라
復說八種하니 所謂正見과 正思惟와 正語와 正業과 正命과 正精進과 正念과 正定이니라
復說九種하니 所謂八聖道와 及信이니라
復說十種하니 所謂十力이니라
復說十一種하니 所謂十力과 大慈니라
復說十二種하니 所謂十力과 大慈와 大悲니라
復說十三種하니 所謂十力과 大慈와 大悲와 念佛三昧니라
復說十六種하니 所謂十力과 大慈大悲와 念佛三昧와 及佛所得한 三正念處니라
復說二十道하니 所謂十力과 四無所畏와 大慈大悲와 念佛三昧와 三正念處니라 善男子야 是道가 一體로대 如來가 昔日에 爲衆生故로 種種分別하시니라
復次善男子야 譬如一火로대 因所然故로 得種種名하니 所謂木火와 草火이며 糠火麥火이며 牛馬糞火라 善男子야 佛道도 亦爾하야 一而無二로대 爲衆生故로 種種分別니라
復次善男子야 譬如一識이로대 分別說六하니 若至於眼이면 則名眼識이오 乃至意識도 亦復如是니라 善男子야 道亦如是하야 一而無二로대 如來가 爲化諸衆生故로 種種分別이니라

復次善男子야 譬如一色이로대 眼所見者는 則名爲色이요 耳所聞者는 則名爲聲이며 鼻所嗅者는 則名爲香이요 舌所嘗者는 則名爲味이며 身所覺者는 則名爲觸이니라 善男子야 道亦如是하야 一而無二로대 如來가 爲欲化衆生故로 種種分別하나니라 善男子야 以是義故로 以八聖道分으로 名道聖諦라 하나니라
善男子야 是四聖諦는 諸佛世尊이 次第說之하실새 以是因緣으로 無量衆生이 得度生死니라
迦葉菩薩이 白佛言호대 世尊이시여 昔에 佛이 一時에 在恒河岸尸首林中이러시니 爾時에 如來가 取其樹葉하사 告諸比丘하사대 我今手中의 所捉葉이 多아 一切因地한 草木葉이 多아
諸比丘言호대 世尊이시여 一切因地草木葉이 多하야 不可稱計요 如來所捉은 少不足言이니다 諸比丘야 我所覺了한 一切諸法이 如因大地生한 草木等이요 爲諸衆生하야 所宣說者는 如手中葉이니라 世尊이시여 爾時에 說如是言한 如來所了하신 無量諸法이 若入四諦인대 則爲已說이요 若不入者인대 應有五諦로소이다
爾時에 佛이 讚迦葉菩薩하사대 善哉善哉라
善男子야 汝今所問이 則能利益安隱快樂無量衆生이로다 善男子야 如是諸法이 悉已攝在四聖諦中이니라
迦葉菩薩이 復作是言호대 如是等法이 若在四諦인대 如來가 何故로 唱言不說이시닛고
佛言하사대 善男子야 雖復入中이나 猶不名說이니 何以故오 善男子야 知四聖諦는 有二種智하니
一者는 中이요
二者는 上이라
中者는 聲聞·緣覺智요 上者는 諸佛菩薩智니라
善男子야 知諸陰苦는 名爲中智요 分別諸陰의 有無量相하야 悉是諸苦는 非諸聲聞緣覺의 所知니 是名上智니라

善男子야 如是等義는 我於彼經에 竟不說之니라 善男子야 知諸入者는 名之爲門이며 亦名爲苦는 是名中智요 分別諸入이 有無量相하야 悉是諸苦는 非諸聲聞緣覺의 所知니 是名上智라 如是等義도 我於彼經에 亦不說之니라

善男子야 知諸界者는 名之爲分이며 亦名爲性이며 亦名爲苦는 是名中智요 分別諸界는 有無量相호대 悉是諸苦는 非諸聲聞·緣覺의 所知라 是名上智니라

善男子야 如是等義도 我於彼經에 亦不說之니라 善男子야 知色壞相은 是名中智요 分別諸色이 有無量相호대 悉是諸苦는 非諸聲聞·緣覺의 所知니 是名上智니라 如是等義도 我於彼經에 亦不說之니라

善男子야 知受覺相은 是名中智요 分別諸受의 有無量覺相은 非諸聲聞緣覺의 所知라 是名上智라 善男子야 如是等義도 我於彼經에 亦不說之니라

善男子야 知想取相은 是名中智요 分別是想에 有無量取相은 非諸聲聞·緣覺의 所知니라 是名上智니 如是等義도 我於彼經에 亦不說之로다 善男子야 知行作相은 是名中智요 分別是行의 無量作相은 非諸聲聞·緣覺의 所知 是名上智니라

善男子야 如是等義도 我於彼經데 亦不說之니라 善男子야 知識分別相은 是名中智요 分別是識의 無量知相은 非諸聲聞緣覺의 所知니 是名上智라 善男子야 如是等義도 我於彼經에 亦不說之니라

善男子야 知愛因緣으로 能生五陰은 是名中智요 一人의 起愛도 無量無邊하니 聲聞緣覺의 所不能知라 能知一切衆生의 所起인 如是等愛는 是名上智니 如是等義도 我於彼經에 亦不說之니라

善男子야 知滅煩惱는 是名中智요 分別煩惱가 不可稱計이며 滅亦如是하야 不可稱計는 非諸聲聞·緣覺의 所知라 是名上智니 如是等義도 我於彼經에 亦不說之니라

善男子야 知是道相이 能離煩惱는 是名中智요 分別道相이 無量無邊이며 所離煩惱도 亦無量無邊은 非諸聲聞緣覺의 所知니 是名上智라 如是等義

도 我於彼經에 亦不說之니라

善男子야 知世諦者는 是名中智요 分別世諦가 無量無邊하야 不可稱計는 非諸聲聞緣覺의 所知니 是名上智라 如是等義도 我於彼經에 亦不說之니라

善男子야 一切行이 無常이며 諸法이 無我이며 涅槃 寂滅이 是第一義는 是名中智요 知第一義의 無量無邊하야 不可稱計는 非諸聲聞·緣覺의 所知니 是名上智라 如是等義도 我於彼經에 亦不說之니라

爾時에 文殊師利菩薩摩訶薩이 白佛言호대 世尊이시여 所說世諦와 第一義諦는 其義가 云何닛고

世尊이시여 第一義中에 有世諦不닛가 世諦之中에 有第一義不닛가 如其有者인대 即是一諦요 如其無者인대 將非如來가 虛妄說耶닛가 善男子여 世諦者가 即第一義諦니라

世尊이시여 若爾者인대 則無二諦로소이다

佛言하사대 善男子여 有善方便하야 隨順衆生할새 說有二諦니라

善男子여 若隨言說인대 則有二種하니

一者는 世法이요

二者는 出世法이라

善男子여 如出世人之所知者는 名第一義諦요 世人知者는 名為世諦니라

善男子여 五陰和合을 稱言某甲이라 하야 凡夫衆生이 隨其所稱은 是名世諦요 解陰에 無有某甲名字하며 離陰에 亦無某甲名字니 出世之人은 如其性相하야 而能知之일새 名第一義諦니라

復次善男子야 或復有法은 有名有實이요 或復有法은 有名無實이니 善男子야 有名無實者는 即是世諦요 有名有實者는 是第一義諦니라 善男子야 如我와 衆生과 壽命과 知見과 養育과 丈夫와 作者와 受者와 熱時之炎과 乾闥婆城과 龜毛와 兔角과 旋火之輪과 諸陰과 界와 入은 是名世諦요 苦集滅道는 名第一義諦니라

善男子야 世法은 有五種하니

一者는 名世요 二者는 句世요 三者는 縛世요 四者는 法世요 五者는 執著世라

善男子야 云何名世오 男과 女와 瓶가 衣와 車와 乘과 屋舍인 如是等物은 是名名世니라

云何句世오 四句와 一偈인 如是等偈을 名為句世니라

云何縛世오 捲合繫結과 束縛合掌이 是名縛世니라

云何法世오 如鳴搥集僧과 嚴鼓戒兵과 吹貝知時를 是名法世니라 云何執著世오 如望遠人에 有染衣者면 生想執著하야 言是沙門이요 非婆羅門이라 하며 見有結繩하야 橫佩身上이어든 便生念言호대 是婆羅門이요 非沙門也라 하면 是名執著世니라

善男子야 如是名為五種世法이니 善男子야 若有眾生이 於如是等五種世法에 心無顛倒하야 如實而知하면 是名第一義諦니라

復次善男子야 若燒若割과 若死若壞는 是名世諦요 無燒無割이며 無死無壞는 是名第一義諦니라

復次善男子야 有八苦相은 名為世諦요 無生無老며 無病無死며 無愛別離며 無怨憎會며 無求不得이며 無五盛陰은 是名第一義諦니라 復次善男子야 譬如一人이 多有所能하야 若其走時엔 則名走者요 或收刈時엔 復名刈者요 或作飲食엔 名作食者요 若治材木엔 則名工匠이요 鍛金銀時엔 言金銀師라 하야 如是一人에 有多名字하니 法亦如是하야 其實은 是一이로대 而有多名이니라

依因父母하야 和合而生은 名為世諦요 十二因緣으로 和合生者은 名第一義諦니라

文殊師利菩薩摩訶薩이 白佛言호대 世尊이시여 所言實諦는 其義云何닛고

佛言하사대 善男子여 言實諦者은 名曰真法이니라 善男子여 若法非真인대 不名實諦니라

善男子여 實諦者는 無顛無倒니 無顛倒者를 乃名實諦니라

善男子여 實諦者는 無有虛妄이니 若有虛妄이면 不名實諦니라

善男子여 實諦者는 名曰大乘이니 非大乘者은 不名實諦니라
善男子여 實諦者는 是佛所說이라 非魔所說이라 若是魔說이요 非佛說者인대 不名實諦니라
善男子여 實諦者는 一道淸淨하야 無有二也니라
善男子여 有常有樂하며 有我有淨은 是則名爲實諦之義니라
文殊師利가 白佛言호대 世尊이시여 若以眞實로 爲實諦者인대 眞實之法은 卽是如來와 虛空과 佛性이라 若如是者인대 如來와 虛空과 及與佛性이 無有差別이로소이다
佛告文殊師利하사대 有苦에 有諦하고 有實이며 有集에 有諦요 有實이며 有滅에 有諦하고 有實이며 有道에 有諦하고 有實이니라
善男子여 如來는 非苦非諦일새 是實이요 虛空도 非苦非諦일새 是實이요 佛性도 非苦非諦일새 是實이니라
文殊師利여 所言苦者는 爲無常相이며 是可斷相일새 是爲實諦요 如來之性은 非苦非無常이며 非可斷相일새 是故로 爲實이요 虛空과 佛性도 亦復如是하니라
復次善男子여 所言集者는 能令五陰으로 和合而生이라 亦名爲苦며 亦名無常이며 是可斷相할새 是爲實諦니라
善男子여 如來는 非是集性이며 非是陰因이며 非可斷相할새 是故로 爲實이니라 虛空과 佛性도 亦復如是니라
善男子여 所言滅者는 名煩惱滅이라 亦常이며 無常이니 二乘의 所得은 名曰無常이요 諸佛의 所得은 是則名常이라 亦名證法이니 是爲實諦니라
善男子여 如來之性은 不名爲滅이로대 能滅煩惱하며 非常非無常이며 不名證知이나 常住無變할새 是故로 爲實이라 虛空과 佛性도 亦復如是하니라
善男子야 道者는 能斷煩惱하며 亦常無常이며 是可修法일새 是名實諦니라 如來는 非道나 能斷煩惱하며 非常無常이며 非可修法이며 常住不變일새 是故로 爲實이라 虛空과 佛性도 亦復如是니라
復次善男子여 言眞實者는 卽是如來요 如來者는 卽是眞實이니라

真實者는 卽是虛空이요 虛空者는 卽是眞實이니라
眞實者는 卽是佛性이요 佛性者는 卽是眞實이니라
文殊師利여 有苦有苦因하며 有苦盡有苦對어니와 如來는 非苦이며 乃至非對라 是故로 爲實이나 不名爲諦니라 虛空과 佛性도 亦復如是하니라 苦者는 有爲며 有漏며 無樂이어니와 如來는 非有爲이며 非有漏이며 湛然安樂이며 是實非諦니라
文殊師利가 白佛言호대 世尊이시여 如佛所說하면 不顚倒者를 名爲實諦라 하시니 若爾者인대 四諦之中에 有四倒不이닛가 如其有者인대 云何說言 無有顚倒를 名爲實諦요 一切顚倒는 不名爲實이닛가
佛告文殊師利하사대 一切顚倒가 皆入苦諦니 如諸衆生이 有顚倒心을 名爲顚倒니라 善男子여 譬如有人이 不受父母와 尊長의 敎勅하며 雖受나 不能隨順修行하면 如是人等은 名爲顚倒니 如是顚倒는 非不是苦요 卽是苦也니라
文殊師利가 言호대 如佛所說하며 不虛妄者가 卽是實諦라 하시니 若爾者인대 當知虛妄이 則非實諦니다
佛言하사대 善男子여 一切虛妄이 皆入苦諦라 如有衆生이 欺誑於他할새 以是因緣으로 墮於地獄과 畜生과 餓鬼하나니 如是等法을 名爲虛妄이니 如是虛妄은 非不是苦요 卽是苦也니라 聲聞과 緣覺과 諸佛世尊은 遠離不行할새 故名虛妄이라 如是虛妄을 諸佛과 二乘은 所斷除故라 故名實諦니라
文殊師利言호대 如佛所說하야 大乘이 是實諦者인대 當知聲聞·辟支佛乘은 則爲不實이니다
佛言하사대 文殊師利여 彼二乘者는 亦實不實이니 聲聞緣覺이 斷諸煩惱라 則名爲實이요 無常不住하야 是變易法일새 名爲不實이니라 文殊師利가 言호대 如佛所說하사 若佛所說를 名爲實者인대 當知魔說은 則爲不實이니다 世尊이시여 如魔所說은 聖諦에 攝不이닛가 佛言하사대 文殊師利여 魔所說者는 二諦所攝이니 所謂苦와 集이라 凡是一切는 非法이며 非律이라 不能令人으로 而得利益하며 終日宣說이나 亦無有人이 見苦斷集커나 證滅修道

니 是名虛妄이라 如是虛妄을 名爲魔說이니라
文殊師利가 言호대 如佛所說하사 一道淸淨하야 無有二者인대 諸外道等도 亦復說言호대 我有一道하니 淸淨無二라 하노니 若言一道가 是實諦者인대 與彼外道로 有何差別이닛가 若無差別인대 不應說言一道淸淨이니다
佛言하사대 善男子야 諸外道等이 有苦集諦나 無滅道諦니 於非滅中에 而生滅想하고 於非道中에 而生道想하고 於非果中에 生於果想하며 於非因中에 生於因想이라 以是義故로 彼無一道淸淨無二하니라
文殊師利가 言호대 如佛所說하신 有常有我와 有樂有淨이 是實義者인대 諸外道等은 應有實諦나 佛法中엔 無니다
何以故오 諸外道輩도 亦復說言호대 諸行이 是常이니 云何是常고 可意不可意인 諸業報等을 受不失故라 可意者는 名十善報요 不可意者는 十不善報이니 若言諸行이 悉皆無常인대 而作業者는 於此에 已滅이니 誰復於彼에 受果報乎아 以是義故로 諸行이 是常이라 殺生因緣일새 故名爲常이라 하니 世尊이시여 若言諸行이 悉無常者인대 能殺과 可殺이 二俱無常하며 若無常者인대 誰於地獄에 而受罪報리요 若言定有地獄受報者인대 當知諸行이 實非無常이니다
世尊이시여 繫心專念을 亦名爲常이니 所謂十年所念을 乃至百年이라도 亦不忘失하나니 是故로 爲常이라 若無常者인대 本所見事를 誰憶誰念이릿고 以是因緣으로 一切諸行이 非無常也이니다
世尊이시여 一切憶想도 亦名爲常이니 有人이 先見他人의 手脚頭項等相이라가 後時에 若見하면 便還識之니다 若無常者인대 本想이 應滅이리다 世尊하 諸所作業을 以久修習이라 若從初學으로 或經三年하며 或經五年然後에 善知하나니 故名爲常이니다
世尊이시여 算數之法도 從一至二하며 從二至三하며 乃至百千하나니 若無常者인대 初一이 應滅이요 初一이 若滅인대 誰復至二리요 如是常一이라 終無有二며 以一不滅일새 故得至二며 乃至百千하나니 是故로 爲常이니다
世尊이시여 如讀誦法에 讀一阿含하야 至二阿含하며 乃至三四阿含하니 如

其無常인대 所可讀誦이 終不至四하리니다 以是讀誦의 增長因緣할새 故名爲常이니다

世尊이시여 瓶衣車乘과 如人負債와 大地形相과 山河樹林과 藥木草葉과 眾生治病이 皆悉是常도 亦復如是하니다

世尊이시여 一切外道가 皆作是說호대 諸行이 是常이라 하니 若是常者인대 卽是實諦이니다

世尊이시여 有諸外道가 復言호대 有樂을 云何知耶아 受者는 定得可意報故라 하나니다

世尊이시여 凡受樂者는 必定得之니 所謂大梵天王과 大自在天과 釋提桓因과 毘紐天과 及諸人天이라 以是義故로 名定有樂이니다

世尊이시여 有諸外道가 復言有樂은 能令眾生으로 生求望故라 飢者求食하고 渴者求飮하며 寒者求溫하고 熱者求涼하며 極者求息하고 病者求差하며 欲者求色이라 若無樂者인대 彼何緣求리요 以有求者일새 故知有樂이라 하나니다

世尊이시여 有諸外道가 復作是言호대 施能得樂이니 世間之人이 好施沙門과 諸婆羅門과 貧窮困苦에 衣服飲食과 臥具醫藥과 象馬車乘과 末香塗香과 眾花屋宅과 依止燈明하야 作如是等種種惠施는 為我後世에 受可意報니 是故로 當知하라 決定有樂이라 하니다

世尊이시여 有諸外道가 復作是言호대 以因緣故로 當知有樂이니 所謂受樂者는 有因緣故로 名為樂觸이라 若無樂者인대 何得因緣이리요 如無兔角인대 則無因緣이어니와 有樂因緣할새 則知有樂이라 하나이다

世尊이시여 有諸外道가 復作是言호대 上中下故로 當知有樂이니 下受樂者는 釋提桓因이요 中受樂者는 大梵天王이요 上受樂者는 大自在天이라 以有如是上中下故로 當知有樂이라 하나니다

世尊이시여 有諸外道가 復言호대 有淨하니 何以故오 若無淨者인대 不應起欲이요 若起欲者인대 當知有淨이라 하며 又復說言호대 金銀珍寶와 琉璃頗梨와 車磲馬瑙와 珊瑚真珠와 璧玉珂貝와 流泉浴池와 飲食衣服과

花香末香과 塗香과 燈燭之明인 如是等物이 悉是淨法이라 하며 復次有淨
하니 謂五陰者는 卽是淨器라 盛諸淨物하니 所謂人天과 諸仙과 阿羅漢과
辟支佛과 菩薩과 諸佛이라 以是義故로 名之爲淨이라 하나니다
世尊이시여 有諸外道가 復言有我호대 有所覩見하야 能造作故라 譬如有人
이 入陶師家하야 雖復不見陶師之身이나 以見輪繩하면 定知其家가 必是陶
師라 我亦如是하야 眼見色已에 必知有我니 若無我者인대 誰能見色聞聲이
리요 乃至觸法도 亦復如是라 하며 復次有我를 云何得知오 因相故知라
何等이 爲相고 喘息과 視眴과 壽命과 役心과 受諸苦樂과 貪求와 瞋恚인
如是等法이 悉是我相이니 是故로 當知必定有我라 하며 復次有我하니 能
別味故라 有人食果할새 見已知味하니 是故로 當知必定有我라 하며 復次
有我하니 云何知耶오 執作業故라 執鐮能刈하며 執斧能斫하며 執瓶盛水하
며 執車能御하니 如是等事를 我執能作일새 當知必定而有我也라 하며 復
次有我를 云何知耶오 卽於生時에 欲得乳餔하니 乘宿習故라 是故로 當知
必定有我라 하며 復次有我하니 云何知耶오 和合으로 利益他衆生故라 譬
如甁衣車乘田宅과 山林樹木象馬牛羊과 如是等物이 若和合者인대 則有利
益하니 此內五陰도 亦復如是하야 眼等諸根이 有和合故로 則利益我라 是
故로 當知하라 必定有我라 하며 復次有我를 云何知耶오 有遮法故라 如有
物故로 則有遮礙니 物若無者인대 則無有遮어니와 若有遮者인대 則知有我
라 是故로 當知하라 必定有我라 하며 復次有我를 云何知耶오 伴非伴故로
親與非親이 非是伴侶이며 正法邪法이 亦非伴侶이며 智與非智가 亦非伴侶
이며 沙門非沙門과 婆羅門非婆羅門과 子非子와 晝非晝와 夜非夜와 我非
我인 如是等法이 爲伴非伴이니 是故로 當知必定有我라 하나니다
世尊이시여 諸外道等이 種種說有常·樂·我·淨할새 當知定有常·樂·我·淨이니다
世尊이시여 以是義故로 諸外道等도 亦得說言 我有眞諦라 하나니다
佛言하사대 善男子여 若有沙門과 婆羅門이 有常有樂하며 有淨有我者는
是非沙門이며 非婆羅門이니라 何以故오 迷於生死하야 離一切智인 大導師
故라 如是沙門과 婆羅門等이 沈沒諸欲하니 善法이 羸損故라 是諸外道는

繫在貪欲과 瞋恚癡獄하고 堪忍愛樂故라 是諸外道는 雖知業果의 自作自受이나 而猶不能遠離惡法하며 是諸外道는 非是正法과 正命自活이라 何以故오 無智慧火하야 不能消故라 是諸外道는 雖欲貪著上妙五欲이나 貧於善法하니 不勤修故라 是諸外道는 雖欲往至正解脫中이나 而持戒足이 不成就故라 是諸外道는 雖欲求樂이나 而不能求樂因緣故라 是諸外道는 雖復憎惡一切諸苦나 然이나 其所行이 未能遠離諸苦因緣이니라

是諸外道는 雖為四大毒蛇所纏이나 猶行放逸하야 不能謹慎하며 是諸外道는 無明所覆로 遠離善友하고 樂在三界의 無常熾然大火之中하야 而不能出하며 是諸外道는 遇諸煩惱의 難愈之病호대 而復不求大智良醫하며 是諸外道는 方於未來에 當涉無邊險遠之路호대 而不知習善法資糧하야 而自莊嚴하며 是諸外道는 常為婬欲災毒의 所害호대 而反抱持五欲霜毒하며 是諸外道는 瞋恚熾盛호대 而復反更親近惡友하며 是諸外道는 常為無明之所覆蔽로대 而反推求邪惡之法하며 是諸外道는 常為邪見之所誑惑이로대 而反於中에 生親善想하며 是諸外道는 恡食甘果나 而種苦子하며 是諸外道는 已處煩惱闇室之中이로대 而反遠離大智炬明하며 是諸外道는 患煩惱渴이나 而復反飲諸欲醎水하며 是諸外道는 漂沒生死無邊大河로대 而復遠離無上船師하며 是諸外道는 迷惑顛倒하야 言諸行常이라 諸行若常인대 無有是處하니라

大般涅槃經 卷第十三 終

聖行品 第七之三

大般涅槃經 卷第十四

北涼 天竺三藏 曇無讖 譯

聖行品 第七之四

善男子여 我觀諸行이 悉皆無常하노라 云何知耶오 以因緣故라 若有諸法이 從緣生者인댄 則知無常이니 是諸外道는 無有一法도 不從緣生이니라
善男子여 佛性은 無生無滅이며 無去無來이며 非過去이며 非未來이며 非現在이며 非因所作이며 非無因作이며 非作非作者이며 非相非無相이며 非有名非無名이며 非名非色이며 非長非短이며 非陰界入之所攝持일새 是故로 名常이니라
善男子여 佛性이 即是如來요 如來가 即是法이요 法이 即是常이니라
善男子여 常者는 即是如來요 如來는 即是僧이며 僧이 即是常이라 以是義故로 從因生法을 不名為常이니 是諸外道가 無有一法도 不從因生이니라
善男子여 是諸外道가 不見佛性과 如來와 及法일새 是故로 外道의 所可言說이 悉是妄語요 無有真諦니라
諸凡夫人이 先見瓶衣車乘과 舍宅城郭과 河水山林과 男女象馬牛羊하고 後見相似할새 便言是常이나 當知하라 其實은 非是常也니라
善男子여 一切有為는 皆是無常이나 虛空은 無為일새 是故로 為常이며 佛性도 無為일새 是故로 為常이라
虛空者는 即是佛性이요
佛性者는 即是如來요
如來者는 即是無為요
無為者는 即是常이요
常者는 即是法이요

法者는 即是僧이요

僧即無爲요 無爲者는 即是常이니라

善男子여 有爲之法이 凡有二種하니 色法과 非色法이라 非色法者는 心心數法이요 色法者는 地·水·火·風이라

善男子여 心名無常이니 何以故오 性是攀緣으로 相應分別故라

善男子여 眼識性異이며 乃至意識性異일새 是故로 無常이니라

善男子여 色境界異이며 乃至法境界異일새 是故로 無常이니라

善男子여 眼識相應이 異이며 乃至意識相應이 異일새 是故로 無常이니라

善男子여 心若常者인대 眼識이 應獨緣一切法이니라

善男子여 若眼識異이며 乃至意識異일새 則知無常이니라 以法相似하야 念念生滅이어늘 凡夫는 見已에 計之爲常이니라

善男子여 諸因緣相이 可破壞故로 亦名無常이니 所謂因眼因色하며 因明因思惟하야 生於眼識하며 耳識이 生時에 所因이 各異하야 非眼識因緣이며 乃至意識異도 亦如是하니라

復次善男子여 壞諸行因緣이 異故로 心名無常이니 所謂修無常心異이며 修苦空無我心異라 心若常者인대 應常修無常이요 尙不得觀苦空無我어든 況復得觀常·樂·我·淨이리요 以是義故로 外道法中에 不能攝取常·樂·我·淨이니라

善男子여 當知心法이 必定無常이니라

復次善男子여 心性이 異故로 名爲無常이니 所謂聲聞·心性異이며 緣覺心性異이며 諸佛心性異니라

一切外道心이 有三種하니 一者는 出家心이요 二者는 在家心이요 三者는 在家遠離心이니라

樂相應心異이며 苦相應心異이며 不苦不樂相應心異이며 貪欲相應心異이며 瞋恚相應心異이며 愚癡相應心異이니라

一切外道의 心相도 亦異하니 所謂愚癡相應心異이며 疑惑相應心異이며 邪見相應心異이며 進止威儀인 其心도 亦異니라

善男子여 心若常者인대 亦復不能分別諸色이리니 所謂靑·黃·赤·白·紫色이니라
善男子여 心若常者인대 諸憶念法을 不應忘失이니라
善男子여 心若常者인대 凡所讀誦이 不應增長이니라
復次善男子야 心若常者인대 不應說言已作今作當作이니 若有已作今作當作인대 當知하라 是心이 必定無常이니라
善男子여 心若常者인대 則無怨親과 非怨非親이니라 心若常者인대 則不應言我物과 他物과 若死若生이니라 心若常者인대 雖有所作이나 不應增長이니라
善男子여 以是義故로 當知心性이 各各別異니 有別異故로 當知하라 無常이니라
善男子여 我今於此非色法中에 演說無常하야 其義가 已顯하니 復當爲汝하야 說色無常호리라 是色이 無常이니 本無有生이며 生已滅故라 內身이 處胎하야 歌羅邏時에 本無有生이요 生已變故이며 外諸牙莖도 本亦無生이요 生已變故라 是故로 當知하라 一切色法이 悉皆無常이로다
善男子여 所有內色이 隨時而變하나니 歌羅邏時異이며 安浮陀時異이며 伽那時異이며 閉手時異이며 諸疱時異이며 初生時異이며 嬰孩時異이며 童子時異이며 乃至老時히 各各變異니라 所謂外色도 亦復如是하니 牙異·莖異며 枝異·葉異며 花異·果異니라
復次善男子여 內味도 亦異하니 歌羅邏時로 乃至老時히 各各變異니라 外味도 亦爾하니 牙莖枝葉花果味異니라
歌羅邏時力異며 乃至老時力異며 歌羅邏時狀貌異며 乃至老時狀貌亦異며 歌羅邏時果報異며 乃至老時果報亦異며 歌羅邏時名字異며 乃至老時名字도 亦異니라 所謂內色이 壞已還合일새 故知無常이며 外諸樹木도 亦壞已還合일새 故知無常이니라
次第漸生일새 故知無常이요 次第生歌羅邏時로 乃至老時며 次第生牙로 乃至果子일새 故知無常이니라

諸色이 可滅일새 故知無常이요 歌羅邏滅時異며 乃至老滅時異며 牙滅時
異며 乃至果滅時異일새 故知無常이니라 凡夫는 無知하야 見相似生하고
計以爲常하나니 以是義故로 名曰無常이니라

若無常인대 卽是苦요 若苦인대 卽是不淨이니라

善男子여 我因迦葉의 先問是事하야 於彼에 已答이니라

復次善男子여 諸行이 無我니라

善男子여 總一切法하면 謂色非色이니 色非我也라 何以故오 可破可壞이며
可裂可打이며 生增長故라 我者는 不可破壞·裂打·生長이니 以是義故로 知
色非我니라 非色之法도 亦復非我니 何以故오 因緣生故라

善男子여 若諸外道가 以專念故로 知有我者인대 專念之性은 實非我也라
若以專念으로 爲我性者인대 過去之事를 則有忘失하니 有忘失故로 定知
無我니라

善男子여 若諸外道가 以憶想故로 知有我者인대 無憶想故로 定知無我니
라 如說見人의 手有六指하고 卽便問言호대 我先何處에 共相見耶아 하나
니 若有我者인대 不應復問이어늘 以相問故로 定知無我니라

善男子여 若諸外道가 以有遮故로 知有我者인댄 善男子야 以有遮故로 定
知無我로니 如言調達이 終不發言非調達也라 하니라 我亦如是하야 若定是
我인대 終不遮我이어늘 以遮我故로 定知無我니라 若以遮故로 知有我者인
대 汝今不遮하니 定應無我니라

善男子여 若諸外道가 以伴非伴으로 知有我者인대 以無伴故로 應無有我
니라 有法은 無伴하니 所謂如來와 虛空과 佛性이라 我亦如是하야 實無有
伴이니 以是義故라 定知無我니라

復次善男子여 若諸外道가 以名字故로 知有我者인대 無我法中에 亦有我
名이니 如貧賤人을 名字富貴라 하며 如言我死라 若我死者인대 我則殺我
로대 而我實不可殺이어늘 假名殺我라 하며 亦如矬人을 名爲長者달하니
以是義故로 定知無我니라 復次善男子여 若諸外道가 以生已求乳로 知有
我者라 하나 善男子여 若有我者인대 一切嬰兒가 不應執持糞穢와 火蛇毒

藥하리니 以是義故로 定知無我니다

復次善男子여 一切衆生이 於三法中에 悉有等智하니 所謂婬欲과 飮食과 恐怖라 是故로 無我로다

復次善男子여 若諸外道가 以相貌故로 知有我者인대 善男子여 相故無我이며 無相故로 亦無我니 若人睡時에는 不能進止俯仰視眴하며 不覺苦樂하니 不應有我요 若以進止俯仰視眴으로 知有我者인대 機關木人도 亦應有我니다

善男子여 如來도 亦爾하야 不進不止하며 不俯不仰하며 不視不眴하며 不苦不樂하며 不貪不恚하며 不癡不行하니 如來如是할새 眞實有我니라

復次善男子여 若諸外道가 以見他食果하고 口中生涎으로 知有我者인대 善男子여 以憶念故로 見則生涎이나 涎非我也이며 我亦非涎이며 非喜非悲이며 非欠非笑이며 非臥非起이며 非飢非飽라 以是義故로 定知無我니라

善男子야 是諸外道가 癡如小兒하야 無慧方便하야 不能了達常與無常과 苦樂과 淨不淨과 我無我와 壽命非壽命과 衆生非衆生과 實非實과 有非有로대 於佛法中에 取少許分하야 虛妄計有常·樂·我·淨이나 而實不知常·樂·我·淨이니

如生盲人이 不識乳色일새 便問他言호대 乳色이 何似오

他人이 答言호대 色白如貝니라

盲人이 復問호대 是乳色者가 如貝聲耶아

答言호대 不也니라

復問貝色이 爲何似耶오 答言호대 猶稻米末이니라

盲人이 復問호대 乳色柔軟이 如稻米末耶아 稻米末者는 復何所似요

答言호대 猶如雨雪이니라 盲人復言호대 彼稻米末이 冷如雪耶아 雪復何似오

答言호대 猶如白鶴이니라

是生盲人이 雖聞如是四種譬喩나 終不能得識乳眞色하나니 是諸外道도 亦復如是하야 終不能識常·樂·我·淨이니라

善男子여 以是義故로 我佛法中에 有真實諦가 非於外道니라
文殊師利가 白佛言호대 希有世尊이시여 如來가 於今에 臨般涅槃하사 方更轉於無上法輪하사 乃作如是分別真諦하셨나이다 佛告文殊師利하사대 汝今云何故로 於如來에 生涅槃想고 善男子여 如來는 實是常住不變이라 不般涅槃이니라
善男子여 若有計我是佛이고 我成阿耨多羅三藐三菩提하며 我即是法이요 法是我所이며 我即是道요 道是我所이며 我即世尊이요 世尊即是我所이며 我即聲聞이요 聲聞即是我所이며 我能說法하야 令他聽受하니 我轉法輪이요 餘人은 不能이라 하나 如來는 終不作如是計하나니 是故로 如來는 不轉法輪이니라
善男子여 若有人이 作如是妄計호대 我即是眼이요 眼即是我所며 耳鼻舌身意도 亦復如是라 하며 我即是色이요 色是我所이며 乃至法亦如是라 하며 我即是地요 地即是我所이며 水火風等도 亦復如是하며 善男子여 若有人言호대 我即是信이요 信是我所이며 我是多聞이요 多聞이 即是我所이며 我是檀波羅蜜이요 檀波羅蜜이 即是我所이며 我是尸波羅蜜이요 尸波羅蜜 即是我所이며 我是羼提波羅蜜이요 羼提波羅蜜이 即是我所이며 我是毘梨耶波羅蜜이요 毘梨耶波羅蜜이 即是我所이며 我是禪波羅蜜이요 禪波羅蜜이 即是我所이며 我是般若波羅蜜이요 般若波羅蜜이 即是我所이며 我是四念處요 四念處가 即是我所이며 四正勤과 四如意足과 五根과 五力과 七覺分과 八聖道分도 亦復如是라 하나 善男子여 如來는 終不作如是計하나니 是故로 如來가 不轉法輪이니라
善男子여 若言常住하야 無有變易인대 云何說言佛轉法輪이리요 是故고 汝今에 不應說言如來가 方更轉於法輪이라 하라
善男子여 譬如因眼緣色하며 緣明緣思惟하야 因緣和合으로 得生眼識이나 善男子여 眼不念言我能生識이라 하며 色乃至思惟도 終不念言我生眼識라 하며 眼識도 亦復不作念言我能自生이라 하나니라
善男子여 如是等法이 因緣和合일새 得名為見이니라

善男子여 如來도 亦爾하야 因六波羅蜜과 三十七助菩提之法하야 覺了諸法하시고 復因咽喉와 舌·齒·脣·口과 言語音聲하야 爲憍陳如하야 初始說法을 名轉法輪이라 以是義故로 如來를 不名轉法輪也니라 善男子여 若不轉者인대 卽名爲法이요 法卽如來이니라

善男子여 譬如因燧하며 因鑽因手하며 因乾牛糞하야 而得生火나 燧亦不言我能生火라 하며 鑽手牛糞도 各不念言我能生火라 하며 火亦不言我能自生이라 하나니 如來도 亦爾하야 因六波羅蜜과 乃至憍陳如를 名轉法輪이나 如來도 亦復不生念言我轉法輪이라 하시나니라

善男子여 若不生者인대 是則名爲轉正法輪이니 是轉法輪을 卽名如來니라 善男子여 譬如因酪하며 因水因攢하며 因甁因繩하며 因人手捉하야 而得出蘇호대 酪不念言我能出蘇라 하며 乃至人手도 亦不念言我能出蘇라 하며 蘇亦不言我能自出이요 衆緣和合할새 故得出蘇니 如來도 亦爾하야 終不念言我轉法輪이라 하시나니 善男子야 若不出者인대 是則名爲轉正法輪하니 是轉法輪이 卽是如來니라

善男子여 譬如因子하며 因地因水하며 因火因風하며 因糞因時하며 因人作業하야 而牙得生이로대 善男子여 子亦不言我能生牙라 하며 乃至作業도 亦不念言我能生牙라 하며 牙亦不言我能自生이라 하니 如來도 亦爾하야 終不念言我轉法輪이라 하시나니 善男子여 若不能者인대 是則名爲轉正法輪이라 是轉法輪이 卽是如來니라

善男子여 譬如因鼓하며 因空因皮하며 因人因枹하야 和合出聲이나 鼓不念言我能出聲이라 하며 乃至枹亦如是하며 聲亦不言我能自生이라 하니라 善男子여 如來도 亦爾하야 終不念言我轉法輪이라 하나니

善男子여 轉法輪者는 名爲不作이요 不作者는 卽轉法輪이요 轉法輪者가 卽是如來니라

善男子야 轉法輪者는 乃是諸佛世尊境界요 非諸聲聞·緣覺所知니라

善男子여 虛空은 非生非出이며 非作非造이며 非有爲法이라 如來도 亦爾하야 非生非出이며 非作非造이며 非有爲法이요 如如來性하야 佛性도 亦

爾니 非生非出이며 非作非造이며 非有爲法이니라
善男子여 諸佛世尊이 語有二種하니
一者는 世語요 二者는 出世語라
善男子여 如來가 爲諸聲聞·緣覺하야 說於世語하고 爲諸菩薩하야 說出世語하시나니라
善男子여 是諸大衆이 復有二種하니
一者는 求小乘이요 二者는 求大乘이라
我於昔日波羅奈城에 爲諸聲聞하야 轉于法輪하고 今始於此拘尸那城에 爲諸菩薩하야 轉大法輪하나니라
復次善男子여 復有二人하니 中根·上根이라 爲中根人하야 於波羅奈에 轉於法輪하고 爲上根人과 人中象王인 迦葉菩薩等하야 今於此間拘尸那城에 轉大法輪이니라
善男子여 極下根者에는 如來가 終不爲轉法輪하시니 極下根者는 即一闡提니라
復次善男子여 求佛道者가 復有二種하니
一은 中精進이요 二는 上精進이라
於波羅奈에 爲中精進하야 轉於法輪하고 今於此間拘尸那城에 爲上精進하야 轉大法輪하나라
復次善男子여 我昔에 於彼波羅奈城에 初轉法輪하니 八萬天人이 得須陀洹果하고 今於此間拘尸那城에 八十萬億人이 不退轉於阿耨多羅三藐三菩提하니라
復次善男子여 波羅奈城에 大梵天王이 稽首請我轉於法輪이러니 今於此間拘尸那城에 迦葉菩薩이 稽首請我轉大法輪하니라 復次善男子야 我昔於彼波羅奈城의 轉法輪時에 說無常·苦·空·無我이러니 今於此間拘尸那城의 轉法輪時엔 說常·樂·我·淨하노라
復次善男子여 我昔於彼波羅奈城에 轉法輪時에 所出音聲이 聞于梵天이러니 如來가 今於拘尸那城에 轉法輪時에 所出音聲은 遍於東方二十恒河沙

等諸佛世界하며 南·西·北·方·四維·上·下도 亦復如是하니라
復次善男子여 諸佛世尊의 凡有所說을 皆悉名為轉法輪也니라 善男子여 譬如聖王의 所有輪寶가 未降伏者를 能令降伏하며 已降伏者를 能令安隱하야 善男子여 諸佛世尊의 凡所說法도 亦復如是하야 無量煩惱를 未調伏者는 能令調伏하고 已調伏者는 令生善根이니라
善男子여 譬如聖王의 所有輪寶가 則能消滅一切怨賊하야 如來가 演法도 亦復如是하야 能令一切諸煩惱賊으로 皆悉寂靜이니라
復次善男子여 譬如聖王의 所有輪寶가 下上迴轉하야 如來說法도 亦復如是하야 能令下趣의 諸惡眾生으로 上生人天과 乃至佛道니라
善男子야 是故로 汝今에 不應讚言如來가 於此에 更轉法輪이니라
爾時에 文殊師利가 白佛言호대 世尊이시여 我於此義에 非為不知로대 所以問者는 為欲利益諸眾生故니다
世尊이시여 我已久知轉法輪者가 實是諸佛如來境界요 非是聲聞·緣覺의 所知니다
爾時에 世尊께서 告迦葉菩薩하사대 善男子여 是名菩薩이 住於大乘大涅槃經하야 所行聖行이니라
迦葉菩薩이 白佛言호대 世尊이시여 復以何義로 名為聖行이닛가 善男子야 聖名諸佛世尊이니 以是義故로 名為聖行이니라 世尊이시여 若是諸佛之所行者인대 則非聲聞·緣覺·菩薩의 所能修行이니다
善男子야 是諸世尊이 安住於此大般涅槃하야 而作如是開示分別하야 演說其義할새 以是義故로 名曰聖行이니 聲聞·緣覺과 及諸菩薩이 如是聞已에 則能奉行일새 故名聖行이니라
善男子야 是菩薩摩訶薩이 得是行已에 則得住於無所畏地니라 善男子야 若有菩薩이 得住如是無所畏地하면 則不復畏貪恚·愚癡와 生·老病·死하며 亦復不畏惡道인 地獄과 畜生·餓鬼하나니라
善男子야 惡有二種하니
一者는 阿修羅요 二者는 人中이라

聖行品 第七之四

人中에 有三種惡하니

一者는 一闡提요 二者는 誹謗方等經典이요 三者는 犯四重禁이니라

善男子야 住是地中하는 諸菩薩等은 終不畏墮如是惡中하며 亦復不畏沙門·婆羅門과 外道邪見과 天魔波旬하며 亦復不畏受二十五有하나니 是故로 此地를 名無所畏니라

善男子야 菩薩摩訶薩이 住無畏地하야 得二十五三昧하야 壞二十五有하나니라

善男子야 得無垢三昧하야 能壞地獄有하며 得無退三昧하야 能壞畜生有하며 得心樂三昧하야 能壞餓鬼有하며 得歡喜三昧하야 能壞阿修羅有하며 得日光三昧하야 能斷弗婆提有하며 得月光三昧하야 能斷瞿耶尼有하며 得熱炎三昧하야 能斷欝單越有하며 得如幻三昧하야 能斷閻浮提有하며 得一切法不動三昧하야 能斷四天處有하며 得難伏三昧하야 能斷三十三天處有하며 得悅意三昧하야 能斷炎摩天有하며 得青色三昧하야 能斷兜率天有하며 得黃色三昧하야 能斷化樂天有하며 得赤色三昧하야 能斷他化自在天有하며 得白色三昧하야 能斷初禪有하며 得種種三昧하야 能斷大梵天有하며 得雙三昧하야 能斷二禪有하며 得雷音三昧하야 能斷三禪有하며 得霍雨三昧하야 能斷四禪有하며 得如虛空三昧하야 能斷無想有하며 得照鏡三昧하야 能斷淨居阿那含有하며 得無礙三昧하야 能斷空處有하며 得常三昧하야 能斷識處有하며 得樂三昧하야 能斷不用處有하며 得我三昧하야 能斷非想·非非想處·有하나니라

善男子야 是名菩薩이 得二十五三昧하야 斷二十五有니라 善男子야 如是二十五三昧는 名諸三昧王이니라

善男子야 菩薩摩訶薩이 入如是等諸三昧王하야 若欲吹壞須彌山王이면 隨意即能이요 欲知三千大千世界의 所有衆生心之所念하면 亦悉能知하며 欲以三千大千世界의 所有衆生으로 納於己身의 一毛孔中이라도 隨意即能하며 亦令衆生으로 無迫迮想하며 若欲化作無量衆生하야 悉令充滿三千大千世界中者라도 亦能隨意하며 欲分一身하야 以爲多身하고 復合多身하

야 以爲一身하야 雖作如是나 心無所著이 猶如蓮花니라
善男子야 菩薩摩訶薩이 得入如是三昧王已하얀 卽得住於自在之地요 菩薩이 得住是自在地하야 得自在力하야 隨欲生處인댄 卽得往生이니라
善男子야 譬如聖王이 領四天下하야 隨意所行하야 無能障礙하야 菩薩摩訶薩도 亦復如是하야 一切生處에 若欲生者인댄 隨意往生하나니라
善男子야 菩薩摩訶薩이 若見地獄의 一切衆生을 有可化하야 令住善根者인댄 菩薩이 卽往하야 而生其中하나니 菩薩雖生이나 非本業果라 菩薩摩訶薩이 住自在地하야 力因緣故로 而生其中이니라
善男子야 菩薩摩訶薩이 雖在地獄이나 不受熾然碎身等苦하나니라 善男子야 菩薩摩訶薩이 所可成就如是功德이 無量無邊하야 百千萬億으로 尚不可說이어든 何況諸佛의 所有功德을 而當可說가
爾時衆中에 有一菩薩하니 名住無垢藏王이라 有大威德하야 成就神通하며 得大總持하야 三昧具足하며 得無所畏이러니 卽從座起하야 偏袒右肩하고 右膝著地하며 長跪合掌하고 白佛言호대 世尊이시여 如佛所說호대 諸佛菩薩의 所可成就하신 功德智慧가 無量無邊하야 百千萬億으로 實不可說이로대 我意에 猶謂故不如是大乘經典이라 하오니 何以故오 因是大乘方等經力故로 能出生諸佛世尊의 阿耨多羅三藐三菩提니다
時에 佛讚言하사대 善哉 善哉라
善男子야 如是如是하야 如汝所說이니라
是諸大乘方等經典이 雖復成就無量功德이나 欲比是經인댄 不得爲喩니 百倍千倍이며 百千萬億倍이며 乃至算數譬喩로 所不能及이니라
善男子여 譬如從牛出乳하고 從乳出酪하며 從酪出生穌하고 從生穌하야 出熟穌하고 從熟穌하야 出醍醐니 醍醐最上이라 若有服者면 衆病이 皆除리니 所有諸藥이 悉入其中이니라
善男子여 佛亦如是하야 從佛하야 出生十二部經하고 從十二部經하야 出修多羅하며 從修多羅하야 出方等經하고 從方等經하야 出般若波羅蜜하며 從般若波羅蜜하야 出大涅槃하니 猶如醍醐라 言醍醐者는 喩於佛性이요 佛

性者는 卽是如來라

善男子여 以是義故로 說言如來의 所有功德은 無量無邊하야 不可稱計니라

迦葉菩薩이 白佛言호대 世尊이시여 如佛所讚하야 大涅槃經이 猶如醍醐하야 最上最妙니 若有能服하면 衆病이 悉除요 一切諸藥이 悉入其中이라 하시니 我聞是已에 竊復思念하오니 若有不能聽受是經하면 當知是人은 爲大愚癡라 無有善心이니다

世尊이시여 我於今者에 實能堪忍剝皮爲紙하고 刺血爲墨하며 以髓爲水하고 折骨爲筆하야 書寫如是大涅槃經하며 書已讀誦하야 令其通利然後에 爲人하야 廣說其義하니다

世尊이시여 若有衆生이 貪著財物하면 我當施財然後에 以是大涅槃經으로 勸之令讀케하고 若尊貴者는 先以愛語로 而隨其意然後에 漸當以是大乘大涅槃經으로 勸之令讀하며 若凡庶者는 當以威勢로 逼之令讀하며 若憍慢者엔 我當爲其하야 而作僕使하야 隨順其意하야 令其歡喜然後에 當以大般涅槃으로 而敎導之하며 若有誹謗大乘經者어든 當以勢力으로 摧之令伏하고 旣摧伏已然後에 勸之令讀大涅槃經하며 若有愛樂大乘經者면 我躬當往하야 恭敬供養하며 尊重讚歎하리니다

爾時에 佛이 讚迦葉菩薩하사대 善哉 善哉라 汝甚愛樂大乘經典하며 貪大乘經하며 愛大乘經하며 味大乘經일새 信敬尊重하며 供養大乘하나니 善男子야 汝今以此善心因緣으로 當得超越無量·無邊·恒河沙等·諸大菩薩하야 在前得成阿耨多羅三藐三菩提하리니 汝亦不久復當如我하야 廣爲大衆하야 演說如是大般涅槃의 如來佛性諸佛所說祕密之藏하리라

善男子야 過去之世에 佛日이 未出이러니 我於爾時에 作婆羅門하야 修菩薩行할새 悉能通達一切外道의 所有經論하며 修寂滅行하야 具足威儀하며 其心淸淨하야 不爲外來의 能生欲想之所破壞하며 滅瞋恚火하고 受持常·樂·我·淨之法하며 周遍求索大乘經典호대 乃至不聞方等名字러니라

我於爾時에 住於雪山이러니 其山이 淸淨하야 流泉浴池와 樹林藥木이 充

滿其地하며 處處石間에 有淸流水하고 多諸香花가 周遍嚴飾하며 衆鳥禽獸를 不可稱計요 甘果가 滋繁호대 種別難計며 復有無量藕根과 甘根과 靑木香根이어늘 我於爾時에 獨處其中하야 唯食諸果하고 食已繫心하야 思惟坐禪을 經無量歲호대 亦不聞有如來出世와 大乘經名이러니라
善男子야 我修如是難行苦行할새 時에 釋提桓因等諸天人이 心大驚怪하야 卽共集會하야 各各相謂하야 而說偈言호대

　　各共相指示호대　淸淨雪山中에
　　寂靜離欲主이며　功德莊嚴王이
　　以離貪瞋慢하고　永斷諂愚癡하야
　　口初未曾說　　　麁惡等語言이샷다

爾時衆中에 有一天子하니 名曰歡喜라 復說偈言호대

　　如是離欲人이　淸淨勤精進하니
　　將不求帝釋과　及以諸天耶아
　　若是外道者가　修行諸苦行인댄
　　是人多欲求는　帝釋의 所坐處리라

爾時에 復有一仙天子하니 卽爲帝釋하야 而說偈言호대

　　天主憍尸迦여　不應生此慮라
　　外道修苦行이　何必求帝處리요

說是偈已에 復作是言호대 憍尸迦여 世有大士하니 爲衆生故로 不貪己身하며 爲欲利益諸衆生故로 而修種種無量苦行하시나니 如是之人은 見生死中에 諸過咎故로 設見珍寶가 滿此大地와 諸山大海라도 不生貪著하야 如視涕唾하니 如是大士는 棄捨財寶와 所愛妻子와 頭目髓腦와 手足支節과 所居舍宅과 象馬車乘과 奴婢僮僕하고 亦不願求生於天上이요 唯求欲令一切衆生으로 得受快樂을 如我所解하나니 如是大士는 淸淨無染하야 衆結이 永盡이라 唯欲求於阿耨多羅三藐三菩提니다
釋提桓因이 復作是言호대 如汝言者인댄 是人이 則爲攝取一切世間의 所有衆生이리라

大仙이여 若此世間에 有佛樹者인대 能除一切諸天世人과 及阿修羅의 煩惱毒蛇하리니 若諸眾生이 住是佛樹의 陰涼中者인대 煩惱諸毒이 悉得消滅하리라

大仙이여 是人이 若當未來世中에 作善逝者인대 我等이 悉當得滅無量熾然煩惱하리니 如是之事를 實為難信이로다 何以故오 無量百千諸眾生等이 發於阿耨多羅三藐三菩提心이라도 見少微緣하면 於阿耨多羅三藐三菩提에 即便動轉함이 如水中月이 水動則動하며 猶如畫像에 難成易壞라 菩提之心도 亦復如是하야 難發易壞니라

大仙이여 如有多人이 以諸鎧仗으로 牢自莊嚴하야 欲前討賊이라가 臨陣恐怖하면 則便退散하나니 無量眾生도 亦復如是하야 發菩提心하고 牢自莊嚴이라가 見生死過하고 心生恐怖에 即便退散하나라

大仙이여 我見如是無量眾生이 發心之後에 皆生動轉할새 是故로 我今에 雖見是人이 修於苦行하야 無惱無熱하며 住於險道하야 其行清淨이나 未能信也로니 我今要當自往試之하야 知其實能堪任荷負阿耨多羅三藐三菩提의 大重擔否리라

大仙이여 猶如車有二輪일새 則能載用이요 鳥有二翼일새 堪任飛行이니 是苦行者도 亦復如是하야 我雖見其堅持禁戒나 未知其人의 有深智不라 若有深智인대 當知則能堪任荷負阿耨多羅三藐三菩提之重擔也리로다

大仙이여 譬如魚母가 多有胎子호대 成就者少하며 如菴羅樹가 花多果少하니 眾生發心도 乃有無量이라도 及其成就하얀 少不足言이니라

大仙이여 我當與汝로 俱往試之하리라 大仙이여 譬如真金을 三種試已에야 乃知其真이니 謂燒打磨試라 彼苦行者도 亦當如是니라

爾時에 釋提桓因이 自變其身하야 作羅刹像하니 形甚可畏라 下至雪山하야 去其不遠에 而便立住하니 是時에 羅刹이 心無所畏하며 勇健難當이요 辯才次第며 其聲이 清雅라 宣過去佛의 所說半偈호대

　　諸行無常이니 是生滅法이라

說是半偈已에 便住其前호대 所現形貌가 甚可怖畏라 顧昐遍視하야 觀於

四方이러니 是苦行者가 聞是半偈하고 心生歡喜가 譬如估客이 於險難處에 夜行失伴하고 恐怖推求라가 還遇同侶하야 心生歡喜하야 踊躍無量이며 亦如久病에 未遇良醫와 瞻病好藥이라가 後卒得之하며 如人沒海라가 卒遇船舫하며 如渴乏人이 遇淸冷水하며 如爲怨逐이라가 忽然得脫하며 如久繫人이 卒聞得出하며 亦如農夫가 炎旱値雨하며 亦如行人이 還得歸家하니 家人이 見已에 生大歡喜러라

善男子야 我於爾時에 聞是半偈하고 心中歡喜도 亦復如是하야 卽從座起하야 以手擧髮하야 四向顧視하고 而說是言호대 向所聞偈는 誰之所說고 爾時에 亦更不見餘人이요 唯見羅刹이어늘 卽說是言호대 誰開如是解脫之門이며 誰能雷震諸佛音聲이며 誰於生死睡眠之中에 而獨覺寤하야 唱如是言이며 誰能於此에 示道生死의 飢饉衆生에 無上道味오 無量衆生이 沈生死海어늘 誰能於中에 作大船師오 是諸衆生이 常爲煩惱重病의 所纏이어늘 誰能於中에 爲作良醫하야 說是半偈하야 啓悟我心이 猶如半月이 漸開蓮花오 善男子야 我於爾時에 更無所見이요 唯見羅刹이어늘 復作是念호대 將是羅刹이 說是偈耶아 仍復生疑호대 或非其說이리라 何以故오 是人形容이 甚可怖畏하니 若有得聞是偈句者면 一切恐怖와 醜陋卽除어늘 何有此人이 形貌如是하야 能說此偈오 不應火中에 出於蓮花며 非日光中에 出生冷水니라

善男子야 我於爾時에 復作是念호대 我今無智로다 而此羅刹이 或能得見過去諸佛하고 從諸佛所하야 聞是半偈니 我今當問호리하고 卽便前至是羅刹所하야 作如是言호대 善哉라

大士여 汝於何處에 得是過去離怖畏者의 所說半偈오

大士여 復於何處에 而得如是半如意珠닛가

大士여 是半偈義는 乃是過去·未來·現在·諸佛·世尊之正道也니라 一切世間의 無量衆生이 常爲諸見羅網의 所覆일새 終身於此外道法中에 初不曾聞如是出世十力世尊의 所說空義니라

善男子야 我問是已에 卽答我言호대 大婆羅門아 汝今不應問我是義니 何

以故오 我不食來가 已經多日이라 處處求索호대 了不能得일새 飢渴苦惱하야 心亂謬語니 非我本心之所知也라
假使我今에 力能飛行虛空하야 至欝單越하며 乃至天上하야 處處求食이라도 亦不能得이니 以是之故로 我說是語니라
善男子야 我時에 即復語羅剎言호대 大士여 若能為我하야 說是偈竟인대 我當終身토록 為汝弟子리다
大士여 汝所說者가 名字不終이며 義亦不盡이로니 以何因緣으로 不欲說耶아 夫財施者는 則有竭盡이어니와 法施因緣은 不可盡也라 雖無有盡이나 多所利益이니 我今에 聞此半偈法已하고 心生驚疑하노니 汝今幸可為我除斷하야 說此偈竟하라 我當終身토록 為汝弟子리라
羅剎이 答言호대 汝智太過나 但自憂身이요 都不見念이로다 今我定為飢苦所逼하야 實不能說이니라
我即問言호대 汝所食者는 為是何物고
羅剎이 答言호대 汝不足問이니 我若說者인대 令多人怖니라
我復問言호대 此中獨處에 更無有人이요 我不畏汝니 何故로 不說고
羅剎이 答言호대 我所食者는 唯人暖肉이요 其所飲者는 唯人熱血이라 自我薄福하야 唯食此食이라 周遍求索이나 困不能得은 世雖多人이나 皆有福德이요 兼為諸天之所守護일새 而我無力하야 不能得殺이니라
善男子야 我復語言호대 汝但具足히 說是半偈하라 我聞偈已에 當以此身으로 奉施供養하리니 大士여 我設命終이나 如此之身은 無所復用이라 當為虎狼鵄梟鵰鷲之所噉食이라도 然이나 復不得一毫之福어니와 我今為求阿耨多羅三藐三菩提할새 捨不堅身하야 以易堅身하리라
羅剎이 答言호대 誰當信汝의 如是之言이 為八字故로 棄所愛身고 善男子야 我即答言호대 汝真無智로다 譬如有人이 施他凡器하고 得七寶器하야 我亦如是하야 捨不堅身하야 得金剛身하리라 汝言誰當信者오 하니 我今에 有證이니 大梵天王과 釋提桓因과 及四天王은 能證是事요 復有天眼諸菩薩等은 為欲利益無量眾生하야 修行大乘하야 具六度者도 亦能證知하리라

復有十方諸佛世尊인 利衆生者도 亦能證我의 爲八字故로 捨於身命하리라

羅刹이 復言호대 汝若如是하야 能捨身者인대 諦聽諦聽하라 當爲汝說其餘半偈하리라

善男子야 我於爾時에 聞是事已하고 心中歡喜하야 卽解已身의 所著鹿皮하고 爲此羅刹하야 敷置法座하고 白言호대 和上이여 願坐此座하소서 我卽於前에 叉手長跪하야 而作是言호대 唯願和上이여 善爲我說其餘半偈하야 令得具足케하소서 羅刹이 卽說호대

　生滅滅已에 寂滅爲樂이니라

爾時에 羅刹이 說是偈已하고 復作是言호대 菩薩摩訶薩아 汝今에 已聞具足偈義하니 汝之所願을 爲悉滿足이라 若必欲利諸衆生者인대 時施我身하라

善男子야 我於爾時에 深思此義하고 然後에 處處의 若石·若壁·若樹·若道에 書寫·此偈하고 卽便更繫所著衣하니 恐其死後에 身體露現일새 卽上高樹하니 爾時에 樹神이 復問我言호대 善哉라 仁者여 欲作何事오 善男子야 我時答言호대 我欲捨身하야 以報偈價로라 樹神이 問言호대 如是偈者는 何所利益이릿고

我時答言호대 如是偈句는 乃是過去·未來·現在·諸佛의 所說이니 開空法道라 我爲此法하야 棄捨身命이요 不爲利養과 名聞財寶와 轉輪聖王과 四大天王과 釋提桓因과 大梵天王과 人天中樂이요 爲欲利益一切衆生하야 故捨此身이니라

善男子야 我捨身時에 復作是言호대 願令一切慳惜之人으로 悉來見我의 捨離此身하며 若有少施起貢高者도 亦令得見我爲一偈하야 捨此身命을 如棄草木하소서

我於爾時에 說是語已하고 尋卽放身하야 自投樹下이러니 下未至地時하야 虛空之中에 出種種聲호대 其聲이 乃至阿迦尼吒이러라

爾時에 羅刹이 還復釋身하야 卽於空中에 接取我身하야 安置平地하고 爾

時에 釋提桓因과 及諸天人과 大梵天王이 稽首頂禮於我足下하고 讚言호대 善哉善哉라
真是菩薩이시니 能大利益無量衆生이니다 欲於無明黑闇之中에 然大法炬어시늘 由我愛惜如來大法일새 故相嬈惱로니 唯願聽我懺悔罪咎하소서 汝於未來에 必定成就阿耨多羅三藐三菩提하리니 願見濟度하소서 爾時에 釋提桓因과 及諸天衆이 禮我足하고 於是에 辭去하야 忽然不現하니라
善男子야 如我往昔에 爲半偈故로 捨棄此身하니 以是因緣으로 便得超越足十二劫하야 在彌勒前하야 成阿耨多羅三藐三菩提니라 善男子야 我得如是無量功德은 皆由供養如來正法이니라
善男子야 汝今亦爾하야 發於阿耨多羅三藐三菩提心하니 則已超過無量·無邊·恒河沙等·諸菩薩上이니라
善男子야 是名菩薩이 住於大乘大般涅槃하야 修於聖行이니라

大般涅槃經 卷第十四 終

大般涅槃經卷 第十五

北涼天竺三藏 曇無讖 譯

梵行品 第八之一

善男子야 云何菩薩摩訶薩의 梵行고 善男子야 菩薩摩訶薩이 住於大乘大般涅槃하고 住七善法하여야 得具梵行하나니

何等이 為七고

一者는 知法이요 二者는 知義이요 三者는 知時요 四者는 知足이요

五者는 自知요 六者는 知眾이요 七者는 知尊卑니라

善男子야 云何菩薩摩訶薩의 知法고 善男子야 是菩薩摩訶薩이 知十二部經하니 謂修多羅와 祇夜와 授記와 伽陀와 優陀那와 尼陀那와 阿波陀那와 伊帝曰(他本云目)多伽와 闍陀伽와 毘佛略과 阿浮陀達摩와 優波提舍니라

善男子야 何等이 名為修多羅經고 從如是我聞으로 乃至歡喜奉行히 如是一切를 名修多羅니라

何等이 名為祇夜經고 佛告諸比丘하사대 昔我與汝로 愚無智慧일새 不能如實見四真諦라 是故로 流轉하야 久處生死하야 沒大苦海라

何等이 為四요 苦·集·滅·道라 하시며 如佛昔日에 為諸比丘하사 說契經竟에 爾時에 復有利根眾生이 為聽法故로 後至佛所하야 即便問人호대 如來向者에 為說何事오 佛時知已에 即因本經하야 以偈頌曰하사대

　我昔與汝等으로　不見四真諦일새

　是故로 久流轉　生死大苦海니라

　若能見四諦하면　則得斷生死하고

　生有가 既已盡에　更不受諸有라 하거든

　是名祇夜經이니라

何等이 名為授記經고 如有經律엔 如來說時에 為諸天人하사 受佛記別이니 汝阿逸多야 未來에 有王하니 名曰蠰佉라 當於是世에 而成佛道리니 號曰彌勒이라 하리라 是名授記經이니

何等이 名為伽陀經고 除修多羅와 及諸戒律하고 其餘有說四句之偈니 所謂

    諸惡을 莫作하고 諸善을 奉行하며
    自淨其意가 是諸佛教라 함은
    是名伽陀經이니라

何等이 名為優陀那經고 如佛晡時에 入於禪定하사 為諸天眾하야 廣說法要커늘 時諸比丘가 各作是念호대 如來今者에 為何所作고 如來가 明旦에 從禪定起하사 無有人問호대 以他心智로 即自說言하사대 比丘야 當知하라 一切諸天은 壽命極長이니라 汝諸比丘는 善哉라 為他요 不求己利하며 善哉라 少欲하며 善哉知足하며 善哉寂靜이로라 如是諸經에 無問自說이 是名優陀那經이니라

何等이 名為尼陀那經고 如諸經偈에 所因根本이니 為他演說이라 如舍衛國에 有一丈夫가 羅網捕鳥하야 得已籠繫하고 隨與水穀타가 而復還放이어늘 世尊이 知其本末因緣하시고 而說偈言하사대

莫輕小罪하야 以為無殃하라
水渧이 雖微나 漸盈大器니라

是名尼陀那經이니라 何等이 名為阿波陀那經고 如戒律中에 所說譬喻를 是名阿波陀那經이니라

何等이 名為伊帝目多伽經고 如佛所說에 比丘는 當知하라 我出世時에 所可說者는 名曰戒經이요 鳩留秦佛出世之時엔 名甘露鼓요 拘那含牟尼佛時엔 名曰法鏡이요 迦葉佛時엔 名分別空이니 是名伊帝目多伽經이니라

何等이 名為闍陀伽經고 如佛世尊이 本為菩薩하야 修諸苦行할새 所謂比丘야 當知하라 我於過去에 作鹿作羆하며 作麞作兔하며 作粟散王과 轉輪聖王이며 龍과 金翅鳥라 諸如是等으로 行菩薩道時의 所可受身이 是名闍

陀伽라
何等이 名爲毘佛略經고 所謂大乘方等經典이니 其義廣大猶如虛空할새 是名毘佛略이니라
何等이 名爲未曾有經고 如彼菩薩이 初出生時에 無人扶持호대 即行七步하고 放大光明하고 遍觀十方하시며 亦如獼猴가 手捧蜜器하야 以獻如來하며 如白項狗가 佛邊聽法하며 如魔波旬이 變爲青牛하야 行瓦鉢間호대 令諸瓦鉢로 互相橪觸에 無所傷損하며 如佛初生에 入天廟時에 令彼天像으로 起下禮敬하니 如是等經이 名未曾有經이니라
何等이 名爲優波提舍經고 如佛世尊의 所說諸經에 若作議論하야 分別廣說하야 辯其相貌하면 是名優波提舍經이니라 菩薩이 若能如是了知十二部經하면 名爲知法이니라
云何菩薩摩訶薩의 知義오 菩薩摩訶薩이 若於一切文字語言에 廣知其義하면 是名知義니라
云何菩薩摩訶薩의 知時오 善男子야 菩薩이 善知如是時中에 任修寂靜하며 如是時中엔 任修精進하며 如是時中에 任修捨定하며 如是時에 任供養佛하며 如是時中에 任供養師하며 如是時中에 任修布施와 持戒와 忍辱과 精進과 禪定하야 具足般若波羅蜜을 是名知時니라
云何菩薩摩訶薩의 知足고 善男子야 菩薩摩訶薩의 知足은 所謂食飲·衣藥과 行·住·坐·臥와 睡寤·語默을 是名知足이니라 善男子야 云何菩薩摩訶薩의 自知요 是菩薩이 自知我有如是信과 如是戒와 如是多聞과 如是捨와 如是慧와 如是去來와 如是正念과 如是善行과 如是問과 如是答이 是名自知니라
云何菩薩摩訶薩의 知衆고 善男子야 是菩薩이 知如是等은 是刹利衆이며 婆羅門衆이며 居士衆이며 沙門衆이니 應於是衆이 如是行來하며 如是坐起하며 如是說法하며 如是問答을 是名知衆이니라
善男子야 云何菩薩摩訶薩의 知人中尊卑오
善男子야 人有二種이니
一者는 信이요 二者는 不信이라

菩薩當知하라 信者는 是善이요 其不信者는 不名爲善이니라
復次信有二種하니
一者는 常往僧坊이요 二者는 不往이라
菩薩當知하라 其往者는 善이요 其不往者는 不名爲善이라
往僧坊者에 復有二種하니
一者는 禮拜요 二者는 不禮拜니라
菩薩當知하라 禮拜者는 善이요 不禮拜者는 不名爲善이니라
其禮拜者에 復有二種하니
一者는 聽法이요 二者는 不聽法이라
菩薩當知하라 聽法者는 善이요 不聽法者는 不名爲善이니라
其聽法者에 復有二種하니
一은 至心聽이요 二는 不至心이라
菩薩當知하라 至心聽者는 是則名善이요 不至心者는 不名爲善이니라
至心聽法에 復有二種하니
一者는 思義요 二는 不思義라
菩薩當知하라 思義者는 善이요 不思義者는 不名爲善이니라
其思義者에 復有二種하니
一은 如說行이요 二는 不如說行이라
如說行者는 是則爲善이요 不如說行은 不名爲善이니라
如說行者에 復有二種하니
一은 求聲聞이니 不能利安饒益一切苦惱衆生이요
二者는 迴向無上大乘하야 利益多人하야 令得安樂이라
菩薩應知하라 能利多人하야 得安樂者는 最上最善이니라
善男子야 如諸寶中에 如意寶珠가 最爲勝妙며 如諸味中에 甘露最上이니
如是菩薩은 於人天中에 最勝最上하야 不可譬喩라 善男子야 是名菩薩摩
訶薩이 住於大乘大涅槃經하야 住七善法이니 菩薩이 住是七善法已하면
得具梵行이니라

復次善男子야 復有梵行하니 謂慈·悲·喜·捨이니라
迦葉菩薩이 白佛言호대 世尊이시여 若多修慈하면 能斷瞋恚요 修悲心者도 亦斷瞋恚하니 云何而言四無量心이닛고 推義而言인댄 則應有三이니다
世尊이시여 慈有三緣하니
一은 緣衆生이요 二는 緣於法이요 三은 則無緣이라
悲·喜·捨心도 亦復如是하니 若從是義인댄 唯應有三이요 不應有四니다
衆生緣者는 緣於五陰하야 願與其樂이니 是名衆生緣이요
法緣者는 緣諸衆生의 所須之物하야 而施與之니 是名法緣이요 無緣者는 緣於如來이니 是名無緣이니다
慈者는 多緣貧窮衆生이니 如來大師가 永離貧窮하고 受第一樂하시니 若緣衆生인댄 則不緣佛이니 法亦如是라 以是義故로 緣如來者는 名曰無緣이니다
世尊이시여 慈之所緣은 一切衆生이니 如緣父母·妻子·親屬이라 以是義故로 名曰衆生緣이요
法緣者는 不見父母·妻子·親屬하고 見一切法이 皆從緣生이라 是名法緣이요
無緣者는 不住法相과 及衆生相이니 是名無緣이라 悲·喜·捨心도 亦復如是니라 是故로 應三이요 不應有四니다
世尊이시여 人有二種하니
一者는 見行이요 二者는 愛行이라
見行之人은 多修慈悲하고 愛行之人은 多修喜捨하나니 是故로 應二요 不應有四니다
世尊이시여 夫無量者는 名曰無邊이니 邊不可得일새 故名無量이라 若無量者인댄 則應是一이요 不應言四니다 若言四者인댄 何得無量이리요 是故로 應一이요 不應四也니다
佛告迦葉하사대 善男子야 諸佛如來가 爲諸衆生하야 所宣法가 其言祕密하야 難可了知시니 或爲衆生하야 說一因緣하시니 如說何等이 爲一因緣인

고 所謂一切가 有爲之法이라 하시니라

善男子야 或說二種하니 因之與果니라 或說三種하니 煩惱와 業과 苦라 或說四種하니 無明과 諸行과 生과 與老死니라

或說五種하니 所謂受와 愛와 取와 有와 及生이니라

或說六種하니 三世因果니라

或說七種하니 謂識과 名色과 六入과 觸과 受와 及以愛와 取니라

或說八種하니 除無明과 行과 及生과 老死하고 其餘八事라

或說九種하니 如城經中에 除無明과 行과 識하고 其餘九事니라 或說十一하니 如爲薩遮尼犍子說에 除生一法하고 其餘十一이니라

或時에 具說十二因緣하니 如王舍城에 爲迦葉等하야 具說十二하시니 無明과 乃至生과 老病死니라

善男子야 如一因緣에 爲衆生故로 種種分別하나니 無量心法도 亦復如是니라

善男子야 以是義故로 於諸如來의 深祕行處에 不應生疑니라

善男子야 如來世尊이 有大方便하사 無常說常하고 常說無常하며 說樂爲苦하고 說苦爲樂하며 不淨說淨하고 淨說不淨하며 我說無我하고 無我說我하며 於非衆生에 說爲衆生하고 於實衆生에 說非衆生하며 非物說物하고 物說非物하며 非實說實하고 實說非實하며 非境說境하고 境說非境하며 非生說生하고 生說非生하며 乃至無明에 說明하고 明說無明하며 色說非色하고 非色說色하며 非道說道하고 道說非道하나니 善男子야 如來가 以是無量方便으로 爲調衆生하시나니 豈虛妄耶아

善男子야 或有衆生이 貪於財貨하면 我於其人에 自化其身하야 作轉輪王하야 於無量歲에 隨其所須하야 種種供給하고 然後에 敎化하야 令其安住阿耨多羅三藐三菩提하며 若有衆生이 貪著五欲어든 於無量歲에 以妙五欲으로 充足其願하고 然後에 勸化하야 令其安住阿耨多羅三藐三菩提하며 若有衆生이 榮豪自貴어든 我於其人에 無量歲中에 爲作僕使하야 趍走給侍하야 得其心已하고 卽復勸化하야 令其安住阿耨多羅三藐三菩提하며 若

大般涅槃經卷 第十五

有衆生이 性恨自是어나 須人呵諫하면 我於無量百千歲中에 敎呵敎喻하야 令其心調하고 然後에 復勸하야 令其安住阿耨多羅三藐三菩提하나니
善男子야 如來가 如是於無量歲에 以種種方便으로 令諸衆生으로 安住阿耨多羅三藐三菩提케하시니 豈虛妄耶아 諸佛如來가 雖處衆惡이나 無所染污가 猶如蓮花하시니
善男子야 應如是知四無量義니라 善男子야 是無量心의 體性이 有四하니 若有修行하면 生大梵處니라
善男子야 如是無量이 伴侶有四일새 是故로 名四니라
夫修慈者는 能斷貪欲이요
修悲心者는 能斷瞋恚요
修喜心者는 能斷不樂이요
修捨心者는 能斷貪欲瞋恚衆生이니라
善男子야 以是義故로 得名為四요 非一二三이니라
善男子야 如汝所言하야 慈能斷瞋이요 悲亦如是라 하야 應說三者인대 汝今不應作如是難이니 何以故오 善男子야 恚有二種하니 一은 能奪命이요 二는 能鞭撻이라 修慈는 則能斷彼奪命이요 修悲는 能除彼鞭撻者이니 善男子야 以是義故로 豈非四耶아
復次瞋有二種하니
一은 瞋衆生이요 二는 瞋非衆生이라
修慈心者는 斷瞋衆生이요 修悲心者는 斷非衆生이니라
復次瞋有二種하니
一은 有因緣이요 二는 無因緣이라
修慈心者는 斷有因緣이요 修悲心者는 斷無因緣이니라
復次瞋有二種하니
一者는 久於過去修習이요 二者는 於今現在修習이라
修慈心者는 能斷過去하고 修悲心者는 斷於現在니라
復次瞋有二種하니

一은 瞋聖人이요 二는 瞋凡夫라
修慈心者는 斷瞋聖人이요 修悲心者는 斷瞋凡夫니라
復次瞋有二種하니
一은 上이요 二는 中이라
修慈斷上하고 修悲斷中이니라 善男子야 以是義故로 則名爲四니 何得難言 應三非四아
是故로 迦葉아 是無量心이 伴侶相對하야 分別爲四이며 復以器故로 應名爲四라 器若有慈하면 則不得有悲喜捨心이니 以是義故로 應四無減이니라
善男子야 以行分別일새 故應有四니 若行慈時엔 無悲喜捨라 是故로 有四니라
善男子야 以無量故로 亦得名四라 夫無量者는 則有四種이니 有無量心호대 有緣非自在요 有無量心은 自在非緣이요 有無量心은 亦緣亦自在요 有無量心은 非緣非自在라 何等無量이 有緣非自在오 緣於無量無邊衆生일새 而不能得自在三昧니 雖得이나 不定하야 或得或失이니라
何等無量이 自在非緣고 如緣父母·兄弟·姊妹하야 欲令安樂이니 非無量緣이니라 何等無量이 亦緣亦自在요 謂諸佛菩薩이니라 何等無量이 非緣非自在요 聲聞·緣覺이니 不能廣緣無量衆生하며 亦非自在니라 善男子야 以是義故로 名四無量이니 非諸聲聞·緣覺의 所知오 乃是諸佛如來境界니라
善男子야 如是四事로 聲聞·緣覺이 雖名無量이나 少不足言어니와 諸佛菩薩은 則得名爲無量無邊이니라
迦葉菩薩이 白佛言호대 世尊이시여 如是如是하야 實如聖敎하시니 諸佛如來의 所有境界요 非諸聲聞·緣覺의 所及이로소이다 世尊이시여 頗有菩薩이 住於大乘大般涅槃하야 得慈悲心이나 非是大慈大悲心不닛가
佛言하사대 有善男子야 菩薩이 若於諸衆生中에 三品分別하니
一者는 親人이요 二者는 怨憎이요 三者는 中人이라
於親人中에 復作三品이니 謂上·中·下라 怨·憎亦爾니라 是菩薩摩訶薩이 於上親中에 與增上樂하고 於中下親에 亦復平等하야 與增上樂하고 於上怨

中에 與少分樂하고 於中怨所에 與中品樂하고 於下怨中에 與增上樂이니라 菩薩이 如是轉復修習하야 於上怨中에 與中品樂하고 於中下怨에 等與增上樂이니라 轉復修習하야 於上·中·下에 等與上樂이라 若上怨中에 與上樂者인대 爾時에 得名慈心成就니라 菩薩이 爾時에 於父母所와 及上怨中에 得平等心하야 無有差別하니 善男子야 是名得慈요 非大慈也니라

世尊이시여 何緣으로 菩薩이 得如是慈호대 猶故不得名爲大慈닛고 善男子야 以難成故로 不名大慈라 何以故오 久於過去無量劫中에 多集煩惱하고 未修善法할새 是故로 不能於一日中에 調伏其心이니라

善男子야 譬如剜豆에 乾時錐刺이나 終不可著이니 煩惱堅硬도 亦復如是라 雖一日夜에 繫心不散이나 難可調伏이니라 又如家犬은 不畏於人이언정 山林野鹿은 見人怖走하나니 瞋恚難去는 如守家狗요 慈心易失은 如彼野鹿이라 是故로 此心을 難可調伏이니 以是義故로 不名大慈니라

復次善男子야 譬如畫石에 其文常在나 畫水速滅하야 勢不久住하니 瞋如畫石이요 諸善根本은 如彼畫水라 是故로 此心을 難得調伏이니라 如大火聚는 其明久住어니와 電光之明은 不得暫停이니 瞋如火聚요 慈如電明이니 是故로 此心을 難得調伏이라 以是義故로 不名大慈니라

善男子야 菩薩摩訶薩이 住於初地를 名曰大慈이니 何以故오 善男子야 最極惡者를 名一闡提라 初住菩薩이 修大慈時에 於一闡提에도 心無差別하야 不見其過일새 故不生瞋하니 以是義故로 得名大慈니라

善男子야 爲諸衆生하야 除無利益이 是名大慈요 欲與衆生의 無量利樂이 是名大悲이며 於諸衆生에 心生歡喜가 是名大喜요 無所擁護가 名爲大捨이라 若不見我法相己身하고 見一切法平等無二하면 是名大捨이며 自捨己樂하야 施與他人을 是名大捨니라

善男子야 唯四無量이 能令菩薩로 增長具足六波羅蜜하고 其餘諸行이 不必能爾니라 善男子야 菩薩摩訶薩이 先得世間四無量心하고 然後에 乃發阿耨多羅三藐三菩提心하야 次第方得出世間者니 善男子야 因世無量하야 得出世無量일새 以是義故로 名大無量이니라

迦葉菩薩이 白佛言호대 世尊이시여 除無利益과 與利樂者는 實無所爲니 如是思惟는 卽是虛觀이라 無有實利니다 世尊이시여 譬如比丘가 觀不淨時에 見所著衣를 悉是皮相이로대 而實非皮이며 所可食噉을 皆作虫相이로대 而實非虫이며 觀大豆羹하야 作下汁想이나 而實非糞이며 觀所食酪을 猶如髓腦나 而實非腦며 觀骨碎末을 猶如麨相이나 而實非麨라 四無量心도 亦復如是하야 不能眞實이나 利益衆生하야 令其得樂인대 雖口發言하야 與衆生樂이나 而實不得하나니 如是之觀은 非虛妄耶닛가 世尊이시여 若非虛妄이요 實與樂者인대 而諸衆生이 何故로 不以諸佛菩薩의 威德力故로 一切受樂이닛고 若當眞實不得樂者인대 如佛所說에 我念往昔에 獨修慈心할새 經此劫世七返成壞토록 不來此生이요 世界成時에 生梵天中하고 世界壞時에 生光音天이라 若生梵天하야 力勢自在하야 無能摧伏이라 於千梵中에 最勝最上하니 名大梵王이라 有諸衆生이 皆於我所에 生最上想하며 三十六返을 作忉利天王釋提桓因하며 無量百千을 作轉輪王하사 獨修慈心하야 乃得如是人天果報라 하시니 若不實者인대 云何得與此義로 相應이닛가

佛言하사대 善哉善哉라 善男子야 汝眞勇猛하야 無所畏懼로다 卽爲迦葉하야 而說偈言하사대

若於一衆生에　　不生瞋恚心하고
而願與彼樂하면　是名爲慈善이요
一切衆生中에　　若起於悲心하면
是名聖種性이라　得福報無量이니라
設使五通仙이　　悉滿此大地하며
有大自在天이어든 奉施其所安인
象馬種種物이라도 所得福報果는
不及修一慈의　　十六分中一이니라

善男子야 夫修慈者는 實非妄想이요 諦是眞實이라 若是聲聞·緣覺之慈인대 是名虛妄이어니와 諸佛菩薩은 眞實不虛니라 云何知耶아 善男子야 菩薩摩

訶薩이 修行如是大涅槃者는 觀土為金하고 觀金為土하며 地作水相하고 水作地相하며 水作火相하고 火作水相하며 地作風相하고 風作地相하야 隨意成就하야 無有虛妄하며 觀實衆生하야 為非衆生하고 觀非衆生하야 為實衆生이라도 悉隨意成하야 無有虛妄이니라

善男子야 當知하라 菩薩이 四無量心은 是實思惟요 非不真實이니라

復次善男子야 云何名為真實思惟오 謂能斷除諸煩惱故라 善男子야 夫修慈者는 能斷貪欲하고 修悲心者는 能斷瞋恚하며 修喜心者는 能斷不樂하고 修捨心者는 能斷貪恚와 及衆生相하나니 以是故로 名真實思惟니라

復次善男子야 菩薩摩訶薩의 四無量心이 能為一切諸善根本이니라 善男子야 菩薩摩訶薩이 若不得見貧窮衆生하면 無緣生慈요 若不生慈하면 則不能起惠施之心하리라 以施因緣으로 令諸衆生으로 得安隱樂하나니 所謂食飲車乘과 衣服花香과 床臥와 舍宅과 燈明이라 如是施時에 心無繫縛하야 不生貪著하고 必定迴向阿耨多羅三藐三菩提는 其心이 爾時에 無所依止하야 妄想永斷이라 不為怖畏와 名稱利養하며 不求人天의 所受快樂하며 不生憍慢하며 不望返報하며 不為誑他하야 故行布施하며 不求富貴하고 凡行施時에 不見受者의 持戒破戒와 是田非田이며 此是知識이며 此非知識하요 施時에 不見是器非器하며 不擇日時와 是處非處하며 亦復不計飢饉豐樂하며 不見因果하며 此是衆生이며 此非衆生이며 是福非福이라 雖復不見施者受者와 及以財物하며 乃至不見斷及果報로대 而常行施하야 無有斷絕이니라

善男子야 菩薩이 若見持戒破戒와 乃至果報인대 終不能施요 若不布施하면 則不具足檀波羅蜜이니라 若不具足檀波羅蜜하면 則不能成阿耨多羅三藐三菩提니라

善男子야 譬如有人이 身被毒箭이어든 其人眷屬이 欲令安隱하야 為除毒故로 即命良醫하야 而為拔箭이어늘 彼人이 方言호대 且待莫觸하라 我今當觀如是毒箭이 從何方來이며 誰之所射며 為是刹利와 婆羅門과 毘舍와 首陀아 하며 復更作念호대 是何木耶아 竹耶아 柳耶아 其鏃鐵者는 何冶所

出이며 剛耶아 柔耶아 其毛羽者는 是何鳥翼인가 鳥鵶鷲耶아 所有毒者는 爲從作生인가 自然而有아 爲是人毒인가 惡蛇毒耶아 如是癡人이 竟未能知하야 尋便命終하리니

善男子야 菩薩亦爾하야 若行施時에 分別受者의 持戒破戒와 乃至果報하면 終不能施요 若不能施하면 則不具足檀波羅蜜이요 若不具足檀波羅蜜하면 則不能成阿耨多羅三藐三菩提하리라

善男子야 菩薩摩訶薩이 行布施時에 於諸衆生에 慈心平等을 猶如子想하며 又行施時에 於諸衆生에 起悲愍心을 譬如父母가 瞻視病子하며 行施之時에 其心歡喜를 猶如父母가 見子病愈하며 旣施之後에 其心放捨를 猶如父母가 見子長大에 能自在活하리니 是菩薩摩訶薩이 於慈心中에 布施니라 食時에 常作是願호대 我今所施를 悉與一切衆生共之하야 以是因緣으로 令諸衆生으로 得大智食하야 勤進廻向無上大乘하야지이다 하며 願諸衆生이 得善智食하고 不求聲聞·緣覺之食하며 願諸衆生이 得法喜食하고 不求愛食하며 願諸衆生이 悉得般若波羅蜜食호대 皆令充滿하야 攝取無礙增上善根이라 하며 願諸衆生이 悟解空相하야 得無礙身을 猶如虛空이라 하며 願諸衆生으로 常爲受者하야 憐愍一切하야 爲衆福田하나니 善男子야 菩薩摩訶薩이 修慈心時에 凡所施食에 應當堅發如是等願이니라

復次善男子야 菩薩摩訶薩이 於慈心中에 布施漿時에 當作是願호대 我今所施는 悉與一切衆生共之하야 以是因緣으로 令諸衆生으로 趣大乘河하야 飮八味水하고 速涉無上菩提之道하야 離於聲聞·緣覺枯竭하고 渴仰求於無上佛乘하며 斷煩惱渴하고 渴仰法味하며 離生死愛하고 愛樂大乘大般涅槃하며 具足法身하고 得諸三昧하야 入於甚深智慧大海하야지이다 하며 願諸衆生으로 得甘露味와 菩提出世와 離欲寂靜과 如是諸味하며 願諸衆生이 具足無量百千法味하고 具法味已에 得見佛性하며 見佛性已에 能雨法雨하며 雨法雨已에 佛性遍覆를 猶如虛空하며 復令其餘의 無量衆生으로 得一法味하니 所謂大乘이요 非諸聲聞·辟支佛味요 願諸衆生이 得一甜味하고 無有六種差別之味하며 願諸衆生이 唯求法味의 無礙佛法所行之味하고

不求餘味하야지이다 하야 善男子야 菩薩摩訶薩이 於慈心中에 布施漿時에 應當堅發如是等願이니라

復次善男子야 菩薩摩訶薩이 於慈心中에 施車乘時에 應作是願호대 我今所施를 悉與一切衆生共之하야 以是因緣으로 普令衆生으로 成於大乘하며 得住大乘하며 不退於乘하며 不動轉乘과 金剛座乘이요 不求聲聞·辟支佛乘하며 向於佛乘과 無能伏乘과 無羸乏乘과 退沒乘과 無上乘과 十力乘과 大功德乘과 未曾有乘과 希有乘과 難得乘과 無邊乘과 知一切乘하야지이다 하야 善男子야 菩薩摩訶薩이 於慈心中에 施車乘時에 常應如是堅發誓願이니라

復次善男子야 菩薩摩訶薩이 於慈心中에 布施衣時에 當作是願호대 我今所施를 悉與一切衆生共之하야 以是因緣으로 令諸衆生으로 得慚愧衣하야 法界覆身하며 裂諸見衣하고 衣服離身를 一尺六寸하며 得金色身하야 所受諸觸이 柔軟無礙하며 光色潤澤하고 皮膚細軟하며 常光無量하야 無色離色하며 願諸衆生으로 皆悉普得無色之身하야 過一切色하야 得入無色의 大般涅槃하야지이다 하야 善男子야 菩薩摩訶薩이 布施衣時에 應當如是堅發誓願이니라

復次善男子야 菩薩摩訶薩이 於修慈中의 布施花香·塗香·末香·諸雜香時에 應作是願호대 我今所施를 悉與一切衆生共之하야 以是因緣으로 令諸衆生으로 一切皆得佛花三昧하야 七覺妙鬘로 繫其首頂하며 願諸衆生으로 形如滿月하야 所見諸色이 微妙第一이며 願諸衆生이 皆成一相에 百福莊嚴하며 願諸衆生으로 隨意得見可意之色하며 願諸衆生으로 常遇善友하야 得無礙香하고 離諸臭穢하며 願諸衆生으로 具諸善根의 無上珍寶하며 願諸衆生이 相視和悅하야 無有憂苦하고 衆善各備하야 不相憂念하며 願諸衆生이 戒香具足하며 願諸衆生이 持無礙戒하야 香氣芬馥하야 充滿十方하며 願諸衆生으로 得堅牢戒와 無悔之戒와 一切智戒하고 離諸破戒하며 悉得無戒와 未曾有戒와 無師戒와 無作戒와 無穢戒와 無污染戒와 竟已戒와 究竟戒와 得平等戒하야 於香塗身과 及以斫刺에 等無憎愛하며 願諸衆生으로 得無上

戒와 大乘之戒와 非小乘戒하며 願諸衆生이 悉得具足尸波羅蜜을 猶如諸佛의 所成就戒하며 願諸衆生이 悉爲布施·持戒·忍辱·精進·禪·智之所薰修하며 願諸衆生이 悉得成於大般涅槃微妙蓮花하야 其花香氣가 充滿十方하며 願諸衆生이 純食大乘大般涅槃인 無上香饌을 猶蜂採花에 但取香味하며 願諸衆生이 悉得成就無量功德의 所薰之身하야지이다 善男子야 菩薩摩訶薩이 於慈心中에 施花香時에 常當堅發如是誓願이니라

復次善男子야 菩薩摩訶薩이 於慈心中에 施床敷時에 應作是願호대 我今所施를 悉與一切衆生共之하야 以是因緣으로 令諸衆生으로 得天中天의 所臥之床하며 得大智慧하야 坐四禪處하며 臥於菩薩所臥之床하고 不臥聲聞·辟支佛床하며 離臥惡床이라 하며 願諸衆生이 得安樂臥하야 離生死床하고 成大涅槃師子臥床하며 願諸衆生이 坐此床已에 復爲其餘無量衆生하야 示現神通하야 師子遊戲하며 願諸衆生이 住此大乘大宮殿中하야 爲諸衆生하야 演說佛性하며 願諸衆生이 坐無上床하야 不爲世法之所降伏하며 願諸衆生이 得忍辱床하야 離於生死飢饉凍餓하며 願諸衆生이 得無畏床하야 永離一切煩惱와 怨賊하며 願諸衆生이 得淸淨床하야 專求無上正眞之道하며 願諸衆生이 得善法床하야 常爲善友之所擁護하며 願諸衆生으로 得右脇臥床하야 依因諸佛所行之法하야지이다 善男子야 菩薩摩訶薩이 於慈心中에 施床敷時에 應當堅發如是誓願이니라

復次善男子야 菩薩摩訶薩이 於慈心中에 施舍宅時에 常作是願호대 我今所施를 悉與一切衆生共之하야 以是因緣으로 令諸衆生으로 處大乘舍하야 修行善友所行之行하며 修大悲行과 六波羅蜜行과 大正覺行과 一切菩薩所行道行과 無邊廣大如虛空行하며 願諸衆生이 皆得正念하야 遠離惡念하며 願諸衆生이 悉得安住常樂我淨하야 永離四倒하며 願諸衆生이 悉皆受持出世文字하며 願諸衆生이 必爲無上一切智器하며 願諸衆生으로 悉得入於甘露屋宅하며 願諸衆生이 初中後心을 常入大乘涅槃屋宅하며 願諸衆生이 於未來世에 常處菩薩所居宮殿하야지이다 善男子야 菩薩摩訶薩이 於慈心中에 施舍宅時에 常當堅發如是誓願이니라

復次善男子야 菩薩摩訶薩이 於慈心中의 施燈明時엔 常作是願호대 我今所施를 悉與一切眾生共之하야 以是因緣으로 令諸眾生으로 光明無量하야 安住佛法하며 願諸眾生이 常得照明하며 願諸眾生이 得色微妙하야 光澤第一이며 願諸眾生이 其目清淨하야 無諸翳網하며 願諸眾生이 得大智炬하야 善解無我無眾生相無人無命하며 願諸眾生이 皆得覩見清淨佛性을 猶如虛空하며 願諸眾生이 肉眼清淨하야 徹見十方恒沙世界하며 願諸眾生이 得佛光明하야 普照十方하며 願諸眾生이 得無礙明하야 皆悉得見清淨佛性하며 願諸眾生이 得大智明하야 破一切闇과 及一闡提하며 願諸眾生이 得無量光하야 普照無量諸佛世界하며 願諸眾生이 然大乘燈하야 離二乘燈하며 願諸眾生이 所得光明이 滅無明闇하야 過於千日普照之功하며 願諸眾生이 得火珠明하야 悉滅三千大千世界의 所有黑闇하며 願諸眾生이 具足五眼하야 悟諸法相하고 成無師覺하며 願諸眾生이 無見無明하며 願諸眾生이 悉得大乘大般涅槃의 微妙光明하야 示悟眾生의 真實佛性하야지이다 善男子야 菩薩摩訶薩이 於慈心中의 施燈明時에 常應勤發如是誓願하니라

善男子야 一切聲聞·緣覺·菩薩·諸佛如來의 所有善根에 慈為根本이니라

善男子야 菩薩摩訶薩이 修習慈心하야 能生如是無量善根하나니 所謂不淨과 出息入息과 無常生滅과 四念處와 七方便과 三觀處와 十二因緣과 無我等觀과 暖法頂法과 忍法世第一法과 見道修道와 正勤如意와 諸根諸力과 七菩提分과 八聖道와 四禪·四無量心과 八解脫과 八勝處와 一切入空無相願과 無諍三昧와 知他心智와 及諸神通과 知本際智와 聲聞智와 緣覺智와 菩薩智와 佛智라

善男子야 如是等法이 慈為根本이니 善男子야 以是義故로 慈是真實이요 非虛妄也니라 若有人問호대 誰是一切諸善根本고 하면 當言慈是라 하리라 以是義故로 慈是真實이요 非虛妄也니라

善男子야 能為善根者는 名實思惟요 實思惟者는 即名為慈요 慈即如來이며 慈即大乘이며 大乘이 即慈요 慈即如來니라

善男子야 慈即菩提道요 菩提道가 即如來이며 如來가 即慈니라
善男子야 慈即大梵이요 大梵이 即慈이며 慈即如來니라
善男子야 慈者는 能爲一切衆生하야 而作父母니 父母가 即慈이며 慈即如來니라
善男子야 慈者는 乃是不可思議諸佛境界요 不可思議諸佛境界가 即是慈也라 當知慈者는 即是如來니라
善男子야 慈者는 即是衆生佛性이니 如是佛性이 久爲煩惱之所覆蔽일새 故令衆生으로 不得觀見하야 佛性이 即慈며 慈即如來니라
善男子야 慈即大空이요 大空이 即慈이며 慈即如來니라
善男子야 慈即虛空이요 虛空이 即慈며 慈即如來니라
善男子야 慈即是常이요 常即是法이며 法即是僧이요 僧即是慈이며 慈即如來니라
善男子야 慈即是樂이요 樂即是法이며 法即是僧이요 僧即是慈이며 慈即如來니라
善男子야 慈即是淨이요 淨即是法이며 法即是僧이요 僧即是慈이며 慈即如來니라
善男子야 慈即是我요 我即是法이며 法即是僧이요 僧即是慈이며 慈即如來니라
善男子야 慈即甘露요 甘露가 即慈이며 慈即佛性이요 佛性이 即法이며 法即是僧이요 僧即是慈이며 慈即如來니라
善男子야 慈者는 即是一切菩薩의 無上之道요 道即是慈이며 慈即如來니라
善男子야 慈者는 即是諸佛世尊의 無量境界요 無量境界는 即是慈也이며 當知是慈가 即是如來니라
善男子야 慈若無常이요 無常이 即慈인대 當知是慈는 是聲聞慈니라
善男子야 慈若是苦요 苦即是慈인대 當知是慈는 是聲聞慈니라
善男子야 慈若不淨이요 不淨이 即慈인대 當知하라 是慈는 是聲聞慈니라

善男子야 慈若無我요 無我卽慈인대 當知是慈는 是聲聞慈니라
善男子야 慈若妄想이요 妄想이 卽慈인대 當知是慈는 是聲聞慈니라
善男子야 慈若不名檀波羅蜜인대 非檀之慈는 當知是慈는 是聲聞慈이니 乃至般若波羅蜜도 亦復如是니라
善男子야 慈若不能利益衆生인대 如是之慈는 是聲聞慈니라
善男子야 慈若不入一乘之道인대 當知是慈는 是聲聞慈니라
善男子야 慈若不能覺了諸法인대 當知是慈는 是聲聞慈니라
善男子야 慈若不能見如來性인대 當知是慈는 是聲聞慈니라
善男子야 慈若見法의 悉是有相인대 當知是慈는 是聲聞慈니라
善男子야 慈若有漏인대 有漏慈者는 是聲聞慈니라
善男子야 慈若有爲인대 有爲之慈는 是聲聞慈니라
善男子야 慈若不能住於初住하야 非初住慈는 當知卽是聲聞慈也니라
善男子야 慈若不能得佛十力四無所畏인대 當知是慈는 是聲聞慈니라
善男子야 慈若能得四沙門果인대 當知是慈는 是聲聞慈也니라
善男子야 慈若有無이며 非有非無인대 如是之慈는 非諸聲聞辟支佛等의 所能思議니라
善男子야 慈若不可思議인대 法不可思議이며 佛性도 不可思議이며 如來도 亦不可思議니라
善男子야 菩薩摩訶薩이 住於大乘大般涅槃하야 修如是慈에 雖復安於睡眠之中이나 而不睡眠이니 勤精進故라 雖常覺悟나 亦無覺悟니 以無眠故라 於睡眠中에 諸天이 雖護나 亦無護者니 不行惡故라 眠不惡夢이요 無有不善이니 離睡眠故라 命終之後에 雖生梵天이나 亦無所生이니 得自在故니라
善男子야 夫修慈者는 能得成就如是無量·無邊·功德이니라
善男子야 是大涅槃微妙經典도 亦能成就如是無量·無邊·功德하며 諸佛如來도 亦得成就如是無量·無邊·功德하시나니라

大般涅槃經卷 第十五 終

大般涅槃經 卷第十六

北涼 天竺 三藏 曇無讖 譯

梵行品 第八之二

迦葉菩薩이 白佛言호대 世尊이시여 菩薩摩訶薩이 所有思惟는 悉是真實이요 聲聞·緣覺은 非真實者인대 一切眾生은 何故로 不以菩薩威力으로 等受快樂이닛가 若諸眾生이 實不得樂인대 當知하라 菩薩의 所修慈心이 為無利益이로소이다

佛言하사대 善男子야 菩薩之慈는 非不利益이니 善男子야 有諸眾生이 或必受苦이며 或有不受라 若有眾生이 必受苦者인대 菩薩之慈는 為無利益이니 謂一闡提어니와 若有受苦나 不必定者인대 菩薩之慈는 則為利益이라 令彼眾生으로 悉受快樂이니라

善男子야 譬如有人이 遙見師子와 虎豹犲狼과 羅剎鬼等하고 自然生怖하며 夜行見杌에도 亦生怖畏하나니 善男子야 如是諸人이 自然怖畏하니 眾生如是하야 見修慈者하면 自然受樂이니 善男子야 以是義故로 菩薩修慈는 是實思惟니 非無利益이니라

善男子야 我說是慈가 有無量門하나니 所謂神通이라

善男子야 如提婆達이 教阿闍世하야 欲害如來어늘 是時에 我入王舍大城하야 次第乞食이러니 阿闍世王이 即放護財狂醉之象하야 欲令害我와 及諸弟子커늘 其象이 爾時에 蹋殺無量百千眾生하니 眾生이 死已에 多有血氣라 是象이 嗅已에 狂醉倍常하야 見我翼從이 被服赤色하고 謂呼是血하야 而復見趣하니 我弟子中에 未離欲者는 四怖馳走호대 唯除阿難이라

爾時에 王舍大城之中에 一切人民이 同時舉聲하야 啼哭嚬泣하야 作如是言호대 怪哉라 如來가 今日滅沒이로다 如何正覺이 一旦에 散壞리오 是時

에 調達이 心生歡喜호대 瞿曇沙門이 滅沒甚善이로다 從今已往에 真是不現이리니 快哉라 此計을 我願得遂라 하니라

善男子야 我於爾時에 為欲降伏護財象故로 即入慈定하야 舒手示之한대 即於五指에 出五師子라 是象이 見已에 其心怖畏하야 尋即失糞하고 舉身投地하야 敬禮我足하니라

善男子야 我於爾時에 手五指頭에 實無師子로대 乃是修慈善根力故로 令彼調伏하니라

復次善男子야 我欲涅槃하야 始初發足하야 向拘尸那城할새 有五百力士가 於其中路에 平治掃灑러니 中有一石하니 眾欲舉棄호대 盡力不能이어늘 我時憐愍하야 即起慈心하니 彼諸力士가 尋即見我가 以足母指로 舉此大石하야 擲置虛空하고 還以手接하야 安置右掌하고 吹令碎末하야 復還聚合하야 令彼力士로 貢高心息하고 即為略說種種法要하야 令其俱發阿耨多羅三藐三菩提心하니라

善男子야 如來가 爾時에 實不以指로 舉此大石하야 在虛空中이라가 還置右掌하고 吹令碎末이며 復合如本이라 善男子야 當知하라 即是慈善根力으로 令諸力士로 見如是事니라

復次善男子야 此南天竺에 有一大城하니 名首波羅라 於是城中에 有一長者하니 名曰盧至라 為眾導主하니 已於過去·無量佛所에 殖眾善本이라

善男子야 彼大城中에 一切人民이 信伏邪道하야 奉事尼犍이어늘 我時에 欲度彼長者故로 從王舍城하야 至彼城邑할새 其路中間이 相去六十五由旬이라 步涉而往은 為欲化度彼諸人故라 彼眾尼犍이 聞我欲至首波羅城하고 即作是念호대 沙門瞿曇이 若至此者인대 此諸人民이 便當捨我하야 更不供給하리니 我等窮悴라 奈何自活이리오 諸尼犍輩가 各各分散하야 告彼城人호대 沙門瞿曇이 今欲來此나 然이나 彼沙門이 委棄父母하고 東西馳騁하니 所至之處에 能令土地로 穀米不登하며 人民飢饉하고 死亡者眾하며 病瘦相尋호대 無可救解라 瞿曇이 無賴하야 純將諸惡羅剎鬼神하야 以為侍從하며 無父無母한 孤窮之人이 而來諮啟하야 為作門徒하고 所可教詔

가 純說虛空이라 隨其至處하야 初無安樂이니라 彼人이 聞已에 即懷怖畏하야 頭面敬禮尼犍子足하고 白言大師여 我等今者에 當設何計오 尼犍이 答言호대 沙門瞿曇이 性好叢林과 流泉清水하니 外設有者인대 宜應破壞니라

汝等이 便可相與出城하야 諸有之處엔 斫伐令盡하야 莫使有遺하고 流泉井池에 悉置糞屎하며 堅閉城門하야 各嚴器仗하고 當壁防護하야 勤自固守하라 彼設來者라도 莫令得前이니 若不前者인대 汝當安隱하리라 我等도 亦當作種種術하야 令彼瞿曇으로 復道還去케하리라

彼諸人民이 聞是語已에 敬諾施行하야 斬伐樹木하고 污辱諸水하며 莊嚴器仗하야 牢自防護러니라

善男子야 我於爾時에 至彼城已에 不見一切樹木叢林이요 唯見諸人이 莊嚴器仗하야 當壁自守어늘 見是事已에 尋生憐愍하야 慈心向之하니 所有樹木이 還生如本하야 復更生長하며 其餘諸樹도 不可稱計요 河池井泉도 其水清淨하야 盈滿其中이 如青琉璃하고 生眾雜花하야 彌覆其上하며 變其城壁하야 為紺琉璃라 城內人民이 悉得徹見我及大眾하며 門自開闢하야 無能制者요 所嚴器仗이 變成雜花어늘 盧至長者가 而為上首하야 與其人民으로 俱共相隨하야 往至佛所라 我即為說種種法要하야 令彼諸人으로 一切皆發阿耨多羅三藐三菩提心하니라

善男子야 我於爾時에 實不化作種種樹木과 清淨流水가 盈滿河池며 變其本城하야 為紺琉璃이며 令彼人民으로 徹見於我하며 開其城門하며 器仗為花니라

善男子야 當知하라 皆是慈善根力일새 能令彼人으로 見如是事니라

復次善男子야 舍衛城中에 有婆羅門女하니 姓이 婆私吒라 唯有一子하야 愛之甚重이러니 遇病命終이어늘 爾時에 女人이 愁毒入心하야 狂亂失性이라 裸身無恥하야 遊行四衢하고 啼哭失聲하야 唱言子子야 汝何處去오 周遍城邑하야 無有疲已러니 而是女人이 已於先佛에 殖眾德本이라 善男子야 我於是女에 起慈愍心하니 是時에 女人이 即得見我하고 便生子想하야

還得本心이라 前抱我身하고 嗚唵我口어늘 我時에 卽告侍者阿難호대 汝可持衣하야 與是女人하라 旣與衣已에 便爲種種說諸法要하니 是女가 聞法하고 歡喜踊躍하야 發阿耨多羅三藐三菩提心하니라
善男子야 我於爾時에 實非彼子이며 彼非我母요 亦無抱持니 善男子야 當知하라 皆是慈善根力일새 令彼女人으로 見如是事니라
復次善男子야 波羅奈城에 有優婆夷하니 字曰摩訶斯那達多라 已於過去無量先佛께 種諸善根하니라 是優婆夷가 夏九十日을 請命衆僧하야 奉施醫藥하더니 是時衆中에 有一比丘가 身嬰重病이라 良醫診之호대 當須肉藥이니 若得肉者면 病則可除어니와 若不得肉인대 命將不全이라 하거늘 時에 優婆夷가 聞醫此言하고 尋持黃金하야 遍至市廛하야 唱如是言호대 誰有肉賣오 吾以金買하리니 若有肉者인대 當等與金하리라 周遍城市하야 求不能得이어늘 是優婆夷가 尋自取刀하야 割其髀肉하야 切以爲臛하고 下種種香하야 送病比丘러니 比丘가 服已에 病卽得差라 是優婆夷가 患瘡苦惱를 不能堪忍하야 卽發聲言호대 南無佛陀·南無佛陀하니 我於爾時에 在舍衛城하야 聞其音聲하고 於是女人에 起大慈心한대 是女가 尋見我持良藥하야 塗其瘡上하니 還合如本이라 我卽爲其하야 種種說法한대 聞法歡喜하야 發阿耨多羅三藐三菩提心하니라
善男子야 我於爾時에 實不往至波羅奈城하야 持藥塗是優婆夷瘡이라 善男子야 當知하라 皆是慈善根力일새 令彼女人으로 見如是事니라
復次善男子야 調達惡人이 貪不知足이라 多服穌故로 頭痛腹痛하야 受大苦惱하야 不能堪忍할새 發如是言호대 南無佛陀·南無佛陀어늘 我時에 住在優禪尼城이러니 聞其音聲하고 卽生慈心한대 爾時에 [調達]이 尋便見我의 往至其所하야 手摩頭腹하고 授與鹽湯하야 而令服之하니 服已平復하니라
善男子야 我實不往調婆達所하야 摩其頭腹하며 授湯令服이니 善男子야 當知皆是慈善根力일새 令調婆達로 見如是事니라
復次善男子야 憍薩羅國에 有諸群賊호대 其數五百이라 群黨이 抄劫하야 爲害滋甚이어늘 波斯匿王이 患其縱暴하야 遣兵伺捕하야 得已挑目하고 遂

著黑闇叢林之下러니 是諸群賊이 已於先佛께 殖眾德本이라 旣失目已에 受大苦惱하야 各作是言호대 南無佛陀·南無佛陀하며 我等今者에 無有救護라 하고 啼哭號咷어늘 我時에 住在祇洹精舍러니 聞其音聲하고 卽生慈心하니 時有涼風이 吹香山中의 種種香藥하야 滿其眼眶하니 尋還得眼하야 如本不異라 諸賊이 開眼하야 卽見如來가 住立其前하야 而爲說法이어늘 賊聞法已에 發阿耨多羅三藐三菩提心하니라

善男子야 我於爾時에 實不作風하야 吹香山中의 種種香藥하며 住其人前하야 而爲說法이라 善男子야 當知하라 皆是慈善根力일새 令彼群賊으로 見如是事니라

復次善男子야 琉璃太子가 以愚癡故로 廢其父王하고 自立爲主하고 復念宿嫌하야 多害釋種할새 取萬二千釋種諸女하야 刖劓耳鼻하며 斷截手足하야 推之坑塹하니 時諸女人이 身受苦惱라 作如是言호대 南無佛陀·南無佛陀하며 我等이 今者에 無有救護라 하고 復大號咷라 是諸女人이 已於先佛께 種諸善根이라 我於爾時에 在竹林中이러니 聞其音聲하고 卽起慈心한대 諸女가 爾時에 見我來至迦毘羅城하며 以水洗瘡하고 以藥傅之하니 苦痛이 尋除요 耳鼻手足이 還復如本이어늘 我時에 卽爲略說法要하야 悉令俱發阿耨多羅三藐三菩提心하고 卽於大愛道比丘尼所에 出家하야 受具足戒하니라

善男子야 如來爾時에 實不往至迦毘羅城하야 以水洗瘡하며 傅藥止苦로대 善男子야 當知하라 皆是慈善根力일새 令彼女人으로 見如是事니라 悲·喜之心도 亦復如是하니라

善男子야 以是義故로 菩薩摩訶薩이 修慈思惟가 卽是眞實이요 非虛妄也라 善男子야 夫無量者는 不可思議니 菩薩所行도 不可思議이며 諸佛所行도 亦不可思議이며 是大乘典大涅槃經도 亦不可思議니라

復次善男子야 菩薩摩訶薩이 修慈悲喜已에 得住極愛一子之地하나니라 善男子야 云何是地를 名曰極愛이며 復名一子오 善男子야 譬如父母가 見子安隱하면 心大歡喜하나니 菩薩摩訶薩이 住是地中도 亦復如是하야 視諸

眾生을 同於一子하며 見修善者하고 生大歡喜할새 是故로 此地를 名曰極愛니라

善男子야 譬如父母가 見子遇患하면 心生苦惱하야 愍之愁毒으로 初無捨離하나니 菩薩摩訶薩이 住是地中도 亦復如是하야 見諸眾生이 為煩惱病之所纏切하고 心生愁惱하야 憂念如子라 身諸毛孔에 血皆流出하나니 是故로 此地를 名為一子니라

善男子야 如人小時에 拾取土塊와 糞穢瓦石과 枯骨木枝하야 置於口中이어든 父母見已에 恐為其患하야 左手捉頭하고 右手挑出하나니 菩薩摩訶薩이 住是地中도 亦復如是하야 見諸眾生이 法身未增하고 或行身·口·意·業不善이어든 菩薩이 見已에 則以智手로 拔之令出하야 不欲令彼로 流轉生死하야 受諸苦惱할새 是故로 此地를 復名一子니라

善男子야 譬如父母가 所愛之子가 捨而終亡하면 父母愁惱하야 願與併命하나니 菩薩亦爾하야 見一闡提가 墮於地獄하면 亦願與俱하야 生地獄中하나니 何以故오 是一闡提가 若受苦時에 或生一念 改悔之心이어든 我即當為說種種法하야 令彼로 得生一念善根일새 是故로 此地를 復名一子니라

善男子야 譬如父母가 唯有一子어든 其子가 睡寤·行·住·坐·臥에 心常念之하고 若有罪咎라도 善言誘喻요 不加其惡하나니 菩薩摩訶薩도 亦復如是하야 見諸眾生이 若墮地獄·畜生·餓鬼이나 或人天中에 造作善惡이어든 心常念之하야 初不放捨하며 若行諸惡이라도 終不生瞋하야 以惡加之하나니 是故로 此地를 復名一子니라

迦葉菩薩이 白佛言호대 世尊이시여 如佛所說하사 其言祕密이어늘 我今智淺하니 云何能解이닛고 若諸菩薩이 住一子地하야 能如是者인대 云何如來가 昔為國王하야 行菩薩時에 斷絕爾所의 婆羅門命이닛고 若得此地인대 則應護念이요 若不得者인대 復何因緣으로 不墮地獄하시며 若使等視一切 眾生하야 同於子想을 如羅睺羅인대 何故로 復向提婆達多하야 說如是言하사대 癡人아 無羞하야 食人涕唾라 할새 令彼聞已에 生於瞋恨하야 起不善心하야 出佛身血하니 提婆達多가 造是惡已에 如來復記하사 當墮地獄하

야 一劫受罪라 하시니

世尊이시여 如是之言이 云何於義에 不相違背이닛가

世尊이시여 須菩提者는 住虛空地로대 凡欲入城하야 求乞飮食할새 要先觀人하야 若有於己에 生嫌嫉心인대 則止不行하며 乃至極飢라도 猶不行乞하니 何以故오 是須菩提가 常作是念호대 我憶往昔에 於福田所에 生一惡念일새 由是因緣으로 墮大地獄하야 受種種苦하니 我今寧飢하야 終日不食이언정 終不令彼로 於我起嫌하야 墮於地獄하야 受苦惱也리라 復作是念호대 若有衆生이 嫌我立者어든 我當終日을 端坐不起요 若有衆生이 嫌我坐者어든 我當終日을 立不移處며 行臥亦爾라 하니 是須菩提는 護衆生故로 尙起是心어든 何況菩薩이닛가 菩薩이 若得一子地者인대 何緣으로 如來出是麁言하사 使諸衆生으로 起重惡心이닛고

善男子야 汝今不應作如是難하야 言佛如來가 爲諸衆生하야 作煩惱因緣이라 하라

善男子야 假使蚊嘴로 能盡海底언정 如來는 終不爲諸衆生하야 作煩惱因緣이니라

善男子야 假令大地로 悉爲非色하며 水爲堅相이며 火爲冷相이며 風爲住相이며 三寶佛性과 及以虛空으로 作無常相이언정 如來는 終不爲諸衆生하야 作煩惱因緣이니라

善男子야 假使毁犯四重禁罪와 及一闡提와 謗正法者로 現身에 得成十力無畏·三十二相·八十種好언정 如來는 終不爲諸衆生하야 作煩惱因緣이니라

善男子야 假使聲聞·辟支佛等으로 常住不變이언정 如來는 終不爲諸衆生하야 作煩惱因緣이니라

善男子야 假使十住諸菩薩等으로 犯四重禁하며 作一闡提하며 誹謗正法이언정 如來는 終不爲諸衆生하야 作煩惱因緣이니라

善男子야 假使一切無量衆生으로 喪滅佛性하며 如來究竟의 入般涅槃이언정 如來는 終不爲諸衆生하야 作煩惱因緣이니라

善男子야 假使擲縎하야 能繫縛風하며 齒能破鐵하며 爪壞須彌언정 如來는

終不爲諸衆生하야 作煩惱因緣이니라 寧與毒蛇로 同共一處하며 內其兩手를 餓師子口하며 佉陀羅炭로 用洗浴身이언정 不應發言호대 如來世尊이 爲諸衆生하야 作煩惱因緣이니라

善男子야 如來는 眞實能爲衆生하야 斷除煩惱언정 終不爲作煩惱因也니라

善男子야 如汝所言하야 如來가 往昔에 殺婆羅門者인대 善男子야 菩薩摩訶薩이 乃至蟻子라도 尙不故殺이어든 況婆羅門가 菩薩이 常作種種方便하야 惠施衆生에 無量壽命하나니

善男子야 夫施食者는 則爲施命이니 菩薩摩訶薩이 行[檀波羅蜜]時에 常施衆生無量壽命이니라

善男子야 修不殺戒하면 得壽命長이니 菩薩摩訶薩이 行尸波羅蜜時에 則爲施與一切衆生에 無量壽命이니라

善男子야 愼口無過하면 得壽命長하나니 菩薩摩訶薩이 行羼提波羅蜜時에 常勸衆生하야 莫生怨想하며 推直於人하고 引曲向己하야 無所諍訟일새 得壽命長이니 是故로 菩薩이 行羼提波羅蜜時에 已施衆生에 無量壽命이니라

善男子야 精勤修善하면 得壽命長하나니 菩薩摩訶薩이 行毘梨耶波羅蜜時에 常勸衆生하야 勤修善法일새 衆生行已에 得無量壽命하니 是故로 菩薩이 行毘梨耶波羅蜜時에 已施衆生에게 無量壽命이니라

善男子야 修攝心者는 得壽命長하나니 菩薩摩訶薩이 行禪波羅蜜時에 勸諸衆生하야 修平等心일새 衆生이 行已에 得壽命長이니라 是故로 菩薩이 行禪波羅蜜時에 已施衆生에게 無量壽命이니라

善男子야 於諸善法에 不放逸者는 得壽命長하나니 菩薩摩訶薩이 行般若波羅蜜時에 勸諸衆生하야 於諸善法에 不生放逸일새 衆生行已에 以是因緣으로 得壽命長이라 是故로 菩薩이 行般若波羅蜜時에 已施衆生에 無量壽命하니라

善男子야 以是義故로 菩薩摩訶薩이 於諸衆生에 終無奪命이니라

善男子야 汝向所問의 殺婆羅門時에 得是地不아 하니 善男子야 時我已得

일새 以愛念故로 斷其命根이언정 非惡心也니라

善男子야 譬如父母가 唯有一子라 愛之甚重이러니 犯官憲制어늘 是時에 父母가 以怖畏故로 若擯若殺하야 雖復擯殺이나 無有惡心이니 菩薩摩訶薩이 為護正法도 亦復如是하야 若有眾生이 謗大乘者어든 即以鞭撻로 苦加治之하며 或奪其命이라도 欲令改往하야 遵修善法이니 菩薩이 常當作是思惟호대 以何因緣으로 能令眾生으로 發起信心고 隨其方便하야 要當為之라 하니라 諸婆羅門이 命終之後에 生阿鼻地獄일새 要有三念하니

一者는 自念호대 我從何處하야 而來生此오 即便自知이니 從人道中來오 二者는 自念호대 我今所生이 為是何處오 即便自知이니 是阿鼻獄오 三者는 自念호대 乘何業緣하야 而來生此오 即便自知호대 乘謗方等大乘經典하야 不信因緣으로 為國主所殺하야 而來生此로다 念是事已에 即於大乘方等經典에 生信敬心하고 尋時命終하야 生甘露鼓如來世界하니 於彼壽命은 具足十劫이라

善男子야 以是義故로 我於往昔에 乃與是人의 十劫壽命이어늘 云何名殺이리오 善男子야 有人掘地하고 刈草斫樹하야 斬截死屍하며 罵詈鞭撻하면 以是業緣으로 墮地獄不아

迦葉菩薩이 白佛言호대 世尊이시여 如我解佛所說義者인대 應墮地獄이니다 何以故오 如佛昔為聲聞說法하사대 汝諸比丘야 於餘焦木에도 莫生惡心하라 何以故오 一切眾生이 因惡心故로 墮于地獄이라 하셨나이다

爾時에 佛讚迦葉菩薩하사대 善哉善哉라 如汝所說이니 應善受持니라 善男子야 若因惡心하야 墮地獄者인대 菩薩이 爾時에 實無惡心이니 何以故오 菩薩摩訶薩이 於一切眾生과 乃至虫蟻라도 悉生憐愍利益心故라 所以者何오 善知因緣의 諸方便故로 以方便力으로 欲令眾生으로 種諸善根이니라 善男子야 以是義故로 我於爾時에 以善方便으로 雖奪其命이나 而非惡心이니라

善男子야 婆羅門法에 若殺蟻子를 滿足十車라도 無有罪報하며 蚊虻蚤虱과 猫狸師子와 虎狼熊羆와 諸惡虫獸와 及餘能為眾生害者는 殺滿十車하

며 鬼神羅刹과 拘槃茶와 迦羅富單那와 顚狂乾枯諸鬼神等은 能爲衆生의 作嬈害者는 有奪其命이라도 悉無罪報라 하며 若殺惡人인대 則有罪報니 殺已不悔에 則墮餓鬼어니와 若能懺悔하야 三日斷食하면 其罪消滅하야 無有遺餘라 하며 若殺和尙커나 害其父母와 女人及牛하면 無數千年을 在地獄中이라 하거니와 善男子야 佛及菩薩은 知殺有三하니 謂下·中·上라 下者는 蟻子乃至一切畜生이니 唯除菩薩이 示現生者이라

善男子야 菩薩摩訶薩이 以願因緣으로 示受畜生이라 是名下殺이니 以下殺因緣으로 墮於地獄·畜生·餓鬼하야 具受下苦이라 何以故오 是諸畜生도 有微善根일새 是故로 殺者는 具受罪報니 是名下殺이니라

中殺者는 從凡夫人으로 至阿那含을 是名爲中이니라 以是業因으로 墮於地獄·畜生·餓鬼하야 具受中苦하리니 是名中殺이라

上殺者는 父母와 乃至阿羅漢과 辟支佛과 畢定菩薩을 是名爲上이니 以是業因緣故로 墮於阿鼻大地獄中하야 具受上苦하리니 是名上殺이니라 善男子야 若有能殺一闡提者인대 則不墮此三種殺中이니라 善男子야 彼諸婆羅門等은 一切皆是一闡提也일새 譬如掘地하고 刈草斫樹하며 斬截死屍하야 罵詈鞭撻이라도 無有罪報인달하야 殺一闡提도 亦復如是하야 無有罪報라 何以故오 諸婆羅門은 乃至無有信等五根이라 是故로 雖殺이나 不墮地獄이니라

善男子야 汝先所言에 如來가 何故로 罵提婆達多하야 癡人食唾닛가 하니 汝亦不應作如是問이니라 何以故오 諸佛世尊의 凡所發言을 不可思議니라 善男子야 或有實語이 爲世所愛나 非時非法이며 不爲利益인대 如是之言은 我終不說이라 善男子야 或復有言은 麁獷虛妄하며 非時非法이요 聞者不愛하며 不能利益인대 我亦不說이니라

善男子야 若有語言은 雖復麁獷이며 眞實不虛며 是時是法이며 能爲一切衆生利益이로대 聞雖不悅이라도 我要說之하노니 何以故오 諸佛·世尊·應供·正遍知로 知方便故니라

善男子야 如我一時에 遊彼曠野의 聚落叢樹할새 在其林下러니 有一鬼神

하니 即名壙野라 純食肉血하야 多殺衆生하며 復於其聚에 日食一人이어늘
善男子야 我於爾時에 爲彼鬼神하야 廣說法要호라 然이나 彼暴惡하고 愚
癡無智하야 不受敎法이어늘 我卽化身하야 爲大力鬼하야 動其宮殿하야 令
不安所한대 彼鬼가 于時에 將其眷屬하고 出其宮殿하야 欲來拒逆타가 鬼
見我時에 卽失心念하고 惶怖躄地하야 迷悶斷絶이 猶如死人커늘 我以慈
愍으로 手摩其身하니 卽還起坐하야 作如是言호대 快哉라 今日에 還得身
命하니 是大神王은 具大威德하시며 有慈愍心일새 赦我愆咎라 하고 卽於
我所에 生善信心이어늘 我卽還復如來之身하야 復更爲說種種法要하야 令
彼鬼神으로 受不殺戒하니라 卽於是日에 壙野村中에 有一長者가 次應當
死라 村人이 已送하야 付彼鬼神한대 鬼神이 得已에 卽以施我어늘 我旣受
已에 便爲長者하야 更立名字하야 名手長者라 하니
爾時에 彼鬼가 卽白我言호대 世尊이시여 我及眷屬이 唯仰血肉하야 以自
存活이러니 今以戒故로 當云何活이닛고 我卽答言호대 從今當勅聲聞弟子
하야 隨有修行佛法之處하야 悉當令其로 施汝飮食케하리라 善男子야 以是
因緣으로 爲諸比丘하야 制如是戒호대 汝等은 從今으로 常當施彼壙野鬼
食하라 若有住處에 不能施者인대 當知하라 是輩는 非我弟子요 卽是天魔
의 徒黨眷屬이라 하니라
善男子야 如來가 爲欲調伏衆生故로 示如是種種方便이언정 非故令彼로
生怖畏也니라
善男子야 我亦以木으로 打護法鬼하며 又於一時에 在一山上하야 推羊頭
鬼하야 令墮山下하며 復於樹頭에 撲護獼猴鬼하며 令護財象으로 見五師
子하며 使金剛神으로 怖薩遮尼犍하며 亦以針으로 刺箭毛鬼身이라 雖作如
是나 亦不令彼諸鬼神等으로 有滅沒者며 直欲令彼로 安住正法일새 故示
如是種種方便이니라
善男子야 我於爾時에 實不罵辱提婆達多하며 提婆達多가 亦不愚癡로 食
人涕唾며 亦不生於惡趣之中하야 阿鼻地獄에 受罪一劫하며 亦不壞僧하고
出佛身血하며 亦不違犯四重之罪하며 誹謗正法大乘經典하며 非一闡提이

며 亦非聲聞·辟支佛也니

善男子야 提婆達多者는 實非聲聞·緣覺의 境界라 唯是諸佛之所知見이니라
善男子야 是故汝今에 不應難言호대 如來何緣으로 呵責罵辱提婆達多오
하라 汝於諸佛의 所有境界에 不應如是生於疑網이니라

迦葉菩薩이 白佛言호대 世尊이시여 譬如甘蔗를 數數煎煮하야 得種種味인
달하야 我亦如是하야 從佛數聞하야 多得法味호니 所謂出家味와 離欲味와
寂滅味와 道味니다

世尊이시여 譬如眞金을 數數燒打하야 融消鍊治하면 轉更明淨하며 調和柔
軟하며 光色微妙하야 其價難量이라 然後에 乃爲人天寶重하나니 世尊이시
여 如來도 亦爾하사 鄭重諮問하실새 則得聞見甚深之義하고 令深行者로
受持奉修하야 無量衆生이 發阿耨多羅三藐三菩提心케하시니 然後에 爲
諸人天의 所宗恭敬供養이니다

爾時에 佛讚迦葉菩薩하사대 善哉善哉라 菩薩摩訶薩이 爲欲利益諸衆生
故로 諮啓如來의 如是深義로니 善男子야 以是義故로 我隨汝意하야 說於
大乘方等甚深祕密之法하니 所謂極愛니 如一子地니라

迦葉菩薩이 白佛言호대 世尊이시여 若諸菩薩이 修慈悲喜하야 得一子地者
인대 修捨心時에 復得何地이닛고

佛言하사대 善哉善哉라 善男子야 汝善知時하야 知我欲說일새 汝則諮問이
로다 菩薩摩訶薩이 修捨心時에 則得住於空平等地를 如須菩提니라 善男
子야 菩薩摩訶薩이 住空平等地하얀 則不見有父母·兄弟와 姉妹·兒息·親族
과 知識怨憎中人하며 乃至不見陰界諸入衆生壽命이니라

善男子야 譬如虛空이 無有父母·兄弟·妻子이며 乃至無有衆生壽命하야 一
切諸法도 亦復如是하야 無有父母와 乃至壽命하니 菩薩摩訶薩이 見一切
法도 亦復如是하야 其心平等이 如彼虛空이니 何以故오 善能修習諸空法
故니라

迦葉菩薩이 白佛言호대 世尊이시여 云何名空이닛고

善男子야 空者는 所謂內空·外空과 內外空과 有爲空·無爲空과 無始空·性

空과 無所有空·第一義空과 空空大空이라 菩薩摩訶薩이 云何觀於內空고 是菩薩摩訶薩이 觀內法空이 是內法空이니 謂無父母怨親中人과 眾生壽命과 常·樂·我·淨과 如來法과 僧所有財物이라 是內法中에 雖有佛性이나 而是佛性은 非內非外니 所以者何오 佛性常住하야 無變易故라 是名菩薩摩訶薩이 觀於內空이니라

外空者도 亦復如是하야 無有內法이요 內外空者도 亦復如是하니라

善男子야 唯有如來法僧佛性은 不在二空이라 何以故오 如是四法은 常·樂·我·淨일새 是故로 四法은 不名爲空이니 是名內外俱空이니라 善男子야 有爲空者는 有爲之法이 悉皆是空이니 所謂內空·外空과 內外空과 常樂我淨空과 眾生壽命과 如來法僧과 第一義空이라 是中에 佛性은 非有爲法일새 是故로 佛性은 非有爲法空이요 是名有爲空이니라

善男子야 云何菩薩摩訶薩이 觀無爲空고 是無爲法이 悉皆是空이니 所謂無常과 苦와 不淨과 無我와 陰·界·入·眾生壽命·相과 有爲·有漏와 內法·外法이라 無爲法中에 佛等四法은 非有爲이며 非無爲라 性是善故로 非無爲요 性常住故로 非有爲니 是名菩薩이 觀無爲空이니라

云何菩薩摩訶薩이 觀無始空고 是菩薩摩訶薩이 見生死가 無始하야 皆悉空寂이라 所謂空者는 常·樂·我·淨이 皆悉空寂하야 無有變易이며 眾生壽命과 三寶佛性과 及無爲法이니 是名菩薩이 觀無始空이니라

云何菩薩이 觀於性空고 是菩薩摩訶薩이 觀一切法이 本性皆空이니 謂陰·界·入과 常·無常과 苦·樂과 淨·不淨과 我·無我라 觀如是等一切諸法호대 不見本性할새 是名菩薩摩訶薩이 觀於性空이니라

云何菩薩摩訶薩이 觀無所有空고 如人無子를 言舍宅空이라 하니 畢竟觀空이요 無有親愛이니 愚癡之人은 言諸方空하며 貧窮之人은 言一切空하니 如是所計는 或空·或非空이어니와 菩薩觀時엔 如貧窮人의 一切皆空이라 是名菩薩摩訶薩이 觀無所有空이니라

云何菩薩摩訶薩이 觀第一義空고 善男子야 菩薩摩訶薩이 觀第一義時에 是眼이 生時에 無所從來하며 及其滅時에 去無所至하며 本無今有요 已有

還無라 推其實性컨대 無眼·無主라 如眼無性하야 一切諸法도 亦復如是니라 何等名為第一義空고 有業·有報나 不見作者니 如是空法이 名第一義空이라 是名菩薩摩訶薩이 觀第一義空이니라

云何菩薩摩訶薩이 觀於空空고 是空空中은 乃是聲聞辟支佛等의 所迷沒處라 善男子야 是有是無를 是名空空이오 是是와 非是是를 是名空空이니라 善男子야 十住菩薩도 尚於是中에 通達少分을 猶如微塵이어든 況復餘人이랴 善男子야 如是空空은 亦不同於聲聞의 所得空空三昧라 是名菩薩의 觀於空空이니라

善男子야 云何菩薩摩訶薩이 觀於大空고 善男子야 言大空者는 謂般若波羅蜜이니 是名大空이니라

善男子야 菩薩摩訶薩이 得如是空門엔 則得住於虛空等地니라

善男子야 我今於是大衆之中에 說如是等諸空義時에 有十恒河沙等菩薩摩訶薩이 即得住於虛空等地하니라

善男子야 菩薩摩訶薩이 住是地已하야 於一切法中에 無有滯礙와 繫縛拘執하며 心無迷悶일새 以是義故로 名虛空等地니라

善男子야 譬如虛空이 於可愛色에 不生貪著하며 不愛色中에 不生瞋恚라 菩薩摩訶薩이 住是地中도 亦復如是하야 於好惡色에 心無貪恚니라 善男子야 譬如虛空이 廣大無對호대 悉能容受一切諸法하나니 菩薩摩訶薩이 住是地中도 亦復如是하야 廣大無對로대 悉能容受一切諸法하나니 以是義故로 復得名為虛空等地니라

善男子야 菩薩摩訶薩이 住是地中하야 於一切法에 亦見亦知니 若行若緣과 若性若相과 若因若緣과 若衆生心과 若根과 若禪定과 若乘과 若善知識과 若持禁戒와 若所施인 如是等法을 一切知見하나니라

復次善男子야 菩薩摩訶薩이 住是地中하얀 知而不見이라 云何為知오 知自餓法하야 投淵赴火하며 自墜高巖하며 常翹一脚하며 五熱炙身하며 常臥灰土와 棘刺編橡과 樹葉惡草와 牛糞之上하며 衣麁麻衣와 塚間所棄한 糞掃氈褐과 欽婆羅衣와 麞鹿皮革과 芻草衣裳하며 茹菜噉草호대 藕根油滓

과 牛糞根果며 若行乞食이라가 限從一家하야 主若言無어든 即便捨去요 設復還喚이라도 終不迴顧하며 不食鹽肉과 五種牛味하고 常所飲服은 糠汁沸湯이며 受持牛戒와 狗鷄雉戒하며 以灰塗身하고 長髮為相하며 以羊祠時에 先呪後殺하며 四月事火하고 七日服風하며 百千億花로 供養諸天하면 諸所欲願을 因此成就라 하니 如是等法이 能為無上解脫因者인대 無有是處라 是名為知니라

云何不見고 菩薩摩訶薩이 不見一人도 行如是法하야 得正解脫이니 是名不見이니라 復次善男子야 菩薩摩訶薩이 亦見亦知니 何等이 為見고 見諸眾生이 行是邪法하면 必墮地獄이니 是名為見이니라

云何為知오 知諸眾生이 從地獄出하야 生於人中이어니와 若能修行檀波羅蜜하며 乃至具足諸波羅蜜하면 是人은 必得入正解脫이니 是名為知니라

復次善男子야 菩薩摩訶薩이 復有亦見亦知하니

云何為見고 見常無常과 苦樂과 淨不淨과 我無我라 是名為見이니라

云何為知오 知諸如來가 定不畢竟에 入於涅槃하며 知如來身은 金剛無壞요 非是煩惱의 所成就身이며 又非臭穢腐敗之身이며 亦復能知一切眾生이 悉有佛性이니 是名為知니라

復次善男子야 菩薩摩訶薩이 復有亦知亦見하니 云何為知오 知是眾生의 信心成就하며 知是眾生의 求於大乘하며 是人順流며 是人逆流며 是人正住하며 知是眾生은 已到彼岸이라

順流者는 謂凡夫人이요 逆流者는 從須陀洹乃至緣覺이요

正住者는 諸菩薩等이요

到彼岸者는 所謂如來應正遍知니 是名為知니라

云何為見고 菩薩摩訶薩이 住於大乘大涅槃典하야 修梵行心할새 以淨天眼으로 見諸眾生의 造身·口·意·三業不善하야 墮於地獄·畜生·餓鬼하며 見諸眾生이 修善業者는 命終에 當生天上人中하며 見諸眾生의 從闇入闇하며 有諸眾은 生從闇入明하며 有諸眾生은 從明入闇하며 有諸眾生은 從明入明하나니 是名為見이니라

復次善男子야 菩薩摩訶薩이 復有亦知亦見하니 菩薩摩訶薩이 知諸衆生의 修身修戒하며 修心修慧일새 是人今世에 惡業成就이며 或因貪欲·瞋恚·愚癡하야 是業으론 必應地獄受報로대 是人이 直以修身·修戒·修心·修慧로 現世에 輕受하고 不墮地獄이라

云何是業을 能得現報오 懺悔發露所有諸惡하고 旣悔之後에 更不敢作하고 慚愧成就故며 供養三寶故며 常自呵責故로 是人이 以是善業因緣으로 不墮地獄하고 現世受報하나니 所謂頭痛目痛과 腹痛背痛과 橫羅死殃과 呵責罵辱과 鞭杖閉繫와 飢餓困苦라 受如是等現世輕報를 是名爲知니라

云何爲見고 菩薩摩訶薩이 見如是人은 不能修習身戒心慧하고 造少惡業하니 此業因緣은 應現受報로대 是人이 少惡을 不能懺悔하며 不自呵責하며 不生慚愧하며 無有怖懼일새 是業이 增長하야 地獄受報하리니 是名爲見이니라

復有知而不見하니 云何知而不見고 知諸衆生이 皆有佛性이로대 爲諸煩惱之所覆蔽일새 不能得見이니 是名知而不見이니라 復有知而少見하니 十住菩薩摩訶薩等은 知諸衆生이 皆有佛性호대 見不明了를 猶如闇夜에 所見不了니라

復有亦見亦知하니 所謂諸佛如來는 亦見亦知니라 復有亦見亦知와 不見不知하니 亦見亦知者는 所謂世間文字와 言語男女와 車乘甁盆과 舍宅城邑과 衣裳飮食과 山河園林과 衆生壽命이라 是名亦知亦見이니라

云何不見不知오 聖人의 所有微密之語에 無有男女와 乃至園林이니 是名不見不知니라

復有知而不見하니 知所惠施하며 知所供處하며 知於受者하며 知因果報니 是名爲知니라

云何不見고 不見所施와 供處受者와 及以果報니 是名不見이니라 菩薩摩訶薩이 知有八種은 卽是如來의 五眼所知니라

大般涅槃經 卷第十六 終

大般涅槃經 卷第十七

北涼 天竺三藏 曇無讖 譯

梵行品 第八之三

迦葉菩薩이 白佛言호대 世尊이시여 菩薩摩訶薩이 能如是知인대 得何等利이닛가

佛言하사 善男子야 菩薩摩訶薩이 能如是知하면 得四無礙니 法無礙와 義無礙와 辭無礙와 樂說無礙라

法無礙者는 知一切法과 及法名字요

義無礙者는 知一切法의 所有諸義가 能隨諸法의 所立名字하야 而爲作義요

辭無礙者는 隨字論과 正音論과 闡陀論과 世辯論이요

樂說無礙者는 所謂菩薩摩訶薩의 凡所演說이 無有障礙하야 不可動轉이며 無所畏懼며 難可摧伏이라

善男子야 是名菩薩이 能如是見知하야 即得如是四無礙智니라

復次善男子야 法無礙者는 菩薩摩訶薩이 遍知聲聞·緣覺과 菩薩諸佛之法이요

義無礙者는 乘雖有三이나 知其歸一하야 終不謂有差別之相이요

辭無礙者는 菩薩摩訶薩이 於一法中에 作種種名하야 經無量劫토록 說不可盡이나 聲聞·緣覺이 能作是說은 無有是處니라

樂說無礙者는 菩薩摩訶薩이 於無量劫에 爲諸衆生하야 演說諸法의 若名若義호대 種種異說하야 不可窮盡이니라

復次善男子야 法無礙者는 菩薩摩訶薩이 雖知諸法이나 而不取著이요 義無礙者는 菩薩摩訶薩이 雖知諸義나 而亦不著이요 辭無礙者는 菩薩摩訶薩이 雖知名字나 亦不取著이요 樂說無礙者는 菩薩摩訶薩이 雖知樂說이

如是最上이나 而亦不著이니 何以故오 善男子야 若取著者면 不名菩薩일새니라
迦葉菩薩이 復白佛言하사대 世尊이시여 若不取著인대 則不知法이요 若知法者인대 則是取著이며 若知不著인대 則無所知어늘 云何如來가 說言知法이나 而不取著니잇가
佛言하사대 善男子야 夫取著者는 不名無礙요 無所取著이라야 乃名無礙니 善男子야 是故로 一切諸菩薩等이 有取著者는 則無無礙요 若無無礙하면 不名菩薩이니 當知하라 是人은 名爲凡夫니라 何故로 取著을 名爲凡夫요 一切凡夫는 取著於色하며 乃至著識하나니 以著色故로 則生貪心이요 生貪心故로 爲色繫縛하며 乃至爲識之所繫縛이니 以繫縛故로 則不得免生老病死와 憂悲大苦와 一切煩惱라 是故로 取著을 名爲凡夫이니 以是義故로 一切凡夫는 無四無閡니라
善男子야 菩薩摩訶薩은 已於無量阿僧祇劫에 知見法相하니 以知見故로 則知其義요 以見法相이며 及知義故로 而於色中에 不生繫著하며 乃至識中에도 亦復如是라 以不著故로 菩薩은 於色에 不生貪心하며 乃至識中에도 亦不生貪하나니 以無貪故로 則不爲色之所繫縛하며 乃至不爲識之所縛이라 以不縛故로 則得脫於生老病死와 憂悲大苦과 一切煩惱하나니 以是義故로 一切菩薩은 得四無礙니라 善男子야 以是因緣으로 我爲弟子하야 十二部中에 說繫著者는 名爲魔縛이요 若不著者는 則脫魔縛이니 譬如世間에 有罪之人은 爲王所縛이어니와 無罪之人은 王不能縛하나니 菩薩摩訶薩도 亦復如是하야 有繫著者는 爲魔所縛이요 無繫著者는 魔不能縛이라 以是義故로 菩薩摩訶薩은 而無所著이니라
復次善男子야 法無礙者는 菩薩摩訶薩이 善知字持하야 而不忘失이니 所謂持者는 如地如山하며 如眼如雲하며 如人如母니 一切諸法도 亦復如是니라
義無礙者는 菩薩이 雖知諸法의 名字라도 而不知義어니와 得義無礙하면 則知於義니 云何知義오 謂地持者는 如地가 普持一切衆生과 及非衆生이

니 以是義故로 名地為持니라

善男子야 謂山持者는 菩薩摩訶薩이 作是思惟호대 何故名山하야 而為持耶아 山能持地하야 令無傾動일새 是故로 名持이며 何故로 復名眼하야 為持耶아 眼能持光일새 故名為持이며 何故로 復名雲為持耶아 雲名龍氣이니 龍氣持水일새 故名雲持니라 何故로 復名人為持耶아 人能持法과 及以非法일새 故名人持이며 何故로 復名母為持耶아 母能持子일새 故名母持이니 菩薩摩訶薩이 知一切法의 名字句義도 亦復如是하니라

辭無礙者는 菩薩摩訶薩이 以種種辭로 演說一義호대 亦無有義이니 猶如男女와 舍宅과 車乘과 眾生等名이라 何故로 無義오 善男子야 夫義者는 乃是菩薩과 諸佛境界요 辭者는 凡夫境界니 以知義故로 得辭無礙니라

樂說無礙者는 菩薩摩訶薩이 知辭知義일새 故於無量阿僧祇劫에 說辭說義호대 而不可盡이니 是名樂說無礙니라

善男子야 菩薩摩訶薩이 於無量無邊阿僧祇劫에 修行世諦하니 以修行故로 知法無礙하며 復於無量阿僧祇劫에 修第一義諦일새 故得義無礙이며 亦於無量阿僧祇劫에 習毘伽羅那論일새 故得辭無礙이며 亦於無量阿僧祇劫에 修習說世諦論일새 故得樂說無礙니라

善男子야 聲聞·緣覺이 若有得是四無閡者는 無有是處니라

善男子야 九部經中에 我說聲聞·緣覺之人이 有四無礙나 聲聞·緣覺은 真實無有니 何以故오 菩薩摩訶薩이 為度眾生故로 修如是四無礙智어니와 緣覺之人은 修寂滅法하야 志樂獨處요 若化眾生인대 但現神通이요 終日默然하야 無所宣說이니 云何當有四無礙智리오 何故默然하야 而無所說고 緣覺은 不能說法度人하야 使得煖法·頂法과 忍法·世第一法과 須陀洹과 斯陀含과 阿那含과 阿羅漢과 辟支佛과 菩薩摩訶薩하며 不能令人으로 發阿耨多羅三藐三菩提心하나니 何以故오 善男子야 緣覺出世라도 世間無有九部經典일새 是故로 緣覺은 無辭無礙와 樂說無礙니라

善男子야 緣覺之人은 雖知諸法이나 無法無礙이니 何以故오 法無礙者는 名為知字라 緣覺之人은 雖知文字나 無字無礙이니 何以故오 不知常住二

字故라 是故緣覺은 不得法無礙하며 雖知於義나 無義無礙이라 真知義者는 知諸眾生이 悉有佛性이니 佛性義者는 名為阿耨多羅三藐三菩提라 以是義故로 緣覺之人은 不得義無礙하니 是故緣覺은 一切無有四無礙智하니라

云何聲聞이 無四無礙오 聲聞之人은 無有三種善巧方便이라

何等이 為三고

一者는 必須軟語然後에 受法이요

二者는 必須麁語然後에 受化요

三者는 不軟不麁然後에 受化라

聲聞之人은 無此三故로 無四無礙하니라 復次聲聞·緣覺은 不能畢竟에 知辭知義하며 無自在智로 知於境界하며 無有十力四無所畏하며 不能畢竟度於十二因緣大河하며 不能善知眾生의 諸根利鈍差別하며 未能永斷二諦疑心하며 不知眾生의 種種諸心所緣境界하며 不能善說第一義空일새 是故로 二乘은 無四無礙니라

迦葉菩薩이 白佛言하사대 世尊이시여 若諸聲聞·緣覺之人은 一切가 無有四無礙者인대 云何世尊이 說舍利弗은 智慧第一이요 大[目犍連]은 神通第一이요 摩訶拘絺羅는 四無礙第一이라 하셨나이까 如其無者인대 如來가 何故로 作如是說이닛고

爾時에 世尊이 讚迦葉言하사 善哉善哉라 善男子야 譬如恒河에 有無量水하며 辛頭大河도 水亦無量이며 博叉大河도 水亦無量이며 悉陀大河도 水亦無量이며 阿耨達池도 水亦無量이며 大海之中에도 水亦無量이라 如是諸水가 雖同無量이나 然其多少가 其實不等이니 聲聞緣覺과 及諸菩薩의 四無礙智도 亦復如是니라

善男子야 若說等者인대 無有是處니라

善男子야 我為凡夫하야 說摩訶拘絺羅가 四無礙智가 為最第一이라 하니 汝所問者는 其義如是니라

善男子야 聲聞之人은 或有得一이며 或有得二어니와 若具足四는 無有是處니라

迦葉菩薩이 白佛言호대 世尊이시여 如佛先說梵行品中에 菩薩知見이 得四無礙者라 하나 菩薩知見은 則無所得이요 亦無有心하야 言無所得이라 하셨나니다

世尊이시여 是菩薩摩訶薩은 實無所得이라 若使菩薩로 心有得者인대 則非菩薩이요 名為凡夫리니 云何如來가 說言菩薩이 而有所得이닛고

佛言하사대 善男子야 善哉善哉라 我將欲說이러니 而汝復問이로다 善男子야 菩薩摩訶薩이 實無所得이니 無所得者를 名四無礙니라 善男子야 以何義故로 無所得者를 名為無礙요 若有得者는 則名為礙니 有障礙者는 名四顚倒라 善男子야 菩薩摩訶薩이 無四倒故로 故得無礙니 是故로 菩薩을 名無所得이니라

復次善男子야 無所得者는 則名為慧니 菩薩摩訶薩은 得是慧故로 名無所得이니라 有所得者는 名為無明이니 菩薩이 永斷無明闇故로 故無所得이라 是故로 菩薩은 名無所得이니라

復次善男子야 無所得者는 名大涅槃이니 菩薩摩訶薩이 安住如是大涅槃中하야 不見一切諸法性相일새 是故로 菩薩을 名無所得이니라 有所得者는 名二十五有니 菩薩은 永斷二十五有하고 得大涅槃일새 是故로 菩薩은 名無所得이니라

復次善男子야 無所得者는 名為大乘이니 菩薩摩訶薩이 不住諸法일새 故得大乘이라 是故로 菩薩은 名無所得이니라 有所得者는 名為聲聞과 辟支佛道니 菩薩은 永斷二乘道故로 得於佛道라 是故로 菩薩은 名無所得이니라

復次善男子야 無所得者는 名方等經이니 菩薩이 讀誦如是經일새 故得大涅槃이니 是故로 菩薩은 名無所得이니라 有所得者는 名十一部經이니 菩薩不修하고 純說方等大乘經典일새 是故로 菩薩은 名無所得이니라

復次善男子야 無所得者는 名為虛空이니 世間無物을 名為虛空이라 菩薩이 得是虛空三昧하야 無所見故라 是故로 菩薩은 名無所得이니라 有所得者는 名生死輪이니 一切凡夫는 輪迴生死라 故有所見이어니와 菩薩은 永斷一切生死일새 是故로 菩薩은 名無所得이니라 復次善男子야 菩薩摩訶

薩이 無所得者는 名常·樂·我·淨이니 菩薩摩訶薩은 見佛性故로 得常·樂·我·淨이라
是故로 菩薩은 名無所得이니라 有所得者는 名無常·無樂·無我·無淨이니 菩薩摩訶薩은 斷是無常·無樂·無我·無淨일새 是故로 菩薩은 名無所得이니라
復次善男子야 無所得者는 名第一義空이니 菩薩摩訶薩이 觀第一義空하야 悉無所見일새 是故로 菩薩은 名無所得이니라 有所得者는 名為五見이니 菩薩은 永斷是五見故로 得第一義空이라 是故로 菩薩은 名無所得이니라
復次善男子야 無所得者는 名為阿耨多羅三藐三菩提이니 菩薩摩訶薩이 得阿耨多羅三藐三菩提時에 悉無所見일새 是故로 菩薩은 名無所得이니라 有所得者는 名為聲聞·緣覺·菩提어니와 菩薩은 永斷二乘菩提일새 是故로 菩薩은 名無所得이니라
善男子야 汝之所問도 亦無所得이며 我之所說도 亦無所得이라 若有所得인대 是魔眷屬이요 非我弟子니라
迦葉菩薩이 白佛言하사대 世尊이시여 為我說是菩薩의 無所得時에 無量眾生이 斷有相心이니라 以是事故로 我敢諮啟無所得義하야 令如是等無量眾生으로 離魔眷屬하고 為佛弟子케하나이다
迦葉菩薩이 白佛言하사대 世尊이시여 如來가 先於娑羅雙樹間에 為純陀說偈하사대
本有今無며 本無今有나 三世有法은 無有是處라 하시니
世尊이시여 是義云何닛고
佛言하사대 善男子야 我為化度諸眾生故로 而作是說이며 亦為聲聞·辟支佛故로 而作是說이며 亦為文殊師利法王子故로 而作是說이요 不但正為純陀一人하야 說是偈也니라 時에 文殊師利가 將欲問我어늘 我知其心하고 而為說之니 我既說已에 文殊師利가 即得解了하니라
迦葉菩薩이 言호대 世尊이시여 如文殊等이 詎有幾人이 能了是義닛가 惟願如來는 更為大眾하사 廣分別說하소서 善男子야 諦聽·諦聽하라 今當為汝하야 重敷演之호리라 言本有者는 我昔에 本有無量煩惱이니 以煩惱故로

現在에 無有大般涅槃이라 하며 言本無者는 本無般若波羅蜜이니 以無般若波羅蜜故로 現在에 具有諸煩惱結이라 하야 若有沙門과 若婆羅門과 若天·若魔와 若梵·若人이 說言如來가 去來現在에 有煩惱者인대 無有是處니라

復次善男子야 言本有者는 我本有父母和合之身이라 是故로 現在에 無有金剛微妙法身이라 하며 言本無者는 我身에 本無三十二相·八十種好라 以本無有三十二相·八十種好故로 現在에 具有四百四病이라 하야 若有沙門과 若婆羅門과 若天·若魔와 若梵·若人이 說言如來는 去來現在에 有病苦者인대 無有是處니라

復次善男子야 言本有者는 我昔本有無常·無我·無樂·無淨이니 以有無常·無我·無樂·無淨故로 現在에 無有阿耨多羅三藐三菩提라 하며 言本無者는 本不見佛性이니 以不見故로 無常·樂·我·淨이라 하여 若有沙門과 若婆羅門과 若天·若魔와 若梵·若人이 說言如來는 去來現在에 無常·樂·我·淨者인대 無有是處니라

復次善男子야 言本有者는 本有凡夫가 修苦行心하야 謂得阿耨多羅三藐三菩提니 以是事故로 現在에 不能破壞四魔요 言本無者는 我本無有六波羅蜜이니 以本無有六波羅蜜故로 修行凡夫의 苦行之心하야 謂得阿耨多羅三藐三菩提라 하여 若有沙門과 若婆羅門과 若天·若魔와 若梵·若人이 說言如來는 去來現在에 有苦行者라 하면 無有是處니라

復次善男子야 言本有者는 我昔에 本有雜食之身이니 以有食身故로 現在에 無有無邊之身이요 言本無者는 本無三十七助道法이니 以無三十七助道法故로 現在에 具有雜食之身이라 하야 若有沙門과 若婆羅門과 若天·若魔와 若梵·若人이 說言如來가 去來現在에 有雜食身者인대 無有是處니라

復次善男子야 言本有者는 我昔에 本有一切法中取著之心일새 以是事故로 現在에 無有畢竟空定이요 言本無者는 我本無有中道實義니 以無中道真實義故로 於一切法에 則有著心이라 하야 若有沙門과 若婆羅門과 若天·若魔와 若梵·若人이 說言如來가 去來現在에 說一切法에 是有相者인대 無

有是處니라

復次善男子야 言本有者는 我初得阿耨多羅三藐三菩提時에 有諸鈍根聲聞弟子니 以有鈍根聲聞弟子故로 不得演說一乘之實이요 言本無者는 本無利根人中象王인 迦葉菩薩等이니 以無利根迦葉等故로 隨宜方便開示三乘이라 하야 若有沙門과 若婆羅門과 若天·若魔와 若梵·若人이 說言如來가 去來現在에 畢竟演說三乘法者인대 無有是處니라

復次善男子야 言本有者는 我本說言却後三月에 於娑羅雙樹에 當般涅槃하리라 할새 是故로 現在에 不得演說大方等典·大般涅槃이요 言本無者는 本昔에 無有文殊師利大菩薩等이니 以無有故로 現在에 說言如來無常이라 하야 若有沙門과 若婆羅門과 若天·若魔와 若梵·若人이 說言如來가 去來現在에 是無常者인대 無有是處니라

善男子야 如來는 普為諸衆生故로 雖知諸法이나 說言不知라 하며 雖見諸法이나 說言不見이라 하며 有相之法에 說言無相이라 하며 無相之法에 說言有相이라 하며 實有無常이나 說言有常이라 하며 實有有常이나 說言無常이라 하며 我樂淨等도 亦復如是하며 三乘之法에 說言一乘하며 一乘之法에 隨宜說三하며 略相에 說廣하고 廣相에 說略하며 四重之法에 說偸蘭遮하고 偸蘭遮法에 說言四重하며 犯說非犯하고 非犯說犯하며 輕罪說重하고 重罪說輕하시나니 何以故오 如來는 明見衆生根故라

善男子야 如來가 雖作是說이나 終無虛妄이니 何以故오 虛妄之語는 即是罪過라 如來는 悉斷一切罪過어든 云何當有虛妄語耶아 善男子야 如來가 雖無虛妄之言이나 若知衆生이 因虛妄說하야 得法利者인대 隨宜方便하야 則為說之하나니라

善男子야 一切世諦도 若於如來엔 即是第一義諦이니 何以故오 諸佛世尊이 為第一義故로 說於世諦하시며 亦令衆生으로 得第一義諦라 若使衆生으로 不得如是第一義者인대 諸佛이 終不宣說世諦하시나니라

善男子야 如來가 有時에 演說世諦어든 衆生은 謂佛說第一義諦라 하며 有時에 演說第一義諦어든 衆生은 謂佛說於世諦라 하나니 是則諸佛의 甚深

境界요 非是聲聞·緣覺의 所知니라

善男子야 是故로 汝先不應難言호대 菩薩摩訶薩이 無所得也라 하라
菩薩이 常得第一義諦하시니 云何難言無所得耶아

迦葉이 復言호대 世尊이시여 第一義諦를 亦名爲道이며 亦名菩提이며 亦名涅槃이니 若有菩薩이 言有得道하면 菩提涅槃이 即是無常이리니 何以故오 法若常者인대 則不可得이 猶如虛空을 誰有得者이니다 世尊이시여 如世間物이 本無今有일새 名爲無常이니 道亦如是하야 道若可得인대 則名無常이요 法若常者인대 無得無生이 猶如佛性을 無得無生이니다

世尊이시여 夫道者는 非色非不色이며 不長不短이며 非高非下이며 非生非滅이며 非赤非白이며 非青非黃이며 非有非無니 云何如來는 說言可得이닛고 菩提涅槃도 亦復如是니다

佛言하사대 如是如是하니라

善男子야 道有二種하니 一者는 常이요 二者는 無常이라
菩提之相도 亦有二種하니 一者는 常이요 二者는 無常이라
涅槃亦爾니 外道의 道者는 名爲無常이요 內道의 道者는 名之爲常이라
聲聞·緣覺의 所有菩提는 名爲無常이요
菩薩諸佛의 所有菩提는 名之爲常이니라 外解脫者는 名爲無常이요 內解脫者는 名之爲常이니라

善男子야 道與菩提와 及以涅槃이 悉名爲常이로대 一切衆生이 常爲無量煩惱의 所覆하야 無慧眼故로 不能得見하나니 而諸衆生이 爲欲見故로 修戒定慧하야 以修行故로 見道菩提와 及以涅槃하니 是名菩薩이 得道菩提와 及涅槃也나 道之性相은 實不生滅일새 以是義故로 不可捉持니라

善男子야 道者는 雖無色像可見커나 稱量可知로대 而實有用이라 善男子야 如衆生心이 雖非是色이며 非長非短이며 非麁非細며 非縛非解며 非是見法이로대 而亦是有니 以是義故로 我爲須達하야 說言長者여 心爲城主이니 長者여 若不護心하면 則不護身口어니와 若護心者는 則護身口니라 以不善護是身口故로 令諸衆生으로 到三惡趣하고 護身口者는 則令衆生으로 得人

天涅槃하나니 得名眞實이요 其不得者는 不名眞實이라 하였느니라
善男子여 道與菩提와 及以涅槃도 亦復如是하야 亦有亦常이니 如其無者인대 云何能斷一切煩惱리요 以其有故로 一切菩薩은 了了見知니라
善男子야 見有二種하니 一는 相貌見이요 二는 了了見이라
云何相貌見인고 如遠見烟하고 名爲見火라 하면 實不見火니 雖不見火나 亦非虛妄이며 見空中鶴하고 便言見水라 하면 雖不見水이나 亦非虛妄이며 如見花葉하고 便言見根이라 하면 雖不見根이나 亦非虛妄이며 如人遙見籬間牛角하고 便言見牛라 하면 雖不見牛나 亦非虛妄이며 如見女人懷妊하고 便言見欲이라 하면 雖不見欲이나 亦非虛妄이며 如見樹生葉하고 便言見水라 하면 雖不見水이나 亦非虛妄이며 又如見雲하고 便言見雨라 하면 雖不見雨나 亦非虛妄이며 如見身業과 及以口業하고 便言見心라 하면 雖不見心이나 亦非虛妄이며 是名相貌見이라
云何了了見고 如眼見色이라 善男子야 如人眼根이 淸淨不壞하면 自觀掌中阿摩勒果하나니 菩薩摩訶薩이 了了見道와 菩提涅槃도 亦復如是라 雖如是見이나 初無見相이니라
善男子야 以是因緣으로 我於往昔에 舍利弗하되 一切世間에 若有沙門과 若婆羅門과 若天·若魔와 若梵·若人之所不知와 不見不覺을 惟有如來는 悉知見覺하시며 及諸菩薩도 亦復如是니라
舍利弗아 若諸世間의 所知見覺을 我與菩薩도 亦知見覺하니라 世間衆生之所不知와 不見不覺은 亦不自知하고 不知見覺하니라 世間衆生은 所知見覺을 便自說言호대 我知見覺이라 하거니와 舍利弗아 如來는 一切悉知見覺이나 亦不自言我知見覺이라 하시며 一切菩薩도 亦復如是하니라 何以故오 若使如來로 作知見覺相인대 當知是則非佛世尊이요 名爲凡夫며 菩薩도 亦爾니라
迦葉菩薩이 言호대 如佛世尊이 爲舍利弗說하사대 世間知者를 我亦得知하고 世間의 不知를 我亦悉知라 하시니 其義云何닛고
善男子야 一切世間이 不知不見不覺佛性하니 若有知見覺佛性者인대 不名

世間이요 名爲菩薩이니라 世間之人이 亦復不知不見不覺十二部經과 十二因緣과 四倒와 四諦와 三十七品과 阿耨多羅三藐三菩提와 大般涅槃하니 若知見覺者는 不名世間이요 當名菩薩이니라

善男子야 是名世間의 不知見覺이니라 云何世間의 所知見覺고 所謂梵天과 自在天과 八臂天과 性과 時와 微塵과 法과 及非法을 是造化主의 世界終始와 斷常二見이라 說言初禪으로 至非非想히 名爲涅槃이라 하나니 善男子야 是名世間의 所知見覺이니라 菩薩摩訶薩이 於如是事에 亦知見覺하나니 菩薩이 如是知見覺已에 若言不知不見不覺인댄 是爲虛妄이니 虛妄之法은 則爲是罪라 以是罪故로 墮於地獄이니라

善男子야 若男·若女와 若沙門과 若婆羅門이 說言無道·菩提·涅槃이라 하면 當知是輩는 名一闡提라 魔之眷屬이며 名爲謗法이라 如是謗法은 名謗諸佛이니 如是之人은 不名世間이며 不名非世間이니라 爾時에 迦葉이 聞是事已하고 卽以偈頌으로 而讚歎佛호대

 大慈愍衆生일새 故令我歸依하며
 善拔衆毒箭일새 故稱大醫王이니다
 世醫所療治는 雖差還復生어니와
 如來所治者는 畢竟不復發이로소이다
 世尊甘露藥으로 以施諸衆生하시니
 衆生이 旣服已에 不死亦不生이로다
 如來今爲我하사 演說大涅槃하시니
 衆生聞祕藏하고 卽得不生滅이로소이다

迦葉菩薩이 說是偈已에 卽白佛言하사대 世尊이시여 如佛所說하사 一切世間의 不知見覺을 菩薩은 悉能知見覺者라 한대 若使菩薩로 是世間者인댄 不得說言世間은 不知不見不覺이어늘 而是菩薩은 能知見覺이요 若非世間인댄 有何異相이닛고

佛言하사대 善男子야 言菩薩者는 亦是世間이며 亦非世間이니 不知見覺者는 名爲世間이요 知見覺者는 不名世間이니라 汝言有何異者를 我今當說

하리라

善男子야 若男若女가 若有初聞是涅槃經하고 即生敬信하야 發阿耨多羅三藐三菩提心하면 是則名爲世間菩薩이요 一切世間은 不知見覺이라 如是菩薩도 亦同世間하야 不知見覺이니라 菩薩이 聞是涅槃經已에 知有世間이 不知見覺을 應是菩薩은 所知見覺이라 하야 知是事已에 即自思惟호대 我當云何라 方便修習하야 得知見覺고 覆自念言호대 惟當深心으로 修持淨戒하리라

善男子야 菩薩이 爾時에 以是因緣으로 於未來世의 在在生處에 戒常清淨하니라

善男子야 菩薩摩訶薩이 以戒淨故로 在在生處에 常無憍慢·邪見·疑網하며 終不說言如來畢竟에 入於涅槃이라 하나니 是名菩薩이 修持淨戒니라 戒旣淸淨에 次修禪定하나니 以修定故로 在在生處에 正念不忘이니 所謂一切衆生이 悉有佛性이며 十二部經과 諸佛世尊의 常·樂·我·淨과 一切菩薩이 安住方等大涅槃經하야 悉見佛性如是等事하야 憶而不忘이니라 因修定故로 得十一空하나니 是名菩薩의 修淸淨定이라 戒·定이 已備하야 次修淨慧하나니 以修慧故로 初不計著身中에 有我와 我中에 有身과 是身·是我와 非身·非我하나니 是名菩薩이 修習淨慧라 以修慧故로 所受持戒가 牢固不動이니 善男子야 譬如須彌가 不爲四風之所傾動이니라 菩薩摩訶薩도 亦復如是하야 不爲四倒之所傾動이니라

善男子야 菩薩이 爾時에 自知見覺所受持戒가 無有傾動하나니 是名菩薩의 所知見覺이요 非世間也니라

善男子야 菩薩이 見所持戒가 牢固不動하야 心無悔恨하며 無悔恨故로 心得歡喜하며 得歡喜故로 心得悅樂하며 得悅樂故로 心則安隱하며 心安隱故로 得無動定하며 得無動定故로 得實知見하며 實知見故로 厭離生死하며 厭離生死故로 便得解脫하며 得解脫故로 明見佛性하나니 是名菩薩의 所知見覺이요 非世間也니라

善男子야 是名世間이 不知見覺이요 而是菩薩의 所知見覺이니라

迦葉이 復言호대 云何菩薩이 修持淨戒하야 心無悔恨하며 乃至明了見於佛性이닛고

佛言하사대 善男子야 世間戒者는 不名清淨이니 何以故오 世間戒者는 為於有故며 性不定故며 非畢竟故며 不能廣為一切眾生일새 以是義故로 名為不淨이니 以不淨故로 有悔恨心이요 以悔恨故로 心無歡喜요 無歡喜故로 則無悅樂이요 無悅樂故로 則無安隱이요 無安隱故로 無不動定이요 無不動定故로 無實知見이요 無實知見故로 則無厭離요 無厭離故로 則無解脫이요 無解脫故로 不見佛性이요 不見佛性故로 終不能得大般涅槃이니 是名世間의 戒不清淨이니라

善男子야 菩薩摩訶薩의 清淨戒者는 戒非戒故며 非為有故며 定畢竟故며 為眾生故라 是名菩薩의 戒清淨也니라

善男子야 菩薩摩訶薩이 於淨戒中에 雖不欲生無悔恨心이나 無悔恨心이 自然而生하나니 善男子야 譬如有人이 執持明鏡에 不期見面이나 面像이 自現하며 亦如農夫가 種之良田에 不期生牙나 而牙自生하며 亦如然燈에 不期滅闇이로대 而闇自滅하나니 善男子야 菩薩摩訶薩이 堅持淨戒하야 無悔恨心이 自然而生도 亦復如니라 以淨戒故로 心得歡喜하나니 善男子야 如端正人이 自見面貌에 心生歡喜하야 持淨戒者도 亦復如是하니라

善男子야 破戒之人이 見戒不淨하면 心不歡喜라 如形殘者가 自見面貌 不生喜悅인달하야 破戒之人도 亦復如是니라

善男子야 譬如牧牛에 有二女人호대 一持酪瓶하고 一持漿瓶하야 俱共至城하야 而欲賣之라가 於路脚跌하야 二瓶이 俱破호대 一則歡喜하고 一則愁惱하나니 持戒破戒도 亦復如是하야 持淨戒者는 心則歡喜하며 心歡喜故로 則便思惟호대 諸佛如來가 於涅槃中에 說有能持清淨戒者는 則得涅槃이라 하시니 我今修習如是淨戒하니 亦應得之라 하야 以是因緣으로 心則悅樂이니라

迦葉이 復言호대 喜之與樂이 有何差別이닛고

善男子야 菩薩摩訶薩이 不作惡時엔 名為歡喜요 心淨持戒에 名之為樂이

니라

善男子야 菩薩摩訶薩이 觀於生死에 則名爲喜요 見大涅槃엔 名之爲樂이라 下名爲喜요 上名爲樂이니라 離世共法은 名之爲喜요 得不共法은 名之爲樂이니 以戒淨故로 身體輕柔하고 口無麤過라 菩薩이 爾時에 若見·若聞·若齅·若甞·若觸·若知에 悉無諸惡하나니 以無惡故로 心得安隱하고 以安隱故로 則得靜定하며 得靜定故로 得實知見하고 實知見故로 厭離生死하며 厭生死故로 則得解脫하고 得解脫故로 得見佛性하며 見佛性故로 得大涅槃하리니 是名菩薩의 淸淨持戒요 非世間戒니라

何以故오 善男子야 菩薩摩訶薩이 所受淨戒는 五法이 佐助하나니

云何爲五오

一은 信이요 二는 慚이요 三은 愧요 四는 善知識이요 五는 宗敬戒라

離五蓋故로 所見이 淸淨이요 離五見故로 心無疑網이요 離五疑故니

一者는 疑佛이요 二者는 疑法이요 三者는 疑僧이요 四者는 疑戒요 五者는 疑不放逸이라

菩薩이 爾時에 即得五根하니 所謂信念精進定慧라 得五根故로 得五種涅槃하니 謂色解脫로 乃至識解脫이라 是名菩薩의 淸淨持戒요 非世間也니라 善男子야 是名世間之所不知며 不見이며 不覺이요 而是菩薩은 所知見覺이니라

善男子야 若我弟子가 受持讀誦書寫演說大涅槃經하고도 有破戒者인대 有人이 呵責하며 輕賤毀辱하야 而作是言호대 若佛祕藏大涅槃經이 有威力者인대 云何令汝로 毁所受戒오 하리라 若人이 受持是涅槃經하고 毁禁戒者인대 當知是經이 爲無威力이라 若無威力인대 雖復讀誦이나 爲無利益이니 緣是輕毁涅槃經故로 復令無量無邊衆生으로 墮於地獄하리라 受持是經하고 而毁戒者는 則是衆生의 惡知識也라 非我弟子요 是魔眷屬이니라 如是之人은 我亦不聽受持是典이라 寧使不受不持不修언정 不以毁戒로 受持修習이니라

善男子야 若我弟子가 受持·讀誦·書寫·演說·涅槃經者는 當正身心하고 愼

莫調戲·輕躁·擧動이니 身爲調戲요 心爲輕動이라 求有之心은 名爲輕動이
요 身造諸業은 名爲調戲니라 若我弟子가 求有造業인대 不應受持是大乘
典大涅槃經이니라 若有如是受持經者인대 人當輕呵하야 而作是言호대 若
佛祕藏大涅槃經이 有威力者인대 云何令汝로 求有造業고 若持經者가 求
有造業인대 當知是經이 爲無威力이라 하리니 若無威力인대 雖復受持나
爲無利益이라 緣是輕毁涅槃經故로 復令無量無邊衆生으로 墮於地獄하리
니 受持是經하고 求有造業인대 則是衆生의 惡知識也라 非我弟子요 是魔
眷屬이라

復次善男子야 若我弟子가 受持·讀誦·書寫·演說·是涅槃經인대 莫非時說하
며 莫非國說하며 莫不請說하며 莫輕心說하며 莫處處說하며 莫自歎說하며
莫輕他說하며 莫滅佛法說하며 莫熾然世法說이니라

善男子야 若我弟子가 受持是經하야 非時而說하며 乃至熾然世法說者인대
人當輕呵하야 而作是言호대 若佛祕藏大涅槃經이 有威力者인대 云何令汝
로 非時而說하며 乃至熾然世法而說가 若持經者가 作如是說인대 當知是經
이 爲無威力이라 若無威力인대 雖復受持라도 爲無利益이니라 緣是輕毁涅
槃經故로 令無量衆生으로 墮於地獄케하리라 受持是經하야 非時而說하며
乃至熾然世法而說인대 則是衆生惡知識也라 非我弟子요 是魔眷屬이니라

善男子야 若欲受持者와 說大涅槃者와 說佛性者와 說如來祕藏者와 說大
乘者와 說方等經者와 說聲聞乘者와 說辟支佛乘者와 說解脫者와 見佛性
者는 先當淸淨其身이니 以身淨故로 則無呵責이요 無呵責故로 令無量人
으로 於大涅槃에 生淸淨信이요 信心이 生故로 恭敬是經하야 若聞一偈와
一句一字와 及說法者하면 則得發於阿耨多羅三藐三菩提心하리니 當知是
人은 則是衆生의 眞善知識이요 非惡知識이라 是我弟子이며 非魔眷屬이며
是名菩薩이라 非世間也니라

善男子야 是名世間之所不知·不見·不覺이나 而是菩薩은 所知見覺이니라

大般涅槃經 卷第十七 終

梵行品 第八之三

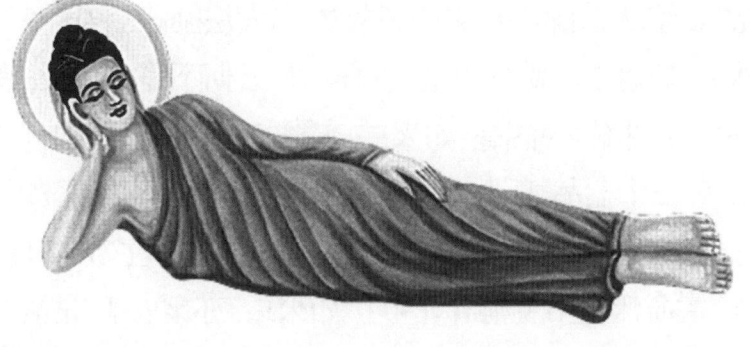

大般涅槃經 卷第十八
北涼天竺三藏 曇無讖 譯

梵行品 第八之四

復次善男子야 云何復名一切世間의 所不知見覺을 而是菩薩은 所知見覺고 所謂六念處라
何等이 爲六고 念佛·念法·念僧과 念戒 念施와 念天이라
善男子야 云何念佛고 如來 應供 正遍知와 明行足 善逝 世間解와 無上士 調御丈夫와 天人師 佛 世尊은 常不變易이시며 具足十力과 四無所畏하시며 大師子吼일새 名大沙門·大婆羅門·大淨이며 畢竟에 到於彼岸이시며 無能勝者이며 無見頂者이며 無有怖畏하야 不驚不動하시며 獨一無侶하야 無師自悟하시며 疾智大智와 利智深智와 解脫智와 不共智와 廣普智와 畢竟智로 智寶成就라 人中에 象王이며 人中에 牛王이며 人中에 龍王이며 人中에 丈夫이며 人中에 蓮花이며 分陀利花라 調御人師이시며 爲大施主이며 大法之師라 以知法故로 名大法師이며 以知義故로 名大法師이며 以知時故로 名大法師이며 以知足故로 名大法師이며 以知我故로 名大法師이며 知大衆故로 名大法師이며 以知衆生種種性故로 名大法師이며 以知諸根의 利鈍中故로 名大法師이며 說中道故로 名大法師라 하시니라
云何名如來오 如過去諸佛의 所說不變이라 云何不變고 過去諸佛이 爲度衆生하사 說十二部經이어시늘 如來도 亦爾일새 故名如來이며 諸佛世尊이 從六波羅蜜과 三十七品과 十一空來하사 至大涅槃이어시늘 如來도 亦爾일새 是故로 號佛하야 爲如來也라 諸佛世尊이 爲衆生故로 隨宜方便하야 開示三乘과 壽命無量不可稱計하시니 如來도 亦爾일새 是故로 號佛하야 爲如來也시니라

云何為應供고 世間之法을 悉名怨家니 佛應害故라 故名為應이니라 夫四魔者는 是菩薩怨이어든 諸佛如來가 為菩薩時에 能以智慧로 破壞四魔하시니 是故로 名應이며 復次應者는 名為遠離니 為菩薩時에 應當遠離無量煩惱일새 故名為應이니라 復次應者는 名樂이니 過去諸佛이 為菩薩時에 雖於無量阿僧祇劫에 為眾生故로 受諸苦惱나 終無不樂하야 而常樂之하시니 如來도 亦爾일새 是故로 名應이라 又復應者는 一切人天이 應以種種香花瓔珞幢幡妓樂으로 而供養之일새 是故로 名應供이니라

云何正遍知오 正者는 名不顛倒요 遍知者는 於四顛倒에 無不通達이라

又復正者는 名為苦行이요 遍知者는 知因苦行하야 定有苦果니라

又復正者는 名世間中이요 遍知者는 畢竟定知이니 修習中道하야 得阿耨多羅三藐三菩提니라

又復正者는 名為可數可量可稱이요

遍知者는 不可數不可量不可稱이라 是故로 號佛하야 為正遍知니라

善男子야 聲聞緣覺도 亦有遍知나 亦不遍知니 何以故오 遍知者는 名五陰十二入十八界라 聲聞緣覺도 亦得遍知일새 是名遍知어니와 云何不遍知오 善男子야 假使二乘이 於無量劫에 觀一色陰하야도 不能盡知리니 以是義故로 聲聞緣覺은 無有遍知니라

云何明行足인고 明者는 名得無量善果요 行은 名腳足이라 善果者는 名阿耨多羅三藐三菩提요 腳足者는 名為戒慧니 乘戒慧足하야 得阿耨多羅三藐三菩提일새 是故로 名為明行足也니라 又復明者는 名呪요 行者는 名吉이요 足者는 名果니 善男子야 是名世間義니라

呪者는 名為解脫이요 吉者는 名為阿耨多羅三藐三菩提요 果者는 名為大般涅槃이니 是故로 名為明行足也니라 又復明者는 名光이요 行者名業이요 足者은 名果이니 善男子야 是名世間義라 光者는 名不放逸이요 業者는 名六波羅蜜이요 果者는 名為阿耨多羅三藐三菩提니라

又復明者는 名為三明이니

一은 菩薩明이요 二는 諸佛明이요 三은 無明明이라

菩薩明者는 即是般若波羅蜜이요 諸佛明者는 即是佛眼이요 無明明者는 即畢竟空이니라 行者는 於無量劫에 為眾生故로 修諸善業이요 足者는 明見佛性이니 以是義故로 名明行足이니라

云善逝오 善者는 名高요 逝은 名不高니 善男子야 是名世間義니라 高者는 名為阿耨多羅三藐三菩提요 不高者는 即如來心也니 善男子야 心若高者인대 不名如來리니 是故로 如來를 名為善逝니라 又復善者는 名為善知識이요

逝者는 善知識果니 善男子야 是名世間義라 善知識者는 即初發心이요 果者는 名為大般涅槃이니 如來는 不捨最初發心하야 得大涅槃일새 是故로 如來를 名為善逝니라

又復善者는 名好요 逝者는 名有니 善男子야 是名世間義니라 好者는 名見佛性이요 有者는 名大涅槃이니 善男子야 涅槃之性은 實非有也로대 諸佛世尊이 因世間故로 說言是有라 하시니 善男子야 譬如世人이 實無有子로대 說言有子라 하며 實無有道로대 說言有道라 하니 涅槃亦爾하야 因世間故로 說言為有라 諸佛世尊이 成大涅槃일새 故名善逝시니라

善男子야 云何世間解오 善男子야 世間者는 名為五陰이요 解者는 名知라 諸佛世尊이 善知五陰故로 名世間解니라

又世間者는 名為五欲이요 解名不著이니 不著五欲일새 故名世間解니라 又世間解者는 東方無量阿僧祇世界에 一切聲聞緣覺은 不知不見不解어늘 諸佛은 悉知·悉見·悉解하시며 南西北方四維上下도 亦復如是하니 是故로 號佛하야 為世間解니라

又世間者는 一切凡夫요 解者는 知諸凡夫의 善惡因果니 非是聲聞·緣覺의 所知요 惟佛能知일새 是故로 號佛하야 為世間解니라

又世間者는 名曰蓮花요 解名不污니 善男子야 是名世間義라 蓮花者는 即是如來요 不污者는 如來는 不為世間八法之所染污일새 是故로 號佛하야 為世間解니라

又世間解者는 諸佛菩薩을 名世間解이니 何以故오 諸佛菩薩이 見世間故

라 故名世間解니라

善男子야 如因食得命일새 名食爲命인달하야 諸佛菩薩도 亦復如是하야 見世間故로 故名世間解니라

云何無上士요 上士者는 名之爲斷이어니와 無所斷者는 名無上士니 諸佛世尊은 無有煩惱일새 故無所斷이라 是故로 號佛하야 爲無上士니라

又上士者는 名爲諍訟이요 無上士者는 無有諍訟이니 如來는 無諍일새 是故로 號佛하야 爲無上士니라

又上士者는 名語可壞어니와 無上士者는 語不可壞니 如來所言은 一切衆生의 所不能壞일새 是故로 號佛하야 爲無上士니라

又上士者는 名爲上座요 無上士者는 名無上座니 三世諸佛을 更無過者일새 是故號佛하야 爲無上士니라

上者는 名新이요 士者는 名故라 諸佛世尊은 體大涅槃하야 無新無故일새 是故로 號佛하야 爲無上士니라

云何調御丈夫오 自旣丈夫시고 復調丈夫라 善男子야 言如來者는 實非丈夫며 非不丈夫나 因調丈夫하야 故名如來하야 爲丈夫也니라

善男子야 一切男女도 若具四法하면 則名丈夫라 何等이 爲四오

一은 善知識이요 二는 能聽法이요 三은 思惟義요 四는 如說修行이라

善男子야 若男若女가 具是四法하면 則名丈夫어니와 善男子야 若有男子라도 無此四法하면 則不得名爲丈夫也니 何以故오 身雖丈夫나 行同畜生일새니라

如來는 調伏若男若女하시니 是故로 號佛하야 調御丈夫라 하니라

復次善男子야 如御馬者는 凡有四種하니

一者는 觸毛요 二者는 觸皮요 三者는 觸肉이요 四者는 觸骨이라

隨其所觸하야 稱御者意하나니 如來도 亦爾하야 以四種法으로 調伏衆生하시니

一은 爲說生하야 令受佛語니 如觸其毛하야 隨御者意요

二는 說生老하야 便受佛語니 如觸毛皮하야 隨御者意요

三者는 說生及以老病하야 便受佛語니 如觸毛皮肉하야 隨御者意요
四者는 說生及老病死하야 便受佛語니 如觸毛皮肉骨하야 隨御者意니라
善男子야 御者가 調馬는 無有決定이어니와 如來世尊은 調伏衆生이 必定不虛니 是故로 號佛하야 爲調御丈夫시니라
云何[天人師]오 師有二種하니 一者는 善教요 二者는 惡教라 諸佛菩薩은 常以善法으로 教諸衆生하시니라
何等이 善法고 謂身·口·意·善이라 諸佛菩薩이 教諸衆生하실새 作如是言호대 善男子야 汝當遠離身不善業하라 何以故오 以身惡業을 是可遠離하야사 得解脫故라 是故로 我以此法으로 教汝하노라 若是惡業을 不可遠離코 得解脫者인대 終不教汝하야 令遠離也니라 若諸衆生이 離惡業已하고 墮三惡者는 無有是處요 以遠離故로 成阿耨多羅三藐三菩提하고 得大涅槃하나니 是故로 諸佛菩薩이 常以此法으로 教化衆生라 口意도 亦爾니라 是故로 號佛하야 爲無上師니라
復次昔未得道러니 今已得之일새 以所得道로 爲衆生說하시니라 從本已來로 未修梵行을 今已修竟일새 以己所修로 爲衆生說하시니라
自破無明하고 復爲衆生하야 破壞無明하시며 自得淨目하고 復爲衆生하야 破除盲冥하야 令得淨眼케하시며 自知二諦하고 復爲衆生하야 演說二諦하시며 既自解脫하고 復爲衆生하야 說解脫法하시며 自度無邊生死大河하고 復令衆生으로 皆悉得度케하시며 自得無畏하고 復教衆生하야 令無怖畏케하시며 自既涅槃하고 復爲衆生하야 演大涅槃하실새 是故로 號佛하야 爲無上師시니라 天者는 名晝이니 天上은 晝長夜短일새 是故로 名天이니라
又復天者는 名無愁惱니 常受快樂일새 是故로 名天이니라 又復天者는 名爲燈明이니 能破黑闇하고 而爲大明일새 是故로 名天이라 亦以能破惡業黑闇하고 得於善業하야 而生天上일새 是故로 名天이니라
又復天者는 名吉이니 以吉祥故로 得名爲天이니라
又復天者는 名日이니 日有光明故로 名曰爲天하니 以是義故로 名爲天也니라 人者는 名曰能多恩義라 又復人者는 身口柔軟이니라 又復人者는 名

有憍慢이며 又復人者는 能破憍慢이니라

善男子야 諸佛이 雖爲一切衆生의 無上大師나 然이나 經中에 說爲天人師라 하시니 何以故오 善男子야 諸衆生中에 惟天與人이 能發阿耨多羅三藐三菩提心하며 能修十善業道하며 能得須陀洹果와 斯陀含果와 阿那含果와 阿羅漢果와 辟支佛道하며 得阿耨多羅三藐三菩提일새 是故로 號佛하야 爲天人師라 하시니라

云何爲佛고

佛者는 名覺이니 旣自覺悟코 復能覺他니라

善男子야 譬如有人이 覺知有賊하면 賊無能爲하나니 菩薩摩訶薩이 能覺一切無量煩惱하고 旣覺了已에 令諸煩惱로 無所能爲일새 是故로 名佛이며 以是覺故로 不生不老하며 不病不死일새 是故로 名佛이니라

婆伽婆者는 婆伽는 名破요 婆는 名煩惱니 能破煩惱일새 故名婆伽婆니라 又能成就諸善法故며 又能善解諸法義故며 有大功德하야 無能勝故며 有大名聞하야 遍十方故니라 又能種種大慧施故며 又於無量阿僧祇劫에 吐女根故니라

善男子야 若男·若女가 能如是念佛者는 若行·若住와 若坐·若臥와 若晝若夜와 若明若闇에 常得不離하야 見佛世尊이니라

善男子야 何故로 名爲如來·應供·正遍知와 乃至婆伽婆가 而有如是無量功德大名稱耶아

善男子야 菩薩摩訶薩이 於昔無量阿僧祇劫에 恭敬父母와 和上과 諸師와 上座와 長老하며 於無量劫에 常爲衆生하야 而行布施하시며 堅持禁戒하고 修集忍辱하며 勤行精進·禪定·智慧하며 大慈·大悲·大喜·大捨일새 是故로 今得三十二相·八十種好·金剛之身하시니라

又復菩薩이 於昔無量阿僧祇劫에 修集信念進定慧根하야 於諸師長을 恭敬供養하며 常爲法利하고 不爲食利하며 菩薩이 若持十二部經하야 若讀若誦에 常爲衆生하야 令得解脫하야 安隱快樂이요 終不自爲하나니 何以故오 菩薩이 常修出世間心과 及出家心과 無爲之心과 無諍訟心과 無垢穢

大般涅槃經 卷第十八

心과 無繫縛心과 無取著心과 無覆蓋心과 無無記心과 無生死心과 無疑網心과 無貪欲心과 無瞋恚心과 無愚癡心과 無憍慢心과 無穢濁心과 無煩惱心과 無苦心과 無量心과 廣大心과 虛空心과 無心과 無無心과 調心과 不護心과 無覆藏心과 無世間心과 常定心과 常修心과 常解脫心과 無報心과 無願心과 善願心과 無誤心과 柔軟心과 不住心과 自在心과 無漏心과 第一義心과 不退心과 無常心과 正直心과 無諂曲心과 純善心과 無多少心과 無堅硬心과 無凡夫心과 無聲聞心과 無緣覺心과 善知心과 界知心과 生界知心과 住界知心과 自在界心일새 是故로 今得十力과 四無所畏와 大悲와 三念處와 常·樂·我·淨하실새 是故로 得稱如來乃至婆伽婆라 是名菩薩摩訶薩의 念佛이니라

云何菩薩摩訶薩이 念法고

善男子야 菩薩摩訶薩이 思惟諸佛所可說法은 最妙最上이라 因是法故로 能令衆生으로 得現在果하며 惟此正法은 無有時節이라 法眼所見이요 非肉眼見이라 然이나 不可以譬喻로 爲比며 不生不出하고 不住不滅하며 不始不終하고 無爲無數하며 無舍宅者에 爲作舍宅하고 無歸作歸하며 無明作明하고 未到彼岸으로 令到彼岸하며 爲無香處에 作無礙香하고 不可見見하며 不動不轉하고 不長不短하며 永斷諸樂이나 而安隱樂하며 畢竟微妙하야 非色斷色이나 而亦是色이며 乃至非識斷識이나 而亦是識이며 非業斷業이며 非結斷結이며 非物斷物이나 而亦是物이며 非界斷界나 而亦是界이며 非有斷有나 而亦是有이며 非入斷入이나 而亦是入이며 非因斷因이나 而亦是因이며 非果斷果이나 而亦是果이며 非虛非實하야 斷一切實이나 而亦是實이며 非生非滅코 永離生滅이나 而亦是滅이며 非相非非相코 斷一切相이나 而亦是相이며 非教非不教나 而亦是師이며 非怖非安코 斷一切怖나 而亦是安이며 非忍非不忍이코 永斷不忍이나 而亦是忍이며 非止非不止라 斷一切止로대 而亦是止이며 一切法頂이라 悉能永斷一切煩惱하며 清淨無相이라 永脫諸相하며 無量衆生의 畢竟住處이며 能滅一切生死熾火하며 乃是諸佛의 所遊居處라 常不變易하시나니 是名菩薩念法이니라

云何念僧고
諸佛聖僧은 如法而住하고 受正直法하야 隨順修行하시니 不可覩見이며 不可捉持이며 不可破壞이며 無能嬈害이며 不可思議이며 一切衆生의 良祐福田이며 雖爲福田이나 無所受取이며 淸淨無穢하야 無漏無爲하며 廣普無邊하야 其心調柔하며 平等無二하야 無有撓濁이며 常不變易하나니 是名念僧이라
云何念戒오
菩薩이 思惟호대 有戒하니 不破不漏이며 不壞不雜이라 雖無形色이나 而可護持하며 雖無觸對이나 善修方便이며 可得具足하면 無有過咎며 諸佛菩薩之所讚歎이며 是大方等大涅槃因로다 善男子야 譬如大地와 船舫과 瓔珞과 大姓과 大海와 灰汁과 舍宅과 刀劍과 橋梁과 良醫와 妙藥과 阿伽陀藥과 如意寶珠와 脚足과 眼目과 父母와 陰涼이며 無能劫盜요 不可嬈害이며 火不能焚하고 水不能漂이며 大山梯蹬이며 諸佛菩薩의 妙寶勝幢이라 若住是戒하면 得須陀洹果라 我亦有分이나 然이나 我不須니 何以故오 若我得是須陀洹果인대 不能廣度一切衆生이니라
若住是戒하면 則得阿耨多羅三藐三菩提니 我亦有分이라 是我所欲이니 何以故오 若得阿耨多羅三藐三菩提하면 當爲衆生하야 廣說妙法하야 而作救護니라 是名菩薩摩訶薩念戒니라
云何念施오
菩薩摩訶薩이 深觀此施가 乃是阿耨多羅三藐三菩提因이라 諸佛菩薩이 親近修集如是布施하시니 我亦如是하야 親近修集하리라 若不惠施하면 不能莊嚴四部之衆하며 施雖不能畢竟斷結이나 而能除破現在煩惱하며 以施因緣故로 常爲十方無量·無邊·恒河沙等世界衆生之所稱歎이라 菩薩摩訶薩이 施衆生食하면 則施其命이니 以是果報로 成佛之時에 常不變易하며 以施樂故로 成佛之時에 則得安樂하며 菩薩施時에 如法求財요 不侵彼施此일새 是故成佛에 得淸淨涅槃하며 菩薩施時에 令諸衆生으로 不求而得일새 是故로 成佛에 得自在我하며 以施因緣으로 令他得力일새 是故로 成

佛에 獲得十力하며 以施因緣으로 令他得語일새 是故로 成佛에 得四無礙하며 諸佛菩薩이 修集是施하야 爲涅槃因하시니 我亦如是하야 修集布施하야 爲涅槃因하리라 廣說은 如雜花中하니라

云何念天고

有四天王處와 乃至非想非·非想處하니 若有信心하면 得四天王處하나니 我亦有分이며 若戒多聞布施智慧하면 得四天王處로 乃至得非想·非非想處하나니 我亦有分이나 然非我所欲이니 何以故오 四天王處로 乃至非想·非非想處가 皆是無常이라 以無常故로 生老病死니 以是義故로 非我所欲이니라 譬如幻化가 誑於愚夫어니와 智慧之人은 所不惑著이니 如幻化者는 卽是四天王處로 乃至非想非非想處니라 愚者는 卽是一切凡夫니 我則不同凡夫愚人이니라 我曾聞有第一義天하니 謂諸佛菩薩이라 常不變易하시니 以常住故로 不生不老하며 不病不死하시니 我爲衆生하야 精勤求於第一義天하리라 何以故오 第一義天은 能令衆生으로 除斷煩惱를 猶如意樹니라 若我有信하며 乃至有慧하면 則能得是第一義天하리니 當爲衆生하야 廣分別說第一義天호리라 是名菩薩摩訶薩念天이니라

善男子야 是名菩薩이 非世間也라 是爲世間은 不知見覺이어늘 而是菩薩은 所知見覺하니라

善男子야 若我弟子가 謂受持·讀誦·書寫·演說 十二部經과 及以受持·讀誦·書寫·敷演·解說·大涅槃經이 等無差別者라 하면 是義는 不然하다 何以故오 善男子야 大涅槃者는 卽是一切諸佛世尊의 甚深祕藏이니 以是諸佛의 甚深祕藏일새 是則爲勝이라 善男子야 以是義故로 大涅槃經은 甚奇甚特하야 不可思議니라 迦葉菩薩이 白佛言호대 世尊이여 我亦知是大涅槃經이 甚奇甚特하야 不可思議이며 佛法衆僧도 不可思議며 菩薩菩提와 大般涅槃도 亦不可思議니다

世尊이시여 以何義故로 復言菩薩도 不可思議이닛고

善男子야 菩薩摩訶薩이 無有敎者로대 而能自發菩提之心하며 旣發心已에 勤修精進하야 正使大火로 焚燒身首라도 終不求救하야 捨念法心이라

何以故오 菩薩摩訶薩이 常自思惟호대 我於無量阿僧祇劫에 或在地獄餓鬼畜生과 人中天上하야 為諸結火之所燒然하고 初不曾得一決定法이라 決定法者는 即是阿耨多羅三藐三菩提니 若我為於阿耨多羅三藐三菩提인대 終不護惜身心與命호리니 我為阿耨多羅三藐三菩提일새 正使碎身을 猶如微塵이라도 終不放捨勤精進也리라 何以故오 勤進之心이 即是阿耨多羅三藐三菩提因이라 하나라

善男子야 如是菩薩이 未見阿耨多羅三藐三菩提하야도 乃能如是不惜身命이어든 況復見已아 是故菩薩도 不可思議니라

又復不可思議니 菩薩摩訶薩의 所見生死無量過患은 非是聲聞緣覺所及이라 雖知生死無量過惡이나 為眾生故로 於中受苦호대 不生厭離하나니 是故로 復名不可思議니라

菩薩摩訶薩이 為眾生故로 雖在地獄하야 受諸苦惱라도 如三禪樂하나니 是故로 復名不可思議니라

善男子야 譬如長者가 其家失火어늘 長者見已에 從舍而出할새 諸子가 在後라가 未脫火難이라 長者가 爾時에 定知火害나 為諸子故로 旋還赴救하야 不顧其難하나니 菩薩摩訶薩도 亦復如是하야 雖知生死의 多諸過惡이나 為眾生故로 處之不厭일새 是故로 復名不可思議니라

善男子야 無量眾生이 發菩提心이라가 見生死中에 多諸過惡하고 心即退沒하야 或為聲聞하며 或為緣覺이로대 若有菩薩이 聞是經者는 終不退失菩提之心하야 而為聲聞辟支佛也리니 如是菩薩은 雖復未階初不動地나 而心堅固하야 無有退沒일새 是故로 復名不可思議니라

善男子야 若有人言호대 我能浮渡大海之水라 하면 如是之言을 可思議不아 不也니다 世尊이시여 如是之言을 或可思議이며 或不可思議니 何以故오 若人渡者면 則不可思議어니와 阿修羅渡인대 則可思議니다

善男子야 我亦不說阿修羅也요 正說人耳니라 世尊이시여 人中에 亦有可思議者와 不可思議者하오니 世尊이시여 人亦二種이니 一者는 聖人이요 二者는 凡夫라

凡夫之人은 則不可思議어니와 賢聖之人은 則可思議니다
善男子야 我說凡夫요 不說聖人이니라 世尊이시여 若凡夫人인댄 實不可思議니다
善男子야 凡夫之人은 實不能渡大海水也어니와 如是菩薩은 實能渡於生死大海하나니 是故로 復名不可思議니라
善男子야 若有人이 能以藕根絲로 懸須彌山이라 하면 可思議不아 不也니다 世尊이시여 善男子야 菩薩摩訶薩이 於一念頃에 悉能稱量一切生死일새 是故로 復名不可思議니라
善男子야 菩薩摩訶薩이 已於無量阿僧祇劫에 常觀生死의 無常·無我·無樂·無淨이나 而為眾生하야 分別演說常·樂·我·淨하나니라 雖如是說이나 然이나 非邪見이니 是故로 復名不可思議니라
善男子야 如人入水에 水不能漂하며 入大猛火라도 火不能燒라 하면 如是之事는 不可思議리니 菩薩摩訶薩도 亦復如是하야 雖處生死이나 不為生死之所惱害일새 是故로 復名不可思議니라
善男子야 人有三品하니 謂上·中·下라
下品之人은 初入胎時에 作是念言호대 我今處廁이니 眾穢歸處라 如死屍間이며 眾棘刺中이며 大黑闇處라 하고 初出胎時에 復作是念호대 我今出廁호니 出眾穢處이며 乃至出於大黑闇處라 하며
中品之人은 作是念言호대 我今入於眾樹林中과 清淨河中과 房舍屋宅이라 하고 出時에도 亦爾하며
上品之人은 作是念言호대 我昇殿堂하며 在花林間하며 乘馬乘象하고 登涉高山이라 하고 出時도 亦爾어니와 菩薩摩訶薩이 初入胎時에 自知入胎하고 住時에 知住하며 出時에도 知出하야 終不生於貪瞋之心이로대 而未得階初住地也니 是故로 復名不可思議니라 善男子야 阿耨多羅三藐三菩提는 實不可以譬喻로 為比라 善男子야 心亦不可以方喻로 為比하야 而皆可說이어늘 菩薩摩訶薩은 無有師諮受學之處로대 而能得於阿耨多羅三藐三菩提法하고 得是法已에 心無慳悋하야 常為眾生하야 而演說之하나니 是故로

梵行品 第八之四

復名不可思議니라

善男子야 菩薩摩訶薩이 有身遠離非口요 有口遠離非身하이요 有非身非口나 而亦遠離하니라

身遠離者는 謂離殺盜婬이니 是名身遠離非口니라

口遠離者는 謂離妄語·兩舌·惡口·無義語니 是名口遠離非身이요 非身非口나 是遠離者는 所謂遠離貪嫉瞋恚邪見이니 善男子야 是名非身非口나 而亦遠離니라

善男子야 菩薩摩訶薩이 不見一法도 是身是業이며 及與離主로대 而亦有離하니 是故로 復名不可思議니라 口亦如是니라 善男子야 從身離身하고 從口離口하며 從慧遠離非身非口하나니 善男子야 實有此慧이나 然不能令菩薩로 遠離니 何以故오 善男子야 無有一法도 能壞能作有爲法性하야 異生異滅이니 是故로 此慧는 不能遠離니라

善男子야 慧不能破니 火不能燒하고 水不能爛하고 風不能動하고 地不能持하며 生不能生하고 老不能老하고 住不能住하며 壞不能壞하고 貪不能貪하고 瞋不能瞋하고 癡不能癡라 以有爲性이 異生異滅일새 故菩薩摩訶薩이 終不生念호대 我以此慧로 破諸煩惱라 하며 而自說言호대 我破煩惱라 雖作是說이나 非是虛妄이니 是故로 復名不可思議니라

迦葉이 復言호대 世尊이시여 我今에 始知菩薩摩訶薩이 不可思議이며 佛法衆僧과 大涅槃經과 及受持者와 菩提涅槃이 不可思議니라 世尊이시여 無上佛法이 當久近住며 幾時而滅닛가

善男子야 若大涅槃經이 乃至有是五行하니 所謂聖行과 梵行과 天行과 病行과 嬰兒行이라 若我弟子가 有能受持·讀誦·書寫·演說·其義하야 爲諸衆生之所恭敬이며 尊重讚歎이며 種種供養하면 當知하라 爾時에 佛法未滅이니라

善男子야 若大涅槃經이 具足流布라도 當爾之時하야 我諸弟子는 多犯禁戒하고 造作衆惡하며 不能敬信如是經典하면 以不信故로 不能受持·讀誦·書寫·解說·其義일새 不爲衆人之所恭敬과 乃至供養하며 見受持者하고 輕

毁誹謗호대 汝是六師라 非佛弟子로다 하면 當知佛法將滅不久리라
迦葉菩薩이 復白佛言호대 世尊이시여 我親從佛하야 聞如是義호니 迦葉佛法은 住世七日하고 然後에 滅盡이라 하시니 世尊이시여 迦葉如來도 有是經不닛가 如其有者인대 云何言滅이며 如其無者인대 云何說言호대 大涅槃經은 是諸如來의 祕密之藏이라 하시닛고
佛言하사대 善男子야 我先說言 惟有文殊라야 乃解是義하얐거니와 今當重說호리니 至心諦聽하라
善男子야 諸佛世尊이 有二種法하시니 一者는 世法이요 二者는 第一義法이라
世法者는 則有壞滅어니와 第一義法은 則不壞滅이니라
復有二種하니 一者는 無常·無我·無樂·無淨이요 二者은 常·樂·我·淨이라
無常·無我·無樂·無淨은 則有壞滅어니와 常·樂·我·淨은 則無壞滅이니라 復有二種하니 一者는 二乘所持요 二者은 菩薩所持라
二乘所持는 則有壞滅어니와 菩薩所持는 則無壞滅이니라
復有二種하니 一者는 外요 二者은 內라
外法者는 則有壞滅어니와 內法者는 則無壞滅이니라
復有二種하니 一者는 有爲요 二者은 無爲라
有爲之法은 則有壞滅어니와 無爲之法은 無有壞滅이니라
復有二種하니 一者는 可得이요 二者은 不可得이라
可得之法은 則有壞滅어니와 不可得者는 無有壞滅이니라
復有二種하니 一者는 共法이요 二者은 不共法이라
共法은 壞滅이어니와 不共之法無有壞滅이니라
復有二種하니 一者는 人中이요 二者은 天中이라
人中은 壞滅어니와 天無壞滅이니라
復有二種하니 一者는 十一部經이요 二者은 方等經이라
十一部經은 則有壞滅어니와 方等經典은 無有壞滅이니라
善男子야 若我弟子가 受持·讀誦·書寫·解說方等經典하야 恭敬供養하며 尊

重讚歎하면 當知하라 爾時에 佛法不滅이리라

善男子야 汝向所問에 迦葉如來도 有是經不者는 善男子야 大涅槃經은 悉是一切諸佛의 祕藏이니 何以故오 諸佛雖有十一部經이나 不說[佛性]하며 不說如來常·樂·我·淨하며 諸佛世尊이 永不畢竟에 入於涅槃라 할새 是故로 此經이 名爲如來祕密之藏이니 十一部經의 所不說故라 故名爲藏이니라

如人七寶를 不出外用일새 名之爲藏이라 善男子야 是人이 所以藏積此物은 爲未來事故라 何等이 未來事오 所謂穀貴와 賊來侵國과 値遇惡王하야 爲用贖命과 道路澁難하야 財難得時에 乃當出用이니라

善男子야 諸佛如來의 祕密之藏도 亦復如是하니 爲未來世에 諸惡比丘가 畜不淨物하며 爲四衆說호대 如來畢竟에 入於涅槃이라 하며 讀誦世典하고 不敬佛經하리니 如是等惡이 現於世時에 如來가 爲欲滅是諸惡하야 令得遠離邪命利養일새 如來가 則爲演說是經하시니라 若是經典祕密之藏이 滅不現時에는 當知하라 爾時에 佛法則滅하리라

善男子야 大涅槃經은 常不變易하나니 云何難言호대 迦葉佛時에도 有是經不닛가 하느냐 善男子야 迦葉佛時에 所有衆生이 貪欲微薄하고 智慧滋多하며 諸菩薩摩訶薩等도 調柔易化하야 有大威德하며 總持不忘하야 如大象王하며 世界淸淨하고 一切衆生이 悉知如來가 終不畢竟에 入於涅槃이요 常住不變일새 雖有是典이나 不須演說이니라

善男子야 今世衆生은 多諸煩惱하고 愚癡意忘하며 無有智慧요 多諸疑網하며 信根不立하고 世界不淨하며 一切衆生이 咸謂如來가 無常遷變이라 畢竟入於大般涅槃이라 할새 是故로 如來는 演說是典하시니라

善男子야 迦葉佛法이 實亦不滅이니 何以故오 常不變故라 善男子야 若有衆生이 我見無我하고 無我見我하며 常見無常하고 無常見常하며 樂見無樂하고 無樂見樂하며 淨見不淨하고 不淨見淨하며 滅見不滅하고 不滅見滅하며 罪見非罪하고 非罪見罪하며 輕罪見重하고 重罪見輕하며 乘見非乘하고 非乘見乘하며 道見非道하고 非道見道하며 實是菩提어늘 見非菩提하고 實非菩提어늘 謬見菩提하며 苦見非苦하고 集見非集하며 滅見非滅하고 實

見非實하며 實是世諦어늘 見第一義諦하고 第一義諦어늘 見是世諦하며 歸見非歸하고 非歸見歸하며 以眞佛語로 名爲魔語하고 實是魔語어늘 以爲佛語라 하면 如是之時에는 諸佛이 乃說大涅槃經하시나니라

善男子야 寧說蚊嘴로 盡大海底언정 不可說言如來法滅이요 寧說口吹須彌하야 散壞언정 不可說言如來法滅이요 寧言以索繫縛猛風언정 不可說言如來法滅이요 寧言佉陀羅火中에 生蓮花이언정 不可說言如來法滅이요 寧說阿伽陀藥이 而爲毒藥이언정 不可說言如來法滅이요 寧說月可令熱코 日可令冷이언정 不可說言如來法滅이요 寧說四大가 各捨己性이언정 不可說言如來法滅이니라

善男子야 若佛初出하야 得阿耨多羅三藐三菩提已라도 未有弟子가 解甚深義일새 彼佛世尊이 便涅槃者인대 當知하라 是法이 不久住世니라

復次善男子야 若佛初出하야 得阿耨多羅三藐三菩提已에 有諸弟子가 解甚深義면 佛雖涅槃이나 當知하라 是法은 久住於世니라

復次善男子야 若佛初出하야 得阿耨多羅三藐三菩提已에 雖有弟子가 解甚深義이나 無有篤信이요 白衣檀越이 敬重佛法일새 佛便涅槃하시면 當知하라 是法이 不久住世리라

復次善男子야 若佛初出하야 得阿耨多羅三藐三菩提已에 有諸弟子가 解甚深義하고 多有篤信하며 白衣檀越이 敬重佛法하면 佛雖涅槃이나 當知하라 佛法이 久住於世리라

復次善男子야 若佛初出하야 得阿耨多羅三藐三菩提已에 有諸弟子가 解甚深義요 雖有篤信白衣檀越이 敬重佛法이나 而諸弟子가 演說經法호대 貪爲利養하고 不爲涅槃이요 佛復滅度인대 當知是法이 不久住世리라

復次善男子야 若佛初出하야 得阿耨多羅三藐三菩提已에 有諸弟子가 解甚深義하고 復有篤信하며 白衣檀越이 敬重佛法하며 彼諸弟子의 凡所演說이 不貪利養하고 爲求涅槃하면 佛雖滅度나 當知是法이 久住於世니라

復次善男子야 若佛初出하야 得阿耨多羅三藐三菩提已에 雖有弟子가 解甚深義하고 復有篤信白衣檀越이 敬重佛法이나 而諸弟子가 多起諍訟하야

互相是非하며 佛復涅槃하면 當知是法이 不久住世리라

復次善男子야 若佛初出하야 得阿耨多羅三藐三菩提已에 有諸弟子가 解甚深義하고 復有篤信白衣檀越이 敬重佛法하며 彼諸弟子가 修和敬法하야 不相是非하고 互相尊重하면 佛雖涅槃이나 當知是法이 久住不滅이리라

復次善男子야 若佛初出하야 得阿耨多羅三藐三菩提已에 雖有弟子가 解甚深義하고 復有篤信白衣檀越이 敬重佛法하며 彼諸弟子가 爲大涅槃하야 而演說法하고 互相恭敬하며 不起諍訟이나 然畜一切不淨之物하며 復自讚言호대 我得須陀洹果와 乃至阿羅漢果라 하며 佛復涅槃하면 當知是法이 不久住世리라

復次善男子야 若佛初出하야 得阿耨多羅三藐三菩提已에 有諸弟子가 解甚深義하고 復有篤信白衣檀越이 敬重佛法하며 彼諸弟子가 爲大涅槃하야 演說經法하며 善修和敬하야 互相尊重하며 不畜一切不淨之物하고 亦不自言得須陀洹과 乃至得阿羅漢이라 하면 彼佛世尊이 雖復滅度나 當知하라 是法이 久住於世리라

復次善男子야 若佛初出하야 得阿耨多羅三藐三菩提已에 有諸弟子가 乃至不畜不淨之物하고 又不自言得須陀洹과 乃至阿羅漢이라 하나 各執所見하야 種種異說로 而作是言호대 長老여 諸佛所制인 四重之法으로 乃至七滅諍法은 爲衆生故로 或遮或開하시며 十二部經도 亦復如是라 何以故오 佛知國土와 時節各異와 衆生不同하야 利鈍差別일새 是故로 如來는 或遮或開하며 有輕重說하시니 善男子야 譬如良醫가 爲病服乳하며 爲病遮乳하니 熱病聽服하고 冷病則遮라 如來도 亦爾하사 觀諸衆生의 煩惱病根일새 亦開亦遮하시니라 長老여 我親從佛하야 聞如是義로니 惟我知義요 汝不能知며 惟我解律이요 汝不能解며 我知諸經이요 汝不能知라 하며 彼佛이 復滅인대 當知하라 是法不久住世리라

復次善男子야 若佛初出하야 得阿耨多羅三藐三菩提已에 有諸弟子가 乃至不言我得須陀洹果와 至阿羅漢이라 하며 亦不說言諸佛世尊이 爲衆生故로 或遮或開라 하며 長老여 我親從佛하야 聞如是義와 如是法과 如是律

이라 長老여 當依如來의 十二部經하라 此義若是인대 我當受持요 如其非者인대 我當棄捨리라 하면 彼佛世尊이 雖復涅槃이나 當知是法이 久住於世리라

善男子야 我法滅時에 有聲聞弟子가 或說有神하고 或說神空하며 或說有中陰하고 或說無中陰하며 或說有三世하고 或說無三世하며 或說有三乘하고 或說無三乘이라 하며 或言一切有라 하고 或言一切無라 하며 或言衆生이 有始有終이라 하고 或言衆生이 無始無終이라 하며 或言十二因緣이 是有爲法이라 하고 或言因緣이 是無爲法이라 하며 或言如來가 有病苦行이라 하고 或言如來가 無病苦行이라 하며 或言如來가 不聽比丘의 食十種肉하시니

何等이 爲十고 人·蛇·象·馬·驢·狗·師子·猪·狐·獼猴라 其餘는 悉聽이라 하고 或言一切不聽이라 하며 或言比丘는 不作五事이니

何等이 爲五오 不賣生口와 刀와 酒와 酪沙와 胡麻油等이요 其餘는 悉聽이라 하며 或言不聽入五種舍니

何等爲五오 屠兒와 婬女와 酒家와 王宮과 旃陀羅舍라 餘舍는 悉聽이라 하고 或言不聽著憍奢耶衣요 餘一切聽이라 하며 或言如來가 聽諸比丘의 受畜衣食臥具를 其價가 各直十萬兩金이라 하고 或言不聽이라 하며 或言涅槃이 常·樂·我·淨이라 하고 或言涅槃이 直是結盡이라 更無別法을 名爲涅槃이니 譬如織縷를 名之爲衣요 衣旣壞已에 名之無衣라 實無別法을 名無衣也니라 涅槃之體도 亦復如是라 하리니

善男子야 當爾之時하야 我諸弟子가 正說者少하고 邪說者多하며 受正法少하고 受邪法多하며 受佛語少하고 受魔語多하리니 善男子야 爾時에 拘睒彌國에 有二弟子하리니 一者는 羅漢이요 二者는 破戒라 破戒徒衆은 凡有五百이요 羅漢徒衆은 其數一百이리니 破戒者說호대 如來가 畢竟에 入於涅槃이니 我親從佛하야 聞如是義로라 如來가 所制四重之法을 若持亦可요 犯亦無罪리니 我今亦得阿羅漢果와 四無礙智로대 而阿羅漢도 亦犯如是四重之法호라 四重之法이 若是實罪인대 阿羅漢者는 終不應犯하리라

如來가 在世엔 制言堅持라가 臨涅槃時엔 皆悉放捨하시니라

阿羅漢比丘가 言호대 長老여 汝不應說如來畢竟에 入於涅槃하라 我知如來가 常不變易하시며 如來가 在世와 及涅槃後라도 犯四重禁하면 罪無差別하며 若言羅漢이 犯四重禁이라 하면 是義不然이라 何以故오 須陀洹人도 尙不犯禁이어든 況阿羅漢가 若長老가 言호대 我是羅漢이라 하나 阿羅漢者는 終不生想我得羅漢이니라

阿羅漢者는 惟說善法이요 不說不善이니 長老가 所說은 純是非法이라 若有得見十二部經하면 定知長老가 非阿羅漢이리라 善男子야 爾時에 破戒比丘徒衆이 即共斷是阿羅漢命이어늘

善男子야 是時에 魔王이 因是二衆의 忿恚之心하야 悉共害是六百比丘하니 爾時에 凡夫가 各共說言호대 哀哉라 佛法이 於是滅盡이로다 하나 而我正法은 實不滅也니라

爾時에 其國에 有十二萬諸大菩薩이 善持我法이어늘 云何當言我法滅耶아 當于爾時하야 閻浮提內에 無一比丘도 爲我弟子리니 爾時波旬이 悉以大火로 焚燒一切所有經典이어든 其中에 或有遺餘在者를 諸婆羅門이 即共偸取하야 處處採拾하야 安置己典하리니 以是義故로 諸小菩薩이 佛未出時에 率共信受婆羅門語라 諸婆羅門이 雖作是說하야 我有齋戒라 하나 而諸外道는 眞實無也며 諸外道等이 雖復說言有我樂淨이나 而實不解我樂淨義하고 直以佛法의 一字二字와 一句二句로 說言我典에 有如是義라 하리라

爾時에 拘尸那城의 娑羅雙樹間에 無量·無邊·阿僧祇衆이 聞是語已하고 悉共唱言호대 世間虛空하리며 世間虛空하리로다

迦葉菩薩이 告諸大衆호대 汝等은 且莫憂愁啼哭하라 世間不空이리니 如來常住하야 無有變易하시며 法僧도 亦爾하리라 爾時에 大衆이 聞是語已에 啼哭即止하야 悉發阿耨多羅三藐三菩提心하니라

大般涅槃經 卷第十八 終

大般涅槃經 卷第十九

北涼 天竺三藏 曇無讖 譯

梵行品 第八之五

爾時에 王舍大城에 阿闍世王이 其性이 弊惡하야 憙行殺戮하고 具口四惡하며 貪恚愚癡가 其心熾盛하야 唯見現在요 不見未來하며 純以惡人으로 而爲眷屬하고 貪著現世五欲樂故로 父王無辜어늘 橫加逆害하고 因害父已에 心生悔熱하야 身諸瓔珞과 妓을 樂不御하며 心悔熱故로 遍體生瘡하니 其瘡臭穢하야 不可附近이러라 尋自念言호대 我今此身이 已受花報하니 地獄果報가 將近不遠이로다

爾時에 其母의 字는 韋提希라 以種種藥으로 而爲傅之나 其瘡이 遂增하야 無有降損이러니 王卽白母호대 如是瘡者는 從心而生이요 非四大起니 若言衆生이 有能治者인대 無有是處니다 時有大臣하니 名曰月稱이라 往至王所하야 在一面立하야 白言호대 大王이시여 何故로 愁悴하야 顏容이 不悅이닛고 爲身痛耶이닛가 爲心痛乎이닛가

王이 卽答言호대 我今身心이 豈得不痛하리오 我父無辜어늘 橫加逆害라 我從智者하야 曾聞是義호니 世有五人이 不脫地獄이니 謂五逆罪라 하니 我今已有無量無邊阿僧祇罪어니 云何身心이 而得不痛가 又無良醫가 治我身心이로다 臣言호대 大王이시여 莫大愁苦하소서 卽說偈言호대

　若常愁苦인대　愁遂增長하리니　如人憙眠에

　眠則滋多라　貪婬嗜酒도　亦復如是니다

如王所言하야 世有五人이 不脫地獄인대 誰往見之하고 來語王耶닛가 言地獄者는 卽是世間에 多智者說이니다 如王所言하야 世無良醫가 治身心者라 하나 今有大醫하니 名富蘭那라 一切知見하고 得自在定하며 畢竟修習

清淨梵行이러니 常爲無量無邊衆生하야 演說無上涅槃之道하며 爲諸弟子하야 說如是法호대 無有黑業하고 無黑業報하며 無有白業하고 無白業報하며 無黑白業하고 無黑白業報하며 無有上業과 及以下業이라 하더이다 是師가 今在王舍城中하니 唯願大王은 屈駕往彼하야 可令是師로 療治身心하소서

時에 王이 答言호대 審能如是하야 滅除我罪인대 我當歸依하리라

復有一臣하니 名曰藏德이라 復往王所하야 而作是言호대 大王이시여 何故로 面貌가 憔悴하고 脣口乾焦하며 音聲微細가 猶如怯人이 見大怨敵하며 顔色皴裂하시니 將何所苦닛가 爲身痛耶닛가 爲心痛乎닛가

王이 卽答言호대 我今身心이 云何不痛가 我之癡盲이 無有慧目하야 近諸惡友하야 而爲親善이라가 隨調婆達惡人之言하야 正法之王을 橫加逆害라 我昔曾聞智人의 說偈하니

　若於父母와 佛及弟子生不善心하야

　起於惡業하면 如是果報는 在阿鼻獄이라 하니라

以是事故로 令我心怖하야 生大苦惱하며 又無良醫가 而見救療로라 大臣이 復言호대 唯願大王이시여 且莫愁怖하소서 法有二種하니 一者는 出家요 二者는 王法이라

王法者는 謂害其父인대 則王國土이니 雖云是逆이나 實無有罪니다 如迦羅羅蟲이 要壞母腹하고 然後에 乃生하나니 生法如是하야 雖破母身이나 實亦無罪하며 騾懷妊等도 亦復如是하니 治國之法이 法應如是라 雖殺父兄이나 實無有罪어니와 出家法者는 乃至蚊蟻殺도 亦有罪라 唯願大王은 寬意莫愁하소서 何以故오

　若常愁苦인대 愁遂增長하리니 如人憙眠하면

　眠則滋多달하야 貪婬嗜酒도 亦復如是니다

如王所言하야 世無良醫가 治身心者라 하나 今有大師하니 名末伽黎拘舍離子라 一切知見하고 憐愍衆生을 猶如赤子하며 已離煩惱하고 能拔衆生의 三毒利箭하며 一切衆生은 於一切法에 無知見覺이로대 唯是一人이 獨

知見覺하나니 如是大師가 常爲弟子하야 說如是法호대 一切衆生이 身有七分하니

何等이 爲七고 地·水·火·風·苦·樂·壽命이라 如是七法이 非化非作이니 不可毁害는 如伊師迦草며 安住不動은 如須彌山하며 不捨不作은 猶如乳酪하며 各不諍訟과 若苦若樂과 若善不善을 投之利刀라도 無所傷害니 何以故오 七分空中에 無妨礙故라 命亦無害니 何以故오 無有害者와 及死者故라 無作無受며 無說無聽며 無有念者와 及以教者라 하야 常說是法하야 能令衆生으로 滅除一切無量重罪케하나니다 是師가 今在王舍大城하니 唯願大王하은 往至其所하소서 王若見者면 衆罪가 消滅이니다 時에 王이 答言호대 審能如是하야 除滅我罪면 我當歸依하리라

復有一臣하니 名曰實得이라 復到王所하야 即說偈言호대

　大王이 何故로 身脫瓔珞하고 首髮蓬亂이

　乃至如是하시며 王身이 何故로 戰慄不安을

　猶如猛風이 吹動花樹닛가

王今何故로 容色愁悴를 猶如農夫가 下種之後에 天不降雨히야 愁苦如是하시니 爲是心痛이닛가 爲身痛耶닛가

王이 即答言호대 我今身心이 豈得不痛가 我父先王이 慈愛流惻하야 特見矜念이요 實無辜咎라 往問相師에 相師가 答言호대 是兒生已에 定當害父라 하니 雖聞是語나 猶見瞻養하시니라 曾聞智者의 作如是言하니 若人이 奸母及比丘尼커나 偸僧祇物커나 殺發無上菩提心者커나 害及其父하면 如是之人은 畢定當墮阿鼻地獄이라 하더라 我今身心이 豈得不痛이리오 大臣이 復言호대 唯願大王은 且莫愁苦하소서 如其父王이 修解脫者인대 害則有罪어니와 若治國法인대 殺則無罪니다

大王이시여 非法者를 名爲非法이요 無法者도 名爲無法이니 譬如無子를 名爲無子요 亦如惡子를 名之無子라 雖言無子나 實非無子이며 如食無鹽을 名爲無鹽이요 食若少鹽이라도 亦名無鹽이며 如河無水를 名之無水요 若有少水라도 亦名無水이며 如念念滅을 亦言無常이요 雖住一劫이라도 亦

名無常이며 如人受苦를 名為無樂이요 雖受少樂이나 亦名無樂이며 如不自在를 名之無我요 雖少自在라도 亦名無我이며 如闇夜時를 名之無日이요 雲霧之時도 亦言無日이니 大王이시여 雖言少法을 名為無法이나 實非無法이니 願王留神하사 聽臣所說하소서 一切眾生이 皆有餘業하니 以業緣故로 數受生死라 若使先王으로 有餘業者인대 今王殺之나 竟有何罪릿고 唯願大王은 寬意莫愁하소서 何以故오

若常愁苦하면 愁遂增長하리니 如人憙眠하면

眠則滋多라 貪婬嗜酒도 亦復如是니다
如王所言하야 世無良醫가 治身心者인대 今有大師하니 名刪闍耶毘羅胝子라 一切知見하야 其智淵深이 猶如大海하며 有大威德하고 具大神通하야 能令眾生으로 離諸疑網하며 一切眾生은 不知見覺이어늘 唯是一人이 獨知見覺니다 今者에 近在王舍城住하야 為諸弟子하야 說如是法호대 一切眾中에 若是王者인대 自在隨意하야 造作善惡이라 雖為眾惡이나 悉無有罪라 如火燒物에 無淨不淨이니 王亦如是하야 與火同性이라
譬如大地가 淨穢普載로대 雖為是事나 初無瞋喜니 王亦如是하야 與地同性하며 譬如水性이 淨穢俱洗하야 雖為是事나 亦無憂喜라 王亦如是하야 與水同性이며 譬如風性이 淨穢等吹니 雖為是事나 亦無憂喜라 王亦如是하야 與風同性이며 如秋髡樹라가 春則還生하니 雖復髡斫이나 實無有罪라 一切眾生도 亦復如是하야 此間命終이나 還此間生하나니 以還生故로 當有何罪닛고 一切眾生의 苦樂果報가 悉皆不由現在世業하고 因在過去하야 現在受果니 現在無因이면 未來無果라 以現果故로 眾生持戒하며 勤修精進하야 遮現惡果하고 以持戒故로 則得無漏하며 得無漏故로 盡有漏業하고 以盡業故로 眾苦得盡하며 眾苦盡故로 故得解脫이라 하나니 唯願大王은 速往其所하야 令其療治身心苦痛하소서 王若見者면 眾罪則除리다 王即答言호대 審有是師가 能除我罪인대 我當歸依하리라
復有一臣하니 名悉知義라 即至王所하야 作如是言호대 王今何故로 形不端嚴이 如失國者하며 如泉枯涸하며 池無蓮花며 樹無花葉며 破戒比丘가

身無威德이닛가 爲身痛耶닛가 爲心痛乎이닛가

王이 卽答言호대 我今身心이 豈得不痛이리요 我父先王이 慈惻流念이어시늘 然我不孝하야 不知報恩하며 常以安樂으로 安樂於我시늘 而我背恩하야 反斷其樂하며 先王이 無辜어시늘 橫興逆害라 我亦曾聞智者說言호대 若有害父하면 當於無量阿僧祇劫에 受大苦惱라 하더니 我今不久에 必墮地獄하리라 又無良醫가 救療我罪로다 大臣이 卽言호대 唯願大王은 放捨愁苦하소서 王不聞耶닛가

昔者에 有王하니 名曰羅摩라 害其父已에 得紹王位하며 跋提大王과 毘樓眞王과 那睺沙王과 迦帝迦王과 毘舍佉王과 月光明王과 日光明王과 愛王과 持多人王인 如是等王이 皆害其父하고 得紹王位라 然이나 無一王도 入地獄者하며 於今現在毘琉璃王과 優陀那王과 惡性王과 鼠王과 蓮花王인 如是等王이 皆害其父로대 悉無一王도 生愁惱者하니 雖言地獄餓鬼天中이나 誰有見者닛가 大王이시여 唯有二有하니 一者는 人道요 二者는 畜生이라 雖有是二나 非因緣生이며 非因緣死니 若非因緣인대 何有善惡이닛고 唯願大王은 勿懷愁怖하소서 何以故오

若常愁苦하면 愁遂增長하리니 如人憙眠에

眠則滋인多달하야 貪婬嗜酒도 亦復如是니다

如王所言하야 世無良醫가 治身心者라 하시나 今有大師하니 名阿耆多翅舍欽婆羅라 一切知見하고 觀金與土에 平等無二하며 刀破右脇하고 左塗栴檀이라도 於此二人에 心無差別하며 等視怨親하야 心無異相하니 此師眞是世之良醫라 若行若立과 若坐若臥에 常在三昧하야 心無分散하며 告諸弟子하야 作如是言호대 若自作이거나 若敎他作이거나 若自斫·若敎他斫이며 若自炙·若敎他炙이며 若自害·若敎他害이며 若自偸·若敎他偸이며 若自婬·若敎他婬하며 若自妄語·若敎他妄語하며 若自飮酒·若敎他飮酒하며 若殺一村一城一國하며 若以刀輪殺一切衆生하며 若恒河已南엔 布施衆生하고 恒河已北엔 殺害衆生이라도 悉無罪福하며 無施戒定이라 하니다 今者에 近在王舍城住하니 願王速往하소서 王若見者면 衆罪가 除滅하리니다

王이 言호대 大臣아 審能如是하야 除滅我罪인대 我當歸依하리라

復有大臣하니 名曰吉德이라 復往王所하야 作如是言호대 王今何故로 面無光澤이 如日中燈하며 如晝時月하며 如失國君하며 如荒敗土이닛고 大王이시여 今者에 四方淸夷하야 無諸怨敵이어늘 而今何故로 如是愁苦하시니 爲身苦耶닛가 爲心苦乎닛가 有諸王子가 常生此念호대 我今何時에 當得自在오 하니 大王이 今者에 已果所願하사 自在王으로 領摩伽陀國하며 先王寶藏을 具足而得하시니 唯當快意하야 縱情受樂이어시늘 如是愁苦를 何用經懷닛가

王이 卽答言호대 我今云何得不愁惱아 大臣아 譬如愚人이 但貪其味요 不見利刀하며 如食雜毒에 不見其過하야 我亦如是하며 如鹿見草하고 不見深穽하며 如鼠貪食하야 不見猫狸라

我亦如是하야 見現在樂하고 不見未來의 不善苦果라 曾從智者하야 聞如是言호니 寧於一日에 受三百鑽이언정 不於父母에 生一念惡이라 하니라 我今已近地獄熾火어니 云何當得不愁惱耶아

大臣이 復言호대 誰來誑王하야 言有地獄이닛고 如刺頭利는 誰之所造이며 飛鳥色異하니 復誰所作이며 水性潤漬하고 石性은 堅硬이며 如風動性이며 如火熱性이니 一切萬物이 自死自生이라 誰之所作이리오 言地獄者는 直是智者가 文辭造作이니다 言地獄者는 爲有何義오 臣當說之호리다 地者는 名地요 獄者는 名破이니 破於地獄하야 無有罪報라 是名地獄이니다

又復地者는 名人이요 獄者는 名天이니 以害其父일새 故到人天이니 以是義故로 婆藪仙人이 唱言호대 殺羊에 得人天樂이라 하니 是名地獄이니다

又復地者名命이요 獄者名長이니 以殺生故로 得壽命長이라 故名地獄이니다 大王이시여 是故로 當知實無地獄이니다 大王이시여 如種麥得麥하고 種稻得稻하야 殺地獄者는 還得地獄하고 殺害於人하면 應還得人이니다

大王이시여 今當聽臣所說하소서 實無殺害니 若有我者인대 實亦無害니다 若無我者인대 復無所害니다 何以故오 若有我者인대 常不變易이니 以常住故로 不可殺害며 不破不壞이며 不繫不縛이며 不瞋不喜가 猶如虛空이어니

云何當有殺害之罪며 若無我者인대 諸法無常이니 以無常故로 念念壞滅이라 念念滅故로 殺者死者가 皆念念滅이니다 若念念滅인대 誰當有罪닛고 大王이시여 如火燒木이나 火則無罪이며 如斧斫樹나 斧亦無罪이며 如鎌刈草나 鎌實無罪이며 如刀殺人에 刀實非人이니 刀既無罪어니 人云何罪이며 如毒殺人에 毒實非人이라 毒藥非罪어니 人云何罪릿고 一切萬物이 皆亦如是하야 實無殺害이니 云何有罪릿고 唯願大王은 莫生愁苦하소서 何以故오

　若常愁苦하면 愁遂增長하리니 如人意眠에

　眠則滋多며 貪婬嗜酒도 復如是니다

如王所言하야 世無良醫가 治惡業者인대 今有大師하니 名迦羅鳩䭾迦旃延이라 一切知見하야 明了三世하며 於一念頃에 能見無量無邊世界하고 聞聲亦爾하며 能令衆生으로 遠離過惡호대 猶如恒河하야 若內若外의 所有諸罪를 皆悉清淨이라 是大良師도 亦復如是하야 能除衆生의 內外衆罪하며 為諸弟子하야 說如是法호대 若人이 殺害一切衆生이라도 心無慚愧하면 終不墮惡이 猶如虛空이 不受塵水언정 有慚愧者는 即入地獄이 猶如大水가 潤濕於地라 하며 一切衆生이 悉是自在天之所作이니 自在天이 喜하면 衆生安樂하고 自在天瞋하면 衆生苦惱하나니 一切衆生의 若罪若福이 乃是自在天之所為니 云何當言人有罪福이리오 譬如工匠이 作機關木人에 行·住·坐·臥호대 唯不能言하나니 衆生도 亦爾하니 自在天者는 喻如工匠이요 木人者는 喻衆生身이라 如是造化어니 誰當有罪오 하나니다 如是大師가 今者에 近在王舍城住하니 唯願速往하소서 如得見者면 衆罪消滅하리다 王이 即答言호대 審有是人이 能滅我罪인대 我當歸依호리라

復有一臣하니 名無所畏라 往至王所하야 說如是言호대 大王이시여 世有愚人은 一日之中에 百喜百愁하고 百眠百寤하며 百驚百哭어든 有智之人은 斯無是事라 大王이시여 何故로 憂愁如是하야 如失侶客하며 如墮深泥에 無救拔者며 如人渴乏에 不得漿水하며 猶如迷人이 無有導者하며 如困病人이 無醫救療하며 如海船破에 無救接者이닛고 大王이시여 今者에 為身

痛耶닛가 爲心痛乎닛가

王이 卽答言호대 我今身心이 豈得不痛가 我近惡友하야 不觀口過라 先王이 無辜어늘 橫興逆害호니 我今에 定知當入地獄이요 復無良醫而見救濟로라 臣卽白言호대 唯願大王하 莫生愁毒하소서 夫刹利者는 名爲王種이니 若爲國土커나 若爲沙門과 及婆羅門커나 爲安人民인대 雖復殺害나 無有罪也니다 先王이 雖復恭敬沙門이나 不能承事諸婆羅門하니 心無平等이라 心無平等故로 則非刹利어늘 大王이시여 今者에 爲欲供養諸婆羅門하야 殺害先王하니 當有何罪릿고 大王이시여 實無殺害니 夫殺害者는 殺害壽命이나 命名風氣니 風氣之性은 不可殺害니 云何害命하야 而當有罪릿고 唯願大王은 莫復愁苦하소서 何以故오 若常愁苦하면 愁遂增長하리니 如人憙眠하면 眠則滋多며 貪婬嗜酒도 亦復如是니다

如王所言하야 世無良醫가 而療治者인대 今有大師하니 名尼乾陀若提子라 一切知見하고 憐愍衆生하며 善知衆生의 諸根利鈍하고 達解一切隨宜方便이라 世間八法의 所不能汚며 寂靜修習淸淨梵行하며 爲諸弟子하야 說如是言호대 無施無善하고 無父無母며 無今世後世하고 無阿羅漢하며 無修無道라 一切衆生이 經八萬劫하면 於生死輪에 自然得脫하리니 有罪無罪에 悉亦如是라 如四大河하니 所謂辛頭恒河博叉私陀라 悉入大海하면 無有差別인달하니 一切衆生도 亦復如是하야 得解脫時엔 悉無差別이라 하나이다 是師가 今在王舍城住하니 唯願大王은 速往其所하소서 若得見者면 衆罪消除하리니다 王이 卽答言호대 審有是師가 能除我罪인대 我當歸依하리라

爾時에 大醫가 名曰耆婆러니 往至王所하야 白言호대 大王이시여 得安眠不닛가 王이 卽以偈答言호대

若有能永斷　　一切諸煩惱하야
不貪染三界인대 乃得安隱眠하리라
若得大涅槃하고 演說甚深義인대
名眞婆羅門이니 乃得安隱眠하리라

身無諸惡業하고 　口離於四過하며
心無有疑網인대 　乃得安隱眠하리라
身心無熱惱하야 　安住寂靜處하며
獲致無上樂인대 　乃得安隱眠하리라
心無有取著하고 　遠離諸怨讎하며
常和無諍訟인대 　乃得安隱眠하리라
若不造惡業하고 　心常懷慚愧하며
信惡有果報인대 　乃得安隱眠하리라
敬養於父母하고 　不害一生命하며
不盜他財物인대 　乃得安隱眠하리라
調伏於諸根하고 　親近善知識하며
破壞四魔衆인대 　乃得安隱眠하리라
不見吉不吉과 　及以苦樂等하고
爲諸衆生故로 　輪轉於生死인대
若能如是者는 　乃得安隱眠하리라
誰得安隱眠고 　所謂諸佛是이니
深觀空三昧하야 　身心安不動하시니라
誰得安隱眠고 　所謂慈悲者가
常修不放逸하야 　視衆如一子니라
衆生無明冥하야 　不見煩惱果하고
常造諸惡業일새 　不得安隱眠이니라
若爲於自身과 　及以他人身하야
造作十惡業인대 　不得安隱眠이니라
若言爲樂故로 　害父無過咎라 하야
隨是惡知識이라 하면 不得安隱眠이니라
若食過節度하며 　冷飮而過差하면
如是則病苦라 　不得安隱眠이니라

若於王有過커나　邪念他婦女커나
　　及行壙路者는　　不得安隱眠이리라
　　持戒果未熟과　　太子未紹位와
　　盜者未獲財인대 不得安隱眠하리라

耆婆여 我今病重은 於正法王에 興惡逆害라 一切良醫의 妙藥呪術과 善巧瞻病이라도 所不能治니 何以故오 我父法王이 如法治國하야 實無辜咎어늘 橫加逆害하니 如魚處陸이라 當有何樂이며 如鹿在弶이라 初無歡心이며 如人自知命不終日하며 如王失國하야 逃迸他土며 如人聞病不可療治며 如破戒者가 聞說罪過니라 我昔에 曾聞智者說言호대 身·口·意·業이 若不清淨인대 當知是人必墮地獄이라 하더니 我亦如是어니 云何當得安隱眠耶아 今我又無無上大醫가 演說法藥하야 除我病苦로다

耆婆가 答言호대 善哉善哉라 王雖作罪나 心生重悔하야 而懷慚愧로소이다 大王이시여 諸佛世尊이 常說是言하사대 有二白法이 能救衆生이니 一은 慚이요 二는 愧라 慚者는 自不作罪요 愧者는 不敎他作이며 慚者는 內自羞恥요 愧者發露向人이며 慚者는 羞人이요 愧者는 羞天이니 是名慚愧라 無慚愧者는 不名為人이요 名為畜生이니 有慚愧故로 則能恭敬父母師長이요 有慚愧故로 說有父母·兄弟·姊妹니다 善哉라 大王이시여 具有慚愧로소이다

大王이시여 且聽하소서 臣聞佛說호니 智者有二하니
一者는 不造諸惡이요 二者는 作已懺悔라
愚者亦二니 一者는 作罪요 二는 者覆藏이라
雖先作惡이나 後能發露하며 悔已慚愧하야 更不敢作인대 猶如濁水에 置之明珠하면 以珠威力으로 水即為清하며 如烟雲除하면 月則清明하야 作惡能悔도 亦復如是하리니 王若懺悔하야 懷慚愧者인대 罪即除滅하야 清淨如本하리니다

大王이시여 富有二種하니
一者는 象馬種種畜生이요 二者는 金銀種種珍寶라

象馬雖多나 不敵一珠니 大王이시여 眾生도 亦爾하야 一者는 惡富요 二者는 善富라 多作諸惡이 不如一善이니다 臣聞佛說하니 修一善心하면 破百種惡이라 하시니

大王이시여 如少金剛이 能壞須彌하며 亦如少火가 能燒一切하며 如少毒藥이 能害眾生하니 少善亦爾하야 能破大惡하나니 雖名少善이나 其實是大니다 何以故오 破大惡故라

大王이시여 如佛所說에 覆藏者漏요 不覆藏者는 則無有漏라 하시니 發露悔過일새 是故로 不漏라 若作眾罪라도 不覆不藏이니 以不覆故로 罪則微薄이요 若懷慚愧하면 罪則消滅하리다

大王이시여 如水渧雖微나 漸盈大器니 善心亦爾하야 一一善心이 能破大惡이어니와 若覆罪者는 罪則增長이요 發露慚愧하면 罪則消滅하나니 是故로 諸佛이 說有智者는 不覆藏罪라 하시나니다 善哉라 大王이시여 能信因果하야 信業信報하시니 唯願大王은 莫懷愁怖하소서 若有眾生이 造作諸罪하고 覆藏不悔하야 心無慚愧인대 不見因果와 及以業報라 不能諮啟有智之人하며 不近善友하리니 如是之人은 一切良醫와 乃至瞻病의 所不能治리니 如迦摩羅病을 世醫拱手인달하야 覆罪之人도 亦復如是니다

云何罪人고 謂一闡提라 一闡提者는 不信因果하야 無有慚愧하며 不信業報라 不見現在와 及未來世하며 不親善友하고 不隨諸佛의 所說教戒하나니 如是之人은 名一闡提라 諸佛世尊의 所不能治니 何以故오 如世死屍는 醫不能治라 一闡提者도 亦復如是하야 諸佛世尊의 所不能治어니와 大王은 今者에 非一闡提어니 云何而言不可救療닛가

如王所言에 無能治者인대 大王當知하소서 迦毘羅城淨飯王子가 姓瞿曇氏요 字悉達多니 無師覺悟하사 自然而得阿耨多羅三藐三菩提하시고 三十二相八十種好로 莊嚴其身하시며 具足十力四無所畏하시고 一切知見하사 大慈大悲로 憐愍一切를 如羅睺羅하며 隨善眾生을 如犢逐母하며 知時而說이요 非時不語라 實語淨語와 妙語義語와 法語一語로 能令眾生으로 永離煩惱케하시며 善知眾生의 諸根心性하사 隨宜方便으로 無不通達하시

며 其智高大가 如須彌山하고 深邃廣遠이 猶如大海하시니 是佛世尊이라 有金剛智하사 能破衆生의 一切惡罪하시나니 若言不能인대 無有是處니다 今者에 去此十二由旬하야 在拘尸那城娑羅雙樹間하사 而為無量阿僧祇等 諸菩薩僧하야 演種種法하시니 若有·若無와 若有為·若無為와 若有漏·若無 漏와 若煩惱果·若善法果와 若色法·若非色法과 若非色·非非色法과 若我· 若非我와 若非我·非非我와 若常·若非常과 若非常·非非常과 若樂·若非樂과 若非樂·非非樂과 若相·若非相과 若非相·非非相과 若斷·若非斷과 若非斷· 非非斷과 若世·若出世와 若非世·非出世와 若乘·若非乘과 若非乘·非非乘과 若自作·自受와 若自作·他受와 若無作·無受라 大王이 若當於佛所에 聞無 作無受하면 所有重罪가 即當消滅하리니다

王今且聽하소서 釋提桓因이 命將欲終에 有五相現하니 一者는 衣裳垢膩 요 二者는 頭上花萎요 三者는 身體臭穢요 四者는 腋下汗出이요 五者는 不樂本座라

時에 天帝釋이 或於靜處에 若見沙門과 若婆羅門에 即至其所하야 生於佛 想이어늘 爾時에 沙門과 及婆羅門이 見帝釋來하고 深自慶幸하야 即說是 語호대 天主여 我今歸依於汝하리라 釋聞是已에 乃知非佛하고 復自念言호 대 彼若非佛인대 不能治我의 五退沒相이로다 是時에 御臣이 名般遮尸라 語帝釋言호대 憍尸迦시여 乾闥婆王이 名敦浮樓라 其王이 有女하니 字須 跋陀라 王若能以此女로 見與臣하면 當示王除衰相處호리다

釋即答言호대 善男子야 毘摩質多阿修羅王이 有女하니 舍脂라 是吾所敬 이니 卿若必能示吾의 消滅惡相處者인대 猶當相與언정 況須跋陀아 憍尸 迦이여 有佛世尊하시니 字釋迦牟尼라 今者에 在於王舍大城하시니 若能往 彼하야 諮禀未聞하면 衰沒之相을 必得除滅하리다

善男子여 若佛世尊이 審能滅者인대 便可迴駕하야 至其住處니라 御臣이 奉命하야 即迴車乘하야 到王舍城耆闍崛山하야 至於佛所하야 頭面禮足하 고 却坐一面하야 白佛言호대 世尊이시여 天人之中에 誰為繫縛이닛고 憍 尸迦시여 慳貪嫉妬니라

又言호대 慳貪嫉妬는 因何而生이닛고 答言하사대 因無明生이니라
又言호대 無明復因何生이닛고 答言하사대 因放逸生이니라
又言호대 放逸復因何生이닛고 答言하사대 因顚倒生이니라
又言호대 顚倒復因何生이닛고 答言하사대 因疑心生이니라
世尊이시여 顚倒之法은 因疑生者인대 實如聖敎로소니 何以故오 我有疑心하니 以疑心故로 則生顚倒하야 於非世尊에 生世尊想이러니 我今見佛하고 疑網卽除요 疑網除故로 顚倒亦盡이요 顚倒盡故로 無有慳心과 乃至妬心이니다

佛言하사대 汝言無有慳妬心者인대 汝今에 已得阿那含耶아 阿那含者는 無有貪心이니 若無貪心인대 云何爲命하야 來至我所오 而阿那含은 實不求命이니라 世尊이시여 有顚倒者는 則有求命이어니와 無顚倒者는 則不求命이나 然我今者에 實不求命이요 所欲求者는 唯佛法身과 及佛智慧로소이다 憍尸迦시여 求佛法身과 及佛智慧인대 將來之世에 必當得之하리라

爾時에 帝釋이 聞佛說已에 五衰沒相이 卽時消滅이라 便起作禮하야 遶佛三帀하고 恭敬合掌하고 而白佛言호대 世尊이시여 我今卽死卽生이며 失命得命이요 又聞佛記하사대 當得阿耨多羅三藐三菩提라 하시니 是爲更生이며 爲更得命이로소이다

世尊이시여 一切人天이 云何增益이며 復以何緣으로 而致損滅이닛고 憍尸迦시여 鬪諍因緣으로 人天損滅이요 善修和敬하면 則得增益이니라
世尊이시여 若以鬪諍으로 而損滅者인대 我從今日로 更不復與阿修羅戰하리니다 佛言하사대 善哉善哉라 憍尸迦시여 諸佛世尊이 說忍辱法이 是阿耨多羅三藐三菩提因이라 하시나니라

爾時에 釋提桓因이 卽前禮佛하고 於是에 還去니다 大王이시여 如來가 以能除諸惡相일새 是故로 稱佛不可思議라 하시니 王若往者면 所有重罪를 必當得除리다

大王이시여 且聽하소서 有婆羅門子하니 字曰不害라 以殺無量諸衆生故로 名鴦崛魔이니 復欲害母하야 惡心起時에 身亦隨動하니 身心動者는 卽五

逆因이라 五逆因故로 必墮地獄이러니 後見佛時에 身心俱動커늘 復欲生害하니 身心動者는 即五逆因이라 五逆因故로 當入地獄이로대 是人得遇如來大師하야 即時得滅地獄因緣하고 發阿耨多羅三藐三菩提心하니 是故稱佛하야 為無上醫라 非六師也니다

大王이시여 復有須毘羅王子하니 其父瞋之하야 截其手足하고 推之深井이어늘 其母矜愍하야 使人牽出하야 將至佛所러니 尋見佛時에 手足還具하고 即發阿耨多羅三藐三菩提心이니다

大王이시여 以見佛故로 得現果報라 是故로 稱佛하야 為無上醫요 非六師也니다

大王이시여 如恒河邊에 有諸餓鬼가 其數五百이라 於無量歲에 初不見水하고 雖至河上이라도 純見流火라 飢渴所逼으로 發聲號哭이러니

爾時에 如來가 在其河側欝曇鉢林하사 坐一樹下시니 時諸餓鬼가 來至佛所하야 白佛言호대 世尊이시여 我等飢渴하야 命將不遠이로소이다

佛言하사대 恒河流水어늘 汝何不飮고

鬼即答言호대 如來는 見水나 我則見火니다

佛言하사대 恒河清流요 實無火也니라 以惡業故로 心自顛倒하야 謂為是火하나니 我當為汝하야 除滅顛倒하고 令汝見水케하리라

爾時에 世尊이 廣為諸鬼하사 說慳貪過하시니 諸鬼即言호대 我今渴乏하야 雖聞法言이나 都不入心이로소이다

佛言하사대 汝若渴乏하면 先可入河하야 恣意飮之니라 是諸鬼等이 以佛力故로 即得飮水라 既飮水已에 如來復為種種說法하신대 既聞法已에 悉發阿耨多羅三藐三菩提心하야 捨餓鬼形하고 得於天身하니 大王이시여 是故로 稱佛을 為無上醫요 非六師也니다

大王이시여 舍婆提國에 群賊五百이러니 波斯匿王이 挑出其目한대 無有前導하야 不能得往하야 至於佛所어늘 佛憐愍故로 即至賊所하야 慰喻之言하사대 善男子야 善護身口하야 更勿造惡하라 諸賊이 即時에 聞如來音이 微妙清徹하고 尋還得眼이라 即於佛前에 合掌禮佛하고 而白佛言호대 世尊이

시여 我今知佛慈心으로 普覆一切眾生이요 非獨人天이로소이다
爾時에 如來가 即為說法하신대 既聞法已에 悉發阿耨多羅三藐三菩提心하니 是故로 如來는 真是世間에 無上良醫요 非六師也니다
大王이시여 舍婆提國에 有旃陀羅하니 名曰氣噓라 殺無量人이러니 見佛弟子大目犍連하고 即時得破地獄因緣하야 而得上生三十三天하니 以有如是聖弟子故로 稱佛如來하야 為無上醫요 非六師也니다
大王이시여 波羅捺城에 有長者子하니 名阿逸多라 姪匿其母하고 以是因緣으로 殺戮其父러니 其母가 復與外人共通이어늘 子既知已에 便復害之하며 有阿羅漢이 是其知識이라 於此知識에 復生愧恥하야 即便殺之하고 殺已에 即到祇桓精舍하야 求欲出家어늘 時諸比丘가 具知此人의 有三逆罪라 無敢聽者하니 以不聽故로 倍生瞋恚하야 即於其夜에 大放猛火하야 焚燒僧坊하야 多殺無辜라 然後에 復往王舍城中하야 至如來所하야 求哀出家어늘 如來即聽하시고 為說法要하야 令其重罪로 漸漸輕微하야 發阿耨多羅三藐三菩提心하니 是故로 稱佛을 為世良醫요 非六師也니다
大王이시여 王本性이 暴惡하야 信受惡人이라 提婆達多가 放大醉象하야 欲令踐佛이러니 象既見佛에 即時醒悟어늘 佛便申手하사 摩其頂上하며 復為說法하사 悉令得發阿耨多羅三藐三菩提心케하시니 大王이시여 畜生見佛이라도 猶得破壞畜生業果어든 況復人耶닛가 大王은 當知하소서 若見佛者인대 所有重罪를 必當得滅하리다
大王이시여 世尊未得阿耨多羅三藐三菩提時에 魔與無量無邊眷屬으로 至菩薩所어늘 菩薩이 爾時에 以忍辱力으로 壞魔惡心하고 令魔受法하야 尋發阿耨多羅三藐三菩提心하니 佛有如是大功德力이니다
大王이시여 有曠野鬼가 多害眾生이러니 如來爾時에 為善賢長者하야 至曠野村하사 為其說法하시니 時에 曠野鬼가 聞法歡喜하야 即以長者로 授於如來하고 然後에 便發阿耨多羅三藐三菩提心하니다
大王이시여 波羅奈國에 有屠兒하니 名曰廣額이라 於日日中에 殺無量羊이러니 見舍利弗하고 即受八戒하야 經一日一夜러니 以是因緣으로 命終에

得爲北方天王毘沙門子하니 如來의 弟子도 尙有如是大功德果어든 況復
佛也닛가 大王이시여 北天竺에 有城하니 名曰細石이요 其城有王하니 名曰
龍印이라 貪國重位하야 戮害其父러니 害其父已에 心生悔恨하야 卽捨國
政하고 來至佛所하야 求哀出家어늘 佛言善來라 하시니 卽成比丘하야 重罪
消滅하고 發阿耨多羅三藐三菩提心니다 大王은 當知하소서 佛有如是無量
無邊大功德果하니다

大王이시여 如來가 有弟하니 提婆達多라 破壞衆僧하고 出佛身血하며 害
蓮花比丘尼하니 作三逆罪로대 如來가 爲說種種法要하사 令其重罪로 尋
得微薄케하시니 是故로 如來를 爲大良醫요 非六師也니다

大王이시여 若能信臣語者인대 唯願速往하야 至如來所요 若不見信인대 願
善思之하소서 大王이시여 諸佛世尊이 大悲普覆하야 不限一人하시며 正法
弘廣하야 無所不苞하시며 怨親平等하야 心無憎愛라 終不偏爲一人하야 令
得阿耨多羅三藐三菩提하고 餘人不得하며 如來가 非獨四部之師라 普是
一切天人·龍·鬼·地獄·畜生·餓鬼·等師니다 一切衆生도 亦當視佛을 如父母
想이니다 大王은 當知하소서 如來가 不但獨爲豪貴之人인 跋提迦王하야
而演說法이요 亦爲下賤優波離等하시며 不獨偏受[須達多]와 阿那邠坻의
所奉飯食이라 亦受貧人須達多食하시며 不但獨爲舍利弗等利根說法이라
亦爲鈍根周梨槃特하시며 不但獨聽大迦葉等의 無貪之性하야 出家求道라
亦聽大貪인 難陀出家하시며 不但獨聽煩惱薄者인 優樓頻螺迦葉等의 出家
求道라 亦聽煩惱深厚하야 造重罪者인 波斯匿王의 弟優陀耶의 出家求道
라 不以莎草의 恭敬供養으로 拔其瞋根이라 鴦崛魔羅는 惡心欲害호대 捨
而不救하며 不但獨爲有智男子하야 而演說法이라 亦爲極愚한 牸合智者
女人하야 說法하며 不但獨令出家之人으로 得四道果라 亦令在家로 得三
道果하며 不但獨爲富多羅等의 捨諸怱務하고 閑寂思惟하야 而說法要라
亦爲頻婆娑羅王等의 統領國事하며 理王務者하야 而說法要하시며 不但獨
爲斷酒之人하며 亦爲耽酒鬱伽長者의 荒醉者說하시며 不但獨爲入禪定者
인 離婆多等이라 亦爲喪子亂心한 婆羅門女婆私吒說하시며 不但獨爲已

之弟子라 亦爲外道尼乾子說하시며 不但獨爲盛壯之年이 二十五者라 亦
爲衰老八十者說하시며 不但獨爲根熟之人이요 亦爲善根未熟者說하시며
不但獨爲末利夫人이라 亦爲婬女蓮花女說하시며 不但獨受波斯匿王의 上
饌甘味라 亦受長者尸利毱多의 雜毒之食하시니다
大王當知하소서 尸利毱多가 往昔에 亦作逆罪之因이로대 以遇佛聞法하야
卽發阿耨多羅三藐三菩提心이니다
大王이시여 假使一月을 常以衣食으로 供養恭敬一切衆生이라도 不如有人
이 一念念佛로 所得功德에 十六分一이니다 大王이시여 假使鍛金爲人하야
車馬載寶호대 其數各百으로 以用布施하야도 不如有人이 發心向佛하야 擧
足一步니다
大王이시여 假使復以象車百乘으로 載大秦國의 種種珍寶와 及其女人이
身佩瓔珞의 數亦滿百하야 持用布施라도 猶故不如發心向佛하야 擧足一步
니다
復置是事하고 若以四事로 供養三千大千世界의 所有衆生이라도 猶亦不如
發心向佛하야 擧足一步니다 復置是事하고 若使大干으로 供養恭敬恒河沙
等無量衆生이라도 不如一往娑羅雙樹하야 到如來所하야 誠心聽法이니다
爾時에 大王이 答言호대 耆婆여 如來世尊이 性已調柔일새 故得調柔以爲
眷屬하시니 如栴檀林이 純以栴檀으로 而爲圍遶인달하야 如來淸淨일새 所
有眷屬도 亦復淸淨하니 猶如大龍이 純以諸龍으로 而爲眷屬인달하야 如來
寂靜일새 所有眷屬도 亦復寂靜하며 如來無貪일새 所有眷屬도 亦復無貪하
며 佛無煩惱일새 所有眷屬도 亦無煩惱하니라 吾今旣是極惡之人이라 惡
業纏裹하야 其身臭穢하니 繫屬地獄이니 云何當得至如來所리요 吾設往者
라도 恐不顧念하야 接敘言說이로니 卿雖勸吾하야 令往佛所나 然吾今日에
深自鄙悼하야 都無去心이로라
爾時에 虛空에 尋出聲言호대 無上佛法이 將欲衰殄하며 甚深法河가 於是
欲涸하며 大法明燈이 將滅不久며 法山欲頹하고 法船欲沈하며 法橋欲壞
하고 法殿欲崩하며 法幢欲倒하고 法樹欲折하며 善友欲去하고 大怖將至하

며 法餓衆生이 將至不久요 煩惱疫病이 將欲流行하며 大闇時至하고 渴法時來하며 魔王欣慶하야 解釋甲冑하고 佛日將沒大涅槃山하리이다

大王이시여 佛若去世하시면 王之重惡을 更無治者리라 大王아 汝今已造阿鼻地獄의 極重之業하니 以是業緣으로 必受不疑리라

大王이시여 阿者言無요 鼻者名間이니 間無暫樂일새 故名無間이라 大王아 假使一人이 獨墮是獄이라도 其身長大가 八萬由延이라 遍滿其中하야 間無空處라 其身周匝하야 受種種苦하리라 設有多人이라도 身亦遍滿하야 不相妨礙니라

大王이시여 寒地獄中엔 暫遇熱風하면 以之爲樂하고 熱地獄中엔 暫遇寒風하면 亦名爲樂하며 活地獄中엔 設命終已라도 若聞活聲하면 卽便還活이어니와 阿鼻地獄엔 都無此事니라

大王이시여 阿鼻地獄이 四方有門호대 一一門外에 各有猛火가 東西南北으로 交過通徹하며 八萬由延에 周匝鐵牆이요 鐵網彌覆며 其地亦鐵이요 上火徹下하며 下火徹上이라

大王이시여 若魚在鏊에 脂膏焦然인달하니 是中罪人도 亦復如是니라

大王이시여 作一逆者는 則便具受如是一罪요 若造二逆하면 罪則二倍며 五逆具者는 罪亦五倍니라

大王이시여 我今定知王之惡業으로 必不得免이로니 唯願大王아 速往佛所하라 除佛世尊코 餘無能救리니 我今愍汝일새 故相勸導하노라

爾時에 大王이 聞是語已에 心懷怖懼하야 擧身戰慄하며 五體掉動이 如芭蕉樹라 仰而答曰호대 汝爲是誰완대 不現色像하고 而但有聲고 大王아 吾是汝父頻婆娑羅이니 汝今當隨耆婆所說하고 莫隨邪見六臣之言하라 時王이 聞已에 悶絶躄地하야 身瘡增劇이요 臭穢倍前이라 雖以冷藥으로 塗而治之나 瘡烝毒熱하야 但增無損이러라

大般涅槃經 卷第十九 終

大般涅槃經 卷第二十

北涼 天竺三藏 曇無讖 譯

梵行品 第八之六

爾時에 世尊께서 在雙樹間하사 見阿闍世의 悶絕躄地하시고 即告大衆하사대 我今當為是王하야 住世至無量劫이요 不入涅槃하리라

迦葉菩薩이 白佛言호대 世尊이시여 如來가 當為無量衆生하야 不入涅槃이어늘 何故로 獨為阿闍世王이닛고

佛言하사대 善男子야 是大衆中에 無有一人도 謂我畢定入於涅槃이어니와 阿闍世王은 定謂我當畢竟永滅일새 是故로 悶絕하야 自投於地니라

善男子야 如我所言為阿闍世하야 不入涅槃이라 한 如是密義를 汝未能解리라 何以故오 我言為者는 一切凡夫이니 阿闍世者는 普及一切造五逆者니라

又復為者는 即是一切有為衆生이니 我終不為無為衆生하야 而住於世리니 何以故오 夫無為者는 非衆生也어니와 阿闍世者는 即是具足煩惱等者니라

又復為者는 即是不見佛性衆生이니 若見佛性인대 我終不為久住於世리니 何以故오 見佛性者는 非衆生也어니와 阿闍世者는 即是一切未發阿耨多羅三藐三菩提心者니라

又復為者는 即是阿難·迦葉二衆이요 阿闍世者는 即是阿闍世王과 後宮妃后及王舍城에 一切婦女니라

又復為者는 名為佛性이요 言阿闍者는 名為不生이요 世者는 名怨이니 以不生佛性故로 則煩惱怨生하고 煩惱怨生故로 不見佛性이어니와 以不生煩惱故로 則見佛性이요 以見佛性故로 則得安住大般涅槃하리니 是名不生이

라 是故로 名為為阿闍世니라

善男子야 阿闍者는 名不生이니 不生者는 名涅槃이요 世名世法이요 為者는 名不污니 以世八法의 所不污故로 無量無邊阿僧祇劫을 不入涅槃이니 是故로 我言호대 為阿闍世하야 無量億劫을 不入涅槃이라 하니라

善男子야 如來密語는 不可思議하며 佛·法·眾僧도 亦不可思議이며 菩薩摩訶薩도 亦不可思議이며 大涅槃經도 亦不可思議니라

爾時에 世尊께서 大悲導師로 為阿闍世王하야 入月愛三昧하시고 入三昧已에 放大光明하시니 其光淸涼하야 往照王身하니 身瘡卽愈하고 欝蒸除滅이라

王이 覺瘡愈하야 身體淸涼하고 語耆婆言호대 曾聞人說호니 劫將欲盡할새 三月竝現이라 當是之時하야 一切眾生의 患苦悉除라 하더니 時既未至어늘 此光何來하야 照觸吾身에 瘡苦除愈하야 身得安樂고

耆婆가 答言호대 此非劫盡에 三月竝照이며 亦非火日星宿藥草寶珠天光이니다

王이 又問言호대 此光若非三月竝照寶珠明者인대 為是誰光인고 大王은 當知하소서 是天中天의 所放光明이시니 是光無根하며 無有邊際하며 非熱非冷이며 非常非滅이며 非色非無色이며 非相非無相이며 非青非黃이며 非赤非白이로대 欲度眾生일새 故使可見이며 有相可說이며 有根有邊하며 有熱有冷이며 青黃赤白이니다

大王이시여 是光이 雖爾나 實不可說이며 不可覩見이며 乃至無有青·黃·赤·白이니다

王言호대 耆婆여 彼天中天이 以何因緣으로 放斯光明고 大王이시여 今是瑞相이라 將為大王이니 以王先言호대 世無良醫가 療治身心이라 할새 故放此光하사 先治王身이요 然後에 治心이니다

王言호대 耆婆여 如來世尊이 亦見念耶아

耆婆가 答言호대 譬如一人이 而有七子호니 是七子中에 一子遇病이어든 父母之心은 非不平等이로대 然於病子에 心則偏多하나니 大王이시여 如來

도 亦爾하사 於諸衆生에 非不平等이로대 然於罪者에 心則偏重하시며 於放逸者에 佛則慈念이어니와 不放逸者엔 心則放捨니다
何等이 名為不放逸者오 謂六住菩薩이라 大王이시여 諸佛世尊이 於諸衆生에 不觀種姓과 老少中年貧富와 時節日月星宿과 工巧下賤僮僕婢하고 惟觀衆生의 有善心者하사 若有善心인대 則便慈念이니다 大王은 當知하소서 如是瑞相은 卽是如來가 入月愛三昧하야 所放光明이니다
王이 卽問言호대 何等名為月愛三昧오
耆婆가 答言호대 譬如月光이 能令一切優鉢羅花로 開敷鮮明인달하야 月愛三昧도 亦復如是하야 能令衆生으로 善心開敷일새 是故로 名為月愛三昧니다 大王이시여 譬如月光이 能令一切行路之人으로 心生歡喜달하야 月愛三昧도 亦復如是하야 能令修習涅槃道者로 心生歡喜일새 是故로 復名月愛三昧니다
大王이시여 譬如月光이 從初一日로 至十五日하야 形色光明이 漸漸增長인달하야 月愛三昧도 亦復如是하야 令初發心諸善根本으로 漸漸增長하야 乃至具足大般涅槃일새 是故로 復名月愛三昧니다
大王이시여 譬如月光이 從十六日로 至三十日은 形色光明이 漸漸損減인달하야 月愛三昧도 亦復如是하야 光所照處에 所有煩惱를 能令漸滅일새 是故로 復名月愛三昧니다
大王이시여 譬如盛熱之時에 一切衆生이 常思月光하며 月光既照엔 欝熱卽除인달하야 月愛三昧도 亦復如是하야 能令衆生으로 除貪惱熱이니다
大王이시여 譬如滿月은 衆星中王이며 為甘露味라 一切衆生之所愛樂이니 月愛三昧도 亦復如是하야 諸善中王이며 為甘露味라 一切衆生之所愛樂이니 是故로 復名月愛三昧니다
王言호대 我聞如來가 不與惡人으로 同止坐起하며 語言談論하시니 猶如大海가 不宿死屍하며 如鴛鴦鳥과 不住清廁하며 釋提桓因은 不與鬼住하며 鳩翅羅鳥는 不棲枯樹달하야 如來亦爾라 하시니 我當云何로 而得往見이리오 設其見者인대 我身將不陷入地耶아 我觀如來가 寧近醉象師子虎狼猛

火絶焰언정 終不近於重惡之人일새 是故로 我今에 思忖是已라 當有何心으로 往見如來리오
耆婆가 答言호대 大王이시여 譬如渴人은 速赴淸泉하고 飢者求食하며 怖者求救하고 病求良醫하며 熱求蔭涼하고 寒者求火인달하야 王今求佛도 亦應如是니다
大王이시여 如來는 尙爲一闡提等하야 演說法要어든 何況大王은 非一闡提어니 而當不蒙慈悲救濟닛가
王이 言耆婆호대 我昔曾聞하니 一闡提者는 不信不聞하며 不能觀察하며 不得義理라 하니 何故로 如來는 而爲說法고
耆婆가 答言호대 大王이시여 譬如有人이 身遇重病어니와 是人이 夜夢에 昇一柱殿하야 服蘇油脂하며 及以塗身하고 臥灰食灰하며 攀上枯樹하며 或與獼猴로 遊行坐臥하며 沈水沒泥하며 墮墜樓殿과 高山樹木과 象馬牛羊하며 身著靑黃赤黑色衣하고 喜笑歌舞하며 或見烏鷲狐狸之屬하며 齒髮墮落하고 裸形枕狗하야 臥糞穢中하며 復與亡者로 行住坐起하고 携手食噉하며 毒蛇滿路어늘 而從中過하며 或復夢與被髮女人으로 共相抱持하며 多羅樹葉으로 以爲衣服하고 乘壞驢車하야 正南而遊하고 是人이 夢已에 心生愁惱라 以愁惱故로 身病踰增이어든 以病增故로 諸家親屬이 遣使命醫할새 所可遣使가 形體缺短하고 根不具足하며 頭蒙塵土하고 著弊壞衣하며 載故壞車하야 語彼醫言호대 速疾上車하라
爾時에 良醫가 卽自思惟호대 今見是使의 相貌不吉하니 當知病者를 難可療治로다 復作是念호대 使雖不吉이나 當復占日하야 爲可治不리니 若四日·六日·八日·十二日·十四日이면 如是日者는 病亦難治니라
復作是念호대 日雖不吉하나 當復占星이 爲可治不리니 若是火星과 金星昴星과 閻羅王星과 濕星滿星이니 如是星時엔 病亦難治니라 復作是念호대 星雖不吉하나 復當觀時호리니 若是秋時冬時와 及日入時와 夜半時와 月入時에는 當知是病이 亦難可治니라
復作是言호대 如是衆相이 雖復不吉이나 或定不定이니 當觀病人이 若有

福德이면 皆可療治어니와 若無福德인댄 雖吉何益인가 思惟是已에 尋與使俱라가 在路復念호대 若彼病者가 有長壽相인댄 則可療治어니와 短壽相者는 則不可治리니 即於前路에 見二小兒가 相率鬪諍일새 捉頭拔髮하고 瓦石刀杖으로 共相撩打하며 見人持火라가 自然殄滅하며 或見有人이 斫伐樹木하며 或復見人이 手曳皮革하고 隨路而行하며 或見道路에 有遺落物하며 或見有人이 執持空器하며 或見沙門이 獨行無侶하며 復見虎狼烏鷲野狐이라 見是事已에 復作是念호대 所遣使人로 乃至道路하야 所見諸相이 悉皆不祥하니 當知病者를 定難療治로다

復作是念호대 我若不往하면 則非良師요 如其往者인댄 不可救療리라 復更念言호대 如是眾相이 雖復不祥이나 且當捨置하고 往至病所리라 思惟是已에 復於前路에 聞如是聲호니 所謂亡失과 死喪과 崩破과 壞折과 剝脫과 墮墜와 焚燒와 不來와 不可療治이며 不能拔濟라 復聞南方에 有飛鳥聲하니 所謂烏鷲와 舍利鳥聲이며 若狗若鼠이며 野狐兔猪라 聞是聲已에 復作是念호대 當知病者는 難可療治로다

爾時에 即入病人舍宅하야 見彼病人하니 數寒數熱히고 骨節疼痛하며 目赤流淚하고 耳聲聞外하며 咽喉結痛하고 舌上裂破하며 其色正黑하고 頭不自勝하며 體枯無汗하고 大小便利가 擁隔不通하며 身卒肥大호대 紅赤異常하고 語聲不均하야 或麁或細하며 舉體斑駁하야 異色青黃하고 其腹脹滿하야 言語不了러라 醫見是已에 問瞻病言호대 病者昨來에 意志云何오

答言호대 大師여 其人本來에 敬信三寶와 及以諸天이러니 今者變異하야 敬信情息하며 本意惠施러니 今者慳悋하며 本性少食이러니 今則過多하며 本性弊惡이러니 今則和善하며 本性和善이러니 今則弊惡하며 本性慈孝하야 恭敬父母이러니 今於父母에 無恭敬心이니라

醫聞是已에 即前嗅之하니 優鉢羅香과 沈水雜香과 畢迦多香과 多伽羅香과 多摩羅跋香과 欝金香과 栴檀香이며 炙肉臭와 葡捕桃酒臭와 燒筋骨臭와 魚臭와 糞臭라 知香臭已에 即前觸身하니 覺身細軟이 猶如繒綿과 劫貝娑花며 或硬如石하고 或冷如氷하며 或熱如火하고 或澁如沙러라

爾時에 良醫가 見如是等種種相已에 定知病者는 必死不疑나 然不定言是人當死라 하고 語瞻病者호대 吾今劇務일새 明當更來리니 隨其所須하야 恣意勿遮하라 하고 卽便還家하니라 明日에 使到어늘 復語使言호대 我事未訖하고 兼未合藥이라 하면 智者는 當知如是病者는 必死不疑니다

大王이시여 世尊도 亦爾하사 於一闡提輩라도 善知根性하사 而為說法하시나니 何以故오 若不為說하면 一切凡夫가 當言如來는 無大慈悲로다 有慈悲者를 名一切智어늘 若無慈悲하면 云何說言一切智人이리오 是故로 如來는 為一闡提하야 而演說法이니다

大王이시여 如來世尊이 見諸病者하고 常施法藥이어니와 病者不服하면 非如來咎니다

大王이시여 一闡提輩는 分別有二하니
一者는 得現在善根이요 二者는 得後世善根이라
如來가 善知一闡提輩가 能於現在에 得善根者하사 則為說法하시고 後世得者라도 亦為說法이라 今雖無益이나 作後世因일새 是故로 如來은 為一闡提하사 演說法要니다

一闡提者는 復有二種하니
一者는 利根이요 二者는 中根이라
利根之人은 於現在世에 能得善根이요 中根之人은 後世에 則得하나니 諸佛世尊이 不空說法이니다

大王이시여 譬如淨人이 墜墮圊厠이어든 有善知識이 見而愍之하야 尋前捉髮하야 而拔出之하나니 諸佛如來도 亦復如是하사 見諸眾生이 墮三惡道에 方便救濟하야 令得出離하시니 是故로 如來는 為一闡提하야 而演說法이니다

王語耆婆호대 若使如來로 審如是者인대 明當選擇良日吉星然後에 乃往하리다

耆婆白王호대 大王이시여 如來法中엔 無有選擇·良日·吉星이니다

大王이시여 如重病人이 猶不看日과 時節吉凶하고 惟求良醫하나니 王今病重일새 求佛良醫하니 不應選擇良時好日이니다

大王이시여 如栴檀火와 及伊蘭火가 二俱燒相은 無有異也니 吉日凶日도 亦復如是하야 若到佛所하면 俱得滅罪리니 惟願大王은 今日速往하소서
爾時에 大王이 卽命一臣하니 名曰吉祥이라 而告之言호대 大臣아 當知하라 吾今欲往佛世尊所로니 速辦供養의 所須之具하라 臣言호대 大王이시여 善哉善哉라 所須供具는 一切悉有니다 阿闍世王이 與其夫人으로 嚴駕車乘一萬二千하며 姝壯大象이 其數五萬이라 一一象上에 各載三人하야 齎持幡蓋花香伎樂하니 種種供具가 無不備足하며 導從馬騎가 有十八萬이요 摩伽陀國의 所有人民이 尋從王者가 其數足滿五十八萬이러라
爾時에 拘尸那城에 所有大衆이 滿十二由旬이러니 悉皆遙見하니 阿闍世王이 與其眷屬으로 尋路而來어늘 爾時에 佛告諸大衆言하사대 一切衆生이 爲阿耨多羅三藐三菩提의 近因緣者는 莫先善友니라
何以故오 阿闍世王이 若不隨順耆婆語者면 來月七日에 必定命終하야 墮阿鼻獄이리니 是故로 近因은 莫若善友니라 阿闍世王이 復於前路에 聞舍婆提毘流離王이 乘船入海러니 遇火而死하고 瞿伽離比丘는 生身入地하야 至阿鼻獄하며 須那刹多는 作種種惡이로대 到於佛所하야 衆罪得滅이리 하고 聞是語已에 語耆婆言호대 吾今雖聞如是二語나 猶未審定이로니 汝來하라
耆婆여 吾欲與汝로 同載一象이라가 設我當入阿鼻地獄이면 冀汝捉持하야 不令我墮하노니 何以故오 吾昔曾聞호니 得道之人은 不入地獄이라 하니라
爾時에 佛告諸大衆言하사대 阿闍世王이 猶有疑心하니 我今當爲하야 作決定心케하리다
爾時에 會中에 有一菩薩하니 名持一切라 白佛言호대 世尊이시여 如佛先說하사대 一切諸法이 皆無定相이니 所謂色無定相이며 乃至涅槃도 亦無定相이라 하시더니 如來今者에 云何而言 爲阿闍世하야 作決定心이닛고
佛言하사대 善哉善哉라 善男子야 我今定爲阿闍世王하야 作決定心하리니 何以故오 若王疑心을 可破壞者인대 當知하라 諸法이 無有定相이니라 是故로 我爲阿闍世王하야 作決定心이니 當知하라 是心이 爲無決定이니라

善男子야 若彼王心이 是決定者인대 王之逆罪를 云何可壞오 以無定相일새 其罪可壞라 是故로 我爲阿闍世王하야 作決定心이니라

爾時에 大王이 即到娑羅雙樹間하야 至於佛所하야 仰瞻如來의 三十二相·八十種好하니 猶如微妙真金之山이러라

爾時에 世尊이 出八種聲하야 告言大王이여 時에 阿闍世左右顧視호대 此大衆中에 誰是大王이닛고 我旣罪戾하고 又無福德하니 如來는 不應稱爲大王이니다

爾時에 如來即復喚言하사대 阿闍世大王이여 時王聞已에 心大歡喜하야 即作是言호대 如來今日에 顧命語言하시니 眞知如來는 於諸衆生에 大悲憐愍하사 等無差別이로소이다

白佛言호대 世尊이시여 我今疑心이 永無遺餘라 定知如來가 眞是衆生의 無上大師이니다

爾時에 迦葉菩薩이 語持一切菩薩言호대 如來가 已爲阿闍世王하야 作決定心하시니라

爾時에 阿闍世王이 即白佛言호대 世尊이시여 假使我今에 得與梵王釋提桓因으로 坐起飮食이라도 猶不欣悅이어니와 得遇如來하야 一言顧命하시니 深以欣慶이로소이다

爾時에 阿闍世王이 即以所持幡蓋香花와 伎樂供養으로 前禮佛足하고 右遶三匝하야 禮敬畢已에 却坐一面하다

爾時에 佛이 告阿闍世王言하사대 大王이여 今當爲汝하야 說正法要하리니 汝當一心으로 諦聽諦聽하라

凡夫常當繫心하야 觀身의 有二十事니

一은 所謂我此身中에 空無無漏요

二는 無諸善根本이요

三은 我此生死를 未得調順이요

四는 墮墜深坑이니 無處不畏요

五는 以何方便으로 得見佛性고 하며

六은 云何修定하야사 得見佛性고
七은 生死常苦하야 無常我淨이요
八은 八難之難을 難得遠離요
九는 恒爲怨家之所追逐이요
十은 無有一法도 能遮諸有요
十一은 於三惡趣에 未得解脫이요
十二는 具足種種諸惡邪見이요
十三은 亦未造立度五逆津이요
十四는 生死無際하야 未得其邊이요
十五는 不作諸業인대 不得果報요
十六은 無有我作하야 他人受果요
十七은 不作樂因이면 終無樂果요
十八은 若有造業하면 果終不失이요
十九는 因無明生이라가 亦因而死요
二十은 去·來·現在에 常行放逸이니라

大王이여 凡夫之人은 常於此身에 當作如是二十種觀이니 作是觀已에 不樂生死요 不樂生死에 則得正觀이니 爾時에 次第觀心의 生相·住相·滅相하며 次第觀心의 生·住·滅相하며 定慧進戒도 亦復如是니라

觀生住滅已에 知心相과 乃至戒相하야 終不作惡일새 無有死畏와 三惡道畏니라 若不繫心하야 觀察如是二十事者는 心則放逸하야 無惡不造니라

阿闍世가 言호대 如我解佛의 所說義者인대 我從昔來로 初未曾觀是二十事일새 故造衆惡이요 造衆惡故로 則有死畏와 三惡道畏로소이다 世尊이시여 自我招殃하야 造玆重惡이라 父王은 無辜어늘 橫加逆害하니 是二十事를 設觀不觀이라도 必定當墮阿鼻地獄이리다

佛告大王하사대 一切諸法의 性相이 無常하야 無有決定이어늘 王云何言必定當墮阿鼻地獄고

阿闍世王이 白佛言호대 世尊이시여 若一切法이 無定相者인대 我之殺罪도

亦應不定어니와 若殺定者인대 一切諸法이 則非不定이니다

佛言大王하사대 善哉善哉라 諸佛世尊이 說一切法이 悉無定相이어늘 王復能知殺亦不定하니 是故로 當知殺無定相이니라 大王이여 如汝所言하야 先父無辜어늘 橫加逆害者인대 何者是父오 但於假名인 眾生五陰에 妄生父想이니 於十二入과 十八界中에 何者是父오 若色是父인대 四陰은 應非요 若四가 是父인대 色亦應非요 若色非色이 合為父者인대 無有是處니라 何以故오 色與非色은 性無合故라

大王이여 凡夫眾生이 於是色陰에 妄生父想이나 如是色陰도 亦不可害니 何以故오 色有十種하니 是十種中에 唯色一種은 可見可持이며 可稱可量이며 可牽可縛이라 雖可見縛이나 其性이 不住라 以不住故로 不可得見이며 不可捉持이며 不可稱量이며 不可牽縛이니라

色相이 如是어니 云何可殺가 若色是父라 可殺可害며 獲罪報者인대 餘九는 應非요 若九非者인대 則應無罪니라

大王이여 色有三種하니 過去·未來·現在라 過去·現在는 則不可害리니 何以故오 過去는 過去故요 現在는 念念滅故라 遮未來故로 名之為殺이나 如是一色이 或有可殺이며 或不可殺이라 有殺不殺인대 色則不定이니 若色不定인대 殺亦不定이라 殺不定故로 報亦不定이리니 云何說言定入地獄이오

大王이여 一切眾生의 所作罪業이 凡有二種하니

一者는 輕이요 二者는 重이라

若心口로 作인대 則名為輕이요 身口心作인대 則名為重이니

大王이여 心念口說이나 身不作者인대 所得報輕이라

大王이여 昔日에 口不勅殺하고 但言削足이라 하며 大王이여 若勅侍臣하야 立斬王首커늘 坐時乃斬이라도 猶不得罪이어든 況王不勅이어니 云何得罪리요 王若得罪인대 諸佛世尊도 亦應得罪리니 何以故오 汝父先王頻婆娑羅는 常於諸佛에 種諸善根일새 是故로 今日에 得居王位하니 諸佛이 若不受其供養하면 則不為王이요 若不為王인대 汝則不得為國生害리라 若汝殺父하야 當有罪者인대 我等諸佛도 亦應有罪요 若諸佛世尊이 無有罪者인대

汝獨云何而得罪耶아

大王이여 頻婆娑羅는 往有惡心이라 於毘富羅山에 遊行獵鹿일새 周遍壙野호대 悉無所得이라 唯見一仙하니 五通具足이라 見已에 即生瞋恚惡心호대 我今遊獵에 所以不得은 正坐此人이 驅逐令去라 하고 即勅左右하야 而令殺之라 하니 其人이 臨終에 生瞋惡心하야 退失神通하고 而作誓言호대 我實無辜어늘 汝以心口로 橫加戮害하니 我於來世에 亦當如是하야 還以心口로 而害於汝리라

時王이 聞已에 即生悔心하야 供養死屍하니라 是王如是라도 尚得輕受하야 不墮地獄이어든 況王不爾하니 而當地獄에 受果報耶아 先王이 自作還自受之하니 云何令王으로 而得殺罪아 如王所言하야 父王無辜者인대 大王이여 云何言無리오 夫有罪者는 則有罪報어니와 無惡業者는 則無罪報니라

汝父先王이 若無辜罪인대 云何有報리오 頻婆娑羅가 於現世中에 亦得善果와 及以惡果하니 是故로 先王이 亦復不定이라 以不定故로 殺亦不定이며 殺不定故로 云何而言 定入地獄이리오

大王이여 眾生狂惑이 凡有四種하니

一者는 貪狂이요 二者는 藥狂이요 三者는 呪狂이요 四者는 本業緣狂이라 大王이여 我弟子中에 有是四狂하니 雖多作惡이나 我終不記是人의 犯戒로니 是人所作으로 不至三惡이라 若還得心하야 亦不言犯이리니 王本貪國하야 逆害父王하니 貪狂心作이라 云何得罪리오

大王이여 如人酒醉하야 逆害其母하고 既醒寤已에 心生悔恨하면 當知是業은 亦不得報니라 王今貪醉요 非本心作이라 若非本心인대 云何得罪리오

大王이여 譬如幻師가 四衢道頭에 幻作種種男女·象馬·瓔珞·衣服이어든 愚癡之人이 謂為真實이나 有智之人은 知非真有라 殺亦如是하야 凡夫는 謂實이나 諸佛世尊은 知其非真이니라

大王이여 譬如山間響聲을 愚癡之人은 謂之實聲이나 有智之人은 知其非真이라 殺亦如是하야 凡夫謂實이나 諸佛世尊은 知其非真이니라

大王이여 如人有怨하야 詐來親附에 愚癡之人은 謂為實親이나 智者는 了

達하야 乃知虛詐이니 殺亦如是하야 凡夫謂實이나 諸佛世尊은 知其非眞이니라

大王이여 如人執鏡하야 自見面像하고 愚癡之人은 謂爲眞面이나 智者는 了達하야 知其非眞이라 殺亦如是하야 凡夫謂實이나 諸佛世尊은 知其非眞이니라

大王이여 如熱時炎을 愚癡之人은 謂之是水나 智者는 了達하야 知其非水하니 殺亦如是하야 凡夫謂實이나 諸佛世尊은 知其非眞이니라

大王이여 如乾闥婆城을 愚癡之人은 謂爲眞實이나 智者는 了達하야 知其非眞이니 殺亦如是하야 凡夫謂實이나 諸佛世尊은 知其非眞이니라

大王이여 如人夢中에 受五欲樂이어든 愚癡之人은 謂之爲實이나 智者는 了達하야 知其非眞이니 殺亦如是하야 凡夫謂實이나 諸佛世尊은 知其非眞이니라

大王이여 殺法殺業과 殺者殺果와 及以解脫을 我皆了之 則無有罪라 王雖知殺이나 云何有罪리오

大王이여 譬如有人이 主知典酒라도 如其不飮인대 則亦不醉며 雖復知火나 亦不燒然이니 王亦如是하야 雖復知殺이나 云何有罪리오

大王이여 有諸衆生이 於日出時에 作種種罪하고 於月出時에 復行劫盜나 日月不出하면 則不作罪로대 雖因日月하야 令其作罪나 然이나 此日月은 實不得罪리니 殺亦如是하야 雖復因王이나 王實無罪니라

大王이여 如王宮中에 常勅屠羊이나 心初無懼커늘 云何於父에 獨生懼心고 雖復人畜이 尊卑差別이나 寶命畏死는 二俱無異어늘 何故於羊엔 心輕無懼하고 於父先王엔 生重憂苦오

大王이여 世間之人이 是愛僮僕일새 不得自在하면 爲愛所使하야 而行殺害어든 設有果報라도 乃是愛罪니라 王不自在니 當有何咎아

大王이여 譬如涅槃이 非有非無로대 而亦是有이니 殺亦如是하야 雖非有非無나 而亦是有라 慚愧之人은 則爲非有요 無慚愧者는 則爲非無이며 受果報者는 名之爲有요 空見之人은 則爲非有며 有見之人은 則爲非無요

有有見者도 亦名為有라 何以故오 有有見者는 得果報故니라 無有見者는 則無果報요 常見之人은 則為非有요 無常見者는 則為非無니라 常常見者는 不得為無니 何以故오 常常見者는 有惡業果故라 是故로 常常見者는 不得為無니 以是義故로 雖非有無나 而亦是有니라

大王이여 夫衆生者는 名出入息이니 斷出入息인대 故名為殺이라 諸佛隨俗하야 亦說為殺이니라

大王이여 色是無常이요 色之因緣도 亦是無常이라 從無常因生이어니 色云何常이리요 乃至識是無常이요 識之因緣도 亦是無常이니 從無常因하야 生이어니 識云何常리요 以無常故苦요 以苦故空이요 以空故無我니 若是無常苦空無我인대 為何所殺이리오 殺無常者는 得常涅槃하고 殺苦得樂하고 殺空得實하고 殺於無我하면 而得眞我니라

大王이여 若殺無常苦空無我者인대 則與我同이라 我는 亦殺於無常苦空無我로대 不入地獄이로니 汝云何入이리오

爾時에 阿闍世王이 如佛所說하야 觀色乃至觀識하고 作是觀已에 即白佛言호대 世尊이시여 我今에 始知色是無常이며 乃至識是無常이로소니 我本若能如是知者이면 則不作罪리다

世尊이시여 我昔曾聞호니 諸佛世尊은 常為衆生하사 而作父母라 하니 雖聞是語나 猶未審定이러니 今則定知로소이다

世尊이시여 我亦曾聞호니 須彌山王은 四寶所成이니 所謂金銀琉璃頗梨라 若有衆鳥가 隨所集處하야 則同其色이라 하니 雖聞是言이나 亦不審定이러니 我今에 來至佛須彌山하야 則與同色이니다 與同色者는 則知諸法이 無常苦空無我니다

世尊이시여 我見世間에 從伊蘭子하야 生伊蘭樹하고 不見伊蘭에 生栴檀樹이러니 我今에 始見從伊蘭子하야 生栴檀樹니다 伊蘭子者는 我身是也요 栴檀樹者는 即是我心의 無根信也라 無根者는 我初不知恭敬如來하며 不信法僧하니 是名無根이니다

世尊이시여 我若不遇如來世尊이런들 當於無量阿僧祇劫을 在大地獄하야

受無量苦어늘 我今見佛호니 以是見佛일새 所得功德으로 破壞衆生의 所有一切煩惱惡心이로소이다

佛言하사대 大王이여 善哉善哉라 我今에 知汝 必能破壞衆生惡心이로다

世尊이시여 若我審能破壞衆生諸惡心者인대 使我로 常在阿鼻地獄하야 無量劫中에 爲諸衆生하야 受大苦惱라도 不以爲苦리이다

爾時에 摩伽陀國에 無量人民이 悉發阿耨多羅三藐三菩提心하니 以如是等無量人民이 發大心故로 阿闍世王의 所有重罪가 卽得微薄하고 王及夫人과 後宮婇女가 悉皆同發阿耨多羅三藐三菩提心하니라

爾時에 阿闍世王이 語耆婆言호대 耆婆여 我今에 未死已得天身하고 捨於短命而得長命하며 捨無常身而得常身하야 令諸衆生으로 發阿耨多羅三藐三菩提心하니 卽是天身이며 長命常身이라 卽是一切諸佛의 弟子로다 說是語已하고 卽以種種寶幢幡蓋와 香花瓔珞과 微妙伎樂으로 而供養佛하고 復以偈頌으로 而讚歎言호대

 實語甚微妙하사 善巧於句義힉며
 甚深祕密藏을 爲衆故顯示하시니이다
 所有廣博言을 爲衆故略說하사니
 具足如是言일새 善能療衆生이니이다
 若有諸衆生이 得聞是語者는
 若信及不信에 定知是佛說이니이다
 諸佛常軟語하시며 爲衆故說麤하시나
 麤語及軟語가 皆歸第一義니이다
 是故我今者에 歸依於世尊하노이다
 如來語一味하사 猶如大海水이 하시니
 是名第一諦이며 故無無義語라
 如來今所說의 種種無量法을
 男女大小聞하고 同獲第一義니이다
 無因亦無果며 無生及無滅이니

是名大涅槃이라 聞者破諸果니다
如來爲一切하사 常作慈父母시니
當知諸衆生이 皆是如來子니다
世尊大慈悲로 爲衆故苦行하심이
如人著鬼魅에 狂亂多所作이니다
我今得見佛하야 所得三業善이라
願以此功德으로 迴向無上道하며
我今所供養 佛法及衆僧하옵소서
願以此功德으로 三寶常在世하시며
我今所當得 種種諸功德인
願以此로 破壞 衆生四種魔하오라 다
我遇惡知識하야 造作三世罪를
今於佛前悔하고 願後更莫造하리니다
願諸衆生等이 悉發菩提心하야
繫心常思念 十方一切佛하며
復願諸衆生이 永破諸煩惱하고
了了見佛性을 猶如妙德等하야지다

爾時에 世尊께서 讚阿闍世王하사대 善哉善哉라 若有人이 能發菩提心하면 當知是人은 則爲莊嚴諸佛大衆이니라 大王이여 汝昔에 已於毘婆尸佛에 初發阿耨多羅三藐三菩提心하고 從是已來로 至我出世토록 於其中間에 未曾墮於地獄受苦하니라 大王이여 當知하라 菩提之心이 乃有如是無量果報니라 大王이여 從今已往에 常當勤修菩提之心하라 何以故오 從是因緣하야 當得消滅無量惡故니라

爾時에 阿闍世王과 及摩伽陀의 擧國人民이 從座而起하야 繞佛三匝하고 辭退還宮하니라 天行品者는 如雜花說하니라

大般涅槃經 嬰兒行品 第九

善男子야 云何名嬰兒行고 善男子야 不能起住 來去語言이 是名嬰兒니 如來도 亦爾니라 不能起者는 如來가 終不起諸法相이요 不能住者는 如來가 不著一切諸法이요 不能來者는 如來身行이 無有動搖요 不能去者는 如來가 已到大般涅槃이요 不能語者는 如來가 雖為一切衆生하야 演說諸法이나 實無所說이니 何以故오 有所說者는 名有為法이라 如來世尊은 非是有為일새 是故로 無說이니라

又無語者는 猶如嬰兒가 語言을 未了라 雖復有語이나 實亦無語이니 如來도 亦爾라 語未了者는 即是諸佛祕密之言이니 雖有所說이나 衆生이 不解일새 故名無語니라

又嬰兒者는 名物不一하야 未知正語라 雖名物不一하야 未知正語나 非不因此코 而得識物이라 如來도 亦爾하사 一切衆生이 方類各異하며 所言不同이어늘 如來方便으로 隨而說之하며 亦令一切로 因而得解케하나니라

又嬰兒者는 能說大字니 如來도 亦爾하사 說於大字니 所謂婆啝라 啝者는 有為요 婆者는 無為니 是名嬰兒라 啝者는 名為無常이요 婆者는 名為有常이라 如來說常이어든 衆生이 聞已에 為常法故로 斷於無常이니 是名嬰兒行이라

又嬰兒者는 不知苦樂과 晝夜父母하나니 菩薩摩訶薩도 亦復如是하야 為衆生故로 不知苦樂하며 無晝夜想이며 於諸衆生에 其心平等일새 故無父母와 親疎等相이니라

又嬰兒者는 不能造作大小諸事하나니 菩薩摩訶薩도 亦復如是니라 菩薩이 不造生死作業을 是名不作이니라 大事者는 即五逆也니 菩薩摩訶薩은 終不造作五逆重罪니라

小事者는 即二乘心이니 菩薩은 終不退菩提心하야 而作聲聞·辟支佛乘이니라

又嬰兒行者는 如彼嬰兒啼哭之時에 父母가 卽以楊樹黃葉으로 而語之言호대 莫啼莫啼하라 我與汝金호리라 嬰兒가 見已에 生眞金想하야 便止不啼나 然此楊葉이 實非金也며 木牛木馬와 木男木女를 嬰兒見已에 亦復生於男女等想하야 卽止不啼나 實非男女어늘 以作如是男女想故로 名曰嬰兒라

如來도 亦爾하사 若有衆生이 欲造衆惡이어든 如來가 爲說三十三天이 常·樂·我·淨으로 端正自恣하야 於妙宮殿에 受五欲樂하며 六根所對가 無非是樂이어든 衆生이 聞有如是樂故로 心生貪樂하야 止不爲惡하고 勤作三十三天의 善業이어니와 實是生死며 無常無樂이며 無我無淨이어늘 爲度衆生하야 方便說言常·樂·我·淨이니라

又嬰兒者는 若有衆生이 厭生死時에 如來가 則爲說於二乘이나 然實無有二乘之實이로대 以二乘故로 知生死過하고 見涅槃樂하니 以是見故로 則能自知有斷不斷하며 有眞不眞하며 有修不修하며 有得不得이니라

善男子야 如彼嬰兒가 於非金中에 而生金想하야 如來도 亦爾하사 於不淨中에 而爲說淨하시나 如來는 已得第一義故로 則無虛妄이니라

如彼嬰兒가 於非牛馬에 作牛馬想하야 若有衆生이 於非道中에 作眞道想하면 如來는 亦說非道라 하시니 爲道非道之中에 實無有道로대 以能生道의 微因緣故로 說非道爲道하시니라 如彼嬰兒가 於木男女에 生男女想하야 如來도 亦爾하사 知非衆生이나 說衆生想이언정 而實無有衆生相也니라

若佛如來가 說無衆生하시면 一切衆生이 則墮邪見일새 是故로 如來가 說有衆生이나 於衆生中에 作衆生想者는 則不能破衆生相也니라 若於衆生에 破衆生相者인대 是則能得大般涅槃하리니 以得如是大涅槃故로 止不啼哭이라 是名嬰兒行이니라

善男子야 若有男女가 受持·讀誦·書寫·解說 是五行者인대 當知是人은 必定當得如是五行하리라

迦葉菩薩이 白佛言호대 世尊이시여 如我解佛所說義者인대 我亦定當得是五行이로소이다

大般涅槃經 嬰兒行品 第九

佛言하사대 善男子야 不獨汝得如是五行이라 今此會中에 九十三萬人도 亦同於汝하야 得是五行하리라

大般涅槃經 卷第二十 終

大般涅槃經 卷第二十一

北涼 天竺三藏 曇無讖 譯

光明遍照·高貴德王·菩薩品 第十之一

爾時에 世尊께서 告光明遍照·高貴德王·菩薩摩訶薩言하사대 善男子야 若有菩薩摩訶薩이 修行如是大涅槃經하면 得十事功德하야 不與聲聞辟支佛共이니 不可思議이며 聞者驚怪라 非內非外이며 非難非易이며 非相非非相이며 非是世法이며 無有相貌이며 世間所無니라

何等為十이오 一者는 有五하니 何等為五오

一者는 所不聞者를 而能得聞이요

二者는 聞已에 能為利益이요

三者는 能斷疑惑之心이요

四者는 慧心正直無曲이요

五者는 能知如來密藏이니 是為五事라

何等이 不聞을 而能得聞고 所謂甚深微密之藏이니 一切眾生이 悉有佛性하며 佛法眾僧이 無有差別하며 三寶性相이 常·樂·我·淨이며 一切諸佛이 無有畢竟에 入涅槃者라 常住無變하시며 如來涅槃이 非有·非無요 非有為·非無為요 非有漏·非無漏요 非色·非不色이요 非名·非不名이요 非相·非不相이며 非有·非不有요 非物·非不物이며 非因·非果요 非待·非不待이며 非明·非闇이요 非出·非不出이며 非常·非不常이요 非斷·非不斷이며 非始·非終이요 非過去·非未來·非現在이며 非陰·非不陰이요 非入·非不入이며 非界·非不界요 非十二因緣·非不十二因緣이라

如是等法이 甚深微密이어늘 昔所不聞을 而能得聞이니라 復有不聞하니 所謂一切外道經書의 四毘陀論과 毘伽羅論과 衛世師論과 迦毘羅論과 一切

呪術과 醫方伎藝와 日月博蝕과 星宿運變과 圖書讖記라 如是等經에는 初未曾聞祕密之義러니 今於此經에 而得知之니라
復有十一部經하니 除毘佛略이라 亦無如是深密之義러니 今因此經하야 而得知之니 善男子야 是名不聞而能得聞이니라
聞已에 利益者는 若能聽受是大涅槃經하면 悉能具知一切方等大乘經典의 甚深義味리니 譬如男女가 於明淨鏡에 見其色像을 了了分明인달하야 大涅槃鏡도 亦復如是라
菩薩이 執之에 悉得明見大乘經典의 甚深之義하리라 亦如有人이 在闇室中이라가 執大炬火하면 悉見諸物하리니 大涅槃炬도 亦復如是라
菩薩執之하면 得見大乘深奧之義하리며 亦如日出에 有千光明이라 悉能照了諸山幽闇하며 令一切人으로 遠見諸物하나니 是大涅槃淸淨慧日도 亦復如是하야 照了大乘深邃之處하며 令二乘人으로 遠見佛道라 所以者何오 以能聽受是大涅槃微妙經典故라
善男子야 若有菩薩摩訶薩이 聽受如是大涅槃經하면 得知一切諸法名字요 若能書寫讀誦通利하며 為他廣說하며 思惟其義하면 則知一切諸法義理니라
善男子야 其聽受者는 唯知名字코 不知其義어니와 若能書寫受持讀誦하며 為他廣說하며 思惟其義하면 則能知義하리라
復次善男子야 聽是經者는 聞有佛性이나 未能得見이어니와 書寫讀誦하며 為他廣說하며 思惟其義하면 則得見之하리라
聽是經者는 聞有檀名이나 未能得見檀波羅蜜이어니와 書寫讀誦하야 為他廣說思惟其義하면 則能得見檀波羅蜜하며 乃至般若波羅蜜도 亦復如是니라
善男子야 菩薩摩訶薩이 若能聽是大涅槃經하면 則知法知義하야 具二無礙라 於諸沙門婆羅門等과 若天魔梵과 一切世中에 得無所畏하며 開示分別十二部經하야 演說其義호대 無有差違하며 不從他聞하야 而能自知라 近於阿耨多羅三藐三菩提하리니 善男子야 是名이 聞已에 能為利益이니라

斷疑心者는 疑有二種하니 一者는 疑名이요 二者는 疑義라 聽是經者는 斷疑名心이요 思惟義者는 斷疑義心이니라

復次善男子야 疑有五種하니

一者는 疑佛定涅槃不이오 二者는 疑佛是常住不이오 三者는 疑佛是眞樂不이오 四者는 疑佛是眞淨不이오 五者는 疑佛是實我不라

聽是經者는 疑佛涅槃을 則得永斷이요 書寫讀誦하며 爲他廣說하며 思惟其義에 四疑를 永斷이니라

復次善男子야 疑有三種하니

一은 疑聲聞이 爲有 爲無요 二는 疑緣覺이 爲有 爲無오 三은 疑佛乘이 爲有 爲無라

聽是經者는 如是三疑가 永滅無餘요 書寫讀誦하며 爲他廣說하며 思惟其義에 則能了知一切衆生이 悉有佛性이니라

復次善男子야 若有衆生이 不聞如是大涅槃經하면 其心多疑니 所謂若常·無常과 若樂·不樂과 若淨·不淨과 若我·無我와 若命·非命과 若衆生·非衆生과 若畢竟·不畢竟가 若他世와 若過世와 若有·若無와 若苦·若非苦와 若集·若非集과 若道·若非道와 若滅·若非滅과 若法·若非法과 若善·若非善과 若空·若非空이라 聽是經者는 如是諸疑가 悉得永斷이니라

復次善男子야 若有不聞如是經者는 復有種種衆多疑心하니 所謂色是我耶아 受想行識이 是我耶아 眼能見耶아 我能見耶아 乃至識能知耶아 我能知耶아 色受報耶아 我受報耶아 乃至識受報耶아 我受報耶아 色至他世耶아 我至他世耶아 乃至識亦如是하야 生死之法이 有始有終耶아 無始無終耶라 聽是經者는 如是等疑를 亦得永斷이니라

復有人은 疑一闡提人과 犯四重禁과 作五逆罪와 謗方等經하는 如是等輩도 有佛性耶아 無佛性耶아 聽是經者는 如是等疑가 悉得永斷이니라

復有人疑하니 世間有邊耶아 世間無邊耶아 有十方世界耶아 無十方世界耶아 聽是經者는 如是等疑가 亦得永斷이니 是名이 能斷疑惑之心이니라

慧心이 正直하야 無邪曲者가 心若有疑하면 則所見不正이라 一切凡夫가

若不得聞是大涅槃微妙經典하면 所見邪曲하며 乃至聲聞·辟支佛人도 所見이 亦曲이라

云何名為一切凡夫의 所見邪曲고 於有漏中에 見常·樂·我·淨하고 於如來所에 見無常苦不淨無我하며 見有眾生과 壽命知見하며 計非有想非無想處하야 以為涅槃하며 見自在天有八聖道하며 有見斷見인 如是等見이 名為邪曲이니라

菩薩摩訶薩이 若得聞是大涅槃經하야 修行聖行하면 則得斷除如是邪曲하리라

云何名為聲聞·緣覺의 邪曲見耶아 見於菩薩이 從兜率下할새 化乘白象하고 降神母胎하시니 父名淨飯이요 母曰摩耶라

迦毘羅城에 處胎滿足十月而生이어든 生未至地에 帝釋이 捧接하며 難陀龍王과 及婆難陀가 吐水而浴하며 摩尼跋陀大鬼神王이 執持寶蓋하야 隨後侍立하며 地神이 化花하야 以承其足하며 四方各行하야 滿足七步하며 到於天廟하신대 令諸天像으로 悉起承迎하며 阿私陀仙이 抱持占相하고 既占相已에 生大悲苦하야 自傷當終이라 不覩佛興하며 詣師하야 學書·算計·射禦와 圖讖·伎藝하며 處在深宮할새 六萬婇女로 娛樂受樂하시며 出城遊觀할새 至迦毘羅園이러시니 道見老人과 乃至沙門이 法服而行하시고 還至宮中하야 見諸婇女하니 形體狀貌가 猶如枯骨이요 所有宮殿이 塚墓로 無異라 厭惡出家할새 夜半踰城하야 至欝陀伽와 阿羅邏等의 大仙人所하야 聞說識處와 及非有想非無想處하고 既聞是已에 諦觀是處가 是非常과 苦와 不淨과 無我하시고 捨至樹下하야 具修苦行을 滿足六年에 知是苦行으로 不能得成阿耨多羅三藐三菩提로다 하시고

爾時에 復到阿利跋提河中하야 洗浴하고 受牧牛女의 所奉乳糜하시며 受已轉至菩提樹下하사 破魔波旬하고 得成阿耨多羅三藐三菩提하시며 於波羅奈에 為五比丘하야 初轉法輪하시며 乃至於此拘尸那城에 入般涅槃이라 하면 如是等見은 是名聲聞緣覺의 曲見이라

善男子야 菩薩摩訶薩이 聽受如是大涅槃經하면 悉得斷除如是等見이요 若

能書寫·讀誦·通利하며 爲他演說하고 思惟其義하면 則得正直하야 無邪曲見하리라

善男子야 菩薩摩訶薩이 修行如是大涅槃經하얀 諦知菩薩이 無量劫來로 不從兜率하야 降神母胎하며 乃至拘尸那城에 入般涅槃하리니 是名菩薩摩訶薩의 正直之見이니라

能知如來深密義者는 所謂卽是大般涅槃이니 一切衆生이 悉有佛性이라 懺四重禁하며 除謗法心하며 盡五逆罪하며 滅一闡提며 然後에 得成阿耨多羅三藐三菩提니 是名甚深祕密之義니라 復次善男子야 云何復名甚深之義인고 雖知衆生이 實無有我이나 而於未來에 不失業果하며 雖知五陰이 於此滅盡이나 善惡之業은 終不敗亡하며 雖有諸業이나 不得作者며 雖有至處이나 無有去者하며 雖有繫縛이나 無受縛者며 雖有涅槃이나 亦無滅者니 是名甚深祕密之義니라

爾時에 光明遍照·高貴德王·菩薩摩訶薩이 白佛言호대 世尊이시여 如我解佛所說聞不聞義인대 是義不然하니다

何以故오 法若有者인대 便應定有요 法若無者인대 便應定無라 無不應生이요 有不應滅이니 如其聞者인대 是則爲聞이어니와 若不聞者인대 則爲不聞이어늘 云何而言호대 聞所不聞이닛고 世尊이시여 若不可聞인대 是爲不聞이요 若已聞者인대 則更不聞이리니 何以故오 已得聞故라 云何而言聞所不聞이닛고 譬如去者는 到則不去요 去則不到이며 亦如生已에 不生이요 不生인대 不生이요 得已인대 不得이요 不得인대 不得인달하니 聞已不聞과 不聞不聞도 亦復如是하니다

世尊이시여 若不聞을 聞者인대 一切衆生이 未有菩提나 卽應有之이며 未得涅槃이나 亦應得之며 未見佛性이나 應見佛性이어늘 云何復言하사대 十住菩薩이 雖見佛性이나 未得明了라 하시나닛고

世尊이시여 若不聞聞者인대 如來往昔에 從誰得聞하시며 若言得聞인대 何故로 如來가 於阿含中에 復言無師라 하시닛고 若不聞不聞이라도 如來가 得成阿耨多羅三藐三菩提者인대 一切衆生이 不聞不聞이나 亦應得成阿

耨多羅三藐三菩提며 如來가 若當不聞如是大涅槃經하고 見佛性者인대 一切衆生이 不聞是經이나 亦應得見이니다

世尊이시여 凡是色者는 或有可見이요 或不可見이며 聲亦如是하야 或是可聞이며 或不可聞이어니와 是大涅槃은 非色非聲이어늘 云何而言可得見聞이닛고

世尊이시여 過去는 已滅이라 則不可聞이요 未來未至라 亦不可聞이며 現在聽時엔 則不名聞이며 聞已聲滅이라 更不可聞이니다 是大涅槃은 亦非過去·未來·現在니 若非三世인대 則不可說이요 若不可說인대 則不可聞이어늘 云何而言菩薩이 修是大涅槃經하야 聞所不聞이라 하시닛고

爾時에 世尊께서 讚光明遍照·高貴德王·菩薩摩訶薩言하사대 善哉善哉라 善男子야 汝今善知一切諸法이 如幻如焰하며 如乾闥婆城하며 畵水之跡하며 亦如泡沫과 芭蕉之樹이며 空無有實이며 非命非我며 無有苦樂하니 如十住菩薩之所知見이로다 時大衆中에 忽然之頃에 有大光明하니 非靑에 見靑하며 非黃에 見黃하며 非赤에 見赤하며 非白에 見白하며 非色에 見色하며 非明에 見明하며 非見에 而見이어늘 爾時에 大衆이 遇斯光已에 身心快樂이 譬如比丘가 入師子王定이러라

爾時에 文殊師利菩薩摩訶薩이 白佛言호대 世尊이시여 今此光明은 誰之所放이닛고 爾時에 如來께서 默然不說이어시늘

迦葉菩薩이 復問文殊師利호대 何因緣故으로 有此光明하야 照於大衆이닛고 文殊師利가 默然不答하시니라

爾時에 無邊身菩薩이 復問迦葉菩薩호대 今此光明은 誰之所有오 迦葉菩薩이 默然不說니

淨住王子菩薩이 復問無邊身菩薩호대 何因緣故으로 是大衆中에 有此光明고 無邊身菩薩이 默然不說하니라

如是五百菩薩이 皆亦如是하야 雖相諮問이나 然이나 無答者어늘 爾時에 世尊께서 問文殊師利言하사대 文殊師利여 何因緣故로 是大衆中에 有此光明고

文殊師利言호대 世尊이시여 如是光明은 名為智慧니 智慧者는 卽是常住라 常住之法은 無有因緣이어늘 云何佛問何因緣故로 有是光明이닛고 是光明者는 名大涅槃이라

大涅槃者는 則名常住니 常住之法은 不從因緣이어늘 云何佛問何因緣故로 有是光明이닛고 是光明者은 卽是如來니 如來者는 卽是常住라 常住之法은 不從因緣이어니 云何如來가 問於因緣이닛고 光明者는 名大慈·大悲라 大慈·大悲者는 名為常住이니 常住之法은 不從因緣이어늘 云何如來가 問於因緣이닛가 光明者는 卽是念佛이라

念佛者는 是名常住니 常住之法은 不從因緣이어늘 云何如來가 問於因緣이닛가 光明者는 卽是一切聲聞·緣覺과 不共之道라 聲聞緣覺不共之道는 卽名常住이니 常住之法은 不從因緣이어늘 云何如來가 問於因緣이닛고

世尊이시여 亦有因緣하니 因滅無明하야 則得熾然阿耨多羅三藐三菩提燈이니다

佛言하사대 文殊師利여 汝今莫入諸法甚深第一義諦하고 應以世諦로 而解說之하라

文殊師利言호대 世尊이시여 於此東方에 過二十恒河沙等世界하야 有佛世界하니 名曰不動이라 其佛住處가 縱廣正等하야 足滿一萬二千由旬이라 其地七寶요 無有土石하며 平正柔軟하야 無諸溝坑하며 其諸樹木이 四寶所成이라 金銀琉璃와 及以頗梨이며 花果茂盛하야 無時不有어든 若有眾生이 聞其花香하면 身心安樂이 譬如比丘가 入第三禪하며 周匝하여 復有三千大河호대 其水微妙하야 八味具足이라 若有眾生이 在中浴者는 所得喜樂이 譬如比丘가 入第二禪하며 其河에 多有種種諸花하니 優鉢羅花와 波頭摩花와 拘物頭花와 分陀利花와 香花와 大香花와 微妙香花와 常花와 一切眾生無遮護花라 其河兩岸에 亦有眾花하니 所謂阿提目多伽花와 占婆花와 波吒羅花와 婆師羅花와 摩利迦花와 大摩利迦花와 新摩利迦花와 須摩那迦花와 由提迦花와 檀㝹迦利花와 常花와 一切眾生無遮護花라 底布金沙하고 有四梯橙하니 金銀琉璃雜色頗梨이며 多有眾鳥가 遊集其上하고

復有無量虎狼師子와 諸惡鳥獸호대 其心相視가 猶如赤子하며 彼世界中에 一切無有犯重禁者와 誹謗正法과 及一闡提와 五逆等罪하며 其土調適하야 無有寒熱과 飢渴苦惱하며 無貪欲恚와 放逸嫉妬하며 無有日月과 晝夜時節하니 猶如第二忉利天上하며 其土人民이 等有光明하고 各各無有憍慢之心하고 一切가 悉是菩薩大士라 皆得神通하야 具大功德하며 其心에 悉皆尊重正法하며 乘於大乘하야 愛念大乘하며 貪樂大乘하야 護惜大乘하며 大慧成就하야 得大總持하며 心常憐愍一切衆生이니다

其佛은 號曰滿月光明·如來·應供·正遍知·明行足·善逝·世間解·無上士·調御丈夫·天人師·佛·世尊이라 隨所住處하야 有所講宣이어든 其土衆生이 無不得聞하며 爲琉璃光菩薩摩訶薩하사 講宣如是大涅槃經하시니

佛言하사대 善男子야 菩薩摩訶薩이 若能修行大涅槃經하면 所不聞者를 皆悉得聞이라 하신대 彼琉璃光菩薩摩訶薩이 問滿月光明佛도 亦如此間에 光明遍照高貴德王菩薩摩訶薩의 所問과 等無有異니다

彼滿月光明佛이 卽告琉璃光菩薩言하사대 善男子야 西方去此二十恒河沙佛土하야 彼有世界하니 名曰娑婆라 其土는 多有山陵堆阜와 土沙礫石하고 荊棘毒刺가 周遍充滿하며 常有飢渴과 寒熱苦惱하며 其土人民은 不能恭敬沙門婆羅門과 父母師長하고 貪著非法하야 欲於非法하며 修行邪法하야 不信正法하며 壽命短促하고 有行姦詐일새 王者가 治之하며 王雖有國이나 不知滿足하야 於他所有에 生貪利心하야 興師相伐일새 枉死者衆하며 王者修行如是非法이라 四天善神이 心無歡喜일새 故降災旱하니 穀米不登하야 人民多病하고 苦惱無量이라

彼中有佛하니 號釋迦牟尼·如來·應供·正遍知·明行足·善逝·世間解·無上士·調御丈夫·天人師·佛·世尊이라

大悲純厚하사 愍衆生故로 於拘尸那城娑羅雙樹間에 爲諸大衆하야 敷演如是大涅槃經하시니 彼有菩薩호대 名光明遍照高貴德王이라 已問斯事가 如汝無異어든 佛今答之하시나니 汝可速往하야 自當得聞하라

世尊이시여 彼琉璃光菩薩이 聞是事已에 與八萬四千菩薩摩訶薩로 欲來至

此일새 故先現瑞하라 以此因緣으로 有此光明이니 是名因緣이며 亦非因緣이니다

爾時에 琉璃光菩薩이 與八萬四千諸菩薩俱하야 持諸幡蓋와 香花瓔珞과 種種伎樂하니 倍勝於前이라 俱來至此拘尸那城娑羅雙樹間하야 以已所持供養之具로 供養於佛하고 頭面禮足하고 合掌恭敬하야 右繞三匝하고 修敬已畢에 却坐一面하니라

爾時에 世尊께서 問彼菩薩하사대 善男子야 汝爲到來아 爲不到來아

琉璃光菩薩이 言호대 世尊이시여 到亦不來이며 不到亦不來라 我觀是義호니 都無有來니다

世尊이시여 諸行이 若常이라도 亦復不來요 若是無常이라도 亦無有來니다 若人이 見有衆生性者인대 有來不來어니와 我今不見衆生定性이어니 云何當言有來不來닛고 有憍慢者는 見有去來어니와 無憍慢者는 則無去來며 有取行者는 見有去來이나 無取行者는 則無去來니다 若見如來가 畢竟涅槃하면 則有去來어니와 不見如來가 畢竟涅槃하면 則無去來며 不聞佛性하면 則有去來나 聞佛性者는 則無去來며 若見聲聞·辟支佛人이 有涅槃者인대 則有去來어니와 不見聲聞·辟支佛人이 有涅槃者인대 則無去來니다

若見聲聞·辟支佛人이 常·樂·我·淨인대 則有去來어니와 若不見者는 則無去來하며 若見如來는 無常樂我淨인대 則有去來어니와 若見如來 常·樂·我·淨인대 則無去來니다

世尊이시여 且置斯事하고 欲有所問이로소니 唯垂哀愍하사 少見聽許하소서

佛言하사대 善男子야 隨意所問하라 今正是時니 我當爲汝하야 分別解說하리라 所以者何오 諸佛難値如優曇花하며 法亦如是하야 難可得聞이며 十二部經中에 方等이 復難이니 是故로 應當專心聽受하라 時에 琉璃光菩薩摩訶薩이 既蒙聽許하고 兼被誡勅하야 即白佛言호대 世尊이시여 云何菩薩摩訶薩이 有能修行大涅槃經에 聞所不聞이닛고

爾時에 如來께서 讚言호대 善哉善哉라

善男子야 汝今欲盡如是大乘大涅槃海할새 正復値我의 能善解說이라 汝

今所有疑網毒鏃를 我為大醫일새 能善拔出하리라 汝於佛性에 猶未明了어늘 我有慧炬하니 能為照明하리라
汝今欲度生死大河하니 我能為汝하야 作大船師하리라 汝於我所에 生父母想하니 我亦於汝에 生赤子心니라
汝心今者에 貪正法寶할새 値我多有하니 能相惠施호리라 諦聽諦聽하야 善思念之하라 吾當為汝하야 分別宣釋호리라
善男子야 欲聽法者인대 今正是時니 若聞法已에 當生敬信하야 至心聽受하며 恭敬尊重이요 於正法所에 莫求其過하며 莫念貪欲과 瞋恚愚癡하며 莫觀法師의 種姓好惡하며 旣聞法已에 莫生憍慢하며 莫為恭敬과 名譽利養하고 當為度世하는 甘露法利하며 亦莫生念호대 我聽法已에 先自度身하고 然後에 度人하며 先自解身하고 然後에 解人하며 先自安身하고 然後에 安人하며 先自涅槃하고 然後에 令人으로 而得涅槃이라 하고 於佛法僧에 應生等想하며 於生死中에 生大苦想하며 於大涅槃에 應生常樂我淨之想하며 先為他人하고 然後에 為身하며 當為大乘하고 莫為二乘하며 於一切法에 當無所住하며 亦莫專執一切法相하며 於諸法中에 莫生貪相하고 常生知法見法之相이니라
善男子야 汝能如是하야 至心聽法하면 是則名為 聞所不聞이니라
善男子야 有不聞聞하고 有不聞不聞하며 有聞不聞하고 有聞聞이라
善男子야 如不生生과 不生不生과 生不生과 生生하며 如不到到와 不到不到와 到不到와 到到하니라
世尊이시여 云何不生生이닛고
善男子야 安住世諦하야 初出胎時에 是名不生生이니라 云何不生不生이닛고 善男子야 是大涅槃은 無有生相하니 是名不生不生이니라
云何生不生이닛고 善男子야 世諦死時에 是名生不生이니라
云何生生이닛고 善男子야 一切凡夫는 是名生生이니 何以故오 生生不斷故며 一切有漏가 念念生故로 是名生生이니라
四住菩薩은 名生不生이니 何以故오 生自在故로 是名生不生이니라 善男

子야 是名內法이니라

云何外法의 未生生이며 未生未生이며 生未生이며 生生인고 善男子야 譬如種子未生牙時에 得四大和合과 人功作業한 然後에 乃生하니 是名未生生이니라

云何未生未生인고 譬如敗種과 及未遇緣인 如是等輩는 名未生未生이니라

云何生未生고 如芽生已에 而不增長이 是名生未生이니라 云何生生인고 如牙增長이니 若生不生인대 則無增長하니라 如是一切有漏는 是名外法의 生生이니라

琉璃光菩薩摩訶薩이 白佛言호대 世尊이시여 有漏之法이 若有生者인대 為是常耶아 是無常乎닛가 生若是常인대 有漏之法이 則無有生이요 生若無常인대 則有漏是常이리다

世尊이시여 若生能自生인대 生無自性이요 若能生他인대 以何因緣으로 不生無漏닛고

世尊이시여 若未生時에 有生者인대 云何於今에는 乃名為生이며 若未生時에 無生者인대 何故不說虛空為生이닛고

佛言하사대 善哉善哉라

善男子야 不生生도 不可說이며 生生도 亦不可說이며 生不生도 亦不可說이며 不生不生도 亦不可說이며 生도 亦不可說이며 不生도 亦不可說이나 有因緣故로 亦可得說이니라

云何不生生도 不可說고 不生을 名為生이라 하니 云何可說이리요 何以故오 以其生故라

云何生生도 不可說고 生生故로 生이며 生生故不生이니 亦不可說이니라

云何生不生도 不可說인고 生即名為生이나 生不自生故로 不可說이니라

云何不生不生도 不可說고 不生者는 名為涅槃이니 涅槃不生故로 不可說이니 何以故오 以修道得故라

云何生亦不可說고 以生無故라

云何不生不可說고 以有得故라

云何有因緣故로 亦可得說고 十因緣法이 爲生하야 作因이니 以是義故로 亦可得說이니라

善男子야 汝今莫入甚深空定하라 何以故오 大衆이 鈍故니라

善男子야 有爲之法이 生亦是常이로대 以住無常일새 生亦無常이며 住亦是常이로대 以生生故로 住亦無常이며 異亦是常이로대 以法無常일새 異亦無常이며 壞亦是常이로대 以本無今有故로 壞亦無常이니라

善男子야 以性故로 生·住·異·壞이 皆悉是常이나 念念滅故로 不可說常이요 是大涅槃이 能斷滅故로 故名無常이니라

善男子야 有漏之法이 未生之時에 已有生性이라 故生能生이어니와 無漏之法은 本無生性일새 是故로 生不能生이니 如火有本性이라가 遇緣則發하며 眼有見性일새 因色·因明·因心·故見하니 衆生生法도 亦復如是하야 由本有性일새 遇業因緣과 父母和合하면 則便有生이니라

爾時에 琉璃光菩薩摩訶薩과 及八萬四千菩薩摩訶薩이 聞是法已에 踊在虛空하니 高七多羅樹라 恭敬合掌하야 而白佛言호대 世尊이시여 我蒙如來의 慇懃敎誨일새 因大涅槃하야 始得悟解聞所不聞하오며 亦令八萬四千菩薩로 深解諸法의 不生生等이로소이다 世尊이시여 我今已解하야 斷諸疑網이나 然이나 此會中에 有一菩薩하니 名曰無畏라 復欲諮稟하노니 唯垂聽許하소서

爾時에 世尊께서 告無畏菩薩하사대 善男子야 隨意問難하라 吾當爲汝하야 分別解脫호리라

爾時에 無畏菩薩이 與八萬四千諸菩薩等으로 俱從座起하야 更整衣服하고 長跪合掌하야 而白佛言호대 世尊이시여 此土衆生이 當造何業하야사 而得生彼不動世界며 其土菩薩은 云何而得智慧成就하야 人中象王이며 有大威德하야 具修諸行하며 利智捷疾하야 聞則能解닛고

爾時에 世尊이 卽說偈言하사대

　不害衆生命하고 堅持諸禁戒하며
　受佛微妙敎하면 則生不動國하리라

不奪他人財하고 常施惠一切하며
造招提僧坊하면 則生不動國하리라
不犯他婦女하고 自妻不非時하며
施持戒臥具하면 則生不動國하리라
不爲自他故로 求利及恐怖하고
愼口不妄語하면 則生不動國하리라
莫壞善知識하고 遠離惡眷屬하며
口常和合語하면 則生不動國하리라
如諸菩薩等이 常離於惡口하고
所說人樂聞하면 則生不動國하리라
乃至於戲笑라도 不說非時語하고
謹愼常時說하면 則生不動國하리라
見他得利養하고 常生歡喜心하야
不起嫉妬結하면 則生不動國하리라
不惱於衆生하야 常生於慈心하고
不生方便惡하면 則生不動國하리라
邪見言無施와 父母及去來라 하는
不起如是見하면 則生不動國하리라
曠路作好井하며 種殖果樹林하고
常施乞者食하면 則生不動國하리라
若於佛法僧에 供養一香燈하거나
乃至獻一花하면 則生不動國하리라
若爲恐怖故로 利養及福德하야
書是經一偈라도 則生不動國하리라
若爲憍利福하야 能於一日中이라도
讀誦是經典하면 則生不動國하리라
若爲無上道하야 一日一夜中에

受持八戒齋하면 則生不動國하리라
不與犯重禁으로 同共一處住하며
呵謗方等者는 則生不動國하리라
若能施病者에 乃至於一果하고
歡喜而瞻視하면 則生不動國하리하
不犯僧鬘物하고 善守於佛物하며
塗掃佛僧地하면 則生不動國하리라
造像及佛塔을 猶如大拇指하며
常生歡喜心하면 則生不動國하리라
若為是經典하야 自身及財寶로
施於說法者하면 則生不動國하리라
若能聽書寫하고 受持及讀誦
諸佛祕密藏하면 則生不動國하리라

爾時에 無畏菩薩摩訶薩이 白佛言호대 世尊이시여 我今已知所造業緣으로 得生彼國어니와 是光明遍照·高貴德王·菩薩摩訶薩이 普為憐愍一切衆生하야 先所諮問하며 如來若說하시면 則能利益安樂人天과 阿修羅와 乾闥婆와 迦樓羅와 緊那羅와 摩睺羅伽等하리니다

爾時에 世尊께서 即告光明遍照高貴德王菩薩하사대 善哉善哉라 善男子야 汝今於此에 當至心聽하라 吾當為汝하야 分別解說하리라 有因緣故로 未到不到요 有因緣故로 不到到요 有因緣故로 到不到요 有因緣故로 到到니라 何因緣故로 未到不到오

善男子야 夫不到者는 是大涅槃이니 凡夫未到는 以有貪欲과 瞋恚와 愚癡故이며 身業과 口業이 不清淨故며 及受一切不淨物故며 犯四重故며 謗方等故며 一闡提故며 五逆罪故라 以是義故로 未到不到니라

善男子야 何因緣故로 不到到오 不到者는 名大涅槃이니 何義故到오 永斷貪欲과 瞋恚와 愚癡와 身口惡故며 不受一切不淨物故며 不犯四重故며 不謗方等經故며 不作一闡提故며 不作五逆罪이라 以是義故로 名不到到이니

須陀洹者는 八萬劫에 到요 斯陀含者는 六萬劫到요 阿那含者는 四萬劫到요 阿羅漢者는 二萬劫到요 辟支佛者는 十千劫到라 以是義故로 名不到到니라

善男子야 何因緣故로 名到不到오 到者는 名為二十五有이니 一切衆生이 常為無量煩惱諸結之所覆蔽하야 往來不離를 猶如輪轉일새 是名為到요 聲聞·緣覺과 及諸菩薩은 已得永離라 故名不到로대 為欲化度諸衆生故로 示現在中하니 亦名為到니라 善男子야 何因緣故로 名為到到오 到者는 即是二十五有니 一切凡夫와 須陀洹과 乃至阿那含이 煩惱因緣故로 名到到니라 善男子야 聞所不聞도 亦復如是하야 有不聞聞하며 有不聞不聞하며 有聞不聞이며 有聞聞이라

云何不聞聞고 善男子야 不聞者는 名大涅槃이라 何故不聞고 非有為故며 非音聲故며 不可說故라 云何亦聞고 得聞名故니 所謂常·樂·我·淨이라 以是義故로 名不聞聞이니라

爾時에 光明遍照·高貴德王·菩薩摩訶薩이 白佛言호대 世尊이시여 如佛所說하사 大涅槃者를 不可得聞인대 云何復言常·樂·我·淨를 而可得聞이닛고 何以故오 世尊이시여 斷煩惱者를 名得涅槃이요 若未斷者는 名為不得이라 以是義故로 涅槃之性은 本無今有이니 若世間法이 本無今有댄 則名無常이니 譬如瓶等이 本無今有며 已有還無라 故名無常인달하야 涅槃도 亦爾어늘 云何說言常·樂·我·淨이닛고

復次世尊이시여 凡因莊嚴하야 而得成者는 悉名無常이라 涅槃도 若爾인대 應是無常이리니 何等因緣고 所謂三十七品과 六波羅蜜과 四無量心과 觀於骨相과 阿那波那와 六念處와 破析六大하는 如是等法이 皆是成就涅槃因緣이니 故名無常이니다

復次世尊이시여 有名無常이니 若涅槃이 是有인대 亦應無常이니다 如佛이 昔於阿含中說하사대 聲聞·緣覺과 諸佛世尊이 皆有涅槃이라 하시니 以是義故로 名為無常이니다

復次世尊이시여 可見之法은 名為無常이니 如佛先說하사대 見涅槃者는 則

得斷除一切煩惱라 하셨나이다

復次世尊이시여 譬如虛空이 於諸衆生에 等無障礙일새 故名爲常이니 若使涅槃으로 是常等者인대 何故로 衆生이 有得不得이닛고 涅槃若爾하야 於諸衆生에 不平等者인대 則不名常이리다 世尊이시여 譬如百人이 共有一怨에 若害此怨하면 則多人受樂하리니 若使涅槃으로 是平等法인대 一人得時에 應多人得하며 一人斷結에 應多人亦斷이니다 若不如是인대 云何名常이닛고 譬如有人이 恭敬·供養·尊重·讚歎·國王·王子와 父母·師長하면 則得利養하리니 是不名常이니라 涅槃도 亦爾하야 不名爲常이라 何以故오 如佛이 昔於阿含經中에 告阿難言하사대 若有人이 能恭敬涅槃하면 則得斷結하고 受無量樂이라 하시니 以是義故로 不名爲常이니다 世尊이시여 若涅槃中에 有常·樂·我·淨名者인대 不名爲常이요 如其無者인대 云何可說이닛고

爾時에 世尊께서 告光明遍照·高貴德王·菩薩摩訶薩言하사대 涅槃之體는 非本無今有이라 若涅槃體가 本無今有者인대 則非無漏常住之法이라 有佛無佛에 性相常住어든 以諸衆生이 煩惱覆故로 不見涅槃일새 便謂爲無어니와 菩薩摩訶薩은 以戒·定·慧로 勤修其心하야 斷煩惱已에 便得見之하나니 當知涅槃은 是常住法이요 非本無今有라 是故로 爲常이니라

善男子야 如闇室中井에 種種七寶를 人亦知有나 闇故不見이어늘 有智之人이 善知方便이라 然大明燈하야 持往照了하면 悉得見之요 是人이 於此에 終不生念호대 水及七寶는 本無今有라 하나니 涅槃亦爾하야 本自有之요 非適今也어늘 煩惱闇故로 衆生不見이어니와 大智如來가 以善方便으로 燃智慧燈하야 令諸菩薩로 得見涅槃의 常樂我淨케하나니 是故로 智者는 於此涅槃에 不應說言本無今有니라

善男子야 汝言因莊嚴故로 得成涅槃일새 應無常者는 是亦不然하다 何以故오 善男子야 涅槃之體는 非生非出이며 非實非虛며 非作業生이며 非是有漏有爲之法이며 非聞非見이며 非墮非死며 非別異相이며 亦非同相이며 非往非還이며 非去來今이며 非一非多이며 非長非短이며 非圓非方이며 非尖非斜며 非有相非無相이며 非名非色이며 非因非果며 非我我所라 以

是義故로 涅槃은 是常하야 恒不變易하나니 是以로 無量阿僧祇劫을 修集善法하야 以自莊嚴한 然後에 乃見이니라
善男子야 譬如地下에 有八味水호대 一切衆生이 而不能得이러니 有智之人이 施功穿掘하면 則便得之하리니 涅槃도 亦爾니라 譬如盲人이 不見日月이어늘 良醫療之하면 則便得見이나 而是日月이 非是本無今有라 涅槃亦爾하야 先自有之요 非適今也니라 善男子야 如人有罪에 繫之囹圄라가 久乃得出하야 還家得見父母·兄弟와 妻子·眷屬달하나니 涅槃亦爾니라
善男子야 汝言因緣故로 涅槃之法이 應無常者는 是亦不然하다 何以故오 善男子야 因有五種하니 何等為五오
一者는 生因이요 二者는 和合因이요 三者는 住因이요 四者는 增長因이요 五者는 遠因이라
云何生因고 生因者는 即是業煩惱等과 及外諸草木子를 是名生因이라
云何和合因고 如善與善心으로 和合하며 不善이 與不善心으로 和合하며 無記與無記心으로 和合이니 是名和合因이니라
云何住因고 如下有柱하면 屋則不墮하며 山河樹木이 因大地故로 而得住立하야 內有四大와 無量煩惱일새 衆生이 得住니 是名住因이니라
云何增長因고 因緣衣服과 飲食等故로 令衆生增長하니 如外種子가 火所不燒하고 鳥所不食하면 則得增長이니 如諸沙門婆羅門等이 依因和尚과 善知識等하야 而得增長하며 如因父母하야 子得增長하나니 是名增長因이니라
云何遠因고 譬如因呪하야 鬼不能害하고 毒不能中하며 依憑國王하면 無有盜賊하며 如芽依因地水火風等하며 如水攢과 及人이 為蘇의 遠因하며 如明과 色等이 為識의 遠因하며 父母精血이 為衆生의 遠因이며 如時節等이 悉名遠因이니라 善男子야 涅槃之體는 非是如是五因의 所成이어니 云何當言是無常因이리요
復次善男子야 復有二因하니
一者는 作因이요 二者는 了因이라
如陶師輪繩은 是名作因이요 如燈燭等이 照闇中物은 是名了因이라

善男子야 大涅槃者는 不從作因而有요 唯有了因하니 了因者는 所謂三十七助道法과 六波羅蜜을 是名了因이라

善男子야 布施者는 是涅槃因이나 非大涅槃因이어니와 檀波羅蜜은 乃得名為大涅槃因이며 三十七品은 是涅槃因요 非大涅槃因이어니와 無量阿僧祇에 助菩提法은 乃得名為大涅槃因이니라

爾時에 光明遍照·高貴德王·菩薩摩訶薩이 白佛言호대 世尊이시여 云何布施는 不得名為檀波羅蜜이오

云何布施는 而得名之檀波羅蜜이며 乃至般若를 云何不得名為般若波羅蜜이며 云何得名為般若波羅蜜이며 何名涅槃이며 云何名大涅槃이닛고

佛言하사대 善男子야 菩薩摩訶薩이 修行方等大般涅槃할새 不聞布施하고 不見布施하며 不聞檀波羅蜜하고 不見檀波羅蜜하며 乃至不聞般若하고 不見般若하며 不聞般若波羅蜜하고 不見般若波羅蜜하며 不聞涅槃하고 不見涅槃하며 不聞大涅槃하고 不見大涅槃이로대 菩薩摩訶薩이 修大涅槃하야 知見法界하며 解了實相의 空無所有하며 無有和合覺知之相하며 得無漏相과 無所作相과 如幻化相과 熱時炎相과 乾闥婆城과 虛空之相하면 菩薩爾時에 得如是相하야 無貪恚癡하며 不聞不見하리니 是名菩薩摩訶薩의 真實之相이며 安住實相이니라

菩薩摩訶薩이 自知此是檀이요 此是檀波羅蜜이며 乃至此是般若요 此是般若波羅蜜이며 此是涅槃이요 此是大涅槃하리라

善男子야 云何是施오 非波羅蜜고 見有乞者하고 然後에 乃與인대 是名為施나 非波羅蜜이어니와 若無乞者로대 開心自施하면 是則名為檀波羅蜜이니라

若時時施는 是名為施요 非波羅蜜이어니와 若修常施하면 是則名為檀波羅蜜이니라 若施他已에 還生悔心인대 是名為施나 非波羅蜜이어니와 施已不悔하면 是則名為檀波羅蜜이니라

菩薩摩訶薩이 於財物中에 生四怖心인 王賊水火하야 歡喜施與하면 是則名為檀波羅蜜이니라 若望報施하면 是名為施요 非波羅蜜이어니와 施不望報

하면 是則名為檀波羅蜜이니라

若為恐怖와 名聞과 利養과 家法相續과 天上五欲하며 為憍慢故며 為勝他故며 為知識故며 為來報故인댄 如市易法이니라

善男子야 如人種樹에 為得蔭涼이며 為得花果와 及以材木인달하야 若人이 修行如是等施하면 是名為施요 非波羅蜜이니라 菩薩摩訶薩이 修行如是大涅槃者는 不見施者와 受者와 財物하며 不見時節하며 不見福田과 及非福田하며 不見因이며 不見緣하며 不見果報하며 不見作者하며 不見受者하며 不見多하며 不見少하며 不見淨하며 不見不淨하며 不輕受者와 己身과 財物하며 不見見者하며 不見不見者하며 不計己他하고 唯為方等大般涅槃의 常住法故로 修行布施하며 為利一切諸眾生故로 而行布施하며 為斷一切眾生의 煩惱故로 行於施하며 為諸眾生이요 不見受者와 施者와 財物하야 故行於施니라

善男子야 譬如有人이 墮大海水라가 抱持死屍하면 則得度脫하리니 菩薩摩訶薩이 修大涅槃하야 行布施時에도 亦復如是하야 如彼死니라

善男子야 譬如有人이 閉在深獄에 門戶堅牢요 唯有厠孔이어든 便從中出하면 到無礙處하리니 菩薩摩訶薩이 修大涅槃하야 行布施時에도 亦復如是하니라

善男子야 譬如貴人이 恐怖急厄커나 更無恃怙하면 依旃陀羅하리니 菩薩摩訶薩이 修大涅槃하야 行於布施도 亦復如是니라

善男子야 譬如病人이 為除病苦하야 得安樂故로 服食不淨하나니 菩薩摩訶薩이 修大涅槃하야 行於布施도 亦復如是니라

善男子야 如婆羅門이 值穀勇貴하얀 為壽命故로 食噉狗肉하나니 菩薩摩訶薩이 修大涅槃하야 行於布施도 亦復如是하니라 善男子야 大涅槃中에 如是之事을 從無量劫來로 不聞而聞이라 尸羅·尸羅波羅蜜과 乃至般若·般若波羅蜜은 如佛雜花經中에 廣說하니라

大般涅槃經 卷第二十一 終

光明遍照·高貴德王·菩薩品 第十之一

大般涅槃經 卷第二十二

北凉 天竺三藏 曇無讖 譯

光明遍照高貴德王菩薩品 第十之二

善男子야 云何菩薩摩訶薩이 修大涅槃하야 不聞而聞고 十二部經에 其義深邃를 昔來不聞이라가 今因是經하야 得具足聞하니 先雖得聞이나 唯聞名字요 而今於此大涅槃經에 乃得聞義이니라 聲聞緣覺은 唯聞十二部經名字요 不聞其義러니 今於此經에 具足得聞하니 是名不聞을 而聞이니라

善男子야 一切聲聞·緣覺經中에 不曾聞佛有·常·樂·我·淨하며 不畢竟滅하며 三寶와 佛性이 無差別相하며 犯四重罪와 謗方等經과 作五逆罪와 及一闡提도 悉有佛性이러니 今於此經에 而得聞之하니 是名不聞而聞이라

光明遍照高貴德王菩薩摩訶薩이 白佛言호대 世尊이시여 若犯重禁과 謗方等經과 作五逆罪와 一闡提等이 有佛性者인대 是等이 云何로 復墮地獄이닛고 世尊이시여 若使是等으로 有佛性者인대 云何復言無常樂我淨이라 하시닛고

世尊이시여 若斷善根을 名一闡提者인대 斷善根時에 所有佛性은 云何不斷이며 佛性이 若斷인대 云何復言常·樂·我·淨하시며 如其不斷인대 何故로 名為一闡提耶닛가

世尊이시여 犯四重禁를 名為不定인대 謗方等經과 作五逆罪와 及一闡提도 悉名不定이며 如是等輩는 若決定者인대 云何得成阿耨多羅三藐三菩提닛고 得須陀洹과 乃至辟支佛도 亦名不定이며 若須陀洹과 至辟支佛이 是決定者인대 亦不應成阿耨多羅三藐三菩提하리니다

世尊이시여 若犯四重이 不決定者인대 須陀洹과 乃至辟支佛도 亦不決定이요 如是不定인대 諸佛如來도 亦復不定이리니다 若佛不定인대 涅槃體性

도 亦復不定이며 至一切法이라도 亦復不定이니 云何不定고 若一闡提도 除一闡提하면 則成佛道며 諸佛如來도 亦應如是하야 入涅槃已에 亦應還出하야 不入涅槃이니다 若如是者인대 涅槃之性이 則爲不定이니 不決定故로 當知無有常·樂·我·淨이어늘 云何說言一闡提等도 當得涅槃이닛가 爾時에 世尊께서 告光明遍照·高貴德王·菩薩摩訶薩言하사대 善哉善哉라

善男子야 爲欲利益無量衆生하며 令得安樂하니 憐愍慈念諸世間故며 爲欲增長發菩提心한 諸菩薩故로 作如是問이로다

善男子야 汝已親近過去無量諸佛世尊하야 於諸佛所에 種諸善根하야 久已成就菩提功德하며 降伏衆魔하야 令其退散하며 已敎無量無邊衆生하야 悉令得至阿耨多羅三藐三菩提하며 久已通達諸佛如來에 所有甚深祕密之藏일새 已問過去無量無邊恒河沙等諸佛世尊의 如是甚深微密之義로다

我都不見一切世間에 若人若天과 沙門婆羅門과 若魔若梵이 有能諮問如來是義로라 今當誠心으로 諦聽諦聽하라 吾當爲汝하야 分別演說호리라

善男子야 一闡提者도 亦不決定이니 若決定者인대 是一闡提가 終不能得阿耨多羅三藐三菩提나 以不決定일새 是故能得이니라 如汝所言에 佛性不斷인대 云何一闡提가 斷善根者는 善男子야 善根有二種하니 一者는 內요 二者는 外라

佛性은 非內非外일새 以是義故로 佛性不斷이니라

復有二種하니 一者는 有漏요 二者는 無漏라

佛性은 非有漏非無漏일새 是故로 不斷이라

復有二種하니 一者는 常이요 二者는 無常이라

佛性은 非常非無常일새 是故로 不斷이니라

若是斷者인대 則應還得이요 若不還得인대 則名不斷이니라 若斷已엔 得名一闡提니라

犯四重者도 亦是不定이니 若決定者인대 犯四重禁은 終不能得阿耨多羅三藐三菩提니라 謗方等經도 亦復不定이니 若決定者인대 謗正法人은 終不能得阿耨多羅三藐三菩提며 作五逆罪도 亦復不定이니 若決定者인대

五逆之人은 終不能得阿耨多羅三藐三菩提니라

色與色相도 二俱不定이며 香味觸相과 生相으로 至無明相과 陰入界相과 二十五有相과 四生과 乃至一切諸法도 皆亦不定이니라

善男子야 譬如幻師는 在大衆中하야 化作四兵車步象馬하며 作諸瓔珞嚴身之具하며 城邑聚落과 山林樹木과 泉池河井이어든 而彼衆中에 有諸小兒는 無有智慧일새 觀見之時에 悉以爲實이로대 其中智人은 知其虛誑이나 以幻力故로 惑人眼目인달하야 善男子야 一切凡夫와 乃至聲聞·辟支佛等이 於一切法에 見有定相도 亦復如是어니와 諸佛菩薩은 於一切法에 不見定相이니라

善男子야 譬如小兒는 於盛夏月에 見熱時焰하고 謂之爲水어든 有智之人은 於此熱焰에 終不生於實水之想이요 但是虛焰誑人眼目이언정 非實是水라 하나라

一切凡夫와 聲聞緣覺이 見一切法도 亦復如是하야 悉謂是實이나 諸佛菩薩은 於一切法에 不見定相하나라

善男子야 譬如山澗에 因聲有響이어든 小兒聞之하고 謂是實聲이나 有智之人은 解無定實이요 但有聲相이 誑於耳識이니라

善男子야 一切凡夫와 聲聞緣覺이 於一切法에 亦復如是하야 見有定相이나 諸菩薩等은 解了諸法에 悉無定相하며 見無常相과 空寂等相과 無生滅相하나니 以是義故로 菩薩摩訶薩은 見一切法이 是無常相하나라

善男子야 亦有定相하니 云何爲定고 常·樂·我·淨이 在何處耶아 所謂涅槃이라 하나라

善男子야 須陀洹果도 亦復不定이니 不決定故로 經八萬劫하야 得阿耨多羅三藐三菩提心하며 斯陀含果도 亦復不定이니 不決定故로 經六萬劫하야 得阿耨多羅三藐三菩提心하며 阿那含果도 亦復不定이니 不決定故로 經四萬劫하야 得阿耨多羅三藐三菩提心하며 阿羅漢果도 亦復不定이니 不決定故로 經二萬劫하야 得阿耨多羅三藐三菩提心하며 辟支佛道도 亦復不定하니 不決定故로 經十千劫하야 得阿耨多羅三藐三菩提心하니라

善男子야 如來는 今於拘尸那城·娑羅雙樹·間에 示現倚臥師子之床하야 欲入涅槃은 令諸未得阿羅漢果한 衆弟子等과 及諸力士로 生大憂苦하며 亦令天人阿修羅와 乾闥婆와 迦樓羅와 緊那羅와 摩睺羅伽等으로 大設供養하며 欲使諸人으로 以千端疊으로 纏裹其身하고 七寶為棺하며 盛滿香油하야 積諸香木하고 以火焚之어든 唯除二端은 不可得燒니 一者는 襯身이요 二者는 最在外라

為諸衆生하야 分散舍利호대 以為八分이어든 一切所有聲聞弟子가 咸言如來가 入於涅槃이라 하나 當知如來는 亦不畢定入於涅槃이니 何以故오 如來常住하야 不變易故라 以是義故로 如來涅槃도 亦復不定이니라

善男子야 當知하라 如來도 亦復不定이니라 如來非天이니 何以故오 有四種天하니

一者는 世間天이요 二者는 生天이요 三者는 淨天이요 四者는 義天이라

世間天者는 如諸國王이요

生天者는 從四天王으로 乃至非有想·非無想天이요

淨天者는 從須陀洹으로 至辟支佛이요

義天者는 十住菩薩摩訶薩等이라

以何義故로 十住菩薩을 名為義天고 以能善解諸法義故라

云何為義오 見一切法이 是空義故라

善男子야 如來는 非王이며 亦非四天으로 乃至非有想·非無想天이며 從須陀洹으로 至辟支佛과 十住菩薩이니 以是義故로 如來非天이나 然諸衆生이 亦復稱佛하야 為天中天이라 하니 是故로 如來는 非天·非非天이며 非人·非非人이며 非鬼·非非鬼이며 非地獄·畜生·餓鬼이며 非非地獄·畜生·餓鬼이며 非衆生·非非衆生이며 非法·非非法이며 非色·非非色이며 非長·非非長이며 非短·非非短이며 非相·非非相이며 非心·非非心이며 非有漏·非無漏며 非有為·非無為이며 非常·非無常이며 非幻·非非幻이며 非名·非非名이며 非定·非非定이며 非有·非無이며 非說·非非說이며 非如來·非不如來이니 以是義故로 如來不定이니라

善男子야 何故如來를 不名世天고 世天者는 即是諸王이니 如來는 久於無量劫中에 已捨王位일새 是故로 非王이니라
非非王者는 如來는 生於迦毗羅城·淨飯王家하시니 是故로 非非王이라
非生天者는 如來는 久已離諸有故라 是故로 非生天이니라 非非生天이니 何以故오 昇兜率天하야 下閻浮提故라 是故로 如來는 非非生天이니라
亦非淨天이니 何以故오 如來는 非是須陀洹과 乃至非辟支佛이니 是故로 如來는 非是淨天이니라
非非淨天이니 何以故오 世間八法의 所不能染이 猶如蓮花가 不受塵水니 是故로 如來는 非非淨天이니라
亦非義天이니 何以故오 如來는 非是十住菩薩故니라 是故로 如來는 非義天也니라
非非義天이니 何以故오 如來는 常修十八空義故라 是故로 如來는 非非義天이니라
如來는 非人이니 何以故오 如來는 久於無量劫中에 離人有故라 是故로 非人이니라
亦非非人이니 何以故오 生於迦毗羅城故라 是故로 非非人이니라
如來는 非鬼이니 何以故오 不害一切諸衆生故라 是故로 非鬼니라
亦非非鬼이니 何以故오 亦以鬼像으로 化衆生故라 是故로 非非鬼니라
如來는 亦非地獄·畜生·餓鬼이니 何以故오 如來는 久離諸惡業故라 是故로 非地獄·畜生·餓鬼니라
亦非非地獄·畜生·餓鬼이니 何以故오 如來는 亦復現受三惡諸趣之身하야 化衆生故라 是故로 非非地獄·畜生·餓鬼니라
亦非衆生이니 何以故오 久已遠離衆生性故라 是故로 如來는 非衆生이니라
亦非非衆生이니 何以故오 或時演說衆生相故라 是故로 如來는 非非衆生이니라
如來는 非法이니 何以故오 諸法은 各各有別異相이어니와 如來不爾하야

唯有一相일새 是故로 非法이니라
亦非非法이니 何以故오 如來는 法界故라 是故로 非非法이니라 如來는 非色이니 何以故오 十色入의 所不攝故라 是故로 非色이니라
亦非非色이니 何以故오 身有三十二相·八十種好故라 是故로 非非色이니라
如來는 非長이니 何以故오 斷諸色故라 是故로 非長이니라
亦非非長이니 何以故오 一切世間이 無有能見頂髻相故라 是故로 非非長이니라
如來는 非短이니 何以故오 久已遠離憍慢結故라 是故로 非短이니라
亦非非短이니 何以故오 為瞿師羅長者하야 示三尺身故라 是故로 非非短이니라
如來는 非相이니 何以故오 久已遠離諸相相故라 是故로 非相이니라
亦非非相이니 何以故오 善知諸相故라 是故로 非非相이라
如來는 非心이니 何以故오 虛空相故라 是故로 非心이니라
亦非非心이니 何以故오 有十力心法故이며 亦能知他眾生心故라 是故로 非非心이니라
如來는 非有為이니 何以故오 常·樂·我·淨故라 是故로 非有為이니라
亦非無為이니 何以故오 有來去坐臥와 示現涅槃故라 是故로 非無為니라
如來非常이니 何以故오 身有分故라 是故로 非常이니라
云何非常고 以有知故라 常法의 無知가 猶如虛空이어늘 如來는 有知일새 是故로 非常이니라
云何非常고 有言說故라 常法은 無言이 亦如虛空이어늘 如來는 有言일새 是故로 無常이니라
有姓氏故로 名曰無常이니 無姓之法이라야 乃名為常이니라 虛空은 常故로 無有姓氏어늘 如來는 有姓하야 姓瞿曇氏니 是故로 無常이니라 有父母故로 名曰無常이니 無父母者를 乃名曰常이라
虛空은 常故로 無有父母어늘 佛有父母하니 是故로 無常이요 有四威儀일새 名曰無常이니라

無四威儀를 乃名曰常이라 虛空常故로 無四威儀어늘 佛有四威儀하니 是故로 無常이니라
常住之法은 無有方所니 虛空常故로 無有方所어늘 如來出在中天竺地하야 住舍婆提와 或王舍城하니 是故로 無常이니 以是義故로 如來非常이니라
亦非非常이니 何以故오 生永斷故니라 有生之法은 名曰無常이요 無生之法은 乃名爲常이니 如來無生일새 是故로 爲常이라 常法無性이요 有性之法은 名曰無常이니 如來는 無生無性하니 無生無性故로 常이니라
有常之法은 遍一切處가 猶如虛空이 無處不有라 如來도 亦爾하사 遍一切處일새 是故로 爲常이라
無常之法은 或言此有며 或言彼無어니와 如來는 不爾하야 不可說言是處有彼處無니 是故로 爲常이니라
無常之法은 有時是有며 有時是無어니와 如來는 不爾하야 有時是有이며 有時是無일새 是故로 爲常이니라
常住之法은 無名無色이니 虛空은 常故無名無色이라 如來도 亦爾하사 無名無色일새 是故로 爲常이니라
常住之法은 無因無果이니 虛空常故로 無因無果하니 如來亦爾하사 無因無果일새 是故로 爲常이니라
常住之法은 三世不攝이니 如來도 亦爾하사 三世不攝일새 是故로 爲常이니라
如來非幻이니 何以故오 永斷一切虛誑心故라 是故로 非幻이니라
亦非非幻이니 何以故오 如來는 或時에 分此一身하야 爲無量身하고 無量之身을 復爲一身하며 山壁直過하야 無有障礙하며 履水如地하고 入地如水하며 行空如地하고 身出煙焰을 如大火聚하며 雲雷震動에 其聲可畏며 或爲城邑聚落과 舍宅과 山川樹木하며 或作大身하고 或作小身하며 男身女身과 童男童女身하시니 是故로 如來는 亦非非幻이니라
如來非定이니 何以故오 如來는 於此拘尸那城娑羅雙樹間에 示現入於般涅槃故라 是故로 非定이니라

亦非非定이니 何以故오 常·樂·我·淨故라 是故로 如來는 亦非非定이니라
如來는 非有漏이니 何以故오 斷三漏故로 故非有漏이니라
三漏者는 欲界一切煩惱에 除無明코 是名欲漏요
色·無色界一切煩惱에 除無明코 是名有漏요 三界無明을 名無明漏라 如來는 永斷일새 是故로 非漏이니라
復次一切凡夫는 不見有漏니 云何凡夫는 不見有漏오
一切凡夫는 於未來世에 悉有疑心하니
未來世中에 當得身耶아 不得身耶아
過去世中에 身本有耶아 爲本無耶아
現在世中에 是身有耶아 是身無耶아
若有我者인대 是色耶아 非色耶아 色非色耶아 非色非非色耶아 想耶아 非想耶아 想非想耶아 非想非非想耶아
是身屬他耶아 不屬他耶아 屬不屬耶아 非屬非不屬耶아
有命無身耶아 有身無命耶아 有身有命耶아 無身無命耶아
身之與命이 有常耶아 無常耶아 常無常耶아 非常非無常耶아
身之與命이 自在作耶아 時節作耶아 無因作耶아
世性作耶아 微塵作耶아 法非法作耶아 士夫作耶아 煩惱作耶아 父母作耶아 我住心耶아 住眼中耶아 遍滿身中耶아 從何來耶아 去何至耶아 誰生耶아 誰死耶아 我於過去是婆羅]姓耶아 是刹利姓耶아 是毘舍姓耶아 是首陀羅姓耶아 當於未來得何姓耶아 하며 我此身者는 過去之時에 是男身耶아 是女身耶아 畜生身耶아 하며
若我殺生인대 當有罪耶아 當無罪耶아
乃至飮酒인대 當有罪耶아 當無罪耶아
我自作耶아 爲他作耶아 我受報耶아 身受報耶아 하야 如是疑見의 無量煩惱가 覆衆生心일새 因是疑見하야 生六種心하니 決定有我와 決定無我와 我見我와 我見無我와 無我見我와 我作我受我知라 是名邪見이니라 如來는 永拔如是無量見漏根本일새 是故로 非漏이니라

善男子야 菩薩摩訶薩이 於大涅槃에 修聖行者도 亦得永斷如是諸漏니라 諸佛如來도 常修聖行일새 是故로 無漏니라

善男子야 凡夫는 不能善攝五根일새 則有三漏며 爲惡所牽으로 至不善處나니라

善男子야 譬如惡馬는 其性佷悷하야 能令乘者로 至嶮惡處하니 不能善攝此五根者도 亦復如是하야 令人遠離涅槃善道하고 至諸惡處하나니라

譬如惡象이 心未調順이어든 有人乘之에 不隨意去하야 遠離城邑하고 至空曠處하니 不能善攝此五根者도 亦復如是하야 將人遠離涅槃城邑하고 至於生死曠野之處하니라

善男子야 譬如佞臣이 敎王作惡하나니 五根佞臣도 亦復如是하야 常敎衆生하야 造無量惡이니라

善男子야 譬如惡子는 不受師長과 父母敎勅하고 則無惡不造니 不調五根도 亦復如是하야 不受師長의 善言敎勅하고 無惡不造니라

善男子야 凡夫之人은 不攝五根일새 常爲地獄·畜生·餓鬼之所賊害하며 亦如怨盜가 害及善人이니라

善男子야 凡夫之人은 不攝五根일새 馳騁五塵라 譬如牧牛에 不善守護하야 犯人苗稼하야 凡夫之人은 不攝五根일새 常在諸有하야 多受苦惱하나니라

善男子야 菩薩摩訶薩이 修大涅槃하야 行聖行時에 常能善調하야 守攝五根호대 怖畏貪欲과 瞋恚와 愚癡와 憍慢嫉妬는 爲得一切諸善法故니라

善男子야 若能善守此五根者는 則能攝心이요 若能攝心하면 則攝五根이니 譬如有人이 擁護於王하면 則護國土요 護國土者는 則護於王이라 菩薩摩訶薩도 亦復如是하야 若得聞是大涅槃經하면 則得智慧요 得智慧故로 則得專念이어니와 五根若散하면 念則能止호리니 何以故오 是念慧故니라

善男子야 如善牧者는 設牛東西하야 噉他苗稼라도 則便遮止하야 不令犯暴하나니 菩薩摩訶薩도 亦復如是하야 念慧因緣故로 守攝五根하야 不令馳散이니라

菩薩摩訶薩이 有念慧者는 不見我相하며 不見我所相하며 不見衆生과 及所受用하고 見一切法을 同法性相하며 生於土石瓦礫之相이니라
譬如屋舍는 從衆緣生이요 無有定性하니 見諸衆生을 四大五陰之所成立이요 推無定性니 無定性故로 菩薩이 於中에 不生貪著하나니라
一切凡夫는 見有衆生故로 起煩惱어니와 菩薩摩訶薩은 修大涅槃하야 有念慧故로 於諸衆生에 不生貪著이니라
復次菩薩摩訶薩이 修大涅槃經者는 不著衆生相하야 作種種法相하나니라
善男子야 譬如畫師가 以衆雜彩로 畫作衆像호대 若男若女와 若牛若馬어든 凡夫無智하야 見之則生男女等相어니와 畫師는 了知無有男女니 菩薩摩訶薩도 亦復如是하야 於法異相에 觀於一相하야 終不生於衆生之相하나니 何以故오 有念慧故라 菩薩摩訶薩이 修大涅槃할새 或時에 觀見端正女人이라도 終不生於貪著之相이니 何以故오 善觀相故니라
善男子야 菩薩摩訶薩이 知五欲法이 無有歡樂하며 不得暫停하며 如犬이 嚙枯骨하며 如人持火하야 逆風而行하며 如篋毒蛇하며 夢中所得이 路首에 有果樹에 多人所擲이며 亦如段肉을 衆鳥競逐이며 如水上泡며 畫水之迹며 如織經盡하며 如囚趣市하며 猶如假借에 勢不得久니 觀欲如是하야 多諸過惡이니라
復次善男子야 菩薩摩訶薩이 觀諸衆生이 為色香味觸의 因緣故로 從昔無數無量劫來로 常受苦惱니 一一衆生이 一劫之中에 所積身骨이 如王舍城에 毘富羅山하며 所飲乳汁이 如四海水하며 身所出血이 多四海水하며 父母·兄弟·妻子·眷屬이 命終哭泣에 所出目淚가 多四大海하며 盡地草木으로 為四寸籌하야 以數父母라도 亦不能盡하며 無量劫來에 或在地獄·畜生·餓鬼하야 所受行苦를 不可稱計며 揣此大地를 猶如棗等이라도 易可窮極이어니와 生死難盡이라 菩薩摩訶薩이 如是深觀一切衆生이 以是欲因緣故로 受苦無量이니라 菩薩이 以是生死行苦故로 不失念慧니라
善男子야 譬如世間에 有諸大衆이 滿二十五里어든 王勅一臣호대 持一油鉢하야 經由中過하야 莫令傾覆하라 若棄一渧면 當斷汝命하리라

復遣一人이 拔刀在後하야 隨而怖之커든 臣受王敎하야 盡心堅持하야 經歷爾所大衆之中할새 雖見可意五邪欲等이라도 心常念言호대 我若放逸하야 著彼邪欲하면 當棄所持니 命不全濟라 하야 是人이 以是怖因緣故로 乃至不棄一滴之油하나니 菩薩摩訶薩도 亦復如是하야 於生死中에 不失念慧라 以不失故로 雖見五欲이나 心不貪著하며 若見淨色이라도 不生色相하고 唯觀苦相하며 乃至識相도 亦復如是하야 不作生相하며 不作滅相하며 不作因相하며 觀和合相이니라

菩薩이 爾時에 五根이 淸淨하고 根淸淨故로 護根戒具어니와 一切凡夫는 五根不淨일새 不能善持라 名曰根漏니라

菩薩은 永斷일새 是故로 無漏요 如來는 拔出하야 永斷根本일새 是故로 非漏니라

復次善男子야 復有離漏하니 菩薩摩訶薩이 欲爲無上甘露佛果故로 離於惡漏라

云何爲離오 若能修行大涅槃經하야 書寫受持하며 讀誦解說하며 思惟其義하면 是名爲離이니 何以故오 善男子야 我都不見十二部經에 能離惡漏를 如此方等大涅槃經이로라

善男子야 譬如良師가 敎諸弟子어든 諸弟子中에 有受敎者는 心不造惡하나니 菩薩摩訶薩이 修大涅槃微妙經典도 亦復如是하야 心不造惡이니라

善男子야 譬如世間에 有善呪術하니 若有一聞인대 却後七年을 不爲一切毒藥의 所中하며 蛇不能螫하며 若有誦者는 乃至命盡토록 無有衆惡하나니 善男子야 是大涅槃도 亦復如是하야 若有衆生이 一經耳者는 却後七劫을 不墮惡道하며 若有書寫讀誦解說思惟其義하면 必得阿耨多羅三藐三菩提하야 淨見佛性을 如彼聖王이 得甘露味이니라

善男子야 是大涅槃이 有如是等無量功德이니라 善男子야 若有人이 能書寫是經하고 讀誦解說하야 爲他敷演하며 思惟其義하면 當知是人은 眞我弟子라 善受我敎니 是我所見이며 我之所念이라 是人은 諦知我不涅槃이리니 隨如是人의 所住之處하야 若城邑聚落과 山林曠野와 房舍田宅과 樓

光明遍照高貴德王菩薩品 第十之二

閣殿堂에 我亦在中하야 常住不移하며 我於是人에 常作受施호대 或作比丘·比丘尼와 優婆塞·優婆夷와 婆羅門과 梵志와 貧窮乞人하리라
云何當令是人으로 得知如來가 受其所施之物고 善男子야 是人이 或於夜臥夢中에 夢見佛像하며 或見天像과 沙門之像과 國王·聖王·師子王·像과 蓮花形像과 優曇花像하며 或見大山과 或大海水하며 或見日月하며 或見白象과 及白馬像하며 或見父母하고 得花得果와 金銀琉璃와 頗梨等寶와 五種牛味하면 爾時에 當知하라 即是如來는 受其所施리니 寤已喜樂하고 尋得種種所須之物하며 心不念惡하고 樂修善法하리라
善男子야 是大涅槃이 悉能成就如是無量阿僧祇等·不可思議·無邊功德하리라 善男子야 汝今應當信受我語하라
若有善男子와 善女人이 欲見我者는 欲恭敬我하며 欲同法性而見於我하며 欲得空定하며 欲見實相하며 欲得修習首楞嚴定과 師子王定하며 欲破八魔니 八魔者는 所謂四魔와 無常과 無樂과 無我과 無淨이니라 欲得人中과 天上樂者는 見有受持大涅槃經하야 書寫讀誦하며 為他解說하며 思惟義者어든 當往親近하야 依附諮受하고 供養恭敬하며 尊重讚歎하며 為洗手足하야 布置床席하고 四事供給하야 令無所乏하며 若從遠來어든 應十由延에 路次奉迎이니라
為是經故로 所重之物을 應以奉獻이요 如其無者인대 應自賣身이니 何以故오 是經難遇가 過優曇花니라
善男子야 我念호니 過去·無量·無邊·那由他·劫에 爾時에 世界은 名曰娑婆요 有佛世尊하시니 號釋迦牟尼·如來·應供·正遍知·明行足·善逝·世間解·無上士·調御丈夫·天人師·佛·世尊이라
為諸大眾하사 宣說如是大涅槃經하시니 我於爾時에 從善友所하야 轉聞彼佛이 當為大眾하야 說大涅槃하고 我聞是已에 其心歡喜하야 欲設供養이나 居貧無物이요 欲自賣身이나 薄福不售라 即欲還家라가 路見一人하고 而便語言호대 吾欲賣身하노니 君能買不아 其人答曰我家作業에 人無堪者로니 汝設能為면 我當買汝호리라

- 421 -

我ᅵ卽問言호대 有何作業이간대 人無堪能고
其人見答호대 吾有惡病하니 良醫處藥호대 應當日服人肉三兩하라 하니 卿若能以身肉三兩으로 日日見給이면 便當與汝를 金錢五枚호리라 我時聞已에 心中歡喜하야 我復語言호대 汝與我錢하고 假我七日하면 須我事訖에 便還相就하리라
其人이 見答호대 七日不可어니와 審能爾者인대 當許一日호리라
善男子야 我於爾時에 卽取其錢하고 還至佛所하야 頭面禮足하고 盡其所有하야 而以奉獻하고 然後에 誠心으로 聽受是經호대 我時闇鈍하야 雖得聞經이나 唯能受持一偈文句호니

　　如來證涅槃하사 永斷於生死시니
　　若有至心聽하면 常得無量樂하리라

受是偈已에 卽便還至彼病人家하니라
善男子야 我時에 雖復日日에 與三兩肉이나 以念偈因緣故로 不以爲痛이요 日日不廢하야 足滿一月하니 善男子야 以是因緣으로 其病得差하고 我身平復하야 亦無瘡痍러니라
我時에 見身具足完具하고 卽發阿耨多羅三藐三菩提心이로니 一偈之力도 尙能如是어든 何況具足受持讀誦이라가 我見此經이 有如是利할새 復倍發心호대 願於未來에 成得佛道어든 字釋迦牟尼라 하야지이다
善男子야 以是一偈因緣力故로 令我今日에 於大衆中에 爲諸天人하야 具足宣說하노라
善男子야 以是因緣으로 是大涅槃이 不可思議라 成就無量無邊功德하며 乃是諸佛如來의 甚深祕密之藏이시니 以是義故로 能受持者는 斷離惡漏라 所謂惡者는 惡象·惡馬와 惡牛·惡狗와 毒蛇住處와 惡刺土地와 懸崖嶮岸과 暴水迴澓과 惡人惡國과 惡城惡舍와 惡知識等이니 如是等輩가 若作漏因인대 菩薩卽離하고 若不能作인대 則不遠離하며 若增有漏인대 則便離之하고 若不增長인대 則不遠離하며 若作惡法인대 則便離之하고 若能作善인대 則不遠離하나니라

云何爲離오 不持刀杖코 常以正慧方便으로 而遠離之니 是故로 名爲正慧遠離라 爲生善法이요 則離惡法이니라

菩薩摩訶薩이 自觀其身을 如病如瘡하며 如癰如怨하며 如箭入體라 是大苦聚이며 悉是一切諸惡根本이라 是身雖復不淨이 如是이나 菩薩이 猶故瞻視將養하나니 何以故오 非爲貪身이요 爲善法故이며 爲於涅槃이라 不爲生死하고 爲常·樂·我·淨이며 不爲無常·無樂·我·淨하고 爲菩提道니라

不爲有道하고 爲於一乘이며 不爲三乘하고 爲三十二相·八十種好인 微妙之身이니라 不爲乃至非有想非無想身이며 爲法輪王하고 不爲轉輪王이니라

善男子야 菩薩摩訶薩이 常當護身니 何以故오 若不護身하면 命則不全이요 命若不全이면 則不能得書寫是經커나 受持讀誦커나 爲他廣說커나 思惟其義라 是故로 菩薩이 應善護身이니라 以是義故로 菩薩이 得離一切惡漏하나라

善男子야 如欲渡者인대 應善護栰이요 臨路之人은 善護良馬요 田夫種植에 善護糞穢요 如爲差毒에 善護毒蛇요 如人爲財에 護旃陀羅요 爲壞賊故로 將護健兒니라

亦如寒人이 愛護於火하며 如癩病者는 求於毒藥이니 菩薩摩訶薩도 亦復如是하야 雖見是身이 無量不淨으로 具足充滿이나 爲欲受持大涅槃經故로 猶好將護하야 不令乏少하나니라

菩薩摩訶薩이 觀於惡象과 及惡知識을 等無有二니 何以故오 俱壞身故라 菩薩摩訶薩이 於惡象等엔 心無怖懼로대 於惡知識에 生畏懼心하나니 何以故오 是惡象等은 唯能壞身이요 不能壞心이어니와 惡知識者는 二俱壞故라 是惡象等은 唯壞一身이어니와 惡知識者는 壞無量善身과 無量善心이니라

是惡象等은 唯能破壞不淨臭身이어니와 惡知識者는 能壞淨身과 及以淨心하며 是惡象等은 能壞肉身이어니와 惡知識者는 壞於法身이니라 爲惡象殺인에 不至三惡이어니와 爲惡友殺에 必至三惡이라 是惡象等은 但爲身怨이

어니와 惡知識者는 爲善法怨이니 是故로 菩薩이 常當遠離諸惡知識이니라
如是等漏를 凡夫는 不離라 是故로 生漏로대 菩薩은 離之라 則不生漏니라
菩薩如是하야 尙無有漏어니 況於如來아 是故로 非漏니라
云何親近漏오 一切凡夫는 受取衣食과 臥具·醫藥호대 爲身心樂하야 求如是物일새 造種種惡하고 不知過未에 輪廻三趣니 是故로 名漏라
菩薩摩訶薩은 見如是過에 則便遠離하며 若須衣時에 卽便受取이나 不爲身故며 但爲於法하고 不長憍慢이요 心常卑下하고 不爲嚴飾이요 但爲羞恥와 障諸寒暑와 惡風惡雨와 惡蟲蚊虻蠅蚤蝱螫이니라 雖受飮食이나 心無貪著하니 不爲身故요 常爲正法하며 不爲肌膚요 但爲衆生하며 不爲憍慢이요 爲身力故이며 不爲怨害요 爲治肌瘡하며 雖得上味나 心無貪著이니라
受取房舍에도 亦復如是하야 貪慢之結을 不令居心하고 爲菩提舍하야 遮止結賊하며 障惡風雨일새 故受屋舍니라
求醫藥者에도 心無貪慢하고 但爲正法이요 不爲壽命하며 爲常命故니라
善男子야 如人病瘡에 爲蘇麨塗하야 以衣裹之하고 爲出膿血하야 蘇麨塗拊하며 爲瘡愈故로 以藥坌之하며 爲惡風故로 在深屋中하나니 菩薩摩訶薩도 亦復如是하야 觀身是瘡일새 故以衣覆하고 爲九孔膿하야 求索飮食하며 爲惡風雨하야 取受房舍하며 爲四毒發하야 求覓醫藥이니라
菩薩이 受取四種供養은 爲菩提道요 非爲壽命이니 何以故오 菩薩摩訶薩이 作是思惟호대 我若不受是四供養하면 身則磨滅하야 不得堅牢요 若不堅牢하되 則不忍苦요 若不忍苦하면 則不能得修習善法이어니와 若能忍苦하면 則得修習無量善法하리라 我若不能堪忍衆苦하면 則於苦受에 生瞋恚心하고 於樂受中에 生貪著心하며 若求樂不得에 則生無明이라 하나니라
是故로 凡夫는 於四供養에 生於有漏어니와 菩薩摩訶薩은 能深觀察하야 不生於漏라 是故로 菩薩을 名爲無漏어든 云何如來를 當名有漏아 是故로 如來는 不名有漏니라

大般涅槃經卷 第二十二 終

光明遍照高貴德王菩薩品 第十之二

군산 동국사 대웅전 쌍림열반도

大般涅槃經 卷第二十三

北涼天竺三藏 曇無讖 譯

光明遍照高貴德王菩薩品 第十之三

復次善男子야 一切凡夫는 雖善護身心이나 猶故生於三種惡覺하나니 以是因緣으로 雖斷煩惱하야 得生非想·非非想處라도 猶故還墮三惡道中하나니라 善男子야 譬如有人이 渡於大海할새 垂至彼岸하야 沒水而死인니 何以故오 無善覺故라

何等이 善覺고 所謂六念處라 凡夫之人은 善心이 羸劣하고 不善이 熾盛하니 善心이 羸故로 慧心薄少하고 慧心이 薄故로 增長諸漏어니와 菩薩摩訶薩은 慧眼이 清淨하야 見三覺過하야 知是三覺이 有種種患이며 常與衆生으로 作三乘怨이라 三覺因緣이 乃令無量凡夫衆生으로 不見佛性하고 無量劫中에 生顛倒心하야 謂佛世尊이 無常樂我하고 唯有一淨이라 하며 如來畢竟에 入於涅槃이라 하나니라

一切衆生은 無常·無樂·無我·無淨이어늘 顛倒心故로 言有常·樂·我·淨이라 하며 實無三乘이어늘 顛倒心故로 言有三乘이라 하고 一實之道는 真實不虛어늘 顛倒心故로 言無一實이라 하나니 是三惡覺이 常為諸佛及諸菩薩之所呵責이니라

是三惡覺이 常害於我하며 或亦害他라 有是三覺하면 一切諸惡이 常來隨從하리니 是三覺者는 即是三縛이라 連綴衆生의 無邊生死니라 菩薩摩訶薩이 常作如是觀察三覺하나니라

菩薩이 或時에 有因緣故로 應生欲覺이로대 默然不受하니 譬如端正淨潔之人은 不受一切糞穢不淨이며 如熱鐵丸을 人無受者하며 如婆羅門性은 不受牛肉하며 如飽滿人은 不受惡食하며 如轉輪王은 不與一切旃陀羅等으

光明遍照高貴德王菩薩品 第十之三

로 同坐一床인달하야 菩薩摩訶薩이 惡賤三覺하야 不受不味도 亦復如是하니라
何以故오 菩薩이 思惟호대 眾生이 知我를 是良福田이라 하나니 我當云何로 受是惡法이리오 若受惡覺하면 則不任為眾生福田이니라
我自不言是良福田이로대 眾生이 見相하고 便言我是라 하니 我今에 若起如是惡覺하면 則為欺誑一切眾生이리라
我於往昔에 以欺誑故로 無量劫中을 流轉生死하야 墮三惡道니 我若以惡心으로 受人信施하면 一切天人과 及五通仙이 悉當證知하야 而見訶責하리라
我若惡覺으로 受人信施하면 或令施主로 果報減少하며 或空無報니라
我若惡心으로 受檀越施하면 則與施主로 而為怨讎라 一切施主는 恒於我所에 起赤子想이어늘 我當云何로 欺誑於彼하야 而生怨想이리요
何以故오 或令施主로 不得果報하며 或少果報故라 我常自稱為出家人하니 夫出家者는 不應起惡이라 若起惡者인대 則非出家니라 出家之人은 身·口相應이어늘 若不相應이면 則非出家며 我棄父母·兄弟·妻子·眷屬·知識하고 出家修道하니 正是修習諸善覺時요 非是修習不善覺時니 譬如有人이 入海求寶할새 不取真寶하고 直取水精하며 亦如有人이 棄妙音樂하고 遊戲糞穢하며 如棄寶女하고 與婢交通하며 如棄金器하고 用於瓦盂하며 如棄甘露하고 服食毒藥하며 如捨親舊良善之醫하고 從怨惡醫하야 求藥而服인달하야 我亦如是하야 捨離大師如來世尊·甘露法味하고 而服魔怨의 種種惡覺이로다
人身難得이 如優曇花어늘 我今已得하며 如來難值는 過優曇花어늘 我今已值하며 清淨法寶를 難得見聞이어늘 我今已聞하니 猶如盲龜가 值浮木孔이로다
人命不停이 過於山水라 今日雖存이나 明亦難保어늘 云何縱心으로 令住惡法이리요 壯色不停이 猶如奔馬어늘 云何恃怙하야 而生憍慢이리요 猶如惡鬼가 伺求人過하야 四大惡鬼도 亦復如是하야 常來伺求我之過失이어늘 云何當令惡覺發起리오 譬如朽宅垂崩之屋하야 我命亦爾어늘 云何起惡하

- 427 -

고 我名沙門이니 沙門之人은 名覺善覺이어늘 我今乃起不善之覺하면 云何當得名沙門也리요
我名出家이니 出家之人은 名修善道어늘 我今行惡하면 云何當得名爲出家리오
我今名爲眞婆羅門이니 婆羅門者는 名修淨行이어늘 我今乃行不淨惡覺하면 云何當得名婆羅門이리요
我今亦名剎利大姓이니 剎利姓者는 能除怨敵이어늘 我今不能除惡怨敵하면 云何當得名剎利姓이리요
我名比丘니 比丘之人은 名破煩惱어늘 我今不破惡覺煩惱하면 云何當得名爲比丘리요 世有六處를 難可值遇어늘 我今已得하니 云何當令惡覺으로 居心이리요 何等爲六고
一은 佛世難遇요 二는 正法難聞이요 三은 怖心難生이요 四는 難生中國(韓國)이요 五는 難得人身이요 六은 諸根難具라
如是六事를 難得已得하니 是故로 不應起於惡覺이니라
菩薩이 爾時에 修行如是大涅槃經할새 常勤觀察是諸惡心이어니와 一切凡夫는 不見如是惡心過患일새 故受三覺하니 名爲受漏라
菩薩은 見已에 不受不著하며 放捨不護하고 依八聖道하야 推之令去하며 斬之令斷하나니 是故로 菩薩은 無有受漏어든 云何當言如來가 有漏아 以是義故로 如來世尊은 非是有漏니라
復次善男子야 凡夫는 若遇身心苦惱하면 起種種惡하고 若得身病커나 若得心病하면 令身·口·意로 作種種惡하나니 以作惡故로 輪迴三趣하야 具受諸苦하나니 何以故오 凡夫之人은 無念慧故라 是故로 生於種種諸漏하나니 是名念漏니라
菩薩摩訶薩은 常自思惟호대 我從往昔無數劫來로 爲是身心하야 造種種惡하야 以是因緣으로 流轉生死하야 在三惡道하야 具受衆苦하고 遂令我로 遠三乘正路로다 하야 菩薩이 以是惡因緣故로 於己身心에 生大怖畏하야 捨離衆惡하고 趣向善道하나니라

光明遍照高貴德王菩薩品 第十之三

善男子야 譬如有王이 以四毒蛇로 盛之一篋하고 令人瞻養하야 餧飼臥起
하며 摩洗其身호대 若令一蛇나 生瞋恚者면 我當准法하야 戮之都市호리라
爾時에 其人이 聞王切令하고 心生惶怖하야 捨篋逃走어늘 王時에 復遣五
旃陀羅하야 拔刀隨後한대 其人迴顧하야 見後五人하고 遂疾捨去어늘 是時
에 五人이 以惡方便으로 藏所持刀하고 密遣一人하야 詐為親善하야 而語
之言호대 汝可還來하라 其人不信하고 投一聚落하야 欲自隱匿이러니라
既入聚中하야 闚看諸舍하니 都不見人이요 執捉瓦(옹기 옹)器하니 悉空無物
이라 既不見人하고 求物不得이어늘 即便坐地러니 聞空中聲하니 咄哉라
善男子야 此聚空曠하야 無有居民이요 今夜當有六大賊來하리니 汝設遇者
인대 命將不全하리니 汝當云何而得免之아 爾時에 其人이 恐怖遂增하야
復捨而去라가 路值一河하니 其河漂急이요 無有船栰이나 以怖畏故로 即
取種種草木為栰하야 復更思惟호대 我設住此하면 當為毒蛇와 五旃陀羅
와 一詐親者와 及六大賊之所危害요 若渡此河에 栰不可依면 當沒水死리
라 寧沒水死언정 終不為彼蛇賊의 所害라 하고 即推草栰하야 置之水中
하고 身猗其上하야 手抱脚踏하야 截流而渡하야 既達彼岸하야는 安隱無患
이라 心意泰然하야 怖恐消除하니라
菩薩摩訶薩이 得聞受持大涅槃經하야 觀身如篋하며 地·水·火·風은 如四毒
蛇니 見毒·觸毒·氣毒·齧毒이라 一切眾生이 遇是四毒엔 故喪其命이라 眾
生四大도 亦復如是하야 或見為惡하며 或觸為惡하며 或氣為惡하며 或齧
為惡하나니 以是因緣으로 遠離眾善하나니라
復次善男子야 菩薩摩訶薩이 觀四毒蛇에 有四種姓하니 所謂剎利·婆羅門·
毘舍·首陀라 是四大蛇도 亦復如是하야 有四種性하니 堅性·濕性·熱性·動性
이라 是故로 菩薩이 觀是四大를 與四毒蛇로 同其種性하니라
復次善男子야 菩薩摩訶薩이 觀是四大를 如四毒蛇하나니 云何為觀고 是
四毒蛇는 常伺人便호대 何時當視며 何時當觸이며 何時當歔이며 何時當
齧고 하나라 四大毒蛇도 亦復如是하야 常伺眾生하야 求其短缺이니라
若為四蛇之所殺者는 終不至於三惡道中이나 若為四大之所殺害하면 必至

三惡道를 定無有疑니라 是四毒蛇는 雖復瞻養이나 亦欲殺人하나니 四大亦爾하야 雖常供給이나 亦常牽人하야 造作衆惡이니라

是四毒蛇가 若一瞋者면 則能殺人이라 四大之性도 亦復如是하야 若一大發하면 亦能害人이니라 是四毒蛇는 雖同一處나 四心各異하니 四大毒蛇도 亦復如是하야 雖同一處나 性各別異니라

是四毒蛇를 雖復恭敬이나 難可親近이니 四大毒蛇도 亦復如是하야 雖復恭敬이나 亦難親近이니라

是四毒蛇가 若害人時엔 或有沙門·婆羅門等이 若以呪藥則可療治이나 四大殺人엔 雖有沙門婆羅門等의 神呪良藥이라도 則不能治니라

如自喜人은 聞四毒蛇의 氣臭可惡에 則便遠離하나니 諸佛菩薩도 亦復如是하야 聞四大臭에 即便遠離하나니라

爾時菩薩이 復更思惟四大毒蛇하고 生大怖畏하야 背之馳走하야 修八聖道하나니라

五旃陀羅는 即是五陰이니 云何菩薩이 觀於五陰을 如旃陀羅오 旃陀羅者는 常令令人으로 恩愛別離하고 怨憎集會하이라 五陰도 亦爾하야 令人으로 貪近不善之法하고 遠離一切純善之法이니라

復次善男子야 如旃陀羅는 種種器仗으로 以自莊嚴하니 若刀若楯이며 若弓若箭이며 若鎧若矟로 能害於人이라 五陰도 亦爾하야 以諸煩惱로 牢自莊嚴하야 害諸癡人하야 令墮諸有하나니라 善男子야 如旃陀羅는 有過之人을 得便害之니 五陰도 亦爾하야 有諸結過를 常能害人하나니 以是義故로 菩薩이 深觀五陰을 如旃陀羅니라

復次菩薩이 觀察五陰을 如旃陀羅니 旃陀羅人은 無慈愍心하야 怨親俱害라 五陰도 亦爾하야 無慈愍心이라 善惡俱害니라

如旃陀羅가 惱一切人하나니 五陰도 亦爾하야 以諸煩惱로 常惱一切生死衆生이라 是故로 菩薩이 觀於五陰을 如旃陀羅니라

復次菩薩이 觀察五陰을 如旃陀羅니 旃陀羅人은 常懷害心이라 五陰도 亦爾하야 常懷諸結惱害之心이니라

如人이 無足 刀杖 侍從하면 當知必爲旃陀羅人之所殺害리니 衆生도 亦爾하야 無足無刀하며 無有侍從하면 則爲五陰之所賊害니 足名爲戒요 刀名爲慧요 侍從은 名爲善知識也라 無此三事면 故爲五陰之所賊害하나니 是故로 菩薩이 觀於五陰을 如旃陀羅하나니라

復次善男子야 菩薩摩訶薩이 觀察五陰을 過旃陀羅니 何以故오 衆生이 若爲五旃陀羅之所殺者는 不墮地獄이어니와 爲陰殺者는 則墮地獄하니 以是義故로 菩薩이 觀陰을 過旃陀羅니라 作是觀已코 而作願言호대 我寧終身토록 近旃陀羅언정 不能暫時를 近於五陰하리니 旃陀羅者는 唯能害於欲界癡人이어니와 是五陰賊은 遍害三界凡夫衆生하나니라

旃陀羅人은 唯能殺戮有罪之人이어니와 是五陰賊은 不問衆生의 有罪無罪하고 悉能害之하며 旃陀羅人은 不害衰老와 婦女稚小어니와 是五陰賊은 不問衆生의 老稚婦女하고 一切悉害하나니 是故로 菩薩이 深觀此陰을 過旃陀羅니라 是故로 發願호대 寧當終身을 近旃陀羅언정 不能暫時를 親近五陰이라 하나니라

復次善男子야 旃陀羅者는 唯害他人이요 終不自害어니와 五陰之賊은 自害害他일새 過旃陀羅니라

旃陀羅人은 可以善言과 錢財寶貨로 求而得脫이어니와 五陰은 不爾하야 不可强以善言誘喩하며 錢財寶貨로 求而得脫이니라

旃陀羅人은 於四時中에 不必常殺이어니와 五陰은 不爾하야 常於念念에 害諸衆生이니라

旃陀羅人은 唯在一處하니 可有逃避어니와 五陰은 不爾하야 遍一切處하니 無可逃避니라

旃陀羅人은 雖復害人이나 害已코 不隨어니와 五陰은 不爾하야 殺衆生已하고 隨逐不離하나니 是故로 菩薩이 寧以終身을 近旃陀羅언정 不能暫時를 近於五陰이니라 有智之人은 以善方便으로 得脫五陰하나니 善方便者는 即八聖道와 六波羅蜜과 四無量心이라 以是方便으로 而得解脫하야 身心이 不爲五陰의 所害니라 何以故오 身如金剛하고 心如虛空이라 是故로 身

心을 難可沮壞니 以是義故로 菩薩이 觀陰成就種種諸不善法하고 生大怖畏하야 修八聖道하나니 亦如彼人이 畏四毒蛇와 五旃陀羅하야 涉路而去에 無所顧留하나라

詐親善者는 名爲貪愛니 菩薩摩訶薩이 深觀愛結을 如怨詐親이라 若知實者는 則無能爲로대 若不能知면 必爲所害라 貪愛도 亦爾하야 若知其性하면 則不能令衆生으로 輪轉生死苦中이어니와 如其不知하면 輪迴六趣하야 具受衆苦니라

何以故오 愛之爲病이 難捨離故라 如怨詐親을 難可遠離니라 怨詐親者는 常伺人便하야 令愛別離하고 怨憎合會하나니 愛亦如是하야 令人遠離一切善法하고 近於一切不善之法이라

以是義故로 菩薩摩訶薩이 深觀貪愛를 如怨詐親하야 見不見故며 聞不聞故니라

如凡夫人이 見生死過는 雖有智慧나 以癡覆故로 後還不見하며 聲聞緣覺도 亦復如是하야 雖見不見이며 雖聞不聞이니 何以故오 以愛心故라 所以者何오 見生死過라도 不能疾至阿耨多羅三藐三菩提니 以是義故로 菩薩摩訶薩은 觀此愛結을 如怨詐親이니라

云何名爲怨詐親相고 如怨不實이로대 詐現實相하며 不可親近이로대 詐現近相하며 實是不善이로대 詐現善相하며 實是不愛로대 詐爲愛相하나니 何以故오 常伺人便하야 欲爲害故라 愛亦如是하야 常爲衆生하야 非實詐實하며 非近詐近하며 非善詐善하며 非愛詐愛하야 常誑一切하야 輪迴生死케 하나니 以是義故로 菩薩은 觀愛如怨詐親이니라

怨詐親者는 但見身口요 不觀其心이라 是故로 能誑이니 愛亦如是하야 唯爲虛誑이요 實不可得이라 是故로 能惑一切衆生이니라 怨詐親者는 有始有終이라 易可遠離어니와 愛不如是하야 無始無終이니 難可遠離니라

怨詐親者는 遠則難知요 近則易知로대 愛不如是하야 近尚難知어든 況復遠耶아 以是義故로 菩薩觀愛를 過於詐親이니라

一切衆生이 以愛結故로 遠大涅槃하고 近於生死하며 遠常樂我淨하고 近

光明遍照高貴德王菩薩品 第十之三

無常苦無我不淨하나니 是故로 我於處處經中에 說爲三垢니라 於現在事에 以無明故로 不見過患하야 不能捨離니라 愛怨詐親이 終不能害有智之人하나니 是故로 菩薩이 深觀此愛하고 生大怖畏하야 修八聖道가 猶如彼人이 畏四毒蛇와 五旃陀羅와 及一詐親하야 涉路不迴니라

空聚落者는 卽是六入이니 菩薩摩訶薩이 觀內六入이 空無所有가 猶如空聚하며 如彼怖人이 旣入聚已에 乃至不見有一居人이요 遍捉瓨器하야도 不得一物인달하야 菩薩도 亦爾하야 諦觀六入이 空無所有하며 不見衆生의 一物之實이니 是故로 菩薩이 觀內六入이 空無所有가 如彼空聚니라

善男子야 彼空聚落을 群賊이 遠望엔 終不生於虛空之想하나니 凡夫之人도 亦復如是하야 於六入聚에 不生空想하니 以其不能生空想故로 輪迴生死하야 受無量苦하나니라

善男子야 群賊이 旣至하야는 乃生空想하야 菩薩도 亦爾하야 觀此六入하야 常生空想이라 生空想故로 則不輪迴生死受苦니라 菩薩摩訶薩이 於此六入에 常無顚倒라 無顚倒故로 是故로 不復輪迴生死니라

復次善男子야 如有群賊이 入此空聚하야 則得安樂하야 煩惱諸賊도 亦復如是하야 入此六入에 則得安樂이니라

如賊住空聚에 心無所畏하야 煩惱群賊도 亦復如是하야 住是六入하야 亦無所畏하나니라

如彼空聚는 乃是師子虎狼과 種種惡獸之所住處하야 是內六入도 亦復如是하야 一切衆惡煩惱走獸之所住處니 是故로 菩薩이 深觀六入이 空無所有요 純是一切不善住處하나니라

復次善男子야 菩薩摩訶薩이 觀內六入의 空無所有가 如彼空聚하니 何以故오 虛誑不實故며 空無所有로대 作有想故이며 實無有樂이로대 作樂想故며 實無有人이로대 作人想故라 內六入者도 亦復如是하야 空無所有로대 而作有想하며 實無有樂이로대 而作樂想하며 實無有人이로대 而作人想하나니 唯有智人이라야 乃能知之하야 得其眞實이니라

復次善男子야 如空聚落은 或時有人하며 或時無人이로대 六入不爾하야 一

向無人이니 何以故오 性常空故라 智者所知요 非是眼見이니 是故로 菩薩은 觀內六入이 多諸怨害하고 修八聖道하야 不休不息을 猶如彼人이 畏四毒蛇와 五旃陀羅와 一詐親善과 及六大賊하야 怖著正路니라

六大賊者는 即外六塵이니 菩薩摩訶薩이 觀此六塵을 如六大賊이라 何以故오 能劫一切諸善法故라 如六大賊이 能劫一切人民財寶하야 是六塵賊도 亦復如是하야 能劫一切眾生善財하니라 如六大賊이 若入人舍하면 則能劫奪現家所有하야 不擇好惡하야 令巨富者로 忽爾貧窮케하나니 是六塵賊도 亦復如是하야 若入人根하면 則能劫奪一切善法이라 善法既盡에 貧窮孤露하야 作一闡提하나니 是故로 菩薩이 諦觀六塵을 如六大賊하니라

復次善男子야 如六大賊이 欲劫人時에 要因內人이니 若無內人하면 則便中還이라 是六塵賊도 亦復如是하야 欲劫善法에 要因內有眾生知見과 常·樂·我·淨과 不空等相이니 若內無有如是等相하면 六塵惡賊이 則不能劫一切善法이니라

有智之人은 內無是相이어니와 凡夫는 則有일새 是故로 六塵이 常來侵奪善法之財어든 不善護故로 為其所劫이라 護者는 名慧니 有智之人은 能善防護일새 故不被劫이니라 是故로 菩薩이 觀是六塵을 如六大賊하야 等無差別이니라

復次善男子야 如六大賊이 能為人民의 身心苦惱하야 是六塵賊도 亦復如是하야 常為眾生의 身心苦惱니라

六大賊者는 唯能劫人의 現在財物이어니와 是六塵賊은 常劫眾生의 三世善財니라 六大賊者는 夜則歡樂하나니 六塵惡賊도 亦復如是하야 處無明闇하얀 則得歡樂하리라

是六大賊을 唯有諸王이라야 乃能遮止니라 六塵惡賊도 亦復如是하야 唯佛菩薩이라야 乃能遮止니라 是六大賊이 凡欲劫奪에 不擇端正과 種姓과 聰哲과 多聞과 博學과 豪貴貧賤하나니 六塵惡賊도 亦復如是하야 欲劫善法에 不擇端正과 乃至貧賤이니라

是六大賊을 雖有諸王이 截其手足이라도 猶故不能令其心息이니 六塵惡賊

光明遍照高貴德王菩薩品 第十之三

도 亦復如是하야 雖須陀洹과 斯陀含과 阿那含이 截其手足이라도 亦不能令不劫善法어니와 如勇健人이라야 乃能摧伏是六大賊하며 諸佛菩薩도 亦復如是하야 乃能摧伏六塵惡賊이니라

譬如有人이 多諸種族하야 宗黨熾盛하면 則不爲彼六賊所劫이니 衆生亦爾하야 有善知識에 不爲六塵惡賊의 所劫이니라

是六大賊이 若見人物하면 則能偸劫이어니와 六塵은 不爾하야 若見若知와 若聞若嗅와 若觸若覺에 皆悉能劫하나니라

六大賊者는 唯能劫奪欲界人財요 不能劫奪色無色界어니와 六塵惡賊은 則不如是하야 能劫三界一切善寶하나니 是故로 菩薩이 諦觀六塵을 過彼六賊이라

作是觀已에 修八聖道하야 直往不迴가 如彼怖人이 畏四毒蛇와 五旃陀羅와 一詐親者와 及六大賊하야 捨空聚落하고 涉路而去니라

路値一河者는 卽是煩惱니 云何菩薩이 觀此煩惱를 猶如大河아 如彼駛河는 能漂香象하나니 煩惱駛河도 亦復如是하야 能漂緣覺일새 是故菩薩이 深觀煩惱가 猶如駛河하야 深難得底일새 故名爲河요 邊不可得일새 故名爲大라 其中에 多有種種惡魚하니 煩惱大河도 亦復如是하야 唯佛菩薩이라야 能得底故라 故名極深이며 唯佛菩薩이라야 得其邊故라 故名廣大이며 常害一切癡衆生故라 故名惡魚니라

是故로 菩薩이 觀此煩惱를 猶如大河하나니라 如大河水는 能長一切草木叢林하노니 煩惱大河도 亦復如是하야 能長衆生의 二十五有라 是故로 菩薩이 觀此煩惱를 猶如大河니라

譬如有人이 墮大河水하야 無有慚愧니 衆生亦爾하야 墮煩惱河하야 無有慚愧니라 如墮河者는 未得其底에 卽便命終이니라 墮煩惱河도 亦復如是하야 未盡其底인대 周迴輪轉二十五有라

所言底者는 名爲空相이라

若有不修如是空相인대 當知是人은 不得出離二十五有라 一切衆生이 不能善修空無相故로 常爲煩惱駛河의 所漂니라 如彼大河는 唯能壞身이요

不能漂沒一切善法이어니와 煩惱大河는 則不如是하야 能壞一切身心善法하나니 彼大暴河는 唯能漂沒欲界中人이어니와 煩惱大河는 乃能漂沒三界人天이니라

世間大河는 手抱脚踏하면 則到彼岸이로대 煩惱大河는 唯有菩薩이 因六波羅蜜이라야 乃能得渡니라 如大河水를 難可得渡하야 煩惱大河도 亦復如是하야 難可得渡라

云何名為難可得渡오 乃至十住諸大菩薩이라도 猶故未能畢竟得渡요 唯有諸佛이라야 乃畢竟渡니 是故로 名為難可得渡니라

譬如有人이 為河所漂에 不能修習毫釐善法하야 眾生도 亦爾하야 為煩惱河의 所漂沒者는 亦復不能修習善法이니라

如人墮河하야 為水所漂어든 餘有力者는 則能拔濟로대 墮煩惱河하야 為一闡提면 聲聞緣覺과 乃至諸佛이라도 不能拔濟니라 世間大河는 劫盡之時에 七日並照하면 能令枯涸이로대 煩惱大河는 則不如是하야 聲聞緣覺이 雖修七覺이라도 猶不能乾이라 是故로 菩薩이 觀諸煩惱를 猶如暴河하니라

譬如彼人이 畏四毒蛇와 五旃陀羅와 詐親善과 及六大賊하야 捨空聚落하고 隨路而去하야 既至河上에 取草為栰者하야 菩薩도 亦爾하니 畏四大蛇와 五陰旃陀羅와 愛詐親善과 六入空聚와 六塵惡賊하야 至煩惱河하야 修戒定慧와 解脫과 解脫知見과 六波羅蜜과 三十七品하야 以為船栰하야 依乘此栰하고 渡煩惱河하야 到於彼岸의 常樂涅槃이니라

菩薩이 修行大涅槃者는 作是思惟호대 我若不能忍受如是身苦心苦하면 則不能令一切眾生으로 渡煩惱河리라 以是思惟일새 雖有如是身心苦惱나 默然忍受하나니 以忍受故로 則不生漏라 如是菩薩도 尚無諸漏어든 況佛如來가 而當有漏아 是故로 諸佛을 不名有漏니라 云何如來가 非無漏也오 如來는 常行有漏中故라 有漏는 即是二十五有이니 是故로 聲聞凡夫之人이 言佛有漏라 하나 諸佛如來는 真實無漏니라

善男子야 以是因緣으로 諸佛如來는 無有定相이니라

善男子야 是故로 犯四重禁과 謗方等經과 及一闡提라도 悉皆不定이니라

光明遍照高貴德王菩薩品 第十之三

爾時에 光明遍照·高貴德王·菩薩摩訶薩言호대 如是如是하야 誠如聖敎니다 一切諸法이 皆悉不定이니 以不定故로 當知如來는 亦不畢竟에 入於涅槃이어니와 如佛先說하사대 菩薩摩訶薩이 修大涅槃하야 聞不聞中에 有涅槃 大涅槃이라 하시니 云何涅槃이며 云何大涅槃이닛고

爾時에 佛께서 讚光明遍照高貴德王菩薩摩訶薩言하사대 善哉善哉라 善男子야 若有菩薩이 得念總持라야 乃能如汝之所諮問이리라

善男子야 如世人이 言有海·大海하고 有河·大河하고 有山·大山하고 有地·大地하고 有城·大城하고 有衆生·大衆生하고 有王·大王하고 有人·大人하고 有天·天中天하고 有道·大道라 하야 涅槃도 亦爾하야 有涅槃하며 有大涅槃이니라

云何涅槃고 善男子야 如人飢餓에 得少飯食하면 名爲安樂이니 如是安樂도 亦名涅槃이요

如病得差에 則名安樂이니 如是安樂도 亦名涅槃이요

如人怖畏에 得歸依處하면 則得安樂이니 如是安樂도 亦名涅槃이며

如貧窮人이 獲七寶物하면 則得安樂이니 如是安樂도 亦名涅槃이며 如人觀骨하야 不起貪欲하면 則得安樂하리니 如是安樂도 亦名涅槃이나 如是涅槃은 不得名爲大涅槃也니라

何以故오 以飢渴故며 病故며 怖故며 貧故며 生貪著故로 是名涅槃이나 非大涅槃이니라

善男子야 若凡夫人과 及以聲聞이 或因世俗커나 或因聖道하야 斷欲界結하면 則得安樂하리니 如是安樂도 亦名涅槃이나 不得名爲大涅槃也니라

能斷初禪하며 乃至能斷非想·非非想·處結하면 則得安樂이니 如是安樂도 亦名涅槃이나 不得名爲大涅槃也니 何以故오 還生煩惱有習氣故라

云何名爲煩惱習氣오 聲聞緣覺이 有煩惱氣하니 所謂我身我衣와 我去我來와 我說我聽과 諸佛如來가 入於涅槃이라 涅槃之性은 無我無樂이오 唯有常淨이니 是則名爲煩惱習氣니라

佛法衆僧이 有差別相이라 하며 如來가 畢竟에 入於涅槃이라 하며 聲聞·緣

- 437 -

覺과 諸佛如來의 所得涅槃이 等無差別이라 할새 以是義故로 二乘所得은 非大涅槃이니 何以故오 無常·樂·我·淨故라 常·樂·我·淨이라야 乃得名為大涅槃也니라

善男子야 譬如有處에 能受眾水하면 名為大海니 隨有聲聞緣覺菩薩과 諸佛如來의 所入之處를 名大涅槃이요 四禪과 三三昧와 八背捨와 八勝處와 十一切處를 隨能攝取如是無量諸善法者를 名大涅槃이니라

善男子야 譬如有河하니 第一香象도 不能得底일새 則名為大라 聲聞·緣覺으로 至十住菩薩히 不見佛性일새 名為涅槃이나 非大涅槃이어니와 若能了了見於佛性하면 則得名為大涅槃也라 是大涅槃은 唯大象王이라야 能盡其底리니 大象王者는 謂諸佛也니라

善男子야 若摩訶那伽와 及鉢揵陀와 大力士等이 經歷多時하야도 所不能上일새 乃名大山이니 聲聞·緣覺과 及諸菩薩인 摩訶那伽大力士等의 所不能見일새 如是를 乃名大涅槃也니라

復次善男子야 隨有小王之所住處하야 名為小城이요 轉輪聖王의 所住之處를 乃名大城이니 聲聞緣覺의 八萬六萬四萬二萬과 一萬住處는 名為涅槃이어니와 無上法主聖王住處라야 乃得名為大般涅槃이니 以是故로 名을 大般涅槃이라 하나라

善男子야 譬如有人이 見四種兵하고 不生怖畏하면 當知是人은 名大眾生이니 若有眾生이 於三惡道의 煩惱惡業에 不生怖畏하고 而能於中에 廣度眾生하면 當知是人은 得大涅槃이니라

若有人이 能供養父母하며 恭敬沙門과 及婆羅門하며 修治善法하며 所言誠實이요 無有欺誑하며 能忍諸惡하고 惠施貧乏하면 名大丈夫라 菩薩도 亦爾하야 有大慈悲하고 憐愍一切하야 於諸眾生을 猶如父母하야 能度眾生於生死河하야 普示眾生一實之道하면 是則名為大般涅槃이니라

善男子야 大는 名不可思議니 若不可思議인대 一切眾生의 所不能信이라 是則名為大般涅槃이며 唯佛菩薩之所見故로 名大涅槃이니라 以何因緣으로 復名為大오 以無量因緣인 然後에 乃得일새 故名為大니라

善男子야 如世間人이 以多因緣之所得者를 則名為大니 涅槃도 亦爾하야 以多因緣之所得故로 故名為大니라

云何復名為大涅槃고 有大我故로 名大涅槃이라 涅槃은 無我로대 大自在故로 名為大我니라

云何名為大自在耶아 有八自在일새 則名為我이니 何等為八고 一者는 能示一身하야 以為多身호대 身數大小를 猶如微塵하야 充滿十方無量世界하나니 如來之身은 實非微塵이로대 以自在故로 現微塵身하시니 如是自在가 則為大我니라

二者는 示一塵身이 滿於三千大千世界하나 如來之身은 實不滿於三千大千世界로대 何以故오 以無礙故며 直以自在故로 滿於三千大千世界하나니 如是自在를 名為大我니라

三者는 能以滿此三千大千世界之身으로 輕擧飛空하야 過於二十恒河沙等 諸佛世界호대 而無障礙라 如來之身은 實無輕重이로대 以自在故로 能為輕重하나니 如是自在를 名為大我니라

四者는 以自在故로 而得自在라 云何自在오 如來一心은 安住不動하사대 所可示化하신 無量形類를 各令有心하며 如來有時에 或造一事나 而令眾生으로 各各成辦하며 如來之身은 常住一土로대 而令他土로 一切悉見하시니 如是自在를 名為大我니라

五者는 根自在故라 云何名為根自在耶아 如來一根으로 亦能見色聞聲하며 嗅香別味하며 覺觸知法하나니라 如來六根은 亦不見色聞聲하며 嗅香別味하며 覺觸知法이로대 以自在故로 令根自在하나니 如是自在를 名為大我니라

六者는 以自在故로 得一切法하시니 如來之心은 亦無得想이라 何以故오 無所得故니라 若是有者인대 可名為得이어니와 實無所有니 云何名得이리오 若使如來로 計有得想인대 是則諸佛이 不得涅槃이니라 以無得故로 名得涅槃이며 以自在故로 得一切法이요 得諸法故로 名為大我니라

七者는 說自在故라 如來는 演說一偈之義하야 經無量劫호대 義亦不盡이니

所謂若戒若定과 若施若慧라 如來爾時에 都不生念호대 我說彼聽이라 하며 亦復不生一偈之想이로대 世間之人이 以四句로 爲偈일새 隨世俗故로 說名爲偈요 一切法性이 亦無有說이로대 以自在故로 如來演說이요 以演說故로 名爲大我니라

八者는 如來가 遍滿一切諸處가 猶如虛空이라 虛空之性은 不可得見이니 如來亦爾하야 實不可見이로대 以自在故로 令一切見케하시니 如是自在를 名爲大我요 如是大我를 名大涅槃이니 以是義故로 名大涅槃이라 하니라

復次善男子야 譬如寶藏이 多諸珍異하야 百種具足일새 故名大藏이니 諸佛如來의 甚深奧藏도 亦復如是하야 多諸奇異하야 具足無缺일새 名大涅槃이니라

復次善男子야 無邊之物을 乃名爲大니 涅槃無邊일새 是故名大니라

復次善男子야 有大樂故로 名大涅槃이라 涅槃은 無樂이로대 以四樂故로 名大涅槃이니 何等이 爲四오

一者는 斷諸樂故라 不斷樂者는 則名爲苦니 若有苦者는 不名大樂이어니와 以斷樂故로 則無有苦라 無苦無樂을 乃名大樂이니 涅槃之性은 無苦無樂일새 是故涅槃을 名爲大樂이라 以是義故로 名大涅槃이니라

復次善男子야 樂有二種하니 一者는 凡夫요 二者는 諸佛이라

凡夫之樂은 無常敗壞일새 是故無樂이어니와 諸佛은 常樂하야 無有變異일새 故名大樂이니라

復次善男子야 有三種受하니

一者는 苦受요 二者는 樂受요 三者는 不苦不樂受라

不苦不樂도 是亦爲苦니 涅槃은 雖同不苦不樂이나 然이나 名大樂이라 以大樂故로 名大涅槃이니라

二者는 大寂靜故로 名爲大樂이니 涅槃之性은 是大寂靜이라 何以故오 遠離一切憒鬧法故라 以大寂故로 名大涅槃이니라

三者는 一切知故로 名爲大樂이라 非一切知인대 不名大樂이어니와 諸佛如來는 一切知故로 名爲大樂이니 以大樂故로 名大涅槃이니라

四者는 身不壞故로 名為大樂이라 身若可壞면 則不名樂이어니와 如來之身은 金剛無壞라 非煩惱身과 無常之身일새 故名大樂이니 以大樂故로 名大涅槃이니라

善男子야 世間名字는 或有因緣하며 或無因緣하니 有因緣者는 如舍利弗은 母名舍利라 因母立字하야 故名舍利弗이요

如摩鍮羅道人은 生摩鍮羅國일새 因國立名하야 故名摩鍮羅道人이요

如目犍連은 目犍連者는 即是姓也니 因姓立名하야 故名目犍連이라 하며

如我는 生於瞿曇種姓이라 因姓立名하야 稱為瞿曇이라 하고

如毘舍佉道人은 毘舍佉者는 即是星名이니 因星為名하야 名毘舍佉라 하니라

如有六指인대 因六指故로 名六指人이라 하며 如佛奴天奴는 因佛因天일새 故名佛奴天奴라 하며 因濕生故로 故名濕生이요 如因聲故로 名為迦迦羅이며 名究究羅이며 咀咀羅이니 如是等名은 是因緣名이니라

無因緣者는 如蓮花와 地水火風과 虛空이며 如曼陀婆는 一名二實이니 一名殿堂이요 二名飲漿이라

堂不飲漿이로대 亦復得名為曼陀婆라 하며 如薩婆車多는 名為蛇蓋나 實非蛇蓋니 是名無因이나 強立名字니라 如坻羅婆夷는 名為食油 實不食油요 強為立名하야 名為食油니 是名無因이나 強立名字니라

善男子야 是大涅槃도 亦復如是하야 無有因緣이로대 強為立名하니라

善男子야 譬如虛空이 不因小空하야 名為大空也니 涅槃도 亦爾하야 不因小相하야 名大涅槃이니라

善男子야 譬如有法을 不可稱量이며 不可思議일새 故名為大니 涅槃亦爾하야 不可稱量이며 不可思議일새 故得名為大般涅槃이라 하며 以純淨故로 名大涅槃이니라

云何純淨고 淨有四種하니 何等為四오

一者는 二十五有가 名為不淨이어늘 能永斷故로 得名為淨이니 淨即涅槃이니라 如是涅槃을 亦得名有나 而是涅槃은 實非是有로대 諸佛如來가 隨

世俗故로 說涅槃有라 하니라

譬如世人이 非父言父하고 非母言母라 實非父母로대 而言父母인달하야 涅槃도 亦爾하야 隨世俗故로 說言諸佛이 有大涅槃이라 하니라

二者는 業淸淨故라 一切凡夫는 業不淸淨일새 故無涅槃이어니와 諸佛如來는 業淸淨故로 故名大淨이니 以大淨故로 名大涅槃이니라

三者는 身淸淨故라 身若無常인대 則名不淨이어니와 如來身常일새 故名大淨이라 以大淨故로 名大涅槃이니라

四者는 心淸淨故라 心若有漏인대 名曰不淨이어니와 佛心은 無漏일새 故名大淨이니 以大淨故로 名大涅槃이니라

善男子야 是名善男子와 善女人이 修行如是大涅槃經하야 具足成就初分功德이니라

大般涅槃經 卷第二十三 終

光明遍照高貴德王菩薩品 第十之三

大般涅槃經 卷第二十四

北涼 天竺三藏 曇無讖 譯

光明遍照高貴德王菩薩品 第十之四

復次善男子야 云何菩薩摩訶薩이 修大涅槃하야 成就具足第二功德고 善男子야 菩薩摩訶薩이 修大涅槃하얀 昔所不得을 而今得之하며 昔所不見을 而今見之하고 昔所不聞을 而今聞之하고 昔所不到를 而今得到하며 昔所不知를 而今知之하나니라 云何名為昔所不得을 而今得之오 所謂神通이니 昔所不得을 而今乃得이니라

通有二種하니 一者는 內요 二者는 外라

所言外者는 與外道共이니라

內復有二하니 一者는 二乘이요 二者는 菩薩이라

菩薩이 修行大涅槃經하야 所得神通이 不與聲聞·辟支佛로 共하니 云何名為不與聲聞辟支佛로 共고 二乘의 所作神通變化는 一心에 作一이요 不得眾多어니와 菩薩은 不爾하야 於一心中에 則能具足現五趣身이라 所以者何오 以得如是大涅槃經之勢力故니 是則名為昔所不得을 而今得之니라

又復云何 昔所不得을 而今得之오 所謂身得自在와 心得自在라 何以故오 一切凡夫는 所有身心이 不得自在하야 或心隨身하며 或身隨心이니라

云何名為心隨於身고 譬如醉人이 酒在身中하야 爾時에 身動일새 心亦隨動하며 亦如身懶에 心亦隨懶하니 是則名為心隨於身이니라

又如嬰兒는 其身稚小일새 心亦隨小하며 大人身大일새 心亦隨大니라 又如有人이 身體麁澁하면 心常思念호대 欲得膏油하야 潤漬令軟하나니 是則名為心隨於身이니라

云何名為身隨於心고 所謂去來坐臥와 修行施戒와 忍辱精進이니라 愁惱

之人은 身則羸悴하고 歡喜之人은 身則肥鮮하며 恐怖之人은 身體戰動하고 專心聽法에 身則怡悅하며 悲泣之人은 涕淚橫流하니 是則名為身隨於心이라

菩薩은 不爾하야 於身心中에 俱得自在하나니 是則名為昔所不得을 而今得之니라

復次善男子야 菩薩摩訶薩의 所現身相이 猶如微塵이어든 以此微身으로 悉能遍至無量無邊恒河沙等諸佛世界호대 無所障礙하며 而心常定하야 初不移動하나니 是則名為心不隨身이니라

是亦名為昔所不到를 而今能到니라

何以復名昔所不到를 而今能到오 一切聲聞·辟支佛等의 所不能到어늘 菩薩이 能到일새 是故로 名為昔所不到를 而今能到니라 一切聲聞·辟支佛等은 雖以神通이나 不能變身을 如細微塵하야 遍至無量恒河沙等諸佛世界며 聲聞·緣覺은 身若動時에 心亦隨動이어니와 菩薩은 不爾하야 心雖不動이나 身無不至니 是名菩薩心不隨身이니라

復次善男子야 菩薩이 化身을 猶如三千大千世界하야 以此大身으로 入一塵身호대 其心이 爾時에 亦不隨小어니와 聲聞·緣覺은 雖能化身을 令如三千大千世界나 而不能以如此大身으로 入微塵身이니 於此事中엔 尚自不能이어든 況能令心으로 而不隨動이리요 是名菩薩心不隨身이니라

復次善男子야 菩薩摩訶薩이 以一音聲으로 能令三千大千世界眾生으로 悉聞호대 心終不念令是音聲으로 遍諸世界하야 使諸眾生으로 昔所不聞을 而今得聞하며 而是菩薩이 亦初不言我令眾生으로 昔所不聞을 而今得聞이라 하나니라

菩薩이 若言호대 因我說法하야 令諸眾生으로 不聞을 聞者라 하면 當知하라 是人은 終不能得阿耨多羅三藐三菩提니 何以故오 眾生不聞을 我為說者인대 如此之心은 是生死心이라 一切菩薩은 是心已盡이니 以是義故로 菩薩摩訶薩의 所有身心은 不相隨逐이니라

善男子야 一切凡夫는 身心이 相隨어니와 菩薩은 不爾하야 為化眾生故로

雖現身小나 心亦不小니 何以故오 諸菩薩等의 所有心性은 常廣大故니라 雖現大身이나 心亦不大니

云何大身고 身如三千大千世界니라

云何小心고 行嬰兒行이라 以是義故로 心不隨身이니라

菩薩摩訶薩이 已於無量阿僧祇劫에 遠酒不飮이로대 而心亦動하며 心無悲苦로대 身亦流淚하며 實無恐怖로대 身亦戰慄하나니 以是義故로 當知菩薩은 身心自在하야 不相隨逐이니라

菩薩摩訶薩은 唯現一身이나 而諸衆生이 各各見異하니라

復次善男子야 云何菩薩摩訶薩이 修大涅槃하야 昔所不聞을 而今得聞고

菩薩摩訶薩이 先取聲相하니 所謂象聲과 馬聲·車聲과 人聲·貝聲과 鼓聲·簫笛等聲·歌聲과 哭聲이라 而修習之하야 以修習故로 能聞無量三千大千世界의 所有地獄音聲하며 復轉修習하야 得異耳根하니 異於聲聞·緣覺의 天耳니라

何以故오 二乘所得淸淨耳通은 若依初禪淨妙四大하야 唯聞初禪이요 不聞二禪하며 乃至四禪도 亦復如是하며 雖可一時에 得聞三千大千世界의 所有音聲이라도 而不能聞無量無邊恒河沙等世界의 音聲이니 以是義故로 菩薩所得은 異於聲聞緣覺의 耳根이라 以是異故로 昔所不聞을 而今得聞이요 雖聞音聲이나 而心初無聞聲之相하며 不作有相과 常相樂相과 我相淨相과 主相依相과 作相因相과 定相果相이니 以是義故로 諸菩薩等은 昔所不聞을 而今得聞이니라

爾時에 光明遍照·高貴德王·菩薩摩訶薩이 言호대 若佛所說에 不作定相하며 不作果相이라 하신 是義不然이니다

何以故오 如來先說하사대 若人이 聞是大涅槃經을 一句一字라도 必定得成阿耨多羅三藐三菩提라 하시더니

如來於今에 云何復言無定無果이닛고 若得阿耨多羅三藐三菩提인대 卽是定相이며 卽是果相이어늘 云何而言無定無果닛고 聞惡聲故로 則生惡心하고 生惡心故로 則至三塗하리니 若至三塗인대 則是定果어늘 云何而言無定

無果라 하시닛고

爾時에 如來讚言하사대 善哉善哉라 善男子야 能作是問이로다 若使諸佛로 說諸音聲이 有定果相者인대 則非諸佛世尊之相이요 是魔王相이며 生死之相이며 遠涅槃相이라 何以故오 一切諸佛의 凡所演說이 無定果相이니라

善男子야 譬如刀中에 見人面像하면 竪則見長하고 橫則見闊하리니 若有定相인대 云何而得竪則見長하고 橫則見闊고 以是義故로 諸佛世尊의 凡所演說은 無定果相하니라

善男子야 夫涅槃者는 實非聲果라 若使涅槃으로 是聲果者인대 當知涅槃은 非是常法이리라

善男子야 譬如世間에 從因生法은 有因則有果하고 無因則無果하니 因無常故로 果亦無常이라 所以者何오 因亦作果요 果亦作因이니 以是義故로 一切諸法이 無有定相이니라

若使涅槃으로 從因生者인대 因無常故로 果亦無常이로대 而是涅槃은 不從因生이며 體非是果니 是故로 爲常이니 善男子야 以是義故로 涅槃之體는 無定無果니라

善男子야 夫涅槃者는 亦可言定이며 亦可言果라 云何爲定고 一切諸佛의 所有涅槃은 常·樂·我·淨이라 是故로 爲定이며 無生老壞니 是故로 爲定니라 一闡提等이 犯四重禁하며 誹謗方等하며 作五逆罪라도 捨除本心하면 必定得故라 是故로 爲定이니라

善男子야 如汝所言에 若人이 聞我說大涅槃을 一字一句라도 得阿耨多羅三藐三菩提者는 汝於是義에 猶未了了하니 汝當諦聽하라 吾當爲汝하야 更分別之하리라

善男子야 若有善男子·善女人이 聞大涅槃의 一字一句하고 不作字相하고 不作句相하며 不作聞相하고 不作佛相하며 不作說相하면 如是義者는 名無相相이니 以無相相故로 得阿耨多羅三藐三菩提니라

善男子야 如汝所言에 聞惡聲故로 到三塗者는 是義不然하다 何以故오 非以惡聲으로 而至三塗라 當知是果는 乃是惡心이니 所以者何오 有善男子

善女人等이 雖聞惡聲이나 心不生惡하면 是故當知非因惡聲하야 生三塗中이요 而諸衆生이 因煩惱結하야 惡心滋多일새 生三惡趣언정 非因惡聲이라 若聲有定相인대 諸有聞者는 一切悉應生於惡心이로대 或有生者하며 有不生者하니 是故로 當知하라 聲無定相이니 以無定故로 雖復因之나 不生惡心이니라

世尊이시여 聲若無定인대 云何菩薩이 昔所不聞을 而今得聞이닛고

善男子야 聲無定相일새 昔所不聞을 令諸菩薩로 而今得聞이라 以是義故로 我作是說호대 昔所不聞을 而今得聞이라 하니라

善男子야 云何昔所不見을 而今得見고 善男子야 菩薩摩訶薩이 修大涅槃微妙經典에 先取明相이니 所謂日月星宿과 庭燎燈燭과 珠火之明과 藥草等光이라 以修習故로 得異眼根하나니 異於聲聞緣覺의 所得이니라

云何爲異오 二乘所得淸淨天眼은 若依欲界四大眼根하야 不見初禪하며 若依初禪하야 不見上地하며 乃至自眼도 猶不能見하며 若欲多見이라도 極至三千大千世界어니와 菩薩摩訶薩은 不修天眼하야도 見妙色身이 悉是骨相하며 雖見他方恒河沙等世界色相하야도 不作色相하며 不作常相과 有相 物相과 名字等相과 作因緣相하며 不作見相하나니 不言是眼의 微妙淨相이요 唯見因緣과 非因緣相이니라

云何因緣고 色是眼緣이니 若使是色으로 非因緣者인대 一切凡夫가 不應生於見色之相이리라 以是義故로 色名因緣이니라

非因緣者는 菩薩摩訶薩이 雖復見之나 不生色相하니 是故로 非緣이라 以是義故로 菩薩의 所得淸淨天眼이 異於聲聞·緣覺의 所得이니 以是異故로 一時에 遍見十方世界의 現在諸佛하나니 是名菩薩의 昔所不見을 而今得見이라 以是異故로 能見微塵하나니 聲聞·緣覺의 所不能見이니라

以是異故로 雖見自眼이나 初無見相하며 見無常相하며 見凡夫身의 三十六物이 不淨充滿호대 如於掌中에 觀阿摩勒果하나니 以是義故로 昔所不見을 而今得見이니라

若見衆生의 所有色相인대 則知其人의 大小乘根하며 一觸衣故라도 亦知

光明遍照高貴德王菩薩品 第十之四

是人의 善惡諸根差別之相하나니 以是義故로 昔所不知를 而今得知라 以一見故로 昔所不知를 而今得知하며 以此知故로 昔所不見을 而今得見이니라

復次善男子야 云何菩薩이 昔所不知를 而今得知오 菩薩摩訶薩이 雖知凡夫貪·恚·癡心이나 初不作心과 及心數相하며 不作衆生과 及以物相하고 修第一義畢竟空相하나니 何以故오 一切菩薩이 常善修習空性相故라 以修空故로 昔所不知를 而今得知니 云何爲知오 知無有我와 無有我所하며 知諸衆生이 皆有佛性일새 以佛性故로 一闡提等이 捨離本心하고 悉當得成阿耨多羅三藐三菩提하나니 如此皆是聲聞·緣覺의 所不能知요 菩薩能知라 以是義故로 昔所不知를 而今得知니라

復次善男子야 云何昔所不知를 而今得知오 菩薩摩訶薩이 修大涅槃微妙經典하야 念過去世에 一切衆生의 所生種姓과 父母兄弟와 妻子眷屬과 知識怨憎을 於一念中에 得殊異智하야 異於聲聞·緣覺智慧라

云何爲異오 聲聞·緣覺와 所有智慧는 念過去世에 所有衆生種姓과 父母와 乃至怨憎이나 而作種姓至怨憎相호대 菩薩은 不爾하야 雖念過去種姓과 父母와 乃至怨憎이나 終不生於種姓과 父母와 怨憎等相하고 常作法相空寂之相하나니 是名菩薩이 昔所不知를 而今得知니라

復次善男子야 云何昔所不知를 而今得知오 菩薩摩訶薩이 修大涅槃微妙經典하야 得他心智함이 異於聲聞緣覺의 所得이니

云何爲異오 聲聞緣覺은 以一念智로 知人心時에 則不能知地獄畜生餓鬼天心이나 菩薩은 不爾하야 於一念中에 遍知六趣衆生之心하나니 是名菩薩의 昔所不知를 而今得知니라

復次善男子야 復有異知하니 菩薩摩訶薩이 於一心中에 知須陀洹의 初心과 次第至十六心이니 以是義故로 昔所不知를 而今得知라 是爲菩薩의 修大涅槃하야 具足成就第二功德이니라

復次善男子야 云何菩薩摩訶薩의 修大涅槃하야 成就具足第三功德고 善男子야 菩薩摩訶薩이 修大涅槃하야 捨慈得慈하나니 得慈之時에 不從因

- 449 -

緣이라 云何名為捨慈得慈오 善男子야 慈名世諦니 菩薩摩訶薩이 捨世諦慈하고 得第一義慈라 第一義慈는 不從緣得이니라

復次云何捨慈得慈오 慈若可捨댄 名凡夫慈요 慈若可得인대 即名菩薩無緣之慈라 捨一闡提慈와 犯四重禁慈와 謗方等慈와 作五逆慈하고 得憐愍慈하며 得如來慈와 世尊之慈와 無因緣慈니라

云何復名捨慈得慈요 捨黃門慈와 無根二根女人之慈와 屠膾獵師의 畜養鷄猪如是等慈하며 亦捨聲聞緣覺之慈하고 得諸菩薩無緣之慈니라 不見自慈하고 不見他慈하며 不見持戒하고 不見破戒니라 雖自見悲나 不見眾生하고 雖有苦受나 不見受者니 何以故오 以修第一真實義故라 是名菩薩이 修大涅槃하야 成就具足第三功德이니라

復次善男子야 云何菩薩摩訶薩이 修大涅槃하야 成就具足第四功德고 善男子야 菩薩摩訶薩이 修大涅槃하야 成就具足第四功德에 有十事하니 何等為十고

一者는 根深하야 難可傾拔이요 二者는 自身에 生決定想이요 三者는 不觀福田及非福田이요 四者는 修淨佛土요 五者는 滅除有餘요 六者는 斷除業緣이요 七者는 修清淨身이요 八者는 了知諸緣이요 九者는 離諸怨敵이요 十者는 斷除二邊이니라

云何根深하야 難可傾拔고 所言根者는 名不放逸이라 不放逸者는 為是何根고 所謂阿耨多羅三藐三菩提根이니라

善男子야 一切諸佛의 諸善根本은 皆不放逸이니 不放逸故로 諸餘善根을 轉轉增長하며 以能增長諸善根故로 於諸善中에 最為殊勝이니라

善男子야 如諸跡中에 象跡為上이니 不放逸法도 亦復如是하야 於諸善法에 最為殊勝이니라

善男子야 如諸明中에 日光為最니 不放逸法도 亦復如是하야 於諸善法에 最為殊勝하니라

善男子야 如諸王中에 轉輪聖王이 為最第一이니 不放逸法도 亦復如是아야 於諸善法에 為最第一이니라

光明遍照高貴德王菩薩品 第十之四

善男子야 如諸流中에 四河為最니 不放逸法도 亦復如是하야 於諸善法에 為上為最니라
善男子야 如諸山中에 須彌山王이 為最第一이니 不放逸法도 亦復如是하야 於諸善法에 為最第一이니라
善男子야 如水生花中에 青蓮花為最니 不放逸法도 亦復如是하야 於諸善法에 為最為上이니라
善男子야 如陸生花中에 婆利師花가 為最為上이니 不放逸法도 亦復如是하야 於諸善法에 為最為上이니라
善男子야 如諸獸中에 師子為最니 不放逸法도 亦復如是하야 於諸善法에 為最為上이니라
善男子야 如飛鳥中에 金翅鳥王이 為最為上이니 不放逸法도 亦復如是하야 於諸善法에 為最為上이니라
善男子야 如大身中에 羅睺阿修羅王이 為最為上이니 不放逸法도 亦復如是하야 於諸善法에 為最為上이니라
善男子야 如一切眾生인 若二足·四足·多足·無足中에 如來為最니 不放逸法도 亦復如是하야 於善法中에 為最為上이니라
善男子야 如諸眾中에 佛僧이 為上이니 不放逸法도 亦復如是하야 於善法中에 為最為上이라
善男子야 如佛法中에 大涅槃法이 為最為上이니 不放逸法도 亦復如是하야 於諸善法에 為最為上이니라
善男子야 以是義故로 不放逸이 根深固難拔이니라 云何不放逸故로 而得增長고 所謂信根과 戒根施根과 慧根忍根과 聞根進根과 念根定根과 善知識根이라 如是諸根이 不放逸故로 而得增長이니 以增長故로 深固難拔이라 以是義故로 名為菩薩摩訶薩이 修大涅槃에 根深難拔하니라
云何於身에 作決定想고 於自身所에 生決定心이니 我今此身이 於未來世에 定當為阿耨多羅三藐三菩提器며 心亦如是하야 不作狹小하며 不作變易하며 不作聲聞辟支佛心하며 不作魔心과 及自樂心과 樂生死心이요 常

為衆生하야 求慈悲心하리라 是名菩薩이 於自身中에 生決定心이니라
我於來世에 當為阿耨多羅三藐三菩提器리라 하나니 以是義故로 菩薩摩訶薩이 修大涅槃하야 於自身中에 生決定想이니라
云何菩薩이 不觀福田及非福田고 云何福田고 外道持戒와 上至諸佛이 是名福田이라 若有念言호대 如是等輩는 是眞福田이라 하면 當知是心은 則為狹劣이어니와 菩薩摩訶薩은 悉觀一切無量衆生이 無非福田이니 何以故오 以善修習異念處故라 有異念處善修習者는 觀諸衆生이 無有持戒와 及以毁戒하며 常觀諸佛世尊所說에 施雖四種이나 俱得清淨報라

何等為四오
一者는 施主清淨이나 受者不淨이요
二者는 施主不淨이나 受者清淨이요
三者는 施受俱淨이요
四者는 施受二俱不淨이니라

云何施淨이나 受者不淨고 施主는 具有戒聞智慧하야 知有慧施와 及以果報로대 受者는 破戒하며 專著邪見하야 無施果報면 是名施淨이나 受者不淨이니라
云何名為受者清淨이나 施主不淨고 施主破戒하며 專著邪見하야 言無慧施와 及以果報나 受者는 持戒하며 多聞智慧하야 知有惠施와 及施果報니 是名施主不淨이나 受者清淨이니라
云何名為施受俱淨인고 施者와 受者가 俱有持戒와 多聞智慧하며 知有惠施와 及施果報니 是名施受가 二俱清淨이니라
云何名為二俱不淨고 施者와 受者가 破戒邪見하야 言無有施와 及施果報라 若如是者인대 云何復言得淨果報리요 以無施無報일새 故名為淨이니라
善男子야 若有不見施及施報하면 當知是人이 不名破戒와 專著邪見이어니와 若依聲聞하야 言不見施와 及施果報라 하면 是則名為破戒邪見이니라 若依如是大涅槃經하야 不見惠施와 及施果報인대 是則名為持戒正見이니라

光明遍照高貴德王菩薩品 第十之四

菩薩摩訶薩이 有異念處하야 以修習故로 不見衆生의 持戒破戒와 施者受者와 及施果報하나니 是故得名持戒正見이라 以是義故로 菩薩摩訶薩은 不觀福田과 及非福田이니라

云何名為淨佛國土오 菩薩摩訶薩이 修大涅槃微妙經典하야 為阿耨多羅三藐三菩提와 度衆生故로 離殺害心이니 以此善根을 願與一切衆生으로 共之하야 願諸衆生으로 得壽命長하며 有大勢力하며 獲大神通하야지다 하나니 以是誓願因緣力故로 於未來世成佛之時에 國土의 所有一切衆生이 得壽命長하며 有大勢力하며 獲大神通하리라

復次善男子야 菩薩摩訶薩이 修大涅槃微妙經典은 為阿耨多羅三藐三菩提하야 度衆生故로 離偸盜心이니 以此善根으로 願與一切衆生으로 共之하야 願諸佛國의 土地所有가 純是七寶요 衆生이 富足하야 所欲自恣하야지이다 하니 以此誓願因緣力故로 於未來世成佛之時에 所得國土가 純是七寶요 衆生富足하야 所欲自恣하리라

復次善男子야 菩薩摩訶薩이 修大涅槃微妙經典은 為阿耨多羅三藐三菩提하야 度衆生故로 離婬欲心이니 以此善根으로 願與一切衆生으로 共之하야 願諸佛土의 所有衆生이 無有貪欲瞋恚癡心하고 亦無飢渴苦惱之者하야지이다 하니 以是誓願因緣力故로 於未來世成佛之時에 國土衆生이 遠離貪·婬·瞋恚·癡心하고 一切無有飢渴苦惱니라

復次善男子야 菩薩摩訶薩이 修大涅槃微妙經典은 為阿耨多羅三藐三菩提하야 度衆生故로 離妄語心이니 以此善根으로 願與一切衆生으로 共之하야 願諸佛土에 常有花樹와 果樹香樹하고 所有衆生이 得妙音聲하야지이다 以是誓願因緣力故로 於未來世成佛之時에 所有國土에 常有花樹와 果樹香樹하고 其中衆生이 悉得淸淨上妙音聲하리라

復次善男子야 菩薩摩訶薩이 修大涅槃微妙經典은 為阿耨多羅三藐三菩提하야 度衆生故로 遠離兩舌하나니 以此善根으로 願與一切衆生으로 共之하야 願諸佛土의 所有衆生이 常共和合하야 講說正法하야지이다 以是誓願因緣力故로 成佛之時에 國土에 所有一切衆生이 悉共和合하야 講論法要

하나니라

復次善男子야 菩薩摩訶薩이 修大涅槃微妙經典은 爲阿耨多羅三藐三菩提하야 度衆生故로 遠離惡口하나니 以此善根으로 願與一切衆生으로 共之하야 願諸佛土의 地平如掌하고 無有沙礫瓦石之屬과 荊棘惡刺하고 所有衆生이 其心平等하야지이다 以是誓願因緣力故로 於未來世成佛之時에 所有國土가 地平如掌하고 無有沙礫荊棘惡刺하며 所有衆生이 其心平等하나니라

復次善男子야 菩薩摩訶薩이 修大涅槃微妙經典은 爲阿耨多羅三藐三菩提하야 度衆生故로 離無義語하나니 以此善根으로 願與一切衆生으로 共之하야 願諸佛土의 所有衆生이 無有苦惱하야지이다 以是誓願因緣力故로 於未來世成佛之時에 國土의 所有一切衆生이 無有苦惱하나니라

復次善男子야 菩薩摩訶薩이 修大涅槃微妙經典은 爲阿耨多羅三藐三菩提하야 度衆生故로 遠離貪嫉하나니 以此善根으로 願與一切衆生으로 共之하야 願諸佛土의 一切衆生이 無有貪嫉과 惱害邪見하야지이다 以此誓願因緣力故로 於未來世成佛之時에 國土의 所有一切衆生이 悉無貪嫉과 惱害邪見하나니라

復次善男子야 菩薩摩訶薩이 修大涅槃微妙經典은 爲阿耨多羅三藐三菩提하야 度衆生故로 遠離惱害하나니 以此善根으로 願與一切衆生으로 共之하야 願諸佛土의 所有衆生이 悉共修習大慈大悲하야 得一子地하야지이다 以是誓願因緣力故로 於未來世成佛之時에 世界의 所有一切衆生이 悉共修習大慈大悲하야 得一子地하나니라

復次善男子야 菩薩摩訶薩이 修大涅槃微妙經典은 爲阿耨多羅三藐三菩提하야 度衆生故로 遠離邪見하나니 以此善根으로 願與一切衆生으로 共之하야 願諸佛土의 所有衆生이 悉得摩訶般若波羅蜜하야지이다 以是誓願因緣力故로 於未來世成佛之時에 世界衆生이 悉得受持摩訶般若波羅蜜하리니 是名菩薩이 修淨佛土니라

云何菩薩摩訶薩이 滅除有餘오 有餘有三하니

一者는 煩惱餘報요 二者는 餘業이요 三者는 餘有라

善男子야 云何名為煩惱餘報오 若有衆生이 習近貪欲하면 是報熟故로 墮於地獄이라가 從地獄出하얀 受畜生身하리니 所謂鴿雀과 鴛鴦鸚鵡와 耆婆耆婆와 舍利伽鳥와 青雀魚鼈과 彌猴麖鹿이요 若得人身하면 受黃門形女人二根無根婬女요 若得出家하면 犯初重戒하리니 是名餘報니라

復次善男子야 若有衆生이 以殷重心으로 習近瞋恚하면 是報熟故로 墮於地獄이라가 從地獄出하얀 受畜生身하리니 所謂毒蛇와 具四種毒하니 見毒觸毒과 齧毒歔毒이라 師子虎狼과 熊羆猫狸와 鷹鷂之屬이요 若得人身하면 具足十六諸惡律儀하리며 若得出家하면 犯第二重戒하리니 是名餘報니라

復次善男子야 若有修習愚癡之人은 是報熟時에 墮於地獄이라가 從地獄出하면 受畜生身하나니 所謂象猪와 牛羊水牛와 蚤虱蚊虻과 蟻子等形이며 若得人身하면 聾盲瘖啞와 癃殘背僂와 諸根不具와 不能受法이요 若得出家하면 諸根闇鈍과 意犯重戒와 乃至五殘하리니 是名餘報니라

復次善男子야 若有修習憍慢之人은 是報熟時에 墮於地獄이라가 從地獄出하얀 受畜生身하리니 所謂糞虫과 駝驢犬馬요 若生人中이라도 受奴婢身과 貧窮乞匃요 或得出家하면 常為衆生之所輕賤이며 破第四戒하리니 是名餘報라 如是等이 名煩惱餘報니 如是餘報를 菩薩摩訶薩이 以能修習大涅槃故로 悉得除滅니라

云何餘業인고 謂一切凡夫業과 一切聲聞業과 須陀洹人은 受七有業과 斯陀含人은 受二有業하고 阿那含人은 受色有業을 是名餘業이라 如是餘業을 菩薩摩訶薩은 以能修習大涅槃故로 悉得斷除하나니라

云何餘有오 阿羅漢은 得阿羅漢果하고 辟支佛은 得辟支佛果하얀 無業無結이로대 而轉二果일새 是名餘有라 如是三種有餘之法을 菩薩摩訶薩은 修習大乘大涅槃經일새 故得滅除하나니 是名菩薩摩訶薩이 滅除有餘니라

云何菩薩이 修淸淨身고 菩薩摩訶薩이 修不殺戒에 有五種心하니 謂下中上과 上中과 上上이라 乃至正見도 亦復如是하니 是五十心을 名初發心이

요 具足決定成五十心하면 是名滿足이니 如是百心을 名百福德이라 具足百福하야사 成於一相이라

如是展轉하야 具足成就三十二相이 名淸淨身이니라 所以復修八十種好는 世有衆生이 事八十神하나니

何等八十고 十二日과 十二大天과 五大星과 北斗와 馬天과 行道天과 婆羅墮跋闍天과 功德天과 二十八宿와 地天과 風天水天과 火天梵天과 樓陀天과 因提天과 拘摩羅天과 八臂天과 摩醯首羅天과 半闍羅天과 鬼子母天과 四天王天과 造書天과 婆藪天을 是名八十이라 爲此衆生일새 修八十好하야 以自莊嚴하나니 是名菩薩의 淸淨之身이니라

何以故오 是八十天은 一切衆生之所信伏이라 是故로 菩薩이 修八十好하야 其身不動이로대 令彼衆生으로 隨其所信하야 各各而見하고 見已宗敬하야 各發阿耨多羅三藐三菩提心케하나니 以是義故로 菩薩摩訶薩이 修於淨身이니라

善男子야 譬如有人이 欲請大王인대 要當莊嚴所有舍宅하야 極令淸淨하고 辦具種種百味餚饍하야 然後에 王當就其所請하나니 菩薩摩訶薩도 亦復如是하야 欲請阿耨多羅三藐三菩提法輪土故로 先當修身을 極令淸淨하면 無上法王이 乃當處之리니 以是義故로 菩薩摩訶薩이 要當修於淸淨之身이니라

善男子야 譬如有人이 欲服甘露에 先當淨身이니 菩薩摩訶薩도 亦復如是하야 欲服無上甘露法味인 般若波羅蜜에 要當先以八十種好로 淸淨其身이니라

善男子야 譬如妙好金銀盂器에 盛之淨水하면 中表俱淨인달하야 菩薩摩訶薩의 其身淸淨도 亦復如是하야 盛阿耨多羅三藐三菩提水에 中表俱淨이니라

善男子야 如波羅奈素白之衣는 易受染色이니 何以故오 性白淨故라 菩薩摩訶薩도 亦復如是하야 以身淨故로 疾得阿耨多羅三藐三菩提하리니 以是義故로 菩薩摩訶薩이 修於淨身이니라

光明遍照高貴德王菩薩品 第十之四

云何菩薩摩訶薩이 善知諸緣고 菩薩摩訶薩이 不見色相하며 不見色緣하며 不見色體하며 不見色生하며 不見色滅하며 不見一相하며 不見異相하며 不見見者하며 不見相貌하며 不見受者하나니 何以故오 了因緣故라 如色하야 一切法도 亦如是니 是名菩薩이 了知諸緣이니라

云何菩薩이 離諸怨敵고 一切煩惱는 是菩薩의 怨敵이니 菩薩摩訶薩이 常遠離故라 是名菩薩이 壞諸怨敵이니라

五住菩薩은 視諸煩惱를 不名爲怨이니 所以者何오 因煩惱故로 菩薩이 有生이요 以有生故로 故能展轉敎化衆生하나니 以是義故로 不名爲怨이니라 何等이 爲怨고 所謂誹謗方等經者라 菩薩隨生에 不畏地獄·畜生·餓鬼호대 唯畏如是謗方等者니라 一切菩薩이 有八種魔하니 名爲怨家라 遠是八魔를 名離怨家니 是名菩薩이 離諸怨家니라

云何菩薩이 遠離二邊고 言二邊者는 謂二十五有와 及愛煩惱라 菩薩이 常離二十五有와 及愛煩惱니 是名菩薩이 遠離二邊이라 是名菩薩摩訶薩이 修大涅槃하야 具足成就第四功德이니라

爾時에 光明遍照高貴德王菩薩摩訶薩이 言호대 如佛所說하사 若有菩薩이 修大涅槃하야 悉作如是十事功德인대 如來何故로 唯修九事하시고 不修淨土이닛고

佛言하사대 善男子야 我於往昔에 亦常具修如是十事로라 一切菩薩과 及諸如來도 無有不修是十事者니라 若使世界로 不淨充滿코 諸佛世尊이 於中에 出者는 無有是處니라

善男子야 汝今莫謂諸佛이 出於不淨世界라 하라 當知是心은 不善狹劣이니라 汝今當知하라 我實不出閻浮提界로라 譬如有人이 說言此界에 獨有日月이요 他方世界에 無有日月이라 하면 如是之言은 無有義理니라 若有菩薩이 發如是言호대 此佛世界는 穢惡不淨하고 他方佛土는 淸淨嚴麗라 함도 亦復如是니라

善男子야 西方으로 去此娑婆世界를 度三十二恒河沙等諸佛國土하야 彼有世界하니 名曰無勝이라

彼土何故로 名曰無勝고 其土所有嚴麗之事가 皆悉平等하야 無有差別함이 猶如西方安樂世界하며 亦如東方滿月世界라 我於彼土에 出現於世로대 爲化眾生하야 故於此界閻浮提中에 現轉法輪이니라 非但我身이 獨於此中에 現轉法輪이라

一切諸佛도 亦於此中에 而轉法輪하나니 以是義故로 諸佛世尊이 非不修行如是十事니라 善男子야 慈氏菩薩이 以誓願故로 當來之世에 令此世界로 清淨莊嚴하리니 以是義故로 一切諸佛의 所有世界는 無不嚴淨하니라

復次善男子야 云何菩薩摩訶薩이 修大涅槃微妙經典하야 具足成就第五功德고 善男子야 菩薩摩訶薩이 修大涅槃하야 具足成就第五功德에 有五事하니 何等이 爲五오

一者는 諸根完具요 二者는 不生邊地요 三者는 諸天愛念이요 四者는 常爲天魔와 沙門·刹利와 婆羅門等之所恭敬이요 五者는 得宿命智라

菩薩이 以是大涅槃經因緣力故로 具足如是五事功德이니라 光明遍照高貴德王菩薩이 言호대 如佛所說에 若有善男子·善女人이 修於布施하야 則得具成五事功德이라 하시더니 今에 云何言 因大涅槃하야 得是五事라 하시닛고

佛言하사대 善哉善哉라

善男子야 如是之事는 其義各異하니 今當爲汝하야 分別解說하리라 施得五事는 不定不常하며 不淨不勝이며 不異이며 非無漏라 不能利益安樂憐愍一切眾生이어니와 若依如是大涅槃經하야 所得五事어든 是定是常이며 是淨是勝이며 是異是無漏라 則能利益安樂憐愍一切眾生이니라

善男子야 夫布施者는 則離飢渴이어니와 大涅槃經은 能令眾生으로 悉得遠離二十五有의 渴愛之病이요 布施因緣은 令生死相續이어니와 大涅槃經은 能令生死로 斷不相續이니라 因布施故로 受凡夫法이어니와 因大涅槃하야 得作菩薩이요 布施因緣은 能斷一切貧窮苦惱어니와 大涅槃經은 能斷一切貧善法者요 布施因緣은 有分有果어니와 因大涅槃은 得阿耨多羅三藐三菩提라 無分無果니 是名菩薩摩訶薩이 修大涅槃微妙經典하야 具足成就第五功德이니라

善男子야 云何菩薩이 修大涅槃微妙經典하야 具足成就第六功德고 菩薩摩訶薩이 修大涅槃하야 得金剛三昧하나니 安住是中하야 悉能破散一切諸法이라 見一切法이 皆是無常이며 皆是動相이며 恐怖因緣이며 病苦劫盜이며 念念滅壞라 無有眞實이며 一切皆是魔之境界라 無可見相이니 菩薩摩訶薩이 住是三昧엔 雖施衆生이라도 乃至不見一衆生도 實爲衆生故로 精勤修習尸波羅蜜하며 乃至修習般若波羅蜜도 亦復如是니라

菩薩이 若見有一衆生인댄 不能畢竟에 具足成就檀波羅蜜과 乃至具足般若波羅蜜이니라

善男子야 譬如金剛의 所擬之處에 無不碎壞로대 而是金剛은 無有折損하나니 金剛三昧도 亦復如是하야 所擬之法이 無不碎壞로대 而是三昧는 無有折損이니라

善男子야 如諸寶中에 金剛最勝하야 菩薩所得金剛三昧도 亦復如是하야 於諸三昧에 爲最第一이라 何以故오 菩薩摩訶薩이 修是三昧에 一切三昧가 悉來歸屬이니라

善男子야 如諸小王이 悉來歸屬轉輪聖王하야 一切三昧도 亦復如是하야 悉來歸屬金剛三昧니라

善男子야 譬如有人이 爲國怨讎라 人所厭患이어든 有人殺之하면 一切世人이 無不稱讚是人功德하리니 金剛三昧도 亦復如是하야 菩薩이 修習에 能壞一切衆生의 怨敵하리니 是故로 常爲一切三昧之所宗敬이니라

善男子야 譬如有人이 其力盛壯하야 人無當者어든 復更有人이 力能伏之하면 當知是人은 世所稱美리니 金剛三昧도 亦復如是하야 力能摧伏難伏之法이라 以是義故로 一切三昧가 悉來歸屬이니라

善男子야 譬如有人이 在大海浴하면 當知是人은 已用諸河泉池之水니 菩薩摩訶薩도 亦復如是하야 修習如是金剛三昧에 當知已爲修習其餘一切三昧니라

善男子야 如香山中에 有一泉水하니 名阿那婆踏多라 其泉이 具足八味之水하니 有人飮之하면 無諸病苦라 金剛三昧도 亦復如是하야 具八正道하니

菩薩이 修習하야 斷諸煩惱와 瘡疣重病이니라

善男子야 如人이 供養摩醯首羅하면 當知是人은 已爲供養一切諸天이라 金剛三昧도 亦復如是하야 有人修習하면 當知已爲修習一切諸餘三昧니라

善男子야 若有菩薩이 安住如是金剛三昧하야 見一切法호대 無有障礙가 如於掌中에 觀阿摩勒果리라 菩薩이 雖復得如是見이나 終不作想見一切法이니라

善男子야 譬如有人이 坐四衢道頭하야 見諸衆生의 來去坐臥리니 金剛三昧도 亦復如是하야 見一切法의 生滅出沒이니라

善男子야 譬如高山에 有人登之하야 遠望諸方에 皆悉明了하리니 金剛定山도 亦復如是하야 菩薩이 登之에 遠望諸法하야 無不明了리라

善男子야 譬如春月에 天降甘雨어든 其滴微澂하야 間無空處로대 明眼之人은 見之了了하나니 菩薩도 亦爾하야 得金剛定淸淨之目하얀 遠見東方의 所有世界호대 其中에 或有國土成壞하며 一切皆見하야 了了無障하며 乃至十方도 亦復如是니라

善男子야 如由乾陀山이 七日竝出하면 其山所有인 樹木叢林이 一切燒盡하리니 菩薩이 修習金剛三昧도 亦復如是하야 所有一切煩惱叢林이 卽時消滅하나니라 善男子야 譬如金剛이 雖能摧破一切有物호대 終不生念我能摧破라 하나니 金剛三昧도 亦復如是하야 菩薩이 修已에 能破煩惱나 終不生念我能壞結이라 하나니라

善男子야 譬如大地가 能持萬物이나 終不生念我力能持라 하며 火亦不念我能燒物이라 하며 水亦不念我能潤漬라 하며 風亦不念我能動物이라 하며 空亦不念我能容受라 하나니 涅槃도 亦復不生念言호대 我令衆生으로 而得滅度하라 하며 金剛三昧도 亦復如是하야 雖能滅除一切煩惱나 而初無心言我能滅이라 하나니라 若有菩薩이 安住如是金剛三昧하야 於一念中에 變身如佛호대 其數無量하야 遍滿十方恒河沙等諸佛世界라 而是菩薩이 雖作是化나 其心에 初無憍慢之想이니 何以故오 菩薩이 常念호대 誰有是定의 能作是化오 唯有菩薩이 安住如是金剛三昧하야 乃能作耳라 하나니라

光明遍照高貴德王菩薩品 第十之四

菩薩摩訶薩이 安住如是金剛三昧하야 於一念中에 遍到十方恒河沙等諸佛世界하고 還其本處라 雖有是力이나 亦不念言호대 我能如是라 하나니 何以故오 以是三昧因緣力故라

菩薩摩訶薩이 安住如是金剛三昧하야 於一念中에 能斷十方恒河沙等世界衆生의 所有煩惱나 而心初無斷諸衆生의 煩惱之想이니 何以故오 以是三昧因緣力故라 菩薩이 住是金剛三昧하야 以一音聲으로 有所演說이어든 一切衆生이 各隨種類하야 而得解了하며 示現一色이어든 一切衆生이 各各皆見種種色相하며 安住一處하야 身不移易이로대 能令衆生으로 隨其方面하야 各各而見이며 演說一法를 若界若入이로대 一切衆生이 各隨本解하야 而得聞之하나니

菩薩이 安住如是三昧하야 雖見衆生이나 而心初無衆生之相하며 雖見男女나 無男女相하며 雖見色法이나 無有色相하며 乃至見識도 亦無識相하며 雖見晝夜나 無晝夜相하며 雖見一切나 無一切相하며 雖見一切煩惱諸結이나 亦無一切煩惱之相하며 雖見八聖道나 無聖道相하며 雖見菩提나 無菩提相하며 雖見於涅槃이나 無涅槃相이니 何以故오 善男子야 一切諸法이 本無相故라 菩薩이 以是三昧力故로 見一切法호대 如本無相이니라 何故로 名為金剛三昧오

善男子야 譬如金剛이 若在日中하야 色則不定하나니 金剛三昧도 亦復如是하야 在於大衆하야 色亦不定이라 是故로 名為金剛三昧니라

善男子야 譬如金剛을 一切世人이 不能評價하야 金剛三昧도 亦復如是하야 所有功德을 一切人天이 不能評量하나니 是故로 復名金剛三昧니라

善男子야 譬如貧人이 得金剛寶하면 則得遠離貧窮困苦와 惡鬼邪毒하나니 菩薩摩訶薩도 亦復如是하야 得是三昧하면 則能遠離煩惱諸苦와 諸魔邪毒하나니라 是故로 復名金剛三昧니 是名菩薩이 修大涅槃하야 具足成就第六功德이니라

大般涅槃經 卷第二十四 終

大般涅槃經 卷第二十五

北涼天竺三藏 曇無讖 譯

光明遍照高貴德王菩薩品 第十之五

復次善男子여 云何菩薩摩訶薩이 修大涅槃微妙經典하야 具足成就第七功德고 善男子여 菩薩摩訶薩이 修大涅槃微妙經典에 作是思惟하되 何法이 能為大般涅槃하야 而作近因고 하야 菩薩이 即知有四種法이 為大涅槃하야 而作近因이라

若言勤修一切苦行이 是大涅槃의 近因緣者라 하면 是義가 不然이니 所以者何오

若離四法하고 得涅槃者는 無有是處하니라

何等이 為四오

一者는 親近善友요 二者는 專心聽法이요 三者는 繫念思惟요 四者는 如法修行이라

善男子야 譬如有人이 身遇眾病을 若熱若冷과 虛勞下瘧과 眾邪鬼毒하야 到良醫所하면 良醫即為하야 隨病說藥하나니 是人이 至心으로 善受醫教하야 隨教合藥하야 如法服之하면 服已病愈하야 身得安樂하리니 有病之人은 喻諸菩薩이요 大良醫者는 喻善知識이요 良醫所說은 喻方等經이요 善受醫教는 喻善思惟方等經義요 隨教合藥은 喻如法修行三十七助道之法이요 病除愈者는 喻滅煩惱요 得安樂者는 喻得涅槃常·樂·我·淨이니라

善男子여 譬如有王이 欲如法治하여 令民安樂인대 諮諸智臣 其法云何오 하면 諸臣이 即以先王舊法로 而為說之하리니

王이 既聞已에 至心信行하야 如法治國하면 無諸怨敵이니라

是故로 令民로 安樂無患하리니

光明遍照高貴德王菩薩品 第十之五

善男子여 王者는 喻諸菩薩이오 諸智臣者는 喻善知識이요 智臣이 爲王所說治法은 喻十二部經이요
王이 旣聞已에 至心信行은 喻諸菩薩이 繫心思惟十二部經의 所有深義요 如法治國은 喻諸菩薩이 如法修行이니 所謂六波羅蜜이라 以能修習六波羅蜜故니라
無諸怨敵은 喻諸菩薩이 已離諸結煩惱惡賊이요 得安樂者는 喻諸菩薩이 得大涅槃常·樂·我·淨이니라
善男子여 譬如有人이 遇惡癩病에 有善知識이 而語之言하되 汝若能到須彌山邊하면 病可得差하리니 所以者何오 彼有良藥호대 味如甘露하니 若能服者는 病無不愈하리라 其人이 至心으로 信是事已에 卽往彼山하야 採服甘露하면 其病除愈하야 身得安樂하니라
惡癩病者는 喻諸凡夫요 善知識者는 喻諸菩薩摩訶薩等이요 至心信受는 喻四無量心이요 須彌山者는 喻八聖道요 甘露味者는 喻於佛性이요 癩病除愈는 喻離煩惱요 得安樂者는 喻得涅槃常·樂·我·淨이니라
善男子여 譬如有人이 畜諸弟子호대 聰明大智어든 是人이 晝夜에 常敎不倦하나니 諸菩薩等도 亦復如是하야 一切衆生이 有信不信이로대 而常敎化하야 無有疲厭이니라
善男子여 善知識者는 所謂菩薩과 佛과 辟支佛과 聲聞人中에 信方等者이니 何故로 名爲善知識耶아 善知識者는 能敎衆生하야 遠離十惡하고 修行十善일새 以是義故로 名善知識이니라 復次善知識者는 如法而說하며 如說而行이니라
云何名爲如法而說이며 如說而行고 自不殺生하고 敎人不殺하며 乃至自行正見하고 敎人正見이라 若能如是하면 則得名爲眞善知識이며 自修菩提하고 亦能敎人하야 修行菩提일새 以是義故로 名善知識이라
自能修行信·戒·布施와 多聞·智慧하고 亦能敎人信·戒·布施·多聞·智慧일새 復以是義로 名善知識이니라
善知識者는 有善法故니 何等이 善法고 所作之事가 不求自樂하고 常爲衆

生하야 而求於樂하며 見他有過라도 不訟其短하며 口常宣說純善之事하나니 以是義故로 名善知識이니라

善男子여 如空中月이 從初一日로 至十五日은 漸漸增長하나니 善知識者도 亦復如是하야 令諸學人으로 漸遠惡法하고 增長善法하나라

善男子여 若有親近善知識者는 本未有戒·定·慧와 解脫·解脫知見이나 卽便有之하며 未具足者는 則得增廣이니 何以故오 以其親近善知識故니라 因是親近하야 復得了達十二部經의 甚深之義니 若能聽是十二部經의 甚深義者는 名爲聽法이요 聽法者는 則是大乘方等經典이니 聽方等經하면 名眞聽法이요 眞聽法者는 卽是聽受大涅槃經이니 大涅槃中에 聞有佛性과 如來가 畢竟 不般涅槃하리니 是故로 名爲專心聽法이요 專心聽法은 名八聖道이니 以八聖道로 能斷貪欲·瞋恚·愚癡故로 名聽法하나라

夫聽法者는 名十一空이니 以此諸空으로 於一切法에 不作相貌니라 夫聽法者는 名初發心이며 乃至究竟阿耨多羅三藐三菩提心이니 以因初心하야 得大涅槃이라 不以聞故로 得大涅槃이요 以修習故로 得大涅槃이니라

善男子여 譬如病人이 雖聞醫敎와 及藥名字나도 不能愈病이요 以服食故로 能得差病하나니 雖聽十二深因緣法이나 不能得斷一切煩惱어니와 要以繫念善思惟故로 能得除斷하리니 是名第三繫念思惟니라

復以何義로 名繫念思惟오 所謂三三昧니 空三昧·無相三昧·無作三昧라

空者는 於二十五有에 不見一實이요

無作者는 於二十五有에 不作願求요

無相者는 無有十相이니 所謂色相·聲相과 香相·味相과 觸相·生相과 住相·滅相과 男相·女相이라 修習如是三三昧者는 是名菩薩의 繫念思惟니라

云何名爲如法修行고 如法修行은 卽是修行檀波羅蜜하며 乃至般若波羅蜜하야 知陰·入·界의 眞實之相하며 亦如聲聞·緣覺·諸佛이 同於一道로 而般涅槃이니라

法者는 卽是常·樂·我·淨이니 不生·不老하며 不病·不死하며 不飢·不渴하며 不苦·不惱하며 不退·不沒이니라

善男子여 解大涅槃甚深義者는 則知諸佛이 終不畢竟에 入於涅槃이니라
善男子여 第一眞實善知識者는 所謂菩薩과 諸佛世尊이니 何以故오 常以 三種으로 善調御故라
何等이 爲三고
一者는 畢竟軟語이요 二者는 畢竟呵責이요 三者는 軟語呵責이라
以是義故로 菩薩과 諸佛이 卽是眞實善知識也니라
復次善男子여 佛及菩薩이 爲大醫故로 名善知識이니 何以故오 知病知藥하야 應病授藥故라 譬如良醫가 善八種術에 先觀病相이라 相有三種이니 何等이 爲三고 謂風·熱·水니라 有風病者는 授之蘇油하고 熱病之人은 授之石蜜하고 水病之人은 授之薑湯이라 以知病根하야 授藥得差일새 故名良醫니라
佛及菩薩도 亦復如是하야 知諸凡夫의 病有三種어니
一者는 貪欲이요 二者는 瞋恚요 三者는 愚癡니라
貪欲病者는 敎觀骨相하고 瞋恚病者는 觀慈悲相하고 愚癡病者는 觀十二緣相하나니 以是義故로 諸佛과 菩薩을 名善知識이니라
善男子야 如大船師가 善渡人故로 名大船師이니 諸佛菩薩도 亦復如是하야 度諸衆生의 生死大海일새 以是義故로 名善知識이니라
復次善男子야 因佛과 菩薩하야 令諸衆生으로 具足修得善法根本故니라
善男子야 譬如雪山은 乃是種種微妙上藥根本之處이니 佛及菩薩도 亦復如是하야 悉是一切善根本處일새 以是義故로 名善知識이니라
善男子야 雪山之中에 有上香藥하니 名曰娑呵라
有人이 見之하면 得壽無量하고 無有病苦하며 雖有四毒(毒蛇·毒藥·毒蟲·毒物)이라도 不能中傷이오 若有觸者는 增長壽命을 滿百二十이오 若有念者는 得宿命智하리니 何以故오 藥勢力故니라
諸佛菩薩도 亦復如是하야 若有見者는 卽得斷除一切煩惱하야 雖有四魔라도 不能干亂하며 若有觸者는 命不可夭하야 不生不死하며 不退不沒하리라
所謂觸者는 若在佛邊하야 聽受妙法若有念者는 得阿耨多羅三藐三菩提일

새 以是義故로 諸佛과 菩薩을 名善知識이니라

善男子여 如香山中에 有阿那婆踏多池水하니 由是池故로 有四大河하니 所謂恒河와 辛頭와 私陀와 博叉니라 世間衆生이 常作是言하되 若有罪者가 浴此四河하면 衆罪得滅이라 하나 當知此言은 虛妄不實이어니와 除此已往에 何等이 爲實고 諸佛과 菩薩이 是乃爲實이니 所以者何오 若人親近하면 則得滅除一切衆罪하리니 以是義故로 名善知識이니라

復次善男子야 譬如大地에 所有藥木과 一切叢林과 百穀과 甘蔗와 花果之屬이 値天炎旱하야 將欲枯死에 難陀龍王과 及婆難陀가 憐愍衆生하야 從大海出하야 降澍甘雨하면 一切叢林과 百穀草木이 滋潤還生하리니 一切衆生도 亦復如是하야 所有善根이 將欲消滅하면 諸佛菩薩이 生大慈悲하사 從智慧海하야 降甘露雨하야 令諸衆生으로 具足還得十善之法하나니 以是義故로 諸佛菩薩을 名善知識이라 하나라

善男子야 譬如良醫가 善八種術하야 見諸病人에 不觀種姓과 端正好醜와 錢財寶貨하고 悉爲治之하나니 是故로 世稱爲大良醫니 諸佛菩薩도 亦復如是하사 見諸衆生의 有煩惱病하고 不觀種姓과 端正好醜와 錢財寶貨하시고 生慈愍心하야 悉爲說法 衆生이 聞已에 煩惱病除하나니 以是義故로 諸佛菩薩을 名善知識니라 以是親近善友因緣으로 則得近於大般涅槃하리라

云何菩薩이 聽法因緣로 而得近於大般涅槃고 一切衆生이 以聽法故로 則具信根이요 得信根故로 樂行布施·持戒·忍辱·精進·禪定·智慧하야 得須陀洹果하며 乃至佛果하나니 是故로 當知 得諸善法은 皆是聽法因緣勢力이니라

善男子여 譬如長者가 惟有一子러니 遣至他國하야 市易所須할새 示其道路의 通塞之處하며 而復誡之하되 若遇婬女어든 愼莫親愛하라 若親愛者면 喪身殞命이며 及以財寶하리라 弊惡之人도 亦莫交遊니라

其子가 敬順父之敎勅일새 身心安樂하야 多獲寶貨하니 菩薩摩訶薩이 爲諸衆生하야 敷演法要도 亦復如是하야 示諸衆生과 及四部衆의 諸道通塞일새 是諸衆生이 以聞法故로 遠離諸惡하고 具足善法하나니 以是義故로

光明遍照高貴德王菩薩品 第十之五

聽法因緣이 則得近於大般涅槃이니라
善男子여 譬如明鏡이 照人面像에 無不明了라 聽法明鏡도 亦復如是하야 有人照之에 則見善惡하야 明了無翳하리니 以是義故로 聽法因緣이 則得近於大般涅槃하니라
善男子여 譬如估客이 欲至寶渚하되 不知道路어든 有人示之어늘 其人이 隨語하야 即至寶渚하야 多獲諸珍을 不可稱計라 一切眾生도 亦復如是하야 欲至善處하야 採取道寶하나 不知其路 通塞之處어늘 菩薩이 示之어든 眾生이 隨已에 得至善處하야 獲得無上大涅槃寶하나니 以是義故로 聽法因緣이 則得近於大般涅槃이니라
善男子여 譬如醉象이 狂駿暴惡하야 多欲殺害어늘 有調象師가 以大鐵鉤로 鉤斲其頂하면 即時調順하야 惡心이 都盡하나니 一切眾生도 亦復如是하야 貪欲·瞋恚·愚癡醉故로 欲多造惡이어든 諸菩薩等이 以聞法鉤로 斲之令住하면 更不得起하야 造諸惡心하리니 以是義故로 聽法因緣이 則得近於大般涅槃이라 是故로 我於處處經中에 說我弟子하되 專心聽受十二部經하면 則離五蓋하고 修七覺分이라 하노니 以是修習七覺分故로 則得近於大般涅槃하니라 以聽法故로 須陀洹人이 離諸恐怖니라 所以者何오 須達長者가 身遇重病하야 心大愁怖러니 聞舍利弗의 說須陀洹이 有四功德과 十種慰喻하고 聞是事已에 恐怖即除하니 以是義故로 聽法因緣이 則得近於大般涅槃이니 何以故오 開法眼故니라
世有三人하니
一者는 無目이요 二者는 一目이요 三者는 二目이라
言無目者는 常不聞法이요
一目之人은 雖暫聞法나 其心不住요
二目之人은 專心聽受하야 如聞而行하니 以聽法故로 得知世間의 如是三人하리니 以是義故로 聽法因緣이 則得近於大般涅槃하니라
善男子야 如我昔於拘尸那城에 時舍利弗이 身遇病苦어늘 我時에 顧命阿難比丘하야 廣為說法한대 時舍利弗이 聞是事已하고 告四弟子하되 汝昇

我床하고 往至佛所하라 我欲聽法하노라 時四弟子가 即共昇往하야 既得聞法하야는 聞法力故로 所苦除差하고 身得安隱하니 以是義故 聽法因緣이 則得近於大般涅槃하니라

云何菩薩이 思惟因緣으로 而得近於大般涅槃고

因是思惟하야 心得解脫하리니 何以故오 一切衆生이 常爲五欲之所繫縛이나 以思惟故로 悉得解脫할새 以是義故로 思惟因緣이 則得近於大般涅槃이니라

復次善男子야 一切衆生이 常爲常·樂·我·淨인 四法之所顚倒일새 以思惟故로 得見諸法의 無常·無樂·無我·無淨하고 如是見已에 四倒即斷하니 以是義故로 思惟因緣이 則得近於大般涅槃하니라

復次善男子야 一切諸法이 有四種相하니

何等爲四오

一者는 生相이요 二者는 老相이요 三者는 病相이요 四者는 滅相이니라

以是四相일새 能令一切凡夫衆生로 至須陀洹이라 生大苦惱라도 若能繫念하야 善思惟者는 雖遇此四나 不生於苦하나니 以是義故로 思惟因緣이 則得近於大般涅槃이니라

復次善男子야 一切善法을 無不因於思惟하야 而得이니 何以故오 有人이 雖於無量無邊阿僧祇劫에 專心聽法이라도 若不思惟하면 終不能得阿耨多羅三藐三菩提하리니 以是義故로 思惟因緣이 則得近於大般涅槃하니라

復次善男子여 若有衆生이 信佛·法·僧의 無有變易하야 而生恭敬하면 當知하라 皆是繫念思惟하는 因緣力故로 因得斷除一切煩惱하리니 以是義故로 思惟因緣이 則得近於大般涅槃이니라

云何菩薩이 如法修行고 善男子여 斷諸惡法하고 修習善法이 是名菩薩의 如法修行이니라

復次云何如法修行고 見一切法이 空無所有며 無常無樂이며 無我無淨이라 以是見故로 寧捨身命이언정 不犯禁戒하리니 是名菩薩의 如法修行이니라

復次云何如法修行고

光明遍照高貴德王菩薩品 第十之五

修有二種하니
一者는 眞實이요 二者는 不實이라
不實者는 不知涅槃·佛性·如來·法·僧·實相·虛空等相이니 是名不實이니라
云何眞實고 能知涅槃과 佛性·如來·法·僧·實相·虛空等相을 是名眞實이니라
云何名爲知涅槃相고 涅槃之相이 凡有八事하니
何等이 爲八고
一者는 盡이요 二는 善性이요 三은 實이요 四는 眞이요 五는 常이요 六은 樂이요 七은 我요 八은 淨이니 是名涅槃이니라
復有八事하니 何等이 爲八고
一者는 解脫이요 二者는 善性이요 三者는 不實이요 四者는 不眞이요 五者는 無常이요 六者는 無樂이요 七者는 無我요 八者는 無淨이니라
復有六相하니
一者는 解脫이요 二者는 善性이요 三者는 不實이요 四者는 不眞이요 五者는 安樂이요 六者는 淸淨이라
若有衆生이 依世俗道하야 斷煩惱者인대 如是涅槃은 則有八事나 解脫不實이니 何以故오 以不常故라 以無常故로 則無有實이요 無有實故로 則無有眞이며 雖斷煩惱나 以還起故로 無常·無我·無樂·無淨이니 是名涅槃의 解脫八事니라
云何六相인고 聲聞·緣覺이 斷煩惱故로 名爲解脫이나 而未能得阿耨多羅三藐三菩提故로 名爲不實이며 以不實故로 名爲不眞이며 未來之世에 當得阿耨多羅三藐三菩提故로 名無常이며 以得無漏八聖道故로 名爲淨樂이니 善男子여 若如是知인대 是知涅槃이라 不名佛性과 如來法僧과 實相虛空이니라
云何菩薩이 知於佛性고 佛性이 有六하니
何等이 爲六고
一은 常이요 二는 淨이요 三은 實이요 四는 善이요 五는 當見이요 六은 眞이라

復有七事하니

一者는 可證이요 餘六은 如上이라 是名菩薩이 知於佛性이니라

云何菩薩이 知如來相고 如來는 卽是覺相이며 善相이며 常·樂·我·淨이며 解脫眞實이며 示道可見이니 是名菩薩이 知如來相이니라

云何菩薩이 知於法相고 法者는 若善·不善과 若常·不常과 若樂·不樂과 若我·無我와 若淨·不淨과 若知·不知와 若解·不解와 若眞·不眞과 若修·不修와 若師·非師와 若實·不實이니 是名菩薩이 知於法相이니라

云何菩薩이 知於僧相고 僧者는 若常·樂·我·淨이며 是弟子相이며 可見之相이며 善眞不實이니 何以故오 一切聲聞도 得佛道故라 何故로 名眞고 悟法性故라 是名菩薩이 知於僧相이니라

云何菩薩이 知於實相고 實相者는 若常·無常이며 若樂·無樂이며 若我·無我이며 若淨·無淨이며 若善·不善이며 若有·若無며 若涅槃·非涅槃이며 若解脫·非解脫이며 若知·不知이며 若斷·不斷이며 若證·不證이며 若修·不修이며 若見·不見이니 是名實相이라

非是涅槃과 佛性과 如來法僧과 虛空이니 是名菩薩이 因修如是大涅槃故로 知於涅槃·佛性·如來·法·僧·實相·虛空等法의 差別之相이니라

善男子야 菩薩摩訶薩이 修大涅槃微妙經典하야는 不見虛空이니 何以故오 佛及菩薩이 雖有五眼이나 所不見故라 惟有慧眼으로 乃能見之이니 慧眼所見은 無法可見일새 故名爲見이니라

若是無物을 名虛空者댄 如是虛空은 乃名爲實이니 以是實故로 則名常無요 以常無故로 無樂我淨하니라

善男子야 空은 名無法이니 無法을 名空이라 譬如世間에 無物을 名空이니 虛空之性도 亦復如是하야 無所有故로 名爲虛空이니라

善男子야 衆生之性이 與虛空性로 俱無實性이니 何以故오 如人說言에 除滅有物하야 然後에사 作空하야도 而是虛空은 實不可作이니 何以故오 無所有故니라 以無有故로 當知無空이니 是虛空性을 若可作者인대 則名無常이요 若無常者댄 不名虛空이라

善男子야 如世間人이 說言虛空이 無色無礙하야 常不變易일새 是故로 世稱虛空之法하야 爲第五大라

善男子야 而是虛空은 實無有性이로대 以光明故로 故名虛空이나 實無虛空이니 猶如世諦가 實無其性이로대 爲衆生故로 說有世諦니라

善男子야 涅槃之體도 亦復如是하야 無有住處요 直是諸佛이 斷煩惱處일새 故名涅槃이라 涅槃이 即是常·樂·我·淨이니라 涅槃이 雖樂이나 非是受樂이요 乃是上妙寂滅之樂이니라

諸佛如來가 有二種樂하시니

一은 寂滅樂이요 二는 覺知樂이라

實相之體가 有三種樂하니

一者는 受樂이요 二는 寂滅樂이요 三은 覺知樂이라

佛性一樂은 以當見故니 得阿耨多羅三藐三菩提時를 名菩提樂이니라

爾時에 光明遍照 高貴德王 菩薩摩訶薩이 白佛言하되 世尊이시여 若煩惱斷處가 是涅槃者인대 是事不然이니다

何以故오 如來往昔에 初成佛道하시고 至尼連禪河邊하시니 爾時에 魔王이 與其眷屬으로 到於佛所하야 而作是言하되 世尊이시여 涅槃時到어늘 何故로 不入닛고

佛告魔王하사대 我今未有多聞弟子가 善持禁戒하며 聰明利智로 能化衆生일새 是故로 不入이라 하시니 若言煩惱斷滅之處가 是涅槃者인대 諸菩薩等이 於無量劫에 已斷煩惱어늘 何故로 不得稱爲涅槃하며 俱是斷處로대 何緣으로 獨稱諸佛이 有之닛가 菩薩은 無耶닛가

若斷煩惱가 非涅槃者인대 何故로 如來가 昔告生名婆羅門言하사 我今此身이 即是涅槃이라 하시며 如來昔時에 在毘舍離國하시니 魔復啓請호대 如來가 昔以未有弟子가 多聞持戒하며 聰明利智하야 能化衆生로 不入涅槃이어니와 今已具足하시니 何故不入닛고

如來가 爾時에 即告魔言하사대 汝今에 莫生悒遲之想하라 却後三月에 吾當涅槃이라 하시니 世尊이시여 若使滅度로 非涅槃者인대 何故로 如來가

自期三月에 當般涅槃이라 하시닛가
世尊이시여 若斷煩惱가 是涅槃者인대 如來往昔에 初在道場菩提樹下하사 斷煩惱時에 便是涅槃이어늘 何故로 復言却後三月에 當般涅槃라 하시며 世尊이시여 若使爾時가 是涅槃者인대 云何方為拘尸那城에 諸力士等하야 說言後夜에 當般涅槃라 하시닛가 如來誠實이어늘 云何出是虛妄之言이닛고
爾時에 世尊께서 告光明遍照高貴德王菩薩摩訶薩言하사대 善男子야 若言如來가 得[廣長舌]인대 當知如來가 於無量劫에 已離妄語러니 一切諸佛과 及諸菩薩은 凡所發言이 誠諦無虛니라
善男子야 如汝所言하야 波旬이 往昔에 啟請於我하야 入涅槃者는 善男子야 而是魔王이 真實不知涅槃定相이니 何以故오 波旬이 意謂하되 不化眾生하고 默然而住가 便是涅槃이라 하니라
善男子야 譬如世人이 見人不言하야 無所造作하면 便謂是人이 如死無異라 하니 魔王波旬도 亦復如是하야 意謂如來가 不化眾生하고 默無所說을 便謂如來가 入般涅槃이라 하니라
善男子야 如來가 不說佛法眾僧이 無差別相하고 惟說常住清淨二法이 無差別耳니라
善男子야 佛亦不說佛과 及佛性과 涅槃이 無差別相이요 惟說常恒不變이 無差別耳니라
善男子야 佛亦不說涅槃과 實相이 無差別相이요 惟說常有하야 實不變易이 無差別耳니라
善男子야 爾時에 我諸聲聞弟子가 生於諍訟하니 如拘睒彌諸惡比丘가 違反我教하야 多犯禁戒하고 受不淨物하며 貪求利養하야 向諸白衣하야 而自讚歎하되 我得無漏하니 謂須陀洹果라 하며 乃至我得阿羅漢果라 하고 毀辱於他하며 於佛法僧과 戒律과 和上에 不生恭敬하며 公於我前에 言如是物은 佛所聽畜이요 如是等物은 佛不聽畜이라 하거늘 我亦語言하되 如是等物은 我實不聽이로라 復反我言하되 如是等物은 實是佛聽이라 하며 如是惡人이 不信我言이어늘 為是等故로 我告波旬호대 汝莫悒遲하라 却後

三月에 當般涅槃이라 하나라

善男子야 因如是等惡比丘故로 令諸聲聞受學弟子로 不見我身하며 不聞我法일새 便言如來가 入於涅槃어니와 惟諸菩薩은 能見我身하며 常聞我法일새 是故로 不言我入涅槃이라 하나라 聲聞弟子는 雖復發言如來涅槃이而我實不入於涅槃이니라

善男子야 若我所有聲聞弟子가 說言如來가 入涅槃者인대 當知是人은 非我弟子요 是魔伴黨이니 邪見惡人이라 非正見也오 若言如來가 不入涅槃인대 當知是人은 眞我弟子라 非魔伴黨이며 正見之人이요 非惡邪也니라

善男子야 我初不見弟子之中에 有言如來가 不化衆生하고 默然而住를 名般涅槃也로라

善男子야 譬如長者가 多有子息이어든 捨至他方하야 未得還頃에 諸子가 並謂하되 父已死矣라 하나 而是長者는 實亦不死이어늘 諸子顚倒하야 皆生死想이니 聲聞弟子도 亦復如是하야 不見我故로 便謂如來가 已於拘尸那城娑羅雙樹間에 而般涅槃이라 하나 而我는 實不般涅槃也어늘 聲聞弟子가 生涅槃想이니라

善男子야 譬如明燈을 有人覆之하면 餘不知者는 謂燈已滅이나 而是明焰은 實亦不滅이로대 以不知故로 生於滅想이니 聲聞弟子도 亦復如是하야 雖有慧目이나 以煩惱覆일새 令心顚倒하야 不見眞身하고 而便生於滅度之想이나 而我는 實不取滅度也니라

善男子야 如生盲人이 不見日月에 以不見故로 不知晝夜明闇之相이라 以不知故로 便說無有日月之實이라 하나 實有日月이어늘 盲者不見이니 以不見故로 生於倒想하야 言無日月이라 하니 聲聞弟子도 亦復如是하야 如彼生盲이라 不見如來일새 便謂如來가 入於涅槃라 하나 如來는 實不入於涅槃이어늘 以倒想故로 生如是心이니라

善男子야 譬如雲霧가 覆蔽日月에 癡人은 便言無有日月이나 日月은 實有로대 直以覆故로 衆生이 不見이니 聲聞弟子도 亦復如是하야 以諸煩惱가 覆智慧眼하야 不見如來일새 便言如來가 入於滅度라 하니라

善男子야 眞是如來가 現嬰兒行이언정 非滅度也니라
善男子야 如閻浮提에 日入之時에 眾生不見은 以黑山障故언정 而是日性은 實無沒入이로대 眾生이 不見일새 生沒入想하니 聲聞弟子도 亦復如是하야 為諸煩惱山의 所障故로 不見我身이니 以不見故로 便於如來에 生滅度想이언정 而我는 實不趣滅度也니라
是故로 我於毘舍離國에 告波旬言하되 却後三月에 我當涅槃라 하니 善男子야 如來가 懸見迦葉菩薩이 却後三月에 善根當熟하며 亦見香山의 須跋陀羅가 竟安居已에 當至我所할새 是故로 我告魔王波旬하되 却後三月에 當般涅槃이라 하니라
善男子야 有諸力士가 其數五百이니 終竟三月하야는 亦當得發阿耨多羅三藐三菩提心일새 我為是故로 告波旬言하되 却後三月에 當般涅槃라 하며 善男子야 純陀等輩와 及五百梨車와 菴羅果女가 却後三月에 無上道心善根成熟일새 為是等故로 我告波旬하되 却後三月에 當般涅槃라 하며 善男子야 須那剎多가 親近外道尼乾子等이어늘 我為說法을 滿十二年이나 彼人邪見으로 不信不受이어늘 我知是人의 邪見根栽가 却後三月에 定可斫伐일새 我為是故로 告波旬言하되 却後三月에 當般涅槃이라 하니라
善男子야 何因緣故로 我於往昔尼連河邊에 告魔波旬하되 我今未有多智弟子하니 是故로 不得入涅槃者오 我時에 欲為五比丘等하야 於波羅奈에 轉法輪故이며 復次欲為五比丘等이니 所謂耶奢와 富那와 毘摩羅闍와 憍梵波提와 須婆睺라
次復欲為郁伽長者等五十人하며 次復欲為摩伽陀國의 頻婆娑羅王等無量人天하며 次復欲為優樓頻螺迦葉의 門徒五百比丘며 次復欲為那提迦葉과 伽耶迦葉의 兄弟二人과 及五百弟子하며 次復欲為舍利弗과 目犍連等의 二百五十比丘하야 轉妙法輪일새 是故로 我告魔王波旬하되 不般涅槃이라 하니라
善男子야 有名涅槃이나 非大涅槃이니 云何涅槃이나 非大涅槃고 不見佛性하야 而斷煩惱일새 是名涅槃이나 非大涅槃이니 以不見佛性故로 無常無

我요 惟有樂淨하니 以是義故로 雖斷煩惱나 不得名爲大般涅槃也어니와
若見佛性하야 能斷煩惱하면 是則名爲大涅槃也이니 以見佛性故로 得名
爲常樂我淨이라 以是義故로 斷除煩惱를 亦得稱爲大般涅槃이라 하나라
善男子야 涅者는 言不이오 槃者는 言織이니 不織之義를 名爲涅槃이라 槃
은 又言覆이니 不覆之義를 乃名涅槃이니라 槃은 言去來니 不去不來를 乃
名涅槃이니라
槃者는 言取니 不取之義를 乃名涅槃이니라
槃은 言不定이니 定無不定을 乃名涅槃이니라
槃은 言新故니 無新故義를 乃名涅槃이니라
槃은 言障礙니 無障礙義를 乃名涅槃이라 하나라
善男子야 有憂羅迦迦毘羅弟子等이 言하되 槃者는 名相이니 無相之義를
乃名涅槃이라 하나라
善男子야 槃者는 言有니 無有之義를 乃名涅槃이며 槃은 名和合이니 無和
合義를 乃名涅槃이며 槃者는 言苦니 無苦之義를 乃名涅槃이니라
善男子야 斷煩惱者는 不名涅槃이어니와 不生煩惱라사 乃名涅槃이니라
善男子야 諸佛如來는 煩惱不起일새 是名涅槃이며 所有智慧가 於法無礙
일새 是爲如來니 如來는 非是凡夫·聲聞·緣覺·菩薩이라 是名佛性이니라 如來
의 身心과 智慧가 遍滿無量無邊阿僧祇土하야 無所障礙일새 是名虛空이
며 如來가 常住하야 無有變易일새 名曰實相이니 以是義故로 如來는 實不
畢竟涅槃이니 是名菩薩이 修大涅槃微妙經典하야 具足成就第七功德이니
라
復次善男子야 云何菩薩摩訶薩이 修大涅槃微妙經典하야 具足成就第八功
德고 善男子야 菩薩摩訶薩이 修大涅槃하야 除斷五事하고 遠離五事하며
成就六事하고 修習五事하며 守護一事하고 親近四事하며 信順一實하고 心
善解脫하며 慧善解脫이니라
善男子야 云何菩薩이 除斷五事오 所謂五陰인 色·受·想·行·識이라 所言陰
者는 其義何謂오 能令衆生으로 生死相續하야 不離重擔하며 分散聚合하야

三世所攝이라 求其義理하되 了不可得이니 以是諸義로 故名爲陰이니라
菩薩摩訶薩이 雖見色陰이나 不見其相이니 何以故오 於十色中에 推求其性이라도 悉不可得이어늘 爲世界故로 說言爲陰이니라 受有百八하니 雖見受陰이나 初無受相이니 何以故오 受雖百八이나 理無定實이라 是故로 菩薩이 不見受陰이니라
想·行·識等도 亦復如是하니 菩薩摩訶薩이 深見五陰이 是生煩惱之根本也일새 以是義故로 方便令斷이니라
云何菩薩이 遠離五事오 所謂五見이라
何等爲五오
一者는 身見이요 二者는 邊見이요 三者는 邪見이요 四者는 戒取요 五者는 見取라
因是五見하야 生六十二見하고 因是諸見하야 生死不絶하나니 是故로 菩薩이 防之不近이니라
云何菩薩이 成就六事오 謂六念處라
何等爲六고
一者는 念佛이요 二者는 念法이요 三者는 念僧이요 四者는 念天이요 五者는 念施요 六者는 念戒라
是名菩薩이 成就六事니라
云何菩薩이 修習五事오 所謂五定이니
一者는 知定이요 二者는 寂定이요 三者는 身心에 受快樂定이요 四者는 無樂定이요 五者는 首楞嚴定이라
修習如是五種定心하면 則得近於大般涅槃하리니 是故로 菩薩이 勤心修習하나니라
云何菩薩이 守護一事오 謂菩提心이라 菩薩摩訶薩이 常勤守護是菩提心을 猶如世人이 守護一子하며 亦如瞎者가 護餘一目하며 如行壙野에 守護導者하야 菩薩의 守護菩提之心도 亦復如是하니 因護如是菩提心故로 得阿耨多羅三藐三菩提요 因得阿耨多羅三藐三菩提故로 常·樂·我·淨을 具足

而有하리니 即是無上大般涅槃이라 是故로 菩薩이 守護一法이니라
云何菩薩이 親近四事오 謂四無量心이라
何等이 爲四오
一者는 大慈요 二者는 大悲요 三者는 大喜요 四者는 大捨라
因是四心하야 能令無量無邊衆生으로 發菩提心할새 是故로 菩薩이 繫心親近니라 云何菩薩이 信順一實고 菩薩이 了知一切衆生이 皆歸一道하나니 一道者는 謂大乘也라 諸佛菩薩이 爲衆生故로 分之爲三이니 是故로 菩薩이 信順不逆하나니라
云何菩薩의 心善解脫고 貪恚癡心을 永斷滅故라 是名菩薩의 心善解脫이니라
云何菩薩이 慧善解脫고 菩薩摩訶薩이 於一切法에 知無障礙일새 是名菩薩이 慧善解脫이니 因慧解脫하야 昔所不聞을 而今得聞하며 昔所不見을 而今得見하며 昔所不到에 而今得到하나니라
爾時에 光明遍照高貴德王菩薩摩訶薩이 言하되 世尊이시여 如佛所說에 心解脫者는 是義不然이니라
何以故오 心本無繫니 所以者何오 是心本性이 不爲貪欲·瞋恚·愚癡諸結의 所繫라 若本無繫인대 云何而言心善解脫이닛고 世尊이시여 若心本性이 不爲貪結之所繫者인대 何等因緣으로 而能得繫닛가 如人搆角에 本無乳相일새 雖加功力이나 乳無由出이어니와 搆乳之者는 不得如是하야 加功雖少나 乳則多出하니 心亦如是하야 本無貪者인대 今云何有이며 若本無貪이라도 後方有者인대 諸佛菩薩이 本無貪相이나 今悉應有니다
世尊이시여 譬如石女가 本無子相이라 雖加功力을 無量因緣이라도 子不可得이리니 心亦如是하야 本無貪相인대 雖造衆緣이나 貪無由生이니다
世尊이시여 如攢濕木하면 火不可得이니 心亦如是하야 雖復攢求하야도 貪不可得이어늘 云何貪結이 能繫於心닛가
世尊이시여 譬如押沙에 油不可得이니 心亦如是하야 雖復押之나 貪不可得이리니 當知하라 貪과 心이 二理各異라 設復有之나 何能污心이닛고

世尊이시여 譬如有人이 安橛於空에 終不得住리니 安貪於心도 亦復如是하야 種種因緣라도 不能令貪으로 繫縛於心이니다

世尊이시여 若心無貪을 名解脫者인대 諸佛菩薩이 何故로 不拔虛空中刺닛고 世尊이시여 過去世心을 不名解脫이요 未來世心을 亦無解脫이며 現在世心은 不與道共이라 何等世心을 名得解脫이닛고

世尊이시여 如過去燈은 不能滅闇이요 未來世燈도 亦不滅闇이요 現在世燈도 復不滅闇이니 何以故오 明之與闇이 二不並故라 心亦如是어늘 云何而言心得解脫이닛고

世尊이시여 貪亦是有니 若貪無者인대 見女相時에 不應生貪이요 若因女相하야 而得生者인대 當知是貪이 真實而有니 以有貪故로 墮三惡道니다

世尊이시여 譬如有人이 見畫女像하고 亦復生貪하야 以生貪故로 得種種罪하나니 若本無貪인대 云何見畫하야 而生於貪이며 若心無貪인대 云何如來가 說言菩薩이 心得解脫이라 하시며 若心有貪인대 云何見相然後에 方生하고 不見相者는 則不生也닛가 我今現見有惡果報하니 當知하라 有貪이니다 瞋恚·愚癡도 亦復如是니다

世尊이시여 譬如衆生이 有身無我로대 而諸凡夫가 橫計我想하면 雖有我想이나 不墮三惡이어늘 云何貪者는 於無女相에 而起女想하야도 墮三惡道닛고

世尊이시여 譬如攢木하야 而生於火나 然이나 是火性이 衆緣中無어늘 以何因緣으로 而得生耶닛가

世尊이시여 貪亦如是하야 色中無貪하며 香味觸法에도 亦復無貪어늘 云何於色香味觸法에 生於貪耶닛가 若衆緣中에 悉無貪者인대 云何衆生은 獨生於貪하고 諸佛菩薩은 而不生耶닛가

世尊이시여 心亦不定이니 若心定者인대 無有貪欲瞋恚·愚癡니다 若不定者면 云何而言心得解脫이닛고 貪亦不定이니 若不定者인대 云何因之하야 生三惡趣며 貪者와 境界가 二俱不定이니 何以故오 俱緣一色하야도 或生於貪하며 或生於瞋하며 或生愚癡일새 是故로 貪者와 及與境界가 二俱不定

이니다 若俱不定인대 何故로 如來가 說言菩薩이 修大涅槃하야 心得解脫이라 하시닛고

爾時에 世尊께서 告光明遍照高貴德王菩薩摩訶薩言하사대 善哉善哉라 善男子야 心亦不爲貪結所繫며 亦非不繫며 非是解脫이며 非不解脫이며 非有非無이며 非現在·非過去·非未來니 何以故오 善男子야 一切諸法이 無有自性故니라

善男子야 有諸外道가 作如是言하되 因緣和合으로 則有果生이니 若衆緣中에 本無生性코 而能生者인대 虛空不生이라도 亦應生果리라 虛空不生은 非是因故어니와 以衆緣中에 本有果性일새 是故로 合集하야 而得生果하리니 所以者何오 如提婆達이 欲造牆壁에 則取泥土하고 不取彩色하며 欲造畫像에 則集彩色하고 不取草木하며 作衣取縷요 不取泥木하며 作舍取泥요 不取縷線하니 以人取故로 當知是中에 各能生果라 以能生果故로 當知因中에 必先有性이니라

若無性者인대 一物之中에 應當出生一切諸物하리라 若是可取며 可作이며 可出인대 當知是中에 必先有果라 若無果者인대 人則不取며 不作이며 不出하리라 惟有虛空은 無取無作故로 能出生一切萬物이라

以有因故로 如尼拘陀子는 作尼拘陀樹하고 乳有醍醐하며 縷中에 有布하고 泥中에 有甁이니라

善男子야 一切凡夫가 無明所盲으로 作是定說하야 色有著義요 心有貪性이라 하나라

復言凡夫가 心有貪性과 亦解脫性이니 遇貪因緣하야는 心則生貪하고 若遇解脫하야는 心則解脫이라 하야 雖作此說이나 是義不然하니라

有諸凡夫가 復作是言하되 一切因中에 悉無有果요 因有二種하니

一者는 微細오 二者는 麁大라

細卽是常이요 麁則無常이니 從微細因하야 轉成麁因하고 從此麁因하야 轉復成果요 麁無常故로 果亦無常이라 하나라

善男子야 有諸凡夫가 復作是言하되 心亦無因이요 貪亦無因이나 以時節

大般涅槃經 卷第二十五

故로 則生貪心이라 하니 如是等輩는 以不能知心因緣故로 輪廻六趣하야 具受生死니라
善男子야 譬如枷犬하야 繫之於柱하면 終日繞柱하야 不能得離하나니 一切凡夫도 亦復如是하야 被無明枷하야 繫生死柱하면 繞二十五有하야 不能得離니라
善男子야 譬如有人이 墮於圊廁이라가 旣得出已에 而復還入하며 如人이 病差라가 還爲病因하며 如人涉路에 値空曠處하야 旣得過已에 而復還來하며 又如淨洗하고 還塗泥土니라 一切凡夫도 亦復如是하야 已得解脫無所有處하고 唯未得脫非非想處하야 而復還來하야 至三惡趣하나니 何以故오 一切凡夫가 惟觀於果하고 不觀因緣이 如犬逐塊하고 不逐於人인달하니 凡夫之人도 亦復如是하야 惟觀於果하고 不觀因緣하니 以不觀故로 從非想退하야 還三惡趣하나니라
善男子야 諸佛菩薩은 終不定說因中에 有果와 因中無果와 及有無果와 非有非無果라 하나니라 若言因中에 先定有果와 及定無果와 定有無果와 定非有非無果인대 當知 是等은 皆魔伴黨이라 繫屬於魔며 卽是愛人이니 如是愛人은 不能永斷生死繫縛하며 不知心相과 及以貪相하나니라
善男子야 諸佛菩薩은 顯示中道하니 何以故오 雖說諸法의 非有非無나 而不決定이니 所以者何오 因眼因色하며 因明因心因念하야 識則得生이나 是識이 決定不在眼中과 色中과 明中과 心中과 念中하며 亦非中間이며 非有非無로대 從緣生故로 名之爲有요 無自性故로 名之爲無니 是故로 如來는 說言諸法이 非有非無라 하나니라
善男子야 諸佛과 菩薩은 終不定說心有淨性과 及不淨性과 淨不淨性하나니 心無住處故라 從緣生貪일새 故說非無요 本無貪性일새 故說非有니
善男子야 從因緣故로 心則生貪하고 從因緣故로 心則解脫하나니라
善男子야 因緣이 有二니
一者는 隨於生死요 二者는 隨大涅槃이니라
善男子야 有因緣故로 心共貪生하야 共貪俱滅하며 有共貪生하야 不共貪

滅하며 有不共貪生하야 共貪俱滅하며 有不共貪生하야 不共貪滅하니라
云何心共貪生하야 共貪俱滅고 善男子야 若有凡夫가 未斷貪心하고 修習
貪心하면 如是之人은 心共貪生하야 心共貪滅이라 一切衆生이 不斷貪心
일새 心共貪生하야 心共貪滅니라 如欲界衆生은 一切皆有初地味禪하니
若修不修에 常得成就라 遇因緣故로 即便得之하나니 言因緣者는 謂火災
也니라 一切凡夫도 亦復如是하야 若修不修에 心共貪生하야 心共貪滅하니
何以故오 不斷貪故니라
云何心共貪生하야 不共貪滅고 聲聞弟子가 有因緣故로 生於貪心이나 畏
貪心故로 修白骨觀하니 是名心共貪生하야 不共貪滅이니라 復有心共貪生
하야 不共貪滅하니 如聲聞人이 未證四果에는 有因緣故로 生於貪心이나
證四果時에 貪心得滅하나니 是名心共貪生하야 不共貪滅이니라
菩薩摩訶薩이 得不動地時에 心共貪生하야 不共貪滅이니라 云何不共貪生
하야 共貪俱滅고 若菩薩摩訶薩이 斷貪心已에 為衆生故로 示現有貪하니
以示現故로 能令無量無邊衆生으로 諮受善法하야 具足成就하나니 是名不
共貪生하야 共貪俱滅이니라
云何不共貪生하야 不共貪滅고 謂阿羅漢과 緣覺과 諸佛이 除不動地하고
其餘菩薩은 是名不共貪生하야 不共貪滅이니 以是義故로 諸佛과 菩薩이
不決定說心性本淨과 性本不淨이니라
善男子야 是心이 不與貪結로 和合하며 亦復不與瞋癡로 和合이라
善男子야 譬如日月이 雖為烟塵雲霧와 及羅睺羅之所覆蔽일새 以是因緣
으로 令諸衆生으로 不能得見하야 雖不可見이나 日月之性은 終不與彼五
翳和合이니라
心亦如是하야 以因緣故로 生於貪結에 衆生이 雖說心與貪合이나 而是心
性은 實不與合이니라
若是貪心은 即是貪性이요 若是不貪은 即不貪性이니 不貪之心은 不能為
貪이요 貪結之心은 不能不貪이니라
善男子야 以是義故로 貪欲之結이 不能污心이니 諸佛과 菩薩은 永破貪結

일새 是故로 說言心得解脫이요 一切衆生은 從因緣故로 生於貪結이며 從因緣故로 心得解脫이니라

善男子야 譬如雪山懸峻之處에 人與獼猴가 俱不能行이며 或復有處는 獼猴能行이나 人不能行하며 或復有處는 人與獼猴가 二俱能行이니

善男子야 人與獼猴가 能行處者에는 如諸獵師가 純以黐膠로 置之案上하야 用捕獼猴하나니 獼猴癡故로 往手觸之하면 觸已粘手하고 欲脫手故로 以脚踏之하면 脚復隨著하고 欲脫脚故로 以口齧之하면 口復粘著하나니 如是五處가 悉無得脫이라 於是에 獵師가 以杖으로 貫之하야 負還歸家하나니 雪山嶮處는 喩佛菩薩의 所得正道요 獼猴者는 喩諸凡夫요 獵師者는 喩魔波旬이요 黐膠者는 喩貪欲結이요

人與獼猴가 俱不行者는 喩諸凡夫와 魔王波旬이 俱不能行이요

獼猴能行이나 人不能者는 喩諸外道가 有智慧者와 諸惡魔等은 雖以五欲이라도 不能繫縛이요

人與獼猴가 俱能行者는 一切凡夫와 及魔波旬이 常處生死하야 不能修行이요 凡夫之人은 五欲所縛일새 令魔波旬으로 自在將去니 如彼獵師가 黐捕獼猴하야 檐負歸家니라

善男子야 譬如國王이 安住己界하야는 身心安樂이어니와 若至他界하면 則得衆苦인달하야 一切衆生도 亦復如是하야 若能自住於己境界하야는 則得安樂이어니와 若至他界하면 則遇惡魔하야 受諸苦惱하리니 自境界者는 謂四念處요 他境界者는 謂五欲也니라

云何名爲繫屬於魔오 有諸衆生이 無常見常하고 常見無常하며 苦見於樂하고 樂見於苦하며 不淨見淨하고 淨見不淨하며 無我見我하고 我見無我하며 非實解脫에 橫見解脫하고 眞實解脫에 見非解脫하며 非乘見乘하고 乘見非乘하면 如是之人은 名繫屬魔니 繫屬魔者는 心不清淨이니라

復次善男子야 若見諸法이 眞實是有總別定相인대 當知是人은 若見色時에 便作色相하고 乃至見識에는 亦作識相하며 見男男相하고 見女女相하고 見日日相하고 見月月相하며 見歲歲相하고 見陰陰相하며 見入入相하고 見

光明遍照高貴德王菩薩品 第十之五

界界相하리니 如是見者는 名繫屬魔이라 繫屬魔者는 心不清淨이니라
復次善男子야 若見我是色이라 色中有我이며 我中有色이라 色屬於我하며 乃至見我是識이라 識中有我하며 我中有識이라 識屬於我라 하야 如是見者는 繫屬於魔라 非我弟子니라

善男子야 我聲聞弟子가 遠離如來의 十二部經하고 修習種種外道典籍하야 不修出家寂滅之法하고 純營世俗在家之事면 何等이 名為在家事也오 受畜一切不淨之物인 奴婢·田·宅·象·馬·車乘 駝·驢·鷄·犬·獼猴·猪·羊 種種穀麥이라 遠離師僧하고 親附白衣하며 違反聖教하고 向諸白衣하야 作如是言하되 佛이 聽比丘의 受畜種種不淨之物이라 하면 是名修習在家之事니라

有諸弟子가 不為涅槃하고 但為利養하야 親近聽受十二部經하고 招提僧物과 及僧鬘物을 衣著食噉에 如自己有하고 慳惜他家하야 及以稱譽하며 親近國王과 及諸王子하며 卜筮吉凶하고 推步盈虛하며 圍碁·六博하고 摴捕·投壺하며 親近比丘尼와 及諸處女하고 畜二沙彌하며 常遊屠·獵·酤酒之家와 及旃陀羅의 所住之處하며 種種販賣하야 手自作食하며 受使隣國하야 通致信命하면 如是之人은 當知하라 即是魔之眷屬이요 非我弟子라 以是因緣으로 心共貪生하야 心共貪滅하며 乃至癡心로 共生共滅도 亦復如是하리니

善男子야 以是因緣으로 心性이 不淨하며 亦非不淨이니 是故로 我說心得解脫이라 하니라

若有不受不畜一切不淨之物하고 為大涅槃하야 受持·讀誦·十二部經하야 書寫解說하면 當知하라 是等은 真我弟子니라

不行惡魔波旬境界요 即是修習三十七品이니 以修習故로 不共貪生하며 不共貪滅이라 是名菩薩이 修大涅槃微妙經典하야 具足成就第八功德니라

大般涅槃經卷 第二十五 終

大般涅槃經卷 第二十六

北涼天竺三藏 曇無讖 譯

光明遍照高貴德王菩薩品 第十之六

復次善男子야 云何菩薩摩訶薩이 修大涅槃微妙經典하야 具足成就第九功德고 善男子야 菩薩摩訶薩이 修大涅槃微妙經典에 初發五事하야 悉得成就하나니

何等이 為五오

一者는 信이요 二者는 直心이요 三者는 戒요 四者는 親近善友요 五者는 多聞이니라

云何為信고

菩薩摩訶薩이 信於三寶와 施有果報하며 信於二諦와 一乘之道는 更無異趣로대 為諸眾生하야 速得解脫일새 諸佛菩薩이 分別為三하며 信第一義諦하며 信善方便이니 是名為信이라 如是信者는 若諸沙門과 若婆羅門과 若天魔梵와 一切眾生의 所不能壞리니 因是信故로 得聖人性修하야 行布施에 若多若少라도 悉得近於大般涅槃하야 不墮生死하며 戒聞智慧도 亦復如是하나니 是名為信이라 雖有是信이나 而亦不見이니 是為菩薩의 修大涅槃하야 成就初事니라

云何直心고

菩薩摩訶薩이 於諸眾生에 作質直心하나니 一切眾生은 若遇因緣하면 則生諂曲이어니와 菩薩은 不爾니 何以故오 善解諸法이 悉因緣故니라 菩薩摩訶薩이 雖見眾生의 諸惡過咎나 終不說之하나니 何以故오 恐生煩惱라 若生煩惱하면 則墮惡趣니라 如是菩薩이 若見眾生의 有少善事면 則讚歎之하나니 云何為善고 所謂佛性이라 讚佛性故로 令諸眾生으로 發阿耨多

- 484 -

羅三藐三菩提心하나니라
爾時에 光明遍照高貴德王菩薩摩訶薩이 白佛言호대 世尊이시여 如佛所說에 菩薩摩訶薩이 讚歎佛性하야 令無量衆生으로 發阿耨多羅三藐三菩提心이라 하시나 是義不然이니다 何以故오 如來가 初開涅槃經時에 說有三種하시니
一者는 若有病人이 得良醫藥과 及瞻病者하면 病則易差어니와 如其不得하면 則不可愈요
二者는 若得不得에 悉不可差요
三者는 若得不得에 悉皆可差라
一切衆生도 亦復如是하야 若遇善友인 諸佛菩薩하야 聞說妙法하면 則得發於阿耨多羅三藐三菩提心하고 如其不遇하면 則不能發하리니 所謂 須陀洹·斯陀含·阿那含·阿羅漢·辟支佛이니라
二者는 雖遇善友인 諸佛菩薩하야 聞說妙法하나 亦不能發하며 若其不遇이라도 亦不能發하니 謂一闡提니라
三者는 若遇不遇에 一切가 悉能發阿耨多羅三藐三菩提心하리니 所謂菩薩이라 하시니 若言遇與不遇에 悉發阿耨多羅三藐三菩提心者인대 如來가 今者에 云何說言因讚佛性하야 令諸衆生으로 發阿耨多羅三藐三菩提心이닛고
世尊이시여 若遇善友諸佛菩薩하야 聞說妙法커나 及以不遇에 悉不能發阿耨多羅三藐三菩提心이라 하신 當知是義도 亦復不然이니다 何以故오 如是之人도 當得阿耨多羅三藐三菩提故며 一闡提輩도 以佛性故로 若聞不聞에 悉亦當得阿耨多羅三藐三菩提故니다
世尊이시여 如佛所說에 何等을 名爲一闡提耶아 謂斷善根이라 하시니 如是之義도 亦復不然이니다 何以故오 不斷佛性故라 如是佛性을 理不可斷이어늘 云何佛說斷諸善根이닛가 如佛往昔에 說十二部經하실새 善有二種하니
一者는 常이요 二者는 無常이라

常者는 不斷이요 無常者는 斷이니 無常은 可斷이라 故墮地獄이어니와 常은 不可斷이라 하시니 何故로 不遮佛性은 不斷이라 非一闡提라 하고 如來가 何以作如是說言하사대 一闡提라 하시닛가
世尊이시여 若因佛性하야 發阿耨多羅三藐三菩提心인대 何故로 如來가 廣為眾生하사 說十二部經이닛고
世尊이시여 譬如四河가 從阿耨達池出에 若有天人과 諸佛世尊께서 說言하사대 是河가 不入大海하고 當還本源라 하면 無有是處니다
菩提之心도 亦復如是하야 有佛性者는 若聞不聞과 若戒非戒와 若施非施와 若修不修와 若智非智에 悉皆應得阿耨多羅三藐三菩提하리니다
世尊이시여 如優陀延山에 日從中出하야 至于正南하야 日若念言하되 我不至西하고 還東方者라 하면 無有是處니 佛性도 亦爾하야 若不聞不戒하며 不施不修하며 不智에 不得阿耨多羅三藐三菩提者라 하면 無有是處니다
世尊이시여 諸佛如來가 說因果性이 非有非無라 하신 如是之義도 是亦不然이니 何以故오 如其乳中에 無酪性者인대 則無有酪이요 尼拘陀子에 無五丈性者인대 則不能生五丈之質이요 若佛性中에 無阿耨多羅三藐三菩提樹者인대 云何能生阿耨多羅三藐三菩提樹하리닛고 以是義故으로 所說因果가 非有非無라 하시는 如是之義가 云何相應이닛고
爾時에 世尊께서 讚言하사대 善哉善哉라 善男子야 世有二人이 甚為希有가 如優曇花니
一者는 不行惡法이요 二者는 有罪能悔니라
如是之人은 甚為希有하니라
復有二人하니 一者는 作恩이오 二者는 念恩이라
復有二人하니 一者는 諮受新法이오 二者는 溫故不忘이라
復有二人하니 一者는 造新이오 二者는 修故라
復有二人하니 一은 樂聞法이오 二는 樂說法이라
復有二人하니 一은 善問難이요 二는 善能答이니 善問難者는 汝身이 是也요

善能答者는 謂如來也니라

善男子야 因是善問하야 即得轉于無上法輪하야 能枯十二因緣大樹하고 能度無邊生死大河하며 能與魔王波旬으로 共戰하야 能摧波旬의 所立勝幢이니라

善男子야 如我先說三種病人에 值遇良醫와 瞻病과 好藥커나 及以不遇라도 病悉得差라 하니 是義云何오 하면 若得不得은 謂定壽命이니 所以者何오 是人이 已於無量世中에 修三種善이니 謂上·中·下라 以修如是三種善故로 得定壽命하니 如欝單越人은 壽命千年이라 有遇病者가 若得良醫와 好藥과 瞻病하며 及以不得이라도 悉皆得差니 何以故오 得定命故니라

善男子야 如我所說에 若有病人이 得遇良醫와 好藥과 瞻病하면 病得除差어니와 若不遇者는 則不得差라 한 是義가 云何오 하면 善男子여 如是之人은 壽命이 不定일새 命雖不盡이나 有九因緣하야 能夭其壽하나니 何等이 爲九오

一者는 知食不安이로대 而反食之요 二者는 多食이요 三者는 宿食이 不消어늘 而復更食이요 四者는 大小便利를 不隨時節이요 五者는 病時에 不隨醫教이요 六者는 不隨瞻病教勅이요 七者는 強耐不吐요 八者는 夜行이니 以夜行故로 惡鬼가 打之이요 九者는 房室過度라 以是緣故로 我說病者가 若遇醫藥하면 病則可差요 若不遇者는 則不可愈니라 善男子야 如我先說 若遇不遇가 俱不差者라 한 是義云何오 하면 有人이 命盡일새 若遇不遇라도 悉不可差니 何以故오 以命盡故라 以是義故로 我說病人이 若遇醫藥과 及以不遇이라도 悉不得差라 하니라

衆生도 亦爾하야 發菩提心者는 若遇善友諸佛菩薩하야 諮受深法커나 若不遇之라도 皆悉當成이니 何以故오 以其能發菩提心故라 如欝單越人이 得定壽命이니라 如我所說 從須陀洹으로 至辟支佛은 若聞善友諸佛菩薩의 所說深法하면 則發阿耨多羅三藐三菩提心이어니와 若不值遇諸佛菩薩하야 聞說深法하면 則不能發阿耨多羅三藐三菩提心하리니 如不定命이 以九因緣으로 命則中夭니라 如彼病人이 值遇醫藥하면 病則得差어니와 若不

遇者는 病則不差니 是故로 我說遇佛菩薩하야 聞說深法하면 則能發心이요 若不值遇하면 則不能發이라 하니라

如我先說에 若遇善友諸佛菩薩하야 聞說深法커나 若不值遇라도 俱不能發이라 한 是義云何오 하면 善男子야 一闡提輩는 若遇善友諸佛菩薩하야 聞說深法하며 及以不遇라도 俱不得離一闡提心하리니 何以故오 斷善法故니라 一闡提輩도 亦得阿耨多羅三藐三菩提이라 한 所以者何오 若能發於菩提之心하면 則不復名一闡提也니라

善男子야 以何緣故로 說一闡提가 得阿耨多羅三藐三菩提리요 一闡提輩는 實不能得阿耨多羅三藐三菩提하나니 如命盡者는 雖遇良醫好藥瞻病이라도 不能得差라 何以故오 以命盡故니라

善男子야 一闡은 名信이요 提는 名不具니 不具信故로 名一闡提라

佛性은 非信이요 衆生은 非具니 以不具故로 云何可斷이리요 一闡은 名善方便이요 提는 名不具니 修善方便을 不具足故로 名一闡提라

佛性은 非是修善方便이요 衆生은 非具니 以不具故로 云何可斷이리요 一闡은 名進이요 提는 名不具니 進不具故로 名一闡提라

佛性은 非進이요 衆生은 非具니 以不具故로 云何可斷이리요 一闡은 名念이요 提는 名不具니 念不具故로 名一闡提라

佛性은 非念이요 衆生은 非具니 以不具故로 云何可斷이리요 一闡은 名定이요 提名不具니 定不具故로 名一闡提라

佛性은 非定이요 衆生은 非具니 以不具故로 云何可斷이리요 一闡은 名慧요 提는 名不具니 慧不具故로 名一闡提라

佛性은 非慧요 衆生은 非具니 以不具故로 云何可斷이리요 一闡은 名無常善이요 提는 名不具니 以無常善을 不具足故로 名一闡提라

佛性은 是常이요 非善非不善이니 何以故오 善法은 要從方便而得이나 而是佛性은 非方便得일새 是故로 非善이니라 何故로 復名非不善耶아 能得善果故니 善果는 即是阿耨多羅三藐三菩提니라

又善法者는 生已得故어니와 而是佛性은 非生已得일새 是故로 非善이며

以斷生得諸善法故로 名一闡提니라

善男子야 如汝所言에 若一闡提가 有佛性者인대 云何不遮地獄之罪오 하니 善男子야 一闡提中에 無有佛性하니라

善男子야 譬如有王이 聞箜篌音의 其聲淸妙하고 心卽耽著하야 喜樂愛念하야 情無捨離라 卽告大臣하되 如是妙音은 從何處出고

大臣이 答言하되 如是妙音이 從箜篌出니다 王이 復語言하되 持是聲來하라 爾時에 大臣이 卽持箜篌하야 置於王前하고 而作是言하되 大王이시여 當知此卽是聲니다

王이 語箜篌하되 出聲出聲하라 而是箜篌가 聲亦不出이라

爾時에 大王이 卽斷其絃하되 聲亦不出이어늘 取其皮木하야 悉皆析裂하야 推求其聲호대 了不能得이어늘

爾時에 大王이 卽瞋大臣하되 云何乃作如是妄語오 大臣이 白王하되 夫取聲者는 法不如是라 應以衆緣善巧方便으로서 聲乃出耳니다 하니

衆生佛性도 亦復如是하야 無有住處라 以善方便으로서 故得可見이요 以可見故로 得阿耨多羅三藐三菩提라 一闡提輩는 不見佛性하니 云何能遮三惡道罪리요

善男子야 若一闡提가 信有佛性하면 當知是人은 不至三惡리니 是亦不名一闡提也니라 以不自信有佛性故로 卽墮三惡이니 墮三惡故로 名一闡提니라

善男子야 如汝所說에 若乳無酪性인대 不應出酪이요 尼拘陀子에 無五丈性인대 則不應有五丈之質이라 하나 愚癡之人이 作如是說이요 智者는 終不發如是言이니 何以故오 以無性故니라

善男子야 如其乳中에 有酪性者인대 不應復假衆緣力也니라

善男子야 如水乳를 雜하야 臥至一月하야도 終不成酪이어니와 若以一滴頗求樹汁으로 投之於中하면 卽便成酪하리니 若本有酪인대 何故로 待緣고 衆生佛性도 亦復如是하야 假衆緣故로 則便可見이요 假衆緣故로 得成阿耨多羅三藐三菩提하나니 若待衆緣한 然後에 成者인대 卽是無性이니 以

無性故로 能得阿耨多羅三藐三菩提하나니라

善男子야 以是義故로 菩薩摩訶薩은 常讚人善하고 不訟彼缺하니 名質直心이니라

復次善男子야 云何菩薩의 質直心也오 菩薩摩訶薩이 常不犯惡하고 設有過失이라도 卽時懺悔하야 於師와 同學에 終不覆藏하며 慚愧自責하야 不敢復作하며 於輕罪中에 生極重想하며 若人이 詰問하면 答言實犯이라 하며 復問是罪가 爲好아不好야하면 答言不好니라

復問是罪가 爲善가 不善가 하면 答言不善이니라

復問是罪가 是善果耶아 不善果耶하면 答言是罪가 實非善果니라 又問是罪는 誰之所造아 將非諸佛法僧의 所作가 하면 答言非佛法僧이요 我所作也라 乃是煩惱之所構集이라 하야 以直心故로 信有佛性하며 信佛性故로 則不得名一闡提也요 以直心故로 名佛弟子라

若受衆生의 衣服飮食臥具醫藥을 種各千萬하야도 不足爲多리니 是名菩薩의 質直心也니라

云何菩薩이 修治於戒오 菩薩摩訶薩이 受持禁戒하되 不爲生天하며 不爲恐怖하며 乃至不受狗戒와 鷄戒와 牛戒와 雉戒하며 不作破戒하며 不作缺戒하며 不作瑕戒하며 不作雜戒하며 不作聲聞戒하고 受持菩薩摩訶薩戒인 尸羅波羅蜜戒하야 得具足戒하고 不生憍慢하나니 是名菩薩이 修大涅槃하야 具足第三戒니라

云何菩薩이 親近善友오 菩薩摩訶薩이 常爲衆生하야 說於善道하고 不說惡道하며 說於惡道는 非善果報라 하나니라

善男子야 我身이 卽是一切衆生의 眞善知識이니 是故로 能斷富伽羅婆羅門의 所有邪見이니라

善男子야 若有衆生이 親近我者는 雖有生於地獄因緣이라도 卽得生天하리니 如須那刹多等이 應墮地獄이라도 以見我故로 卽得斷除地獄因緣하고 生於色天하나니라

雖有舍利弗과 目犍連等이라도 不名衆生의 眞善知識이니 何以故오 生一

光明遍照高貴德王菩薩品 第十之六

闡提心因緣故니라

善男子야 我가 昔에 住於波羅奈國時에 舍利弗이 敎二弟子하되 一은 觀白骨하고 一은 令數息하야 經歷多年호대 各不得定이라 以是因緣으로 卽生邪見하야 言無涅槃과 無漏之法이라 하며 設其有者면 我應得之니 何以故오 我能善持所受戒故라 하야늘 我於爾時에 見是比丘의 生此邪心하고 喚舍利弗하야 而呵責之호대 汝不善敎로다 云何乃爲是二弟子하야 顚倒說法고 汝二弟子가 其性이 各異하니 一은 主浣衣하고 一은 是金師라

金師之子엔 應敎數息하고 浣衣之人에는 應敎骨觀이어늘 以汝錯敎일새 令是二人으로 生於惡邪니라 하고 我於爾時에 爲是二人하야 如應說法한대 二人이 聞已에 得阿羅漢果하니 是故로 我爲一切衆生의 眞善知識이요 非舍利弗目犍連等이니라

若使衆生으로 有極重結이라도 得遇我者인댄 我以方便으로 卽爲斷之라 如我弟難陀가 有極重欲이어늘 我以種種善巧方便으로 而爲除斷하며 鴦掘魔羅는 有重瞋恚로대 以見我故로 瞋恚卽息하며 阿闍世王은 有重愚癡로대 以見我故로 癡心卽滅하며 如婆熙長者는 於無量劫에 修習成就極重煩惱로대 以見我故로 卽便斷滅하며 設有弊惡廝下之人이라도 親近於我하야 作弟子者는 煩惱消除니 以是因緣으로 一切人天이 恭敬愛念하니라

尸利毱多는 邪見熾盛이로대 因見我故로 邪見卽滅하야 因見我故로 斷地獄因하고 作生天緣이니라 如氣嘘旃陀羅는 命垂終時에 因見我故로 還得壽命하며 如憍尸迦는 狂心錯亂이로대 因見我故로 還得本心하며 如瘦瞿曇彌는 屠家之子로 常修惡業이어니와 以見我故로 卽便捨離하며 如闡提比丘는 因見我故로 寧捨身命이언정 不毁禁戒를 如草繫比丘하니 以是義故로 阿難比丘는 說半梵行이라도 名善知識이어니와 我言을 不爾하야 具足梵行이라사 乃名善知識이라 是名菩薩이 修大涅槃하야 具足第四親善知識이니라

云何菩薩이 具足多聞고 菩薩摩訶薩이 爲大涅槃과 十二部經하야 書寫讀誦하며 分別解說하면 是名菩薩의 具足多聞이며 除十一部하고 惟毘佛略을

受持讀誦하며 書寫解說이라도 亦名菩薩이 具足多聞이며 除十二部經하고 若能受持是大涅槃微妙經典하야 書寫讀誦하며 分別解說이라도 是名菩薩이 具足多聞이니라

除是經典의 具足全體하고 若能受持一四句偈하며 復除是偈하고 若能受持如來常住性無變易이라도 是名菩薩이 具足多聞이니라

復除是事하고 若知如來가 常不說法이라도 亦名菩薩의 具足多聞이니 何以故오 法無性故라 如來가 雖說一切諸法하시나 常無所說시니 是名菩薩이 修大涅槃하야 成就第五具足多聞이니라

善男子야 若有善男子·善女人이 爲大涅槃하야 具足成就如是五事하야 難作能作하며 難忍能忍하며 難施能施니라

云何菩薩이 難作能作고 若聞有人이 食一胡麻하야 得阿耨多羅三藐三菩提者라 하면 信是語故로 乃至無量阿僧祇劫을 常食一麻하며 若聞入火하야 得阿耨多羅三藐三菩提者라 하면 於無量劫을 在阿鼻地獄하야 入熾火聚하리니 是名菩薩이 難作能作이니라

云何菩薩이 難忍能忍고 若聞受苦 手杖과 刀石과 斫打因緣으로 得大涅槃이라 하면 即於無量阿僧祇劫을 身具受之하야 不以爲苦하리니 是名菩薩이 難忍能忍이니라

云何菩薩이 難施能施오 若聞能以國城妻子와 頭目髓腦로 惠施於人하야 得阿耨多羅三藐三菩提者라 하면 即於無量阿僧祇劫에 以其所有國城妻子와 頭目髓腦로 惠施於人하리니 是名菩薩이 難施能施니라 菩薩이 雖復難作能作이나 終不念言是我所作이라 하며 難施를 能施도 亦復如是니라

善男子야 譬如父母가 惟有一子하야 愛之甚重하야 以好衣裳과 上妙甘饍로 隨時將養하야 令無所乏하며 其子가 若於是父母所에 生輕慢心하야 惡口罵辱하여도 父母가 愛故로 不生瞋恨하며 亦不念言하되 我與是兒의 衣服飲食이라

菩薩摩訶薩도 亦復如是하야 視諸衆生을 猶如一子라 若子가 遇病하야는 父母亦病하며 爲求醫藥하야 勤而療之하고 病既差已에 終不生念하되 我

光明遍照高貴德王菩薩品 第十之六

爲是兒하야 療治病苦라 하나니 菩薩도 亦爾하야 見諸衆生이 遇煩惱病하고 生愛念心하야 而爲說法하면 以聞法故로 諸煩惱斷이나 煩惱斷已에 終不念言하되 我爲衆生하야 斷諸煩惱라 若生此念하면 終不得成阿耨多羅三藐三菩提니라 惟作是念하되 無一衆生도 我爲說法하야 令斷煩惱라 하나니라

菩薩摩訶薩이 於諸衆生에 不瞋不喜니 何以故오 善能修習空三昧故라 菩薩이 若修空三昧者는 當於誰所에 生瞋生喜리요

善男子야 譬如山林이 猛火所焚커나 若人斫伐커나 或爲水漂라도 而是林木이 當於誰所에 生瞋生喜리요 菩薩摩訶薩도 亦復如是하야 於諸衆生에 無瞋無喜하나니 何以故오 修空三昧故니라

爾時에 光明遍照高貴德王菩薩摩訶薩이 白佛言하되 世尊이시여 一切諸法이 性自空耶닛가 空空故空닛가

若性自空者인대 不應修空하야 然後에 見空이어늘 云何如來가 言以修空으로 而見空也라 하시며 若性自不空인대 雖復修空이라도 不能令空이니다

善男子야 一切諸法이 性本自空이니 何以故오 一切法性을 不可得故니라

善男子야 色性을 不可得이니 云何色性고 色性者는 非地·水·火·風이로대 不離地·水·火·風하며 非靑·黃·赤·白이로대 不離靑·黃·赤·白하며 非有非無라 云何當言色有自性이리요 以性不可得일새 故說爲空이니 一切諸法도 亦復如是니라

以相似相續故로 凡夫가 見已에 說言諸法이 性不空寂이라 하나니라 菩薩摩訶薩은 具足五事니라 是故로 見法의 性本空寂하니

善男子야 若有沙門과 及婆羅門이 見一切法性이 不空者는 當知是人은 非是沙門이며 非婆羅門이라 不得修習般若波羅蜜하며 不得入於大般涅槃이며 不得現見諸佛菩薩이니 是魔眷屬이니라

善男子야 一切諸法이 性本自空이나 亦因菩薩의 修習空故로 見諸法空이니라

善男子야 如一切法이 性無常故로 滅能滅之니 若非無常이면 滅不能滅이

며 有爲之法이 有生相故로 生能生之며 有滅相故로 滅能滅之며 一切諸法이 有苦相故로 苦能令苦니라

善男子야 如鹽性이 鹹일새 能鹹異物하고 石蜜은 性甘일새 能甘異物하며 苦酒은 性酢일새 能酢異物하고 薑本性辛일새 能辛異物하며 訶梨勒은 苦일새 能苦異物하고 菴羅果는 醯일새 能醯異物하며 毒性은 能害일새 令異物害하고 甘露之性은 令人不死일새 若合異物하야는 亦能不死하나니 菩薩修空도 亦復如是하야 以修空故로 見一切法이 性皆空寂하니라

光明遍照高貴德王菩薩이 復作是言하되 世尊이시여 若鹽이 能令非鹹으로 作鹹인달하야 修空三昧도 若如是者인대 當知是定이 非善非妙이라 其性顚倒리니 若空三昧가 惟見空者인대 空是無法이라 爲何所見이닛고

善男子야 是空三昧가 見不空法하야 能令空寂이나 然非顚倒니 如鹽이 非鹹을 作鹹인달하야 是空三昧도 亦復如是하야 不空에 作空이니라

善男子야 貪是有性이요 非是空性이니 貪若是空인대 衆生이 不應以是因緣으로 墮於地獄이리라 若墮地獄인대 云何貪性이 當是空耶아 善男子야 色性이 是有니 何等이 色性고 所謂顚倒니라 以顚倒故로 衆生이 生貪하나니 若是色性이 非顚倒者인대 云何能令衆生으로 生貪이리요 以生貪故로 當知色性이 非不是有이니 以是義故로 修空三昧는 非顚倒也니라

善男子야 一切凡夫가 若見女人하면 卽生女相이어니와 菩薩은 不爾하야 雖見女人하야도 不生女相하나니 以不生相일새 貪則不生하고 貪不生故로 非顚倒也니라 以世間人이 見有女相故로 菩薩隨說하야 言有女人이라 하나니 若見男時에 說言是女하면 則是顚倒라 是故로 我爲闍提하야 說言하되 汝婆羅門이라 하나라

若以晝로 爲夜하면 是卽顚倒요 以夜로 爲晝라도 是亦顚倒어니와 晝爲晝相하고 夜爲夜相이라 하면 云何顚倒리요 善男子야 一切菩薩이 住九地者는 見法有性일새 以是見故로 不見佛性이어니와 若見佛性하면 則不復見一切法性하리니 以修如是空三昧故로 不見法性이요 以不見故로 則見佛性이니라 諸佛菩薩이 有二種說하니

一者는 有性이요 二者는 無性이라

為衆生故로 說有法性이어니와 為諸賢聖하야는 說無法性이라 하며 為不空者하야 見法空故로 修空三昧하야 令得見空케하며 無法性者도 亦修空故로 空이니 以是義故으로 修空見空이니라

善男子야 汝言見空은 空是無法이라 為何所見者는 善男子야 如是如是하다 菩薩摩訶薩이 實無所見이니 無所見者는 即無所有요 無所有者는 即一切法이니라

菩薩摩訶薩이 修大涅槃하야 於一切法에 悉無所見이니라 若有見者면 不見佛性이니 不能修習般若波羅蜜하며 不得入於大般涅槃이라 是故로 菩薩이 見一切法이 性無所有니라

善男子야 菩薩이 不但因見三昧하야 而見空也라 般若波羅蜜도 亦空하며 禪波羅蜜도 亦空하며 毘梨耶波羅蜜도 亦空하며 羼提波羅蜜도 亦空하며 尸波羅蜜도 亦空하며 檀波羅蜜도 亦空하며 色亦空하며 眼亦空하며 識亦空하며 如來亦空하며 大般涅槃도 亦空이니라

是故로 菩薩이 見一切法이 皆悉是空하리니 是故로 我在迦毘羅城하야 告阿難言하되 汝莫愁惱하야 悲泣啼哭하라 阿難即言하되 如來世尊이시여 我今眷屬이 悉皆死喪이어늘 云何當得不愁啼耶닛가 如來與我로 俱生此城에 俱同釋種의 親戚眷屬이어시늘 云何如來는 獨不愁惱하고 光顏更顯이닛고

善男子야 我復告言하되 阿難아 汝見迦毘가 真實而有로대 我見空寂하야 悉無所有하며 汝見釋種이 悉是親戚이로대 我修空故로 悉無所見이로니 以是因緣으로 汝生愁苦나 我身容顏은 益更光顯이로다 諸佛菩薩이 修習如是空三昧故로 不生愁惱하나니 是名菩薩이 修大涅槃微妙經典하야 成就具足第九功德이니라

善男子야 云何菩薩이 修大涅槃微妙經典하야 具足最後第十功德고 善男子야 菩薩이 修習三十七品하야 入大涅槃常樂我淨하고 為諸衆生하야 分別解說大涅槃經하야 顯示佛性하나니 若須陀洹·斯陀含·阿那含·阿羅漢·辟支佛·菩薩이 信是語者는 悉得入於大般涅槃이어니와 若不信者는 輪迴生

大般涅槃經卷 第二十六

死하리라

爾時에 光明遍照 高貴德王菩薩이 白佛言하되 世尊이시여 何等衆生이 於是經中에 不生恭敬닛고

善男子야 我涅槃後에 有聲聞弟子가 愚癡破戒하며 喜生鬪諍하며 捨十二部經하고 讀誦種種外道典籍하야 文頌手筆하며 受畜一切不淨之物하야 言是佛聽이라 하리니 如是之人은 以好栴檀으로 貿易凡木하며 以金易鍮石하며 銀易白鑞하며 絹易氀褐하며 以甘露味로 易於惡毒이니라

云何栴檀으로 貿易凡木고 如我弟子가 爲供養故로 向諸白衣하야 演說經法하면 白衣가 憍逸하야 不喜聽聞이요 白衣는 處高하고 比丘在下하며 兼以種種餚饍飮食으로 而供給之하여도 猶不肯聽하리니 是名栴檀으로 貿易凡木이니라

云何以金으로 貿易鍮石고 鍮石은 喻色·聲·香·味·觸하고 金喩於戒이니 我諸弟子가 以色因緣으로 破所受戒일새 是名以金으로 貿易鍮石이니라

云何以銀으로 易於白鑞고 銀은 喻十善하고 鑞은 喻十惡이니 我諸弟子가 放捨十善하고 行十惡法을 是名以銀으로 貿易白鑞이니라

云何以絹으로 貿易氀褐고 氀褐은 喩於無慚無愧하고 絹은 喩慚愧니 我諸弟子가 放捨慚愧하고 習無慚愧를 是名以絹으로 貿易氀褐이니라

云何甘露로 貿易毒藥고 毒藥은 喩於種種利養하고 甘露는 喩於諸無漏法이니 我諸弟子가 爲利養故로 向諸白衣하야 若自讚譽하야 言得無漏를 是名甘露로 貿易毒藥이니라

以如是等惡比丘故로 是大涅槃微妙經典이 廣行流布於閻浮提어든 當是時也에 有諸弟子가 受持·讀誦·書寫·是經하야 廣說流布라가 當爲如是諸惡比丘之所殺害하리라

時에 惡比丘가 共相聚集하야 立嚴峻制하되 若有受持大涅槃經하야 書寫讀誦하며 分別說者는 一切不得共住共坐하며 談論語言이니 何以故오 涅槃經者는 非佛所說이요 邪見所造니 邪見之人은 卽是六師라 六師經典이요 非佛經典이니 所以者何오 一切諸佛은 悉說諸法이 無常無我하며 無樂

無淨이어늘 若言諸法이 常·樂·我·淨이라 하면 云何當是佛所說經이리요

諸佛菩薩은 聽諸比丘의 畜種種物이어늘 六師所說은 不聽弟子의 畜一切物하니 如是之義가 云何當是佛之所說이리요

諸佛菩薩은 不制弟子의 斷牛五味와 及以食肉하시고 六師는 不聽食五種鹽과 五種牛味와 及以脂血하니 若斷是者인댄 云何當是佛之正典이리요

諸佛菩薩은 說於三乘이어늘 而是經中에 純說一乘하야 謂大涅槃이라 하니 如此之言이 云何當是佛之正典이리오 諸佛은 畢竟에 入於涅槃이어늘 是經에 言佛이 常·樂·我·淨하야 不入涅槃이라 하니 是經은 不在十二部數라 卽是魔說이요 非是佛說이라 하리라

善男子야 如是之人은 雖我弟子나 不能信順是涅槃經하나니 善男子야 當爾之時에 若有衆生이 信此經典을 乃至半句하면 當知是人은 眞我弟子라 因如是信하야 卽見佛性하야 入於涅槃하리라

爾時에 光明遍照 高貴德王 菩薩이 白佛言하되 世尊이시여 善哉善哉니다 如來께서 今日에 善能開示大涅槃經하셨나이다

世尊이시여 我因是事하야 卽得悟解大涅槃經의 一句半句로소니 以解一句와 至半句故로 見少佛性이라 如佛所說하사 我亦當得入大涅槃하리니 是名菩薩이 修大涅槃微妙經典하야 具足成就第十功德이니라

大般涅槃經 卷第二十六 終

大般涅槃經卷 第二十七

北涼天竺三藏 曇無讖 譯

師子吼菩薩品 第十一之一

爾時에 佛告一切大衆하사대 諸善男子야 汝等이 若疑有佛·無佛과 有法·無法과 有僧·無僧과 有苦·無苦와 有集·無集과 有滅·無滅과 有道·無道와 有實·無實과 有我·無我와 有樂·無樂과 有淨·無淨과 有常·無常과 有乘·無乘와 有性·無性과 有衆生·無衆生과 有有·無有 有眞·無眞과 有因·無因과 有果·無果와 有作·無作과 有業·無業과 有報·無報者는 今에 恣汝所問하라 吾當為汝하야 分別解說하리라

善男子야 我實不見若天·若人과 若魔·若梵과 若沙門·若婆羅門이 有來問我不能答者이리라

爾時會中에 有一菩薩하니 名師子吼리 即從座起하야 斂容整服하고 前禮佛足하고 長跪叉手하야 白佛言하되 世尊이시여 我適欲問하오니 如來大慈로 復垂聽許하소서

爾時에 佛告諸大衆言하시대 諸善男子야 汝等이 今當於是菩薩에 深生恭敬하야 尊重讚歎하며 應以種種香花伎樂과 瓔珞幡蓋와 衣服飲食과 臥具醫藥과 房舍殿堂으로 而供養之하며 迎來送去니 所以者何오 是人은 已於過去諸佛에 深種善根하야 福德成就일새 是故로 今於我前에 欲師子吼하니라

善男子야 如師子王이 自知身力과 牙爪鋒芒으로 四足踞地하고 安住巖穴이라가 振尾出聲하나니 若有能具如是諸相하면 當知是則能師子吼라 眞師子王이니 晨朝出穴하야 頻申欠呿하며 四向顧望하야 發聲震吼는 為十一事니

何等이 十一고

一은 爲欲壞實非師子가 詐作師子故며 二는 爲欲試自身力故며 三은 爲欲令住處로 淨故며 四는 爲諸子하야 知處所故며 五는 爲群輩하야 無怖心故며 六은 爲眠者하야 得覺寤故며 七은 爲一切放逸諸獸하야 不放逸故며 八은 爲諸獸로 來依附故며 九는 爲欲調大香象故며 十은 爲教告諸子息故며 十一은 爲欲莊嚴自眷屬故니라

一切禽獸가 聞師子吼하면 水性之屬은 潛沒深淵하고 陸行之類는 藏伏窟穴하며 飛者는 墮落하고 諸大香象은 怖走失糞이니라

諸善男子야 如彼野干은 雖逐師子하야 至于百年이라도 終不能作師子吼也어니와 若師子子인대 始滿三年에 則能哮吼을 如師子王하니라

善男子야 如來正覺도 智慧牙爪와 四如意足과 六波羅蜜滿足之身으로 十力雄猛이며 大悲로 爲尾하고 安住四禪清淨窟宅하사 爲諸眾生하야 而師子吼로 摧破魔軍하고 示眾十力하야 開佛行處하시며 爲諸邪見의 作歸依所하며 安撫生死怖畏之眾하며 覺寤無明의 睡眠眾生하며 行惡法者로 爲作悔心하며 開示邪見하야 一切眾生으로 令知六師는 非師子吼故며 破富蘭那等의 憍慢心故이며 爲令二乘으로 生悔心故이며 爲教五住諸菩薩等하야 生大力心故며 爲令正見四部之眾으로 於彼邪見四部徒眾에 不生怖畏故로 從聖行·梵行·天行·窟宅하야 頻申而出은 爲欲令彼諸眾生等으로 破憍慢故요 欠呿는 爲令諸眾生等으로 生善法故요 四向顧望은 爲令眾生으로 得四無礙故요 四足踞地는 爲令眾生으로 具足安住尸波羅蜜故니라

故로 師子吼하시니 師子吼者는 名決定說이니 一切眾生이 悉有佛性이며 如來常住며 無有變易이시니라

善男子야 聲聞緣覺은 雖復隨逐如來世尊을 無量百千阿僧祇劫이라도 而亦不能作師子吼어니와 十住菩薩은 若能修行是三行處하면 當知是則能師子吼니라

諸善男子야 是師子吼菩薩摩訶薩이 今欲如是大師子吼하니 是故로 汝等은 應當深心으로 供養恭敬하며 尊重讚歎이니라

爾時에 世尊께서 告師子吼菩薩摩訶薩言하시대 善男子야 汝若欲問인대 今

可隨意니라

師子吼菩薩摩訶薩이 白佛言호대 世尊이시여 云何為佛性이며 以何義故로 名為佛性이며 何故로 復名常·樂·我·淨이닛가 若一切眾生이 有佛性者인대 何故로 不見一切眾生의 所有佛性하며 十住菩薩은 住何等法이 완대 不了了見하고 佛은 住何等法이 완대 而了了見하시나이까 十住菩薩은 以何等眼으로 不了了見하고 佛以何眼으로 而了了見이닛고

佛言하사대 善男子야 善哉善哉라 若有人이 能為法諮啟인대 則為具足二種莊嚴이니

一者는 智慧요 二者는 福德이라

若有菩薩이 具足如是二莊嚴者는 則知佛性하며 亦復解知名為佛性하며 乃至能知十住菩薩은 以何眼見이며 諸佛世尊은 以何眼見이리라

師子吼菩薩이 言호대 世尊이시여

云何名為智慧莊嚴이니라

云何名為福德莊嚴이닛고

善男子야 慧莊嚴者는 謂從一地로 乃至十地기 是名慧莊嚴이요 福德莊嚴者는 謂檀波羅蜜로 乃至般若와 非般若波羅蜜이니라

復次善男子야 慧莊嚴者는 所謂諸佛菩薩이요 福德莊嚴者는 謂聲聞·緣覺과 九住菩薩이니라

復次善男子야 福德莊嚴者는 有為有漏이며 有有有果報이며 有礙非常이니 是凡夫法이요 慧莊嚴者는 無為無漏이며 無無無果報이며 無礙常住니라

善男子야 汝今具足是二莊嚴일새 是故로 能問甚深妙義요 我亦具足是二莊嚴일새 能答是義니라

師子吼菩薩摩訶薩이 言하되 世尊이시여 若有菩薩이 具足如是二莊嚴者인대 則不應問一種二種이어늘 云何世尊이 說言能答一種二種닛고 所以者何오 一切諸法이 無一二種이요 一種二種者는 是凡夫相이니다

佛言하사대 善男子야 若有菩薩이 無二種莊嚴하면 則不能知一種二種이어니와 若有菩薩이 具二莊嚴하면 則能解知一種二種하리라 若言諸法이 無一

二者는 是義不然하다 何以故오 若無一二면 云何得說一切諸法이 無一無二리오
善男子야 若言一二가 是凡夫相인댄 是乃名為十住菩薩이라 非凡夫也니 何以故오
一者는 名為涅槃이오 二者는 名為生死니라
何故로 一者는 名為涅槃고 以其常故니라
何故로 二者는 名為生死오 愛無明故니라
常涅槃者는 非凡夫相이요 生死二者도 亦非凡夫相이니 以是義故로 具二莊嚴者라사 能問能答하리라
善男子야 汝問에 云何為佛性者는 諦聽諦聽하라 吾當為汝하야 分別解說하리라
善男子야 佛性者는 名第一義空이요 第一義空은 名為智慧이니 所言空者는 不見空與不空이어니와 智者는 見空과 及與不空과 常與無常과 苦之與樂과 我與無我하나니 空者는 一切生死요 不空者는 謂大涅槃이며 乃至無我者는 即是生死요 我者는 謂大涅槃이니라 見一切空하고 不見不空하면 不名中道요 乃至見一切無我하고 不見我者는 不名中道니 中道者는 名為佛性이라
以是義故로 佛性은 常恒하야 無有變易이어늘 無明이 覆故로 令諸眾生으로 不能得見이요 聲聞과 緣覺은 見一切空이나 不見不空하며 乃至見一切無我나 不見於我일새 以是義故로 不得第一義空이요 不得第一義空故로 不行中道요 無中道故로 不見佛性이니라
善男子야 不見中道者는 凡有三種하니
一者는 定樂行이요 二者는 定苦行이요 三者는 苦樂行이라
定樂行者는 所謂菩薩摩訶薩이 憐愍一切諸眾生故로 雖復處在阿鼻地獄이나 如三禪樂이니라
定苦行者는 謂諸凡夫요
苦樂行者는 謂聲聞과 緣覺이니 聲聞과 緣覺이 行於苦樂하야 作中道想할

새 以是義故로 雖有佛性이나 而不能見이니라
如汝所問에 以何義故로 名佛性者는 善男子야 佛性者는 即是一切諸佛의 阿耨多羅三藐三菩提中道種子니라
復次善男子야 道有三種하니 謂下·上·中이라
下者는 梵天無常에 謬見是常이요
上者는 生死無常에 謬見是常하고 三寶는 是常이어늘 橫計無常이라 何故로 名上고 能得最上阿耨多羅三藐三菩提故니라
中者는 名第一義空이니 無常에 見無常하고 常見於常이라 第一義空은 不名為下니 何以故오 一切凡夫의 所不得故니라 不名為上이니 何以故오 即是下故니라 諸佛菩薩의 所修之道는 不上不下니 以是義故로 名為中道니라
復次善男子야 生死本際가 凡有二種하니
一者는 無明이요 二者는 有愛라
是二中間은 則有生·老·病·死之苦니 是名中道니라 如是中道가 能破生死일새 故名為中이니 以是義故로 中道之法을 名為佛性이라 是故로 佛性은 常·樂·我·淨이로대 以諸眾生이 不能見故로 無常·無樂하며 無我·無淨하나 佛性은 實非無常·無樂·無我·無淨이니라
善男子야 譬如貧人이 家有寶藏하되 是人이 不見하니 以不見故로 無常·無樂·無我·無淨이어늘 有善知識이 而語之言하되 汝舍宅中에 有金寶藏이어늘 何故로 如是 貧窮困苦하며 無常·無樂·無我·無淨고 하야 即以方便으로 令彼得見하니 以得見故로 是人이 即得常·樂·我·淨이라 佛性도 亦爾하야 眾生이 不見일새 以不見故로 無常·無樂·無我·無淨어니와 有善知識에는 諸佛菩薩이 以方便力種種教告하야 令彼得見하야는 以得見故로 眾生이 即得常·樂·我·淨하나니라
復次善男子야 眾生起見이 凡有二種하니
一者는 常見이요 二者는 斷見이라
如是二見은 不名中道요 無常無斷이라야 乃名中道니 無常·無斷은 即是觀照十二因緣智라 如是觀智를 是名佛性이니라

二乘之人은 雖觀因緣이나 猶亦不得名爲佛性이니 佛性은 雖常이나 以諸衆生이 無明覆故로 不能得見하며 又未能渡十二因緣河가 猶如兔馬하니 何以故오 不見佛性故니라
善男子야 是觀十二因緣智慧는 卽是阿耨多羅三藐三菩提種子이니 以是義故로 十二因緣을 名爲佛性이라 하나니라
善男子야 譬如胡瓜를 名爲熱病이니 何以故오 能爲熱病의 作因緣故라 十二因緣도 亦復如是하니라
善男子야 佛性者는 有因하고 有因因하며 有果하고 有果果하니 有因者는 卽十二因緣이요 因因者는 卽是智慧요 有果者는 卽是阿耨多羅三藐三菩提요 果果者는 卽是無上大般涅槃이니라
善男子야 譬如無明이 爲因하면 諸行이 爲果요 行이 因이면 識이 果니 以是義故로 彼無明의 體는 亦因이며 亦因因이요 識은 亦果며 亦果果니 佛性도 亦爾하니라
善男子야 以是義故로 十二因緣은 不出不滅이며 不常不斷이며 非一非二며 不來不去며 非因非果니라
善男子야 是因非果는 如佛性이요 是果非因은 如大涅槃이요 是因是果는 如十二因緣의 所生之法이요 非因非果는 名爲佛性이니 非因果故로 常恒無變이라 以是義故로 我經中에 說十二因緣이 其義甚深하야 無知無見이며 不可思惟라 乃是諸佛菩薩의 境界요 非諸聲聞·緣覺의 所及이라 하니라
以何義故로 甚深甚深고 衆生業行이 不常不斷이로대 而得果報하며 雖念念滅이나 而無所失하며 雖無作者로대 而有作業하며 雖無受者로대 而有果報하며 受者雖滅이나 果不敗亡하며 無有慮知나 和合而有며 一切衆生이 雖與十二因緣으로 共行이로대 而不見知니 不見知故로 無有終始니라
十住菩薩은 惟見其終이나 不見其始어니와 諸佛世尊은 見始見終일새 以是義故로 諸佛은 了了得見佛性하시니라
善男子야 一切衆生은 不能見於十二因緣일새 是故로 輪轉하나니라
善男子야 如蠶이 作繭하야 自生自死하나니 一切衆生도 亦復如是하야 不

見佛性故로 自造結業하야 流轉生死를 猶如拍毬니라
善男子야 是故로 我於諸經中에 說하되 若有人이 見十二緣者는 即是見法이요 見法者는 即是見佛이니 佛者는 即是佛性이라 何以故오 一切諸佛이 以此爲性이라
善男子야 觀十二緣智가 凡有四種하니
一者는 下요 二者는 中이요 三者는 上이요 四者는 上上이라
下智觀者는 不見佛性이니 以不見故로 得聲聞道하고 中智觀者도 不見佛性이니 以不見故로 得緣覺道하고 上智觀者는 見不了了니 不了了故로 住十住地하고 上上智觀者는 見了了故로 得阿耨多羅三藐三菩提道하나니 以是義故로 十二因緣을 名爲佛性이요
佛性者는 即第一義空이요
第一義空는 名爲中道요
中道者는 即名爲佛이요
佛者는 名爲涅槃이니라
爾時에 師子吼菩薩摩訶薩이 白佛言하되 世尊시이여 若佛與佛性이 無差別者인대 一切衆生이 何用修道이닛고
佛言하사대 善男子야 如汝所問 是義不然하다 佛與佛性이 雖無差別이나 然諸衆生이 悉未具足이니라
善男子야 譬如有人이 惡心害母하고 害已生悔하면 三業雖善이라도 是人을 故名地獄人也라 何以故오 是人이 定當墮地獄故니라
是人이 雖無地獄의 陰·界·諸入이라도 猶故得名爲地獄人이라 하리니 善男子야 是故로 我於諸經中에 說하되 若見有人이 修行善者는 名見天人이요 修行惡者는 名見地獄이라 하노니 何以故오 定受報故니라
善男子야 一切衆生이 定得阿耨多羅三藐三菩提故로 是故로 我說하되 一切衆生이 悉有佛性이라 하나 一切衆生이 真實未有三十二相과 八十種好하니 以是義故로 我於此經에 而說是偈하되 本有今無하며 本無今有하나 三世有法이 無有是處라 하니라

善男子야 有者가 凡有三種하니

一은 未來有요 二는 現在有요 三은 過去有니라

一切衆生이 未來之世에 當有阿耨多羅三藐三菩提일새 是名佛性이나 一切衆生이 現在에 悉有煩惱諸結일새 是故로 現在에 無有三十二相과 八十種好니라

一切衆生이 過去之世에 有斷煩惱일새 是故로 現在에 得見佛性이니 以是義故로 我常宣說하되 一切衆生이 悉有佛性이요 乃至一闡提等이라도 亦有佛性이라 하노니 一闡提等이 無有善法이 佛性은 亦善이라 以未來有故로 一闡提等도 悉有佛性이니 何以故오 一闡提等이 定當得成阿耨多羅三藐三菩提故니라

善男子야 譬如有人이 家有乳酪이러니 有人이 問言하되 汝有蘇耶하야 答言하되 我有라 하면 酪實非蘇이로대 以巧方便으로 定當得故라 故言有蘇라 하니 衆生도 亦爾하야 悉皆有心하니 凡有心者는 定當得成阿耨多羅三藐三菩提일새 以是義故로 我常宣說하되 一切衆生이 悉有佛性이라 하노라

善男子야 畢竟이 有二種하니

一者는 莊嚴畢竟이요 二者는 究竟畢竟이라 一者는 世間畢竟이요 二者는 出世畢竟이라

莊嚴畢竟者는 六波羅蜜이오 究竟畢竟者는 一切衆生의 所得一乘이니 一乘者는 名爲佛性이라

以是義故로 我說一切衆生이 悉有佛性이라 하노니 一切衆生이 悉有一乘이나 以無明이 覆故로 不能得見이니라

善男子야 如欝單越과 三十三天을 果報覆故로 此間衆生이 不能得見하나니 佛性도 亦爾하야 諸結이 覆故로 衆生이 不見하나니라

復次善男子야 佛性者는 即首楞嚴三昧니 性如醍醐라 即是一切諸佛之母니 以首楞嚴三昧力故로 而令諸佛로 常·樂·我·淨하나니 一切衆生도 悉有首楞嚴三昧나 以不修行故로 不得見이라 是故로 不能得成阿耨多羅三藐三菩提니라

善男子야 首楞嚴三昧者가 有五種名하니
一者는 首楞嚴三昧요 二者는 般若波羅蜜이요 三者는 金剛三昧요 四者는 師子吼三昧요 五者는 佛性이니 隨其所作하야 處處得名하나라
善男子야 如一三昧가 得種種名하야 如禪에 名四禪이요 根名定根이요 力名定力이요 覺名定覺이요 正名正定이요 八大人覺을 名為定覺하야 首楞嚴定도 亦復如是니라
善男子야 一切衆生이 具足三定하니 謂上·中·下라
上者는 謂佛性也이니 以是故言하되 一切衆生이 悉有佛性이라 하나라
中者는 一切衆生이 具足初禪하니 有因緣時에는 則能修習이요 若無因緣이면 則不能修니라 因緣이 二種이니
一은 謂火災요 二는 謂破欲界結이라
以是故로 言하되 一切衆生이 悉具中定이라 하나라
下定者는 十大地中에 心數定也니 以是故로 言하되 一切衆生이 悉具下定이라 하나라 一切衆生이 悉有佛性이로대 煩惱覆故로 不能得見이요 十住菩薩은 雖見一乘이나 不知如來가 是常住法일새 以是故言하되 十地菩薩이 雖見佛性이나 而不明了라 하나라
善男子야 首楞者는 名一切畢竟이요 嚴者는 名堅이니 一切畢竟하야 而得堅固를 名首楞嚴이라 以是故言하되 首楞嚴定이 名為佛性이라 하나라
善男子야 我於一時에 住尼連禪河邊하야 告阿難言하되 我今欲洗하노니 汝可取衣와 及以澡豆하라 我既入水하니 一切飛鳥와 水陸之屬이 悉來觀我하며 爾時에 復有五百梵志가 來在河邊이라가 因到我所하야 各相謂言하되 云何而得金剛之身고 若使瞿曇으로 不說斷見인대 我當從其하야 啟受齊法이라 하야늘 善男子야 我於爾時에 以他心智로 知是梵志心之所念하고 告梵志言하되 云何謂我하야 說於斷見고 彼梵志言하되 瞿曇이여 先於處處經中에 說諸衆生이 悉無有我라 하시니 既言無我하니 云何而言非斷見耶아 若無我者인대 持戒者가 誰이며 破戒者는 誰오
佛言하사대 我亦不說一切衆生이 悉無有我어니와 我常宣說一切衆生이 悉

有佛性이라 하니 佛性者가 豈非我耶아 以是義故로 我가 不說斷見언정 一切衆生이 不見佛性故로 無常無我며 無樂無淨이라 如是를 則名說斷見也라 하니라

時에 諸梵志가 聞說佛性이 即是我故로 即發阿耨多羅三藐三菩提心하고 尋時出家하야 修菩提道하며 一切飛鳥와 水陸之屬도 亦發無上菩提之心하며 既發心已에 尋得捨身하니라

善男子야 是佛性者는 實非我也로대 爲衆生故로 說名爲我라 하니라

善男子야 如來가 有因緣故로 說無我爲我나 眞實無我니 雖作是說이나 無有虛妄이라

善男子야 有因緣故로 說我爲無我나 而實有我요 爲世界故로 雖說無我나 而無虛妄이요 佛性이 無我로대 如來說我는 以其常故요 如來가 是我로대 而說無我는 得自在故니라

爾時에 師子吼菩薩摩訶薩이 白佛言하되 世尊이시여 若一切衆生이 悉有佛性이 如金剛力士者인대 以何義故로 一切衆生은 不能得見이이닛고

佛言하사대 善男子야 譬如色法이 雖有青黃赤白之異와 長短質像이로대 盲者는 不見이라 雖復不見이나 亦不得言無青黃赤白과 長短質像하리니 何以故오 盲雖不見이나 有目은 見故라 佛性도 亦爾하야 一切衆生이 雖不能見이나 十住菩薩은 見少分故요 如來는 全見하나니 十住菩薩의 所見佛性은 如夜見色이요 如來所見은 如晝見色이니라

善男子야 譬如瞎者는 見色不了나 有善良醫가 而爲治目하면 以藥力故로 得了了見하리니 十住菩薩도 亦復如是하야 雖見佛性을 不能明了나 以首楞嚴三昧力故로 能得明了하리라

善男子야 若有人이 見一切諸法이 無常無我하며 無樂無淨하고 見非一切法도 無常無我하며 無樂無淨인대 如是之人은 不見佛性이니 一切者는 名爲生死요 非一切者는 名爲三寶라 聲聞과 緣覺은 見一切法이 無常無我하며 無樂無淨하고 非一切法에도 亦見無常無我와 無樂無淨이라

以是義故로 不見佛性이어니와 十住菩薩은 見一切法이 無常無我하며 無樂

無淨하고 非一切法에는 分見常·樂·我·淨할새 以是義故로 十分之中에 得見一分이요 諸佛世尊은 見一切法이 無常·無我·無樂·無淨하고 非一切法에는 見常樂我淨할새 以是義故로 見於佛性을 如觀掌中에 阿摩勒果하나니 以是義故로 首楞嚴定을 名為畢竟이니라

善男子야 譬如初月을 雖不可見이나 不得言無니 佛性도 亦爾하야 一切凡夫가 雖不得見이나 亦不得言無佛性也니라

善男子야 佛性者는 所謂十力과 四無所畏와 大悲와 三念處라 一切眾生이 悉有三種이나 破煩惱故然後에서 得見이요 一闡提等은 破一闡提하야 然後에서 能得十力·四無所畏·大悲·三念處하나니 以是義故로 我常宣說하되 一切眾生이 悉有佛性이라 하노라

善男子야 十二因緣은 一切眾生이 等共有之하니 亦內·亦外라 何等이 十二오

過去煩惱를 名為無明이요

過去業者는 則名為行이요

現在世中에 初始受胎를 是名為識이요

入胎五分에 四根未具는 名為名色이요

具足四根이나 未名觸時를 是名六入이요

未別苦樂은 是名為觸이요

染習一愛는 是名為受요

習近五欲은 是名為愛요

內外貪求를 是名為取요

為內外事하야 起身口意業은 是名為有요

現在世識을 名未來生이요

現在名色과 六入觸受를 名未來世에 老病死也니

是名十二因緣이니라

善男子야 一切眾生이 雖有如是十二因緣이나 或有未具하니 如[歌羅邏]時에 死하면 則無十二의 從生乃至老死로대 得具十二라 하나니라 色界眾生은

無三種受와 三種觸과 三種愛하며 無有老病호대 亦得名爲具足十二라 하니라 無色衆生은 無色이며 乃至無有老病이로대 亦得名爲具足十二라 하니 以定得故라 故名衆生이 平等具有十二因緣이라 하니라
善男子야 佛性도 亦爾하야 一切衆生이 定當得成阿耨多羅三藐三菩提故라 是故로 我說一切衆生이 悉有佛性이라 하니라 善男子야 雪山에 有草하니 名爲忍辱이라 牛若食者는 則出醍醐어니와 更有異草를 牛若食者면 則無醍醐라 雖無醍醐나 不可說言雪山之中에 無忍辱草니 佛性도 亦爾하니 雪山者는 名爲如來요
忍辱草者는 名大涅槃이요
異草者는 十二部經이라
衆生이 若能聽受諮啟大般涅槃하면 則見佛性이요 十二部中에는 雖不聞有나 不可說言無佛性也니라
善男子야 佛性者는 亦色·非色이며 非色非非色이며 亦相·非相이며 非相·非非相이니라 亦一·非一이며 非一·非非一이며 非常·非斷이며 非非常·非非斷이요 亦有·亦無며 非有·非無며 亦盡·非盡이며 非盡·非非盡이요 亦因·亦果며 非因·非果며 亦義·非義며 非義·非非義며 亦字·非字며 非字·非非字니라 亦若亦樂이며 非若非樂이며 亦我非我며 非我非非我니라 亦空非空이며 非空非非空이니라
云何爲色고 金剛身故라
云何非色고 十八不共이 非色法故라
云何非色非非色고 色非色이 無定相故니라
云何爲相고 三十二相故라
云何非相고 一切衆生은 相不現故라
云何非相非非相고 相非相이 不決定故라
云何爲一고 一切衆生이 悉一乘故라
云何非一고 說三乘故라
云何非一非非一고 無數法故라

云何非常고 從緣見故라
云何非斷고 離斷見故라
云何非非常非非斷고 無終始故라
云何爲有오 一切衆生이 悉皆有故니라
云何爲無오 從善方便하야 而得見故라
云何非有非無오 虛空性故라
云何名盡고 得首楞嚴三昧故라
云何非盡고 以其常故라
云何非盡非非盡고 一切盡相이 斷故라
云何爲因고 以了因故라
云何爲果오 果決定故라
云何非因非果오 以其常故라
云何爲義오 悉能攝取하야 義無礙故라
云何非義오 不可說故라
云何非義非非義오 畢竟空故니라
云何爲字오 有名稱故라
云何非字오 名無名故라
云何非字非非字오 斷一切字故라
云何亦苦亦樂고 諸受緣起故라
云何非苦非樂고 斷一切受故라
云何非我오 未能具得八自在故라
云何非非我오 以其常故라
云何非我非非我오 不作不受故라
云何爲空고 第一義空故라
云何非空고 以其常故라
云何非空非非空고 能爲善法하야 作種子故니라
善男子야 若有人이 能思惟解了大涅槃經의 如是之義하면 當知是人은 則

見佛性하리니 佛性者는 不可思議라 乃是諸佛如來의 境界요 非諸聲聞·緣覺의 所知니라

善男子야 佛性者는 非陰·界·入이며 非本無今有이며 非已有還無라 從善因緣하야 衆生이 得見하리니 譬如黑鐵이 入火則赤하고 出冷還黑하니 而是黑色이 非內非外로대 因緣故有라 佛性도 亦爾하야 一切衆生의 煩惱火滅하면 則得聞見니라

善男子야 如種滅已에 芽則得生이나 而是芽性은 非內非外이며 乃至花果도 亦復如是하야 從緣故有니라

善男子야 是大涅槃微妙經典이 成就具足無量功德하야 佛性도 亦爾하야 悉是無量·無邊·功德之所成就니라

爾時에 師子吼菩薩摩訶薩이 言하되 世尊이시여 菩薩이 具足成就幾法하면 得見佛性이나 而不明了닛가 諸佛世尊은 成就幾法하사 得了了見이닛고

善男子야 菩薩이 具足成就十法하면 雖見佛性이나 而不明了리니 云何爲十인고

一者는 少欲이요 二者는 知足이요 三者는 寂靜이요 四者는 精進이요 五者는 正念이요 六者는 正定이요 七者는 正慧요 八者는 解脫이요 九者는 讚歎解脫이요 十者는 以大涅槃으로 敎化衆生이니라

師子吼菩薩이 言하되 世尊이시여 少欲과 知足이 有何差別이닛가 善男子야 少欲者는 不求不取요 知足者는 得少之時에 心不悔恨이며 少欲者는 少有所欲이요 知足者는 但爲法事하고 心不愁惱니라

善男子야 欲者는 有三하니

一者는 惡欲이오 二者는 大欲이오 三者는 欲欲이라

惡欲者는 若有比丘가 心生貪欲하되 欲爲一切大衆上首하야 令一切僧으로 隨逐我後하며 令諸四部로 悉皆供養하고 恭敬讚歎하야 尊重於我하며 令我로 先爲四衆하야 說法에 皆令一切로 信受我語라 하며 亦令國王과 大臣長者로 皆恭敬我하야 令我로 大得衣服·飮食과 臥具·醫藥과 上妙屋宅이라 함은 爲生死欲이니 是名惡欲이니라

云何大欲고 若有比丘가 生於欲心호대 云何當令四部之衆으로 悉皆知我의 得初住地와 乃至十住하며 得阿耨多羅三藐三菩提하며 得阿羅漢果와 乃至須陀洹果라 하며 我得四禪으로 乃至四無閡智오하야 爲於利養하면 是名大欲이니라
欲欲者는 若有比丘가 欲生梵天과 魔天·自在天·轉輪聖王과 若刹利·居士·若婆羅門하야 皆得自在오하야 爲利養故호대 是名欲欲이라 若不爲是三種惡欲之所害者는 是名少欲이라
欲者는 名爲二十五愛니 無有如是二十五愛하면 是名少欲이요 不求未來所欲之事하면 是名少欲이니라
得而不著은 是名知足이며 不求恭敬은 是名少欲이오 得不積聚는 是名知足이니라
善男子야 亦有少欲이나 不名知足이며 有知足이나 不名少欲이며 有亦少欲亦知足이며 有不知足不少欲하니
少欲者는 謂須陀洹이요 知足者는 謂辟支佛이요 少欲知足者는 謂阿羅漢이요 不少欲不知足者는 所謂菩薩이니라
善男子야 少欲知足이 復有二種하니
一者는 善이요 二者는 不善이라
不善者는 所謂凡夫요 善者는 聖人이니 菩薩과 一切聖人은 雖得道果나 不自稱說하노니 不稱說故로 心不惱恨이라 是名知足이니라
善男子야 菩薩摩訶薩은 修習大乘大涅槃經하나니 欲見佛性하야 是故로 修習이니 少欲知足이니라
云何寂靜고 寂靜이 有二하니
一者는 心靜이오 二者는 身靜이라
身寂靜者는 終不造作身三種惡하고 心寂靜者는 亦不造作意三種惡하나니 是則名爲身心寂靜이라
身寂靜者는 終不親近四衆하야 不預四衆의 所有事業하고 心寂靜者는 終不修習貪欲瞋恚愚癡하나니 是則名爲身心寂靜이니라

師子吼菩薩品 第十一之一

或有比丘가 身雖寂靜이나 心不寂靜하고 有心寂靜이나 身不寂靜하고 有身心寂靜하고 又有身心이 俱不寂靜하니 身寂靜心不寂靜者는 或有比丘가 坐禪靜處하야 遠離四衆이나 心常積集貪欲·瞋·癡일새 是名身寂靜이나 心不寂靜이니라

心寂靜이나 身不寂靜者는 或有比丘가 親近四衆과 國王大臣이나 斷貪恚癡일새 是名心寂靜身不寂靜이니라 身心이 寂靜者는 謂佛菩薩이니라

身心이 不寂靜者는 謂諸凡夫니 何以故오 凡夫之人은 身心雖靜이라도 不能深觀無常·無樂·無我·無淨일새 以是義故로 凡夫之人은 不能寂靜·身·口·意業이오 一闡提輩와 犯四重禁과 作五逆罪하는 如是之人도 亦不得名身心寂靜이니라

云何精進고 若有比丘가 欲令身·口·意業으로 淸淨하야 遠離一切諸不善業하고 修習一切諸善業者는 是名精進이라

是勤精進者는 繫念六處하니 所謂佛·法·僧·戒施天이라 是名正念이오 具正念者는 所得三昧를 是名正定이오 具正定者는 觀見諸法이 猶如虛空이니 是名正慧라

具正慧者는 遠離一切煩惱諸結하리니 是名解脫이라 得解脫者는 爲諸衆生하야 稱美解脫하야 言是解脫이 常恒不變하나니 是名讚歎解脫이니라

解脫은 卽是無上大般涅槃이니 涅槃者는 卽是煩惱諸結火가 滅이니라

又涅槃者는 名爲室宅이니 何以故오 能遮煩惱惡風雨故라 又涅槃者는 名爲歸依니 何以故오 能過一切諸怖畏故라

又涅槃者는 名爲洲渚니 何以故오 四大暴河가 不能漂故라 何等이 爲四오 一者는 欲暴이오 二者는 有暴이오 三者는 見暴이오 四者는 無明暴이라

是故로 涅槃을 名爲洲渚니라 又涅槃者는 名畢竟歸니 何以故오 能得一切畢竟樂故라 若有菩薩摩訶薩이 成就具足如是十法하야 雖見佛性이라도 而不明了니라

復次善男子야 出家之人이 有四種病하니 是故로 不得四沙門果하리니 何等이 四病고 謂四惡欲이라

一은 爲衣欲이요 二는 爲食欲이요 三은 爲臥具欲이요 四는 爲有欲이라 是名이 四惡欲이 是는 出家病이라 有四良藥하야 能療是病이니 謂糞掃衣는 能治比丘의 爲衣惡欲하고 乞食은 能破爲食惡欲하고 樹下는 能破臥具惡欲하고 身心寂靜은 能破比丘의 爲有惡欲이니 以是四藥으로 除是四病일새 是名聖行이니 如是聖行을 則得名爲少欲知足이니라

寂靜者는 有四種樂하니 何等爲四오

一者는 出家樂이요 二는 寂靜樂이요 三은 永滅樂이요 四는 畢竟樂이라 得是四樂일새 名爲寂靜이요 具四精進일새 故名精進이요 具四念處일새 故名正念이요 具四禪故로 故名正定이요 見四聖實故로 故名正慧요 永斷一切煩惱結故로 故名解脫이요 呵說一切煩惱過故로 故名讚歎解脫이니 善男子야 菩薩摩訶薩이 安住具足如是十法하야 雖見佛性이나 而不明了니라

復次善男子야 菩薩摩訶薩이 聞是經已에 親近修習하야 遠離一切世間之事하면 是名少欲이요 旣出家已에 不生悔心하면 是名知足이요 旣知足已에 近空閑處하야 遠離憒鬧하면 是名寂靜이라

不知足者는 不樂空閑이어니와 夫知足者는 常樂空寂하나니 於空寂處에 常作是念하되 一切世間이 悉謂我得沙門道果라 하나 然이나 我今者에 實未能得이어니 我今에 云何로 誑惑於人이리요 作是念已에 精勤修習沙門道果하면 是名精進이요 親近修習大涅槃者는 是名正念이요 隨順天行하면 是名正定이오 安住是定하야 正見·正知하면 是名正慧니라 正見知者는 能得遠離煩惱結縛하나니 是名解脫이라

十住菩薩이 爲眾生故로 稱美涅槃을 是則名爲讚歎解脫이니 善男子야 菩薩摩訶薩이 安住具足如是十法하야 雖見佛性이나 而不明了니라

復次善男子야 夫少欲者는 若有比丘가 住空寂處하야 端坐不臥하며 或住樹下하며 或在塚間하며 或在露處하되 隨有草地하야 而坐其上하며 乞食而食하야 隨得爲足하며 或一坐食하야 不過一食하며 惟畜三衣와 糞衣毳衣를 是名少欲이요 旣行是事에 心不生悔를 是名知足이요 修空三昧가 是名寂

靜이오 得四果已에 於阿耨多羅三藐三菩提에 心不休息은 是名精進이오 繫心思惟如來常恒하야 無有變易은 是名正念이요 修八解脫은 是名正定이요 得四無礙를 是名正慧요 遠離七漏를 是名解脫이요 稱美涅槃의 無有十相을 名讚歎解脫이라 十相者는 謂生·老·病·死와 色·聲·香·味·觸과 無常이니 遠離十相者는 名大涅槃이니라

善男子야 是名菩薩摩訶薩이 安住具足如是十法이니 雖見佛性이나 而不明了하니라

復次善男子야 爲多欲故로 親近國王·大臣·長者와 刹利·婆羅門과 毘舍·首陀하야 自稱我得須陀洹果로 乃至阿羅漢果라 하며 爲利養故로 行·住·坐·臥와 乃至大小便利에 若見檀越하면 猶行恭敬하야 接引語言하나니라 破惡欲者는 名爲少欲이요 雖未能壞諸結煩惱나 而能同於如來行處하면 是名知足이니라

善男子야 如是二法은 乃是念定의 近因緣也이며 常爲師宗과 同學의 所讚이니라

我亦常於處處經中에 稱美讚歎如是二法이라 若能具足是二法者는 則得近於大涅槃門과 及五種樂하리니 是名寂靜이며 堅持戒者를 名爲精進이며 有慚愧者를 名爲正念이며 不見心相을 名爲正定이며 不求諸法의 性相因緣을 是名正慧이며 無有相故煩惱則斷은 是名解脫이며 稱美如是大涅槃經을 名讚歎解脫이니 善男子야 是名菩薩摩訶薩이 安住十法하야 雖見佛性이나 而不明了니라

善男子야 如汝所言에 十住菩薩은 以何眼故로 雖見佛性이나 而不了了하며 諸佛世尊은 以何眼故 見於佛性을 而得了了오 하니 善男子야 慧眼見故로 不得明了요 佛眼見故로 故得明了이며 爲菩提行故로 則不了了요 若無行故로 則得了了이며 住十住故로 雖見이나 不了요 住不住故로 則得了了이며 菩薩摩訶薩은 智慧因故로 見不了了요 諸佛世尊은 斷因果故로 見則了了니라

一切覺者을 名爲佛性이니 十住菩薩은 不得名爲一切覺故라 是故로 雖見

이나 而不明了하니라

善男子야 見有二種하니 一者는 眼見이요 二者는 聞見이라

諸佛世尊은 眼見佛性을 如於掌中에 觀阿摩勒果어니와 十住菩薩은 聞見佛性일새 故不了了라 十住菩薩은 唯能自知定得阿耨多羅三藐三菩提나 而不能知一切眾生이 悉有佛性이니라

善男子야 復有眼見하니 諸佛如來와 十住菩薩은 眼見佛性이니라 復有聞見하니 一切眾生으로 乃至九地는 聞見佛性이니라 菩薩이 若聞一切眾生이 悉有佛性하고 心不生信하면 不名聞見이리라

善男子야 若有善男子善女人이 欲見如來인대 應當修習十二部經하야 受持讀誦하며 書寫解說이니라

師子吼菩薩摩訶薩이 言하되 世尊이시여 一切眾生이 不能得知如來心相이어니 當云何觀하야 而得知耶닛가

善男子야 一切眾生이 實不能知如來心相이라 若欲觀察하야 而得知者인대 有二因緣하니 一者는 眼見이요 二者는 聞見이라

若見如來의 所有身業하면 當知是則為如來也니 是名眼見이요 若觀如來의 所有口業하면 當知是則為如來也니 是名聞見이요 若見色貌가 一切眾生이 無與等者인대 當知是則為如來也니 是名眼見이요 若聞音聲微妙最勝하야 不同眾生의 所有音聲하면 當知是則為如來也니 是名聞見이니라

若見如來의 所作神通이 為為眾生가 為為利養가 若為眾生이요 不為利養이라 하면 當知是則為如來也니 是名眼見이요

若觀如來가 以他心智로 觀眾生時에 為利養說가 為眾生說가 若為眾生이요 不為利養이라 하면 當知是則為如來也니 是名聞見이니라

云何如來가 而受是身이며 何故로 受身이며 為誰受身고 하면 是名眼見이요

若觀如來가 云何說法이며 何故로 說法이며 為誰說法고 하면 是名聞見이요 以身惡業으로 加之不瞋하면 當知是則為如來也니 是名眼見이요

以口惡業으로 加之不恚하면 當知是則為如來也니 是名聞見이며 若見善

薩初生之時에 於十方面에 各行七步하시고 摩尼跋陀와 富那跋陀와 鬼神大將이 執持幡蓋며 震動無量無邊世界하고 金光이 晃曜하야 彌滿虛空하며 難陀龍王과 及跋難陀가 以神通力으로 浴菩薩身하며 諸天形像이 承迎禮拜하며 阿私陀仙이 合掌恭敬하며 盛年捨欲을 如棄涕唾하야 不爲世樂之所迷惑하시고 出家修道하야 樂於閑寂하시며 爲破邪見 하사 六年苦行하시며 於諸衆生에 平等無二하시며 心常在定하야 初無散亂하시며 相好嚴麗하야 莊飾其身하시며 所遊之處에 丘墟皆平하며 衣服이 離身을 四寸코 不墮하며 行時直視하야 不顧左右하시며 所食之物이 物無完過하며 坐起之處에 草不動亂하며 爲調衆生하사 故往說法하사대 心無憍慢라 하면 是名眼見이니라

若聞菩薩이 行七步已에 唱如是言하되 我今此身이 最是後邊이라 하시며 阿私陀仙이 合掌而言하되 大王이여 當知하소서 悉達太子가 定當得成阿耨多羅三藐三菩提하시리니 終不在家하야 作轉輪王하리다 何以故오 相明了故라 轉輪聖王은 相不明了어늘 悉達太子는 身相이 炳著하시니 是故로 必得阿耨多羅三藐三菩提니다

見老病死하시고 復作是言하되 一切衆生이 甚可憐愍이라 常與如是生老病死로 共相隨逐하되 而不能觀하야 常行於苦하니 我當斷之라 하시고 從阿羅邏五通仙人하야 受無想定하야 旣成就已에 後說其非하시고 從欝陀伽仙하야 受非有想・非無想定하야 旣成就已에 說非涅槃이요 是生死法이라 하시고 六年苦行하야도 無所剋獲일새 卽作是言하사대 修是苦行이나 空無所得이니 若是實者인대 我應得之로대 以虛妄故로 我無所得이니 是名邪術이요 非正道也라 하시며 旣成道已에 梵天이 勸請하되 惟願如來는 當爲衆生하사 廣開甘露하야 說無上法하소서 佛言梵王하사대 一切衆生이 常爲煩惱之所障覆하야 不能受我의 正法之言이니라

梵王이 復言하사대 世尊이시여 一切衆生이 凡有三種하니 所謂利根・中根・鈍根이라 利根은 能受하리니 惟願爲說하소서

佛이 言梵王하야 諦聽諦聽하라 我今當爲一切衆生하야 開甘露門하리라

即於波羅奈國에 轉正法輪하사 宣說中道하시니 一切眾生이 不破諸結이나 非不能破이며 非破非不破일새 故名中道니라 不度眾生이나 非不能度일새 是名中道이며 非一切成이나 亦非不成일새 是名中道이며 凡有所說이 不自言師라 하고 不言弟子라 할새 是名中道이며 說不為利나 非不得果일새 是名中道라 正語와 實語와 時語와 真語로 言不虛發하야 微妙第一하시니 如是等法을 是名聞見이니라

善男子야 如來心相은 實不可見이로대 若有善男子·善女人이 欲見如來인대 應當依是二種(眼見·聞見)因緣이니라

　　　　　大般涅槃經 卷第二十七 終

師子吼菩薩品 第十一之一

大般涅槃經 卷第二十八

北涼 天竺三藏 曇無讖 譯

師子吼菩薩品 第十一之二

爾時에 師子吼菩薩摩訶薩이 白佛言하되 世尊이시여 如先所說하신 菴羅果는 喻四種人等이니

有人은 行細나 心不正實하고 有人은 心細나 行不正實하고 有人은 心細코 行亦正實하고 有人은 心不細하고 行不正實하니

是初二種을 云何可知이닛고 如佛所說하야 雖依是二라도 不可得知하리다

佛言하사대 善哉善哉라

善男子야 菴羅果로 喻二種人等은 實難可知리니 以難知故로 我經中說하되 當與共住니 住若不知면 當與久處요 久處不知면 當以智慧요 智若不知면 當深觀察이니 以觀察故로 則知持戒의 及以破戒하리리

善男子야 具是四事하야 共住久處하며 智慧觀察한 然後에사 得知持戒·破戒니라

善男子야 戒有二種하고 持戒도 亦二이니

一은 究竟戒요 二는 不究竟戒이라

有人은 以因緣故로 受持禁戒하나니 智者가 當觀是人의 持戒는 為為利養가 為究竟持니라

善男子야 如來戒者는 無有因緣하니 是故로 得名為究竟戒라 以是義故로 菩薩은 雖為諸惡眾生之所傷害라도 不生恚礙하리니 是故로 如來는 得名成就畢竟持戒와 究竟持戒라 하니라

善男子야 我昔一時에 與舍利弗과 及五百弟子로 俱共止住摩伽陀國瞻婆大城이러니 時有獵師追逐一鴿한대 是鴿이 惶怖하야 至舍利弗影하야는 猶

故戰慄하야 如芭蕉樹動이러니 至我影中하야는 身心安隱하야 恐怖得除하니
是故로 하라 如來世尊은 畢竟持戒일새 乃至身影도 猶有是力이니라
善男子야 不究竟戒는 尚不能得聲聞·緣覺이어든 何況能得阿耨多羅三藐
三菩提아 復有二種하니 一은 為利養이요 二는 為正法이라
為利養故로 受持禁戒인대 當知是戒는 不見佛性과 及以如來요 雖聞佛性
과 及如來名하야도 猶不得名為聞見也어니와 若為正法하야 受持禁戒하면
當知是戒는 能見佛性과 及以如來라 是名眼見이며 亦名聞見이니라
復有二種하니
一者는 根深難拔이요 二者는 根淺易動이라
若能修習空無相願하면 是名根深難拔이요 若不修習是三三昧하면 雖復修
習이나 為二十五有라 是名根淺易動이니라
復有二種하니 一은 為自身이요 二는 為眾生이라
為眾生者는 能見佛性과 及以如來하리라
持戒之人이 復有二種하니 一者는 性自能持요 二者는 須他教勅이라
若受戒已에 經無量世하야도 初不漏失하며 或值惡國하고 遇惡知識과 惡
時惡世하야 聞邪惡法하고 邪見同止하야도 爾時에 雖無受戒之法이로대 修
持如本하야 無所毀犯인대 是名性自能持요 若遇師僧이 白四羯磨하야 然
後에서 得戒하며 雖得戒已에도 要憑和上과 諸師同學과 善友誨喻하야사
乃知進止와 聽法說法과 備諸威儀인대 是名須他教勅이니라
善男子야 性能持者는 眼見佛性과 及以如來이며 亦名聞見이니라
戒復有二하니 一은 聲聞戒요 二는 菩薩戒라
從初發心으로 乃至得成阿耨多羅三藐三菩提인대 是名菩薩戒오 若觀白骨
하야 乃至證得阿羅漢果는 是名聲聞戒니 若有受持聲聞戒者는 當知是人은
不見佛性과 及以如來어니와 若有受持菩薩戒者는 當知是人은 得阿耨多
羅三藐三菩提하리니 能見佛性과 如來涅槃이니라
師子吼菩薩이 言하되 世尊이시여 何因緣故로 受持禁戒이닛고
佛言하사대 善男子야 為心不悔故니 何故不悔오 為受樂故라 何故受樂고

爲遠離故라
何故로 遠離오 爲安隱故라
何故로 安隱고 爲禪定故라
何故로 禪定고 爲實知見故라
何故로 爲實知見고 爲見生死의 諸過患故라
何故로 爲見於生死過患고 爲心不貪著故라
何故로 爲心不貪著고 爲得解脫故라
何故로 爲得解脫고 爲得無上大涅槃故라
何故로 爲得大般涅槃고 爲得常樂我淨法故라
何故로 爲得常樂我고 爲得不生不滅故라
何故로 爲得不生不滅고 爲見佛性故니라
是故로 菩薩이 性自能持究竟淨戒하나니 善男子야 持戒比丘가 雖不發願이며 求不悔心하야도 不悔之心이 自然而得하리니 何以故오 法性이 爾故라 雖不求과 樂遠離와 安隱과 眞實과 知見과 見生死過와 心不貪著과 解脫과 涅槃과 常·樂·我·淨과 不生不滅과 見於佛性而自然得하리니 何以故오 法性이 爾故니라

師子吼菩薩이 言하되 世尊이시여 若因持戒하야 得不悔果하고 因於解脫하야 得涅槃果者인대 戒則無因이며 涅槃은 無果라 戒若無因인대 則名爲常이요 涅槃이 有因인대 則是無常이리니 若爾者인대 涅槃則爲本無今有라 若本無今有인대 是爲無常이 猶如然燈이요 涅槃도 若爾인대 云何得名我樂淨耶닛가

佛言하사대 善男子야 善哉善哉라 汝以曾於無量佛所에 種諸善根일새 能問如來의 如是深義로다

善男子야 不失本念일새 乃如是問也로니 我憶호니 往昔過無量劫에 波羅奈城에 有佛出世하시니 號曰善得이라

爾時에 彼佛이 三億歲中에 演說如是大涅槃經하시거늘 我時에 與汝로 俱在彼會하야 我以是事로 諮問彼佛한대 爾時如來가 爲衆生故로 三昧正受

하시고 未答此義하시니라

善哉라 大士여 乃能憶念如是本事로다 諦聽諦聽하라 當為汝說하리라 戒亦有因하니 謂聽正法이라 聽正法者도 是亦有因하니 謂近善友라 近善友者도 是亦有因이 所謂信心이라 信心者도 是亦有因이라 因有二種하니 一者는 聽法이요 二는 思惟義니라

善男子야 信心者는 因於聽法하고 聽法者는 因於信心하니 如是二法이 亦因亦因因이며 亦果亦果果니라

善男子야 譬如尼乾이 立柜舉瓶에 互為因果하야 不得相離니라

善男子야 如無明이 緣行이요 行緣無明하니 是無明과 行이 亦因·亦因因이며 亦果·亦果果요 乃至生緣老死하고 老死緣生하니 是生과 老死가 亦因·亦因因이며 亦果·亦果果인달하니라

善男子야 生能生法이로대 不能自生이라 不自生故로 由生生하야 生하며 生生이 不自生이라 復賴生故로 生하니 是故로 二生이 亦因·亦因因이며 亦果·亦果果니라

善男子야 信心聽法도 亦復如是하니라

善男子야 是果非因은 謂大涅槃이니 何故로 名果오 是上果故이며 沙門果故이며 婆羅門果故이며 斷生死故이며 破煩惱故라 是故로 名果이며 為諸煩惱之所呵責일새 是故로 涅槃을 名果요 煩惱者를 名為過過니라

善男子야 涅槃은 無因이나 而體是果니 何以故오 無生滅故며 無所作故며 非有為故며 是無為故며 常不變故며 無處所故며 無始終故라

善男子야 若涅槃이 有因인대 則不得稱為涅槃也라 槃者는 言因이요 般涅은 言無니 無有因故로 故稱涅槃이라 하니라

師子吼菩薩이 言하되 如佛所說涅槃이 無因은 是義不然하니다 若言無者인대 則合六義니

一者는 畢竟無故로 故名為無니 如一切法이 無我無我所요

二者는 有時無故로 故名為無니 如世人이 言 河池無水하면 無有日月이요

三者는 少故로 故名為無니 如世人이 言하되 食中少鹹을 名為無鹹이며

甘漿少甜을 名為無甜이요
四者는 無受故로 故名為無니 如旃陀羅는 不能受持婆羅門法일새 是故로 名為無婆羅門이요
五者는 受惡法故로 故名為無니 如世人言에 受惡法者는 不名沙門과 及婆羅門이라 是故로 名為無有沙門과 及婆羅門이라
六者는 不對故로 故名為無니 譬如無白을 名之為黑이며 無有明故로 名之無明이니 世尊이시여 涅槃도 亦爾하야 有時無因일새 故名涅槃이라 하리니다
佛言하사대 善男子야 汝今所說의 如是六義에 何故로 不引畢竟無者하야 以喻涅槃하고 乃取有時無耶야 善男子야 涅槃之體는 畢竟無因이 猶如無我와 及無我所하니라
善男子야 世法과 涅槃이 終不相對일새 是故로 六事로 不得為喻니라
善男子야 一切諸法이 悉無有我로대 而此涅槃은 眞實有我니 以是義故로 涅槃은 無因이나 而體是果니라 是因非果는 名為佛性이니 非因生故로 是因非果이며 非沙門果라 故名非果니라 何故名因고 以了因故라
善男子야 因有二種하니
一者는 生因이요 二者는 了因이라
能生法者는 是名生因이요 燈能了物을 故名了因이며 煩惱諸結은 是名生因이요 衆生父母는 是名了因이며 如穀子等은 是名生因이요 地水糞等은 是名了因이니라
復有生因하니 謂六波羅蜜阿耨多羅三藐三菩提요
復有了因하니 謂佛性阿耨多羅三藐三菩提니라
復有了因하니 謂六波羅蜜佛性이요
復有生因하니 謂首楞嚴三昧阿耨多羅三藐三菩提라
復有了因하니 謂八正道阿耨多羅三藐三菩提요
復有生因하니 所謂信心六波羅蜜이니라
師子吼菩薩이 言하되 世尊이시여 如佛所說에 見於如來와 及以佛性이라

하시니 是義가 云何닛고 世尊이시여 如來之身은 無有相貌하며 非長·非短이며 非白·非黑이며 無有方所라 不在三界하며 非有爲相이며 非眼識識이 云何可見이닛고 佛性도 亦爾하니다

佛言하사대 善男子야 佛身이 二種이니 一者는 常이요 二者는 無常이라
無常者는 爲欲度脫一切衆生하야 方便示現이니 是名眼見이오
常者는 如來世尊의 解脫之身이니 亦名眼見이며 亦名聞見이니라
佛性도 亦二니 一者는 可見이오 二는 不可見이라
可見者는 十住菩薩과 諸佛世尊이오
不可見者는 一切衆生이니라
眼見者는 謂十住菩薩과 諸佛如來니 眼見衆生의 所有佛性이오 聞見者는 一切衆生과 九住菩薩이니 聞有佛性이니라
如來之身이 復有二種하니
一者는 是色이요 二者는 非色이라
色者는 如來解脫이오 非色者는 如來가 永斷諸色相故라
佛性二種이니 一者는 是色이요 二者는 非色이라
色者는 阿耨多羅三藐三菩提요 非色者는 凡夫와 乃至十住菩薩이니 十住菩薩도 見不了了故일새 名非色이니라
善男子야 佛性者가 復有二種하니 一者는 是色이요 二者는 非色이라
色者는 謂佛菩薩이요 非色者는 一切衆生이며
色者는 名爲眼見이요 非色者는 名爲聞見이니라
佛性者는 非內非外니 雖非內外나 然이나 非失壞니 故名衆生이 悉有佛性이라 하니라
師子吼菩薩이 言하되 世尊이시여 如佛所說에 一切衆生이 悉有佛性이 如乳中有酪과 金剛力士인대 諸佛佛性이 如淨醍醐어늘 云何如來가 說言佛性이 非內非外이닛고
佛言하사대 善男子야 我亦不說乳中有酪이라 酪從乳生일새 故言有酪이니라

世尊이시여 一切生法이 各有時節하나니다

善男子야 乳時에 無酪하며 亦無生蘇와 熟蘇와 醍醐로대 一切眾生이 亦謂是乳라 하나니 是故로 我言乳中에 無酪하노라 如其有者인대 何故로 不得二種名字아 如人이 二能에 言金鐵師어니와 酪時에 無乳와 生蘇와 熟蘇와 及以醍醐어늘 眾生이 亦謂是酪이라 하나 非乳이며 非生熟蘇이며 及以醍醐도 亦復如是하나니라

善男子야 因有二種하니 一者는 正因이요 二者는 緣因이라

正因者는 如乳生酪이요

緣因者는 如醪煖等이 從乳生故니 故言乳中에 而有酪性이라 하나라

師子吼菩薩이 言하되 世尊이시여 若乳無酪性인대 角中에도 亦無어늘 何故로 不從角中하야 生耶닛가

善男子야 角亦生酪이리니 何以故오 我亦說言하되 緣因이 有二하니 一은 醪요 二煖이라

角性은 煖故로 亦能生酪하리라

師子吼言하되 世尊이시여 若角能生酪인대 求酪之人이 何故로 求乳하고 而不取角이닛고

佛言하사대 善男子야 是故로 我說正因·緣因이라 하노라

師子吼菩薩이 言하되 若使乳中에 本無酪性이로대 今方有者인대 乳中에 本無菴摩羅樹나 何故로 不生이닛고 二俱無故니다

善男子야 乳亦能生菴摩羅樹니 若以乳灌하면 一夜之中에 增長五尺하리니 以是義故로 我說二因하노라

善男子야 若一切法이 一因으로 生者인대 可得難言하되 乳中에 何故로 不能出生菴摩羅樹오 하리라

善男子야 猶如四大가 為一切色하야 而作因緣이나 然色各異하야 差別不同하니 以是義故로 乳中에 不生菴摩羅樹니라 世尊이시여 如佛所說에 有二因者는 正因과 緣因이니 眾生의 佛性은 為是何因이닛고

善男子야 眾生佛性이 亦二種因이니 一者는 正因이요 二者는 緣因이라

正因者는 謂諸衆生이요 緣因者는 謂六波羅蜜이니라
師子吼가 言하되 世尊이시여 我今定知乳有酪性이로소니 何以故오 我見世間에 求酪之人이 唯取於乳하고 終不取水하나니 是故로 當知乳有酪性이로소이다
善男子야 如汝所問인 是義는 不然하다 何以故오 一切衆生이 欲見面像인대 卽便取刀니라
師子吼가 言하되 世尊이시여 以是義故로 乳有酪性이니 若刀가 無面像인대 何故로 取刀이닛고
佛言하사대 善男子야 若此刀中에 定有面像인대 何故로 顚倒하야 豎則見長하고 橫則見闊고 若是自面인대 何故로 見長이며 若是他面인대 何得稱言是己面像고 若因己面하야 見他面者인대 何故로 不見驢馬面像가
師子吼가 言하되 世尊이시여 眼光이 到彼라 故로 見面長이니다
佛言하사대 善男子야 而此眼光이 實不到彼니 何以故오 近遠을 一時에 俱得見故며 不見中間의 所有物故라
善男子야 光若到彼하야 而得見者인대 一切衆生이 悉見於火에 何故로 不燒며 如人이 遠見白物하고 不應生疑鶴耶아 幡耶아 人耶아 樹耶니라 若光到者인대 云何得見水精中物과 淵中魚石이며 若不到라도 見인대 何故로 得見水精中物하고 而不得見壁外之色고 是故로 若言眼光이 到彼하야 而見長者라 한 是義가 不然하니라
善男子야 如汝所言하야 乳有酪者인대 何故로 賣乳之人이 但取乳價하고 不賣酪直하며 賣草馬者가 但取馬價하고 不賣駒直아 善男子야 世間之人이 無子息故로 故求娉婦하나니 婦若懷妊하면 不得言女하리니 若言是女가 有兒性故로 故應娉者인대 是義不然하다 何以故오 若有兒性인대 亦應有孫이니 若有孫者인대 則是兄弟리니 何以故오 一腹生故라 是故로 我言女無兒性이라 하노라
若其乳中에 有酪性者인대 何故로 一時에 不見五味며 若樹子中에 有尼拘陀五丈質者인대 何故로 一時에 不見芽莖枝葉과 花果形色之異오 善男子

야 乳色時異하며 味異果異하며 乃至醍醐도 亦復如是하니 云何可說乳有酪性이리요
善男子야 譬如有人이 明當服蘇어늘 今已患臭라 하면 若言乳中에 定有酪性도 亦復如是하니라
善男子야 譬如有人이 有筆紙墨으로 和合成字나 而是紙中에 本無有字니 以本無故로 假緣而成이라 若本有者인대 何須衆緣이리요 譬如靑黃이 合成綠色에 當知是二가 本無綠性이니 若本有者인대 何須合成이리오
善男子야 譬如衆生이 因食得命이나 而此食中에 實無有命이니 若本有命인대 未食之時에는 食應是命이리라
善男子야 一切諸法이 本無有性이니 以是義故로 我說是偈하되 本無今有하며 本有今無하나 三世有法이 無有是處라 하니라
善男子야 一切諸法이 因緣故로 生이요 因緣故로 滅하나니라 善男子야 若諸衆生이 內有佛性者인대 一切衆生이 應有佛身을 如我今也리라
衆生佛性이 不破不壞하며 不牽不捉하며 不繫不縛이 如衆生中에 所有虛空하니 一切衆生이 悉有虛空이로대 無罣礙故로 各不自見有此虛空이니 若使衆生으로 無虛空者인대 則無去來와 行住坐臥하며 不生不長하리니 以是義故로 我經中에 說一切衆生이 有虛空界라 하노라 虛空界者는 是名虛空이라 衆生佛性도 亦復如是하니 十住菩薩은 少能見之를 如金剛珠하니라
善男子야 衆生佛性은 諸佛境界요 非是聲聞·緣覺의 所知니 一切衆生이 不見佛性일새 是故로 常爲煩惱繫縛하야 流轉生死나 見佛性故로 諸結煩惱의 所不能繫라 解脫生死하고 得大涅槃하나니
師子吼菩薩이 言하되 世尊이시여 一切衆生이 有佛性이 性如乳中酪性이니 若乳無酪性하되 云何佛說有二種因하니
一者는 正因이오 二者는 緣因이라 하시닛고
緣因者는 一酵며 二煖이라 虛空은 無性일새 故無緣因이라 하나니다
佛言하사대 善男子야 若使乳中에 定有酪性者인대 何須緣因이리요
師子吼菩薩이 言하되 世尊이시여 以有性故로 故須緣因이니 何以故오 欲

明見故라 緣因者는 即是了因이니다
世尊이시여 譬如闇中에 先有諸物이로대 爲欲見故로 以燈照了하나니 若本無者인대 燈何所照릿고 如泥中에 有甁故로 須人水輪繩杖等하야 而爲了因하리니 如尼拘陀子가 須地水糞하야 而作了因하니 乳中에 醪煖도 亦復如是하야 須作了因이니 是故로 雖先有性이나 要假了因한 然後得見하리니 以是義故로 定知乳中에 先有酪性이로소이다
善男子야 若使乳中에 定有酪性者인대 即是了因이니 若是了因인대 復何須了리요
善男子야 若是了因이 性是了者인대 常應自了리라 若自不了인대 何能了他리요 若言了因이 有二種性하니
一者는 自了요 二者는 了他라 하는 是義는 不然하다
何以故오 了因은 一法이어니 云何有二리요 若有二者인대 乳亦應二리라 若使乳中에 無二相者인대 云何了因이 而獨有二라
師子吼가 言하되 世尊이시여 如世人言에 我共八人이라 하니 了因도 亦爾하야 自了了他니다
佛言하사대 善男子야 了因이 若爾인대 則非了因이리니 何以故오 數者는 能數自色他色이라 故得言八이어니와 而此色性은 自無了相하니 無了相故로 要須智性하야사 乃數自他하리니 是故로 了因이 不能自了하며 亦不了他니라
善男子야 一切衆生이 有佛性者인대 何故로 修習無量功德고 若言修習이 是了因者인대 已同酪壞요 若言因中에 定有果者인대 戒定智慧가 則無增長하리라 我見世人이 本無禁戒와 禪定智慧라가 從師受已에 漸漸增益하나니 若言師敎가 是了因者인대 當師敎時에 受者가 未有戒定智慧요 若是了者인대 應了未有러니 云何乃了戒定智慧하야 令得增長이리요
師子吼菩薩이 言하되 世尊이시여 若了因이 無者인대 云何得名有乳有酪이닛고
善男子야 世間答難이 凡有三種하니

一者는 轉答이니 如先所說에 何故로 名戒오 以不悔故라 乃至爲得大涅槃故라 하니라
二者는 默然答이니 如有梵志가 來問我言하되 我是常耶하야 我時默然하니라
三者는 疑答이니 如此經中에 若了因이 有二인대 乳中에 何故로 不得有二니라
善男子야 我今轉答이니 如世人言에 有乳酪者는 以定得故라 是故로 得名有乳有酪이니 佛性도 亦爾하야 有衆生하며 有佛性이니 以當見故니라
師子吼가 言하되 世尊이시여 如佛所說이 是義不然하니다 過去는 已滅하고 未來는 未到어니 云何名有이며 若言當有를 名爲有者인대 是義不然하리니 如世間人이 見無兒息하고 便言無兒라 하나니 一切衆生이 無佛性者인대 云何說言하되 一切衆生이 悉有佛性닛고
佛言하사대 善男子야 過去를 名有니 譬如種橘에 芽生子滅하되 芽亦甘甜하며 乃至生果에도 味亦如是라가 熟已乃醋하나니 善男子야 而是醋味가 子芽와 乃至生果에도 悉無라가 隨本熟時의 形色相貌하야 則生醋味하니 而是醋味가 本無今有라 雖本無今有나 非不因本이니 如是本子는 雖復過去로대 故得名有니 以是義故로 過去를 名有니라
云何復名未來爲有오 譬如有人이 種植胡麻에 有人이 問言하되 何故로 種此오 答言有油라 하면 實未有油로대 胡麻熟已에 收子熬烝하야 擣壓然後에 乃得出油일새 當知是人은 非虛妄也니 以是義故로 名未來有니라
云何復名過去有耶아 善男子야 譬如有人이 私屛罵王이리니 經歷年歲하야 王乃聞之하고 聞已即問하되 何故로 見罵오 答言하되 大王이시여 我不罵也니다 何以故오 罵者는 已滅이니다 王言하되 罵者와 我身이 二俱存在어늘 云何言滅고 以是因緣으로 喪失身命하니라
善男子야 是二가 實無로대 而果不滅하니 是名過去有니라 云何復名未來有耶아 譬如有人이 往陶師所하야 問有瓶不아 答言有瓶이라 하면 而是陶師가 實未有瓶이로대 以有泥故로 故言有瓶이라 하나니 當知是人은 非妄語也니라 乳中有酪과 衆生佛性도 亦復如是하니 欲見佛性인대 應當觀察

時節形色이니라 是故로 我說 一切衆生이 悉有佛性이라 하나 實不虛妄이니라

師子吼가 言하되 一切衆生이 無有佛性者인대 云何而得阿耨多羅三藐三菩提닛고 以正因故로 故令衆生으로 得阿耨多羅三藐三菩提니다 何等이 正因고 所謂佛性이니다

世尊이시여 若尼拘陀子에 無尼拘陀樹者인대 何故로 名為尼拘陀子라 하고 而不名為佉陀羅子이닛고

世尊이시여 如瞿曇姓은 不得稱為阿坻耶姓이요 阿坻耶姓은 亦復不得稱瞿曇姓이니 尼拘陀子도 亦復如是하야 不得稱為佉陀羅尼子요 佉陀羅尼子를 不得稱為尼拘陀子며 猶如世尊이 不得捨離瞿曇種姓이니다 衆生佛性도 亦復如是니 以是義故로 當知衆生이 悉有佛性이로소이다

佛言하사대 善男子야 若言子中에 有尼拘陀者인대 是義不然하다 如其有者대 何故로 不見고

善男子야 如世間物을 有因緣故로 不可得見이라 云何因緣인고 謂遠不可見이니 如空中鳥跡이요 近不可見이니 如人眼睫이라 壞故不見이니 如根敗者요 亂想故로 不見이니 如心不專一이라 細故로 不見이니 如小微塵이요 障故不見이니 如雲表星이라 多故不見이니 如稻聚中麻요 相似故로 不見이니 如豆在豆聚어니와 尼拘陀樹는 不同如是八種因緣이라 如其有者인대 何故不見고 若言細障故로 不見者인대 是義不然하다 何以故오 樹相麤故니라

若言性細인대 云何增長이며 若言障故로 不可見者인대 常應不見하리라 本無麤相이닛가 今則見麤하니 當知是麤가 本無其性이요 本無見性이라가 今則可見하니 當知是見이 亦本無性이러니 子亦如是하야 本無有樹라가 今則有之나 當有何咎리요 師子吼가 言하되 如佛所說에 有二種因하니

一者는 正因이요 二者는 了因이라

尼拘陀子가 以地水糞로 作了因故로 令細得麤니다

佛言하사대 善男子야 若本有者인대 何須了因이며 若本無性인대 了何所了리오 若尼拘陀中에 本無麤相이닛가 以了因故로 乃生麤者인대 何故로 不

生佉陀羅樹아 二俱無故라

善男子야 若細不見者인대 麤應可見이리니 譬如一塵은 則不可見이어니와 多塵和合하면 則應可見인달하야 如是子中에 麤應可見이리니 何以故오 是中에 已有芽莖花果하며 一一果中에 有無量子하며 一一子中에 有無量樹리니 是故로 名麤라 有是麤故로 故應可見이리라

善男子야 若尼拘陀子가 有尼拘陀性하야 而生樹者인대 眼見是子가 為火所燒에 如是燒性이 亦應本有리라 若本有者인대 樹不應生하리며 若一切法이 本有生滅인대 何故로 先生後滅하야 不一時耶아 以是義故로 當知無性이니라

師子吼菩薩이 言하되 世尊이시여 若尼拘陀子가 本無樹性이나 而生樹者인대 是子가 何故로 不出於油닛고 二俱無故니다

善男子야 如是子中에 亦能生油하나 雖無本性이나 因緣故로 有니라

師子吼가 言하되 何故로 不名胡麻油耶닛가 善男子야 非胡麻故니라 善男子야 如火緣으로 生火하고 水緣으로 生水하야 雖俱從緣이나 不能相有하니 尼拘陀子와 及胡麻油도 亦復如是하야 雖俱從緣이나 各不相生이라 尼拘陀子는 性能治冷하고 胡麻油者는 性能治風하니라

善男子야 譬如甘蔗가 因緣故로 生石蜜黑蜜하나니 雖俱一緣이나 色貌各異하며 石蜜은 治熱하고 黑蜜은 治冷하니라

師子吼菩薩이 言하되 世尊이시여 如其乳中에 無有酪性하고 麻無油性하며 尼拘陀子에 無有樹性하고 泥無瓶性하야 一切眾生이 無佛性者인대 如佛先說一切眾生이 悉有佛性이니 是故로 應得阿耨多羅三藐三菩提者는 是義不然하니다 何以故오 人天이 無性이니 以無性故로 人可作天하고 天可作人은 以業因緣요 不以性故니다

菩薩摩訶薩도 以業因緣故로 得阿耨多羅三藐三菩提어니와 若諸眾生이 有佛性者인대 何因緣故로 一闡提等은 斷諸善根하고 墮于地獄이닛고 若菩提心이 是佛性者인대 一闡提等도 不應能斷하리며 若可斷者인대 云何得言佛性이 是常이며 若非常者인대 不名佛性이니다

師子吼菩薩品 第十一之二

若諸衆生이 有佛性者인대 何故로 名為初發心耶며 云何而言是毘跋致이며 阿毘跋致이닛고 毘跋致者는 當知是人은 無有佛性이니다
世尊이시여 菩薩摩訶薩이 一心趣向阿耨多羅三藐三菩提하야 大慈大悲로 見生老病死와 煩惱過患하며 觀大涅槃의 無生老死와 煩惱諸過하고 信於三寶와 及業果報하야 受持禁戒하나니 如是等法을 名為佛性이라 若離是法하고 有佛性者인대 何須是法하야 而作因緣이닛고
世尊이시여 如乳不假緣하야도 必當成酪이나 生蘇는 不爾하야 要待因緣하나니 所謂人功과 水瓶과 攢繩이라 衆生도 亦爾하야 有佛性者인대 應離因緣하야도 得阿耨多羅三藐三菩提하리며 若定有者인대 行人이 何故見三惡苦와 生老病死하야 而生退心이닛가 亦不須修六波羅蜜하야도 即應得成阿耨多羅三藐三菩提하리니 如乳非緣이며 而得成酪이로대 然이나 非不因六波羅蜜하야 而得成於阿耨多羅三藐三菩提하나니 以是義故로 當知衆生이 悉無佛性이니다
如佛先說僧寶是常이라 하시니 如其常者인대 則非無常이요 非無常者인대 云何而得阿耨多羅三藐三菩提며 僧若常者인대 云何復言一切衆生이 悉有佛性이라 하시닛고
世尊이시여 若使衆生으로 從本已來로 無菩提心인대 亦無阿耨多羅三藐三菩提心이나 後方有者인대 衆生佛性도 亦應如是하야 本無後有니 以是義故로 一切衆生이 應無佛性이니다
佛言하사대 善哉善哉라 善男子야 汝已久知佛性之義로대 為衆生故로 作如是問이로다 一切衆生이 實有佛性하니라 汝言衆生이 若有佛性인대 不應而有初發心者라 하니 善男子야 心非佛性이니 何以故오 心은 是無常이요 佛性은 常故니라 汝言何故로 有退心者는 實無退心이니 心若有退인대 終不能得阿耨多羅三藐三菩提로대 以遲得故로 名之為退니라
此菩提心이 實非佛性이니 何以故오 一闡提等이 斷於善根하야 墮地獄故라 若菩提心이 是佛性者인대 一闡提輩를 則不得名一闡提也며 菩提之心을 亦不得名為無常也리니 是故로 定知菩提之心이 實非佛性이니라

善男子야 汝言衆生이 若有佛性인대 不應假緣을 如乳成酪者는 是義不然하다 何以故오 若言五緣으로 成於生蘇라 하면 當知佛性도 亦復如是니라 譬如衆石에 有金有銀하며 有銅有鐵하니 俱稟四大하야 一名一實이나 而其所出이 各各不同하야 要假衆緣이니 衆生福德과 爐冶人功하야 然後出生하니 是故로 當知本無金性이니라 衆生佛性을 不名爲佛이니 以諸功德으로 因緣和合하야 得見佛性한 然後成佛이니라

汝言衆生이 悉有佛性인대 何故不見者는 是義不然하다 何以故오 以諸因緣이 未和合故니라

善男子야 以是義故로 我說二因호니 正因과 緣因이라 正因者는 名爲佛性이요 緣因者는 發菩提心이니 以二因緣으로 得阿耨多羅三藐三菩提이니 如石出金이니라

善男子야 汝言僧常인대 一切衆生이 無佛性者는 善男子야 僧名和合이라 和合이 有二하니

一者는 世和合이요 二者는 第一義和合이라

世和合者는 名聲聞僧이요 義和合者는 名菩薩僧이니 世僧은 無常이어니와 佛性은 是常이라 如佛性常하야 義僧도 亦爾하니라

復次有僧하니 謂法和合이라 法和合者는 謂十二部經이니 十二部經이 常일새 是故로 我說法僧이 是常이라 하노라

善男子야 僧名和合이니 和合者는 名十二因緣이라 十二因緣中에 亦有佛性하니 十二因緣이 常일새 佛性도 亦爾니 是故로 我說僧有佛性이라 하니라

又復僧者는 謂諸佛和合이니 是故로 我說僧有佛性이라 하노라

善男子야 汝言衆生이 若有佛性인대 云何有退하며 有不退者라 하니 諦聽諦聽하라 我當爲汝하야 分別解說하리라

善男子야 菩薩摩訶薩이 有十三法하야 則便退轉하리니

何等이 十三고

一者는 心不信이요 二者는 不作心이요 三者는 疑心이요 四者는 悋惜身財

이요 五者는 於涅槃中에 生大怖畏호대 云何乃令衆生으로 永滅고요 六者는 心不堪忍이요 七者는 心不調柔요 八者는 愁惱이요 九者는 不樂이요 十者는 放逸이요 十一者는 自輕己身이요 十二者는 自見煩惱를 無能壞者요 十三者는 不樂進趣菩提之法이니라

善男子야 是名十三法이나 令諸菩薩로 退轉菩提니라

復有六法이 壞菩提心하니

何等이 爲六고

一者는 悋法이요 二者는 於諸衆生에 起不善心이요 三者는 親近惡友요 四者는 不勤精進이요 五者는 自大憍慢이요 六者는 營務世業이라

如是六法이 則能破壞菩提之心이니라

善男子야 有人이 得聞諸佛世尊은 是人天師라 於衆生中에 最上無比하야 勝於聲聞辟支佛等하시며 法眼明了하야 見法無礙하시며 能度衆生於大苦海라 하고 聞已에 卽復發大誓願호대 如其世間에 有如是人인대 我亦當得이라 하야 以是因緣으로 發阿耨多羅三藐三菩提心하며 或復爲他之所敎誨하야 發菩提心하며 或聞菩薩이 阿僧祇劫을 修行苦行한 然後에 乃得阿耨多羅三藐三菩提라 하고 聞已思惟호대 我今에 不堪如是苦行이라 云何能得이리오 하야 是故로 有退하나니라

善男子야 復有五法이 退菩提心하니

何等이 爲五요

一者는 樂在外道하야 出家요 二者는 不修大慈之心이요 三者는 好求法師過惡이요 四者는 常樂處在生死요 五者는 不憙受持讀誦書寫解說十二部經이니 是名五法이 退菩提心이니라

復有二法이 退菩提心하니 何等爲二오

一者는 貪樂五欲이요 二者는 不能恭敬尊重三寶라

以如是等衆因緣故로 退菩提心하나니라

云何復名不退之心고 有人은 聞佛이 能度衆生의 生老病死라 不從師諮하고 自然修習하야 得阿耨多羅三藐三菩提라 하고 若菩提道를 是可得者인

대 我當修習하야 必令得之라 하야 以是因緣으로 發菩提心하야 所作功德의 若多若少를 悉以迴向阿耨多羅三藐三菩提하야 作是誓願호대 願我가 常得親近諸佛과 及佛弟子하야 常聞深法하며 五情完具하야 若遇苦難이라도 不失是心하리라

復願諸佛과 及諸弟子가 常於我所에 生歡喜心하며 具五善根이요 若諸衆生이 斫伐我身하야 斬截手足과 頭目支節이라도 當於是人에 生大慈心하야 深自喜慶호대 如是諸人이 為我하야 增長菩提因緣이로다

若無是者인대 我當何緣으로 而得成就阿耨多羅三藐三菩提리요 하며 復發是願호대 莫令我로 得無根二根女人之身하며 不繫屬人하고 不遭惡主하며 不遭惡王하고 不生惡國하며 若得好身과 種姓真正과 多饒財寶라도 不生憍慢하며 令我로 常聞十二部經하야 受持·讀誦·書寫·解說하며 若為衆生하야 有所演說에 願令受者로 敬信無疑하고 常於我所에 不生惡心하며 寧當少聞하야 多解義味언정 不願多聞하야 於義不了하며 願作心師하고 不師於心하며 身口·意業을 不與惡交하며 能施一切衆生安樂하며 身戒心慧를 不動如山하며 欲為受持無上正法하야 於身命財에 不生慳悋하며 不淨之物은 不為福業이니 正命自活하야 心無邪諂하며 受恩에 常念小恩大報하며 善知世中에 所有事藝하며 善解衆生의 方俗之言하며 讀誦書寫十二部經하야 不生懈怠懶墮之心하며 若諸衆生이 不樂聽聞이어든 方便引接하야 令彼樂聞하며 言常柔軟하야 口不宣惡하며 不和合衆을 能令和合하고 有憂怖者를 令離憂怖하며 飢饉之世에 令得豐足하며 疾病之世에 作大醫王하야 病藥所須와 財寶에 自在하야 令疾病者로 悉得除愈하며 刀兵之劫에 有大力勢하야 斷其殘害하야 令無遺餘하며 能斷衆生의 種種怖畏리니 所謂若死와 閉繫打擲과 水火王賊과 貧窮과 破戒와 惡名과 惡道라 如是等畏를 悉當斷之하며 父母師長에 深生恭敬하고 怨憎之中에 生大慈心하며 常修六念과 空三昧門과 十二因緣의 生滅等觀과 出息入息과 天行梵行과 及以聖行과 金剛三昧와 首楞嚴定하며 無三寶處에 令我自得寂靜之心하며 若其身心에 受大苦時라도 莫失無上菩提之心하고 莫以聲聞辟支佛心으로 而生知足하

師子吼菩薩品 第十一之二

며 無三寶處에는 常在外道法中出家하야 為破邪見하고 不習其道하며 得法自在하고 得心自在하며 於有為法에 了了見過호대 令我怖畏二乘道果를 如惜命者가 怖畏捨身하며 為眾生故로 樂處三惡를 如諸眾生이 樂忉利天하야 為一一人하야 於無量劫에 受地獄苦하되 心不生悔하며 見他得利에 不生妬心하고 常生歡喜를 如自得樂하며 若值三寶하면 當以衣服과 飲食과 臥具와 房舍와 醫藥과 燈明과 花香과 伎樂과 幡蓋와 七寶로 供養하며 若受佛戒하면 堅固護持하야 終不生於毀犯之想하며 若聞菩薩의 難行苦行이어든 其心歡喜하야 不生悔恨하며 自識往世宿命之事하야 終不造作貪瞋癡業하며 不為果報하야 而集因緣하며 於現在樂에 不生貪著이니라
善男子야 若有能發如是願者는 是名菩薩이라
終不退失菩提之心하며 亦名施主라 能見如來하야 明了佛性하며 能調眾生하야 度脫生死하며 善能護持無上正法하야 能得具足六波羅蜜하리라
善男子야 以是義故로 不退之心을 不名佛性이니라
善男子야 汝不可以有退心故로 言諸眾生이 無有佛性이 譬如二人이 俱聞他方에 有七寶山호대 山有清泉하니 其味가 甘美라 有能到者는 永斷貧窮하고 服其水者는 增壽萬歲로대 唯路懸遠코 嶮阻多難이라 時彼二人이 俱欲共往할새 一人은 莊嚴種種行具하고 一則空往하야 無所齎持라 相與前進이라가 路值一人하니 多齎寶貨하야 七珍具足이어늘 二人이 便前하야 問言호대 仁者여 彼土에 實有七寶山耶야 其人이 答言호대 實有不虛니 我已獲寶하고 飲服其水라 唯患路嶮하야 多有盜賊과 沙鹵棘刺하고 乏於水草라 往者千萬이나 達者甚少라 하야늘 聞是事已에 一人은 即悔하야 尋作是言호대 路既懸遠하고 艱難非一이라
往者無量이나 達者無幾하니 而我云何로 當能到彼리요 我今產業이 粗自供足이어늘 若涉斯路하면 或失身命하리니 身命不全인대 長壽安在오하고 一人은 復言하되 有人이 能過인대 我亦能過요 若得果達하면 則得如願하야 採取珍寶하며 飲服甘水라 如其不達하면 以死為期하리라
是時에 二人이 一則悔還하고 一則前進하야 到彼山所하야 多獲財寶하며

如願服水하고 多齎所有하야 還其所止하야 奉養父母하고 賑給宗親하니라
時悔還者가 見是事已에 心中生熱하되 彼去已還이어늘 我何爲住오하고 卽便莊嚴하야 涉道而去인달하니
七寶山者는 喩大涅槃이요 甘美之水는 喩於佛性이요 其二人者는 喩二菩薩이 初發道心이요 嶮惡道者는 喩於生死요 所逢人者는 喩佛世尊이요 有盜賊者는 喩於四魔요 沙鹵棘刺는 喩諸煩惱요 無水草者는 喩不修習菩提之道요
一人還者는 喩退轉菩薩이요 其直往者는 喩不退菩薩이니라
善男子야 衆生佛性도 常住不變이 猶彼嶮道니 不可說言人悔還故로 令道無常이라 佛性도 亦爾하니라
善男子야 菩提道中에 終無退者하니 善男子야 如向悔者도 見其先伴이 獲寶而還하야 勢力自在하야 供養父母하며 給足宗親하야 多受安樂하고 見是事已에 心中生熱하야 卽復莊嚴하야 復道還去하야 不惜身命하고 堪忍衆難하야 遂便到彼七寶山中하야 退轉菩薩도 亦復如是하니라
善男子야 一切衆生이 定當得成阿耨多羅三藐三菩提하리니 以是義故로 我經中에 說一切衆生으로 乃至五逆犯四重禁及一闡提라도 悉有佛性이라 하니라
師子吼가 言하되 世尊이시여 云何菩薩이 有退不退닛고 善男子야 若有菩薩이 修習如來의 三十二相業因緣者는 得名不退며 得名菩薩摩訶薩이니 名不動轉이며 名爲憐愍一切衆生이며 名勝一切聲聞緣覺이며 名阿毘跋致니라
善男子야 若菩薩摩訶薩이 持戒不動하고 施心不移하며 安住實語를 如須彌山하면 以是業緣으로 得足下平이 如奩底相하리라
若菩薩摩訶薩이 於父母所와 和上師長과 乃至畜生이라도 以如法財로 供養供給하면 以是業緣으로 得成足下에 千輻輪相하리라
若菩薩摩訶薩이 不殺不盜하고 於父母師長에 常生歡喜하면 以是業緣으로 得成三相하리니

一者는 手指纖長이요 二者는 足跟長이요 三者는 其身方直이라
如是三相이 同一業緣이니라
若菩薩摩訶薩이 修四攝法하야 攝取衆生하면 以是業緣으로 得網縵指가 如白鵝王하리라
若菩薩摩訶薩이 父母師長이 若病苦時에 自手洗拭하며 捉持案摩하면 以是業緣으로 得手足軟하리라 若菩薩摩訶薩이 持戒聞法하며 惠施無厭하면 以是業緣으로 得節踝가 庸滿하며 身毛上靡하리라
若菩薩摩訶薩이 專心聽法하야 演說正敎하면 以是業緣으로 得鹿王蹲踹하리라
若菩薩摩訶薩이 於諸衆生에 不生害心하고 飮食知足하며 常樂惠施하야 瞻病給藥하면 以是業緣으로 其身圓滿이 如尼拘陀樹하며 立手過膝하며 頂有肉髻와 無見頂相하리라 若菩薩摩訶薩이 見怖畏者어든 爲作救護하고 見裸跣者어든 施與衣服하면 以是業緣으로 得陰藏相하리라
若菩薩摩訶薩이 親近智者하고 遠離愚人하며 善意問答하고 掃治行路하면 以是業緣으로 皮膚細軟하고 身毛右旋하리라 若菩薩摩訶薩이 常以衣服과 飮食과 臥具와 醫藥과 香花와 燈明으로 施人하면 以是業緣으로 得身金色이요 常光明曜하리라 若菩薩摩訶薩이 行施之時에 所珍之物을 能捨不悋하야 不觀福田과 及非福田하면 以是業緣으로 得七處滿相하리라
若菩薩摩訶薩이 布施之時에 心不生疑하면 以是業緣으로 得柔軟聲하리라
若菩薩摩訶薩이 如法求財하야 以用布施하면 以是業緣으로 得缺骨充滿하야 師子上身하며 臂肘傭纖하리라
若菩薩摩訶薩이 遠離兩舌과 惡口와 恚心하면 以是業緣으로 得四十牙齒가 白淨齊密하리라
若菩薩摩訶薩이 於諸衆生에 修大慈悲하면 以是業緣으로 得二牙相하리라
若菩薩摩訶薩이 常作是願하되 有來求者어든 隨意給與라 하면 以是業緣으로 得師子頰하리라
若菩薩摩訶薩이 隨諸衆生의 所須飮食하야 悉皆與之하면 以是業緣으로

得味中上味하리라

若菩薩摩訶薩이 自修十善하고 兼以化人하면 以是業緣으로 得廣長舌하리라

若菩薩摩訶薩이 不說彼短하며 不謗正法하면 以是業緣으로 得梵音聲하리라

若菩薩摩訶薩이 見諸怨憎이라도 生於喜心하면 以是業緣으로 得目睫紺色하리라

若菩薩摩訶薩이 不隱他德하고 稱揚其善하면 以是業緣으로 得白毫相하리라

善男子야 若菩薩摩訶薩이 修習如是三十二相業因緣時에 則得不退菩提之心하리라

善男子야 一切衆生도 不可思議며 諸佛境界와 業果와 佛性도 亦不可思議니 何以故오 如是四法이 皆悉是常이니 以是常故로 不可思議니라 一切衆生이 煩惱覆障故로 名爲常이요 斷常煩惱故로 故名無常이니 若言一切衆生이 常者인대 何故로 修習八聖道分고 爲斷衆苦니 衆苦若斷하면 則名無常이나 所受之樂은 則名爲常이니 是故로 我言一切衆生이 煩惱覆障일새 不見佛性이요 以不見故로 不得涅槃이라 하나니라

大般涅槃經 卷第二十八 終

師子吼菩薩品 第十一之二

大般涅槃經 卷第二十九

北涼天竺三藏 曇無讖 譯

師子吼菩薩品 第十一之三

師子吼言하되 世尊이시여 如佛所說에 一切諸法이 有二種因하니
一者는 正因이요 二者는 緣因이라 하시니 以是二因으로 應無縛解니다
是五陰者가 念念生滅하니 如其生滅인대 誰有縛解이닛고 世尊이시여 因此
五陰하야 生後五陰하나니 此陰이 自滅하야 不至彼陰하야 雖不至彼나 能
生彼陰이 如因子生芽에 子不至芽라 雖不至芽나 而能生芽하야 眾生도 亦
爾하니 云何縛解이릿가
善男子야 諦聽諦聽하라 我當爲汝하야 分別解說하리라
善男子야 如人捨命하야 受大苦時에 宗親이 圍遶하야 號哭懊惱어든 其人
惶怖히야 莫知依救라 雖有五情이나 無所知覺하며 肢節戰動하야 不能自持
하며 身體虛冷하야 煖氣欲盡할새 見先所修善惡報相하리니 善男子야 如日
垂沒할새 山陵堆阜에 影現東移요 理無西逝라 眾生業果도 亦復如是하야
此陰滅時에 彼陰續生이 如燈生闇滅하며 燈滅闇生하나니라
善男子야 如蠟印으로 印泥에 印與泥合하면 印滅文成이나 而是蠟印이 不
變在泥요 文非泥出하며 不餘處來라 以印因緣으로 而生是文이니 現在陰이
滅하고 中陰陰이 生하나 是現在陰이 終不變爲中陰五陰이며 中陰五陰이
亦非自生이요 不從餘來라 因現陰故로 生中陰陰하나니 如印印泥에 印壞
文成이라 名雖無差나 而時節이 各異하나니라
是故로 我說中陰의 五陰은 非肉眼見이요 天眼所見이라 하노라
是中陰中에 有三種食하니
一者는 思食이요 二者는 觸食이요 三者는 意食이라

中陰이 二種이니

一은 善業果요 二는 惡業果라

因善業故로 得善覺觀하고 因惡業故로 得惡覺觀하나니 父母交會牉合之時에 隨業因緣하야 向受生處하야 於母에 生愛하고 於父에 生瞋하야 父精出時에 謂是已有라 하야 見已心悅하야 而生歡喜하나니 以是三種煩惱因緣으로 中陰陰이 滅壞에 生後五陰이 如印印泥에 印壞文成하니라

生時에 諸根이 有具不具하니 具者는 見色하고 則生於貪하나니 生於貪故로 則名為愛요 狂故生貪은 是名無明이니 貪愛와 無明二因緣故로 所見境界에 皆悉顛倒하야 無常에 見常하고 無我에 見我하며 無樂에 見樂하고 無淨에 見淨이라

以四倒故로 作善惡行하야 煩惱作業하고 業作煩惱일새 是名繫縛이라 以是義故로 名五陰生이니라

是人이 若得親近於佛과 及佛弟子諸善知識하면 便得聞受十二部經하고 以聞法故로 觀善境界하며 觀善境界故로 得大智慧니 大智慧者는 名正知見이라

得知見故로 於生死中에 而生悔心이라 生悔心故로 不生歡樂하며 不生歡樂故로 能破貪心하며 破貪心故로 修八聖道하며 修八聖道故로 得無生死하며 無生死故로 名得解脫이니 如火不遇薪에 名之為滅이라 滅生死故로 名為滅度라 하나니 以是義故로 名五陰滅이니라

師子吼가 言하되 空中에 無刺니 云何言拔이며 陰無繫者인대 云何繫縛이닛고

佛言하사대 善男子야 以煩惱鎖로 繫縛五陰하니 離五陰已에는 無別煩惱요 離煩惱已에 無別五陰이니라

善男子야 如柱持屋에 離屋無柱이며 離柱無屋인달하야 眾生五陰도 亦復如是하니 有煩惱故로 名為繫縛이요 無煩惱故로 名為解脫이니라

善男子야 如拳合掌하야 繫結等三이 合散生滅이라 更無別法이니 眾生五陰도 亦復如是하야 有煩惱故로 名為繫縛이요 無煩惱故로 名為解脫이니라

善男子야 如說名色이 繫縛衆生하니 名色이 若滅하면 則無衆生이라 離名色已에 無別衆生이요 離衆生已에 無別名色이로대 亦名名色이 繫縛衆生이라 하며 亦名衆生이 繫縛名色이라 하나라

師子吼가 言하되 世尊이시여 如眼不自見이요 指不自觸하며 刀不自割이요 受不自受어니 云何如來가 說言名色이 繫縛名色이닛고 何以故오 言名色者는 卽是衆生이요 言衆生者는 卽是名色이니 若言名色이 繫縛衆生이라 하면 卽是名色이 繫縛名色이니다

佛言하사대 善男子야 如二手合時에 更無異法이 而來合也니 名之與色도 亦復如是라 以是義故로 我言名色이 繫縛衆生하니 若離名色하면 則得解脫이라 是故로 我言衆生解脫이라 하노라

師子吼가 言하되 世尊이시여 若有名色이 是繫縛者인대 諸阿羅漢도 未離名色하니 亦應繫縛이로소이다

善男子야 解脫이 二種이니 一者는 子斷이요 二者는 果斷이라

言子斷者는 名斷煩惱니 阿羅漢等은 已斷煩惱라 衆結이 爛壞일새 是故로 子結이 不能繫縛이어니와 未斷果故로 名果繫縛이라 諸阿羅漢이 不見佛性하니 以不見故로 不得阿耨多羅三藐三菩提라 以是義故로 可言果繫언정 不得說言名色繫縛니라

善男子야 譬如然燈에 油未盡時에는 明則不滅어니와 若油盡者는 滅則無疑하리니 善男子야 所言油者는 喩諸煩惱요 燈喩衆生이니 一切衆生이 煩惱油故로 不入涅槃이어니와 若得斷者는 則入涅槃하리라

師子吼가 言하되 世尊이시여 燈之與油가 二性各異어니와 衆生煩惱는 則不如是하야 衆生이 卽是煩惱요 煩惱가 卽是衆生이며 衆生이 名五陰이요 五陰이 名衆生이며 五陰이 名煩惱요 煩惱가 名五陰이어늘 云何如來가 喩之於燈이닛고

佛言하사대 善男子야 喩有八種하니

一者는 順喩요 二者는 逆喩요 三者는 現喩요 四者는 非喩요 五者는 先喩요 六者는 後喩요 七者는 先後喩요 八者는 遍喩이라

云何順喻오
如經中說天降大雨에 溝瀆皆滿이요 溝瀆滿故로 小坑이 滿하며 小坑이 滿故로 大坑滿하며 大坑滿故로 小泉滿하며 小泉滿故로 大泉滿하며 大泉滿故로 小池滿하며 小池滿故로 大池滿하며 大池滿故로 小河滿하며 小河滿故로 大河滿하며 大河滿故로 大海滿인달하야 如來法雨도 亦復如是하야 衆生이 戒滿하면 戒滿足故로 不悔心이 滿이요 不悔心滿故로 歡喜滿하며 歡喜滿故로 遠離滿하며 遠離滿故로 安隱滿하며 安隱滿故로 三昧滿하며 三昧滿故로 正知見滿하며 正知見滿故로 厭離滿하며 厭離滿故로 呵責滿하며 呵責滿故로 解脫滿하며 解脫滿故로 涅槃滿이라 하니 是名順喻이니라
云何逆喻오
大海가 有本하니 所謂大河니라 大河가 有本하니 所謂小河라 小河가 有本하니 所謂大池니라 大池가 有本하니 所謂小池라 小池有本하니 所謂大泉이니라 大泉이 有本하니 所謂小泉이니라 小泉有本하니 所謂大坑이니라 大坑이 有本하니 所謂小坑니라 小坑이 有本하니 所謂溝瀆니라 溝瀆이 有本하니 所謂大雨니라
涅槃이 有本하니 所謂解脫이라 解脫有本하니 所謂呵責이라 呵責이 有本하니 所謂厭離이라 厭離가 有本하니 所謂正知見이라 正知見이 有本하니 所謂三昧라 三昧가 有本하니 所謂安隱이라 安隱이 有本하니 所謂遠離라 遠離有本하니 所謂喜心이라 喜心有本하니 所謂不悔라 不悔有本하니 所謂持戒이라 持戒有本하니 所謂法雨니 是名逆喻니라
云何現喻오
如經中에 說衆生心性이 猶如獼猴하니 獼猴之性이 捨一取一이라 衆生心性도 亦復如是하야 取著色聲香味觸法하야 無暫住時니 是名現喻니라
云何非喻오
如我昔告波斯匿王에 大王이여 有親信人이 從四方來하야 各作是言하되 大王이여 有四大山이 從四方來하야 欲害人民이라 하면 王若聞者에 當設何計오 王言호대 世尊이시여 設有此來하면 無逃避處이니 惟當專心하야 持

戒布施니다 我卽讚言하되 善哉라 大王이여 我說四山은 卽是衆生의 生老病死라 生老病死가 常來切人이어늘 云何大王이여 不修戒施리요 王言호대 世尊이시여 持戒布施하면 得何等果이닛고 我言大王호대 於人天中에 多受快樂이다

王言世尊이시여 尼拘陀樹가 持戒布施하면 亦於人天에 受安隱耶닛가 我言大王하야 尼拘陀樹는 不能持戒하며 修行布施라 하니 如其能者인대 則受無異라 하니 是名非喻니라

云何先喻오

我經中說하되 譬如有人이 貪著妙花하야 採取之時에 爲水所漂하야 衆生도 亦爾하야 貪受五欲할새 爲生死水之所漂沒이니 是名先喻니라

云何後喻오

如法句에 說莫輕小罪하야 以爲無殃하라 水渧雖微나 漸盈大器라 하니 是名後喻니라

云何先後喻오

譬如芭蕉가 生果則死인달하야 愚人得養도 亦復如是하야 如騾懷妊에 命不久全하니라

云何遍喻오

如經中에 說하되 三十三天에 有波利質多樹하니 其根入地를 深五由延이요 高가 百由延이며 枝葉四布가 五十由延이라 葉熟則黃하나니 諸天이 見已에 心生歡喜하고 是葉이 不久에 必當墮落하리라 其葉旣落에 復生歡喜하며 是枝不久에 必當變色하리니 枝旣變色에 復生歡喜하며 是色不久에 必當生疱하리니 見已復喜하며 是疱不久에 必當生嘴하리니 見已復喜하며 是嘴不久에 必當開剖하리니 開剖之時에 香氣周遍五十由延하고 光明이 遠照八十由延하리니 爾時에 諸天이 夏三月時에 在下受樂하나니

善男子야 我諸弟子도 亦復如是하야 葉色黃者는 喻我弟子가 念欲出家요 其葉落者는 喻我弟子가 剃除鬚髮이요 其色變者는 喻我弟子가 白四羯磨하야 受具足戒이요 初生疱者는 喻我弟子가 發阿耨多羅三藐三菩提心이요

嘴者는 喻於十住菩薩이 得見佛性이요 開剖者는 喻於菩薩이 得阿耨多羅三藐三菩提요 香者는 喻於十方無量衆生이 受持禁戒요 光者는 喻於如來名號無礙하야 周遍十方이요 夏三月者는 喻三三昧요 三十三天이 受快樂者는 喻於諸佛이 在大涅槃하사 得常·樂·我·淨이니 是名遍喻니라

善男子야 凡所引喻를 不必盡取니 或取少分하고 或取多分하며 或復全取니 如言如來가 面如滿月은 是名少分이니라

善男子야 譬如有人이 初不見乳하야 轉問他言하되 乳爲何類오 彼人이 答言하되 如水蜜貝라 하면 水則濕相이요 蜜則甜相이요 貝則色相이니 雖引三喻나 未卽乳實이니라

善男子야 我言燈喻로 喻於衆生도 亦復如是하니라

善男子야 離水無河니 衆生도 亦爾하야 離五陰已에 無別衆生이니라

善男子야 如離箱輿와 輪軸輻輞하면 更無別車니 衆生亦爾하니라

善男子야 若欲得合彼燈喻者인댄 諦聽諦聽하라 我今當說호리라 炷者는 喻於二十五有요 油者는 喻愛요 明은 喻智慧요 除破黑闇은 喻破無明이요 煖은 喻聖道요 如燈油盡에 明焰則滅은 衆生이 愛盡에 則見佛性이요 雖有名色이나 不能繫縛은 雖復處在二十五有나 不爲諸有之所污染이니라

師子吼가 言하되 世尊이시여 衆生五陰이 空無所有인댄 誰有受敎하야 修習道者이닛고

佛言하사대 善男子야 一切衆生이 皆有念心과 慧心과 發心과 勤精進心과 信心과 定心하니 如是等法이 雖念念生滅이나 猶故相似하야 相續不斷일새 故名修道니라

師子吼가 言하되 世尊이시여 如是等法이 皆念念滅하니 是念念滅이 亦相似相續인대 云何修習이닛고

佛言하사대 善男子야 如燈이 雖念念滅이나 而有光明하야 除破闇冥하니 念等諸法도 亦復如是하니라

善男子야 如衆生食이 雖念念滅이나 亦令飢者로 而得飽滿하며 譬如上藥이 雖念念滅이나 亦能愈病하며 日月光明이 雖念念滅이나 亦能增長樹林

草木하나니라

善男子야 汝言念念滅인대 云何增長者는 心不斷故로 名為增長이니라

善男子야 如人誦書에 所誦字句가 不得一時하야 前不至中하며 中不至後하야 人之與字와 及以心想이 俱念念滅이나 以久修故로 而得通利인달하며

善男子야 譬如金師가 從初習作으로 至于皓首히 雖念念滅하야 前不至後이나 以積習故로 所作遂妙일새 是故로 得稱善好金師니 讀誦經書도 亦復如是하니라

善男子야 譬如種子를 地亦不教하야 汝當生芽라 하나 以法性故로 牙則自生하며 乃至花亦不教汝當作果로대 以法性故로 而果自生하나니 眾生修道도 亦復如是하니라

善男子야 譬如數法이 一不至二하고 二不至三하야 雖念念滅하되 而至千萬하나니 眾生修道도 亦復如是하니라

善男子야 如燈念念滅하야 初滅之焰이 不教後焰하되 我滅汝生하야 當破諸闇이라 하며 善男子야 譬如犢子가 生便求乳하니 求乳之智를 實無人教하야 雖念念滅하되 而初飢後飽하나 是故로 當知하리 不應相似니라 若相似者인대 不應異生이리니 眾生修道도 亦復如是하야 初雖未增이나 以久修故로 則能破壞一切煩惱하나니라

師子吼가 言하되 世尊이시여 如佛所說에 須陀洹人이 得果證已에 雖生惡國이라도 猶故持戒하야 不殺盜婬과 兩舌과 飲酒일새 須陀洹陰이 即此處滅하야 不至惡國하나니 修道亦爾하야 不至惡國이어늘 若相似者인대 何故로 不生淨妙國土하며 若惡國陰이 非須陀洹陰인대 云何而得不作惡業이닛고

佛言하사대 善男子야 須陀洹者는 雖生惡國이라도 終不失於須陀洹名이나 陰不相似하니 是故로 我引犢子하야 為喻하노라 須陀洹人이 雖生惡國이라도 以道力故로 不作惡業이니라

善男子야 譬如香山에 有師子王에 是故로 一切飛鳥走獸가 絕跡此山하야 無敢近者요 有時에 是王이 至雪山中하야도 一切鳥獸가 猶故不住하나니

須陀洹人도 亦復如是하야 雖不修道이나 以道力故로 不作諸惡하나니라
善男子야 譬如有人이 服食甘露하면 甘露는 雖滅이나 以其力勢로 能令是人으로 不生不死니라
善男子야 如須彌山에 有上妙藥하니 名楞伽利라 有人이 服之하면 雖念念滅이나 以藥力故로 不遇患苦니라
善男子야 如轉輪王의 所坐之處에 王雖不在나 無人敢近이니 何以故오 王威力故라 須陀洹人도 亦復如是하야 雖生惡國하야 不修習道하야도 以道力故로 不作惡業이니라
善男子야 須陀洹陰이 於此而滅하고 雖生異陰이라도 猶故不失須陀洹陰하나니라
善男子야 譬如眾生이 爲果實故로 於種子中에 多役作業하야 糞治溉灌하되 未得果實하야 而子復滅이나 亦得名爲因子得果리니 須陀洹陰도 亦復如是니라
善男子야 譬如有人이 資產巨富나 惟有一子라가 先已終歿하고 其子가 有子하되 復在他土러니 其人이 忽然奄便命終이어늘 孫聞是已에 還收產業하니 雖知財貨가 非其所作이로대 然이나 其收取에 無遮護者라 何以故오 以姓一故니라
須陀洹陰도 亦復如是하니라
師子吼가 言하되 如佛說偈에 比丘若修習 戒定及智慧하면 當知是不退하야 親近大涅槃이라 하시니 世尊이시여 云何修戒이며 云何修定이며 云何修慧닛고
佛言하사대 善男子야 若有人이 受持禁戒하되 但爲自利하야 人天受樂하고 不爲度脫一切眾生하며 不爲擁護無上正法하고 但爲利養하며 畏三惡道하고 爲命色力安과 無礙辯하며 畏懼王法과 惡名穢稱하고 爲世事業하면 如是護戒는 則不得名修習戒也니라
善男子야 云何名爲眞修習戒오 受持戒時에 若爲度脫一切眾生커나 爲護正法커나 度不度故며 解未解故며 歸無歸故며 未入涅槃을 令得入故로 如

是修時에 不見戒하고 不見戒相하며 不見持者하고 不見果報하며 不觀毁犯하면 善男子야 若能如是면 是則名爲修習戒也니라
云何復名修習三昧오 修三昧時에 爲自度脫하며 爲於利養하고 不爲衆生하며 不爲護法하고 爲見貪欲穢食等過와 男女等根의 九孔不淨과 鬪訟打剌하며 互相殺害하야 若爲此事하야 修三昧者인댄 是則不名修習三昧니라
善男子야 云何復名眞修三昧오 若爲衆生하야 修習三昧하야 於衆生中에 得平等心하며 爲令衆生으로 得不退法하며 爲令衆生으로 得聖心故며 爲令衆生으로 得大乘故며 爲欲護持無上法故며 爲令衆生으로 不退菩提故며 爲令衆生으로 得首楞嚴故며 爲令衆生으로 得金剛三昧故며 爲令衆生으로 得陀羅尼故며 爲令衆生으로 得四無礙故며 爲令衆生으로 見佛性故로 作是行時에 不見三昧하고 不見三昧相하며 不見修者하고 不見果報니라
善男子야 若能如是인댄 是則名爲修習三昧니라 云何復名修於智慧오 若有修者가 作是思惟하되 我若修習如是智慧하면 則得解脫하야 度三惡道하리니 誰能利益一切衆生하며 誰能度人於生死道아 佛出世難이 如優曇鉢花하니 我今能斷諸煩惱結하면 必得解脫果리니 是故로 我當勤修智慧하야 速斷煩惱하고 早得度脫하리라 하야 如是修者는 不得名爲修習智慧니라
云何名爲眞修習者오 智者가 若觀生老死苦호대 一切衆生이 無明所覆으로 不知修習無上正道하니 願我此身이 悉代衆生하야 受大苦惱하리라 衆生의 所有貧窮下賤과 破戒之心과 貪瞋癡業을 願皆悉來하야 集于我身하야 願諸衆生이 不生貪取하고 不爲名色之所繫縛하며 願諸衆生이 早度生死하고 令我一身으로 處之不厭하며 願令一切로 皆得阿耨多羅三藐三菩提라 하여 如是修時에 不見智慧하고 不見智慧相하며 不見修者하고 不見果報하면 是則名爲修習智慧니라
善男子야 修習如是戒定智慧하면 是名菩薩이어니와 不能如是修戒定慧하면 是名聲聞이니라
復次善男子야 云何復名修集於戒오 若能破壞一切衆生의 十六惡律儀라 何等이 十六인고

一者는 爲利하야 餧養羔羊하야 肥已轉賣이요 二者는 爲利하야 買已屠殺이요 三者는 爲利하야 餧養猪豚하야 肥已轉賣이요 四者는 爲利하야 買已屠殺이요 五者는 爲利하야 餧養牛犢하야 肥已轉賣이요 六者는 爲利하야 買已屠殺이요 七者는 爲利하야 養鷄令肥하야 肥已轉賣이요 八者는 爲利하야 買已屠殺이요 九者는 釣魚이요 十者는 獵師요 十一者는 劫奪이요 十二者는 魁膾요 十三者는 網捕飛鳥이요 十四者는 兩舌이요 十五者는 獄卒이요 十六者는 咒龍이니라

能爲衆生하야 永斷如是十六惡業하면 是名修戒니라

云何修定고 能斷一切世間三昧라 所謂無身三昧니 能令衆生으로 生顚倒心하야 謂是涅槃이라 하며 有無邊心三昧와 淨聚三昧와 世邊三昧와 世斷三昧와 世性三昧와 世丈夫三昧와 非想非非想三昧하니 如是等定이 能令衆生으로 生顚倒心하야 謂是涅槃이라 하나니 若能永斷如是三昧하면 是則名爲修習三昧니라

云何復名修習智慧오 能破世間의 所有惡見이라 一切衆生이 悉有惡見하니 所謂色卽是我며 亦是我所이며 色中에 有我이며 我中에 有色이며 乃至識亦如是며 常卽是我며 色滅我存이며 色卽是我이며 色滅我滅이라 하면 復有人言하되 作者를 名我며 受者를 名色이라 하며 復有人言하되 作者를 名色이며 受者를 名我라 하며 復有人言하되 無作無受하야 自生自滅하니 悉非因緣이라 하며 復有人言하되 無作無受요 悉是自在之所造作이라 하며 復有人言하되 無有作者며 無有受者니 一切가 悉是時節所作이라 하며 復有人言하되 作者와 受者가 悉無所有요 地等五大를 名爲衆生이라 하나니 善男子야 若能破壞一切衆生의 如是惡見하면 是則名爲修智慧也니라

善男子야 修習戒者는 爲身寂靜이요 修習三昧는 爲心寂靜이요 修習智慧는 爲壞疑心이요 壞疑心者는 爲修習道요 修習道者는 爲見佛性이요 見佛性者는 爲得阿耨多羅三藐三菩提故며 得阿耨多羅三藐三菩提者는 爲得無上大涅槃故요 得大涅槃者는 爲斷衆生의 一切生死와 一切煩惱와 一切諸有와 一切諸界와 一切諸諦故요 斷於生死와 乃至斷諦는 爲得常樂我淨

法故니라

師子吼가 言하되 世尊이시여 如佛所說에 若不生不滅을 名大涅槃者인대 生亦如是하야 不生不滅이어늘 何故로 不得名爲涅槃이닛고

善男子야 如是如是하야 如汝所言하야 是生이 雖復不生不滅이나 而有始終하니라 世尊이시여 是生死法도 亦無始終하니 若無始終인대 則名爲常이니 常卽涅槃이어늘 何故로 不名生死하야 爲涅槃耶닛가

善男子야 是生死法은 悉有因果하니 有因果故로 不得名之爲涅槃也리니 何以故오 涅槃之體는 無因果故니라

師子吼가 言하되 世尊이시여 夫涅槃者도 亦有因果이니 如佛所說에 從因故生天이요 從因墮惡道하며 從因故涅槃이라 是故로 皆有因라 하시며 如佛往昔에 告諸比丘하되 我今當說沙門道果하리라 言沙門者는 謂能具修戒定智慧요 道者는 謂八聖道오 沙門果者는 所謂涅槃이라 하시니 世尊이시여 涅槃이 如是인대 豈非果耶인대 云何說言涅槃之體는 無因無果이닛고

佛言하사대 善男子야 我所宣說涅槃因者는 所謂佛性이니 佛性之性이 不生涅槃일새 是故로 我言하되 涅槃無因이라 하며 能破煩惱일새 故名大果나 不從道生일새 故名無果이니 是故로 涅槃은 無因無果니라

師子吼가 言하되 世尊이시여 衆生佛性이 爲悉共有닛가 爲各各有닛가 若共有者인대 一人이 得阿耨多羅三藐三菩提時에 一切衆生이 亦應同得리니 世尊이시여 如二十人이 同有一怨에 若一人이 能除하면 餘十九人도 皆亦同除인달하야 佛性도 亦爾하니 一人이 得時에 餘亦應得하리며 若各各有한대 則是無常이니 何以故오 可算數故라 然이나 佛所說에 衆生佛性이 不一不二라 하시니 若各各有인대 不應說言諸佛平等이며 亦不應說佛性如空이니다

佛言하사대 善男子야 衆生佛性이 不一不二니라 諸佛平等이 猶如虛空하며 一切衆生이 同共有之니 若有能修八聖道者는 當知是人은 則得明見하리라 善男子야 雪山에 有草하니 名曰忍辱이라 牛若食之하면 則成醍醐하리니

衆生佛性도 亦復如是하니라

師子吼가 言하되 如佛所說에 忍辱草者가 一耶多耶닛가 如其一者인대 牛食則盡하리며 如其多者인대 云何而言衆生佛性도 亦如是耶닛가 如佛所說에 若有修習八聖道者는 則見佛性이라 하시니 是義가 不然하니다

何以故오 道若一者인대 如忍辱草하야 則應有盡이요 如其有盡이면 一人修已에 餘則無分이요 若道多者인대 云何得言具足修習하며 亦不得名薩婆若智니라

佛言하사대 善男子야 如平坦路를 一切衆生이 悉於中行하되 無障礙者요 中路에 有樹하니 其陰淸涼이라 行人이 在下하야 憩駕止息이나 然其樹陰은 常住不移하며 亦不消壞하며 無持去者달하니 路喩聖道요 陰喩佛性이니라

善男子야 譬如大城이 唯有一門하니 雖有多人이 經由入出이나 都無有能作障礙者하며 亦復無人이 破壞毀落하야 而齎持去하니라

善男子야 譬如橋梁이 行人所由로대 亦無有人이 遮止障礙하며 毀壞持去니라

善男子야 譬如良醫가 遍療衆病하되 亦無有能遮止是醫하야 治此捨彼라 하나니 聖道佛性도 亦復如是하니라

師子吼가 言하되 世尊이시여 所引諸喩가 義不如是어니 何以故오 先者가 在路하면 於後는 則妨이리니 云何而言無有障礙릿가 餘亦皆爾하니 聖道佛性이 若如是者한대 一人修時에 應妨餘者이리니다

佛言하사대 善男子야 如汝所言인 義不相應이나 我所喩道는 是少分喩요 非一切也니라

善男子야 世間道者는 則有障礙와 此彼之異하야 無有平等이어니와 無漏道者는 則不如是하니 能令衆生으로 無有障礙하며 平等無二하며 無有方處가 此彼之異이라 如是正道는 能為一切衆生의 佛性하야 而作了因이요 不作生因이니 猶如明燈이 照了於物이니라

善男子야 一切衆生이 皆同無明이 因緣於行이나 不可說言一人無明이 因

緣行已에 其餘는 應無니 一切衆生이 悉有無明의 因緣於行일새 是故로 說言十二因緣은 一切平等이라 衆生의 所修無漏正道도 亦復如是하야 等斷衆生의 煩惱와 四生諸界의 有道일새 以是義故로 名為平等이니 其有證者는 彼此知見이 無有障礙라 是故로 得名薩婆若智니라

師子吼가 言하되 一切衆生이 身不一種이니 或有天身하며 或有人身과 畜生·餓鬼·地獄之身하니 如是多身이 差別非一이어늘 云何而言佛性為一이닛가

佛言하사대 善男子야 譬如有人이 置毒乳中하면 乃至醍醐에도 皆悉有毒이나 乳不名酪이요 酪不名乳이며 乃至醍醐도 亦復如是하야 名字雖變이나 毒性은 不失하야 遍五味中하야 皆悉如是라 若服醍醐라도 亦能殺人이나 實不置毒於醍醐中이니 衆生佛性도 亦復如是하야 雖處五道하야 受別異身이나 而是佛性은 常一無變이니라

師子吼가 言하되 世尊이시여 十六大國에 有六大城하니 所謂舍婆提城·婆枳多城·瞻婆城·毘舍離城·波羅奈城·王舍城이라 如是六城이 世中에 最大어늘 何故로 如來가 捨之하시고 在此邊地弊惡하며 極陋隘小인拘尸那城하야 入般涅槃이닛고

善男子야 汝不應言拘尸那城이 邊地弊惡이며 最陋隘小하고 應言是城이 微妙功德之所莊嚴이니 何以故오 諸佛菩薩의 所行處故니라

善男子야 如賤人舍에 王若過者면 則應讚歎是舍가 嚴麗하야 功德成就일새 能令大王으로 迴駕臨顧라 하리라

善男子야 如人重病하야 服穢弊藥이라도 服已病愈하면 即應歡喜하야 讚歎是藥의 最上最妙하야 能愈我病이라 하리라

善男子야 如人이 乘船하야 在大海中이라가 其船卒壞에 無所依倚어늘 因倚死屍하야 得到彼岸하면 到彼岸已에 應大歡喜하야 讚歎하되 是屍를 我賴相遇일새 而得安隱이라 하리니 拘尸那城도 亦復如是하야 乃是諸佛菩薩의 行處이어니 云何而言邊地弊惡陋隘小城이리요

善男子야 我念往昔에 過恒河沙劫하야 劫名은 善覺이라 時有聖王하니 姓

憍尸迦라 七寶成就하며 千子具足이라 其王이 始初에 造立此城하니 周匝縱廣이 十二由延이요 七寶莊嚴하며 土多有河하되 其水淸淨하야 柔軟甘美하니 所謂泥連禪河·伊羅跋提河·熙連禪河·伊搜末搥河·毘婆舍那河라 如是等河가 其數五百이며 河此彼岸에 樹木이 繁茂하고 花果鮮潔하리라
爾時에 人民이 壽命無量이라 時에 轉輪聖王이 過百年已에 作是唱言하되 如佛所說에 一切諸法이 皆悉無常이라 若能修習十善法者는 能斷如是無常大苦라 하시니라
人民이 聞已에 咸共奉修十善之法이라 我於爾時에 聞佛名號하고 受持十善하야 思惟修習하야 初發阿耨多羅三藐三菩提心하고 發是心已에 復以是法으로 轉敎無量無邊衆生하야 言一切法이 無常變壞라 하다 是故로 我今에 續於此處에 亦說諸法이 無常變壞요 惟說佛身이 是常住法이라 하니라
我憶往昔의 所行因緣일새 是故今來에 在此涅槃하야 亦欲酬報此地往恩이로니 以是義故로 我經中에 說하되 我眷屬者는 受恩能報하라 하노라
復次善男子야 往昔衆生이 壽無量時에 爾時此城은 名拘舍跋提라 周匝縱廣이 五十由延이라 時閻浮提에 居民隣接하야 鷄飛相及이러니 有轉輪王하니 名曰善見이라
七寶成就하고 千子具足이며 王四天下러니 第一太子가 思惟正法하야 得辟支佛이어늘 時轉輪王이 見其太子가 成辟支佛하야 威儀庠序하며 神通希有하고 見是事已에 卽捨王位를 如棄涕唾하고 出家하야 在此娑羅樹間하야 八萬歲中에 修習慈心과 悲喜捨心을 各八萬歲하니라
善男子야 欲知爾時에 善見聖王인대 則我身이 是라 是故로 我今에 常樂遊止如是四法이로라 是四法者는 名爲三昧라 以是義故로 如來之身은 常樂我淨이니라
善男子야 以是因緣으로 今來在此拘尸那城娑羅樹間하야 三昧正受하니라
善男子야 我念호니 往昔過無量劫에 此城이 爾時에 名迦毘羅衛요 其城에 有王하니 名曰白淨이요 其王夫人은 名曰摩耶요 王有一子하니 名悉達多라 爾時에 王子가 不由師敎하고 自然思惟하야 得阿耨多羅三藐三菩提하니라

有二弟子하니

一은 名舍利弗이요 二는 名大目犍連이요

給侍弟子는 名曰阿難이라

爾時에 世尊이 在雙樹間하야 演說如是大涅槃經이어시늘 我時在會하야 得預斯事하야 聞諸衆生이 悉有佛性하고 聞是事已에 卽於菩提에 得不退轉하고 尋自發願하되 願未來世成佛之時에 父母國土와 名字弟子와 侍使之人과 說法敎化를 如今世尊하야 等無有異라 할새 以是因緣으로 今來在此하야 敷揚演說大涅槃經하노라

善男子야 我初出家하야 未得阿耨多羅三藐三菩提時에 頻婆娑羅王이 遣使而言하되 悉達太子가 若爲聖王인대 我當臣屬이어니와 若不樂家하고 得阿耨多羅三藐三菩提者인대 願先來至此王舍城하야 說法度人하시며 受我供養하소서 我時에 默然하야 已受彼請하니라

善男子야 我初得阿耨多羅三藐三菩提已에 向竭闍國時의 伊連禪河러니 有婆羅門하니 姓迦葉氏라 與五百弟子로 在彼河側하야 求無上道어늘 我爲是人하야 故往說法하니 迦葉이 言하되 瞿曇이시여 我今年邁하야 已百二十이라 摩伽陀國의 所有人民과 及其大王頻婆娑羅가 咸謂我已證羅漢果어늘 我今에 若當在於汝前하야 聽受法者인대 一切人民이 或生倒心하되 大德迦葉이 非羅漢耶라 하리니 幸願瞿曇은 速往餘處니라 若此人民이 定知瞿曇의 功德이 勝我하면 我等이 無由復得供養이니라

我時에 答言하되

迦葉아 汝若於我에 不生慇重하고 大瞋恨者인대 見容一宿하라 明當早去하리라

迦葉이 言하되 瞿曇이시여 我心無他요 深相愛重이나 但我住處에 有一毒龍하니 其性暴急이라 恐相危害하노라 我言迦葉하되 毒中之毒은 不過三毒이어늘 我今已斷하니 世間之毒은 我所不畏니라

迦葉이 復言하되 苟能不畏인대 善哉聽住하노라 善男子야 我於爾時에 故爲迦葉하야 現十八變하니 如經中說이니라

爾時에 迦葉과 及其眷屬五百等輩가 見聞是已에 證羅漢果하니라 是時에 迦葉이 復有二弟하니
一은 名伽耶迦葉이요 二는 名那提迦葉이라
師徒眷屬이 復有五百이러니 亦皆證得阿羅漢果하니라 時王舍城에 六師之徒가 聞是事已하고 卽於我所에 生大惡心하니라 我時赴信하야 受彼王請하야 詣王舍城할새 未至中路에 王與無量百千之衆으로 悉來奉迎이어늘 我爲說法하니 時聞法已에 欲界諸天八萬六千이 發阿耨多羅三藐三菩提心하고 頻婆娑羅王의 所將營從十二萬人은 得須陀洹果하고 無量衆生은 成就忍心니라

旣入城已에 度舍利弗과 大目犍連과 及其眷屬二百五十人하야 令捨本心하고 出家學道케하며 我卽住彼하야 受王供養이러니 外道六師가 相與聚集하야 詣舍衛城하니라

時彼城中에 有一長者하니 名須達多라 爲兒娉婦하야 詣王舍城할새 旣達彼城에 寄止長者珊檀那舍하다 時에 此長者가 中夜而起하야 告諸眷屬하되 仁等은 可起하야 速共莊嚴하야 掃治宅舍하고 辦具餚饍하라 須達이 聞已에 尋自思惟하되 將非欲請摩伽王耶아 爲有婚姻하야 歡樂會乎아 思惟是已에 尋前問言하되 大士여 欲請摩伽陀王頻婆娑羅耶아 爲有婚姻하야 歡樂會乎아 遽務不安을 乃如是耶아 長者가 答言하되 不也라 居士여 我明에 請佛無上法王이니라

須達長者가 初聞佛名하고 身毛皆竪하야 尋復問言하되 何等이 名佛고 長者가 答言하되 汝不聞耶아

迦毘羅城에 有釋種子하니 字는 悉達多요 姓은 瞿曇氏라 父名은 白淨이니 其生未久에 相師占之하되 定當得作轉輪聖王이 如菴羅果가 已在手中이로대 心不願樂하고 捨之出家하야 無師自覺하야 得阿耨多羅三藐三菩提하리니 貪恚癡盡하고 常住無變하야 不生不滅하며 無有憂畏하고 於諸衆生에 其心平等하야 猶如父母가 等視一子하며 所有身心이 衆中最勝이며 雖勝一切나 而無憍慢하며 塗割二事에 其心無二하며 智慧通達하야 於法無礙

하고 具足十力과 四無所畏와 五智三昧와 大慈大悲와 及三念處일새 故號 爲佛이라 明受我請하시리니 是故로 忽忽하야 未暇相瞻이니라

須達多가 言하되 善哉라 大士여 所言佛者가 功德無上인대 今在何處오 長者가 答言하되 今在此間王舍大城하야 住迦蘭陀竹林精舍하시니다

時에 須達多가 一心念佛의 所有功德에 十力無畏와 五智와 三昧와 大慈大悲와 及三念處하야 作是念時에 忽然大明하야 其明猛盛이 猶如白日이어늘 即尋光出하야 至城門下하니 佛神力故로 門自開闢이라 既出門已에 路有天祠어늘 須達이 經過할새 禮拜致敬하니 尋還黑闇이라 心生惶怖하야 復欲還返所止之處러니 時彼城門에 有一天神하야 告須達이 言하되 仁者여 若往如來所者면 多獲善利하리라

須達多가 言하되 云何善利오

答言하되 長者여 假使有人이 真寶玟珞과 駿馬百匹과 香象百頭와 寶車百乘과 鑄金為人하되 其數復百이며 端正女人이 身珮瓔珞하며 眾寶廁填한 上妙宮宅과 殿堂屋宇와 雕文刻鏤한 金盤銀粟과 銀盤金粟를 數各一百하야 以施一人하며 如是展轉하야 盡閻浮提라도 所得功德이 不如有人이 發意一步하야 詣如來所니라

須達多가 言하되 善男子야 汝是誰耶아 答言長者 我是勝相婆羅門子니 是汝의 往昔善知識也라 我因往日에 見舍利弗과 大目犍連하고 心生歡喜하야 捨身하고 得作北方天王毘沙門子하야 專知守護此王舍城하노라 我因禮拜舍利弗等하고 生歡喜心하야 尚得如是妙好之身이온 況當得見如來大師하야 禮拜供養가 須達長者가 聞是事已에 即還復道하야 來詣我所하야 到已頭面으로 敬禮我足이어늘 我時에 即為如應說法하니 長者가 聞已에 得須陀洹果하다 既獲果證에 復請我言하되 如來大慈로 惟願臨顧하사 至舍衛城하야 受我微供하소서 我即問言하되 卿舍衛國에 頗有精舍가 相容受不아 須達多가 言하되 若佛哀愍하사 必見垂顧하시면 便當自竭하야 營辦成立하리니다

善男子야 我於爾時에 默然受請하니 須達長者가 已蒙聽許하고 即白我言

하되 我從昔來로 未爲斯事이오니 惟願如來는 遣舍利弗하사 指授儀則케하소서 我卽顧命하야 勅令營佐케하라 한대 時에 舍利弗이 與須達多로 共載一車하야 往舍衛城할새 我神力故로 經一日夜하야 便到所止하니라

時에 須達多가 白舍利弗하되 大德이여 此大城外에 何處에 有地不近不遠하고 多饒泉池하며 有好林樹하고 花果欝茂하며 淸淨閑豫이닛고 我當於中에 爲佛世尊과 及比丘僧하야 造立精舍하리니다

舍利弗이 言하되 祇陀園林이 不近不遠이요 淸淨寂寞하고 多有泉池와 樹木花果하야 隨時而有하니 此處最勝하야 可安立精舍니라 時에 須達多가 聞是語已에 卽往祇陀大長者所하야 告祇陀言하되 我今欲爲無上法王하야 造立僧坊이오니 惟仁의 園地에 任中造立일새 吾今欲買하노니 能見與不아 祇陀가 答言하되 設以眞金으로 遍布其地라도 猶不相與니라 須達多가 言하되 善哉라 祇陀여 林地는 屬我니 汝便取金하라

祇陀가 答言하되 我園不賣어늘 云何取金고

須達多가 言하되 若意不了인대 當共往詣斷事人所니라

時에 二長者가 卽共俱往斷事者所한대 斷事者가 言하되 園屬須達이니 祇陀는 取金하라 須達長者가 卽時使人으로 車馬載負하야 隨集布地할새 一日之中에 唯五百步를 金未周遍이라

祇陀가 言曰하되 長者여 若悔인대 隨意聽止하라

須達多가 言하되 吾不悔也요 自念當出何藏金하여야 足하노라 祇陀가 念言하되 如來法王이 眞實無上이요 所說妙法이 淸淨無染일새 故使斯人으로 輕寶乃爾라 하고 卽語須達호대 餘未遍者는 不復須金하고 請以見與하리라 我自爲佛하야 造立門樓하야 常使如來로 經由出入이라 하고 祇陀長者가 自造門樓하고 須達長者는 七日之中에 成立大房을 足三百口하며 禪房靜處가 六十三所이요 冬室夏堂이 各各別異하며 廚坊浴室과 洗脚之處와 大小圊廁이 無不備足이라 所設已訖에 卽執香鑪하고 向王舍城하야 遙作是言하되 所設已辦이로소니 惟願如來는 慈哀憐愍하사 爲諸衆生하야 受是住處하소서 我時에 玄知是長者心하고 卽與大衆으로 發王舍城하야 譬如壯士

大般涅槃經 卷第二十九

가 屈伸臂頃에 至舍衛城·祇陀園林·須達精舍하니 我既到已에 須達長者가 以其所設로 奉施於我어늘 我時受已에 即住其中하니라

大般涅槃經 卷第二十九 終

師子吼菩薩品 第十一之三

大般涅槃經 卷第三十

北涼天竺 三藏 曇無讖 譯

師子吼菩薩品 第十一之四

時에 諸六師가 心生嫉妬하야 悉共集詣波斯匿王하야 作如是言하되 大王은 當知하소서 王之土境이 清夷閑靜하니 真是出家의 住止之處라 是故로 我等이 為斯事故로 而來至此러니 大王이여 以法正治하야 為民除患이니다

沙門瞿曇이 年既幼稚하고 學日이 又淺이며 道術無施니다 此國에 先有耆舊宿德이어늘 自怙王種하야 不生恭敬하니 若是王種인대 法應治民이요 如其出家인대 應敬宿德이어늘 大王이시여 善聽하소서 沙門瞿曇이 真實不生 王種之中이니 瞿曇沙門이 若有父母인대 何由로 劫奪他之父母이닛고

大王이여 我經中說하되 過千歲已에 有一妖祥인 幻化物出이라 하더니 所謂沙門瞿曇이 是也니다

是故로 當知沙門瞿曇은 無父無母라 若有父母인대 云何說言하되 諸法無常이며 苦空無我며 無作無受오 以幻術故로 誑惑眾生커늘 愚者는 信受어니와 智者는 捨之니다

大王이시여 夫人王者는 天下父母이시니 如秤如地하며 如風如火하며 如道如河하며 如橋如燈하며 如日如月하시니 如法斷事하야 不擇怨親이니다 沙門瞿曇이 不聽我活하고 隨我去處하야 追逐不捨리니 惟願大王은 聽我等輩가 與彼瞿曇으로 較其道力하소서 若彼勝我인대 我當屬彼이요 我若勝彼인대 彼當屬我리다

王言하되 大德이여 汝等各各自有行法하고 止住之處가 亦各不同하니 我今에 定知 如來世尊이 於汝에 無妨이니라

六師가 答言하되 云何無妨이닛가 沙門瞿曇이 以幻術法으로 誘誑諸人과

及婆羅門하야 歸伏已盡이라 王若聽我의 與較道力하면 王之善名이 流布八方이어니와 如其不者인대 惡聲盈路리다

王言하되 大德이여 汝以未知如來道力과 威神巍巍일새 故求較試어니와 若定知者인대 恐不能也리라

大王이시여 汝今已受瞿曇幻耶아 唯願大王은 留神聽察하고 莫輕我等하소서 搆之虛言이 不如驗之以實이니다

王言하되 善哉善哉라

六師之徒가 歡喜而出이어늘 時에 波斯匿王이 卽勅嚴駕하야 來至我所하야 頭面敬禮하야 右繞三匝하고 退坐一面하야 而白我言하되 世尊이시여 六師向來에 求較道力이어늘 我不量度하고 敢已許之로소이다

佛言하사대 大王이여 善哉善哉라

但當更於此國處處에 造立僧坊이니라 何以故오 我若與彼로 較其神力인대 彼衆之中에 受化者多리니 此處狹小하니 云何容受리요

善男子야 我於爾時에 爲六師故로 從初一日로 至十五日토록 現大希有神通變化하니 當是時也하야 無量衆生이 發阿耨多羅三藐三菩提心하고 無量衆生이 於三寶所에 生信不疑하며 六師徒衆이 其數無量이라 破邪見心하고 正法出家하며 無量衆生이 於菩提中에 得不退心하며 無量衆生이 得陀羅尼諸三昧門하며 無量衆生이 得須陀洹果로 至阿羅漢果하니라

爾時에 六師가 內心慚愧하야 相與圍繞하야 至婆枳多城하야 敎彼人民하야 信受邪法케하야 瞿曇沙門은 但說空事하니라

善男子야 我時에 爲母하야 處忉利天의 波利質多樹하야 安居說法이러니 是時에 六師가 心大歡喜하야 唱言하되 善哉라 瞿曇幻術이 今已滅沒이로다 復敎無量無數衆生하야 增長邪見이라

爾時에 頻婆娑羅王과 波斯匿王과 及四部衆이 白目連言하되 大德이여 此閻浮提에 邪見이 增長이라 衆生이 可愍하야 行大黑闇하니 惟願大德은 至彼天上하야 稽首世尊하고 如我言曰하되 譬如犢子가 其生未久하야 若不得乳하면 必死無疑리니 我等衆生도 亦復如是로소니 惟願如來는 哀愍衆生하

사 還來住此하소서

爾時에 目連이 默然而許하고 如大力士의 屈伸臂頃에 往彼天上하야 至世尊所하야 白佛言하되 閻浮提中에 所有四眾이 渴仰如來하야 思見聞法일새 頻婆娑羅王과 波斯匿王과 及四眾等이 稽首足下하되 此閻浮提에 所有眾生이 邪見增長하야 行大黑闇하니 甚可憐愍이 譬如犢子가 其生未久에 若不得乳하면 必死不疑하야 我等亦爾하니 惟願如來는 爲眾生故로 還來在此閻浮提中하소서 하니라

佛告目連하사대 汝今速還하야 至閻浮提하야 告諸國王과 及四部眾하되 却後七日에 我當還下리니 爲六師故로 復當至彼婆枳多城이라 하라

過七日已에 我與釋天과 梵天·魔天·無量天子와 及首陀會一切天人으로 前後圍繞하야 至婆枳多城하야 大師子吼하야 作如是言하시대 惟我法中에 獨有沙門과 及婆羅門에 一切諸法이 無常이며 無我며 涅槃寂靜하야 離諸過惡이니라

若言他法에 亦有沙門及婆羅門과 有常有我와 有涅槃者인대 無有是處니라 爾時에 無量無邊眾生이 發阿耨多羅三藐三菩提心하나니 是時에 六師가 各相謂言하되 若我法中에 實無沙門婆羅門者인대 云何而得世間供養리요 於是에 六師가 復相集聚하야 詣毘舍離하니라

善男子야 我於一時에 住毘舍離菴羅林間이러니 時에 菴羅女가 知我在中하고 欲來我所어늘 我於爾時에 告諸比丘하되 當觀念處하야 善修智慧하고 隨所修習하야 心莫放逸하라

云何名爲觀於念處오 若有比丘가 觀察內身하야 不見於我와 及以我所하고 觀察外身과 及內外身하야 不見於我와 及以我所하며 觀受心法도 亦復如是니 是名念處니라

云何名爲修習智慧오 若有比丘가 眞實而見苦集滅道하면 是名比丘가 修習智慧니라

云何名爲心不放逸고 若有比丘가 念佛念法하며 念僧念戒하며 念捨念天이 是名比丘의 心不放逸이니라

時에 菴羅女가 即至我所하야 頭面作禮하야 右繞三匝하고 修敬已畢에 却坐一面이어늘 善男子야 我於爾時에 爲菴羅女하야 如應說法한대 是女가 聞已에 發阿耨多羅三藐三菩提心하니라

時에 彼城中에 有梨車子가 其數五百이 來至我所하야 頭面作禮하야 右繞三匝하고 修敬已畢에 却坐一面이어늘 我時에 復爲諸梨車子하야 如應說法호대 諸善男子야 夫放逸者는 有五事果하니 何等이 爲五오

一者는 不得自在財利요 二者는 惡名流布於外요 三者는 不樂惠施窮乏이요 四者는 不樂見於四衆이요 五者는 不得諸天之身이라

諸善男子야 因不放逸하야 能生世法과 出世間法하나니 若有欲得阿耨多羅三藐三菩提者는 應當勤修不放逸法이니라 夫放逸者는 復有十三果報하나니 何等이 十三고

一者는 樂爲世間作業이요 二者는 樂說無益之言이요 三者는 常樂久寢睡眠이요 四者는 樂說世間之事요 五者는 常樂親近惡友이요 六者는 常懈怠懶惰이요 七者는 常爲他人所輕이요 八者는 雖有所聞尋復忘失이요 九者는 樂處邊地요 十者는 不能調伏諸根이요 十一者는 食不知足이요 十二者는 不樂空寂이요 十三者는 所見不正이니 是名十三이니라

善男子야 夫放逸者는 雖得近佛과 及佛弟子하야도 猶故爲遠니라 諸梨車子가 言하되 我等이 自知是放逸人이니라 何以故오 如其我等이 不放逸者인대 如來法王이 當出我土이리다 時에 大會中에 有婆羅門子하니 名曰無勝이라

語諸梨車子하되 善哉善哉라 如汝所言하니라 頻婆娑羅王이 已獲大利러니 如來世尊이 出其國土가 猶如大池에 生妙蓮花하야 雖生在水나 水不能汚니라

諸梨車子야 佛亦如是하야 雖生彼國이나 不爲世法之所滯礙며 諸佛世尊은 無出無入이로대 爲衆生故로 出現於世나 不爲世法之所滯礙니라

仁等이 自迷하야 耽荒五欲하고 不知親近하야 往如來所일새 是故로 名爲放逸之人이언정 非佛出於摩伽陀國이라 하야 名放逸也니라 何以故오 如來

- 565 -

世尊은 猶彼日月이 非為一人二人하야 出世시니라
時에 諸梨車子가 聞是語已에 尋發阿耨多羅三藐三菩提心하고 復作是言하되 善哉善哉라 無勝童子가 快說如是善妙之言이로다 時에 諸梨車가 各各脫身의 所著一衣하야 以施無勝하니 無勝이 受已에 轉以奉我하고 復作是言하되 世尊이시여 我從梨車하야 得是衣物하오니 惟願如來는 哀愍眾生하사 受我所獻하소서 我於爾時에 愍彼無勝하야 即為納受한대 時에 諸梨車가 同時合掌하야 作如是言하되 惟願如來는 於此土地에 一時安居하야 受我微供하소서 我時에 默然하야 受梨車請하니라
是時에 六師가 聞是事已에 師宗相與하야 詣波羅奈城어늘 爾時에 我復往波羅奈하야 住波羅河邊이러니 時에 波羅奈에 有長者子하니 名曰寶稱이라 耽荒五欲하고 不知非常이러니 以我到故로 自然而得白骨觀法하야 見其殿舍에 宮人婇女가 悉為白骨하고 心生怖懼를 如刀毒蛇하며 如賊如火하야 即出其舍하야 來詣我所할새 隨路而言하되 瞿曇沙門이여 我今에 如為賊所追逐인달하야 甚大怖懼하오니 願見救濟하소서
佛言하사대 善男子야 佛法眾僧은 安隱無懼니라 長者子가 言하되 若三寶中에 無所畏者인대 我今亦當得無所畏리다 하거늘 我即聽其出家為道하니라
時에 長者子가 復有同友하니 其數五十이라 遙聞寶稱이 厭欲出家하고 即共和順하야 相與出家하다 六師聞已에 展轉復詣瞻婆大城하니 時瞻婆大國의 一切人民이 悉共奉事六師之徒하고 初未曾聞佛法僧名하야 多有諸人이 作極惡業이거늘 我於爾時에 為眾生故로 往瞻婆城하니 時彼城中에 有大長者하되 無有繼嗣라 供事六師하야 以求子息이러니 其後不久에 婦則懷妊이어늘 長者知已에 往六師所하야 歡喜而言하되 我婦懷妊하니 男耶·女耶야 六師答言하되 生必是女이라
長者聞已에 心生愁惱하다 復有知識이 來謂長者하되 何故愁惱를 乃如是耶아
長者가 答言하되 我婦懷妊에 未知男女故로 故問六師한대 六師見語하되 如我相法인대 生必是女라 하니 我聞是語하고 自惟年老요 財富無量이나

如其非男인대 無所付囑일새 是故로 我愁하노라
知識이 復言하되 汝無智慧로다 先不聞耶아 優樓頻螺迦葉兄弟는 爲誰弟子요 佛耶아 六師耶아
六師가 若是一切智者인대 迦葉이 何故로 捨之不事하고 爲佛弟子아 又舍利弗과 目犍連等과 及諸國王·頻婆娑羅等과 諸王·夫人·末利夫人等과 諸國長者·須達多等 如是諸人이 非佛弟子耶아 曠野鬼神과 阿闍世王과 護財醉象과 鴦掘魔羅는 惡心熾盛하야 欲害其母로대 如是等輩가 斯非如來의 所調伏耶아 長者여 如來世尊은 於一切法에 知見無礙일새 故名爲佛이요 發言無二일새 故名如來요 斷煩惱故로 名阿羅訶요 世尊이시여 所說은 終無有二어니와 六師는 不爾하니 云何可信이리요 如來가 今者에 近在此住하시니 若欲實知인대 當詣佛所하라 爾時에 長者가 即與是人으로 來詣我所하야 頭面作禮하야 右遶三匝하고 合掌長跪하야 而作是言하되 世尊이시여 於諸眾生에 平等無二하며 怨親一相이어늘 我爲愛結之所繫縛하야 於怨親中에 未能無二니다 我今에 欲問如來 世事나 深自愧懼하와 未敢發言하나이다
世尊이시여 我婦懷妊에 六師相言하되 生必是女라 하니 是事云何닛고
佛言하사대 長者여 汝婦懷妊은 是男無疑라 其兒生已에 福德이 無比하리라
爾時에 長者가 聞我語已에 生大歡喜하야 便退還家하니라 爾時에 六師가 聞我玄記하되 生者必男이요 有大福德이라 하고 心生嫉妬하야 以菴羅果로 和合毒藥하야 持往其家하야 語長者言하되 快哉瞿曇이 善說其相이로다 汝婦臨月하니 可服此藥하라 服此藥已에 兒則端正하고 產者無患하리라
長者가 歡喜하야 受其毒藥하야 與婦令服한대 服已尋死어늘 六師가 歡喜하야 周遍城市하야 高聲唱言하되 沙門瞿曇이 記彼長者하야 婦當生男이요 其兒福德이 天下無勝이라 하더니 今兒未生에 母已喪命이로다
爾時에 長者가 復於我所에 生不信心하야 即依世法하야 殯殮棺蓋하야 送至城外하야 多積乾薪하야 以火焚之어늘 我以道眼으로 明見此事하고 顧命阿難호대 取我衣來하라 吾欲往彼하야 摧滅邪見하리라

時에 毘沙門天이 告摩尼跋陀大將하야 而作是言하되 如來 今欲詣彼塚間하시니 卿可速往하야 平治掃灑하고 安師子座하고 求妙花香하야 莊嚴其地하라

爾時에 六師가 遙見我往하고 各相謂言하사대 瞿曇沙門이 至此塚間하야 欲噉肉耶아 是時에 多有未得法眼한 諸優婆塞가 各懷羞愧하야 而白我言하되 彼婦已死하니 願不須往하소서

爾時에 阿難이 語衆人言하되 且待須臾하라 如來不久에 當廣開闡諸佛境界하시리라

我時到已에 坐師子座하니 長者가 難言하되 所言이 無二면 可名世尊이나 母已終亡하니 云何生子리요

我言호대 長者여 卿於爾時에 都不見問母命修短하고 但問所懷가 爲是男女하니 諸佛如來는 發言無二라 是故로 當知定必得子니라

是時에 死屍가 火燒腹裂하니 子從中出하야 端坐火中이 猶如鴛鴦이 處蓮花臺어늘 六師가 見已에 復作是言하되 妖哉瞿曇이 善爲幻術이로다 長者가 見已에 心復歡喜하야 呵責六師하되 若言幻者인대 汝何不作고 我於爾時에 尋告耆婆하되 汝往火中하야 抱是兒來하라

耆婆가 欲往한대 六師前牽하야 語耆婆言하되 瞿曇沙門의 所作幻術이 未必常爾라 或能不能이니 如其不能인대 脫相燒害리니 汝今云何로 信受其言고

耆婆答言하되 如來가 使入阿鼻地獄이라도 所有猛火가 尙不能燒 況世間火라 爾時에 耆婆가 前入火聚하니 猶入淸涼大河水中이라 抱持是兒하야 還詣我所하야 授兒與我어늘 我受兒已에 告長者言하되 一切衆生의 壽命不定이 如水上泡하나 衆生이 若有殷重業果하면 火不能燒하며 毒不能害라 是兒業果요 非我所作이니라

時에 長者가 言하되 善哉라 世尊이시여 是兒가 若得盡其天命인대 惟願如來가 爲立名字하소서

佛言하사대 長者여 是兒生於猛火之中하니 火名이 樹提니 應名樹提니라

師子吼菩薩品 第十一之四

爾時會中에 見我神化하고 無量衆生이 發阿耨多羅三藐三菩提心하니라
爾時에 六師가 周遍六城하되 不得停足이라 慚愧低頭하야 復來至此拘尸那城하야 旣至此已에 唱如是言하되 諸人當知하라 沙門瞿曇은 是大幻師로 誑惑天下하야 遍六大城이라
譬如幻師가 幻作四兵이니 所謂車兵과 馬象兵과 步兵이라
又復幻作種種瓔珞과 城郭宮宅과 河池樹木하나니 沙門瞿曇도 亦復如是하야 幻作王身하며 爲說法故로 或作沙門身·婆羅門身·男身·女身·小身·大身하며 或作畜生·鬼神之身하며 或說無常하고 或說有常하며 或時說苦하고 或時說樂하며 或說有我하고 或說無我하며 或說有淨하고 或說無淨하며 或時說有하고 或時說無하야 所爲虛妄일새 故名爲幻이라
譬如因子가 隨子得果인달하니 瞿曇沙門도 亦復如是하야 摩耶所生이라 母旣是幻이어니 子不得非아
沙門瞿曇은 無實知見이라 諸婆羅門이 經年積歲하야 修習苦行하야 護持禁戒라도 尚言未有眞實知見이어든 何況瞿曇은 年少學淺하고 不修苦行이어니 云何而有眞實知見이리요
若能具滿七年苦行이라도 見猶不多어든 況所修習이 不滿六年가
愚人이 無智하야 信受其敎라 如大幻師가 誑惑愚者하야 沙門瞿曇도 亦復如是라 하니라
善男子야 如是六師가 於此城中에 大爲衆生하야 增長邪見이어늘 善男子야 我見是事하고 心生憐愍하야 以其神力으로 請召十方諸大菩薩하야 雲集此林하야 周匝彌滿四十由延하고 今於此中에 大師子吼하노라
善男子야 雖於空處에 多有所說이나 則不得名師子吼也어니와 於此智人大衆之中에 眞得名爲大師子吼라 師子吼者는 說一切法이 悉無常苦無我不淨이요 惟說如來가 常·樂·我·淨이니라
爾時에 六師가 復作是言하되 若瞿曇이 有我인대 我亦有我니 所言我者는 見者를 名我니 瞿曇이여 譬如有人이 向中에 見物인달하야 我亦如是라 向은 喩於眼하고 見者는 喩我니라

佛告六師하사대 若言見者가 名我인대 是義不然하다 何以故오 汝所引喻에 因向見者인대 人在一向하야도 六根俱用하나니 若定有我하야 因眼見者인대 何不如彼하야 一根之中에 俱伺諸塵고 若一根中에 不能一時에 聞見六塵인대 當知無我로다 所引向喻는 雖經百年이라도 見者가 因之하면 所見無異하리니 眼根이 若爾인대 年邁根熟이나 亦應無異하리며 人向은 異故로 見內見外하나니 眼根이 若爾인대 亦應內外를 一時俱見이요 若不見者인대 云何有我리요

六師가 復言하되 瞿曇이여 若無我者인대 誰能見耶아

佛言하사대 有色有明하며 有心有眼하니 是四和合일새 故名爲見이언정 是中에 實無見者受者어늘 衆生이 顚倒하야 言有見者와 及以受者라 하니 以是義故로 一切衆生은 所見이 顚倒하고 諸佛菩薩은 所見이 眞實이니라

六師야 若言色是我者인대 是亦不然하다 何以故오 色實非我니 色若是我인대 不應而得醜陋形貌어늘 何故로 復有四姓差別하고 悉不一種婆羅門耶아 何故로 屬他하야 不得自在하며 諸根缺陋하야 生不具足하며 何故로 不作諸天之身하고 而受地獄·畜生·餓鬼의 種種諸身고 若不能得隨意作者인대 當知必定無有我也라 以無我故로 名爲無常이요 無常故로 苦요 苦故爲空이요 空故로 顚倒요 以顚倒故로 一切衆生이 輪轉生死하노니 受·想·行·識도 亦復如是하니라

六師여 如來世尊은 永斷色縛과 乃至識縛일새 是故로 名爲常·樂·我·淨이니라 復次色者는 卽是因緣이니 若因緣者인대 則名無我요 若無我者인대 名爲苦空이어니와 如來之身은 非是因緣이니 非因緣故로 則名有我라 若有我者인대 卽常樂淨이니라

六師가 復言하되 瞿曇이여 色亦非我하며 乃至識亦非我니 我者는 遍一切處가 猶如虛空이니라

佛言하사대 若遍有者인대 則不應言我初不見이라 하리니 若初不見언대 則知是見이 本無今有며 若本無今有인대 是名無常이니라

若無常者인대 云何言遍리요 若遍有者인대 五道之中에 應具有身이요 若有

師子吼菩薩品 第十一之四

身者인대 應各受報라 若各受報인대 云何而言轉受人天이리요
汝言遍者는 一耶아 多耶아 我若一者인대 則無父子와 怨親中人이요 我若多者인대 一切衆生의 所有五根이 悉應平等이요 所有業慧도 亦應如是하리니 若如是者인대 云何說言根有具足과 不具足者와 善業·惡業과 愚智差別이리오
瞿曇이여 衆生我者는 無有邊際어니와 法與非法은 則有分齊하니 衆生이 修法하면 則得好身하고 若行非法하면 則得惡身하나니 以是義故로 衆生業果가 不得無差니라
佛言하사대 善男子야 法與非法이 若如是者인대 我則不遍이요 我若遍者인대 則應悉到라 如其到者인대 修善之人도 亦應有惡하고 行惡之人도 亦應有善이요 若不爾者인대 云何言遍이리오
瞿曇이여 譬如一室에 然百千燈하면 各各自明하야 不相妨礙하니 衆生我者도 亦復如是하야 修善行惡에 不相雜合이니라
善男子야 汝等이 若言我如燈者인대 是義不然하다 何以故오 彼燈之明은 從緣而有하니 燈增長故로 明亦增長이어니와
衆生我者는 則不如是하며 明從燈出하야 住在異處이어니와 衆生我者는 不得如是하야 從身而出하야 住在異處어니와 彼燈光明은 與闇共住니 何以故오 如闇室中에 然一燈時에 照則不了라가 及至多燈하야사 乃得明了하나니 若初燈이 破闇인대 則不須後燈이요 若須後燈인대 當知初明이 與闇共住니라 瞿曇이여 若無我者인대 誰作善惡고
佛言하사대 若我作者인대 云何名常이며 如其常者인대 云何而得有時에 作善하고 有時에 作惡가 若言有時에 作善惡者인대 云何復得言我無邊이리요 若我作者인대 何故로 而復習行惡法하며 如其我가 是作者며 智者인대 何故로 生疑衆生無我오 以是義故로 外道法中에 定無有我니라
若言我者인대 則是如來니 何以故오 身無邊故며 無疑網故라 不作不受故로 名為常오 不生不滅故로 名為樂오 無煩惱垢故로 名為淨이요 無有十相故로 名為空이라 是故로 如來는 常·樂·我·淨이며 空無諸相이니라

諸外道가 言하되 若言如來가 常·樂·我·淨이며 無相故로 空인대 當知하라 瞿曇의 所說之法이 則非空也니 是故로 我今에 當頂戴受持리다
爾時에 外道가 其數無量이 於佛法中에 信心出家하니라
善男子야 以是因緣故로 我於此娑羅雙樹에 大師子吼하나니 師子吼者는 名大涅槃이니라
善男子야 東方雙者는 破於無常하야 獲得於常이요 乃至北方雙者는 破於不淨하야 而得於淨이니라
善男子야 此中衆生이 爲雙樹故로 護娑羅林하야 不令外人으로 取其枝葉하며 斫截破壞케하나니 我亦如是하야 爲四法故로 令諸弟子로 護持佛法이라
何等이 名四오 常·樂·我·淨이니라
此四雙樹는 四王이 典掌이어든 我爲四王하야 護持我法일새 是故로 於中에 而般涅槃이리라
善男子야 娑羅雙樹가 花果常茂하야 常能利益無量衆生하나니 我亦如是하야 常能利益聲聞과 緣覺이니라
花者는 喩我요 果者는 喩樂이라
以是義故로 我於此間婆羅雙樹에 入大寂定이리니 大寂定者는 名大涅槃이니라
師子吼가 言하되 世尊이시여 如來가 何故로 二月에 涅槃이닛고
善男子야 二月은 名春이라 春陽之月은 萬物이 生長하고 種植根栽하며 花果敷榮하고 江河盈滿하며 百獸孚乳하나니 是時에 衆生이 多生常想일새 爲破衆生의 如是常心하고 說一切法이 悉是無常이요 惟說如來는 常住不變이니라
善男子야 於六時中에 孟冬은 枯悴하야 衆不愛樂하고 春陽은 和液하니 人所貪愛일새 爲破衆生의 世間樂故로 演說常樂이요 我淨도 亦爾하니 如來가 爲破世我世淨故로 說如來의 眞實我淨이니라
言二月者는 喩於如來의 二種法身이라 冬不樂者는 智者는 不樂如來無常하야 入於涅槃이요 二月樂者는 喩於智者는 愛樂如來의 常·樂·我·淨이니라

種植者는 喻諸衆生이 聞法歡喜하야 發阿耨多羅三藐三菩提心하야 種諸善根이니라
河者는 喻於十方諸大菩薩이 來詣我所하야 諮受如是大涅槃典이요 百獸孚乳者는 喻我弟子가 生諸善根이요 花喻七覺하고 果喻四果니 以是義故로 我於二月에 入大涅槃이니라
師子吼가 言하되 如來初生하사 出家成道하시며 轉妙法輪을 皆以八日하시고 何故로 涅槃은 獨十五日이닛가
佛言하사대 善哉라 善哉라 善男子야 如十五日은 月無虧盈하니 諸佛如來도 亦復如是하야 入大涅槃하야는 無有虧盈니 以是義故로 以十五日로 入般涅槃이니라
善男子야 如十五日은 月盛滿時라 有十一事하니
何等十一고
一은 能破闇이요 二는 令衆生으로 見道 非道요 三은 令衆生으로 見道의 邪正이요 四는 除欝蒸하고 得清涼樂이요 五는 能破壞熒火高心이요 六은 息一切賊盜之想이요 七은 除衆生의 畏惡獸心이요 八은 能開敷優鉢羅花요 九는 合蓮花요 十은 引發行人의 進路之心이요 十一은 令諸衆生으로 樂受五欲하야 多獲快樂이니라
善男子야 如來의 滿月도 亦復如是하니
一者는 破壞無明大闇이요 二者는 演說正道邪道요 三者는 開示生死邪嶮과 涅槃平正이요 四者는 令人로 遠離貪欲과 瞋恚와 癡熱이요 五者는 破壞外道無明이요 六者는 破壞煩惱結賊이요 七者는 除滅畏五蓋心이요 八者는 開敷衆生의 種善根心이요 九者는 覆蓋衆生의 五欲之心이요 十者는 發起衆生이 進修趣向大涅槃行이요 十一者는 令諸衆生으로 樂修解脫이라 以是義故로 於十五日에 入大涅槃이로대 而我는 真實不入涅槃이니라
我弟子中에 愚癡惡人은 定謂如來가 入於涅槃이라 하리니 譬如母人이 多有諸子러니 其母捨行하야 至他國土닛가 未還之頃에 諸子各言하되 我母가 已死라 하나 而是母人은 實不死也니라

師子吼菩薩이 言하되 世尊이시여 何等比丘가 能莊嚴此娑羅雙樹하리닛고
善男子야 若有比丘가 受持讀誦十二部經하야 正其文句하야 通達深義하며 爲人解說호대 初中後善하며 爲欲利益無量衆生하야 演說梵行하면 如是比丘는 則能莊嚴娑羅雙樹니라
師子吼菩薩이 言하되 世尊이시여 如我解佛所說義者인대 阿難比丘가 卽其人也니다 何以故오 阿難比丘가 受持讀誦十二部經하야 爲人開說하되 正語正義를 猶如寫水하야 置之異器인달하야 阿難比丘도 亦復如是하야 從佛所聞하야 如聞轉說하나이다
善男子야 若有比丘가 得淨天眼하야 見於十方三千大千世界의 所有호대 如觀掌中에 菴摩勒果하면 如是比丘도 亦能莊嚴娑羅雙樹니라
師子吼가 言하되 世尊이시여 若如是者인대 阿尼樓馱比丘가 卽其人也니다 何以故오 阿尼樓馱는 天眼으로 見於三千大千世界所有하며 乃至中陰이라도 悉能明了하야 無障礙故니다
善男子야 若有比丘가 少欲知足하며 心樂寂靜하야 勤行精進과 念과 定과 慧解하면 如是比丘도 則能莊嚴娑羅雙樹니라
師子吼가 言하되 世尊이시여 若如是者인대 迦葉比丘가 卽其人也리니 何以故오 迦葉比丘가 善修少欲知足等法니다
善男子야 若有比丘가 爲益衆生故로 不爲利養하고 修習通達無諍三昧와 聖行과 空行하면 如是比丘는 則能莊嚴娑羅雙樹하리라
師子吼가 言하되 世尊이시여 若如是者인대 須菩提比丘가 卽其人也니다 何以故오 須菩提者는 善修無諍과 聖行과 空行故니다
善男子야 若有比丘가 善修神通하야 一念之中에 能作種種神通變化하야 一心一定로 能作二果니 所謂水火라 如是比丘는 則能莊嚴娑羅雙樹하리라
師子吼가 言하되 世尊이시여 若如是者인대 目連比丘가 卽其人也니 何以故오 目揵連者는 善修神通하야 無量變化故니다
善男子야 若有比丘가 修習大智·利智·疾智·解脫智·甚深智·廣智·無邊智·無勝智·實智하야 具足成就如是慧根하야 於怨親中에 心無差別하며 若聞如來

師子吼菩薩品 第十一之四

가 涅槃無常이라도 心不憂感하며 若聞常住하야 不入涅槃라도 不生欣慶하면 如是比丘는 則能莊嚴娑羅雙樹하리라

師子吼가 言하되 世尊이시여 若如是者인대 舍利弗比丘가 即其人也니다 何以故오 舍利弗者는 善能成就하야 具足如是大智慧故니다

善男子야 若有比丘가 能說眾生이 悉有佛性하며 得金剛身하야 無有邊際하며 常·樂·我·淨이요 身心無礙하야 得八自在하면 如是比丘는 則能莊嚴娑羅雙樹하리라

師子吼가 言하되 世尊이시여 若如是者인대 惟有如來가 即其人也니 何以故오 如來之身은 金剛無邊하고 常·樂·我·淨하시며 身心無礙하야 具八自在故니다

世尊이시여 惟有如來라야 乃能莊嚴娑羅雙樹이어니와 如其無者인대 則不端嚴이리니 惟願大慈로 為莊嚴故로 常住於此娑羅林中하소서

佛言하사대 善男子야 一切諸法이 性無住住어늘 汝云何言하되 願如來住아 善男子야 凡言住者는 名為色法이니 從因緣生일새 故名為住요 因緣이 無處故로 名不住住라 如來는 已斷一切色縛이어니 云何當言如來住耶아 受想行識도 亦復如是니라

善男子야 住名憍慢이니 以憍慢故로 不得解脫이요 不得解脫故로 名為住어니와 誰有憍慢하야 從何處來오 是故로 得名為無住住라 如來는 永斷一切憍慢이어니 云何而言願如來住아 住者는 名有為法이니 如來는 已斷有為之法이라 是故로 不住니라 住를 名空法이니 如來는 已斷如是空法일새 是故로 獲得常·樂·我·淨시니 云何而言願如來住아 住者는 名為二十五有이니 如來는 已斷二十五有커니 云何而言願如來住오 住者는 即是一切凡夫요 諸聖은 無去며 無來며 無住라 如來는 已斷去來住相하시니 云何言住아 夫無住者는 名無邊身이라

身無邊커니 故云何而言惟願如來는 住娑羅林고 若住此林하면 則是有邊이요 身若有邊이면 則是無常이라

如來는 是常라시니 云何言住리오 夫無住者는 名曰虛空이라 如來之性은

同於虛空이니 云何言住아 又無住者를 名金剛三昧라
金剛三昧는 壞一切住요 金剛三昧는 即是如來시니 云何言住아 又無住者는 則名為幻이요 如來는 同幻커니 云何言住아 又無住者는 名無始終이라
如來之性은 無有始終이시니 云何言住아 又無住者는 名無邊法界라
無邊法界가 即是如來시니 云何言住아 又無住者는 名首楞嚴三昧라 首楞嚴三昧는 知一切法하되 而無所著이니 以無著故로 名首楞嚴이라
如來는 具足首楞嚴定커니 云何言住아 又無住者는 名處非處力이라
如來는 成就處非處力커니 云何言住아 又無住者는 名檀波羅蜜이라 檀波羅蜜이 若有住者인대 則不得至尸波羅蜜과 乃至般若波羅蜜이니 以是義故로 檀波羅蜜을 名為無住니라
如來는 乃至不住般若波羅蜜커니 云何言願如來常住娑羅樹林고
又無住者는 名修四念處니 如來가 若住四念處者인대 則不能得阿耨多羅三藐三菩提리니 是名不住住니라
又無住者는 名無邊眾生界니 如來가 悉到一切眾生의 無邊界分호대 而無所住니라 又無住者는 名無屋宅이요
無屋宅者는 名為無有요 無有者는 名為無生이요 無生者는 名為無死요 無死者는 名為無相이요 無相者는 名為無繫요 無繫者는 名為無著이요 無著者는 名為無漏요 無漏는 即善이요 善即無為요 無為者는 即大涅槃이요 大涅槃은 即常이요 常者는 即我요 我者는 即淨이요 淨者는 即樂이라 常·樂·我·淨이 即是如來니라
善男子야 譬如虛空이 不住東方·南·西·北方四維·上·下라
如來도 亦爾하야 不住東方·南·西·北方·四維·上·下하니라
善男子야 若有說言身·口·意惡으로 得善果者인대 無有是處요 身·口·意善으로 得惡果者도 亦無是處니라
若言凡夫가 得見佛性하고 十住菩薩은 不得見者면 亦無是處며 一闡提輩가 犯五逆罪와 謗方等經과 毀四重禁하야 得阿耨多羅三藐三菩提者인대 亦無是處니라

六住菩薩이 煩惱因緣으로 墮三惡道라 하면 亦無是處며 菩薩摩訶薩이 以
眞女身으로 得阿耨多羅三藐三菩提者도 亦無是處니라 一闡提는 常이요
三寶는 無常이라 함도 亦無是處며 如來가 住於拘尸那城도 亦無是處니라
善男子야 如來가 今於此拘尸那城에 入大三昧深禪定窟이어늘 衆不見故로
名入涅槃이라 하나라

師子吼가 言하되 如來가 何故로 入禪定窟이닛고

善男子야 爲欲度脫諸衆生故며 未種善根者로 令得種故며 已種善根者로
得增長故며 善果未熟으로 令得熟며 爲已熟者로 說趣阿耨多羅三藐三菩
提故이며 輕賤善法者로 令生尊重故며 諸有放逸者로 令離放逸故며 爲與
文殊師利等諸大香象으로 共論議故며 爲欲敎化樂讀誦者로 深愛禪定故며
爲以聖行과 梵行과 天行으로 敎化衆生故며 爲觀不共深法藏故며 爲欲呵
責放逸弟子故니 如來가 常寂이라도 猶尙樂定이어든 況汝等輩는 煩惱가
未盡이어늘 而生放逸가 爲欲呵責諸惡比丘가 受畜八種不淨之物과 及不
少欲不知足故며 爲令衆生으로 尊重所聞禪定法故일새 以是因緣으로 入
禪定窟이라

師子吼가 言하되 世尊이시여 無相定者는 名大涅槃이니 是故로 涅槃을 名
爲無相이라 하니 以何因緣으로 名爲無相이닛고

善男子야 無十相故라 何等이 爲十고 所謂色相·聲相·香相·味相·觸相·生·住·
壞相·男相·女相이 是名十相이니 無如是相일새 故名無相이니라

善男子야 夫著相者는 則能生癡요 癡故로 生愛요 愛故로 繫縛이요 繫縛故
로 受生이요 受生故로 有死요 死故로 無常이어니와 不著相者는 則不生癡
하나니 不生癡故로 則無有愛요 無有愛故로 則無繫縛이요 無繫縛故로 則
不受生이요 不受生故로 則無有死요 無有死故로 則名爲常이니 以是義故
로 涅槃을 名常이니라

師子吼가 言하되 世尊이시여 何等比丘가 能斷十相이닛고

佛言하사대 善男子야 若有比丘가 數數修習三種相者는 則斷十相하리니 數
數修習三昧定相과 數數修習智慧之相과 數數修習捨相을 是名三相이니라

師子吼가 言하되 世尊이시여 云何名為定慧捨相이닛고 定이 是三昧者인대 一切衆生이 皆有三昧어늘 云何方言修習三昧며 若心在一境을 則名三昧인대 若更餘緣하면 則不名三昧이며 如其不定인대 非一切智니 非一切智를 云何名定이며 若以一行으로 得三昧者인대 其餘諸行은 亦非三昧이며 若非三昧인대 則非一切智라 若非一切智인대 云何名三昧닛고 慧捨二相도 亦復如是니다

佛言하사대 善男子야 如汝所言하야 緣於一境을 得名三昧요 其餘諸緣은 不名三昧라 하면 是義不然하다 何以故오 如是餘緣도 亦一境故며 行亦如是니라

又言衆生이 先有三昧라 不須修者도 是亦不然하다 所以者何오 言三昧者는 名善三昧니 一切衆生이 真實未有니 云何而言不須修習이리오 以住如是善三昧中하야 觀一切法을 名善慧相이요 不見三昧와 智慧의 異相을 是名捨相이니라

復次善男子야 若取色相이라도 不能觀色의 常無常相하면 是名三昧요 若能觀色의 常無常相하면 是名慧相이요 三昧慧等하야 觀一切法을 是名捨相이니라

善男子야 如善御駕駟에 遲疾得所하야 遲疾得所일새 故名捨相이라 菩薩도 亦爾하야 若三昧多者는 則修習慧하고 若慧多者는 則修習三昧하야 三昧慧等하면 則名為捨니라

善男子야 十住菩薩은 智慧力多하고 三昧力이 少일새 是故로 不得明見佛性이요 聲聞과 緣覺은 三昧力多하고 智慧力少일새 以是因緣으로 不見佛性이어니와 諸佛世尊은 定慧等故로 明見佛性하야 了了無礙가 如觀掌中의 菴摩勒果하나니 見佛性者를 名為捨相이니라

奢摩他者는 名為能滅이니 能滅一切煩惱結故니라

又奢摩他者는 名曰能調니 能調諸根의 惡不善故니라

又奢摩他者는 名曰寂靜이니 能令三業으로 成寂靜故라

又奢摩他者는 名曰遠離니 能令衆生으로 離五欲故니라

又奢摩他者는 名曰能淸이니 能淸貪欲과 瞋恚와 愚癡三濁法故라 以是義故로 故名定相이니라

毘婆舍那는 名爲正見이며 亦名了見이며 名爲能見이며 名曰遍見이며 名次第見이며 名別相見이니 是名爲慧니라

憂畢叉者는 名曰平等이며 亦名不諍이며 又名不觀이며 亦名不行이니 是名爲捨니라

善男子야 奢摩他者가 有二種하니

一者는 世間이요 二者는 出世間이라

復有二種하니

一者는 成就요 二는 不成就라

成就者는 所謂諸佛菩薩이요 不成就者는 所謂聲聞·辟支佛等이니라 復有三種하니 謂下·中·上이니

下者는 謂諸凡夫요 中者는 聲聞緣覺이요 上者는 諸佛菩薩이라

復有四種하니

一者는 退요 二者는 住요 三者는 進이요 四者는 能大利益이니라

復有五種하니 所謂五智三昧라

何等이 爲五오

一者는 無食三昧요 二者는 無過三昧요 三者는 身意淸淨一心三昧요 四者는 因果俱樂三昧요 五者는 常念三昧니라

復有六種하니

一者는 觀骨三昧요 二者는 慈三昧요 三者는 觀十二因緣三昧요 四者는 阿那婆那三昧요 五者는 正念覺觀三昧요 六者는 觀生滅住異三昧니라

復有七種하니 所謂七覺分이니

一者는 念處覺分이요 二者는 擇法覺分이요 三者는 精進覺分이요 四者는 喜覺分이요 五者는 除覺分이요 六者는 定覺分이요 七者는 捨覺分이니라

復有七種하니

一者는 須陀洹三昧요 二者는 斯陀含三昧요 三者는 阿那含三昧요 四者는

阿羅漢三昧요 五者는 辟支佛三昧요 六者는 菩薩三昧요 七者는 如來覺知三昧니라

復有八種하니 謂八解脫三昧니

一者는 內有色相外觀色解脫三昧요 二者는 內無色相外觀色解脫三昧요 三者는 淨解脫身證三昧요 四者는 空處解脫三昧요 五者는 識處解脫三昧요 六者는 無所有處解脫三昧요 七者는 非有想非無想處解脫三昧요 八者는 滅盡定處解脫三昧니라

復有九種하니 所謂九次第定이니 四禪·四空과 及滅盡定三昧니라

復有十種하니 所謂十一切處三昧라 何等爲十고

一者는 地一切處三昧요 二者는 水一切處三昧요 三者는 風一切處三昧요 四者는 靑一切處三昧요 五者는 黃一切處三昧요 六者는 赤一切處三昧요 七者는 白一切處三昧요 八者는 空一切處三昧요 九者는 識一切處三昧요 十者는 無所有一切處三昧니라

復有無數種하니 所謂諸佛菩薩이라 善男子야 是名三昧相이니라

善男子야 慧有二種하니

一者는 世間이요 二者는 出世間이라

復有三種하니

一者는 般若요 二者는 毘婆舍那요 三者는 闍那라

般若者는 名一切衆生이요 毘婆舍那者는 一切聖人이요 闍那者는 諸佛菩薩이니라

又般若者는 名爲別相이요 毘婆舍那者는 名爲總相이요 闍那者는 名爲破相이니라 復有四種하니 所謂觀四眞諦니라

善男子야 爲三事故로 修奢摩他니

何等이 爲三고

一者는 不放逸故요 二者는 莊嚴大智故요 三者는 得自在故니라

復次爲三事故로 修毘婆舍那니

何等이 爲三고

一者는 爲觀生死惡果報故요 二者는 爲欲增長諸善根故요 三者는 爲破一切諸煩惱故니라

大般涅槃經 卷第三十 終

大般涅槃經 卷第三十一

北涼 天竺三藏 曇無讖 譯

師子吼菩薩品 第十一之五

師子吼言하되 世尊이시여 如經中說하야 若毘婆舍那가 能破煩惱인대 何故로 復修奢摩他耶닛가

佛言하사대 善男子야 汝言毘婆舍那가 破煩惱者는 是義不然하다 何以故오 有智慧時에 則無煩惱요 有煩惱時에 則無智慧하니 云何而言毘婆舍那가 能破煩惱리요

善男子야 譬如明時에 無闇하고 闇時에 無明인달하야 若有說言 明能破闇하면 無有是處니라

善男子야 誰有智慧며 誰有煩惱아 而言智慧가 能破煩惱하야 如其無者인대 則無所破니라

善男子야 若言智慧가 能破煩惱인대 為到故로 破아 不到故로 破아 若不到破者인대 凡夫眾生도 則應能破며 若到故로 破者인대 初念이 應破하리라 若初念이 不破인대 後亦不破며 若初到便破인대 是則不到니 云何說言智慧能破리요 若言到與不到에 而能破者인대 是義不然하니라

復次毘婆舍那가 破煩惱者인대 為獨能破아 為伴故로 破아 若獨能破인대 菩薩이 何故로 修八正道하며 若伴故로 破인대 當知獨則不能破也리니 若獨不能인대 伴亦不能이리라 如一盲人이 不能見色이며 雖伴眾盲이라도 亦不能見이리니 毘婆舍那도 亦復如是니라

善男子야 如地堅性이요 火熱性이요 水濕性이요 風動性로대 而地堅性과 乃至風動性이 非因緣作이요 其性自爾라 如四大性하야 煩惱도 亦爾하야 性自是斷이니 若是斷者인대 云何而言智慧能斷이리오 以是義故로 毘婆舍

那가 決定不能破諸煩惱니라

善男子야 如鹽性이 醎일새 令異物로 醎하고 蜜本性甘일새 令異物甘하고 水本性濕일새 令異物濕하야 智慧性이 滅일새 令法으로 滅者인대 是義不然하다 何以故오 若法이 無滅인대 云何智慧가 強能令滅이며 若言鹽醎일새 令異物로 醎인달 慧滅도 亦爾라 能令異法으로 滅者인대 是亦不然하다 何以故오 智慧之性이 念念滅故라 若念念滅인대 云何而言能滅他法이리오 以是義故로 智慧之性이 不破煩惱니라

善男子야 一切諸法이 有二種滅하니

一者는 性滅이요 二者는 畢竟滅이라

若性滅者인대 云何而言智慧能滅이며 若言智慧가 能燒煩惱를 如火燒物이라 하면 是義不然하다 何以故오 如火燒物에는 則有遺燼하니 智慧가 若爾인대 應有餘燼하리니 如斧伐樹에 斫處를 可見이라 智慧도 若爾인대 有何可見고 慧若能令煩惱로 離者인대 如是煩惱가 應餘處에 現하리니 如諸外道가 離六大城하고 拘尸那에 現이며 若是煩惱가 不餘處에 現인대 則知智慧가 不能令離니라

善男子야 一切諸法이 性若自空인대 誰能令生이며 誰能令滅하오 異生異滅이라 無造作者하다

善男子야 若修習定하면 則得如是正知正見하리니 以是義故로 我經中에 說若有比丘가 修習定者는 能見五陰의 生滅之相이라 하나라

善男子야 若不修定하면 世間之事도 尙不能了온 況於出世아 若無定者는 平處에 顚墜라 心緣異法하고 口宣異言하며 耳聞異語하고 心解異義하며 欲造異字하야 手書異文하고 欲行異路하야 身涉異徑이어니와 若有修習三昧定者는 則大利益하야 乃至阿耨多羅三藐三菩提하리라

善男子야 菩薩摩訶薩이 具足二法하야 能大利益하나니

一者는 定이요 二者는 智라

善男子야 如刈菅草에 執急則斷하리니 菩薩摩訶薩이 修是二法도 亦復如是니라

善男子야 如拔堅木에 先以手動하면 後則易出하리니 菩薩定慧도 亦復如是하야 先以定動하고 後以智拔이니라

善男子야 如浣垢衣에 先以灰汁하고 後以淸水하면 衣則鮮潔하리니 菩薩定慧도 亦復如是니라

善男子야 如先讀誦後則解義하나니 菩薩定慧도 亦復如是니라

善男子야 譬如勇人이 先以鎧仗로 牢自莊嚴하고 然後에 御陣하면 能壞怨賊하리니 菩薩定慧도 亦復如是니라

善男子야 譬如巧匠이 鉗鎚에 盛金하고 自在隨意하야 撓攪融消하나니 菩薩定慧도 亦復如是니라

善男子야 譬如明鏡이 照了面像하야 菩薩定慧도 亦復如是니라

善男子야 如先平地하고 然後에 下種하며 先從師受하고 後思惟義하나니 菩薩定慧도 亦復如是라 以是義故로 菩薩摩訶薩이 修是二法하야 能大利益하나니라

善男子야 菩薩摩訶薩이 修是二法하야 調攝五根하야 堪忍衆苦하리니 所謂飢渴寒熱과 打擲罵辱과 惡獸所囓와 蚊虻所螫이라 常攝其心하야 不令放逸하며 不爲利養하야 行於非法하며 客塵煩惱의 所不能汚이며 不爲諸邪異見의 所惑하며 常能遠離諸惡覺觀하야 不久에 成就阿耨多羅三藐三菩提하리니 爲欲成就利衆生故니라

善男子야 菩薩摩訶薩이 修是二法하면 四倒暴風이라도 不能吹動이 如須彌山이 雖爲四風之所吹鼓나 不能令動하며 不爲外道邪師의 所拔이 如帝釋幢을 不可移轉이며 衆邪異術이 不能誑惑이요 常受微妙第一安樂하며 能解如來深祕密義하며 受樂不欣하고 逢苦不戚하며 諸天世人이 恭敬讚歎하며 明見生死와 及非生死하며 善能了知法界法性身하며 有常·樂·我·淨之法이니 是則名爲大涅槃樂이니라

善男子야 定相者는 名空三昧요

慧相者는 名無願三昧요

捨相者는 名無相三昧니라

善男子야 若有菩薩摩訶薩이 善知定時와 慧時와 捨時하며 及知非時하면 是名菩薩摩訶薩이 行菩提道니라

師子吼가 言하되 世尊이시여 云何菩薩이 知時非時닛고

善男子야 菩薩摩訶薩이 因於受樂하야 生大憍慢커나 或因說法하야 而生憍慢이어나 或因精勤하야 而生憍慢하며 或因解義와 善問答時하야 而生憍慢하며 或因親近惡知識故로 而生憍慢하며 或因布施所重之物하야 而生憍慢하며 或因世間의 善法功德하야 而生憍慢하며 或因世間豪貴之人의 所恭敬故로 而生憍慢하면 當知爾時에 不宜修智요 宜應修定이니 是名菩薩이 知時非時니라

若有菩薩이 勤修精進이나 未得利益涅槃之樂하야 以不得故로 生於悔心하리니 以鈍根故며 不能調伏五情의 諸根과 諸垢하야 煩惱勢力이 盛故어늘 自疑戒律이 有嬴損故라 하리니 當知爾時에 不宜修定이요 宜應修智니 是名菩薩이 知時非時니라

善男子야 若有菩薩이 定慧二法이 不平等者는 當知爾時에는 不宜修捨요 二法이 若等하면 則宜修之니 是名菩薩이 知時非時니라

善男子야 若有菩薩이 修習定慧하야도 起煩惱者는 當知爾時에 不宜修捨하고 宜應讀誦·書寫·解說十二部經하며 念佛·念法·念僧·念戒·念天·念捨니 是名修捨니라

善男子야 若有菩薩이 修習如是三法相者는 以是因緣으로 得無相涅槃하나니라

師子吼가 言하되 世尊이시여 無十相故로 名大涅槃이며 爲無相者인대 復以何緣으로 名爲無生이며 無出無作이며 屋宅·洲歸며 安隱·滅度이며 涅槃이며 寂靜이며 無諸病苦며 無所有耶닛가

佛言하사대 善男子야 無因緣故로 故名無生이요

以無爲故로 故名無出이요 無造業故로 故名無作이요 不入五見일새 故名屋宅이요 離四瀑水일새 故名爲洲요 調衆生故로 故名歸依요 壞結賊故로 故名安隱이요 諸結火滅故로 名滅度요 離覺觀故로 名曰涅槃이요 遠憒鬧

故로 名曰寂靜이요 永斷必死일새 故名無病이요 一切無故로 名無所有니라
善男子야 若菩薩摩訶薩이 作是觀時에 即得明了見於佛性하리라
師子吼가 言하되 世尊이시여 菩薩摩訶薩이 成就幾法하여사 能見如是無相涅槃하야 至無所有닛가
佛言하사대 善男子야 菩薩摩訶薩이 成就十法하면 則能明見涅槃無相하야 至無所有하리니
何等이 為十고
一者는 信心具足이니
云何名為信心具足고 深信佛法眾僧이 是常이요 十方諸佛이 方便示現이며 一切眾生과 及一闡提라도 悉有佛性하고 不信如來가 生老病死와 及修苦行과 提婆達多가 真實破僧하며 出佛身血과 如來가 畢竟에 入於涅槃과 正法滅盡하면 是名菩薩이 信心具足이니라
二者는 淨戒具足이니
云何名為淨戒具足고 善男子야 若有菩薩이 自言戒淨하라 하면 雖不與彼女人으로 和合이나 見女人時에 或生嘲調하야 言語戲笑하면 如是菩薩은 成就欲法하야 毀破淨戒며 污辱梵行하야 令戒雜穢라 不得名為淨戒具足이니라
復有菩薩은 自言戒淨하며 雖不與彼女人身合하며 嘲調戲笑라도 於壁障外에 遙聞女人의 瓔珞環釧과 種種諸聲하고 心生愛著하면 如是菩薩은 成就欲法하야 毀破淨戒며 污辱梵行이라 令戒雜穢니 不得名為淨戒具足이니라
復有菩薩은 自言戒淨하고 雖復不與女人和合하며 言語嘲調커나 聽其音聲이라도 然이나 見男子가 隨逐女時와 或見女人이 隨逐男時에 便生貪著하면 如是菩薩은 成就欲法하야 毀破淨戒하며 污辱梵行하야 令戒雜穢니 不得名為淨戒具足이니라 復有菩薩은 自言戒淨하고 雖復不與女人和合과 言語嘲調와 聽其音聲커나 見男女相隨라도 然이나 為生天하야 受五欲樂하면 如是菩薩은 成就欲法이라 毀破淨戒하며 污辱梵行하야 令戒雜穢니 不得名為淨戒具足이어니와 善男子야 若有菩薩이 清淨持戒하되 而不為戒하며

不爲尸羅波羅蜜하며 不爲衆生하며 不爲利養하며 不爲菩提하며 不爲涅槃하며 不爲聲聞辟支佛하고 唯爲最上第一義故로 護持禁戒하면 善男子야 是名菩薩이 淨戒具足이니라
三者는 親近諸善知識이니 善知識者는 若有能說信戒多聞과 布施智慧하면 令人受行하나니 是名菩薩의 善知識也니라
四者는 樂於寂靜이니 寂靜者는 所謂身心寂靜하야 觀察諸法의 甚深法界니 是名寂靜이니라
五者는 精進이니 精進者는 所謂繫心하야 觀四眞諦일새 設頭火然이라도 終不放捨하나니 是名精進이니라
六者는 念具足이니 念具足者는 所謂念佛·念法·念僧·念戒·念天·念捨라 是名念具足이니라
七者는 軟語니 軟語者는 所謂實語妙語며 先意問訊하며 時語眞語니 是名軟語니라
八者는 護法이니 護法者는 所謂愛樂正法하야 常樂演說하며 讀誦書寫하야 思惟其義하며 廣宣敷揚하야 令其流布하며 若見有人이 書寫解說讀誦讚歎思惟義者어든 爲求資生而供養之니 所謂衣服과 飮食과 臥具와 醫藥이며 爲護法故로 不惜身命이니 是名護法이니라
九者는 菩薩摩訶薩이 見有同學同戒가 有所乏少이면 轉從他하야 乞熏鉢染衣와 瞻病所須와 衣服飮食과 臥具房舍하야 而供給之니라
十者는 具足智慧니 智慧者는 所謂觀於如來의 常·樂·我·淨과 一切衆生이 悉有佛性하며 觀法二相이니 所謂空·不空·常·無常·樂·無樂·我·無我·淨不淨과 異法可斷과 異法不可斷과 異法從緣生과 異法從緣見과 異法從緣果와 異法非緣果이니 是名具足智慧니라
善男子야 是名菩薩이 具足十法하면 卽能明見涅槃無相하리라
師子吼가 言하되 世尊이시여 如佛이 先告純陀하시대 汝今已得見於佛性하니 得大涅槃하야 成就阿耨多羅三藐三菩提라 하시니 是義云何닛고
世尊이시여 如經中에 說하되 若施畜生하면 得百倍報요 施一闡提하면 得

千倍報하며 施持戒者하면 百千倍報요 若施外道斷煩惱者하면 得無量報요 奉施四向과 及以四果로 至辟支佛하면 得無量報요 施不退菩薩과 及最後身인 諸大菩薩과 如來世尊하면 所得福報가 無量無邊하야 不可稱計며 不可思議라 하시니 純陀大士가 若受如是無量報者인댄 是報無盡이리니 何時에 當得阿耨多羅三藐三菩提닛고

世尊이시여 經中에 復說 若人이 重心으로 造善惡業하면 必得果報하되 若現世受커나 若次生受커나 若後世受라 하시니 純陀善業은 慇重心作이니 當知是業으로 必定受報니다 若定受報인댄 云何得成阿耨多羅三藐三菩提며 云何復得見於佛性이닛고

世尊이시여 經中에 復說施三種人하면 果報無盡이니

一者는 病人이요 二者는 父母요 三者는 如來世尊이라 하시며

經中에 復說佛告阿難하시대 一切衆生이 如其無有欲界業者는 即得阿耨多羅三藐三菩提요 色無色業도 亦復如是라 하시며

世尊이시여 如法句偈에 非空非海中이며 非入山石間이라 無有地方所에 脫之不受業라 하시며 又阿尼樓馱가 言하되

世尊이시여 我憶하오니 往昔에 以一食施로 八萬劫中을 不墮三惡이라 하니

世尊이시여 一食之施도 尚得是報어든 何況純陀는 信心施佛하야 具足成就檀波羅蜜이니까

世尊이시여 若善果報가 不可盡者인댄 謗方等經과 犯五逆罪와 毀四重禁한 一闡提罪는 云何可盡이릿가 若不可盡인댄 云何能得見於佛性하야 成阿耨多羅三藐三菩提릿까

佛言하사대 善哉善哉라 善男子야 唯有二人이 能得無量無邊功德하야 不可稱計며 不可宣說이라 能竭生死漂流瀑河하고 降魔怨敵하며 摧魔勝幢하고 能轉如來의 無上法輪하리니

一者는 善問이오 二者는 善答이라

善男子야 佛十力中에 業力最深하니라 善男子야 有諸衆生이 於業緣中에 心輕不信할새 為度彼故로 作如是說이라 善男子야 一切作業이 有輕有重

이요

輕重二業이 復各有二니

一者는 決定이요 二者는 不決定이라

善男子야 或有人言하되 惡業이 無果라 若言惡業이 定有果者인대 云何로 氣嘘旃陀羅가 而得生天하고 鴦掘摩羅가 得解脫果리오 以是義故로 當知 作業이 有定得果와 不定得果라 我爲除斷如是邪見일새 故於經中에 說如是語하되 一切作業이 無不得果라 하니라

善男子야 或有重業을 可得作輕하며 或有輕業을 可得作重호대 非一切人이요 唯有愚智니라 是故로 當知 非一切業이 悉定得果며 雖不定得이나 亦非不得이니라

善男子야 一切衆生이 凡有二種하니

一者는 智人이요 二者는 愚癡라

有智之人은 以智慧力일새 能令地獄極重之業으로 現世에 輕受요 愚癡之人은 現世輕業을 地獄에 重受하니라

師子吼가 言하되 世尊이시여 若如是者인대 則不應求淸淨梵行과 及解脫果니다

佛言하사대 善男子야 若一切業이 定得果者인대 則不應求梵行解脫이어니와 以不定故로 則修梵行과 及解脫果니라

善男子야 若能遠離一切惡業하면 則得善果하고 若遠善業하면 則得惡果하리니 若一切業이 定得果者인대 則不應求修習聖道나 若不修道하면 則無解脫니라 一切聖人이 所以修道는 爲壞定業하야 得輕報故며 不定之業으로 無果報故라

若一切業이 定得果者인대 則不應求修習聖道로대 若人이 遠離修習聖道하고 得解脫者는 無有是處하며 不得解脫하고 得涅槃者도 亦無是處니라

善男子야 若一切業이 定得果者인대 一世所作純善之業을 應當永已常受安樂이요 一世所作極重惡業도 亦應永已受大苦惱리라 業果若爾인대 則無修道와 解脫涅槃이니라

人作人受하고 婆羅門이 作하야 婆羅門이 受하야 若如是者인대 則不應有下姓下人이요 人應常人이며 婆羅門은 應常婆羅門이요 小時에 作業하면 應小時受하고 不應中年과 及老時에 受며 老時에 作惡인대 生地獄中하야도 地獄初身에는 不應便受하고 應待老時然後에 乃受며 若老時에 不殺인대 不應壯年에 得壽리라 若無壯壽인대 云何至老리요 業無失故라 業若無失인대 云何而有修道涅槃리요
善男子야 業有二種하니 定以不定이라 定業이 有二하니
一者는 報定이요 二者는 時定이라
或有報定而時不定이나 緣合則受며 或三時受니 所謂現受·生受·後受니라
善男子야 若定心으로 作善惡等業하고 作已에 深生信心歡喜하며 若發誓願하야 供養三寶하면 是名定業이니라
善男子야 智者는 善根이 深固難動일새 是故로 能令重業으로 爲輕하고 愚癡之人은 不善이 深厚일새 能令輕業으로 而作重報하나 以是義故로 一切諸業은 不名決定이니라 菩薩摩訶薩은 無地獄業이나 爲衆生故로 發大誓願하야 生地獄中하나니라
善男子 往昔衆生이 壽百年時에 恒沙衆生이 受地獄報어늘 我見是已에 卽發大願하야 受地獄身하니 菩薩이 爾時에 實無是業이로대 爲衆生故로 受地獄果니라
我於爾時에 在地獄中하야 經無量歲토록 爲諸罪人하야 廣開分別十二部經하니 諸人이 聞已에 壞惡果報하고 令地獄空하되 除一闡提라 是名菩薩摩訶薩이 非現生後에 受是惡業이니라
復次善男子야 是賢劫中에 無量衆生이 墮畜生中하야 受惡業果어늘 我見是已에 復發誓願하야 爲欲說法度衆生故로 或作麞·鹿·熊·羆·獼猴·龍·蛇·金翅鳥·鴿·魚·鼈·兔·象·牛·馬之身하니라
善男子야 菩薩摩訶薩이 實無如是畜生惡業이로대 以大願力으로 爲衆生故로 現受是身하니 是名菩薩摩訶薩이 非現生後에 受是惡業이니라
復次善男子야 是賢劫中에 復有無量·無邊衆生이 生餓鬼中하야 或食吐汁

과 脂肉膿血과 屎尿涕唾하며 壽命無量하야 百千萬歲로대 初不曾聞漿水之名이온 況復眼見하야 而得飮也아 設遙見水라도 生意往趣하야 到則變成猛火膿血하며 或時不變이라도 則有多人이 手執矛槊하고 遮護捉持하야 不令得前하며 或天降雨라도 至身에 成火하니 是名惡業果報니라

善男子야 菩薩摩訶薩은 實無如是諸惡業果로대 爲化衆生하야 令得解脫하야 故發誓願하야 受如是身이니 是名菩薩摩訶薩이 非現生後에 受是惡業이니라

善男子야 我於賢劫에 生屠膾家하야 畜養鷄·猪·牛·羊하며 弶獵羅網漁捕하며 旃陀羅舍에 作賊劫盜하니 菩薩이 實無如是惡業이나 爲度衆生하야 令得解脫일새 以大願力으로 受如是身하니 是名菩薩摩訶薩이 非現生後에 受是惡業이니라

善男子야 是賢劫中에 復生邊地하야 多作貪欲·瞋恚·愚癡하야 習行非法하고 不信三寶와 後世果報하며 不能恭敬父母·親老와 耆舊長宿이라

善男子야 菩薩이 爾時에 實無是業이나 爲令衆生으로 得解脫故로 以大願力으로 而生其中이니 是名菩薩摩訶薩이 非現生後에 受是惡業이니라

善男子야 是賢劫中에 復受女身·惡身·貪身·瞋身·癡身·妬身·慳身·幻身·誑身·纏蓋之身이라

善男子야 菩薩이 爾時에 亦無是業이나 但爲衆生하야 得解脫故로 以大願力으로 願生其中이니 是名菩薩摩訶薩이 非現生後에 受是惡業이니라

善男子야 我於賢劫에 受黃門身과 無根二根과 及不定根이라 善男子야 菩薩摩訶薩이 實無如是諸惡身業이나 爲令衆生으로 得解脫故니 以大願力으로 願生其中이니 是名菩薩摩訶薩의 非現生後에 受是惡業이니라

善男子야 我於賢劫에 復習外道尼乾子法하야 信受其法의 無施無祠하며 無施祠報하며 無善惡業하며 無善惡業報하며 無現在世와 及未來世하며 無此無彼하며 無有聖人이며 無變化身이며 無道涅槃이니라

善男子야 菩薩이 實無如是惡業이나 但爲衆生하야 令得解脫일새 以大願力으로 受是邪法이니 是名菩薩摩訶薩의 非現生後에 受是惡業이니라

善男子야 我念호니 往昔에 與提婆達로 多俱為商主하야 各各自有五百商人하야 為利益故로 至大海中하야 採取珍寶러니 惡業緣故로 路遇暴風이 吹破船舫하야 伴黨死盡이라
爾時에 我與提婆達多로 不殺果報와 長壽緣故로 為風所吹하야 俱至陸地러니 時에 提婆達多가 貪惜寶貨하야 生大憂苦하야 發聲啼哭이어늘 我時에 語言하되 提婆達多야 不須啼哭하라
提婆達多가 即語我言하되 諦聽諦聽하라 譬如有人이 貧窮困苦하야 至塚墓間하야 手捉死屍而作是言하되 願汝今者에 施我死樂하라 我當施汝貧窮壽命하리라
爾時에 死屍가 即便起坐하야 語貧人言하되 善男子야 貧窮壽命은 汝自受之라 我今甚樂호니 如是死樂은 實不欣汝貧窮而生이라 하니 然이나 我今日에 既無死樂하고 兼復貧窮하니 云何而得不啼哭耶아 我復慰喻하되 汝且莫愁하라 今有二珠하니 價直無數라 當分一枚하야 以相惠施하리라
我即分與하고 復語之言하되 有命之人은 能得此寶이어니와 如其無命인대 誰能得耶아 我時에 疲弊하야 詣一樹下하야 止息眠臥어늘 提婆達多가 貪心熾盛하야 為餘一珠하야 即生惡心하야 刺壞我目하고 劫奪我珠어늘 我時患瘡하야 發聲呻號러니 時에 有一女가 來至我所하야 而問我言하되 仁者가 何故로 呻號如是오 我即為其하야 廣說本事한대 女人이 聞已하고 復重問我하되 汝名字何오 我即答言하되 名為實語니라
女言하되 云何로 知汝為實語耶아 我即立誓하되 若我가 今於提婆達多에 有惡心者인대 目當如是하야 永為盲瞽어니와 如其無者인대 當還得眼하소서 言已에 其目이 平復如故하니 善男子야 是名菩薩摩訶薩의 說現世報니라
善男子야 我念往昔에 生南天竺富單那城婆羅門家러니 是時에 有王하니 名迦羅富라
其性暴惡하야 憍慢自大하며 年壯色美하야 耽着五欲이라 我於爾時에 為度眾生하야 在彼城外하야 寂默禪思러니
爾時에 彼王이 春木花敷커늘 與其眷屬과 宮人婇女로 出城遊觀할새 在樹

林下하야 五欲自娛이러니 其諸婇女가 捨王遊戲하야 遂至我所어늘 我時에 欲爲斷彼貪故로 而爲說法이러니 時王이 尋來하야 卽見我時에 便生惡心하야 而問我言하되 汝今已得羅漢果耶아 我言不得이니라

復言하되 獲得不還果耶아 我言不得이니라

復作是言하되 汝今若未得是二果인대 則爲具足貪欲煩惱니 云何自恣하야 觀我女人고 我卽答言하되 大王이여 當知我今에 雖未斷於貪結이나 然이나 其內心에 實無貪著이니라

王言호대 癡人아 世有諸仙이 服氣食果하되 見色猶貪이어든 況汝盛年이요 未斷貪欲커니 云何見色하고 而當不貪이리오

我言호되 大王이여 見色不著은 實不因於服氣食果요 皆由繫心無常不淨이니라 王言호되 若有輕他하야 而生誹謗하면 云何得名修持淨戒리요

我言하되 大王이여 若有妬心하면 則有誹謗이어니와 我無妬心하니 云何言謗이리요 王言호대 大德이여 云何名戒오 大王이여 忍名爲戒니라

王言호대 若忍이 是戒者인대 當截汝耳하리니 若能忍者인대 知汝持戒라 하고 卽截其耳어늘 時我被截하야도 顏色不變한대 時王群臣이 見是事已코 卽諫王言하되 如是大士를 不應加害니다

王이 告諸臣하되 汝等云何로 知是大士오 諸臣이 答言하되 見受苦時에 容色不變이니다

王이 復語言하되 我當更試하야 知變不變호리라 卽劓其鼻하고 刖其手足하다 爾時에 菩薩이 已於無量無邊世中에 修習慈悲하야 愍苦衆生이러니 時에 四天王이 心懷瞋忿하야 雨沙礫石한대 王이 見是已에 心大怖畏하야 復至我所하야 長跪而言하되 唯願哀愍하야 聽我懺悔하소서

我言하되 大王이여 我心無瞋이 亦如無貪이니라

王言호대 大德이여 云何得知心無瞋恨이리요 我卽立誓하되 我若眞實無瞋恨者인대 令我此身으로 平復如故하소서 發是願已에 身卽平復하니 是名菩薩摩訶薩이 說現世報니라

善男子야 善業의 生報後報와 及不善業도 亦復如是하니 菩薩摩訶薩이 得

阿耨多羅三藐三菩提時에 一切諸業이 悉得現報니라
不善惡業으로 得現報者는 如王이 作惡에 天降惡雨며 亦如有人이 示獵師 羆處와 及寶色鹿하야 其手가 墮落이니 是名惡業으로 現受果報니라
生報者는 如一闡提가 犯四重禁과 及五逆罪며 後報者는 如持戒人이 深發誓願하되 願未來世에 常得如是淨戒之身하야 若有衆生이 壽百年時와 八十年時인 於中에 當作轉輪聖王하야 敎化衆生이라 함이니라
善男子야 若業이 定得現世報者는 則不能得生報와 後報니라 菩薩摩訶薩이 修三十二大人相業하면 則不能得現世報也니라 若業不得三種報者는 是名不定이라
善男子야 若言諸業이 定得報者인댄 則不得有修習梵行과 解脫·涅槃이라 하면 當知是人은 非我弟子요 是魔眷屬이니라
若言諸業하면 有定不定하니 定者는 現報·生報·後報요
不定者는 緣合則受하고 不合하면 不受라
以是義故로 應有梵行과 解脫과 涅槃이라 하면 當知하라 是人은 眞我弟子요 非魔眷屬이니라
善男子야 一切衆生이 不定業은 多하고 決定業은 少하니 以是義故로 有修習道라 修習道故로 決定重業을 可使輕受며 不定之業은 非生報에 受니라
善男子야 有二種人하니
一者는 不定으로 作定報하고 現報로 作生報하고 輕報로 作重報하야 應人中에 受하고 在地獄受니라
二者는 定作不定하고 應生受者를 迴爲現受하고 重報로 作輕하야 應地獄受를 人中輕受하나니 如是二人에 一은 愚며 二는 智라 智者는 爲輕이요 愚者는 令重이니라
善男子야 譬如二人이 於王有罪하되 眷屬多者는 其罪則輕하고 眷屬少者는 應輕更重하나니 愚智之人도 亦復如是라
智者는 善業이 多故로 重則輕受하고 愚者는 善業이 少故로 輕則重受니라
善男子야 譬如二人이 一則肥壯하고 一則羸瘦라 俱沒深泥에 肥壯은 能出

하고 贏者는 則沒이니라

善男子야 譬如二人이 俱共服毒하되 一은 有呪力과 及阿伽陀하고 一者는 無有라 賴呪藥者는 毒不能傷하고 其無呪藥은 服時卽死니라

善男子야 譬如二人이 俱多飮漿하되 一은 火力勢盛하고 一則微弱이라 火勢多者는 則能消化하고 火勢弱者는 則爲其患이니라

善男子야 譬如二人이 爲王所繫하되 一有智慧요 一則愚癡라 其有智者는 則能得脫이나 愚癡之人은 無有脫期니라

善男子야 譬如二人이 俱涉險路에 一則有目하고 一則盲瞽라 有目之人은 直過無患이나 盲者는 墜落하야 墮深坑險니라

善男子야 譬如二人이 俱共飮酒하되 一則多食하고 一則少食이라 其多食者는 飮則無患이로대 其少食者는 飮則成患이니라 善男子야 譬如二人이 俱敵怨陣호대 一則鎧仗을 具足莊嚴하고 一則白身이어든 其有仗者는 能破怨敵이나 其自身者는 不能自免이니라

復有二人이 糞穢污衣하되 一은 覺尋浣하고 一은 覺不浣이라 其尋浣者는 衣則淨潔하고 其不浣者는 垢穢日增이니라

復有二人이 俱共乘車하되 一은 有副軸하고 一은 無副軸이어든 有副軸者는 隨意而去나 無副軸者는 則不移處니라

復有二人이 俱行曠路하되 一은 有資糧하고 一則空往하면 有資糧者는 則得度險이요 其空往者는 則不能過니라

復有二人이 爲賊所劫하되 一은 有寶藏하고 一則無藏이라 有寶藏者는 心無憂戚이나 其無藏者는 心則愁惱나니 愚智之人도 亦復如是하야 有善藏者는 重業을 輕受하고 無善藏者는 輕業을 重受하나니라

師子吼菩薩이 言하되 世尊이시여 如佛所說에 非一切業이 悉得定果요 非一切衆生이 定受라 하시니 世尊이시여 云何衆生은 令現輕報로 地獄重受하고 地獄重報를 現世輕受이닛가

佛言하사대 一切衆生이 凡有二種하니

一者는 有智요 二者는 愚癡라

若能修習身戒心慧하면 是名智者요

若不能修身戒心慧하면 是名愚者니라

云何名爲不修習身고 若不能攝五情諸根하면 名不修身이오 不能受持七種淨戒하면 名不修戒라 不調心故로 名不修心이요 不修聖行을 名不修慧니라 復次不修身者는 不能具足清淨戒體요 不修戒者는 受畜八種不淨之物이요 不修心者는 不能修習三種相故요 不修慧者는 不修梵行故니라

復次不修身者는 不能觀身하고 不能觀色하며 及觀色相하고 不觀身相하며 不知身數하고 不知是身이 從此到彼하며 於非身中에 而生身相하고 於非色中에 而作色相일새 是故로 貪著我身과 身數니 名不修身이니라

不修戒者는 若受下戒하면 不名修戒라 受持邊戒커나 爲自利戒커나 爲自調戒하야 不能普爲安樂衆生하면 非爲護持無上正法이요 爲生天上하야 受五欲樂은 不名修戒니라

不修心者는 若心散亂하면 不能專一守自境界니 自境界者는 謂四念處요 他境界者는 所謂五欲이라

若不能修四念處者는 名不修心이요 於惡業中에 不善護心을 名不修慧니라

復次不修身者는 不能深觀是身이 無常이며 無住며 危脆며 念念滅壞며 是魔境界니라 不修戒者는 不能具足尸波羅蜜이오 不修心者는 不能具足禪波羅蜜이요 不修慧者는 不能具足般若波羅蜜이니라

復次不修身者는 貪著我身과 及我所身하야 我身이 常恒이며 無有變易이라 하나니라 不修戒者는 爲自身故로 作十惡業이요 不修心者는 於惡業中에 不能攝心이요 不修慧者는 以不攝心일새 不能分別善惡等法이니라

復次不修身者는 不斷我見이요 不修戒者는 不斷戒取요 不修心者는 作貪瞋業하야 趣向地獄이요 不修慧者는 不斷癡心이니라

復次不修身者는 不能觀身의 雖無過咎나 而常是怨이라

善男子야 譬如男子에 有怨常逐하야 伺求其便이어든 智者는 覺已에 繫心愼護라 若不愼護하면 則爲其害이니라

一切衆生도 身亦如是하야 常以漿水와 飮食冷煖로 調適將養하나니 若不

如是將護守愼하면 卽當散壞하나니라

善男子야 如婆羅門이 奉事火天할새 常以香花로 讚歎禮拜하야 供養承事를 期滿百年하나니 若一觸時에는 尋燒人手라 是火를 雖得如是供養이라도 終無一念도 報事者恩하나니 一切衆生의 身亦如是하야 雖於多年을 以好香花와 瓔珞衣服과 飮食臥具와 病瘦醫藥으로 而供給之하야도 若遇內外의 諸惡因緣하면 卽時滅壞하야 都不憶念往日의 供給衣食之恩이니라

善男子야 譬如有王이 畜四毒蛇할새 置之一篋하야 以付一人하야 仰令瞻養호대 是四蛇中에 設一生瞋하면 則能害人이니라 是人이 恐怖하야 常求飮食하야 隨時守護인달하나니 一切衆生의 四大毒蛇도 亦復如是하야 若一大가 瞋이라도 則能壞身이니라

善男子야 如人久病에 應當至心으로 求醫療治니 若不勤救하면 必死不疑라 一切衆生의 身도 亦如是하야 常應攝心하야 不令放逸이니 若放逸者면 卽便滅壞니라

善男子야 譬如坏甁은 不耐風雨와 打擲搥押하나니 一切衆生의 身亦如是하야 不耐飢渴과 寒熱風雨와 打繫惡罵니라

善男子야 如癰未熟에 常當善護하야 不令人觸이니 設有觸者면 卽大苦痛이니 一切衆生의 身亦如是니라

善男子야 如騾懷妊하야 自害其軀하야 一切衆生의 身亦如是하야 內有風冷하면 身卽受害하나니라

善男子야 譬如芭蕉가 生實則枯하야 一切衆生의 身亦如是하니라

善男子야 亦如芭蕉內無堅實하야 一切衆生의 身亦如是니라

善男子야 如蛇·鼠·狼이 各各相於常生怨心하야 衆生四大도 亦復如是니라

善男子야 譬如鵝王이 不樂塚墓하야 菩薩도 亦爾하야 於身塚墓를 亦不貪樂하나니라

善男子야 如旃陀羅가 七世相繼하야 不捨其業할새 是故로 爲人之所輕賤하야 是身種子도 亦復如是하야 種子와 精血에 究竟不淨이니 以不淨故로 諸佛菩薩之所輕呵니라

善男子야 是身이 不如摩羅耶山하야 生於栴檀하며 亦不能生優鉢羅花와 芬陀利花와 瞻婆花와 摩利迦花와 婆師迦花하고 九孔에 常流膿血不淨하며 生處가 臭穢하야 醜陋可惡며 常與諸虫으로 共在一處니라

善男子야 譬如世間에 雖有上妙淸淨園林이나 死尸가 至中하면 則爲不淨일새 衆共捨之하야 不生愛著하나니 色界도 亦爾하야 雖復淨妙나 以有身故로 諸佛菩薩은 悉共捨之하나니라

善男子야 若有不能作如是觀하면 名不修身이니라

不修戒者는 善男子야 若不能觀戒가 是一切善法의 梯橙이며 亦是一切善法의 根本이며 如地가 悉是一切樹木의 所生之本하며 是諸善根之導首也니라

如彼商主가 導衆商人하야 戒는 是一切善法의 勝幢이요 如天帝釋의 所立勝幢이니라

戒는 能永斷一切惡業과 及三惡道하며 能療惡病이 猶如藥樹하며 戒는 是生死險道의 資糧이며 戒는 是摧結破賊 鎧仗이며 戒는 是滅結毒蛇 良呪며 戒는 是度惡業行 橋梁이니 若有不能如是觀者는 名不修戒니라

不修心者는 不能觀心의 輕躁動轉하야 難捉難調이며 馳騁奔逸이 如大惡象이며 念念迅速이 如彼電光이며 躁擾不住가 猶如獼猴며 如幻如炎며 乃是一切諸惡根本이며 五欲難滿이 如火獲薪이며 亦如大海가 呑受諸流며 如曼陀山에 草木滋多니라

不能觀察生死虛妄하고 耽惑致患이 如魚呑鉤며 常先引導하야 諸業隨從이 猶如貝母가 引導諸子이며 貪著五欲하고 不樂涅槃은 如鮀食蜜하야 乃至於死라도 不顧芻草하야 深著現樂하고 不觀後過는 如牛貪苗에 不懼杖楚니라

馳騁周遍二十五有는 猶如疾風이 吹兜羅하며 所不應求를 求無厭足은 如無智人이 求無熱火하며 常樂生死하고 不樂解脫은 如絏婆虫이 樂絏婆樹하며 迷惑愛著生死臭穢는 猶如獄囚가 樂獄卒女하며 亦如厠猪가 樂處不淨이니 若有不能如是觀者는 名不修心이니라

不修慧者는 不觀智慧의 有大勢力이 如金翅鳥하며 能壞惡業하야 壞無明闇이 猶如日光하며 能拔陰樹가 如水漂物하며 焚燒邪見이 猶如猛火라 慧是一切善法根本이며 佛菩薩母之種子也이니 若有不能如是觀者는 不名修慧니라

善男子야 第一義中에 若見身의 身相과 身因과 身果와 身聚와 身一과 身二와 此身과 彼身과 身滅과 身等과 身修와 修者하야 若有如是見者는 名不修身이니라

善男子야 若見戒의 戒相과 戒因와 戒果와 上戒와 下戒와 戒聚와 戒一과 戒二와 此戒과 彼戒와 戒滅과 戒等과 戒修와 修者와 戒波羅蜜하야 若有如是見者는 名不修戒니라

若見心의 心相과 心因과 心果와 心聚와 心及과 心數와 心一과 心二와 此心과 彼心과 心滅과 心等과 心修와 修者와 上·中·下·心과 善心과 惡心하야 若有如是見者는 名不修心이니라

善男子야 若見慧의 慧相과 慧因과 慧果와 慧聚와 慧一과 慧二와 此慧와 彼慧와 慧滅과 慧等과 上中下慧와 鈍慧와 利慧와 慧修와 修者하야 若有如是見者는 名不修慧다

善男子야 若有不修身戒心慧하면 如是之人은 於小惡業에 得大惡報하나니 以恐怖故로 常生是念하되 我屬地獄이며 作地獄行이라 하고 雖聞智者의 說地獄苦라도 常作是念하되 如鐵打鐵과 石還打石과 木自打木이라

火虫樂火하야 地獄之身은 還似地獄이니 若似地獄인대 有何苦事리요 譬如蒼蠅이 爲唾所粘하야 不能得出인달하니 是人도 亦爾하야 於小罪中에 不能自出은 心初無悔하야 不能修善하고 覆藏瑕疵일새 雖有過去一切善業이라도 悉爲是罪之所垢污하야 是人의 所有現受輕報가 轉爲地獄의 極重惡果하리라

善男子야 如小器水에 置鹽一升하면 其味醎苦하야 難可得飮이니 是人罪業도 亦復如是니라

善男子야 譬如有人이 負他一錢하야 不能償故로 身被繫縛하야 多受衆苦

하야 是人罪業도 亦復如是하다

師子吼菩薩이 言하되 世尊이시여 是人이 何故로 令現輕報로 轉地獄受닛고

佛言하사대 善男子야 一切眾生이 若具五事하면 令現輕報로 轉地獄受하리니 何等為五이오

一者는 愚癡故요 二者는 善根微少故요 三者는 惡業이 深重故요 四者는 不懺悔故요 五者는 不修本善業故니라

復有五事하니

一者는 修習惡業故요 二者는 無戒財故요 三者는 遠離諸善根故요 四者는 不修身戒心慧故요 五者는 親近惡知識故니라

善男子야 是故로 能令現世輕報로 地獄重受하나니라

師子吼가 言하되 世尊이시여 何等人이 能轉地獄報하야 現世輕受닛고

善男子야 若有修習身戒心慧를 如先所說하며 能觀諸法이 同如虛空하며 不見智慧하고 不見智者하며 不見愚癡하고 不見愚者하며 不見修習과 及修習者하면 是名智者니 如是之人은 則能修習身戒心慧라

是人은 能令地獄果報로 現世輕受하리니 是人이 設作極重惡業이라도 思惟觀察하야 能令輕微하나니 作是念言하되 我業雖重이나 不如善業이라 하면 譬如氎花가 雖復百斤이나 終不能敵真金一兩이며 如恒河中에 投一升鹽하면 水無鹹味요 飲者不覺하며 如巨富者가 雖多負人의 千萬寶物이라도 無能繫縛하야 令其受苦하며 如大香象이 能壞鐵鎖하고 自在而去인달하야 智慧之人도 亦復如是니라

常思惟言하되 我는 善力이 多하고 惡業은 羸弱하니 我能發露懺悔하야 除罪惡業하고 能修智慧면 智慧力은 多하고 無明力은 少라 하야 如是念已에 親近善友하야 修習正見하며 受持·讀誦·書寫·解說·十二部經하며 見有受持·讀誦·書寫·解說之者하야도 心生恭敬하야 兼以衣·食·房舍·臥具·病藥·花·香으로 而供養之하고 讚歎尊重하며 所至到處에 稱說其善하고 不訟其短하며 供養三寶하고 敬信方等大涅槃經하며 如來는 常恒하야 無有變易이요 一切 眾生이 悉有佛性이라 하면 是人은 能令地獄重報로 現世輕受하리니 善男

子야 以是義故로 非一切業이 悉有定果이며 亦非一切衆生이 定受니라

大般涅槃經 卷第三十一 終

大般涅槃經 卷第三十二

北涼 天竺三藏 曇無讖 譯

師子吼菩薩品 第十一之六

師子吼菩薩이 言호대 世尊이시여 若一切業이 不定得果요 一切衆生이 悉有佛性일새 應當修習八聖道者인대 何因緣故로 一切衆生이 悉不得是大般涅槃이닛고

世尊이시여 若一切衆生이 有佛性者인대 即當定得阿耨多羅三藐三菩提하리니 何須修習八聖道耶닛가

世尊이시여 如此經中에 說하사대 有病人이 若得醫藥과 及瞻病人과 隨病飲食하면 若使不得이라도 皆悉除差하리니 一切衆生도 亦復如是하야 若遇聲聞及辟支佛과 諸佛菩薩諸善知識하야 若聞說法하고 修習聖道하면 若不遇不聞하며 不修習道라도 悉當得成阿耨多羅三藐三菩提하리니 何以故오 以佛性故라 하시나이다

世尊이시여 譬如日月을 無有能遮하야 令不得至頞多山邊하며 四大河水로 不至大海하며 一闡提等도 不至地獄하리니 一切衆生도 亦復如是하야 無有能遮하야 令不得至阿耨多羅三藐三菩提니라 何以故오 以佛性故라 하시나이다

世尊이시여 以是義故로 一切衆生이 不須修道라도 以佛性力故로 應得阿耨多羅三藐三菩提요 不以修習聖道力故니다 世尊이시여 若一闡提와 犯四重禁과 五逆罪等이 不得阿耨多羅三藐三菩提者인대 應須修習이어니와 以因佛性하야 定當得故로 非因修習然後하야 得也리다

世尊이시여 譬如磁石이 去鐵雖遠나 以其力故로 鐵則隨著하나니 衆生佛性도 亦復如是라 是故로 不須勤修習道하리이다

佛言하사대 善哉善哉라 善男子야 如恒河邊에 有七種人이 若爲洗浴이어나 恐畏寇賊이어나 或爲採花하야 則入河中하되 第一人者는 入水則沈하나니 何以故오 羸無勢力하고 不習浮故라
第二人者는 雖沒還出나 出已復沒하나니 何以故오 身力大故로 則能還出이나 不習浮故로 出已還沒니라
第三人者는 沒已即出하고 出更不沒하나니 何以故오 身重故沒이나 力大故出이요 先習浮故로 出已即住니라
第四人者는 入已便沒이나 沒已還出이요 出已即住하야 遍觀四方하나니 何以故오 重故則沈하고 力大故로 還出하며 習浮則住요 不知出處일새 故觀四方이니라
第五人者는 入已即沈하고 沈已便出하며 出已即住하고 住已觀方하며 觀已即去하나니 何以故오 爲怖畏故니라
第六人者는 入已即去하야 淺處則住하니 何以故오 觀賊近遠故니라
第七人者는 既至彼岸에 登上大山하니 無復恐怖요 離諸怨賊이라 受大快樂하니라
善男子야 生死大河도 亦復如是하야 有七種人이 畏煩惱賊故로 發意欲渡生死大河하야 出家剃髮하고 身被法服하되 既出家已에 親近惡友하야 隨順其敎하야 聽受邪法하니 所謂衆生身者는 即是五蔭이니 五蔭者는 即名五大라 衆生이 若死하면 永斷五大하리니 斷五大故로 何須修習善惡諸業이리요 是故로 當知無有善惡과 及善惡報라 하나니 如是를 則名一闡提也라
一闡提者는 名斷善根이니 斷善根故로 沒生死河하야 不能得出하거니 何以故오 惡業重故며 無信力故라 如恒河邊에 第一人也니라
善男子야 一闡提輩가 有六因緣하야 沒三惡道하야 不能得出이니 何等爲六인고
一者는 惡心熾盛故요 二者는 不見後世故요 三者는 樂習煩惱故요 四者는 遠離善根故요 五者는 惡業障隔故요 六者는 親近惡知識故니라
復有五事하야 沒三惡道니 何等이 爲五오

一者는 於比丘邊에 作非法故요 二者는 比丘尼邊에 作非法故요 三者는 自在用僧祇物故요 四者는 母邊에 作非法故요 五者는 於五部僧에 互生是非故라

復有五事하야 沒三惡道니 何等이 爲五고

一者는 常說無善惡果故요 二者는 殺發菩提心한 眾生故요 三者는 覓說法師過失故요 四者는 法說非法하고 非法說法故요 五者는 爲求法過하야 而聽受故라

復有三事하야 沒三惡道니 何等이 爲三고

一은 謂如來無常永滅이요 二는 謂正法無常遷變이요 三은 謂僧寶可滅壞故라

是故로 常沒三惡道中이니라

第二人者는 發意欲渡生死大河하나 斷善根故로 沒不能出이니 所言出者는 親近善友하야 則得信心이니 是信心者는 信施施果하며 信善善果하며 信惡惡果하며 信生死苦의 無常敗壞니 是名爲信이라

以得信心로 修習淨戒하며 受持讀誦書寫解說하며 常樂惠施하야 善修智慧나 以鈍根故로 復遇惡友하야 不能修習身戒心慧하야 聽受邪法하며 或値惡時하야 處惡國土하야 斷諸善根하니 斷善根故로 常沒生死라 如恒河邊에 第二人也니라

第三人者는 發意欲渡生死大河이나 斷善根故로 於中沈沒이요 親近善友를 得名爲出이요 信於如來는 是一切시니 常恒無變이요 爲眾生故로 說無上道라 一切眾生이 悉有佛性이요 如來가 非滅이며 法僧도 亦爾하야 無有滅壞요 一闡提等이 不斷其法하면 終不能得阿耨多羅三藐三菩提니 要當遠離然後乃得이라 하며 以信心故로 修習淨戒하며 修習戒已에 受持·讀誦·書寫·解說·十二部經하야 爲諸眾生하야 廣宣流布하며 樂於惠施하고 修習智慧하며 以利根故로 堅住信慧하야 心無退轉하나니 如恒河邊에 第三人也니라

第四人者는 發意欲渡生死大河나 斷善根故로 於中沈沒이요 親近善友하야 故得信心이 是名爲出이요 得信心故로 受持讀誦書寫解說十二部經하야

爲衆生故로 廣宣流布하며 樂於惠施하고 修習智慧하며 以利根故로 堅住信慧하야 心無退轉하며 遍觀四方하나니 觀四方者는 四沙門果라 如恒河邊의 第四人也다

第五人者는 發意欲渡生死大河하나 斷善根故로 於中沈沒이요 親近善友하야 故得信心이 是名爲出이요 以信心故로 受持·讀誦·書寫·解說·十二部經하야 爲衆生故로 廣宣流布하며 樂於慧施하야 修習智慧하며 以利根故로 堅住信慧하야 心無退轉하며 無退轉已에 卽便前進나니 前進者는 謂辟支佛이라 雖能自渡나 不及衆生이 是名爲去라 如恒河邊의 第五人也니라

第六人者는 發意欲渡生死大河나 斷善根故로 於中沈沒이요 親近善友하야 獲得信心하고 得信心故로 名之爲出이요 以信心故로 受持·讀誦·書寫·解說·十二部經하야 爲衆生故로 廣宣流布하며 樂於惠施하야 修習智慧하며 以利根故로 堅住信慧하야 心無退轉하며 無退轉已에 卽復前進하야 遂到淺處요 到淺處已에 卽住不去니 住不去者는 所謂菩薩이라 爲欲度脫諸衆生故로 住觀煩惱하나니 如恒河邊에 第六人也니라

第七人者는 發意欲渡生死大河나 斷善根故로 於中沈沒이요 親近善友하야 獲得信心이요 得信心已에 是名爲出이요 以信心故로 受持·讀誦·書寫·解說·十二部經하며 爲衆生故로 廣宣流布하며 樂於惠施하야 修習智慧하며 以利根故로 堅住信慧하야 心無退轉하며 無退轉已에 卽便前進하며 旣前進已에 得到彼岸하야 登大高山하야는 離諸恐怖하고 多受安樂하니라

善男子야 彼岸山者는 喩於如來요 受安樂者는 喩佛常住요 大高山者는 喩大涅槃이니라

善男子야 是恒河邊에 如是諸人이 悉具手足이나 而不能渡야 一切衆生도 亦復如是하야 實有佛寶와 法寶와 僧寶하며 如來가 常說諸法要義하시며 有八聖道와 大般涅槃이나 而諸衆生이 悉不能得하나니 此非我咎며 亦非聖道라 衆生等過요 當知悉是煩惱過惡이니 以是義故로 一切衆生이 不得涅槃이니라

善男子야 譬如良醫가 知病說藥이나 病者가 不服은 非醫咎也니라

善男子야 如有施主가 以其所有로 施 一切人이어든 有不受者는 非施主咎니라

善男子야 譬如日出에 幽冥皆明이나 盲瞽之人이 不見道路는 非日過也니라

善男子야 如恒河水가 能除渴乏이나 渴者不飮은 非水咎也니라 善男子야 譬如大地가 普生果實하야 平等無二이나 農夫不種은 非地過也니라

善男子야 如來가 普為一切眾生하야 廣開分別十二部經이어늘 眾生이 不受는 非如來咎니라

善男子야 若修道者 即得阿耨多羅三藐三菩提하리라

善男子야 汝言眾生이 悉有佛性일새 應得阿耨多羅三藐三菩提가 如磁石者라 하니 善哉善哉라 以有佛性因緣力故로 得阿耨多羅三藐三菩提니라

若言不須修聖道者는 是義不然하야 善男子야 譬如有人이 行於曠野라가 渴乏遇井이나 其井이 幽深하야 雖不見水나 當知必有하고 是人이 方便으로 求覓罐綆하야 汲取하면 則見하리니 佛性도 亦爾하야 一切眾生이 雖復有之나 要須修習無漏聖道然後에 得見이니라

善男子야 如有胡麻에 則得見油어니와 離諸方便하면 則不得見이라 甘蔗도 亦爾하니라

善男子야 如三十三天과 北欝單越이 雖是有法이나 若無善業과 神通道力하면 則不能見하며 地中草根과 及地下水는 以地覆故로 眾生이 不見하나니 佛性도 亦爾하야 不修聖道일새 故不得見이니라

善男子야 如汝所說하야 世有病人이 若遇瞻病良醫와 好藥과 隨病飲食커나 及以不遇라도 悉得差者는 善男子야 我為六住諸菩薩等하야 說如是義니라

善男子야 譬如虛空이 於諸眾生에 非內·非外라 非內·外故로 亦無罣礙니 眾生佛性도 亦復如是하니라

善男子야 譬如有人이 財在異方하야 雖不現前에 隨意受用이나 有人問之하면 則言我許라 하리니 何以故오 以定有故라 眾生佛性도 亦復如是하야 非此非彼나 以定得故로 言一切有라 하니라

善男子야 譬如衆生이 造作諸業의 若善若惡에 非內非外라 如是業性이 非有非無며 亦復非是本無今有며 非無因出이며 非此作此受와 此作彼受와 彼作彼受며 無作無受로대 時節和合에 而得果報하나니 衆生佛性도 亦復如是하야 亦復非是本無今有며 非內非外며 非有非無며 非此非彼며 非餘處來며 非無因緣이며 亦非一切衆生이 不見이니 有諸菩薩은 時節因緣으로 和合得見하나니 時節者는 所謂十住菩薩摩訶薩이 修八聖道하야 於諸衆生의 得平等心하면 爾時에 得見이나 不名爲作이니라

善男子야 汝言如磁石者는 是義不然하다 何以故오 石不吸鐵이니 所以者何오 無心業故니라

善男子야 異法有故로 異法이 出生하고 異法無故로 異法滅壞하야 無有作者며 無有壞者니라

善男子야 猶如猛火가 不能焚薪이로대 火出薪壞를 名爲焚薪이니라

善男子야 譬如葵藿이 隨日而轉하되 而是葵藿은 亦無敬心하며 無識無業異法性故로 而自迴轉이니라

善男子야 如芭蕉樹가 因雷增長이나 是樹無耳하며 無心意識호대 異法有故로 異法增長하며 異法無故로 異法滅壞니라

善男子야 如阿叔迦樹를 女人이 摩觸하면 花爲之出이나 是樹無心하며 亦無覺觸이요 異法有故로 異法出生하며 異法無故로 異法滅壞니라

善男子야 如橘得尸하면 果則滋多나 而是橘樹는 無心無觸이요 異法有故로 異法滋多하고 異法無故로 異法滅壞니라

善男子야 如安石榴는 塼骨糞故로 果實繁茂나 安石榴樹가 亦無心觸이요 異法有故로 異法出生하고 異法無故로 異法滅壞니라

善男子야 磁石吸鐵도 亦復如是하야 異法有故로 異法出生하고 異法無故로 異法滅壞하나니 衆生佛性도 亦復如是하야 不能吸得阿耨多羅三藐三菩提니라

善男子야 無明이 不能吸取諸行하며 行亦不能吸取識也나 亦得名爲無明緣行하고 行緣於識이라 有佛無佛에도 法界常住하나니라

善男子야 若言佛性이 住衆生中者인대 善男子야 常法은 無住하니 若有住處면 卽是無常이니라

善男子야 如十二因緣도 無定住處라 若有住處면 十二因緣을 不得名常이니 如來法身도 亦無住處라니 法界法入과 法陰과 虛空이 悉無住處요 佛性도 亦爾하야 都無住處니라

善男子야 譬如四大가 力雖均等이나 有堅有熱하고 有濕有動하며 有重有輕하고 有赤有白하며 有黃有黑이나 而是四大는 亦無有業이요 異法界故로 各不相似니 佛性도 亦爾하야 異法界故로 時至則現하나니라

善男子야 一切衆生이 不退佛性故로 名之爲有이니 阿毘跋致故며 以當有故며 決定得故며 定當見故니 是故名爲一切衆生이 悉有佛性이라 하니라

善男子야 譬如有王이 告一大臣하되 汝牽一象하야 以示盲者하라 爾時에 大臣이 受王勅已에 多集衆盲하야 以象示之한대 時彼衆盲이 各以手觸이어늘 大臣이 卽還하야 而白王言하되 臣已示竟이니다

爾時에 大王이 卽喚衆盲하야 各各問言하되 汝見象耶아 衆盲이 各言하되 我已得見이니다

王言하되 象爲何類오

其觸牙者는 卽言象形이 如蘆菔根이라 하고 其觸耳者는 言象如箕라 하고 其觸頭者는 言象如石이라 하고 其觸鼻者는 言象如杵라 하고 其觸脚者는 言象如木臼라 하고 其觸脊者는 言象如床이라 하고 其觸腹者는 言象如甕이라 하고 其觸尾者는 言象如繩이라 하나니

善男子야 如彼衆盲이 不說象體나 亦非不說이니 若是衆相이 悉非象者인대 離是之外 更無別象이니라

善男子야 王은 喩如來正遍知也요

臣喩方等大涅槃經이요

象은 喩佛性이요

盲은 喩一切無明衆生이니 是諸衆生이 聞佛說已에 或作是言하되 色是佛性이니 何以故오 是色雖滅이나 次第相續일새 是故로 獲得無上如來의 三

十二相如來色常하리니 如來色者는 常不斷故라

是故로 說色하야 名為佛性이니 譬如真金이 質雖遷變이나 色常不異라 或時作釧하며 作鋧(비녀 비)盤이나 然其黃色은 初無改易이니라 眾生의 佛性도 亦復如是하야 質雖無常이나 而色是常이라 以是故로 說色為佛性하며 或有說言하되 受是佛性이니 何以故오 受因緣故로 獲得如來 真實之樂하리니 如來受者는 謂畢竟受며 第一義受라

眾生受性이 雖復無常이나 然其次第하야 相續不斷일새 是故로 獲得如來常受라 譬如有人이 姓憍尸迦라 人雖無常이나 而姓是常하야 經千萬世라도 無有改易하야 眾生의 佛性도 亦復如是라 以是故로 說受為佛性이라 하며 又有說言하되 想是佛性이니 何以故오 想因緣故로 獲得如來真實之想하리니 如來想者는 名無想想이니 無想想者는 非眾生想이며 非男女想이며 亦非色受想行識想이며 非想斷想 眾生之想이며 雖復無常이나 以想次第하야 相續不斷일새 故得如來의 常恒之想이니라

善男子야 譬如眾生의 十二因緣을 眾生은 雖滅이나 而因緣은 常이라 眾生佛性도 亦復如是하니 以是故로 說想為佛性이라 하며 又有說言하되 行為佛性이니 何以故오 行名壽命이니 壽因緣故로 獲得如來常住壽命하리니 眾生壽命은 雖復無常이나 而壽次第하야 相續不斷일새 故得如來真實常壽이라 하나니

善男子야 譬如十二部經을 聽者와 說者가 雖復無常이나 而是經典은 常存不變하야 眾生佛性도 亦復如是라 以是故로 說行為佛性이라 하며 又有說言하되 識為佛性이니 識因緣故로 獲得如來平等之心하리니 眾生意識은 雖復無常이나 而識次第하야 相續不斷일새 故得如來真實常心하리니 如火熱性하야 火雖無常이나 熱非無常이니 眾生의 佛性도 亦復如是라 以是故로 說識為佛性라 하며 又有說言하되 離陰有我라 我是佛性이니 何以故오 我因緣故로 獲得如來八自在我라 하며 有諸外道는 說言하되 去來見聞과 悲喜語說이 為我니 如是我相은 雖復無常이나 而如來我는 真實是常이라 하니

善男子야 如陰·入·界가 雖復無常이나 而名是常하야 衆生佛性도 亦復如是하니라

善男子야 如彼盲人이 各各說象을 雖不得實이나 非不說象이니 說佛性者도 亦復如是하야 非卽六法이며 不離六法이니라 善男子야 是故로 我說하되 衆生佛性이 非色不離色이며 乃至非我不離我라 하노라

善男子야 有諸外道가 雖說有我나 而實無我니 衆生我者는 卽是五陰이라 離陰之外에 更無別我니라

善男子야 譬如莖葉鬚臺가 合爲蓮花라 離是之外에 更無別花라 衆生我者도 亦復如是니라

善男子 譬如牆壁草木이 和合을 名之爲舍라 離是之外에 更無別舍하며 如佉陀羅樹·波羅奢樹·尼拘陀樹·欝曇鉢樹가 和合爲林이요 離是之外의 更無別林이며 譬如車兵·象馬·步兵이 和合爲軍이요 離是之外에 更無別軍이며 譬如五色雜線이 和合을 名之爲綺요 離是之外에 更無別綺며 如四姓和合을 名爲大衆이요 離是之外에 更無別衆인달하니 衆生我者도 亦復如是하야 離五陰外에 更無別我하니라

善男子야 如來常住를 則名爲我니 如來法身은 無邊無礙하야 不生不滅하며 得八自在일새 是名爲我어니와 衆生은 眞實無如是我와 及以我所요 但以必定當得畢竟第一義空일새 故名佛性이라 하니라

善男子야 大慈大悲를 名爲佛性이니 何以故오 大慈大悲가 常隨菩薩이 如影隨形이니 一切衆生도 必定當得大慈大悲일새 是故로 說言하되 一切衆生이 悉有佛性이라 하니라 大慈大悲者는 名爲佛性이요 佛性者는 名爲如來니라

大喜大捨를 名爲佛性이니 何以故오 菩薩摩訶薩이 若不能捨二十五有하면 則不能得阿耨多羅三藐三菩提라 以諸衆生도 必當得故로 是故로 說言하되 一切衆生이 悉有佛性이라 하노라

大喜大捨者는 卽是佛性이요 佛性者는 卽是如來니라

佛性者는 名大信心이니 何以故오 以信心故로 菩薩摩訶薩이 則能具足檀

波羅蜜과 乃至般若波羅蜜이요 一切衆生도 必定當得大信心故로 是故로 說言一切衆生이 悉有佛性이라 하노니
大信心者가 即是佛性이요 佛性者는 即是如來니라
佛性者는 名一子地니 何以故오 以一子地因緣故로 菩薩이 則於一切衆生에 得平等心이요 一切衆生도 必定當得一子地故라 是故로 說言一切衆生이 悉有佛性이라 하노니 一子地者는 即是佛性이요 佛性者는 即是如來니라
佛性者는 名第四力이니 何以故오 以第四力因緣故로 菩薩이 則能教化衆生이요 一切衆生도 必定當得第四力故로 是故로 說言一切衆生이 悉有佛性이라 하노니
第四力者는 即是佛性이요 佛性者는 即是如來니라
佛性者는 名 十二因緣이니 何以故오 以因緣故로 如來가 常住하거니 一切衆生도 定有如是十二因緣일새 是故로 說言一切衆生이 悉有佛性라 하노니 十二因緣이 即是佛性이요
佛性者는 即是如來니라 佛性者는 名四無礙智니 以四無礙因緣故로 說字義無礙하며 字義無礙故로 能化衆生이라 四無礙者가 即是佛性이요 佛性者는 即是如來니라
佛性者는 名頂三昧니 以修如是頂三昧故로 則能總攝一切佛法이라 是故로 說言頂三昧者가 名為佛性이라 하노니 十住菩薩은 修是三昧하야 未得具足일새 雖見佛性이나 而不明了며 一切衆生도 必定得故로 是故說言一切衆生이 悉有佛性이라 하니라
善男子야 如上所說種種諸法은 一切衆生이 定當得故로 是故로 說言一切衆生이 悉有佛性이라 하니라
善男子야 我若說色이 是佛性者인대 衆生이 聞已에 則生邪倒니 以邪倒故로 命終則生阿鼻地獄이라 如來說法은 為斷地獄이니 是故로 不說色是佛性이라 하며 乃至說識亦復如是하니라
善男子야 若有衆生이 了佛性者면 則不須修道나 十住菩薩이 修八聖道하야도 少見佛性이온 況不修者가 而得見耶아

善男子야 如文殊師利諸菩薩等은 已無量世에 修習聖道일새 了知佛性이어니와 云何聲聞과 辟支佛等이 能知佛性이리요

若諸衆生이 欲得了了知 佛性者인대 應當一心으로 受持·讀誦·書寫·解說·供養·恭敬·尊重·讚歎·是涅槃經이요 見有受持와 乃至讚歎如是經者어든 應當以好房舍와 衣服·飮食·臥具·病瘦·醫藥로 而供給之하고 兼復讚歎禮拜問訊이니라

善男子야 若有已於過去無量無邊世中에 親近供養無量諸佛하야 深種善根한 然後에 乃得聞是經名하리라

善男子야 佛性도 不可思議이며 佛法僧寶도 亦不可思議며 一切衆生이 悉有佛性이나 而不能知도 是亦不可思議며 如來常樂我淨之法도 亦不可思議며 一切衆生이 能信如是大涅槃經도 亦不可思議니라

師子吼菩薩이 言호대 世尊이시여 如佛所說一切衆生이 能信如是大涅槃經도 不可思議者인대 世尊이시여 是大衆中에 有八萬五千億人이 於是經中에 不生信心일새 是故로 有能信是經者는 名不可思議니다

善男子야 如是諸人도 於未來世에 亦當定得信是經典하야 見於佛性하야 得阿耨多羅三藐三菩提하리라

師子吼言하되 世尊이시여 云何不退菩薩이 自知決定有不退心이닛고

佛言하사대 善男子야 菩薩摩訶薩이 當以苦行으로 自試其心이니 日食一胡麻하야 經一七日하며 粳米·菉豆·麻子·粟·마와 及以白豆도 亦復如是하야 各一七日에 食一麻時에 作是思惟하되 如是苦行이 都無利益가 無利益事도 尚能爲之이온 況有利益을 而當不作가 於無利益에도 心能堪忍하야 不退不轉일새 是故로 定得阿耨多羅三藐三菩提니라

如是等日의 修苦行時에 一切皮肉이 消瘦皺減하야 如斷生瓠를 置之日中하야 其目欠陷이 如井底星하며 肉盡肋出은 如朽草屋하며 脊骨連現은 如重線塼하며 所坐之處는 如馬蹄跡하며 欲坐則伏하고 欲起則傴이라 雖受如是無利益苦라도 然不退於菩提之心이니라

復次善男子야 菩薩摩訶薩이 爲破衆苦하야 施安樂故로 乃至能捨內外財

師子吼菩薩品 第十一之六

物과 及其身命을 如棄芻草하나니 若能不惜是身命者는 如是菩薩自知必定有不退心일새 我定當得阿耨多羅三藐三菩提라 하나라

復次菩薩이 爲法因緣하야 剜身爲燈하고 氈(모존 존)纏皮肉하고 蘇油灌之하야 燒以爲炷하나니 菩薩이 爾時에 受是大苦일새 自呵其心하야 而作是言하되 如是苦者는 於地獄苦의 百千萬分에 未是一分이니 汝於無量百千劫中에 受大苦惱나 都無利益이라 汝若不能受是輕苦면 云何而能於地獄中에 救苦衆生이리오 菩薩摩訶薩이 作是觀時에 身不覺苦하고 其心不退하야 不動不轉이니라 菩薩이 爾時에 應深自知我定當得阿耨多羅三藐三菩提하리라

善男子야 菩薩이 爾時에 具足煩惱하야 未有斷者라도 爲法因緣으로 能以頭目髓腦와 手足血肉으로 施於衆生하며 以釘釘身하야 投巖赴火하나니 菩薩이 爾時에 雖受如是無量衆苦나 若心不退하야 不動不轉하면 菩薩이 當知我今定有不退之心이라 當得阿耨多羅三藐三菩提라 하리라

善男子야 菩薩摩訶薩이 爲破一切衆生苦惱하야 願作麁大畜生之身하야 以身血肉로 施於衆生호대 衆生이 取時에 復生憐愍하나니 菩薩이 爾時에 閉氣不喘하야 示作死相하야 令彼取者로 不生殺害疑網之想하리라 菩薩이 雖受畜生之身나 終不造作畜生之業하나니 何以故오 善男子야 菩薩이 旣得不退心已에는 終不造作三惡道業하며 菩薩摩訶薩이 若未來世에 有微塵等惡業果報를 不定受者라도 以大願力으로 爲衆生故로 而悉受之하나니라 譬如病人이 爲鬼所著하야 藏隱身中이어든 以呪力故로 卽時相現하야 或語或喜하며 或瞋或罵하며 或啼或哭하나니 菩薩摩訶薩의 未來之世에 三惡道業도 亦復如是니라

菩薩摩訶薩이 受熊身時에 常爲衆生하야 演說正法하며 或受迦賓闍羅鳥身하나니 爲諸衆生하야 說正法故며 受瞿陀身·鹿身·兎身·象身·殺羊身·獼猴·白鴿·金翅鳥·龍·蛇之身하니 受如是等畜生身時에 終不造作畜生惡業하고 常爲其餘畜生衆生하야 演說正法하야 令彼聞法하고 速得轉離畜生身故니라

菩薩이 爾時에 雖受畜生身이나 不作惡業하나니 當知必定有不退心니라 菩薩摩訶薩이 於飢饉世에 見餓衆生하고 作龜魚身하되 無量由延이라
復作是願하되 願諸衆生이 取我肉時에 隨取隨生이요 因食我肉하야 離飢渴苦하고 一切가 悉發阿耨多羅三藐三菩提心이니라 菩薩이 發願하되 若有因我하야 離飢渴者는 未來之世에 速得遠離二十五有飢渴之患이니라 菩薩摩訶薩이 受如是苦하되 心不退者는 當知必定得阿耨多羅三藐三菩提하리라
復次菩薩이 於疾疫世에 見病苦者하고 作是思惟하되 如藥樹王을 若有病者가 取根取莖하며 取枝取葉하며 取花取果하며 取皮取膚라도 悉得愈病하나니 願我此身도 亦復如是하야 若有病者가 聞聲觸身하며 服食血肉과 乃至骨髓라도 病悉除愈하며 願諸衆生이 食我肉時에 不生惡心하고 如食子肉이요 我治病已에 常爲說法하야 願彼信受하야 思惟轉敎니라
復次善男子야 菩薩이 具足煩惱하야 雖受身苦라도 其心不退하야 不動不轉하면 當知必定得不退心하야 成阿耨多羅三藐三菩提하니라
復次善男子야 若有衆生이 爲鬼所病이어든 菩薩이 見已에 卽作是言하되 願作鬼身하되 大身健身과 多眷屬身하야 使彼聞見하면 病得除愈하여지이다 菩薩摩訶薩이 爲衆生故로 勤修苦行하야 雖有煩惱나 不污其心이니라
復次善男子야 菩薩摩訶薩이 雖復修行六波羅蜜하야도 亦不求於六波羅蜜果하며 修行無上六波羅蜜時에 作是願言하되 我今以此六波羅蜜로 施一切衆生하야 一一衆生이 受我施已에 悉令得成阿耨多羅三藐三菩提하여지이다 我亦自爲六波羅蜜하야 勤修苦行하야 受諸苦惱하되 當受苦時에 願我不退菩提之心하여지이다
善男子야 菩薩摩訶薩이 作是願時에 是名不退菩提之相이니라
復次善男子야 菩薩摩訶薩은 不可思議니 何以故오 菩薩摩訶薩이 深知生死의 多諸罪過하고 觀大涅槃의 有大功德하사 爲諸衆生하야 處在生死하야 受種種苦하되 心無退轉하나니 是名菩薩이 不可思議니라
復次善男子야 菩薩摩訶薩이 無有因緣이로대 而生憐愍이며 實不受恩이나

而常施恩하며 雖施於恩이나 而不求報일새 是故로 復名不可思議니라
復次善男子야 或有衆生이 爲自利益하야 修諸苦行이나 菩薩摩訶薩은 爲利他故로 修行苦行하나니 是名自利라 是故로 復名不可思議니라
復次菩薩이 具足煩惱로대 爲壞怨親의 所受諸苦하야 修平等心하니 是故로 復名不可思議니라
復次菩薩이 若見諸惡不善衆生이어든 若訶責若軟語하며 若驅擯어나 若捨之하며 有惡性者는 現爲軟語하고 有憍慢者는 現爲大慢하되 而其內心은 實無憍慢하나니 是名菩薩方便을 不可思議하나라
復次菩薩이 具足煩惱로대 少財物時에 而求者가 多라도 心不迮小하나니 是名菩薩의 不可思議니라
復次菩薩이 於佛出時에 知佛功德일새 爲衆生故로 於無佛處에 受邊地身하야 如盲如聾하며 如跛如躄하니 是名菩薩이 不可思議니라
復次菩薩이 深知衆生의 所有罪過나 爲度脫故로 常與共行하며 雖隨其意나 罪垢不污하나니 是故로 復名不可思議니라
復次菩薩이 了了知見無衆生相하며 無煩惱污하며 無修習道와 離煩惱者하며 雖爲菩提나 無菩提行하며 亦無成就菩提行者하며 無有受苦와 及破苦者나 而亦能爲衆生壞苦하고 行菩提行하니 是故로 復名不可思議니라
復次菩薩이 受後邊身하야 處兜率天하나니 是亦名爲不可思議라 何以故오 兜率陀天은 欲界中勝이니 在下天者는 其心放逸하고 在上天者는 諸根闇鈍이라 是故로 名勝이니라
修施修戒하면 得上下身이어니와 修施戒定하야사 得兜率身이니라 一切菩薩이 毀呰諸有하고 破壞諸有하야 終不造作兜率天業하야 受彼天身이라 何以故오 菩薩이 若處其餘諸有라도 亦能敎化하야 成就衆生이요 實無欲心이나 而生欲界하나니 是故로 復名不可思議니라
菩薩摩訶薩이 生兜率天이 有三事勝하니
一者는 命이요 二者는 色이요 三者는 名이라
菩薩摩訶薩이 實不求於命色名稱하나니 雖無求心이나 而所得이 勝이니라

菩薩摩訶薩이 深樂涅槃이나 然有因緣이 亦勝이니 是故로 復名不可思議니라
菩薩摩訶薩이 如是三事가 雖勝諸天이나 而諸天等이 於菩薩所에 終不生於瞋心妬心憍慢之心하고 常生喜心하며 菩薩이 於天에 亦不憍慢하니 是故로 復名不可思議니라
菩薩摩訶薩이 不造命業이나 而於彼天에 畢竟壽命일새 是名命勝이요 亦無色業이나 而妙色身이 光明遍滿하니 是名色勝이요
菩薩摩訶薩이 處彼天宮하야 不樂五欲하고 唯爲法事일새 是故로 名稱이 充滿十方이라 是名名勝이니라
是故로 復名不可思議니라 菩薩摩訶薩이 下兜率天할새 是時大地가 六種震動하나니 是故로 復名不可思議라 何以故오 菩薩이 下時에 欲色諸天이 悉來侍送할새 發大音聲하야 讚歎菩薩일새 以口風氣故로 令地動하며 復有菩薩은 人中象王이라 人中象王을 名爲龍王이니 龍王이 初入胎時에 有諸龍王이 在此地下하야 或怖或喜할새 是故로 大地가 六種震動하리니 是故로 復名不可思議니라
菩薩摩訶薩이 知入胎時와 住時出時하며 知父知母하야 不淨不污가 如帝釋髻의 靑色寶珠일새 是故로 復名不可思議니라 善男子야 大涅槃經도 亦復如是하야 不可思議니라
善男子야 譬如大海에 有八不思議하니 何等이 爲八고
一者는 漸漸轉深이요 二者는 深難得底요 三者는 同一鹹味요 四者는 潮不過限이요 五者는 有種種寶藏이요 六者는 大身衆生이 在中居住요 七者는 不宿死尸요 八者는 一切萬流와 大雨投之라도 不增不減이니라
善男子야 漸漸轉深이 有三事하니 何等三고
一者는 衆生福力이요 二者는 順風而行이요 三者는 河水入故니라
乃至不增不減도 亦各有三이라 是大涅槃微妙經典도 亦復如是하야 有八不思議하니
一者는 漸漸深이니 所謂優婆塞戒와 沙彌戒·比丘戒·菩薩戒 須陀洹果·斯陀

含果·阿那含果·阿羅漢果·辟支佛果·菩薩果·阿耨多羅三藐三菩提果라 是涅槃經에 說如是等法하니 是名漸漸深이라 是故로 此經을 名漸漸深이니라
二者는 深難得底니 如來世尊은 不生不滅하며 不得阿耨多羅三藐三菩提며 不轉法輪이며 不食不受며 不行惠施라 是故로 名為常·樂·我·淨이니라 一切衆生이 悉有佛性하니 佛性은 非色이로대 不離於色이며 非受想行識이며 乃至不離於識이니라
是常可見이나 了因이요 非作因이며 須陀洹 乃至辟支佛이 當得阿耨多羅三藐三菩提이니라
亦無煩惱하고 亦無住處요 雖無煩惱나 不名為常이니 是故로 名深이니라
復有甚深하니 於是經中에 或時說我하며 或說無我하며 或時說常하고 或說無常하며 或時說淨하고 或說不淨하며 或時說樂하고 或時說苦하며 或時說空하고 或說不空하며 或說一切有하고 或說一切無하며 或說三乘하고 或說一乘하며 或說五陰이 即是佛性이며 金剛三昧와 及以中道며 首楞嚴三昧와 十二因緣과 第一義空과 慈悲平等이며 於諸衆生에 頂智信心이며 知諸根力이며 一切法中에 無罣礙智라 雖有佛性이나 不說決定하시니 是故로 名深이니라
三者는 一味니 一切衆生이 同有佛性하니 皆同一乘이며 同一解脫이며 一因一果이며 同一甘露며 一切當得常·樂·我·淨일새 是名一味니라
四者는 潮不過限이니 如是經中에 制諸比丘하야 不得受畜八不淨物하며 若我弟子가 有能受持·讀誦·書寫·解說分別·是大涅槃微妙經典하되 寧失身命이언정 終不犯之하나니 是名潮不過限이니라
五者는 有種種寶藏이니 是經이 即是無量寶藏이라 所言寶者는 謂四念處와 四正勤·四如意分·五根·五力·七覺分·八聖道分과 嬰兒行·聖行·梵行·天行과 諸善方便과 衆生佛性 菩薩功德·如來功德·聲聞功德·緣覺功德과 六波羅蜜·無量三昧·無量智慧니 是名寶藏이라
六者는 大身衆生이 所居住處이니라
大身衆生者는 謂佛菩薩이라 大智慧故로 名大衆生이며 大身故며 大心故

며 大莊嚴故며 大調伏故며 大方便故며 大說法故며 大勢力故며 大徒衆故며 大神通故며 大慈悲故며 常不變故며 一切衆生이 無罣礙故며 容受一切諸衆生故로 是名 大身衆生所居之處니라
七者는 不宿死尸이니 死尸者는 謂一闡提가 犯四重禁과 五無間罪하고 誹謗方等하며 非法說法하고 法說非法하며 受畜八種不淨之物하고 佛物과 僧物을 隨意而用하며 或於比丘·比丘尼所에 作非法事라 是名死尸이니 是涅槃經에는 離如是等일새 是故로 名為不宿死尸니라
八者는 不增不減이니
無邊際故며 無始終故며 非色故며 非作故며 常住故며 不生滅故며 一切衆生이 悉平等故며 一切法性이 同一性故라 是名無增減이라 是故로 此經은 如彼大海에 有八不思議니라
師子吼言호대 世尊이시여 若言如來의 不生不滅을 名為深者인댄 一切衆生이 有四種生하니 卵生·胎生·濕生·化生이라
是四種生이 人中具有하니 如施婆羅比丘와 優婆施婆羅比丘와 彌迦羅長者母와 尼拘陀長者母와 半闍羅長者母의 各五百了가 同於卵生하니
當知人中에 則有卵生이요 濕生者는 如佛所說하사 我於往昔作菩薩時에 作頂生王과 及手生王과 如今所說菴羅樹女와 迦不多樹女이니 當知人中에 則有濕生이니다
劫初之時에 一切衆生에 皆悉化生이라 如來世尊은 得八自在하시니 何因緣故로 不化生耶닛고
佛言하사대 善男子야 一切衆生이 四生所生하니 得聖法已에는 不得如本 卵生濕生이니라
善男子야 劫初衆生은 皆悉化生하니 當爾之時하야는 佛不出世니라
善男子야 若有衆生이 遇病苦時에 須醫須藥이어니와 劫初之時에는 衆生이 化生이요 雖有煩惱나 其病이 未發일새 是故로 如來가 不出其世하시며 劫初衆生은 身心이 非器일새 是故로 如來가 不出其世하시니라
善男子야 如來世尊의 所有事業은 勝諸衆生하시니 所謂種姓과 眷屬과 父

母라 以殊勝故로 凡所說法을 人皆信受하나니 是故로 如來가 不受化生하시니라
善男子야 一切衆生이 父作子業하고 子作父業하나니 如來世尊이 若受化身하면 則無父母라 若無父母면 云何能令一切衆生으로 作諸善業이리요 是故로 如來가 不受化身하시니라
善男子야 佛正法中에 有二種護하니 一者는 內요 二者는 外라
內護者는 所謂戒禁이요 外護者는 族親眷屬이라
若佛如來가 受化身者면 則無外護니 是故로 如來가 不受化身하시니라
善男子야 有人이 恃姓하야 而生憍慢하나니 如來가 為欲破如是慢故로 生在貴姓하고 不受化身하나니라
善男子야 如來世尊이 有真父母하시니 父名淨飯이요 母名摩耶 而諸衆生이 猶言是幻이라 하니 云何當受化生之身이리요 若受化身면 云何得有碎身舍利리요 如來가 為益衆生福德故로 碎其身하야 而令供養커라 하시니 是故로 如來가 不受化身이요 一切諸佛이 悉無化生이어니 云何獨令我로 受化身이리요
爾時에 師子吼菩薩이 合掌長跪하야 右膝著地하고 以偈讚佛호대
　如來無量功德聚를　　我今不能廣宣說이어니와
　今為衆生演一分하오리니 唯願哀愍聽我說하소서
　衆生無明闇中行하야　　具受無邊百種苦어늘
　世尊能令遠離之케하시니 是故로 世稱為大悲니다
　衆生往返生死繩으로　　放逸迷荒無安樂이어늘
　如來能施衆安樂하야　　是故로 永斷生死繩니다
　佛能施衆安樂故로　　　自於己樂不貪樂하시고
　為諸衆生修苦行하시니　是故로 世間이 興供養이니다
　見他受苦身戰動하사　　處在地獄不覺痛하시며
　為諸衆生受大苦하시니　是故로 無勝無有量이니다
　如來為衆修苦行하사　　成就具足滿六度하시며

心處邪風不傾動하시니 是故로 能勝世大士이시다
眾生常欲得安樂이나 而不知修安樂因이어늘
如來能教令修하사대 猶如慈父愛一子하시니라
佛見眾生煩惱患 心苦如母念病子하야
常思離病諸方便하시니 是故로 此身繫屬他로소이다
一切眾生行諸苦하야 其心顛倒以為樂이어늘
如來演說真苦樂하시니 是故로 稱號為大悲니다
世間皆處無明卵하야 無有智嘴能破之어늘
如來智嘴能啄壞하시니 是故로 名為最大子하시며
不為三世所攝持며 無有名字及假號하사
覺知涅槃甚深義하시니 是故로 稱佛為大覺이니다
有河洄澓沒眾生이라 無明所盲不知出어늘
如來自渡能渡彼하시니 是故로 稱佛大船師니다
能知一切諸因果하시며 亦復通達盡滅道하시고
常施眾生病苦藥하시니 是故로 世稱大醫王이니다
外道邪見說苦行하야 因是能得無上樂이라커늘
如來演說真樂行하사 能令眾生受快樂케하시며
如來世尊破邪道하시고 開示眾生正真路하시니
行是道者得安樂일새 是故로 稱佛為導師니다
非自非他之所作이며 亦非共作無因作이라
如來所說苦受事가 勝於一切諸外道니다
成就具足戒定慧하시고 亦以此法教眾生하야
以法施時無妬悋하시니 是故로 稱佛無緣悲니다
無所造作無因緣일새 獲得無因無果報하시니
是故로 一切諸智者가 稱說如來不求報니다
常共世間放逸行하되 而身不為放逸污일새
是故로 名為不思議시니 世間八法不能污니다

如來世尊無怨親하사　　是故로 其心常平等하시니
我師子吼로 讚大悲하와　能吼無量師子吼하노이다

　　　　　大般涅槃經 卷第三十二 終

大般涅槃經 卷第三十三

北涼 天竺三藏 曇無讖 譯

迦葉菩薩品 第十二之一

迦葉菩薩이 白佛言호대 世尊이시여 如來께서 憐愍一切衆生하사 不調를 能調하고 不淨能淨하며 無歸依者에 能作歸依하시며 未解脫者를 能令解脫케하시며 得八自在하사 爲大醫師하며 作大藥王하시니다

善星比丘는 是佛菩薩時子로 出家之後에 受持·讀誦·分別解說·十二部經하야 壞欲界結하고 獲得四禪이어늘 云何如來가 記說善星은 是一闡提廝下之人이니 地獄劫住라 不可治人이라 하시닛고

如來께서 何故로 不先爲其하야 演說正法하사 後爲菩薩이닛가 如來世尊께서 若不能救善星比丘하시면 云何得名有大慈愍이시며 有大方便이라 하리닛고

佛言하사대 善男子야 譬如父母가 唯有三子하되

其一子者는 有信順心하야 恭敬父母하고 利根智慧하야 於世間事에 能速了知이요

其第二子는 不敬父母하야 無信順心이나 利根智慧로 於世間事에 能速了知이요

其第三子는 不敬父母하야 無信順心하고 鈍根無智하면 父母가 若欲教告之時에 應先教誰하며 先親愛誰하며 當先教誰하야 知世間事아

迦葉菩薩이 白佛言호대 世尊이시여 應先教授有信順心하야 恭敬父母하고 利根智慧로 知世事者요 其次는 第二요 乃及第三이니 而彼二子는 雖無信心恭敬之心이나 爲愍念故로 次復教之니다

善男子야 如來도 亦爾하니 其三子者에 初는 喩菩薩이요 中은 喩聲聞이요 後는 喩一闡提니라

迦葉菩薩品 第十二之一

如十二部經修多羅中에 微細之義를 我先已爲諸菩薩하야 說하고 淺近之義는 爲聲聞說하고 世間之義는 爲一闡提와 五逆罪하야 說이니 現在世中에 雖無利益이나 以憐愍故로 爲生後世의 諸善種子니라
善男子야 如三種田에
一者는 渠流便易하고 無諸沙鹵와 瓦石棘刺하니 種一得百이요
二者는 雖無沙鹵瓦石棘刺이나 渠流險難하니 收實減半이요 三者는 渠流險難하고 多諸沙鹵·瓦石·棘刺하니 種一得一이니 爲藁草故니라
善男子야 農夫春月에 先種何田고 世尊이시여 先種初田하고 次第二田이요 後及第三이니라
初는 喩菩薩이요 次喩聲聞이요 後喩一闡提니라
善男子야 譬如三甖(큰 독 앵)에
一者는 完이며 二者는 漏며 三者는 破라
若欲盛置乳酪水蘇하면 先用何者오 世尊이시여 應用完者요 次用漏者요 後及破者리다
其完淨者는 喩菩薩僧이요 漏喩聲聞이요 破喩一闡提니라
善男子야 如三病人이 俱至醫所어든
一者는 易治요 二者는 難治요 三者는 不可治니라
善男子야 醫若治者인대 當先治誰오
世尊이시여 應先治易하고 次及第二요 後及第三이니 何以故오 爲親屬故니다
其易治者는 喩菩薩僧이요 其難治者는 喩聲聞僧하고 不可治者는 喩一闡提라 現在世中의 雖無善果나 以憐愍故로 爲種後世의 諸種善子故니라
善男子야 譬如大王이 有三種馬하니
一者는 調壯大力이요 二者는 不調齒壯大力이요 三者는 不調羸老無力이니 王이 若乘者인대 當先乘誰오
世尊이시여 應當先乘調壯大力하고 次用第二요 後用第三이니다
善男子야 調壯大力은 喩菩薩僧이요 其第二者는 喩聲聞僧이요 其第三者

는 喩一闡提라
現在世中에 雖無利益이니 以憐愍故로 為種後世諸善種子니라
善男子야 如大施時에 有三人이 來어든
一者는 貴族聰明持戒이요 二者는 中姓鈍根持戒이요 三者는 下姓鈍根毀戒라
善男子야 是大施主가 應先施誰아
世尊이시여 應先施於貴姓之子인 利根持戒하고 次及第二요 後及第三이니다
其第一者는 喩菩薩僧이요 其第二者는 喩聲聞僧이요 其第三者는 喩一闡提니라
善男子야 如大師子가 殺香象時에 皆盡其力하고 殺兔에도 亦爾하야 不生輕想이라 諸佛如來도 亦復如是하야 為諸菩薩과 及一闡提하야 演說法時에 功用이 無二니라
善男子야 我於一時에 住王舍城할새 善星比丘가 為我給使어늘 我於初夜에 為天帝釋하야 演說法要하니 弟子가 法應後師眠臥어늘 爾時에 善星이 以我久坐라 하야 心生惡念니라 時王舍城에 小男小女가 若啼不止하면 父母則語호대 汝若不止하면 當將汝하야 付薄拘羅鬼라 하니라
爾時에 善星이 反被拘執하야 而語我言하되 速入禪室하소서 薄拘羅가 來라 하거든 我言癡人아 汝常不聞如來世尊이 無所畏耶아
爾時에 帝釋이 即語我言하되 世尊이시여 如是人等도 亦復得入佛法中耶닛가
我即語言호대 憍尸迦여 如是人者도 得入佛法이라 亦有佛性하니 當得阿耨多羅三藐三菩提니라 我雖為是善星說法이나 而彼가 都無信受之心하니라
善男子야 我於一時에 在迦尸國·尸婆富羅城이러니 善星比丘가 為我給使라 我時에 欲入彼城乞食할새 無量眾生이 虛心渴仰하야 欲見我跡이어늘 善星比丘가 尋隨我後하야 而毀滅之하야 既不能滅이나 而令眾生으로 生

不善心케하니라
我入城已에 於酒家舍에 見一尼乾이 踡脊蹲地하야 㫪食酒糟어늘 善星比丘가 見已而言하되 世尊이시여 世間에 若有阿羅漢者라도 是人이 最勝이니다
何以故오 是人所說이 無因無果니다 我言癡人아 汝가 常不聞阿羅漢者는 不飮酒며 不害人이며 不欺誑이며 不偸盜며 不婬妷가 是人이 殺害父母하고 食噉酒糟어늘 云何而言是阿羅漢가
是人은 捨身에 必定當墮阿鼻地獄하리라 阿羅漢者는 永斷三惡이어니 云何 而言是阿羅漢고
善星이 即言하되 四大之性은 猶可轉易이어니와 欲令是人으로 必墮阿鼻인대 無有是處하야늘 我言하되 癡人아 汝常不聞諸佛如來는 誠言이 無二아 我雖 爲是善星하야 說法이나 而彼가 絶無信受之心하니라
善男子야 我於一時에 與善星比丘로 住王舍城이러니 爾時에 城中에 有一 尼乾하니 名曰苦得이라 常作是言하되 眾生煩惱가 無因無緣하며 眾生解脫도 亦無因緣이라 하야늘 善星比丘가 復作是言하되 世尊이시여 世間에 若有阿羅漢者인대 苦得이 爲上이라 하야늘 我言癡人아 苦得尼乾은 實非羅漢이라 不能解了阿羅漢道니라
善星이 復言하되 何因緣故로 阿羅漢人이 於阿羅漢에 而生嫉妬이닛고
我言호대 癡人아 我於羅漢에 不生嫉妬요 而汝自生惡邪見耳이니 若言苦得이 是羅漢者인대 却後七日에 當患宿食하야 腹痛而死하리니 死已生於食吐鬼中하면 其同學輩가 當輿其尸하야 置寒林中하리라
爾時에 善星이 即往苦得尼乾子所하야 語言호대 長老야 汝今知不아 沙門瞿曇이 記汝七日에 當患宿食하야 腹痛而死하며 死已에 生於食吐鬼中이며 同學同師가 當昇마주들여 汝尸하야 置寒林中이라 하니라
長老야 好善思惟하야 作諸方便하야 當令瞿曇으로 墮妄語中케하라 爾時에 苦得이 聞是語已에 即便斷食하야 從初一日로 乃至六日하고 滿七日已에 便食黑蜜하고 食黑蜜已에 復飮冷水러니 飮冷水已에 腹痛而終하고 終已

에 同學이 舁其尸喪하야 置寒林中하니 卽受食吐餓鬼之形하야 在其尸邊하니라

善星比丘가 聞是事已에 至寒林中하야 見苦得身이 受食吐形하야 在其尸邊하야 踡脊蹲地하고 善星이 語言하되 大德이여 死耶야 苦得이 答言하되 我已死矣니라 云何死耶야 答言하되 因腹痛死니라

誰出汝尸오 答言하되 同學이니라 出置何處요 答言癡人아 汝今不識是寒林耶아 得何等身고 答言하되 我得食吐鬼身라 하니라 善星아 諦聽하라

如來는 善語이며 眞語며 時語이며 義語며 法語시니라

善星아 如來가 口出如是實語어늘 汝於爾時에 云何不信고 若有衆生이 不信如來의 眞實語者인대 彼亦當受如我此身하리라

爾時에 善星이 卽還我所하야 作如是言하되 世尊이시여 苦得尼乾이 命終之後에 生三十三天이니다

我言癡人아 阿羅漢者는 無有生處어늘 云何而言苦得이 生於三十三天고 世尊이시여 實如所言하사 苦得尼乾이 實不生於三十三天이요 今受食吐餓鬼之身이니다

我言호대 癡人아 諸佛如來는 誠言無二시니 若言如來가 有二言者인대 無有是處하니라

善星이 卽言하되 如來爾時에 雖作是說이나 我於是事에 都不生信이라 하니라

善男子야 我亦常爲善星比丘하야 說眞實法이어늘 而彼가 絕無信受之心이니라

善男子야 善星比丘가 雖復讀誦十二部經하야 獲得四禪이나 乃至不解一偈·一句·一字·之義하고 親近惡友하야 退失四禪하고 失四禪已에 生惡邪見하야 作如是說하되 無佛無法이며 無有涅槃이라 沙門瞿曇은 善知相法일새 是故로 能得知他人心이라 하야늘 我於爾時에 告善星言하되 我所說法은 初中後善이니 其言이 巧妙하고 字義眞正이라 所說無雜하야 具足成就淸淨梵行이니라

迦葉菩薩品 第十二之一

善星比丘가 復作是言하되 如來雖復爲我說法이나 而我는 眞實謂無因果라 하나니다

善男子야 汝若不信如是事者인댄 善星比丘가 今者에 近在尼連禪河하니 可共往問이니라

爾時에 如來가 即與迦葉으로 往善星所하시니 善星比丘가 遙見如來하고 見已에 即生惡邪之心이라 以惡心故로 生身이 陷入墮阿鼻獄하니라

善男子야 善星比丘가 雖入佛法의 無量寶聚나 空無所獲하야 乃至不得一法之利하니 以放逸故며 惡知識故라 譬如有人이 雖入大海하야 多見衆寶나 而無所得은 以放逸故니라 又如入海하야 雖見寶聚나 自戮而死하며 或爲羅刹惡鬼의 所殺하니 善星比丘도 亦復如是하야 入佛法已나 爲惡知識羅刹大鬼之所殺害니라

善男子야 是故로 如來가 以憐愍故로 常說善星이 多諸放逸이라 하노라

善男子야 若本貧窮인댄 於是人所에 雖生憐愍이라도 其心則薄이어니와 若本巨富라가 後失財物하면 於是人所에 生於憐愍은 其心이 則厚니라

善星比丘도 亦復如是하야 受持讀誦十二部經하야 獲得四禪이나 然後에 退失하니 甚可憐愍이라 是故로 我說善星比丘가 多諸放逸이라 하노라

多放逸故로 斷諸善根이니 我諸弟子가 有見聞者는 於是人所에 無不生於重憐愍心을 如初巨富라가 後失財者니라

我於多年을 常與善星으로 共相隨逐 而彼自生惡邪之心하니 以惡邪故로 不捨惡見이니라

善男子야 我從昔來로 見是善星이 有少善根이 如毛髮許면 終不記彼가 斷絶善根이며 是一闡提廝下之人이며 地獄劫住나 以其가 宣說無因無果하며 無有作業이라 할새 爾乃記彼永斷善根이며 是一闡提廝下之人이며 地獄劫住라 하니라

善男子야 譬如有人이 沒圊廁中이어든 有善知識이 以手撓之하야 若得首髮하면 便欲拔出이어니와 久求不得하면 爾乃息意이나 我亦如是하야 求覓善星의 微少善根하면 便欲拔濟하야 終日求之나 乃至不得如毛髮許일새

是故로 不得拔其地獄이니라
迦葉菩薩이 言하되 世尊이시여 如來何故로 記彼當墮阿鼻地獄이닛고
善男子야 善星比丘가 多有眷屬하야 皆謂善星이 是阿羅漢이라 是得道果라 하니 我欲壞彼惡邪心故로 記彼善星이 以放逸故로 墮於地獄이라 하니라
善男子야 汝今當知하라 如來所說은 眞實無二하니 何以故오 若佛所記가 當墮地獄이어늘 若不墮者인대 無有是處니라 聲聞緣覺의 所記莂者는 則有二種하니 或虛或實이라
如目揵連이 在摩伽陀國하야 遍告諸人하되 却後七日에 天當降雨라 하나 時竟不雨하며 復記牸牛가 當生白犢이라 하나니 及其產時에 乃產駁(얼룩말박)犢하며 記生男者가 後乃產女하니라
善男子야 善星比丘가 常爲無量諸衆生等하야 宣說一切가 無善惡果라 하야 爾時에 永斷一切善根하야 乃至無有如毛髮許니라
善男子야 我久知是善星比丘가 當斷善根이나 猶故共住하야 滿二十年하야 畜養共行은 我若遠棄하야 不近左右하면 是人이 當敎無量衆生하야 造作惡業하리니 是名如來기 第五解力이니라 世尊이시여 一闡提輩는 以何因緣으로 無有善法이닛고
善男子야 一闡提輩는 斷善根故라 衆生이 悉有信等五根이나 而一闡提輩는 永斷滅故니 以是義故로 殺害蟻子라도 猶得殺罪어니와 殺一闡提면 無有殺罪니라
世尊이시여 一闡提者는 終無善法일새 是故로 名爲一闡提耶닛가
佛言하사대 如是如是니라 世尊이시여 一切衆生이 有三種善하니 所謂過去·未來·現在라 一闡提輩도 亦不能斷未來善法이어늘 云何說言斷諸善法을 名一闡提耶닛가
善男子야 斷有二種하니
一者는 現在滅이요 二者는 現在에 障於未來라
一闡提輩는 具足二斷하니 是故로 我言斷諸善根이니라
善男子야 譬如有人이 沒圊廁中이라도 唯有一髮毛頭가 未沒하니 雖復一

迦葉菩薩品 第十二之一

髮毛頭가 未沒이나 而一毛頭로 不能勝身인달하야 一闡提輩도 亦復如是하야 雖未來世에 當有善根이라도 而不能救地獄之苦하나니 未來之世에 雖可救拔이나 現在之世에는 無如之何일새 是故로 名爲不可救濟니라
以佛性因緣으로 則可得救이니 佛性者는 非過去이며 非未來이며 非現在라 是故로 佛性은 不可得斷이나 如朽敗子는 不能生芽인달하야 一闡提輩도 亦復如是니라
世尊이시여 一闡提輩가 不斷佛性인대 佛性이 亦善이어늘 云何說言斷一切善이라 하시닛고
善男子야 若諸衆生이 現在世中하야 有佛性者인대 則不得名一闡提也라 如世間中의 衆生我性하야 佛性是常이라 三世不攝이니 三世若攝인대 名爲無常이어니와 佛性은 未來에 以當見故로 故言衆生이 悉有佛性이라 하노니 以是義故로 十住菩薩이 具足莊嚴하야 乃得少見이니라
迦葉菩薩이 言하되 世尊이시여 佛性者가 常하야 猶如虛空인대 何故로 如來가 說言未來라 하시나닛고 如來가 若言一闡提輩가 無善法者인대 一闡提輩는 於其同學과 同師父母와 親族妻子에 豈當不生愛念心耶닛가 如其生者인대 非是善乎이닛가
佛言하사대 善哉善哉라
善男子여 快發斯問이로다 佛性者는 猶如虛空하니 非過去며 非未來며 非現在니라 一切衆生이 有三種身하니 所謂過去·未來·現在니라 衆生이 未來에 具足莊嚴淸淨之身하야 得見佛性하리니 是故로 我言佛性이 未來라 하노라
善男子야 我爲衆生하야 或時에 說因爲果하며 或時說果爲因라 하노니 是故로 經中에 說命爲食하며 見色爲觸이니 未來에 身淨일새 故說佛性이라 하나라
世尊이시여 如佛所說하사 義如是者인대 何故로 說言一切衆生이 悉有佛性이닛가
善男子야 衆生佛性이 雖現在無나 不可言無니 如虛空性하야 雖無現在나

不得言無며 一切眾生이 雖復無常이나 而是佛性은 常住無變이니 是故로 我於此經中에 說眾生佛性이 非內非外가 猶如虛空이 非內非外라 如其虛空이 有內外者인대 虛空을 不名為一為常이며 亦不得言一切處에 有虛空이라 雖復非內非外나 而諸眾生이 悉皆有之하니 眾生佛性도 亦復如是니라

如汝所言에 一闡提輩가 有善法者는 是義不然이라 何以故오 一闡提輩가 若有身業과 口業·意業 取業·求業·施業·解業이라도 如是等業이 悉是邪業이니 何以故오 不求因果故라 善男子야 如呵梨勒果가 根莖枝葉花實이 悉苦하야 一闡提業도 亦復如是하니라

善男子야 如來가 具足知諸根力일새 是故로 善能分別眾生의 上·中·下根이라 能知是人은 轉下作中하며 能知是人은 轉中作上하며 能知是人은 轉上作中하며 能知是人轉中作下하노니 是故로 當知眾生根性이 無有決定이라 以無定故로 或斷善根이나 斷已還生이라 若諸眾生이 根性定者인대 終不先斷코 斷已復生하리라 亦不應說一闡提輩가 墮於地獄하야 壽命一劫이라 하리라

善男子야 是故로 如來가 說一切法이 無有定相이라 하니라

迦葉菩薩이 白佛言호대 世尊이시여 如來가 具足知諸根力하시니 定知善星의 當斷善根인대 以何因緣으로 聽其出家닛가

佛言하사대 善男子하야 我於往昔初出家時에 吾弟難陀와 從弟阿難과 調婆達多와 子羅睺羅인 如是等輩가 皆悉隨我하야 出家修道하니 我若不聽善星出家하면 其人이 次當得紹王位하야 其力이 自在하야 當壞佛法하리니 以是因緣으로 我便聽其出家修道니라

善男子야 善星比丘가 若不出家하고 亦斷善根인대 於無量世에 都無利益이니라 今出家已에 雖斷善根이나 能受持戒하며 供養恭敬耆舊長宿有德之人하며 修習初禪로 乃至四禪하니 是名善因이라 如是善因으로 能生善法하리니 善法既生하야는 能修習道하며 既修習道하야는 當得阿耨多羅三藐三菩提하리니 是故로 我聽善星出家니라

善男子야 若我不聽善星比丘의 出家受戒하면 則不得稱我하야 為如來具

足十力이라 하리라

善男子야 佛觀衆生이 具足善法과 及不善法하야 是人이 雖具如是二法이나 不久에 能斷一切善根하고 具不善根하나니 何以故오 如是衆生이 不親善友하며 不聽正法하며 不善思惟하며 不如法行일새 以是因緣으로 能斷善根하고 具不善根하리라

善男子야 如來가 復知是人이 現世와 若未來世의 少壯老時에 當近善友하야 聽受正法의 苦·集·滅·道하고 爾時에 則能還生善根하나라

善男子야 譬如有泉이 去村不遠에 其水甘美하야 具八功德에 有人熱渴하야 欲往泉所할새 邊有智者가 觀是渴人이 必定無疑當至水所하리니 何以故오 無異路故라 如來世尊이 觀諸衆生도 亦復如是니 是故로 如來를 名爲具足知諸根力이니라

爾時에 世尊께서 取地少土하야 置之爪上하고 告迦葉言하사대 是土多耶야 十方世界의 地土가 多乎아

迦葉菩薩이 白佛言하되 世尊이시여 爪上土者는 不比十方의 所有土也니다

善男子야 有人이 捨身還得人身하고 捨三惡身하야 得受人身하되 諸根完具하며 生於中國하야 具足正信하야 能修習道하며 修習道已에 能得解脫하며 得解脫已에 能入涅槃한 이는 如爪上土하고 捨人身已에 得三惡身하며 捨三惡身하야는 得三惡身하되 諸根不具하고 生於邊地하야 信邪倒見으로 修習邪道하야 不得解脫과 常樂涅槃한 이는 如十方界의 所有地土니라

善男子야 護持禁戒하야 精勤不懈하며 不犯四重하고 不作五逆하며 不用僧鬘祇物하고 不作一闡提하야 不斷善根하며 信如是等涅槃經典하니 如爪上土하고 毁戒懈怠하며 犯四重禁하고 作五逆罪하며 用僧鬘祇物하고 作一闡提하야 斷諸善根하며 不信是經하면 如十方界의 所有地土니라

善男子야 如來가 善知衆生의 如是上·中·下根일새 是故로 稱佛具知根力이라 하나니라

迦葉菩薩이 白佛言하되 世尊이시여 如來가 具足是知根力하시니 是故로 能知一切衆生의 上中下根과 利鈍差別하시며 知現在世의 衆生諸根하시며

亦知未來衆生의 諸根하시니 如是衆生이 於佛滅後에 作如是說하되 如來가 畢竟에 入於涅槃이라 하며 或不畢竟에 入於涅槃이라 하며 或說有我라 하고 或說無我라 하며 或有中陰하고 或無中陰하며 或說有退하고 或說無退라 하며 或言如來가 身是有爲라 하고 或言如來는 身是無爲라 하며 或有說言十二因緣이 是有爲法라 하고 或說因緣이 是無爲法이라 하며 或說心是有常이라 하고 或說心是無常이라 하며 或有說言하되 受五欲樂이 能障聖道라 하고 或說不遮라 하고 或說世第一法이 唯是欲界라 하고 或說三界라 하며 或說布施는 唯是意業이라 하고 或有說言卽是五陰이라 하며 或有說言有三無爲라 하고 或有說言無三無爲라 하며

復有說言或有造色라 하고 復有說言或無造色라 하며

或有說言有無作色이라 하고 或有說言無無作色이라 하며 或有說言有心數法이라 하고 或有說言無心數法이라 하며 或有說言有五種有라 하고 或有說言有六種有라 하며 或有說言八戒齋法과 優婆塞戒는 具足受得이라 하고 或有說言不具受得이라 하며 或說比丘가 犯四重已에도 比丘戒는 在라 하고 或說不在라 하며 或有說言須陀洹人과 斯陀含人과 阿那含人과 阿羅漢人이 皆得佛道라 하고 或言不得이라 하며 或說佛性이 卽衆生하야 有라 하고 或說佛性이 離衆生하야 有라 하며 或有說言犯四重禁하고 作五逆罪한 一闡提等이 皆有佛性이라 하고 或說言無라 하며 或有說言하되 有十方佛이라 하고 或有說言無十方佛이라 하나니 如其如來가 具足成就知根力者인대 何故로 今日에 不決定說하시나닛가

佛이 告迦葉菩薩하사대 善男子야 如是之義는 非眼識知며 乃至非意識知요 乃是智慧之所能知이니 若有智者인대 我於是人에 終不作二며 是亦謂我不作二說이나 於無智者에 作不定說일새 而是無智가 亦復謂我作不定說이라 하나니라

善男子야 如來의 所有一切善行이 悉爲調伏諸衆生故니 譬如醫王의 所有醫方이 悉爲療治一切病苦니라

善男子야 如來世尊이 爲國土故며 爲時節故며 爲他語故며 爲諸人故며

爲衆根故로 於一法中에 作二種說하며 於一名法에 說無量名하고 於一義中에 說無量名하며 於無量義에 說無量名하나니라

云何一名에 說無量名고 猶如涅槃을 亦名涅槃이며 亦名無生이며 亦名無出이며 亦名無作이며 亦名無爲이며 亦名歸依며 亦名窟宅이며 亦名解脫이며 亦名光明으로 亦名燈明이며 亦名彼岸이며 亦名無畏며 亦名無退며 亦名安處며 亦名寂靜이며 亦名無相이며 亦名無二며 亦名一行며 亦名淸涼이며 亦名無闇이며 亦名無礙이며 亦名無諍이며 亦名無濁이며 亦名廣大며 亦名甘露며 亦名吉祥이니 是名一名에 作無量名이니라

云何一義에 說無量名고

猶如帝釋을 亦名帝釋이며 亦名憍尸迦며 亦名婆蹉婆며 亦名富蘭陀羅며 亦名摩佉婆며 亦名因陀羅이며 亦名千眼이며 亦名舍支夫며 亦名金剛이며 亦名寶頂이며 亦名寶幢이라 하니 是名一義에 說無量名이니라

云何於無量義에 說無量名고

如佛如來를 亦名如來니 義異名異이며 亦名阿羅訶니 義異名異이며 亦名三藐三佛陀니 義異名異이며 亦名船師며 亦名導師며 亦名正覺이며 亦名明行足이며 亦名大師子王며 亦名沙門이며 亦名婆羅門이며 亦名寂靜이며 亦名施主며 亦名到彼岸이며 亦名大醫王이며 亦名大象王이며 亦名大龍王이며 亦名施眼이며 亦名大力士며 亦名大無畏며 亦名寶聚며 亦名商主며 亦名得脫이며 亦名大丈夫며 亦名天人師며 亦名大分陀利며 亦名獨無等侶며 亦名大福田이며 亦名大智慧海며 亦名無相이며 亦名具足八智니 如是一切는 義異名異니라

善男子야 是名無量義中에 說無量名이니라

復有一義에 說無量名하니 所謂如陰을 亦名爲陰이며 亦名顚倒며 亦名爲諦며 亦名四念處며 亦名四食이며 亦名四識住處며 亦名爲有며 亦名爲道며 亦名爲時며 亦名衆生이며 亦名爲世며 亦名第一義며 亦名三修니 謂身戒心이며 亦名因果며 亦名煩惱며 亦名解脫이며 亦名十二因緣이며 亦名聲聞辟支佛이며 亦名地獄이며 餓鬼며 畜生이며 人天이며 亦名過去며

現在며 未來니 是名一義에 說無量名이니라
善男子야 如來世尊이 爲衆生故로 廣中에 說略하고 略中에 說廣하며 第一義諦에 說爲世諦하고 說世諦法하야 爲第一義諦라 云何名爲廣中에 說略고 如告比丘我今宣說十二因緣이니
云何名爲十二因緣고 所謂因果니라
云何名爲略中에 說廣고 如告比丘호대 我今에 宣說苦·集·滅·道하리니
苦者는 所謂無量諸苦요
集者는 所謂無量煩惱요
滅者는 所謂無量解脫이요
道者는 所謂無量方便이니라
云何名爲第一義諦에 說爲世諦오 如告比丘호대 吾今此身이 有老病死니라
云何名爲世諦를 說爲第一義諦오 如告憍陳如호대 汝得法故로 名阿若憍陳如라 하니 是故로 隨人隨意隨時故로 名如來를 知諸根力이라 히니라
善男子야 我若當於如是等義하야 作定說者인대 則不得稱我하야 爲如來具知根力이라 하리라
善男子야 有智之人은 當知香象의 所負를 非驢所勝이니 一切衆生의 所行이 無量일새 是故로 如來가 種種爲說無量之法이라 何以故오 衆生이 多有諸煩惱故라 若使如來로 說於一行인대 不名如來가 具足成就知諸根力이니 是故로 我於餘經中에 說五種衆生에게 不應還爲說五種法이니 爲不信者하야 不讚正信하며 爲毁禁者하야 不讚持戒하며 爲慳貪者하야 不讚布施하며 爲懈怠者하야 不讚多聞하며 爲愚癡者하야 不讚智慧라 何以故오 智者가 若爲是五種人하야 說是五事하면 當知說者가 不得具足知諸根力이며 亦不得名憐愍衆生이라 何以故오 是五種人이 聞是事已에 生不信心과 惡心과 瞋心하리니 以是因緣으로 於無量世에 受苦果報라 是故로 不名憐愍衆生하야 具知根力이라 하리니 是故로 我先於餘經中에 告舍利弗호대 汝가 愼無爲利根之人하야 廣說法語하고 鈍根之人에 略說法也어다

迦葉菩薩品 第十二之一

舍利弗이 言하되 世尊이시여 我但爲憐愍故로 說이언정 非是具足根力故說이니다

善男子야 廣略說法은 是佛境界요 非諸聲聞緣覺의 所知니라 善男子야 如汝所言佛涅槃後에 諸弟子等이 各異說者는 是人이 皆以顚倒因緣으로 不得正見일새 是故로 不能自利·利他니라

善男子야 是諸衆生이 非唯一性과 一行과 一根과 一種國土와 一善知識이라 是故로 如來가 爲彼種種하야 宣說法要시니 以是因緣으로 十方三世의 諸佛如來가 爲衆生故로 開示演說十二部經하시나니라

善男子야 如來가 說是十二部經은 非爲自利요 但爲利他라 是故로 如來 第五力者는 名爲解力이니 是二力故로 如來가 深知是人의 現在에 能斷善根과 是人이 後世에 能斷善根과 是人이 現在에 能得解脫과 是人이 後世에 能得解脫하나니 是故로 如來를 名無上力士라 하나니라

大般涅槃經 卷第三十三 終

大般涅槃經 卷第三十四

北涼 天竺三藏 曇無讖 譯

迦葉菩薩品 第十二之二

善男子야 若言如來가 畢竟涅槃이라 하며 不畢竟涅槃이라 하면 是人은 不解如來意故로 作如是說이니라

善男子야 是香山中에 有諸仙人五萬三千하니 皆於過去迦葉佛所에 修諸功德하야 未得正道나 親近諸佛하야 聽受正法일새 如來가 欲爲如是人故로 告阿難言호대 過三月已에 吾當涅槃하리라

諸天이 聞已에 其聲展轉하야 乃至香山이어늘 諸仙이 聞已에 即生悔心하야 作如是言하되 云何我等이 得生人中하야 不親近佛고 諸佛如來가 出世甚難이 如優曇花하시니 我今當往至世尊所하야 聽受正法하리라

善男子야 爾時에 五萬三千諸仙이 即來我所어늘 我時에 即爲如應說法하되 諸大士여 色是無常이니 何以故오 色之因緣이 是無常故라 無常因으로 生이니 色云何常이리요 乃至識亦如是니라 爾時에 諸仙이 聞是法已에 即時에 獲得阿羅漢果하다

善男子야 拘尸那竭에 有諸力士三十萬人하니 無所繫屬이라 自恃憍恣와 色力과 命財하야 狂醉亂心이라

善男子야 我爲調伏諸力士故로 告目連言호대 汝當調伏如是力士하라

時目犍連이 敬順我教하야 於五年中에 種種教化하되 乃至不能令一力士로 受法調伏이어늘 是故로 我復爲彼力士하야 告阿難言호대 過三月已에 吾當涅槃이라 하니라

善男子야 時에 諸力士가 聞是語已에 相與集聚하야 平治道路하다 過三月已에 我時에 便從毘舍離國하야 至拘尸那城할새 中路에 遙見諸力士輩하고

即自化身하야 爲沙門像하야 往力士所하야 作如是言하되 諸童子야 作何事耶아 力士가 聞已에 皆生瞋恨하야 作如是言하되 沙門아 汝今云何로 謂我等輩하야 爲童子耶아 我時語言하되 汝今大衆三十萬人이 盡其身力하야도 不能移此微末小石하니 云何不名爲童子乎아 諸力士가 言하되 汝若謂我爲童子者인대 當知하라 汝卽是大人也니라

善男子야 我於爾時에 以足二指로 掘出此石한대 是諸力士가 見是事已에 卽於已身에 生輕劣想하야 復作是言하되 沙門아 汝今復能移徙此石하야 令出道不아 我言童子호되 何因緣故로 嚴治此道오

諸力士가 言하되 沙門이여 汝不知耶아 釋迦如來가 當由此路하야 至娑羅林하야 入於涅槃하시나니 以是因緣으로 我等이 平治하노라

我時에 讚言하되 善哉善哉라 童子야 汝等이 已發如是善心하니 吾當爲汝하야 除去此石하리라

我時에 以手로 擧擲大石하야 高至阿迦尼吒하니 時諸力士가 見石在空하고 皆生驚怖하야 尋欲四散이어늘 我復告言호대 諸力士等아 汝今에 不應生恐怖心하야 各欲散去하라

諸力士가 言호대 沙門이여 若能救護我者인대 我當安住하리라 爾時에 我復以手로 接石하야 置之右掌한대 力士가 見已에 心生歡喜하야 復作是言하되 沙門이여 是石이 常耶아 是無常乎아 我於爾時에 以口吹之하니 石卽散壞하야 猶如微塵한대 力士가 見已에 唱言호대 沙門이여 是石이 無常이라 하고 卽生愧心하야 而自考責하되 云何我等이 恃怙自在色力과 命財하야 而生憍慢고 我知其心하고 卽捨化身하고 還復本形하야 而爲說法하니 力士가 見已에 一切皆發菩提之心하니라

善男子야 拘尸那竭에 有一工巧하니 名曰純陀라

是人이 先於迦葉佛所에 發大誓願하되 釋迦如來가 入涅槃時에 我當最後에 奉施飮食이라 할새 是故로 我於毘舍離國에 顧命比丘優婆摩那하되 善男子야 過三月已에 吾當於彼拘尸那竭娑羅雙樹에 入般涅槃하리니 汝可往告純陀令知하라

善男子야 王舍城中에 有五通仙하니 名須跋陀라
年百二十에 常自稱是一切智人이라 하야 生大憍慢이나 已於過去無量佛所에 種諸善根호리라
我亦為欲調伏彼故로 告阿難言하되 過三月已에 吾當涅槃이라 須跋이 聞已에 當來我所하야 生信敬心하리니 我當為彼하야 說種種法하면 其人聞已에 當得盡漏하리라
善男子야 羅閱耆此云王舍城王은 頻婆娑羅니 其王太子는 名曰善見이라 業因緣故로 生惡逆心하야 欲害其父하되 而不得便이러니
爾時에 惡人提婆達多가 亦因過去業因緣故로 復於我所에 生不善心하야 欲害於我하야 即修五通하야 不久獲得이라 與善見太子로 共為親厚하야 為太子故로 現作種種神通之事호대 從非門出하야 從門而入하고 從門而出하야 非門而入하며 或時示現象·馬·牛·羊·男·女之身한대 善見太子가 見已에 即生愛心·喜心·敬信之心하야 為是事故로 嚴設種種供養之具하야 而供養之하고 又復白言하되 大師聖人이여 我今欲見曼陀羅花하노라 時에 調婆達多가 即便往至三十三天하야 從彼天人하야 而求索之호대 其福盡故로 都無與者어늘 既不得花하고 作是思惟하되 曼陀羅樹는 無我我所하니 我若自取면 當有何罪리요 即前欲取라가 便失神通하고 還見己身이 在王舍城이어늘 心生慚愧하야 不能復見善見太子하다
復作是念하되 我今當往至如來所하야 求索大眾하리니 佛若聽者인대 我當隨意하야 教詔勅使舍利弗等하리라
爾時에 提婆達多가 便來我所하야 作如是言하되 唯願如來는 以此大眾으로 付囑於我하소서 我當種種說法教化하야 令其調伏이니다
我言癡人아 舍利弗等은 聰明大智로 世所信伏이로되 我猶不以大眾으로 付囑이온 況汝癡人食唾者乎아
時에 提婆達이 復於我所에 倍生惡心하야 作如是言하되 瞿曇이여 汝今雖復調伏大眾이나 勢亦不久에 當見磨滅하리라
作是語已에 大地가 即時에 六返震動이어늘 提婆達多가 尋時躄地하니 於

其身邊에 出大暴風하야 吹諸塵土하야 而污坌之커늘 提婆達多가 見惡相
已에 復作是言하되 若我此身이 現世에 必入阿鼻地獄하면 我要當報如是
大怨하리라

時에 提婆達多가 尋起하야 往至善見太子所한대 善見이 見已에 卽問호대
聖人이여 何故로 顏容이 憔悴하야 有憂色耶아 提婆達이 言하되 我常如是
어늘 汝不知乎아 善見이 答言하되 願說其意하라 何因緣으로 爾오 提婆達
이 言하되 我今與汝로 極成親愛어늘 外人이 罵汝하야 以爲非理라 하니 我
聞是事하고 豈得不憂아 善見太子가 復作是言하되 國人이 云何罵辱於我
오 提婆達이 言하되 國人이 罵汝하야 爲未生怨이라 하니라

善見이 復言하되 何故로 名我爲未生怨고 誰作此名고

提婆達이 言하되 汝未生時에 一切相師가 皆作是言하되 是兒生已에 當殺
其父라 할새 是故로 外人이 皆悉號汝하야 爲未生怨이라 하며 一切內人은
護汝心故로 謂爲善見이라 하니 韋提夫人이 聞是語已에 旣生汝身하야 於
高樓上에 棄之於地하야 壞汝一指라 以是因緣으로 人復號汝하야 爲婆羅
留枝라 하나니 我聞是已에 心生愁憒(심난할 궤)나 而復不能向汝說之니라

提婆達多가 以如是等種種惡事로 敎令殺父호대 若汝殺父하면 我亦能殺
瞿曇沙門하리라

善見太子가 問一大臣하니 名曰雨行이라

大王이 何故로 爲我立字를 作未生怨고 大臣이 卽爲說其本末를 如提婆
達의 所說無異한대 善見이 聞已에 卽與大臣으로 收其父王하야

閉之城外하고 以四種兵으로 而守衛之어늘 韋提夫人이 聞是事已에 卽至
王所하니 諸守王人이 遮不聽入이어늘 爾時에 夫人이 生瞋恚心하야 便呵
罵之한대 時諸守人이 卽告太子하되 大王夫人이 欲得往見父王하니 不審
聽不이닛가

善見이 聞已에 復生瞋嫌하야 卽往母所하야 前牽母髮하고 拔刀欲斫한대
爾時에 耆婆가 白言하되 大王이여 有國已來罪雖極重이나 不及女人이온
況所生母이닛가

善見太子가 聞是語已에 為耆婆故로 即便放捨나 遮斷父王의 衣服臥具와 飲食湯藥하니 過七日已에 王命이 便終하다
善見太子가 見父喪已에 方生悔心이어늘 雨行大臣이 復以種種惡邪之法으로 而為說之호대 大王이여 一切業行이 都無有罪니 何故로 今者에 而生悔心이닛가
耆婆가 復言하되 大王이여 當知하소서 如是業者는 罪兼二種하니
一者는 殺害父王이요 二者는 殺須陀洹이라
如是罪者는 除佛하고는 更無能除滅者니다
善見王이 言하되 如來가 清淨하야 無有穢濁하시니 我等罪人이 云何得見이리오
善男子야 我知是事故로 告阿難하되 過三月已에 吾當涅槃하리라 善見이 聞已에 即來我所어늘 我為說法한대 重罪가 得薄하야 獲無根信하니라
善男子야 我諸弟子가 聞是說已에 不解我意하고 故作是言하되 如來가 定說畢竟涅槃이라 하리라
善男子야 菩薩이 二種이니 一者는 實義요 二者는 假名이라
假名菩薩은 聞我三月에 當入涅槃하고 皆生退心하야 而作是言하되 如其如來가 無常不住인대 我等何為로 為是事故로 無量世中에 受大苦惱리요 如來世尊은 成就具足無量功德하여도 尚不能壞如是死魔커늘 況我等輩가 當能壞耶아
善男子야 是故로 我為如是菩薩하야 而作是言하되 如來常住하야 無有變易이니라
善男子야 我諸弟子가 聞是說已에 不解我意하고 定言如來가 終不畢竟에 入於涅槃이라 하니라
善男子야 有諸眾生이 生於斷見하야 作如是言하되 一切眾生이 身滅之後에 善惡之業을 無有受者라 할새 我為是人하야 作如是言하되 善惡果報를 實有受者니 云何知有요
善男子야 過去之世에 拘尸那竭에 有王하니 名曰善見이라 作童子時에 經

八萬四千歲하고 作太子時에 八萬四千歲이며 及登王位가 亦八萬四千歲하고 於獨處坐하야 作是思惟하되 眾生이 薄福하야 壽命이 短促하고 常有四怨이 而隨逐之어늘 不自覺知하고 猶故放逸하니 是故로 我當出家修道하야 斷絕四怨生老病死라 하고 即勅有司하되 於其城外에 作七寶堂하라 作已便告호대 群臣百官과 宮內妃后와 諸子眷屬아 汝等은 當知我欲出家하노니 能見聽不아

爾時에 大臣과 及其眷屬이 各作是言하되 善哉라 大王이시여 今正是時니다 時에 善見王이 將一使人하고 獨住堂上하야 復經八萬四千年中에 修習慈心하니 是慈因緣으로 於後八萬四千世中에 次第得作轉輪聖王하고 三十世中에 作釋提桓因하며 無量世中에 作諸小王하니라

善男子야 爾時에 善見이 豈異人乎아 莫作斯觀이니 即我身이 是니라

善男子야 我諸弟子가 聞是說已에 不解我意하고 唱言如來가 定說有我와 及有我所라 하니라 又我一時에 為諸眾生하야 說言我者는 即是性也니 所謂內外因緣과 十二因緣과 眾生五陰과 心界世間과 功德業行과 自在天世늘 即名為我라 하거늘 我諸弟子가 聞是說已에 不解我意하고 唱言如來가 定說有我라 하니라

善男子야 復於異時에 有一比丘가 來至我所하야 作如是言하되 世尊이시여 云何名我이며 誰是我耶며 何緣故로 我이닛고

我時에 即為比丘하야 說言하되 比丘야 無我我所하니 眼者는 即是本無今有이며 已有還無라 其生之時에 無所從來며 及其滅時에 亦無所至며 雖有業果나 無有作者며 無有捨陰과 及受陰者니 如汝所問에 云何我者는 我即期也요 誰是我者는 即是業也요 何緣我者는 即是愛也니라

比丘야 譬如二手相拍하면 聲出其中하니 我亦如是하야 眾生業愛三因緣故로 名之為我니라

比丘야 一切眾生이 色不是我요 我中에 無色하며 色中에 無我이니 乃至識亦如是하니라

比丘야 諸外道輩가 雖說有我나 終不離陰이니 若說離陰코 別有我者인대

無有是處니라 一切衆生이 行如幻化이며 熱時之焰이니라
比丘야 五陰이 皆是無常이며 無樂이여 無我이며 無淨이니라
善男子야 爾時에 多有無量比丘가 觀此五陰의 無我我所하야 得阿羅漢果하니라
善男子야 我諸弟子가 聞是說已에 不解我意하고 唱言如來가 定說無我라 하니라
善男子야 我於經中에 復作是言하되 三事和合하야 得受是身이니
一은 父요 二는 母요 三者는 中陰이라
是三이 和合하야 得受是身이라 하며 或時에 復說阿那含人이 現般涅槃라 하고 或於中陰으로 入般涅槃이라 하며 或復說言하되 中陰身根이 具足明了는 皆因往業하야 如淨醍醐라 하다
善男子야 我或時說하되 弊惡衆生의 所受中陰은 如世間中에 麁澁氀褐하고 純善衆生의 所受中陰은 如波羅奈의 所出白毛라 하면 我諸弟子가 聞是說已에 不解我意하고 唱言如來가 說有中陰이라 하니라
善男子야 我復爲彼逆罪衆生하야 而作是言하되 造五逆者는 捨身直入阿鼻地獄이라 하며 我復說言하되 曇摩留枝比丘가 捨身直入阿鼻地獄하고 於其中間에 無止宿處라 하며 我復爲彼犢子梵志하야 說言하되 梵志야 若有中陰인대 則有六有하며 我復說言하되 無色衆生은 無有中陰이라 하니 善男子야 我諸弟子가 聞是說已에 不解我意하고 唱言佛說定無中陰이라 하니라
善男子야 我於經中에 復說有退하니 何以故오 因於無量懈怠懶惰니라
諸比丘等이 不修道故로 說退五種하니
一者는 樂於多事요 二者는 樂說世事요 三者는 樂於睡眠이요 四者는 樂近在家요 五者는 樂多遊行이라
以是因緣으로 令比丘退라 說退因緣이 復有二種하니 一은 內요 二는 外라
阿羅漢人이 雖離內因이나 不離外因일새 以外因緣故로 則生煩惱하고 生煩惱故로 則便退失이라 하니라
復有比丘하니 名曰瞿抵라 六返退失하고 退已慙愧하야 復更進修하야 第

七에 即得하고 得已恐失하야 以刀自害하니라
我復或說有時解脫하며 或說六種阿羅漢等이러니 我諸弟子가 聞是說已에 不解我意하고 唱言如來가 定說有退라 하니라
善男子야 經中에 復說譬如焦炭은 不還爲木이요 亦如瓶壞에 更無瓶用이라 煩惱亦爾하야 阿羅漢이 斷에 終不還生이라 亦說衆生의 生煩惱因이 凡有三種하니
一者는 未斷煩惱요 二者는 不斷因緣이요 三者는 不善思惟라
而阿羅漢은 無二因緣하니 謂斷煩惱하며 爲不善思惟라 하니라
善男子야 我諸弟子가 聞是說已에 不解我意하고 唱言如來가 定說無退라 하니라
善男子야 我於經中에 說如來身이 凡有二種하니
一者는 生身이요 二者는 法身이라
言生身者는 即是方便應化之身이니 如是身者는 可得言是生·老·病死이며 長·短·黑·白이며 是此是彼이며 是學無學이라 하니 我諸弟子가 聞是說已에 不解我意하고 唱言如來가 定說佛身이 是有爲法이라 하니라
法身은 即是常·樂·我·淨이라 永離一切生·老·病·死하며 非白·非黑·非長·非短이며 非此·非彼·非學·非無學이니 若佛出世와 及不出世라도 常住不動하야 無有變易이라 하니 善男子야 我諸弟子가 聞是說已에 不解我意하고 唱言如來가 定說佛身이 是無爲法이라 하니라
善男子야 我經中說하되 云何名爲十二因緣고 從無明하야 生行하고 從行하야 生識하고 從識하야 生名色하고 從名色하야 生六入하고 從六入하야 生觸하고 從觸하야 生受하고 從受하야 生愛하고 從愛하야 生取하고 從取하야 生有하고 從有하야 生生하고 從生하야 則有老·死·憂·苦라 하니
善男子야 我諸弟子가 聞是說已에 不解我意하고 唱言如來가 說十二緣이 定是有爲라 하니라
我又一時에 告喩比丘하야 而作是言하되 十二因緣은 有佛無佛에 性相이 常住라

善男子야 有十二緣이나 不從緣生하며 有從緣生이나 非十二緣이며 有從緣生코 亦十二緣하며 有非緣生이며 非十二緣이니라 有十二緣이나 非緣生者는 謂未來世의 十二支也요 有從緣生코 非十二緣者는 謂阿羅漢의 所有五陰이요 有從緣生코 亦十二緣者는 謂凡夫人의 所有五陰十二因緣이요 有非緣生이며 非十二緣者는 謂虛空과 涅槃이니 善男子야 我諸弟子가 聞是說已에 不解我意하고 唱言如來가 說十二緣이 定是無爲라 하니라

善男子야 我經中에 說하되 一切衆生이 作善惡業하면 捨身之時에 四大가 於此에 卽時散壞나 純善業者는 心卽上行하고 純惡業者는 心卽下行이니라 善男子야 我諸弟子가 聞是說已에 不解我意하고 唱言如來가 說心定常이라 하니라

善男子야 我於一時에 爲頻婆娑羅王하야 而作是言하되 大王이여 當知하소서 色是無常이니 何以故오 從無常因하야 而得生故라 是色이 若從無常因生인대 智者가 云何說言是常고 若色是常인대 不應壞滅하야 生諸苦惱어늘 今見是色이 散滅破壞하니 是故로 當知色是無常이오 乃至識亦如是니라 善男子야 我諸弟子가 聞是說已에 不解我意하고 唱言如來가 說心定斷이라 하니라

善男子야 我經中에 說我諸弟子가 受諸香·花·金·銀·寶物·妻子·奴婢·八不淨物이라도 獲得正道요 得正道已에 亦不捨離라 하니 我諸弟子가 聞是說已에 不解我意하고 定言如來가 說受五欲이 不妨聖道라 하니라

又我一時에 復作是說하되 在家之人이 得正道者는 無有是處라 하니 善男子야 我諸弟子가 聞是說已에 不解我意하고 唱言如來가 說受五欲이 定遮正道라 하니라

善男子야 我經中에 說遠離煩惱라도 未得解脫이니 猶如欲界에 修習世間第一法也라 하니 善男子야 我諸弟子가 聞作是說하고 不解我意하야 唱言如來가 說第一法이 唯是欲界라 하니라

又復我說暖法·頂法·忍法·世間第一法은 在於初禪으로 至第四禪이라 하니 我諸弟子가 聞是說已에 不解我意하고 唱言如來가 說如是法이 在於色界

라 하니라

又復我說諸外道等이 先已得斷四禪煩惱하고 修習暖法·頂法·忍法·世第一法하야 觀四眞諦하야 得阿那含果라 하니 我諸弟子가 聞是說已에 不解我意하고 唱言如來가 說第一法이 在無色界라 하니라

善男子야 我經中說四種施中에 有三種淨하니

一者는 施主는 信因·信果·信施요 受者는 不信因果與施요

二者는 受者는 信因果施나 施主는 不信因果及施요

三者는 施主와 受者가 二俱有信이요

四者는 施主와 受者는 二俱不信이라

是四種施에 初三種은 淨이라 하니 我諸弟子가 聞是說已에 不解我意하고 唱言如來가 說施唯意라 하니라

善男子야 我於一時에 復作是說하되 施者가 施時에 以五事施니 何等이 爲五오

一者는 施色이요 二者는 施力이요 三者는 施安이요 四者는 施命이요 五者는 施辯이라

以是因緣으로 施主가 還得五事果報라 하니 我諸弟子가 聞是說已에 不解我意하고 唱言佛說施가 卽五陰이라 하니라

善男子야 我於一時에 宣說하되 涅槃이 卽是遠離이니 煩惱가 永盡하야 滅無遺餘함이 猶如燈滅에 更無法生하야 涅槃도 亦爾니라

言虛空者는 卽無所有라 譬如世間에 無所有故로 名爲虛空이언정 非智緣滅하야 卽無所有라 如其有者인대 應有因緣이라 有因緣故로 應有盡滅이나 以其無故로 無有盡滅이라 하거늘 我諸弟子가 聞是說已에 不解我意하고 唱言佛說無三無爲라 하니라

善男子야 我於一時에 爲目乾連하야 而作是言하되 目連아 夫涅槃者는 卽是章句이며 卽是足跡이며 是畢竟處이며 是無所畏이며 卽是大師이며 卽是大果이며 是畢竟智이며 卽是大忍이며 無礙三昧이며 是大法界이며 是甘露味며 卽是難見이라

目連아 若說無涅槃者인대 云何有人이 生誹謗者는 墮於地獄가

善男子야 我諸弟子가 聞是說已에 不解我意하고 唱言如來가 說有涅槃라 하니라

復於一時에 我爲目連하야 而作是說하되 目連아 眼不牢固하며 至身亦爾하야 皆不牢固라 不牢固故로 名爲虛空이라 食下迴轉消化之處와 一切音聲을 皆名虛空이니라

我諸弟子가 聞是說已에 不解我意하고 唱言如來가 決定說有虛空無爲라 하니라

復於一時에 爲目連說하되 目連아 有人未得須陀洹果하야 住忍法時에 斷於無量三惡道報하면 當知不從智緣하야 而滅이라 하거늘 我諸弟子가 聞是說已에 不解我意하고 唱言如來가 決定說有非智緣滅이라 하니라

善男子야 我又一時에 爲跋波比丘하야 說하되 跋波하야 若比丘가 觀色已에 若過去·若未來·若現在 若近·若遠·若麁·若細 如是等色이 非我我所이니 若有比丘가 如是觀已인대 能斷色愛리라

跋波가 又言하되 云何名色이닛고 我言하되 四大는 名色이요 四陰은 名名이니라 我諸弟子가 聞是說已에 不解我意하고 唱言如來가 決定說言色是四大라 하니라

善男子야 我復說言하되 譬如因鏡하야 則有像現이라 色亦如是하야 因四大造이니 所謂麁細·澁滑·青·黃·赤·白 長短·方圓·斜角·輕重 寒熱·飢渴·煙雲·塵霧라 是名造色이니 猶如響像이니라 我諸弟子가 聞是說已에 不解我意하고 唱言如來가 說有四大에 則有造色이라 하며 或有四大나 無有造色이라 하니라

善男子야 往昔一時에 菩提王子가 作如是言하되 若有比丘가 護持禁戒라가 若發惡心하면 當知是時에 失比丘戒닛가

我時에 語言하되 菩提王子야 戒有七種하니 從於身口하야 有無作色이라 以是無作色因緣故로 其心은 雖在惡無記中이라도 不名失戒요 猶名持戒라 以何因緣으로 名無作色고 非異色因이라 不作異色因果니라

善男子야 我諸弟子가 聞是說已에 不解我意하고 唱言佛說有無作色이라 하나라
善男子야 我於餘經에 作如是言하되 戒者는 卽是遮制惡法이니 若不作惡하면 是名持戒니라 我諸弟子가 聞是說已에 不解我意하고 唱言如來가 決定宣說하되 無無作色이라 하나라
善男子야 我於經中에 作如是說하되 聖人의 色陰과 乃至識陰이 皆是無明의 因緣所出이요 一切凡夫도 亦復如是하야 從無明하야 生愛하니 當知是愛가 卽是無明이요 從愛하야 生取하니 當知取도 卽無明愛요 從取生有하니 是有가 卽是無明愛取요 從有生受하니 當知是受가 卽是行·有요 從受因緣하야 生於名色·無明·愛·取·有·行·受·觸·識·六入等하나니 是故로 受者가 卽十二支니라
善男子야 我諸弟子가 聞是說已에 不解我意하고 唱言如來가 說無心數라 하나라
善男子야 我於經中에 作如是說하되 從眼·色·明·惡欲等四하야 則生眼識하니 言惡欲者는 卽是無明이라
欲性求時에 卽名爲愛요 愛因緣은 取요 取名爲業이요 業因緣은 識이요 識緣은 名色이요 名色緣은 六入이요 六入緣은 觸이요 觸緣은 想·受·愛·信·精進·定·慧라
如是等法이 因觸而生이나 然非是觸이니라
善男子야 我諸弟子가 聞是說已에 不解我意하고 唱言如來가 說有心數라 하나라
善男子야 我或時說하되 唯有一有라 하며 或說二·三·四·五·六·七·八·九로 至二十五어늘 我諸弟子가 聞是說已에 不解我意하고 唱言如來가 說有五有라 하며 或言六有라 하나라 善男子야 我往一時에 住迦毘羅衛·尼拘陀林時에 釋摩男이 來至我所하야 作如是言하되 云何名爲優婆塞也닛고
我卽爲說하되 若有善男子·善女人이 諸根完具하야 受三歸依하면 是則名爲優婆塞也니라

釋摩男이 言하되 世尊이시여 云何名為一分優婆塞닛고 我言호대 摩男아若 受三歸하며 及受一戒하면 是名一分優婆塞也니라
我諸弟子가 聞是說已에 不解我意하고 唱言如來가 說優婆塞戒는 不具受 得이라 하니라
善男子야 我於一時에 住恒河邊이러니 爾時에 迦旃延이 來至我所하야 作 如是言하되 世尊이시여 我教眾生하야 令受齋法케호대 或一日或一夜이며 或一時或一念하면 如是之人도 成齋不耶닛가 我言호대 比丘야 是人이 得 善이나 不名得齋니라 我諸弟子가 聞是說已에 不解我意하고 唱言如來가 說八戒齋는 具受乃得이라 하니라
善男子야 我於經中에 作如是說하되 若有比丘가 犯四重已에 不名比丘요 名破比丘이며 亡失比丘라 不復能生善牙種子리니 譬如焦種에 不生果實하 며 如[多羅樹]를 頭若斷壞하면 則不生果하나니 犯重比丘도 亦復如是라 하 니라
我諸弟子가 聞是說已에 不解我意하고 唱言如來가 說諸比丘가 犯重禁已 에는 失比丘戒라 하니라
善男子야 我於經中에 為純陀하야 說四種比丘하니
一者는 畢竟到道요 二者는 示道요 三者는 受道요 四者는 污道라
犯四重者는 即是污道니라 我諸弟子가 聞是說已에 不解我意하고 唱言如 來가 說諸比丘가 犯四重已에도 不失禁戒라 하니라
善男子야 我於經中에 告諸比丘하되 一乘이며 一道며 一行이며 一緣이라 如是一乘으로 乃至一緣이 能為眾生하야 作大寂靜하야 永斷一切繫縛愁 苦와 苦及苦因하고 令一切眾으로 到於一有라 하니
我諸弟子가 聞是說已에 不解我意하고 唱言如來가 說須陀洹으로 乃至阿 羅漢人이 皆得佛道라 하니라
善男子야 我於經中에 說하되 須陀洹人이 人間과 天上에 七返往來하야 便 般涅槃하고 斯陀含人은 一受人天하야 便般涅槃하고 阿那含人은 凡有五 種하니 或有中間般涅槃者하며 乃至上流般涅槃者요

迦葉菩薩品 第十二之二

阿羅漢人은 凡有二種하니 一者는 現在요 二者는 未來라
現在에 亦斷煩惱五陰하며 未來에 亦斷煩惱五陰이니라
我諸弟子가 聞是說已에 不解我意하고 唱言如來가 說須陀洹으로 至阿羅漢이 不得佛道라 하니라
善男子야 我於此經에 說言하되 佛性이 具有六事하니
一은 常이요 二는 實이요 三은 眞이요 四는 善이요 五는 淨이요 六은 可見이니라
我諸弟子가 聞是說已에 不解我意하고 唱言佛說衆生의 佛性이 離衆生有라 하니라
善男子야 我又說言하되 衆生佛性이 猶如虛空하니 虛空者는 非過去·非未來·非現在·非內·非外이며 非是色·聲·香·味·觸에 攝이니 佛性도 亦爾니라 我諸弟子가 聞是說已에 不解我意하고 唱言佛說衆生佛性이 離衆生하야 有라 하니라
善男子야 我又復說하되 衆生佛性이 猶如貧女宅中에 寶藏과 力士額上에 金剛寶珠와 轉輪聖王의 甘露之泉이라 하거든 我諸弟子가 聞是說已에 不解我意하고 唱言佛說衆生佛性이 離衆生有라 하니라
善男子야 我又復說하되 犯四重禁한 一闡提人이 謗方等經하고 作五逆罪라도 皆有佛性이나 如是衆生은 都無善法하니 佛性은 是善라 하니 我諸弟子가 聞是說已에 不解我意하고 唱言호대 佛說衆生佛性이 離衆生有라 하니라
善男子야 我又復說하되 衆生者는 卽是佛性이니 何以故오 若離衆生하야는 不得阿耨多羅三藐三菩提이니 是故로 我與波斯匿王으로 說於象喻하니 如盲說象이 雖不得象이나 然이나 不離象이니 衆生이 說色으로 乃至說識이 是佛性者도 亦復如是하야 雖非佛性이나 非不佛性이며 如我爲王하야 說箜篌喻하야 佛性도 亦爾라 하니
善男子야 我諸弟子가 聞是說已에 不解我意하고 作種種說하야 如盲問乳인달하야 佛性도 亦爾라 以是因緣으로 或有說言犯四重禁·謗方等經·作五

逆罪한 一闡提等도 悉有佛性이라 하며 或說言無이라 하니라
善男子야 我於處處經中에 說言 一人出世에 多人利益과 一國土中에 二轉輪王과 一世界中에 二佛出世는 無有是處라 하며 一四天下에 八四天王과 乃至二他化自在天도 亦無是處라 하니 然이나 我乃說從閻浮提·阿鼻地獄하야 上至阿迦膩吒天이니라 我諸弟子가 聞是說已에 不解我意하고 唱言佛說無十方佛이라 하며 我亦於諸大乘經中에 說有十方佛이라 하니라

大般涅槃經 卷第三十四 終

迦葉菩薩品 第十二之二

인도 아잔타석굴에 조성되어 있는 부처님 열반상

大般涅槃經 卷第三十五

北涼 天竺三藏 曇無讖 譯

迦葉菩薩品 第十二之三

善男子야 如是諍訟은 是佛境界요 非諸聲聞·緣覺의 所知이니 若人이 於是에 生疑心者는 猶能摧壞無量煩惱를 如須彌山이어니와 若於是中에 生決定者는 是名執著이니라

迦葉菩薩이 白佛言호대 世尊이시여 云何執著이닛고

佛言하사대 善男子야 如是之人이 若從他聞커나 若自尋經커나 若他故教하야도 於所著事에 不能放捨하면 是名執著이니라

迦葉이 復言하되 世尊이시여 如是執著이 為是善耶닛가 是不善乎닛가

善男子야 如是執著은 不名為善이니 何以故오 不能摧壞諸疑網故니라

迦葉이 復言하되 世尊이시여 如是人者가 本自不疑니 云何說言不壞疑網닛고

善男子야 夫不疑者가 即是疑也니라 世尊이시여 若有人이 謂須陀洹人은 不墮三惡이라 하야도 是人을 亦當名著이며 名疑닛가 善男子야 是可名定이언정 不得名疑니 何以故오

善男子야 譬如有人이 先見人樹하고 後時에 夜行이라가 遙見杌根하고 便生疑想하되 人耶아 樹耶아 하리니 善男子야 如人이 先見比丘와 梵志하고 後時於路에 遙見比丘하야 即生疑想하되 是沙門耶아 是梵志乎아

善男子야 如人이 先見牛與水牛하고 後에 遙見牛에 便生疑想하되 彼是牛耶아 是水牛乎아 하나니

善男子야 一切眾生이 先見二物일새 後便生疑하나니 何以故오 心不了故라 我亦不說須陀洹人이 有墮三惡하며 不墮三惡이라 하야늘 是人이 何故

로 生於疑心이리오

迦葉이 言하되 世尊이시여 如佛所說하사 要先見已에 然後에 疑者인대 有人이 未見二種物時에도 亦復生疑하나니 何等이 是耶아 하오면 所謂涅槃이라

世尊이시여 譬如有人이 路遇濁水하면 然未曾見이나 而亦生疑하되 如是水者는 深耶아 淺耶아 하나니 是人이 未見커나 云何生疑닛고

善男子야 夫涅槃者는 即是斷苦요 非涅槃者는 即是苦也라 一切眾生이 見有二種하니 見苦非苦라 苦非苦者는 即是飢渴·寒熱·瞋喜 病瘦·安隱·老壯·生死 繫縛·解脫·恩愛·別離와 怨憎·聚會라

眾生이 見已에 即便生疑하되 當有畢竟에 遠離如是苦惱事不라 할새 是故로 眾生이 於涅槃中에 而生疑也니라

汝意에 若謂是人이 先來未見濁水코 云何疑者는 是義不然하다 何以故오 是人이 先於餘處에 見已니 是故로 於此에 未曾到處나 而復生疑니라

世尊이시여 是人이 先見深淺處時에 已不生疑어니 於今에 何故로 而復生疑이닛가

佛言하사대 善男子야 本末行故로 所以生疑니 是故로 我言하되 不了故로 疑라 하노라

迦葉菩薩이 白佛言호대 世尊이시여 如佛所說하야 疑即是著이요 著即是疑인대 為是誰耶닛가

善男子야 斷善根者이니라

迦葉言하되 世尊이시여 何等人輩가 能斷善根이닛고

善男子야 若有聰明하며 黠慧利根으로 能善分別호대 遠離善友하야 不聽正法하고 不善思惟하며 不如法住하는 如是之人이 能斷善根이니 離是四事하고 心自思惟하되 無有施物이니 何以故오 施者는 即是捨於財物이라 若施有報인대 當知施主는 常應貧窮하리니 何以故오 子果가 相似故라 是故로 說言無因無果라 하니 若如是說無因無果인대 是則名為斷善根也니라

復作是念하되 施主와 受者와 及以財物이 三事無常하야 無有停住니 若無

停住인대 云何說言此是施主이며 受者와 財物이리오 若無受者인대 云何得果리요 以是義故로 無因無果라 하니 若如是說無因無果하면 當知是人은 能斷善根이니라

復作是念하되 施者가 施時에 有五事施어늘 受者가 受已에 或時作善하고 或作不善인대 而是施主가 亦復不得善不善果하리니 如世間法에 從子生果하고 果還作子라 因即施主요 果即受者라 而是受者가 不能以此善不善法으로 令施主得이라 하리니 以是義故로 無因無果라 하니 若如是說無因無果인대 當知是人은 能斷善根이니라

復作是念하되 無有施物이니 何以故오 施物은 無記라 若是無記인대 云何而得善果報耶아 無善惡果가 即是無記이니 財若無記인대 當知即無善惡果報리니 是故로 無施며 無因無果라 하니 若如是說無因無果하면 當知是人은 能斷善根이니라

復作是念하되 施者는 即意이니 若是意者인대 無見無對이며 非是色法이라 若非是色인대 云何可施리요 是故로 無施이며 無因無果라 하야 若如是說無因無果하면 當知是人은 能斷善根이니라

復作是念하되 施主가 若為佛像과 天像과 命過父母하야 而行施者인대 即無受者니 若無受者인대 應無果報요 若無果報인대 是為無因이니 若無因者인대 是為無果라 하야 若如是說無因無果하면 當知是人은 能斷善根이니라

復作是念하되 無父無母니 若言父母가 是衆生因이라 生衆生者인대 理應常生하야 無有斷絶리니 何以故오 因常有故라 然不常生할새 是故로 當知無有父母라 하며 復作是念하되 無父無母니 何以故오 若衆生身이 因父母有인대 一人應具男女二根하리라 然이나 無具者하니 當知衆生이 非因父母라 하며

復作是念하되 非因父母하야 而生衆生이니 何以故오 眼見衆生에 不似父母하니 謂身色心과 威儀進止라 是故로 父母가 非衆生因이라 하며

復作是念하되 一切世間에 有四種無하니

一者는 未生을 名無이니 如泥團時에 未有瓶用이요
二者는 滅已를 名無이니 如瓶壞已에 是名為無요
三者는 各異互無이니 如牛中에 無馬요 馬中에 無牛요
四者는 畢竟名無이니 如兔角龜毛라
眾生父母도 亦復如是하야 同此四無니 若言父母가 眾生因者인대 父母死時에 子不必死니 是故로 父母가 非眾生因이라 하며
復作是念하되 若言父母가 眾生因者인대 應因父母하야 常生眾生이리라 然이나 而復有化生과 濕生하니 是故로 當知非因父母하야 生眾生也라 하며
復作是念하되 自有眾生이 非因父母하고 而得生長하니 譬如孔雀은 聞雷震聲하야 而便得娠하고 又如青雀이 飲雄雀尿하야 而便得娠하며 如命命鳥는 見雄者舞하면 即便得娠이라 하야 作是念時에 如其不遇善知識者면 當知是人이 能斷善根이니라
復作是念하되 一切世間에 無善惡果하니 何以故오 有諸眾生이 具十善法하야 樂於惠施하며 勤修功德호되 是人이 亦復疾病이 集身하야 中年에 夭喪하며 財物損失하야 多諸憂苦하며 有行十惡하야 慳貪嫉妬하며 懶惰懈怠하야 不修諸善하되 身安無病하야 終保年壽하고 多饒財寶하며 無諸愁苦하니 是故로 當知無善惡果라 하며 復作是念하되 我亦曾聞諸聖人說호니 有人修善이나 命終에 多墮三惡道中하고 有人行惡이나 命終에 生於人天之中이라 하니 是故로 當知無善惡果라 하며
復作是念하되 一切聖人이 有二種說하니 或說殺生하면 得善果報라 하고 或說殺生하면 得惡果報라 하니 是故로 當知聖說不定이니 聖若不定인대 我云何定이리오 是故로 當知無善惡果라 하며
復作是念하되 一切世間에 無有聖人하니 何以故오 若言聖人이 應得正道댄 一切眾生이 具煩惱時에 修正道者가 當知是人은 正道煩惱가 一時俱有라 若一時有인대 當知正道가 不能破結이요 若無煩惱코 而修道者인대 如是正道는 為何所作고 是故로 具煩惱者를 道不能壞하고 不具煩惱면 道則無用이니 是故로 當知一切世間에 無有聖人이라 하며

復作是念하되 無明緣行하고 乃至生緣老死인 是十二因緣을 一切衆生이 等共有之요 八聖道者도 其性이 平等하니 亦應如是하야 一人得時에 一切應得이요 一人修時에 應一切苦滅이리니 何以故오 煩惱等故라 而今에 不得하니 是故로 當知無有正道라 하며

復作是念하되 聖人이 皆有同凡夫法하니 所謂飮食과 行住坐臥와 睡眠·喜笑와 飢渴·寒熱과 憂愁·恐怖라 若同凡夫의 如是事者인대 當知聖人이 不得聖道요 若得聖道인대 應當永斷如是等事이어늘 如是等事를 如其不斷인대 當知無道라 하며

復作是念하되 聖人이 有身하야 受五欲樂하고 亦復罵辱撾打於人하며 嫉妬·憍慢하야 受於苦樂하고 作善惡業이라 是因緣故로 知無聖人이니 若有道者인대 應斷是事 是事不斷하니 當知無道라 하며

復作是念하되 多憐愍者를 名爲聖人하니 何因緣故로 名爲聖人고 道因緣故로 名爲聖人이라 若道性이 憐愍인대 便應愍念一切衆生이라 不待修已 然後에 方得이요 如其無愍인대 何故로 聖人이 因得聖道하야 能憐愍耶아 是故로 當知世無聖道라 하며

復作是念하되 一切四大가 不從因生하야 衆生等有니 是四大性이 不觀衆生하야 是邊應到하고 彼不應到라 若有聖道인대 性應如是어늘 然今不爾하니 是故로 當知世無聖人하며

復作是念하되 若諸聖人이 有一涅槃인대 當知是則無有聖人이니 何以故오 不可得故라 常住之法은 理不可得이며 不可取捨라 若諸聖人이 涅槃多者인대 是則無常이니 何以故오 可數法故라

涅槃이 若一인대 一人이 得時에 一切應得이요 涅槃이 若多인대 是則有邊이요 如其有邊인대 云何名常이리오

若有說言하되 涅槃體는 一이나 解脫은 是多이니 如蓋는 是一이나 牙舌은 是多라 하면 是義는 不然이라 何以故오 一一所得이 非一切得이니 以有邊故라 是應無常이요

若無常者인대 云何得名爲涅槃耶아 涅槃이 若無인대 誰爲聖人이리오 是

故로 當知無有聖人이라 하며
復作是念하되 聖人之道는 非因緣得이라 若聖人道가 非因緣得인대 何故一切가 不作聖人고 若一切人이 非聖人者인대 當知是則無有聖人과 及以聖道라 하며
復作是念하되 聖說正見이 有二因緣하니
一者는 從他聞法이요 二者는 內自思惟라
是二因緣이 若從緣生인대 所從生者도 復從緣生이라 如是展轉하야 有無窮過하리며 若是二事가 不從緣生인대 一切衆生이 何故不得고 하야 作是觀時에 能斷善根하나니라
善男子야 若有衆生이 深見如是無因無果하면 是人은 能斷信等五根하리라
善男子야 斷善根者는 非是下劣愚鈍之人이며 亦非天中과 及三惡道라 破僧도 亦爾하나라
迦葉菩薩이 白佛言호대 世尊이시여 如是之人이 何時에 當能還生善根이닛고
佛言하사대 善男子야 是人이 二時에 還生善根하리니 初入地獄과 出地獄時니라
善男子야 善有三種하니 過去·現在·未來라
若過去者댄 其性이 自滅이라 因雖滅盡이나 果報는 未熟이니 是故로 不名斷過去果어니와 斷三世因일새 故名爲斷이라 하나라
迦葉菩薩이 白佛言호대 世尊이시여 若斷三世因을 名斷善根인대 斷善根人도 即有佛性하니 如是佛性은 爲是過去닛가 爲是現在닛가 爲是未來닛가 爲遍三世닛가 若過去者인대 云何名常이리요 佛性은 亦常이니 是故로 當知非過去也니다
若未來者인대 云何名常이리요 何故로 佛說一切衆生이 必定當得닛고 若必定得인대 云何言斷이닛가
若現在者인대 復云何常이며 何故로 復言必定可見이라 하나닛고 如來亦說佛性이 有六하시니

一은 常이요 二는 眞이요 三은 實이요 四는 善이요 五는 淨이요 六은 可見이라 하시니

若斷善根도 有佛性者인대 則不得名斷善根也이요 若無佛性인대 云何復言一切衆生이 悉有佛性라 하시닛고 若言佛性이 亦有亦斷인대 云何如來가 復說是常이라 하시닛가

佛言하사대 善男子야 如來世尊이 爲衆生故로 有四種答하니 一者는 定答이요

二者는 分別答이요 三者는 隨問答이요 四者는 置答이라

善男子야 云何定答고

若問惡業으로 得善果耶닛가 不善果乎닛가 是應定答하되 得不善果니라 善亦如是니라

若問如來가 一切智不닛가 하면 是應定答하되 是一切智니라 若問佛法이 是淸淨不이닛가 하면 是應定答하되 必定淸淨이니라 若問如來弟子가 如法住不이닛가 하면 是應定答하되 有如法住라 하나니 是名定答이니라

云何分別答고

如我所說四眞諦法이라 云何爲四오 苦·集·滅·道니라

何謂苦諦오 有八苦故로 名曰苦諦니라

云何集諦오 五陰因故로 名爲集諦라

云何滅諦오 貪欲瞋癡가 畢竟盡故로 名爲滅諦니라

云何道諦오 三十七助道法故로 名爲道諦라 하나니 是名分別答이니라

云何隨問答고

如我所說에 一切法이 無常이라 하니라

復有問言하되 如來世尊이 爲何法故로 說於無常이닛고

答言如來가 爲有爲法하야 故說無常이니 無我도 亦爾며 如我所說에 一切法이 燒니라

他又問言하되 如來世尊이 爲何法故로 說一切燒이닛고

答言如來가 爲貪瞋癡하야 說一切燒니라

迦葉菩薩品 第十二之三

善男子야 如來十力·四無所畏·大慈大悲·三念處·首楞嚴等 八萬億諸三昧門 三十二相·八十種好·五智印等 三萬五千諸三昧門·金剛定等 四千二百諸三昧門·方便三昧·無量無邊인 如是等法이 是佛佛性이라 如是佛性이 則有七事하니

一은 常이요 二는 我이요 三은 樂이요 四는 淨이요 五는 眞이요 六은 實이요 七은 善이라 是名分別答이니라

善男子야 後身菩薩의 佛性이 有六하니

一은 常이요 二는 淨이요 三은 眞이요 四는 實이요 五는 善이요 六은 少見이니 是名分別答이니라

如汝先問에 斷善根人도 有佛性者는 是人이 亦有如來佛性하며 亦有後身佛性하니 是二佛性이 障未來故로 得名爲無요 畢竟得故로 得名爲有니 是名分別答이며

如來佛性은 非過去·非現在·非未來요 後身佛性은 現在·未來에 少可見故로 得名現在요 未具見故로 名爲未來이니라

如來未得阿耨多羅三藐三菩提時에 佛性이 因故며 亦是過去·現在·未來요 果則不爾하니 有是三世하며 有非三世니라

後身菩薩의 佛性이 因故며 亦是過去·現在·未來요 果亦如是니 是名分別答이니라

九住菩薩의 佛性이 六種이니

一은 常이요 二는 善이요 三은 眞이요 四는 實이요 五는 淨이요 六은 可見이라

佛性이 因故며 亦是過去·現在·未來요 果亦如是니 是名分別答이니라

八住菩薩로 下至六住의 佛性은 五事이니

一은 眞이요 二는 實이요 三은 淨이요 四는 善이요 五는 可見이라

佛性이 因故며 亦是過去·現在·未來요 果亦如是니 是名分別答이니라

五住菩薩로 下至初住의 佛性은 五事이니

一은 眞이요 二는 實이요 三은 淨이요 四는 可見이요 五는 善不善이니라

善男子야 是五種佛性과 六種佛性과 七種佛性을 斷善根人도 必當得故로 故得言有라 하니 是名分別答이니라

若有說言하되 斷善根者도 定有佛性이라 하며 定無佛性이라 하면 是名置答이니라

迦葉菩薩이 言하되 世尊이시여 我聞不答을 乃名置答이어늘 如來今者에 何因緣로 答을 而名置答이닛고

善男子야 我亦不說置而不答하고 乃說置答이니라

善男子야 如是置答이 復有二種하니

一者는 遮止요 二者는 莫著이니 以是義故로 得名置答이니라

迦葉菩薩이 白佛言호대 世尊이시여 如佛所說에 云何名因은 亦是過去·現在·未來요 果는 亦過去·現在·未來이며 非是過去·現在·未來닛고

佛言하사대 善男子야 五陰은 二種이니

一者는 因이요 二者는 果니라

是因五陰은 是過去·現在·未來요 是果五陰도 亦是過去·現在·未來이며 亦非過去·現在·未來니라

善男子야 一切無明과 煩惱等結이 悉是佛性이니 何以故오 佛性因故로 從無明行과 及諸煩惱하야 得善五陰하니 是名佛性이 從善五陰하야 乃至獲得阿耨多羅三藐三菩提하나니 是故로 我於經中에 先說하되 眾生·佛性이 如雜血乳라 호니 血者는 即是無明行等一切煩惱요 乳者는 即是善五陰也라

是故로 我說從諸煩惱와 及善五陰하야 得阿耨多羅三藐三菩提가 如眾生身이 皆從精血하야 而得成就하야 佛性도 亦爾라 하니라

須陀洹人과 斯陀含人은 斷少煩惱일새 佛性이 如乳요

阿那含人佛性은 如酪하고 阿羅漢人은 猶如生酥하고 從辟支佛로 至十住菩薩은 猶如熟酥하고 如來佛性은 猶如醍醐라 하니라

善男子야 現在煩惱가 為作障故로 令諸眾生으로 不得覩見이라 하니라 如香山中에 有忍辱草하되 非一切牛가 皆能得食인달하야 佛性도 亦爾니 是

名分別答이니라

迦葉菩薩이 白佛言하되 世尊이시여 五種·六種·七種佛性이 若未來有者인대 云何說言斷善根人도 有佛性耶닛가

佛言하사대 善男子야 如諸眾生이 有過去業일새 因是業故로 眾生이 現在에 得受果報하야 有未來業이나 以未生故로 終不生果요 有現在煩惱라 若無煩惱하면 一切眾生이 應當了了現見佛性이언정 是故로 斷善根人은 以現在世煩惱因緣으로 能斷善根이나 未來佛性力의 因緣故로 還生善根하리라

迦葉이 言하되 世尊이시여 未來에 云何能生善根이닛고

善男子야 猶如燈日이 雖復未生이나 亦能破闇인달하야 未來之生에 能生眾生의 未來佛性도 亦復如是라 하나니 是名分別答이니라

迦葉菩薩이 白佛言하되 世尊이시여 若言五陰이 是佛性者인대 云何說言하되 眾生佛性이 非內非外닛가

佛言하사대 善男子야 何因緣故로 如是失意아 我先不說眾生佛性이 是中道耶아

迦葉이 言하되 世尊이시여 我實不失意요 直以眾生이 於此中道에 不能解故로 故發斯問이니다

善男子야 眾生不解가 即是中道라 或時有解하며 或有不解이라

善男子야 我為眾生하야 得開解故로 說言佛性이 非內非外라 호니 何以故오 凡夫眾生이 或言佛性이 住五陰中 如器中에 有果라 하며 或言離陰而有가 猶如虛空이라 할새 是故로 如來가 說於中道라 眾生佛性이 非內六入이며 非外六入이요 內外合故로 名為中道라 是故로 如來가 宣說佛性이 即是中道이니 非內非外일새 故名中道니 是名分別答이니라

復次善男子야 云何名為非內非外아

善男子야 或言佛性이 即是外道니 何以故오 菩薩摩訶薩이 於無量劫에 在外道中하야 斷諸煩惱하고 調伏其心하야 教化眾生한 然後에 乃得阿耨多羅三藐三菩提일새 是以로 佛性이 即是外道라 하며

或言佛性이 卽是內道이니 何以故오 菩薩이 雖於無量劫中에 修習外道나 若離內道하면 則不能得阿耨多羅三藐三菩提라 是以로 佛性이 卽是內道일새 是故로 如來가 遮此二邊하야 說言佛性이 非內非外이며 亦名內外니라 是名中道니 是名分別答이니라

復次善男子야 或言佛性이 卽是如來의 金剛之身三十二相·八十種好이니 何以故오 不虛誑故라 或言佛性이 卽是十力四無所畏·大慈大悲와 及三念處와 首楞嚴等一切三昧이니 何以故오 因是三昧하야 生金剛身三十二相·八十種好故라 是故로 如來가 遮此二邊하야 說言佛性이 非內非外이며 亦名內外요 是名中道니 是名分別答이니라

復次善男子야 或有說言하되 佛性이 卽是內善思惟니 何以故오 離善思惟하면 則不能得阿耨多羅三藐三菩提故라 是故로 佛性이 卽是內善思惟라 하며 或有說言佛性이 卽是從他聞法이니 何以故오 從他聞法하야사 則能內善思惟요 若不聞法하면 則無思惟라 是以로 佛性이 卽是從他聞法일새 是故로 如來가 遮此二邊하야 說言佛性이 非內非外이며 亦名內外니 是名中道라 하니라

復次善男子야 復有說言佛性은 是外니 謂檀波羅蜜이라 從檀波羅蜜하야 得阿耨多羅三藐三菩提하나니 是以로 說言檀波羅蜜이 卽是佛性이라 하니라

或有說言하되 佛性이 是內니 謂五波羅蜜이라 何以故오 離是五事하면 當知則無佛性因果니 是以로 說言五波羅蜜이 卽是佛性이라 是故로 如來가 遮此二邊하야 說言佛性이 非內·非外이며 亦內·亦外며 是名中道라 하니라

復次善男子야 或有說言하되 佛性이 在內함이 譬如力士額上의 寶珠니 何以故오 常·樂·我·淨이 如寶珠故라 是以說言佛性在內라 하니라

或有說言佛性이 在外가 如貧寶藏하니 何以故오 方便見故라 佛性도 亦爾하야 在衆生外하니 以方便故로 而得見之하나니 是故로 如來가 遮此二邊하야 說言佛性이 非內非外며 亦內亦外니 是名中道니라

善男子야 衆生佛性이 非有非無니 所以者何오 佛性이 雖有나 非如虛空이

라 何以故오 世間虛空은 雖以無量善巧方便으로도 不可得見이어니와 佛性은 可見일새 是故로 雖有나 非如虛空이며 佛性이 雖無나 不同兔角이라 何以故오 龜毛兔角은 雖以無量善巧方便이라도 不可得生이어니와 佛性은 可生일새 是故로 雖無나 不同兔角이라 是故로 佛性은 非有·非無이며 亦有·亦無라 云何名有오 一切悉有라 是諸眾生이 不斷·不滅이 猶如燈焰하며 乃至得阿耨多羅三藐三菩提하나니 是故로 名有니라

云何名無오 一切眾生이 現在에 未有一切佛法常·樂·我·淨일새 是故로 名無라 有無合故로 即是中道니 是故로 佛說眾生佛性이 非有非無라 하나라 善男子야 如有人問하되 是種子中에 有果無耶아 하면 應定答言하되 亦有亦無니 何以故오 離子之外에 不能生果라

是故로 名有이며 子未出芽일새 是故로 名無이니 以是義故로 亦有亦無라 所以者何오 時節이 有異나 其體는 是一이라 眾生佛性도 亦復如是니라 若言眾生中에 別有佛性者인댄 是義不然하다 何以故오 眾生이 即佛性이요 佛性이 即眾生이언정 直以時異로 有淨不淨이니라

善男子야 若有問言하되 是子가 能生果不아 是果가 能生子不이 하면 應定答言하되 亦生不生이라 하리라 世尊이시여 如世人說에 乳中有酪이라 하니 是義云何닛고

善男子야 若有說言乳中有酪인댄 是名執著이요 若言無酪인댄 是名虛妄이어니와 離是二事하고 應定說言亦有亦無니 何故名有오 從乳生酪이니 因即是乳요 果即是酪이라 是名為有니라

云何名無오 色味가 各異하고 服用이 不同하니 熱病에는 服乳하고 冷病에는 服酪하니 乳生冷病하고 酪生熱病일새니라

善男子야 若言乳中에 有酪性者인댄 乳即是酪이요 酪即是乳라 其性이 是一이어늘 何因緣故로 乳在先出하고 酪不先生고 若有因緣인댄 一切世人이 何故不說하며 若無因緣인댄 何故로 酪不先出고 若酪不先出인댄 誰作次第를 乳酪·生蘇·熟蘇·醍醐라 하고 是故로 知酪이 先無今有라 若先無今有인댄 是無常法이니라

善男子야 若有說言乳有酪性일새 能生於酪이어니와 水無酪性일새 故不生酪이라 하면 是義가 不然하다 何以故오 水草도 亦有乳酪之性이니 所以者何오 因於水草하야 則出乳酪이니라 若言乳中에 定有酪性하고 水草는 無者인대 是名虛妄이니 何以故오 心不等故니 故言虛妄이니라

善男子야 若言乳中에 定有酪者인대 酪中에 亦應定有乳性이어늘 何因緣故로 乳中에는 出酪하고 酪不出乳아 若無因緣인대 當知是酪이 本無今有리니 是故로 智者는 應言乳中에 非有酪性이며 非無酪性이라 하나라

善男子야 是故로 如來가 於是經中에 說如是言하되 一切眾生이 定有佛性이라 하면 是名為著이요 若無佛性이라 하면 是名虛妄이니 智者는 應說眾生佛性이 亦有亦無라 하나라

善男子야 四事和合하야사 生於眼識이니 何等이 為四오 眼色과 明과 欲이라 是眼識性은 非眼非色이며 非明非欲이요 從和合故로 便得出生이라

如是眼識이 本無今有이며 已有還無라 是故로 當知無有本性이니 乳中酪性도 亦復如是라

若有說言하되 水無酪性일새 故不出酪이요 是故로 乳中에 定有酪性이라 하면 是義不然하다 何以故오 善男子야 一切諸法이 異因異果며 亦非一因이 生一切果며 非一切果가 從一因生이니라

善男子야 如從四事하야 生於眼識이언정 不可復說從此四事하야 應生耳識이니라

善男子야 離於方便하야도 乳中에 得酪이나 酪出生酥는 不得如是코 要須方便이니라

善男子야 智者는 不可見離方便하야 從乳得酪하고 謂得生酥도 亦應如是하야 離方便得이라 하리라

善男子야 是故로 我於是經中에 說因生故로 法有하고 因滅故로 法無라 하노라

善男子야 如鹽性이 鹹일새 能令非鹹으로 使鹹이라 若非鹹物에 先有鹹性이면 世人이 何故로 更求鹽耶아 若先無者인대 當知先無今有라 以餘緣故

로 而得醎也니라 若言一切不醎之物이 皆有醎性이나 微故로 不知요 由此微性하야 鹽能令醎이라

若本無性인대 雖復有鹽이나 不能令醎리니 譬如種子가 自有四大일새 緣外四大하야 而得增長芽莖枝葉인달하야 鹽性이 亦爾者라 하면 是義不然하다

何以故오 不醎之物이 先有醎性者인대 鹽亦應有微不醎性하리라 是鹽이 若有如是二性인대 何因緣故로 離不醎物하야는 不可獨用고 是故로 知鹽이 本無二性이요 如鹽하야 一切不醎之物도 亦復如是니라

若言外四大種力으로 能增長內四大者인대 是義不然하다 何以故오 次第說故로 不從方便이니 乳中得酪과 生蘇니라 乃至一切諸法이 皆不如是하야 非方便得이요 四大도 亦復如是니라

若說從外四大하야 增內四大하고 不見從內四大하야 增外四大인대 如尸利沙果는 先無形質 見昴星時에 果則出生하야 足長五寸하니 如是果者는 實不因於外四大하야 增이니라

善男子야 如我所說十二部經은 或隨自意說하며 或隨他意說하며 或隨自他意說이니라

云何名為隨自意說고 如五百比丘가 問舍利弗하되 大德이여 佛說身因하시니 何者是耶아 舍利弗이 言하되 諸大德이여 汝等도 亦各得正解脫하니 自應識之어늘 何緣으로 方作如是問耶아

有比丘가 言하되 大德이여 我未獲得正解脫時에 意謂無明이 即是身因이라 作是觀時에 得阿羅漢果이니다

復有說言하되 大德이여 我未獲得正解脫時에 謂愛無明이 即是身因이라 하야 作是觀時에 得阿羅漢果니다 或有說言하되 行·識·名色·六入·觸·受·愛·取·有·生·飲食五欲이 即是身因이라 하니다

爾時에 五百比丘가 各各自說己所解已에 共往佛所하야 稽首佛足하고 右遶三匝하고 禮拜畢已에 却坐一面하야 各以如上己所解義로 向佛說之어늘 舍利弗이 白佛言하되 世尊이시여 如是諸人에 誰是正說이며 誰不正說이닛고

佛이 告舍利弗하사대 善哉 善哉라 ——比丘가 無非正說이니라
舍利弗이 言하되 世尊이시여 佛意는 云何이닛고
佛言하사대 舍利弗이여 我爲欲界衆生하야 說言父母가 卽是身因이라 하니 如是等經은 名隨自意說이니라
云何名爲隨他意說고 如巴吒羅長者가 來至我所하야 作如是言하되 瞿曇이여 汝知幻不아 若知幻者인대 卽大幻人이요 若不知者인대 非一切智니라 我言호대 長者여 知幻之人을 名幻人耶 長者言하되 善哉善哉라 知幻之人이 卽是幻人이니라
佛言하사대 長者여 舍衛國內에 波斯匿王이 有旃陀羅하니 名曰氣噓니 汝知不耶아
長者가 答言하되 瞿曇이여 我久知之로라
佛言하사대 汝가 久知者인대 可得卽是旃陀羅不아 長者가 言하되 瞿曇이여 我雖知是旃陀羅이나 然이나 我此身은 非旃陀羅니라
佛言하사대 長者여 汝得是義하야 知旃陀羅나 非旃陀羅인대 我今何故로 不得知幻이나 而非幻乎아 長者여 我가 實知幻코 知幻人하며 知幻果報하고 知幻伎術하며 我知殺知殺人하며 知殺果報하고 知殺解脫하며 乃至知邪見知邪見人하며 知邪見果報하고 知邪見解脫어니와 長者가 若說非幻之人을 名爲幻人이라 하고 非邪見人을 說邪見人하면 得無量罪하리라
長者言하되 瞿曇이여 如汝所說인대 我得大罪니 我今所有를 悉以相上하리니 幸莫令彼波斯匿王으로 知我此事케하소서
佛言하사대 長者여 是罪因緣이 不必失財라 乃當因是하야 墮三惡道하리라
是時에 長者가 聞惡道名하고 心生恐怖하야 白佛言사대 聖人이시여 我今失意하야 獲得大罪라
聖人은 今者에 是一切智시니 應當了知獲得解脫하시리니 我當云何得脫地獄·餓鬼·畜生이닛고
爾時에 我爲說四眞諦한대 長者가 聞已에 得須陀洹果하고 心生慚愧하야 向佛懺悔하되 我本愚癡하야 佛非幻人이어늘 而言是幻이어니 我從今日로

- 666 -

歸依三寶하노이다

佛言하사대 善哉善哉라 長者여하니 是名隨他意說이니라

云何名爲隨自他說고 如我所說에 如一切世間의 智者가 說有我에 亦說有하고 智人이 說無我에 亦說無하며 世間智人이 說五欲樂이 有無常과 苦와 無我와 可斷에 我亦說有하고 世間智人이 說五欲樂이 有常我淨이 無有是處에 我亦如是하야 說無是處라 함이 是名隨自他說이니라

善男子야 如我所說에 十住菩薩이 少見佛性은 是名隨他意說이니 何故로 名少見고 十住菩薩이 得首楞嚴等三昧와 三千法門일새 是故로 了了自知 當得阿耨多羅三藐三菩提나 不見一切衆生이 定得阿耨多羅三藐三菩提일새 是故로 我說十住菩薩리少見佛性이라 하니라

善男子야 我常宣說하되 一切衆生이 悉有佛性이라 하니 是名隨自意說이며 一切衆生이 不斷不滅하야 乃至得阿耨多羅三藐三菩提라 하니 是名隨自意說이요 一切衆生이 悉有佛性이나 煩惱覆故로 不能得見이며 我說도 如是며 汝說도 亦爾는 是名隨自他意說이니라

善男子야 如來가 或時에 爲一法故로 說無量法하니 如經中에 說하되 一切梵行이 因善知識이니 一切梵行이 因雖無量이나 說善知識이 則已攝盡이요 如我所說에 一切惡行은 邪見이 爲因이라 하니 一切惡行이 因雖無量이나 若說邪見하면 則已攝盡이요 或說阿耨多羅三藐三菩提는 信心이 爲因이니 是菩提因이 雖復無量이나 若說信心하면 則已攝盡이니라

善男子야 如來가 雖說無量諸法하야 以爲佛性이나 然이나 不離於陰·入·界也니라

善男子야 如來說法이 爲衆生故로 有七種語하니

一者는 因語요 二者는 果語요 三者는 因果語요 四者는 喩語요 五者는 不應說語요 六者는 世流布語요 七者는 如意語라

云何名因語이요

現在因中에 說未來果이니 如我所說에 善男子야 汝見衆生이 樂殺하며 乃至樂行邪見이어든 當觀是人을 卽地獄人이니라

善男子야 若有衆生이 不樂殺生과 乃至邪見하면 當觀是人은 卽是天人이니 是名因語니라

云何果語오

現在果中에 說過去因이니 如經中說하되 善男子야 如汝所見에 貧窮衆生이 顔貌醜陋하고 不得自在하면 當知是人은 定有破戒와 妬心瞋心과 無慚愧心이요 若見衆生이 多財巨富하며 諸根完具하고 威德自在하면 當知是人은 定有戒施精勤慚愧하며 無有妬瞋이니 是名果語니라

云何因果語오

如經中說하되 善男子야 衆生現在에 六入觸因은 是名過去業果라 하며 如來亦說名之爲業이라 是業因緣으로 得未來果는 是名因果語니라

云何喩語오

如說師子王者는 卽喩我身이요 大象王·大龍王 波利質多羅樹 七寶聚·大海·須彌山·大地·大雨 船師·導師·調御丈夫 力士·牛王·婆羅門·沙門 大城·多羅樹라 한 如是喩經은 名爲喩語니라

云何不應語오

我經中에 說하되 天地可合과 河不入海와 如爲波斯匿王하야 說四方山이 來와 如爲鹿母·優婆夷하야 說若娑羅樹가 能受八戒하면 則得受於人天之樂과 如說十住菩薩이 有退轉心이언정 不說如來가 有二種語와 寧說須陀洹人이 墮三惡道언정 不說十住가 有退轉心은 是名不應語니라

云何世流布語오

如佛所說에 男女·大小·去來·坐臥 車乘·房舍·瓶衣 衆生·常·樂·我淨 軍林·城邑·僧坊·合散은 是名世流布語니라

云何如意語오

如我呵責毁禁之人하야 令彼自責하야 護持禁戒하며 如我讚歎須陀洹人하야 令諸凡夫로 生於善心하며 讚歎菩薩하야 爲令衆生으로 發菩提心하며 說三惡道의 所有苦惱하야 爲令修習諸善法故요 說一切燒는 唯爲一切有爲法故요 無我도 亦爾하며 說諸衆生이 悉有佛性은 爲令一切로 不放逸니

是名如意語니라

大般涅槃經卷第三十五 終

大般涅槃經 卷第三十六

北涼 天竺三藏 曇無讖 譯

迦葉菩薩品 第十二之四

善男子야 如來가 復有隨自意語라 如來佛性이 則有二種하니
一者는 有요 二者는 無라
有者는 所謂三十二相·八十種好와 十力·四無所畏 三念處·大慈大悲와 首楞嚴等·無量三昧와 金剛等·無量三昧와 方便等·無量三昧와 五智印等·無量三昧가 是名為有이요
無者는 所謂如來過去에 諸善·不善·無記·業因과 果報 煩惱와 五陰·十二因緣이 是名為無니라
善男子야 如 有와 無와 善과 不善과 有漏와 無漏와 世間과 非世間과 聖과 非聖과 有為와 無為와 實과 不實과 寂靜과 非寂靜과 諍과 非諍과 界와 非界와 煩惱와 非煩惱와 取와 非取와 受記와 非受記와 有와 非有와 三世와 非三世와 時와 非時와 常과 無常과 我와 無我와 樂과 無樂과 淨과 無淨과 色·受·想·行·識과 非色·受·想·行·識과 內入과 非內入과 外入과 非外入과 十二因緣과 非十二因緣이 是名如來의 佛性有無니 乃至一闡提의 佛性이 有와 無도 亦復如是하니라
善男子야 我雖說言一切眾生이 悉有佛性이나 眾生이 不解佛의 如是等隨自意語니라
善男子야 如是語者는 後身菩薩도 尚不能解어든 況於二乘과 其餘菩薩가
善男子야 我往一時에 在耆闍崛山하야 與彌勒菩薩로 共論世諦할새 舍利弗等五百聲聞이 於是事中에 都不識知어든 何況出世第一義諦아
善男子야 或有佛性은 一闡提는 有하고 善根人은 無하며 或有佛性은 善根

迦葉菩薩品 第十二之四

人은 有하고 一闡提는 無하며 或有佛性은 二人이 俱有하고 或有佛性은 二人俱無하니라

善男子야 我諸弟子가 若解如是四句義者인대 不應難言一闡提人이 定有佛性과 定無佛性하리라 若言衆生이 悉有佛性은 是名如來가 隨自意語니 如來의 如是隨自意語를 衆生이 云何 一向作解리요

善男子야 如恒河中에 有七衆生하니

一者는 常沒이요 二者는 暫出還沒이요 三者는 出已則住요 四者는 出已遍觀四方이요 五者는 遍觀已行이요 六者는 行已復住요 七者는 水陸俱行이라

言常沒者는 所謂大魚니 受大惡業하야 身重處深일새 是故로 常沒이니라

暫出還沒者는 如是大魚가 受惡業故로 身重處淺이요 暫見光明하야 因光故出이오 重故還沒니라

出已住者는 謂[坻彌魚]니 身處淺水하야 樂見光明이라 故出已住니라

遍觀方者는 所謂鯌(상어 작)魚가 爲求食故로 遍觀四方이니 是故로 觀方이니라

觀已行者는 謂是鯌魚가 遙見餘物하고 謂是可食이라 疾行趣之니 故觀已行이니라

行已復住者는 是魚趣已에 既得可食하고 即便停住라 故行已復住니라

水陸俱行者는 即是龜也니라

善男子야 如是微妙大涅槃河에도 其中에 亦有七種衆生이 從初常沒로 乃至第七이나 或入或出이라

所言沒者는 有人이 聞是大涅槃經의 如來常住하야 無有變易이며 常·樂·我·淨이며 終不畢竟에 入於涅槃이며 一切衆生이 悉有佛性하니 一闡提人이 謗方等經하고 作五逆罪하고 犯四重禁라도 必當得成菩提之道며 須陀洹人과 斯陀含人과 阿那含人과 阿羅漢人과 辟支佛等이 必當得成阿耨多羅三藐三菩提라 하면 聞是語已에 生不信心하야 即作是念하고 作是念已에 便作是言하되 是涅槃典은 即外道書요 非是佛經이라 하면 是人은 爾時에 遠

離善友하야 不聞正法이요 雖時得聞이라도 不能思惟하며 雖復思惟나 不思惟善하며 不思善故로 如惡法住니라

惡法住者가 則有六種하니

一者는 惡이요 二者는 無善이요 三者는 污法이요 四者는 增有요 五者는 惱熱이요 六者는 受惡果니 是名為沒이니라

何故로 名沒고 無善心故며 常行惡故며 不修對治故니 是名為沒니라

所言惡者는 聖人을 呵責故며 心生怖畏故며 善人을 遠離故며 不益眾生故니 是名為惡이니라

言無善者는 能生無量惡果報故며 常為無明의 所纏繞故며 樂與惡人으로 為等侶故며 無有修善諸方便故며 其心이 顛倒하야 常錯謬故니 是名無善이니라

言污法者는 常污身口故며 污淨眾生故며 增不善業故며 遠離善法故니 是名污法이니라

言增有者는 如上三人所行之法이 能增地獄·畜生·餓鬼요 不能修習解脫之法이라 身·口·意業이 不厭諸有일새 是名增有니라

言惱熱者는 是人이 具行如上四事하야 能令身心으로 二事로 惱熱이니 遠離寂靜일새 則名為熱이요

受地獄報일새 故名為熱이니라 燒諸眾生일새 故名為熱이며 燒諸善法일새 故名為熱이니라

善男子야 信心清涼을 是人이 不具일새 是故로 名熱이라 하니라 言受惡果者는 是人이 具足行上五事일새 死墮地獄·餓鬼·畜生이니라

善男子야 有三惡事일새 復名惡果니

一者는 煩惱惡이요 二者는 業惡이요 三者는 報惡이니 是名受惡果報니라

善男子야 是人이 具足如上六事일새 能斷善根하고 作五逆罪하며 能犯四重하고 能謗三寶하며 用僧祇物하고 能作種種非法之事일새 是因緣故로 沈沒在於阿鼻地獄하야 所受身形이 縱廣八萬四千由旬이라 是人의 身·口·心業이 重故로 不能得出이니 何以故오 其心에 不能生善法故라 雖有無量諸

迦葉菩薩品 第十二之四

佛이 出世라도 不聞不見하리니 是故로 名常沒이니 如恒河中에 大魚니라
善男子야 我雖復說一闡提等을 名為常沒이나 復有常沒한 非一闡提니 何者是耶아 如人이 為有하야 修施戒善이 是名常沒이니라
善男子야 有四善事가 獲得惡果하나니 何等이 為四오
一者는 為勝他故讀誦經典이요 二者는 為利養故受持禁戒요 三者는 為他屬故로 而行布施요 四者는 為於非想非非想處故로 繫念思惟라
是四善事는 得惡果報하나니 若人이 修習如是四事하면 是名沒已還出이며 出已還沒이라 何故로 名沒고 樂三有故라 何故名出고 以見明故니 明者는 即是聞戒施定이라 何故還沒고 增長邪見하야 生憍慢故라
是故로 我於經中에 說偈호대

若有眾生樂諸有하야　為有造作善惡業하면
是人은 迷失涅槃道라　是名暫出還復沒이니라
行於黑闇生死海일새　雖得解脫離煩惱나
是人은 還受惡果報하나니 是名暫出還復沒이니라

善男子야 如彼大魚가 因見光故로 暫得出水나 其身이 重故로 還復沈沒하니 如上二人도 亦復如是니라
善男子야 或復有人은 樂著三有일새 是名為沒이요 得聞如是大涅槃經하야 生於信心이 是名為出이라
何因緣故로 名之為出고 聞是經已에 遠離惡法하고 修習善法하니 是名為出이라 是人이 雖信이나 亦不具足이니 何因緣故로 信不具足고 是人이 雖信大般涅槃의 常·樂·我·淨이나 言如來身이 無常·無我이며 無樂·無淨이라 하며 如來가 則有二種涅槃하니
一者는 有為요 二者는 無為하나니
有為涅槃은 無常·樂·我·淨하고 無為涅槃은 有常·樂·我·淨이라 하며 雖信佛性이 是眾生有나 不必一切가 皆悉有之라 할새 是故로 名為信不具足이니라
善男子야 信有二種하니 一者는 信이요 二者는 求라
如是之人은 雖復有信이나 不能推求일새 是故로 名為信不具足이니라

信復有二하니
一은 從聞生이요 二는 從思生이라
是人의 信心이 從聞而生하고 不從思生일새 是故로 名爲信不具足이니라
復有二種하니 一은 信有道요 二는 信得者라
是人의 信心은 唯信有道하고 都不信有得道之人일새 是故로 名爲信不具足이니라
復有二種하니 一者는 信正이요 二者는 信邪라
言有因果하고 有佛法僧이라 하면 是名信正이요
言無因果하고 三寶性異라 하며 信諸邪語와 富蘭那等하면 是名信邪라
是人이 雖信佛法僧寶나 不信三寶가 同一性相하며 雖信因果나 不信得者일새 是故로 名爲信不具足이니라 是人이 成就不具足信일새 所受禁戒도 亦不具足이라
何因緣故로 名不具足고 因不具故로 所得禁戒도 亦不具足이니라
復何因緣으로 名不具足고 戒有二種하니
一은 威儀戒요 二는 從戒戒라
是人이 唯具威儀等戒하고 不具從戒戒일새 是故로 名爲戒不具足이니라
復有二種하니 一者는 作戒요 二者는 無作戒니
是人이 唯具作戒하고 不具無作戒일새 是故로 名爲戒不具足이니라
復有二種하니
一은 從身口하야 得於正命이요 二는 從身口하야 不得正命이라
是人이 雖從身口나 不得正命일새 是故로 名爲戒不具足이니라
復有二種하니 一者는 求戒요 二者는 捨戒라
是人이 唯具求有之戒하고 不得捨戒일새 是故로 名爲戒不具足이니라
復有二種하니 一者는 隨有요 二者는 隨道라
是人이 唯具隨有之戒하고 不具隨道일새 是故로 名爲戒不具足이니라
復有二種하니 一者는 善戒요 二者는 惡戒라
身口·意善은 是名善戒요 牛戒와 狗戒는 是名惡戒라 是人이 深信是二種

戒가 俱有善果일새 是故로 名爲戒不具足이니라
是人이 不具信戒二事일새 所修多聞도 亦不具足이라
云何名爲聞不具足고 如來所說十二部經에 唯信六部하고 不信六部일새
是故로 名爲聞不具足이며 雖復受持是六部經이나 不能讀誦과 爲他解說
하야 無所利益일새 是故로 名爲聞不具足이니라 又復受是六部經已에 爲
論議故며 爲勝他故며 爲利養故며 爲諸有故로 受持·讀誦·解說일새 是故로
名爲聞不具足이니라
善男子야 我於經中에 說聞具足하니 云何具足고
若有比丘가 身·口·意善하야 先能供養和上과 諸師와 有德之人과 是諸師等
하고 於是人所에 生愛念心하야 以是因緣으로 敎授其法하야 是人이 至心
으로 受持·誦習하며 持誦習已에 獲得智慧하며 得智慧已에 能善思惟하야
如法而住하며 善思惟已에 則得正義하며 得正義已에 身心寂靜하며 身心
寂已에 則生喜心하며 喜心因緣으로 心則得定하며 因得定故로 得正知見하
며 正知見已에 於諸有中에 心生厭悔하며 悔諸有故로 能得解脫이라
是人이 無有如是等事일새 是故로 名爲聞不具足이니라
是人이 不具如是三事일새 施亦不具이라
施有二種하니 一者는 財施요 二者는 法施라
是人이 雖復行於財施나 爲求有故며 雖行法施나 亦不具足이니 何以故오
不盡說하니 畏他勝故라 是故로 名爲施不具足이니라
財法二施가 各有二種하니 一者는 聖이요 二者는 非聖이라
聖者는 施已에 不求果報어니와 非聖은 施已에 求於果報하며 聖者의 法施
는 爲增長法이어니와 非聖法施는 爲增諸有니 如是之人은 爲增財故로 而
行財施하며 爲增有故로 而行法施일새 是故로 名爲施不具足이니라
復次是人이 受六部經하야 見受法者하고 而供給之나 不受法者는 則不供
給하나니 是故로 名爲施不具足이라
是人이 不具如上四事할새 所修智慧도 亦不具足이니 智慧之性은 性能分
別이어늘 是人이 不能分別如來가 是常無常하며

如來가 於此涅槃經中에 說言如來는 卽是解脫이요

解脫이 卽是如來이며

如來가 卽是涅槃이오

涅槃이 卽是解脫이라 한 於是義中에도 不能分別하나니라

梵行이 卽是如來요

如來가 卽是慈·悲·喜·捨요

慈·悲·喜·捨가 卽是解脫이요

解脫이 卽是涅槃이요

涅槃이 卽是慈·悲·喜·捨라 한 於是義中에도 不能分別하나니 是故로 名爲智不具足이니라 復次不能分別佛性하니 佛性이 卽是如來요

如來가 卽是一切不共之法이요

不共之法이 卽是解脫이요

解脫이 卽是涅槃이요

涅槃이 卽是不共之法인 於是義中에도 不能分別하나니 是故로 名爲智不具足이니라 復次不能分別四諦苦·集·滅·道하나니 不能分別四眞諦故로 不知聖行이요

不知聖行故로 不知如來요 不知如來故로 不知解脫이요 不知解脫故로 不知涅槃이라 是故로 名爲智不具足니라

是人이 不具如是五事가 則有二種增하니

一은 增善法이요 二는 增惡法이라

云何名爲增長惡法고 是人이 不見己不具足하고 自言具足이라 하야 而生著心하야 於同行中에 自謂爲勝하나니 是故로 親近同己惡友하며 旣親近已에 復得更聞不具足法하고 聞已心喜하야 其心染著하야 起於憍慢하고 多行放逸하며 因放逸故로 親近在家하야 亦樂聞說在家之事하고 遠離淸淨出家之法일새 以是因緣으로 增長惡法하며 增惡法故로 身·口·意等에 起不淨業하며 三業不淨故로 增長地獄·畜生·餓鬼하나니 是名暫出還沒이니라

暫出還沒者는 我佛法中에 其誰가 是耶아

迦葉菩薩品 第十二之四

謂提婆達多와 瞿伽離比丘와 㤭手比丘와 善星比丘와 低舍比丘와 滿宿比丘와 慈地比丘尼와 曠野比丘尼와 方比丘尼와 慢比丘尼와 淨潔長者와 求有優婆塞와 舍勒釋種과 象長者와 名稱優婆夷와 光明優婆夷와 難陀優婆夷와 軍優婆夷와 鈴優婆夷라 如是等人을 名爲暫出還沒이니다

譬如大魚가 見明故出이나 身重故로 沒이니라 第二之人은 深自知見行不具足하고 不具足故로 求近善友하며 近善友故로 樂諮未聞하며 聞已樂受하며 受已樂善思惟하며 善思惟已에 能如法住하야 如法住故로 增長善法하며 增善法故로 終不復沒하나니 是名爲住니라

我佛法中에 其誰是耶아

謂[舍利弗]과 大目犍連과 阿若憍陳如等五比丘와 耶舍等五比丘와 阿㝹樓陀와 童子迦葉과 摩訶迦葉과 十力迦葉과 瘦瞿曇彌比丘尼와 波吒羅花比丘尼와 勝比丘尼와 實義比丘尼와 意比丘尼와 跋陀比丘尼와 淨比丘尼와 不退轉比丘尼와 頻婆娑羅王과 郁伽長者와 須達多長者와 釋摩男과 貧須達多와 鼠狼長者子와 名稱長者와 具足長者와 師子將軍과 優波離長者와 刀長者와 無畏優婆夷와 善住優婆夷와 愛法優婆夷와 勇健優婆夷와 天得優婆夷와 善生優婆夷와 具身優婆夷와 牛得優婆夷와 曠野優婆夷와 摩訶斯那優婆夷이니

如是等比丘와 比丘尼와 優婆塞과 優婆夷가 得名爲住이니라

云何爲住오 常樂觀見善光明故라 以是因緣으로 若佛出世어나 若不出世라도 如是等人은 終不造惡하나니 是名爲住라

如低彌魚가 樂見光明하야 不沈不沒인달하야 如是等衆도 亦復如是하니 是故로 我於經中에 說偈하되

若人善能分別義하야 至心求於沙門果하고
若能呵責一切有하면 是人은 名爲如法住니라
若能供養無量佛하고 則能無量世修道하며
若受世樂不放逸하면 是人名爲如法住니라
親近善友聽正法하야 內善思惟如法住하며

- 677 -

樂見光明修習道하면 獲得解脫安隱住리라
善男子야 智不具足이 凡有五事하니 是人이 知已인대 求近善友하면 如是善友가 當觀是人의 貪欲·瞋恚·愚癡·思覺이 何者偏多하야 若知是人이 貪欲多者인대 卽應為說不淨觀法하고 瞋恚多者는 為說慈悲하고 思覺多者는 教令數息하고 著我多者는 當為分析十八界等이어든 是人이 聞已에 至心受持하고 心受持已에 如法修行하고 如法行已에 次第獲得四念處로 觀身受心法하며 得是觀已에 次第復觀十二因緣하며 如是觀已에 次得煖法하리라

迦葉菩薩이 白佛言호대 世尊이시여 一切眾生이 悉有煖法하니 何以故오 如佛所說三法和合이 名為眾生이라

一은 壽요 二는 煖이요 三은 識이라 하시니

若從是義인대 一切眾生이 應先有煖이어늘 云何如來가 說言煖法이 因善友生이라 하시닛고

佛言하사대 善男子야 如汝所問하야 有煖法者는 一切眾生으로 至一闡提히 皆悉有之이니와 如我今者에 所說煖法은 要因方便然後에 乃得이니 本無今有라 以是義故로 非諸眾生이 一切先有니 是故로 汝今에 不應難言一切眾生이 皆有煖法이니라

善男子야 如是煖法은 是色界法이요 非欲界有니 若言一切眾生이 有者인대 欲界眾生도 亦皆應有이나 欲界에는 無故로 當知一切가 不必都有니라

善男子야 色界雖有나 非一切有니 何以故오

我弟子는 有하고 外道는 則無라 以是義故로 一切眾生이 不必都有니라

善男子야 一切外道는 唯觀六行이나 我諸弟子는 具足十六하니 是十六行은 一切眾生이 不必都有니라

迦葉菩薩이 白佛言호대 世尊이시여 所言煖法은 云何名煖이며 為自性煖이닛가 為他故煖닛가

佛言하사대 善男子야 如是煖法은 自性是煖이요 非他故煖이니라

迦葉菩薩이 言호대 世尊이시여 如來가 先說[馬師][滿宿]은 無有煖法이니

何以故오 於三寶所에 無信心故라 是故로 無煖이라 하시니 當知信心이 即是煖法이로소이다

善男子 信非煖法이니 何以故오 因於信心하야 獲得煖故라 善男子야 夫煖法者는 即是智慧니 何以故오 觀四諦故라 是故로 名之為十六行이니 行即是智니라

善男子야 如汝所問에 何因緣故로 名為煖者는 善男子야 夫煖法者는 即是八聖道之火相일새 故로 名為煖이니라

善男子야 譬如攢火에 先有煖氣하고 次有火生하고 後則煙出하나니 是無漏道도 亦復如是하니 煖者는 即是十六行也요 火者는 即是須陀洹果요 煙者는 即是修道斷結이니라

迦葉菩薩이 復白佛言호대 世尊이시여 如是煖法이 亦是有法이며 亦是有為이니 是法報로 得色界五陰일새 是故로 名有요 是因緣故로 復名有為이니 若是有為인대 云何能為無漏道相이릿가

佛言하사대 善男子야 如是如是하야 如汝所說하다 善男子야 如是煖法이 雖是有為有法이나 還能破壞有為有法하나니 是故로 能為無漏道相이니라

善男子야 如人乘馬에 亦愛亦策하나니 煖心도 亦爾하야 愛故로 受生이나 厭故觀行하나니 是故로 雖復有法有為나 而能與彼正道로 作相이니라 得煖法人이 七十三種이니 欲界十種은 是人이 具足一切煩惱어니와 從斷一分으로 至于九分이요 如欲界하야 初禪으로 乃至無所有處도 亦復如是니 是名七十三種이니라

如是等人이 得煖法已에 則不復能斷於善根과 作五逆罪와 犯四重禁이니라 是人은 二種이니 一은 遇善友이요 二는 遇惡友라

遇惡友者는 暫出還沒이요 遇善友者는 遍觀四方이니 觀四方者는 即是頂法이라 是法이 雖復性是五陰이나 亦緣四諦일새 是故로 得名遍觀四方이니라

得頂法已에 次得忍法하나니 是忍이 亦爾하야 性亦五陰이나 亦緣四諦니라 是人이 次得世第一法하나니 是法도 雖復性是五陰이나 亦緣四諦니라 是人

이 次第로 得苦法忍하니 忍性은 是慧라 緣於一諦이니 如是忍法이 緣一諦已에 乃至見斷煩惱하고 得須陀洹果하나니 是名第四의 遍觀四方이라
四方者는 卽是四諦니라
迦葉菩薩이 白佛言호대 世尊이시여 如佛先說에 須陀洹人의 所斷煩惱는 猶如縱廣四十里水하고 其餘在者는 如一毛渧라 하시니 此中에 云何로 說斷三結을 名須陀洹이닛고
一者는 我見이요
二者는 非因見因이요
三者는 疑網이라 世尊이시여 何因緣故로 名須陀洹이 遍觀四方이며 復何因緣으로 名須陀洹이며 復何因緣으로 說須陀洹을 喩以鱔魚이닛고
佛言하사대 善男子야 須陀洹人이 雖復能斷無量煩惱나 此三이 重故이며 亦攝一切須陀洹人의 所斷結故니라
善男子야 譬如大王이 出遊巡時에 雖有四兵이나 世人이 但言王來王去라 하나니 何以故오 世間에 重故라 是三煩惱도 亦復如是니라
何因緣故로 名之爲重고 一切衆生이 常所起故이며 微難識故니 是故로 名重이라 如是三結을 難可斷故이며 能爲一切煩惱因故며 是三은 對治之怨敵故니 謂戒定慧니라
善男子야 有諸衆生이 聞須陀洹의 能斷如是無量煩惱하고 則生退心하야 便作是言하되 衆生이 云何로 能斷如是無量煩惱리오 할새 是故로 如來가 方便으로 說三이니라 如汝所問에 何因緣故로 須陀洹人을 喩觀四方은 善男子야 須陀洹人이 觀於四諦하야 獲得四事하나니
一者는 住堅固道요 二者는 能遍觀察이요 三者는 能如實見이요 四者는 能壞大怨이라
堅固道者는 是須陀洹의 所有五根을 無能動者니 是故로 名爲住堅固道니라
能遍觀者는 悉能呵責內外煩惱니라
如實見者는 卽是忍智이요
壞大怨者는 謂四顚倒니라 如汝所問에 何因緣故로 名須陀洹者는 善男子야

須는 名無漏요 陀洹은 名修習이니 修習無漏를 名須陀洹이니라
善男子야 復有須者는 名流라 流有二種하니
一者는 順流요 二者는 逆流라
以逆流故로 名須陀洹이니라
迦葉菩薩이 言호대 世尊이시여 若從是義인대 何因緣故로 斯陀含人과 阿那含人과 阿羅漢人은 不得名爲須陀洹耶닛가
善男子야 從須陀洹으로 乃至諸佛히 亦得名爲須陀洹이로대 若斯陀含으로 乃至諸佛은 無須陀洹하고 云何得名斯陀含으로 乃至佛고 一切衆生이 名有二種하니
一者는 舊요 二者는 客이라
凡夫之時에 有世名字하고 旣得道已에 更爲立名하야 名須陀洹이라 以先得故로 名須陀洹이요 以後得故로 名斯陀含이어니와 是人도 亦名須陀洹이며 亦名斯陀含이며 乃至佛도 亦復如是니라
善男子야 流有二種하니 一者는 解脫이요 二者는 涅槃이라
一切聖人이 皆有是二하니 亦可得名須陀洹이며 亦名斯陀含이며 乃至佛도 亦復如是니라
善男子야 須陀洹者는 亦名菩薩이니 何以故오 菩薩者는 卽是盡智와 及無生智라 須陀洹人도 亦復求索如是二智일새 是故로 當知須陀洹人도 得名菩薩이니라
須陀洹人을 亦得名覺이니 何以故오 正覺見道하야 斷煩惱故며 正覺因果故로 正覺共道와 及不共道故라 斯陀含으로 乃至阿羅漢도 亦復如是니라
善男子야 是須陀洹이 凡有二種하니
一者는 利根이요 二者는 鈍根이라
鈍根之人은 人天七返하나니라
是鈍根人이 復有五種하고 或有六·五·四·三·二種이라 利根之人은 現在에 獲得須陀洹果하고 至阿羅漢果하나니라
善男子야 如汝所問에 何因緣故로 須陀洹人을 喻以鱣魚는 善男子야 鱣

魚가 有四事하니

一者는 骨細故로 輕이요 二者는 有翅故로 輕이요 三者는 樂見光明이요 四者는 銜物堅持니라

須陀洹人도 亦有四事하니 言骨細者는 喻煩惱微요 言有翅者는 喻奢摩他와 毘婆舍那요 樂見光明은 喻於見道요 銜物堅持는 喻聞如來가 說無常·苦·無我·不淨하고 堅持不捨라 猶如魔王이 化作佛像에 首羅長者가 見已心驚이어늘 魔見長者의 其心動已하고 卽語長者하되 我先所說인 四眞諦者는 是說이 不眞이니 今當為汝하야 更說五諦와 六陰과 十三入과 十九界하리라 長者聞已에 尋觀法相하니 都無此理라 是故로 堅持其心하야 不動하니라

迦葉菩薩이 白佛言호대 世尊이시여 是須陀洹이 先得道故로 名須陀洹이며 以初果故로 名須陀洹하야 若先得道를 名須陀洹者인대 得苦法忍時에 何故로 不得名須陀洹하고 乃名為向이닛고 若以初果로 名須陀洹인대 外道之人도 先斷煩惱하고 至無所有處하야 修無漏道하야 得阿那含果어늘 何故로 不名為須陀洹이닛고

善男子야 以初果故로 名須陀洹이니 如汝所問하야 外道之人이 先斷煩惱하고 至無所有處하야 修無漏道하야 得阿那含이어늘 何故로 不名須陀洹者는 善男子야 以初果故로 名須陀洹이니 是人이 爾時에 具足八智와 及十六行하니라

迦葉이 言호대 世尊이시여 得阿那含도 亦復如是하야 亦得八智하며 具十六行이어늘 何故로 不得名須陀洹이닛고

善男子야 有漏十六行이 有二種하니

一者는 共이요 二者는 不共이라

無漏十六行도 亦有二種하니

一者는 向果요 二者는 得果라

八智도 亦二이니

一者는 向果요 二者는 得果라

須陀洹人이 捨共十六行하고 得不共十六行하되 捨向果八智하고 得得果八智어니와 阿那含人은 卽不如是니 是故로 初果를 名須陀洹이니라
善男子야 須陀洹人은 緣於四諦하고 阿那含人은 唯緣一諦니 是故로 初果를 名須陀洹이니 以是因緣으로 喻以鯔魚가 遍觀已行이라 行者는 卽是斯陀含人이 繫心修道하야 爲斷貪欲·瞋·癡·憍慢이 如彼鯔魚가 遍觀方已에 爲食故로 行이니라 行已復住는 喩阿那含이 得食已住이니라
是阿那含이 凡有二種하니
一者는 現在에 得阿那含하고 進修卽得阿羅漢果요
二者는 貪著色界와 無色界中의 寂靜三昧하야 是人이 不受欲界身故로 名阿那含이니라
是阿那含이 復有五種하니
一者는 中般涅槃이요 二者는 受身般涅槃이요 三者는 行般涅槃이요 四者는 無行般涅槃이요 五者는 上流般涅槃이니라
復有六種하니 五種은 如上하고 加現在般涅槃이니라
復有七種하니 六種은 如上하고 加無色界般涅槃이니라
行般涅槃이 復有二種하니 或受二身하며 或受四身하니 若受二身은 是名利根이요 若受四身은 是名鈍根이니라
復有二種하니
一者는 精進이나 無自在定이요 二者는 懈怠나 有自在定이라
復有二種하니
一者는 具精進定이요 二者는 不具是二니라
善男子야 欲色衆生이 有二種業하니
一者는 作業이요 二者는 受生業이니라
中涅槃者는 唯有作業하고 無受生業하니 是故로 於中에 而般涅槃이니 捨欲界身하고 未至色界하야 以利根故로 於中에 涅槃이니라
是中涅槃 阿那含人이 有四種心하니
一者는 非學非無學이요 二者는 學이요 三者는 無學이요 四者는 非學非無

學이라

入於涅槃을 云何復名中般涅槃고

善男子야 是阿那含의 四種心中에 二는 是涅槃이오 二는 非涅槃이니 是故로 名為中般涅槃이니라

受身涅槃이 復有二種하니 一者는 作業이요 二者는 生業이라

是人이 捨欲界身하고 受色界身하야 精勤修道하야 盡其壽命에 入於涅槃이니라

迦葉菩薩이 言호대 世尊이시여 若言盡命入涅槃者인대 云何而言受身涅槃이닛고

佛言하사대 善男子야 是人이 受身然後에 乃斷三界煩惱니 是故로 名為受身涅槃니라

善男子야 行般涅槃者는 常修行道有為三昧力故로 能斷煩惱하고 入於涅槃하나니 是名行般涅槃이니라

無行般涅槃者는 是人이 定知當得涅槃일새 是故로 懈怠나 亦以有為三昧力故로 壽盡에 則得入於涅槃하나니 是名無行般涅槃이니라

上流般涅槃者는 若有人이 得第四禪已에 是人이 生於初禪愛心하면 以是因緣으로 退生初禪이라

是有二流하니 一은 煩惱流요 二者는 道流라

以道流故로 是人이 壽盡에 生二禪愛니 以愛因緣으로 生於二禪하며 至第四禪에도 亦復如是니라

是四禪中에 復有二種하니 一者는 入無色界요 二者는 入五淨居라

如是二人이 一은 樂三昧요 二는 樂智慧이니

樂智慧者는 入五淨居하고 樂三昧者는 入無色界니라

如是二人에 一者는 修第四禪이 有五階差하고 二者는 不修라

云何為五오 下·中·上·上中·上上이라 修上上者는 處無小天하고 修上中者는 處善見天하고 修上品者는 處善可見天하고 修中品者는 處無熱天하고 修下品者는 處少廣天이니라

如是二人에 一은 樂論議요 二는 樂寂靜이니
樂寂靜者는 入無色界하고 樂論議者는 處五淨居니라
復有二種하니 一者는 修熏禪이요 二者는 不修熏禪이라
修熏禪者는 入五淨居하고 不修熏禪者는 生無色界하야 盡其壽命에 而般涅槃하나니 是名上流般涅槃이니라
若欲入於無色界者는 即不能修四禪五差라 若修四禪五差인댄 則能呵責無色界定이니라
迦葉菩薩이 白佛言호대 世尊이시여 中涅槃者는 則是利根이니 若利根者인댄 何不現在에 入涅槃耶잇가 何故로 欲界에 有中涅槃하고 色界則無이닛고
佛言하사대 善男子야 是人이 現在에 四大羸劣하야 不能修道하며 雖有比丘는 四大康健이나 無有房舍와 飲食과 衣服과 臥具와 醫藥이라 眾緣이 不具일새 是故로 不得現在에 涅槃이니라
善男子야 我昔一時에 在舍衛國 阿那邠低精舍러니 有一比丘가 來至我所하야 作如是言하되 世尊이시여 我常修道하되 而不能得須陀洹果로 至阿羅漢果니다
我時에 即告阿難言하사대 汝今에 當爲如是比丘하야 具諸所須하라 爾時에 阿難이 將是比丘하야 至祇陀林하야 與好房舍한대 是時에 比丘가 語阿難言하되 大德이여 唯願爲我하야 莊嚴房舍하야 淨潔修治하고 七寶嚴麗하야 懸繒幡蓋어다 阿難이 言하되 世間貧者를 乃名沙門이니 我當云何로 能辦是事리요 是比丘가 言하되 大德이여 若能爲我하야 作者인댄 善哉善哉어니와 若不能者인댄 我當還往하야 至世尊所하리라
爾時에 阿難이 即往佛所하야 作如是言하되 世尊이시여 向者比丘가 從我하야 求索種種莊嚴七寶幡蓋하니 不審是事를 當云何耶잇가 我於爾時에 復告阿難하되 汝今還去하야 隨比丘意하야 所須之物를 爲辦具之하라 爾時에 阿難이 即還房中하야 爲是比丘하야 事事具辦한대 比丘가 得已에 繫念修道하야 不久에 即得須陀洹果로 至阿羅漢果하니라

善男子야 無量眾生이 應入涅槃이로대 以所乏故로 妨亂其心하야 是故로 不得이니라
善男子야 復有眾生은 多意敎化하야 其心이 忽務라 不能得定일새 是故로 不得現在涅槃이니라
善男子야 如汝所問에 何因緣故로 捨欲界身하야 有中涅槃이요 色界에 無者는 善男子야 是人이 觀於欲界煩惱因緣有二하니
一者는 內요 二者는 外라
而色界中에는 無外因緣이니라
欲界에 復有二種愛心하니
一者는 欲愛요 二者는 色愛니라
觀是二愛하야 至心呵責하고 旣呵責已에 得入涅槃이니라 是欲界中에 能得呵責諸麁煩惱하나니 所謂慳貪·瞋妬·無慚·無愧라 以是因緣으로 能得涅槃이니라
又欲界道는 其性이 勇健하니 何以故오 得四果故라 是故로 欲界에 有中涅槃하고 色界中에 無하니라
善男子야 中涅槃者가 凡有三種하니 謂上·中·下라
上者는 捨身에 未離欲界하야 便得涅槃이요
中者는 始離欲界이나 未至色界하야 便得涅槃이요
下者는 離欲界已에 至色界邊하야 乃得涅槃하니 喩以鯌魚가 得食已에 住니 是人도 亦爾니라
云何名住오 處在色界와 及無色界하야 得受身故로 是故로 名住이며 不受欲界·人天·地獄·畜生·餓鬼일새 是故로 名住이며 已斷無量諸煩惱結하야 餘少在故로 是故로 名住니라
復何因緣으로 名之爲住오 終不造作共凡夫事일새 是故로 名住이며
自無所畏하고 不令他畏일새 是故로 名住이며
遠離二愛와 慳貪·瞋恚일새 是故로 名住니라
善男子야 到彼岸者는 喩阿羅漢·辟支佛·菩薩·佛이니 猶如神龜가 水陸俱行

이니라

何因緣故로 喩之以龜오 善藏五根故라 阿羅漢으로 乃至諸佛도 亦復如是
하야 善覆五根일새 是故로 喩龜니라
言水陸者는 水喩世間이요 陸喩出世이니 是諸聖等도 亦復如是하야 能觀
一切惡煩惱故로 到於彼岸이니 是故로 喩以水陸俱行이니라
善男子야 如恒河中에 七種衆生이 雖有魚龜之名이나 不離於水니 如是微
妙大涅槃中에 從一闡提로 上至諸佛히 雖有異名이나 然이나 亦不離於佛
性水니라
善男子야 是七衆生이 若善法과 若不善法과 若方便道와 若解脫道와 若次
第道와 若因若果가 悉是佛性이니 是名如來隨自意語니라
迦葉菩薩이 言호대 世尊이시여 若有因인대 則有果어니와 若無因하면 則無
果리니 涅槃名果는 常故이며 無因이라 若無因者인대 云何名果닛고 而是
涅槃을 亦名沙門이며 名沙門果라 하나니 云何沙門이며 云何沙門果이닛고
善男子야 一切世間에 有七種果하니
一者는 方便果요 二者는 報恩果요 三者는 親近果요 四者는 餘殘果요 五
者는 平等果요 六者는 果報果요 七者는 遠離果니라
方便果者는 如世間人이 秋多收穀하야 咸相謂言호대 得方便果라 하나니
方便果者는 名業行果라 如是果者가 有二種因하니 一者는 近因이요 二者
는 遠因이라
近因者는 所謂種子요 遠因者는 謂水糞人功이라 是名方便果니라
報恩果者는 如世間人이 供養父母하면 父母가 咸言하되 我今已得恩養之
果라 하나니 子能報恩을 名之爲果라 如是果者는 因亦二種이니
一者는 近因이요 二者는 遠因이라
近因者는 卽是父母의 過去純善之業이요
遠因者는 卽是所生孝子라 是名報恩果니라
親近果者는 譬如有人이 親近善友하면 或得須陀洹果로 至阿羅漢果하나니
是人이 唱言하되 我今已得親近果報라 하나니라 如是果者가 因有二種하니

一者는 近因이요 二者는 遠因이라
近者는 信心이요 遠者는 善友니 是名親近果니라
餘殘果者는 如因不殺하야 得第三身에 延年益壽하나니 是名殘果라
如是果者는 有二種因하니 一者는 近因이요 二者는 遠因이라
近者는 即是身·口·意淨이요 遠者는 即是延年益壽니 是名殘果니라 平等果者는 謂世界器라
如是果者가 亦二種因하니 一者는 近因이요 二者는 遠因이라
近因者는 所謂衆生이 修十善業이요 遠因者는 所謂三災니 是名平等果니라 果報果者는 如人이 獲得淸淨身已에 修身口意淸淨三業하야 是人이 便說我得報果라
如是果者가 因有二種하니 一者는 近因이요 二者는 遠因이라
近因者는 所謂現在身口意淨이요 遠因者는 所謂過去身口意淨이라 是名果報果니라
遠離果者는 即是涅槃이니 離諸煩惱하는 一切善業이 是涅槃因이라
復有二種하니 一者는 近因이요 二者는 遠因이라
近因者는 即是三解脫門이요 遠因者는 即無量世의 所修善法이니라
善男子야 如世間法에 或說生因하며 或說了因이어든 出世之法도 亦復如是하야 亦說生因하며 亦說了因이니라
善男子야 三解脫門과 三十七品은 能爲一切煩惱의 作不生生因이요 亦爲涅槃하야 而作了因이니라
善男子야 遠離煩惱하면 則得了了見於涅槃하리니 是故로 涅槃은 唯有了因이요 無有生因하니라
善男子야 如汝所問에 云何沙門那이며 云何沙門果者는 善男子야 沙門那者는 即八正道요 沙門果者는 從道하야 畢竟永斷一切貪瞋癡等이니 是名沙門那며 沙門果니라
迦葉菩薩이 言호대 世尊이시여 何因緣故로 八正道者를 名沙門那닛고
善男子야 世言沙門은 名之爲乏이요 那者는 名道이니 如是道者는 斷一切

迦葉菩薩品 第十二之四

乏하며 斷一切道라 以是義故로 名八正道를 爲沙門那이니 從是道中하야 獲得果故로 名沙門果니라
善男子야 又沙門那者는 如世間人이 有樂靜者를 亦名沙門이니 如是道者도 亦復如是하야 能令行者로 離身·口·意·惡邪命等하고 得樂寂靜일새 是故로 名之爲沙門那니라
善男子야 如世下人이 能作上人을 是名沙門이니 如是道者도 亦復如是하야 能令下人으로 作上人故로 是故로 得名爲沙門那니라
善男子야 阿羅漢人이 修是道者는 得沙門果하나니 是故로 得名到於彼岸이며 阿羅漢果者는 即是無學의 五分法身이니 戒·定·慧와 解脫과 解脫知見이라 因是五分하야 得到彼岸일새 是故로 名爲到於彼岸이니 到彼岸故로 而自說言하되 我生已盡하고 梵行已立하며 所作已辦하야 更不受有라 하니라
善男子야 是阿羅漢이 永斷三世生因緣故로 是故로 自說하되 我生已盡이라 하며 亦斷三界五陰果故로 是故로 復言하되 我生已盡이라 하고 所修梵行을 已畢竟故로 是故로 唱言하되 梵行已立이라 하니라
又捨學道를 亦名已立이요 如本所求하야 今日已得일새 是故로 唱言하되 所作을 已辦이라 修道得果를 亦言已辦이며 獲得盡智無生智故로 唱言我生이 已盡라 하고 盡諸有結일새 以是義故로 名阿羅漢이 得到彼岸이니라
如阿羅漢하야 辟支佛도 亦復如是니라
菩薩及佛은 具足成就六波羅蜜일새 名到彼岸이니라
是佛菩薩이 得阿耨多羅三藐三菩提已에 名爲具足六波羅蜜이니 何以故오 得六波羅蜜果故며 以得果故로 名爲具足이니라
善男子야 是七衆生이 不修身不修戒하며 不修心不修慧하야 不能修習如是四事하면 則能造作五逆重罪하고 能斷善根하며 犯四重禁하고 謗佛法僧하리니 是故로 得名爲常沈沒이니라
善男子야 是七人中에 有能親近善知識者는 至心聽受如來正法하야 內善思惟하야 如法而住하며 精勤修習身戒心慧일새 是故로 得名渡生死河하야

到於彼岸이라 하나니라

若有說言하되 一闡提人이 得阿耨多羅三藐三菩提者인대 是名染著이요 若言不得인대 是名虛妄이니라

善男子야 是七種人이 或有一人이 具七하며 或有七人이 各一이니라

善男子야 若有心口가 異想·異說하야 言一闡提가 得阿耨多羅三藐三菩提者인대 當知是人이 謗佛·法·僧이요 若人心口가 異想·異說하야 言一闡提가 不得阿耨多羅三藐三菩提인대 是人도 亦名謗佛法僧이니라

善男子야 若有說言하되 八聖道分을 凡夫所得이라 하면 是人도 亦名謗佛法僧이요 若有說言하되 八聖道分은 非凡夫得이라 하야도 是人도 亦名謗佛法僧이니라

善男子야 若有說言하되 一切衆生이 定有佛性하며 定無佛性이라 하면 是人도 亦名謗佛·法·僧이니라

善男子야 是故로 我於契經中에 說有二種人이 謗佛法僧하니

一者는 不信瞋恚心故요 二者는 雖信不解義故니라

善男子야 若人信心이라도 無有智慧하면 是人은 則能增長無明이요 若有智慧나 無有信心하면 是人은 則能增長邪見이니라

善男子야 不信之人은 瞋恚心故로 說言無有佛法僧寶라 하고 信者가 無慧면 顚倒解義하야 令聞法者로 謗佛法僧하나니라 善男子야 是故로 我說不信之人은 瞋恚心故며 有信之人은 無智慧故로 是人이 能謗佛·法·僧寶라 하노라

善男子야 若有說言一闡提等이 未生善法하야 便得阿耨多羅三藐三菩提라 하면 是人도 亦名謗佛法僧이요 若復有言하되 一闡提人이 捨一闡提하고 於異身中에 得阿耨多羅三藐三菩提라 하면 是人도 亦名謗佛·法·僧이어니와 若復說言하되 一闡提人이 能生善根하야 生善根已에 相續不斷하면 得阿耨多羅三藐三菩提하리니 故言一闡提가 得阿耨多羅三藐三菩提라 하면 當知是人은 不謗三寶니라

善男子야 若有人言하되 一切衆生이 定有佛性常·樂·我·淨이나 不作不生煩

迦葉菩薩品 第十二之四

惱因緣일새 故不可見이라 하면 當知是人은 謗佛法僧이며 若有說言하되 一切衆生이 都無佛性이 猶如兎角이나 從方便生하야 本無今有요 已有還無라 하면 當知是人은 謗佛法僧이어니와 若有說言하되 衆生佛性이 非有는 如虛空하고 非無는 如兎角이니 何以故오 虛空은 常故요 兎角은 無故라 是故로 得言亦有亦無라 有故로 破兎角하고 無故로 破虛空라 하면 如是說者는 不謗三寶니라

善男子야 夫佛性者는 不名一法이며 不名十法이며 不名百法이며 不名千法이며 不名萬法이니 未得阿耨多羅三藐三菩提時에 一切善과 不善과 無記를 盡名佛性일새 如來가 或時에 因中에 說果하고 果中에 說因이니 是名如來가 隨自意語라 隨自意語故로 名為如來요 隨自意語故로 名阿羅呵요 隨意語故로 名三藐三佛陀라 하니라

大般涅槃經 卷第三十六 終

大般涅槃經 卷第三十七
北涼天竺三藏曇無讖譯

迦葉菩薩品 第十二之五

迦葉菩薩이 言호대 世尊이시여 如佛所說하사 衆生佛性이 猶如虛空이라 하시니 云何名為如虛空耶닛가
善男子야 虛空之性이 非過去·非未來·非現在니 佛性도 亦爾니라
善男子야 虛空이 非過去니 何以故오 無現在故라 法若現在인대 可說過去로대 以無現在일새 故無過去니라
亦無現在니 何以故오 無未來故라 法若未來인대 可說現在어니라 以無未來라 故無現在니라
亦無未來니 何以故오 無現在過去故라 若有現在過去인대 則有未來나 以無現在過去故로 則無未來니 以是義故로 虛空之性은 非三世攝니라
善男子야 以虛空이 無故로 無有三世요 不以有故로 無三世也니 如虛空花가 非是有故로 無有三世하야 虛空도 亦爾하니 非是有故로 無有三世니라
善男子야 無物者가 即是虛空이니 佛性도 亦爾니라
善男子야 虛空이 無故로 非三世攝어니와 佛性이 常故로 非三世攝이니라
善男子야 如來가 已得阿耨多羅三藐三菩提하시니 所有佛性과 一切佛法이 常無變易이라 以是義故로 無有三世함이 猶如虛空하니라
善男子야 虛空이 無故로 非內非外요 佛性이 常故로 非內非外라 故說佛性이 猶如虛空이라 하니라
善男子야 如世間中에 無罣礙處를 名為虛空이니 如來가 得阿耨多羅三藐三菩提하사 已於一切佛法에 無有罣礙라 故言佛性이 猶如虛空이라 以是因緣으로 我說佛性이 猶如虛空이라 하니라

迦葉菩薩이 白佛言호대 世尊이시여 如來와 佛性과 涅槃이 非三世攝이나 而名爲有하야 虛空도 亦非三世所攝이어늘 何故로 不得名爲有잇가

佛言하사대 善男子야 爲非涅槃하야 名爲涅槃하며 爲非如來하야 名爲如來하며 爲非佛性하야 名爲佛性이니 云何名爲非涅槃耶아 所謂一切煩惱有爲之法이니 爲破如是有爲煩惱하야 是名涅槃이라 하며

非如來者는 謂一闡提로 至辟支佛이니 爲破如是一闡提等로 至辟支佛일새 是名如來라 하며

非佛性者는 所謂一切牆壁瓦石無情之物이니 離如是等無情之物일새 是名佛性이라 善男子야 一切世間에 無非虛空으로 對於虛空이니라

迦葉菩薩이 白佛言호대 世尊이시여 世間에 亦無非四大로 對로대 而猶得名四大是有라 虛空은 無對어늘 何故로 不得名之爲有잇고

佛言하사대 善男子야 若言涅槃이 非三世攝이여 虛空도 亦爾者댄 是義不然이니 何以故오 涅槃이 是有라 可見可證이며 是色足跡이며 章句是有이며 是相是緣이며 是歸依處이며 寂靜光明이며 安隱彼岸일새 是故로 得名非三世攝이어니와 虛空之性은 無如是法일새 是故로 名無라 若有離於如是等法하고 更有法者인대 應三世攝이라 虛空이 若同是有法者인대 不得非是三世所攝리라

善男子야 如世人說에 虛空을 名爲無色無對라 不可覩見이라 하니 若無色無對라 不可見者인대 卽心數法이니 虛空이 若同心數法者인대 不得不是三世所攝이어니와 若三世攝인대 卽是四陰이라 是故로 離四陰已면 無有虛空이니라

復次善男子야 諸外道言호대 夫虛空者는 卽是光明이라 하니 若是光明이면 卽是色法이라 虛空이 若爾하야 是色法者댄 卽是無常이니 是無常故로 三世所攝이라 云何外道가 說非三世아 若三世攝인댄 則非虛空이니 亦可說言虛空이 是常이니라

善男子야 復有人言호대 虛空者가 卽是住處라 하니 若有住處인댄 卽是色法이니 而一切處가 皆是無常이요 三世所攝이니라 虛空도 亦常이요 非三

世攝이어늘 若說處者인대 知無虛空이리라
復有說言호대 虛空者가 即是次第라 하니 若是次第댄 即是數法이요 若是可數인대 即三世攝이요 若三世攝인대 云何言常이리요
善男子야 若復說言호대 夫虛空者는 不離三法하니
一者는 空이요 二者는 實이요 三者는 空實이라 하니
若言空이 是인댄 當知虛空이 是無常法이라 何以故오 實處無故니라
若言實이 是인댄 當知虛空이 亦是無常이니 何以故오 空處無故라
若空實이 是인대 當知虛空이 亦是無常이니 何以故오 二處無故라 是故로 虛空을 名之爲無니라
善男子야 如說호대 虛空이 是可作法이니 如說去樹去舍하야 而作虛空하며 平作虛空하며 覆於虛空하며 上於虛空하며 畫虛空色이 如大海水라 是故로 虛空은 是可作法이라 하면 一切作法이 皆是無常이 猶如瓦瓶이라 虛空이 若爾인대 應是無常이리라
善男子야 世間人이 說호대 一切法中에 無罣礙處를 名虛空者댄 是無礙處가 於一切法所에 爲具足有하야 爲分有耶이 若具足有인대 當知餘處에 則無虛空이요 若分有者인대 則是彼此를 可數之法이라 若是可數인대 當知無常이로다
善男子야 若有人說호대 虛空이 無礙라 與有로 并合이라 하며 又復說言호대 虛空在物이 如器中果라 하니 二俱不然하다 何以故오 若言并合인대 則有三種하니
一은 異業合이니 如飛鳥集樹요 二는 共業合이니 如兩羊이 相觸이요
三은 已合共合이니 如二雙指를 合在一處라
若言異業共合인대 異則有二하니 一은 是物業이요 二는 虛空業이라
若空業이 合物인대 空則無常이요 若物業이 合空인대 物則不遍이리라 如其不遍인대 是亦無常이라 若言虛空은 是常이라 其性不動이나 與動物合者인대 是義不然하다
何以故오 虛空이 若常인대 物亦應常이요 物若無常인대 空亦無常이라 若

言虛空이 亦常無常이라 하면 無有是處니라

若共業合인대 是義도 不然하다 何以故오 虛空은 名遍이니 若與業合인대 業亦應遍이니 若是遍者인대 應一切遍이니라

若一切遍인대 應一切合이나 不應說有合與不合이니라

若言已合共合이 如二雙指合인대 是義도 不然하다 何以故오 先無有合이라가 後方合故니라 先無後有는 是無常法이니 是故로 不得說言虛空이 已合共合이니라

如世間法에 先無後有인 是物無常하야 虛空이 若爾댄 亦應無常하리라 若言虛空在物이 如器中果라 하면 是義는 不然이라

何以故오 如是虛空이 先無器時면 在何處住오 若有住處인대 虛空이 則多요 如其多者인대 云何言常이며 言一이며 言遍리요 若使虛空으로 離空有住인대 有物도 亦應離虛空住리니 是故로 當知無有虛空이니라

善男子야 若有說言호대 指住之處를 名為虛空인대 當知虛空이 是無常法이리니 何以故오 指有四方이요 若有四方인대 當知虛空도 亦有四方이리라 一切常法이 都無方所어늘 以有方故로 虛空이 無常이니라 若是無常인대 不離五陰이요 要離五陰하야는 是無所有이니라

善男子야 有法이 若從因緣住者인댄 當知是法은 名為無常이라 善男子야 譬如一切眾生과 樹木이 因地而住일새 地無常故로 因地之物도 次第無常이니라

善男子야 如地라 因水하면 水無常故로 地亦無常이며 如水因風하면 風無常故로 水亦無常이며 風依虛空하면 虛空이 無常故로 風亦無常이라

若無常者인대 云何說言虛空이 是常이며 遍一切處리요 虛空이 無故로 非是過去·未來·現在이니 亦如兔角이 是無物故로 非是過去·未來·現在라 是故로 我說호대 佛性이 常故로 非三世攝이요 虛空이 無故로 非三世攝이라 하노라

善男子야 我終不與世間으로 共諍하노니 何以故오 世智가 說有에 我亦說有하고 世智가 說無에 我亦說無하노라

迦葉菩薩이 言호대 世尊이시여 菩薩摩訶薩이 具足幾法하야 不與世諍하며 不爲世法之所沾污이닛고

佛言하사대 善男子야 菩薩摩訶薩이 具足十法하면 不與世諍하며 不爲世法之所沾污하리니 何等이 爲十고

一者는 信心이요 二者는 有戒요 三者는 親近善友요 四者는 內善思惟요 五者는 具足精進이요 六者는 具足正念이요 七者는 具足智慧요 八者는 具足正語요 九者는 樂於正法이요 十者는 憐愍衆生이니라

善男子야 菩薩이 具足如是十法하야 不與世諍하며 不爲世法之所沾污가 如優鉢羅花하리라

迦葉菩薩이 白佛言호대 世尊이시여 如佛所說에 世智說有에 我亦說有하고 世智說無어든 我亦說無라 하시니 何等이 名爲世智有無닛고

佛言하사대 善男子야 世智가 若說色是無常苦空無我이며 乃至識亦如是이라 하면 善男子야 是名世間智者가 說有어든 我亦說有니라

善男子야 世間智者가 說色에 無有常·樂·我·淨이며 受·想·行·識도 亦復如是라 하면 善男子야 是名世間智者가 說無어든 我亦說無니라

迦葉菩薩이 白佛言호대 世尊이시여 世間智者가 卽佛菩薩과 一切聖人이니 若諸聖人이 色是無常이며 苦空無我어늘 云何如來가 說佛色身이 常恒無變이라 하시며 世間智者의 所說이 無法을 云何如來가 說言是有닛고 如來世尊이 作如是說인대 云何復言不與世諍하며 不爲世法之所沾污라 하시닛고 如來가 已離三種顚倒하시니 所謂想倒와 心倒와 見倒라 應說佛色이 實是無常이어늘 今乃說常하시니 云何得名遠離顚倒며 不與世諍이라 하리닛고

佛言하사대 善男子야 凡夫之色은 從煩惱生이니 是故로 智說호대 色是無常이며 苦空無我어니와 如來色者는 遠離煩惱라 是故로 說是常恒無變이니라

迦葉菩薩이 言호대 世尊이시여 云何爲色이 從煩惱生이닛고

善男子야 煩惱이 三種이니 欲漏와 有漏와 無明漏라 智者가 應當觀是三漏인 所有罪過니 所以者何오 知罪過已에 則能遠離니 譬如醫師이 先診病脈

迦葉菩薩品 第十二之五

하야 知病所在然後하야 授藥이니라

善男子야 如人이 將盲하야 至棘林中하야 捨之而還하면 盲人이 於後에 甚難得出이요 設得出者라도 身體壞盡하리니 世間凡夫도 亦復如是하야 不能知見三漏過患일새 則隨逐行이라 如其見者인댄 則能遠離하리니 知罪過已에 雖受果報나 果報輕微니라

善男子야 有四種人하니

一은 作業時重이나 受報時輕이요 二는 作業時輕이나 受報時重이요 三은 作業時重하고 受報도 俱重이요 四는 作業時輕하고 受報俱輕이니라

善男子야 若人이 能觀煩惱罪過면 是人이 作業과 受果가 俱輕나니라

善男子야 有智之人은 作如是念호대 我應遠離如是等漏하며 又復不應作如是等鄙惡之事리니 何以故오 我今未得脫於地獄·餓鬼·畜生·人天報故라 我若修道하면 當因是力하야 破壞諸苦리라

是人이 觀已에 貪欲·瞋恚·愚癡가 微弱하리니 既見貪欲·瞋·癡가 輕已하에 其心歡喜하야 復作是念호대 我今如是가 皆由修道因緣力故로 令我得離不善之法하고 親近善法이라

是故로 現在에 得見正道니 應當勤加而修習之라 하야 是人이 因是勤修道力하야 遠離無量諸惡煩惱하며 及離地獄·餓鬼·畜生·人天·果報하니 是故로 我於契經中에 說호대 當觀一切有漏煩惱와 及有漏因이니 何以故오 有智之人이 若但觀漏하고 不觀漏因하면 則不能斷諸煩惱也리니 何以故오 智者가 觀漏從是因生하야 我今斷因하면 漏則不生이라 하나니라

善男子야 如彼醫師가 先斷病因하면 病則不生하나니 智者가 先斷煩惱因者도 亦復如是라 有智之人은 先當觀因하고 次觀果報하야 知從善因하야 生於善果하고 知從惡因하야 生於惡果하리니 觀果報已에 遠離惡因하고 觀果報已에 復當次觀煩惱輕重하며 觀輕重已에 先離重者니 既離重已에 輕者가 自去니라

善男子야 智者가 若知煩惱와 煩惱因과 煩惱果報와 煩惱輕重하면 是人이 爾時에 精勤修道하야 不息不悔하고 親近善友하야 至心聽法하리니 為滅如

是諸煩惱故니라

善男子야 譬如病者가 自知病輕하야 必可除差면 雖得苦藥이라도 服之不悔라 有智之人도 亦復如是하야 勤修聖道하야 歡喜不愁하야 不息不悔하나니라

善男子야 若人이 能知煩惱와 煩惱因과 煩惱果報와 煩惱輕重하면 為除煩惱故로 勤修聖道하나니 是人은 不從煩惱하야 生色하며 受·想·行·識도 亦復如是어니와 若不能知煩惱·煩惱因·煩惱果報·煩惱輕重하야 不勤修道하면 是人은 則從煩惱하야 生色하며 受想行識도 亦復如是니라

善男子야 知煩惱·煩惱因·煩惱果報·煩惱輕重하야 為斷煩惱하야 修行道者는 即是如來니 以是因緣으로 如來色常하며 乃至識常이니라

善男子야 不知煩惱·煩惱因·煩惱果報·煩惱輕重하야 不能修道는 即是凡夫니 是故로 凡夫는 色是無常이요 受·想·行·識도 悉是無常이니라

善男子야 世間智者는 一切聖人과 菩薩과 諸佛이라 說是二義니 我亦如是하야 說是二義하노니 是故로 我說不與世間智者로 共諍하며 不為世法之所沾污라 하노라

迦葉菩薩이 復白佛言호대 世尊이시여 如佛所說三有漏者를 云何名為欲漏·有漏·無明漏耶닛고

佛言하사대 善男子야 欲漏者는 內惡覺觀이 因於外緣하야 生於欲漏하나니 是故로 我昔에 在王舍城하야 告阿難言호대 阿難아 汝今受此女人의 所說偈頌하라 是偈는 乃是過去諸佛之所宣說이라 是故로 一切內惡覺觀과 外諸因緣을 名之為欲이니 是名欲漏니라

有漏者는 色無色界의 內諸惡法과 外諸因緣이니 除欲界中의 外諸因緣과 內諸覺觀하고 是名有漏니라

無明漏者는 不能了知我及我所하야 不別內外를 名無明漏라

善男子야 無明이 即是一切諸漏의 根本이니 何以故오 一切眾生이 無明因緣으로 於陰·入·界에 憶想作相을 名為眾生이니 是名想倒·心倒·見倒라 以是因緣로 生一切漏하나니 是故로 我於十二部經에 說無明者가 即是貪因·

瞋因·癡因이라 하니라

迦葉菩薩이 言호대 世尊이시여 如來가 昔於十二部經에 說言하사대 不善思惟因緣으로 生於貪欲·瞋·癡라 하시고 今何因緣으로 乃說無明이닛고

善男子야 如是二法이 互為因果하야 互相增長하나니 不善思惟로 生於無明하고 無明因緣으로 生不善思惟니라

善男子야 其能生長諸煩惱者를 皆悉名為煩惱因緣이요 親近如是煩惱因緣을 名為無明이라 不善思惟가 如子生芽니 子是近因이며 四大가 遠因이요 煩惱도 亦爾하니라

迦葉菩薩이 白佛言호대 世尊이시여 如佛所說에 無明即漏라 하시더니 云何復言因無明故로 生於諸漏라 하시닛고

佛言하사대 善男子야 如我所說 無明漏者가 是內無明이요 因於無明하야 生諸漏者가 是內外因이라 若說無明漏인대 是名內倒니 不識無常苦空無我요 若說一切煩惱因緣인대 是名不知外我我所라 若說無明漏하면 是名無始無終이니 從無明하야 生陰·入·界等이니라

迦葉菩薩이 白佛言호대 世尊이시여 如佛所說에 有智之人이 知於漏因이라 하시니 云何名為知於漏因이닛고

善男子야 智者가 當觀何因緣故로 生是煩惱며 造作何行하야 生此煩惱며 於何時中에 生此煩惱며 共誰住時에 生此煩惱며 何處止住하야 生此煩惱하며 觀何事已에 生於煩惱며 受誰房舍·臥具·飲食·衣服·湯藥하야 而生煩惱며 何因緣故로 轉下作中하고 轉中作上하며 下業를 作中하고 中業으로 作上고 하나니 菩薩摩訶薩이 作是觀時에 則得遠離生漏因緣이라 如是觀時에 未生煩惱는 遮令不生하고 已生煩惱는 便得除滅하나니 是故로 我於契經中에 說智者는 當觀生煩惱因이라 하니라

迦葉菩薩이 白佛言호대 世尊이시여 眾生이 一身이로대 云何能起種種煩惱닛고

佛言하사대 善男子야 如一器中에 有種種子어든 得水雨已에 各各自生하노니 眾生도 亦爾라 器雖是一이나 愛因緣故로 而能生長種種煩惱니라

迦葉菩薩이 言호대 世尊이시여 智者가 云何觀於果報이닛고
善男子야 智者는 當觀諸漏因緣이 能生地獄·餓鬼·畜生하며 是漏因緣으로 得人天身하니 卽是無常苦空無我라 是身器中에 得三種苦와 三種無常하며 是漏因緣이 能令衆生으로 作五逆罪하야 受諸惡報하며 能斷善根하고 犯四重禁하며 誹謗三寶나니 智者는 當觀我旣受得如是之身하니 不應生起如是煩惱하야 受諸惡果리라 하나니라
迦葉菩薩이 言호대 世尊이시여 有無漏果라 하시고 復言智者는 斷諸果報라 하시니 無漏果報도 在斷中不닛가 諸得道人이 有無漏果라 如其智者가 求無漏果인대 云何佛說一切智者가 應斷果報닛가 若其斷者인대 今諸聖人이 云何得有닛고
善男子야 如來가 或時에 因中說果하고 果中說因하노니 如世間人이 說泥卽是瓶이요 縷卽是衣라 하면 是名因中에 說果요 果中說因者는 牛卽水草요 人卽是食이라 하니 我亦如是하야 因中에 說果가 先於經中에 作是說言호대 我從心身하야 (因心運身故名心身)至梵天邊이라 하니 是名因中에 說果니라 果中에 說因은 此六入者는 名過去業이라 호니 是名果中에 說因이니라
善男子야 一切聖人이 眞實無有無漏果報나 一切聖人은 修道果報로 更不生漏일새 是故로 名爲無漏果報라 하니라
善男子야 有智之人이 如是觀時에 卽得永滅煩惱果報니라
善男子야 智者가 觀已에 爲斷如是煩惱果報하야 修習聖道하나니 聖道者는 卽空無相願이라 修是道已에 能滅一切煩惱果報니라
迦葉菩薩이 白佛言호대 世尊이시여 一切衆生이 皆從煩惱하야 而得果報니 言煩惱者는 所謂惡也라 從惡煩惱하야 所生煩惱를 亦名爲惡이라 如是煩惱가 則有二種하니 一은 因이요 二는 果라
因惡故로 果惡하고 果惡故로 子惡하니 如絍婆果가 其子苦故로 花果莖葉이 一切皆苦며 猶如毒樹가 其子毒故로 果亦是毒하야 因亦衆生에 果亦衆生이요 因亦煩惱에 果亦煩惱라 煩惱因果가 卽是衆生이요 衆生이 卽是煩

惱因果라
若從是義인대 云何如來가 先喩雪山에 亦有毒草와 微妙藥王하나닛고 若言煩惱가 卽是衆生이요 衆生이 卽是煩惱인대 云何而言衆生身中에 有妙藥王이라 하시니이까
佛言하사대 善哉善哉라 善男子야 無量衆生이 咸同此疑일새 汝今에 能爲啓請求解라 我亦能斷하리니 諦聽諦聽하야 善思念之하라 今當爲汝하야 分別解說호리라
善男子야 雪山喩者는 卽是衆生이요 言毒草者가 卽是煩惱요 妙藥王者가 卽淨梵行이니라
善男子야 若有衆生이 能修如是淸淨梵行하면 是名身中에 有妙藥王이니라
迦葉菩薩이 白佛言호대 世尊이시여 云何衆生이 有淸淨梵行이닛고
善男子야 猶如世間에 從子生果어든 是果가 有能與子로 作因하며 有不能者하니 有能作者는 是名果子어니와 若不能作인대 唯得名果요 不得名子라 一切衆生도 亦復如是하야 皆有二種하니
一者는 有煩惱果하니 是煩惱因이요
二者는 有煩惱果코 非煩惱因이라
是煩惱果코 非煩惱因은 是則名爲淸淨梵行이니라
善男子야 衆生이 觀受하면 知是一切漏之近因이니 所謂內外漏의 受因緣故로 不能斷絕一切諸漏하며 亦不能出三界牢獄이라 衆生因受하야 著我我所하야 生於心倒·想倒·見倒하나니 是故로 衆生이 先當觀受니라
如是受者가 爲一切愛하야 而作近因이라 是故로 智者가 欲斷愛者인대 當先觀受니라
善男子야 一切衆生의 十二因緣所作善惡이 皆因受時니 是故로 我爲阿難說言호대 阿難아 一切衆生의 所作善惡이 皆是受時라 是故로 智者는 先當觀受요 旣觀受已에 復當更觀如是受者가 何因緣으로 生이라 若因緣生인대 如是因緣이 復從何生이며 若無因生인대 無因이 何故로 不生無受오 復觀是受가 不因自在天하야 生하며 不因士夫生이며 不因微塵生이며 非時

節生이며 不因想生이며 不因性生이며 不從自生이며 不從他生이며 非自他生이며 非無因生이라

是受가 皆從緣合하야 而生이니 因緣者가 卽是愛也라 是和合中에 非有受非無受니 是故로 我當斷是和合하리라 斷和合故로 則不生受니라

善男子야 智者가 旣觀因已에 次觀果報호대 衆生이 因受하야 受於地獄·餓鬼·畜生으로 乃至三界無量苦惱하고 受因緣故로 受無常樂하며 受因緣故로 斷於善根하며 受因緣故로 獲得解脫이라 作是觀時에 不作受因이리니 云何名爲不作受因고 謂分別受라 何等受가 能作愛因하고 何等愛가 能作受因고하라

善男子야 衆生이 若能如是深觀愛因受因하면 則便能斷我及我所하리라

善男子야 若人이 能作如是等觀하면 則應分別愛之與受가 在何處滅하야 卽見愛受가 有少滅處어든 當知亦應有畢竟滅하야 爾時에 卽於解脫에 生信心이라 生信心已에 是解脫處를 何由而得고 知從八正道하야 卽便修習하리라

云何名爲八正道耶아 是道觀受가 有三種相하니

一者는 苦요 二者는 樂이요 三者는 不苦不樂이라

如是三種이 俱能增長身之與心이라 何因緣故로 能增長耶아 觸因緣也라 是觸이 三種이니

一者는 無明觸이요 二者는 明觸이요 三者는 非明無明觸이라

言明觸者가 卽八正道요 其餘二觸은 增長身心과 及三種受라 是故로 我應斷二種觸因緣이니 觸斷故로 不生三受니라

善男子야 如是受者를 亦名爲因이며 亦名爲果니 智者는 當觀亦因亦果니라

云何爲因고 因受生愛일새 名之爲因이라 云何名果오 因觸生故로 名之爲果니라

是故로 此受가 亦因亦果니라 智者가 如是觀是受已에 次復觀愛니 受果報故로 名之爲愛라 智者觀愛가 復有二種하니

一者은 雜食이요 二者는 無食이라
雜食愛者는 因生老病死一切諸有요 無食愛者는 斷生老病死一切諸有하고 貪無漏道라 智者가 復當作如是念호대 我若生是雜食之愛하면 則不能斷生老病死라 我今에 雖貪無漏之道나 不斷受因하면 則不能得無漏道果하리니 是故로 應當先斷是觸이니라 觸旣斷已에 受則自滅이요 受旣滅已에 愛亦隨滅하리니 是名八正道니라
善男子야 若有衆生이 能如是觀하면 雖有毒身이나 其中에 亦有微妙藥王이 如雪山中에 雖有毒草나 亦有妙藥이니라
善男子야 如是衆生이 雖從煩惱하야 而得果報나 而是果報가 更不復為煩惱하야 作因하리니 是即名為淸淨梵行이니라
復次善男子야 智者가 當觀受愛二事가 何因緣生고 하야 知因想生이니 何以故오 衆生이 見色하야도 亦不生貪이요 及觀受時 亦不生貪이니라
若於色中에 生顚倒想하야 謂色이 即是常·樂·我·淨이요 受가 是常恒無有變易이라 하면 因是倒想하야 生貪恚癡하리니 是故로 智者는 應當觀想이니라
云何觀想고 當作是念호대 一切衆生이 未得正道가 皆有倒想이라
云何倒想고 於非常中에 生於常想하고 於非樂中에 生於樂想하며 於非淨中에 生於淨想하고 於空法中에 生於我想하며 於非男女·大小·晝夜·歲月·衣服·房舍·臥具에 生於男女로 至臥具想이니라 是想이 三種이니
一者는 小요 二者는 大요 三者는 無邊이라
小因緣故로 生於小想하고 大因緣故로 生於大想하고 無量緣故로 生無量想이라
復有小想하니 謂未入定이요 復有大想하니 謂已入定이요 復有無量想하니 謂十一切入이니라 復有小想하니 所謂欲界一切想等이요 復有大想하니 所謂色界一切想等이요 復有無量想하니 謂無色界의 一切想等이라
三想이 滅故로 受則自滅하고 想受가 滅故로 名為解脫이니라
迦葉菩薩이 言호대 世尊이시여 滅一切法을 名為解脫이어늘 如來云何로

說想受滅이 名解脫耶닛가

佛言하사대 善男子야 如來가 或時에 因衆生하야 說이어든 聞者解法하고 或時에 因法하야 說於衆生이어든 聞者가 亦解說於衆生이라 云何名爲因衆生說이어든 聞者解法고 如我先爲大迦葉하야 說하되 迦葉야 衆生이 滅時에 善法則滅이라 호니 是名因衆生說어든 聞者解法니라 云何因法하야 說於衆生이어든 聞者가 亦解說於衆生고 如我先爲阿難하야 說言호대 我亦不說親近一切法하며 亦復不說不親近一切法하노니 若法近已에 善法이 衰羸하고 不善이 熾盛하면 如是法者는 不應親近이요 若法近已에 不善이 衰滅하고 善法이 增長인대 如是法者는 是應親近이라 호니 是名因法하야 說於衆生이어든 聞者가 亦解說於衆生이니라

善男子야 如來가 雖說想受二滅이나 則已總說一切可斷이니 智者가 旣觀如是想已에 次觀想因이니 是無量想이 因何而生고 知因觸하야 生이라 是觸이 二種니

一者은 因煩惱觸이요 二者는 因解脫觸이라

因無明生을 名煩惱觸이요 因明生者를 名解脫觸이라 因煩惱觸하야 生於倒想하고 因解脫觸하야 生不倒想니라 觀想因已에 次觀果報니라

迦葉菩薩이 白佛言호대 世尊이시여 若以因此煩惱之想하야 生於倒想인대 一切聖人이 實有倒想이로대 而無煩惱니 是義云何닛고

佛言하사대 善男子야 云何聖人이 而有倒想이리요

迦葉菩薩이 言호대 世尊이시여 一切聖人이 牛作牛想하고 亦說是牛하며 馬作馬想하야 亦說是馬라 하며 男女·大小·舍宅·車乘·去來에도 亦爾하니 是名倒想이니라

善男子야 一切凡夫가 有二種想하니

一者은 世流布想이요 二者는 著想이라

一切聖人은 唯有世流布想하고 無有著想이나 一切凡夫는 惡覺觀故로 於世流布에 生於著想이어니와 一切聖人은 善覺觀故로 於世流布에 不生著想이라 是故로 凡夫는 名爲倒想이나 聖人이 雖知라도 不名倒想이니라

迦葉菩薩品 第十二之五

智者가 如是觀想因已에 次觀果報니 是惡想果가 在於地獄·餓鬼·畜生人天中에 受어니와 如我因斷惡覺觀故로 無明觸斷일새 是故로 想斷이요 因想斷故로 果報亦斷이니라 智者가 爲斷如是想因하야 修八正道니라
善男子야 若有能作如是等觀하면 則得名爲淸淨梵行이니 善男子야 是名衆生毒身之中에 有妙藥王이 如雪山中에 雖有毒草나 亦有妙藥이니라
復次善男子야 智者가 觀欲이니 欲者가 卽是色·聲·香·味·觸이니라 善男子야 卽是如來가 因中說果니 從此五事하야 生於欲耳언정 實非欲也니라
善男子야 愚癡之人이 貪求受之하야 於是色中에 生顚倒想하며 乃至觸中에 亦生倒想하야 倒想因緣으로 便生於受라 是故로 世間에 說因倒想하야 生十種想이라 하나라
欲因緣故로 在於世間하야 受惡果報하며 以惡로 加於父母와 沙門과 婆羅門等하야 所不應作을 而故作之호대 不惜身命하나니 是故로 智者가 觀是惡想因緣하야 故生欲心이니라
智者가 如是觀欲因已에 次觀果報이니라 是欲이 多有諸惡果報니 所謂地獄과 餓鬼와 畜生과 人中天上이라 是名觀果報니 若是惡想을 得除滅者는 終不生於此欲心也니라
無欲心故로 不受惡受요 無惡受故로 則無惡果라 是故로 我應先斷惡想이니 斷惡想已에 如是等法이 自然而滅하나니라 是故로 智者는 爲滅惡想하야 修八正道니 是則名爲淸淨梵行이라 是名衆生의 毒身之中에 有妙藥王이니 如雪山中에 雖有毒草나 亦有妙藥이니라
復次善男子야 智者가 如是觀是欲已에 次當觀業이니 何以故오 有智之人은 當作是念호대 受想觸欲이 卽是煩惱라 是煩惱者가 能作生業하고 不作受業이라 如是煩惱가 與業共行호대 則有二種하니
一은 作生業이요 二는 作受業이라
是故로 智者가 當觀於業호대 是業이 三種이니 謂身·口·意니라
善男子야 身·口二業을 亦名爲業이며 亦名業果로대 意唯名業이요 不名爲果라 以業因故로 則名爲業이니라

善男子야 身口二業은 名為外業이요 意業은 名內라 是三種業이 共煩惱行하야 故作二種業하나니
一者은 生業이요 二者는 受業이라
善男子야 正業者는 即意業也요 期業者는 謂身口業이라 先發故로 名意業이요 從意業生을 名身口業이라 是故로 意業을 得名為正이니라
智者가 觀業已에 次觀業因이니 業因者는 即無明觸이라 因無明觸하야 眾生求有하나니 求有因緣이 即是愛也라 愛因緣故로 造作三種身口意業하나니라
善男子야 智者가 如是觀業因已에 次觀果報니라 果報가 有四하니
一者은 黑黑果報요 二者은 白白果報요 三者는 雜雜果報요
四者은 不黑不白이며 不黑不白果報니라
黑黑果報者가 作業時垢이며 果報亦垢니라 白白果報者는 作業時淨이며 果報亦淨이니 是名白白果報니라
雜雜果報者는 作業時雜이며 果報亦雜이니라 不白不黑이며 不白不黑果報者는 名無漏業니라
迦葉菩薩이 白佛言호대 世尊이시여 先說無漏가 無有果報라 하시더니 今에 云何言不白不黑果報耶닛고
佛言하사대 善男子야 是義가 有二하니
一者은 亦果亦報요 二者는 唯果非報라
黑黑果報를 亦名為果며 亦名為報니 黑因生故로 得名為果요 能作因故로 復名為報라 淨雜도 亦爾하니라
無漏果者는 因有漏生일새 故名為果요 不作他因일새 不名為報라 是故로 名果요 不名為報니라
迦葉菩薩이 白佛言호대 世尊이시여 是無漏業이 非是黑法인대 何因緣故로 不名為白이닛고
善男子야 無有報故로 不名為白이요 對治黑故로 故名為白이라 我今에 乃說受果報者하야 名之為白이어니와 是無漏業은 不受報故로 不名為白이요

名爲寂靜이니라

如是業者가 有定受報處하니 如十惡法은 定在地獄·餓鬼·畜生이요 十善之業은 定在人天이니라

十不善法이 有上中下하니 上因緣故로 受地獄身하고 中因緣故로 受畜生身하고 下因緣故로 受餓鬼身이니라

人業十善이 復有四種하니

一者는 下요 二者는 中이요 三者는 上이요 四者는 上上이라

下因緣故로 生欝單越하고 中因緣故로 生弗婆提하고 上因緣故로 生瞿陀尼하고 上上因緣으로 生閻浮提라 有智之人이 作是觀已에 卽作是念호대 我當云何斷是果報오 復作是念호대 是業因緣이 無明觸으로 生이니 我若斷除無明과 與觸하면 如是業果가 則滅不生이니라

是故로 智者가 爲斷無明觸因緣故로 修八正道하나니 是則名爲淸淨梵行이라

善男子야 是名衆生의 毒身之中에 有妙藥王이니 如雪山中에 雖有毒草나 亦有妙藥이니라

復次善男子야 智者가 觀業하며 觀煩惱已에 次觀是二의 所得果報하나니 是二果報가 卽是苦也라 旣知是苦에 則能捨離一切受生하나니라

智者가 復觀煩惱因緣으로 生於煩惱하고 業因緣故로 亦生煩惱하며 煩惱因緣으로 復生於業하고 業因緣으로 生苦하며 苦因緣故로 生於煩惱하고 煩惱因緣으로 生有하며 有因緣으로 生苦하고 有因緣으로 生有하며 有因緣으로 生業하고 業因緣으로 生煩惱하며 煩惱因緣으로 生苦하고 苦因緣으로 生苦니라

善男子야 智者가 若能作如是觀하면 當知是人이 能觀業苦니 何以故오 如上所觀이 卽是生死十二因緣이라 若人이 能觀如是生死十二因緣하면 當知是人은 不造新業하고 能壞故業하리라

善男子야 有智之人이 觀地獄苦호대 觀一地獄으로 乃至一百三十六所의 一一地獄에 有種種苦호대 皆是煩惱業因緣으로 生하며 觀地獄已에 次觀

餓鬼·畜生等苦하고 作是觀已에 復觀人天의 所有諸苦호대 如是衆苦가 皆從煩惱業因緣하야 生이니라

善男子야 天上은 上雖無大苦惱事나 然이나 其身體가 柔軟細滑하야 見五相時에 極受大苦를 如地獄苦하야 等無差別이니라

善男子야 智者가 深觀三界諸苦가 皆從煩惱業因緣生이니라

善男子야 譬如坏器가 卽易破壞하야 衆生受身도 亦復如是하야 旣受身已에 是衆苦器라 譬如大樹가 花果繁茂나 衆鳥가 能壞하며 如多乾草를 小火能焚하나니 衆生이 受身하야 爲苦所壞도 亦復如是니라

善男子야 智者가 若能觀苦八種을 如聖行中하면 當知是人은 能斷衆苦니라

善男子야 智者가 深觀是八苦已에 次觀苦因이니 苦因者는 卽愛無明이라 是愛無明에 則有二種하니

一者는 求身이요 二者는 求財니라

求身求財가 二俱是苦니 是故로 當知愛無明者가 卽是苦因이니라

善男子야 是愛無明이 則有二種하니

一者는 內요 二者는 外니라

內能作業하고 外能增長이니라 又復內能作業하고 外作業果하니 斷內愛已에 業則得斷하고 斷外愛已에 果則得斷이니라

內愛는 能生未來世苦하고 外愛는 能生現在世苦하나니 智者가 觀愛卽是苦因하야 旣觀因已에 次觀果報니라 苦果報者는 卽是取也라 愛果를 名取니 是取因緣이 卽內外愛라 則有愛苦하니라

善男子야 智者가 當觀호대 愛因緣이 取요 取因緣이 愛니 若我能斷愛取二事하면 則不造業하야 受於衆苦라 是故로 智者가 爲斷愛苦하야 修八正道하나니라

善男子야 若有人이 能如是觀者는 是則名爲淸淨梵行이니 是名衆生의 毒身之中에 有妙藥王이 如雪山中에 雖有毒草나 亦有妙藥이니라

大般涅槃經 卷第三十七 終

迦葉菩薩品 第十二之五

페사와르박물관의 2~4세기 열반상

大般涅槃經 卷第三十八

北涼天竺三藏曇無讖譯

迦葉菩薩品 第十二之六

迦葉菩薩이 白佛言호대 世尊이시여 云何名為清淨梵行이닛고 佛言하사대 善男子야 一切法이 是니라

迦葉菩薩이 言호대 世尊이시여 一切法者가 義不決定하니 何以故오 如來가 或說是善·不善하시며 或時說為四念處觀하시며 或說是十二入하시며 或說是善知識하시며 或說是十二因緣하시며 或說是眾生하시며 或說是正見·邪見하시며 或說十二部經하시며 或說即是二諦라 如來가 今乃說一切法이 為淨梵行이라 하시니 悉是何等一切法耶닛가

佛言하사대 善哉·善哉라

善男子야 如是微妙한 大涅槃經은 乃是一切善法寶藏이니 譬如大海가 是眾寶藏하야 是涅槃經도 亦復如是하니 即是一切字義祕藏이니라

善男子야 如須彌山이 眾藥根本하야 是經도 亦爾하야 即是菩薩戒之根本이니라

善男子야 譬如虛空이 是一切物之所住處하야 是經도 亦爾하야 即是一切善法住處니라

善男子야 譬如猛風을 無能繫縛하야 一切菩薩이 行是經者도 亦復如是하야 不為一切煩惱惡法之所繫縛이니라

善男子야 譬如金剛을 無能壞者하야 是經도 亦爾하야 雖有外道惡邪之人이라도 不能破壞니라

善男子야 如恒河沙를 無能數者하야 如是經義도 亦復如是하야 無能數者니라

善男子야 是經典者는 爲諸菩薩하야 而作法幢이 如帝釋幢이니라
善男子야 是經이 卽是趣涅槃城之商主也니 如大導師가 引諸商人하야 趣向大海니라
善男子야 是經이 能爲諸菩薩等하야 作法光明하나니 如世日月이 能破諸闇하나니라
善男子야 是經이 能爲病苦衆生하야 作大良藥이 如香山中에 微妙藥王이 能治衆病이니라
善男子야 是經이 能爲一闡提杖이 猶如羸人이 因之得起니라
善男子야 是經이 能爲一切惡人하야 而作橋梁이 猶如世橋가 能渡一切니라
善男子야 是經이 能爲行二十五有者가 遇煩惱熱하야 而作陰涼이 如世間蓋가 遮覆暑熱이니라
善男子야 是經이 卽是大無畏王이니 能壞一切煩惱惡魔가 如師子王이 降伏衆獸니라
善男子야 是經이 卽是大神呪師니 能壞一切煩惱惡鬼를 如世呪師가 能去魍魎이니라
善男子야 是經은 卽是無上霜雹이니 能壞一切生死果報가 如世雹雨가 壞諸果實이니라
善男子야 是經이 能爲壞戒目者하야 作大良藥이 猶如世間에 安闍那藥이 善療眼痛이니라
善男子야 是經에 能住一切善法이 如世間地에 能住衆物이니라 善男子야 是經이 卽是毁戒衆生之明鏡也니 如世明鏡이 見諸色像이니라
善男子야 是經이 能爲無慚愧者하야 而作衣服이 如世衣裳이 障蔽形體니라
善男子야 是經이 能爲貧善法者하야 作大財寶가 如功德天이 利益貧者니라
善男子야 是經이 能爲渴法衆生하야 作甘露漿이 如八味水가 充足渴者니라
善男子야 是經이 能爲煩惱之人하야 而作法床이 如世之人이 遇安隱床이니라
善男子야 是經이 能爲初地菩薩로 至十住菩薩하야 而作瓔珞香花·塗香·末

香·燒香·淸淨種性具足之乘이 過於一切六波羅蜜이라 受妙樂處가 如忉利天의 波利質多羅樹니라

善男子야 是經이 卽是剛利智斧니 能伐一切煩惱大樹하며 卽是利刀니 能割習氣하며 卽是勇健이니 能摧魔怨하며 卽是智火니 焚煩惱薪하며 卽因緣藏이니 出辟支佛하며 卽是聞藏이니 生聲聞人하며 卽是一切諸天之眼이며 卽是一切人之正道이며 卽是一切畜生의 依處이며 卽是餓鬼의 解脫之處이며 卽是地獄의 無上之尊이며 卽是一切十方衆生의 無上之器이며 卽是十方·過去·未來·現在 諸佛之父母也니라

善男子야 是故로 此經이 攝一切法이니 如我先說此經아 雖攝一切諸法이나 我說梵行이 卽是三十七助道法이라 하노라

善男子야 若離如是三十七品하면 終不能得聲聞正果와 乃至阿耨多羅三藐三菩提果하며 不見佛性과 及佛性果하나니 以是因緣로 梵行이 卽是三十七品이니라

何以故오 三十七品이 性非顚倒일새 能壞顚倒性하며 非惡見이라 能壞惡見하며 性非怖畏라 能壞怖畏하며 性是淨行이라 能令衆生로 畢竟造作淸淨梵行이니라

迦葉菩薩이 白佛言호대 世尊이시여 有漏之法도 亦復能作無漏法因이어늘 如來가 何故로 不說有漏가 爲淨梵行이닛가

善男子야 一切有漏는 卽是顚倒라 是故로 有漏를 不得名爲淸淨梵行이니라

迦葉菩薩이 白佛言호대 世尊이시여 世第一法이 爲是有漏닛가 是無漏耶닛가

佛言하사대 善男子야 是有漏也니라

世尊이시여 雖是有漏나 性非顚倒어늘 何故로 不名淸淨梵行이닛고

善男子야 世第一法이 無漏因故로 似於無漏며 向無漏故로 不名顚倒어니와 善男子야 淸淨梵行이 發心相續하야 乃至畢竟 世第一法이 唯是一念이라 是故로 不得名淨梵行이니라

迦葉菩薩이 白佛言호대 世尊이시여 衆生五識이 亦是有漏나 非是顚倒이며

復非一念이어늘 何故로 不名淸淨梵行이닛고
善男子야 衆生五識은 雖非一念이나 然이나 是有漏이며 復是顚倒니 增諸漏故로 名爲有漏요 體非眞實하야 著想故로 倒니라 云何名爲體非眞實하야 著想故倒요 非男女中에 生男女想하며 乃至舍宅車乘甁衣에도 亦復如是일새 是名顚倒니라
善男子야 三十七品은 性無顚倒라 是故로 得名淸淨梵行이라 하나라
善男子야 若有菩薩이 於三十七品에 知根知因하고 知攝知增하고 知主知導하고 知勝知實하고 知畢竟者면 如是菩薩이 則得名爲淸淨梵行이니라
迦葉菩薩이 白佛言호대 世尊이시여 云何名爲知根로 乃至知畢竟耶닛가
佛言하사대 善男子야 善哉善哉라 菩薩發問이 爲於二事니
一者는 爲自知故요 二者는 爲他知故라
汝今已知로대 但爲無量衆生이 未解하야 啓請是事하니 是故로 我今에 重讚歎汝하야 善哉善哉라 하노라
善男子야 三十七品의 根本이 是欲이요 因은 名明觸이요 攝取는 名受요 增은 名善思요 主는 名爲念이요 導는 名爲定이요 勝은 名智慧요 實은 名解脫이요 畢竟은 名爲大般涅槃이니라
善男子야 善欲이 卽是初發道心이며 乃至阿耨多羅三藐三菩提之根本也라 是故로 我說欲爲根本이라 하노라
善男子야 如世間說에 一切苦惱가 愛爲根本이요
一切疹病宿食이 爲本이요 一切斷事가 鬪諍이 爲本이요
一切惡事는 虛妄이 爲本이라 하나라
迦葉菩薩이 白佛言호대 世尊이시여 如來가 先於此經中에 說하사대 一切善法에 不放逸이 爲本이라 하시더니 今乃說欲하시니 是義云何이닛고
佛言하사대 善男子야 若言生因인대 善欲이 是也요 若言了因인대 不放逸이 是니 如世間說에 一切果者가 子爲其因이라 하고 或復有說호대 子爲生因이요 地爲了因이라 하니 是義도 亦爾니라
迦葉菩薩이 言호대 世尊이시여 如來가 先於餘經中에 說하사대 三十七品은

佛是根本이라 하시니 是義云何이닛고

善男子야 如來가 先說하야사 衆生이 初知일새 三十七品은 佛是根本이라 하고 若自證得인대 欲爲根本이니라

世尊이시여 云何明觸를 名之爲因이닛고

善男子야 如來가 或時에 說明爲慧하며 或說爲信하노라 善男子야 信因緣故로 親近善友하나니 是名爲觸이요

親近因緣으로 得聞正法하나니 是名爲觸이요 因聞正法하야 身口意가 淨일새 是名爲觸이요 因三業淨하야 獲得正命하나니 是名爲觸이요

因正命故로 得淨根戒하고 因淨根戒하야 樂寂靜處하며 因樂寂靜하야 能善思惟하며 因善思惟하야 得如法住하며 因如法住하야 得三十七品하야 能壞無量諸惡煩惱하나니 是名爲觸이니라

善男子야 受는 名攝取니 衆生이 受時에 能作善惡일새 是故로 名受하야 爲攝取也니라

善男子야 受因緣故로 生諸煩惱어든 三十七品으로 能破壞之하나니 是故로 以受로 爲攝取也니라 因善思惟하야 能破煩惱니 是故로 名增이라

何以故오 勤修習故로 得如是等三十七品이어니 若觀能破諸惡煩惱인대 要賴專念이니 是故로 以念爲主라 如世間中에 一切四兵이 隨主將意하나니 三十七品도 亦復如是하야 皆隨念主니라

善男子야 旣入定已에 三十七品으로 能善分別一切法相일새 是故로 以定爲導요 是三十七品으로 分別法相에 智爲最勝일새 是故로 以慧로 爲勝이라

如是智慧로 知煩惱已에 智慧力故로 煩惱消滅하나니 如世間中에 四兵이 壞怨호대 或一或二어니와 勇健者가 能하나니 三十七品도 亦復如是하야 智慧力故로 能壞煩惱하나니 是故로 以慧로 爲勝이니라

善男子야 雖因修習三十七品하야 獲得四禪神通安樂이나 亦不名實이요 若壞煩惱하고 證解脫時에 乃名爲實이니라 是三十七品이 發心修道하야 雖得世樂과 及出世樂과 四沙門果와 及以解脫이라도 亦不得名爲畢竟也어니와 若能斷除三十七品의 所行之事하면 是名涅槃이니 是故로 我說畢竟者

가 即大涅槃이라 하노라
復次善男子야 善愛念心이 即是欲也니 因善愛念하야 親近善友일새 故名爲觸이니 是名爲因이요 因近善友일새 故名爲受니 是名攝取요 因近善友하야 能善思惟일새 故名爲增이라 因是四法하야 能生長道하나니 所謂欲念定智라 是即名爲主·導·勝也니라 因是三法하야 得二解脫이요 除斷愛故로 心得解脫하고 斷無明故로 慧得解脫이니 是名爲實이라 如是八法으로 畢竟得果니 名爲涅槃이라 故名畢竟이니라
復次善男子야 欲者는 即是發心出家요 觸者는 即是白四羯磨니 是名爲因이요 攝者는 即是受二種戒니
一者는 波羅提木叉戒요 二者는 淨根戒라
是名爲受니 是名攝取요
增者는 即是修習四禪이요
主者는 即是須陀洹果와 斯陀含果요
導者는 即是阿那含果요
勝者는 即是阿羅漢果요
實者는 即是辟支佛果요
畢竟者가 即是阿耨多羅三藐三菩提果니라
復次善男子야 欲은 名爲識이요 觸은 名六入이요 攝은 名爲受요 增은 名無明이요 主는 名名色이요 導는 名爲愛요 勝은 名爲取요 實은 名爲有요 畢竟者는 名生·老·病·死니라
迦葉菩薩이 言호대 世尊이시여 根本과 因과 增如是三法이 云何有異이닛고
善男子야 所言根者는 即是初發이요 因者는 即是相似不斷이요 增者는 即是滅相似已에 能生相似니라
復次善男子야 根即是作이요 因即是果이며 增即可用이니라
善男子야 未來之世에 雖有果報나 以未受故로 名之爲因이라가 及其受時하야 是名爲增이니라
復次善男子야 根即是求요 得即是因이요 用即是增이니라

善男子야 是經中에 根이 即是見道요 因이 即修道요 增者가 即是無學道
也니라
復次善男子야 根은 即正因이요 因은 即方便因이니 從是二因하야 獲得果
報를 名爲增長이니라
迦葉菩薩이 言호대 世尊이시여 如佛所說에 畢竟者는 即是涅槃이라 하시니
如是涅槃을 云何可得이닛고
善男子야 若菩薩摩訶薩과 比丘·比丘尼와 優婆塞·優婆夷가 能修十想하면
當知是人이 能得涅槃이니라
云何爲十고
一者는 無常想이요 二者는 苦想이요 三者는 無我想이요 四者는 厭離食想
이요 五者는 一切世間不可樂想이요 六者는 死想이요 七者는 多過罪想이
요 八者는 離想이요 九者는 滅想이요 十者는 無愛想이니라
善男子야 菩薩摩訶薩과 比丘·比丘尼와 優婆塞·優婆夷가 修習如是十種想
者는 是人은 畢竟에 定得涅槃이라
不隨他心하고 自能分別善不善等하리니 是名眞實이요 稱比丘義이며 乃至
得稱優婆夷義니라
迦葉菩薩이 言호대 世尊이시여 云何名爲菩薩과 乃至優婆夷等이 修無常
想이닛고
善男子야 菩薩이 二種이니 一은 初發心이요 二는 已行道라
無常想者도 亦復二種이니 一은 麁요 二는 細라
初心菩薩이 觀無常想時에 作是思惟호대 世間之物이 凡有二種하니
一內요 二外라
如是內物이 無常變異하나니 我見生時와 小時와 大時와 壯時와 老時와 死
時호니 是諸時節이 各各不同일새 是故로 當知內物이 無常이로라
復作是念호대 我見衆生이 或有肥鮮하고 具足色力하야 去來進止에 自在
無礙하며 或見病苦로 色力毀悴하며 顏貌羸損하야 不得自在하며 或見財
富하야 庫藏盈溢하고 或見貧窮하야 觸事尠乏하며 或見成就無量功德하고

或見具足無量惡法이라
是故로 定知內法이 無常이로라
復觀外法호대 子時와 芽時와 莖時와 葉時와 花時와 果時인 如是諸時가 各各不同하며 如是外法이 或有具足하고 或不具足하니 是故로 當知一切外物이 定是無常이로라 旣觀見法이 是無常已에 復觀聞法호대 我聞諸天이 具足成就極妙快樂하야 神通自在나 亦有五相하니 是故로 當知卽是無常이며 復聞劫初에 有諸衆生이 各各具足上妙功德하고 身光自照하야 不假日月이러니 無常力故로 光滅德損하며 復聞昔有轉輪聖王이 統四天下하야 成就七寶하고 得大自在호대 而不能壞無常之相이로다
復觀大地호니 往昔之時에 安處布置無量衆生하야 間無空處를 如車輪許하며 具足生長一切妙藥과 叢林樹木과 果實滋茂러니 衆生이 薄福일새 令此大地로 無復勢力하야 所生之物이 遂成虛耗하니 是故로 當知內外之法이 一切無常이로라 是則名為麁無常也니라
旣觀麁已에 次觀細者호대 云何名細오 菩薩摩訶薩이 觀於一切內外之物과 乃至微塵히 在未來時하야 已是無常이니 何以故오 具足成就破壞相故라 若未來色이 非無常者인댄 不得言色이 有十時差別니라 云何十時오
一者은 膜時요 二者는 泡時요 三者는 疱時요 四者는 肉團時요 五者는 肢時요 六者는 嬰孩時요 七者는 童子時요 八者는 少年時요 九者는 盛壯時요 十者는 衰老時니라
菩薩이 觀膜호대 若非無常인댄 不應至泡요 乃至盛壯이 非無常者인댄 終不至老하리라 若是諸時가 非念念滅인댄 終不漸長이요 應當一時에 成長具足이로대 無是事故로 是故로 當知定有念念微細無常이로라 復見有人이 諸根具足하고 顏色暐曄라가 後見枯悴어든 復作是念호대 是人이 定有念念無常로라
復觀四大와 及四威儀하며 復觀內外가 各二苦因이니 飢渴寒熱이라 復觀是四가 若無念念微細無常인댄 亦不得說如是四苦라 하야 若有菩薩이 能作是念하면 是名菩薩이 觀細無常이니라

如內外色하야 心法도 亦爾니 何以故오 行六處故라 行六處時에 或生喜心하고 或生瞋心하며 或生愛心하고 或生念心하야 展轉異生하야 不得一種하니 是故로 當知一切色法과 及非色法이 悉是無常이로다

善男子야 菩薩이 若能於一念中에 見一切法이 生滅無常하면 是名菩薩이 具無常想이니라

善男子야 智者는 修習無常想已에 遠離常慢과 常倒와 想倒하나니라

次修苦想이니 何因緣故로 有如是苦오 深知是苦가 因於無常이니 因無常故로 受生·老·病·死하고 生·老·病·死因緣故로 名爲無常이요 無常因緣故로 受內外苦하니 飢渴·寒熱·鞭打罵辱如是等苦가 皆因無常이로라

復次智者가 深觀此身이 卽無常器니 是器卽苦라 以器苦故로 所受盛法도 亦復是苦니라

善男子야 智者가 復觀生이 卽是苦이며 滅이 卽是苦니 苦가 生滅故로 卽是無常이며 非我我所라 하야 修無我想하나니라

智者가 復觀호대 苦卽無常이오 無常이 卽苦니 若苦無常인대 智者가 云何로 說言有我아 苦非是我이며 無常도 亦爾라 如是五陰이 亦苦無常이어늘 衆生이 云何로 說言有我오 하나니라

復次觀一切法이 有異和合이라

不從一和合하야 生一切法하며 亦非一法이 是一切和合의 果며 一切和合이 皆無自性이며 亦無一性이며 亦無異性이며 亦無物性이며 亦無自在라 諸法이 若有如是等相인대 智者가 云何로 說言有我아

復作是念호대 一切法中에 無有一法이 能爲作者니 若使一法로 不能作者인대 衆法和合이라도 亦不能作이며 一切諸法이 性終不能獨生獨滅이라 和合故로 滅하고 和合故로 生하니 是法이 生已에 衆生이 倒想로 言是和合이며 從和合生이라 하나니

衆生想倒가 無有眞實이어니 云何而有眞實我耶아 是故로 智者가 觀於無我니라 又復諦觀何因緣故로 衆生이 說我아 是我가 若有인대 應一應多리니 我若一者인대 云何而有刹利·婆羅門·毘舍·首陀·人天·地獄·餓鬼·畜生·大

小·老壯고 是故로 知我가 非是一也로다 我若多者인대 云何說言衆生我者가 是一是遍하야 無有邊際아 若一若多에 二俱無我로라

智者가 如是觀無我已에 次復觀於厭離食想하야 作是念言호대 若一切法이 無常·苦空·無我인대 云何爲食하야 起身·口·意·三種惡業이리오 若有衆生이 爲貪食故로 起身·口·意·三種惡業하고 所得財物을 衆皆共之나 後受苦果엔 無共分者니라

善男子야 智者가 復觀一切衆生이 爲飮食故로 身心受苦라 若從衆苦하야 而得食者인대 我當云何於是食中에 而生貪著이리요 是故로 於食에 不生貪心이니라

復次智者가 當觀身因이 因於飮食하야 身得增長이라 我今出家하야 受戒修道가 爲欲捨身이어늘 今貪此食인대 云何當得捨此身耶아 如是觀已에 雖復受食나 猶如曠野에 食其子肉하야 其心厭惡하야 都不甘樂이라 深觀揣食이 有如是過하고 次觀觸食을 如被剝牛가 爲無量虫之所唼食하며 次觀思食을 如大火聚하고 識食을 猶如三百鑽矛니라

善男子야 智者가 如是觀四食已하야 於食에 終不生貪樂想하며 若猶生貪이어든 當觀不淨이니 何以故오 爲離食愛故라 於一切食에 善能分別不淨之想호대 隨諸不淨의 令與相似니라 如是觀已하야 若得好食과 及以惡食이라도 受時에 猶如塗癰瘡藥하야 終不生於貪愛之心이니라

善男子야 智者가 若能如是觀者는 是名成就厭離食想이니라

迦葉菩薩이 言호대 世尊이시여 智者가 觀食하야 作不淨想이 爲是實觀이닛가 虛解觀耶닛가 若是實觀인대 所觀之食이 實非不淨이요 若是虛解인대 是法을 云何名爲善想이닛가

佛言하사대 善男子야 如是想者가 亦是實觀이며 亦是虛解니라 能壞貪食故로 名爲實이요 非虫見虫일새 故名虛解니라

善男子야 一切有漏가 皆名爲虛로대 亦能得實이니라

善男子야 若有比丘가 發心乞食할새 預作是念호대 我當乞食에 願得好者하고 莫得麁惡하며 願必多得이요 莫令尠少이라 하면 亦願速得이요 莫令

遲晚이라 하면 如是比丘는 不名於食에 得厭離想이니 所修善法이 日夜衰耗하고 不善之法이 漸當增長하리라

善男子야 若有比丘가 欲乞食時에 先當願言호대 令諸乞者로 悉得飽滿하며 其施食者로 得無量福하며 我若得食인대 爲療毒身하야 修習善法하야 利益施主하리라 作是願時에 所修善法이 日夜增長하고 不善之法이 漸當消滅하리니 善男子야 若有比丘가 能如是修하면 當知是人은 不空食於國中信施니라 하나라

善男子야 智者가 具足如是四想하야는 能修世間不可樂想이니 作是念言호대 一切世間에 無處不有生·老·病·死며 而我此身도 無處不生이라 若世間中에 無有一處도 當得離於生·老·病·死인대 我當云何로 樂於世間이리요 一切世間에 無有進得하야 而不退失이니 是故로 世間이 定是無常이로라

若是無常인대 云何智人이 而樂於世리요 一一衆生이 周遍經歷一切世間에 하야 具受苦樂하나니 雖復得受梵天之身으로 乃至非想·非非想天라도 命終에 還墮三惡道中하며 雖爲四王로 乃至他化自在天身이라도 命終에 生於畜生道中하며 或爲師子·虎·豹·豺·狼·象·馬·牛·驢하나니라

次觀轉輪聖王之身이 統四天下하야 豪貴自在로대 福盡貧困하야 衣食不供이니라 智者가 深觀如是事已에 生於世間不可樂想하야 智者가 復觀世間有法이니 所謂舍宅·衣服·飮食·臥具·醫藥·香花·瓔珞·種種伎樂·財物·寶貨如是等事가 皆爲離苦라 而是等物이 體卽是苦니 云何以苦로 欲離於苦이리요

善男子야 智者가 如是觀已에 於世間物에 不生愛樂하야 而作樂想하나이라

善男子야 譬如有人이 身嬰重病하얀 雖有種種音樂·倡伎·香·花·瓔珞이라도 終不於中에 生貪愛樂하리니 智者觀已도 亦復如是니라

善男子야 智者가 深觀一切世間은 非歸依處며 非解脫處며 非寂靜處며 非可愛處며 非彼岸處며 非是常·樂·我·淨之法이니 若我가 貪樂如是世間하면 我當云何로 得離是法이리요 如人이 不樂處闇하야 而求光明이라가 還復歸闇이니 闇卽世間이요 明卽出世라

若我樂世하면 增長黑闇하고 遠離光明하리라 闇卽無明이요 光卽智明이라

是智明因이 即是世間不可樂想이니 一切貪結이 雖是繫縛이나 然我今者에 貪於智明하고 不貪世間호리라 智者가 深觀如是法已에 具足世間不可樂想하리라
善男子야 有智之人이 已修世間不可樂想하얀 次修死想이니 觀是壽命이 常爲無量怨讎의 所遶하야 念念損減이요 無有增長하리 猶山瀑水가 不得停住며 亦如朝露가 勢不久停며 如囚趣市하야 步步近死하며 如牽牛羊하야 詣於屠所인달하니라
迦葉菩薩이 言호대 世尊이시여 云何智者가 觀念念滅이닛고
善男子야 譬如四人이 皆善射術이라 聚在一處하야 各射一方할새 俱作是念호대 我等四箭을 俱發俱墮리라 하며 復有一人이 作是念言호대 如是四箭을 及其未墮하야 我能一時에 以手接取하리라 하면 善男子야 如是之人을 可說疾不아
迦葉菩薩이 言호대 如是니다 世尊이시여
佛言하사대 善男子야 地行鬼疾은 復速是人하고 有飛行鬼는 復速地行하며 四天王疾은 復速飛行하고 日月神天은 復速四王하며 行堅疾天은 復速日月하고 衆生壽命은 復速堅疾하니라
善男子야 一息一眴에 衆生壽命이 四百生滅하나니 智者가 若能觀命如是하면 是名能觀念念滅也니라
善男子야 智者가 觀命이 繫屬死王이니 我若能離如是死王하면 則得永斷無常壽命이리라
復次智者가 觀是壽命을 猶如河岸에 臨峻大樹하며 亦如有人이 作大逆罪하야 及其受戮에 無憐惜者하며 如師子王이 大飢困時하며 亦如毒蛇가 吸大風時하며 猶如渴馬가 護惜水時하며 如大惡鬼가 瞋恚發時니 衆生死王도 亦復如是니라
善男子야 智者가 若能作如是觀하면 是則名爲修習死想이니라
善男子야 智者가 復觀호대 我今出家하니 設得壽命을 七日七夜인대 我當於中에 精勤修道하야 護持禁戒하며 說法敎化하야 利益衆生하리라 是名智

者가 修於死想이니라

復以七日七夜로 爲多하야 若得六日·五日·四日·三日·二日·一日·一時와 乃至出息入息之頃이라도 我當於中에 精勤修道하야 護持禁戒하며 說法敎化하야 利益衆生호리라 是名智者가 善修死想이니라

智者가 具足如上六想하면 卽七想因이니 何等이 名七고

一者는 常修想이요 二者는 樂修想이요 三者는 無瞋想이요 四者는 無妬想이요 五者는 善願想이요 六者는 無慢想이요 七者는 三昧自在想니라

善男子야 若有比丘가 具足七想하면

是名沙門이며 是名婆羅門이며 是名寂靜이며 是名淨潔이며 是名解脫이며 是名智者이며 是名正見이며 名到彼岸이며 名大醫王이며 是大商主이며 是名善解如來祕密이며 亦知諸佛七種之語며 名正見知라 斷七種語中에 所生疑網하리라

善男子야 若人이 具足如上六想하면 當知是人이 能呵三界하며 遠離三界하며 滅除三界하야 於三界中에 不生愛著하리니 是名智者가 具足十想이니라

若有比丘가 具是十想하면 卽得稱可沙門之相이리라

爾時에 迦葉菩薩이 卽於佛前하야 以偈讚佛하사대

　憐愍世間大醫王은　　身及智慧俱寂靜하시며
　無我法中有眞我하시니　是故로 敬禮無上尊하노이다
　發心畢竟이 二不別이나 如是二心先心難이라
　自未得度先度他일새　是故로 我禮初發心하노이다
　初發已爲人天師라　　勝出聲聞及緣覺하시니
　如是發心過三界라　　是故로 得名最無上이니다
　世敎要求然後得어니와 如來無請而爲師하사
　佛隨世間如犢子하시니 是故로 得名大悲牛이니다
　如來功德滿十方커늘　凡下無智不能讚하니
　我今讚歎慈悲心하사와 爲報身口二種業하노이다
　世間常樂自利益이어늘 如來終不爲是事하시고

迦葉菩薩品 第十二之六

能斷衆生世果報하시니 是故로 我禮自他利하노이다
世間逐親作益厚나 如來利益無怨親이라
佛無是相如世人하시니 是故로 其心等無二니다
世間說異作業異나 如來는 如說業無差하사
凡所修行斷諸行하시니 是故로 得名為如來니다
先已了知煩惱過로대 示現處之為衆生오
久於世間得解脫하시니 樂處生死慈悲故니다
雖現天身及人身이나 慈悲隨逐如犢子시니
如來即是衆生母요 慈心即是小犢子니다
自受衆苦念衆生하사 悲念時心不悔沒하시며
憐愍心盛不覺苦일새 故我稽首拔苦者하노이다
如來雖作無量福이나 口·意·業·恒淸淨하사
常為衆生不為己일새 是故로 我禮淸淨業하노이다
如來受苦不覺苦나 見衆受苦如己苦하시며
雖為衆生處地獄이라도 不生苦想及悔心하시며
一切衆生受異苦가 悉是如來一人苦라
覺已其心轉堅固하사 故能勤修無上道시니다
佛具一味大慈心하사 悲念衆生如子想커늘
衆生不知佛能救하고 故謗如來及法僧이니다
世間雖具衆煩惱하고 亦有無量諸過惡이나
如是衆結及罪過를 佛初發心已能壞니다
唯有諸佛能讚佛이요 除佛無能讚歎者어늘
我今唯以一法讚하오니 所謂慈心으로 遊世間이니다
如來慈是大法聚며 是慈亦能度衆生이라
即是無上真解脫이시여 解脫即是大涅槃이니다

大般涅槃經 卷第三十八 終

大般涅槃經 卷第三十九

北涼天竺三藏 曇無讖 譯

憍陳如品 第十三之一

爾時에 世尊께서 告憍陳如하사대 色是無常이니 因滅是色하야 獲得解脫常住之色하며 受·想·行·識도 亦是無常이니 因滅是識하야 獲得解脫常住之識이니라

憍陳如야 色即是苦니 因滅是色하야 獲得解脫安樂之色하며 受想行識도 亦復如是니라

憍陳如야 色即是空이니 因滅空色하야 獲得解脫非空之色하며 受想行識도 亦復如是니라

憍陳如야 色是無我니 因滅是色하야 獲得解脫真我之色하며 受想行識도 亦復如是니라

憍陳如야 色是不淨이니 因滅是色하야 獲得解脫清淨之色하며 受想行識도 亦復如是니라

憍陳如야 色是生·老·病·死之相이라 因滅是色하야 獲得解脫非生·老·病·死相之色하며 受·想·行·識도 亦復如是니라

憍陳如야 色是無明因이니 因滅是色하야 獲得解脫非無明因色하며 受·想·行·識도 亦復如是니라

憍陳如야 乃至色是生因이니라 因滅是色하야 獲得解脫非生因色하며 受·想·行·識도 亦復如是니라

憍陳如야 色者는 即是四顛倒因이니라 因滅倒色하야 獲得解脫非四倒因色하며 受·想·行·識도 亦復如是니라

憍陳如야 色是無量惡法之因이니 所謂男女等身과 食愛와 欲愛와 貪·瞋·嫉

妬·惡心·慳心·摶食·識食·思食·觸食·卵生·胎生·濕生·化生·五欲·五蓋인如是等
法이 皆因於色이니 因滅色故로 獲得解脫無如是等無量惡色하며 受·想·行·
識도 亦復如是니라

憍陳如야 色即是縛이니 因滅縛色하야 獲得解脫無縛之色하며 受·想·行·識
도 亦復如是니라

憍陳如야 色即是流니 因滅流色하야 獲得解脫非流之色하며 受·想·行·識도
亦復如是니라

憍陳如야 色非歸依니 因滅是色하야 獲得解脫歸依之色하며 受·想·行·識도
亦復如是니라

憍陳如야 色是瘡疣이니 因滅是色하야 獲得解脫無瘡疣色하며 受·想·行·識
도 亦復如是하니라

憍陳如야 色非寂靜이니 因滅是色하야 獲得涅槃寂靜之色하며 受·想·行·識
도 亦復如是니라

憍陳如야 若有人이 能如是知者면 是名沙門이며 名婆羅門이니 具足沙門
과 婆羅門法이니라

憍陳如야 若離佛法하야는 無有沙門하고 無婆羅門하며 亦無沙門婆羅門法
이라 一切外道가 虛假詐稱이나 都無實行이요 雖復作相하야 言有是二라도
實無是處하니 何以故오 若無沙門婆羅門法이면 云何而言有沙門婆羅門이
리요 我常於此大眾之中에 作師子吼하노니 汝等도 亦當在大眾中하야 作
師子吼니라

爾時에 外道가 有無量人이 聞是語已에 心生瞋惡호대 瞿曇이 今說我等眾
中에는 無有沙門과 及婆羅門하며 亦無沙門婆羅門法라 하니 我當云何廣
設方便하야 語瞿曇言호대 我等眾中에 亦有沙門하고 有沙門法하며 有婆
羅門하고 有婆羅門法가 時彼眾中에 有一梵志하야 唱如是言호대 諸仁者
여 瞿曇之言이 如狂無異하니 何可檢校리요 世間狂人이 或歌或舞하고 或
哭或笑하며 或罵或讚하야 於怨親所에 不能分別하나니 沙門瞿曇도 亦復如
是니라

或說我生淨飯王家하며 或言不生이라 하며 或說生已에 行至七步라 하고 或說不行이라 하며 或說從小習學世事라 하고 或說我是一切智人이라 하며 或時處宮하야 受樂生子하고 或時厭患하야 呵責惡賤하고 或時親修苦行六年하고 或時呵責外道苦行이라 하며 或言從彼 欝頭藍·弗阿羅邏等하야 稟承未聞이라 하고 或時說其無所知曉라 하며 或時說言菩提樹下에 得阿耨多羅三藐三菩提라 하고 或時說言我不至樹하야 無所剋獲이라 하며 或時說言我今此身이 即是涅槃이라 하고 或言身滅이 乃是涅槃이라 하노니 瞿曇所說이 如狂無異어늘 何故以此로 而愁憂耶아

諸婆羅門이 即便答言호대 大士야 我等今者에 何得不愁리요 沙門瞿曇이 先出家已에 說無常·苦·空·無我等法커늘 我諸弟子가 聞生恐怖호대 云何衆生이 無常苦空無我不淨고 하야 不受其語러니

今者에 瞿曇이 復來至此娑羅林中하야 爲諸大衆하야 說有常·樂·我·淨之法이라 하니 我諸弟子가 聞是語已에 悉捨我去하야 受瞿曇語하니 以是因緣으로 生大愁苦나니라

爾時에 復有一婆羅門하야 作如是言호대 諸仁者야 諦聽·諦聽하라 瞿曇沙門이 名修慈悲나 是名虛妄이요 非真實也라 若有慈悲인댄 云何教我諸弟子等하야 自受其法고 慈悲가 果有인댄 隨順他意어늘 今違我願하니 云何言有리요

若有說言호대 沙門瞿曇이 不爲世間八法의 所染이라 하면 是亦虛妄이요 若言瞿曇이 少欲知足이라 하면 今者云何로 奪我等利아 若言種姓이 是上族者인댄 是亦虛妄이니 何以故오 從昔已來로 不見不聞大師子王이 殘害小鼠라 若使瞿曇이 是上種姓인댄 如何今者에 惱亂我等이리오

若言瞿曇이 具大勢力인댄 是亦虛妄이니 何以故오 從昔已來로 亦不見聞金翅鳥王이 與鳥로 共諍이니라

若言力大인댄 復以何事로 與我共鬪아 若言瞿曇이 具他心智인댄 是亦虛妄이니 何以故오 若具此智인댄 以何因緣로 不知我心가

諸仁者여 我昔에 曾從先舊智人하야 聞說是事호니 過百年已에 世間에 當

有一妖幻出이라 하더니 即是瞿曇이라 如是妖惑이 今於此處娑羅林中에 將滅不久리니 汝等今者에 不應愁惱하라
爾時에 復有一尼犍子하니 答言仁者야 我今愁苦가 不爲自身과 弟子供養이요 但爲世間이 癡闇無眼하야 不識福田과 及非福田일새 棄捨先舊智婆羅門하고 供養年少하니 以爲愁耳로라 瞿曇沙門이 大知呪術이라 因呪術力하야 能令一身으로 作無量身하고 令無量身으로 還作一身하며 或以自身로 作男·女像과 牛·羊·象·馬하나니 我力이 能滅如是呪術이라 瞿曇沙門이 呪術既滅하면 汝等이 當還多得供養하야 受於安樂하리라
爾時에 復有一婆羅門하야 作如是言호대 諸仁者여 瞿曇沙門이 成就具足無量功德하니 是故로 汝等이 不應與諍이니라
大眾이 答言호대 癡人아 云何說言沙門瞿曇이 具大功德고 其生七日에 母便命終하니 是可得名福德相耶아
婆羅門이 言호대 罵時不瞋하고 打時不報하니 當知即是大福德相이며 其身이 具足三十二相·八十種好와 無量神通하니 是故로 當知是福德相이라 心無憍慢하야 先意問訊하고 言語柔軟하야 初無麁獷하며 年志俱盛호대 心不卒暴하고 王國多財를 無所愛戀하야 捨之出家를 如棄涕唾할새 是故로 我說沙門瞿曇이 成就具足無量功德이라 하노라
大眾이 答言호대 善哉라 仁者여 瞿曇沙門이 實如所說하야 成就無量神通變化라 我不與彼로 拊試是事어니와 瞿曇沙門이 受性柔軟하야 不堪苦行이요 生長深宮하야 不綜外事하니 唯可軟語요 不知伎藝·書籍·論議하리니 請共詳辯正法之要하야 彼若勝我하면 我當給事요 我若勝彼하면 彼當事我니라
爾時에 多有無量外道가 和合共往摩伽陀王阿闍世所하니 王見便問호대 諸仁은 何來오 汝等이 各各修習聖道하니 是出家人이라 捨離財貨와 及在家事라 然이나 我國人이 皆共供養하고 敬心瞻視하야 無相犯觸이어늘 何故和合하야 而來至此오
諸仁者야 汝等이 各受異法과 異戒하야 出家不同하니 亦復各各自隨戒法

하야 出家修道어늘 何因緣故로 今者一心으로 而共和合을 猶如落葉이 旋風所吹로 聚在一處오 說何因緣하야 而來至此오 我常擁護出家之人하야 乃至不惜身之與命이러니라

爾時에 一切諸外道衆이 咸作是言호대 大王이여 諦聽하소서 大王은 今者에 是大法橋이시며 是大法礪며 是大法秤이며 即是一切功德之器며 一切功德真實之性며 正法道路며 即是種子之良田也며 一切國土之根本也며 一切國土之大明鏡며 一切諸天之形像也며 一切國人之父母也니다

大王이시여 一切世間의 功德寶藏이 即是王身이니 何以故오 名功德藏이니 王斷國事에 不擇怨親하야 其心平等이 如地水火風일새 是故로 名王為功德藏이니다

大王이시여 現在衆生이 雖復壽短이나 王之功德이 如昔長壽安樂時王하시며 亦如頂生·善見·忍辱·那睺沙王·耶耶帝王·尸毘王·一叉鳩王하시니 如是等王이 具足善法이러니 大王이 今者에 亦復如是니다

大王이시여 以王因緣로 國土安樂하고 人民이 熾盛할새 是故로 一切出家之人이 慕樂此國하야 持戒精勤하야 修習正道하노이다

人王이시여 我經中에 說호대 若出家人이 隨所住國하야 持戒精進하야 勤修正道하면 其王도 亦有修善之分이라 하니다

大王이시여 一切盜賊을 王已整理하시니 出家之人이 都無畏懼나 今者에 唯有一大惡人하니 瞿曇沙門이라 王이 未撿校할새 我等이 甚畏하노니다

其人이 自恃豪族種姓과 身色具足하며 又因過去布施之報하야 多得供養일새 恃此衆事하야 生大憍慢하며 或因呪術하야 而生憍慢이라 以是因緣으로 不能苦行하고 受畜細軟衣服臥具일새 是故로 一切世間惡人이 為利養故로 往集其所하야 而為眷屬하며 不能苦行이나 呪術力故로 調伏迦葉과 及舍利弗·目犍連等하며 今復來至我所住處娑羅林中하야 宣說是身이 常·樂·我·淨이라 하야 誘我弟子니다

大王이시여 瞿曇이 先說無常·無樂·無我·無淨할새 我能忍之어니와 今乃宣說常·樂·我·淨일새 我實不忍하노니 惟願大王이시여 聽我與彼瞿曇로 論議하

憍陳如品 第十三之一

소서

王이 卽答言호대 諸大士여 汝等이 今者에 爲誰敎導하야 而令其心로 狂亂不定이 如水濤波와 旋火之輪과 猨猴擲樹오 是事可恥라

智人이 若聞하면 卽生憐愍이요 愚人이 聞之하면 卽生嗤笑리니 汝等所說이 非出家相이라

汝若病風하면 黃水患者인대 吾悉有藥能療治之요

如其鬼病인대 家兄耆婆가 善能去之라

汝等今者에 欲以手爪로 鉋(깎을 포)須彌山하며 欲以口齒로 齚齧金剛이로라

諸大士이시여 譬如愚人이 見師子王이 飢時睡眠하고 而欲悟之하며 如人이 以指로 置毒蛇口하며 如欲以手로 觸灰覆火하야 汝等이 今者에 亦復如是로라

善男子야 譬如野狐가 作師子吼하며 猶如蚊子가 共金翅鳥로 拼行遲疾하며 如兔渡海에 欲盡其底하야 汝等이 今者에 亦復如是로라 汝若夢見勝瞿曇者인대 是夢이 狂惑이라 未足可信이니라

諸大士여 汝等이 今者에 興建是意하니 猶如飛蛾가 投大火聚로라 汝隨我語하면 不須更說이니라 汝雖讚我하야 平等如秤이나 勿令外人로 復聞此語케하라

爾時에 外道가 復作是言호대 大王이시여 瞿曇沙門의 所作幻術이 到汝邊耶아 乃令大王으로 心疑하야 不信是等聖人이로다 大王이시여 不應輕蔑如是大士니 大王이시여 是月이 增減하며 大海鹹味와 摩羅延山이 如是等事가 誰之所作닛고 豈非我等婆羅門耶아

大王이여 不聞阿竭多仙이 十二年中에 恒河之水를 停耳中耶아

大王이여 聞瞿曇仙人이 大現神通호대 十二年中에 變作羝身하고 幷令羝身으로 作羝羊形하며 作千女根하야 在羝身耶아 누

大王이 不聞[耆누]兜仙人이 一日之中에 飮四海水하야 令大地乾耶아

大王은 不聞婆藪仙人이 爲自在天하야 作三眼耶아

大王은 不聞阿羅邏仙人이 變迦富羅城하야 作鹵土耶아

大王이시여 婆羅門中에 有如是等大力諸仙하니 現可撿校어늘 大王云何로 見輕蔑耶닛가
王言호대 諸仁者여 若不見信하야 故欲爲者인대 如來正覺이 今者에 近在 娑羅林中하시니 汝等이 可往하야 隨意問難하라 如來가 亦當爲汝分別하야 稱汝意答하시리라
爾時에 阿闍世王이 與諸外道와 徒衆眷屬로 往至佛所하야 頭面作禮하야 右遶三匝하고 修敬已畢에 却住一面하야 白佛言호대 世尊이시여 是諸外道가 欲隨意問難오니 唯願如來는 隨意答之하소서
佛言하사대 大王은 且止하라 我自知時니라
爾時에 衆中에 有婆羅門하니 名闍提首那라 作如是言호대 瞿曇이여 汝說 涅槃이 是常法耶아 如是如是하다
大婆羅門아 婆羅門이 言호대 瞿曇이여 若說涅槃이 常者인대 是義不然하다 何以故오 世間之法이 從子生果하야 相續不斷하나니 如從埿出甁하고 從縷得衣니라
瞿曇이 常說修無常想하야 獲得涅槃이라 하니 因是無常이어니 果云何常이리요
瞿曇이 又說호대 解脫欲貪이 卽是涅槃며 解脫色貪과 及無色貪이 卽是涅槃며 滅無明等一切煩惱가 卽是涅槃이며 從欲으로 乃至無明煩惱가 皆是無常이라 因是無常이어니 所得涅槃도 亦應無常이니라
瞿曇이 又說호대 從因故로 生天하고 從因故로 墮地獄하며 從因하야 得解脫이라 是故로 諸法이 皆從因生이라 하니 若從因故로 得解脫者인대 云何言常이리요
瞿曇이 亦說호대 色從緣生이라 故名無常이요 受·想·行·識도 亦復如是라 하니 如是解脫이 若是色者인대 當知無常이며 受想行識오 亦復如是요 若離 五陰하야 有解脫者인대 當知解脫이 卽是虛空이라 若是虛空인대 不得說言從因緣生이니 何以故오 是常이며 是一이며 遍一切處니라
瞿曇이 亦說호대 從因生者는 卽是苦也라 하니 若是苦者인대 云何復說解

脫이 是樂이리요

瞿曇이 又說호대 無常이 卽苦요 苦卽無我라 若是無常이며 苦며 無我者인대 卽是不淨이며 一切從因所生諸法은 皆無常·苦·無我·不淨이라 하더니 云何復說涅槃이 卽是常·樂·我·淨고

若瞿曇이 說호대 亦常無常이며 亦苦亦樂이며 亦我無我이며 亦淨不淨이라 하면 如是가 豈非是二語耶아 我亦曾從先舊智人하야 聞說是語호니 佛若出世하면 言則無二라 하니라

瞿曇이 今者에 說於二語하고 復言佛卽我身이 是也라 하니 是義云何오

佛言하사대 婆羅門이여 如汝所說하야 我今問汝호리니 隨汝意答하라 婆羅門이 言호대 善哉라 瞿曇이여

佛言하사대 婆羅門이여 汝性이 常耶아 是無常乎아 婆羅門이 言호대 我性이 是常이니라 婆羅門아 是性이 能作一切內外法之因耶아

如是하다 瞿曇이여

佛言하사대 婆羅門이여 云何作因고 瞿曇아 從性生大하고 從大生慢하고 從慢生十六法하니 所謂地·水·火·風·空과 五知根인 眼·耳·鼻·舌·身과 五業根인 手·脚·口聲·男女二根과 心平等根라 是十六法이 從五法하야 生하니 色·聲·香·味·觸이라 是二十一法의 根本이 有三하니

一者는 染이요 二者는 麁요 三者는 黑이라

染者는 名愛요 麁者는 名瞋이요 黑은 名無明이라

瞿曇이여 是二十五法이 皆因性하야 生하니라 婆羅門아 是大等法이 常가 無常耶아

瞿曇이여 我法에 性常하고 大等諸法은 悉是無常이니라

婆羅門아 如汝法中에는 因常하고 果無常이나 然이나 我法中에는 因雖無常이나 果是常者가 有何等過아 婆羅門아 汝等法中에 有二因不아 答言有하니라

佛言하사대 云何有오 婆羅門이 言호대

一者는 生因이요 二者는 了因이니라

佛言하사대 云何生因이며 云何了因고
婆羅門이 言호대 生因者는 如涅出瓶이요 了因者는 如燈照物이니라
佛言하사대 是二種因의 因性이 是一가 若是一者인대 可令生因으로 作於了因하며 可令了因으로 作生因不아 不也니라
瞿曇이여 佛言하사대 若使生因으로 不作了因하고 了因으로 不作生因인대 可得說言是因相不아
婆羅門이 言호대 雖不相作이나 故有因相이니라 婆羅門아 了因의 所了가 即同了不아 不也니라 瞿曇이여
佛言하사대 我法에 雖從無常하야 獲得涅槃이나 而非無常니라 婆羅門아 從了因得故로 常·樂·我·淨이요 從生因得故로 無常·無樂·無我·無淨이라 是故로 如來의 所說이 有二하니 如是二語가 無有二也일새 是故로 如來를 名無二語니 如汝所說하야 曾從先舊智人邊하야 聞佛이 出於世에 無有二語라 하니 是言이 善哉로다 一切十方三世諸佛의 所說이 無差라 是故로 說言佛無二語니라 云何無差오 有同說有하고 無同說無일새 故名一義니라
婆羅門아 如來世尊은 雖名二語나 為了一語故니 云何二語로 了於一語오 如眼色二語로 生識一語라 乃至意法도 亦復如是니라
婆羅門이 言호대 瞿曇이 善能分別如是語義나 我今未解所出二語로 了於一語하노라
爾時에 世尊이 即為宣說四真諦法하사대 婆羅門아 言苦諦者가 亦二亦一이며 乃至道諦도 亦二亦一이니라
婆羅門이 言호대 世尊이시여 我已知已니다
佛言하사대 善男子야 云何知已오 婆羅門이 言호대 世尊이시여 苦諦를 一切凡夫는 二라 하나 是聖人은 一이며 乃至道諦도 亦復如是하니다
佛言하사대 善哉라 已解로라
婆羅門이 言호대 世尊이시여 我今聞法하야 已得正見이오니 今當歸依佛法僧寶하오니 唯願大慈하사 聽我出家하소서
爾時에 世尊이 告憍陳如하사대 汝當為是闍提首那하야 剃除鬚髮하고 聽

其出家하라 時에 憍陳如가 卽受佛勅하야 爲其剃髮할새 卽下手時에 有二種落하니
一者는 鬚髮이요 二者는 煩惱라 卽於坐處의 得阿羅漢果하니라
復有梵志하니 姓이 婆私吒라
復作是言호대 瞿曇이여 所說涅槃이 常耶아 如是하니라
梵志婆私吒가 言호대 瞿曇이여 將不說無煩惱를 爲涅槃耶아 如是하니라
梵志婆私吒가 言호대 瞿曇이여 世間에 四種을 名之爲無니
一者는 未出之法을 名之爲無니 如甁未出埏時에 名爲無甁이요 二者는 已滅之法을 名之爲無니 如甁壞已에 名爲無甁이요
三者는 異相互無를 名之爲無니 如牛中에 無馬하고 馬中에 無牛라
四者는 畢竟無故로 名之爲無니 如龜毛兔角이니라
瞿曇이여 若以除煩惱已로 名涅槃者인대 涅槃이 卽無라 若是無者인대 云何言有常·樂·我·淨이리요
佛言하사대 善男子야 如是涅槃이 非是先無가 同埏時甁이며 亦非滅無가 同甁壞無며 亦非畢竟無가 如龜毛兔角하야 同於異無니라
善男子야 如汝所言하야 雖牛中에 無馬나 不可說言牛亦是無며 雖馬中에 無牛나 亦不可說馬亦是無라 涅槃도 亦爾하야 煩惱中에는 無涅槃하고 涅槃中에는 無煩惱니 是故로 名爲異相互無니라
婆私吒가 言호대 瞿曇이여 若以異無로 爲涅槃者인대 夫異無者는 無常·樂·我·淨이어늘 瞿曇이여 云何로 說言涅槃이 常·樂·我·淨이닛고
佛言하사대 善男子야 如汝所說하야 是異無者가 有三種無하니 牛馬가 悉是先無後有니 是名先無요 已有還無니 是名壞無요 異相無者는 如汝所說이니라
善男子야 是三種無가 涅槃中에 無일새 是故로 涅槃은 常·樂·我·淨이니라
如世病人이 一者는 熱病이요 二者는 風病이요 三者는 冷病이라
是三種病을 三藥能治하나니 有熱病者는 蘇能治之하고 有風病者는 油能治之하고 有冷病者는 蜜能治之하나니 是三種藥이 能治如是三種惡病이니라

善男子야 風中에 無油하고 油中에 無風하며 乃至蜜中에는 無冷하고 冷中에는 無蜜이니 是故로 能治니라
一切衆生도 亦復如是하야 有三種病하니
一者는 貪이요 二者는 瞋이요 三者는 癡니라
如是三病에 有三種藥하니
不淨觀者는 能爲貪藥이요 慈心觀者는 能爲瞋藥이요 觀因緣智는 能爲癡藥이라
善男子야 爲除貪故로 作非貪觀하고 爲除瞋故로 作非瞋觀하고 爲除癡故로 作非癡觀하노니 三種病中에 無三種藥이요 三種藥中에 無三種病이라
善男子야 三種病中에 無三藥故로 無常·無我無樂·無淨이어니와 三種藥中에 無三種病일새 是故로 得稱常·樂·我·淨이니라
婆私吒가 言호대 世尊이시여 如來가 爲我하사 說常·無常하시니 云何爲常이며 云何無常이닛고
佛言하사대 善男子야 色是無常이요 解脫色은 常이며 乃至識是無常요 解脫識은 常이니라
善男子야 若有善男子·善女人이 若觀色과 乃至識이 是無常者면 當知是人은 獲得常法이니라
婆私吒가 言호대 世尊이시여 我今已知常·無常·法이로소이다
佛言하사대 善男子야 汝云何知常無常法고 婆私吒가 言호대 世尊이시여 我今에 知我의 色은 是無常이요 得解脫은 常이며 乃至識도 亦如是하니라
佛言하사대 善男子야 汝今善哉라 已報是身이로라 告憍陳如하사대 是婆私吒가 已證阿羅漢果하니 汝可施其三衣와 鉢器하라 時에 憍陳如가 如佛所勅하야 施其衣鉢하니 時에 婆私吒가 受衣鉢已에 作如是言호대 大德憍陳如시여 我今因是弊惡之身하야 得善果報라 唯願大德은 爲我屈意하사 至世尊所하야 具宣我心하소서 我旣惡人으로 觸犯如來하야 稱瞿曇姓호니 唯願爲我하야 懺悔此罪하소서 我亦不能久住毒身하고 今入涅槃하리이다
時에 憍陳如가 卽往佛所하야 作如是言호대 世尊이시여 婆私吒比丘가 生慚愧心하야 自言頑嚚로 觸犯如來하야 稱瞿曇姓하니 不能久住是毒蛇身하

고 今欲滅身하야 寄我懺悔라 하더이다
佛言하사대 憍陳如야 婆私吒比丘가 已於過去無量佛所에 成就善根일새 今受我語하야 如法而住하니 如法住故로 獲得正果니 汝等은 應當供養其身이니라
爾時에 憍陳如가 從佛聞已에 還其身所하야 而設供養하니 時에 婆私吒가 於焚身時에 作種種神足이어늘 諸外道輩가 見是事已에 高聲唱言호대 是婆私吒가 已得瞿曇沙門의 呪術하니 是人이 不久에 復當勝彼瞿曇沙門이리라 하다
爾時衆中에 復有梵志하니 名曰先尼라 復作是言호대 瞿曇이여 有我耶아 如來가 默然하신대 瞿曇이여 無我耶아 如來가 默然하신대 第二第三을 亦如是問이어늘 佛이 皆默然하시다
先尼言호대 瞿曇이여 若一切衆生이 有我가 遍一切處라 是一이 作者인대 瞿曇이여 何故로 默然不答고
佛言하사대 先尼야 汝說是我가 遍一切處耶아
先尼가 答言호대 瞿曇이여 不但我說이라 一切智人도 亦如是說이니다
佛言하사대 善男子야 若我가 周遍一切處者인대 應當五道에 一時受報리니 若有五道에 一時受報인대 汝等梵志가 何因緣故로 不造衆惡하야 爲遮地獄하고 修諸善法하야 爲受天身이라 하느냐
先尼가 言호대 瞿曇이여 我法中에 我가 則有二種하니
一은 作身我요 二者는 常身我라
爲作身我하야 修離惡法하야 不入地獄하고 修諸善法하야 生於天上이니라
佛言하사대 善男子야 如汝所說我가 遍一切處면 如是我者를 若作身中인대 當知無常이요 若作身無인대 云何言遍이리요
瞿曇이여 我의 所立我는 亦在作中이나 亦是常法이니
瞿曇이여 如人失火하야 燒舍宅時에 其主는 出去하나 不可說言舍宅被燒나 主亦被燒이니 我法도 亦爾하야 而此作身은 雖是無常이나 當無常時하야 我則出去라 是故로 我의 我는 亦遍亦常이니라

佛言하사대 善男子야 如汝說하야 我가 亦遍亦常인대 是義不然하다 何以故오 遍有二種하니
一者는 常이요 二者는 無常이라
復有二種하니
一은 色이요 二는 無色이라
是故로 若言一切有者인대 亦常亦無常이며 亦色亦無色이라
若言舍主得出에 不名無常인대 是義不然하다 何以故오 舍不名主요 主不名舍라 異燒異出일새 故得如是어니와 我則不爾하니 何以故오 我即是色이요 色即是我며 無色이 即我요 我即無色어이니 云何而言色이 無常時에 我則得出이리요
善男子야 汝意에 若謂一切眾生이 同一我者인대 如是면 即違世出世法이라 何以故오 世間法에 名父子母女라 하니 若我是一인대 父即是子요 子即是父며 母即是女요 女即是母며 怨即是親이요 親即是怨이며 此即是彼요 彼即是此리니 是故로 若說一切眾生이 同一我者인대 是即違背世出世法이니라
先尼가 言호대 我亦不說一切眾生이 同於一我요 乃說一人이 各有一我니라
佛言하사대 善男子야 若言一人이 各有一我인대 是為多我로니 是義도 不然하다 何以故오 如汝先說에 我遍一切라 하니 若遍一切인대 一切眾生의 業根이 應同이리니 天得見時에 佛得亦見하고 天得作時에 佛得亦作하며 天得聞時에 佛得亦聞하리니 一切諸法이 皆亦如是요 若天得見이나 非佛得見者인대 不應說我가 遍一切處니라 若不遍者인대 是即無常이니라
先尼가 言호대 瞿曇이여 一切眾生의 我가 遍一切어니와 法與非法은 不遍一切일새 以是義故로 佛得作異요 天得作異니 是故로 瞿曇이여 不應說言 佛得見時에 天得應見하며 佛得聞時에 天得應聞이니라
佛言하사대 善男子야 法與非法이 非業作耶아
先尼가 言호대 瞿曇이여 是業의 所作이니라
佛言하사대 善男子야 若法非法을 是業이 作者인대 即是同法이니 云何言異

이요 何以故오 佛得業處에 有天得我하고 天得業處에 有佛得我라 是故로 佛得作時에 天得亦作이리니 法與非法도 亦應如是니라

善男子야 是故로 一切衆生의 法與非法이 若如是者인대 所得果報도 亦應不異니라

善男子야 從子出果호대 是子가 終不思惟分別我가 唯當作[婆羅門]果하고 不與刹利와 毘舍와 首陀로 而作果也라 하리니 何以故오 從子出果에 終不障礙如是四姓이라

法與非法도 亦復如是하야 不能分別호대 我唯當與佛得作果하고 不與天得作果하며 作天得果하고 不作佛得果라 何以故오 業平等故니라

先尼가 言호대 瞿曇이여 譬如一室에 有百千燈이어든 炷雖有異나 明則無差하니 燈炷別異는 喻法非法하고 其明無差는 喻衆生我니라

佛言하사대 善男子야 汝說燈明으로 以喻我者는 是義不然하다 何以故오 室異燈異라 是燈光明이 亦在炷邊하며 亦遍室中하니 汝所言我가 若如是者인대 法非法邊에 俱應有我이며 我中에 亦應有法非法이라

若法非法에 無有我者인대 不得說言遍一切處요 若俱有者인대 何得復以炷明로 爲喻리요

善男子야 汝意에 若謂炷之與明이 眞實別異인대 何因緣故로 炷增明盛하고 炷枯明滅고 是故로 不應以法非法로 喻於燈炷하고 光明無差로 喻於我也라 何以故오 法과 非法과 我三事가 卽一이니라

先尼가 言호대 瞿曇이여 汝引燈喻가 是事不吉하다 何以故오 燈喻若吉인대 我已先引이요 如其不吉인대 何故復說고

善男子야 我所引喻는 都亦不作吉以不吉이니 隨汝意說하라 是喻로 亦說離炷有明하고 卽炷有明이어늘 汝心이 不等하야 故說燈炷하야 喻法非法하고 明則喻我할새 是故로 責汝라

炷卽是明이며 離炷有明이니 法卽有我요 我卽有法이며 非法이 卽我요 我卽非法이어늘 汝今何故로 但受一邊하고 不受一邊고 如是喻者는 於汝에 不吉이라 是故로 我今에 還以破汝니라

善男子야 如是喩者는 卽是非喩니 是非喩故로 於我에 則吉하고 於汝에 不吉이니라

善男子야 汝意에 若謂若我가 不吉인대 汝亦不吉이라 하며 是義不然하다 何以故오 見世間人호니 自刀自害하며 自作他用하노니 汝所引喩도 亦復如是하야 於我則吉이나 於汝不吉이니라

先尼가 言호대 瞿曇이여 汝先責我의 心不平等이러니 今汝所說이 亦不平等이라 何以故오 瞿曇이여 今者에 以吉向己하고 不吉로 向我하니 以是推之컨대 眞是不平이로다

佛言하사대 善男子야 如我不平으로 能破汝의 不平일새 是故로 汝가 平我之不平하고 卽是吉也오 我之不平으로 破汝不平하야 令汝得平하니 卽是我平이니라 何以故오 同諸聖人하야 得平等故니라

先尼가 言호대 瞿曇이여 我常是平이어늘 汝云何言壞我가 不平고 一切衆生이 平等有我어늘 云何言我是不平耶아

善男子야 汝亦說言호대 當受地獄하며 當受餓鬼하며 當受畜生하며 當受人天이라 하니 我若先遍五道中者인대 云何方言當受諸趣아 汝亦說言호대 父母和合然後에 生子라 하니 若子가 先有인대 云何復言和合已에 有라 하리오 是故로 一人이 有五趣身하니 若是五處에 先有身者인대 何因緣故로 爲身造業고 是故로 不平이니라

善男子야 汝意에 若謂我是作者인대 是義不然하다 何以故오 若我作者인대 何因緣故로 自作苦事오 然이나 今衆生이 實有受苦하니 是故로 當知我非作者로라 若言是苦가 非我所作이오 不從因生인대 一切諸法도 亦當如是하야 不從因生이리니 何因緣故로 說我作耶아

善男子야 衆生苦樂이 實從因緣이니 如是苦樂이 能作憂喜하나니 憂時에 無喜하고 喜時에 無憂라 或喜·或憂를 智人云何로 說是常耶아

善男子야 汝說我常하니 若是常者인대 云何說有十時別異아 常法은 不應有 歌羅邏時로 乃至老時리라 虛空은 常法이라 尙無一時온 況有十時아

善男子야 我者가 非是 歌羅邏時로 乃至老時인대 云何說有十時別異아

憍陳如品 第十三之一

善男子야 若我作者인대 是我가 亦有盛時와 衰時하고 眾生도 亦有盛時衰時하니 若我가 爾者인대 云何是常리요
善男子야 我若作者인대 云何一人이 有利有鈍이리요
善男子야 我若作者인대 是我가 能作身業口業이리니 身口業이 若是我所作者인대 云何口說無有我耶아 云何自疑有耶아 無耶아
善男子야 汝意에 若謂離眼有見인대 是義不然하다 何以故오 若離眼已하고 別有見者인대 何須此眼고 乃至身根도 亦復如是니라
汝意에 若謂我雖能見이나 要因眼見인대 是亦不然하다 何以故오 如有人이 言호대 須曼那花가 能燒大村라 云何能燒오 因火能燒라 하야 汝立我見도 亦復如是니라
先尼가 言호대 瞿曇이여 如人執鎌하야 則能刈草하니 我因五根하야 見聞으로 至觸도 亦復如是니라
善男子야 人鎌이 各異라 是故로 執鎌하야 能有所作이어니와 離根之外에 更無別我어늘 云何說言我因諸根하야 能有所作고
善男子야 汝意에 若謂執鎌能刈라 我亦如是라 인대 是我가 有手耶아 為無手乎아 若有手者인대 何不自執이며 若無手者인대 云何說言我是作者아
善男子야 能刈草者는 即是鎌也라 非我며 非人이니 若我와 人이 能인대 何故因鎌고
善男子야 人有二業하니 一은 則執草이요 二는 則執鎌이라
是鎌은 唯有能斷之功하니 眾生見法도 亦復如是하야 眼能見色이나 從和合生이니 若從因緣和合見者인대 智人이 云何說言有我리요 善男子야 汝意에 若謂身作我受인대 是義不然하다 何以故오 世間에 不見天得作業이며 佛得受果니라
若言不是身作이라 我非因受인대 汝等이 何故로 從於因緣하야 求解脫耶아 汝先是身이 非因緣生인대 得解脫已에도 亦應非因일새 而更生身이요 如身하야 一切煩惱도 亦應如是니라
先尼가 言호대 瞿曇이여 我有二種하니

- 739 -

一者는 有知오 二者는 無知라
無知之我는 能得於身호대 有知之我는 能捨離身이 猶如坏瓶이 旣被燒已에 失於本色하야 更不復生이니 智者煩惱도 亦復如是하야 旣滅壞已에는 終不更生이니라
佛言하사대 善男子야 所言知者는 智가 能知耶아 我가 能知乎아 若智能知인대 何故로 說言我是知耶아 若我知者인대 何故로 方便으로 更求於智아 汝意에 若謂我因智知인대 同花喩하야 壞하리라
善男子야 譬如刺樹가 性自能刺니 不得說言樹執刺하야 刺니라 智亦如是하야 智自能知어니 云何說言我執智知요
善男子야 如汝法中에 我得解脫이라 하니 無知我가 得가 知我가 得耶아 若無知가 得인댄 當知하라 猶故具足煩惱요 若知가 得者인대 當知하라 已有五情諸根이라
何以故오 離根之外에 別更無知니라 若具諸根인대 云何復名得解脫耶아 若言是我가 其性淸淨하야 離於五根인대 云何說言遍五道有아 以何因緣하야 爲解脫故로 修諸善法고
善男子야 譬如有人이 拔虛空刺하야 汝亦如是라 我若淸淨인대 云何復言斷諸煩惱아 汝意에 若謂不從因緣하야 獲得解脫인대 一切畜生은 何故로 不得고
先尼가 言호대 瞿曇이여 若無我者인대 誰能憶念고
佛告先尼하사대 若有我者인대 何緣復忘고
善男子야 若念이 是我者인대 何因緣故로 念於惡念하야 念所不念하고 不念所念고
先尼가 復言호대 瞿曇이여 若無我者인대 誰見誰聞고
佛言하사대 善男子야 內有六入하고 外有六塵하야 內外和合하야 生六種識하나니 是六種識으로 因緣得名이니라
善男子야 譬如一火로대 因木得故로 名爲木火요 因草得故로 名爲草火요 因糠得故로 名爲糠火요 因牛糞得일새 名牛糞火라 衆生意識도 亦復如是

하야 因眼因色하고 因明因欲일하야 名為眼識이니라

善男子야 如是眼識이 不在眼中과 乃至欲中이로대 四事和合하야 故生是識하며 乃至意識도 亦復如是니라

若是因緣이 和合故生인대 智不應說見卽是我며 乃至觸卽是我니라

善男子야 是故로 我說眼識과 乃至意識과 一切諸法이 卽是幻也라 하노니 云何如幻고 本無今有이며 已有還無니라

善男子야 譬如酥麵·蜜薑·胡椒·蓽茇·蒲萄·胡桃·石榴·桜子가 如是和合을 名歡喜丸이라 離是和合하얀 無歡喜丸하야 內外六入을 是名衆生의 我人士夫니 離內外入하얀 無別衆生我人士夫니라

先尼가 言호대 瞿曇이여 若無我者인대 云何說言我見我聞이며 我苦我樂이며 我憂我喜오

佛言하사대 善男子야 若言我見我聞을 名有我者대 何因緣故로 世間이 復言汝所作罪요 非我見聞고

善男子야 譬如四兵和合을 名軍이니 如是四兵을 不名為一이나 而亦說言我軍이 勇健하며 我軍이 勝彼나니라 是內外入의 和合所作도 亦復如是하야 雖不是一이나 亦得說言我作我受이며 我見我聞며 我苦我樂이라 하나니라

先尼가 言호대 瞿曇이여 如汝所言하야 內外和合인대 誰出聲言我作我受오

佛言하사대 先尼야 從愛無明因緣하야 生業하고 從業하야 生有하고 從有하야 出生無量心數하고 心生覺觀하고 覺觀이 動風하며 風隨心하야 觸喉舌齒脣어든 衆生想倒로 聲出說言호대 我作我受하며 我見我聞라 하나니 善男子야 如幢頭鈴이 風因緣故로 便出音聲호대 風大聲大하고 風小聲小하며 無有作者니라

善男子야 譬如熱鐵을 投之水中하면 出種種聲이나 是中에 真實無有作者니라

善男子야 凡夫가 不能思惟分別如是事故로 說言有我하며 及有我所와 我作我受이라 하나니라

先尼가 言호대 如瞿曇說하야 無我我所인대 何緣으로 復說常·樂·我·淨리오

佛言하사대 善男子야 我亦不說內外·六入과 及六識意를 常·樂·我·淨이요 我乃宣說滅內外入의 所生六識을 名之爲常이니 以是常故로 名之爲我요 有常我故로 名之爲樂이요 常我樂故로 名之爲淨이니라

善男子야 眾生이 厭苦하야 斷是苦因하야 自在遠離하면 是名爲我니 以是因緣으로 我今에 宣說常·樂·我·淨이니라

先尼가 言호대 世尊아 唯願大慈하사 爲我宣說하소서 我當云何로 獲得如是常·樂·我·淨이닛고

佛言하사대 善男子야 一切世間이 從本已來로 具足大慢하야 能增長慢하며 亦復造作慢因가 慢業일새 是故로 今者에 受慢果報하야 不能遠離一切煩惱하야 得常·樂·我·淨어니와 若諸眾生이 欲得遠離一切煩惱인대 先當離慢이니라

先尼가 言호대 世尊이시여 如是如是하야 誠如聖教로소니 我가 先有慢라 因慢因緣故로 稱如來를 禰瞿曇姓이어니와 我今에 已離如是大慢이라 是故로 誠心로 啟請求法하오니 云何當得常·樂·我·淨하리닛가

佛言하사대 善男子야 諦聽諦聽하라

今當爲汝하야 分別解說하리라 善男子야 若能非自非他이며 非眾生者댄 遠離是法니라

先尼가 言호대 世尊이시여 我已知解하야 得正法眼이니이다

佛言하사대 善男子야 汝云何言知已며 解已며 得正法眼고

世尊이시여 所言色者가 非自非他며 非諸眾生이요 乃至識도 亦復如是니 我如是觀하야 得正法眼이오니다 世尊이시여 我今에 甚樂出家修道하오니 願見聽許하소서

佛言善來比丘야 하시니 即時에 具足清淨梵行하야 證阿羅漢果하니라

外道眾中에 復有梵志하니 姓이 迦葉氏라 復作是言호대 瞿曇이여 身即是命가 身異命異아

如來가 默然하시며 第二第三에 亦復如是하시니

梵志가 復言호대 瞿曇이여 若人이 捨身하고 未得後身하야 於其中間에 豈

憍陳如品 第十三之一

可不名身異命異아 若是異者인대 瞿曇이 何故로 默然하야 不答고 善男子야 我說身命은 皆從因緣이며 非不因緣이라 如身命하야 一切法도 亦如是니라
梵志가 復言호대 瞿曇이여 我見世間有法이 不從因緣나라
佛言하사대 梵志야 汝云何見世間有法이 不從因緣고
梵志가 言호대 我見大火가 焚燒榛木어든 風吹絕焰하야 墮在餘處하니 是豈不名無因緣耶아
佛言하사대 善男子야 我說是火도 亦從因生라 非不從因니라
梵志가 言호대 瞿曇이여 絕焰去時에 不因薪炭커니 云何而言因於因緣고
佛言하사대 善男子야 雖無薪炭이나 因風而去하니 風因緣故로 其焰이 不滅이니라 瞿曇이여 若人捨身하고 未得後身하야 中間壽命은 誰為因緣고
佛言하사대 梵志야 無明與愛가 而為因緣이니 是無明愛二因緣故로 壽命이 得住니라
善男子야 有因緣故로 身即是命이며 命即是身이요 有因緣故로 身異命異니 智者는 不應一向而說身異命異니라
梵志가 言호대 世尊이시여 唯願為我하사 分別解說하야 令我了了하야 得知因果케하소서
佛言하사대 梵志야 因即五陰이요 果亦五陰이니라 善男子야 若有眾生이 不然火者면 是則無煙이리라
梵志가 言호대 世尊이시여 我已知已며 我已解已나이다
佛言하사대 善男子야 汝云何知며 汝云何解요 世尊이시여 火即煩惱니 能於地獄·餓鬼·畜生·人天에 燒然이요 煙者는 即是煩惱果報니 無常不淨하야 臭穢可惡일새 是故로 名煙이라 若有眾生이 不作煩惱면 是人은 則無煩惱果報리니 是故로 如來가 說不然火하면 則無有煙이라 하시나이다
世尊이시여 我已正見이오니 唯願慈矜하사 聽我出家하소서
爾時에 世尊께서 告憍陳如하사대 聽是梵志의 出家受戒하라 時에 憍陳如가 受佛勅已에 和合眾僧하고 聽其出家하야 受具足戒하고 經五日已에 得

阿羅漢果하다 外道衆中에 復有梵志하니 名曰富那라
復作是言호대 瞿曇이여 汝見世間이 是常法已에 說言常耶아 如是義者가 實耶아 虛耶아 常·無常가 亦常·無常가 非常·非無常가 有邊·無邊가 亦有邊·亦無邊가 非有邊·非無邊가 是身 是命이 身異·命異아 如來는 滅後에 如去아 不如去아 亦如去·不如去아 非如去·非不如去아

佛言하사대 富那여 我는 不說世間이 常이며 虛·實·無常이며 亦常·無常이며 非常·非無常이며 有邊·無邊이며 亦有邊·無邊이며 非有邊·非無邊이며 是身·是命이며 身異·命異며 如來滅後에 如去·不如去며 亦如去·不如去며 非如去·非不如去이니라

富那가 復言호대 瞿曇이여 今者에 見何罪過이완데 不作是說고

佛言하사대 富那여 若有人이 說世間이 是常이니 唯此爲實이요 餘妄語者라 하면 是名爲見이요 見所見處니 是名見行이요 是名見業이며 是名見著이요 是名見縛이며 是名見苦요 是名見取며 是名見怖요 是名見熱이며 是名見纏이니라

富那여 凡夫之人이 爲見所纏하야 不能遠離生老病死하고 迴流六趣하야 受無量苦하나니 乃至非如去며 非不如去도 亦復如是하니라

富那여 我見是見이 有如是過일새 是故로 不著하며 不爲人說하노라 瞿曇이여 若見如是罪過하야 不著不說인대 瞿曇이여 今者에 何見何著이며 何所宣說고

佛言하사대 善男子야 夫見著者는 名生死法이라 如來는 已離生死法故로 是故로 不著이니라

善男子야 如來를 名爲能見能說이나 不名爲著이니라

瞿曇이여 云何能見이며 云何能說고

佛言하사대 善男子야 我能明見苦集滅道하야 分別宣說如是四諦하노니 我見如是라 故能遠離一切見과 一切愛와 一切流와 一切慢이라 是故로 我具淸淨梵行·無上寂靜하야 獲得常身호니 是身이 亦非東·西·南·北이니라

富那가 言호대 瞿曇아 何因緣故로 常身이 非是東·西·南·北닛고

憍陳如品 第十三之一

佛言하사대 善男子야 我今問汝하노니 隨汝意答하라 於意에 云何오 善男子야 如於汝前에 然大火聚어든 當其然時하야 汝知然不아 如是하니다
瞿曇이여 是火滅時에 汝知滅不아 如是니다
瞿曇이여 富那여 若有人이 問호대 汝前火聚가 然從何來이며 滅何所至오 하면 當云何答고
瞿曇이여 若有問者하면 我當答言호대 是火生時에 賴於眾緣이니 本緣이 已盡하고 新緣이 未至라 하리니다 是火則滅에 若復有問호대 是火滅已에 至何方面고 하면 復云何答고
瞿曇이여 我當答言호대 緣盡故로 滅이나 不至方所라 하리니다
善男子야 如來도 亦爾하야 若有無常色과 乃至無常識은 因愛故로 然이라 然者는 即受二十五有하나니 是故로 然時에 可說是火의 東西南北이어니와 現在愛滅하면 二十五有에 果報不然하리니 以不然故로 不可說有東·西·南·北이니라
善男子야 如來가 已滅無常之色과 至無常識이라 是故로 身常하니 身若是常인대 不得說有東·西·南·北이라 하리라
富那이 言호대 請說一喩호리니 唯願聽採하소서
佛言하사대 善哉善哉라 隨意說之하라 世尊이시여 如大村外에 有娑羅林하니 中有一樹가 先林而生하야 足一百年이라 是時에 林主가 灌之以水하야 隨時修治其樹陳朽에 皮膚와 枝葉이 悉皆脫落하고 唯貞實在하야 如來도 亦爾하사 所有陳故는 悉已除盡하고 唯有一切真實法이 在로소이다 世尊이시여 我今甚樂出家修道하노이다
佛言하사대 善來比丘여하시니 說是語已에 即時出家하야 漏盡하고 證得阿羅漢果하다
復有梵志하니 名曰清淨이라 作如是言호대 瞿曇이여 一切眾生이 不知何法으로 見世間이 常이며 無常이며 亦常無常이며 非有常非無常이며 乃至 非如去非不如去니다
佛言하사대 善男子야 不知色故이며 乃至不知識故로 見世間常이며 乃至非

- 745 -

如去非不如去니라

梵志가 言호대 瞿曇이여 衆生이 知何法故로 不見世間이 常로 이며 乃至非如去非不如去이닛고

佛言하사대 善男子야 知色故며 乃至知識故로 不見世間이 常과 乃至非如去非不如去이니라

梵志가 言호대 世尊이시여 唯願爲我하사 分別解說世間의 常無常하소서

佛言하사대 善男子야 若人이 捨故하고 不造新業하면 是人이 能知常與無常하리라

梵志가 言호대 世尊이시여 我已知見이로소이다

佛言하사대 善男子야 汝云何見이며 汝云何知오 世尊이시여 故는 名無明與愛요 新은 名取有니 若人이 遠離是無明愛하야 不作取有하면 是人은 眞實知常無常이니다 我今에 已得正法淨眼이라 歸依三寶하오니 唯願如來는 聽我出家하소서

佛께서 告憍陳如하사대 聽是梵志의 出家受戒하라 時에 憍陳如가 受佛勅已에 將至僧中하야 爲作羯磨하야 令得出家러니 十五日後에 諸漏가 永盡하고 得阿羅漢果하니라

大般涅槃經 卷第三十九 終

憍陳如品 第十三之一

大般涅槃經 卷第四十

北涼天竺三藏 曇無讖 譯

憍陳如品 第十三之二

犢子梵志가 復作是言호대 瞿曇이여 我今欲問하노니 能見聽不아 如來가 默然하시고 第二第三에 亦復如是라 하시니

犢子가 復言호대 瞿曇이여 我久與汝로 共為親友하니 汝之與我가 義無有二어늘 我欲諮問에 何故로 默然고

爾時에 世尊이 作是思惟하사대 如是梵志가 其性儒雅하야 純善質直이라 常為知故로 而來諮啟하고 不為惱亂하니 彼若問者면 當隨意答호리라

佛言하사대 犢子야 善哉善哉라 隨所疑問하라 吾當答之하리라 犢子가 言호대 瞿曇이여 世有善耶아 如是니라

梵志여 有不善耶아 如是하니라 梵志가 瞿曇이여 願為我說하야 令我로 得知善不善法케어다

佛言하사대 善男子야 我能分別하야 廣說其義나 今當為汝하야 簡略說之호리라 善男子야 欲名不善이요 解脫欲者는 名之為善이라 瞋恚와 愚癡도 亦復如是니라 殺名不善이요 不殺은 名善이며 乃至邪見도 亦復如是니라

善男子야 我今為汝하야 已說三種善不善法하고 及說十種善不善法이로라 若我弟子가 能作如是分別三種善不善法과 乃至十種善不善法하면 當知是人은 能盡貪欲·瞋恚·愚癡一切諸漏하야 斷一切有니라

梵志가 言호대 瞿曇이여 是佛法中에 頗有一比丘가 能盡如是이 貪欲·瞋·癡 一切諸漏一切有不아

佛言하사대 善男子야 是佛法中에 非一二三과 乃至五百이라 乃有無量諸比丘等이 能盡如是貪欲·恚·癡와 一切諸漏와 一切諸有니라

瞿曇이여 置一比丘하고 是佛法中에 頗有一比丘尼가 能盡如是貪欲瞋癡一切諸漏一切有不야

佛言하사대 善男子야 是佛法中에 非一二과 三乃至五百이라 乃有無量諸比丘尼가 能斷如是貪欲·瞋·癡와 一切諸漏와 一切諸有니라

犢子가 言호대 瞿曇이여 置一比丘와 一比丘尼하고 是佛法中에 頗有一優婆塞가 持戒精勤하야 梵行清淨하며 度疑彼岸하야 斷於疑網不아

佛言하사대 善男子야 我佛法中에 非一二三과 乃至五百이요 乃有無量諸優婆塞가 持戒精勤하고 梵行清淨하야 斷五下結하고 得阿那含하며 度疑彼岸하야 斷於疑網이니라

犢子가 言호대 瞿曇이여 置一比丘와 一比丘尼와 一優婆塞하고 是佛法中에 頗有一優婆夷가 持戒·精勤하야 梵行清淨하고 度疑彼岸하야 斷疑網不아

佛言하사대 善男子야 我佛法中에 非一二三과 乃至五百이요 乃有無量諸優婆夷가 持戒精勤하야 梵行清淨하야 斷五下結하야 得阿那含하고 度疑彼岸하야 斷於疑網니라

犢子가 言호대 瞿曇이여 置一比丘와 一比丘尼가 盡一切漏하며 一優婆塞와 一優婆夷가 持戒·精勤하야 梵行清淨하야 斷於疑網하고 是佛法中에 頗有優婆塞가 受五欲樂하고도 心無疑網不아

佛言하사대 善男子야 是佛法中에 非一二三乃至五百이요 乃有無量諸優婆塞가 斷於三結하야 得須陀洹하고 薄貪恚癡하야 得斯陀含이며 如優婆塞하야 優婆夷도 亦如是니라

世尊이시여 我於今者에 樂說譬喩니다

佛言하사대 善哉라 樂說便說하라

世尊이시여 譬如難陀·婆難陀龍王等이 降大雨하야 如來法雨도 亦復如是하야 平等雨於優婆塞·優婆夷하시나니다

世尊이시여 若諸外道가 欲來出家인댄 不審이다如來가 幾月試之닛고

佛言하사대 善男子야 皆四月試로대 不必一種이니라

世尊이시여 若不一種인대 唯願大慈하사 聽我出家하소서 爾時에 世尊이 告

大般涅槃經 卷第四十

憍陳如하사대 聽是犢子의 出家受戒하라 時에 憍陳如가 受佛勅已에 立衆僧中하야 爲作羯磨러니 於出家後滿十五日에 得須陀洹果하고 旣得果已에 復作是念호대 若有智慧를 從學得者인댄 我今已得이라 堪任見佛이라 하고 卽往佛所하야 頭面作禮하고 修敬已畢에 却住一面하야 白佛言호대 世尊이시여 諸有智慧를 從學得者를 我今已得이로소니 唯願爲我하사 重分別說하사 令我獲得無學智慧케하소서

佛言하사대 善男子야 汝勤精進하야 修習二法이니

一은 奢摩他요 二는 毘婆舍那니라

善男子야 若有比丘가 欲得須陀洹果인댄 亦當勤修如是二法이요 若復欲得斯陀含果·阿那含果·阿羅漢果인댄 亦當修習如是二法이니라

善男子야 若有比丘가 欲得四禪과 四無量心과 六神通과 八背捨와 八勝處와 無諍智와 頂智와 畢竟智와 四無礙智와 金剛三昧와 盡智와 無生智댄 亦當修習如是二法이니라

善男子야 若欲得十住地와 無生法忍과 無相法忍과 不可思議法忍과 聖行과 梵行과 天行과 菩薩行과 虛空三昧와 智印三昧와 空 無相 無作三昧와 地三昧와 不退三昧와 首楞嚴三昧와 金剛三昧와 阿耨多羅三藐三菩提와 佛行인댄 亦當修習如是二法이니라

犢子가 聞已에 禮拜而出하야 在娑羅林中하야 修是二法不久에 卽得阿羅漢果하다

是時에 復有無量比丘가 欲往佛所어늘 犢子가 見已에 問言호대 大德이여 欲何所至오 諸比丘가 言호대 欲往佛所니라

犢子가 復言호대 諸大德이여 若至佛所어든 願爲宣啓犢子梵志가 修二法已에 得無學智로소니 今報佛恩하야 入般涅槃이라시오

時에 諸比丘가 至佛所已에 白佛言호대 世尊이시여 犢子比丘가 寄我等語호대 世尊이시여 犢子梵志가 修習二法하야 得無學智하고 今報佛恩호려하야 入於涅槃이라 하더이다

佛言하사대 善男子야 犢子梵志가 得阿羅漢果하니 汝等이 可往하야 供養

其身하라 時에 諸比丘가 受佛勅已에 還其尸所하야 大設供養하니라
納衣梵志가 復作是言호대 瞿曇이여 如瞿曇所說하야 無量世中에 作善不善하면 未來에 還得善不善身이라 하나 是義가 不然하다 何以故오 如瞿曇說하야 因煩惱故로 獲得是身이라 하니 若因煩惱하야 獲得身者인대 身為在先가 煩惱在先가 若煩惱가 在先이면 誰之所作이며 住在何處아
若身在先이면 云何說言因煩惱得고 是故로 若言煩惱在先이라도 是亦不可라 若身在先이라도 是亦不可요 若言一時라도 是亦不可라 先과 後와 一時가 義俱不可니 是故로 我說一切諸法이 皆有自性이요 不從因緣이라 하노라
復次瞿曇이여 堅是地性이며 濕是水性이며 熱是火性이며 動是風性이며 無所罣礙는 是虛空性이라 是五大性이 非因緣有니라
若使世間에 有一法性이 非因緣有하야 一切法性도 亦應如是하야 非因緣有니라
若有一法이나 從於因緣인대 何因緣故로 五大之性이 不從因緣고 瞿曇이여 眾生善身과 及不善身이 獲得解脫이 皆是自性이요 不從因緣이니 是故로 我說一切諸法이 自性故로 有요 非因緣生이라 하노라
復次瞿曇이여 世間之法이 有定用處하니 譬如工匠이 云호대 如是木은 任作車輿하고 如是는 任作門戶床机라 하며
亦如金師의 所可造作하야 在額上者는 名之為鬘이요 在頸下者는 名之為瓔이며 在臂上者는 名之為釧이요
在指上者는 名之為環이니 用處가 定故로 名為定性이니라
瞿曇이여 一切眾生도 亦復如是하야 有五道性故로 有地獄·餓鬼·畜生·人天이라 若如是者인대 云何說言從於因緣이리오
復次瞿曇이여 一切眾生이 其性各異하니 是故로 名為一切自性이니라
瞿曇이여 如龜陸生나 自能入水하고 犢子가 生已에 能自飲乳하며 魚見鉤餌에 自然吞食하고 毒蛇生已에 自然食土하니 如是等事를 誰有教者아 如刺生已에 自然頭尖하고 飛鳥毛羽는 自然色別이라 世間眾生도 亦復如是하야 有利有鈍하고 有富有貧하며 有好有醜하고 有得解脫하며 有不得解脫

하니 是故로 當知一切法中에 各有自性이니라

復次瞿曇이여 如瞿曇說하야 貪欲瞋癡가 從因緣生이라 如是三毒의 因緣은 五塵이라 하나 是義不然하다

何以故오 衆生이 睡時에 遠離五塵이로대 亦復生於貪欲·瞋·癡하며 在胎亦爾하며 初出胎時에 未能分別五塵好醜로대 亦復生於貪欲·瞋·癡하며 諸仙賢聖이 處在寂處하야 無有五塵로대 亦能生於貪欲·瞋·癡하며 亦復有人은 因於五塵하야 生於不貪不瞋不癡하나니 是故로 不必從於因緣하야 生一切法이요 以自性故니라

復次瞿曇이여 我見世人이 五根不具호대 多饒財寶하고 得大自在하며 有根具足호대 貧窮下賤하야 不得自在하고 爲人僕使하니 若有因緣인댄 何故로 如是오 是故로 諸法이 各有自性이요 不由因緣이니라

瞿曇이여 世間小兒가 亦復未能分別五塵이로대 或笑或啼하야 笑時에 知喜하고 啼時에 知愁하나니 是故로 當知一切諸法이 各有自性이니라

復次瞿曇이여 世法이 有二하니 一者는 有요 二者는 無라

有卽虛空이요 無卽兔角이니 如是二法에

一은 是有故로 不從因緣이요 二는 是無故로 亦非因緣이라

是故로 諸法이 有自性故로 不從因緣이니라

佛言하사대 善男子야 如汝所言如五大性하야 一切諸法이 亦應如是는 是義不然하다

何以故오 善男子야 汝法中에 以五大로 是常인댄 何因緣故로 一切諸法이 悉不是常고 若世間物이 是無常者인댄 是五大性이 何因緣故로 不是無常가 若五大가 常인댄 世間之物도 亦應是常이니 是故로 汝說五大之性이 有自性故로 不從因緣이요 令一切法로 同五大者가 無有是處니라

善男子야 汝言用處가 定故로 有自性者도 是義不然하다 何以故오 皆從因緣하야 得名字故라 若從因得名인댄 亦從因得義라 云何名爲從因得名고 如在額上을 名之爲鬘이요 在頸名瓔이요 在臂名釧이며 在車名輪이요 火在草木일새 名草木火라 하나라 善男子야 樹初生時에 無箭矟性이로대 從

因緣故로 工造為箭하고 從因緣故로 工造為稍하나니 是故로 不應說一切法이 有自性也니라
善男子야 汝言如龜陸生나 性自入水하고 犢子生已에 性能飲乳도 是義不然하다
何以故오 若言入水가 非因緣者인댄 俱非因緣이라 하니 何不入火아 犢子가 生已에 性能㪺乳요 不從因緣者며 俱非因緣인댄 何不㪺角고
善男子야 若言諸法이 悉有自性일새 不須教習이요 無有增長은 是義不然하다 何以故오 今見有教일새 緣教增長하노니 是故로 當知無有自性니라
善男子야 若一切法이 有自性者인댄 諸婆羅門이 一切不應為清淨身이라 하야 殺羊祠祀어늘 若為身祠인댄 是故로 當知無有自性이니라
善男子야 世間語法이 凡有三種하니
一者는 欲作이요 二者는 作時요 三者는 作已라
若一切法이 有自性者인댄 何故로 世中에 有是三語아 有三語故로 故知一切가 無有自性이니라
善男子야 若言諸法이 有自性者인댄 當知諸法이 各有定性이리니 若有定性인댄 甘蔗가 一物이로대 何緣로 作漿·作蜜·石蜜酒·苦酒等고 若有一性인대 何緣로 乃出如是等味아 若一物中에 出如是等인댄 當知諸法이 不得一定하고 各有一性이로다
善男子야 若一切法이 有定性者인댄 聖人이 何故로 飲甘蔗漿하고 石蜜·黑蜜·酒時不飲이라가 後為苦酒에 復還得飲고 是故로 當知無有定性이로라 若無定性인댄 云何不因因緣而有아
善男子야 汝說一切法이 有自性者인댄 云何說喻오 若有喻者인댄 當知諸法이 無有自性이요 若有自性인댄 當知無喻라 世間智者가 皆說譬喻하니 當知諸法이 無有自性이며 無有一性이로라
善男子야 汝言身為在先가 煩惱在先者도 是義不然하다 何以故오 若我當說身在先者인댄 汝可難言어니와 汝亦同我하야 身不在先커니 何因緣故로 而作是難고

善男子야 一切衆生의 身及煩惱가 俱無先後며 一時而有라 雖一時有나 要因煩惱하야 而得有身이요 終不因身하야 有煩惱也니라

汝意에 若謂如人二眼이 一時而得이요 不相因待니 左不因右하고 右不因左요 煩惱와 及身도 亦如是者인대 是義不然하다 何以故오 善男子야 世間에 眼見炷之與明이 雖復一時나 明要因炷요 終不因明하야 而有炷也니라

善男子야 汝意에 若謂身不在先이라 故知無因인대 是義不然하다 何以故오 若以身先이라 無因緣故로 名爲無者인대 汝不應說一切諸法이 皆有因緣이리라 若言不見故로 不說者인대 今見瓶等이 從因緣出이어니 何故로 不說고 如瓶하야 身先因緣도 亦復如是하니라

善男子야 若見不見에 一切諸法이 皆從因緣이요 無有自性이니라

善男子야 若言一切法이 悉有自性이요 無因緣者인대 汝何因緣으로 說於五大아 是五大性이 卽是因緣이니라

善男子야 五大因緣은 雖復如是이나 亦不應說諸法이 皆同五大因緣이니 如世人說에 一切出家가 精勤持戒나 旃陀羅等도 亦應如是하야 精勤持戒니라

善男子야 汝言五大가 有定堅性이어니와 我觀是性이 轉故로 不定이로라

善男子야 酥蠟·胡膠를 於汝法中에 名之爲地로대 是地가 不定하야 或同於水하며 或同於地하니 故不得說自性故로 堅이니라

善男子야 白鑞·鉛錫·銅鐵·金銀이 於汝法中에 名之爲火나 是火가 四性이니 流時에 水性이요 動時에 風性이요 熱時에 火性이요 堅時에 地性이어니 云何說言定名火性이리오

善男子야 水性을 名流라 若水凍時에도 不名爲地하고 故名水者인대 何因緣故로 波動之時에 不名爲風고 若動不名風인대 凍時에도 亦應不名爲水리니 若是二義가 從因緣者인대 何故로 說言一切諸法이 不從因緣이리오

善男子야 若言五根이 性能見聞覺知觸故로 皆是自性이라 하고 不從因緣인대 是義不然하다

何以故오 善男子야 自性之性은 性不可轉이니 若言眼性이 見者인대 常應

能見이요 不應有見有不見時리니 是故로 當知從因緣見하고 非無因緣이로다
善男子야 汝言非因五塵하야 生貪하고 解脫이라 함도 是義不然하다 何以故오 善男子야 生貪解脫이 雖復不同이나 五塵因緣과 惡覺觀故로 則生貪欲하고 善覺觀故로 則得解脫이니라
善男子야 內因緣故로 生貪解脫하고 外因緣故로 則能增長하나니 是故로 汝言一切諸法이 各有自性이요 不因五塵하야 生貪과 解脫이라 함도 無有是處니라
善男子야 汝言具足諸根호대 乏於財物하고 不得自在하며 諸根殘缺호대 多饒財寶하며 得大自在일새 因此하야 以明有自性故요 不從因緣者라 함도 是義不然하다
何以故오 善男子야 眾生이 從業하야 而有果報라 如是果報가 則有三種하니 一者는 現報요 二者는 生報요 三者는 後報니라
貧窮巨富와 根具不具가 是業이 各異니 若有自性인대 具諸根者는 應饒財寶하고 饒財寶者는 應具諸根로대 今則不爾하니 是故로 定知無有自性이요 皆從因緣이로다
如汝所言에 世間小兒가 未能分別五塵因緣이라도 亦啼亦笑라 是故로 一切가 有自性者인대 是義不然하다 何以故오 若自性者인대 笑應常笑요 啼應常啼며 不應一笑一啼라 若一笑一啼인대 當知一切가 悉從因緣이니 是故로 不應說一切法이 有自性故로 不從因緣이니라
梵志가 言호대 世尊이시여 若一切法이 從因緣有인대 如是身者는 從何因緣닛고
佛言하사대 善男子야 是身因緣은 煩惱與業이니라 梵志가 言호대 世尊이시여 如其是身이 從煩惱·業인대 是煩惱와 業을 可斷不耶잇가
佛言하사대 如是如是니라
梵志가 復言호대 世尊이시여 唯願為我分別解說하소서 令我聞已에 不移是處하야 悉得斷之하리니다

佛言하사대 善男子야 若知二邊과 中間이 無礙인대 是人은 則能斷煩惱·業하리라 世尊이시여 我已知解하야 得正法眼이니다

佛言하사대 汝云何知오

世尊이시여 二邊은 即色及色解脫이요 中間은 即是八正道也니 受想行識도 亦復如是니다

佛言하사대 善哉善哉라 善男子야 善知二邊하니 斷煩惱와 業이로다

世尊이시여 唯願聽我의 出家受戒하소서

佛言하사대 善來比丘가 即時에 斷除三界煩惱하고 得阿羅漢果하니라

爾時에 復有一婆羅門하니 名曰弘廣이라 復作是言호대 瞿曇이여 知我의 今所念不아

佛言하사대 善男子야 涅槃이 是常이요 有爲는 無常이며 曲即邪見이요 直即聖道니라

婆羅門이 言호대 瞿曇이여 何因緣故로 作如是說고 善男子야 汝意에 每謂乞食은 是常이요 別請은 無常이요 曲는 是戶鑰이요 直은 是帝幢이라 할새 是故로 我說涅槃이 是常이요 有爲는 無常이요 曲은 謂邪見이요 直은 謂八正이라 호니 非如汝의 先所思惟也니라

婆羅門이 言호대 瞿曇이여 實知我心이니다 是八正道가 悉令眾生로 得盡滅不닛가

爾時에 世尊이 默然不答하시니

婆羅門이 言호대 瞿曇이여 已知我心커니 我今所問을 何故默然하야 而不見答고 時에 憍陳如이 即作是言호대 大婆羅門이여 若有問世의 有邊無邊하면 如來常爾默然不答하시니라 八聖은 是直이요 涅槃은 是常이니 若修八聖하면 即得滅盡이어니와 若不修習하면 則不能得이니라

大婆羅門이여 譬如大城이 其城四壁이요 都無孔竅하고 唯有一門이어든 其守門者가 聰明有智하야 能善分別하야 可放則放하고 可遮則遮하며 雖不能知出入多少나 定知一切가 有入出者는 皆由此門하나니

善男子야 如來도 亦爾하시니 城은 喻涅槃이요 門은 喻八正하이요 守門之

人은 喻於如來니라

善男子야 如來今者에 雖不答汝의 盡與不盡나 其有盡者는 要當修習是八正道니라

婆羅門이 言호대 善哉善哉라 大德憍陳如이여 如來가 善能說微妙法로소니 我今에 實欲知城知道하야 自作守門하노라

憍陳如가 言호대 善哉善哉라 汝婆羅門이 能發無上廣大之心이로라

佛言하사대 止止하라

憍陳如야 是婆羅門이 非適今日에 發是心也니라 憍陳如야 乃往過去過無量劫하야 有佛世尊하시니 名普光明·如來·應供·正遍知·明行足·善逝·世間解·無上士·調御丈夫·天人師·佛·世尊이시라 是人이 先已於彼佛所에 發阿耨多羅三藐三菩提心일새 此賢劫中에 當得作佛하리라

久已通達하야 了知法相이로대 爲衆生故로 現處外道하야 示無所知니 以是因緣로 汝憍陳如는 不應讚言善哉善哉라 汝今에 能發如是大心이니라

爾時에 世尊이 知已하시고 卽告憍陳如言하사대 阿難比丘가 今爲所在오 憍陳如가 言호대 世尊이시여 阿難比丘가 在娑羅林外하니 去此大會가 十二由旬이라 而爲六萬·四千億·魔之所嬈亂이니다

是諸魔衆이 悉自變身하야 爲如來像하야 或有宣說一切諸法이 從因緣生하며 或有說言一切諸法이 不從因生하며 或有說言一切因緣이 皆是常法이요 從緣生者는 悉是無常이라 하며 或有說言五陰이 是實이라 하며 或說虛假라 入·界도 亦爾라 하며 或有說言有十二因緣하며 或有說言正有四緣이라 하며 或說諸法이 如幻如化하고 如熱時焰이라 하며 或有說言因聞得法이라 하며 或有說言因思得法라 하며 或有說言因修得法이라 하며 或復有說不淨觀法하며 或復有說出息入息하며 或復有說四念處觀하며 或復有說三種觀義와 七種方便하며 或復有說 煖法·頂法·忍法·世間第一法·學·無學·地·菩薩初住와 乃至十住하며 或有說空·無相·無作하며 或復有說修多羅·祇夜·毘伽·羅那·伽陀·憂陀那·尼陀那·阿波陀那·伊帝目多伽·闍陀伽·毘佛略·阿浮陀達摩·優波提舍하며 或說四念處·四正勤·四如意足·五根·五力·七覺分·八聖

道하며 或說內空과 外空과 內外空·有爲空·無爲空·無始空·性空·遠離空·散空·自相空·無相空·陰空·入空·界空·善空·不善空·無記空·菩提空·道空·涅槃空·行空·得空·第一義空·空空·大空하며 或有示現神通變化하야 身出水火하며 或身上出水하고 身下出火하며 身下出水하고 身上出火하며 左脇在下하고 右脇出水하며 右脇在下하고 左脇出水하며 一脇震雷하고 一脇降雨하며 或有示現諸佛世界하며 或復示現菩薩初生과 行至七步와 處在深宮하야 受五欲時와 初始出家하야 修苦行時와 往菩提樹하야 坐三昧時와 壞魔軍眾하고 轉法輪時와 示大神通하야 入涅槃時하나니다

世尊이시여 阿難比丘가 見是事已에 作是念言호대 如是神變은 昔來未見이니 誰之所作고 將非世尊釋迦가 作耶아 欲起欲語호대 都不從意요 阿難比丘가 入魔羂故로 復作是念호대 諸佛所說이 各各不同하니 我於今者에 當受誰語오 하나니다

世尊이시여 阿難이 今者에 極受大苦할새 雖念如來나 無能救者라 以是因緣로 不來至此大眾之中이로소이다

爾時에 文殊師利菩薩摩訶薩이 白佛言호대 世尊이시여 此大眾中에 有諸菩薩이 已於一生에 發阿耨多羅三藐三菩提心하며 至無量生을 發菩提心하며 已能供養無量諸佛하고 其心이 堅固하야 具足修行檀波羅蜜과 乃至般若波羅蜜하야 成就功德하며 久已親近無量諸佛하야 淨修梵行하며 得不退轉菩提之心하며 得不退忍不退轉持하며 得如法忍과 首楞嚴等無量三昧하니

如是等輩는 聞大乘經에 終不生疑하고 善能分別하야 宣說三寶가 同一性相이며 常住不變하며 聞不思議라도 不生驚怪하며 聞種種空하여도 心不怖懼하며 了了通達一切法性하며 能持一切十二部經하야 廣解其義하며 亦能受持無量諸佛의 十二部經이어늘 何憂不能受持如是大涅槃典이완대 何因緣故로 問憍陳如하사대 阿難所在잇가

爾時에 世尊께서 告文殊師利하사대 諦聽諦聽하라

善男子여 我成佛已에 過三十年을 住王舍城할새 爾時에 我告諸比丘言하

되 諸比丘야 今此衆中에 誰能爲我하야 受持如來十二部經하며 供給左右
所須之事호대 亦使不失自身善利오
時에 憍陳如가 在彼衆中하야 來白我言호대 我能受持十二部經하며 供給
左右호대 不失所作自利益事하오리다
我言호대 憍陳如야 汝已朽邁하니 當須使人이어늘 云何方欲爲我給使아 時
에 舍利弗가 復作是言호대 我能受持佛一切語하며 供給所須호대 不失所
作自利益事호리니다
我言호대 舍利弗아 汝已朽邁하니 當須使人이어늘 云何方欲爲我給使아
乃至五百諸阿羅漢이 皆亦如是로대 佛悉不受하다
爾時에 目連이 在大衆中하야 作是思惟호대 如來가 今者에 不受五百比丘
의 給使하시니 佛意에 爲欲令誰作耶오 思惟是已에 即便入定하야 見如來
心이 在阿難許가 如日初出에 光照西壁하고 見是事已에 即從定起하야 語
憍陳如호대 大德이여 我觀如來호니 欲令阿難으로 給事左右니라
爾時에 憍陳如가 與五百阿羅漢으로 往阿難所하야 作如是言호대 阿難이여
汝今當爲如來給使하야 請受是事니라
阿難이 言호대 諸大德이여 我實不堪給事如來니 何以故오 如來尊重하사
如師子王하시며 如龍如火어늘 我今穢弱하니 云何能辦이리오
諸比丘가 言호대 阿難이여 汝受我語하야 給事如來하면 得大利益이니라
第二第三에 亦復如是한대 阿難이 言호대 諸大德이여 我亦不求大利益事며
實不堪任奉給左右니다 時에 目犍連이 復作是言호대 阿難이여 汝今未知
로다
阿難이 言호대 大德이여 唯願說之니라
目犍連이 言호대 如來가 先日에 僧中에 求使하실새 五百羅漢이 皆求爲之
호대 如來가 不聽이어시늘 我即入定하야 見如來意가 欲令汝爲시늘 汝今
云何로 反更不受오
阿難이 聞已에 合掌長跪하야 作如是言호대 諸大德이여 若有是事인대 如
來世尊이 與我三願하시면 當順僧命하야 給事左右리다

目犍連이 言호대 何等이 三願고 阿難이 言호대
一者는 如來가 設以故衣로 賜我라도 聽我不受요
二者는 如來가 設受檀越別請聽이라도 我不往이요
三者는 聽我出入을 無有時節이니라
如是三事를 佛若聽者시면 當順僧命하야 奉給如來하리다
時에 憍陳如와 五百比丘가 還來我所하야 作如是言호대 我等이 已勸阿難比丘에 唯求三願하니 若佛聽者시면 當順僧命이라 하니라
文殊師利여 我於爾時에 讚阿難言하사대 善哉善哉라
阿難比丘가 具足智慧하야 預見譏嫌이로다 何以故오 當有人言호대 汝爲衣食하야 奉給如來라 할새 是故로 先求不受故衣하며 不隨別請이라
憍陳如야 阿難比丘가 具足智慧하니 入出有時면 則不能得廣作利益四部之衆일새 是故로 求欲出入無時니라
憍陳如야 我爲阿難하야 開是三事하야 隨其意願이니라
時에 目犍連이 還阿難所하야 語阿難言호대 吾已爲汝하야 啓請三事하니 如來大慈하사 皆已聽許하시니라
阿難이 言호대 大德아 若佛聽者인대 請往給侍하리다
文殊師利야 阿難이 事我二十餘年에 具足八種不可思議하니
何等爲八고
一者는 事我已來二十餘年에 初不隨我하야 受別請食이요
二者는 事我已來에 初不受我의 陳故衣服이요
三者는 自事我來로 至我所時를 終不非時요
四者는 自事我來로 具足煩惱나 隨我入出諸王刹利豪貴大姓할새 見諸女人과 及天龍女호대 不生欲心이요
五者는 自事我來로 持我所說十二部經호대 一經於耳에 曾不再問호대 如寫甁水하야 置之一甁이요 唯除一問이니라
善男子야 琉璃太子가 殺諸釋氏하고 壞迦毘羅城이어늘 阿難이 爾時에 心懷愁惱하야 發聲大哭하고 來至我所하야 作如是言호대 我與如來로 俱生此城

하야 同一釋種어늘 云何如來光顔如常닛고 我則憔悴니다 我時答言호대 阿難아 我修空定일새 故不同汝니 過三年已에 還來問我하라 世尊이시여 我往於彼迦毘羅城하야 曾聞如來가 修空三昧하니 是事가 虛實이닛가 我言하되 阿難아 如是如是하야 如汝所說이니라

六者는 自事我來로 雖未獲得知他心智나 常知如來의 所入諸定이요

七者는 自事我來로 未得願智로대 而能了知如是衆生이 到如來所하야 現在에 能得四沙門果하며 有後得者하며 有得人身하며 有得天身하니라

八者는 自事我來로 如來所有祕密之言을 悉能了知니라

善男子야 阿難比丘가 具足如是八不思議일새 是故로 我稱阿難比丘가 爲多聞藏이라 하노라

善男子야 阿難比丘가 具足八法하야 能具足持十二部經하니 何等爲八고

一者는 信根이 堅固요 二者는 其心質直이요 三者는 身無病苦이요 四者는 常勤精進이요 五者는 具足念心이요 六者는 心無憍慢이요 七者는 成就定慧요 八者는 具足從聞生智니라

文殊師利야 毘婆尸佛의 侍者弟子는 名阿叔迦니 亦復具足如是八法하고 尸棄如來의 侍者弟子는 名差摩迦羅요

毘舍浮佛의 侍者弟子는 名優波扇陀요

迦羅鳩村馱佛의 侍者弟子는 名曰跋提요

迦那含牟尼佛의 侍者弟子는 名曰蘇坻요

迦葉佛의 侍者弟子는 名葉婆蜜多니라

皆亦具足如是八法하며 我今阿難도 亦復如是하야 具足八法일새 是故로 我稱阿難比丘하야 爲多聞藏이라 하노라

善男子야 如汝所說에 此大衆中에 雖有無量·無邊菩薩이나 是諸菩薩은 皆有重任하니 所謂大慈·大悲라 如是慈悲之因緣故로 各各忽務하야 調伏眷屬하며 莊嚴自身일새 以是因緣으로 我涅槃後에 不能宣通十二部經하리라 若有菩薩이 或時에 能說이라도 人不信受니라

文殊師利여 阿難比丘는 是吾之弟라 給事我來가 二十餘年에 所可聞法을

具足受持하니 喩如寫水하야 置之一器라 是故로 我今에 顧問阿難이 爲何所在오하야 欲令受持是涅槃經이니라

善男子야 我涅槃後에 阿難比丘의 所未聞者는 弘廣菩薩이 當能流布요 阿難의 所聞는 自能宣通하리라

文殊師利여 阿難比丘가 今在他處하니 去此會外에 十二由延로대 而爲六萬四千億魔之所惱亂하니 汝可往彼하야 發大聲言호대 一切諸魔는 諦聽諦聽하라

如來가 今說大陀羅尼하시니 一切天龍·乾闥婆·阿修羅·迦樓羅·緊那羅·摩睺羅伽·人與非人과 山神·樹神·河神·海神·舍宅等神이 聞是持名하면 無不恭敬受持之者리라

是陀羅尼는 十恒河沙諸佛世尊의 所共宣說이시니 能轉女身하고 自識宿命하며 若受五事인대

一者는 梵行이요 二者는 斷肉이요 三者는 斷酒요 四者는 斷辛이요

五者는 樂在寂靜이라

受五事已에 至心信受讀誦書寫是陀羅尼하면 當知是人은 卽得超越七十七億弊惡之身하리라

爾時에 世尊께서 卽便說之하사대

아마례 비마례 나 마례 몽가 례 혜마라야 가 비 사만다발뎨례 사바라 타사단니 바라마타사단니 마나 사아보뎨 비라 디 암마래디 바람미 바람마사례 부라니 부라 나 마노래뎨

爾時에 文殊師利가 從佛하야 受是陀羅尼已에 至阿難所하고 在魔衆中하야 作如是言하사대 諸魔眷屬는 諦聽하라 我說所從佛受陀羅尼呪하리라

魔王이 聞是陀羅尼已에 悉發阿耨多羅三藐三菩提心하야 捨於魔業하고 卽放阿難이어늘 文殊師利가 與阿難로 俱하야 來至佛所하다

阿難이 見佛하야 至心禮敬하고 却住一面이어늘

佛告阿難하사대 是娑羅林外에 有一梵志하니 名須跋陀라 其年이 極老하야

已百二十니 雖得五通이나 未捨憍慢이라 獲得非想·非非想定하야 生一切智하고 起涅槃想하나니 汝可往彼하야 語須跋言호대 如來出世가 如優曇花라 於今中夜에 當般涅槃하리니 若有所作이어든 可及時作하고 莫於後日에 而生悔心케하라

阿難아 汝之所說을 彼定信受하리니 何以故오 汝曾往昔五百世中에 作須跋陀子일새 其人이 愛心習을 猶未盡라 以是因緣로 信受汝語이라 하라

爾時에 阿難이 受佛勅已에 往須跋所하야 作如是言호대 仁者아 當知하라 如來出世가 如優曇花라 於今中夜에 當般涅槃하리니 欲有所作이어든 可及時作하고 莫於後日에 生悔心也니라 須跋이 言호대 善哉라

阿難이여 我今當往하야 至如來所하리라

爾時에 阿難이 與須跋陀로 還至佛所하다 時에 須跋陀가 到已問訊하고 作如是言호대 瞿曇이여 我今欲問하노니 隨我意答하소서

佛言하사대 須跋陀여 今正是時니 隨汝所問하라 我當方便으로 隨汝意答호리라

瞿曇이여 有諸沙門과 婆羅門等이 作如是言호대 一切衆生의 受苦樂報가 皆隨往日의 本業因緣이라 是故로 若有持戒精進하야 受身心苦인하면 能壞本業이요 本業既盡하면 衆苦盡滅이요 衆苦盡滅하면 即得涅槃이라 하니 是義가 云何오

佛言하사대 善男子야 若有沙門과 婆羅門等이 作是說者인대 我爲憐愍하야 常當往至如是人所하야 既至彼已에 我當問之호대 仁者가 實作如是說不아 彼若見答호대 我如是說이로라

何以故오 瞿曇이여 我見衆生이 習行諸惡에 多饒財寶하고 身得自在하며 又見修善호대 貧窮多乏하고 不得自在하며 又見有人은 多役力用호대 求不能得하며 又見不求호대 自然得之하며 又見有人은 慈心不殺호대 反更中夭하고 又見憙殺호대 終保年壽하며 又見有人은 淨修梵行하야 精勤持戒하야 有得解脫하며 有不得者하니 是故로 我說一切衆生의 受苦樂報가 皆由往日의 本業因緣이라 하니라

須跋陀여 我復當問리라 仁者가 實見過去業不아 若有是業인대 爲多少耶아 現在苦行으로 能破多少耶아 能知是業이 已盡不盡耶아

是業이 既盡에 一切盡耶아 彼若見答호대 我實不知로라 하면 我便當爲彼人하야 引喻호대 譬如有人이 身被毒箭이어든 其家眷屬이 爲請醫師하야 令拔是箭하고 既拔箭已에 身得安隱이라

其後十年라도 是人이 猶憶하야 了了分明호대 是醫爲我하야 拔出毒箭하고 以藥塗拊하야 令我得差하야 安隱受樂이라 하리니 仁者는 既不知過去本業인대 云何能知現在苦行으로 定能破壞過去業耶아

彼若復言호대 瞿曇이여 汝今에 亦有過去本業이어늘 何故로 獨責我의 過去業가

瞿曇이여 經中에 亦作是說호대 若見有人이 豪貴自在하면 當知是人은 先世好施라 하니 如是가 不名過去業耶아

我復答言호대 仁者가 如是知者인대 名爲比知요 不名眞知라

我佛法中에 或有從因知果하며 或有從果知因하며 我佛法中에 有過去業하고 有現在業어늘 汝則不爾하야 唯有過去業하고 無現在業하며 汝法은 不從方便하야 斷業이나 我法은 不爾하야 從方便斷하며 汝는 業盡已에 則得苦盡이라 하나 我則不爾하야 煩惱盡已에 業苦則盡이라 하노니 是故로 我今에 責汝의 過去業이니라

彼人이 若言호대 瞿曇이여 我實不知어니와 從師受之호니 師作是說이요 我實無咎니라

我言호대 仁者여 汝師가 是誰오 彼若見答호대 是富蘭那라 하면 我復言曰 汝昔에 何不一一諮啓호대 大師여 實知過去業不아 汝師가 若言我不知者라 하면 汝復云何로 受是師語아 若言我知라 하면 復應問言호대 下苦因緣으로 受中上苦不아

中苦因緣로 受下上苦不아 上苦因緣로 受中下苦不아

若言不者라 하면 復應問言호대 師云何說苦樂之報가 唯過去業이요 非現在耶아 하며

復應問言호대 是現在苦가 過去에 有不아 若過去有인대 過去之業은 悉已都盡이라

若都盡者인대 云何復受今日之身이며 若過去에 無하고 唯現在有인대 云何復言衆生苦樂이 皆過去業이라 하느냐

仁者가 若知現在苦行으로 能壞過去業인대 現在苦行은 復以何로 破요 如其不破인대 苦即是常이요 苦若是常인대 云何說言得苦解脫이며 若更有行이 壞苦行者댄 過去가 已盡이어니 云何有苦리요

仁者여 如是苦行이 能令樂業로 受苦果不아 復令苦業으로 受樂果不아 能令無苦·無樂業으로 作不受果不아

能令現報로 作生報不아 能令生報로 作現報不아 令是二報로 作無報不아 能令定報로 作無報不아 能令無報로 作定報不아

彼若復言호대 瞿曇이여 不能이라 하면 我復當言호대 仁者여 如其不能인대 何因緣故로 受是苦行고

仁者여 當知하라 定有過去業과 現在因緣하니 是故로 我言호대 因煩惱하야 生業하고 因業하야 受報라 하노라

仁者여 當知하라 一切衆生이 有過去業하고 有現在因하니 衆生이 雖有過去壽業이라도 要賴現在의 飮食因緣이니라

仁者가 若說衆生의 受苦受樂이 定由過去의 本業因緣은 是事不然하다

何以故오 仁者여 譬如有人이 爲王除怨하면 以是因緣로 多得財寶하리니 因是財寶하야 受現在樂라 如是之人은 現作樂因하야 現受樂報오

譬如有人이 殺王愛子하면 以是因緣으로 喪失身命하리니 如是之人은 現作苦因하야 現受苦報니라

仁者여 一切衆生이 現在에 因於四大時節과 土地人民하야 受苦受樂하나니 是故로 我說一切衆生이 不必盡因過去本業하야 受苦樂也라 하노라

仁者여 若以斷業因緣力故로 得解脫者인대 一切聖人이 不得解脫로라 何以故오 一切衆生의 過去本業이 無始終故라 是故로 我說修聖道時에 是道가 能遮無始終業이라 하노라

仁者여 若受苦行하야 便得道者인대 一切畜生도 悉應得道하리라 是故로 先當調伏其心이요 不調伏身이니 以是因緣로 我經中에 說호대 斫伐此林하고 莫斫伐樹하라 何以故오 從林生怖이요 不從樹生이라 欲調伏身인대 先當調心이니 心喻於林하고 身喻於樹니라

須跋陀가 言호대 世尊이시여 我已先調伏心이니다

佛言하사대 善男子여 汝今云何로 能先調心고

須跋陀가 言호대 世尊이시여 我先思惟호대 欲是無常이며 無樂이며 無淨이요 觀色이 即是常樂清淨이라 하야 作是觀已에 欲界結이 斷하고 獲得色處하니 是故로 名為先調伏心이니다

次復觀色호대 色是無常이며 如癰如瘡이며 如毒如箭하야 見無色은 常이며 清淨이며 寂靜하야 如是觀已에 色界結이 盡하고 得無色處하니 是故로 名為先調伏心이니다

次復觀想이 即是無常이며 癰瘡毒箭이라 하야 如是觀已에 獲得非想·非非想處하니 是非想·非非想이 即一切智며 寂靜清淨하야 無有墮墜요 常恒不變일새 是故로 我能調伏其心이니다

佛言하사대 善男子야 汝云何能調伏心耶아 汝今에 所得非想·非非想定은 猶名為想이라 涅槃은 無想이어늘 汝云何言獲得涅槃고

善男子야 汝已先能呵責麁想이나 今者에 云何愛著細想하야 不知呵責如是非想·非非想處가 故名為想하야 如癰如瘡이며 如毒如箭가

善男子야 汝師欝頭藍弗이 利根聰明로대 尚不能斷如是非想·非非想處일새 受於惡身이어든 況其餘者아

世尊이시여 云何能斷一切諸有이닛고

佛言하사대 善男子야 若觀實相하면 是人은 能斷一切諸有하리라

須跋陀가 言호대 世尊아이시여 云何名為實相이닛고

善男子야 無相之相을 名為實相니라

世尊이시여 云何名為無相之相닛고

善男子야 一切法이 無自相·他相과 及自他相하며 無無因相하고 無作相하

며 無受相·無作者相하고 無受者相하며 無法·非法相하고 無男女相·無士夫相하며 無微塵相·無時節相하고 無爲自相·無爲他相·無爲自他相하며 無有相·無無相하고 無生相·無生者相하며 無因相·無因因相하고 無果相·無果果相하며 無晝夜相하고 無明闇相하며 無見相하고 無見者相하며 無聞相하고 無聞者相하며 無覺知相하고 無覺知者相하며 無菩提相하고 無得菩提者相하며 無業相하고 無業主相하며 無煩惱相하고 無煩惱主相하니라

善男子야 如是等相이 隨所滅處를 名眞實相이니라

善男子야 一切諸法이 皆是虛假니 隨其滅處하야 是名爲實이며 是名實相이며 是名法界이며 名畢竟智이며 名第一義諦이며 名第一義空이니라

善男子야 是相法界畢竟智·第一義諦第一義空을 下智가 觀故로 得聲聞菩提하고 中智가 觀故로 得緣覺菩提하고 上智가 觀故로 得無上菩提하시니라

說是法時에 十千菩薩이 得一生實相하고 萬五千菩薩은 得二生法界하고 二萬五千菩薩은 得畢竟智하며 三萬五千菩薩은 悟第一義諦하니 是第一義諦는 亦名第一義空이며 亦名首楞嚴三昧라

四萬五千菩薩은 得虛空三昧하니 是虛空三昧는 亦名廣大三昧며 亦名智印三昧라 五萬五千菩薩은 得不退忍하니 是不退忍은 亦名如法忍이며 亦名如法界라 六萬五千菩薩은 得陀羅尼하니 是陀羅尼는 亦名大念心이며 亦名無礙智니라 七萬五千菩薩은 得師子吼三昧하니 是師子吼三昧는 亦名金剛三昧이며 亦名五智印三昧라 八萬五千菩提이 得平等三昧하니 是平等三昧는 亦名大慈大悲라

無量恒河沙等衆生이 發阿耨多羅三藐三菩提心하고 無量恒河沙等衆生이 發緣覺心하고 無量恒河沙等衆生이 發聲聞心하고 人女·天女·二萬億人은 現轉女身하야 得男子身하고 須跋陀羅는 得阿羅漢果하니라

大般涅槃經 卷第四十 終

부록 : 우리말 대반열반경 요의

부록 : 우리말 대반열반경 요의

1. 수명품(壽命品)의 말씀 중에서

나는 이와 같이 들었다.
어느 때 부처님께서 구시나국에 있는, 역사(力士)가 난 땅인 아리라발제 강가의 사라나무 사이에 계셨다. 그때 세존께서는 앞뒤로 둘러싼 큰 비구 팔십억 백천 인과 함께 하셨는데, 이월 십오일은 열반에 임하실 때였다.
"오늘 여래 응공 정변지께서는 중생을 불쌍히 여기고 중생을 보호하여 중생들을 나후라처럼 평등하게 보아 귀의할 곳이 되어 주며 온갖 집이 되어주고자 한다. 대각세존이 열반하고자 하니, 모든 중생들은 의심나는 것이 있다면 지금 모두 묻도록 하라. 이것이 마지막 물음이 될 것이다."

모든 중생들이 이것을 보고 듣고는 크게 걱정하고 근심하여 동시에 소리를 높여 슬피 울부짖으며 이렇게 말하였다.
"아아, 자애로운 아버지여, 아프고 괴롭습니다."
그리고 손을 들어 머리를 쥐어박기도 하고 가슴을 치며 외치기도 하고, 또한 어떤 자는 온몸을 떨며 눈물짓고 흐느끼기도 하였다.
이때 땅과 산과 바다가 모두 진동하자 중생들은 서로서로 말하였다.
"각자 슬픔을 억제합시다. 너무 근심하거나 괴로워하지만 말고 마땅히 빨리 구시나성의 역사가 난 곳에 계시는 부처님의 처소에 이르러 머리를 숙여 예를 올립시다. 그리고 여래(如來)께 가서 열반에 드시지 말고 한 겁 동안이나 아니 한 겁이 조금 모자라는 동안만이라도 세상에 머물러 주시기를 청해 봅시다."
그리고 서로 손을 이끌면서 이러한 말도 하였다.
"세상이 텅 비고 중생들이 복이 다하여 선하지 못한 모든 업들이 자꾸만 세상에 나타날 것입니다. 여러분 이제 어서 갑시다. 여래께서 오래지 않아 반드시 열반에 드실 것입니다."
다시 또 이러한 말도 하였다.

1. 수명품(壽命品)의 말씀 중에서

"세상이 비었습니다. 이제부터 우리들에게는 구호해 줄 분도 없고 우러러 받들 분도 없습니다.
빈궁하고 외롭습니다. 만일 위없는 세존(世尊)께서 멀리 떠나시게 되면 설사 의혹이 있다 한들 마땅히 다시 누구에게 묻겠습니까?"

그때 또한 이 항하의 모래 수와 같은 우바새들이 있었으니 오계(五戒)를 수지하고 위의를 구족하였는데, 그 이름은 위덕무구칭왕 우바새와 선덕 우바새 등으로서 그런 자들이 상수가 되었다.
그러나 세존께서는 때를 아시고 잠자코 받지 않으셨다.
이렇게 세 번 청했으나 모두 허락하지 않으시므로 여러 우바새들은 소원을 성취하지 못하였다. 그리하여 마음에 슬픈 번뇌를 품은 채 잠자코 있었다.
그것은 마치 외아들이 졸지에 병들어 죽어 그 유해를 무덤으로 보내어 안치하고 되돌아온 자상한 아버지처럼 탄식하고 한스러워하고 슬퍼하고 근심하고 고뇌하면서 가지고 갔던 공양거리를 한곳에 안치하고 한쪽 곁에 물러가서 고요히 앉았다.

그때 또한 일곱 항하의 모래 수와 같은 여러 왕들의 부인이 있었는데 다만 아사세왕의 부인(婦人)만은 제외였다.
그들은 다 중생을 제도하기 위하여 여인의 몸을 받았으며 항상 몸의 행을 살피되 공(空), 무상(無相), 무원(無願)의 법(法)으로 그들의 마음을 향기롭게 닦는 이들이었다. 그들의 이름은 삼계묘 부인, 애덕 부인 등이었다.
"지금 세존께서 계신 곳으로 찾아가서 뵈어야겠다."
이때 여러 부인들도 소원을 성취하지 못하고 마음으로 근심과 번뇌를 품은 채 스스로 머리카락을 쥐어뜯고 가슴을 치며 통곡하기를 마치 어머니가 사랑하는 아들의 장례를 만난 것과 같이 하였다. 그러면서 한 쪽 곁에 물러가 고요히 앉는 것이었다.

그때 욕계의 마왕 파순이 그 권속과 여러 천상의 채녀들과 무량하고 끝없는 아승기의 대중들을 데리고 지옥문을 열어 놓고 맑고 서늘한 물을 베풀어 주면서 말하였다.

부록 : 우리말 대반열반경 요의

탁기 타타라탁기 로하례 마하로례 아라 자라 다라 사바하

"이것이 주문입니다. 만일 이 주문을 능히 받아 지니는 자는 사나운 코끼리도 두렵지 않고 나아가 황야와 빈 구렁과 험난한 곳에 가더라도 무서움을 일으키지 않습니다. 또한 물, 불, 사자, 호랑이, 도둑과 왕에 의한 어려움도 없을 것입니다."

그때 부처님께서 마왕 파순에게 말씀하셨다.

"나는 너의 음식 공양은 받지 않겠으나 네가 설한 신주는 이미 받았으니, 그것은 모든 중생과 사부대중을 안락하게 하기 위함이다."

그때 동쪽으로 무량하고 수 없는 아승기 항하사 미진수 세계를 지나가서 불국토가 있는데, 그 이름은 의낙미음(意樂美音)이었다. 그리고 부처님 명호는 허공등여래 응공 정변지 명행족 선서 세간해 무상사 조어장부 천인사 불세존이셨다.

그때 그 부처님께서 제일 큰 제자에게 말씀하셨다.

"선남자야, 너는 지금 서방의 사바세계로 가라. 그 땅에 부처님께서 계시는데 명호는 석가모니 여래 응공 정변지 선서 세간해 무상사 천인사 불세존이시다. 그 부처님 위덕의 힘으로 말미암아 너희들의 몸에 있는 광명이 모두 나타나지 못하는 것이다. 그러므로 너희들은 환희할 것이지 두려운 마음을 품지 말라."

그때 모임 가운데 한 우바새가 있었는데, 구시나성에 사는 기술 좋은 집안의 아들로서 이름이 순타(純陀)였다.

그는 동료 열 다섯 사람과 함께 세간으로 하여금 선과를 얻게 하려고 일신상의 위엄을 버리고 자리에서 일어나 오른 어깨를 벗어 드러내고 오른 쪽 무릎을 땅에 대고 합장하였다.

"세존이시여, 저희들은 이제부터 주인도 없고 어버이도 없으며 구해 줄 자도 없고 보호해 줄 자도 없으며 귀의할 데도 없고 나아갈 데도 없습니다. 가난하고 궁핍하고 굶주리고 곤혹스러울 뿐이니, 여래를 따라 장래의 먹이를 구하여야 합니다.

오직 원하건대 불쌍하게 여기시어 저희들의 이 작은 공양을 받으신 뒤에 반열

1. 수명품(壽命品)의 말씀 중에서

반에 드십시오."

그때 일체종지를 갖추신 위없는 조어장부이신 세존께서 순타에게 말씀하셨다.
"착하고 착하다. 내가 지금 너의 빈궁함을 제거하고 위없는 法의 비를 네 몸의 밭에 내려 법의 싹이 트게 하겠다. 내가 지금 너에게도 수명과 미모와 힘과 안락과 걸림 없는 변재를 베풀어 주겠다.
순타야, 음식의 보시에 있어 과보의 차별이 없는 두 가지가 있다.
무엇이 두 가지인가?
첫째는 받고서 아뇩다라삼먁삼보리를 얻는 것이고,
둘째는 받고서 열반에 드는 것이다.
나는 지금 너의 마지막 공양을 받고 너로 하여금 단바라밀, 보시바라밀을 구족하게 할 것이다."

"선남자야, 여래는 이미 무량하고 끝없는 아승지수의 겁 이전부터 잡식의 몸 또는 번뇌의 몸이 아니고 또 최후의 끝이 있는 몸이 아니며, 항상하는 몸이요 법신이며 금강의 몸이다.
선남자야, 불성을 보지 못한 이를 이름하여 번뇌의 몸이고 잡식의 몸이라고 하니, 이는 최후의 끝이 있는 몸이거니와 보살이 그때 음식을 받고는 금강삼매에 들었고 이 음식이 소화된 뒤에는 곧 불성을 보고 아뇩다라삼먁삼보리를 얻었다.
그러므로 '두 가지 보시의 과보가 평등하여 차별이 없다'고 내가 설한 것이다."

그때 순타는 뛸 듯이 기뻐하였으니 마치 어떤 사람의 부모가 졸지에 돌아가셨다가 갑자기 다시 살아나셨을 때처럼 순타도 그와 같이 환희하였다.
그리하여 다시 일어나 부처님께 예배하고 게송(偈頌)을 읊었다.

부처님은 우담화와 같으니
만나 뵙고 믿기가 어렵다지만
만나 뵙고 선한 뿌리 심었으므로
아귀의 괴로움을 영원히 멀리했다.

아수라 종류까지
능히 감소시켰다.
겨자씨를 던져 바늘 끝을 맞추는 것보다
부처님 나시는 일이 더 어렵다.

보시를 구족함으로써
인간과 천신에의 생사를 건넜다.
부처님은 세간법에 물들지 않으니
연꽃이 물 가운데 있는 것 같다.

유정(有情)의 종자마저 잘 단절하여
나고 죽는 물결을 영원히 건넜다.
사람으로 세상에 태어나기도 어렵지만
부처님 세상 만나기는 더욱 어렵다.

큰 바다 속의 눈먼 거북이
떠다니는 나무 구멍을 만나는 것 같다.
내가 지금 바치는 음식으로
위없는 과보 얻기 원하나이다.

"또한 문수사리여, 마치 비유컨대 어떤 가난한 여인이 거주할 집도 없고 구호해줄 사람도 없는데 병고(病苦)까지 더하여 기갈에 핍박 받았습니다. 그리고 거지로 다니다가 어느 객점에서 멈추어 자식을 낳으니, 객점 주인이 쫓아내어 떠나게 하였습니다. 그 길을 가는 도중에 폭풍우를 만나 차가운 고통이 막심한 가운데 모기, 등에, 벌 등의 독충에게 물어 뜯기었습니다. 그리고 항하의 물을 지나야 하기에 아이를 안고 건너게 되었는데 물살이 급한 가운데 아기를 놓치지 않으려다가 모자가 함께 물에 빠졌습니다.
그러나 이 여인이 자념(慈念)의 공덕으로 죽어서 범천에 태어났으니 이와 같습니다. 문수사리여, 만일 어떤 선남자가 정법을 보호하려면 여래(如來)께서 제행과 같다고도, 같지 않다고도 말하지 말아야 합니다. 그리고 다만 스스로 이렇

1. 수명품(壽命品)의 말씀 중에서

게 책망해야 합니다.
'내가 지금 어리석어 지혜의 눈이 없으니 여래의 정법이 불가사의하구나.'
그러므로 여래를 가리켜 결정코 유위(有爲)이다. 결정코 무위(無爲)이다 라고도 말하지 말아야 하니, 만일 정견을 가진 자라면 여래께서는 결정코 무위라고 할 것입니다.
왜냐하면 중생들에게 선한 법을 일으키게 하면 중생들을 불쌍히 여기는 까닭이니, 저 가난한 여인이 항하를 건너가다 자식을 사랑하여 몸과 목숨을 버리는 것과 같은 까닭입니다.
선남자(善男子)여, 법을 수호하는 보살도 그와 같습니다. 몸과 목숨을 버릴지언정 여래께서 유위와 같다고 말해서는 안 되고 마땅히 무위와 같다고 말해야 하니, 무위와 같다고 말하면 아뇩다라삼먁삼보리를 얻는 것이 마치 저 여인이 범천에 태어남을 얻는 것과 같을 것입니다. 왜냐하면 수호한 까닭입니다.
어떻게 법을 수호하였느냐고 하면, 여래께서 무위와 같다고 말할 것입니다.
선남자여, 이런 사람은 해탈을 구하지 아니하여도 저절로 이루게 되니. 저 가난한 여인이 범천(梵天)에 나기를 구하지 않았지만 범천에 저절로 나게 된 것과 같습니다."

부처님께서 다시 여러 비구들에게 말씀하셨다.
"너희들이 계율(戒律)에 대하여 의심이 있으면 지금 마음대로 물어 보아라. 나는 마땅히 해설하여 너희들을 기쁘게 하겠다.

"세존(世尊)이시여, 저희들은 지혜가 없어 여래 응공 정변지께 능히 여쭐 수 없습니다.
세존이시여, 이를테면 어떤 노인이 나이는 백스무 살인데 몸이 오랫동안 병들어 침상에 누워 마음대로 일어나지도 움직이지도 못하며 기력이 허약하여 남은 수명이 얼마 되지 않습니다.
한 부자가 일이 있어 다른 지방으로 가고자 하여 황금 1백 근을 그 노인에게 맡기고 말했습니다.
'나는 지금 다른 지방으로 가게 되어 이 보물을 당신에게 맡깁니다. 10년 뒤에 돌아오거나 20년 뒤에 내가 다시 돌아오거든 당신은 마땅히 나에게 돌려주시

오.'

그때 노인은 곧 바로 그것을 받았으나 그 노인에게는 다시 이어받을 자손이 없었고 그 뒤에 오래지 않아 병이 심해져 죽어버렸고 맡겼던 재물도 모두 잃어버리고 말았습니다.

그 후에 재물 주인이 돌아왔으나 빌려준 것을 찾을 길이 없었습니다.

이 어리석은 사람은 맡겨도 될지 어떨지를 요량하지 못하였으므로 돌아와서도 빌려준 것을 찾을 곳이 없었고 그런 인연으로 재산과 보배를 잃어버렸습니다.

세존(世尊)이시여, 저희 성문(聲聞)들도 역시 그러합니다. 여래의 은근한 가르침을 들었음에도 그것을 수용하여 지니지 못했기에 그 法을 오래도록 머물지 못하게 했으니, 마치 노인이 남이 맡긴 것을 받은 것과 같습니다."

"선남자(善男子)야, 마치 나무로 말미암아 나무 그림자가 있는 것과 같으니, 여래도 역시 그러하다. 항상한 법이 있으므로 귀의할 데가 있는 것이니, 이는 무상(無常)한 것이 아니다. 만일 여래가 무상하다면 여래는 천신들과 세상 사람들의 귀의할 곳이 아닌 것이다."

가섭보살이 부처님께 말씀드렸다.

"세존이시여, 비유하면 어둠 속에서는 나무가 있어도 그 그림자는 없는 것과 같습니다."

"가섭아, 너는 '나무는 있어도 그림자는 없다'고 말하지 말라. 단지 육안으로 보이는 것이 아닐 뿐이다.

선남자야, 여래도 역시 그러하여 그 성품이 항상 머물러 바뀌지 않지만 지혜 없는 눈으로는 볼 수 없는 것이니, 마치 어둠 속에서 나무 그림자를 보지 못함과 같다.

범부(凡夫)가 부처님이 멸도한 뒤에 여래가 무상한 법이라고 말하는 것도 역시 그러하다."

2. 금강신품(金剛身品)의 말씀 중에서

그때 세존께서 다시 가섭에게 말씀하셨다.
"선남자(善男子)야, 여래의 몸은 항상 머무는 몸이고 부서질 수 없는 몸이며 금강(金剛)의 몸이며 잡식(雜食)하지 않는 몸이니 곧 법신이다."

"선남자야, 너는 마땅히 알아야 한다.
곧 여래의 몸은 무량 억겁 동안에 매우 견고하여 부수기 어려운 것이요,
인간과 천신(天神)의 몸이 아니며,
두려워하는 몸이 아니며 잡식하는 몸이 아니다.
여래 몸은 몸이 아니니 이 몸은 생(生)하지도 않고 멸(滅)하지도 않으며 익히지도 않고 닦지도 않은 것이다.
무량(無量)하고 끝이 없고 발자취가 없으며 앎도 없고 형상도 없으며 마침내 청정하여 동요함이 없다.
받음도 없고 행함도 없으며 머묾도 없고 지음도 없으며 맛도 없고 섞음도 없다.
유위(有爲)가 아니고 업(業)도 아니며 결과도 아니고 행도 아니며 멸함도 아니고 마음도 아니며 마음에 속한 것도 아니며 수(數)도 아니다.
식별이 없으니 떠나기도 하고 마음을 떠나지 않기도 하며 그 마음이 평등하여 없으면서 또한 있다.
가고 옴이 없으나 가고 오기도 하며 깨뜨려 지지도 않고 부수어지지도 않으며 끊어지지도 않고 잘라지지도 않으며 나오지도 않고 멸하지도 않는다.
주인이 아니면서 주인이기도 하고 있음도 아니고 없음도 아니며 사색(각覺)도 아니고 사려(관觀)도 아니다.
글자도 아니고 글자 아님도 아니며 결정된 것도 아니고 결정되지 않은 것도 아니며 볼 수가 없으면서 분명히 보기도 한다.

장소가 없기도 하고 장소가 있기도 하며 집이 없기도 하고 집이 있기도 하며 어둠도 없고 밝음도 없으며 고요함이 없으면서도 고요하기도 한 것이다.
이것은 무소유(無所有)니 받지도 못하고 베풀지도 못하여 청정하여 때가 없으니 다툼도 없애고 다툼을 끊었다."

"가섭아. 여래 진신(眞身)의 공덕이 그러하니 어찌하여 여러 질환의 괴로움이 있으며 걱정되고 위태하며 견고하지 못함이 그릇과 같겠는가?
가섭아, 여래가 병의 고통을 나타내는 이유는 중생들을 조복하기 위한 것이다."

3. 명자공덕품(名字功德品)의 말씀 중에서

가섭보살이 부처님께 말씀드렸다.
"세존이시여, 이 경(經)은 무엇이라 이름해야 하며 보살마하살들이 어떻게 받들어 지녀야 합니까?"
부처님께서 말씀하셨다.
"가섭아, 이 경의 이름은 대반열반이니 처음 말도 선하고 가운데 말도 선하고 아랫말도 선하다. 의미가 깊고 그에 맞추어 문장도 좋으며 순일하게 청정한 범행(梵行)을 구족하였다.
금강보장(金剛寶藏)은 충족되어 모자라는 일이 없다. 너는 지금 자세히 들으라. 내가 이제 마땅히 말하겠다.
선남자야, 대(大)라고 말하는 것은 항상하다는 것을 이름한 것이니, 마치 여덟 큰 하천이 큰 바다에 들어가는 것과 같다. 이 경도 그와 같아서 모든 결박들과 번뇌와 악마의 성품을 항복받고 그런 뒤에 대반열반에서 몸과 목숨을 버리는 것이니, 그러므로 대반열반이라 이름한다.
선남자야, 마치 어떤 의사(醫師)가 한 가지 비방이 있어 그것이 모든 의술과 방법을 모두 포함하는 것과 같다. 여래도 그와 같아서 설하였던 여러 가지 미묘한 법의 비밀하고 심오한 법장의 문이 모두 대열반에 들어가니 그러므로 이름하여 대반열반이라 한다.
선남자야, 비유하면 농부가 봄에 씨를 뿌리고 항상 무언가 희망하다가 과일과 열매를 거두게 되면 온갖 희망이 모두 쉬듯이, 선남자야 모든 중생도 역시 그러하다.
다른 경전을 익히고 배울 적에는 항상 재미있을 것을 희망하지만, 이 〈대반열반경〉을 듣고 나서는 다른 경에서 재미있을 것을 희망하던 것이 영원히 끊어지니, 이 대반열반은 중생들로 하여금 모든 유(有)의 물결에서 벗어나게 하는 것이다.

선남자야, 모든 자취 중에는 코끼리의 자취가 제일이듯이 이 경도 그와 같아서 모든 경전의 삼매 중에 최상이며 제일이다."

4. 여래성품(如來性品)의 말씀 중에서

그때 가섭보살이 부처님께 말씀드렸다.
"세존이시여, 부처님께서 말씀하셨듯이 여러 부처님 세존에게는 비밀장이 있다 하였으나 그 의미는 그렇지 않습니다. 왜냐하면 모든 부처님 세존은 비밀한 말씀만 있지 비밀장(祕密藏)은 없는 것입니다.
비유하면 환술사가 기관을 장치하여 만든 나무 사람과 같습니다. 그 나무 사람이 구부리고 펴고 쳐다보고 내려다보는 것이 사람들과 같으니, 그 나무 사람이 구부리고 펴고 쳐다보고 내려다보는 것을 사람들이 비록 지켜보지만 그 속에 어떤 일이 있는지는 알지 못하는 것과 같습니다.
그러나 부처님 법은 그렇지 아니하여 중생들로 하여금 모두 보고 알 수 있게 하시니, 어찌하여 모든 부처님. 세존께 반드시 비밀장이 있다고 말할 수 있겠습니까?"

부처님께서 가섭을 칭찬하셨다.
"훌륭하고 훌륭하다. 선남자야, 너의 말과 같이 여래에게는 실로 비밀장이 없다. 왜냐하면 가을의 보름달이 허공에 뚜렷이 드러났을 때에 청정하여 가리는 것이 없음을 사람들이 모두 다 본다.
여래의 말도 역시 그러하여 열려 나와 있고 뚜렷이 드러나 있고 청정하여 가리는 것이 없다. 어리석은 사람이 알지 못하여 비밀장이라고 일컫지만 지혜로운 이는 뚜렷이 통달하여 감춰진 것이라고 이름 하지 않는다."

"선남자야, 비유하면 어떤 장자가 외아들을 두고 마음으로 항상 떠올리고 그리워하고 사랑하였다. 스승에게 보내어 학문을 배우게 하려다가 빨리 성취하지 못할까 염려하여 도로 데려왔다.
그런데 사랑하는 까닭에 밤낮으로 은근히 가르쳤으나 반쪽 글자(半字)만 가르쳤을 뿐 비가라론(毘伽羅論: 문법)은 가르치지 못하니, 왜냐하면 나이가 어려서 감당하지 못할까 두려워하는 까닭이다.

선남자야, 그 위대한 장자는 여래를 일컫는다.
그리고 외아들이라 말한 것은 모든 중생을 비유한 것이니,
여래는 모든 중생을 외아들과 같다고 여기는 것이다.
외아들을 가르친다는 것은 성문 제자를 일컫고, 반쪽 글자는 아홉 종류의 경전을 일컫는 것이다. 비가라론이란 것은 방등(方等)과 같은 대승경전을 일컫는 것이다."

"또한 선남자야, 비유하면 여름철에는 큰 구름과 우레가 일어나고 큰 비가 내리면 농부들로서 씨를 심은 자는 열매를 많이 거둘 것이고 씨를 심지 않은 자는 수확할 것이 없는 것과 같다.
그런데 수확하지 못하는 것은 용왕이 인색하기 때문이 아니니, 용왕에게는 역시 감추는 것이란 없다.
여래인 나도 지금 역시 그리하여 큰 법의 비인 대열반경을 내리는데, 만약 모든 중생들로서 선한 종자를 심은 자라면 지혜의 싹과 열매를 수확하고 선한 종자가 없는 자는 수확할 것이 없다.
그러나 수확하지 못하는 것은 여래의 허물이 아니니 부처님 여래께서는 실로 감추는 것이 없다."

"열반(涅槃)이라고 말하는 것은 상처가 나거나 헌 데가 결코 없다는 의미이다.
선남자야 비유하면 어떤 사람이 독한 화살을 맞고 많은 고통을 받고 있는데, 좋은 의사를 만나 독화살을 빼고 미묘한 약을 발라서 고통을 떠나고 안락함을 받게 한다. 그 의사가 다시 다른 성읍이나 여러 취락으로 다니면서 병환의 고통이 있고 상처 나고 헌 데가 난 자가 있는 곳을 찾아다니면서 온갖 괴로움을 치료하는 것과 같다.
선남자야, 여래도 역시 그리하여 등정각을 이루고 위대한 의왕이 되어 염부제에서 고뇌하는 중생들이 무량한 겁 동안에 음욕과 분노와 어리석음 등의 번뇌

4. 여래성품(如來性品)의 말씀 중에서

의 화살을 맞고 끊어지는 듯한 큰 고통을 받는 것을 보고 이들을 위하여 대승 경전의 감로 법약(法藥)을 설하여 이것을 치료한다.
그리고 다시 다른 곳으로 다니면서 여러 번뇌의 독화살이 있는 곳에서 부처를 이루고 드러내 보여 병을 치료하니, 그러므로 대반열반이라고 이름 하는 것이다."

"대반열반은 해탈처를 이름하는 것이니, 조복 받을 중생이 있는 곳을 따라서 여래도 그곳에서 드러내 보이는 것이다.

또한 해탈은 끓는 듯한 핍박이 없는 것을 이름한다. 비유하면 봄에는 따뜻해 하고 여름날에는 단 것을 먹고 겨울날에는 추위를 느끼는 것과 같다.
참된 해탈 가운데는 이렇게 마음에 맞지 않는 일이 없으니, 끓는 듯한 핍박이 없음은 참된 해탈에 비유되고 참된 해탈이 곧 여래이다. 또한 끓는 듯한 핍박이 없다는 것은 비유하면 어떤 사람이 생선과 고기를 배부르게 먹고 우유를 마신다면 이 사람은 죽음에 가까워 멀지 않은 것이니 참된 해탈에는 그러한 일이 없다. 이 사람이 만일 감로의 양약을 얻으면 걱정하는 것을 제거할 수 있을 것이니 참된 해탈도 역시 그러하다.
여기서 감로의 양약이 참된 해탈에 비유되고 참된 해탈이 곧 여래이다.
어떤 것을 끓는 듯한 핍박이라 하며 또한 끓는 듯한 핍박이 아니라 하는가?
비유하면 범부(凡夫)가 아만심(我慢心)을 지녀 스스로를 높인다. 그리하여 모든 무리들 중에 자신을 해칠 자가 없다고 생각하면서 독사나 호랑이 또는 독충을 손으로 붙잡는다면 이 사람은 자신의 수명이 다하기 전에 횡사할 것을 마땅히 알아야 한다.
그러나 참된 해탈에는 그러한 일이 없다."

부처님께서 가섭에게 말씀하셨다.
"선남자야, 이 경은 내가 반열반한 뒤 사십년쯤 동안에 염부제(閻浮提)에 널리 유포되다가 그 뒤에는 땅 속으로 숨어버릴 것이다.
선남자야, 마치 감자, 멥쌀, 석밀, 우유, 소(酥), 제호 등이 있는 곳에서 그곳의 백성들은 모두 그것이 맛좋은 것이며, 맛좋은 것 중에서도 제일이라 할 것이다. 그러나 어떤 사람들은 오로지 좁쌀이나 돌피씨(稗子)만 먹으면서도 역시 말하기를 자신이 먹은 것이 최상의 것이고 제일이라고 말할 것이다.
이 박복한 사람은 업보를 받은 결과가 그렇기 때문이다. 그리고 앞서의 복 있는 사람은 좁쌀이나 돌피씨는 이름도 듣지 못하고 오직 멥쌀, 감자, 석밀, 제호만 먹을 것이다. 이 대열반의 미묘한 경전도 역시 그러하다.
둔한 근기를 지닌 자들은 박복하여 듣기를 좋아하지 않으니, 그것은 마치 박복한 사람이 멥쌀이나 석밀 등을 싫어하는 것과 같다. 이승(二乘)의 사람들도 역시 그러하여 위 없는 〈대반열반경〉을 싫어할 것이다.
한 중생이 이 경전 듣는 것을 달게 여기고 좋아하며 듣고는 환희하여 비방하는 마음을 일으키지 않는 것은 저 복 있는 사람이 멥쌀을 먹는 것과 같은 것이다."

"선남자야, 어떤 왕이 험악한 깊은 산속에 거처하면서 감자, 멥쌀, 석밀이 있지만 얻기 어려우므로 쌓아둔 채 아끼고 탐착하면서 감히 먹지 아니하고 그것이 떨어질까 두려워 좁쌀과 돌피씨앗만 먹었다.
다른 나라 왕이 그 소문을 듣고 불쌍하게도 생각하고 우습게도 생각하여 수레에 멥쌀과 감자 따위를 실어 보내었다. 그 왕은 받아서 온 나라에 나누어 함께 먹도록 하였다. 백성들이 그것을 먹고 모두 환희하며 '저 나라 왕의 덕분으로 우리들이 이토록 매우 드문 음식을 먹었다'고 말할 것이다.
보살들이 이 경을 얻고는 곧 다른 사람에게 널리 연설하니 무량한 대중으로 하여금 이러한 대승법의 맛을 수용하게 하였다.
이것은 모두 이 한 보살의 힘으로 듣지도 못하던 경전을 모두 듣게 한 것으로서 저 나라 사람들이 왕의 힘으로 매우 드문 음식을 먹게 된 일과 같은 것이다.
또한 선남자야, 이 대열반의 미묘한 경전이 유포되는 장소가 있다면 그 장소가 곧 금강(金剛)이고, 그 속에 있는 모든 사람들도 금강임을 마땅히 알아야 한다. 그러한 경을 듣는 자는 아뇩다라삼먁삼보리에서 물러나지 아니할 것이고, 그 소원에 맞추어 모두 성취하게 되니, 오늘 내가 선언하는 것과 같을 것이다."

4. 여래성품(如來性品)의 말씀 중에서

"만일 나의 성문 제자들도 제일 드문 일을 행하려거든 마땅히 세간(世間)을 위하여 그러한 대승경전을 자세히 널리 설해야 할 것이다.
선남자야, 비유하면 안개와 이슬이 아무리 세력이 있다 하더라도 해 뜰 때를 지나 머물 수는 없는 것이니, 해가 뜨면 할 수 없이 소멸되어 없어지는 것과 같다.
선남자야, 모든 중생들이 지닌 악업(惡業)도 역시 그러하여 세상에 머물러 있는 세력이 있다 해도 대열반의 태양을 볼 때까지이니, 그 태양이 뜨면 모든 악업이 모두 제거되고 소멸하게 된다.
또한 선남자야, 어떤 사람이 출가하여 머리를 깎고 비록 가사를 입었으나 아직 사미의 십계를 받지 못하였는데, 어떤 장자가 와서 승단의 대중을 초청하면 수계(戒)를 받지 못한 자도 대중과 함께 그 초청을 받아들이게 된다. 그것은 계(戒)는 비록 받지 못하였으나 승단의 범주에 들어가기 때문이다."

"선남자야, 비유하면 어떤 국왕이 병을 만나 죽었는데 아들은 어려서 아직 그 왕의 책임을 계승할 수 없었다. 그런데 한 전다라는 재물과 보배가 풍요한 거부로서 권속도 무량하게 많았다. 스스로의 강한 세력으로써 나라가 허약해진 틈을 타서 왕의 자리를 강제로 빼앗았다.
그렇게 나라를 다스린 지 얼마 되지 않아 그 나라의 거사와 바라문 등이 배반하기도 하고 다른 나라로 멀리 도망가기도 하고 비록 나라에 남아 있는 자들도 나아가 그 왕을 눈으로 보려고 하지 않았다.
또는 어떤 장자와 바라문(婆羅門) 등은 본래의 땅을 떠나지 않았으니, 마치 나무가 자신이 태어났던 바로 그 자리에서 죽으려는 것과 같이 하였다.
이에 전다라(旃茶羅) 왕은 그 나라 사람들이 배반하고 도망하여 가는 줄을 알고 그 무리를 찾아 돌아오게 하고자 전다라들을 보내 길을 지키어 막게 하였다.
또한 칠일 후에는 북을 치고 소리를 지르면서 모든 바라문들에게 명령하였다.
'누군가 능히 나를 위하여 정수리에 물을 부어주는 스승에게는 마땅히 나라의 반을 나누어 상으로 주겠다.'
바라문들이 이 말을 들었으나 한 사람도 오지 아니하고 각각 이렇게 말하였다.
'그러한 일을 할 바라문이 어디 있겠느냐?'
이에 전다라왕이 다시 이렇게 말하였다.

'바라문들 중에 나의 스승이 되어 주는 자가 한 사람도 없으면 나는 요컨대 마땅히 바라문들을 끌어다가 전다라들과 함께 거주하며 먹고 자고 일을 같이하도록 만들겠다. 만일 내 정수리에 물을 부으러 오는 자가 있으면 나라의 반을 나누어 상으로 내려 주겠다는 나의 말은 빈말이 아닐 것이다. 주술을 부려서 이르게 할 삼십삼천의 미묘한 감로의 불사약을 나누어서 그것도 함께 먹을 것이다.'
그때 한 바라문 동자가 있었는데 약관의 나이에 깨끗한 행으로 스스로를 닦고 다스릴 줄 알았으며, 긴 머리를 특징으로 하고 주술을 잘 알았다.
그가 왕에게 가서 말하였다.
'대왕이여, 왕께서 시키시는 바를 제가 모두 능히 하겠습니다.'
그때 대왕은 환희심을 일으키고 이 동자의 말을 받아들여 정수리에 물을 붓는 스승으로 삼았다.
모든 바라문들이 그 소문을 듣고서 모두 화를 내면서 그 동자를 꾸짖었다.
'네가 바라문으로서 어찌하여 전다라의 스승이 되느냐?'
그때 그 왕은 나라의 반을 나누어서 동자에게 주고 나라 일을 함께 다스리고 경영하며 여러 해가 지났다.
그러다가 어느 때에 동자가 왕에게 말하였다.
'저는 바라문 가문의 법을 버리고 와서 왕의 스승이 되었습니다. 그리고 미세하고 비밀한 주문을 왕에게 가르쳤는데 지금도 대왕은 친밀하게 보이지 않는 듯합니다.'
그때 왕이 대답하여 말했다.
'어찌하여 내가 그대를 친밀하게 대하지 않겠느냐?'
동자가 답하였다.
'선왕께서 지니고 계시던 불사약(不死藥)을 아직 함께 먹지 아니하였습니다.'
왕이 말하였다.
'좋다, 좋다. 대사여, 나는 그것에 대해 실로 알지 못하니 대사는 필요한 대로 원하는 대로 가져가시기를 원하오.'
그때 동자는 왕의 말을 듣고 나서 곧 그것을 취하여 집으로 돌아가서 모든 대신들을 청하여 함께 그것을 먹었다. 신하들이 먹고 나서는 함께 왕에게 말하였다.

4. 여래성품(如來性品)의 말씀 중에서

'유쾌한 일입니다. 대사에게는 그 감로약이 있습니다.'
왕은 그런 일을 알고 나자 스승에게 말하였다.
'대사는 어째서 대신들 하고만 감로약(甘露藥)을 나누어 먹고 내 것은 남겨 놓지 않았느냐?'
그때 동자는 다른 독약이 섞인 약을 왕에게 주어 복용하게 하였다. 그러자 왕은 그 약을 먹고 잠깐 사이에 독약이 발작하여 정신을 잃고 땅에 쓰러져 알지 못하고 느끼지도 못하였으니, 죽은 사람과 같았다.
그때 동자는 전(前) 왕의 태자를 다시 세워 왕을 삼고 말하였다.
'왕의 자리에 관련된 법에 입각하면 그 자리에는 결코 전다라가 올라가서는 안 된다. 나는 옛날부터 아직 전다라가 왕이 된다는 것을 듣지도 보지도 못하였다. 전다라가 나라를 경영하고 백성을 다스린다는 것은 결코 있을 수 없다. 당신께서는 이제 마땅히 돌아가 선왕의 정법을 계승하여 나라를 다스리십시오.'
그때 동자는 그렇게 경영하고 다스리고 난 뒤 다시 해독약을 전다라에게 먹여 깨어나게 하였다. 그런 뒤에 나라에서 내쫓아 버렸다. 그때 동자는 비록 그러한 일을 하였지만 그 때문에 바라문의 법을 잃지 아니하였던 것이다.
다른 거사(居士)나 바라문(婆羅門) 등이 그러한 일을 듣고는 일찍이 없었던 마음을 일으켰다. 그리하여 '훌륭하고 훌륭하다. 그대가 능히 전다라왕을 잘 쫓아버렸다'고 찬탄하였던 것이다.
선남자야, 내가 열반한 뒤에 정법을 보호하고 유지할 보살 등도 역시 그러하여 방편의 힘으로써 계율을 파괴한 자 또는 이름만 빌린 자 또는 모든 부정한 물건을 받아서 쌓아 두는 승단과 그 사업을 공동으로 한다.
그때 만일 어떤 사람이 비록 계율(戒律)을 많이 범하였지만 그것이 금기를 훼손하는 많은 악한 비구들을 다스리기 위한 것인 줄을 보살들이 보았다면 곧 그에게 가서 공경하고 예배하고 네 가지 일로 공양해야 한다.
그리고 경서(經書)와 필요한 물건을 모두 받들어 올려야 하며 그것이 자기에게 없다면 마땅히 방편을 필요로 하니, 모든 단월로부터 구하고 빌려서라도 제공하여야 한다.
그러한 일을 위하기 때문이라면 여덟 가지 부정한 물건도 마땅히 저축할 만한 것이다. 왜냐하면 이 사람은 악한 비구들을 다스리려고 하는 것이니, 마치 동자가 전다라를 몰아내고자 한 일과 같기 때문이다.

부록 : 우리말 대반열반경 요의

그때 보살(菩薩)들이 비록 그러한 사람에게 공경하고 예배하며 여덟 가지 부정한 물건을 받아 쌓더라도 모두 죄가 없다.
왜냐하면 이 보살이 모든 악한 비구들을 배척하고 다스리고자 하는 것이며, 청정한 승단으로 하여금 안온히 머물게 하기 위한 것이며 또한 방등(方等)의 대승 경전을 유포하여 일체의 모든 천신과 인간들을 이익되도록 하고자 한 것이 그 까닭이기 때문이다.
선남자야, 그러한 인연으로 내가 경전에서 그러한 두 게송을 말하였으니, 모든 보살들로 하여금 모두 함께 법을 수호하는 사람을 찬탄하라 한 것이다. 그것은 저 거사와 바라문 등이 동자에 대해 '훌륭하고 훌륭하다'라고 찬탄하는 것과 같다.
법을 수호하는 보살도 마땅히 바로 그러하다.
만일 법을 수호하려는 자가 계율을 파괴한 자와 함께 일을 하는 것을 보고 누구든지 그가 죄가 있다고 설한다면, 그렇게 설한 사람이 스스로 재앙을 받을지언정 법을 수호하는 사람은 실제로 죄가 없다."

"부처님께서 말씀하신 것과 같이 이 비구들은 마땅히 네 가지 법에 의지해야 합니다. 무엇이 네 가지인가 하면,
1. 법에 의지해야 하고 사람에게 의지해서는 안 되는 것입니다.
2. 의미에 의지해야 하고 말에 의지해서는 안 되는 것입니다.
3. 지혜에 의지해야 하고 식별에 의지해서는 안 되는 것입니다.
4. 요의경(了義經)에 의지해야 하고 불요의경(不了義經)에 의지해서는 안 되는 것입니다."

"설산에 어떤 풀이 있는데 그 이름이 비니(肥膩)이다.
만일 소가 먹으면 순전한 제호를 얻게 되니 푸르고 누렇고 붉고 희고 검은 색이 없다. 단지 곡식이나 풀의 인연으로 그 우유의 색과 맛이 달라진다.
이 모든 중생들에게는 명과 무명 업을 인연으로 두 가지 모습이 생기는 것이니, 만일 무명(無明)이 전환하면 변하여서 명(明)이 되는 것이며, 모든 법들의 선한 것과 선하지 못한 것 등도 역시 그러하여 두 가지 모습이 없느니라.

4. 여래성품(如來性品)의 말씀 중에서

선남자야, 이 소가 풀을 먹은 인연으로 피가 변하여 하얗게 된다. 그리고 풀과 피가 없어진 뒤 중생의 복력(福力)이 변하여서 우유가 성취된다.
이 우유가 비록 풀과 피로부터 나오지만 두 가지라고 말할 수 없다.
오직 인연으로부터 생한다는 이름을 얻을 뿐이다."

"또 선남자야, 비유(譬喩)하면 다음과 같다.
사람들이 달이 나타나지 않은 것을 보고는 모두 달이 없어졌다고 말하고 없어졌다는 생각을 하지만, 달의 성품은 참으로 없어진 것이 아니다.
달이 돌아가서 다른 지방에 뜰 때 그 지방 중생들이 다시 달이 떴다고 일컫지만 달의 성품은 참으로 나는 일이 없다. 왜냐하면 수미산이 가려서 나타나지 못할망정 달은 항상 생하여 있는 것이고 났다 없어졌다 하는 것이 아니기 때문이다.
여래(如來) 응공(應供) 정변지(正遍知)도 역시 그러하다. 여래가 삼천대천세계에 나타나 혹은 염부제에서 부모가 있음을 드러내게 되면 중생들은 모두 '여래가 염부제 안에서 나셨다'고 말한다.
혹은 염부제에서 열반을 드러내 보이지만 여래의 성품에는 진실로 열반이 없다. 하지만 모든 중생들은 모두 여래가 진실로 반열반에 들었다고 말하니, 비유하면 달이 없어졌다고 하는 것과 같다.
선남자야, 여래 성품에는 실로 생멸이 없건만 중생을 교화하기 위한 까닭에 생멸(生滅)을 보인 것이다."

"또 선남자야, 비유하면 다음과 같다.
뭇별들이 낮에는 나타나지 않는데 이를 두고 사람들이 모두 '낮에는 별이 소멸한다'고 말하지만 실제로는 소멸하지 않은 것과 같다. 그것이 나타나지 않는 것은 태양빛이 비치기 때문이다.
여래도 역시 그러하여 성문 또는 연각은 볼 수 없으니, 비유하면 세간 사람들이 낮에는 별을 보지 못하는 것과 같다.

또 선남자야, 비유하면 다음과 같다.
어둡고 캄캄할 때 해와 달이 나타나지 않으면 어리석은 범부들은 해와 달이 소멸했다고 한다. 그러나 실로 해와 달은 소멸하지 않은 것과 같다.
여래의 정법이 멸진할 때에 삼보가 나타나지 아니함도 역시 그러하여 영원히 소멸하는 것이 아니다.
그러므로 마땅히 알아야 하니, 여래는 상주하여 영원히 소멸하는 것이 아니다.
그러므로 마땅히 알아야 하니, 여래는 상주하여 뒤바뀌지 않는다고 알아야 한다.
왜냐하면 삼보의 진실한 성품은 어떤 모든 때(垢)로도 더럽힐 수 없기 때문이다."

"또 선남자야, 비유하면 연꽃이 햇볕에 비추이게 되면 피지 않는 것이 없듯이 모든 중생도 역시 그러하다. 대열반의 해를 보고 듣게 되면 마음을 일으키지 못한 사람들도 모두 빠짐없이 마음을 일으켜서 보리의 원인이 된다. 그러므로 나는 '대열반의 빛이 털구멍에 들어가면 반드시 미묘한 원인이 된다'고 설하는 것이다.
일천제는 비록 불성이 있더라도 무량한 죄업에 얽혀 있다. 그리하여 나오지 못하는 것이 마치 누에가 고치 속에 들어 있는 것과 같다. 이러한 업의 인연으로 말미암아 보리의 미묘한 원인을 일으키지 못하고 생사에 유전하면서 끝이 없다."

"선남자야, 여래의 비밀한 말씀은 매우 깊고 알기 어렵다.
비유하면 다음과 같다. 한 대왕이 여러 군신들에게 선타바(先陀婆)를 가져오라고 하였다. 선타바는 이름은 하나였으나 실물은 넷이니,
첫째는 소금이고,
둘째는 그릇이고,
셋째는 물이고,
넷째는 말이다.
이러한 네 가지 법(法)을 모두 같은 이름으로 부르는 것이다.
지혜 있는 신하는 이러한 이름을 잘 알아서 만일 왕이 무언가를 씻으려 하면서 선타바를 찾으면 즉각 물을 받들어 올린다. 만일 왕이 식사하면서 선타바를 찾으면 즉각 소금을 받들어 올린다. 만일 왕이 식사를 마치고 장차 물을 마시려 하면서 선타바를 찾으면 즉각 그릇을 받들어 올린다. 그리고 만일 왕이 유

4. 여래성품(如來性品)의 말씀 중에서

람을 떠나려 하면서 선타바를 찾으면 즉각 말을 받들어 올린다.
이처럼 지혜 있는 신하(臣下)는 왕이 지닌 네 가지 비밀한 말을 잘 알듯이 이 대승경전도 역시 그러하다. 네 가지 무상이 있으니, 대승의 지혜 있는 신하는 마땅히 잘 알아야 할 것이다."

"선남자야, 비유하면 다음과 같다. 장자 또는 장자의 아들이 젖소를 많이 길렀는데, 그 소들은 갖가지 빛깔을 띠고 있었다.
항상 어떤 사람을 시켜 지키고 기르게 하였는데, 그 사람이 어느 때 제사를 지내기 위하여 모든 소의 젖을 모두 짜서 한 그릇 속에 담았다.
그런데 우유의 색깔이 같은 흰 색임을 보고 문득 크게 놀랐다. 그리하여 '소의 색깔이 각각 다른데 그 우유는 어찌하여 모두 같은 색깔일까?'라고 생각하였다.
이렇게 생각하던 그 사람은 모든 것이 중생들의 업보를 인연으로 하니, 그 때문에 우유 색이 하나임을 알았다.
선남자야, 성문과 보살도 역시 그러하다. 그들의 불성이 동일한 것은 비유하면 그 우유와 같다."

"또 선남자야, 비유하면 금광석을 다듬고 제련하여 모든 쇠똥과 찌꺼기를 없애고 녹인 뒤에는 금이 이루어지는데, 그때의 가치는 무량한 것과 같다."

5. 일체대중 소문품(一切大衆所問品)의 말씀 중에서

그때 세존(世尊)께서 입으로 푸른색, 노란색, 붉은색, 흰색, 분홍색, 자주색 등 갖가지 색의 광명을 놓아 방출하여 순타의 몸을 비추었다. 순타는 광명과 만나고 나서 모든 권속들과 더불어 여러 가지 음식을 가지고 부처님 계신 곳으로 빨리 나아갔다.

"순타야, 만일 비구 및 비구니 또는 우바새, 우바이로서 추악한 말을 하여 정법을 비방하거나 그러한 무거운 업을 짓고도 영원히 뉘우치지도 고치지도 아니하며 마음으로 부끄러워하지도 미안해하지도 않으면 그러한 사람을 이름하여 '일천제'의 길로 나아간다고 한다."

"그리고 사중(四重)을 범하거나 오역(五逆罪)을 짓고 스스로 그러한 죄를 지었음을 안다. 그러한 중대한 일이 있은 뒤에도 처음부터 두렵거나 무서워하지 않고 부끄러워하거나 미안해하지도 않으며 긍정하지도 드러내지도 않는다.
그리하여 부처님의 정법을 영원히 보호하고 아끼고 건립할 마음은 조금도 없으며 훼방하고 경시하고 천대하며 말에 허물이 많은 자가 있으니, 그러한 사람들도 이름하여 '일천제'의 길로 나아간다고 한다.
또한 만일 불, 법, 승이 없다고 말하면 그러한 사람도 이름하여 '일천제'의 길로 향한다고 한다.
이러한 일천제의 무리를 제외하고는 그 나머지에게 보시하는 것은 모두가 찬탄할 일이다."

"선남자(善男子)야, 비유하면 다음과 같다. 어떤 여인(女人)이 아기를 배어 곧 출산(出産)할 지경에 이르렀는데, 나라에 흉년이 들고 난리가 나서 다른 국토로 도주해 갔다.

5. 일체대중 소문품(一切大衆所問品)의 말씀 중에서

그러다 천신(天神)을 모시는 어느 사당에서 아기를 낳았는데, 그 뒤에 자기 나라가 안정되고 풍요롭게 되었다는 말을 들었다. 그리하여 아기를 데리고 본래의 땅으로 돌아오고자 하였다.

그러던 중도에 하수(河水)를 만났는데, 폭류를 이루어 물살이 급해 그 아이를 업고서는 능히 건널 수가 없었다. 이에 여인(女人)은 스스로 '**내가 정녕 한 곳에서 함께 죽을지언정 아이를 버리고 혼자 건널 수는 없다**'고 생각하였다.

그렇게 생각하고 난 다음에 모자(母子)가 함께 목숨을 마쳤는데, 죽은 뒤에 마침내 천상에 태어났다. 그것은 아이를 사랑하여 함께 건너려 한 까닭이니, 그 여인의 성품이 본래 폐악하였지만 아이를 사랑한 까닭에 천상에 난 것이다.

사중금과 오무간죄(五無間罪)를 범하고도 법을 수호하려는 마음을 일으키는 경우도 역시 그러하다. 먼저는 비록 선하지 못한 업(業)을 지었더라도 법(法)을 보호하려는 까닭에 세간의 위없는 복전이 되는 것이니, 법을 수호하면 이와 같이 무량한 과보가 있게 된다."

6. 현병품(現病品)의 말씀 중에서

그때 가섭보살이 부처님께 말씀드렸다.
"세존이시여, 여래께서는 모든 질병을 면하시고 나서 걱정과 고통을 제거하여 다시는 두려워하지 않으십니다.
세존이시여, 일체 중생들에게 네 가지 독화살은 병의 원인이 됩니다. 그 네 가지란 탐욕, 성냄, 어리석음, 교만입니다.
만일 병의 원인이 있으면 병이 생길 것입니다. 곧 애정과 열기로 생기는 폐병, 상기되어 구토하는 병, 피부가 가려운 것, 가슴이 답답한 것, 설사, 재채기, 트림, 오줌소태, 눈병, 귓병, 동통, 배가 부르고 속이 거북한 것, 정신 이상, 소갈증, 헛것이 보이는 것들입니다.
이와 같이 갖가지 몸과 마음의 온갖 병을 여러 부처님 세존께서는 모두 소멸하셨습니다. 그런데 여래께서는 오늘 무슨 인연(因緣)으로 문수사리보살에게 '오늘 내가 아프니, 너희들이 마땅히 대중을 위하여 법을 설하라'고 말씀하십니까?
세존께서는 실로 병이 없으신데 어찌하여 고요히 오른쪽 옆으로 누워 계십니까?"

"가섭아, 나는 지금 실로 모든 질병이 없다. 왜냐하면 부처님 세존들은 오래전부터 모든 병을 멀리 여의었기 때문이다. 또 가섭아, 여러 중생들이 대승방등의 비밀한 교법을 알지 못하기에 여래에게 진실로 병이 있다고 말하는 것이다.
가섭아, 여래를 인간 중의 사자라고 말하지만 여래는 실로 사자가 아니다. 이 말이 여래의 비밀한 교법이다.
가섭아, 여래를 인간 중의 큰 용이라고 말하지만 나는 이미 무량한 겁 동안에 이 업을 버렸다.
가섭아, 여래(如來)를 인간(人間)과 천(天)이라 말하지만 나는 진실로 인간도 천도

6. 현병품(現病品)의 말씀 중에서

아니다. 또 귀신도 건달바도 아수라도 가루라도 긴나라도 마후라가도 아니다. 나도 아니고 수명도 아니고 기를 수 있는 것도 아니고 인간의 스승도 아니다. 지음도 아니고 짓지 않음도 아니다. 받음도 아니고 받지 않음도 아니다. 세존도 아니고 성문도 아니고 말하는 것도 아니고 말하지 않는 것도 아니다. 이 말들이 모두 여래의 비밀한 교법(敎法)이다.

가섭아, 여래를 큰 바다나 수미산왕과 같다고 하지만 여래는 실로 짠맛도 아니고 돌산도 아니다. 이 말도 역시 여래의 비밀한 교법이다.

가섭아, 여래를 분타리(연꽃)라 말하지만 나는 실로 분타리가 아니다. 이 말이 곧 여래의 비밀한 교법이다.

가섭아, 여래를 부모와 같다고 하지만 여래는 실로 부모가 아니다. 이 말도 여래의 비밀한 교법이다.

가섭아, 여래를 큰 뱃사공이라 하지만 여래는 실로 뱃사공이 아니다. 이 말도 여래의 비밀한 교법이다.

가섭아, 여래를 장사의 주인 같다고 하지만 여래는 실로 장사의 주인이 아니다. 이 말도 여래의 비밀한 교법이다.

가섭아, 여래가 마군을 꺾어 항복시킨다 하지만 여래는 실로 악한 마음으로 그들을 항복시키려고 하지 않는다. 이 말도 여래의 비밀한 교법이다.

가섭아, 여래가 등창을 치료한다 하지만 나는 실로 등창을 치료하는 의원이 아니다 이 말도 여래의 비밀한 교법이다.

가섭아, 내가 먼저 말하겠다.

'만일 선남자나 선여인이 몸과 입과 마음으로 짓는 업을 잘 닦는다면, 목숨을 버렸을 때 친척들이 그 송장을 가져다가 불태우거나 강물에 던지거나 공동묘지에 버릴 것이다. 그러면 여우나 이리나 새나 짐승이 다투어 뜯어먹더라도 마음과 의지와 의식은 좋은 곳에 태어날 것이다.'

이 말도 여래(如來)의 비밀(祕密)한 교법(敎法)이다.

가섭아, 내가 지금 병났다고 말하는 것도 이와 같아서 여래의 비밀한 교법이다. 그러므로 문수사리에게 부촉하기를, '내가 지금 등이 아프니, 그대들이 사부대중을 위하여 법을 설하라'고 한 것이다.

가섭아, 바르게 깨달은 여래는 진실로 병이 있어서 오른쪽 옆구리로 누운 것이 아니며, 반드시 열반(涅槃)에 들 것도 아니다.

가섭아 이 대열반(大涅槃)은 곧 여러 부처님들의 깊고 깊은 선정이다. 이런 선정은 성문이나 연각이 행할 곳이 아니다.

가섭아, 그대가 먼저 묻기를 '여래께서는 어찌하여 기대어 누우셔서 일어나지 않으시고, 음식도 찾지 않으시고 권속들에게 살림살이를 보살피라고 하지 않으십니까?'라고 하였다.

가섭아, 허공의 성품도 앉거나 눕거나 음식을 찾거나 권속에게 살림살이를 살피라고 하지 않는다.

오고 감도 없이 태어남과 멸함과 늙음이 나타나면 파괴하여 번뇌의 얽매임에서 해탈하기도 한다. 스스로 말하지도 않고 다른 이에게 말하지도 않고, 스스로 풀지도 않고 다른 이를 풀어주지도 않으며, 편안한 것도 아니고 병난 것도 아니다. 선남자야, 여러 부처님 세존도 그와 같으셔서 허공과 같다."

7. 성행품(聖行品)의 말씀 중에서

"가섭아, 어떤 것이 보살마하살이 수행해야 하는 거룩한 행인가?
선남자야, 비유하면 어떤 사람이 구명부대를 몸에 달고 바다를 건너려고 하는 것과 같다. 그때 바다 속에 있던 나찰이 이 사람에게 구명부대를 달라고 하였다. 그 사람이 듣고 생각하길 '이것을 주면 나는 반드시 물에 빠져 죽을 것이다'라고 하였다.
그리고 대답하길, '나찰아, 내가 차라리 너에게 죽더라도 구명부대는 줄 수 없다'고 하였다.
또 나찰이 말하길, '만일 그대가 내게 전부 줄 수 없거든 반이라도 달라'고 하였다. 그래도 그 사람이 주지 않았다.
또 나찰이 말하기를, '그대가 반도 줄 수 없거든 삼분일의 일이라도 달라'고 하였다. 그 사람은 그래도 주지 않았다.
또한 나찰이 말하길, '그것도 줄 수 없거든 손바닥만큼도 줄 수 없다면 내가 배가 고프고 고통이 심하므로 원컨대 마땅히 티끌만큼이라도 달라'고 하였다.
또한 그 사람은 말하길, '지금 네가 달라는 것은 얼마 되지 않지만 내가 지금 바다를 건너가려 하는데 앞길이 얼마나 멀고 가까운지 알지 못한다. 만일 조금이라도 네게 준다면 거기에서 기운이 점점 새어나올 것이므로 큰 바다를 건너기 어려워서 가다가 물에 빠져 죽을 것이다'라고 하였다.
선남자야, 보살마하살이 계율(戒律)을 수호하고 지니는 것도 그와 같다."

"또 선남자야, 여덟 가지 모습을 고(苦)라 한다. 그것은
1. 태어나는 괴로움,
2. 늙는 괴로움,
3. 병드는 괴로움,
4. 죽는 괴로움,

5. 사랑하는 것과 이별하는 괴로움,
6. 미운 것과 만나는 괴로움,
7. 구하는 것을 얻지 못하는 괴로움,
8. 다섯 가지 음(陰)으로 이루어진 고(苦)이다.

이 여덟 가지 고(苦)를 일으키는 것을 집(集)이라 하고 이 여덟 가지 고가 없는 것을 멸(滅)이라 하며, 십력(十力), 사무소외(四無所畏), 삼념처(三念處), 대비(大悲)를 도(道)라 한다."
"가섭아, 세간의 중생들은 뒤바뀌는 마음에 덮여 있어서, 태어나는 것은 탐하고 집착하며 늙고 죽는 것은 싫어하고 근심한다.
가섭아, 보살(菩薩)은 그렇지 않아서 처음 태어나는 것을 관하고 나서 허물과 근심을 보는 것이다.
가섭아, 어떤 여인이 다른 이의 집에 들어갔는데 그 여자는 몸매가 단정하고 용모가 아름답고 좋은 영락으로 몸을 장엄하고 있었다. 곧 주인이 보고 물었다.
'그대의 이름은 무엇이며 누구에게 속해 있는가?'
여인이 대답하였다.
'나는 공덕대천입니다.'
주인이 물었다.
'그대는 가는 곳마다 무슨 일을 하는가?'
여인이 대답하였다.
'나는 가는 곳마다 갖가지 금, 은, 유리, 파리, 진주, 산호, 호박, 자거, 마노, 코끼리, 말, 수레, 노비, 하인들을 줍니다.'
주인이 듣고서 환희하는 마음이 일어나 뛸 듯이 즐거워하며 말했다.
'나에게 지금 복덕이 있어서 그대가 나의 집에 온 것이다.'
곧 향을 사르고 꽃을 뿌려 공양하고 공경하고 예배하였다.
또 문 밖에 다른 한 여인이 있는데 그 형상이 누추하고 의복이 남루하고 더럽고 때가 많고 피부가 쭈그러지고 살빛이 부옇게 되었다. 주인이 보고 물었다.
'그대의 이름은 무엇이며 누구에게 속해 있는가?'
여인이 대답하였다.

7. 성행품(聖行品)의 말씀 중에서

'나는 이름이 검둥이(黑闇)입니다.'
또 물었다.
'왜 검둥이라고 하였는가?'
여인이 대답하였다.
'나는 가는 곳마다 그 집 재물을 소모하게 합니다.'
곧 주인이 그 말을 듣고는 칼을 들고 말하였다.
'그대가 만일 빨리 가지 않으면 그대의 목숨을 끊겠다.'
여인이 대답하였다.
'그대는 왜 그렇게 어리석고 지혜가 없습니까?'
주인이 물었다.
'어째서 나를 어리석고 지혜가 없다고 하는가?'
여인이 대답하였다.
'그대의 집에 들어간 이는 나의 언니이며 나는 항상 언니와 거처를 같이 합니다. 만일 그대가 나를 쫓아낸다면 나의 언니도 쫓아내야 할 것입니다.'
주인이 안으로 들어서 공덕천에게 물었다.
'밖에 어떤 여인이 그대의 동생이라고 하는데 사실인가?'
공덕천이 대답하였다.
'그는 분명히 나의 동생이며 나는 항상 동생과 행동을 같이 했고 한 번도 떠난 적이 없습니다. 그리고 가는 곳마다 나는 항상 좋은 일을 하고 동생은 항상 나쁜 짓을 했으며, 나는 항상 이로운 일을 하고 동생은 항상 손해나는 일을 했습니다.
만일 나를 사랑한다면 그도 사랑해야 하며 나를 공경한다면 그도 공경해야 합니다.'
곧 주인이 말했다.
'만일 그렇게 좋은 일도 나쁜 짓도 한다면 나는 모두 받아들일 수 없으므로 마음대로 하시오.'
이때 두 여인이 서로 손을 잡고 살던 곳으로 갔다.
그때 주인은 그들이 간 것을 보고 기쁘고 즐거워서 무량하게 뛸 듯이 기뻤다.

이때 두 여인은 서로 손을 잡고 가난한 집에 도착했다. 가난한 사람이 보고는 마음이 기쁘고 즐거워서 곧 물었다.
'지금부터 갈 때까지 그대들 두 사람은 나의 집에 항상 머물길 원합니다.'
공덕천이 말하였다.
'우리들은 어떤 사람에게 쫓겨 왔는데 그대는 무슨 인연으로 우리들이 머물길 원합니까?'
가난한 사람이 대답했다.
'그대들은 지금 내가 그대들을 위하고 공경하고 있다고 생각한다. 그래서 둘 다 나의 집에 머물길 원하는 것이다.'
가섭아, 또 보살마하살도 그와 같아서 천상(天上)에 태어나길 원하지 않는다. 왜냐하면 태어나면 반드시 늙고 병들고 죽기 때문에 이렇게 모두 버리고 조금도 사랑하는 마음이 없는 것이다.
그러나 범부(凡夫)나 어리석은 사람은 늙고 병들고 죽는 것 등에 대하여 잘못이나 걱정을 알지 못하기 때문에 태어나고 죽는 두 가지 법(法)을 받으려고 탐하는 것이다."

"또한 가섭아, 비유하면 어떤 위험한 언덕 위에 풀이 덮여 있지만 그 언덕의 가장자리에 감로가 많이 있는 것처럼 만일 그것을 먹으면 수명이 천년이나 되며 모든 병이 영원히 소멸되고 안온하고 즐겁게 살게 될 것이다.
어리석은 범부는 그 맛만 탐하기 때문에 그 밑에 깊은 구덩이가 있는 것을 모른다. 곧 앞으로 나가 집어 먹으려다가 발이 미끄러져서 구덩이에 떨어져 죽지만 지혜 있는 사람은 미리 그런 것을 알고 피해 가는 것이다."

"또한 가섭아, 마치 가을에 피는 연꽃을 모든 사람이 보기를 좋아하지만 그것이 시들고 쇠잔해지면 모두들 천하게 여기는 것처럼,
선남자야, 장성한 때의 훌륭하던 기색도 또한 그와 같아서 모든 사람이 사랑하다가도 늙어지면 모두들 싫어하는 것처럼,
선남자여, 장성할 때의 훌륭한 기색도 그와 같아서 이미 늙음에 쪼달리면 세 가지 맛이 없어진다.
곧 첫째는 출가(出家)하는 맛이며,
둘째는 경을 외우는 맛이며,

7. 성행품(聖行品)의 말씀 중에서

셋째는 참선(參禪)하는 맛이다."
"가섭아, 어떤 것을 보살마하살이 대승의 대열반경을 수행하면서 병이 생기는 고통을 관하는 것이라 하는가?
곧 병이라는 것은 모든 안온하고 즐거운 일을 깨뜨리는 것이다. 비유하면 우박이 곡식의 싹을 상하게 하는 것과 같다.
또한 가섭아, 사람이 원수가 있으면 항상 마음이 근심스러우며 두려운 생각을 품는 것과 같다."

"또한 가섭아, 마치 파초나 대나무나 노새 짐승은 씨를 맺거나 새끼를 배면 곧 죽는 것처럼 선남자야, 사람도 또한 그와 같아서 병이 들면 곧 죽고 마는 것이다.
또한 가섭아, 전륜왕은 군대를 맡은 대신이 항상 앞에서 길을 안내하고 왕은 뒤에 따라간다.
또 물고기의 왕과 개미의 왕과 메뚜기의 왕과 소의 왕과 장사의 주인이 앞에 갈 때에도 이 여러 무리들이 모두 따라가고 뒤처지지 않는 것과 같다."
"선남자야, 비유하면 세간에서 필요로 하는 것이 즐거운 원인이 되므로 이것을 즐거움이라 이름한다. 곧 여색을 즐기는 것, 술을 마시는 것, 훌륭한 음식, 맛있는 음식, 목마를 때 물을 만나는 것, 추울 때 불을 만나는 것, 의복, 영락, 코끼리, 말, 수레, 노복, 하인, 금, 은, 유리, 산호, 진주, 창고, 곡식 등이다.
이런 것들은 세상에서 필요하기 때문에 이것이 즐거움의 원인이 되므로 즐거움이라고 이름하는 것이다."

"좋다, 좋다. 선남자야, 그대가 말한 대로 여러 인연은 결과도 아니며 원인도 아니다.
다만 오음(五陰)은 반드시 사랑을 원인으로 한다.
선남자야, 비유하면 대왕이 밖으로 유행하면 대신과 권속이 모두 따라다니는 것처럼 사랑도 역시 그와 같아서 사랑이 가는 곳에는 이 여러 번뇌들이 따라다니는 것이다.
비유하면 마치 끈끈한 옷에는 티끌이 와서 닿는 대로 붙는 것처럼 사랑도 그와 같아서 사랑하는 곳에 따라서 업과 번뇌도 머무는 것이다.

또한 선남자야, 비유하면 축축한 땅에는 싹이 잘 자라나는 것처럼 사랑도 그와 같아서 모든 업과 번뇌의 싹을 자라게 한다."

"선남자야, 나는 여러 行이 무상(無常)하다고 본다.
어떻게 아는가 하면 모든 것은 인연으로 말미암기 때문이다.
만일 여러 법이 인연으로 생겼다면 무상한 줄 알아야 한다. 이 여러 외도(外道)들은 어떤 한 법도 인연으로부터 생기지 않은 것이 없다고 한다.
선남자야, 불성은 생(生)하지도 않고 멸(滅)하지도 않으며, 가지도 않고 오지도 않는다.
또 과거(過去)도 아니고 현재(現在)도 아니며 미래(未來)도 아니다.
또 원인으로 지은 것도 아니고 원인 없이 짓는 것도 아니며, 짓는 것도 아니고 짓는 사람도 아니다.
또 모습도 아니고 모습 아닌 것도 아니며,
이름 있는 것도 아니고 이름 없는 것도 아니며,
이름도 아니고 색도 아니다.
또 긴 것도 아니고 짧은 것도 아니며,
오음(五陰), 십팔계(十八界), 십이입(十二入)에 속하는 것도 아니므로 이름하여 항상(恒常)하다고 한다.
선남자야, 불성(佛性)은 곧 여래(如來)이며
여래(如來)는 곧 법(法)이며
법(法)은 곧 항상한 것이다.
선남자야, 항상한 것이 곧 여래이며 여래는 곧 승단이며 승단은 곧 항상한 것이다.
이런 뜻으로 인연으로 생긴 법은 이름하여 항상하다고 하지 않는다."
"선남자야, 마음을 이름하여 무상하다고 한다.
왜냐하면 성품은 반연하는 것이며 서로 상응하고 분별하기 때문이다."
"선남자야, 만일 외도들이 기억하는 생각을 유아(有我)인 줄 안다고 한다면 기억하는 생각이 없어지므로 반드시 무아(無我)인 줄 알아야 할 것이다.
마치 어떤 사람에게 여섯 손가락이 있음을 보고 묻기를 '우리가 예전에 어디서 서로 만났는가?' 하는 것과 같다. 만일 유아라면 묻지 않겠지만 서로 묻는다는

7. 성행품(聖行品)의 말씀 중에서

것은 반드시 무아임을 알아야 한다.
선남자야, 만일 여러 외도(外道)들이 부정한 법이 있기 때문에 유아라고 안다면, 선남자야, 부정한 법이기 때문에 무아인 줄도 알아야 할 것이다.
마치 조달이 끝까지 조달이 아니라고 말하지 않는 것과 같다. 我도 그와 같아서 만일 반드시 이 아(我)가 끝까지 아(我)를 부정하지 않는다면 아(我)를 부정함으로써 반드시 아(我) 없는 줄 알아야 한다.
만일 부정함으로써 아가 있는 줄을 안다면 그대는 지금 부정하지 않은 것이므로 반드시 아(我)가 없을 것이다."

"선남자야, 과거 세상 부처님께서 아직 나타나시기 전에 내가 바라문이 되어 보살행을 수행하여 능히 모든 외도들의 경전과 논서를 모두 통달하였다. 또 고요한 행을 수행하며 위의를 구족하였으며 그 마음이 청정하였다. 또 탐욕을 낼 만한 외부 경계에 파괴 되지 않을 만하였으며 성냄의 불을 소멸하여 항상함, 즐거움, 아, 깨끗함의 법을 받아 지녔다.
그러나 여러 방면으로 대승경전(大乘經典)을 구하려고 했지만 끝내 방등경의 이름조차 들어 보지 못하였다.
그때 내가 설산에 있었는데, 그 산은 깨끗하게 흐르는 물, 목욕하는 못, 나무숲, 약나무들이 가득하였으며 곳곳의 바위틈에는 맑은 물이 흐르고 많은 여러 향기로운 꽃들이 두루 장엄되어 있었다.
또 여러 새와 짐승들이 헤아릴 수 없었고 맛있는 과일이 번성하여 그 종류를 헤아릴 수 없었다. 또 무량한 연 뿌리, 감로수 뿌리, 청목향 뿌리들이 있었다.
그때 내가 홀로 고요한 곳에 있으면서 오직 과일만을 먹었다. 그리고 전념하는 마음으로 사유하고 좌선하면서 무량한 세월을 지냈다.
그러나 여래께서 세상에 나타나셨다 거나 대승경전의 이름을 듣지 못하였다.
선남자야, 내가 그렇게 어려운 고행을 수행했을 때 석제환인과 여러 천신과 인간들이 마음이 크게 놀라고 이상하게 여겨서 곧 한곳에 모여서 서로서로 말하였다. 곧 이 게송을 말했다.

맑고 깨끗한 설산 가운데
고요히 앉아 있어 욕심 떠난 님

공덕으로 장엄한 거룩한 이를
각각 서로서로 가리키노라.

탐욕, 성냄, 교만 다 여의었고
여러 어리석음 아주 끊어서
추악하고 더러운 나쁜 소리가
입에서 나오는 일 보지 못했네.

그때 대중 가운데 어떤 한 천자(天子)가 있었는데 이름이 환희였다. 그는 또 게송을 말했다.

이와 같이 욕심 떠난 사람이
맑고 깨끗하고 부지런히 정진하다가
장차 제석이나 여러 천신이
되기를 구하지 않겠는가.

만일 이 사람이 외도(外道)라면
여러 고행 닦아 행할 때
제석천왕 앉아 있는 높은 자리를
많이 바라고 구하려고 하겠구나.

그때 어떤 한 선인 천자(天子)가 곧 제석천왕이 되어 게송(偈頌)을 말하였다.

하늘 임금인 교시가여
마땅히 그런 염려 하지 말라.
여러 외도들이 고행을 닦을 때
어찌 제석의 자리를 희망하겠는가.

이런 게송을 읊고 나서 또 이렇게 말하였다.
'교시가여, 세상의 어떤 대사(大士)는 중생을 위하므로 자기의 몸을 탐내지 않는

7. 성행품(聖行品)의 말씀 중에서

다. 또 여러 중생들을 이익되게 하기 위하여 갖가지 무량한 고행(苦行)을 닦는다.

그런 사람은 나고 죽는 가운데 여러 과실과 허물이 많음을 보았으므로 가령 이 대지나 여러 산이나 큰 바다에 보배가 가득하더라도 탐내지 않고 침 뱉듯이 버린다.

또 그런 대사는 재물이나 사랑하는 처자나 자기의 머리, 눈, 골수, 손, 발, 뼈마디, 살던 집, 코끼리, 말, 수레, 노복, 하인 등을 모두 버린다.

또 천상(天上)에 태어나길 원하지 않으며, 오직 모든 중생으로 하여금 쾌락을 받게 하려는 욕구뿐이다.

또 내가 이해하길 저 대사(大士)는 맑고 깨끗하여 물들지 않고 모든 번뇌(煩惱)가 아주 없다 하였지만 오직 아뇩다라삼먁삼보리만을 구할 뿐이다.'

또 석제환인이 또 이렇게 말했다.

'그대가 말한 것과 같이 곧 저 사람은 모든 세간의 온갖 중생들을 거두어 줄 것이다.

대선(大仙)이시여, 만일 이 세상에 불수(佛樹)가 있다면 능히 모든 여러 천신과 인간 그리고 아수라들의 번뇌의 독사를 제거할 것이다. 또 만일 이 여러 중생들이 불수의 서늘한 그늘에 가서 있으면 번뇌의 온갖 독이 모두 소멸할 것이다.

대선(大仙)이여, 만일 이 사람이 마땅히 미래 세상에서 선서(善逝)를 이룬다면 우리들은 마땅히 무량하고 뜨겁게 불타는 번뇌를 소멸할 수 있겠지만 그런 일은 진실로 믿기 어려운 것이다.

왜냐하면 무량한 백천의 여러 중생들이 아뇩다라삼먁삼보리심을 내더라도 작고 미묘한 인연만 보면 아뇩다라삼먁삼보리에서 흔들리게 되기 때문이다.

마치 물속에 있는 달이 물이 흔들리면 그 또한 흔들리는 것과 같다.

곧 보리의 마음도 내기는 어렵지만 파괴되기는 쉬운 것이다.

대선이여, 마치 많은 사람들이 온갖 무기로 견고하게 자신을 장엄하고 앞으로 나아가 도적을 토벌하려 하지만 전쟁에 임해서 공포가 생기면 곧 물러나 흩어지는 것과 같다.

그러므로 무량한 중생들도 그와 같아서 보리심을 내어 견고하게 자신을 장엄하였지만 나고 죽는 허물을 보고서 두려워하는 마음이 생기면 곧 물러나 흩어지는 것이다.
대선(大仙)이여, 나는 이런 무량한 중생들이 발심했지만 뒤에는 모두 동요하는 것을 보았다. 그러므로 비록 지금 이 사람이 고행(苦行)을 닦으면서 번뇌도 없고 시끄러움도 없으며 험난한 길에서도 행이 청정함을 보더라도 아직 믿지 못하는 것이다.

그래서 지금 내가 마땅히 그에게 가서 진실로 아뇩다라삼먁삼보리의 무거운 짐을 감당할 수 있는지 시험해 보려 한다.
대선이여, 마치 수레는 바퀴가 둘이 있어야 짐을 실을 수 있고 새는 날개가 둘이 있어야 날아다닐 수 있는 것과 같다. 곧 고행하는 사람도 그와 같아서 비록 나는 그가 금계를 굳게 지키는 것을 보더라도 아직 그 사람이 깊은 지혜가 있는지는 알지 못하다.
만일 깊은 지혜가 있다면 능히 아뇩다라삼먁삼보리의 무거운 짐을 감당할 줄 알 것이다.
대선이여, 비유하면 마치 물고기가 알을 많이 낳지만 고기가 되는 것은 적으며 암라나무가 꽃은 많지만 열매는 적은 것과 같다. 곧 중생도 발심하는 이는 무량하지만 그것을 끝까지 성취하는 이는 말할 수 없이 적다.
대선이여, 내가 마땅히 당신과 함께 가서 시험하겠다.
대선이여, 비유하면 진짜 금은 세 가지로 시험하면 진짜인지 곧 안다. 곧 녹이고 두드리고 갈아보는 것이다. 저 고행하는 이도 마땅히 그와 같이 시험해 보리라.'

그때 석제환인이 스스로 몸을 변하여 나찰이 되었는데, 그 형상이 흉악하였다. 곧 설산에 내려가서 멀지 않는 곳에 섰다. 그때 나찰은 마음에 두려움이 없고 용맹하여 항복받기 어려웠으며 말을 잘하고 그 목소리는 맑고 깨끗했다. 그리고는 곧 과거 부처님께서 설하신 게송의 절반을 말했다.

제행무상(諸行無常) 온갖 행은 무상하므로
시생멸법(是生滅法) 이것은 생하고 멸하는 법이다.

7. 성행품(聖行品)의 말씀 중에서

이 게송의 절반을 말하고 나서 앞에 서 있었다. 그는 얼굴이 험상스럽고 눈을 두리번거리면서 사방을 노려보았다.
이 고행자는 이 게송의 절반을 듣고 마음이 기쁘고 즐거웠다.
비유하면 장사꾼이 험난한 곳에서 밤에 동행을 잃고 여러 곳으로 찾아다니다가 친구를 만나서 마음이 무량하게 뛸 듯이 기쁘고 즐거워하는 것과 같았다.
또 오랜 병자가 좋은 의원과 간호할 사람과 좋은 약을 만나지 못하다가 나중에 만난 것과 같았다.
또 원수에게 쫓기다가 홀연히 벗어난 것과 같았고
마치 오래 갇혔던 사람이 풀려나는 것과 같았다.
마치 농부가 오랜 가뭄에 단비를 만난 것과 같았고
마치 길 떠났던 사람이 집에 돌아오자 가족들이 보고 크게 기뻐하고 즐거워하는 것과 같았다.
선남자야, 그때 내가 이 게송의 절반을 듣고 마음에 기쁨과 즐거움이 생김이 그와 같아서 곧 자리에서 일어나 손으로 머리카락을 거두어 들고 사방을 살펴보았다.
그리고 누가 지금 들려준 게송을 말했는지 물었지만, 그때 다른 사람은 보이지 않고 오직 나찰만이 보였다. 그래서 곧 이렇게 말했다.
'누가 이러한 해탈(解脫)의 문(門)을 열었으며 능히 누가 여러 부처님들의 음성을 우레처럼 우렁차게 외치는가?
누가 나고 죽는 잠 가운데에서 홀로 깨어서 이런 게송을 말했는가?
또 누가 나고 죽는 것에 굶주린 중생에게 위없는 道의 맛을 보여 주었는가?
또 무량한 중생이 나고 죽는 바다를 헤매는데 능히 누가 이 속에서 뱃사공이 되었는가?
또 이 여러 중생들이 항상 번뇌의 중병에 걸렸는데 능히 누가 용한 의원(醫院)이 되겠는가?
그런데 마치 반달이 연꽃을 점점 피게 하는 것처럼 이렇게 설해진 게송의 절반은 나의 마음을 깨우쳐 주는구나.'
선남자야, 그때 나는 아무도 볼 수 없었으며 오직 나찰만을 보았다. 또 내가 생각하길 '저 나찰이 이 게송을 말하였는가?'라고 하였다.
그러나 또 의심하길 '그가 이런 게송을 말할 수 없을 것이다. 왜냐하면 저 나찰은 형상이 대단히 흉악한데 만일 이 게송을 들었다면 모든 추하고 천한 모습을 제거했을 것이기 때문이다. 그러므로 어찌 저런 형상을 한 나찰이 이 게송을 말할 수 있겠는가. 마땅히 불 속에서는 연꽃이 날 수 없으며 햇빛에서는 찬물이 생길 수 없다'고 하였다.

선남자야, 그때 내가 또 생각하길 '나는 지금 지혜가 없구나. 혹시 이 나찰이 과거 여러 부처님을 뵙고 여러 부처님으로부터 이 게송의 절반을 들었는지도 모른다. 지금 내가 마땅히 물어보리라'고 하였다.

곧 나찰이 있는 곳에 나아가서 이렇게 말했다.

'훌륭하십니다. 대사여, 당신은 과거 어디에서 두려움을 떠난 이가 말씀하신 게송의 절반을 얻었는가?

또 대사여, 그대는 어디에서 이런 한 반 쪽 여의주를 얻었는가?

대사여, 이 게송의 절반의 뜻은 진실로 과거, 미래, 현재의 여러 부처님 세존의 바른 道이며, 모든 세간의 무량한 중생들이 항상 여러 견해의 그물에 싸였으므로 외도의 법 속에서 목숨을 마친다. 그래서 아직 이와 같은 출세간의 열 가지 힘을 가진 세웅(世雄: 부처님)께서 말씀하신 공의 이치를 듣지 못한 것이다.'

선남자야, 내가 이렇게 물었더니, 곧 나찰이 나에게 대답하였다.

'대바라문이여, 지금 그대는 마땅히 나에게 이 뜻을 묻지 마십시오. 왜냐하면 나는 먹지 못한 지 여러 날이 되었고 곳곳에서 먹을 것을 구하려고 했으나 얻지 못했습니다. 그래서 지금 배고프고 목말라서 고통스럽고 마음이 혼란하여 헛소리를 한 것이니 나의 본마음에서 알고 한 것이 아니기 때문입니다.

가령 지금 나의 힘이 능히 허공을 날 수만 있다면 울단월 내지 천상의 곳곳에서 먹을 것을 구하겠지만 그렇게도 할 수 없어서 이런 말을 한 것입니다.'

선남자야, 그때 내가 나찰에게 말하였다.

'대사여 만일 당신이 나에게 그 게송을 끝까지 말해 준다면 마땅히 나는 목숨이 끝날 때까지 그대의 제자가 되겠습니다. 대사여, 당신이 말한 게송의 절반은 글로도 끝나지 않았고 뜻으로도 끝나지 않았는데 무슨 인연으로 말하려 하지 않습니까? 곧 재물을 보시하는 것은 다할 때가 있지만 법을 보시 하는 인연은 다하지 않는 것입니다.

비록 법으로 보시함은 다함이 없고 이익이 많더라도 지금 내가 그 게송의 절반의 법문을 듣고 나서 마음으로 놀랐고 의심이 생겼습니다. 그러므로 지금 그

7. 성행품(聖行品)의 말씀 중에서

대는 그 게송을 끝까지 말하여 나의 의심을 풀어주십시오. 그러면 마땅히 나는 목숨이 끝날 때까지 그대의 제자가 될 것입니다'라고 하였다.'
나찰이 대답하였다.
'당신은 지나치게 꾀가 많아 단지 자신만 걱정하고, 지금 배고픈 고통에 시달리고 있어 실로 말할 수 없는 것은 생각하지도 않습니다.'
곧 내가 물었다.
'그대는 무엇을 먹습니까?'
나찰이 대답하였다.
'당신은 묻지 마시오. 만일 내가 말하면 많은 사람들이 놀랄 것이오.'
또 내가 물었다.
'이곳에는 우리 둘 뿐이고 다른 이가 없지 않습니까? 내가 그대를 두려워하지 않는데 무엇 때문에 말하지 않습니까?'
나찰이 대답했다.
'내가 먹는 것은 오직 사람의 따뜻한 살이며, 마시는 것은 오직 사람의 따뜻한 피입니다. 나는 복이 없어서 오직 이런 것만을 먹어야 하는데 모두 구하고자 해도 얻을 수가 없습니다. 비록 세상에는 많은 사람이 있지만 모두 복덕이 있어서 여러 천신들이 보호하고 있으므로 나의 힘으로 능히 죽일 수가 없습니다.'
선남자야, 또 나는 이렇게 말하였다.
'당신이 구족한 게송의 절반마저 말해 준다면 나는 그 게송을 듣고 나서 마땅히 이 몸을 당신에게 보시 공양할 것입니다.
대사여, 가령 내가 더 살다가 목숨이 다 하더라도 이 몸은 소용이 없는 것이오. 마침내 호랑이, 늑대, 올빼미, 독수리, 부엉이 등의 먹이가 된 뒤에는 조그만 복도 짓지 못할 것이오.
그러므로 나는 지금 아뇩다라삼먁삼보리를 구하기 위하여 연약한 몸을 버리고 견고한 몸으로 바꾸려고 하는 것입니다.'
또 나찰이 대답하였다.
'당신이 말한 여덟 글자를 위하여 사랑하는 몸을 버리겠다고 하는 것은 누가 믿겠습니까?'
선남자야, 곧 나는 대답하였다.

부록 : 우리말 대반열반경 요의

'당신은 진실로 지혜가 없으니, 비유하면 어떤 사람이 다른 사람에게 질그릇을 주고 칠보 그릇을 얻으려는 것과 같습니다. 나 또한 그와 같이 견고하지 않은 몸을 버리고 금강 같은 몸으로 바꾸려는 것입니다. 그대는 누가 믿겠는가 라고 하지만 지금 내가 증거를 말하는 것이오.
곧 대범천왕, 석제환인 그리고 사천왕들이 능히 이 일을 증명하며, 또 무량한 중생들을 이롭게 하기 위하여 대승을 수행해서 육바라밀을 구족하고 천안통을 얻은 여러 보살들도 증명하실 것입니다.
또 중생을 이익되게 하는 시방의 여러 부처님 세존들도 지금 내가 여덟 글자를 듣기 위하여 생명을 버리려고 하는 것을 증명하시는 것입니다.'
또 나찰이 말하였다.
'만일 당신이 이와 같이 몸을 버리겠다면 잘 듣고 잘 들으시오. 마땅히 당신을 위하여 나머지 게송의 절반을 말하겠습니다.'
선남자야, 그때 나는 그 말을 듣고 나서 마음이 기쁘고 즐거워서 몸에 둘렀던 사슴 가죽을 벗어서 이 나찰을 위하여 설법(說法)하는 자리를 마련하였다. 그리고 '화상이시여, 부디 이 자리에 앉으십시오'라고 하고서 곧 나는 그 앞에 합장하고 꿇어 앉아 말하였다.
'오직 원하옵니다. 화상이시여, 저를 위하여 그 나머지 게송의 절반을 말씀하셔서 구족하게 해 주십시오.'
곧 나찰은 게송을 말하였다.

생멸멸이(生滅滅已) 태어나고 멸하는 법이 없어지고 난 다음
적멸위락(寂滅爲樂) 적멸한 것이 즐거움이다.

그때 나찰이 이 게송을 설하고 나서 말하였다.
'보살마하살이여, 지금 그대가 게송을 듣고 뜻을 구족하였으니 그대의 소원은 모두 만족하였습니다. 만일 반드시 여러 중생들을 이익되게 하고자 한다면 그대의 몸을 보시해야 합니다.'
선남자야, 그때 내가 게송의 뜻을 깊이 생각한 뒤에 곳곳에 있는 돌과 벽과 나무와 길에 이 게송을 써 놓았다.
그리고 곧 몸에 입고 있던 옷을 다시 정돈하여 죽은 뒤에라도 살이 드러나지

7. 성행품(聖行品)의 말씀 중에서

않게 하고서 곧 높은 나무로 올라갔다.
그때 나무신이 또한 나에게 물었다.
'좋은 사람이여, 무슨 일을 하려고 하는가?'
선남자여, 그때 내가 대답하였다.
'나는 몸을 버려서 게송을 들은 대가로 몸을 던져주려고 한다.'
또 나무신은 물었다.
'그 게송이 무슨 이익이 있겠는가?'
내가 대답하였다.
'이 게송은 과거, 현재, 미래에 계시는 여러 부처님께서 말씀하신 것으로 법의 공한 도리를 말한 것이다.
그래서 나는 이 법을 위하여 생명을 버리려는 것이다.
이것은 이익 명예, 재물, 전륜성왕, 사대천왕, 석제환인, 대범천왕, 인간, 천신의 즐거움을 위한 것이 아니라 모든 중생들을 이익되게 하기 위한 것이다. 그 때문에 이 몸을 버리는 것이다.'
선남자야, 내가 몸을 버리려고 할 때 또 이런 말을 하였다.
'원하옵니다. 모든 탐내고 인색한 사람들로 하여금 모두 와서 내가 몸 버리는 것을 보도록 해 주십시오.
또 조금 보시하고 뽐내는 사람들로 하여금 모두 와서 내가 한 게송을 위하여 마치 이 생명을 풀과 나무처럼 버리는 것을 보도록 해주십시오.'
그때 나는 이 말을 마치고 나서 곧 손을 놓고 나무 아래로 몸을 던졌다. 아직 몸이 땅에 떨어지지 않았을 때 허공에서 갖가지 소리가 들렸는데, 그 소리는 아가니타천까지 들렸다.
그때 나찰은 다시 제석의 몸으로 변하여 곧 공중에서 나의 몸을 곱게 받아서 땅에 내려놓았다. 그리고 삭제환인과 여러 천신과 인간 그리고 대범천왕이 나의 발에 머리 숙여 예배하고 찬탄하였다.
'장하십니다. 장하십니다. 그대는 진실로 보살입니다.
곧 무량한 중생들을 이익되게 하려고 무명의 어두움 속에서 큰 법의 횃불을 밝히려고 하는데, 제가 여래의 큰 법을 아낀다고 당신을 곤란하게 했습니다.
오직 원하옵니다. 지은 죄를 참회하는 정성을 받아 주십시오. 당신은 반드시 미래에 아뇩다라삼먁삼보리를 이룰 것입니다. 그때 저를 제도해 주십시오.'

그때 석제환인과 여러 하늘 대중들이 나의 발에 머리 숙여 예배하고 물러나 홀연히 사라졌다.

선남자야, 아주 옛날 내가 게송의 절반을 위하여 이 몸을 버린 인연으로 12겁을 초월하여 미륵보살보다 먼저 아뇩다라삼먁삼보리를 이루었다.
선남자야, 내가 이와 같은 무량한 공덕을 이룬 것은 모두 여래의 바른 법에 공양했기 때문이다.
선남자야, 지금 그대 또한 아뇩다라삼먁삼보리심을 내었으므로 무량하고 가없는 항하의 모래 수만큼의 여러 보살들을 뛰어넘게 되었다.
선남자야, 이것을 이름 하여 보살이 대승의 대반열반(涅槃)에 머물러서 거룩한 행을 닦는 것이라고 한다."

7. 성행품(聖行品)의 말씀 중에서

8. 범행품(梵行品)의 말씀 중에서

가섭보살이 부처님께 말씀드렸다.
"세존이시여, 이익 없는 것은 제거하고 이익과 안락을 준다는 것은 실로 하는 일이 없습니다. 이와 같은 생각은 곧 허망한 관찰이며 실제의 이익은 없습니다.
세존이시여, 비유하면 비구들이 부정한 것을 관찰할 때 입은 옷을 모두 가죽의 모습으로 보지만 실로 가죽이 아닙니다,
또 먹는 것을 모두 벌레의 모습으로 생각하지만 실로 벌레가 아니며, 콩국을 똥물로 생각하지만 실로 똥물이 아닙니다.
또 먹는 낙(酪)을 골수와 같다고 관찰하지만 실로 골수가 아니며, 뼈를 부순 가루를 보리가루의 모습과 같다고 관찰하지만 실로 보리가루가 아닙니다."
"또 보시를 행할 때는 받는 자가 계를 지녔는지 계를 깨뜨렸는지, 복전인지 복전이 아닌지, 선지식인지 선지식이 아닌지도 보지 말라.
또 보시할 때 근기에 맞는지 근기에 맞지 않는지도 보지 말며,
보시할 때 보시할 곳인지 아닌 곳인지 가리지 말아야 한다.
또 흉년과 풍년도 아는 체하지 말고, 원인인지 결과인지, 중생인지 중생이 아닌지 복인지 복이 아닌지를 보지 말라.
또 보시하는 자와 받는 자와 재물을 보지 않더라도, 나아가 끊는 것과 과보를 보지 않더라도 항상 보시를 행하는 것이 단절되어서는 안 된다."

"선남자야, 만일 보살이 계(戒)를 지님과 계를 파괴함 내지 과보를 본다면 마침내 능히 보시(布施)하지 못할 것이다.
만일 보시하지 않는다면 단바라밀을 구족하지 못할 것이다. 만일 단바라밀을 구족하지 못한다면 아뇩다라삼먁삼보리를 이루지 못할 것이다.
선남자야, 비유하면 어떤 사람이 독화살을 맞았을 때 그 사람의 권속들이 안온

8. 범행품(梵行品)의 말씀 중에서

하게 하고 독을 없애기 위하여 곧 훌륭한 의원에게 화살을 뽑으라고 했다.
그런데 그 사람이 말하길 '아직 손대지 말라. 이 독화살이 어느 쪽에서 왔으며 누가 쏘았으며 쏜 자가 찰리(刹利)인지 바라문(婆羅門)인지 비사(毘舍)인지 수타(首陀)인지를 지금 내가 살펴보겠다'고 하였다.
또 생각하길 '그 화살이 나무인지 버드나무인지, 또 그 촉은 어디서 만들었으며, 곧 강(强)한 것인지, 연한 것인지, 또 그 독(毒)은 만든 것인지 자연적으로 생긴 것인지, 사람의 독인지 뱀의 독인지를 알아야겠다'고 하였다.
이런 어리석은 사람은 마침내 그런 것을 알아내기도 전에 목숨이 끊어질 것이다.

선남자야, 보살(菩薩)도 그와 같아서 만일 보시(布施)를 행할 때 받는 자가 계(戒)를 지녔는지 계를 파괴(破壞)했는지, 나아가 과보는 어떠할 것인가를 분별하다 보면 마침내 보시하지 못할 것이다."
부처님께서 말씀하셨다.
"선남자야, 보살의 자(慈)는 이익이 없지 않다.
선남자야, 어떤 여러 중생들은 괴로움을 받기도 하고 받지 않기도 한다. 만일 어떤 중생이 괴로움을 받는다면 보살의 자(慈)가 그에게 이익이 없으므로 곧 일천제이다.
만일 괴로움을 받더라도 반드시 결정된 것이 아니라면 보살의 자(慈)가 이익이 있으므로 저 중생으로 하여금 모두 쾌락을 받게 할 것이다.
선남자야, 마치 사람이 멀리서 사자, 호랑이, 표범, 늑대, 이리, 나찰, 귀신 등을 보면 저절로 두려움이 생기고 밤에 길을 가다가 말뚝을 보고도 두려움이 생기는 것과 같아서 자(慈)를 닦는 이를 보면 자연히 즐거움을 받는다.
선남자야, 이런 뜻으로 보살이 자(慈)를 닦는 것은 진실한 생각이며 이익이 없지 않다고 한 것이다.
선남자야, 내가 설한 자(慈)에는 무량한 문이 있는데 곧 그것은 신통이다.
선남자야, 저 제바달이 아사세를 시켜서 여래를 해치려고 할 때 내가 왕사대성에 들어가서 차례로 걸식하고 있었다. 곧 아사세왕이 재물 지키는 미친 코끼리를 풀어 놓아서 여러 제자들을 해치도록 하였다.
그때 그 코끼리는 무량한 백천 중생을 밟아 죽였으며 중생들이 죽어서 흘린 많은 피를 그 코끼리가 냄새를 맡고 미친 증세가 배나 더하였다.
또 나를 따르는 이들이 붉은 옷 입은 것을 보고서 피 인줄 알고 다시 나의 제자들 가운데로 왔다. 그때 아직 탐욕을 여의지 못한 자는 사방으로 흩어졌으나 아난만이 남아 있었다.
그때 왕사대성에 있는 모든 백성들이 동시에 큰소리로 통곡하면서 이렇게 말하였다.
'이상하다. 여래께서 오늘 돌아가실는지 모른다. 정각께서 어찌 이리 갑자기 돌아가신단 말인가?'
이때 조달이 마음이 기뻐서 '구담 사문이 죽는 것은 좋은 일이다. 지금부터 다시 나타나지 못할 것이므로 통쾌한 일이며 나의 소원이 이루어 질 것이다'라고 하였다.
선남자야, 그때 나는 재물 지키는 코끼리를 항복시키기 위하여 곧 인자한 선정에 들어서 손을 펴서 보였더니 다섯 손가락에서 다섯 사자가 뛰어나왔다. 이 코끼리가 이것을 보고 두려워서 똥을 흘리며 땅에 엎드려 내 발에 예경하였다. 선남자야, 그때 나의 손가락에는 사자가 없었지만 자(慈)를 닦은 선근의 힘으로 코끼리를 조복한 것이다.
또한 선남자야, 내가 열반(涅槃)에 들려고 처음 발을 구시나성을 향할 때 오백명의 역사가 길을 닦고 쓸었는데 길 가운데 있는 큰 돌을 여러 역사가 굴리고자 하였다. 그러나 어찌하지 못하는 것을 보고 내가 불쌍히 여겨 곧 자(慈)의 마음을 일으켰다. 저 여러 역사들은 내가 엄지발가락으로 그 큰 돌을 들어서 공중에 던졌다가 다시 손으로 받아서 오른 손바닥에 놓고, 입으로 불어서 가루가 되도록 부수었다가 다시 한곳에 합하는 것을 보았다. 그래서 그 역사들로 하여금 뽐내는 마음이 없어지도록 하고 갖가지 법을 간략히 말하여 모두 아뇩다라삼먁삼보리심을 일으키게 하였다.
선남자야, 그때 여래께서 진실로 발가락으로 큰 돌을 들어서 공중에 던졌다가 다시 손바닥에 놓고 불어서 가루를 만들거나 본래대로 도로 합한 것이 아니다. 그러나 선남자야, 마땅히 자(慈)의 선근의 힘으로 여러 역사들로 하여금 그렇게 보게 한 것이다.
또한 선남자야, 이 남천축(南天竺)에 한 큰 성이 있는데 이름이 수파라였다. 그 성 중에 한 장자가 있었는데 이름이 노지였다. 그는 과거에 무량한 부처님의

8. 범행품(梵行品)의 말씀 중에서

처소에서 여러 선근을 심었기에 많은 사람의 지도자가 되었다.
선남자야, 그 성에 있는 모든 사람들이 모두 삿된 도를 믿으면서 니건 외도를 섬겼다. 그때 나는 그 장자를 제도하기 위하여 육십오 유순이나 되는 왕사성에서 수파라성으로 갔다.
또 그 사람들을 교화하기 위하여 그 거리를 걸어서 갔다.
그 니건들은 내가 수파라성으로 간다는 말을 듣고 생각하길 '만일 사문 구담이 이곳에 오면 여러 백성들이 마땅히 나를 버리고 다시 공양하지 않을 것이다. 그러면 우리들은 어떻게 살아가겠는가?'라고 하였다. 곧 여러 니건들이 각각 여러 곳으로 나누어 가서 그 성의 사람들에게 말하였다.
'사문 구담이 이곳으로 온다는데 그 사문은 부모를 버리고 사방으로 다닌다. 또 그가 가는 곳마다 그곳에서 흉년이 들고 백성들이 굶주려서 죽는 이가 많고 병이 돌아서 구제할 도리가 없다.
또 구담은 불량한 사람으로 여러 악독한 나찰이나 귀신들로 시종을 삼았으며, 부모도 없고 떠돌아다니는 건달들을 오는 대로 모아서 제자로 삼았다. 또 가르치는 학설은 모두 허황(虛荒)한 말뿐이며 가는 곳마다 편안하지 않다.'
곧 그 사람들은 듣고 나서 곧 두려워하여 니건의 무리에게 예배하면서 말했다.
'대사여, 지금 우리들은 어떻게 해야 하겠습니까?'
니건들은 대답하였다.
'사문 구담은 숲속이나 흐르는 샘이나 맑은 물을 좋아하므로 그런 곳이 있으면 파괴해 버려야 한다. 곧 너희들은 성 밖으로 가서 숲이 있으면 파괴해 버리고 샘이나 강에는 송장 등을 넣어 두어서 그런 곳에 있지 못하게 해야 한다.
또 성문(城門)을 꼭꼭 닫고 병기(兵器)를 준비하여 잘 고수하고 스스로 굳게 지켜서 저들이 오더라도 성 안으로 들어오지 못하게 하면 너희들은 안온할 것이다. 또 너희들은 갖가지 술법으로 이곳으로 오던 구담으로 하여금 돌아가게 해야 한다.'
그 여러 백성들은 이 말을 듣고 나서 그대로 실행하여 나무숲을 파괴해 버리고 샘과 물을 더럽게 만들고 병기를 준비하여 물샐 틈 없이 고수하고 기다렸다고 한다.
선남자야, 그때 내가 그 성에 도착하니 모든 나무숲은 볼 수가 없었고, 오직 여러 사람들이 무기를 있는 대로 가지고 성벽을 지키고 있었다. 이 광경을 보니 가엾은 생각이 나서 자(慈)의 마음으로 대하였다.
그래서 나무숲은 예전대로 돌아오게 되어 여러 나무들을 헤아릴 수 없었다. 또 냇물이나 못들도 그 물이 깨끗하게 가득가득 찼으며 마치 푸른 유리와 같았고 여러 가지 꽃이 그 위를 덮고 있는 것 같았다.
곧 성벽들은 변하여 붉은 유리가 되어서 성 안에 있던 사람들이 나와 대중들을 확실하게 보았다. 곧 성문은 저절로 열렸으나 막는 자가 없었고 준비했던 무기는 아름다운 꽃으로 변하였다.
그래서 노지장자가 우두머리가 되어 그 사람들을 모아 부처님계신 곳에 왔다. 나는 곧 내가 그들에게 갖가지 법을 설하여 그들로 하여금 일체 모두 아뇩다라삼먁삼보리심을 내도록 하였다.
선남자야, 그때 내가 갖가지 나무숲을 변화하여 만들지도 않았고 맑은 깨끗한 물이 못에 가득하게 하거나 성벽이 붉은 유리로 변하게 하지 않았다. 또 그 사람들로 하여금 나를 보고 성문을 열고 무기를 꽃으로 변하게 한 일이 없었다. 그러나 선남자야, 그것은 자(慈)의 선근의 힘으로 그 사람들이 그런 일을 보게 된 것이다."

"또한 선남자야, 사위성에 바라문 여인이 있있는네 이듬이 바사타였다. 그녀에겐 오직 한 아들만 있어서 굉장히 사랑했으나 병에 걸려 죽었다. 그때 그 여인은 슬퍼하다 못해 미쳐서 부끄러운 줄도 모르고 옷을 벗고 네거리로 돌아다녔다.
  곧 실성통곡하면서, '아들아, 아들아, 너는 어디로 갔는가? 라고 하였다. 그리고 온 성 안을 헤매면서 다녀도 고달픈 줄 몰랐다.
그러나 이 여인은 지난 세상에 부처님께 많은 덕을 심었었다. 선남자야, 내가 그 여인을 가엾게 생각했더니 그때 그 여인이 나를 보고 아들인 줄 알고서 곧 제정신을 차리고 뛰어와서 나를 붙들고 아들을 사랑하듯 하였다.
내가 곧 시자 아난에게 말하여 옷을 가져다가 여인에게 입히게 하고 갖가지로 법문을 말하였다. 이 여인이 법을 듣고 기뻐서 뛰놀면서 아욕다라삼먁삼보리심을 일으켰던 것이다.
선남자야, 그때 나는 그의 아들도 아니고 그도 나의 어머니가 아니며 또 서로 만지는 일도 없었다. 그러나 선남자야, 마땅히 모두 이 자(慈)의 선근의 힘으로

8. 범행품(梵行品)의 말씀 중에서

그 여인이 이런 일을 본 것이다."

"또한 선남자야, 바라내성에 한 우바이가 있었는데 그 이름이 마하사나달다였다. 그는 이미 과거에 무량한 부처님께 여러 선근(善根)을 심은 일이 있었다.
이 우바이(優婆夷)가 여름 구십일 동안 승단(僧團)을 받들고 의약을 보시하였다. 그 무리 중에서 어떤 비구(比丘)가 중병이 들어서 훌륭한 의원에게 물었더니 곧 고기가 약이 된다고 하였다. 또 만일 고기를 먹으면 병이 나을 수 있지만 고기를 얻지 못하면 죽을 곳이라고 하였다.
그때 우바이는 의원의 말을 듣고 나서 황금을 가지고 온 거리로 두루 다니면서 외치기를 '고기를 팔 사람이 있으면 금을 주고 고기를 사겠다. 만일 고기를 가진 사람이 있으면 그만큼 금을 주겠다'고 하면서 성 안으로 두루 돌아다녔지만 고기를 얻을 수 없었다.
그래서 우바이는 칼을 들고 자기의 넓적다리 살을 베어 내어 썰어서 국을 끓이고 갖가지 향료를 넣어 병든 비구에게 보냈다. 곧 이 비구는 고기를 먹고 병이 나았지만 이 우바이는 그 상처가 아파서 고통을 견딜 수 없어서 곧 외치길, '나무불타'라고 하였다.
그때 나는 사위성에서 그 소리를 듣고 그 여인에게 대자심을 내었다. 그리고 그 여인은 내가 좋은 약을 상처 위에 발라주자 곧 상처가 아물었으며 나는 그 여인에게 갖가지 법을 설하였다. 그녀는 법문을 듣고 환희하여 아뇩다라삼먁삼보리심을 일으켰다.
선남자야, 나는 진실로 바라내성에 가서 우바이의 상처에 약을 발라준 일이 없었다. 그러나 선남자야, 마땅히 이것은 모두 자(慈)의 선근의 힘으로 그 여인으로 하여금 그런 일을 보게 한 것임을 알라.
또한 선남자야, 조달은 나쁜 사람으로 탐욕이 많고 만족할 줄 몰랐다. 곧 소(酥)를 많이 먹었기 때문에 배가 부르고 머리가 아프며 큰 고통을 참을 수가 없었다.
곧 외치길 '나무불타(南無佛陀) 나무불타(南無佛陀)'라고 하였다. 나는 우선니성에 있다가 그 소리를 듣고 곧 자(慈)의 마음을 내었다. 그때 조달은 내가 자기에게 손으로 머리와 배를 만지고 소금물을 주어서 먹게 함을 보고 병이 나았다고 한다.

선남자야, 나는 조달에게 가거나 머리와 배를 만지거나 약을 주어 먹게 한 일이 없었다. 그러나 선남자야, 마땅히 이것은 모두 자의 선근의 힘으로써 조달이 그런 것을 보게 된 것임을 알라.

또한 선남자야, 교살라국(憍薩羅國)에 도적떼가 있었는데 그 무리가 오백이며 떼를 지어 다니면서 노략질을 하여 피해가 막심하였다. 바사닉왕이 그들의 행패를 염려하여 군대를 보내어 체포하게 하고, 그후 그들은 눈을 후벼 앞을 못 보게 하고 컴컴한 수풀 속에 버려두었다.

그러나 이 여러 도적들은 지난 세상에 부처님께 많은 공덕을 심었으므로 눈을 실명하고서 큰 고통을 받았다. 그때 각자 외치길 '나무불타 나무불타 지금 우리들을 구제해 줄 사람이 없다'고 하면서 통곡하고 있었다.

그때 나는 기원정사(祇園精舍)에 있다가 그 소리를 듣고 자(慈)의 마음을 내었다. 그때 서늘한 바람이 향산에 있는 갖가지 향기로운 약을 불어다가 그들의 눈에 넣어 주었으므로 눈이 이전처럼 회복되었다. 곧 도적들은 법을 듣고 아뇩다라삼먁삼보리심을 일으켰다.

선남자야, 그때 나는 바람을 일으켜서 향산에 있는 향기로운 약을 불어 보낸 일도 없었고 그 사람들 앞에서 법을 설하지도 않았다

그러나 선남자야, 마땅히 이것은 모두 자(慈)의 선근의 힘으로 그 도적들로 하여금 그런 일을 보게 한 것임을 알아야 한다.

또한 선남자야, 유리태자가 어리석어서 부왕을 몰아내고 자기가 임금이 되었다. 또 예전의 불만으로 석가의 종족을 많이 살해하고, 석가 종족의 여자 일만 이천 명을 잡아다가 귀와 코를 베고 손과 발을 잘라서 구덩이에 쓸어 넣었다. 그 여자들은 고통을 이기지 못하여 '나무불타 나무불타 우리들을 구해 줄 사람이 없다'고 하면서 통곡하였다. 이 여러 여자들은 과거 세상에 부처님께 여러 선근을 지은 일이 있었다.

그때 내가 대나무 숲속에 있다가 그 소리를 듣고 자(慈)의 마음을 내었다. 그때 그 여러 여자들은 내가 가비라성에 이르러 물로 상처를 씻어 주고 약을 발라 주자 고통이 없어지고 귀와 코와 손과 발이 모두 예전대로 되었.

또 내가 법을 간략히 설했을 때 그들이 모두 아뇩다라삼먁삼보리심을 일으켜 곧 대애도(大愛道) 비구니에게 가서 출가(出家)하여 구족계를 받았다고 한다.

선남자야, 그때 여래께서는 가비라성에 가지도 않았으며 물로 씻어 주고 약을

8. 범행품(梵行品)의 말씀 중에서

발라서 고통을 먹게 한 일도 없었다. 그러나 선남자야, 마땅히 이것은 모두 자(慈)의 선근의 힘으로 그 여자들로 하여금 그런 일을 보게 한 것이다.
비(悲)와 희(喜)의 마음도 또한 그와 같다.
선남자야, 이런 뜻으로 보살마하살이 자(慈)의 생각을 닦는 것은 진실한 일이며 허망하지 않은 것이다.
선남자야, 무량한 마음은 불가사의하며 보살의 행하는 일도 불가사의하다. 또 여러 부처님께서 행하시는 일로 불가사의하며 이 대승경전인 〈열반경(涅槃經)〉도 불가사의한 것이다."

"선남자야, 마치 어떤 사람이 밝은 거울을 들고 있으면 얼굴을 보려고 하지 않아도 얼굴이 저절로 나타나는 것과 같다.
또 농부가 밭에 씨를 심으면 싹이 나기를 기다리지 않더라도 싹이 저절로 나는 것과 같다.
또 등불을 켜면 어둠을 없애려고 하지 않아도 어둠이 저절로 사라지는 것과 같다.

선남자야, 보살마하살이 깨끗한 계율을 가지면 뉘우침이 없는 마음이 저절로 생기는 것도 그와 같다.
곧 깨끗한 계율(戒律)을 가지므로 마음이 기쁘게 되는 것이다.

선남자야, 마치 단정하게 생긴 사람이 자기의 얼굴을 보면 기쁜 마음이 생기듯이 깨끗한 계율을 가지는 것도 그와 같다."

"선남자야, 말을 다루는 네 가지가 있다.
첫째는 털을 만지는 것이요,
둘째는 가죽을 만지는 것이며,
셋째는 살을 만지는 것이요,
넷째는 뼈를 만지는 것이다.
곧 만지는 대로 다루는 자의 뜻에 맞게 된다.
여래 또한 그러하시어 네 가지 법으로 중생을 조복하신다. 첫째는 태어나는 것을 말하여 부처님의 말씀을 받도록 하는 것으로, 마치 털을 만져서 말을 다루는 자의 뜻에 맞게 되는 것이다.
둘째는 태어나고 늙는 것을 말하여 부처님의 말씀을 받도록 하는 것으로, 마치 털과 가죽을 만져서 다루는 자의 뜻에 맞게 되는 것이다.
셋째는 태어나고 늙고 병드는 것을 말하여 부처님의 말씀을 받도록 하는 것으로, 마치 털과 가죽과 살을 만져서 다루는 자의 뜻에 맞게 되는 것이다.
넷째는 태어나고 늙고 병들고 죽는 것을 말하여 부처님의 말씀을 받도록 하는 것으로, 마치 털과 가죽과 살과 뼈를 만져서 다루는 자의 뜻에 맞게 하는 것이다."

"선남자야, 비유하면 장자가 집에 불이 난 것을 보고 집 밖으로 뛰어나왔지만 여러 아들이 뒤에 있어 화재를 벗어나지 못하게 되었다.
그때 장자는 아들들이 불에 피해를 입을 것을 알고 여러 아들을 위하여 다시 들어가서 구제할 때 자기의 몸을 돌보지 않는 것처럼,
보살마하살도 그와 같다. 비록 생사의 허물을 알더라도 중생을 위하여 싫어하지 않고 그 속에서 있는다. 그러므로 보살은 불가사의라고 한다."

"선남자야, 마치 사람이 물에 들어가도 능히 물이 가라앉게 하지는 못한다. 또 맹렬한 불에 들어가도 능히 태우지 못한다면 이런 일은 가히 생각할 수도 없는 것처럼, 보살마하살도 그와 같다. 그래서 비록 생사 하는 속에 있더라도 생사하는 것이 고통스럽게 하지 못하므로 보살은 불가사의라고 한다."

"선남자야, 이때 마왕은 이 무리들이 분노하는 마음을 틈타서 육백 명의 비구들을 모두 살해하였다. 그때 범부(凡夫)들은 각각 함께 말하길, '슬프다. 부처님의 법이 이제 없어지는구나'라고 하였다. 그러나 나의 바른 법은 진실로 멸한 것이 아니었다.

그때 그 나라에는 십이만의 여러 큰 보살들이 나의 법을 잘 지니고 있었는데, 어찌 나의 법이 멸한다고 말하겠는가? 그러나 그때 염부제 안에는 한 비구도 나의 제자가 없었다.

8. 범행품(梵行品)의 말씀 중에서

이때 파순은 큰 불로서 모든 경전을 모두 태워버렸다. 또 남은 것은 여러 바라문들이 훔쳐다가 자기네 경전에 군데군데 뽑아서 써 넣었다.
그렇기 때문에 여러 작은 보살들은 부처님께서 출현하시기 전에 모두 바라문의 말을 믿었다.
비록 여러 바라문들이 말하길 '우리에게 재계(齋戒)가 있지만 여러 외도들에게는 진실로 없는 것이다'라고 하였다.
곧 외도들이 말하길 '나(我), 즐거움, 깨끗함이 있다'고 말하지만 진실로 나(我), 즐거움, 깨끗함의 뜻을 알지 못한다.
곧 부처님 법에서 한 자, 두 자 한 구절 두 구절을 가져다가 자기네 경전에 그런 뜻이 있다고 말하기 때문이다."

"그때 왕사대성의 아사세왕은 성품(性品)이 악하고 살생하는 것을 좋아하였다. 또 입으로 짓는 네 가지 나쁜 짓을 범했다. 또 탐욕, 성냄, 어리석음의 마음이 치성하여 눈앞의 일만 보고 장래의 일을 보지 못하였다. 또 악(惡)한 사람들을 권속으로 삼았고 현세의 다섯 가지 욕락만을 탐하였기 때문에 허물없는 부왕까지 살해하였다.
그러나 부왕(父王)을 살해하고 나자 마음으로 뉘우치는 기운을 내어 몸에 있는 영락을 벗고 풍류를 가까이하지 않았다. 그리고 마음으로 뉘우치는 기운 때문에 온몸에 등창이 생겼다. 그 등창에서 나쁜 냄새가 나서 가까이할 수 없었다.
곧 스스로 생각하길, '내 몸이 지금 과보를 받았으므로 지옥의 과보도 멀지 않았다'고 하였다.
그때 그의 어머니 위제희가 갖가지 약(藥)을 발아 주었지만 이 등창은 더욱 치성하고 덜해지지 않았다.
곧 왕은 어머니께 말씀드렸다.
"이 등창은 마음에서 생긴 것이지 사대(四大)에 의해 생긴 것이 아닙니다. 그러므로 만일 중생들이 능히 이것을 치료할 수 있다고 한다면 그것은 있을 수 없는 것입니다."

한 대신이 있었는데, 이름이 장덕이었다. 곧 왕에게 나아가서 이렇게 말씀드렸다.

"대왕이시여, 오직 원컨대 근심하지 마십시오.
왜냐하면 법에는 두 가지가 있기 때문입니다.
첫째는 출가의 법(法)이여,
둘째는 임금의 법입니다.
곧 임금의 법은 부왕을 살해하면 곧 나라의 왕이 되는 것입니다. 비록 거역하는 것이라 하더라도 죄가 없는 것입니다. 마치 저 가라라 벌레는 어미의 배를 뚫고서 나오지만 그것은 태어나는 법이 그러하기 때문입니다.
비록 어미의 배를 뚫었더라도 죄가 없는 것입니다.
또한 노새가 새끼를 배는 것도 그와 같습니다.
또한 나라를 다스리는 법도 그와 같습니다. 비록 아버지나 형을 살해하였더라도 죄가 없는 것입니다.
그러나 출가의 법에는 모기나 개미까지 살해하여도 죄가 되는 것입니다."

그때 기바(아사세왕의 동생)라는 큰 의원이 왕의 처소로 나아가서 말하였다.
"대왕(大王)이시여, 여러 부처님 세존께서 항상 말씀하셨습니다.
'두 가지 선한 법은 능히 중생을 구제할 수 있다.
첫째는 부끄러움이며,
둘째는 뉘우침이다.
곧 부끄러워하는 이는 스스로 죄를 짓지 않고,
뉘우치는 이는 다른 사람으로 하여금 죄를 짓지 않게 한다.
또 부끄러워하는 이는 속으로 수치스러워할 줄 알고,
뉘우치는 이는 남에게 죄를 털어놓는다.
또 부끄러워하는 이는 다른 사람에게도 부끄러워하고,
뉘우치는 이는 하늘에게 부끄러워한다.
그러므로 이것을 참괴(慙愧: 부끄러움)라 한다.
곧 참괴가 없는 이는 사람이라 할 수 없고 짐승이라 한다.
또 참괴가 있으므로 부모와 스승과 어른을 공경한다.
또 참괴가 있으므로 부모, 형제, 자매가 있다고 말한다.
좋습니다. 지금 대왕께서는 참괴를 갖추었습니다.

8. 범행품(梵行品)의 말씀 중에서

대왕께서는 마땅히 아셔야 합니다.
곧 여래께서는 호화롭고 부유한 발제가왕만을 위하여 법을 연설하는 것이 아니라, 미천한 우바리 등에게도 법을 설합니다.
또 수달다아빈지가 받드는 공양만 받는 것이 아니라, 또 수달다의 음식도 받습니다.
또 뛰어난 근기를 가진 사리불 등을 위해서만 法을 말씀하시는 것이 아니라, 근기가 둔한 주리반특에게도 법을 설하십니다.
또 술을 끊은 사람만을 위하시는 것이 아니라, 술을 즐기는 욱가 장자처럼 만취한 자에게도 법을 설하십니다.
또 선정(禪定)에 들어 있는 이바다 만을 위하는 것이 아니라, 아들이 죽어 상심하는 바라문의 딸인 바사타를 위해서도 법을 설하십니다.
또 자신의 제자들만을 위하는 것이 아니라, 외도(外道)의 니건자를 위해서도 설하십니다.
또 25세의 장년만을 위하는 것이 아니라, 80세의 늙은이들을 위해서도 설하십니다.
또 선근(善根)이 성숙한 이들만 위하는 것이 아니라, 선근이 성숙하지 못한 자에게도 설하십니다.
또 말리 부인만을 위하는 것이 아니라, 음녀(淫女)인 연화녀를 위해서도 설하십니다.
또 바사닉왕의 훌륭한 음식만을 받는 것이 아니라, 시라국다 장자의 나쁜 음식도 받으십니다.
대왕이시여, 시라국도 옛날에 역죄를 지었지만 부처님을 만나서 법을 듣고는 곧 아뇩다라삼먁삼보리심을 내었습니다."

"대왕아, (아사세왕의 부왕인) 빈바사라왕이 과거에 나쁜 마음이 있었다.
곧 비부라산에서 사냥할 때 넓은 들판을 두루 다녔지만 짐승을 잡지 못하였다. 그때 오신통을 얻은 한 신선을 보았다.
곧 그 신선을 보고 나서 나쁜 마음으로 화를 내어 '내가 지금 사냥하는데 한 마리도 잡지 못한 것은 이 사람이 모두 쫓아 보냈기 때문이다'라고 하여 신하들에게 죽이라고 명령하였다.

그 사람이 죽을 때 원망하는 마음을 내었으므로 신통을 잃어버렸다.
그리고 맹세하길 '나는 어떤 죄도 없는데 네가 마음과 입으로 억울하게 나를 죽였다. 나도 미래 세상에 그와 같이 마음과 입으로 너를 죽이겠다'고 하였다.
그때 빈바사라왕은 그 말을 듣고 뉘우치는 마음을 내어 죽은 송장에게 공양하였다. 그 왕은 그것 때문에 과보를 가볍게 받고 지옥에는 떨어지지 않았다. 하물며 대왕은 죽이라고 하지도 않았는데 어찌 지옥의 과보를 받겠는가?
곧 선왕(先王)은 자기가 지은 업을 자기가 받은 것이다.
그러므로 대왕이 어찌 살생죄를 받게 되겠는가?
또 대왕은 부왕이 허물이 없다고 하는데 어찌 허물이 없다고 하겠는가?
곧 죄가 있으면 죄의 과보가 있고 나쁜 업이 없으면 어떻게 죄의 과보도 없는 법이다.
만일 그대의 부왕이 허물이 없었다면 어떻게 죄의 과보가 있겠는가?
곧 빈바사라왕은 현세에도 선한 과보를 얻고 나쁜 과보도 얻었다. 그러므로 부왕의 과보도 일정하지 않았다.
곧 일정하지 않았으므로 살해하지 않았다. 곧 살해함이 일정하지 않았는데 어찌 결정코 지옥에 들어간다고 말하겠는가?"

9. 영아행품(嬰兒行品)의 말씀 중에서

부처님께서 말씀하셨다.

"선남자야, 어떤 것을 이름하여 영아행이라 하는가? 선남자야, 일어나거나 머물거나 오거나 가거나 말하거나 말하지 못하는 것을 이름하여 어린아이라고 한다. 또한 여래께서도 그러하시다.

곧 일어나지 못한다는 것은 마침내 여래께서 여러 법의 모습을 일으키지 않는 것이다.

또 머물지 못한 것은 여래께서 일체법에 집착하지 않는다는 것이다.

또 오지 못한다는 것은 여래의 몸과 행동이 움직이지 않는다는 것이다.

또 가지 못한다는 것은 여래께서 이미 대반열반에 들었다는 것이다.

또 말하지 못한다는 것은 비록 여래께서 모든 중생들을 위하여 여러 법을 연설하시더라도 진실로 말하는 것이 없는 것이다.

왜냐하면 말하는 것은 유위법이지만 여래 세존은 유위법이 아니기 때문에 말하는 것이 없다고 한다.

또 말함이 없다는 것은 마치 어린아이의 말이 분명하지 못한 것과 같다. 그래서 비록 말을 하더라도 진실로 말이 없는 것이다.

여래께서도 그와 같으셔서 말이 분명하지 않으면 이것은 곧 여러 부처님의 비밀한 말씀이다. 그래서 비록 말씀을 하시더라도 중생들이 알지 못하므로 말이 없다고 한다.

또 어린아이는 이름과 물건을 일정하게 보지 못하므로 바른 말을 알지 못한다. 비록 이름과 물건을 일정하게 보지 못하고 바른 말을 못하더라도 이 원인으로 물건을 알지 못하는 것이 아니다.

여래께서도 그와 같으셔서 모든 중생들의 종류가 각각 다르고 말이 같지 않으나 여래께서는 방편으로 그들에 따라 말하여 모든 중생들로 하여금 말에 의지하여 알도록 한다."

부록 : 우리말 대반열반경 요의

10. 광명변조고귀덕왕보살품(光明遍照高貴德王菩薩品) 말씀 중에서

"선남자야, 비유하면 어떤 사람이 큰 바닷물에 빠졌을 적에 죽은 시신이라도 붙잡으면 곧 위험에서 벗어나게 되는 것처럼, 보살마하살이 대열반을 수행하며 보시를 행할 때에도 역시 그와 마찬가지라서 저 죽은 시신 같이 하느니라.
선남자야, 비유하면 어떤 사람이 문호가 굳게 닫힌 깊은 감옥에 갇혀 있을 적에 오직 측간의 구멍만이 있는데 문득 그곳으로 나와 걸림 없는 곳에 이르는 것처럼, 보살마하살이 대열반을 수행하며 보시를 행할 때에도 역시 그와 같으니라.
선남자야, 비유하면 존귀한 사람이 공포에 떨며 위급할 적에 의지할 데가 없으면 전다라(노예, 도살자, 사냥꾼 등 당시의 하층천민을 말함)에게라도 의지하는 것처럼, 보살마하살이 대열반을 수행하며 보시를 행할 때에도 역시 그와 같으니라.
선남자야, 비유하면 병든 사람이 질병의 괴로움을 제거하고 안락함을 얻기 위하여 깨끗하지 못한 것이라도 먹는 것처럼, 보살마하살이 대열반을 수행하며 보시를 행하는 것도 역시 또한 그와 같으니라.
선남자야, 바라문이 곡식이 귀할 적에는 목숨을 위하여 개고기라도 씹어 먹는 것처럼, 보살마하살이 대열반을 수행하여 보시를 행하는 것도 역시 그와 같으니라.
선남자야, 대열반경 중에서는 이와 같은 일을 한량없는 겁 이래로 듣지 못하던 것을 듣는 것이라 하며, 시라와 시라바라밀, 나아가 반야와 반야바라밀은 불잡화경(화엄경을 의미) 중에서 자세히 설한 것과 같으니라."

"선남자야, 보살마하살은 항상 마땅히 몸을 보호해야 하느니라. 왜냐하면 만약 몸을 보호하지 않으면 생명이 곧 온전하지 못하고, 생명이 만약 온전하지 못하면 곧 이 경전을 글로 쓰고 받아 지니고 읽고 외우고 타인을 위하여 자세히 설명하고 그 의미를 사유할 수 없게 되느니라. 그러므로 보살은 마땅히 몸을

10. 광명변조고귀덕왕보살품(光明遍照高貴德王菩薩品) 말씀 중에서

잘 보호해야 하느니라.
이러한 의미 때문에 보살은 일체의 나쁜 유루를 여의게 되느니라.
선남자야, 하천을 건너고자 하는 이는 마땅히 뗏목을 잘 보호하고,
길을 떠나려는 사람은 좋은 말을 잘 보호하고,
농사 짓는 사람은 거름을 잘 보호하는 것처럼.
독을 치료하기 위하여 독사를 잘 보호하는 것처럼,
사람이 재물을 위하여 전다라를 보호하고,
도적을 쳐부수기 위하여 건장한 젊은이를 보호하는 것처럼 또한 추운 사람이 불을 애호하는 것처럼,
문둥병에 걸린 이가 독약을 구하는 것처럼,
보살마하살도 역시 이와 같아서 비록 이 몸에 한량없이 깨끗하지 못한 것이 구족하게 가득한 것을 보아도 대열반경을 받아 지니고자 하기 때문에 오히려 잘 보호하여 모자람이 없게 하느니라."
"보살마하살은 이렇게 사유하느니라.
'내가 만약 이 네 가지 공양을 받지 않으면 몸이 곧 마멸하여 견고하지 못할 것이고, 만약 몸이 견고하지 못하면 곧 괴로움을 참지 못할 것이고, 만약 괴로움을 참지 못하면 곧 선한 법을 수습하지 못하게 될 것이지만, 만약 능히 괴로움을 참으면 곧 한량없이 선한 법을 수습하게 될 것이다.
내가 만약 뭇 괴로움을 참아내지 못하면, 곧 괴로움 받는 데에서는 성내는 마음을 내고 즐거움을 받는 데에서는 탐착하는 마음을 내며, 만약 즐거움을 구하다가 얻지 못하면 곧 무명을 생할 것이다.'"

"사람의 몸을 얻기 어려운 것이 우담발화가 피는 것과 같은데도 내 이제 이미 얻었으며,
여래를 만나기 어려운 것이 우담발화가 피는 것보다 더하거늘 내 이제 이미 만났으며,
청정한 법보를 보고 듣기 어렵거늘 내 이제 이미 들었으니, 마치 눈먼 거북이 물 위에 뜬 나무의 구멍을 만난 것과 같다.
사람의 목숨이 잠시도 머물지 않는 것이 산 사이를 흐르는 물보다 더하니, 오늘은 보존하였다고 하더라도 내일은 또한 보존하기 어렵거늘, 어찌하여 마음대

로 나쁜 법에 머물겠는가?
장년의 시절이 잠시도 머물지 않는 것이 마치 달리는 말과 같거늘, 무엇을 믿고서 교만을 생하겠는가?
마치 악한 귀신이 사람의 허물을 엿보는 것처럼 사대라는 악한 귀신도 역시 또한 그와 같아서 항상 찾아와서 나의 허물을 엿보거늘, 어찌하여 마땅히 나쁜 지각을 일으키겠는가?
비유하면 낡은 집이 금새 무너지는 것처럼 나의 목숨도 또한 그러하거늘, 어찌하여 나쁜 지각을 일으키겠는가?"

"세상에서 여섯 가지 처소를 만나기 어려운데, 나는 이미 얻었거늘 어떻게 마땅히 나쁜 지각을 마음에 머물게 하겠는가? 어떠한 것들이 여섯인가?
첫째는 부처님께서 세상에 나오심을 만나기가 어렵고,
둘째는 바른 법을 듣기 어렵고,
셋째는 두려워하는 마음을 생하기 어렵고,
넷째는 바른 나라에 태어나기 어렵고,
다섯째는 사람의 몸을 얻기 어렵고,
여섯째는 모든 감각기관을 구속하기 어려운 것이다.
이러한 여섯 가지 일은 얻기 어려운 것인데 내가 이미 얻었으니, 그러므로 마땅히 지각을 일으키지 말아야 하느니라."

"어떠한 것을 마음이 몸을 따른다고 이름하는가?
비유하면 술 취한 사람이 술이 몸 안에 있을 때 몸이 요동하면 마음도 역시 따라서 요동하고, 또한 몸이 나태하면 마음도 역시 나태한 것과 같으니, 이것을 곧 마음이 몸을 따른다고 이름하느니라.
또 어린아이는 그 몸이 작기에 마음도 따라 작고, 어른은 몸이 크기에 마음도 따라서 큰 것과 같느니라."
"선남자야, 만약 여래가 광장설(廣長舌)을 얻었다고 말한다면, 마땅히 여래는 한량없는 겁 이전에 이미 허망한 말을 여의었다는 것을 알아야 하나니, 일체의 모든 부처님과 모든 보살이 무릇 말하는 것은 진실하여 허망하지 않느니라.
선남자야, 그대는 파순이 지난 옛적에 나에게 열반에 들라고 간청하였다고 말

10. 광명변조고귀덕왕보살품(光明遍照高貴德王菩薩品) 말씀 중에서

했는데, 선남자야, 이 마왕은 진실로 열반(涅槃)의 정해진 모습을 알지 못한 것이니라. 왜냐하면 파순은 중생을 교화하지 않고 묵연히 머무르는 것을 문득 열반이라고 생각하였기 때문이니라.

선남자야, 비유하면 세상 사람들은 어떤 사람이 말도 하지 않고 하는 일도 없는 것을 보면 문득 그 사람은 죽은 것과 다를 바가 없다고 말하는 것처럼, 마왕 파순도 역시 그와 같아서 여래가 중생을 교화하지 않고 묵연히 말하지 않는 것을 문득 여래가 열반에 든다고 생각하였던 것이니라."

"선남자야, 태어나면서 눈먼 사람은 해와 달을 보지 못하고, 보지 못하기 때문에 낮과 밤이 밝고 어두운 모습이라는 것을 모르며, 모르기 때문에 문득 해와 달이 실제로 있지 않다고 말한다.

그러나 실제로는 해와 달이 있는데도 눈먼 사람은 보지 못하고, 보지 못하기 때문에 전도된 생각을 하여 해와 달이 없다고 말하는 것이니라.

선남자야, 비유하면 구름과 안개가 해와 달을 가려 버리면, 어리석은 사람은 문득 해와 달이 없어졌다고 말하지만, 해와 달은 실제로 있는 것이다.

하지만 바로 구름과 안개가 가리웠기 때문에 중생이 보지 못하는 것이니라.

선남자야, 염부제에서 해가 질 때 중생이 보지 못하는 것은 흑산이 가렸기 때문이니라. 그 해의 성품은 실제로 지는 일이 없는데도 중생은 보지 못하고서 해가 진다는 생각을 하는 것이니라."

"선남자야, 비유하면 개에게 목걸이를 씌워 기둥에 묶어두면 종일토록 기둥을 돌며 벗어날 수 없는 것처럼, 일체 범부(凡夫)도 역시 그와 같아서 무명의 목걸이에 씌인 채 태어나고 죽는 기둥에 묶이면, 이십오유를 돌며 벗어날 수 없느니라.

선남자야, 비유하면 어떤 사람이 뒷간에 빠졌다가 벗어난 뒤에 다시 뒷간에 도로 들어가는 것처럼,

어떤 사람이 병이 나았다가 병이 드는 것처럼,

어떤 사람이 길을 가다가 황량한 광야를 만나서 지나간 뒤에 다시 돌아오는 것처럼,

또 깨끗하게 씻었다가 도로 진흙을 칠하는 것처럼,
일체 범부(凡夫)도 역시 그와 같아서 이미 무소유처에서 해탈을 얻었어도 오직 비비상처에서 해탈을 얻지 못해서 다시 돌아와 세 가지 나쁜 세계에 도달하느니라.
왜냐하면 일체 범부는 오직 결과만을 관찰하고 인연을 관찰하지 않기 때문이니라.
개가 흙덩어리를 좇고 흙덩어리를 던진 사람을 좇아가지 않는 것처럼,
범부도 역시 그와 같아서 오직 결과만을 관찰하지 인연을 관찰하지 않으며,
관찰하지 않기 때문에 비비상처에서 퇴보하여 세 가지 나쁜 세계로 돌아가는 것이니라."

"선남자야, 세상에는 매우 희유해서 우담바라꽃과 같은 매우 희유한 두 부류의 사람이 있으니,
첫째는 나쁜 법을 행하지 않는 사람이고,
둘째는 죄가 있으면 능히 참회(懺悔)하는 사람이니라.
이러한 사람은 매우 희유하니라."

"선남자야, 이러한 사람은 수명(壽命)이 결정되지 않은 것이니라.
목숨이 비록 다하지 않았어도 아홉 가지 인연이 있으면 능히 그 수명을 단축하게 되나니 어떠한 것들이 그 아홉 인가?
첫째는 먹어서 편안하지 않은 것을 알면서도 그것을 먹는 것이요,
둘째는 많이 먹는 것이요,
셋째는 숙식(宿食: 전날에 지어먹은 식사)이 소화되기 전에 또 다시 먹는 것이요,
넷째는 대변과 소변이 시기를 따르지 않는 것이요,
다섯째는 병났을 때에 의원의 지시를 따르지 않는 것이요.
여섯째는 간병하는 사람의 지시를 따르지 않는 것이요,
일곱째는 억지로 참고 토하지 않는 것이요,
여덟째는 밤에 행동하는 것이니, 밤에 행동하기 때문에 악(惡)한 귀신이 침노하는 것이오,
아홉째는 집안의 방이 정도를 지나친 것이니라."

10. 광명변조고귀덕왕보살품(光明遍照高貴德王菩薩品) 말씀 중에서

"선남자야, 비유하면 어떤 왕이 공후(箜篌)의 음성을 들었는데, 그 소리가 청아하고 미묘해서 마음으로 곧 탐착하여 즐거워하고 사랑하는 마음의 감정을 금할 길이 없었느니라.

그리하여 곧 대신에게 말하기를, '이렇게 미묘한 음성이 어디에서 나는가?' 하고 물었더니

대신이 '이렇게 미묘한 음성은 공후에서 나나이다'라고 답하였느니라.

그러자 왕은, '그 소리를 가지고 오라'고 하였다.

그때에 대신은 곧 공후를 가져다가 왕의 앞에 놓아두고, '대왕이시여, 마땅히 아소서. 이것이 곧 그 소리이나이다'고 답하였느니라.

왕이 공후에게 말하기를, '소리를 내어라. 소리를 내어라'고 말하였으나, 이 공후에서는 소리가 또한 나오지 않았느니라.

그때에 대왕이 곧 그 공후의 줄을 끊었으나 소리가 또한 나오지 않았으며, 그 겉면의 나무를 전부 다 분석하고 쪼개서 그 소리를 찾아보았으나 얻을 수 없었느니라.

그러자 대왕이 진노하여 대신에게 '어찌하여 그렇게 허망한 말을 하였더냐?'고 하였더니, 대신은 왕에게 '대저 소리를 나게 하는 방법은 그와 같지 않으니, 마땅히 여러 인연으로 좋은 수단을 써야 이에 소리가 나나이다'고 답하였느니라.

중생의 부처님 성품도 역시 그와 같아서 머무는 곳이 없으므로 좋은 방편으로 써 볼 수 있고, 볼 수 있기 때문에 아뇩다라삼먁삼보리를 얻지만, 일천제 무리는 부처님 성품을 보지 못하거늘 어떻게 능히 세 가지 나쁜 세계에 떨어지는 죄를 막겠는가.

선남자야, 만약 일천제가 부처님 성품이 있다는 것을 믿으면,

마땅히 이 사람은 세 가지 나쁜 세계에 이르지도 않으며,

또한 일천제라고 이름하지도 않는다는 것을 알아야 하느니라.

자기에게 부처님 성품이 있다는 것을 믿지 않기 때문에 곧 세 가지 나쁜 세계에 떨어지며, 세 가지 나쁜 세계에 떨어지기 때문에 일천제라고 이름하느니라."

"만약 중생으로서 지극히 중대한 번뇌에 결박된 이가 나를 만난다면, 나는 방

편(方便)으로써 곧 그것을 단절하느니라.
나의 동생 난다는 지극히 큰 탐욕이 있었으나 내가 갖가지 방편으로 그것을 제거하였고,
앙굴마라는 지독하게 성내는 마음이 있었으나 나를 보는 것으로써 성내는 마음이 곧 그치게 되었고,
아사세왕은 대단히 어리석었으나 나를 보는 것으로서 어리석은 마음이 곧 소멸하였고,
바희 장자 같은 이는 한량없는 겁 동안 지극히 두터운 번뇌를 수습하여 이루었어도 나를 보는 것으로써 곧바로 번뇌가 단절되어 소멸하였느니라.
설령 추악하고 미천한 사람일지라도 나에게 친근하여 제자(弟子)가 된 이는 이러한 인연으로 일체의 사람과 하늘사람이 공경하고 애호 하느니라.
시라국다는 삿된 견해가 치성하였으나 나를 보는 것으로 인연으로 인하여 삿된 견해가 곧 소멸하였고,
기허 전다라는 나를 보는 것으로 인하여 지옥의 인연을 단절하고 천상에 태어나는 인연을 지었고,
교시가는 목숨이 끝나려고 할 때 나를 보는 것을 인하여 도로 수명을 얻었으며,
수고담미는 마음이 미쳐서 착란을 일으켰으나 나를 보는 인연하여 도로 본래의 마음을 얻었고,
천제 비구는 백정의 자식으로서 항상 악한 업을 수습하였으나 나를 보는 것으로써 곧 바로 그것을 버렸으며,
초계 비구는 나를 보는 것을 인하여 차라리 몸과 목숨을 버릴지언정 금지된 계율을 범하지 않느니라."

"선남자야, 비유하면 부모에게 하나뿐인 아들이 있을 때 부모는 그를 매우 소중하게 사랑해서 좋은 의복과 매우 미묘한 음식을 때에 따라 공급하여 모자람이 없게 한다.
그 자식이 만약 그 부모에게 버릇없는 마음을 일으켜서 나쁜 말로 비난하고 욕하여도 부모는 사랑하기 때문에 노여워하거나 한탄하지 않으며, 또한 우리가 이 아이에게 의복과 음식을 주었다고 의식하지도 않느니라. 보살마하살도 역시 그와 같아서

10. 광명변조고귀덕왕보살품(光明遍照高貴德王菩薩品) 말씀 중에서

모든 중생을 마치 외아들 같이 보느니라."

"선남자야, 비유하면 산에 있는 나무와 같으니, 맹렬한 불길에 타거나, 혹 사람이 자르거나, 혹은 물에 떠내려 가더라도, 이 나무가 마땅히 누구에게 성을 내거나 기뻐하겠는가.
보살마하살도 역시 그와 같아서 모든 중생에 대하여 성내지도 않고 기뻐하지도 않나니, 왜냐하면 공삼매를 수습(修習)하였기 때문이니라."

11. 사자후보살품(師子吼菩薩品)의 말씀 중에서

모든 선남자야, 저 여우같은 것은 비록 사자를 백년 동안이나 따라다니더라도 끝내 사자후를 할 수 없지만, 만약 사자의 새끼라면 겨우 삼년만 되어도 곧 능히 사자왕(獅子王)처럼 으르렁거릴 수 있느니라.

선남자야, 여래는 바른 깨달음과 지혜의 이빨과 발톱, 네 가지 자유자재한 발, 여섯 바라밀을 만족한 몸으로서 열 가지 힘의 용맹함에 큰 자비를 꼬리로 삼아서 네 가지 선의 청정한 굴 속에 안주하며, 모든 중생을 위하여 사자후 하나니,

악마의 군대를 쳐부수고, 대중에게 열 가지 힘을 보여서 부처님이 행하는 바를 나타내고, 모든 삿된 견해를 가진 자의 귀의할 곳이 되고, 태어나고 죽는 것을 두려워하는 대중을 편안히 무마하고, 무명에 잠들어 있는 중생을 깨어나게 하고, 나쁜 법을 행하는 자로 하여금 참회하는 마음을 일으키게 하느니라."

"선남자야, 출가한 사람에게는 네 가지 병이 있기 때문에 네 가지 사문의 과보를 얻지 못하느니라. 어떠한 것이 네 가지 병인가?

첫째는 의복을 위한 탐욕이고,
둘째는 음식을 위한 탐욕이고,
셋째는 와구를 위한 탐욕이고,
넷째는 존재를 위한 탐욕이니,

이것을 네 가지 나쁜 탐욕이라고 이름하느니라.
이것은 출가한 이의 병으로서, 네 가지 좋은 약이 있어서 능히 이 병을 치료하느니라.

말하자면 분소의(糞掃衣)는 비구의 의복을 위한 나쁜 탐욕을 능히 치료하고,
걸식하는 것은 음식을 위한 나쁜 탐욕을 능히 깨뜨리고,
나무 밑에 앉는 것은 와구를 위한 나쁜 탐욕을 능히 깨뜨리며,

11. 사자후보살품(師子吼菩薩品)의 말씀 중에서

몸과 마음이 적정한 것은 비구의 존재를 위한 나쁜 탐욕을 능히 깨뜨리느니라."

"선남자여, 나는 옛적 어느 때에 사리불을 비롯한 오백 제자들과 함께 마가다와 첨파(중인도 갠지스강에 인접한 지역)라는 성에 머물러 있었느니라.
그때 어떤 사냥꾼이 비둘기 한 마리를 추적하였는데, 그 비둘기는 두렵고 무서워서 사리불의 그림자가 있는 곳까지 와서도 여전히 파초나무처럼 전율하였으나, 나의 그림자 속에 와서는 몸과 마음이 평안하여 공포가 사라지게 되었느니라.
그러므로 마땅히 여래 세존이 필경에 이르기까지 지키는 계율은 몸의 그림자까지도 이러한 위력이 있다는 것을 알아야 하느니라."

"선남자야, 비유하면 어떤 사람이 붓과 종이와 먹을 화합하여 글자를 이루는 것과 같나니, 이 종이 속에는 본래 글자가 있지 않느니라.
본래부터 글자가 없기 때문에 인연을 빌려서 이루나니, 만약 본래부터 있다면 어찌하여 뭇 인연을 필요로 하겠느냐?
비유하면 파란색과 노란색이 화합하여 초록색을 이루는 것과 같나니,
만약 본래부터 있다면, 어찌하여 화합하여 이루는 것을 필요로 하겠느냐?
선남자여, 비유하면 중생이 음식을 먹음으로 인하여 목숨을 얻는 것과 같나니, 이 음식 속에는 실로 목숨이 있지 않느니라,
만약 본래부터 목숨이 있다면, 음식을 먹지 않은 때에는 마땅히 음식이 목숨일 것이니라.
선남자여, 일체의 모든 법(法)은 본래 성품이 있지 않느니라."

부처님께서 말씀하셨다.
"선남자야, 과거를 있다고 이름 하느니라.
비유하면 귤을 심으면 싹이 생기고 종자가 소멸하는데, 싹도 또한 달콤하고 내지 풋열매 맛도 또한 그와 같지만, 익고 나면 곧 시어지느니라.
선남자여, 그런데 이 신맛은 종자와 싹과 내지 풋 열매에 모두 없었다가, 근본을 따라서 익을 때 형색과 모양이 곧 신맛을 내는 것이니, 이 신맛은 본래는

없다가 지금은 있는 것이니라.
비록 본래는 없다가 지금은 있더라도 근본으로 인하지 않는 것은 아니니라. 이렇게 본래의 종자가 비록 다시 과거일지라도 짐짓 있다고 이름하게 되나니, 이러한 의미 때문에 과거를 있다고 이름 하느니라.
어찌하여 다시 미래가 있다고 이름하는가?
비유하면 어떤 사람이 호마(護摩)를 심을 때 다른 사람이 '어찌하여 이것을 심는가?'라고 물으면, 그는 '기름이 있기 때문이다'고 답하는 것과 같느니라.
실제로는 아직 기름이 있지 않지만, 호마가 익은 뒤에 깨를 거두어 볶아서 찧고 압착한 후에 이에 기름을 뽑아내게 되므로, 마땅히 이 사람의 말이 허망하지 않다는 것을 알 것이니라. 이러한 의미 때문에 미래가 있다고 이름하느니라.
어찌하여 다시 과거가 있다고 이름하는가?
선남자여, 비유하면 어떤 사람이 외진 곳에서 왕을 비난하였는데, 여러 해가 지난 뒤에 왕이 그것을 듣고 나서 '어찌하여 나를 비난하였느냐?'라고 묻자, 그 사람은, '대왕이여, 저는 비난하지 않았나이다. 왜냐하면 비난한 일이 이미 소멸하였기 때문입니다'라고 답하였다. 그러나 왕은, '비난한 일과 나의 몸이 둘 다 존재하거늘, 어찌하여 소멸하였다고 말하는가?'라고 하였으니, 그 인연으로 목숨을 잃게 되는 것과 같느니라.
선남자여, 그 두 가지가 실로 없지만 결과는 소멸하지 않나니, 이것을 과거가 있다고 이름 하느니라.
어찌하여 다시 미래가 있다고 이름하는가?
비유하면 어떤 사람이 도공(陶師)에게 '병(甁)이 있소?'라고 묻자 그 도공은 '병이 있소'라고 답하였느니라.
도공에게는 실제로 아직 병이 없었지만, 진흙이 있기 때문에 병이 있다고 말한 것이니, 마땅히 이 사람의 말이 허망하지 않다는 것을 알 것이니라."

"선남자야, 물을 여의고 강이 없듯이 중생도 또한 그러하니, 오음(색色, 성聲, 향香, 미味, 촉觸)을 여의고 나서 따로 중생이 없느니라.
선남자야, 수레의 차체와 바퀴와 굴대와 바퀴살과 바퀴테를 여의고 다시 따로 수레가 없는 것처럼, 중생도 또한 그러하느니라.

선남자야, 등불이 비록 시시각각으로 소멸하여도 광명이 있어 어둠을 제거하는 것처럼, 생각하는 마음 등의 모든 법도 또한 그와 같으니라.
선남자야, 중생의 식사가 비록 시시각각 소멸하여도 또한 굶주린 이로 하여금 배부르게 하는 것과 같느니라.
비유하면 좋은 약이 비록 시시각각으로 소멸하여도 또한 능히 병을 치유하고, 해와 달이 광명이 비록 시시각각으로 소멸하여도 또한 능히 수풀과 초목을 자라게 하는 것과 같으니라.
선남자야, 그대는 '시시각각으로 소멸하는데 어떻게 증장하겠는가'라고 말하였는데, 마음이 단절되지 않기 때문에 증장한다고 이름 하느니라.
선남자야, 사람이 글을 읽을 적에는 읽는 글자나 구절이 한꺼번에 읽혀지는 것이 아니라서 앞의 것이 중간에 이르지 못하고 중간의 것이 뒤에 이르지 못하여, 사람과 글자와 마음의 상념이 모두 시시각각으로 소멸하지만 오랫동안 수습(修習)하기 때문에 통탈하게 되느니라."

선남자야, 어떤 사람이 중병(重病)에 걸려서 더럽고 피폐한 약을 복용하였는데, 그 약을 마셔서 병이 치유되면 곧 기뻐하면서 '이 약은 가장 좋고 가장 미묘하여 능히 나의 질병을 치료하였다'고 찬탄하는 것과 같으니라.
선남자야, 어떤 사람이 배를 타고 바다를 건너다가 갑자기 그 배가 파손되어 의지할 데가 없었는데 죽은 시신에 의지하여 저 언덕에 도달하게 되면 크게 기뻐하면서 '이 시신이 나의 기대에 상응하여 안온함을 얻었다'고 찬탄하는 것과 같으니라."

"그때 그 사위성 안에 수달다라는 장자가 있었느니라. 그는 자식을 위하여 며느리를 맞으려고 왕사성으로 갔으며, 그 성에 도달하자 산단나(왕사성 사람으로 광시라고 번역함) 장자의 집에서 묵었느니라.
그때에 집 주인인 장자가 한밤중에 일어나 모든 권속들에게, '그대들은 속히 함께 장엄하고, 집안을 청소하여 정돈하고 음식을 장만하라'고 일렀느니라.
수달다는 이 말을 듣고 나서 '장차 마다가의 국왕을 초청하려는 것일까, 아니면, 경사스러운 혼인잔치가 있는 것일까?'라고 혼자 생각했느니라. 이렇게 생각하고 나서 이윽고 장자에게 나아가 질문하였느니라.

'대사여, 마가다국의 빈바사라왕을 초청하려고 하시오? 경사스러운 혼인잔치가 있으시오? 무슨 일로 이렇게 황급히 서두르십니까?'
장자(長者)가 대답하였느니라.
'아닙니다. 거사여, 나는 내일 위없는 법왕이신 부처님을 초청하려는 것입니다.'
수달 장자는 처음으로 부처님이라는 이름을 듣고 온 몸의 털이 모두 곤두섰으며, 이윽고 다시 질문하였느니라.
'어떠한 이를 부처님이라고 이름합니까?'
장자가 대답하였느니라.
'당신은 아직 듣지 못하였소? 가비라성 석가 종족의 한 아들이 있었는데, 이름은 싯달타이고, 성씨는 구담이며, 아버지는 백정이라고 이름하오.
그분이 태어난 지 오래되지 않아서 관상을 보는 이가 말하길, 장래에 반드시 전륜성왕이 될 것이니, 암마라 열매가 이미 손바닥 안에 있는 듯 확실하다'고 예언하였소. 그런데 그는 마음으로 쾌락은 원하지 않아서 그런 것을 버리고 출가하여 스승도 없이 혼자 깨달아 아뇩다라삼먁삼보리를 얻었소.
탐심과 성냄과 어리석음이 다 없어져서 항상 머물러 변함이 없고, 태어나지도 않고 소멸하지도 않아 근심과 두려움이 없으며, 모든 중생에 대한 그 마음이 평등하기가 마치 부모가 외아들을 평등하게 바라보는 것과 같으며, 소유하는 몸과 마음이 중생 가운데 가장 수승하고, 비록 일체에 대하여 수승하지만 교만함이 없으며, 칠하고 가르는 두 가지 일(도할이사塗割二事: 두 가지 사물을 하나로 합하거나, 한 가지 사물을 둘로 가르는 일을 의미함)에서도 그 마음에 두 가지가 없으며, 지혜가 통달하여 법에 대하여 걸림이 없으며, 열 가지 힘, 네 가지 두렵지 않음. 다섯 가지 지혜의 삼매, 대자대비 및 세 가지 생각하는 것을 구족하였으니, 이 때문에 부처님이라고 칭하오.
부처님께서 내일 나의 초청을 받으셨기 때문에 이토록 바빠서 서로 바라볼 겨를이 없는 것이오.'
수달다가 말하였느니라.
'훌륭하십니다. 대사여, 그대의 말처럼 공덕이 위없는 부처님은 지금 어디에 계십니까?'
장자가 대답하였느니라.

11. 사자후보살품(師子吼菩薩品)의 말씀 중에서

'지금 이곳의 왕사성에 있는 가란타의 죽림정사에 계시오.'
그때 수달다는 한 마음으로 부처님이 소유하는 공덕인 열 가지 힘, 네 가지 두려움 없음, 다섯 가지 지혜의 삼매, 대자대비 및 세 가지 생각하는 것을 생각하였는데, 이러한 생각을 하고 있는 때 홀연히 환하게 밝아졌느니라.
그 밝기가 맹렬하여 마치 대낮과 같았는데, 곧 그 광명을 찾아 나서 성문 아래 이르자 부처님의 신통한 힘으로 성문이 저절로 열렸느니라.
이미 문을 나서니 길가에 하늘의 신을 모시는 사당이 있어서 수달다가 지나가며 예배하며 공경하였더니 이윽고 도로 어두워졌느니라.
수달다가 마음으로 당황하고 두려워져서 다시 머무르던 곳으로 돌아오고자 하였는데, 그때 하늘의 신이 그 성문에 있다가 수달다에게 말하였느니라.

'어진이여, 만약 여래가 계신 곳에 가면 좋은 이익을 많이 얻을 것이니라.'
수달다가 말하였느니라.
'어떠한 것이 좋은 이익이란 말이오?'
하늘의 신이 대답하였느니라.
'장자여, 가령 어떤 사람이 진귀한 보배로 치장한 준마 백 필, 향기 나는 코끼리 백 마리, 보배 수레 백 대, 금으로 만든 사람의 수효가 다시 백 명, 몸에 영락을 차고 있는 단정한 여인, 여러 보배를 섞어 채운 매우 아름다운 궁전, 교묘하게 문장을 아로새긴 가옥, 금 쟁반에는 은으로 만든 곡식을 담고, 은 쟁반에는 금으로 만든 곡식을 담은 것 각각 백 개씩을 한 사람에게 보시하고, 이렇게 점점 염부제에 있는 사람에게 남김없이 보시하여 얻는 공덕일지라도 한 사람이 마음을 발하여 여래가 계신 곳으로 한 걸음 나아가는 것만 못하느니라.'
수달다가 물었느니라.
'선남자여, 그대는 누구요?'
하늘의 신이 대답하였느니라.
'장자여, 나는 승상 바라문의 아들로서 그대의 지난 옛적 선지식이니라.
나는 지난날, 사리불과 대목건련을 보고 환희하는 마음을 일으킨 인연으로, 몸을 버린 뒤에 북방의 천왕인 비사문의 아들이 되어서 이 왕사성을 수호하게 된 것이니라.

부록 : 우리말 대반열반경 요의

내가 사리불 등을 예배하고 환희하는 마음을 일으킨 인연으로도 이렇게 훌륭한 몸을 얻었거늘, 하물며 마땅히 여래이신 대사님을 뵙고 예배하며 공경하는 것임에랴.'
수달 장자는 이 말을 듣고 나서, 곧 다시 발걸음을 돌려 나의 처소로 찾아왔으며, 도착하고 나선 자신의 얼굴을 나의 발에 대고 경례를 하였느니라.
나는 그때 곧 그를 위하여 상응하는 법을 말하였더니, 장자는 듣고 나서 수다원의 과보를 얻었으며, 과보를 증득하고 나서 다시 나에게 청하였느니라.
'크게 자비로운 여래시여, 오직 원하옵건대 굽어 살피시어 사위성에 왕림하셔서 저의 공양을 받아 주소서.'
나는 물었느니라.
'경의 사위국에 과연 우리를 수용할 만한 정사가 있겠느냐?'
수달다가 대답하였느니라.
'만약 부처님께서 저를 애처롭게 여기시어 왕림하신다면, 마땅히 스스로 힘을 다하여 사원을 짓겠나이다.'
선남자야, 나는 그때에 묵연히 소청을 받아들였느니라.
수달다 장자는 허락을 받고는 곧 나에게, '저는 지금까지 이런 일을 해본 적이 없사오니, 오직 바라옵건대 여래께서 사리불을 보내시어 지켜야 할 법칙을 가르쳐 주옵소서'라고 하였느니라.
그래서 나는 곧 명령을 내려서 사리불에게 가서 경영하여 도우라고 하였느니라.
　그때 사리불은 수달다와 함께 한 수레를 타고 사위성으로 갔는데, 나의 신통한 힘으로 하루 밤낮을 지나서 문득 목적지에 도달하였느니라.
그때에 수달다가 사리불에게 말하였느니라.
'대덕이시여, 이 큰 성 밖 어디든지 가깝지도 않고 멀리지 않은 곳으로서 샘과 연못이 많고, 좋은 수림에 꽃과 열매가 무성하며, 청정하고 한적한 데가 있으면, 저는 마땅히 그 속에 부처님 세존과 스님들을 위하여 사원을 건립하겠나이다.'
사리불이 말하였느니라.
'기타의 동산은 가깝지도 않고 멀지도 않으며, 청정하고 적막하며, 샘과 연못이 많이 있고 수목과 꽃과 열매도 제철에 맞게 있으니, 그곳이 사원을 건립하기에

가장 좋겠소이다.'
수달다는 이 말을 듣고 곧 기타 대장자의 처소에 가서 기타에게 말하였느니라.
'나는 지금 위없는 법왕을 위하여 승방을 지으려고 하는데, 오직 그대의 동산이 사원을 짓기에 적당하구려. 나는 지금 그 동산을 사고자 하는데, 능히 나에게 주지 않으려오?'
기타가 대답하였느니라.
'설사 진짜 금을 그 땅에 두루 깔아 놓을지라도 팔 수 없소이다.'
수달다가 말하였느니라.
'좋소이다. 기타여, 동산의 땅은 내 것이 되었으니, 그대는 금이나 가지시오.'
기타가 대답하였느니라.
'나는 동산을 팔지 않았는데 무엇 하러 금을 가지겠소.'
수달다가 말하였느니라.
'만약 뜻에 맞지 않는다면, 마땅히 나와 함께 재판관에게 찾아갑시다.'
그래서 두 장자는 곧 함께 재판관에게 갔더니, 재판관은 이렇게 말하였느니라.
'동산은 수달다에게 속하니, 금을 받으시오.'
수달장자는 즉시 사람을 시켜 말과 수레에 금을 실어오게 해서 모이는 대로 땅에 깔았지만, 하루 동안 오백보도 금을 채 깔지 못하였더니라. 기타가 말하였느니라.
'장자여 만약 후회되거든 뜻에 따라 그만두어도 좋소.'
수달다가 말하였느니라.
'나는 후회하지 않소. 생각건대 창고의 금은 더 가져오면 넉넉할 것이오.'
그러자 기타는, '여래이신 법왕은 진실로 위없으시고, 말씀하시는 미묘한 법은 청정하여 오염이 없구나'고 생각하고서, 곧 수달다에게 말하였느니라.
'나머지 미처 깔지 못한 금은 다시 요구하지 않고 그대로 당신에게 주겠소. 나는 스스로 부처님을 위하여 문루를 지어서 항상 여래께서 그 문을 지나 출입(出入)하시도록 하겠소.'
그리하여 기타 장자는 스스로 문루를 짓고, 수달 장자는 이레 동안 삼백 구(三百口)나 되는 큰 집을 지었는데, 조용한 선방이 예순세 곳에 이르고 겨울을 지내는 방과 여름을 보내는 방이 각각 다르며, 주방과 욕실과 발 씻는 곳과 크고 작은 화장실 등 고루 갖추지 않은 것이 없었느니라.

사원(寺院) 짓는 일을 마치자, 향로를 받들고 멀리 왕사성을 향해 이렇게 말하였느니라.

'지을 것을 이미 마치었사오니, 오직 바라옵건대 여래(如來)께서는 자애롭게 연민하셔서 모든 중생을 위하여 이 거처를 받아 주옵소서.'

나는 그때 멀리서 이 장자(長者)의 마음을 알고 대중과 함께 왕사성을 출발했는데, 마치 장사가 팔을 한 번 굽혔다 펴는 것과 같은 짧은 순간에 사위성 기타의 동산 수달다의 정사에 도달하였느니라.

내가 도달하자 수달다 장자는 그 지은 정사를 나에게 받들어 보시하였느니라. 나는 그때에 받고 나서 그 안에 머물었더니라."

"나는 그때에 중생을 위하여 첨파성으로 가니 마침 그 성 안에는 큰 장자가 있었는데, 자손이 없어서 육사(六師)를 공양(供養)하고 받들면서 자식을 구하였느니라.

그 후 오래지 않아 부인이 곧 임신을 하였는데, 장자는 그것을 알고는 육사에게 가서 환희하며 말하였느니라.

'나의 아내가 아기를 배었는데, 아들입니까, 딸입니까?'

육사(六師)가 대답하였느니라.

'틀림없이 딸이 태어나리라.'

이 말을 들은 장자는 마음으로 근심하고 고뇌(苦惱)하였는데, 어떤 친구가 찾아와서 장자에게 말하였느니라.

'어찌하여 이렇게 근심하고 고뇌하는가?'

장자가 대답하였느니라.

'나의 아내가 아이를 배었는데, 아들인지 딸인지 알지 못하여 육사에게 물었더니, 육사가 '우리가 관상법(觀相法)을 보기로는 딸이 태어나리라'고 하였네. 내가 그 말을 듣고 스스로 생각하건대, 나이는 많아 늙었고 재산은 한량없는데, 만일 자식이 아들이 아니라면 유산을 상속할 수 없게 되니, 이 때문에 근심하고 고뇌한다네.'

친구가 다시 말하였느니라.

'자네는 지혜가 없네. 이전부터 듣지 못하였는가? 우루빈나가섭 형제는 누구의 제자인가? 부처님인가, 육사인가?

만약 일체지(一切智)라면, 가섭이 어찌하여 그들을 버리어 섬기지 않고 부처님의 제자가 되었겠는가?
또 사리불이나 목건련 등과, 여러 나라의 국왕인 빈바사라왕 등과, 여러 국왕의 부인인 말리 부인 등과, 여러 나라의 장자인 수달다 등 이러한 사람들도 모두 부처님의 제자가 아닌가?
광야의 귀신과 아사세왕의 재물을 수호하는 취한 코끼리왕 앙굴마라는 나쁜 마음이 치성하여 그 어머니를 해치려고 하였는데도, 이러한 무리들이 모두 여래께 조복되지 않았던가?
장자여, 여래 세존께서는 일체법에 대한 지견이 걸림 없기 때문에 부처님이라고 이름하며,
하시는 말씀이 두 가지가 없기 때문에 여래라고 이름하며,
번뇌를 단절하였기 때문에 아라한이라고 이름한다네.
세존께서 하시는 말씀에는 끝내 두 가지가 있지 않으나, 육사는 그렇지 않거늘 어떻게 믿겠는가.
여래께서 지금 여기 가까운 곳에 계시니 만약 진실로 알고자 하거든 마땅히 부처님께 찾아가게나.'
그러자 장자는 곧 사람과 함께 나에게 찾아와서 머리를 조아려 예배하고는 오른쪽으로 세 번 돌고서 합장하여 끓어 앉아 이렇게 말하였느니라.
'세존이시여, 모든 중생에게 평등하여 두 가지가 없으시며, 원수와 친한 이에게 한 가지 모습이오나, 저는 애욕(愛慾)의 번뇌(煩惱)에 결박되어 원수와 친한 이에게 두 가지가 없을 수 없나이다.
저는 지금 여래에게 세상의 일을 여쭈고자 하오나, 스스로 너무나 부끄럽고 황송하여 감히 말씀드리기 어렵나이다.
세존이시여, 저의 아내가 아기를 배었는데, 육사는 관상을 보고 태어나는 것은 반드시 딸이리라고 말하였으니, 이 일을 어찌해야 하오리까?'
나는 말하였느니라.
'장자여, 그대의 아내는 아들을 임신하였으니 이는 의심할 바 없으며, 그 아이가 태어나면 복덕(福德)이 그지 없으리라.'
장자는 나의 말을 듣고는 크게 환희하면서 문득 물러나 집으로 돌아갔느니라.
그때에 육사들은 내가, '태어나는 것은 반드시 아들로서 큰 복덕이 있으리라'고

예언한 말을 듣고, 마음으로 질투를 하면서 암라 열매에 독약을 섞어 그 집에 가지고 가서 장자에게 말하였느니라.

'쾌재로다. 구담은 관상을 잘 말하였소. 그대의 부인은 만삭이 되었으니 이 약을 복용시키시오. 이 약을 복용하면 아이도 단정하고 산모도 탈이 없을 것이요.'

장자는 기뻐하면서 그 독약을 받아 아내에게 주어 마시게 하였느니라. 약을 마신 아내는 곧 죽었느니라. 육사들은 기뻐하면서 성의 도시를 두루 다니며 큰 소리로 이렇게 외쳤느니라.

'사문 구담은 저 장자의 아내가 마땅히 아들을 낳을 것이고, 그 아들의 복덕(福德)이 천하에 비길 것이 없다고 예언하였지만, 이제 아들이 태어나기도 전에 어머니가 이미 목숨을 잃었도다.'

그러자 장자는 더 이상 나의 말을 마음으로 믿지 않고, 곧 세상 법에 의거해서 아내를 염습하여 관에 넣고는 성 밖으로 보내, 마른 땔감을 많이 쌓고 불을 질러 태웠느니라.

나는 도안(道眼)으로 이러한 일을 분명히 본 뒤 아난을 돌아보며 명하였느니라.

'나의 옷을 가져 오너라. 나는 저기에 가서 삿된 견해를 부숴버리고자 하노라.'

그때에 비사문천이 마니발타 대장에게 이렇게 말하였느니라.

'여래께서 지금 저 무덤 사이로 가시고자 하니, 그대는 속히 가서 평탄하게 다스리고 깨끗이 청소해서 사자좌를 안치하고, 미묘한 꽃과 향을 구하여 그 지역을 장엄하게 하라.'

그때 육사들은 멀리서 내가 오는 것을 보고는 그들은 각자 서로 말하였느니라.

'사문 구담이 이 무덤 사이로 오는데, 고기라도 씹어 먹으려고 하는가?'

그때 법안(法眼)을 얻지 못한 우바새들이 많이 있었는데, 각자 참괴한 생각을 품고 나에게 말하였느니라.

'그 부인(婦人)은 이미 죽었사오니, 바라건대 가지 마소서.'

그때에 아난이 여러 사람에게 말하였느니라.

'잠시만 기다리시오. 여래께서는 오래지 않아 마땅히 모든 부처님의 경계를 널리 열어 보일 것이오.'

11. 사자후보살품(師子吼菩薩品)의 말씀 중에서

내가 그곳에 도착하여 사자좌에 앉았더니, 장자가 힐난하며 말하였느니라.
'말하는 바에 두 가지가 없어야 세존이라고 이름 하거늘, 어미가 이미 죽었으니 어떻게 아들을 낳겠나이까?'
나는 말하였느니라.
'장자여, 그대는 그때 어미의 목숨이 길고 짧은 것에 대해선 전혀 묻지 않고 단지 잉태한 아기가 아들인지 딸인지만 물었느니라.
모든 부처님 여래는 두 가지 말을 하지 않나니, 그러므로 결정코 마땅히 아들을 얻는다는 것을 알아야 하느니라.'
그때 죽은 시신이 불에 타면서 배가 터지자 아들이 그 속에서 나와 불 속에 단정하게 앉았는데 그 모습이 마치 원앙이 연화대에 거처하는 것과 같았느니라.
그러자 육사들은 이를 보고 다시 이렇게 말하였느니라.
'요사스럽도다. 구담이여, 요술을 잘 하는구나.'
장자는 이 광경을 보고는 다시 환희심을 일으키면서 육사들을 꾸짖었느니라.
'만약 요술이라고 말한다면, 그대들은 어찌하여 하지 못하는가?'
나는 그때 기바에게 말하였느니라.
'그대는 불 속으로 들어가서 저 아기를 안아 오너라.'
기바가 들어가려고 하였는데, 육사들이 끌어당기면서 기바에게 말하였느니라.
'구담이 부린 요술은 반드시 오래가지 못할 것이오, 그대는 아이를 꺼낼 수도 있고 꺼낼 수 없기도 하겠지만, 만일 꺼낼 수 없다면 둘 다 불에 타서 목숨을 잃게 될 터인데, 그대는 지금 어찌하여 그 말을 믿고서 받아들이는가?'
기바가 대답하였느니라.
'여래께서 아비지옥(阿鼻地獄)에 들어가라고 시키면 지옥의 맹렬한 불길도 태울 수 없거늘, 하물며 세간의 불이겠는가.'
마침내 기바는 앞으로 나아가 불더미 속에 들어가기를 마치 시원한 강물 속에 들어가듯 하였느니라. 그리고는 그 아이를 안아 가지고 나에게 돌아와서는 아기를 나에게 주었으며, 나는 아이를 받고 나서 장자에게 고하였느니라.
'일체 중생의 수명은 일정하지 않은 것이 마치 물 위에 거품 같느니라.
중생이 만약 중대한 업의 과보가 있으면, 불도 그를 태울 수 없고 독약도 해칠 수 없나니 이것은 이 아이의 업보이지 내가 지은 것이 아니니라.'

그때 장자가 말하였느니라.
'훌륭하십니다, 세존이시여, 이 아이가 만약 그 천명을 다할 것 같으면, 오직 바라옵건대 여래께서 그 이름을 지어 주소서.'
나는 말하였느니라.
'장자여 이 아이는 맹렬한 불 속에서 태어났고, 불은 수제라고 이름하니, 마땅히 수제(樹提)라고 이름하라.'"

"선남자야, 보름날에 달이 가장 둥글게 될 때에는 열 한 가지 일이 있으니, 어떠한 것들이 그 열 하나인가?
첫째는 능히 어둠을 없애고,
둘째는 중생으로 하여금 길인지 길이 아닌지를 보게 하고,
셋째는 중생으로 하여금 길이 잘못되거나 바른가를 보게 하고,
넷째는 가슴이 답답하고 더운 증세를 제거하여 청량한 즐거움을 얻게 하고,
다섯째는 반딧불같이 거만한 마음을 파괴하고,
여섯째는 일체의 도둑질할 생각을 쉬게 하고,
일곱째는 중생의 나쁜 짐승을 두려워하는 마음을 제거하고,
여덟째는 능히 우담바라 꽃을 피게 하고,
아홉째는 연꽃을 오무리게 하고,
열째는 다니는 사람으로 하여금 길로 나아갈 마음을 내도록 하고,
열한째는 모든 중생으로 하여금 다섯 가지 욕망을 즐거이 감수해서 많은 쾌락을 얻게 하느니라.
선남자야, 여래의 보름달 또한 그와 같나니,
첫째는 무명(無明)의 큰 어둠을 파괴하고,
둘째는 바른 도(道)와 삿된 도를 연설하고,
셋째는 태어나고 죽는 것은 험난하며 삿되고 열반(涅槃)은 평탄하여 바른 것을 보여 주고,
넷째는 사람들로 하여금 탐욕과 성냄과 어리석음의 뜨거움을 멀리 여의게 하고,
다섯째는 외도(外道)의 무명(無明)을 파괴하고,
여섯째는 번뇌의 도적을 파괴하고,

11. 사자후보살품(師子吼菩薩品)의 말씀 중에서

일곱째는 다섯 가지 덮개(五蘊)를 두려워하는 마음을 제거해 버리고,
여덟째는 중생의 선근을 심는 마음을 개화하게 하고,
아홉째는 중생의 다섯 가지 욕망을 탐내는 마음을 덮어주고,
열째는 중생이 수행에 매진해서 대열반으로 나아가려는 행위를 발생시키고,
열한째는 모든 중생으로 하여금 해탈을 좋아하여 수행케 하느니라."
"선남자야, 때 묻은 옷을 빨 적에 먼저 잿물에 담갔다가 나중에 맑은 물로 헹구면 옷이 깨끗해지는 것처럼, 보살의 선정과 지혜도 또한 그와 같으니라.
선남자야, 먼저 읽고 외우고 나중에 그 의미를 이해하는 것처럼, 보살의 선정과 지혜도 또한 그와 같으니라.
선남자야, 비유하면 용감한 사람이 먼저 갑옷과 병장기로 자신을 견고하게 장엄하고 나중에 진중을 통솔하면 능히 원수진 적을 파괴할 수 있는 것처럼, 보살의 선정과 지혜도 도한 그와 같으니라.
선남자야, 비유하면 솜씨 좋은 공장이 도가니에 금을 채우고서 자재하게 마음대로 휘저어 녹이는 것처럼, 보살의 선정과 지혜도 또한 그와 같으니라.
선남자야, 비유하면 밝은 거울로 모습을 비추는 것처럼, 보살의 선정과 지혜도 또한 그와 같으니라.
선남자야, 먼저 땅을 고르게 하고 나중에 종자를 심으며, 먼저 스승에게 배우고 나중에 그 의미를 사유하는 것처럼, 보살의 선정과 지혜도 또한 그와 같으니라."

"선남자야, 무거운 업(業)을 가볍게 하거나 가벼운 업을 무겁게 할 수도 있지만, 일체의 사람이 그러한 것이 아니라 오직 어리석거나 지혜있는 이만 그러하니라.
선남자야, 일체 중생에 무릇 두 가지가 있으니,
첫째는 지혜 있는 사람이고,
둘째는 어리석은 사람이니라.
지혜 있는 사람은 지혜의 힘으로 능히 지옥에서 받을 지극히 무거운 업을 현세에서 가볍게 받기도 하고,
어리석은 사람은 현세에서 받을 가벼운 업을 지옥에서 무겁게 받기도 하느니라."

"세존이시여, 만약 그렇다면 곧 응당 범행(梵行)과 해탈(解脫)의 과보를 구하지 않으리이다."
"선남자야, 만약 일체의 업이 결정코 과보를 받는다면 곧 응당 범행과 해탈을 구하지 않을 것이지만, 결정되지 않았기 때문에 곧 범행과 해탈의 과보를 수행하느니라.
선남자야, 만약 능히 일체의 악한 업을 멀리 여의면 곧 선한 과보를 받고, 만약 선한 업을 멀리 여의면 곧 악한 과보를 받느니라."

"선남자야, 나는 지난 옛적에 제바달다와 함께 상인의 우두머리가 되어서 각자 오백 명의 상인을 거느렸느니라. 이익을 추구하기 위하여 큰 바다에 들어가 진귀한 보배를 채취하다가 나쁜 업의 인연 때문에 도중에 폭풍을 만나 선박이 파손되고 무리들이 모두 죽었느니라.
그러나 그때 나와 제바달다는 살생을 하지 않은 과보로 장수할 인연 때문에 바람에 불려 함께 육지에 도달하였느니라. 그때 제바달다가 보물을 탐내고 아까와 하면서 크게 근심하고 괴로워하며 소리 내어 통곡하길래, 내가 '제바달다여, 통곡하지 마시오'라고 하였더니, 제바달다는 곧 나에게 이렇게 말하였느니라.
'잘 듣고 잘 들어 보시오. 비유하면 어떤 빈궁하고 곤고한 사람이 무덤들이 있는 곳에 이르러 손으로 시신을 붙잡고 말하기를, 바라건대 '그대가 지금 나에게 죽음의 즐거움을 준다면, 나는 마땅히 그대에게 빈궁한 수명을 주겠노라'고 하였더니, 시신이 곧 바로 일어나 앉아서 빈궁한 사람에게 말하기를, '선남자야, 빈궁한 수명은 그대 자신이나 가지시오. 나는 지금 이러한 죽음의 즐거움을 매우 좋아하고 있으며, 진실로 빈궁하게 사는 그대의 모습을 반가워하지 않노라'고 하였소,
그런데 나는 지금 이미 죽음의 즐거움도 없는데다 다시 빈궁하기까지 하니 어떻게 통곡하지 않겠소.'
나는 다시 위로하여 말하였느니라. '그대는 너무 근심하지 마시오. 지금 내게는 그 값어치를 헤아릴 수 없는 두 개의 보배의 구슬이 있는데 마땅히 한 개를 그대에게 나누어 주리다' 나는 곧 나누어 준 뒤에 다시, '생명이 있는 사람이니까 이런 보배를 갖는 것이지, 만일 그 생명이 없다면 누가 가질 수 있겠소'

11. 사자후보살품(師子吼菩薩品)의 말씀 중에서

라고 하였느니라.

나는 그때 피곤에 지쳐 한 나무 아래로 가서 휴식을 취하며 누워 잠들었는데, 탐욕의 마음이 불같이 타오른 제바달다는 남은 한 개의 구슬을 마저 빼앗기 위하여 곧 나쁜 마음을 일으켜서 나의 눈을 찔러 망쳐놓고 나의 구슬을 빼앗았느니라. 나는 그때 상처를 걱정해서 큰 소리로 부르짖었더니, 한 여인이 나에게 다가와서, '어진이여, 어찌하여 이렇게 부르짖는 것이오?'라고 물었으므로 나는 곧 그녀에게 본래의 사연을 자세히 말하였느니라.

여인이 듣고 나자 다시 거듭 나에게, '당신의 이름은 어찌 되오?'라고 묻기에 나는 곧 대답하기를, '진실하게 말한다(實語)라고 이름하오'라고 하였느니라.

여인이 말하기를, '어떻게 당신이 진실하게 말한다는 것을 알 수 있겠소?'라고 하기에 나는 곧 맹세를 하면서 '만약 내가 지금 제바달다에게 나쁜 마음을 품고 있다면 마땅히 내 눈은 이렇게 영원히 멀어버릴 것이고, 만일 그렇지 않다면 마땅히 도로 눈을 회복할 것이오'라고 말하고 나자, 그 눈이 다시 예전처럼 되었느니라."

"선남자야, 나는 지난 옛적에 남천축의 부단나성의 바라문 집안에 태어났느니라. 그때 가라부(취지臭地라고 번역함)라는 이름의 왕이 있었는데, 그 성질이 포악하고 교만하고 위대한 척하였으며, 나이는 젊고 잘 생겨서 다섯 가지 욕망에 탐착하였느니라.

나는 그때 중생을 제도하기 위하여 그 성 밖에 머물면서 고요히 선정에 들어 사유하고 있었느니라.

어느 봄날, 왕은 나무에 꽃이 피자, 그 권속과 궁궐과 채녀들과 성을 나와서 유람하다가 수풀 아래서 다섯 가지 욕망을 즐겼느니라.

그 채녀들은 왕을 떠나 유람하다가 마침내 나의 처소에 이르렀는데, 나는 그때 그들의 탐욕을 단절하기 위하여 법을 말하였느니라.

이윽고 왕이 찾아와서 곧 나를 발견하고서 문득 나쁜 마음을 일으켜 나에게, '그대는 지금 이미 아라한(阿羅漢) 과보를 얻었소?'라고 묻기에, 나는 '얻지 못하였소'라고 답하였느니라.

그러자 왕은 다시 '아나함 과보를 얻었소?'라고 물었으며 나는 '얻지 못 하였소'라고 하였느니라.

왕이 다시 말하기를, '그대가 지금 만약 이 두 가지 과보를 얻지 못하였다면 곧 탐욕의 번뇌를 구족하였을 터인데, 어찌하여 방자하게 나의 여인을 바라보는가?'라고 하기에, 난 곧 '대왕이시여, 마땅히 알아야 하오. 나는 지금 비록 탐욕의 결박을 단절(斷切)하지는 못하였으나, 그 내면의 마음에는 진실로 집착(執着)이 없소'라고 답하였느니라.

그러자 왕이 말하기를, '어리석은 사람아, 세상에 있는 온갖 선인들이 기(氣)를 흡수하고 과일만을 먹으면서도 여색을 보면 탐욕하거늘, 하물며 그대는 왕성한 나이에다 탐욕을 단절하지 못하였으니, 어찌 여색을 보고도 마땅히 탐욕하지 않겠는가'라고 하기에,

나는 '대왕이여, 색(色)을 보고도 집착하지 않는 것은 실로 기(氣)를 흡수하고 과일을 먹는 것에 인하지 않고, 모두 마음으로 항상하지 않고 깨끗하지 않다고 생각을 모으는 것에 기인하오'라고 하였느니라.

왕이 말하기를 '만약 타인을 경시하고 비방(誹謗)한다면 어떻게 청정한 계율을 수행해서 다스린다고 이름할 수 있으리오?'라고 하기에, 나는 '대왕이여, 만약 질투하는 마음이 있다면 곧 비방하겠으나, 나에게는 질투하는 마음이 없으니 어떻게 비방(誹謗)하겠소'라고 하였느니라.

그러자 왕이, '대덕이여, 어떠한 것을 계(戒)라고 이름하오?'라고 묻기에, '대왕이여, 인내하는 것을 계(戒)라고 이름하오'라고 하였더니,

왕은, '인내하는 것이 계(戒)라면, 마땅히 그대의 귀를 자를 터이니 그래도 능히 한다면 그대가 계를 지키는 것을 알 수 있으리라' 하고는 곧 귀를 잘랐느니라. 그때 나는 귀를 잘리면서도 안색이 변하지 않았느니라.

그때 왕의 신하들이 이 사건을 보고 나자, 곧 왕에게 간하여 말하기를, '이러한 대사에게 해를 가하지 마옵소서'라고 하였더니,

왕이 신하들에게 말하기를, '그대들은 어떻게 이 사람이 대사인 줄을 아는가?'라고 물었다.

신하들이 대답하기를, '괴로움을 받을 때에도 얼굴색이 변하지 않는 것을 보았나이다'라고 하였으나,

왕은 다시 말하기를, '나는 마땅히 다시 시험해서 얼굴색이 변하는지 변하지 않는지를 알아 보겠노라'고 하고는, 곧 코를 베고 손과 발을 베었느니라.

그때에 보살(菩薩)은 이미 한량없고 끝이 없는 세상에서 자비(慈悲)를 수행하였

11. 사자후보살품(師子吼菩薩品)의 말씀 중에서

으므로 고통 받는 중생을 가엾게 여기었느니라.
그때 사천왕이 분노한 마음을 품고서 모래와 자갈과 돌을 비처럼 내리었더니, 왕이 그 광경을 보고 나서는 마음으로 크게 두려워하면서 다시 나에로 와서 꿇어 앉아 말하기를, '오직 바라건대 애처롭게 여기시어 저의 참회를 받아 주소서'라고 하였느니라.
나는 말하기를, '대왕이여, 나의 마음에 성냄이 없으니 그것은 탐욕이 없는 것과 같소이다'라고 하였느니라.
왕이 말하기를, '대덕이시어, 어떻게 성내는 마음이 없다는 것을 알 수 있겠나이까?'라고 하기에,
나는 곧 '나에게 만약 진실로 성냄이 없다면 이 몸이 다시 예전처럼 될지어다'라고 서원을 발하였더니, 곧 몸이 다시 예전대로 되었느니라.
이것을 보살마하살이 현세의 과보를 말한다고 이름하느니라."
"선남자야, 비유하면 두 사람이 왕에게 죄를 지었는데, 권속이 많은 이는 그 죄가 곧 가벼워지고, 권속이 적은 이는 응당 가벼워져야 할 죄가 다시 무거워지는 것과 같으니라.
어리석거나 지혜로운 사람도 또한 그와 같아서 지혜로운 이는 선한 업이 많기 때문에 무거운 업도 곧 가볍게 받고, 어리석은 이는 선한 업이 적기 때문에 가벼운 업도 곧 무겁게 받느니라."

"선남자야, 비유하면 어떤 왕이 한 대신에게 '그대는 코끼리 한 마리를 이끌고 가서 맹인(盲人)에게 보이라'고 하였다고 하자. 대신은 왕의 명령을 받들어서 많은 맹인들을 모아 놓고 코끼리를 보여 주었더니, 그 맹인들은 각자 손으로 만져 보았느니라.
대신이 곧 돌아가서 왕에게 '신(臣)이 이미 코끼리를 보여 주었나이다'라고 보고하자 대왕은 곧 맹인(盲人)들을 불러서 각각에게 물었느니라.
'너희들은 코끼리를 보았느냐?'
그러자 맹인들은 각자 말하기를, '저희는 이미 보았나이다'라고 하였느니라.
왕이 '코끼리가 무엇과 같더냐?'라고 물었더니,
상아를 만진 사람은 코끼리의 형상이 무우 같다고 말하고,
그 귀를 만진 사람은 코끼리가 삼태기 같다고 말하고,

그 머리를 만진 사람은 코끼리가 바위 같다고 말하고,
그 코를 만진 사람은 코끼리가 절구공이 같다고 말하고,
그 다리를 만진 사람은 코끼리가 나무절구 같다고 말하고,
그 등을 만진 사람은 평상 같다고 말하고,
그 배를 만진 사람은 코끼리가 항아리 같다고 말하고,
그 꼬리를 만진 사람은 코끼리가 줄 같다고 말하였느니라.
선남자야, 그 맹인들은 코끼리의 전체를 말한 것이 아니지만 또한 말하지 않은 것도 아니니라.
이러한 모습들은 모두 코끼리가 아니지만 이것을 떠나서 그 밖에 따로 코끼리가 있는 것은 아니니라."

12. 가섭보살품(迦葉菩薩品)의 말씀 중에서

"그러므로 다른 經典에서 말하기를, 다섯 가지 중생에게 응당 다시 다섯 가지 法을 말하지 말 것이니,
믿지 않는 이에게 바르게 믿는 것을 찬탄(讚嘆)하지 말고,
계율(戒律)을 훼손하는 이에게 계율을 지키는 것을 찬탄하지 말고,
인색하고 욕심 많은 이에게 보시하는 것을 찬탄하지 말고,
게으른 이에게 많이 배우는 것을 찬탄하지 말고,
어리석은 이에게 지혜 있는 것을 찬탄하지 말 것이니라'고 하였느니라.
"선남자야, 나는 어느 때에 다시 말하기를, '시주는 보시할 때 다섯 가지 사항으로 보시하나니, 어떠한 것들이 그 다섯 가지인가?
첫째는 물질적인 것을 보시하고,
둘째는 힘을 보시하고,
셋째는 편안함을 보시하고,
넷째는 수명을 보시하고,
다섯째는 변재를 보시하느니라."
"'잠시 나왔다가 도로 잠기는 이'는 나의 불법 가운데 누구이겠느냐.
말하자면 **제바달다, 구가리 비구, 완수 비구, 선성 비구, 저사 비구, 만숙 비구, 자지(慈地) 비구니, 광야 비구니, 방 비구니, 만 비구니, 정결 장자, 구유 우바새, 사륵 석종, 상 장자, 명칭 우바이, 광명 우바이, 난다 우바이, 군 우바이, 영 우바이** 등이니, 이러한 사람들을 잠시 나왔다가 도로 침몰한다고 이름 하느니라.
비유하면 큰 물고기가 광명을 보기 위하여 나왔다가 몸이 무거워서 잠기는 것과 같으니라.
둘째 사람이 수행이 구족하지 못한 것을 깊이 스스로 깨닫고, 구족하지 못하였기 때문에 선지식을 가까이 하려고 하며, 선지식을 가까이하기 때문에 듣지 못한 것을 기꺼이 자문하며, 듣고 나서 기꺼이 받아 지니며, 받아 지니고 나서

기꺼이 잘 사유하며, 잘 사유하고 나서 능히 법답게 머무르며, 법답게 머무르기 때문에 선한 法을 증장시키기 때문에 끝내 다시는 잠기지 않나니, 이것을 머문다고 이름 하느니라.
나의 불법 가운데 그런 이가 누구이겠느냐?
말하자면 **사리불, 대목건련, 아약교진여 등의 다섯 비구, 야사 등의 다섯 비구, 아누루타, 동자가섭, 마하가섭, 십력가섭, 수구담미 비구니, 파타라화 비구니, 승 비구니, 실의 비구니, 의 비구니, 발타 비구니, 정 비구니, 불퇴전 비구니, 빈바사라왕, 욱가 장자, 수달 장자, 석마남, 빈수 달다, 서랑 장자의 아들, 명칭 장자, 구족 장자, 사자 장군, 우파리 장자, 도 장자, 무외 우바이, 선주 우바이, 구신 우바이, 우득 우바이, 광야 우바이, 마하사나 우바이** 등이니라.
이러한 비구, 비구니, 우바새, 우바이들을 머문다고 이름할 수 있으니, 어떠한 것을 머문다고 하는가?
항상 선한 광명을 바라보기를 좋아하기 때문이니, 이러한 인연으로 혹은 부처님께서 세상에 출현하거나 혹은 세상에 출현하지 않더라도 이러한 사람들은 끝내 악한 업을 짓지 않나니, 이것을 머문다고 이름하느니라."

"선남자야, 지혜가 구족하지 못함에 **무릇** 다섯 가지 사항(믿음, 계율, 보시, 다문, 지혜)이 있거니와, 이 사람이 그것을 알고서 선지식을 친근하려고 하면, 그러한 선지식은 마땅히 이 사람의 탐욕과 성냄과 어리석음과 생각함의 어느 것이 많이 치우쳤는가를 관찰할 것이니라.
만약 이 사람이 탐욕이 많은 것을 알면 곧 응당 그를 위하여 부정관(不淨觀)을 말해 주어야 하고,
성냄이 많은 이에게는 그를 위하여 자비(慈悲)를 말해 주어야 하고,
생각함이 많은 이에게는 마땅히 그를 위하여 수식관(數息觀)을 가르쳐 주어야 하며,
자아(自我)에 대한 집착이 많은 이에게는 마땅히 그를 위하여 열여덟 가지 계(十八戒) 등을 분석해 주어야 하느니라."

부처님이 말씀하셨다.
"선남자야, 이 사람은 현재 사대가 쇠약하여 도를 수행하지 못하느니라.

12. 가섭보살품(迦葉菩薩品)의 말씀 중에서

비록 어떤 비구(比丘)가 사대(四大)가 건강하더라도 집, 음식, 의복, 와구, 의약이 없으면 뭇 인연을 구족하지 못하기 때문에 현재에 열반하지 못하느니라.

선남자야, 나는 옛적 어느 때에 사위국 아나빔저 정사(급고독원 정사)에 머물러 있었느니라. 그때에 어떤 비구가 나에게로 찾아와서 말하기를 '세존이시여, 저는 항상 도를 닦지만 수다원 과보로부터 아라한 과보까지 얻을 수가 없나이다' 고 했느니라.

나는 그때에 곧 아난에게 고하여 말하기를, '너는 지금 마땅히 이 비구를 위하여 필요한 물건들을 갖추어 주어라' 하였더니. 아난이 그 비구를 데리고 기타 숲에 가서 좋은 방을 마련하여 주었느니라.

그러자 비구가 아난에게 말하기를 '대덕이여, 오직 바라건대 나를 위하여 방을 장엄하고 정결하게 수리해서 일곱 가지 보배로 장엄하게 꾸미고 비단으로 만든 번기와 일산을 달아 주시오'라고 하기에, 아난이 말하기를 '세상에서 가난한 이를 사문이라고 이름 하는데, 내가 어떻게 그런 것을 능히 마련하겠는가?'고 하였느니라.

그러자 비구가 말하기를, '대덕(大德)이여, 만약 나를 위하여 이런 것을 능히 마련해 주면 좋고도 좋겠으나, 만약 가능하지 못하다면 나는 마땅히 세존이 계신 곳으로 다시 돌아가겠소'라고 하였느니라.

그때 아난은 곧 부처님이 계신 곳으로 가서 '세존이시여, 지난 번에 그 비구가 저에게 갖가지 장엄과 일곱 가지 보배로 된 번기와 일산을 요구하였사온데. 이 일을 마땅히 어찌해야 하는지 알지 못 하겠나이다' 라고 말하기에, 나는 그때에 다시 아난에게 말하기를, '너는 지금 다시 돌아가서 그 비구의 뜻에 따라서 필요한 물건을 마련하여 주어라' 하였느니라.

그때 아난은 곧 그 방으로 돌아가서 그 비구를 위하여 온갖 것을 마련하여 주었더니, 그 비구는 그런 것을 얻고 나서 마음을 모아 도를 수행하여, 오래지 않아 곧 수다원 과보에 이르렀느니라.

선남자야, 한량없는 중생이 마땅히 열반에 들 것이로되, 결핍된 것이 있어서 그 마음을 방해하고 어지럽히기 때문에 얻지 못하느니라."

"알고 나면 곧 능히 멀리 여의게 된다.
비유하면 의사가 먼저 병든 이의 맥을 진단하여 병난 데를 알고 난 뒤에 약을 주는 것과 같으니라.
선남자야, 어떤 사람이 맹인을 데리고 가시덤불 속에 가서 그를 버리고 돌아온다면 맹인이 나중에 헤어나기가 매우 어려우며, 설사 헤어나더라도 신체가 모두 훼손되는 것처럼,
세상의 범부(凡夫)도 또한 그와 같아서 세 가지 루(漏)의 허물을 알아보지 못하면 곧 따라서 행하느니라."

"선남자야, 가령 의사가 먼저 병의 원인을 단절하면 병이 곧 생기지 않는 것처럼,
지혜로운 이가 먼저 번뇌의 원인을 관찰한 다음에 과보를 관찰함으로서 선한 원인으로부터 선한 과보가 생기는 것을 알고,
악한 원인으로부터 악한 과보가 생기는 것을 알며,
과보를 관찰하고 나서는 악한 원인을 멀리 여의느니라."

"선남자야, 비유하면 병든 이가 자신의 병이 경미해서 반드시 치유될 것을 알면, 비록 쓴 약을 얻더라도 그것을 복용하며 후회하지 않는 것처럼, 지혜로운 사람도 또한 그와 같아서 부지런히 성스런 도를 수행하여 환희하고, 근심하지 않고 쉬지 않고 후회하지 않느니라."

"선남자야, 이렇게 미묘한 대열반경이 바로 일체 선한 법의 보배 창고이니라.
비유하면 큰 바다에 많은 보배가 저장되어 있는 것처럼, 이 열반경도 또한 그와 같아서 곧 일체 글자의 의미가 비밀하게 저장되어 있느니라.
선남자야, 수미산이 많은 약의 근본인 것처럼, 이 경전도 또한 그러해서 곧 보살계의 근본이니라.
선남자야, 비유하면 허공이 일체 사물이 머무는 곳인 것처럼 이 경전도 또한 그러해서 곧 일체 선한 법이 머무는 곳이니라.
선남자야, 비유하면 맹렬한 바람을 묶어둘 수 없는 것처럼, 일체의 보살로서 이 경전을 수행하는 이도 역시 그와 같아서 일체 번뇌의 나쁜 법에 결박되지 않느니라.
선남자야, 비유하면 금강을 파괴할 수 없는 것처럼, 이 경전도 또한 그러해서

12. 가섭보살품(迦葉菩薩品)의 말씀 중에서

비록 외도와 악하고 삿된 사람이 있어도 파괴할 수 없느니라.

선남자야, 항하의 모래 수를 셀 수 없는 것처럼, 이 경전의 의미도 또한 그와 같아서 능히 헤아리는 이가 없느니라.

선남자야, 이 경전은 모든 보살을 위하여 법의 깃발이 되나니, 마치 제석의 깃발과 같으니라.

선남자야, 이 경전은 곧 열반성으로 나아가는 상인의 우두머리이니, 훌륭한 길잡이가 상인들을 인도하여 큰 바다로 나아가는 것과 같으니라.

선남자야, 이 경전(經典)은 능히 모든 보살을 위하여 법의 광명이 되나니 세상의 해와 달이 능히 어둠을 깨뜨리는 것과 같으니라.

선남자야, 이 경전은 능히 질병으로 고통 받는 중생을 위하여 매우 훌륭한 약이 되나니, 향산 속에 있는 미묘한 약왕이 능히 온갖 병을 치료하는 것과 같으니라.

선남자야, 이 경전은 능히 일천제를 위하여 지팡이가 되나니, 마치 쇠약한 사람이 지팡이로 인하여 일어나게 되는 것과 같으니라.

선남자야, 이 경전은 능히 일체 악한 사람을 위하여 다리가 되나니, 마치 세상의 다리가 능히 일체를 건너가게 하는 것과 같으니라.

선남자야, 이 경전은 능히 이십오유를 다니는 이가 번뇌의 뜨거움을 만났을 적에 서늘한 그늘이 되나니, 세상의 일산이 더위를 막아 가리는 것과 같으니라.

선남자야, 이 경전은 곧 크게 두려움이 없는 왕으로서 능히 일체 번뇌의 악마를 파괴하나니, 사자왕이 온갖 짐승을 항복시키는 것과 같으니라.

선남자야, 이 경전은 곧 크게 신묘한 주문이 스승으로서 능히 일체 번뇌의 악귀(惡鬼)를 파괴하나니, 세상의 주술사가 능히 도깨비를 쫓아버리는 것과 같으니라.

선남자야, 이 경전은 곧 위 없는 우박으로서 능히 일체의 태어나고 죽는 과보를 파괴하나니, 세상의 우박이 모든 과실을 파괴하는 것과 같으니라.

선남자야, 이 경전은 능히 계목을 훼손한 이를 위하여 매우 훌륭한 약이 되나니, 마치 세상의 안사나(꽃의 이름으로, 눈을 치료하는 약이 된다) 약이 눈병을 잘 치료하는 것과 같으니라."

부처님께서 말씀하셨다.

"선남자야, 땅으로 다니는 귀신은 이 사람보다 더 빠르고,
날아다니는 귀신은 땅으로 다니는 귀신보다 더 빠르고,
사천왕은 날아다니는 귀신보다 더 빠르고,
해와 달의 천신은 사천왕보다 더 빠르고,
굳세고 신속하게 다니는 천신은 해와 달보다 더 빠르고,
중생의 수명은 굳세고 신속하게 다니는 천신보다 더 빠르니라.
선남자야, 호흡 한 번 하고 눈 한번 깜짝하는 사이에 중생의 수명은 사백 번이나 태어났다가 소멸하느니라.
지혜로운 이가 만약 능히 수명을 이와 같이 관찰한다면, 이것을 능히 시시각각으로 소멸하는 것을 관찰한다고 이름하느니라.
선남자야, 지혜로운 이는 관찰하기를 '수명이 죽음의 왕에게 속박되어 있으니, 내가 만약 능히 이러한 죽음의 왕을 여의면, 곧 항상하지 않은 수명을 영원히 단절하게 되리라'고 하느니라.
또 다음에 지혜로운 이는 관찰하기를 '이 수명은 마치 강가의 언덕에 위태롭게 서 있는 큰 나무와 같고,
또 어떤 사람이 큰 역적죄를 지어서 사형을 당하게 되어도 애석하게 연민한 이가 없는 것과 같고,
사자왕이 매우 굶주려서 곤궁한 때와 같고, 독사가 강한 바람을 들이켰을 때와 같고,
마치 목마른 말이 물을 보호하여 아끼는 것과 같고, 큰 귀신이 성낼 때와 같이, 중생의 사왕(死王)도 또한 이와 같도다'고 하느니라.
선남자야, 지혜로운 이가 만약 능히 이렇게 관찰한다면, 이것을 곧 죽는다는 생각을 수행한다고 이름하느니라.

12. 가섭보살품(迦葉菩薩品)의 말씀 중에서

13. 교진여품(憍陳如品)의 말씀 중에서

그때 세존께서는 알고 있으면서도 곧 교진여에게 말씀하시었다.
"아난 비구는 지금 어디에 있느냐?"
교진여가 아뢰었다.
"세존이시여, 아난 비구는 사라숲 밖에 있사온데, 이 대회로부터 십이유순이나 되며, 육만 사천억의 마에게 어지럽게 시달리고 있나이다.
세존이시여, 아난은 지금 지극히 큰 괴로움을 받고 있사오며, 비록 여래를 생각하여도 능히 구원할 이가 없나이다. 이러한 인연으로 이 대중 가운데 오지 못하였나이다."
"그때 목련이 대중 가운데 있다가 이렇게 생각하였느니라.
'여래께서는 지금 오백의 비구들이 시중드는 것을 받아들이지 않으시니, 부처님 뜻은 누구로 하여금 시중들게 하시려는 것일까?'
이렇게 사유하고 나서 곧바로 선정(禪定)에 들어서 여래의 마음이 아난에게 있다는 것을 마치 해가 처음으로 떠올라 서쪽 벽을 비추는 것처럼 관찰하였느니라.
이러한 일을 보고 나서, 곧 선정으로부터 벗어나 교진여에게 말하였느니라.
'대덕이여, 나는 여래께서 아난으로 하여금 좌우(左右)에서 시중들게 하려는 것을 보았다오.'
그때 교진여는 오백의 아라한과 함께 아난이 있는 곳으로 가서 이렇게 말하였느니라.
'아난이여, 그대는 이제 마땅히 여래의 시중을 들어야 하겠으니, 이 일을 수락하도록 하시오.'
아난이 말하였느니라.
'대덕(大德)들이여, 저는 실로 여래의 시중드는 일을 감당하지 못하겠나이다. 왜냐하면 여래께서는 존귀하고 소중하시기가 사자왕 같고 용 같고 불 같지만, 저

는 지금 더럽고 미약하오니 어떻게 감당할 수 있으오리까?'
비구들이 말하였느니라.
'아난이여, 그대가 우리들 말을 받아들여 여래를 시중들면 큰 이익을 얻을 것이오.'
두 번째, 세 번째도 또한 이와 같았더니 아난이 말하였느니라.
'대덕들이여, 저는 또한 크게 이익되는 일을 구하지 않으니, 실로 좌우에서 시중드는 일을 감당하지 못하겠나이다.'
그때 목건련이 다시 이렇게 말하였느니라.
'아난이여, 그대는 아직도 모르오?'
아난이 말하였느니라.
'대덕이여 오직 바라건대 말씀해 주십시오.'
목건련이 말하였느니라.
'여래께서 저번에 대중 가운데서 시중들 사람을 구하시기에 오백 아라한이 모두 시중들기를 원하였으나, 여래께서 허락하지 않으셨소.
나는 곧 선정에 들어서 여래의 뜻이 그대로 하여금 시중들게 하시려는 것을 보았는데, 그대는 지금 어찌하여 거부하며 다시 받아들이지 않는게요?'
아난이 듣고 나서 합장하고 꿇어 앉아 이렇게 말하였느니라.
'대덕들이여, 만약 사정이 그러하다면, 여래 세존께서 저의 세 가지 소원을 들어 주신다면, 마땅히 스님들의 명령을 받들어 좌우에서 시중들겠나이다.'
목건련이 말하였느니라.
'세 가지 소원이란 어떠한 것들이오?'
아난이 말하였느니라.
'**첫째는 여래께서 설사 낡은 옷을 저에게 주시더라도 제가 받지 않는 것을 허락하시고,**
둘째는 여래께서 설사 단월의 별청을 받더라도 제가 따라가지 않는 것을 하락하시고,
셋째는 제가 출입하는 데에 시절이 제한되지 않는다는 것을 허락하시는 것이나이다.
이러한 세 가지 사항을 부처님께서 만약 허락하신다면, 마땅히 스님들의 명령에 따라서 여래의 시중을 들겠나이다.'
그때 교진여와 오백 비구가 나의 처소로 돌아와서 이렇게 말하였느니라.

'저희들이 이미 아난 비구에게 권하였더니, 세 가지 소원을 요구하는데, 만약 부처님께서 허락하신다면 마땅히 대중들의 명령에 따르겠다고 하였습니다.'
문수사리여, 나는 그때 아난을 이렇게 칭찬하였느니라.
'훌륭하고 훌륭하도다. 아난 비구는 지혜를 구족하여 미리 비난받을 혐의 사항을 보았도다.
왜냐하면 마땅히 어떤 사람이 말하기를 '그대는 의복과 음식을 위하여 여래의 시중을 드는가'고 하리니,
그러므로 먼저 낡은 옷을 받지 않고 별청에 따라가지 않는 것을 요구하였느니라.
교진여여, 아난 비구는 지혜를 구족하였으니, 들어가고 나오는 때가 정해져 있으면 곧 사부대중을 이익되게 하는 일을 널리 지을 수가 없으리니,
그러므로 출입하는 데에 시간이 제한되지 않은 것을 요구한 것이니라.
교진여여, 나는 아난을 위하여 이 세 가지 사항을 허락함으로써 그가 뜻하는 소원을 따르겠노라.'
그때 목건련이 아난이 있는 곳으로 돌아가서 아난에게 말하였느니라.
'내가 이미 그대를 위하여 세 가지 사항을 여쭈었더니 여래께서는 큰 자비로 모두 이미 허락하셨소.'
아난이 말하였느니라.
'대덕이시여, 만약 부처님께서 허락하셨으면, 가서 시중을 들겠나이다.'
문수사리여, 아난은 나를 시봉한 지 이십여 년 동안에 여덟 가지 헤아릴 수 없는 일을 구족하였나니, 어떠한 것들이 여덟인가?
첫째는 나를 시봉한 지 이십여 년 동안 처음부터 나를 따르면서도 별청의 식사를 받지 않았느니라.
둘째는 나를 시봉한 이후로 처음부터 나의 낡은 옷을 받지 않았느니라.
셋째는 나를 시봉한 이후로, 나의 처소에 올 적에는 결코 적절한 시기가 아닌 때가 없었느니라.
넷째는 나를 시봉한 이후로 번뇌를 구족하였으면서도 나를 따라 많은 국왕, 찰제리, 세력 있고 부유한 이, 위대한 가문에 출입하였는데, 많은 여인과 천녀와 용왕들을 보고서도 욕심을 내지 않았느니라.
다섯째는 나를 시봉한 이후로 내가 말한 열두 부류 경전을 받아 지내면서 한번 귀

13. 교진여품(憍陳如品)의 말씀 중에서

를 스친 것은 일찍이 다시 물은 적이 없었으니, 병에 들어 있는 물을 다른 병에 부어 옮기듯 하였느니라. 오직 한번 물은 일이 있었느니라.

선남자야, 유리 태자가 석가의 종족들을 살해하고 가비라성을 파괴할 때, 아난이 마음으로 걱정하고 고뇌하며 소리 내어 크게 울면서 나에게 찾아와서, '저하고 여래는 모두 이 성에서 태어났고 동일한 석가 종족이온데, 어찌하여 여래께서는 얼굴빛이 평상시와 같고 저는 이렇게 초조하나이까?' 하고 말하였느니라.

나는 그때 '아난아 나는 공정(空定)을 수행하였기 때문에 너와 같지 않으니라'고 대답하였느니라.

삼년을 지난 뒤에 다시 찾아와서 나에게 묻기를 '세존이시여, 제가 지난날 저 가비라성에서 일찍이 여래께서 공삼매를 수행하셨다는 말씀을 들었사온데, 그 일이 진실하나이까?' 고 하기에, 나는 '아난아, 그러하고 그러하니라. 네가 말한 바와 같으니라'고 하였느니라.

여섯째는 나를 시봉한 이후로, 비록 타인의 마음을 아는 지혜를 획득하지 못하였어도 항상 여래가 드는 모든 선정을 알았느니라.

일곱째는 나를 시봉한 이후로 타인이 바라는 것을 아는 지혜를 획득하지 못하였어도, 그러한 중생들이 여래를 찾아와 현재에 능히 네 가지 사문의 과보를 얻는 이도 있고 나중에 얻는 이도 있으며, 사람의 몸을 얻는 이도 있고, 하늘나라의 몸을 얻는 이도 있는 것을 능히 알았느니라.

여덟째는 나를 시봉한 이후로, 여래가 소유한 비밀한 말들을 전부 알았느니라.

선남자야, 아난 비구는 이렇게 여덟 가지 헤아릴 수 없는 일을 구족하였나니, 그러므로 나는 아난 비구를 '많이 들어 저장한 이'라고 일컫느니라.

선남자야, 아난 비구는 여덟 가지 법을 구족함으로써 십이 부 경을 능히 구족하게 지니나니, 어떠한 것들이 그 여덟인가?

첫째는 믿는 마음이 견고하고,
둘째는 그 마음이 바르고 정직하며,
셋째는 몸에 질병의 괴로움이 없고,
넷째는 항상 부지런히 정진하고,
다섯째는 사념하는 마음을 구족하고,
여섯째는 교만한 마음이 없고.

**일곱째는 선정과 지혜를 성취하고,
여덟째는 듣는 대로 지혜가 생기는 것을 구족하였느니라."**

"문수사리여, 그대가 말한 바와 같이 이 대중 속에는 비록 한량없고 끝이 없는 보살들이 있으나, 이 보살들에게는 모두 중요한 소임이 있으니, 이른바 대자대비니라.
이러한 인연 때문에 각각 맡은 일에 힘써야 하고, 권속을 조복하고, 자신을 장엄하여야 하나니, 이러한 인연으로 내가 열반한 뒤에 십이부경을 선전했고 유통시킬 수 없느니라.
만약 어떤 보살이 혹시 능히 말하더라도 사람들이 믿고 받들지 않느니라.
문수사리여, 아난 비구는 나의 동생으로서 나를 시봉한 지 이십여 년 동안 들을 만한 법을 구족하게 받아 지니었으니, 비유하면 물을 부어 한 그릇에 담는 것과 같으니라.
그러므로 내가 지금 '아난이 어디에 있는가'라고 돌아보면서 묻는 것은 이 열반경을 받아 지니게 하려는 것이니라.
선남자야, 내가 열반한 뒤에 아난 비구가 듣지 못한 것은 홍광보살이 마땅히 능히 유포할 것이며, 아난이 들은 것은 스스로 능히 유통할 것이니라.
문수사리여, 아난 비구는 지금 다른 곳에 있는데, 이 대회로부터 밖으로 십이 유순이나 되는 곳에서 육만 사천억의 마군에게 어지럽게 시달린다고 하니, 그대는 그곳으로 가서 큰소리로 이렇게 말하여라, '일체의 마군들은 자세히 듣고 자세히 들으라. 여래께서 이제 위대한 다라니를 말씀하실 것이니라.' 그러면 일체의 하늘, 용, 건달바, 아수라, 가루라, 긴다라, 마후라(천룡팔부天龍八部)가 사람과 사람 아닌 자, 산신, 나무신, 하천신, 바다신, 사택신 등은 이 지명을 듣고서 공경하여 받아 지니지 않을 이가 없느니라.
이 다라니는 시방 항하의 모래 수 같은 모든 부처님 세존들이 함께 말씀하신 것이며, 능히 여인의 몸을 변하게 하고 스스로 숙명을 알게 하느니라.
만약 다섯 가지 사항,
즉 첫째는 청정한 수행이고,
둘째는 고기를 먹지 않고,
셋째는 술을 마시지 않고,

13. 교진여품(憍陳如品)의 말씀 중에서

넷째는 다섯 가지 매운 채소를 먹지 않고,
다섯째는 고요한 곳에 머물기를 좋아하는 것인데,
이 다섯 가지 사항을 받아 지니고 나서 지극한 마음으로 이 다라니를 믿어 받들고, 읽고 외우고, 글로 쓰면, 마땅히 이 사람은 곧 칠십칠억의 더러운 몸을 초월하게 된다는 것을 알아야 하느니라."
그때 세존께서는 곧바로 다라니를 말씀하셨다.

> 아마례 비마례 나마례 몽가례혜 마라야가비 사만다 발데례 사바라 타사단니 바라마타사단니 마나사아보데 비라디 암마래디 바람미 바람마사례 부라니 부라니 나마노래데

그때 문수사리는 부처님으로부터 이 다라니를 받고 나서 아난이 있는 곳에 이르러 마군들 속에 머물러서 이렇게 말하였다.
"모든 마군의 권속들이여, 내가 부처님께 받은 다라니의 주문을 말하는 것을 자세히 들을지어다."
마왕(魔王)들은 그 다라니를 듣고 나서 모두 아뇩다라삼먁삼보리의 마음을 일으키고, 마군의 업을 버리고, 곧 아난을 놓아 주었다.
문수사리가 아난과 함께 부처님 계신 곳에 이르자, 아난은 부처님 보고서 지극한 마음으로 예배하여 공경하고 물러나서 한쪽에 머물렀다.
부처님께서 아난에게 말씀하셨다.
"이 사라숲 밖에 수발타라고 이름 하는 한 범지가 있는데, 그의 나이는 지극히 오래되어 이미 백이십 살이니라.
비록 다섯 가지 신통을 얻었어도 교만함을 버리지 못하고, 비상비비상정을 획득하고는 일체지라는 마음을 내고 열반(涅槃)이라는 생각을 일으켰느니라.
너는 거기로 가서 수발타에게 말하기를 '여래가 세상에 출현하는 것은 우담바라꽃과 같은데, 오늘 밤중에 마땅히 반열반하리라. 만약 하려는 바가 있거든 가능한 시기에 해서 뒷날 후회하는 마음을 내지 말라'고 하여라.
아난아, 네가 말하는 것을 그는 결정코 믿고 받들 것이니라. 왜냐하면 너는 일찍이 지난 옛적에 오백 세상 동안에 수발타의 아들이 되었는데, 그 사람이 너를 사랑하는 마음의 습기가 아직도 다하지 않았나니, 이러한 인연으로 너의 말

을 믿고 받들 것이니라."
그때 아난은 부처님 명령을 받고 나서 수발타에게 찾아가서 이렇게 말하였다.
"어진이여, 마땅히 알아야 하오. 여래께서 세상에 출현하시는 것은 우담바라꽃과 같은데, 오는 밤중에 마땅히 반열반하시리라. 만약 하려는 바가 있거든 가능한 시기에 해서 뒷날 후회하는 마음을 내지 마시오."
수발타가 말하였다.
"좋습니다. 아난이여, 난 지금 마땅히 여래가 계신 곳으로 찾아가리다."

"수발타여, 나는 다시 마땅히 이렇게 물으리라.
'어진이여, 참으로 과거의 업(業)을 보았는가?
만약 그러한 업(業)이 있다면 얼마나 되는가?
현재의 고행으로 얼마나 없애버릴 수 있는가?
그 업(業)이 이미 다하거나 다하지 않았음을 알 수 있는가?
그 업(業)이 이미 다한다면 일체가 다하는가?'
그가 만약 '나는 참으로 알지 못하오'라고 대답한다면, 나는 문득 마땅히 그 사람을 위하여 비유를 인용하여 말하겠노라.
'비유하면 어떤 사람이 몸에 독 묻은 화살을 맞았는데, 그 집안의 권속들이 의사를 초청하여 그 화살을 뽑고 나자 몸이 편안하게 되었더니라.
그 뒤로 십 년이 지나도, 그 사람은 여전히 분명하게 기억하리라. 이 의사가 나를 위하여 독 묻은 화살을 뽑아내고 약을 붙여 주어서 내가 쾌유하게 되고 편안한 즐거움을 누리게 되었노라고.'
그런데 그대는 이미 과거의 본래 업을 알지도 못하면서, 어떻게 능히 현재의 고행으로 결정코 과거의 업을 없애버릴 수 있다는 것을 알겠는가?"

"그대의 법은 방편을 따라서 업(業)을 단절하지 못하지만, 우리 法은 그렇지 않아서 방편을 따라 단절하느니라."

"어진이여, 만약 중생이 괴로움을 받고 즐거움을 받는 것이 결정코 과거의 본래 업의 인연으로 말미암는다고 말한다면, 그것은 그렇지 않느니라.
왜냐하면 어진이여, 비유하면 어떤 사람이 왕을 위하여 원수를 제거하여 그 인

13. 교진여품(憍陳如品)의 말씀 중에서

연으로 많은 재물을 얻었고, 그 재물로 인하여 현재의 즐거움을 받았다면, 이러한 사람은 현재에 즐거운 인연을 짓고 현재에 즐거운 과보를 받는 것이니라. 비유하면 어떤 사람이 왕이 사랑하는 아들을 살해하여 그 인연으로 목숨을 잃어버렸다면, 이러한 사람은 현재에 괴로운 인연을 짓고, 현재에 괴로운 과보를 받는 것이니라.
어진이여, 일체 중생은 현재에 사대(四大)와 시절과 토지와 인민 등으로 인하여 괴로움을 받고 즐거움을 받나니, 그러므로 나는 일체 중생이 반드시 다 과거의 본래 업만으로 인하여 괴로움과 즐거움을 받는 것이 아니라고 말하느니라."

이러한 법을 연설할 때 일만의 보살은 일생에 실상을 얻었고, 만 오천의 보살은 이생에 법계를 얻었고, 이만 오천의 보살은 필경지를 얻었다.
삼만 오천의 보살은 제일의제를 깨달았는데, 그 제일의제는 또한 제일의공이라고도 이름하고, 또한 수능엄삼매라고도 이름한다.
사만 오천의 보살은 허공삼매를 얻었는데, 그 허공삼매는 또한 광대삼매라고도 이름하고, 또한 지인삼매라고도 이름한다.
오만 오천의 보살은 불퇴인을 얻었는데, 그 불퇴인은 또한 여법인이라 고도 이름하고, 또한 여법계(如法界)라고도 이름한다.
육만 오천의 보살은 다라니(多羅尼)를 얻었는데, 그 다라니는 또한 대념심이라고도 이름하고, 또한 무애지라고도 이름한다.
칠만 오천의 보살은 사자후삼매를 얻었는데, 그 사자후삼매는 또한 금강삼매라고도 이름하고, 또한 오지인삼매(五智印三昧)라고도 이름한다.
팔만 오천의 보살은 평등삼매를 얻었는데, 그 평등삼매는 또한 대자대비(大慈大悲)라고도 이름한다.
한량없는 항하의 모래알만큼 많은 중생들은 아뇩다라삼먁삼보리의 마음을 일으켰고, 한량없는 항하의 모래알만큼 많은 중생들은 성문(聲聞)의 마음을 일으켰다.
세상의 여인과 하늘나라 여인 이만억 명은 현재의 여인 몸을 전변하여 남자의 몸을 얻었고, 수발타라는 아라한(阿羅漢)의 과보를 얻었다.

한역韓譯 원조 각성스님

1938년 전남 장성의 한학자 집안에서 태어나 8살 때부터 할아버지에게 4서3경을 배웠다. 1955년 18세에 선사이자 율사인 해인사 백련암 도원 스님을 은사로 출가했으며, 19세에 비슬산 도성암에서 '옴마니반메훔' 6자진언 수행으로 오온(五蘊)이 공한 체험을 했다. 이후 당시 3대 대강백이라는 관응, 탄허, 운허 스님 문하에서 경학을 연찬한 스님은 50여 년간 수많은 스님과 재가불자들을 대상으로 경전을 강의해 왔다. 〈능가경〉〈수능엄삼매경〉〈대도직지〉〈불조직지심체요절〉〈유식논강의〉〈성불의 쉽고 빠른 길〉 등 30여 저서를 출간한 스님은 '통화총서' 완간을 목표로 저술도 병행하고 있다.

현재 부산 화엄사 회주, 화엄학회 회주 등을 맡아 후학양성에 심혈을 기울이고 있다.

편저編著 제안 용하스님

1973년 대둔산 태고사 입산. 은해사에서 득도. 해인사 승가대학 및 통도사 승가대학 졸업.
교육원 불교전문강당 졸업. 원조 각성 큰스님으로부터 전강 받음.
은해사 종립승가대학원 교무처장, 조계종 포교국장 역임.
1989년부터 서울에서 포교원 운영하며 군 포교 활동. 현재 포천 정변지사 주지.
저서에 〈우리말로 읽는 부처님 말씀 능엄경〉〈불자수행요집〉〈나선비구경〉〈현우경〉 등이 있다.

불법(佛法)을 외호(外護)하는 위타천존(委陀天尊)

대반열반경 한글 현토본(우리말 대반열반경 요의)

1판 1쇄 펴낸 날 2018년 12월 7일

한역 담무참 **감수** 원조각성 **현토** 제안용하
발행인 김재경 **편집·디자인** 김성우 **마케팅** 권태형 **제작** 재능인쇄
펴낸곳 도서출판 비움과소통(blog.daum.net/kudoyukjung)
　　　　경기 파주시 야당동 191-10 예일아트빌 3동 102호
　　　　전화 031-945-8739 팩스 0505-115-2068
　　　　이메일 buddhapia5@daum.net

© 제안용하, 2018
ISBN 979-11-6016-045-1　03220

* 이 책은 저작권법에 따라 보호받는 저작물이므로 무단전재와 복제를 금지하며,
　이 책 내용의 일부를 이용할 때는 반드시 지은이의 서면동의를 받아야 합니다.
* 전법을 위한 법보시용 불서는 저렴하게 보급 또는 제작해 드립니다.
　다량 주문시에는 표지·본문 등에 원하시는 문구(文句)를 넣어드립니다.